Das Scheitern der Revolution von 1848 hat einen Bruch in der geistigen Entwicklung des 19. Jahrhunderts hinterlassen. »Jetzt gilt es die höchsten Interessen des Lebens selbst, die Revolution tritt in die Literatur.« So hatte Heinrich Heine stellvertretend für die Dichter des Jungen Deutschland gesprochen. Die Literatur des Realismus widmet sich in Abkehr von Pathos und Heroentum der ihr faßbaren Welt. Die große Resonanz im Lesepublikum verdankt sie zweifellos ihrer Nähe zu den Grundorientierungen, Wünschen und Hoffnungen ihrer – vor allem bürgerlichen – Leser. Sie nimmt die neuen Tendenzen in Politik und Naturwissenschaft auf: die Bestrebungen zur nationalen Einheit, die zunehmende Industrialisierung, die atemberaubende Entwicklung der Technik, den sich ankündigenden Siegeszug des Kapitalismus – und die damit verbundenen Sorgen und Ängste. Ihre Themen sind die mitunter dramatischen Veränderungen in der allgemeinen Lebensweise, bewirkt durch Mobilität und Urbanisierung, durch neuartige Kommunikation oder revolutionierte Arbeitsverhältnisse samt ihrer sozialen Folgelasten.

Mit all ihren Facetten wird hier eine Epoche der Literatur vorgestellt, deren Werke bis heute eine große Leserschaft haben. Der Band gibt gründlich und anschaulich Aufschluß über Entstehungsbedingungen, Eigentümlichkeiten und Ausdrucksweisen, über Themenwahl, Stilvarianz und Rezeption von Literatur und Dichtung in der zweiten Hälfte des 19. Jahrhunderts.

Hansers Sozialgeschichte
der deutschen Literatur
vom 16. Jahrhundert bis zur Gegenwart

Begründet von Rolf Grimminger

Band 6

Bürgerlicher Realismus
und Gründerzeit 1848–1890

Herausgegeben von
Edward McInnes und Gerhard Plumpe

Deutscher
Taschenbuch
Verlag

Bibliographie: Sabine Kampmann
Register: Gabriele Radecke

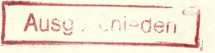

Oktober 1996
Deutscher Taschenbuch Verlag GmbH & Co. KG,
München
© 1996 Carl Hanser Verlag München Wien
Umschlagtypographie: Celestino Piatti
Satz: Satz für Satz Barbara Amann, Leutkirch
Druck und Bindung: Appl, Wemding
Printed in Germany
ISBN 3-446-12780-1 (Hanser)
ISBN 3-423-04348-2 (dtv)

Inhalt

Vorbemerkung 7

Gerhard Plumpe
Einleitung 17

Peter Stemmler
»Realismus« im politischen Diskurs nach 1848.
Zur politischen Semantik des
nachrevolutionären Liberalismus 84

Eva D. Becker
Literaturverbreitung 108

Klaus-Michael Bogdal
Arbeiterbewegung und Literatur 144

Rolf Parr / Wulf Wülfing
Literarische und schulische Praxis (1854 – 1890) 176

Wolfgang Rohe
Literatur und Naturwissenschaft 211

Gerhard Plumpe
Das Reale und die Kunst.
Ästhetische Theorie im 19. Jahrhundert 242

Renate Werner
Ästhetische Kunstauffassung am Beispiel des
»Münchner Dichterkreises« 308

Edward McInnes
Drama und Theater 343

Jürgen Fohrmann
Lyrik 394

Winfried Freund
Novelle 462

Gerhard Plumpe
Roman 529

Harro Müller
Historische Romane 690

Axel Drews / Ute Gerhard
Wissen, Kollektivsymbolik und Literatur
am Beispiel von Friedrich Spielhagens ›Sturmflut‹ 708

Anhang

Anmerkungen 731
Bibliographie 803
Register 869
Inhaltsverzeichnis 889

Vorbemerkung

Liegt die bis heute fortdauernde Resonanz der Literatur des *Realismus* vielleicht in der Tatsache begründet, daß sie in ihren gelungensten Werken eine Entlastung vom Druck der alltäglichen Wirklichkeit bietet, ohne sich dem Vorwurf auszusetzen, dieser nur aus dem Wege zu gehen oder sie in leicht durchschaubarer und daher trivialer Weise zu beschönigen? Läßt sich ihre Faszination damit erklären, daß die Alternativen zum Alltag in einer sprachlichen Form geschildert werden, die keinen zu hohen Dechiffrierungsaufwand verlangt und somit vom Interesse für die imaginierten Begebenheiten kaum ablenkt?

Anscheinend hat der Realismus des 19. Jahrhunderts eine Option geschaffen, der sich die Literatur in der modernen Gesellschaft seither zu stellen hat: das imaginative Durchspielen und Variieren von Wirklichkeitskonstruktionen, die die Gesellschaft ernsthaft beschäftigen, d. h. die Simulation von Alternativen gerade da, wo üblicherweise Unausweichlichkeit vermutet wird. Das erwartet die Gesellschaft von Literatur, und soweit es in einer Sprache realisiert wird, deren Eigensinn den Leser nicht überfordert, wird sich Resonanz einstellen und die Kontinuität realistischer Literatur gesichert sein.

Daß sich die Literatur des Realismus in der Gunst des Lesepublikums bis heute so gut hat behaupten können, gilt freilich in erster Linie für die Prosa, für die Romane und Erzählungen von Keller und Stifter, von Meyer und Fontane, von Raabe und Storm. Auch manches Gedicht aus dieser Zeit – von berühmt gebliebenen oder fast ganz vergessenen Autoren – ist populär geblieben und wird in oft überraschenden Kontexten zitiert[1]. Das Drama dagegen, von den Schriftstellern der Zeit so hoch geschätzt, ist fast vergessen, sieht man einmal von Hebbel und von dem singulären Ereignis der Ära, dem Werk Richard Wagners ab, das man kaum dem Realismus wird zurechnen wollen. Diese »Krise des Dramas« in der Zeit des Realismus mag auch mit seiner ästhetischen Überforderung zu tun gehabt haben.

Die »Popularität« der realistischen Erzählliteratur gründet in der Art und Weise, mit der sie eine sich verändernde Lebenswirklichkeit als Medium angenommen und poetisch reformuliert hat. Entgegen einem nicht selten zu vernehmenden Vorurteil waren die Autoren des Nachmärz durchweg weltoffene Leute, die die mitunter dramatischen Veränderungen ihrer Zeit neugierig registrierten und intensiv diskutierten. Eisenbahn und Photographie, großstädtischer Verkehr und sich beschleunigende Kommunikation, neuartige Bevölkerungsagglomerationen und ihr Konfliktpotential, Entdeckungen der Wissenschaft und Erfindungen der Technik, aber auch Veränderungen in Politik oder Militärwesen waren ihnen vertraut und wurden zumeist ohne Berührungsängste akzeptiert; davon zeugen die meinungsbildenden Kulturzeitschriften des Zeitraums, in denen sich neben literaturprogrammatischen Auseinandersetzungen um Sinn und Reichweite des Realismus zugleich und fortwährend Fortschrittsberichte über die sich in allen Arenen modernisierende Gesellschaft finden[2]. Daß sich diese Sachverhalte in der literarischen Imagination nicht mit Händen greifen lassen, hat man der Literatur des Realismus oft vorgehalten. Und in der Tat: Wer es für ein Kennzeichen realistischer Dichtung hält, jenen Realia ihrer Zeit, die aus der Sicht von Technologie und Politik, Wirtschaft oder Militärwissenschaft Vorrang haben, den ersten Platz einzuräumen und sie treu zu übernehmen, der wird nicht umhin kommen, die Literatur jener Jahrzehnte unrealistisch oder gar antiquiert nennen zu müssen. Zwar stößt man bei der Lektüre mitunter auf Eisenbahnreisende, hört von Telegraphie und Rohrpost, begegnet gar Arbeitern und Fabriken, Großstadtstraßen und moderner Politik, aber das zählt eher zur Kulisse, spielt im Hintergrund und scheint die Schriftsteller nicht sonderlich fasziniert zu haben. Adalbert Stifter, ein in den Naturwissenschaften bewanderter und an ihren Fortschritten Anteil nehmender Autor, wandte sich gegen die Absicht, seinem ›Nachsommer‹ den Untertitel »Eine Erzählung aus unseren Tagen« zu geben; man würde dann am Ende nach Dampfbahnen und Fabriken Ausschau zu halten geneigt sein, Dingen, die in diesem Roman am allerwenigsten vorkommen.

Mit etwas Abstand betrachtet muß es allerdings verwundern, daß man die Modernität der Literatur an dem Maß ihres Interesses für anderswo in der Gesellschaft beeindruckende Ereignisse und Fortschritte hat ablesen wollen und von diesem Maßstab aus den deutschen Realismus der zweiten Hälfte des 19. Jahrhunderts als wenig modern und (deshalb) eigentlich als unrealistisch in den Schatten eines in anderen Nationalliteraturen (England, Frankreich) den Fortschritten verpflichteten modernen Realismus gestellt sah. Von der sachlichen Fragwürdigkeit dieses Urteils abgesehen[3], lebt es von der gewiß bedenklichen Prämisse, realistisch sei Dichtung nur dann, wenn sie jenen Realitäten in ihrer Imagination Platz gibt, die ihrer Umwelt imponieren mögen. Gewiß mögen für einen Sozialpolitiker der Gründerzeit die aus der Industrialisierung resultierenden Probleme des Arbeitens, Wohnens und Konsumierens der Unterschichten, für den naturwissenschaftlichen Forscher Perspektiven der Deszendenztheorie oder für den Generalstäbler das Schicksal der Kavallerie in der Ära des Dauerfeuers von höchster Dringlichkeit und Realität gewesen sein. Aber ist eine Dichtung unrealistisch, die solche Phänomene übergeht? Die Literatur des Realismus im 19. Jahrhundert ist vielmehr gerade darin spezifisch modern gewesen, daß sie ihre »Realität« selbst entwarf und nicht importierte oder sich gar oktroyieren ließ, wie es spätere Realismusversionen im 20. Jahrhundert haben hinnehmen müssen, denen eine geschichtsverlaufsgewisse Politik ihre »Wirklichkeit« vorschreiben konnte. Daß die Autoren des Realismus im 19. Jahrhundert ihre »Wirklichkeiten« imaginierten, ohne ihre Imaginationen an andernorts gültigen Realitätsstandards ausrichten zu müssen, macht ihren Rang als Schriftsteller der *Moderne* aus[4]. Ohnehin gibt es für Leser, die sich für die Wirtschafts- oder Politikgeschichte des 19. Jahrhunderts interessieren, naheliegendere Quellen als Romane und Gedichte, die nur enttäuschen, werden sie in jener Interessenlage gemustert. Dann liegt die Versuchung nahe, solche Enttäuschungen in Qualitätsurteilen zu artikulieren und dem Publikum weiszumachen, Stifter sei etwa ein zweifelhafter Autor, weil er Dampfbahnen und Fabriken nicht beachtet oder die Lebensverhältnisse urbaner Unterschichten nicht berücksichtigt, aber das Leben von reichen Müßiggängern verherrlicht habe.

Von der vorgeblichen Autorität der Realia her sind das literarische Selbstverständnis des Realismus im 19. Jahrhundert und die ihm in Zustimmung oder Ablehnung verpflichtete Dichtung nicht zu rekonstruieren. Hierzu ist es vielmehr nötig, die Selbstprogrammierung dieser Literatur vor den Blick zu bringen, die als ihre immanente Poetik betrachtet werden kann. Wie alle Literatur seit ihrer Ausdifferenzierung zu einer spezifischen Kommunikationskonvention der modernen Gesellschaft ist auch der Realismus im 19. Jahrhundert keiner externen Funktionserwartung oder Programmvorgabe gefolgt; er hat vielmehr selbst festgelegt, was seine »Wirklichkeiten« und seine Leistungen für das Lesepublikum sein sollten. Und in dieser Hinsicht stößt man bei der Lektüre einschlägiger Programmaussagen immer wieder auf einen Topos, in dem sich das literarische Selbstverständnis der Zeit wie im Brennspiegel bündelt: es ist jene transitorische Relation von Imagination und außerliterarischer Wirklichkeit, die die Leser realistischer Erzählwerke dann vor das Problem stellte, simulierte und reale Personen – Erzählwelt und Umwelt – schlüssig zu differenzieren. Die literarische Realitätssimulation stehe zur »Welt, wie sie ist«, in keinem arbiträren, vielmehr in einem similaren, genauer: selektiv-verdichtendem Bezug. Die Poetik der Verklärung oder Idealisierung konzipierte das Verhältnis von präsupponierter Wirklichkeit und literarischer Simulation als motiviert; das poetische Zeichen exponiert weniger seine Sprachlichkeit oder gar Selbstreferenz als die »wirkliche Wirklichkeit«, wie Stifter gesagt hat. In der Imagination findet das Reale seine stimmigste Vergegenwärtigung. Kunst und Literatur verhelfen der Welt zu jener schönen Sinnfülle, die der profane Blick übersehen mag, wenn er ihrer Oberfläche verpflichtet bleibt. Die immanente Poetik des Realismus war eine Poetik des Blicks, eine Welt-Anschauung im reinsten Sinne des Wortes. Im imaginativen Blick des Dichters und seinem Zauber verliert die Umwelt alle Kontingenz und fügt sich zu anschaulicher Ganzheit, die überzeugt und fasziniert – gerade im Kontrast profaner Erfahrungen. Das in Anspruch genommene Wirklichkeitskonzept oszilliert im Hinblick auf die Spannbreite realistischer Literaturprogramme zwischen einer Ontologie Hegelscher Provenienz, die in verdünnter Version noch den Hintergrund der real-idealistischen Poetik erfüllt, und einem Konstruktivismus, wie Nietzsche ihn dachte, als er den Realismus in der Kunst als Perspektive dechiffrierte, die als »Realität« projiziert, was ihr begehrenswert scheine[5]. Von diesem Perspektivismus ist der spätere Realismus – etwa Raabes oder Fontanes –nicht weit entfernt gewesen, wenn sich das Reale in die Divergenz der Perspektiven auflöst, in denen es narrativ zur Geltung gebracht wird, oder auf die Subjektivität der Wahrnehmung und ihre Prägung ohne Rest zurückgeführt sieht.

Ob die poetische Imagination objektivem Weltsinn höchste Anschaulichkeit gibt oder den perspektivischen Willen als Weltsimulation realisiert, ist in philosophischer Hinsicht gewiß ein Unterschied divergierender Epistemologien. In literarischer Hinsicht erscheint diese Divergenz insofern weniger bedeutsam, als Realitätskonstruktionen philosophischer Provenienz ihr vorrangig als Medien dienen, die sie in Anspruch nehmen muß, um im Kontrast zu ihnen als Kunst zu überzeugen. Von hier aus gesehen ist es dann aber kaum noch überraschend oder gar skandalös, daß die Autoren des Realismus Ereignisse und Prozesse, die ihrer Umwelt im Fokus der Aufmerksamkeit stehen mochten, »übersehen« und durch »Welten« eigenen Rechts ersetzt haben. Insoweit diese poetischen Welten aber programmatisch mit dem Anspruch verbunden waren, in der Spur ihrer idealistischen Präkonstruktion die schöne Sinnfülle des Wirklichen erst zu entbergen, oder in der Spur ihrer konstruktivistischen Prägung gar zu kreieren, durchzog die Realismusprogrammatik eine spezifische Leistungsofferte im Blick auf das Lesepublikum, die immer wieder ausgesprochen wurde und als kontraphänomenale Präparierung einer inkontingenten Lebenswelt schöner Harmonie und Sinnfülle charakterisiert werden kann. In dieser Hinsicht läßt sich zu Recht sagen, daß die Programmatik des Realismus ihre (lesenden) Zeitgenossen vom Druck einer Erfahrung zu entlasten gedachte, die den Prozeß der Modernisierung aller Lebensverhältnisse als Desaster und Krise vertrauter Ordnungsschemata von Raum, Zeit und Sozialität bilanzierte. Und dies um so mehr, als die Wahrnehmung der poetischen Weltsimulation von der Art und Weise ihrer literatursprachlichen Realisierung nicht in Gefahr stand, absorbiert zu werden. Als *interface* von präsupponierter Wirklichkeit und simulierter Realität hat sich die literarische Sprache des Realismus fast zu invisibilisieren gedacht und dem Leser nicht eben viel Aufmerksamkeit für den Eigensinn ihrer Formung abverlangt – zwischen Romantik und Ästhetizismus. Gestalten müsse man machen, keine Worte, hat Stifter dem Dichter aufgeben können. Erst als der Realismus an seiner eigenen Realitätskonstruktion zu zweifeln begann – er sich gleichsam dekonstruierte, wie in Fontanes letzten Romanen –, trat in den Vordergrund und wurde zum artistischen Problem, was alle Dichtung zuerst ist: Sprache, deren Referenz der Poesie weniger vorgegeben als zum Experiment freigestellt ist.

Strukturelle Alternativen zu diesem Typus paradigmatischer Literatur der Moderne ergaben sich im 19. Jahrhundert wohl allein im Kontext einer Dramatisierung sozialer Asymmetrien in Wirtschaft und Politik, die in der Selbstwahrnehmung der Betroffenen bzw. ihrer Wortführer als Prämisse utopischer Hoffnungen auf eine ganz anders organisierte Gesellschaft der Zukunft ausgegeben werden konnte. In dieser Atmosphäre der Erwartung einer neuen Zeit konnte auch eine strukturell andere Literaturprogrammatik entstehen, die sich vorrangig operativ definierte und am großen Werk der Revolution rhetorisch mitzuwirken gedachte. Was sich im 19. Jahrhundert noch in bescheidenen Formen ankündigte, fand in den *Avantgarden* des frühen 20. Jahrhunderts dann seine wirkungsvollste Gestalt, die eine Ära totalitärer Sozialutopien eröffneten und den Eskapismus »bürgerlicher« Literatur hinter sich zu lassen glaubten, weil die Simulation schöner Wirklichkeiten durch die reale Formung des Sozialen ihre Funktion verloren habe. Dies alles ist heute nur noch als Literatur von Interesse, die von den Konventionen ihrer Kommunikation in der modernen Gesellschaft längst beruhigt wurde, wenn sie nicht vergessen worden ist.

Sieht man die Programmatik des Realismus im 19. Jahrhundert wie hier angedeutet aus dem Blickwinkel literarischer Kommunikation selbst, dann stellt sich die Frage nach der *sozialgeschichtlichen* Perspektive in veränderter Weise. Statt die Prägnanz literarischer Sinnbildung durch allzu viele, »irgendwie« mit Literatur zusammenhängende Kontexte zu verundeutlichen oder an Maßstäben zu messen, denen sie nicht genügen kann – was Kritiker leicht dazu verführt, statt der tatsächlich geschriebenen eine ganz andere, »kritischere« oder »realistischere« Literatur zu wünschen –, kann eine

Revision der sozialgeschichtlichen Perspektive Anlaß geben, einer Systemgeschichte der Literatur die Geschichten ihrer Beobachtung durch Erziehung und Wirtschaft, Politik und Recht, Wissenschaft und Religion an die Seite zu stellen, die sämtlich andere Literaturen beobachtet, beschrieben und bewertet haben, die sich allen Einheitskonzepten entziehen. Sozialgeschichte in dieser Prägung wäre als polykontexturale Literaturgeschichtsschreibung zu reformulieren[6], die Differenzen unterstellt, wo das ältere Paradigma auf Einheit setzte und von »Literatur« sprach, wo eine heterogene Vielfalt differenter Referentialisierungen beobachtbar ist. Diese Umwelten, in denen die Poetik des literarischen Realismus programmatisch formuliert, polemisch diskutiert und schließlich ironisch dementiert wurde, kommen ausführlich zur Sprache; so erweist sich z. B. für das System politischer Kommunikation, daß der auch hier prominent verwandte Begriff des (politischen) Realismus – die Realpolitik – auch wenn er ideologiekritisch als mentalitätsgeschichtliche Prämisse des Übergangs großer Teile des meinungsbestimmenden liberalen Bürgertums zur Machtpolitik Bismarcks gesehen werden kann, Medium der Selbstreflexion des Politischen war, das sich gegen Moral vor allem differenzierte, und insofern gerade nicht einen diffusen, Literatur und Politik integrierenden, »realistischen Zeitgeist« konturierte, wie ihn Fontane 1852 zu beobachten glaubte.

Die Differenzierung von Wissen und Gesellschaft war um die Mitte des 19. Jahrhunderts viel zu weit fortgeschritten, als daß es noch einen Ort hätte geben können, an dem eine integrale, gar in einer Formel schlüssig resümierbaren Selbstbeschreibung dieser Gesellschaft möglich gewesen wäre. Gerade die Realitätskonstruktionen realistischer Literatur und realistischer Politik konvenierten im Nachmärz nicht, sie lagen vielmehr im Widerstreit der sie prägenden Leitvorstellungen. Gleiches gilt für Schule, Bildung und Erziehung samt ihren Erwartungen an literarische Sinnbildung, für Wirtschaft und Recht — auch im Hinblick auf die Bedingungen des literarischen Lebens, des Buchhandels und des Zeitschriftenwesens oder der Stellung des Autors als Produzent und als Künstler. Es gilt zumal für die Expansion wissenschaftlichen Wissens, dessen komplexe Eigenlogik sich der Struktur literarischer Sinnbildung sperrte, wollte diese sie als Medium nutzen und in ihr Themenrepertoire integrieren; selbst das historiographische Wissen, dessen Exekution ein narrativer Zug gewiß eignet, und die Ausdrucksmöglichkeiten des historischen Romans gingen auch da getrennte Wege, wo sich dieser seiner Gelehrtheit durch Fußnoten versicherte. Die Philosophie schließlich hat als Ästhetik zwar zum Programmvorrat des Realismus Entscheidendes beigetragen, zugleich aber die Möglichkeiten der Poesie überstrapaziert, wenn sie von ihr forderte, was eine von sich selbst enttäuschte Philosophie nicht mehr zu leisten sich imstande sah: die Anschauung schöner Totalität oder gar die Lebenskunst selbst.

Daß Bücher ihre Schicksale haben, gilt auch für die Literaturgeschichten, die solche fata erforschen und nachzuzeichnen versuchen. Die folgende Beschreibung der Literatur des Realismus im 19. Jahrhundert wurde zu einer Zeit konzipiert, als das Paradigma der *Sozialgeschichte* noch in voller Blüte stand. Mit den Jahren entwickelten sich neue Leitorientierungen der Literaturwissenschaft, die den Primat sozialgeschichtlicher Forschung in Frage oder ganz in Abrede stellten. Die Anlage vieler Beiträge ist noch von dem ursprünglichen Impuls bestimmt; anderes kam neu hinzu; so mögen die Wissenschaftshistoriker unseres Faches die Spuren der Theoriediskussion in den achtziger und frühen neunziger Jahren in den Subtexten des vorliegenden Bandes leicht auffinden. An eine methodische Vereinheitlichung war nicht zu denken; diesem Anspruch widerstreiten schon die diversen Vorlieben der Verfasser, deren Divergenz hingenommen werden muß und ein womöglich facettenreiches Gesamtbild ergibt. Da die Theorieentwicklung der Literaturwissenschaft zudem nichts weniger als zielgerichtet verläuft, hätte jede Vereinheitlichung der Frageperspektiven letztlich die Dezision jener prämiert, die sie durchgesetzt hätten. Insofern ist es durchaus denkbar, ja wahrscheinlich, daß auch diese Vorbemerkungen von anderen Autoren des Bandes anders formuliert worden wären. Jeder hat seine Konzeption von der Literatur des Realismus und schlägt Lektüren vor, die sich ergänzen und bestätigen, aber auch widersprechen. Leitidee war jedoch, die literarische Semantik im Horizont der soziostrukturellen Evolution zu beobachten und zu beschreiben; darin ist der Impuls der Sozialgeschichte bewahrt worden. Dabei werden bleibende Erfolge im Lesepublikum ebenso berücksichtigt wie Vergessenes oder ganz unbeachtet Gebliebenes. Die Perspektive wechselt zwischen Aktualität und Geschichte ebenso wie zwischen exemplarischen Lesarten einzelner zentraler Werke und verdichtenden Panoramen. Am Ende möchte der Band aber für die Lektüre einer Literatur werben, die den Wirklichkeitssinn ihres Publikums erweitert, wohl auch irritiert und provoziert, aber nicht überfordert hat.

Hull und Bochum im Mai 1996   Die Herausgeber

Am 15. Mai 1996 ist Edward McInnes nach längerer schwerer Krankheit – für mich aber doch ganz überraschend – gestorben. Noch im April hatten wir gemeinsam die letzten Korrekturen in den Umbruchabzügen des Bandes vorgenommen und die voranstehenden Bemerkungen durchgesprochen. Es ist Edward McInnes zu verdanken, daß der Band überhaupt fertiggestellt wurde und nun die Kritik seiner Leser erwartet. Mit Geschick, Zähigkeit und Humor hat er zwischen Autoren, Herausgebern und Verlag vermittelt, manche Kommunikationsschwierigkeit aus der Welt geschafft, ermutigt und mitunter auch energisch gemahnt, bis die Satzarbeiten beginnen konnten, deren gutes Ende er noch begleitete. Edward McInnes' große wissenschaftliche Leistung zu würdigen, ist hier nicht der Ort. Seine Arbeiten zum deutschen Drama und zur Erzählliteratur des 19. Jahrhunderts werden ihren Rang ohnehin wahren. Ich bin mir des Einverständnisses der Autorinnen und Autoren sicher, wenn ich diesen Band seinem Andenken widme.

Gerhard Plumpe

Gerhard Plumpe
Einleitung

I. Aspekte der Epoche

1. Modernisierung und Modernität

Der überwiegende Teil der Literaturhistoriker ist heute der Meinung, daß die Epoche des *Realismus* ihren Anfang um die Mitte des 19. Jahrhunderts – nach der »gescheiterten« Revolution von 1848/49 – nimmt und nach 1890 ausläuft.[1] Fontane hat seinen letzten Roman 1897, Raabe 1902 geschrieben. In dieser Zeit überschreitet der *Naturalismus* bereits seinen Höhepunkt und sieht sich den vielfältigen literarischen Strömungen der *Jahrhundertwende* gegenüber, die die eigentliche *Moderne* vorbereiten. Hält man sich an die Lehrmeinung der Literaturgeschichte, dann umfaßt der »bürgerliche Realismus« also einen Zeitraum von rund vierzig Jahren, in dem er sich zunächst programmatisch artikulierte und gegen die Dichtung des *Vormärz* und der epigonalen *Romantik* polemisch abgrenzte, zum dominanten Paradigma der literarischen Kommunikation wurde, um sich dann den Attacken der naturalistischen Generation ausgesetzt zu sehen und in einer Mehrzahl konkurrierender literarischer Kommunikationsformen allmählich die Kontur zu verlieren.

So schwierig es ist, ein überzeugendes Kriterium für das Ende des bürgerlichen Realismus anzugeben – diskutiert werden auch die Jahre 1870, 1880, 1900[2] –, so plausibel erscheint der *Ausgangspunkt* um 1850.[3] Denn die Mitte des 19. Jahrhunderts wird auch in der Kultur-, Wirtschafts- und Sozialgeschichte als *Einschnitt* aufgefaßt, der eine Epochengrenze markiere.[4] Im Jahre 1912 formulierte der Industrielle und Politiker Walther Rathenau, der als Außenminister der Weimarer Republik 1922 Opfer eines Mordkomplotts wurde, in prägnanten Sätzen das Bewußtsein dieses epochalen Einschnitts:

Durch die Mitte des vergangenen Jahrhunderts geht ein Schnitt. Jenseits liegt alte Zeit, altmodische Kultur, geschichtliche Vergangenheit, diesseits sind unsere Väter und wir, Neuzeit, Gegenwart. Das ist nicht etwa eine optische Täuschung des rückwärts gewandten Blicks ⟨...⟩: denn wir können die Zeitpunkte bestimmen, wo das neue Wesen sich vom alten sondert. ⟨...⟩ ⟨Wir⟩ erkennen ⟨...⟩ diesseits der Epochengrenze, etwa seit Beginn der fünfzigerJahre, die nicht mehr unterbrochene Gleichförmigkeit eines Zeitalters, das bis zu diesem Augenblick ⟨d.h. 1912, d. Verf.⟩ nur quantitative Steigerungen und technische Verschiebungen erlebt hat. Vor allem aber sind alle diesseitigen Menschen uns als Zeitgenossen ohne Erläuterung verständlich, indem wir ihre Sprache, Lebensauffassung, Wünsche und Denkweise bis in die jüngste Generation unserer Stadtbürger hinein erhalten und wiederholt finden. Unstet und gesellig, gedankenbegierig und sehnsüchtig, interessiert, kritisch, strebend und hastend ist die Stimmung nun schon des dritten Geschlechts westlicher Menschen.[5]

Walther Rathenau hat auf die technisch-ökonomischen, vor allem aber auf die mentalitätsgeschichtlichen Veränderungen hingewiesen, die nicht nur ihm den Eindruck unabweisbar aufdrängten, daß sich in der Zeit um 1850 die Lebensverhältnisse der Menschen einschneidend zu ändern begonnen hatten. Aus einer anderen Perspektive hat auch der konservative Sozialphilosoph Arnold Gehlen diesen Einschnitt herausgestellt. In einem Aufsatz des Jahres 1976, der dem Phänomen der historischen Nostalgie gewidmet war, stellte Gehlen fest:

Unser Heimweh heftet sich immer an den Zeitraum zurück bis zur Mitte des vorigen Jahrhunderts. Es geht um die Bismarcksche oder um die Wilhelminische Epoche ⟨...⟩. Jenseits des Jahres 1850 gibt es kein Heimweh, das Biedermeier erzeugt es nicht, die Zopfzeit auch nicht.[6]

Auch wenn man Gehlens nostalgische Reminiszenzen insgesamt nicht teilt, ist es dennoch interessant zu fragen, warum die zweite Hälfte des 19. Jahrhunderts einem konservativen Blick so attraktiv erscheinen konnte. Gewiß deshalb, weil diese Zeit von einer Balance zwischen innovativen und beharrenden Tendenzen gekennzeichnet war: einerseits rapide Fortschritte in Wissenschaft und Technik, Industrie und Handel, andererseits das Fortdauern traditioneller Ordnungsstrukturen im Bereich von Staat und Recht, Kirche und Familie. Die gewiß prekäre Balance von technischer Innovation und sozio-kultureller Tradition im wilhelminischen Deutschland faszinierte Konservative wie Gehlen, die ihre – und unsere – Gegenwart durch das vollkommene Fehlen haltgebender Kräfte gekennzeichnet sehen:

> Keine Sache, kein Wert, die nicht bestritten werden. ⟨...⟩ Man kann sich kaum eine wichtige Sache denken, angefangen bei der Kindererziehung, dem Schulbetrieb, dem Wehrdienst, bis zur Legitimität des Eigentums ⟨...⟩, die nicht kontrovers wäre, und die Behauptung, gerade darin bestünde Freiheit, wird doch fadenscheinig.[7]

Demgegenüber habe die zweite Hälfte des 19. Jahrhunderts noch verpflichtende Wertgrundlagen und normative Orientierungen gekannt, die der Erosion durch die nivellierenden Konsequenzen der technischen und sozialen Modernisierung noch standgehalten hätten.

Die moderne Sozialgeschichte stimmt mit Gehlen hinsichtlich der bestimmenden Strukturen und Prozesse der zweiten Hälfte des 19. Jahrhunderts überein, – sie teilt freilich kaum seinen nostalgischen Blick auf jenen Zeitraum. Nüchterner bestimmt der Historiker Lothar Gall die Jahre zwischen 1850 und 1890 als Zeit eines durchgreifenden Umbruchsprozesses, in dem Altes und Neues in spannungsreichem Konflikt gestanden hätten; er sieht den Epochencharakter dadurch gekennzeichnet, daß vor 1890

> die Kräfte der Tradition, der überlieferten Ordnung in Wirtschaft und Gesellschaft noch das Übergewicht besaßen. Erst nach 1890 senkte sich die Waage endgültig zugunsten der Kräfte des Neuen, der Industriewirtschaft und allem, was damit zusammenhing, insbesondere ihrer Hauptträger, des Bürgertums und der Arbeiterschaft.[8]

Diese Epochencharakteristik Galls steht im größeren Zusammenhang jener Leitvorstellung über die prägende Entwicklungstendenz Deutschlands und Europas im 19. Jahrhundert, die als »Modernisierungshypothese« große Resonanz gefunden hat.[9] Nach dieser Konzeption ist die historische Dynamik der europäischen Staaten durch innovative, sich rasch beschleunigende Prozesse in Wirtschaft und Technik bestimmt, die eine radikale Veränderung auch der politischen und sozialen Verhältnisse zur Folge haben. Die technisch-industrielle Modernisierung führe – wenigstens der Tendenz nach – zu einer umfassenden Demokratisierung des öffentlichen Lebens, so daß im Idealfall Modernisierung und Modernität – technischer Fortschritt und demokratische Kultur – synchron liefen, ja aufeinander verwiesen seien. Am Leitfaden einer derart teleologischen Geschichtskonstruktion, die das alte Fortschrittskonzept in abgewandelter Form weiterführt, lassen sich »modernisierende« und »restaurative«, innovative und reaktionäre Elemente und Tendenzen eines Zeitraums isolieren und dann nach der Art und Weise ihrer konfliktuellen Beziehung zueinander für die Konstruktion von »Epochen« nutzen.[10]

Probleme, Perspektiven und Konsequenzen der »Modernisierungshypothese« sollen hier nicht diskutiert werden; sinnvoll erscheint es vielmehr, auf einige Prozesse und Ereignisse hinzuweisen, die von den Zeitgenossen als abrupte Veränderungen erlebt wurden, ohne daß sie sofort in zureichender Weise verstanden worden wären. An erster Stelle ist die demographische Entwicklung zu nennen, die es erlaubt, von einer »Bevölkerungsexplosion« zu reden; bessere hygienische und medizinische Verhältnisse, vor allem aber die allmähliche Verhinderung großer Hungerkatastrophen infolge erhöhter Produktivität der Landwirtschaft ließen die Bevölkerung im Gebiet des späteren deutschen Reichs sprunghaft wachsen: von 22 Mill. Menschen im Jahre 1816 auf 35 Mill. im Jahre 1861 – auf 41 Mill. im Jahre 1871 – auf 65 Mill. im Jahre 1910.[11] Diese Menschen wohnten zwar überwiegend noch auf dem Lande, aber der Anteil der Stadtbewohner nahm ständig zu, und auch auf dem Land änderte sich das Bild. Unter bestimmten wirtschaftlichen Rahmenbedingungen wuchsen die Städte rapide, wie etwa im Ruhrgebiet nach 1860.[12] Dadurch aber – und das ist für den Literaturhistoriker wesentlicher als Daten und Zahlen – veränderte sich in verhältnismäßig kurzer Zeit die alltägliche Lebenswelt der Menschen grundlegend; dafür seien einige Zeugnisse genannt. In seiner Autobiographie, die er 1874/75 niederschrieb, erinnert sich Karl Gutzkow etwa an das alte Frankfurt der dreißiger Jahre des 19. Jahrhunderts:

Damals hatte die altberühmte Stadt noch Wallgräben und Türme, Toresschluß und die strengste Kontrolle über jeden Fremdling. Wer sich nach acht Tagen nicht empfahl, war dem Rat ⟨...⟩ verdächtig.¹³

Diese in gewisser Hinsicht noch »mittelalterlichen« Verhältnisse änderten sich dann völlig; Gutzkow beklagt schon 1875 das Einerlei der modernen Städte, in dem sich die historischen und kulturellen Unterschiede immer mehr verwischten.¹⁴ Das rasche Anwachsen der Städte – weit über ihre alten Begrenzungen und Mauern hinaus – hat auch Adalbert Stifter in dem berühmten Stück ›Vom Sankt Stephansturme‹ seiner Wiener Stadtansichten beschrieben. Selbst von diesem privilegierten Aussichtspunkt aus kann die große Stadt in ihrer Einheit nicht mehr wahrgenommen und nach traditionellen Ordnungsschemata beschrieben werden: sie zerfließt amorph in ihre weitere Umgebung:

> ⟨Es⟩ ist des Wachsens und Bauens noch immer kein Ende ⟨...⟩. Nimm ⟨...⟩ das *Fernrohr* ⟨...⟩ und suche die Straße; dort, wo jene ferne schwache Staubwolke aufgeht, muß sie sein – – nun was siehst du? Einen langen Zug, Wagen an Wagen, langsam fahrend, alle gegen die Stadt ⟨...⟩. Ein großer Teil derselben ⟨...⟩ bringt unabläßlich und unermüdlich jenes Materiale, woraus sich dieses Häusergewimmel nach und nach erbaut hat: die Ziegel – und im Wienerberge liegen noch und harren unmeßbare Schichten von Ton, daß man noch ein Wien, und noch eins, und weiß Gott wie viele aneinander fortbauen könnte, bis der Berg erschöpft ⟨...⟩, aber auch von der Stadt verschlungen wäre! Und sieht man so zu, wie sie sich sputen und treiben und wirken, so sollte man meinen, sie hätten auch nichts anders im Sinne.¹⁵

Für Stifter wirkte diese Veränderung der urbanen Lebensverhältnisse, die Auflösung der umgrenzten Stadt, ihre Ausweitung in Dimensionen hinein, die der sinnlichen Anschauung sich mehr und mehr entzogen, eher bedrohlich. In seinen Novellen und Romanen erscheint die große Stadt fast durchgängig in kritischer Beleuchtung; ihr werden ländliche und dörfliche Verhältnisse positiv gegenübergestellt.

Ein anderes Beispiel für die Wahrnehmung der sich entgrenzenden Stadt findet sich in einem Aufsatz Gustav Freytags aus dem Jahre 1873; darin schildert der Autor die Begegnung eines Mannes, der Berlin in den dreißiger Jahren kennengelernt hatte, mit der inzwischen veränderten Hauptstadt:

> Wenn er auf die Hauptstadt blickt ⟨...⟩, so überschaut er eine fast unabsehbare Zahl von Häusern und Palästen, welche da erstanden sind, wo sonst sandige Felder sich breiteten, überall sieht er Schienenstränge und einen Wald von Dampfschornsteinen; auf den Straßen, die in seiner Jugend für menschenleer und übermäßig breit galten, beobachtet er ein emsiges Gewühl, in den Schaufenstern eine Ausstellung zahlloser Erfindungen, die in seiner Kindheit gar nicht, oder nur für wenige der Reichsten vorhanden waren. Wenn er sich dann am Abend nach deutschem Brauch mit alten Freunden zum heitern Mahl niedersetzt, so ist es nur ein Zufall, wenn die Speisekarte ihm nicht die Genüsse aus vielen fremden Ländern und Meeren bietet. Konserven aus Kalifornien und New York, Gemüse aus Afrika, edle Weine von den entferntesten Geländen, an denen die Rebe gedeiht.[16]

Daß aber auch das ländliche Leben selbst von der »Bevölkerungsexplosion« und ihren Folgen nicht unberührt blieb, soll ein anderes Dokument deutlich machen. In seinen Lebenserinnerungen schreibt Karl Scheffler über die Verstädterung eines norddeutschen Dorfes nach 1870:

> Zuerst wurden weiter oben am Flusse einige große Fabriken gebaut. Sie standen zunächst ganz kurios da mit ihren hohen Ziegelschornsteinen inmitten der Viehweiden. Aber es dauerte nicht lange, bis daneben Häuser entstanden, die zu dem Fabrikstil paßten, bis das Grün der Weiden unter großen Haufen von Kohlen, Schutt und Abfall verschwand. Mit den Fabriken kamen Menschen ins Dorf, die dort früher nie zu sehen gewesen waren, es sei denn in Feiertagskleidern als Ausflügler. Es waren Scharen jener Arbeiter und Arbeiterinnen, die sich von den ländlichen und handwerklichen Arbeitern auf den ersten Blick unterschieden. ⟨...⟩ Da der Weg zur Stadt weit war, stellte sich bald das Bedürfnis heraus, für diese Arbeiter im Dorfe selbst Wohnungen zu schaffen. Und da etwas Passendes nicht vorhanden war, entstanden die ersten ärmlichen Mietquartiere. ⟨...⟩ Es dauerte nicht viele Jahre, bis sich der Charakter des Dorfes von Grund auf geändert hatte. Aus dem Ackerdorf war, da die Stadt ihre Arbeitermassen nun an das Dorf abzugeben begann, ein mit der Stadt immer mehr verwachsener Vorort geworden.[17]

Es waren also vor allem die Prozesse der Industrialisierung, die solche durchgreifenden Veränderungen traditionaler Lebenswelten bewirkten. Dabei war es zunächst weniger die eigentliche Großindustrie, die solche Umbrüche hervorrief, als vielmehr die große Zahl der sich industrialisierenden Klein- und Mittelbetriebe in den Land- und Kleinstädten. Die Großindustrie, etwa des Montanbereichs, war nur in einigen Zentren wie Oberschlesien oder im Rheinland von überragender Bedeutung und übernahm erst nach der Gründung des Deutschen Reichs die Führungsrolle im Prozeß der sog. »Hochindustrialisierung«. Für uns ist heute das Bild der »Industrielandschaft« eine Selbstverständlichkeit, die wir vielleicht aus ästhetischer oder ökologischer Perspektive beklagen mögen, in der wir aber ohne eigentliche Alternative leben. Von den Menschen der zweiten Hälfte des 19. Jahrhunderts mußte sie jedoch als plötzliche und einschneidende Veränderung ihrer Weltwahrnehmung empfunden werden; so schrieb der Philosoph Theodor Lessing über seine Jugend in der »Gründerzeit«:

> In meiner Jugend wurde das Gebiet zwischen Braunschweig, Celle und Lüneburg vielfach ausgeödet und vernutzt durch Hüttenwerke, Kalischächte und Industrieanlagen. Aber wenige Orte dürften so rasch eine ähnlich schlimme Wandlung erfahren haben, wie ich sie in fünfzig Jahren an meiner Heimatstadt 〈Hannover, d. Verf.〉 beobachten konnte. In meiner Kindheit war sie eine sauberfeine, wenn auch nüchterne Kleinstadt voll bürgerlicher Tüchtigkeit. In meinem Alter: eine lärmerfüllte, von geschäftigen Ameisen wimmelnde Anhäufung profaner Häuser voller Händlertum, Beamtengeist und erfüllt mit der Notdurft harter Arbeit, unjung und die fahlste unserer Städte.
>
> In der Kindheit meines Vaters dürfte das grüne Nest der Welfen ausgesehen haben so, wie es von Karl Philipp Moritz in seinem Jugendroman ›Anton Reiser‹ geschildert worden ist, ein Städtchen im Busch, mit mancherlei Getier wie Marder, Biber, Luchs und Fuchs und durchsungen von vielen heute ausgestorbenen Vogelarten. 〈...〉 Noch zeigen kleine Nachbarstädte: Hameln, Goslar, Göttingen, Hildesheim, Bückeburg jenes gute altertümliche Antlitz. Aber das Wilhelminische Zeitalter verwischte das altväterliche Gesicht mit der seelenarmen Gleichförmigkeit der Industrie. Die Bauart, der Lebensstil und sogar die Gesichtszüge der Menschen wurden gleichartig, und die Steine, welche alte Landesgeschichte erzählen, sind allmählich zerbröckelt.[18]

Die kulturkritischen Untertöne dieser Erinnerungen sind unüberhörbar; in der Tat entwickelte sich aus der Kritik an einer als lebenzerstörend empfundenen Modernisierung und Industrialisierung eine erste »grüne« Protestwelle, die etwa in die »Jugendbewegung« zu Beginn des 20. Jahrhunderts eingegangen ist. Auch Ludwig Klages' »biozentrische« Lebensphilosophie hat hier ihre Wurzeln; Klages stammte wie Lessing, mit dem er in seiner Jugend eng befreundet war, aus der »fahlsten unsrer Städte«. Auf diese Zusammenhänge einzugehen ist hier nicht der Ort; es soll nur darauf hingewiesen werden, daß in der Zeit zwischen 1850 und 1890 in einschneidender Weise lang vertraute, wie selbstverständlich vorgegebene, »quasinatürliche« Lebensformen erst langsam, dann aber dramatisch transformiert worden sind. Der von der Industrialisierung, der rapide wachsenden Bevölkerung und der Urbanisierung bewirkte Modernisierungsschub hat in der zweiten Hälfte des 19. Jahrhunderts eine Vielzahl vertrauter Wahrnehmungs- und Reaktionsweisen in Frage gestellt, ohne daß sich neue und passendere automatisch eingestellt hätten. Dies gilt besonders auch für die Veränderungen im Bereich von Kommunikation und Mobilität;[19] der Ausbau des Straßennetzes und der Schiffahrtswege, die rasch wachsende Bedeutung der Eisenbahn, die Erfindung der Telegraphie, nicht zuletzt aber auch die verwaltungstechnischen Vereinheitlichungen im Bereich von Handel, Geldverkehr und Post führten zu einer neuen »Wahrnehmung von Raum und Zeit«; große Entfernungen schrumpften, Zeit wurde immer mehr zum »knappen Gut«. Über seine erste größere Reise zu Beginn der dreißiger Jahre – also noch in der Postkutschenzeit – schreibt Karl Gutzkow:

> Die erste Reise im Leben, die Reise eines Zwanzigjährigen, eine Reise vor fast fünfzig Jahren! Diese war denn auch abenteuerlich genug. Wie fliegt man jetzt dahin! Wie wenig Zeit gewinnt man, Vorstellungsreihen auszuspinnen, aus Land und Leuten sich neue Erfahrungen zu sammeln.[20]

Was Gutzkow hier als Verlust besinnlichen Reisens beklagt, galt anderen zeitgenössischen Beobachtern gerade als Bedingung des Fortschritts: Geschwindigkeit, Integration der Märkte, umfassende Kommunikation – die Eisenbahn erreichte dies und wurde so für viele zum Symbol einer Zeit, die gleichsam mit »Volldampf« dem Schienenweg in die Moderne folgt, wie Heinrich Eduard Kochhann in seinen Tagebüchern zum Ausdruck gebracht hat:

> Handel und Industrie folgten den neugebahnten Wegen. Bald entwickelte sich ein lebhafterer und schnellerer Austausch des Mangels und des Überflusses von Produkten und Fabrikaten der entlegensten Provinzen. Die bisher so gut wie brach gelegenen Erz- und Kohlenlager wurden erschlossen, überall im Lande stiegen gewaltige Schlote in die Luft, und wenn sich auch feudale Großgrundbesitzer, auch Stadtverwaltungen noch weigerten, dieselben auf ihren Besitzungen zuzulassen, ja selbst die Anlage von Bahnhöfen in der Nähe derselben nicht dulden wollten, so ging doch die neue Zeit mit ehernen Schritten über solche Vorurteile hinweg. Nur zu bald bereuten die Kurzsichtigen ihre Torheit; denn man hatte gelernt, aus der Kartoffel den Spiritus, aus der Rübe den Zucker zu bereiten und im Ringofen die Ziegel mit Vorteil zu brennen.[21]

Nur untergründig hat die Erfahrung von Zugunfällen, Entgleisungen, Zusammenstößen u. a. das Pathos des in der Eisenbahn versinnbildlichten »Fortschritts« erschüttern können. Auf solche Zusammenhänge ist Wolfgang Schivelbusch in seiner ›Geschichte der Eisenbahnreise‹ eingegangen.[22]

Diese exemplarischen Hinweise auf zentrale Aspekte der gesellschaftlichen »Modernisierung« sollten deutlich machen, welche Provokation sie für das traditionelle Orientierungswissen im Blick auf soziale Strukturen, aber auch im Blick auf die Wahrnehmungsweise von Raum und Zeit, Stadt und Land, Distanzen und Geschwindigkeiten bedeutet haben müssen. Man darf deshalb von einer tiefgreifenden Orientierungskrise sprechen. Mobilität und Kommunikation, beschleunigte Zeit und geschrumpfter Raum, Nivellierung von Stadt und Land, neuartige Bevölkerungsagglomerationen samt ihren unerwartbaren Lebensstilen, all dies hätte eine »Modernisierung« der sozio-kulturellen Orientierung verlangt, die sich tatsächlich erst langsam in den großen Städten und gegen viele Widerstände herausbildete. Diese »moderne Sensibilität«, von der man eine erste, freilich artifiziell überformte Vorstellung aus den Paris-Dichtungen Baudelaires gewinnen kann,[23] hat für die Literatur des bürgerlichen Realismus keine Rolle gespielt. Die Phänomene der sich modernisierenden Lebenswirklichkeit gingen kaum als Themen in die zeitgenössische literarische Kommunikation ein. Diese artikulierte vielmehr Themen, die in traditionale Orientierungsformen von Sozialität, Raum und Zeit noch einzubinden waren.[24] »Unser Volk wird sich« – so schrieb Gutzkow 1855, und seine Meinung teilten viele – »seinen innersten Trieb zu einem höheren Kulturleben nicht nehmen lassen, und mag auch die Materie sich mit *Dampf, Elektrizität* und *Börsenschwindel* noch so geltend machen.«[25] Gegen diese Insignien der Moderne wurde die Idee einer »höheren Kultur« ins Feld geführt, die den Vorteil hatte, die alten Denk- und Wahrnehmungsformen nicht zu strapazieren, und dem vom »Fortschritt« schwindligen Zeitgenossen noch einmal den Schein einer gültigen Orientierung vermitteln mochte.

2. Erfahrung der Revolution

Die Modernisierungshypothese, die viele Historiker ihrer Konstruktion der deutschen Geschichte des 19. Jahrhunderts zugrunde legen, verweist neben dem Geltendmachen der einschneidenden Veränderungen im Bereich von Technik, Handel und Industrie vor allem auf die sozialen Transformationen, die von jenen Prozessen hervorgerufen wurden oder sie begleiteten. Der Historiker Hans-Ulrich Wehler hat den Zusammenhang von ökonomischer Modernisierung und soziokultureller Moderne folgendermaßen charakterisiert:

> Der Industrialisierung mit ihrer permanenten technologischen Revolution, institutionellen Umformung und sozialen Veränderung *hätte* ⟨!⟩ eine Entwicklung in Richtung auf eine Gesellschaft rechtlich freier und politisch verantwortlicher, mündiger Staatsbürger mit Repräsentativkörperschaften entsprochen, von deren Vertretern die Verantwortung für die Politik zu tragen war.[26]

Nun hat die deutsche Geschichte nach der bürgerlichen Revolution von 1848/49 dieser idealtypischen Synchronisation einer Modernisierung der Ökonomie und einer durchgreifenden Demokratisierung des öffentlichen Lebens bekanntlich nicht entsprochen. Manche Historiker sprechen deshalb von einem deutschen »Sonderweg« ins 20. Jahrhundert, der in seiner Verbindung von moderner Produktion und autoritärem Staat den Nationalsozialismus mit vorbereitet habe.[27]

Entscheidend für diesen »Sonderweg« der deutschen Geschichte war in erster Linie der Wandel innerhalb der politischen Position des Bürgertums nach der Erfahrung der Revolution. Begründet in der Unabweisbarkeit der »sozialen Frage«, die sich durch die Wirtschaftskrisen der Jahre 1844 und 1847 dramatisch zuspitzte – es kam noch einmal zu regelrechten Hungeraufständen, u.a. der legendären schlesischen Weber –, motiviert durch Forderungen der bürgerlichen Emanzipationsbewegung wie Pressefreiheit, Verfassung, Unabhängigkeit der Justiz usw., ausgelöst schließlich durch die revolutionären Ereignisse in Frankreich, die Abdankung Louis Philippes und die Einsetzung einer republikanischen Regierung, stellte die Revolution von 1848/49 den Versuch dar, eine bürgerlich-liberale Umgestaltung von Staat und Gesellschaft durchzusetzen. Im Zentrum der politischen Ziele des liberalen Bürgertums standen vor allem die Herstellung der nationalen Einheit, die Verabschiedung einer republikanischen Verfassung und schließlich eine Reihe ökonomischer und sozialer Reformen – also »Gerechtigkeit«, »Freiheit«, »Einheit«.[28]

An der Durchsetzung dieser revolutionären Ziele ist das liberale Bürgertum gescheitert –, wegen seiner Uneinigkeit und weil es die faktische Stärke der alten Mächte in den deutschen Einzelstaaten unterschätzte, gewiß auch wegen seiner Abkehr von den proletarischen Bewegungen, die sich bei den revolutionären Ereignissen in Berlin, Dresden oder Wien unübersehbar in Szene gesetzt hatten. Über die Dresdner Ereignisse im Mai 1849 – in die so prominente Leute wie Richard Wagner, Gottfried Semper oder Michail Bakunin verwickelt waren – schrieb der Historiker Otto Vossler:

> Die Hauptmasse der zehn- bis zwölftausend Aufständischen waren hier Proletarier, besonders gegen Ende der Kämpfe, die sich vier Tage und Nächte bis zum 9. Mai hinzogen und denen das Opernhaus und ein Zwin-

gerpavillon zum Opfer fielen. Da die sächsischen Truppen zu schwach waren, brachten erst die von der Regierung zu Hilfe gerufenen Preußen die Entscheidung.[29]

Das liberale Bürgertum betrachtete seine proletarischen Kombattanten mit wachsendem Mißtrauen; man darf sagen, daß der alte Zentralkonflikt des Bürgertums mit dem Adel nun – nach der Revolution – von der Frontstellung gegen die Arbeiterklasse, ihre beginnende Organisierung, ihr erstarkendes Selbstbewußtsein, abgelöst wurde. Ein Mann wie Adalbert Stifter, der den Beginn der Revolution durchaus mit Sympathie begleitet hatte, sprach gegen Ende 1848 von einem »neuen Hunnensturm« angesichts des aufständischen Proletariats.[30] Ebenso sah Hermann Marggraff, auch ein Schriftsteller mit liberaler Vergangenheit, die Gefahr wachsender Barbarei – hervorgerufen durch die »geheime Wühlarbeit« des Proletariats an den »Grundlagen der bestehenden Ordnung«.[31]

Die »Angst vor dem Chaos«[32] hat das Bürgertum zu einem Kompromiß mit den alten Eliten in Politik und Gesellschaft geführt, die ihre Vorrangstellung in den wichtigsten Institutionen des Staates bis 1918 fast ungebrochen behaupten konnten. Dieser Kompromiß fiel dem Bürgertum um so leichter, als es in seinem Schatten – trotz scharfer Beschneidung politischer und publizistischer Aktionen in der sog. »Reaktionszeit« – zu einem unerwartet großen wirtschaftlichen Aufschwung kam; man spricht von einer ersten Gründerzeit in den fünfziger Jahren.[33] Dieser Umstand läßt es fraglich erscheinen, ob man – wie es üblich ist – die 48er-Revolution glattweg als »Niederlage« des Bürgertums wird bewerten können. Es war gewiß eine Niederlage im Blick auf die republikanischen Ziele und Programme der Vormärzzeit; etwas schwieriger wird es, von einer Niederlage zu sprechen, wenn die wirtschaftliche Potenz als Parameter gewählt wird. Dann wird man doch eher von einem Erfolg reden müssen, den das Bürgertum – seine alten liberalen »Ideale« wie einen Ballast über Bord werfend – nach 1850 hat erringen können.[34] Im Zuge seiner ökonomischen Vorrangstellung hat es sein politisches Gewicht, mit freilich deutlich veränderten Zielbestimmungen, gegen Ende der fünfziger Jahre verstärkt geltend machen, ja eine spezifische »Verbürgerlichung« der Politik durchsetzen können, der hinfort auch der Adel Tribut zollen mußte: Politik wurde parteiförmig organisiert, von einer meinungslenkenden Presse in der Öffentlichkeit propagiert und – wenigstens ansatzweise – in parlamentarischen Formen entschieden. Wollte der Adel politisch konkurrenzfähig bleiben, mußte er an diesen bürgerlichen Politikformen teilnehmen, ebenso wie er seine ökonomische Position nur durch Teilhabe an den Projekten der Industrialisierung und Technisierung stabil halten konnte. Umgekehrt kann man mit gleichem Recht aber auch von einer »Aristokratisierung« des (Groß-) Bürgertums sprechen, das in Lebensstil und Einstellung adlige Vorbilder imitierte und häufig mit der Nobilitierung belohnt wurde. Überhaupt ist eine bürgerliche Biographie mit den Kennzeichen »Radikaler von 1848« und »Nobilitierung nach 1871« keine Seltenheit gewesen. Die Historiker Ritter und Kocka schreiben in diesem Zusammenhang:

> In den vielfältigen Kontakten zwischen Adel und Großbürgertum wurde nicht so sehr der Adel verbürgerlicht (ausgenommen hinsichtlich seines Wirtschaftsverhaltens) als vielmehr das Großbürgertum feudalisiert. Die nach 1870 von den meisten Unternehmern als Aufstieg begrüßten Nobilitierungen, der Gutsherrenstil, den manche Industrielle gegenüber ihren Arbeitnehmern herauskehrten, das Rittergut, das der insofern gar nicht so urbane wilhelminische Bourgeois nur allzugern vor den Toren der Industriestadt erwarb, das Duell der Verbindungsstudenten und deren feudale Prätentionen überhaupt – all dies bezeichnet ein empfindliches Defizit an Bürgerlichkeit im deutschen Bürgertum.[35]

Auf diesen Mangel an bürgerlicher Identität hat auch Theodor Fontane hingewiesen, als er die Verleihung eines königlichen Ordens 1889 mit folgenden Worten kommentierte:

> Wäre ich ein gesellschaftlich angesehener Mann, ein Gegenstand von Huldigungen oder auch nur Achtung ⟨...⟩, so bedeutete mir solche Auszeichnung ⟨...⟩ so gut wie nichts. Angesichts der Tatsache aber, daß man in Deutschland und speziell in Preußen nur dann etwas gilt, wenn man »staatlich approbiert« ist, hat solch Orden einen wirklich praktischen Wert: man wird respektvoller angekuckt und besser behandelt.[36]

Wichtiger, als die einzelnen Etappen und Gründe nachzuzeichnen, die das liberale Bürgertum allmählich mit der Machtpolitik Bismarcks und den unterentwickelten demokratischen Strukturen Preußens und des Deutschen Reichs nach 1871 versöhnten, ist die Analyse der gewandelten Mentalität, in der sich diese Annäherung vollziehen konnte. Das von den Modernisierungstheoretikern beklagte Defizit an politischer und kultureller Modernität war an eine einschneidende Änderung der »politischen Philosophie« des Bürgertums nach 1850 gebunden, die einen Begriff zur Selbstbeschreibung populär machte, der auch heute im politischen Diskurs noch vertraut ist: Realpolitik oder politischer Realismus.

3. Der Diskurs der »Realpolitik«

Das Schlagwort »Realpolitik« hat wie kein anderes die Revolutionsenttäuschung des liberalen Bürgertums zum Ausdruck gebracht.[37] »Unrealistisch« sei die politische Haltung der bürgerlichen Opposition im Vormärz gewesen, eine Folge idealistischer Träume und Spekulationen von Leuten, die den »Boden der Tatsachen« unter den Füßen verloren hätten, um in den »Himmel weltfremder Utopien« zu entschwinden.[38] Wenngleich der Begriff des »politischen Realismus« erst nach 1848 zu einer viel benutzten Formel wurde, so sei doch darauf hingewiesen, daß es Schiller war, der am Ende seiner berühmten Abhandlung ›Über naive und sentimentalische Dichtung‹ mit prägnanten Worten die politische Dimension der »realistischen« Haltung gekennzeichnet hat:

> Wenn ⟨...⟩ der Realist in seinen politischen Tendenzen den *Wohlstand* bezweckt, gesetzt daß es auch von der moralischen Selbständigkeit des Volks etwas kosten sollte, so wird der Idealist, selbst auf Gefahr des Wohlstandes, die *Freiheit* zu seinem Augenmerk machen.«[39]

Der Politiker und Historiker Hermann Baumgarten, selbst ein enttäuschter Liberaler, hat für die »idealistische« Haltung der Liberalen 1866 sogar einen Charakterzug der Deutschen im allgemeinen verantwortlich machen wollen. Er schrieb in seiner für die gewandelte Mentalität des Bürgertums symptomatischen Abhandlung ›Kritik des deutschen Liberalismus‹:

> Die Dinge dieser realen Welt ⟨haben⟩ uns Deutschen immer zu wenig gegolten. In ihren glänzendsten Momenten war die Politik unserer großen Kaiser ein Streben nach idealen Zielen. Man braucht nur unsere Minnepoesie mit den Liedern der Troubadours zu vergleichen, um gewahr zu werden, daß schon zur Zeit der Hohenstaufen unseren bedeutendsten Köpfen das männliche Handeln wenig galt neben dem Leben in zarten Empfindungen und hohen Gedanken.[40]

»Innerlichkeit« und »Idealismus« seien der Grund, der das Bürgertum an der Durchsetzung seiner »realen« Interessen gehindert habe – im Unterschied etwa zu den Engländern, deren Pragmatismus den Deutschen zur Nachahmung empfohlen wurde. »Das Genie unserer Zeit ⟨...⟩ ist der gesunde Menschenverstand. Dies Genie haben die Engländer«[41], schrieb der Philosoph Carl Lemcke 1865. Und die »Politik des gesunden Menschenverstandes« wird fortan zur Parole des liberalen Bürgertums im Nachmärz. Sie wendet sich von aller idealisierenden Theoriebildung und allen utopischen Idealen ab, nimmt sich die Naturwissenschaften zum Vorbild, fühlt sich den »Tatsachen«, der sog. Empirie verpflichtet, schwört auf Erfahrung statt auf Spekulation. Der liberale Politiker Karl Twesten forderte 1859 eine naturwissenschaftliche Analyse der Gesellschaft, um eine realistische Politik zu begründen.

> Wo diese Erkenntnis lebendig geworden ⟨ist⟩, da verstummen die inhaltsleeren Deklamationen, die willkürlichen Konstruktionen aus abstrakten Begriffen, welche den Staatsdoktrinen immer von neuem den Vorwurf zugezogen haben, daß sie sich gut in der Theorie ausnehmen, aber nicht in der Praxis taugen.[42]

Diese Haltung steht im Zusammenhang der Wirkungsgeschichte des französischen Philosophen und Soziologen Auguste Comte in Deutschland, dessen berühmtes »Drei-Stadien-Gesetz« die Aufeinanderfolge eines religiösen, dann eines metaphysisch-philosophischen und schließlich eines »positiv-wissenschaftlichen« Weltbildes proklamierte. Comte hat die Soziologie als empirische Wissenschaft der sozialen Kräfte und ihres Zusammenspiels, als »soziale Physik« begründet, sie später aber als quasireligiöse Instanz verstanden, im Sinne einer »Vernunftreligion«, die den Fortschritt der Menschheit beschleunigen könne. Dieser Vorgang ist außerordentlich symptomatisch: Die empirische Analyse des sozialen Feldes führt in ein »Sinnvakuum«, das dann nachträglich wieder erfüllt werden muß. Nach dem Zerfall religiöser Bindungen und metaphysischer Orientierungen scheint die empirische Wissenschaft überfordert, wenn man von ihr die Motivierung sozialen Handelns verlangt; das war jedenfalls die Erfahrung Comtes. Aus diesem Grunde entwarf er in seiner umfangreichen Schrift ›Système de politique‹ zu Beginn der fünfziger Jahre ein neues »religiöses« System, das die »soziale Physik« und ihre Erkenntnisse in sinnstiftende Rituale und mobilisierende Dogmen zu übersetzen versuchte. Ein moderner Kommentator, René Verdenal, hat Comtes Vorhaben, das natürlich aussichtslos war, mit folgenden Worten charakterisiert:

> Man kann aus Comtes Schriften den Einbruch des archaisch Irrationalen in die Psychologie eines modernen Menschen ablesen, der sich mit der industriellen Gesellschaft auseinandersetzt. Ihre Entwicklung scheint diesen Einbruch der sakralen Archaik zu fördern. Dabei scheint gleichsam ein Gleichgewicht wiederhergestellt zu werden: Ein Prozeß der Modernisierung wird von einem ihm korrespondierenden regressiven Prozeß gebremst. Die Lektüre Comtes führt in eine affektive und imaginäre Struktur, zu der die industrielle Gesellschaft den modernen Menschen verleitet, eine Art Gegen-Modernität. ⟨...⟩ Die industrielle Gesellschaft greift mehr und mehr auf mathematisches Denken, auf politische Technik, juristische Abstraktionen und ökonomische Organisation zurück, um so ihr Überleben zu sichern. Gegenüber dieser »Malaise« will Comte den Fetischismus als eine Psychotherapie wiederaufwärmen. Das Bedürfnis nach körperlicher »Sicherheit« und emotionaler Ruhe soll damit befriedigt werden.[43]

An Comte wird eine Tendenz ablesbar, die über den Einzelfall weit hinausweist: Die scheinbar rationale, unter den Vorzeichen von Empirie und Spekulationskritik firmierende positivistische Auffassung der Gesellschaft, die sich nach 1850 in Deutschland den Titel »Realismus« gegeben hat, ist mit einer bezeichnenden Verengung ihres Gegenstandes einhergegangen, die später für neumythische Konzepte von Politik und Geschichte Platz geschaffen hat.

Diese Verengung des sozialen Gegenstandes verdankte sich einer Verwerfung der moralischen Dimension der Politik. Die Befürworter des »politischen Realismus« waren sich darin einig, daß Moral ein ungeeignetes Mittel sei, politisches Handeln zu beurteilen. Moral gelte wohl für den privaten Bereich, verfehle aber die Wirklichkeit des Politischen. Niemand hat dieser Haltung deutlicher Ausdruck gegeben als Julian Schmidt, der Wortführer des literarischen Realismus; er schrieb in den sechziger Jahren zur Rechtfertigung von Bismarcks Machtpolitik:

> Der Grundfehler der politischen Moralisten liegt darin, daß sie annehmen, alles, was nicht moralisch ist, sei unmoralisch. ⟨...⟩ Daß auch in der menschlichen Tätigkeit vieles vorkommt, was mit der Moralität ganz und gar nichts zu tun hat, das fällt diesen Logikern nicht ein. Wenn ein Lehrer seinen Schüler veranlassen wollte, eine kubische Gleichung durch moralische Mittel zu lösen, so würde der arme Junge gewiß ebenso verdutzt sein als der Maurermeister, den man auffordern wollte, ein Haus auf moralischem Wege aufzurichten. ⟨...⟩ Mit Ideen zu schießen ist gegen das Naturgesetz; auf moralischem Wege ein Haus zu bauen eine lächerliche Zumutung; und Fürsten, die im Besitz der Macht sind, ohne Anwendung von Gewalt in dieser Macht zu beschränken, das Sujet einer komischen Oper. Bismarcks Äußerung, daß Deutschlands Einheit nur durch Blut und Eisen begründet werden könne, war ebenso vollberechtigt, als wenn jener Maurermeister dem Moralisten erklärt hätte, ein Haus könne nur mit Holz, Eisen und Steinen aufgerichtet werden.[44]

Diese Sätze postulieren eine Eigenlogik des politischen Handelns, deren Kriterium der Erfolg, nicht die Moralität ist. Damit verwarf Julian Schmidt die traditionell-liberale Philosophie der Politik, die das politische Handeln Maximen unterstellte, die Werten wie »Freiheit« und »Gerechtigkeit« verpflichtet waren. Der einschneidende Einstellungswandel lag nicht etwa darin, die Bedeutung des strategisch klugen Handelns zu betonen, sondern darin, dieses Handeln von der Verpflichtung auf moralische Normen zu lösen – eine Verpflichtung, die dem »politischen Moralisten«, den Julian Schmidt zynisch als »weltfremden Spinner« bloßstellen wollte, gerade wesentlich war. Philosophiegeschichtlich zielte Schmidts Attacke vor allem auf Kant und seine Bestimmung des Verhältnisses von Politik und Moral im Nachwort zu seiner Schrift ›Zum ewigen Frieden‹ aus dem Jahre 1796. Dort hatte Kant selbst den Begriff des »politischen Moralisten« verwendet – freilich in ganz anderem Bedeutungszusammenhang als Schmidt, der sich hier wohl falsch erinnerte und den Kantschen Begriff bemerkenswerterweise in sein Gegenteil verkehrte. Kant war der Gegensatz von angeblich »weltfremden« Idealen und einer lebensklugen, pragmatischen Haltung in der Politik durchaus bekannt; er schrieb:

> Da heißt es dann: wer einmal die Gewalt in Händen hat, wird sich vom Volk nicht Gesetze vorschreiben lassen. Ein Staat, der einmal im Besitz ist, unter keinen äußeren Gesetzen zu stehen, wird sich in Ansehung der Art, wie er gegen andere Staaten sein Recht suchen soll, nicht von ihrem Richterstuhl abhängig machen, und selbst ein Weltteil, wenn er sich einem andern, der ihm übrigens nicht im Wege ist, überlegen fühlt, wird das Mittel der Verstärkung seiner Macht, durch Beraubung oder gar Beherrschung desselben, nicht unbenutzt lassen; und so zerrinnen nun alle Pläne der Theorie, für das Staats-, Völker- und Weltbürgerrecht, in sachleere, unausführbare Ideale, dagegen eine Praxis, die auf empirischen Prinzipien der menschlichen Natur gegründet ist, welche es nicht für zu niedrig hält, aus der Art, wie es in der Welt zugeht, Belehrung für ihre Maximen zu ziehen, einen sicheren Grund für ihr Gebäude der Staatsklugheit zu finden allein hoffen könne.[45]

Den in dieser Weise »realistischen« Politiker, der auf Moral allenfalls aus strategischen Gründen Rücksicht nimmt, nennt Kant nun »politischen Moralisten«; dessen Haltung ist genau die der »Realpolitiker« nach 1850; seine Maxime »Handle zuerst, rechtfertige dich später« trifft im Kern das Selbstverständnis »realistischer« Politik und beschreibt exakt Bismarcks Strategie im Prozeß der Reichsgründung oder der Ausschaltung der innenpolitischen Opposition. Geradezu prophetisch heißt es bei Kant:

> Ergreife die günstige Gelegenheit zur eigenmächtigen Besitznehmung ⟨...⟩; die Rechtfertigung wird sich weit leichter und zierlicher *nach der Tat* vortragen, und die Gewalt beschönigen lassen ⟨...⟩; als wenn man zuvor auf überzeugende Gründe sinnen, und die Gegengründe darüber noch erst

abwarten wollte. Diese Dreistigkeit selbst gibt einen gewissen Anschein von innerer Überzeugung der Rechtmäßigkeit der Tat, und der Gott bonus eventus ist nachher der beste Rechtsvertreter.[46]

Diesem »politischen Moralisten«, diesem »Realpolitiker«, hat Kant dann aber in der Gestalt des »moralischen Politikers« die Haltung des klassischen Liberalen gegenübergestellt, der alle Regeln der politischen Strategie den Grundsätzen der »praktischen Vernunft« unterordnet, also die Moralabhängigkeit des politischen Handelns betont. Kant schreibt in pathetischen Sätzen:

> Die wahre Politik kann ⟨...⟩ keinen Schritt tun, ohne vorher der Moral gehuldigt zu haben, und ob zwar Politik für sich selbst eine schwere Kunst ist, so ist doch Vereinigung derselben mit der Moral gar keine Kunst; denn diese haut den Knoten entzwei, den jene nicht aufzulösen vermag, sobald beide einander widerstreiten. – Das Recht dem Menschen muß heilig gehalten werden, der herrschenden Gewalt mag es auch noch so große Aufopferung kosten. Man kann hier nicht halbieren, und das Mittelding eines pragmatisch-bedingten Rechts (zwischen Recht und Nutzen) aussinnen, sondern alle Politik muß ihre Knie vor dem erstern beugen, kann aber dafür hoffen, ob zwar langsam, zu der Stufe zu gelangen, wo sie beharrlich glänzen wird.[47]

Es ist diese Konzeption einer »moralischen Politik« gewesen, der das Bürgertum nach der Erfahrung von 1848/49 den Abschied gegeben hat. Mit ihr wäre die Versöhnung mit der Politik Bismarcks auch nicht möglich gewesen. Dessen Mißachtung der parlamentarischen Rechte im sog. »Verfassungskonflikt« Anfang der sechziger Jahre, vor allem aber seine Behandlung Schleswig-Holsteins nach dem gewonnenen Krieg gegen Österreich 1866 waren allein unter Gesichtspunkten der Effizienz und des Erfolges positiv zu beurteilen. Gegen den Willen der Mehrheit der Schleswig-Holsteiner wurde das Land von Preußen annektiert. Hermann Baumgarten, der »selbstkritische« Liberale, wandte gegen jene ein, die der Machtpolitik Preußens noch Widerstand entgegenbrachten:

Für jeden klaren Kopf liegt das Törichte solchen Treibens auf flacher Hand und alle moralische Entrüstung, alles Rufen: Recht muß doch Recht bleiben, ändert daran gar nichts. Es ist in der Tat die höchste Zeit, daß wir das Joch solcher banalen Phrasen, welche bei unserer moralischen, wesentlich in häuslichen und privaten Sphären entwickelten Gemütsrichtung ⟨...⟩ für uns ganz außerordentlich gefährlich sind, endlich abschütteln.[48]

Für die von der preußischen Politik betroffenen Schleswig-Holsteiner stellte sich die Sachlage freilich anders dar, wie ein briefliches Votum Theodor Storms im Jahre 1867 bezeugt:

Wir können nicht verkennen, daß wir lediglich unter der Gewalt leben. Das ist desto einschneidender, da es von denen kommt, die wir gegen die dänische Gewalt zu Hilfe riefen und die uns jetzt, nachdem sie jene bewältigen geholfen, wie einen besiegten Stamm behandeln, indem sie die wichtigsten Einrichtungen, ohne uns zu fragen, hier über den Haufen werfen und andre dafür nach Gutdünken oktroyieren; obenan ihr schlechtes Strafgesetzbuch, worin eine Reihe von Paragraphen – längst der juristischen wie der Moralkritik verfallen – ehrlichen Leuten gefährlicher sind als den Spitzbuben, die sie angeblich treffen sollen. Und obwohl Preußen ⟨...⟩ alle Ursache zu bescheidnem Auftreten bei uns hat, so kommt doch jeder dumme Kerl von dort mit der Miene des kleinen persönlichen Eroberers und als müsse er uns erst die höhere Weisheit bringen ⟨...⟩. Die unglaublich naive Roheit dieser Leute vertieft die Furche des Hasses, die Preußens Verfahren tief in die Stirn der Schleswig-Holsteiner eingegraben. ⟨...⟩ Auf diese Weise einigt man Deutschland nicht.[49]

Der Begriff »Realpolitik« ist in den politischen Sprachgebrauch von dem Publizisten Ludwig August von Rochau 1853 eingeführt worden. Er nannte seine Kampfschrift gegen die Vormärzradikalen ›Grundsätze der Realpolitik‹. 1869 fügte er dieser rasch populär gewordenen Schrift einen zweiten Teil hinzu, in dem er die politische Haltung Bismarcks ausdrücklich rechtfertigte. Aus diesem zweiten Teil der »Realpolitik« mag ein Abschnitt herausgegriffen sein, der wie kein anderer klarmachen kann, daß es ausschließlich der Erfolg war, der noch als Beurteilungsmaßstab politischen Handelns zu taugen schien, ein »Erfolg«, dessen Rechtmäßigkeit offenbar selbst moralisch nicht mehr eigens reflexionsbedürftig war. Rochau versteht unter Politik die »Lehre vom Staat«, und diese Lehre ist ihm eine strikt empirische Disziplin, die jeder Spekulation über den »besten Staat« zu entsagen habe. Er definiert:

> Die Staatskunst ⟨...⟩ ist die *Kunst des Erfolgs, angewandt auf bestimmte staatliche Zwecke.*[50]

Diese Definition klingt durchaus konventionell, denn sie versteht Politik als Instrument zur Erreichung eines von ihr selbst unterschiedenen Zwecks; worin aber besteht dieser Zweck? Rochau führt dazu aus:

> Der vernünftige *Zweck* der staatlichen Tätigkeit kann kein anderer sein, als die wirksame Behandlung der öffentlichen Verhältnisse, der politische *Erfolg.*[51]

Die Argumentation ist verblüffend: Der Zweck, den das erfolgsorientierte Handeln der Politik erreichen soll, ist nichts anderes als – eben der Erfolg selbst! In dieser zirkulären Argumentation Rochaus triumphiert die »instrumentelle Rationalität«, das »Mittel« – der Erfolg des Handelns – wird zum letzten Zweck. Um nicht den Eindruck einer »Überinterpretation« dieser Politikdefinition zu erwecken, soll noch eine andere Passage angeführt werden:

> Ein bürgerliches Tun und Lassen ⟨...⟩, dem es zum Beispiel lediglich auf die Behauptung einer ⟨...⟩ Konsequenz, auf das Festhalten an einem unantastbaren Dogma ankommt, ein solches Tun und Lassen mag in einzelnen seltenen Fällen als eine Sache der persönlichen Ehre gelten, mit dem Wesen der Politik aber hat es nichts gemein.[52]

Die Aufgabe der Politik besteht also keineswegs darin, ethische Staatszielbestimmungen wie »Gerechtigkeit«, »Freiheit« oder »Gleichheit« praktisch werden zu lassen, sondern allein in der Erhaltung und Ausweitung von Macht, die kein Mittel zum Zweck, sondern dieser Zweck selbst war. Das Bürgertum entdeckte seinen »Willen zur Macht«! So hatte Rochau für die alten Ideale der liberalen Bewegung nur noch Sarkasmus übrig:

Nicht selten ⟨ist⟩ das schönste Ideal, für welches edle Seelen schwärmen, eine politische Nichtigkeit ersten Ranges: der ewige Friede zum Beispiel, die »Brüderlichkeit« des bekannten demokratischen Wahlspruchs, die Gleichheit der Geschlechter, der Rassen ⟨...⟩. An solchen Phantasiebildern ⟨...⟩ geht die Realpolitik mit Achselzucken vorüber.[53]

Man muß diese Wende zur »Realpolitik«, d. h. die Entkoppelung von Politik und Moral, die Favorisierung des strategisch-instrumentellen Handelns unter Preisgabe ethischer Zielreflexionen als diskursive Bedingung für die Anpassung weiter Teile des Bürgertums an die politischen Verhältnisse in Deutschland unter Bismarcks Ägide verstehen. Dies gilt allerdings – um das en passant wenigstens anzudeuten – auch für den konservativen Adel, der seiner politischen Haltung ja ebenfalls Prinzipien zugrunde legte – etwa das »Gottesgnadentum« souveräner Herrschaft – und der in Bismarck zunächst geradezu einen »Revolutionär« sah, der mit den alten Grundsätzen des Feudaladels ebenfalls »realpolitisch« verfuhr.[54]

Im Zeichen des »politischen Realismus« suchte das Bürgertum den Kompromiß mit der lange bekämpften Aristokratie und dem monarchischen System. So schreibt Rochau:

Das ⟨...⟩ vorhandene Machtgebiet des Königtums ⟨...⟩ will, im Namen des innern Friedens, des natürlichen Gleichgewichts, der gesunden Entwicklung, respektiert sein.[55]

Und Baumgarten erkannte den Adel als »unentbehrlichen Bestandteil« des Staates an, dessen militärische Tapferkeit überdies den Respekt des Bürgertums verdiene.[56] Rochau war so konsequent, den Klassenkompromiß rein taktisch zu begründen: mit ihm lebe das Bürgertum unter den gegebenen Verhältnissen am günstigsten, jede Veränderung des Status quo schade – wie 1848/49 gezeigt habe – dem schwächeren Kontrahenten:

Große gewaltsame Übergriffe können nur durch große und dauernde Erfolge gerechtfertigt werden; ein mißlungener Stoß dagegen hat ⟨...⟩ regelmäßig einen entsprechenden Rückschlag nach der entgegengesetzten Richtung zur Folge.[57]

Dieser »Realpolitik« angesichts der alten Eliten entsprach die Taktik, die Rochau dem unübersehbar erstarkenden Proletariat gegenüber empfahl. Um es als potentiell gefährlichen Gegner auszuschalten, befürwortete er eine vorsichtige Integration in den Staat, ohne ihm allerdings volle Partizipationsrechte – etwa auf dem Wege freier und gleicher Wahlen – einzuräumen. Vielmehr verteidigte Rochau das preußische Drei-Klassen-Wahlrecht mit folgenden Sätzen:

> Die verwegenste Reaktion wird heutzutage kaum noch daran denken, der großen Menge einen gewissen Anteil an der Ausübung der Staatsgewalt wieder abzusprechen. Auf der andern Seite hingegen fehlt es nicht an Stimmen, welche *die Zahl* als das einzige Prinzip des öffentlichen Rechts und der öffentlichen Macht ausrufen und demnach die Staatsgeschäfte lediglich der Entscheidung durch die Mehrheit anheimgegeben wissen wollen. Jeder Versuch, diese Lehre unter den obwaltenden Verhältnissen aus der Theorie in die Praxis zu übertragen, muß natürlicherweise zuschanden werden, und je rücksichtsloser er unternommen worden, desto gewisser in das Gegenteil ausschlagen. Denn, wie groß auch die *Überzahl* der Menge, die *Übermacht* wird ihr erfahrungsmäßig und aus leicht nachweislichen Gründen höchstens auf Augenblicke zuteil, und jeder Mißbrauch derselben hat entsprechende Vorkehrungen gegen den Wiederholungsfall zur natürlichen Folge.[58]

Blickt man mit etwas Abstand auf die »realpolitische« Mentalität des deutschen Bürgertums der zweiten Hälfte des 19. Jahrhunderts, so wird man ein differenziertes Urteil fällen müssen. Zum einen ist unbestreitbar, daß es sich um eine »Anpassungsmentalität« gehandelt hat, die dem Prozeß einer durchgreifenden Demokratisierung der politischen Kultur in Deutschland im Wege stand. Daher urteilt der amerikanische Historiker Theodore S. Hamerow richtig, wenn er sagt:

> Die Realpolitik erreichte ihr Ziel, indem sie alle Ideale opferte – wodurch ein staatliches Gebilde entstand, in dem es an jenen inneren Überzeugungen mangelte, die allein dazu fähig sind, politischen Institutionen eine gewisse Dauer zu verleihen. ⟨...⟩ Es waren noch zwei Weltkriege und eine brutale Diktatur nötig, um den Deutschen zu beweisen, daß der Realismus in der Politik zu einer noch grausameren Niederlage führen kann als der Idealismus.[59]

Insofern wäre der Diskurs der »Realpolitik« Ausdruck einer Spezialität der deutschen Geschichte gewesen, eine Etappe auf dem viel zitierten »Sonderweg« der Deutschen ins 20. Jahrhundert. Es scheint aber, als ob sich in diesem Diskurs noch ein anderes Faktum reflektiert, das man nicht zu den deutschen Besonderheiten rechnen kann: die Tatsache einer Ausdifferenzierung des politischen Systems, das zunehmend einer Eigenlogik unterworfen und nicht mehr unmittelbar in moralischen Kategorien zu fassen war. Es erschien mehr und mehr aussichtslos, das Feld der Politik und die Wirklichkeit des Staats als Aktionsraum freier, verantwortlich handelnder Subjekte zu begreifen, deren Tun und Lassen den Normen moralischer Beurteilung zugänglich war. Die Prozesse der Politik wurden vielmehr als »abstrakt«, die Handlungsweise der staatlichen Organe als »anonym« erfahren, – eine Erfahrung, die sich seither bekanntlich nicht abgebaut hat. Sie potenzierte sich im wilhelminischen Deutschland, das von einer umfassenden Etatisierung fast aller sozialen Lebensbereiche gekennzeichnet war, wie der Historiker Lothar Gall herausgestellt hat:

> Das war der eigentliche tiefe Bruch, der durch die Epoche ging und fast alle Erwartungen und Hoffnungen ihrer Anfänge desavouierte. Wo man auf wachsende Selbstbestimmung gesetzt hatte, stand nun zunehmende Fremdbestimmung. Wo man neue Freiheiten erwartete, gab es neue Zwänge. Wo man der freien Entfaltung lebendiger Kräfte vertraut hatte, bestimmten organisierte Interessen und die Ordnungsmacht Staat das Feld. Die Welt der Maschine, Regulierung und Disziplinierung allen Daseins, der Ameisenstaat – das waren die Perspektiven, die sich vielen Zeitgenossen auftaten. Max Weber sprach von dem »ehernen Gehäuse« einer neuen »Hörigkeit«, das vor allem Staat und Bürokratie errichteten, Theodor Mommsen von dem »Dienst im Gliede« und dem »politischen Fetischismus«, der es ihm unmöglich gemacht habe, im wahren Sinne »ein Bürger zu sein«.[60]

Ausgangspunkt dieser einleitenden Überlegungen war der Vorschlag der Historiker, die Zeit zwischen 1850 und 1890 – von der gescheiterten Revolution bis zu Bismarcks Abschied von der politischen Bühne – als Epoche zu begreifen, die von einer prägnanten Differenz zwischen technisch-ökonomischer Innovation und soziokultureller Traditionalität gekennzeichnet sei. Über die Hintergrundannahme dieser Konstruktion, über die »Modernisierungshypothese« könnte man lange debattieren; darauf kam es hier nicht an. Es ging vielmehr darum, sowohl im Blick auf die ökonomisch-technische Modernisierung wie auf die Ausdifferenzierung des politischen Systems darauf hinzuweisen, daß beide Bereiche im Bewußtsein der Zeitgenossen zu einer Krise und schließlich zum Zerfall lange gültiger Formen der raum-zeitlichen ebenso wie der sozialen und politischen Orientierung führten. In einem verhältnismäßig kurzen Zeitraum verloren quasi natürlich scheinende Wahrnehmungs- und Urteilsweisen ihre Selbstverständlichkeit. Die »Modernisierung« der Lebensverhältnisse ging mit der Erosion vertrauter Maßstäbe einher. Diese Maßstäbe wurden freilich keineswegs automatisch fallengelassen. Man kann sogar beobachten, daß sie im Bereich der bürgerlichen Kultur bewahrt und der Erfahrung raschen Wandels forciert entgegengehalten wurden. In diesem Zusammenhang wird die Themenselektion der literarischen Kommunikation des bürgerlichen Realismus von Bedeutung sein; es war gewiß kein Zufall, daß sie selten Großstädte als Schauplatz gewählt hat, auf die Folgen der Industrialisierung, ja auf das Phänomen selbst, kaum eingegangen ist, daß sie die Sphäre der »großen Politik« meist ausklammerte, dafür überschaubare Räume – Dörfer, Kleinstädte –, traditionelle Arbeitswelten und Konflikte des »Privatlebens« in den Vordergrund stellte – eben nicht »Dampf«, »Elektrizität« und »Börsenschwindel«, um noch einmal Gutzkow zu Wort kommen zu lassen, sondern »Gegenstände des Glaubens, der Liebe, des Hoffens«.[61]

II. Aspekte literarischer Kommunikation

1. Ästhetik des Realismus

In der Literaturgeschichtsschreibung herrschte lange die Meinung vor, der bürgerliche Realismus in Deutschland sei eine literarische Bewegung ohne programmatisches und theoretisches Selbstverständnis gewesen.[62] Im Gegensatz etwa zur Romantik oder zum Naturalismus sei es den realistischen Autoren kaum darum gegangen, ein eigentliches poetisches Programm zu formulieren, so daß man allenfalls von einer »immanenten Poetik« sprechen könne, die in den Dichtungen implizit greifbar werde. Für diese These spricht, daß Autoren wie Keller und Raabe, C. F. Meyer und Storm gewiß keine Programmatiker und Literaturtheoretiker gewesen sind; man findet bei ihnen verhältnismäßig wenig Belege, aus denen sich ihr literarisches Selbstverständnis zusammenhängend erschließen ließe; von einer ausformulierten »Realismustheorie« kann erst recht keine Rede sein. Ein anderes Bild zeigt sich freilich bei Autoren wie Theodor Fontane, Otto Ludwig oder Gustav Freytag: sie haben sich programmatisch geäußert und zu Problemen des »literarischen Realismus« Stellung bezogen. Diese Aussagen stehen im Zusammenhang einer ästhetischen Realismuskonzeption, die man kennen muß, wenn man die Poetik des bürgerlichen Realismus angemessen beurteilen will. Anders als es heute der Fall ist, hatte im 19. Jahrhundert die philosophische Ästhetik noch eine überaus normenprägende Kraft innerhalb der bürgerlichen Kultur. Ihre Kategorien und Wertmaßstäbe steuerten die literarische Kommunikation in kaum zu überschätzender Weise. Und die Kategorie des »Realismus« gehörte zu den wesentlichen Begriffen der philosophischen Ästhetik.

Es ist bislang noch nicht exakt erforscht, wann der Begriff »Realismus« als Kategorie ästhetischer Reflexion erstmals benutzt wurde.[63] Vermutlich wurde er im letzten Drittel des 18. Jahrhunderts in die Diskurse der Ästhetik und Poetik aufgenommen; bei Goethe und vor allem bei Schiller gewinnt er dann bereits feste Kontur. Als Schiller Goethe darum bat, seinem Roman ›Wilhelm Meisters Lehrjahre‹ eine größere philosophische Eindeutigkeit zu geben, rechtfertigte sich der Kritisierte in einem Brief (9.7.1796) mit seinem »realistischen Tic«, der ihn daran hindere, den Roman als literarische Illustration eines philosophischen Bildungsprogramms niederzuschreiben.[64] Der »Realismus«, auf den Goethe sich berief, hat zur Folge gehabt, daß sein Roman den Interpreten bis heute Schwierigkeiten bereitet und nur um den Preis gewisser Gewaltsamkeiten als Modell eines »Bildungsromans« aufgefaßt werden konnte. »Realistisch« war für Goethe eine literarische Haltung, die die Kontingenz des Lebens, die partielle Vergeblichkeit menschlichen Handelns, die Undurchsichtigkeit sozialer Verhältnisse nicht durch idealistische Perfektionsvorstellungen korrigieren ließ, sondern in ihrem poetischen Daseinsrecht anerkannte. Man kann aus dieser Haltung Goethes ersehen, daß der Realismusbegriff in aller Regel kritisch verwendet wurde – Goethe selbst sprach so defensiv wie ironisch von einem »Tic« –, da er ein Literaturkonzept implizierte, das der oft wenig perfekten Wirklichkeit des Lebens mehr Beachtung schenkte als philosophischen Idealbildungen utopischen Zuschnitts. Als »ästhetischen Realismus« definierte der Philosoph Wilhelm Traugott Krug 1832 diejenige Kunstdoktrin, die sich

> bloß an die Dinge oder Sachen halten will, die in der wahrnehmbaren Natur als Geschmacksgegenstände gegeben sind. Sie fodert daher vom Künstler, daß er bloß die Natur nachahme, mithin die reine, von aller Idealität gleichsam entkleidete, Natürlichkeit zum höchsten Zielpunkte seines Strebens mache.[65]

Als Konsequenz dieser Doktrin ergebe sich, so argwöhnte Krug, eine Vorliebe für das »Platte und Gemeine« ohne »ideale Schönheit« – am Ende die bloße Kopie einer banalen Wirklichkeit.[66] Diese Stellungnahme Krugs ist interessant, weil sie erkennen läßt, daß der Realismusbegriff offensichtlich das Erbe einer Zentralkategorie der abendländischen Poetik angetreten hat, die von der Antike bis ins 18. Jahrhundert hinein die Diskussion um den Wirklichkeitsbezug der Dichtung bestimmte: die Kategorie der Naturnachahmung, der *Mimesis*.[67]

Das Verhältnis von Realismus und Mimesis ist nicht einfach zu bestimmen. Schon deshalb nicht, weil der Mimesisbegriff keine eindeutige Semantik hatte und mit ihm durchaus Verschiedenes anvisiert wurde. Das macht man sich am besten klar, wenn man auf die griechischen Ursprünge des Begriffs zurückgeht.[68] Platon hat in seiner Schrift ›Politeia‹ die Dichter bekanntlich überaus schlecht wegkommen lassen; sie sollten aus dem idealen Staat geradezu hinausgeworfen werden, zumindest all jene, die sich zur Mimesis bekannten. Denn sie würden nur täuschen und lügen, so befand Platon. Wie kam er zu diesem Urteil? Ihm galten bekanntlich die »Ideen« als das eigentliche Sein, als die höchste Wirklichkeit, und allein die Bemühung um ihre Erkenntnis begründete für ihn die Möglichkeit eines sicheren Wissens. Die empirische Welt galt ihm als »Abbild« dieser Ideen, sie hat Wirklichkeit allein im Maße ihrer Teilhabe an den Ideen. Platon begreift sie deshalb als Mimesis der Ideen. Und der nachahmende Künstler bezieht sich nun nicht auf die Ideen selbst, sondern auf ihre Abbilder – auf die empirischen Phänomene. Er produziert gleichsam eine Mimesis zweiten Grades, die sich von der Wirklichkeit der Ideen weit entfernt hat. Weil sich der nachahmende Künstler in dieser Entfernung von den allein wirklichen Ideen befinde und daher vom wahren Wissen ebenso weit entfernt sei, sind seine Produktionen für Platon ohne alle Bedeutung; schlimmer noch, sie sind geradezu schädlich, weil sie die Menschen von ernsthafter Bemühung um Erkenntnis abbringen und mit wertlosen Surrogaten verwirren. Daher hatten sie in Platons Utopie eines vollendeten Staates nichts zu suchen.

Gegen Platons Kritik hat sein Schüler Aristoteles eine Rettung der Mimesis versucht. Diese steht in dem größeren Zusammenhang seiner Umformulierung der platonischen Ideenlehre; für Aristoteles ist die Idee nicht so sehr außerweltliche Realität als vielmehr das immanente Bildungsprinzip des Seienden, das ihm seinen idealen Zustand, sein optimales Ziel vorgibt. Und dieses immanente – »entelechetische« – Bildungsprinzip des Seienden ist es, das die Mimesis des Dichters erfassen kann, so die antiplatonische Pointe des Aristoteles. Dadurch wird die Poesie natürlich außerordentlich aufgewertet. Sie wird zu einem erstrangigen Erkenntnismedium, da sie gerade nicht die Zufälligkeit der Erscheinungen, sondern ihr entelechetisches Prinzip nachahme. Es sei nicht

Aufgabe des Dichters – schreibt Aristoteles in seiner ›Poetik‹ –, das wiederzugeben,

> was wirklich geschehen ist, sondern vielmehr, was geschehen könnte, d.h. das nach den Regeln der Wahrscheinlichkeit oder Notwendigkeit Mögliche ⟨...⟩. Daher ist Dichtung etwas Philosophischeres und Ernsthafteres als Geschichtsschreibung, denn die Dichtung teilt mehr das Allgemeine, die Geschichtsschreibung hingegen das Besondere mit.[69]

Das »Besondere« ist für Aristoteles gleichbedeutend mit der Zufälligkeit des Seienden, das seinem immanenten Bildungsgesetz oftmals nicht völlig entspricht und deshalb häufig das in ihm angelegte Ziel nicht wirklich erreicht. Diese Kontingenz des Seienden kann man in der Natur ebenso antreffen wie im Bereich menschlichen Handelns und politischer Einrichtungen. Bäume können unter widrigen Umweltbedingungen verkrüppelt und schief wachsen, Menschen können daran gehindert werden, ihre Anlagen voll auszubilden, Staaten verfehlen oft ganz oder in Teilen ihren eigentlichen Zweck, die Wohlfahrt und Freiheit der Bürger zu gewährleisten. Solche, für Aristoteles zufälligen Verfehlungen der immanenten Teleologie alles Seienden kümmern den Dichter und die Poesie nicht: sie sind dem »Möglichen« verpflichtet, ihre Aufgabe liegt darin, ideale Zustände und Handlungen nachzuahmen, also nicht das, »was ist«, sondern das, »was sein könnte«. Diese These klingt für unser Ohr einigermaßen fremd: die Zusammenschaltung von Mimesisbegriff und Möglichkeitskategorie erscheint geradezu paradox. »Nachahmen« kann man doch nur, was schon da ist – das »Mögliche« kann man allenfalls erfinden oder herbeiphantasieren! Man muß die aristotelische Konzeption des »Möglichen« aber strikt im Rahmen der sie tragenden Ontologie verstehen; dann löst sich das Paradoxon auf: Wenn es zum Wesen des Wirklichen gehört, daß es einem ihm immanenten Bildungsgesetz folgt, ja wenn diese entelechetische Struktur das Seiende eigentlich regiert und seine perfekte Verwirklichung nur an »Zufällen« scheitert, dann ist es sinnvoll, von einer Mimesis des Möglichen, d.h. einer Nachahmung des seinsimmanenten Bildungsprinzips zu sprechen. Erst als der Wirklichkeitsbegriff, dem diese Konzeption verpflichtet war, fragwürdig wurde, konnte der Begriff des »Möglichen« eine ganz verwandelte Bedeutung annehmen und nun dazu dienen, die Subjektivität eines Künstlers in Szene zu setzen, dessen Phantasie sich von der »Wirklichkeit« keine Grenzen mehr diktieren lassen mußte.

Die dichtungstheoretischen Ideen Platons und Aristoteles' wurden hier so ausführlich angeführt, weil sie die Bandbreite des alteuropäischen Nachahmungsprinzips paradigmatisch ausgeschritten und wirkungsmächtig formuliert haben. Was ihre Rezeptionsgeschichte betrifft, so ist unübersehbar, daß die aristotelische Version der Mimesis bei weitem erfolgreicher war: ihre positive Wertung, nicht Platons Kritik, konnte eine Dichtungstheorie legitimieren, die in dem Nachahmungsgrundsatz den Angelpunkt ihres Selbstverständnisses sah – und dies galt, grob gesagt, bis in die Mitte des 18. Jahrhunderts hinein. Gottsched hielt Aristoteles für den »besten Criticus« unter den Griechen[70] und übernahm dessen Definition ebenso wie sein Zürcher Widersacher Bodmer, der 1741 zwei Arten von »Nachahmung« unterschied:

> Entweder beschreibt ⟨der Dichter⟩, was die Natur wirklich hat werden lassen, ⟨...⟩ oder er schreibt von solchen Sachen, die sie in andern Absichten, wahrscheinlicher Weise, wie diese Absichten dann erfordert hätten, zwar in einer andern Ordnung, jedoch ohne Veränderung ihrer gewöhnlichen und angenommenen Gesetze, hervorgebracht hätte. Und diese letztere Art der Nachahmung ist dem Poeten wahrhaftig eigen, und unterscheidet ihn hauptsächlich von dem Geschichtsschreiber.[71]

Die Bestimmungen des Aristoteles haben bis in die Mitte des 18. Jahrhunderts fast kanonische Bedeutung besessen und wurden immer wieder zitiert und paraphrasiert. Wie konnte es dann aber dazu kommen, daß der neue Realismusbegriff nicht an die aristotelische, sondern an die platonische Fassung des Mimesisgrundsatzes angeschlossen wurde? Diesen Bezug erweist in besonders beeindruckender Weise Schellings bekannte Polemik gegen den »poetischen Realismus« in seinen ›Vorlesungen über die Methode des akademischen Studiums‹ aus dem Jahre 1802 (veröffentlicht 1813). Denn in der letzten dieser Vorlesungen mit dem Titel ›Über Wissenschaft der Kunst, in bezug auf das akademische Studium‹ verteidigt Schelling die Zuständigkeit der Philosophie für Poesie und Kunst. Dabei setzt er sich fast zwangsläufig auch mit Platons Mimesiskritik und Dichterschelte auseinander. Schelling sagt dazu:

> Was ist Plato's Verwerfung der Dichtkunst ⟨...⟩ anders, als Polemik gegen den *poetischen Realismus*!⁷²

Wie konnte es also dazu kommen, daß »Realismus« als fragwürdige Kopie des Wirklichen, ohne große künstlerische Bedeutung, ausgegeben wurde, wie auch Goethe deutlich gemacht hat, der sich zwar gegenüber Schillers philosophischen Zumutungen auf seinen »realistischen Tic« zurückzog und sich gelegentlich auch als »Stockrealiste« bezeichnete, andererseits aber keinen Zweifel daran ließ, daß die »bloße Nachahmung« der Kunst nicht genügen könne?

> Was soll das Reale an sich? Wir haben Freude daran, wenn es mit Wahrheit dargestellt ist ⟨...⟩; aber der eigentliche Gewinn für unsere höhere Natur liegt doch allein im Idealen, das aus dem Herzen des Dichters hervorging.⁷³

Diese Sätze Goethes können einen Hinweis auf das Motiv geben, das den Realismusbegriff innerhalb der ästhetischen Theorie um 1800 negativ bestimmte und ihn – wenn man so will – in den Horizont der platonischen Nachahmungskritik rückte. Das »Herz des Dichters«, nicht das »Reale«, so meinte Goethe, sei die eigentliche zentrale Instanz der Poesie. Damit greift Goethe eher beiläufig jenes Argument auf, das die Nachahmungspoetik im 18. Jahrhundert zu Fall brachte: nicht mehr als Repräsentation einer vorgegebenen Wirklichkeit und ihrer immanenten Möglichkeiten galt Literatur nun, sondern als Ausdruck einer schöpferischen Subjektivität, die sich der Wirklichkeit nur als »Stoff« bedient, um ihn auf individuelle Weise zum eigentümlichen Werk zu verarbeiten. Nicht mehr als »Nachahmung« der Wirklichkeit, sondern als Expression von Subjektivität erlangt das künstlerische Werk seinen besonderen Rang.

Überall hat das Genie nur die Befriedigung des inneren Dranges zum Zweck ⟨schrieb Wilhelm von Humboldt 1793⟩, und der Bildner z. B. will nicht eigentlich das Bild eines Gottes darstellen, sondern die Fülle seiner plastischen Einbildungskraft in dieser Gestalt ausdrücken.[74]

Das Kunstwerk ist nicht länger Abbild der Welt, sondern Sinnbild der produktiven Kraft des Subjekts. In dieser Semantik der »schöpferischen Subjektivität« reflektierte sich der Prozeß der Ausdifferenzierung von Kunst und Literatur zu einem eigenständigen Kommunikationssystem.[75] Um Literatur als »autonom« denken zu können, war ihre kategoriale Abkopplung von einem Wirklichkeitskonzept nötig, das ihr in der alteuropäischen Poetik verpflichtend vorgegeben war. Als »Nachahmung« war Literatur ja »heteronom«, einer Wirklichkeit nachgeordnet, deren Möglichkeiten sie repräsentieren, aber nicht überschreiten konnte. Erst die Ablösung von solchem Realitätsbezug schuf die Voraussetzung, die Eigenständigkeit der Dichtung positiv denken zu können. An die Stelle der »Wirklichkeit« als höchster Bezugspunkt trat nun – im letzten Drittel des 18. Jahrhunderts – die Subjektivität des Künstlers; diese hatte Literatur zuallererst auszudrücken. Es sei aber darauf hingewiesen, daß auch diese Position nur eine Übergangslösung war, wenn man die weitere Entwicklung der poetologischen Reflexion im 19. Jahrhundert betrachtet. Denn in gewisser Weise mußte selbst noch das »schöpferische Genie« als externe – »heteronome« – Instanz erscheinen; überspitzt formuliert, hätte man die Literatur nun als Mimesis von – literaturexterner – Subjektivität definieren können. Deshalb ist diese Emphatik des »Genies« schon in der *Frühromantik* so transformiert worden, daß nunmehr Kunst allein noch durch ihre Selbstreferenz, d. h. letztlich tautologisch bestimmt wurde: »Poesie ist Poesie«, so Hardenberg.[76]

Wesentlich aber war, daß sich die Literatur im Prozeß ihrer Ausdifferenzierung zu einem besonderen Kommunikationssystem der modernen Gesellschaft von jener Funktionsbestimmung befreite, die sie bislang vorrangig gekennzeichnet hatte: die Realität zu repräsentieren, Mimesis zu sein. »Nachahmung« wird nun zu einem geradezu antikünstlerischen Prinzip, das allenfalls Kopien des Wirklichen zustande bringe. Dieses Prinzip wird im 19. Jahrhundert dann häufig »Realismus« oder auch »Naturalismus« genannt und unter diesen Titeln ästhetisch ins Abseits gestellt. Ein Konversationslexikon definierte im Jahre 1848 folgendermaßen:

> In ästhetischer Beziehung stellt der *Realismus* die Nachahmung der *Natur* als das Prinzip der Kunst auf und so können die Naturalisten in der Kunst einigermaßen auch Realisten genannt werden.[77]

Mit dieser durchweg pejorativen Verwendung des Begriffs, die eine Kontinuität von Realismus und Mimesis unterstellte, mußten sich die Programmatiker der realistischen Ästhetik und Poetik selbstverständlich auseinandersetzen, als sie in den fünfziger und sechziger Jahren des 19. Jahrhunderts ihre eigene Position zu formulieren versuchten. »Begriffskosmetisch« – also mit so zeittypischen Etiketten wie »wahrer«, »poetischer«, »gesunder« oder »echter« Realismus – war das Problem allein nicht zu lösen. Diese Zusatzbestimmungen weisen nur darauf hin, daß die Verwendung des Realismusbegriffs eine eher riskante Sache war. Vielmehr ging es um eine Konzeption, nach der die Literatur Realität thematisieren konnte, ohne ihren Status *als Literatur* zu gefährden. Daß es genau um diese Frage ging, macht eine Äußerung Theodor Fontanes deutlich; er definierte »Realismus« 1852 als »Widerspiegelung alles wirklichen Lebens ⟨...⟩ *im Elemente der Kunst*«.[78] D. h. aber – und dieses ist der zentrale Aspekt –, »Realismus« konnte allein dann als Selbstbeschreibung für Literatur gelten, wenn unbezweifelbar sichergestellt war, daß seine Thematisierung von Wirklichkeit dieselbe gleichsam an der Schwelle ihres Übertritts in die Literatur ästhetisch umcodierte – das Reale also in ein ästhetisches Konstrukt transformiert wurde.[79] Sollte »Realismus« etwas anderes sein, als seine Kritiker in ihm sahen, sollte er als poetologische Kategorie aufgewertet werden, dann bedurfte es einer theoretischen Begründung für die Möglichkeit einer zugleich autonomen wie realitätsbezogenen literarischen Kommunikation, die gleichsam stets mitsignalisiert, daß es sich um »Dichtung« handelt, wenn von »Wirklichkeit« die Rede ist. Nicht die Wirklichkeit nachzuahmen, sondern sie zu einem Thema literarischer Kommunikation zu machen – nicht Mimesis, sondern poetische Transformation des Realen –, stand auf der Tagesordnung der »realistischen« Ästhetik nach der Jahrhundertmitte, d. h. die Theoretiker des Realismus hatten deutlich zu machen, daß sie den Bezug von »Literatur und Wirklichkeit« nicht in der Tradition der Nachahmungslehre, sondern vor dem Hintergrund des Selbstverständnisses moderner Kunst und Literatur neu bestimmen wollten; die Kategorie »Realismus« mußte von dem kompromittierenden Erbe der »Nachahmung« befreit und als Titel für den »Wirklichkeitsbezug« modern-autonomer Literatur neu zur Geltung gebracht werden.[80]

2. Natur, Kunst und die Funktion der »Verklärung«

Hier ließen sich die Ästhetiker des Realismus – heute meist vergessene Autoren wie Horwicz, v. Kirchmann, Vischer, Carrière u. a. – eine auf den ersten Blick verblüffende Lösung einfallen. In impliziter, der Sache nach zugleich fragwürdiger Anknüpfung an bestimmte Theoreme Hegels zum sog. »poetischen Weltzustand« erklärten sie die Realität selbst für »schön« – zumindest partiell, hier und da, in Ausschnitten. Diese »Lösung« kam geradezu einem Taschenspielertrick gleich: Wenn das Wirkliche nämlich bereits »schön« ist, dann erscheint seine Umsetzung ins Medium der Literatur unproblematisch; dann gilt schon für den Sektor des Realen jene Norm, die die Kommunikation über Literatur und Kunst reguliert: die Differenz »schön« / »nicht-schön«. Der Übergang des Realen in die Literatur scheint in diesem Fall keine Neucodierung vorauszusetzen: das Wirkliche ist schon per se im Prinzip literaturfähig; es unterliegt denselben Regulativen wie Kunst und Dichtung. Der »realistische« Ästhetiker Adolf Horwicz hat diese Überlegung 1869 in folgender Weise erläutert: ihm erschien die »Realität des Schönen« unzweifelhaft; »schön« ist kein Prädikat des bloß subjektiven Urteils, sondern eine Eigenschaft des wirklichen Seins.

> Wenn ich urteile: dieser Charakter, diese Handstellung, dieser Faltenwurf ist verfehlt, so urteile ich damit weder so: dieser Charakter, Handstellung, Faltenwurf gefällt *mir* nicht, noch so: erfahrungsgemäß werden Charaktere,

Hände, Faltenwurf von bewährten Künstlern nicht so dargestellt, sondern so: es ist unmöglich, daß ein Charakter usw. in der Natur so beschaffen sei. Dies läßt darauf schließen, daß der Grund des Schönen etwas mehr sein müsse als bloß eine Reflexion der Seele. Denn das Urteil geht nicht dahin, daß es mir oder jedem so scheinen, sondern daß es in der realen Natur so sein müsse. Eine solche aufs Objekt überspringende Evidenz, in welcher das Subjekt des Objekts ebenso gewiß als seiner selbst ist, findet sich denn auch wirklich bei jedem Schönen.[81]

Horwicz gibt dann Beispiele für die Realität und Objektivität des Schönen; er verweist auf Landschaften und glaubt, daß die »Stimmung«, die sie dem Betrachtenden vermittelten, in ihnen faktisch vorhanden seien; er verweist in gleicher Weise auf die Schönheit des Menschen, die ebenfalls »objektiv und real« sei.[82]

Diese Einstellung der »Schönheit« gegenüber ist ein signifikantes Merkmal der realistischen Ästhetik gewesen. Die Realität des Schönen vor aller subjektiven Wahrnehmung und allem individuellen Urteil galt ihr als gewiß – ja, diese Annahme war gleichsam die Basis ihrer gesamten Argumentation. Die Literatur hat kein Privileg auf »Schönheit«, diese kommt vielmehr in der Welt objektiv vor – als Naturschönes oder als Schönheit menschlicher Handlungen –, und dieses »Realschöne« ist vorrangiges Thema literarischer Kommunikation. Verblüffend darf man diese Lösung nennen, weil sie im Handstreich jenes Problem zu beseitigen schien, das die realistischen Programmatiker vor allem bedrängte: die Frage, wie Literatur ihren Kunstcharakter wahren kann, wenn sie sich auf »Wirklichkeit« einläßt. Wenn das Reale selbst schon Kunstqualität hat, objektiv schön ist, dann geht eine literarische Praxis, die diese Wirklichkeit zum Thema nimmt, kaum ein Risiko ein, ihren Status als Kunst aufs Spiel zu setzen; die »Schönheit« der »Sache« schien geradezu eine Garantie für die »Schönheit« des Werks zu bieten. Diese Position enthielt aber eine Schwachstelle, die den Realisten natürlich nicht verborgen bleiben konnte. Denn wenn die Leitdifferenz der literarischen Kommunikation – die Unterscheidung »schön« / »nichtschön« – auch für das Reale gilt bzw. eine Kommunikationsmöglichkeit über die Realität eröffnet – also z. B. Diskurse über das sog. »Naturschöne« zuläßt –, dann fehlt der literarischen Kommunikation eine *spezifische* Formel zur Selbstbeschreibung ihrer Differenz gegenüber anderen Kommunikationen. Überspitzt formuliert: Wer die Welt für schön hält, kann dann mit der Kategorie »schön« nicht auch noch die Besonderheit von Kunst und Literatur bezeichnen wollen. Dieser Einsicht konnten sich die Ästhetiker des Realismus natürlich nicht verschließen. Daher mußten sie eine Respezifizierung der Literaturkommunikation vornehmen, einfacher gesagt: sie mußten eine Formel finden, die für Literatur und Realität nicht gleichermaßen Verwendung finden konnte, sondern – anders als im Falle von »schön« – für die Spezialkommunikation des literarischen Systems reserviert bleiben sollte. Diese Formel war die der »Verklärung« (bzw. »Läuterung« oder »Idealisierung«).[83] Die Differenz von Kunst und Wirklichkeit konnte dann als Gegensatz von »verklärt« / »unverklärt« beschrieben werden. So konnte man etwa folgendermaßen argumentieren: Die Wirklichkeit enthält gewiß viele schöne Aspekte, Einzelheiten, Formen und Gestalten – aber in »unverklärtem« oder in nicht »geläutertem« Zustand. Die Spezifik der Kunst gegenüber der Realität besteht nun darin, in einem Verfahren der »Verklärung« oder »Läuterung« diese schönen Seiten der realen Welt von allem Nichthinzugehörigen, Belanglosen, Störenden zu befreien und gleichsam – um in der Metaphorik zu bleiben – in »schlackenlosem Glanze« zu präsentieren.[84] Die Spezifik des literarischen Systems war eine Spezifik der »Reinigung« oder Selektion und Verdichtung. Was in der Wirklichkeit nur zufällig und inkohärent vorkomme – das Schöne –, das zeige die Kunst als notwendig und zusammenhängend. Diesen Gedanken, der in allen wesentlichen Zügen der Ästhetik Hegels entlehnt ist, aber Hegels Historisierung des Schönen in der Bestimmung des »poetischen Weltzustands« übergeht, um noch die Gegenwart für die »Verklärung« retten zu können, hat der Philosoph Julius Hermann von Kirchmann in seiner 1869 publizierten ›Ästhetik auf *realistischer* Grundlage‹ mit aller Klarheit herausgestellt. Er verwendete anstelle der Kategorie der »Läuterung« den älteren Begriff der »Idealisierung«, der aber exakt dasselbe meint; Kirchmann schreibt:

> Die reale Welt, sowohl die natürliche, wie die des Handelns ist wohl die Quelle der realen Gefühle für den Menschen; aber die Erfahrung zeigt, daß sie neben dem Bedeutenden auch des Gleichgültigen viel enthält; daß das

Seelenvolle durch das Gemisch mit Seelenlosem darin abgeschwächt ist; daß dasselbe seelenvolle Reale oft auch die Ursachen widersprechender Gefühle zugleich in sich hat. Die einfache Nachahmung des Realen würde also das Ziel alles Schönen nur mangelhaft erreichen. Soll dies voll geschehen, so muß das Prosaische, das Störende von dem Bilde ferngehalten und das Bedeutende in demselben gesteigert werden. Damit sind die Grundlagen des Begriffes gewonnen. Die Idealisierung hat eine *reinigende* und eine *verstärkende* Richtung; jene beseitigt die bedeutungslosen und störenden Elemente des Gegenstandes; diese verstärkt die seelenvollen. Damit wird die ideale Wirkung seines so erhöhten Bildes reiner, dichter, harmonischer und stärker, als die reale Wirkung des Gegenstandes in der realen Welt.[85]

Diese Sätze Kirchmanns enthalten die wesentlichen Kernaussagen der realistischen Ästhetik; in abgewandelter Form finden sie sich bei fast allen Autoren dieser Zeit, die sich theoretisch oder programmatisch geäußert haben. Exemplarisch seien hier lediglich Fontane und Keller angeführt. Fontane warnte bekanntlich davor, Realismus mit Elendsschilderei zu verwechseln und bei der »Darstellung eines sterbenden Proletariers, den hungernde Kinder umstehen«, zu glauben, man habe ein genuin »realistisches« Sujet vor sich.

Diese Richtung verhält sich zum echten Realismus wie das rohe Erz zum Metall: die Läuterung fehlt.[86]

Später spricht Fontane lieber von »Verklärung« – eine Kompetenz, die in erster Linie die Kunst des Weglassenkönnens, Ausblendens, Nichtsehenwollens ist, wenn es um Aspekte der Wirklichkeit geht, die als »schöne« nicht in Frage kommen. Man sieht hier natürlich, daß die Kategorie der »Verklärung« keineswegs nur eine unschuldige Bezeichnung der Differenzqualität aller Kunst und Literatur gegenüber dem Wirklichen war, sondern zugleich eine Normierung der literarischen Perspektive, eine Selektion der literaturfähigen Themen – und dazu zählte für Fontane 1852 soziales Elend nicht.[87] In vergleichbarer Weise hat auch Gottfried Keller den Begriff der »Verklärung« verwendet; 1858 schrieb er an Berthold Auerbach:

⟨Ich⟩ halte ⟨...⟩ es für Pflicht eines Poeten, nicht nur das Vergangene zu verklären, sondern das Gegenwärtige, die Keime der Zukunft so weit zu verstärken und zu verschönern, daß die Leute nun glauben können, ja, so seien sie, und so gehe es zu! ⟨...⟩ Kurz, man muß, wie man schwangeren Frauen etwa schöne Bildwerke vorhält, dem allezeit trächtigen Nationalgrundstockt stets etwas Besseres zeigen, als er schon ist.[88]

Auch für Keller hat die Kategorie »Verklärung« also verdichtende und verschönernde Kraft, die die Realität von allem befreit, was »unschön«, »störend«, »unpassend« sein könnte. Indem sie die kontingente Schönheit der Welt im Medium der Dichtung kondensiert, gewinnt sie für Keller zugleich mobilisierende und bewußtseinsbildende Potenz: Die Wahrnehmung »idealer Schönheit« soll auf das reale Leben und seine Dynamik positiv zurückwirken – deshalb das Beispiel von der schwangeren Frau, der die Betrachtung schöner Bilder zu einem gelungenen Kind verhelfen soll.

Als Fazit dieser Überlegungen zeichnen sich vier Aspekte ab:

(1) Die Ästhetik des Realismus im 19. Jahrhundert distanzierte sich mit allem denkbaren Nachdruck von der Tradition der Nachahmungspoetik. Als »Nachahmung« verstand man – im Gegenzug zur aristotelischen Tradition Alteuropas – in erster Linie die bloße *Kopie* der Realität in ihren zufälligen Gegebenheiten; und solche Kopien wurden im 19. Jahrhundert technisch in Form der Photographie hergestellt; in diesem Medium sah man die ideale Erfüllung der Nachahmung.

(2) An die Stelle der »Nachahmung« als Modus des Wirklichkeitsbezuges setzte die realistische Ästhetik die *Verklärung*. Dieser Begriff sollte die Besonderheit der Literatur gegenüber einer Wirklichkeit markieren, von der man annahm, daß sie mindestens in Teilen selbst »schön« sei. Die Kategorie der »Verklärung« respezifizierte den Begriff »Schönheit« für das literarische System. »Verklärung« war jene selektive Operation, die aus »Realschönem« Kunstschönes werden ließ und damit die »Autonomie« der Kunst garantieren konnte.

(3) Zwar muß man den Begriff *Verklärung* zuallererst als Formel würdigen, mit der die realistische Ästhetik deutlich machen wollte, daß es sich um literarische Kommunikation handeln soll, wenn von

Realität die Rede ist, aber es bleibt doch unübersehbar, daß die Kategorie außerordentlich zweideutig ist: einerseits eine poetologische Kategorie der Selbstbeschreibung des literarischen Systems, andererseits ein Instrument zur Selektion von Themen für die literarische Kommunikation, d. h. ein Instrument zur Ausgrenzung vielfältiger Phänomene als »unverklärt« bzw. »unverklär*bar*«. *Verklärung* funktionierte also nicht nur als formaler Index von Poetizität, sondern zugleich als massive Zensur im Blick auf mögliche Themen, die im literarischen System hätten aufgegriffen werden können.

(4) Ein letzter Gesichtspunkt muß noch nachgetragen werden. Er betrifft das *Wirklichkeitsmodell*, das der realistischen Ästhetik zugrunde lag. Dieses folgte konventionell der Unterscheidung von »Wesen« und »Erscheinung« bzw. ihrer topischen Variante, dem Kontrast von »Tiefe« und »Oberfläche«. Mit dieser Hintergrundsannahme argumentierte die realistische Ästhetik dann folgendermaßen: Die »Oberfläche« der phänomenalen Wirklichkeit könne allenfalls nachgeahmt oder kopiert werden; wesenhaft »schön« und damit Thema für Literatur seien aber allein solche Phänomene, in denen sich die Tiefe des Seins reflektiere. Der »verklärende« Blick des Künstlers sei also immer ein »Tiefenblick«, der die kontingente Oberfläche der Realität zu durchdringen vermag, um sie als »Erscheinung« eines »tieferen« Seins zu enthüllen oder als leeres und zufälliges Phänomen der Wesenlosigkeit preiszugeben. Die Realismusforschung verdankt den Untersuchungen Ulf Eiseles überaus aufschlußreiche Einsichten in die gnoseologische Struktur der realistischen Ästhetik.[89] Man kann Eiseles Überlegungen gut in einer Skizze verdeutlichen:

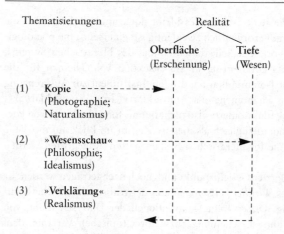

Die besondere Leistung der Literatur liegt also darin, nur solche Phänomene oder Erscheinungen zu präsentieren, die als »wesentlich« gelten können. Für Eisele steht die realistische Programmatik daher mehr oder weniger ungebrochen in der Kontinuität der Ästhetik des deutschen Idealismus, besonders Hegels, der schöne Kunst ja generell als »sinnliche Erscheinung der Idee« definiert hatte – seine Gegenwart, das 19. Jahrhundert, jedoch kaum noch für »verklärbar« oder »idealisierbar« hielt. Das unterscheidet ihn prinzipiell von aller realistischen Ästhetik. Hier liegt aber noch ein anderes Problem: Wenn es nämlich das Wesen der Realität ist, das die Literatur zur Prägnanz sinnlicher Anschauung bringt, was macht dann ihre Besonderheit aus? Oder anders gefragt: Ist sie dann nicht doch Mimesis – freilich nicht Kopie, sondern im Sinne des Aristoteles Nachahmung der wesentlichen Struktur des Seienden, nicht seiner Zufälligkeiten? Wenn die Kunstgestalt aber Mimesis wesentlicher Wirklichkeit ist, dann steht ihr spezifischer Kunstcharakter wieder zur Disposition. Die Selbstbeschreibung als »Verklärung« müßte in dieser Perspektive weniger als Poetizitätsindex denn als Erkenntnisleistung beschrieben werden: »Verklärung« als Innewerden des Wesens in der Erscheinung!

So zeigt die Ästhetik des Realismus schließlich ein einigermaßen janusköpfiges Bild: In ihr – und zumal in ihrer Leitformel, der

»Verklärung« – haben sich recht unterschiedliche Motive zusammengefunden, die womöglich konzeptuell nicht konsistent zusammenpassen und eher als Konstellation divergierender Interessen hingenommen werden müssen. Schwierigkeiten dieser Art stellen sich wohl ein, wenn man in einem Zug Wesentliches über die Wirklichkeit aussagen – sie also »erkennen« will, und zugleich darauf pocht, es sei nichts als Poesie, vor allem keine Wissenschaft, was man mache.

3. Die Herausforderung der Photographie

Die Bewertung der Photographie in der Ästhetik des Realismus läßt deren normatives Selbstverständnis besonders prägnant zutage treten. Als die Erfindung der Photographie 1839 in Paris bekannt gemacht wurde, war sie eine Sensation. Liest man heute die ersten Zeugnisse, die sich mit dem neuen Medium auseinandersetzten, dann überrascht, daß die »künstlerische« Seite kaum diskutiert wurde; um so mehr faszinierte die ersten Betrachter von Photographien oder »Daguerreotypen« die Exaktheit und Detailgenauigkeit der photographischen Wirklichkeitswiedergabe, die allen bis dahin gebräuchlichen Verfahren wie Lithographie oder Stahlstich haushoch überlegen schien. Der Korrespondent des »Kunstblattes« schrieb am 24. September 1839 über seine ersten Eindrücke:

> Diese ganz einzigen Kopien zeichnen sich durch Nettigkeit, Bestimmtheit, Relief und unerhörte Wahrheit aus. Die Zartheit der Umrisse ⟨...⟩, die Ausführlichkeit der allergeringsten Details, das alles findet sich in höchster Vollendung ausgedrückt. Die schärfste Lupe, welche so viele Illusionen zerstört und uns oft in den zartesten ⟨...⟩ Meisterwerken schreckliche Dinge und Ungeheuer entdecken läßt, prüft und mustert vergebens diese Kunstprodukte, welche alle Proben ihrer genauesten Untersuchungen aushalten ⟨...⟩. Das Vergrößerungsglas macht im Gegenteil den unermeßlichen Vorzug dieser von den Strahlen des Tagslichts gestochenen Kupferstiche nur noch einleuchtender; wir entdecken mit jedem Schritt immer neue, immer köstliche Einzelheiten und unendlich viele Feinheiten und Nuancierungen, welche dem unbewaffneten Auge in der Wirklichkeit entschlüpfen.[90]

Auf ähnliche Weise zeigte sich auch der berühmte Naturforscher Alexander von Humboldt beeindruckt; auch er staunte, wie eine Briefstelle belegt, über die Präzision des Details:

> Als Daguerre mir die Ansicht des Tuilerien Hofes zeigte, sagte er, der Wind habe in einen Heuwagen geweht. Ich sah durch eine Lupe und sah an allen Fenstern Strohhalme geklebt und abgebildet.[91]

Die außerordentliche Genauigkeit der photographischen Wirklichkeitserfassung faszinierte keineswegs nur die naturwissenschaftlich interessierte Öffentlichkeit. So schrieb der Dichter Hans Christian Andersen Anfang 1839 in einem Brief:

> Alle Gegenstände werden wie in einem Spiegelbilde aufgefangen und festgehalten. Betrachtet man sie durch ein Mikroskop, so entwickelt sich der feinste Punkt zu einem detaillierten Gegenstand. ⟨...⟩ Unsere Epoche ist das goldene Zeitalter der Erfinder! O könnte ich doch wie ein Daguerre erfinden und das Spiegelbild des Herzens zeigen![92]

Es ist nun reizvoll festzustellen, daß die Literatur in den vierziger und fünfziger Jahren von der beeindruckenden Realitätserfassung der Photographie animiert wurde, nach ähnlichen Wegen zu suchen. Ein eher modisches Phänomen war, sich im Titel auf das neue Medium zu beziehen und dann »Lichtbilder«, »Photographien« oder »Daguerreotypen« von diesem und jenem zu publizieren;[93] hervorzuheben ist dagegen das Genre der Reise- und Stadtbeschreibung, dem schon traditionell »reportageartige« Züge eigen waren. Es nimmt nicht wunder, daß um die Mitte des 19. Jahrhunderts eine große Anzahl solcher Beschreibungen unter dem Titel »Photographien« verfaßt wurden. Prominentestes Beispiel ist wohl Heinrich Heines ›Lutetia‹ – seine Schilderungen des politischen und kulturellen Lebens in Paris –; in dem Widmungsbrief an den Fürsten Pückler-Muskau heißt es programmatisch:

> Ein ehrliches Daguerreotyp muß eine Fliege eben so gut wie das stolzeste Pferd treu wiedergeben, und meine Berichte sind ein *daguerreotypisches Geschichtsbuch*, worin jeder Tag sich selber abkonterfeite, und durch die Zusammenstellung solcher Bilder hat der ordnende Geist des Künstlers

ein Werk geliefert, worin das Dargestellte seine Treue authentisch durch sich selbst dokumentiert. Mein Buch ist daher zugleich ein Produkt der Natur und der Kunst ⟨...⟩.[94]

Es ist sozialgeschichtlich bedeutsam, daß erst in dem Moment, als die Photographie aufgrund technischer Verbesserungen ihres Verfahrens zu einem ernstzunehmenden wirtschaftlichen und kulturellen Faktor wurde, ihre ästhetische Dimension stärker in den Vordergrund trat und außerordentlich kontrovers diskutiert wurde: »Der Anspruch der Photographie, eine Kunst zu sein, ist gleichzeitig mit ihrem Auftreten als Ware«, hat Walter Benjamin pointiert gesagt.[95]

Es kann hier nicht um die Analyse der Gründe gehen, die die Debatte um den »Kunstcharakter« der Photographie auslösten.[96] Schlaglichtartig sei nur erwähnt, daß die ersten berufsmäßigen Photographen häufig vorher bildende Künstler waren, die sich von dem erfolgreichen Medium ein Geschäft erhofften; daß die Aufwertung als »Kunst« den Photographen ein höheres Sozialprestige zu versprechen schien; und als wohl wesentlichster Grund: Um sich vor Konkurrenz zu schützen und ihren Bildnissen urheberrechtlichen Schutz zukommen zu lassen, bemühten sich die Photographen um den Nachweis der Kunstqualität ihres Tuns. Die etablierte Kunst und die offizielle Kultur sahen sich auf der anderen Seite aber von der massenwirksamen und publizitätsträchtigen »Karriere« der Photographie provoziert; sie entwickelten vor allem seit den sechziger Jahren eine Reihe von Abgrenzungsstrategien, die das neue Verfahren in der kulturellen Rangordnung niederhalten sollten. Dazu bedienten sie sich genuin ästhetischer Argumente. Schon 1846 wandte sich der Philosoph August Kahlert, ohne die Photographie besonders zu nennen, gegen eine »Nachahmung durch Maschinen«, da

die Kunstgestalt kein Spiegelbild der Naturgestalt ist, insofern nämlich der einzelne menschliche Geist kraft seiner tätigen Natur genötigt wird, das aufgenommene Bild sofort zu seinem *Eigentume* zu machen, und es daher nicht anders, denn von seiner *Eigentümlichkeit* befruchtet, wieder loszulassen und als Erscheinung wiederzugeben. Der Indifferentismus eines gemeinen Spiegels kann der Seele des Künstlers nur von Unwissenden zugemutet werden.[97]

Dieses Verdikt gegen den Kunstanspruch sog. »mechanischer« Abbildung formuliert mit großer Eindeutigkeit jene Einwände, die der Photographie dann immer wieder vorgehalten wurden. Da sie nur die sichtbare *Oberfläche* der Welt erreiche, fehle es ihr an *Tiefe*, an der Fähigkeit zur Idealisierung. Da sie das Resultat eines technischen Prozesses sei, klammere sie das »schöpferische Subjekt« aus dem Produktionsvorgang aus und erreiche nichts weiter als eine »seelenlose«, »kalte« oder gar »tote« Reproduktion. Der »realistische« Ästhetiker Julius Hermann v. Kirchmann hat 1868 die Unterscheidung von Kunst und Photographie am Beispiel des Porträts folgendermaßen bestimmt:

> Die Photographie gibt im Gegensatz zu dem guten Portraitgemälde ein treffendes Beispiel zu dem ⟨...⟩ Begriff der Idealisierung. ⟨...⟩ Die Photographie gibt die feinen Härchen, die kleinen Flecken, die zufälligen Verletzungen der Haut ⟨...⟩, obgleich sie ein Wesenloses und Zufälliges sind. ⟨...⟩ Die Photographie bietet ⟨...⟩ das Nebensächliche mit derselben Genauigkeit, wie das Wichtigere.[98]

Vor dem Hintergrund dieser ästhetischen Verwerfung nimmt es kaum wunder, daß im Rahmen der realistischen Literaturkritik die Photographie als Negativcharakterisierung häufig bemüht wurde. So verteidigte Karl Gutzkow die »Freiheit der Dichtung« gegen die Zumutungen eines verengten Realitätsanspruchs:

> Romane, die sich mit Gegenständen des Glaubens, der Liebe, des Hoffens beschäftigen, werden uns und allen Nationen immer berechtigt bleiben, vorausgesetzt, daß sich in ihnen die Schicksale solcher Menschen kreuzen, die wenn auch keineswegs ganz real sind, doch die Elemente der Realität in sich tragen. Denn auch diese Freiheit bleibe dem Dichter unbenommen, sich wie Prometheus Menschen zu schaffen nach seinem Bilde; d.h. Menschen, die nur aus den allgemeinen Grundstoffen der ewigen Menschennatur gewoben und keineswegs *Daguerreotypen einer alltäglichen Wirklichkeit* sind.[99]

Und Theodor Fontane schrieb anläßlich der Lektüre Turgenjews an seine Frau:

Er beobachtet alles wundervoll: Natur, Tier und Menschen; er hat so was von einem photographischen Apparat in Aug und Seele. ⟨...⟩ Ich bewundre die scharfe Beobachtung ⟨...⟩; aber eigentlich langweilt es mich, weil es ⟨...⟩ so grenzenlos prosaisch, so ganz *unverklärt* die Dinge wiedergibt. Ohne diese Verklärung gibt es aber keine eigentliche Kunst.[100]

Fontane ging es um die Unterscheidung realistischer Dichtung von photographischer Wirklichkeitserfassung gemäß dem Gegensatz »verklärt« / »unverklärt«. Wo diese Abgrenzung nicht beachtet schien – und dies schien der deutschen Kritik im Falle des kontemporären französischen Romans der Fall zu sein –, mußte die Photographie wiederum herhalten, um die Schwäche dieser literarischen Richtung zu kennzeichnen. Moriz Carrière, von dem das Programm des sog. »Ideal-Realismus« stammt, kritisierte z. B. an Gustave Flaubert den »Bund der Wissenschaft und Dichtung«, der mit »photographisch genauer Auffassung der Wirklichkeit und ihrer kaltblütigen, scharfen Analyse« einhergehe.[101]

In der Photographie glaubte die realistische Ästhetik einen geradezu idealen Widerpart gefunden zu haben, dem sie alles anlasten und aufbürden konnte, was sie selbst zu vermeiden suchte. Daher wurde die Photographie in der Zeit des Realismus zum Inbegriff des »Kunstfremden«, ja des »Kunstfeindlichen«. Hinter dieser schroffen Ablehnung stand vielleicht die heimliche Befürchtung des literarischen Realismus, den Gefahren, denen man die Photographie ausgeliefert sah, selbst preisgegeben zu sein: der Kontingenz einer Welt, der keine »Verklärung« mehr beikam.

4. *»Realismus« als Programm: Gegner und Vorbilder*

Es ist das Verdienst Friedrich Sengles gewesen, die Programmebene des bürgerlichen Realismus nachdrücklich ins Bewußtsein der Literaturgeschichtsschreibung gerückt zu haben. Sengle schrieb im Jahre 1971:

Zu einem geschichtlich begründeten und begrenzten Realismusbegriff kommt man am ehesten, wenn man sich an die sehr klaren und dezidierten Theoretiker der realistischen Bewegung anschließt. Der Realismus hat ⟨...⟩ den unschätzbaren Vorzug, eine *programmatische* Richtung zu sein. Er gleicht in dieser Beziehung der Romantik und den späteren Ismen.[102]

Um sich ein Bild von dieser Programmdiskussion zu machen, ist es nützlich, zunächst ihren *Ort* ins Auge zu fassen. Es waren in erster Linie Zeitschriften, die als Medien der Auseinandersetzung um Spielräume und Grenzen »realistischer« Literatur dienten. Zeitschriftenartikel haben den Realismusbegriff propagiert oder bekämpft; das Realismuskonzept wurde nicht in gelehrt-beschaulichen Abhandlungen oder wissenschaftlich-systematischen Deduktionen, sondern in Kritiken, Rezensionen und Polemiken vorgetragen. Zu einer theoretischen Systematik bot das Medium der Zeitschrift kaum Gelegenheit.[103]

Die wichtigste unter diesen Zeitschriften war zweifellos ›Die Grenzboten‹; diese Zeitschrift mit dem Untertitel »Zeitschrift für Politik und Literatur« existierte von 1841 bis 1922 und wurde im Nachmärz von Julian Schmidt und Gustav Freytag verantwortlich redigiert; ›Die Grenzboten‹ erschienen in Leipzig. Man geht nicht zu weit, wenn man Julian Schmidt als den eigentlichen Wortführer des »programmatischen Realismus« bezeichnet. Seine Artikel haben das neue Literaturkonzept mit großer Schärfe und Entschiedenheit formuliert, und sind daher auch zum Gegenstand heftiger Attacken geworden. Wie der Untertitel der Nachmärzzeit sagt, waren die »Grenzboten« keineswegs eine rein (oder vorrangig) literarische Zeitschrift; sie haben auch zu historischen, politischen und kulturellen Themen Stellung genommen; um einen Eindruck vom Profil dieser Zeitschrift zu geben, seien einige Titel aus dem Inhaltsverzeichnis des Jahrgangs 1850 angeführt:

> Die Märzpoeten – Neue Schriften über Ungarn – Französische Romantik – Die deutsche Kriegsflotte – Neue dramatische Dichter – Beiträge zur Geschichte der ungarischen Revolution – Ein galizisches Dorf im Frühjahr – Zur Geschichte des englischen Postwesens – Das deutsche Publikum und die fremde Belletristik – usw.

Die Zeitschrift vertrat eine politische Position, die dem gemäßigten Liberalismus verpflichtet war; nach 1866 vollzog auch sie den Schwenk in das Lager Bismarcks.

Die Auflage der »Grenzboten« lag im Nachmärz bei rund 1000 Exemplaren; daher kann von einer eigentlichen Breitenwirkung, wie sie etwa populäre Familienzeitschriften vom Schlage der ›Gartenlaube‹ hatten, (1861: 100000 Ex.; 1875: 380000 Ex.), keine Rede sein. Die ›Grenzboten‹ erreichten allenfalls Teile des bildungsbürgerlichen Publikums, dem sie ihr neues Literaturprogramm, aber auch ihre kulturpolitische Position zu vermitteln suchten.

Noch deutlicher mit historisch-politischem Schwerpunkt traten die ›Preußischen Jahrbücher‹ auf, in denen literaturprogrammatische oder ästhetische Beiträge zur Realismusproblematik eher selten veröffentlicht wurden; die ›Preußischen Jahrbücher‹ wurden zunächst von dem Hegelianer Rudolf Heym geleitet; von Heym stammt die erste kritische Gesamtdarstellung der deutschen Romantik (1870). Heym wollte die Wendung der ›Jahrbücher‹ nach 1866 nicht mitvollziehen und wurde deshalb in der Leitung der Zeitschrift von dem Historiker Heinrich von Treitschke abgelöst, einem entschiedenen Verfechter der preußischen Interessen im Prozeß der Einigung Deutschlands. Auch die ›Preußischen Jahrbücher‹ hatten lediglich eine Auflage von rund 1000 Exemplaren.

Wesentlicher für die literarische Diskussion war das ›Deutsche Museum‹, das von 1851 bis 1867 existierte und von dem Vormärzradikalen Robert Prutz redigiert wurde. Prutz propagierte wie Schmidt und Freytag die Idee einer »realistischen« Literatur, versuchte aber, seinem Begriff von Realismus – und dies unterschied ihn von den »Herren Grenzboten« – eine kritischere, an die Vormärztradition anknüpfende Tendenz zu bewahren. Das ›Deutsche Museum‹ fand während seines gesamten Bestehens pro Heft nur rund 600 Käufer.

Zu erwähnen sind neben diesen drei Publikationsorganen, die allesamt eine kulturpolitische, literarische Probleme und ästhetische Fragen weit übergreifende Zielsetzung hatten, noch die ›Blätter für literarische Unterhaltung‹, die im Nachmärz von Hermann Marggraff und Rudolf Gottschall herausgegeben wurden; sie standen den ›Grenzboten‹ und besonders Julian Schmidt schroff ablehnend gegenüber und plädierten für eine »neoklassizistische« Dichtung. Doch auch sie erreichten kaum mehr als 600 Interessenten. Schließlich sei auf die ambitionierte Familienzeitschrift ›Unterhaltungen am häuslichen Herd‹ hingewiesen, die Karl Gutzkow von 1852 bis 1863 herausgab. Diese Zeitschrift hatte eine etwas höhere Auflage (ca. 6000) und versuchte, Unterhaltung mit Ästhetik, Politik und Literatur zu verbinden. Einen Eindruck von dem Spektrum damaliger Zeitschriften vermittelt die folgende Liste einiger ihrer ständigen Rubriken:

»Erzählungen« – »Lebensbilder und Skizzen« – »Stimmungen und Richtungen der Zeit« – »Sitten- und Ortsschilderungen« – »Allgemeine Naturbetrachtungen« (mit Einschluß der »Nachtseiten der Natur«) – Berichte über Technik und Industrie, Geschichte, Biologie, Kunst, Musik und Theater, schließlich eine feste Sparte mit dem Titel: »Zur Kunst des Lebens« (und Artikeln »Zur Ästhetik des Essens«, »Zur Lehre vom Dienen« oder »Zur Kunst des Erzählens«).[104]

Gutzkow versuchte mit seinen ›Unterhaltungen‹ eine umfassende Wissenspopularisierung zu leisten, die die vielfältigen und kaum noch übersehbaren Entwicklungen in den Einzelwissenschaften noch einmal für die Bedürfnisse geselliger Kommunikation im Raum der Familie nachvollziehbar aufbereiten und vermitteln wollte. Literaturpolitisch war er ein scharfer Gegner von Julian Schmidt und Gustav Freytag; ihr Realismusprogramm wies er vorwiegend aus politischen Gründen zurück.

Im Kontext dieser Zeitschriften ist das Programm des »Realismus« formuliert, begründet, aber auch attackiert und kritisiert worden. Es soll nun in der Gestalt, wie es vor allem von Schmidt und Freytag, Robert Prutz, Theodor Fontane und Otto Ludwig exponiert wurde, in seinen Grundzügen dargestellt werden. Im Anschluß daran sollen die Einwände zur Sprache kommen, die von zeitgenössischen Kritikern gegen dieses programmatische Selbstverständnis vorgebracht worden sind. Es geht vor allem darum, die *Normen* herauszuarbeiten, die die literarische Kommunikation der Zeit bestimmt haben.

Überblickt man die programmatischen Zeitschriftenartikel, dann fällt auf, daß die Polemik gegen alternative Möglichkeiten literarischer Kommunikation scharfgeschnittener und pointierter war als die positive Formulierung des eigenen Selbstverständnisses. Man war sich klarer über Abgrenzungen und Distanznahmen als über den Umriß der eigenen Identität. Man wußte besser, was man nicht wollte, als was man wollte. Dieser Eindruck ergibt sich unweigerlich nach der Lektüre der angeführten Zeitschriften. Gegenüber der vorangegangenen deutschen Literatur gebärdete sich vornehmlich Julian Schmidt als rigoroser »Bilderstürmer«, vor dessen gnadenlosem Urteil kaum eine Leistung der deutschen Literatur standhielt. Das galt selbst für Goethe und Schiller, die Schmidt zwar nicht gänzlich zu verwerfen wagte, denen er aber eine Tendenz zur Weltflüchtigkeit und Wirklichkeitsferne ankreidete, die sich dann im Kontext der Romantik ins Monströse gesteigert habe.[105]

> Schon in unserer »klassischen Zeit« merken wir den Widerspruch zwischen dem Ideal und dem Leben. Um schön zu empfinden, bemüht man sich, griechisch, d. h. undeutsch zu empfinden.[106]

Goethe und Schiller wird vorgehalten, ihre Zeit nicht rückhaltlos bejaht, sondern sie durch die Konstruktion ästhetischer Gegenbilder und Utopien – mindestens indirekt – in Frage gestellt zu haben. Wenn Julian Schmidt das Auseinandertreten von »Ideal« und »Leben« kritisiert, so bezieht er sich ja unmittelbar auf Schiller, zu dessen berühmtesten Gedichten eben ›Das Ideal und das Leben‹ gezählt wird. Dieses 1795 entstandene Gedicht endet mit der »Verklärung« des Herakles, der alle Mühen und Plagen der Welt auf sich genommen hat, dem »Leben« also keineswegs entflohen ist. So gewiß die beiden letzten Strophen dieses Gedichts von einem Kontrast zwischen irdischer Existenz und himmlischer »Verklärung« bestimmt werden, so gewiß können sie nicht dazu herhalten, Schillers angeblich »protoromantische« Weltflüchtigkeit zu belegen. Das »Ideal« (als Inbegriff schöner Harmonie von Natur und Geist, sinnlicher und sittlicher Existenz, Notwendigkeit und Freiheit) – hier im Bilde des in den Himmel aufgenommenen Herakles vergegenwärtigt – stand für Schiller wohl in einer unaufhebbaren Spannung zum »Leben«; es galt ihm aber gleichzeitig als Norm oder Ziel aller humanen Bildung und künstlerischen Gestaltung – ein Ziel freilich, das weniger erreicht, als angestrebt werden könne – in einem infiniten Prozeß. In seiner Abhandlung ›Über naive und sentimentalische Dichtung‹ entwarf Schiller sogar die Utopie eines idyllischen Daseins, in dem »aller Gegensatz der Wirklichkeit mit dem Ideale ⟨...⟩ vollkommen aufgehoben sei«[107]. Im Unterschied freilich zu seinem Kritiker Julian Schmidt war Schiller der Überzeugung, daß die tatsächlichen Verhältnisse des menschlichen Lebens dieser Utopie gegenüber wohl immer im Hintertreffen bleiben müßten, so daß dem »Ideal« in erster Linie die Funktion eines Korrektivs oder eines kritischen Maßstabes zufalle. Für Schmidt hingegen bedeutete bereits das Andeuten einer Diskrepanz zwischen Realität und Ideal beklagenswerte Weltflüchtigkeit und Wirklichkeitsferne. Von diesem Verdacht blieb auch Goethe nicht verschont. Sein ›Werther‹ galt Schmidt schlicht als »krank«, und auch ›Fausts‹ unbedingter Erkenntnisdrang wird buchstäblich als pathologisches Phänomen begriffen: er führe über jenen Bereich hinaus, mit dem der Mensch pragmatisch sich bescheiden müsse, wenn er sich nicht den Gefahren der Verwirrung und des Wahnes aussetzen wolle.[108] Andere Werke Goethes, wie ›Wilhelm Meisters Lehrjahre‹ oder vor allem ›Hermann und Dorothea‹, hat Julian Schmidt dagegen im ganzen positiv bewertet; in ihnen zeigte sich für ihn Goethes Hinwendung zur Positivität des wirklichen Lebens – gewissermaßen seine »realistische« Seite. So lobte er Goethes Figurenzeichnung in den ›Lehrjahren‹ mit Worten, die dem realistischen Literaturkonzept weithin entsprechen:

Wer glaubt nicht einmal einer Philine, einem Serlo, einer Madame Melina, einer Barbara begegnet zu sein? Und doch sind es reine Schöpfungen des Dichters, in welchen die im Leben zerstreuten Elemente durch einen wunderbaren Spiegel ⟨...⟩ von ihren Zufälligkeiten befreit und in ihrer idealen Reinheit dargestellt sind.[109]

Die prägnant »realistische« Argumentationsfigur dieser Laudatio springt ins Auge: realistische Kunst »läutert« oder »reinigt« das »Real-Schöne«, um es in der Fiktion »verklärt« präsentieren zu können. Es ist lediglich der Reinheitsgrad, der das Kunstschöne vom Realschönen unterscheidet. Die literarische Fiktion hatte für Schmidt daher nicht die Aufgabe, die Gegebenheiten der wirklichen

Welt außer acht zu lassen, zu überbieten oder zu kritisieren, sondern in ihrer schönen Sinnfülle zur Anschauung zu bringen. Daß eine derartige Position der Wirklichkeit einen erstaunlichen Vertrauensbonus zubilligt, ja von einer fast unbegreiflichen Zuversicht in den Lauf der Welt erfüllt ist, liegt auf der Hand. Nur wenn die Realität selbst als schön und sinnvoll ausgegeben werden kann, ist es plausibel, ihre Kritiker und Verächter als Phantasten und Deliranten zu tadeln, wie Schmidt es tat.

> Solange man eine unendliche Kluft zwischen dem Wirklichen und dem Möglichen zu finden glaubt, und in das Mögliche das Ideal legt, ist die Kunst krank[110] –

dekretierte Schmidt; aus dieser angeblichen Kluft zwischen Ideal und Realität leiteten sich für ihn die Hauptrichtungen der Literatur der ersten Hälfte des 19. Jahrhunderts her: einerseits die Linie der weltflüchtigen Romantik, andererseits die Linie der angeblich krud materialistischen Literatur, etwa Büchners oder auch des französischen Realismus.

Der *Romantik* hielt Julian Schmidt – ohne sich auf Differenzierungen einzulassen – vor, in nicht mehr überbietbarer Weise die Wirklichkeit des Lebens aus den Augen verloren und durch fragwürdig-verrückte Surrogate ersetzt zu haben. Friedrich Schlegels »Ironie«, Novalis' Mystik, Tiecks Märchen oder E.T.A. Hoffmanns Doppelgänger und Gespenster: alles schien ihm eine einzige Flucht vor der Wirklichkeit, eine phantastisch-traumhafte oder auch delirante Kette von Imaginationen, deren einzigen Sinn er darin sehen konnte, dem Leben selbst auszuweichen. Folgende Sätze Schmidts können deutlich machen, daß es der »allgemeine Menschenverstand« – der »common sense« – war, den er durch die Poesie der Romantik provoziert und in Frage gestellt glaubte:

> Die Romantiker ⟨...⟩ waren in wirklichem Gegensatz gegen das Zeitalter; sie hatten ⟨...⟩ so lange an ihren eigenen Gedanken und Empfindungen herumgearbeitet, daß sie zuletzt wirklich anders dachten und empfanden, nicht bloß als ihre Zeitgenossen, sondern als je zu irgendeiner Zeit ein Mensch, der bei gesunden Sinnen war, gedacht und empfunden hat. In ihrer Blütezeit

haben sie im Publikum gar keinen Anklang gefunden, doch stellten sich eine Reihe von Jüngern ein, die unfähig, etwas zu schaffen, von ihnen die leichte Kunst lernten, sich den Schein der Genialität zu geben. Leicht war die Kunst, denn man dürfte nur das Gegenteil von dem sagen, was die öffentliche Meinung empfand und dachte, so war man ein vollkommener Künstler. ⟨...⟩ Abgesehen von vielen andern Paradoxien der Romantiker, die kamen und gingen wie die Luft, z. B. Gespenster sind die Hauptsache, die beste Regierungsform ist der Despotismus, die katholische Kirche ist sehr tiefsinnig usw., gab es ein Stichwort, auf das sie immer zurückkamen: das wirkliche Leben mit seinem ganzen Inhalt, mit seinem Glauben, Hoffen und Lieben ist ekel, schal und unersprießlich. Wo sie das Ideal suchten, ob in Indien, oder im Mittelalter, oder in der spanischen Inquisitionszeit, oder wo sonst, war daneben gleichgültig.[111]

Diese Verwerfung der Romantik als weltflüchtig, irrational und reaktionär hatte Mitte des 19. Jahrhunderts bereits Tradition. Es war vor allem Heinrich Heine, der diese Kritik wirkungsmächtig vorgebracht hatte.[112] Heines sarkastische Urteile über Friedrich Schlegel, Novalis oder E.T.A. Hoffmann wurden immer wieder aufgenommen und abgewandelt; sie haben das negative Urteil über die deutsche Romantik im weiteren Verlauf des 19. Jahrhunderts vorformuliert und weithin bestimmt; erst um die Jahrhundertwende begann sich dann die Bewertung der Romantik durchgreifend zu ändern. Ganz im Heineschen Duktus äußerte sich etwa Rudolf Gottschall, der Herausgeber der ›Blätter für literarische Unterhaltung‹, über Novalis und E.T.A. Hoffmann:

Auf ⟨der⟩ Verwechselung der Phantasie mit der Poesie ⟨...⟩ beruhen die ästhetischen Grunddogmen der Romantik. Doch schon Novalis bewies, daß die Phantasie als uneingeschränkte Selbstbeherrscherin keine Kunstwerke zu schaffen vermag.[113]

Seine ⟨E.T.A. Hoffmanns, d.Verf.⟩ Werke sind die Träume eines Betrunkenen. Daß eine so außerordentliche Phantasie ⟨...⟩ nichts als Champagnerpfropfen mit übermütigem Schaume in die Luft sprengte, es nur zu poetischen Gasexplosionen mit wunderbarem Blitze, Knalle, Schaume und Nebel von Gestalten brachte: das zeugt doch am schlagendsten von der Verkehrtheit einer Richtung, welche die Phantasie auf den Isolierschemel setzte und von den bewegenden Mächten des nationalen Lebens losriß.[114]

Aus diesen Stellungnahmen dürfte der Grundtenor der »realistischen« Romantikkritik hinreichend deutlich geworden sein: sie vergleichgültige das wirkliche Leben und setze an seine Stelle das fragwürdige Spiel freier Imagination. Damit aber – und dies festzuhalten ist wichtig – hebe sie zugleich ihren Kunstcharakter auf: die dogmatische Unterstellung, Poesie sei nur als »Verklärung« des Real-Schönen denkbar, bestritt alternativen literarischen Kommunikationsformen jedes Daseinsrecht. Und während Heinrich Heine immerhin noch Überlegungen anstellte, ob nicht die realen politischen und gesellschaftlichen Umstände Deutschlands nach 1800 ein Motiv geliefert hätten, sie nicht als Inbegriff des Schönen und Sinnvollen zu »verklären«, also den Romantikern zubilligte, daß es Gründe gegeben habe, vor der deutschen Wirklichkeit die Augen zu verschließen, denunzierten die Realisten, und allen voran Julian Schmidt, diese Haltung als nahezu pathologisch. Schmidt beklagte, daß die Romantik für die deutsche Literaturentwicklung einzig die Konsequenz gehabt habe, eskapistischen Halluzinationen und exotischen Tagträumen nachzuhängen:

> Was hat den Deutschen das Pantheon genutzt, das ihm seine Künstler aus aller Herren Länder erobert haben! Aus dem Tempel ist ein Raritätenladen geworden, das Übermaß an griechischen, christlichen, nordischen, indischen Heiligenbildern hat den wahren Gott erdrückt. Wir sind in der Edda, im Homer, in den Vedas, in der Bibel zu Hause, aber nicht bei uns; wir haben von Gutzkow gelernt, uns in die Empfindung eines Dalai-Lama zu versetzen, wir wissen, wie es der Judith zumute gewesen ist, als sie dem Holofernes das Haupt abschlug, aber wir wissen nicht in den einfachsten Konflikten uns schicklich zu benehmen, den Helden unserer Dichtung ein schickliches Benehmen zu leihen.[115]

»Schickliches Benehmen« – darum sollte es in der Literatur gehen und nicht um die Infragestellung moralischer Normen und sittlicher Werte, wie etwa in Schlegels ›Lucinde‹ oder Gutzkows ›Wally‹. Die Folge solcher »Zynismen« sei die Erosion jeder haltgebenden Orientierung:

> Wenn ein solches Labyrinth von Gedanken und Empfindungen ein volles Menschenalter hindurch unermüdlich umgewühlt wird, so entsteht not-

wendig daraus bei der Masse der Leute, die doch gern der neuen Bildung teilhaftig sein wollen, und die nicht fest auf ihren Füßen stehen, eine große Verwirrung. Was ist eigentlich schön und was häßlich? was gut und was böse? was ist ideal und was nicht? ja: was ist wirklich?[116]

Aber nicht nur die romantische Literatur hat nach dem Urteil der Realisten zu dieser Zersetzung der Maßstäbe von Normalität und Sittlichkeit beigetragen; auch die *jungdeutsche Literatur*, die ins andere Extrem verfallen sei und statt haltloser Ideale die krude, ideenferne Materialität des menschlichen Lebens zum favorisierten Thema gemacht habe, sei für die Zerrüttung des Guten, Wahren und Schönen verantwortlich zu machen. So schrieb Julian Schmidt:

> Die frühere Poesie wußte sehr gut, daß die Verwesung etwas Unschönes sei, und vermied sie daher; die neue stürzt sich mit krankhafter Wollust hinein, und findet sich höchst unglücklich darüber, daß sich noch andere Düfte darin verbreiten, als die der Rosen und Narzissen.[117]

Am sinnfälligsten wird Schmidts Kritik in seinem Urteil über Georg Büchner und seine ›Lenz‹-Novelle:

> Die Darstellung des Wahnsinns ist eine unkünstlerische Aufgabe, denn der Wahnsinn, als die Negativität des Geistes, folgt keinem geistigen Gesetz. ⟨...⟩ Der Wahnsinn ⟨...⟩ gehört in das Gebiet der Pathologie, und hat ebensowenig das Recht, poetisch behandelt zu werden, als das Lazarett und die Folter. ⟨...⟩ Am schlimmsten ist es, wenn sich der Dichter so in die zerrissene Seele seines Gegenstandes versetzt, daß sich ihm selber die Welt im Fiebertraum dreht.[118]

Ähnlich eifernde, immer das Pathologische bemühende Urteile finden sich auch über Flaubert, dessen »Realismus« die deutschen Wortführer des »bürgerlichen Realismus« schroff ablehnten.[119] Es zeigt sich hieran überaus deutlich, daß es Julian Schmidt und seinen Kombattanten um eine Vermittlung von Idealismus und Realismus ging; weder wollte man »Idealismus ohne Realismus« – das war schlechte Romantik – noch wollte man »Realismus ohne Idealismus« – das schien platter Naturalismus. Über Flauberts ›Madame Bovary‹, in der er die »Poesie des Lazaretts« zu vernehmen meinte, schrieb der deutsche Realist Emil Homberger:

Wie der Idealismus, welcher den Boden der realen Welt verläßt, zu luftiger Phantasterei wird, so sinkt der Realismus, welcher die Wirklichkeit ⟨...⟩ nicht durch das Ideal vergeistigt, zum plumpen Materialismus herab. Der Verfasser der ›Madame Bovary‹ ⟨...⟩ scheint uns interessant ⟨...⟩ als vollendetes Muster eines materialistischen Dichters.[120]

Dieser Materialismus habe nun – das kreidete Homberger dem französischen Dichter vor allem an – einen perfekten moralischen Indifferentismus zur Folge:

Wohl preist Flaubert nicht das Laster und verhöhnt nicht die Tugend, aber er preist auch nicht die Tugend und verdammt nicht das Laster. ⟨...⟩ Er ⟨...⟩ gebärdet sich, als verstehe er überhaupt nicht was diese Ausdrücke bedeuten. Diese Gleichgültigkeit ist unwahr, denn sie ist unmenschlich.[121]

Übertroffen wurde Flaubert im vernichtenden Urteil der deutschen Realisten aber noch von Emile Zola, über den der Münchner Ästhetiker und Begründer des sog. »Real-Idealismus« Moriz Carrière 1886 folgendes ausführte:

Emile Zola, ein großes Talent packender Darstellung, macht ⟨...⟩ die gründliche Beobachtung der Realität zur ersten Aufgabe des Romans, aber seine Welt ist allzu sehr die Schnapskneipe und das Bordell, und er redet die Sprache der Versoffenen, der Dirnen mit lexikalischer Genauigkeit. Er ist wahr, aber für eine Sphäre, die keineswegs die von ganz Frankreich, geschweige der Menschheit ist; und damit wird er unwahr; er vergißt, daß es neben dem Gestank der Kloaken auch Rosengärten und grüne Wälder, neben der Verkommenheit und Liederlichkeit auch berufstreue Arbeit, opferfreudige Liebe und Seelenadel gibt.[122]

Gegenüber den massiven Verdammungsurteilen nehmen sich die Versuche der realistischen Programmatiker bescheiden aus, eine *positive Literaturtradition* zu benennen, als deren Erben sie sich ausgeben konnten. Für Theodor Fontane war vor allem Lessing ein unerreichtes Muster an Realismus, Goethe und Schiller nur mit Einschränkungen. Schillers Jugenddrama ›Die Räuber‹ verwarf Fontane z. B., da »der Realismus ⟨...⟩ der geschworene Feind aller Phrase und Überschwenglichkeit« sei[123]; für Julian Schmidt bedeuteten die Romane Walter Scotts und Charles Dickens eine wesentliche Etappe auf dem Weg zu einer realistischen Literatur; er glaubte noch im Jahre 1851 kein deutsches Erzählwerk zu kennen, »daß sich auch nur mit den schwächsten Produkten von Dickens oder Walter Scott in Vergleich stellen« ließe[124]. Walter Scott vor allem habe mehr »zur Reformation der europäischen Poesie ⟨...⟩ beigetragen ⟨...⟩, als irgend einer der Dichter des 19. Jahrhunderts«[125]. Die Vorbildlichkeit der beiden britischen Romanciers sah Schmidt in erster Linie in der positiven Weltsicht, die sie vermittelten; wörtlich sprach er von der »Freude am Leben«, die ihre Werke ausdrückten.[126] Die satirische Tendenz in Dickens' Romanen, vor allem aber die Ironie Thackerays, lehnte er dagegen strikt ab. Satire und Ironie verletzten für Schmidt – anders als der Humor – das Eigenrecht der Poesie und ihre »verklärende« Funktion: während die Satire die Wirklichkeit des Lebens von der Position eines abstrakten »Ideals« aus kritisch attackiere, hebe die Ironie die Geltung jeder normativen Orientierung auf und vergleichgültige das Recht aller bestehenden Ordnung; allein der Humor habe im Prinzip die Kraft, einzelne Defizite und Unzulänglichkeiten des Lebens im Bewußtsein einer intakten Weltordnung zu versöhnen. Wo die humoristische Welteinstellung den Kontrast von Wirklichkeit und Möglichkeit, Mängeln und Fehlern einerseits, der Idee eines vollkommenen und guten Lebens andererseits aber dramatisch zuspitze und in diesem Kontrast verharre, verliere auch sie jedes poetische Daseinsrecht:

> Der Humor ist nur dann im Recht, wenn seine Unwissenheit über den Unterschied von tot und lebendig, Recht und Unrecht nur ein Schein ist. Der Humor, der ⟨...⟩ das Bewußtsein dieses Unterschiedes verliert, ist Verrücktheit oder ekelhafte, unzüchtige Affektation. ⟨...⟩ Mit dem Auseinanderfallen der Momente (des Idealen und des Endlichen, d. Verf.), deren (Verbindung, d. Verf.) die *Poesie des Humors* ausmacht, hört ⟨...⟩ alle Kunst auf.[127]

In der deutschen Literatur konnte Julian Schmidt nur wenige positive Gegentendenzen gegen den »Ungeist« der Romantik, die Autoren des »jungen Deutschland« und die politische Agitationsdichtung des »Vormärz« ins Feld führen. Ein Hoffnungsträger schien ihm fast allein die sog. »*Dorfgeschichte*« zu sein, eine Gattung, die von J. P. Hebel, Karl Immermann und Jeremias Gotthelf vorbereitet, in Berthold Auerbach ihren prominentesten Vertreter gefunden hatte.[128] Seine ›Schwarzwälder Dorfgeschichten‹, die zwischen 1843 und 1871 in acht Bänden veröffentlicht wurden, waren ein sensationeller Publikumserfolg. Die bekannteste dieser Geschichten – ›Barfüßele‹ (1856) – schildert den unaufhaltsamen Aufstieg eines bettelarmen, aber klugen und schönen Mädchens zur Ehefrau eines reichen Bauernsohnes. Um eine Vorstellung von Semantik und Tendenz dieser Geschichte zu vermitteln, sei ein längeres Zitat gestattet. Das Mädchen, Amrei, und der reiche Erbe, Johannes, sind über ihre Liebe einig; sie wissen nur nicht, wie sie den geizigen und cholerischen Vater für ihre Verbindung einnehmen sollen, der sich natürlich eine ganz andere Schwiegertochter gewünscht hatte. Johannes schreckt vor dem Konflikt mit dem jähzornigen Vater zurück, aber Amrei nimmt sich ein Herz und sucht ihren Schwiegervater in spe auf; dann entspinnt sich folgende Auseinandersetzung:

(Amrei): »Der Johannes und ich, wir haben uns von Grund des Herzens gern, und er will mich zur Frau haben...«
»Oha!« schrie der Bauer und stand rasch auf; ⟨...⟩ »Oha!« schrie er nochmals, als ob ihm ein Gaul durchginge. Die Mutter aber hielt ihn bei der Hand fest und sagte: »Laß sie doch ausreden.« Und Amrei fuhr fort: »Glaubet mir, ich bin gescheit genug, und ich weiß, daß man eines nicht aus Mitleid zur Schwiegertochter machen kann; Ihr könnt mir was schenken, ⟨...⟩ aber zur Schwiegertochter machen aus Barmherzigkeit, das kann man nicht, und das will ich auch nicht.⟨...⟩ Ich habe keinen Groschen Geld ⟨...⟩, aber das geringste Unrecht kann man mir auch nicht nachsagen und das ist auch wieder alles – und was dem Menschen eigentlich von Gott gegeben ist, darin sag ich zu jeder Prinzessin: ich stell mich um kein Haar breit gegen dich zurück, und wenn du sieben goldene Kronen auf dem Kopf hast. Es wäre mir lieber, es täte ein anderes für mich reden, ich red nicht gern; aber ich hab mein Lebentag für mich allein Abnehmer sein müssen und tue es heute zum letztenmal, wo es sich entscheidet über Leben und Tod. Heißt das, versteht mich nicht falsch: wollt ihr mich nicht, so gehe ich in Ruhe fort, ich tue mir kein Leid an, ich springe nicht ins Wasser, und ich hänge mich nicht; ich suche mir wieder einen Dienst und will Gott danken, daß mich einmal so ein braver Mensch hat zur Frau haben wollen, und will annehmen, es ist Gottes Wille nicht gewesen ...« Die Stimme Amreis zitterte, und ihre Gestalt wurde größer, und ihre Stimme wurde mächtiger, als sie sich jetzt zusammennahm und rief: »Aber prüfet euch, fraget euch im tiefsten Gewissen, ob das Gottes Wille ist, was ihr tut. Weiter sage ich nichts.« – Amrei setzte sich

nieder. Alle drei waren still, und der Alte sagte: »Du kannst ja predigen wie ein Pfarrer.« Die Mutter aber trocknete sich die Augen mit der Schürze und sagte: »Warum nicht? Die Pfarrer haben ja auch nicht mehr als *ein* Hirn und *ein* Herz.«

»Ja du!« höhnte der Alte, »du hast ja auch so was Geistliches; wenn man dir mit so ein paar Reden kommt, da bist du gleich gekocht.«

»Und du tust, wie wenn du nicht gar werden wolltest vor deinem Ende«, sagte die Bäuerin im Trotze.

»So?« höhnte der Alte. »Guck, du Heilige vom Unterland! du bringst schönen Frieden in unser Haus. Jetzt hast's gleich fertig gebracht, daß die da scharf gegen mich aufsitzt: die hast du schon gefangen. Nun, ihr werdet warten können, bis mich der Tod gestreckt hat, dann könnt ihr machen, was ihr wollt.«

»Nein!« rief Amrei, »das will ich nicht; so wenig ich will, daß mich der Johannes zur Frau nehme ohne Euren Segen, so wenig will ich, daß die Sünde in unsern Herzen sei, daß wir beide auf Euren Tod warten. Ich habe meine Eltern kaum gekannt, ich kann mich ihrer nicht mehr erinnern; ich habe sie nur lieb, wie man Gott lieb hat, ohne daß man ihn je gesehen hat.«[129]

Vor so viel Edelmut und Herzensgüte kapituliert der Alte schließlich und gibt dem Paar seinen Segen. Die Geschichte ist über weite Strecken ziemlich sentimental und von einer fast penetranten Moralität. Überdies kennzeichnet sie ein durchgängiger Zwiespalt von Lokalkolorit – mit Einsatz des alemannischen Dialekts – und abgehobenem Raisonnement. Keiner hat diese Dissonanz besser charakterisiert als der zeitgenössische Kritiker Rudolf Gottschall:

> Will man sich einmal auf dem idyllischen Bauerngaul festsetzen, so erhält man einen philosophischen Rippenstoß, daß man aus dem Sattel taumelt! Will man sich dem psychologischen Gedanken hingeben, so wird man durch das ⟨...⟩Gackern irgend einer Dorfhenne aus seinen beschaulichen Betrachtungen aufgestört. So klingt der Stil bald wie das Gekratze einer Dorfgeige, bald wie die manirierte Leistung eines Kammer-Virtuosentums.[130]

Julian Schmidt dagegen rühmte die Bodenständigkeit, Volkstümlichkeit und »gesunde Moral« dieser Geschichten, die er als Abkehr von der sog. »Salonliteratur« und der dekadenten Romantik ausdrücklich begrüßte. »Was führte Auerbach«, fragte er rhetorisch, »was führte Auerbach zu den Bauern?«

Die Erkenntnis, daß die im Salon der Romantik erzogenen Jungdeutschen, ⟨...⟩ nichts anderes zu tun wußten als zu reden; daß diese zweiten verwässerten Auflagen früherer Romanfiguren, über die sie räsonierten, keine wirklichen Gestalten seien, des Lebens fähig und des Lebens wert, sondern hohle, leere Schemen, nichtige Ausgeburten eines durch die widersprechenden Stichwörter des Tags in Verwirrung gesetzten Gehirns. – Seine Erfahrung lehrte ihn Bauern kennen, die von diesem Molluskentum gar nichts hatten, die in ihrer Einfachheit sehr fest, in ihren sittlichen Vorurteilen und Voraussetzungen sehr bestimmt waren; Gestalten, die, weil sie *wirklich existierten*, auch *poetisch zu existieren* berechtigt waren. – Mit Entzücken lauschte er ihren Redensarten, die immer konkret, immer zur Sache gehörig, den leeren Allgemeinheiten der Salons ganz entgegengesetzt, kaum mehr bearbeitet werden durften, *um in der Poesie ein Bürgerrecht zu haben*.[131]

Die Pointe der Argumentation Schmidts wird aus dem letzten Satz deutlich: Die Schwarzwälder Bauern sind schon in der Wirklichkeit so »poetisch«, daß es nur noch einer geringen »Verklärung«, »Reinigung« oder »Läuterung« bedarf, um sie zu vollendeten Gestalten der Dichtung zu machen. Dieses ist der »harte Kern« in Schmidts Realismusprogramm gewesen: Die schöne Realität, nicht irgendeine Imagination weltflüchtiger Subjektivität, ist Thema der Literatur; nur weil und nur wenn das Wirkliche selbst »poetisch« ist, hat Dichtung ein Existenzrecht. Zwar verkannte Julian Schmidt nicht, daß die Thematik der Dorfgeschichte nur einen Ausschnitt des wirklichen Lebens zur Geltung bringen konnte – daher nannte er sie gelegentlich auch »einseitig«[132] –, er sah ihr überragendes Verdienst aber darin, als »heilsames« und »notwendiges Korrektiv« in einer Zeit wirksam geworden zu sein, »in der die Kunst zur *Lüge* und zur Blasiertheit zu versinken drohte«[133]. Daher sei sie ein Vorbild für alle realistische Erzählkunst, wenn sich diese der Wirklichkeit des Lebens in seiner Totalität öffnen wolle. Auch Robert Prutz, der Herausgeber des ›Deutschen Museums‹, stellte diese Vorbildfunktion der Dorfgeschichte heraus, freilich in einer anderen Perspektive. Ihm galt sie als Paradigma »politischer Poesie«, die die revolutionären Phrasen des Vormärz vermeiden und eine echte nationalpädagogische Aufgabe wahrnehmen könne; Prutz schrieb 1854:

Weit entfernt ⟨...⟩, einen prinzipiellen Gegensatz gegen die politische Poesie zu bilden, ist die Dorfgeschichte vielmehr selbst ein Zweig derselben und zwar ein sehr wichtiger und hoffnungsreicher; sie deutet den Weg an, den unsere Poesie überhaupt einschlagen muß, wenn etwas Rechtes aus ihr werden soll: nämlich von der Lyrik zum Epos, von dem abstrakt Verschwommenen zum plastisch Konkreten, vom philosophisch Allgemeinen zum individuell Besonderen, während sie dabei doch überall auf dem Boden der vaterländischen Zustände beharrt, die Unterschiede der Stände in echt demokratischem Sinne aufhebt und durch die Schilderung positiver Zustände zur allmählichen Kenntnis und Verbesserung derselben beiträgt.[134]

Ob man in der Karriere des ›Barfüßele‹ ein Beispiel für die »demokratische Aufhebung der Standesunterschiede« sehen darf, ist freilich mehr als zweifelhaft. Das dort verkündete Versöhnungsmodell – das die sozialen Unterschiede von der »Güte des Herzens« und der Rhetorik moralischer Grundsätze überwinden ließ – gehört eher in die Reihe jener Resignationssymptome, die die desillusionierten Vormärzliberalen nach der Revolution von 1848 mehr und mehr ausbildeten.

Aus der Kritik an der Literatur der Romantik und solchen Autoren wie Büchner, Hebbel, Flaubert und Zola einerseits, aus der lobenden Würdigung der britischen Romanciers Dickens und Scott sowie der deutschen »Dorfgeschichte« andererseits, läßt sich nun ein Umriß der Literaturkonzeption der programmatischen Realisten erkennen; sie sei in einigen Thesen rekapituliert:

(1) Realistische Literatur ist die Darstellung der schönen Identität von Ideal und Wirklichkeit; diese Identität kennzeichnet die Realität bereits selbst; der Realist sucht, mit den Worten von Julian Schmidt, »in der Wirklichkeit die positive Seite auf«[135].

(2) Deshalb vermeidet realistische Literatur jede Thematisierung von Phänomenen des wirklichen Lebens, die der Einheit von Ideal und Realität zuwiderlaufen; d.h., sie vermeidet »Zufälle«, »Häßliches« und A-Moralisches – es sei denn, dieses dient als Hintergrund oder Konturierung positiver Einstellungen. »Das wirklich Ekelhafte« – so Julian Schmidt – darf in der Literatur keinen Platz finden, »und was nicht in idealer Form dargestellt werden kann, hat überhaupt nicht das Recht, künstlerisch dargestellt zu werden«[136].

Für Theodor Fontane war die Darstellung »eines sterbenden Proletariers, den hungernde Kinder umstehen«, kein literaturfähiges Sujet.[137]

(3) Wegen dieser Grundposition kann man das Konzept der Realismusprogrammatiker am besten als »*Realidealismus*« bezeichnen. Dieser Terminus wurde von dem Münchner Ästhetiker Moriz Carrière geprägt und sollte eine spezifisch religiös eingefärbte Kunstdoktrin kennzeichnen; »realidealistisch« war aber auch die eigentliche Tendenz der Programme von Schmidt, Freytag, Prutz oder dem frühen Fontane. In ihnen verbinden sich ästhetische, ethische und erkenntnistheoretische Aspekte zu einem Syndrom, das nur von seiner *Funktion* her sinnvoll verstanden werden kann.

(4) Schließlich verstand sich realistische Literatur – wohlgemerkt immer in der Perspektive der Programmatik – als Beginn einer wirklich klassischen Periode deutscher Literatur, die – anders als die Dichtung Goethes und Schillers – in inniger Verbindung mit ihrer Gegenwart und ihrer Nation stehe und deren tiefen Gehalt zur Anschauung bringe. »Um ein klassischer Dichter zu werden«, meinte Schmidt, »reicht ⟨...⟩ große Begabung nicht aus: die Zeit, in der er lebt, muß ihm wirklichen, echten Lebensgehalt bieten«[138]. Diese Zeit glaubte Schmidt in seiner Gegenwart, d. h. den Jahren des Nachmärz, endlich angebrochen; daher biete sie alle Voraussetzungen zur Entfaltung einer »realistischen Klassik« – ein Ausdruck, den Schmidt wohl als tautologisch empfunden hätte: Klassische Literatur war per se »realistisch«! Gustav Freytags Erfolgsroman ›Soll und Haben‹ (1855) ist als erstes Exemplum einer solchen Klassik begrüßt worden – u. a. von Theodor Fontane.[139]

Es muß jedoch auch erwähnt werden, daß die Thesen der Realismusprogrammatiker in der zeitgenössischen Diskussion nicht unwidersprochen blieben. Insbesondere Julian Schmidt wurde – bei der polemischen Schärfe und der gewollten Einseitigkeit seiner Artikel kein Wunder – immer wieder zur Zielscheibe kritischer Einwürfe. Die Einwände liefen im wesentlichen auf zwei Aspekte hinaus: zum einen wurden Bedenken laut, ob man die moderne Lebenswirklichkeit überhaupt zum Thema der Literatur wählen dürfe. Hinter diesem Bedenken stand die Vorstellung, das moderne Leben sei im Grundzug »kunstfeindlich« und müsse daher aus der poetischen Darstellung ausgeklammert bleiben. Diesem Einwand hat vor allem Rudolf Gottschall Ausdruck verliehen:

> Schon der alte Homer hat uns geschildert, wie seine Helden schlachten, essen, Waffen schmieden. Seine vielgerühmte Objektivität beruht vorzugsweise auf dieser köstlich naiven Darstellung des damaligen sozialen und häuslichen Lebens. Doch bei der Einfachheit der Zustände im Heldenalter eines Volks, im Jünglingsalter der Welt war das, was der Einzelne tat, zugleich das Allgemeine; jeder fand sich darin wieder, jeden muteten diese bekannten Verrichtungen freundlich an. ⟨...⟩ Ganz anders aber stellt sich dies in einer Zeit vorgeschrittener Kultur, in welcher jedes Handwerk seine bis ins kleinste ausgebildete Technik hat und die kleinsten und feinsten Räderchen der kompliziertesten Maschine nur dem Auge des ⟨...⟩ Kenners vertraut sind. Die Kriegsführung, die Landwirtschaft, das Gewerbe, die Industrie bilden, jedes für sich, einen fast unübersehbaren Komplex von technischen Besonderheiten, die schon durch die Terminologie dem Nichteingeweihten unverständlich bleiben. Hier ensteht wohl die Frage, wie tief sich die Poesie, die sich in letzter Instanz doch nur an das Allgemeine im Menschen wendet, in diese Fülle des Details versenken darf, ohne die Schönheit mit in dem interesselosen Material zu vergraben?[140]

Während Gottschall in der Nachfolge Hegels und seiner Bestimmung des »prosaisch-modernen Weltzustands« in der hoch differenzierten Gesellschaft der Gegenwart kein kunstfähiges Sujet mehr sieht, ging es Julian Schmidt – wenigstens im Prinzip – darum, gerade die Lebenswirklichkeit seiner Zeit in ihrer Idealität, d. h. in ihrer schönen Sinnfülle zu verteidigen. Ein Roman, der diesem Anspruch auch nur in etwa gerecht geworden wäre, ist freilich in der Zeit des bürgerlichen Realismus bezeichnenderweise nicht geschrieben worden.

Der zweite Einwand zielte gegen die unerträgliche Zensur von Imagination und Phantasie in Schmidts Programm. Der »Diktatur des gesunden Menschenverstandes« über die Freiheit der dichterischen Einbildungskraft hat vor allem Eduard Schmidt-Weißenfels 1857 vehement widersprochen:

> Der gesunde Menschenverstand, das war die Formel, mit der sie das Tor der Zukunft für ewig geöffnet zu haben glaubten; für sie lag darin Poesie in Menge und der Ideale zu Genüge. Die Poesie aber wie eine göttliche, selb-

ständige, unbegrenzbare Fähigkeit, und Ideale wie die ewig verschleierten Sterne einer dichterischen Sehnsucht anzusehen, das war ihnen gegen alle gesunde Vernunft, das war Krankheit, Phantasterei, Romantik. Ihre Ideale der Vernunft, so edel sie auch sein mochten, konnten doch trotz aller Behauptungen nicht die Ideale der Einbildungskraft erbleichen machen, und es war wenig gewonnen, wenn sie die Phantasie dem gesunden Menschenverstande, um kurzweg mit dem System fertig zu werden, unterordneten.[141]

5. Real-Idealismus als Kompensation: Die antimoderne Moderne

Welche *Funktion* hat dieses »realistische« Programm aber eigentlich erfüllen wollen? Diese Frage bedarf noch der Erörterung. Eine erste Antwort liegt nahe; die z.T. penetrante Moralität der programmatischen Verlautbarungen erzwingt geradezu die Erörterung der ideologischen Dimension des Realismuskonzepts: Wer eine gesellschaftliche Wirklichkeit, die von Klassenherrschaft und Standesdünkel, Unterdrückung der freien Presse und Ausschaltung der politischen Opposition, rücksichtslosem Profitstreben und massenhafter Armut, Annexionspolitik und wohlkalkuliertem Krieg bestimmt war – wer eine solche Wirklichkeit als Inbegriff des Schönen, Guten und Wahren feierte und der Kunst die Aufgabe zuwies, solche »Vorzüge« der Realität noch zu »verklären«, der wird sich den Vorwurf ideologischer Schönfärberei gefallen lassen müssen. Entsprechend hat man in der Forschung die Position des »programmatischen Realismus« als Ausdruck der Enttäuschung bürgerlicher Intellektueller gesehen, die sich nach dem Bankrott ihrer Hoffnungen mit dem Status quo abfinden zu müssen glaubten. Ja, Literarhistoriker wie Widhammer und Ruckhäberle haben die realistische Position direkt als *Reflex* der Enttäuschungsverarbeitung des deutschen Liberalismus im Kontext seiner Wende zur »Realpolitik« verstanden.[142] Und die in der DDR erschienene ›Geschichte der deutschen Literatur‹ meint zu Julian Schmidt:

Schmidt ⟨ging⟩ von den Fortschritten der kapitalistischen Ökonomie und ihren gesellschaftlichen und politischen Auswirkungen aus, um das Alltagsleben des deutschen Bürgers und die ökonomischen Entwicklungsprozesse in den Mittelpunkt einer zeitgemäßen Literatur zu rücken. Diese Orientierung auf die wirtschaftliche Praxis der Bourgeoisie als Hebel des gesamtgesellschaftlichen Fortschritts verband er mit der rigorosen Ausklammerung der inhumanen Konsequenzen der Kapitalisierung.[143]

Dieses Urteil ist gewiß berechtigt. Fragwürdiger erscheint allerdings die These, daß der »programmatische Realismus« auf der Linie des Diskurses der »Realpolitik« liege. Dieser hatte doch gerade die »A-Moralität« oder genauer die Unzuständigkeit moralischer Reflexion für die Wirklichkeit der Politik behauptet. Aus der Sicht der »programmatischen« Realisten hätte aber eine Wirklichkeit ohne moralische Dimension überhaupt nicht »verklärbar« – kein Thema der Literatur – sein können. Daher hielten sie – gegen die Empfehlung der »Realpolitik« – an der moralischen Qualität von Staat und Politik fest, und zwar nicht im Sinne eines Maßstabes, an dem politisches Handeln sich messen lassen müßte, sondern im Sinne einer Gleichsetzung von Faktizität und Moralität. Diese Gleichsetzung verfällt natürlich der Ideologiekritik; gegen sie läßt sich einwenden, was Theodor W. Adorno dem deutschen Bürgertum im 19. Jahrhundert ganz allgemein vorhielt:

Das neunzehnte ⟨Jahrhundert⟩ stieß auf die Grenze der bürgerlichen Gesellschaft; sie konnte ihre eigene Vernunft, ihre eigenen Ideale von Freiheit, Gerechtigkeit und humaner Unmittelbarkeit nicht verwirklichen, ohne daß ihre Ordnung aufgehoben worden wäre. Das nötigte sie dazu, mit Unwahrheit, das Versäumte als geleistet sich gutzuschreiben.[144]

Die Bedeutung dieser ideologiekritischen Position wird nicht in Frage gestellt, wenn noch eine andere Funktion der Literaturprogrammatik des bürgerlichen Realismus in den Vordergrund tritt.[145] Es scheint nämlich, daß sie neben der bloßen Rechtfertigung der bestehenden Verhältnisse auch die Funktion gehabt hat, dem Prozeß der durchgreifenden Infragestellung lange eingelebter Wahrnehmungs- und Orientierungsmuster kompensatorisch entgegenzutreten. Man darf vielleicht sagen, daß die einschneidenden Veränderungen der Wahrnehmung von Raum und Zeit, Gesellschaft und Politik, ein Bewußtsein von *Kontingenz* erzeugt haben: ein Bewußtsein, daß alles anders sein könnte, als es ist, ein Bewußtsein rapide wachsender Undurchsichtigkeit der wesentlichen Lebenszusammenhänge, ein Bewußtsein des Auseinanderdriftens und der Zusammenhanglosigkeit von Wissensfeldern und Praxisbereichen usw.; kurz: ein Bewußtsein vom Zerfall alter Konzepte von Einheit, Notwendigkeit und Ordnung im Horizont erfahrener Wirklichkeit. Vor dem Hintergrund dieser epochalen Orientierungskrise muß man das realistische Literaturprogramm *auch* lesen; eine Position wie die von Otto Ludwig, der dem Begriff des »poetischen Realismus« bleibende Aufmerksamkeit gesichert hat, wird wohl erst in dieser Perspektive signifikant.

> Der Begriff des poetischen Realismus fällt keineswegs mit dem Naturalismus zusammen. 〈…〉 Es handelt sich hier von einer Welt, die von der schaffenden Phantasie vermittelt ist, nicht von der gemeinen; sie schafft die Welt noch einmal, keine sogenannte phantastische Welt, d. h. keine zusammenhanglose, im Gegenteil eine, in der der Zusammenhang sichtbarer ist als in der wirklichen, nicht ein Stück Welt, sondern eine ganze, geschlossene, die alle ihre Bedingungen, alle ihre Folgen in sich selbst hat. So ist es mit ihren Gestalten, deren jede in sich notwendig zusammenhängt, als die in der wirklichen, aber so durchsichtig, daß wir den Zusammenhang sehen, daß sie als Totalitäten vor uns stehen; 〈…〉 Eine Welt, in der die Mannigfaltigkeit der Dinge nicht verschwindet, aber durch Harmonie und Kontrast für unsern Geist in Einheit gebracht ist; nur von dem, was dem Falle gleichgültig ist, gereinigt. Ein Stück Welt, solchergestalt zu einer ganzen gemacht, in welcher Notwendigkeit, Einheit, nicht allein vorhanden, sondern sichtbar gemacht sind.[146]

Dieser Versuch einer Definition des »Realismus« basiert auf einer durchgängigen Kontrastierung von Welt- und Poesiebestimmungen; Ludwig teilt mit Schmidt die Überzeugung, daß Literatur auf Realität unabdingbar verwiesen sei; ihm geht es aber pointierter als Schmidt um die Unterscheidung von Kunst und Welt: der Inkohärenz – dem potentiellen Chaos der »Welt«, besser ihrer Wahrnehmung – stellt er die poetische Kohärenz gegenüber; dem fragmentarischen Charakter der Welt kontrastiert er die schöne Totalität der Kunst; die vielfältigen Bedingtheiten des Wirklichen setzt er von der Autonomie des Kunstschönen ab; schließlich hält er der Schwerdurchschaubarkeit des wirklichen Lebens die Transparenz des künstlerischen Werks entgegen. Und es bestimmt die eigentliche Bedeutung der Literatur, wenn er sagt, daß sie ein »*erhöhtes Spie-*

gelbild des Gegenstandes ⟨sei⟩ aber nach dem Gesetz der Malerei zu klarer Anordnung gediehen«[147]. Aussagen dieser Art, die die sinnhafte Gestaltung des Kunstwerks einer tendenziellen Chaotik und Kontingenz des Realen kontrastieren, findet man in den Programmschriften der bürgerlichen Realisten außerordentlich häufig; hier sei allein Gustav Freytag als weiterer Zeuge angeführt, der 1854 die Notwendigkeit innerer Geschlossenheit und Einheitlichkeit für den Roman begründete:

> Dadurch entsteht dem Leser das behagliche Gefühl der Sicherheit und Freiheit, er wird in eine kleine freie Welt versetzt, in welcher er den vernünftigen Zusammenhang der Ereignisse vollständig übersieht, in welchem sein Gefühl für Recht und Unrecht nicht verletzt, er zum Vertrauten starker, idealer Empfindungen gemacht wird. Wenn nun aber dieser innere Zusammenhang dadurch gestört wird, daß der ganze ungeheure Verlauf des wirklichen Lebens, die ungelösten Gegensätze, die Spiele des Zufalls, welche das Detail der wirklichen Ereignisse bei fragmentarischer Behandlung darbietet, mit hereingetragen werden in den Bau des Romans, so geht dadurch dem Leser das Gefühl des Vernünftigen und Zweckmäßigen in den Begebenheiten in peinlicher Weise verloren.[148]

Im Blick auf solche Zeugnisse läßt sich die These vertreten, daß das Literaturprogramm des bürgerlichen Realismus als *Kompensation* einer gegenläufigen, z. T. schockartig erfahrenen Lebenswirklichkeit in der Moderne gesehen werden muß. Wenn sich dem Zeitgenossen die Welt als zusammenhanglos, fragmentarisch, zerrissen, vielfältig, aber zugleich auf kaum mehr durchschaubare Weise bedingt erwies, dann sollte der Blick auf die Werke der Kunst und Literatur die alten Orientierungsmuster und Ordnungserwartungen noch einmal bestätigen. Was Nietzsche wenig später pathetisch bejahte – »eine Welt*un*ordnung ohne Gott, eine Welt des *Zufalls*, in der das Furchtbare, das *Zweideutige* ⟨...⟩ zum Wesen gehört«[149] –, das war den Realisten noch Gegenstand des Schauders und der Verwerfung. In Kunst und Literatur suchte man jene Sinngarantien noch festzuhalten, die sich real längst entzogen. Aber nicht nur das: Man unternahm den verzweifelt anmutenden Versuch, jene literarisch festgehaltenen Ordnungsformen *vom Ort der Kunst* aus in das Reale zurückzuprojizieren. Denn es sollte ja die

Ordnung des *Realen* sein, die die Literatur zur Anschauung brachte. Das verstand man unter »Realismus«. Die Literatur sollte – mit Otto Ludwigs Worten – jenes »höhere Spiegelbild« sein, das den schönen Sinn der Wirklichkeit ungetrübt und schlackenlos reflektiert. Mit dieser Konstruktion manövrierte sich der »programmatische Realismus« allerdings in eine prekäre Lage: Die Unterstellung, das Kunstwerk offenbare das schöne Wesen des Wirklichen, mußte sich angesichts völlig anderer Erfahrungen als *Illusion* erweisen. So enthüllte sich allmählich, was der »poetische Realismus« von Beginn an heimlich war: ein Konstrukt, ein ästhetizistisches Bild, das man der Realität als ihr »Wesen« andichten wollte. Wo dieser Etikettenschwindel von der Erfahrung einer ganz anderen Wirklichkeit aufgedeckt wurde, erwies sich der *ästhetizistische* Charakter des Realismusprogramms: Poesie folgte nicht der Welt, diese sollte vielmehr der Poesie Genüge tun. Als Programm war das eine Sackgasse, und die anschließende Entwicklung hat entweder *naturalistisch* dem Realen seine Rechte zurückgegeben oder *ästhetizistisch* die weltlose Eigenlogik des poetischen Konstrukts zum Thema literarischer Kommunikation gemacht. Dieser im bürgerlichen Realismus fundamental angelegte Trend zum »Ästhetizismus«[150] zeigt sich nirgends deutlicher als in Adalbert Stifters Romanen, die von ihrem Verfasser unter den Anspruch gestellt wurden, die »wirkliche Wirklichkeit« zu präsentieren, tatsächlich aber eine merkwürdig weltferne ästhetische Utopie entwickeln. Vielleicht hat Theodor Fontane die immanente Zweideutigkeit der realistischen Doktrin gegen seine Absicht sichtbar werden lassen, als er 1852 »das Leben« mit einem »Marmorsteinbruch« verglich, »der den Stoff zu unendlichen Bildwerken in sich trägt; sie schlummern darin, aber nur dem Auge des Geweihten sichtbar und durch seine Hand zu erwecken«[151]. Denn dieses Sinnbild realistischer Kunst kann in zweifacher Hinsicht gelesen werden: als »Extraktion« und als »Projektion«; diese Uneindeutigkeit war für das Programm des bürgerlichen Realismus konstitutiv. Vielleicht ist die abschließende Formel erlaubt, daß der Realismus jene »Wirklichkeit« erfinden mußte, als deren »Verklärung« er sich dann verstanden hat.

Peter Stemmler
»Realismus« im politischen Diskurs nach 1848.
Zur politischen Semantik des nachrevolutionären Liberalismus

Das Scheitern der Revolution von 1848/49 löste im Liberalismus eine tiefgreifende politische Identitätskrise aus, in der zwar keineswegs die Ziele *Freiheit* und *Einheit* problematisch wurden, wohl aber die bisher eingesetzten politischen Mittel: Offenbar hatte das opponierende Bürgertum der Realität des konservativ beherrschten Staates als Machtfaktor zu wenig Beachtung geschenkt und statt dessen fruchtlose Theoriedebatten über Verfassungsfragen geführt. Nur eine »produktive Neuorientierung«[1] hinsichtlich des künftigen Weges konnte jetzt jene Verunsicherung überwinden und die Identität stabilisieren helfen. Anhand der Auseinandersetzung um »Idealismus« oder »Realismus« läßt sich dieser Selbstfindungsprozeß nach der Jahrhundertmitte rekonstruieren. Und nicht zufällig entwickelten die Literaturprogrammatiker gleichzeitig ihr Konzept des bürgerlichen Realismus.[2] Sucht man in der ersten Auflage des ›Staatslexikons‹ von Rotteck/Welcker das Stichwort »Realismus« noch vergebens[3], so stellt das konservative ›Staats- und Gesellschafts-Lexikon‹ H. Wagners 1864 den Konnex zwischen Politik und Literatur her. Hier erscheint »Realismus« als »Gegenteil vom Idealismus« und bezeichnet eine künstlerische »Richtung, welche an die Stelle der Verklärung der Natur die Nachahmung derselben stellt« und dementsprechend Gustav Freytags ›Soll und Haben‹ dem ›Wilhelm Meister‹ Goethes gegenüber favorisiert. Es sei eine weit verbreitete Auffassung, »Deutschland möge doch anstatt des Idealismus der Kunst und Wissenschaft sich dem Realismus des Lebens mehr hingeben«, was nach Ansicht des pessimistischen Autors »auf einen Industrialismus und eine Plutokratie« hinauslaufe, »in welcher die ›reellen‹ Mittel und Interessen Alles entscheiden«[4].

Um einige Topoi der nachmärzlichen politischen Sprache kennenzulernen, werden vor allem repräsentative Publikationen zweier liberaler Autoren in den Blick genommen, nämlich Ludwig August von Rochaus ›Grundsätze der Realpolitik‹ von 1853 und nach einem ergänzenden Seitenblick auf Auguste Comte mehrere Schriften Karl Twestens aus den späten fünfziger und frühen sechziger Jahren.[5]

I. »Realpolitik« als Wissenschaft der Gesellschaft

1853 offerierte Rochau der lesenden Öffentlichkeit einen politischen »Bürgerspiegel« – in der Konzentration auf Machtfragen dem ›Il Principe‹, Machiavellis Fürstenspiegel, durchaus verwandt[6] –, der dem nach Orientierungshilfen suchenden Liberalismus einen Ausweg aus seiner Identitätskrise zeigte. Ohne Rücksicht auf die wirklichkeitsscheue »deutsche Gemütsstimmung«, auf die »Eigenliebe der eigenen Gesinnungsgenossenschaft« wollte er die Ursachen des politischen Debakels während der Revolution aufdecken, um dann eine »helfende Hand« anlegen zu können.[7] In Abkehr vom früher gepflegten »politischen Idealismus«[8] mußten sich die ehemals motivierten, jetzt aber enttäuschten Liberalen einer geistigen Radikalkur unterziehen und endlich die »Sache der politischen Wahrheit« erkennen lernen, und zwar durch Rezeption der realitätsbezogenen »allgemeinen Gesetze des Staatslebens«[9]. Rochau predigte dem Bürgertum also nicht Kapitulation vor der restaurierten Monarchie und ihrer aristokratischen Stütze, sondern erneute Beschäftigung mit dem Politischen – doch diesmal illusionslos nach Maßgabe der ›Grundsätze der Realpolitik‹. Für den alerten Advokaten des Bürgertums bestand kein Zweifel daran, daß dieses, durch »Reichtum«, »Meinung« und »Intelligenz« dazu prädestiniert[10], letztlich sein Ziel der politischen Partizipation erreichen werde, zumal er dem Adel den »politischen« und »moralischen« Totenschein bereitwilligst ausstellte, während ein wissenschaftlich, literarisch und ökonomisch effizienter Mittelstand immerhin »im Schweiße seines Angesichts« den Konstitutionalismus erzwungen hatte.[11]

1873, im Todesjahr Rochaus, bemerkte Heinrich von Treitschke rückblickend, die ›Realpolitik‹ habe damals »wie ein Blitzschlag in die besseren Köpfe der Jugend«[12] eingeschlagen und unmißverständlich dargelegt, »daß der Staat Macht ist«[13]. Sicherlich beruhte der Erfolg dieses rigoros mit den Fehlern eines vermeintlich weltabgewandten Liberalismus ins Gericht gehenden Essayisten auf seiner Fähigkeit, die geistige Situation der Zeit zu erfassen und wie in einem Brennglas gebündelt wiederzugeben. Jene Skepsis dem Idealismus gegenüber war so neu nicht. Bereits 1842 hatte Ludwig Feuerbach gemeint: »Der Geist der Zeit oder Zukunft ist der des Realismus«[14]. Und Anton Springer glaubte im Revolutionsjahr das Erscheinen seiner philosophischen Abhandlung über Hegels Geschichtsanschauung »rechtfertigen« zu müssen, denn dem »spekulativen Rausch« sei in Deutschland ein »tüchtiger Katzenjammer« gefolgt. Jetzt stünden die »realen Interessen der Politik« im Vordergrund.[15] Man brach 1848, so Hans Rosenberg, »mit der spekulativen Epoche der philosophisch-ästhetischen Bildung«; die Geistesgeschichte verzeichnet hier einen Wendepunkt.[16] Nun beanspruchten die industrielle Revolution und damit Naturwissenschaften und Nationalökonomie die Aufmerksamkeit der realistischer gesonnenen Zeitgenossen, als deren wohl radikalster Propagandist Rochau gelten darf.

Ohne jede Bescheidenheit erhob er den Anspruch, Einsichten in die »richtige Politik« schlechthin zu vermitteln.[17] Wer einmal die »Tatsache« akzeptiert hatte, »daß das Gesetz der Stärke über das Staatsleben eine ähnliche Herrschaft ausübt wie das Gesetz der Schwere über die Körperwelt«, wer begriffen hatte, »daß die Macht allein es ist, welche herrschen kann«, der konnte getrost tiefer zielende Sinnfragen nach dem Führungsanspruch von »Recht«, »Weisheit« und »Tugend« oder nach der besten Regierungsform der »philosophischen Spekulation« überlassen, die einer realitätsnahen »praktischen Politik« im Wege stand.[18] Von idealistischen Skrupeln unbelastet, formulierte der ehemalige aktivistische Burschenschafter, dem seine Verwicklung in den Frankfurter Hauptwachensturm die Todesstrafe, Flucht und Exil eingetragen hatte[19], jenes »dynamische Grundgesetz des Staatswesens«[20], wonach sich »Macht« immer »nur der größern Macht« beugt.[21] Und das für den Liberalismus heikle Problem der Relation von Herrschaft und Gesetz, von

Wirklichkeit und Gedanken wurde mit griffigen Phrasen gelöst: »Das Recht verhält sich zur Macht wie die Idee zur Tatsache.« Bloß ein machtgestütztes Recht könne sich behaupten[22], und lediglich die auf große Resonanz stoßende Idee sei, ungeachtet ihrer inneren Stimmigkeit oder Wahrheit, ein politisch relevanter Faktor – dann jedoch »die realste aller politischen Mächte«[23]. Damit lagen die Maximen für eine »richtige« Konstitution vor.[24] Sämtliche soziale Gruppen, die politische Partizipation begehrten, mußte die »Verfassungspolitik«, fern jeglicher »abstrakt-wissenschaftlichen oder prinzipiellen Überlegung, allein nach ihren »Kräften« berücksichtigen.[25] Natürlich diagnostizierte Rochau in bürgerlicher Attitüde Priorität für die »drei gesellschaftlichen Hauptmächte«, nämlich »Reichtum«, »Meinung« und »Intelligenz«.[26] Aber nicht nur hier kehrte er den Bürger hervor. Zu den politisch bedeutsamen neueren Gesellschaftskräften zählten bei ihm mittelständisches Selbstbewußtsein, das Streben nach Freiheit, nationaler Einheit, Gleichberechtigung und »Selbstregierung« und schließlich das Parteiwesen sowie die Presse.[27]

Sein beharrliches Pochen auf jenen alles entscheidenden Machtfaktor war nicht bloß geeignet, den Liberalen ihre »vorgefaßte Illusion mit schneidender Logik« zu nehmen[28], sondern es forderte ebenso die konservativen Anhänger des Königtums von Gottes Gnaden, etwa die Gebrüder Gerlach oder Julius Stahl, in die Schranken. »Nur doktrinäre Willkür« vermochte guten Gewissens dem Volk oder dem Monarchen die Souveränität ohne Rücksicht auf obwaltende Machtverhältnisse zuzubilligen.[29] Beide Parteien vergingen sich damit an »Vernunft und Geschichte«[30]. »Die Souveränität ist ein Machtbegriff«, konstatierte Rochau ungerührt, und »keine sozusagen eingeborene Eigenschaft«[31]. Das Fehlen ideologischer Scheuklappen erlaubte Rochau auch eine rationale Betrachtung der Revolution als schlichte »Tatsache«, die »kein Prinzip, weder ein gutes noch ein böses« sei.[32] Legitimationskrisen konnten in diesem scheinbaren ideologischen Vakuum erst gar nicht entstehen. Jede Gewaltanwendung im Verlauf einer Umwälzung, also »eine erfolgreiche Verschwörung, ein siegreicher Aufstand, ein gelungener Staatsstreich« und »auch die Eroberung einer Provinz«[33], kurz: jede »gewaltsame« Änderung[34] des innen- oder außenpolitischen

Status quo bezog ihre »politische Rechtfertigung«[35] allein auf den »Erfolg«[36]. Selbstredend hätte ein Gelingen die Ereignisse 1848/49 legitimiert. Immerhin räumte Rochau ein, Erfolg könne »sittliche Mängel« nicht bemänteln; ja, er gestand sogar zu, daß eine Revolution zum Schutz der nationalen Existenz die Erfüllung einer »sittlichen Pflicht« bedeute und daher dem Legitimationsdruck eines Sieges enthoben sei. Hier zähle »nur die Art und Weise der Vollziehung des Gebots«[37]. Erstaunliche Worte für einen rigorosen Verfechter des Machtgedankens, und wohl nur durch den hohen Stellenwert des Nationalstaates bei ihm zu erklären.

In der Tat nimmt das Schlußkapitel des ersten Teils der Realpolitik die Form eines leidenschaftlichen, mit rassistischen Phrasen durchtränkten Plädoyers für die Deutschen und ihre Einigung an und endet in der Prophetie, »nur eine überlegene Kraft, welche die übrigen verschlingt«, werde den Nationalstaat schaffen, nicht etwa »ein Prinzip«, »eine Idee« oder »ein Vertrag«[38]. Allerdings ist die Negation der »Idee« selbst nach der Logik der Rochauschen ›Grundsätze‹ keineswegs schlüssig. Wenn nämlich die Revolution 1848/49 überhaupt ein Resultat gezeigt habe, dann vor allem jenes, daß hier die »Einheitsidee« endlich »historisch«, d. h. politisch relevant geworden sei.[39] Und »Kräfte dieser Art spotten jeder Berechnung« einer kühl kalkulierenden Regierung.[40] Selbstverständlich konnte und mochte Rochau dem künftigen Nationalstaat keine andere Legitimation als die der Machtentfaltung geben. Ebensowenig wie man »einem Mann im Vollgefühl der Lebenskraft« Glücksverzicht zumuten dürfe, solle einer Nation Machtentsagung auferlegt werden, denn »die Macht ist für die Nation die erste Bedingung des Glücks«[41]. Mit dieser Auffassung stand Rochau keineswegs allein da. Im Hinblick auf das seiner Ansicht nach beklagenswerte Defizit an »politischer Bildung« fragte der Publizist Constantin Frantz schon 1851, ob »es nicht die elementarste Regel politischer Klugheit« gebiete, von der »realen Macht« auszugehen.[42] Auch der nach eigenem Bekunden durch die Revolution in seinem Konservatismus bestärkte Wilhelm Heinrich Riehl erkannte in allen politischen Auseinandersetzungen eine »Machtfrage, dieweil wir nicht im tausendjährigen Reiche leben, wo alle Politik nach dem Naturrecht gemacht wird«[43]. Noch desillusionierter gab sich der ehemalige 48er Demokrat Julius Fröbel, als er zehn Jahre später eingestand, die »deutsche Nation« habe »Prinzipien und Doktrinen«, die »literarische Größe« und »theoretische Existenz satt. Was sie verlangt, ist Macht. Und wer ihr Macht gibt, dem wird sie Ehre geben«[44]. An realpolitischen Lektionen herrschte also wahrlich kein Mangel, und es kam nun auf die Lernfähigkeit der Öffentlichkeit an.

Stellte sich ein Leser 1853 die Frage, welche Lehre er für sein politisches Verhalten aus den ›Grundsätzen der Realpolitik‹ zu ziehen habe, so konnte er sowohl den emphatischen Citoyen wie auch den nüchternen Analytiker Rochau zu Rate ziehen. Einerseits rang der gesellschaftliche Impetus des Besitz- und Bildungsbürgertums dem Staat eine »Verfassungspolitik« ab[45], die notwendig auf eine mittelständische »Repräsentation« abzielte[46], andererseits erheischte derselbe Staat, durch Bürokratie und Militär nachhaltig in seiner »Macht« gefestigt[47], den Respekt des Tiers État. Kurzfristig legte also das Sichanfreunden mit den ›Grundsätzen‹ ein stillschweigendes Arrangement mit der funktionsfähigen Monarchie nahe, doch langfristig durfte ein gereiftes, realpolitisch denkendes Bürgertum auf das autonome Durchsetzungsvermögen seiner »drei gesellschaftlichen Hauptmächte«, eben Wohlstand, Wissen und öffentliche Meinung, vertrauen.[48] In dieser »Ambivalenz« vermutet Hans-Ulrich Wehler sogar die große Publikumswirksamkeit des Buches[49], das biedermeierlichen Quietismus und zugleich patrizisches Selbstwertgefühl empfahl.

Übrigens verlief Rochaus eigener politischer Werdegang wie der des Gros der Liberalen. Bis 1866 einer der heftigsten Kritiker Bismarcks, dieses »schärfsten und letzten Bolzens der Reaktion von Gottes Gnaden«[50], würdigte er dann doch dessen nationalpolitischen Erfolg. Während des preußischen Verfassungskonflikts vermied Rochau allerdings jegliche vorschnelle Anbiederung und unterstützte scharfzüngig die parlamentarische Opposition. Noch 1865 hieß es bei ihm, der Ministerpräsident entehre Staat und Volk, so daß die »Beseitigung« dieses »Regierungssystems« im ureigensten Interesse des Landes liege.[51] Von einer derart aggressiven Oppositionslust blieb nach der gelungenen preußischen Annexionspolitik freilich nichts übrig.[52] Der hohe Stellenwert der nationalen Einheit trübte empfindlich den zuvor an den Tag gelegten bürgerlichen Widerspruchsgeist und gab das Fundament für die Annäherung des bekehrten Nationalliberalen an Bismarck ab.

Bewirkte die eben schon angemerkte Doppeldeutigkeit der ›Realpolitik‹ vermutlich ihren Lesererfolg, so spielte vielleicht auch die Tatsache eine Rolle, daß die Öffentlichkeit auf relativ wenig Seiten Einblick in die angebliche »Grundwahrheit aller Politik« bekam und scheinbar den »Schlüssel der ganzen Geschichte« in Händen hielt[53], wie der keineswegs zurückhaltende Autor vorgab. Treitschke meinte jedenfalls, hier »mehr Brauchbares« als in einem »dicken Lehrbuch der Politik« erfahren zu haben.[54] Man mußte »nur« die Priorität des Machtfaktors und endlich die Amoralität der Politik, oder anders gewendet, die Privatheit der Moral als Tatsache hinnehmen. Das ist sicherlich der fatalste Aspekt der Rochauschen Populärphilosophie. Während er sich im ersten Teil der ›Realpolitik‹ noch recht zurückhaltend äußerte und »Politik« nicht generell von der »sittlichen Pflicht« entbinden, sondern nur Grenzsituationen zeigen wollte, wo die Moral zurückstehen müsse[55], enthielt die Fortsetzung von 1869 nachdrücklicher Formuliertes. In einem eigenen Kapitel über »politische Moral«[56] wurde dem »Selbsterhaltungstrieb des Staats« a priori die höchste sittliche Qualität beigemessen, vor dem die individuelle, die »gewöhnliche Moral« verblaßte. In seiner Privatsphäre Kantianer, muß der Politiker als »Geschäftsführer des Staats und Volks« ein Machiavellist sein, der im Bemühen um die Stabilität des Gemeinwesens gleichsam auf höherer Ebene das »oberste Gebot der Sittlichkeit erfüllt«. Hinter diesem Postulat stand als Legitimation die historische Erfahrung, daß die innen- und außenpolitische Entwicklung durch eine »selten unterbrochene Kette von Gewalthandlungen« bestimmt werde.[57] Nur das streng sachliche Kalkül mit politisch relevanten Faktoren diente dem Erhalt eines Staates. Hier herrschte jenes »Gesetz der Stärke«[58], das notwendig Politik auf Machtfragen reduzierte. Nach außen hin lag die Aufgabe einer Nation in der Machtentfaltung, fand sie doch darin die »erste Bedingung« des Glücks«[59], nach innen hatte die »Verfassungspolitik« diejenigen »gesellschaftlichen Kräfte« zu berücksichtigen, die im permanenten »schweren Kampf« gegen andere ihre Überlegenheit demonstrierten.[60] »Recht«, »legitimes Interesse« oder »Kopfzahl«[61] fielen dabei ebensowenig ins Gewicht wie der moralische Wert von »Ideen«[62].

Aus vulgarisiertem hegelianischem Staatsidealismus und Sozialdarwinismus[63] entstand ein brisantes Gemenge, das einen moralisch nicht mehr regulierten Pragmatismus hervorbrachte. Mit jener Verwerfung naturrechtlicher Normen, sofern sie nicht den Vorzug großer Publikumswirksamkeit besaßen und instrumental einsetzbar waren, begann in breiten Kreisen eine Sichtweise Schule zu machen, in der »moralinfreies Handeln«[64] als Normalität galt. Das Spannungsverhältnis von Moral und Politik, wie es z.B. Kant noch beschäftigt hatte[65], war kein drängendes Problem mehr, wenn Rochau einer nur überindividuellen Sachgesetzen folgenden Politik Autonomie zubilligte. Allein die normative Kraft des Faktischen gab den Ausschlag, mithin die Einsicht, daß »Ideologie«[66] nichts gegen Tatsachen ausrichte, daß letztlich stets die »größere Macht« triumphiere.[67] Jener genuin bürgerliche Begriff »Realpolitik«, durch Rochau in die politische Sprache eingeführt[68], avancierte nach 1866 zum Gütesiegel Bismarckschen Handelns und dient manchmal sogar als Unterscheidungsmerkmal, um ein machtbesessenes, nahezu amoralisches Deutschland vom Westen negativ abzuheben, der sich mehr den »universal principles of liberal conduct« verbunden fühlte.[69] Neue Termini wie »Macht-« oder »Interessenpolitik« kamen auf und wurden oft als Synonym für »Realpolitik« verwendet.[70]

Auch heute sind uns derartige Begriffe geläufig und ebenso die hier implizierte Annahme einer Dichotomie von Politik und Ideologie oder Moral.[71] Das vielfach artikulierte Mißtrauen gegenüber der »Technokratie« nährte sich ja aus dem Verdacht, sie orientiere sich lediglich an »Sachzwängen« – oft an hausgemachten – und keineswegs an den »Grundwerten« menschlichen Lebens, sie richte ihr Augenmerk nicht auf die Verwirklichung der dem Staat zugrunde gelegten Normen, sondern allein auf seine Effizienz. Von anderer Seite wird in bester Rochauscher Tradition die ›ideologiefreie‹ und daher anscheinend ›realitätsnähere‹ Debatte als adäquatester Weg betrachtet, um objektive und konsensfähige ›Sachlösungen‹ zu finden, das ideologische oder moralische Argument hingegen durch den Vorwurf der Voreingenommenheit diffamiert. Und den Akzent auf die ideologische, moralische und rechtliche Abstinenz gesetzt zu haben, falls solche Anschauungen sich nicht zum politisch relevanten »Zeitgeist«[72] verdichten, ist konstitutiv für Rochaus Politikauffassung, die er mit dem Prestige der Naturwissenschaften aufzuwerten suchte.

Rochau stellte seine realpolitischen Grundsätze als »Erfahrungswissenschaft wie die Naturkunde« vor und postulierte eine Analogie zwischen Politiklehre und Naturwissenschaft, die beide die »Wirklichkeit«, die »sinnliche Erscheinung«[74] bzw. den »sachlichen Stoff«[75] analysierten und sich damit fundamental vom irrealen »politischen Idealismus«[76] unterschieden. Gewiß erlag er der von den exakten Wissenschaften ausgehenden Faszination, doch man sollte die behauptete Übereinstimmung nicht vorschnell als oberflächliche Anpassung an eine damalige Mode[77], als leserwerbende Effekthascherei abtun. Denn die in der Revolution erfahrene politische Ohnmacht des Bürgertums konnte nur bewältigt werden, wenn es gelang, ein Politikkonzept zu entwickeln, das realitätsbezogene Lehren enthielt, die durch zwingende Logik konkrete Erfolge garantierten. Charakteristische Termini wie »Naturgesetz«[78], »Naturnotwendigkeit«[79] oder »Naturgesetz des gesellschaftlichen Lebens«[80] und besonders der Vergleich des Gravitationsgesetzes mit dem politischen »Gesetz der Stärke«[81] unterstreichen den Anspruch, eine politische Untersuchung in höchster Perfektion zu unterbreiten. Nach Ansicht Rochaus verfügte die »Staatswissenschaft«[82] nun über die Chance, soziale und politische Abläufe präzis zu erfassen, sofern sie sich naturwissenschaftlicher Methoden bediente und jener nebulösen »Studentenpolitik« abschwor[83], der es um die »Verwirklichung von Idealen«, nicht um die »Erreichung konkreter Zwecke« ging.[84] »Tatsachen«, gleichgültig ob aus lauteren oder unlauteren Motiven heraus geschaffen, waren Gegenstand einer »Realpolitik«, die in größtmöglicher Sorgfalt mit dem »Messen«, »Wägen und Berechnen« dieser Fakten operierte[85], um durch »gewissenhafte Beobachtung und Vergleichung« die »maßgebenden Grundsätze« der res publica zu entdecken.[86]

Zugunsten einer szientifisch betriebenen Politik mußte das moralische Urteil über die Motivation der erfolgreich Handelnden in die Privatsphäre des Analytikers verbannt werden.[87] Ebenso blieben »metaphysische«, »religiöse« und »ethische« Gutachten[88], etwa darüber ob eine »Idee« nun »richtig oder unrichtig« sei oder ob sie eine »Wahrheit« enthalte[89], für eine »realistische Politik« belanglos, die »geistige Faktoren« nicht nach ihrem »inneren Wert«, sondern nur nach dem »Marktpreise des Lebens« einkalkulierte.[90] Hier galt nur eine Art von »Wahrheit«, nämlich die »politische«.[91] Andere Varianten mochte der »politische Idealismus im Gebiete der Theorie« suchen, wo er ungestört seine »Turnübungen« vorführen durfte, solange die Praxis davon nicht betroffen wurde.[92]

Auch Wilhelm Heinrich Riehl erhob, wenngleich weniger expressiv, in seiner behäbigen Deskription der »bürgerlichen Gesellschaft« von 1851 den Anspruch, eine »naturgeschichtliche Untersuchung der Stände« vorzulegen[93], eine »Wissenschaft vom Volke« zu begründen[94], die nicht »bloß Ideale« feilbot, sondern auf den »Tatsachen des wirklichen Lebens« basierte[95], um für eine »praktische Politik« von Wert zu sein.[96] Besonders deutlich wird die Annäherung an Naturwissenschaft und Mathematik, wenn Riehl die kulturhistorische Entwicklung mit einer »Art von physikalisch-chemischem Prozeß« vergleicht[97] und den »vierten Stand« mit jenem noch »unbekannten X in dem großen sozialen Regeldetri-Exempel«, das noch niemand »vollkommen herauszurechnen« vermochte.[98] Diese Hinweise mögen genügen, um die große Anziehungskraft der Naturwissenschaft zu dokumentieren, die Pate stand, als sich Politik- und Gesellschaftslehre als exakte Wissenschaften etablieren wollten.[99] Dahinter verbarg sich die Hoffnung, dem Bürgertum durch das Instrument einer technokratisch betriebenen Politik zur technischen Herrschaft über Staat und Gesellschaft zu verhelfen.

Rochaus prätentiöser Anspruch verliert einiges an Originalität, denkt man an den schon älteren Positivismus Auguste Comtes. Bereits in den Jahren 1832 bis 1844 hatte der französische Theoretiker die Grundlagen seiner »positiven Philosophie« veröffentlicht, denen nach der Jahrhundertmitte das »System der positiven Politik« folgte.[100] Auch hier ging es um die Bewältigung einer geistigen Orientierungskrise, die in den Auseinandersetzungen um die Konstitution seit 1789 und um die soziale Misere im Gefolge der Industrialisierung sichtbar wurde.[101] Ihr konnte nur erfolgreich begegnet werden, wenn es gelang, mit Hilfe der »positiven Methode« jenem Gesetz auf die Spur zu kommen[102], nach dem sich der unzweifelhafte Fortschritt der Zivilisation vollzog.[103] Soziologie und Politologie hatten die Methoden der Naturwissenschaft zu kopieren;[104] sie sollten das Niveau einer rational analysierenden und nicht spekulierenden »positiven Wissenschaft«, einer »physique sociale« erreichen.[105] Den besten Beweis für die Leistungsfähigkeit dieser Art des Vorgehens lieferte Comte das Gravitationsgesetz Newtons[106], und auch Rochau griff auf denselben Sachverhalt in der »Körperwelt« zurück, um das »Gesetz der Stärke« im »Staatsleben« durch einen Analogismus plausibel zu machen.[107] Beide wollten die das Gesellschaftliche determinierenden Faktoren feststellen und zueinander in Relation bringen, Ursachen und Wirkungen nachgehen – aber unter bewußtem Verzicht auf theologische oder metaphysische Interpretationen[108]. Denn da die letzte oder absolute Wahrheit dem Menschen ohnehin verschlossen bleibe, müsse er sich freiwillig dieser Reduktion seiner Erkenntnisleistung unterwerfen und sich statt an müßige Spekulationen an relative, jedoch nachprüfbare Wahrheiten halten. Comte interessierte vornehmlich die Oberflächenbeschaffenheit des Faktischen, und keineswegs deren tiefste Ursache. Nichts anderes propagierte Rochau, wenn er vom »Messen«, »Wägen und Berechnen der Tatsachen« sprach, von der »gewissenhaften Beobachtung und Vergleichung«, um so auf die »maßgebenden Grundsätze« öffentlicher Angelegenheiten zu stoßen. Tieferliegende Gründe, etwa die Motive der Politiker, klammerte er, obwohl diagnostizierbar, ebenso aus wie Comte die nicht beweisbare theologische oder metaphysische Sinndeutung der Menschheitsgeschichte.[109]

Ob Rochau tatsächlich den ›Cours de philosophie positive‹ Comtes bei seinem Frankreichaufenthalt kennengelernt hatte, mag dahingestellt bleiben.[110] Entscheidender ist die Feststellung, daß um die Jahrhundertmitte der Realismus dem diskreditierten Idealismus den Rang ablief. Konzentration auf die Praxis anstatt langatmiger Theoriedebatten verlangten vor allem die gemäßigten Liberalen Preußens in den ausgehenden fünfziger und sechziger Jahren – oft mit argwöhnischem Blick auf die immer noch für doktrinär und allzu idealistisch gehaltenen Demokraten, mit denen zusammen man den Verfassungskonflikt erfolgreich zu überstehen hoffte. Nicht von ungefähr machte Karl Twesten, einer der prominentesten Politiker der Deutschen Fortschrittspartei und später der Nationalliberalen[111], das Lesepublikum 1859 mit dem Werk Comtes vertraut.[112] Das Pathos der Wissenschaftsgläubigkeit, jene unentbehrliche Ergänzung des Fortschrittsoptimismus, die bewußte Hinwendung zum Realismus[113] und die retrospektive Kritik an dem überholt geglaubten Idealismus durchziehen in abwechslungsreicher Terminologie seine Broschüren und Reden und ebenso private und offizielle Äußerungen anderer Liberaler.

II. Das semantische Feld: »Realismus« und »Idealismus«

Schon Rochaus ›Realpolitik‹ enthält assoziativ mit dem Oppositionspaar Realismus – Idealismus verbundene Termini, die der Kürze halber tabellarisch aufgeführt werden.[114]

»Realismus« (210)	»Idealismus« (209)
»Leben« (254)	»Schule« (254)
»praktische Politik« (25)	»philosophische Spekulation« (25); »abstrakt – wissenschaftliche – oder prinzipielle Behandlung« (27); »doktrinäre Willkür« (41)
»Realpolitik« (209)	»Phantasie – und Gefühlspolitik« (204)
	»Studentenpolitik« (254f)
»Staatspolitik« (209)	»Volkspolitik« (209 f)
	»Idealpolitik« (257 f)
	»Experimentalpolitik« (26)
»Tatsachen« (207)	»Phantasterei« (209)
	»Phantasiebilder« (27, 256)
	»Luftschlösser« (27)

Weitere Variationen dieses Themas liefert Twestens Aufsatz über Comtes »positive Philosophie« – eine Fundgrube für die politische Sprache des Nachmärzliberalismus.[115]

»Realismus« (287)	»Idealismus« (287)
»Praxis des Lebens« (284)	»Phantasie«, »Chimäre« (284)
»das reelle Wissen« (284)	
»positive Methode der Philosophie« (285): die der »Vernunft« verpflichtete »positive Theorie« (294)	
die »allseitige Erforschung der realen Dinge und Verhältnisse und der in ihnen wirksamen Gesetze« (287);	»die abstrakten Theorien« (287) die »unerweisbaren Spekulationen« (285)
die »Beobachtung gegenwärtiger Erscheinungen« und Ausdehnung »ihre Vergleichungen auf die Vergangenheit«, um die »Gesetze, welche die Erscheinungen beherrschen«, zu erkennen (293); Betrachtung der »Dinge« »wie sie sind, nicht wie sie ⟨...⟩ nach willkürlichen Postulaten sein sollen« (302)	
eine von »Anschauung und Erfahrung« (283) ausgehende »Erfahrungswissenschaft« (292)	»willkürliche Postulate«, aus »Vorurteilen erzwungene Ableitung« (302) der »nicht auf nachweisbare Erscheinungen basirte Idealismus« (296), »Abstraktionen der Metaphysik« (294), »absolute Doktrin«, »phantastische Dogmen« (292), »absolute Prinzipien, die außer aller Erfahrung und aller Möglichkeit der Erfahrung liegen« (282)

Zu Beginn der Neuen Ära veröffentlichte Twesten anonym die Wunschliste einer nochmals auflebenden liberalen Bewegung[116] und übte scharfe Kritik am Idealismus, die den politischen Reifeprozeß eines zum Realismus Bekehrten demonstrieren sollte, der inzwischen zu einer neuen Identität gefunden hatte.[117]

Realismus	Idealismus
»die glücklichen Verhältnisse und Resultate der englischen Praxis« (8)	»die abstrakten Theorien der Franzosen« (8)
»gesunder Menschenverstand« (13)	
»praktische Bühne« der »Politik«, »von den Abstraktionen zur Behandlung konkreter Fragen« (15)	»abstrakte Verfassungsfrage« vor 1848 (15)
durch »die praktischere Erfahrung« eine »gereiftere Beschäftigung mit konkreten Fragen« erreicht, weniger »Interesse an abstrakten Staatsformen« (19)	»inhaltsleere Deklamationen«, »willkürliche Konstruktionen aus abstrakten Begriffen«, »Staatsdoktrinen« (21)
»Interesse an fruchtbarer Wirklichkeit«, Verfolgung »bestimmter konkreter Zwecke« (22)	»Phrasen« (22), »Abstraktionen« (23) mit »innerer Unwahrheit« (22)
»Erfahrungen und Studien« auf dem »Boden der Tatsachen« (27)	»metaphysische Phrasen«, »abstrakte Prinzipien« (27)
»das wirklich Zweckmäßige und das den gegebenen Verhältnissen Angemessene« (27)	»die doktrinären Vorurteile und Liebhabereien« (27)

Andere Liberale standen dem nicht nach. Der Historiker Max Duncker, Mitarbeiter der gemäßigt-liberalen ›Preußischen Jahrbücher‹, sah den »Anfang gesunder Entwicklung« gemacht, »wenn die realen Fragen in den Vordergrund gestellt und die Prinzipien zurückgeschoben« würden.[118] Man wollte sich endlich »auf konkretem Boden bewegen«[119], einen »praktischen Standpunkt einnehmen«[120], und nicht »wie 1849« die Gefahr eines »demokratischen Exzesses« heraufbeschwören, die in der schädlichen »idealen« Politik des unbekümmerten »einfachen Drängens« lag. Der linke Flügel der Fortschrittspartei, so argwöhnte Duncker, schien diese Lehre nicht beherzigt zu haben.[121] Noch Ende 1858 hatte das altliberale Organ beruhigt festgestellt, die eben wieder aktiv gewordenen Demokraten seien nun »von blindem Eifer« und »Begier« kuriert und dächten keineswegs daran, »alte Parteidoktrinen gleißnerisch wieder aufzustutzen«, sondern trügen einen »entschieden auf das Praktische gerichteten Sinn« in die Politik hinein.[122] »Demokratische Querköpfe, politische Schwärmer, verbissene Prinzipienreiter mit ihren utopischen und radikalen Ideen« hätten bei den Wahlen keine Chance gehabt.[123] Heinrich Bernhard Oppenheim, Herausgeber der fortschrittlich-liberalen ›Deutschen Jahrbücher‹, attestierte den »allgemeinen Bankerott der Theorie«[124] und gab die Devise des »praktischen Wirkens«[125] als Markenzeichen seiner realitätsnahen Partei aus. Kontroversen zwischen gemäßigten und entschiedeneren Liberalen blieben natürlich nicht aus. Während einer parlamentarischen Auseinandersetzung mit Julius Hermann von Kirchmann verbat sich Heinrich von Sybel Rückgriffe auf »historische, philosophische und politische Doktrin«, denn das sei längst überfällige »Professoren-Politik«.[126] Erbost beklagte er sich bei Hermann Baumgarten über die »negative Politik« der Fortschrittspartei, deren »Gros« zur »doktrinären Phrase« neige und eine Aversion »gegen das Praktische und Tatsächliche« hege.[127]

Diese Belege, die sich mühelos vermehren ließen, erlauben es, ein Feld von negativ und positiv besetzten Begriffen zusammenzustellen, die mit den Termini *Idealismus* und *Realismus* mehr oder weniger assoziativ verknüpft wurden.

Positiv verwendet:	Pejorativ verwendet:
Realismus	Idealismus
»Leben«	»Schule«
»Praxis«	»abstrakte Theorien«
	»abstrakte Prinzipien«
»Wirklichkeit«	»utopische Ideen«
»Tatsachen«	»Phantasie«
»Erfahrung«	»Metaphysik«
	»Spekulationen«
	»Konstruktionen«

»Vernunft«   »Doktrin«
»Menschenverstand«   »Willkür«
                          »Vorurteil«
                          »Dogmen«
»konkrete Zwecke«   »Abstraktionen«
»gesunde Entwicklung«
»gereiftere Beschäftigung« »Gefühl(spolitik)«
                          »blinder Eifer«
                          »Begier«
                          »Schwärmer«

Anhand dieser Sprachbeispiele[128] läßt sich der Begriff Realismus als verstandesgesteuerter Weg in das praktische politische Leben umschreiben, als Wille, konkrete Ziele mit wirklichkeitsnahen Mitteln zu erreichen, und nicht mehr durch leidenschaftliche Appelle an willkürlich aufgestellte Doktrinen oder schulmeisterliches Beharren auf metaphysischer Dogmatik.

Es bleibt zu prüfen, inwieweit der nachrevolutionäre Liberalismus tatsächlich mit seiner idealistischen Vergangenheit, mit Vernunftrecht und Humanität brach. Immerhin wollte der altliberale Max Duncker in Abwehr des naturwissenschaftlichen »Materialismus« den »realen Idealismus der Historie an die Stelle des phantastischen Idealismus der Philosophie« rücken, »welcher vor 1848 die Köpfe der Jugend erfüllte und verdrehte«[129]. Von einer totalen Ablehnung des Erbes kann also nicht die Rede sein, eher von einem idealistisch überhöhten Realismus, der Grundsätzen der Zweckmäßigkeit gehorchte und die Formulierung eines sachgerechten politischen Programms erlaubte, wie es Twesten in seinen beiden Broschüren präsentierte.

III. Politik und pragmatische Vernunft

Hatte schon Rochau die Konservativen attackiert, die in »doktrinärer Willkür« am Prinzip der monarchischen Souveränität festhielten, ohne einen Blick auf die Wirklichkeit zu werfen[130], so griff Twesten diese Kritik auf und warf ihnen eine »legitimistische und absolutistische« »Tendenzpolitik« vor, die jegliche Realität und Preußens wahre »Interessen« ignoriere. »Theoretische Liebhabereien« bestimmten die Außen-, »soziale Vorurteile« und aristokratischer Egoismus die Innenpolitik.[131] Dem denkbaren Vorwurf, selber einer »liberalen Tendenzpolitik« das Wort zu reden[132], begegnete Twesten mit dem Argument, man wolle keineswegs außerhalb Deutschlands eine »liberale Doktrin« vertreten, sondern nur durch eine pragmatische Wahl der Bündnispartner die »Machtstellung« des Landes sichern. Im Inneren forderte er allerdings »entschieden eine liberale Politik«, denn nur so könnten alle Ressourcen erschlossen und äußere Gefahren überstanden werden.[133] »Rechtsgleichheit«, gesetzlicher Schutz vor adeligen Privilegien und Übergriffen und die freie ökonomische Entfaltung »Aller zum Vorteil Aller«[134], das seien keine »abstrakten Prinzipienfragen« mehr, sondern in der Praxis bewährte Grundpositionen des Liberalismus, der allein Preußens und Deutschlands Zukunft garantiere.[135] Schließlich hätten sich die »politischen Ideen« der Aufklärung zu einer unwiderstehlichen »Macht« entwickelt[136], wogegen konservative Obstruktion aussichtslos, ja geradezu staatszersetzend wirken müsse, denn »die Welt ist heute liberal«[137].

Somit stand der realistische Hinweis auf die Effizienz einer liberalen Politik im Vordergrund und nicht idealistische Prinzipienreiterei. Höchst aufschlußreich ist dabei der Bedeutungswandel des Terminus »Prinzip«. Bar seines älteren naturrechtlichen und politisch-philosophischen Gehalts umschreibt er nur noch einen Rechtsgrundsatz nach Vorgabe der preußischen Verfassung[138], die selbst wiederum »nicht als Produkt doktrinärer Begriffe«, vielmehr als »Gesetz der Natur« im rechtspositivistischen Sinn zur Regelung gemeinsamer Interessen betrachtet wurde.[139] Von einer totalen Negation des Vernunftrechts nahm Twesten jedoch Abstand. Allerdings stünden jene »metaphysischen Dogmen der allgemeinen

Menschenrechte, der natürlichen Gleichheit oder der absoluten Gedankenfreiheit« nicht mehr im Mittelpunkt der öffentlichen Diskussion, nachdem »ihre innere Unwahrheit in der abstrakten Absolutheit« offenkundig geworden sei – u.a. deshalb, weil das Egalitätsprinzip, »außerhalb des politischen Gebietes« angewendet, »Familie und Eigentum« zu zerstören drohe.[140] Aber diese »Abstraktionen«[141] hätten immerhin »Humanität« in das Ancien Régime hineingetragen, einen tiefen Wandel ausgelöst und damit »ihre Zwecke im Wesentlichen erfüllt«[142]. Nun träten sie hinter »Vorschriften der Moral und des menschlichen Verkehrs« zurück, »die sich aus der erfahrungsmäßigen Natur des Menschen und aus den Bedingungen einer zivilisierten Gesellschaft als notwendig« ableiteten.[143] Obwohl der nachrevolutionäre Liberalismus seine Forderungen empirisch und zweckrational begründete, konservierte er bei aller Kritik an der Metaphysik im Interesse des Bürgertums unverzichtbare Restbestände. Twesten verlangte Achtung vor der menschlichen Würde, ein Gleichgewicht von Rechten und Pflichten etc., eben Respekt vor dem »stets zu wahrenden Sinn jener philosophischen Dogmen«[144], die nur noch als »beschränktere Grundsätze« Geltung beanspruchen sollten.[145] Freilich finden sich derartige naturrechtliche Erörterungen lediglich als Marginalien, ebenso moralische Imperative, etwa »Weg der Wahrheit und der Gerechtigkeit«[146], verdrängt von Umschreibungen der Praxis, wie z.B. »Wirklichkeit«, »faktisch vorhandene Gesellschaft«[147] usw. Dieser Austausch der Begriffe, der Drang zum konkret Erreichbaren signalisiert die Präferenz einer angeblich realitätsnäheren, rationaleren Gegenwartsbewältigung, welche anscheinend im utopieanfälligeren Vormärz nicht möglich gewesen war. Das konnte den Gehalt des Wortes »Vernunft« nicht unberührt lassen. Ohnehin nunmehr ein rarer Bestandteil des politischen Vokabulars, hatte sich seine Bedeutung, ähnlich wie die des Terminus »Prinzip«, allmählich verflacht. Vom aufklärerisch-optimistischen Pathos gelöst, verkam »Vernunft« zum Synonym für den »gesunden Menschenverstand«, der in der »Realität« half, die »Tatsachen« zu halten, um »konkrete« politische Probleme zu meistern. Der Aufnahme schlichterer utilitaristisch-pragmatischer Züge entsprach der Verlust des älteren naturrechtlichen Sinns, der jetzt als hohl und deklamatorisch abgetan wurde. Doch nach liberaler Überzeugung verband sich damit kein Qualitätsverlust – eher das Gegenteil. Menschheitsbestimmung erfolge jetzt nicht länger auf der Basis »doktrinärer Vorurteile«, sondern durch Zweckmäßigkeitserwägungen.[148] Und dazu böte die »positive Wissenschaft«[149] willkommene Handreichungen, da sie auf Empirie beruhe und sich deshalb der spekulativen Metaphysik überlegen zeige.[150] Erst die »naturgeschichtliche Analyse der Gesellschaft«[151] öffne die Augen für das »aller persönlichen Willkür entzogene Naturgesetz« des »Fortschritts«[152] in Richtung auf »Humanität«[153] – eine zwangsläufige Entwicklung, angetrieben »von den populären Tendenzen der Zeit«, nämlich »Bildung«, »Industrie« und »Wissenschaft«[154]. Von diesen konkreten Triebkräften dürften die Zeitgenossen mit Recht »positive Neugestaltungen« erwarten, die jene zu Kommunismus und Sozialismus degenerierenden »Grunddogmen ⟨...⟩ der Gleichberechtigung, Gedankenfreiheit« und »Volkssouveränität« nicht hätten hervorbringen können.[155] Aus einer derartigen Interpretation spricht – ein Reflex der historischen Entwicklung seit 1848 – die Furcht vor allzu weitreichenden wirtschaftlichen, sozialen und politischen Forderungen des Proletariats, das ja auch seinen Emanzipationsanspruch mit vernunftrechtlichen Gründen erhärten konnte. Sozioökonomische und politische Interessen des Bürgertums entschieden darüber, ob aufklärerische Postulate einer sogenannten »realistischen« Politik nützten. Nur wenn sich das Naturrecht erfolgversprechend gegen die Konservativen verwenden ließ, fand es Anerkennung. Doch sobald sich die Arbeiterschaft dieser Argumente zu bedienen schien, entarteten sie in liberaler Auslegung zu wertlosen abstrakten Doktrinen, zu maßlosem Verlangen, das den mit Sicherheit ausgemachten Fortschrittstrend unnötig bremse.

Demnach gab der politische Realismus keineswegs die aus dem Idealismus herkommende teleologische Perspektive eines »Fortschritts« zur »Humanität« auf. Erfreulicherweise durchlaufe die Gesellschaft diesen »autonomen Prozeß« – vom Staat allenfalls zu forcieren oder zu verlangsamen, aber niemals aufzuhalten – wie es die »naturgeschichtliche Analyse« lehre.[156] Sie beweise schlagend die »Wechselwirkung« zwischen Gesellschaft und Staat[157], den Twesten nun auf die »Funktion«[158] der »geistigen und materiellen«

Verhältnisse eines Volkes reduzierte[159] und somit gleichsam entthronte. Das Sicheinlassen auf die zwar noch unvollkommene, jedoch entwicklungsbereite und daher unter positiven Vorzeichen stehende Realität bedeute keinen Verrat an den alten Idealen, denn die Ziele blieben konstant; nur die Mittel hätten sich nach den negativen Erfahrungen endlich der Wirklichkeit angeglichen. Die Zeit arbeite für das Bürgertum und gegen die konservative, zur Anpassung gezwungene Machtelite. »Auch der mächtigste Staatsmann«, so Twestens Befund, könne »die Gesellschaft nur in sehr beschränkten Grenzen modifizieren«[160]. Wie Rochau sah auch er die eigentlich vorwärtsdrängende Kraft in der Gesellschaft wirksam werden[161] – eine Ansicht übrigens, die Bismarcks Erfolg von 1866 nicht ganz standhielt, demonstrierte der Ministerpräsident doch die Eigendynamik des Staates, dessen »Macht« der Liberalismus »nicht wieder in Frage stellen« dürfe. Ja, unter dem Eindruck des preußischen Sieges empfahl sich sogar eine Annäherung an den einst angegriffenen »Metaphysiker« Hegel, da offenkundig nicht die Ratio das Vernünftige durchsetzte, sondern jene »List der Idee, welche ihre Feinde zur Vollstreckung nötigt«[162]. Vorerst aber war der Glaube an die Priorität der Gesellschaft ungebrochen und ebenso die Überzeugung, daß der hier dominierende Mittelstand auch »politisch« reüssieren werde.[163] »Praktische Politik« bot jetzt die Chance, den Emanzipationsprozeß zu beschleunigen.[164]

Durchaus aufrichtig gemeint und mit wissenschaftlicher Gewißheit gepaart, lag dieser Fortschrittsoptimismus der neuen Ideologie der Realpolitik zugrunde, die sich – zumindest bei einem Großteil der Liberalen – noch nicht vollkommen vom kritisierten Naturrechtsdenken ablöste. Doch der bedenkliche Relativismus, nämlich die Negation der allgemeinen Gültigkeit vernunftrechtlicher Postulate, löste eine Erosion aus, die letztlich nur noch *die* Realpolitik ohne völker- oder naturrechtliches Korrektiv übrigließ. Bereits 1841 hatte Carl v. Rotteck, der letzte große Apologet der Aufklärung, bedauert, »das Wort von der Nichtigkeit des Naturrechts« zähle – »zumal in der neuesten Zeit« – zu den »Gemeinplätzen«. Dessen Annahme oder Ablehnung entscheide, ob künftig »Vernunft« oder »Willkür«, ob »ewige Wahrheit« oder »dem auf zeitlicher Tatsache ruhenden Rechte« die »Herrschaft« zufalle.[165]

Die universelle Verbindlichkeit des Vernunftrechts zu verwerfen, bedeutete keineswegs den Verzicht auf Rechtsgrundsätze in der Innen-, wohl aber in der Außenpolitik. Diese wollte Twesten pragmatisch gehandhabt wissen. Kollidierten nationale Interessen mit denen fremder Staaten, bezog das Gros der Liberalen auch vor 1866 schon einen ›realpolitischen‹ Standpunkt. So verlangte Oppenheim von der Regierung, sie solle den Streit mit Dänemark um Schleswig-Holstein gefälligst nicht durch »juristische Erörterung« austragen, sondern die Rechtsfragen wie den gordischen Knoten einfach »durchhauen«[166], stehe hier doch die »echt deutsche Sache« auf dem Spiel.[167] Derselbe Liberale, der seine Partei für ihr zähes »Festhalten an den Gesetzen« im Inneren lobte[168], komprimierte Außenpolitik auf die Lösung einer »Machtfrage«[169], denn der »Rechtsstaat« war eben nur »nach Innen gekehrt«, wie Eduard Lasker meinte.[170] Wurde man dort allerdings an die wahren Machtverhältnisse erinnert, was Bismarck und Lassalle in Rochauscher Manier ungeniert taten[171], ohne der Fortschrittspartei damit Neues zu verkünden, reagierte die Opposition dennoch pikiert und verwies auf ihre rein verfassungsrechtlichen Argumente, die angeblich keinen politischen Herrschaftsanspruch untermauerten. Im Gegenteil, sie interpretierte den Heeres- und Budgetkonflikt – in realistischer Einschätzung ihrer eigenen Machtlosigkeit – permanent als staatsrechtlichen Streit mit einem ungesetzlich handelnden Kabinett, das hemmungslos seine Herrschaftsinstrumente einsetzte.[172]

Letztlich trug selbst die scheinbar wirklichkeitsgesättigte und szientifisch begründete Auseinandersetzung mit der Politik den Liberalen nur Baumgartens Vorwurf ein, deren Wesen immer noch nicht begriffen zu haben. Sicherlich sei die Zuhilfenahme der »wissenschaftlichen Kraft« ein erster »Schritt aus dem unseligen Dilettantismus heraus« gewesen, aber Politik beginne erst nach der rationalen Untersuchung der Gegebenheiten.[173] Und auch der brillanteste Analytiker könne dabei versagen, »politische Probleme praktisch zu lösen«[174]. Man habe dieses Feld »mit anderen rein innerlichen Geistestätigkeiten«[175], mit der privaten Sittlichkeit verwechselt, und jetzt müßten die Forderungen nach Wahrung des Rechts, jene »banalen Phrasen« verstummen, denn sie würden angesichts der im »häuslichen« Bereich sozialisierten »moralischen« und »theoretischen« Betrachtungsweise eines Deutschen »außerordentlich gefährlich«[176]. Während der vergangenen Jahre hätten die »praktischen Völker« eine nur justifizierende Politik der Opposition einfach »lächerlich« gefunden.[177] Nun meldet die Forschung mitunter ganz andere Einwände an. Die betonte Sachlichkeit der Liberalen, ihr permanenter Hinweis auf den Nutzeffekt des eigenen Programms führte zur These einer Entpolitisierung der Politik.

Bereits im Hinblick auf die vormärzliche Kontroverse um das Für und Wider von Fraktionsbildungen innerhalb des Parlaments bemerkte Lothar Gall den »Versuch einer Entideologisierung und Pragmatisierung der Politik« seitens der Gemäßigten. Ihnen war es um »reale Fortschritte« durch partielle Kooperation zwischen den Reformisten in der Regierung und einer moderaten liberalen Partei gegangen, die sich von den eher intransigenten Gegnern einer anscheinend korrumpierenden Zusammenarbeit trennen wollte.[178]

Konkrete Erfolge wünschte auch die liberale Opposition während des preußischen Verfassungskonflikts. Seit der sogenannten Neuen Ära zu einer ernstzunehmenden politischen Kraft geworden, gebärdete sie sich betont praxisnah und bekundete selbst in den harten Auseinandersetzungen mit der Regierung ihr Interesse an rechtskonformen Sachlösungen.[179] Stets bestrebt, die eigenen Reformvorhaben als rationale Mittel zu ebenso rationalen Zwecken objektiv einsichtig zu machen, hob die Deutsche Fortschrittspartei immer wieder hervor, daß die politischen, ökonomischen und sozialen Interessen des Bürgertums mit denen des Staates unweigerlich identisch seien.[180] Ideologische Begründungen im Rückgriff auf das Naturrecht, also jene verpönte Prinzipienreiterei, und die eindeutige Deklarierung des Armee- und Etatstreits als Machtkampf zwischen Monarchie und Parlamentarismus wurden allenfalls auf dem linken Parteiflügel laut.[181] Vor dem Hintergrund eines noch politisch debattierenden, emanzipationswilligen Frühliberalismus interpretiert Michael Gugel diesen neuartigen Pragmatismus als »Entpolitisierung« der Innen- und Nationalpolitik.[182] Die Opposition habe »möglichst unpolitisch, d.h. sachlich oder juristisch«[183] argumentiert und dabei nur das positive, keineswegs das Vernunftrecht bemüht.[184] Natürlich steht und fällt diese These mit dem hier verwendeten Politikbegriff, den Gugel jedoch nur sporadisch darlegt. Danach gelten lediglich naturrechtliche Motive, nämlich »Gleichheit«, »Selbstbestimmung«[185], »allgemeine Menschheitsinteressen«[186] oder »Demokratisierung«[187] und in der Außenpolitik »Völkerfriede« bzw. »Solidarität der Nationen«[188] als »eigentlich politische Gründe«[189]. Doch Zweckmäßigkeit zu verwerfen, engt den Politikbegriff allzusehr ein. So ist etwa der Einheitsgedanke nicht schon darum ›unpolitisch‹, weil ihm ökonomische und machtstaatliche, nicht aber ideelle Antriebe zugrunde liegen. Gleiches trifft für innere und wirtschaftliche Reformen zu, mögen sie emphatisch mit dem Recht auf bürgerliche Freiheit oder mit dem sachdienlichen Hinweis auf die Stärkung Preußens zum Nutzen eines künftigen Nationalstaates begründet werden. Da die Ziele konstant bleiben, die Argumentationsfiguren sich jedoch im realistisch-zweckrationalen, keineswegs mehr im idealistisch-naturrechtlichen Gewand präsentieren, resultiert hieraus die Notwendigkeit einer umfassenderen Definition von Politik, die beiden Motivvarianten sowie einem entsprechenden Handeln das Attribut ›politisch‹ zubilligt.

Selbst nach dieser Begriffserweiterung verdient die Haltung des Nachmärzliberalismus zur sozialen Frage die von Gugel gewählte Bezeichnung »Entpolitisierung«[190]. Man sprach der Arbeiterschaft schließlich das Recht auf parlamentarische Mitsprache ab und überantwortete außerdem die Lösung ihrer ökonomischen und gesellschaftlichen Probleme prinzipiell nicht der Politik, sondern der wissenschaftlich fundierten Nationalökonomie.[191] Für die übrigen innenpolitischen Bereiche empfiehlt sich eher die Charakterisierung »Entideologisierung«, denn hinter den juristisch und sachlich untermauerten Reformwünschen verbarg sich durchaus ein politischer Herrschaftsanspruch des Bürgertums. Allerdings wurde er mit Rücksicht auf die eigene Ohnmacht einer royalistischen Armee und einer konservativen Bürokratie gegenüber nie offensiv vorgetragen. Was blieb, waren politisch bewußt entschärfte und taktisch geschickte Rückgriffe auf Verfassungsrecht und Zweckmäßigkeit. Zusammen mit dem Revolutionsverzicht gaben sie wesentliche Determinanten einer liberalen »Realpolitik« ab, die in der spezifischen Situation des Verfassungskonflikts zwischen der außen- und wirtschaftspolitisch erfolgreichen preußischen Monarchie und einem bedrohlich anwachsenden Proletariat zu lavieren suchte.[192] Hinsichtlich der Nationalpolitik konstatiert Gugel zu Recht jene Affinität der liberalen Sichtweise mit der Bismarcks.[193] Aber auch hier dürfte »Entideologisierung« statt »Entpolitisierung« der adäquate Begriff sein.

Pragmatismus und die Ablehnung angeblich antiquierter Doktrinen verleihen in Verbindung mit Wissenschaftsgläubigkeit und Fortschrittsgewißheit dem nachrevolutionären Liberalismus seine Signaturen. Man glaubte, der schmerzhafte politische Reifeprozeß habe die einstige Theorievorliebe, jene »alte Erbsünde der Ideologie«[194], getilgt, und fand im Realismus eine neue politische Identität. Theoretisch mit der »Realpolitik« vertraut, wurde die Opposition während des Verfassungskonflikts Zeuge der praktischen Durchführung. Und eine neuerliche Anpassung an die Wirklichkeit fiel der Majorität 1866 sicherlich leichter als die Überwindung der Orientierungskrise in den fünfziger Jahren, zumal der Nationalstaat nun greifbarer schien.

> Die Endziele des Liberalismus sind beständige, aber seine Forderungen und Wege sind nicht abgeschlossen vom Leben und erschöpfen sich nicht in festen Formeln. Sein innerstes Wesen besteht darin, die Zeichen der Zeit zu beachten und ihre Ansprüche zu befriedigen.[195]

Par excellence bricht in diesem Selbstverständnis nochmals jener Pragmatismus durch, den der Liberalismus seit der Revolution proklamiert hatte und den nun die Nationalliberalen bemühten, um nahezu problemlos Bismarcks Erfolgen gerecht zu werden.[196] Bei aller Skepsis gegenüber der Verfassung des Norddeutschen Bundes sahen sie in geduldiger Arbeit am weiteren Ausbau der Konstitution die einzige Möglichkeit, die politische Emanzipation des Bürgertums zu realisieren.[197] Zugunsten eines sachbezogenen politisch-ökonomischen Konzepts schwand das Naturrechtsdenken endgültig und wurde durch eine andere Ideologie der »Realpolitik« und der evolutionären Entwicklung ersetzt.

Eva D. Becker
Literaturverbreitung

I. Bücherproduktion

Im Jahr 1800 zählte man etwa 550 Titel aus dem Bereich der »schönen Literatur« oder Belletristik unter den rund 2500 deutschen Neuerscheinungen des Jahres (bei Auflagen von wenigen hundert Exemplaren pro Titel).[1] 1880 waren es etwa 1200 Titel von insgesamt rund 15 000 (bei Auflagen von einigen tausend); zum Vergleich: Hundert Jahre später waren es 12 404 von etwa 67 000, mit Auflagen von einigen tausend bis einigen zehntausend.[2]

Das Wachstum der Buchproduktion ist keineswegs geradlinig verlaufen. So ging es zu Beginn des 19. Jahrhunderts, während der napoleonischen Kriege, zurück, um während der Restaurationszeit wieder stetig zuzunehmen bis zu einem Höhepunkt von rund 14 000 Titeln im Jahr 1843. Vor und nach der 48er-Revolution sank die Bücherproduktion bis zu einem Tiefststand 1849 von knapp 8200 Titeln. Der folgende Anstieg verlief sehr langsam, erst 1879 wurden wieder so viele Büchertitel auf den Markt gebracht wie 1843; während der fünfziger und sechziger Jahre blieben die jährlichen Produktionszahlen bei rund 9000 (davon etwa 10 Prozent belletristische Titel).[3] Diese Zahlen bedeuten nicht, daß in den fünfziger und sechziger Jahren in Deutschland weniger gelesen worden wäre als vor 1848; vielmehr haben sich die Lektüreinteressen vieler Leser auf andere Medien verlagert: auf *Zeitungen und Zeitschriften*; neue Leser aus bisher nicht lesenden Schichten greifen zu lieferungsweise in Heften publizierter Literatur (Kolportage). Als im Nachmärz die Zensur wieder eingeführt wurde – in Preußen 1851, im Deutschen Bund 1854 –, begann die Zeit der Familienzeitschriften. Zu Beginn der sechziger Jahre, so wird geschätzt, bestand mehr als die Hälfte der »literarischen« Produktion aus Zeitschriften; dazu zählen auch Fachzeitschriften.[4] Während die normalen Buchauflagen sehr niedrig bleiben (bei Romanen unter 1000 Stück, ausreichend für den Bedarf der Leihbibliotheken), wachsen die Zeitschriften an Zahl wie an Auflagen. Im Gegensatz zum stagnierenden Buchhandel hat die periodische Presse durchaus teil an der industriellen Entwicklung der »ersten Gründerzeit«.[5]

Ernst Keils ›Gartenlaube‹ kam von der Gründungsauflage 5000 – 6000 im Jahr 1853 auf 382000 im Jahr 1875; ein durch die Familienzeitschrift verbreiteter Roman, z. B. von Eugenie John, genannt Marlitt, erreichte in einem Jahr ebenso viele Leser/innen wie Freytags ›Soll und Haben‹, der Erfolgsroman der fünfziger Jahre, auf dem Buchmarkt in 30 Jahren. Durch die Vertriebsform der Kolportage wurde ein Massenpublikum für Sach- und Unterhaltungsliteratur gewonnen, das Zeitschriften, Lexika, Klassiker und Romane in Lieferungen bezog; die erfolgreichsten Kolportage-Romane hatten Auflagen bis zu einer Million. Erst in den siebziger Jahren begann der reguläre Buchhandel den Gründeraufschwung nachzuholen; in den achtziger Jahren steigerten sich die Produktionszahlen über das früher erreichte Maß hinaus. Zur gleichen Zeit war der Auflagengipfel der Familienzeitschriften überschritten, wenn sie auch noch jahrzehntelang populär blieben. Das Generalanzeigerblatt, durch Anzeigen finanziert, bot seit 1874 kostenlose Unterhaltung, die Blätter der großen Pressekonzerne konkurrierten erfolgreich, während der Kolportageroman aufgrund gesetzlicher Einschränkungen seit 1884 zurückging: er war zu teuer geworden.

Offensichtlich steht das zunehmende Angebot an Lesestoff in Beziehung zur expandierenden Industrie und der wachsenden Bevölkerung in den deutschen Staaten.[6] Um 1800 bestand die deutsche Bevölkerung aus ca. 23 Millionen Menschen, die zu etwa 90 Prozent auf dem Land lebten; 10 Prozent gelten als Leser. 1850 lebten 35 Millionen in Deutschland, 1875: 43 Millionen, 1900: 56 Millionen. Auf dem Land wohnten 1840 nur noch zwei Drittel der Deutschen, 1907 weniger als die Hälfte. Während also um 1800 2,5 Millionen Menschen in – meist kleinen – Städten wohnten, lebten um 1900 zehnmal so viele in meist größeren Städten (bis zu mehr als 100000 Einwohnern). Die Industrialisierung, in den dreißiger Jahren beginnend, in den siebziger Jahren in ihre Hochphase eintretend, ließ Bevölkerung und Städte wachsen. 1848 zählte man 1 Million Arbeiter außerhalb der Landwirtschaft (einschließlich Familien), das sind 3 Prozent der Bevölkerung; 1885 sind es 17,3 Millionen = 38,5 Prozent; 1907: 25,8 Millionen = 43 Prozent. Es gibt demnach kurz nach 1900 so viele Arbeiter im Kaiserreich, wie es um 1800 Deutsche insgesamt gab – und ebenso viele Städter! Zum gleichen Zeitpunkt, 1907, leben aber auch noch 16,2 Millionen = 27 Prozent von der Landwirtschaft; die übrigen 30 Prozent der Bevölkerung gehören zum Bürgertum und zum Adel.

1. Lesefähigkeit und Schulbildung

Zwischen Stadtbewohnern und Proletariern besteht ebensowenig Identität wie zwischen Städtern und Lesern, obgleich die Ausbreitung der Lesefähigkeit ohne Zweifel mit der Zunahme der Industriearbeiter zusammenhängt. Bis zum Ende des 19. Jahrhunderts hat sich der Anteil der Alphabeten an der Bevölkerung auf durchschnittlich nahezu 90 Prozent gesteigert.[7] Die allgemeine Schulpflicht – in Preußen, anderen Ländern weit voraus, schon im 18. Jahrhundert eingeführt, aber bis zur Mitte des 19. Jahrhunderts nur teilweise befolgt – wird in der zweiten Jahrhunderthälfte strenger gehandhabt – wenn auch weiterhin viele Möglichkeiten der Abkürzung oder Umgehung bestanden. Der Elementarunterricht war nicht kostenlos und erforderte Zeit, die viele Kinder, die für den Lebensunterhalt auf dem Lande oder in der Fabrik zu arbeiten hatten, nicht aufbringen konnten bzw. durften. 1846 waren in Preußen 10 Prozent der Fabrikarbeiter Kinder (rund 31 000); 1839 war die Kinderarbeit in Fabriken gesetzlich auf 10 Stunden pro Tag eingeschränkt worden, allerdings erwiesen sich die Bestimmungen als dehnbar.[8] Der Bildungspflicht des Staates im Interesse der Nützlichkeit steht sowohl das Kapitalinteresse des Fabrikeigners als auch das unmittelbar materielle Interesse der Arbeiterfamilie an der Kinderarbeit entgegen. Andererseits verlangt gerade die zunehmende Industrialisierung Arbeiter mit Schreib-, Lese- und Rechenkenntnissen. Nach 1848 sieht sich der für solche *Elementarbildung* zuständige Staat in einem weiteren Interessenkonflikt: Die Revolution hatte gezeigt, wie gefährdend die Lesefähigkeit der Untertanen für die herrschende Staatsmacht werden konnte. Flugblätter mit politischen Informationen und aktuellen Satiren wurden während der Revolutionsjahre in großer Zahl verbreitet. Zwar gelang es, die Revolution niederzuschlagen, aber die Furcht vor ihr blieb. So wurden nach 1849 die Lehrer – neben Publizisten, Professoren, Juristen – besonders streng »gemaßregelt« und mit Berufsverbot bestraft. Eine durchgreifende Säuberung der Schulen von Lehrern, die an der bürgerlichen Revolution Anteil genommen hatten und auf dem »hart umkämpften Terrain« der Volksschule einem Sieg nahe schienen, war ein vordringliches Anliegen vor allem der preußischen Behörden. Aber die Entfernung von »weltverbessernden Jugendlehrern« aus dem Schuldienst war nur Voraussetzung für eine grundlegende reaktionäre Umgestaltung der Lehrpläne wie der Lehrerausbildung.

Wohl auf keinem Gebiet der Landesadministration war im Verlauf einiger Jahre eine so große Umgestaltung erreicht, als auf dem der Elementarschule. 〈...〉 Ist es wahr, daß wer die Schule hat, dem die Zukunft gehört, so dürfen wir an der Zukunft Preußens so lange nicht verzweifeln, als in unseren Schulen auf den vom Minister erneuten Grundlagen die Jugend des Landes zur Treue gegen ihren himmlischen und irdischen König mit Ernst und Hingebung herangebildet werden.[9]

Soweit eine Schrift von 1860 über den preußischen Unterrichtsminister Karl Otto von Raumer. Die »einseitige Verstandesbildung«, die sich in der Revolution als »ungesund« – für die Machterhaltung – herausgestellt hatte, wird durch die Stiehlschen Regulative von 1854 zum negativen Erziehungsideal erklärt. Mittelpunkt der positiven Lehre hat hinfort wieder die christliche Unterweisung zu sein. »Die Schule ist die Tochter der Kirche und die Gehülfin der Familie«[10]. Oberste Erziehungsziele sind Gehorsam und Loyalität. »Gehorsam ist die Tugend aller Tugenden« (Bormanns Schulkunde 1857). Das wichtigste Bibelzitat heißt: »Jedermann sei untertan der Obrigkeit« (Römer 13, 1). Das Lesebuch lehrt: »Die Gesetze unseres Vaterlandes sind auch von Gott«[11]. Die Volksschule wird also vor allem eine Schule des rechten Verhaltens; sie übt Gehorsam gegenüber jeder Obrigkeit praktisch ein und vertieft ihn durch die vorrangige Lerntechnik des Einprägens von Bibelzitaten, Katechismus-Sprüchen und Liedern. Dazu bedurfte es keiner großen Lesegewandtheit. Auch das Rechnen wird auf das Nötigste eingeschränkt.

Fachkenntnisse der Lehrer sind unerwünscht. Zwar wird die *Lehrerausbildung* jetzt professionalisiert, aber ebendies erleichtert die staatliche Kontrolle. Die seminaristische Ausbildung vermittelt kaum mehr als die Kenntnisse, die später an die Schüler weiterzugeben sind. Das Lesen von nicht-religiöser Literatur, etwa der deutschen Klassiker, wird den Seminaristen auch privat untersagt. Auf diese Weise konnte, mindestens in Preußen, die Volksschulung ein wirksames Herrschaftsinstrument von Staat und Kirche, eine feste »Stütze der Gewalt« (Friedrich Kapp, 1860) werden.[12] So wurde die Generation erzogen, die dann in den preußisch-deutsch-französischen Kriegen das Kaiserreich begründen half. »In der Kriegszucht und Willigkeit der Massen selbst hat Deutschland die Früchte seiner Volksschule geerntet«, sagte Friedrich Theodor Vischer nach 1871.[13] Der militärische Sieg des deutschen Volksschullehrers ist zum Topos geworden. Wilhelm Raabe spielt in ›Horacker‹ zweideutig darauf an, indem er die Konrektorin sagen läßt:

> Da schwatzen sie immer drauflos, daß der Schulmeister die Schlacht bei Königgrätz neulich gewonnen habe; aber nun frage ich dich, Hedwig: Welcher denn? Der alte oder der junge? Meines Wissens nach doch einzig und allein der alte! ⟨...⟩ Das soll sich erst ausweisen, was für ein Siegergeschlecht die neuen heraufziehen mit ihrem
> Stramm, stramm, stramm;
> alles über einen Kamm.
> ⟨...⟩ die armen Jungen dauern mich, die nun den Exerziermeister in irgendeiner Form ihr ganzes Leben lang nicht loswerden, von der Wiege über die Schule hinaus bis in ihr numeriertes kühles Grab.[14]

Gegen Stimmen, die eine aufgeklärtere Volksbildung in der Schule verlangen, fordern die Konservativen, Bismarck voran, in den unruhigen achtziger Jahren immer wieder die äußerste Beschränkung des Volksschulunterrichts auf das Notwendigste, einschließlich der religiös-patriotischen Indoktrination gegen die sozialdemokratische Gefahr (die Partei war seit 1878 verboten). Die anschließende Rekrutenausbildung soll gewährleisten, daß keine »Bildungslücke« entsteht.[15]

1885 gab es im Deutschen Reich 7,5 Millionen Volksschüler, aber nur 238000 Gymnasiasten und Realschüler, davon 133000 in Preußen. An der Universität studierten 13 000 künftige Akademiker; 1900 waren es dann 34000.[16] Aus den *Gymnasien* ging »die in der höheren Schulbildung gereifte Intelligenz, die mit der Klarheit der Auffassung den Winken der Führer entgegenkam«, hervor.[17] Hier wurde vor allem der Beamten- und Offiziersnachwuchs herangebildet; der Prozentsatz der Beamtensöhne auf dem Gymnasium war mehr als zehnmal so hoch wie deren Anteil an der Bevölkerung, in Bayern wie in Preußen. Die Selbstrekrutierung des Akademikerstandes ist Prinzip. Preußen hatte schon 1794 und in den Reformgesetzen von 1807 und 1814 von höherer Schulbildung und Universitätsstudium Berechtigungen abgeleitet, die das Geburtsprivileg des Adels ersetzen konnten (seit 1832 der einjährige statt dreijährige Militärdienst nach dem Besuch der Untersekunda). Abitur (seit 1834) und Studium bildeten den Zugang zu staatlichen Laufbahnen. Inhaltlich war das Gymnasium vom Neuhumanismus geprägt, die alten Sprachen standen im Mittelpunkt des Unterrichts, und zwar seit den dreißiger Jahren wieder verstärkt: etwa zwei Drittel des Unterrichts waren dem Lateinischen gewidmet. Bestrebungen, den Unterricht in der deutschen Sprache, Literatur und Geschichte dem altsprachlichen wenigstens gleichzustellen, scheiterten in der ersten Jahrhunderthälfte immer wieder am konservativen Klassizismus der Bildungspolitiker, der auch noch bis zum Sieg des nationalen Denkens in der Reichsgründung und danach eine starke Position hielt. Die Bevorzugung des »humanistischen« Latein war zunächst als Bollwerk gegen nationale Strömungen gedacht, dann auch als soziale Barriere. Entsprechend schwer hatte es die *Realschulbildung*, die im Interesse des industrie- und handeltreibenden Bürgertums lag, staatliche Anerkennung zu bekommen; erst 1901 gilt das neusprachlich-naturwissenschaftliche Abitur als gleichberechtigter Universitätszugang. Bis dahin hatte man sich angepaßt: statt des Deutschunterrichts, der in der Realschule stärkeres Gewicht haben sollte, rückte auch hier das prestigefördernde Latein in den Vordergrund, denn die Mehrzahl der Schüler hatte den Abgang aus der Untersekunda des Gymnasiums dem Realschulabschluß vorgezogen.[18]

Gymnasiale Bildung wurde im Verhältnis mehr von protestantischen als von katholischen, aber noch weitaus mehr von jüdischen Schülern erworben.[19] Das weibliche Geschlecht hat bis zum Ende des 19. Jahrhunderts keinen Zugang zu staatlichen höheren Schulen oder zur Universität. Die höhere Bildung der Mädchen liegt in privater, kirchlicher oder auch kommunaler Hand, da die *Mädchenschulen* nicht die Funktion haben, »Berechtigungen« – zu Studium oder Ausbildung – zu gewähren; nur für den allmählich sich etablierenden Beruf der Lehrerin kann die höhere Töchterschule als Vorbereitung gelten. Im wesentlichen dient sie den Töchtern des mittleren Bürgertums zur standesgemäßen Beschäftigung.[20] Deutsche Literatur spielt, neben Fremdsprachen und musischen Fächern, an den Mädchenschulen eine sehr viel größere Rolle als an den Gymnasien (so daß Lateinkenntnis auch ein Geschlechtsprivileg ist). Der Literaturunterricht übt die Rezeption der Dichtung ein, bis hin zum Poesiealbum, das immer weniger Selbstgemachtes enthält.[21] Daß deutsche Literatur als Domäne der bürgerlichen Frau erscheint, wird durch deren Schulbildung gestützt. Epigonale Formen und harmonisierende, beschwichtigende Inhalte dominieren dabei.[22]

2. *Literaturunterricht und »Klassiker«*

In den Gymnasien und Realschulen für Knaben war der deutsche Literaturunterricht seit den dreißiger Jahren immer mehr von der Literaturgeschichte dominiert worden; dies gilt vor allem für die preußischen Schulen. Die nationale Tendenz der Literaturgeschichtsschreibung, die seit Georg Gottfried Gervinus (1833) an Einfluß gewann, drang in die preußischen Gymnasien ein, wo sie Preußen – stellvertretend Friedrich den »Großen« (wie er nun genannt wurde) – als geistigen Führer Deutschlands darstellte. Die große Zahl von Autoren, die in den einzelnen poetischen und rhetorischen Gattungen Musterhaftes geleistet hatten, wurde seit den vierziger Jahren immer häufiger nach einem hierarchischen Prinzip geordnet: ganz oben stehen als »Führer« die Klassiker Goethe und Schiller, denen sich alle anderen gestuft unterordnen.[23] Von 1832

(1834) bis 1882 verlangte die mündliche Abiturprüfung in Preußen Beschäftigung mit den »Hauptepochen in der Geschichte der vaterländischen Literatur«[24]. Die traditionelle Unterrichtsmethode der rhetorischen und poetologischen Analyse von Textarten tritt allmählich zurück hinter die mehr erbauliche Lektüre der Werke – die »Hingebung an ihre Betrachtung«, wie Preußische Richtlinien sie nun fordern (1859, 1862). Die Klassiker werden zum unangreifbaren, unveränderlichen Besitz des gebildeten Deutschen. Nur tote Dichter können als Klassiker gelten.

> Besonders Wertvolles aus der classischen Dichtung des eigenen Volkes als einen unverlierbaren Schatz im Gedächtnis zu bewahren, ist eine nationale Pflicht jedes Gebildeten.[25]

Im Kaiserreich sollten dann allerdings auch die Volksschüler an diesem nun als loyalitätsfördernd geltenden Besitz teilhaben:

> Eine Anzahl poetischer Stücke wird durch gutes Memorieren zum bleibenden Eigentum der Schüler gemacht. Dieselben memorieren besonders Proben aus den Hauptwerken der vaterländischen, namentlich der volkstümlichen Dichtung und erhalten einige Nachrichten über die Dichter der Nation seit der Zeit der Reformation.[26]

Bildung macht frei? Das war das Motto der ›*Groschenbibliothek der deutschen Classiker* für alle Stände‹, die der rührige Leipziger Verleger Carl J. Meyer seit 1826 in wöchentlich erscheinenden Duodez-Mini-Heftchen per Abonnement verkaufen ließ. Die billige Klassiker-Bibliothek, durch Kolporteure vertrieben, war ein großer buchhändlerischer Erfolg; durch die verlagsrechtlichen Einschränkungen, die die Autoren und Verleger vor Nachdruck schützen sollten, konnten die Heftchen und Bändchen, die dann von anderen Buchhändlern nachgeahmt wurden, nur jeweils eine Werkauswahl enthalten, die eher Anthologiecharakter hatte. Das änderte sich, als 1867 die dreißigjährige Schutzfrist für die deutschen Klassiker ablief, die 1837 von Preußen und dann von den anderen deutschen Staaten vereinbart worden war: in diesem Jahr erschien das erste Heft von Ph. *Reclams Universalbibliothek*, Goethes ›Faust‹. Es war der Beginn eines überaus erfolgreichen Versuchs, unbemittelte Leser zu Benutzern und Besitzern solider Textausgaben in billiger Form zu machen; die Hefte wurden bei Reclam einzeln verkauft. Als Käufer kamen vor allem Schüler, Studenten, Lehrer und das übrige nichtbesitzende Bürgertum in Frage, mit einer Ausdehnung des Publikums nach »unten«; die üblichen, meist zu Repräsentationszwecken erworbenen Klassiker-Ausgaben – »Prachtausgaben« – lagen gänzlich außerhalb der finanziellen Möglichkeiten dieser sozialen Schicht (einschließlich der Gymnasialprofessoren). Die enorm hohen Buchpreise hatten das Ihre zum Abschwung des Buchhandels seit 1848 beigetragen, entsprechend war der Aufschwung seit den späten sechziger Jahren mit einer Senkung der Preise gekoppelt.[27]

II. Literaturverbreitung durch populäre Medien

1. Familienzeitschriften

Die Popularisierung der deutschen »Klassiker« machten sich auch die nach 1848 entstehenden Familienzeitschriften zur Aufgabe. Friedrich Schiller vor allen anderen wird zur Verkörperung deutscher Tugenden und Wünsche, sein Name gilt als Synonym für deutsche Freiheit und, wichtiger noch, deutsche Einheit. Besonders die ›Gartenlaube‹ hat Schiller zum »Herold« der nationalen Einigung gemacht, so wie er 1859 zum hundertsten Geburtstag von den Liberalen aller deutschen Länder gefeiert wurde (überall von den Regierungen argwöhnisch beobachtet und zum Teil, so in Berlin, verboten). Ernst Keil, der Gründer der ›Gartenlaube‹, schrieb 1859 an Max Ring, der den Schillerfest-Artikel verfaßte:

> Es muß darin in glühender, begeisterter Sprache geschildert werden, wie wir in Schiller denjenigen Dichter zu verehren haben, der am schönsten und begeistertsten für die höchsten Güter des Volkes, für Freiheit und Nationalität, gekämpft.[28]

Das Zitat macht Absicht und Tendenz der liberalen Familienzeitschrift des Nachmärz deutlich. Die ersten Publikumszeitschriften dieser Art – Karl Gutzkows ›Unterhaltungen am häuslichen Herd‹,

Ernst Keils ›Gartenlaube‹ – wurden in den frühen fünfziger Jahren mit dem Programm gegründet, das von den staatlichen Bildungs-Institutionen vernachlässigte kleine und mittlere Bürgertum durch ein Bildungs- und Unterhaltungsangebot zu binden und es zugleich im liberalen und nationalen Sinne zu erziehen. Ihr großer Erfolg bei diesem Publikum brachte dann Gegengründungen mit anderen politischen Tendenzen hervor, wie das christlich-konservative ›Daheim‹ (1864) und später die sozialdemokratische ›Neue Welt‹ (1876).

Karl Gutzkows ›Unterhaltungen‹ (1853–1864) machten den Anfang; aber die Zeitschrift fand noch nicht den richtigen Ton, sie gab sich zu belehrend, sprach die Leser in der zweiten Person an, und es fehlten ihr die Illustrationen; so kam sie nicht über eine Auflage von 6000 hinaus. Ernst Keil knüpfte an die Erfahrungen mit publikumswirksamen Illustrierten aus der Vormärzzeit an: das ›Pfennigmagazin‹ hatte seit 1833 Massenauflagen erlebt, die ›Leipziger Illustrierte‹, 1843 gegründet, hatte eine Auflage von 12500 und existierte rund hundert Jahre.[29] Die 1851 von Keil gegründete Zeitschrift ›Der illustrierte Dorfbarbier‹ brachte es auf 20000 Exemplare. Die ›Gartenlaube‹ war gezielt an das aufstiegswillige klein- und mittelbürgerliche Publikum adressiert. Ihre Gründung ist die Reaktion des Liberalen auf die Reaktion. Keil (laut Fontane »fast noch röter 〈...〉 als sein Bart«)[30] mußte wegen der zensurwidrigen Herausgabe des radikal-liberalen ›Leuchtturms‹ 1852 eine Festungsstrafe absitzen; während dieser Zeit konzipierte er die ›Gartenlaube‹, die dann von 1853 an unter einem vorgeschobenen Herausgeber-Namen (Ferdinand Stolle) erschien; erst 1862 durfte Keil sich als Herausgeber nennen.

Keils Programm-Entwurf enthielt:

1. »Gedichte unserer besten Poeten und zwar stets gut illustriert.«

2. »Novellen, möglichst kurz, mit höchstens zwei bis drei Fortsetzungen. Ebenfalls illustriert. Die Stoffe der Erzählungen sind stets der Geschichte des Vaterlandes (Lokalnovellen) oder den Zuständen des neueren Volkslebens zu entnehmen 〈...〉«

3. Schilderungen der Sitten, Gebräuche und Zustände deutscher und fremder Völker.

4. und 5. Belehrende Briefe: eine fiktive Person bespricht »durchaus populär« die wichtigsten Fragen aus dem Naturleben, mit Abbildungen. Die Briefe dürfen nicht schulmeisterlich sein, sondern sollen »leicht, verständlich, elegant, womöglich in novellistischer Form geschrieben werden, so daß sie die gewöhnlichsten Handwerker, besonders aber die Frauen, verstehen können«. Ähnliche Darstellungen des menschlichen Körpers, »natürlich mit größter Dezenz«. Schließlich

6. ein kleines Feuilleton mit Notizen aus der Zeit und der Literatur, »als Lückenbüßer«.[31]

Das Programm läßt erkennen, wie die literarische Form zum Instrument oder zur »Einkleidung« wird (im Unterschied zu den Moralischen Wochenschriften des 18. Jahrhunderts, in denen Literatur auch durch ihre Form wirken sollte). Sogar die Gedichte bedürfen in der ›Gartenlaube‹ der Illustration, um zu wirken. Berthold Auerbach, der vielgelesene »Volksschriftsteller«, schrieb über Keil:

> Diese Unbehinderung von allen ästhetischen Maßstäben und derbes Auftrumpfen der Gesinnung ⟨...⟩ hat die große Verbreitung der Zeitschrift in Kreise, die eigentlich literarisch ganz unzugänglich sind, möglich gemacht.[32]

Ein Genre ist im Konzept noch nicht genannt, das die »Kulturmission« der ›Gartenlaube‹[33] in der Folge besonders wirkungsvoll stützte: die *Lebensbilder großer Männer* (selten: Frauen) aus dem öffentlichen Leben, aus Literatur und Kunst. Auch Gutzkows ›Unterhaltungen‹ brachten solche biographischen Wort-Porträts; in der ›Gartenlaube‹ wurden sie häufig von gezeichneten Porträts begleitet. Diese Popularisierung bedeutender Deutscher hatte zunächst, soweit die Zensur es erlaubte, starke liberale, seit Ende der sechziger Jahre mehr nationale Akzente, immer aber familiäre Züge. (›Aus dem Herzensleben unserer Lieblingsdichter‹ hieß eine Reihe 1877.) 1853–1880 werden Schiller und Goethe neunzigmal bzw. fünfundsiebzigmal in Artikeln dargestellt, je fünfzehn- bzw. vierzehnmal abgebildet, oft szenisch mit anderen populären Figuren; zum Vergleich: Heinrich Heine wird elfmal behandelt, aber nicht abgebildet, der preußische König zehnmal in Wort und Bild dargestellt. Die »Bildnisse« (mit den »Erinnerungsstätten«) haben unter den ›Gartenlaube‹-Illustrationen einen gewichtigen Platz[34] und zweifellos großen Einfluß auf die Meinungsbildung ihres Publikums gehabt.

Keils Mitarbeiter waren in der ersten Phase der Zeitschrift, bis zum Ende der sechziger Jahre, zum großen Teil Liberale und Demokraten, viele davon schon vor 1848 mit ihm verbunden. Es waren Exilierte wie Heinrich Beta, Amtsenthobene und »Gemaßregelte« wie J. D. H. Temme, der ehemalige preußische Richter. Temme ist als Verfasser von Kriminalgeschichten und »Zeitbildern« mit 35 Beiträgen in der ›Gartenlaube‹ vertreten, d. h. mit mehr Einzeltexten als alle anderen Erzähler, z. B. Friedrich Gerstäcker, Marlitt, Max Ring, Levin Schücking. Karl Ernst Bock fungierte als medizinischer Lehrer der lesenden Familie, Emil Adolph Roßmäßler, ehemaliger Zoologie-Professor, klärte über die Tierwelt auf. Andere Mitarbeiter waren Gottfried Kinkel, Johannes Scherr, Arnold Ruge, Ludwig Büchner; seit 1861 vertrat Karl Vogt den naturwissenschaftlichen Materialismus, der bei den christlichen Gegnern der ›Gartenlaube‹ ebenso heftigen Anstoß erregte wie die säkularisierte Erbauung an den klassischen Dichtern. »O Sohn, der Feind ist riesenstark«, klagte einer der katholischen Widersacher der ›Weltlaube‹ 1879.[35] Die Zeitschrift richtete im »Kulturkampf« seit 1871 ihre anfangs generell antikirchlichen Tendenzen speziell gegen die katholische Kirche und unterstützte damit Bismarcks Politik; das geschah ebenfalls durch die Wendung gegen die Sozialdemokratie seit den siebziger Jahren.

Ernst Keil zahlte seinen wichtigen Mitarbeitern Spitzenhonorare; laut Max Ring erhielten Bock, Marlitt und Ferdinand Stolle Summen, wie sie nie vorher ein deutscher Autor gesehen hatte.[36] Er konnte das konkurrenzlos tun, weil sein Familienblatt rasch außerordentlichen Anklang beim Publikum fand, wozu auch der geringe Preis und der Vertrieb durch Kolporteure beitrugen. 1861 überschritt die ›Gartenlaube‹ als erstes deutsches Periodikum die Auflage von 100 000; 1869 waren es schon 270 000, 1875 betrug die Auflage 382 000: das war die höchste Zeitschriftenauflage der Welt. Tageszeitungen brachten es durchschnittlich auf 4000 Exemplare, ausnahmsweise auf 40 000; ein Witzblatt wie der 1848 gegründete ›Kladderadatsch‹ erschien zeitweilig in 50 000 Exemplaren.

Da die Anzahl der abonnierten Exemplare mit der Zahl der mitlesenden Familienmitglieder multipliziert werden muß, errechnet sich leicht ein Millionenpublikum für diese Zeitschrift. Alle deutschen Länder, vor allem aber die protestantischen, wurden von der ›Gartenlaube‹ erreicht. Ihr Hauptpublikum war, wie sich dem Programm, der Adressierung, dem Inhalt und den wenigen Informationen über reale Leser entnehmen läßt, das kleine bis mittlere Bürgertum, das – um 1880 – etwa 30 Prozent der Bevölkerung ausmachte: niedere Beamte, Angestellte (Büro- und Handlungsgehilfen), Handwerker, Volksschullehrer, auch Dienstboten.[37] Dies ist die neue literaturtragende Schicht seit 1850. Ihr Lesegeschmack, ihre sozialen Wünsche und moralischen Tabus bestimmen die gesamte gelesene Literatur zwischen 1850 und 1880, einschließlich der des »bürgerlichen Realismus« (auch wenn dessen anspruchsvolle Autoren in der ›Gartenlaube‹ nur am Rande vertreten waren). Die Nachfolger und Nachahmer der ›Gartenlaube‹ richteten sich an unterschiedliche soziale, konfessionelle und regionale Zielgruppen, immer jedoch an die »Familie«; dazu gehört die beim Verlag Hallberger in Stuttgart 1858 neu erscheinende Familienzeitschrift ›Über Land und Meer‹ (bis 1913), die 1856 in Braunschweig gegründeten ›Westermanns Monatshefte‹ – mit überdurchschnittlichem literarischem Niveau –, das konservative Bielefelder ›Daheim‹ (1864–1944) und die Neugründungen nach 1871: in der neuen Hauptstadt Berlin ›Nord und Süd‹ von Paul Lindau (1877–1920), in Stuttgart ›Vom Fels zum Meer‹ von Joseph Kürschner (seit 1881).

1876 gründeten auch die Sozialdemokraten eine unterhaltende Wochenzeitschrift, ›Die Neue Welt‹, um ihre Anhänger dem Einfluß der ›Gartenlaube‹ zu entziehen. Sie erschien in Leipzig, anfangs redigiert von Wilhelm Liebknecht; statt der heimeligen Laube zeigte das Titelbild brausende Wogen als Symbol der Umwälzung. In Konzept und Stil waren jedoch die Gemeinsamkeiten mit Ernst Keils verachtetem Blatt größer als die Unterschiede zu ihm. Gedichte, Erzählungen, Artikelserien und Porträts sollten die Arbeiterfamilien für das »Wahre, Gute und Schöne« und die sozialistische Idee begeistern. Die höchste Auflage betrug 1878 50000 Exemplare; das Blatt fand erst massenhaft Leser, als es von 1892 an als Beilage zu den politischen Presseorganen der Sozialdemokratie erschien (bis 1935).[38]

Im 19. Jahrhundert erreichte keine der Familienzeitschriften ein annähernd so großes Publikum wie die ›Gartenlaube‹; so brachte es die norddeutsch-protestantische Gegengründung ›Daheim‹, trotz massiver Unterstützung durch preußische Regierungskreise, nie auf mehr als 70 000 Abonnenten, etwa 20 Prozent der ›Gartenlaube‹. Diese Zeitschrift für das christliche Haus verstand sich als parteilos, denn als »Tendenz« galt nur die oppositionelle. Im Programm hieß es:

> In die Familie gehört nicht der Kampf der Parteien, das ›Daheim‹ wird ihre Streitfrage über keine Schwelle tragen. Die deutsche Familie beruht auf dem Fundament von Religion und Sitte ⟨...⟩ Unser Daheim wird daher alles entfernt halten, was dieses Fundament direkt oder versteckt untergraben könnte. In das Gebiet von Staat und Kirche einzugreifen, ist nicht unseres Blattes Beruf.[39]

Im ›Daheim‹ schrieben konservative Autoren und Autorinnen wie Ottilie Wildermuth, Wilhelm Heinrich Riehl und der Kreuzzeitungs-Mitarbeiter Georg Hesekiel; sein Kollege Theodor Fontane ließ 1878 seinen ersten Roman ›Vor dem Sturm‹ hier erscheinen. Gern gesehen waren Lyriker der Beschränkung und Bescheidenheit wie Julius Sturm oder Karl Gerok. Die meisten Autoren arbeiteten durchaus für verschiedene Zeitschriften; nur manche Mitarbeit schloß sich aus Gründen der »Tendenz« aus; so kündigte Friedrich Gerstäcker seinen ›Daheim‹-Vertrag wegen der »Roon-Affäre«, um weiter für die ›Gartenlaube‹ schreiben zu können. Wiederum sollten die Autoren der ›Neuen Welt‹ nicht Mitarbeiter der ›Gartenlaube‹ sein; die sozialistische Zeitschrift hatte auch ihre eigene »Marlitt« in Minna Kautsky.[40]

›Daheim‹-Redakteur war der Töchterschullehrer Robert König. Trotz der politischen Gegensätze zwischen – zum Beispiel – ›Gartenlaube‹ und ›Daheim‹ ist für diesen Typ der ideologisch geprägten Unterhaltungs- und Bildungszeitschrift die *Familie* der gemeinsame Maßstab. Robert Prutz bemerkte schon 1854:

> Es ist übrigens wieder ziemlich in Vergessenheit geraten, das Volk: aber in unserer Journalistik nimmt es noch immer unbestritten die erste Stelle ein ⟨...⟩ Diese neue Journalistik ist ⟨...⟩ häuslich geworden; sie setzt sich in den Kreis der Familie ⟨...⟩ Wir müßten uns ganz täuschen, oder es liegt

darin der Keim einer Umwandlung, die sich im Lauf der Jahre noch weit über das Gebiet der Journalistik erstrecken wird auf die Gesamtheit unserer Literatur.[41]

Die Familie wird oft als klassenloses Phänomen verstanden, zeigt sich aber doch meist deutlich genug als bürgerliches Ideologem, zunächst im Abgrenzungskampf der Liberalen gegen den Adel, dann aber vor allem gegen die als Lumpenproletariat verstandene Unterschicht, den »Pöbel«, der seit den Revolutionserfahrungen des Bürgertums nicht mehr zum »Volk« gezählt wird. Für die Lohnarbeiter gilt die Familie – aus der Sicht des Bürgertums – nicht als Wert. »Das Leben in der Familie ist das beste Schutzmittel vor allen sozialen Verirrungen«, schreibt Wilhelm Heinrich Riehl in ›Die bürgerliche Gesellschaft‹, Kapitel: ›Der vierte Stand‹;[42] leider sei diese naturgemäße Lebensform dem »Fabrikproletarier« verwehrt; darum plädiert Riehl für die Auflösung des »vierten Standes« durch Rückbesinnung der anderen drei Stände auf ihre alten Tugenden und durch genossenschaftliche Organisation.

Nicht in dem Verhältnis der Arbeit zum Kapital liegt für uns der Kern der sozialen Frage, sondern in dem Verhältnis der Sitte zur bürgerlichen Entfesselung. Der Arbeiter bricht zuerst mit seiner Sitte und nachher fühlt er sich arm, nicht umgekehrt, denn arm ist er immer gewesen.[43]

Die großen bürgerlichen Familienzeitschriften propagieren daher die Orientierung an vorindustriellen Lebensformen – obgleich währenddessen die Zahl der Proletarier von 1 Million 1848 auf 17,3 Millionen 1885 wächst. Die Wendung an die Familie ist vor allem eine an die Frauen und Töchter, deren Aufgabe die Herstellung und Erhaltung einer harmonischen Häuslichkeit für die zum Feierabend heimkehrenden Männer und Väter ist. Die stabilisierende Funktion der bürgerlichen Frauen wird hoch eingeschätzt. So muß denn die außerfamiliäre Wirklichkeit in den Zeitschriften so dargestellt werden, daß die gedachte weibliche Empfindsamkeit nicht verletzt wird; das gilt für naturwissenschaftliche, medizinische, soziale und literarische Texte ebenso wie für Abbildungen. Alles, was unterhalb der Mitte liegt, alles »Niedere«, sei es sozial oder sexuell verstanden, wird ausgegrenzt.»Denken Sie aber nur an die jungfräulichen Leserinnen der ›Gartenlaube‹!« ermahnt Ernst Keil seine Autoren wieder und wieder.[44] Dabei ist an die Grenzen des erotisch Schicklichen gedacht, aber es gibt eine ebenso deutliche Grenze des sozial Schicklichen. Eine derartige Übereinkunft verbindet die bürgerlichen Schriftsteller der Zeit mit ihrem Publikum, ungeachtet des literarischen Niveaus.

Populäre Lyrik

Besonders sichtbar wird solche Übereinstimmung an den leseorientierten Gattungen der Lyrik und der Erzählprosa. Lyrik ist nach 1848 keine literarisch gewichtige Gattung, aber in Keils ›Gartenlauben‹-Programm steht sie an erster Stelle. Ihre besänftigende, harmonisierende, versöhnende Tendenz stützt das Konzept der Einbindung des neuen Lesepublikums in die bürgerliche Gesellschaft. Die Motive sind familiäridyllisch, landschaftlich oder – für Männer – burschenschaftlich-patriotisch, der Ton erbaulich oder frohgemut. In der ›Gartenlaube‹ steht das Gedicht über den ›Letzten Postillion‹ komplementär zum Prosa-Artikel über den verkehrstechnischen Fortschritt der Eisenbahn. Die Lyrik sorgt für den seelischen Ausgleich zum ökonomischen und technischen Fortschritts-Enthusiasmus. Technik und Industrie kommen im Gedicht nicht vor, sozialer Notstand nur selten und dann als vereinzelt und privat.[45] Aufgabe der Poesie ist es, die rauhe Wirklichkeit zu verschleiern. »O Geist der Dichtung, göttliche Gabe du: deckst mit Blumen den Abgrund des Lebens zu«, lautet Friedrich Bodenstedts Vorspruch zu Elise Polkos verbreiteter Anthologie ›Dichtergrüße‹. Angesichts der Realität der Gründerzeiten wird es dem Dichter wie Leser als Verdienst zugerechnet, dennoch die »Schönheit« zu sehen, die »Perlen« zwischen den »Dornen« zu finden, wie eine bezeichnende Katachrese lautet.[46] »Nie soll Tribut Gemeinem zahlen, wer zu dem Volk als Dichter spricht«, schreibt Emil Rittershaus über einen anderen Haus-Poeten der ›Gartenlaube‹, Albert Träger (›Rechtfertigung‹). Er sei »zeitlebens der veredelnden Richtung treu geblieben«, lobt wiederum Karl Stelter seinen Kollegen Rittershaus.

Die Entwicklung des *Wuppertaler Dichterkreises*, zu dem Rittershaus ebenso wie Stelter, Adolf Schults und andere gehören, in diese erwünschte Richtung erscheint charakteristisch für Nachmärz und Gründerzeit.[47] Die Kaufleute und Poeten, die in den vierziger Jahren, den »wahren Sozialisten« nahestehend, lebhaft an den vorrevolutionären und revolutionären Bewegungen teilgenommen hatten (publizistisch wie auf den Barrikaden), paßten sich seit etwa 1850 erfolgreich an die neue Bürgerlichkeit an; Schults z. B. publizierte fast alljährlich einen Band Poesien; bei Neuausgaben älterer Bände entfernte er die kritischen Gedichte aus der März-Zeit.

Eine Reihe von Bildern aus dem Leben der Familie und des Hauses ist neuerdings eingeflochten und alle jene Dichtungen sind fortgelassen worden, die als eigentliche Zeitgedichte nicht in einen Band passen, der auch auf den Büchertischen der Damen seine Stelle finden soll,

heißt es in einer Empfehlung, die von Ferdinand Freiligrath mitunterzeichnet ist.[48] Freiligrath machte selbst eine ähnliche Wandlung im englischen Exil durch, die ihn später, dank eines von der ›Gartenlaube‹ gesammelten »Nationalgeschenks« (1867) wieder nach Deutschland heimkehren ließ. Sein früherer Vers »Der Dichter steht auf einer höheren Warte als auf den Zinnen der Partei« macht nun Schule; »Tendenz« ist unpoetisch, Abweichungen von der nationalliberalen Einigkeit gelten als Affront, ja als Ketzerei; politische Dichtung ist nur noch als affirmative denkbar. (Daher erhob sich noch postum ein allgemeiner Zorn gegen Georg Herwegh, als seine im Schweizer Exil geschriebenen satirischen Verse gegen Preußen und seine Kriege bekannt wurden; reichsfromme Eiferer wollten der Familie daraufhin die kleine Unterstützung durch die Schillerstiftung entziehen; dazu kam es zwar nicht, aber der Kritiker wurde mit Vergessen gestraft: die Gedichte der sechziger Jahre sind weitgehend unbekannt geblieben.[49])

Populäre Lyriker wie Emanuel Geibel, beliebt durch die Mischung von »zeitlosen« Lyrikmotiven mit aktuell-nationalen, konnten mit ihren Gedichtbänden zahlreiche Auflagen und damit auch eine gute Honorierung erreichen. Das gelang allerdings nur wenigen Poeten. Üblich ist die Verbreitung von Gedichten durch Zeitschriften und *Anthologien*. In beiden Fällen wurde dem Autor wenig oder nichts für den Abdruck bezahlt. Die Aufnahme von Gedichten in Anthologien blieb auch nach dem neuen Urheberrecht von 1870 honorarfrei (bis 1901). Daher blühte denn auch das Anthologienwesen, die »Blütenlese«. Zu den beliebtesten zählte die immer wieder verändert aufgelegte Sammlung von Elise Polko, deren Tendenz ganz der der Familienzeitschriften entsprach. (So war z. B. der ›Daheim‹-Redakteur Robert König auch Anthologie-Herausgeber.) Dem Veredlungs- und Verschönerungsprinzip müssen sich auch die Texte älterer und klassischer Dichter fügen, die in die Anthologie aufgenommen werden.[50] Die Polko-Sammlung von 1869 enthält immerhin 32 Gedichte von Heinrich Heine: sorgfältig ausgewählt und gekürzt, zur Vermeidung alles Anstößigen; so erklärt sich die Beliebtheit des Lyrikers Heine im deutschen Bürgerhaus bis ins 20. Jahrhundert: »Du bist wie eine Blume« erscheint als typisches Heine-Gedicht. Daß es die Aufgabe der Poeten sei, »Sonnenschein in die Herzen« zu bringen, bleibt die gängige Auffassung bis zum Ende des Kaiserreichs. Die Dichter gelten als »Spender« dieses Sonnenscheins; in Herz und Mund des Volkes zu leben, sei für sie »der Lohn, der reichlich lohnet«[51]. Das Verlangen, für ihre Produktion honoriert zu werden, hat für das Publikum etwas Anstößiges und wird ihm deshalb auch meist verborgen; ebenso anstößig ist es allerdings den Verlegern, die mit Lyrik-Sammlungen oft gute Gewinne machen.[52]

Erzählprosa

Anders sind die Bedingungen bei der Publikation von erzählenden Texten in *Zeitschriften und Zeitungen*. Mochte auch die Lyrik in der ›Gartenlaube‹ an erster Stelle stehen, so waren es doch die Erzählungen (»Novellen«) und später die Romane, die das Lesepublikum an das Blatt binden sollten, zusammen mit den informativen und meinungsbildenden Aufsätzen und Serien. Die Funktion der »Bildung« konnte sehr wohl auch von den erzählenden Texten wahrgenommen werden, in Korrespondenz mit der Benutzung fiktionaler Formen für die Belehrung der Leser. Neben dem wachsenden Unterhaltungsbedürfnis des Publikums trugen solche zweckbezogenen oder sachlichen Möglichkeiten der Prosa-Erzählung viel zu ihrer Beliebtheit bei; dabei mußten allerdings Information und Tendenz immer unauffälliger in das Erzählte integriert werden (im Unterschied zur Prosa vor 1848).[53]

Mit den erfolgreichen Gründungen der Familienzeitschriften wächst der Bedarf der Redaktionen an Novellen, in Konkurrenz zu den Zeitungsfeuilletons, die seit den fünfziger und sechziger Jahren immer häufiger Fortsetzungsromane bringen. Seit dem überraschenden Anklangs, den Eugenie John (»Marlitt«) 1866 mit ihrem Roman ›Goldelse‹ in der ›Gartenlaube‹ fand, wird der Roman-Vorabdruck auch in den Familienzeitschriften, trotz ihrer meist wöchentlichen Erscheinungsweise, üblich. Das führt wiederum dazu, daß einige Zeitungen den Fortsetzungsroman aufgeben müssen, da die Honorarforderungen zu hoch sind. Die Autoren von Erzählprosa, einer zunächst im Nachmärz nicht sonderlich angesehenen Gattung der Literatur, lernten im Lauf dieser Jahre immerhin ihren Marktwert einzuschätzen. Die »Novellenschreie«[54], die aus den Redaktionen drangen, werden von Schriftstellern, die zu diesem literarischen Abstieg bereit sind, gehört, aber sie verlangen nun auch – mit sehr unterschiedlichem Erfolg – eine angemessene Honorierung. Viele Erzähler, z.B. Friedrich Wilhelm Hackländer, Levin Schücking, Friedrich Spielhagen, arbeiten als Redakteure und regelmäßige Romanlieferanten so eng mit der Presse zusammen, daß ihre erzählende Produktion der journalistischen eng verwandt ist. Aber auch nichtangestellten Schriftstellern wird es nach 1850 durch die Presse ermöglicht, vom Schreiben zu leben.

Dies setzt allerdings unablässiges Produzieren voraus sowie den geschickten Umgang mit den verschiedenen Periodika. Wilhelm Raabe schrieb 32 Erzählungen und Romane für ›Westermanns Monatshefte‹, Paul Heyse 35; für die ›Gartenlaube‹ wurden schon Zahlen genannt; die von Otto Janke gegründete ›Romanzeitung‹ veröffentlichte in fünfzig Jahren 768 Romane und Erzählungen, übertraf also mit jährlich etwa 15 belletristischen Texten – darunter z.B. neun von Raabe, elf von Emil Brachvogel – den Jahresdurchschnitt der Familienzeitschriften (10–12). »Solang ich der Geneigtheit der Journale sicher bin«, schreibt Theodor Fontane 1879, könne er bei zwei »Novellen« jährlich die Hälfte seines Lebensunterhalts mit dem Vorabdruck bestreiten. Die »Tage von 1 oder 1½ Groschen pro

Zeile« seien Gottseidank vorüber, konstatiert er später befriedigt.[55] Die *Honorare* der Zeitschriften und Zeitungen stiegen von 30 Mark pro Bogen (= 16 Seiten) in den fünfziger Jahren auf durchschnittlich 120 bis 300 Mark in den Siebzigern und schließlich bis zu Spitzen von 400, 600 oder gar 900 Mark in den Achtzigern für besonders begehrte Autoren (Heyse, Storm) von besonders finanzstarken Zeitschriften.

Ein berühmter Autorname ist für die Zeitschrift von großem Werbewert; allerdings fordern die großen Familienzeitschriften eine gewisse Orientierung an ihrem Zielpublikum (»einige nur sehr kleine Verstöße dagegen habe ich sehr bitter bereuen müssen«, schreibt Ernst Keil 1869[56]), wie sie von den ästhetisch anspruchsvollen Schriftstellern nur ausnahmsweise geleistet wurde. Daher tauchen die Namen der großen *bürgerlichen Realisten* (Storm, Keller, Raabe, Fontane) in der ›Gartenlaube‹ selten oder nie auf, sie überließen dies Feld vielmehr der Marlitt und anderen anpassungsfähigen Autoren. Während der sechziger und siebziger Jahre, die gleichzeitig den Erfolg der Familienzeitschriften und den Aufstieg der erzählenden Prosa bringen, ist die Situation für die Beteiligten verhältnismäßig günstig: die Presse braucht Erzählungen, die Autoren können mit Geschick und Glück ihre Produktion dort unterbringen, wo die Bedingungen am besten sind. In diesen Jahrzehnten trägt jener bürgerliche Grundkonsens über die Grenzen der Realitätsdarstellung in der (erzählenden) Literatur; man ist sich im wesentlichen über das stofflich und stilistisch Auszugrenzende einig. Die in der Erzählung, im Roman dargestellte Welt erweckt dabei für die Leser den Schein der Vollständigkeit, sie ist dem ersten Blick nicht als Idylle erkennbar; das gilt für Texte sehr unterschiedlicher Qualität, von Marlitt über Spielhagen bis zu Raabe und Fontane. Marlitt erreicht ihren besonderen Erfolg mit der Technik, die Romanfiguren liberalen Protest gegen Adel und Kirche artikulieren zu lassen, dann aber die Handlung mit einer harmonischen, klassenversöhnenden Lösung zu beenden.

Die unterhaltenden und bildenden Familienzeitschriften repräsentieren – trotz voneinander abweichender Tendenzen und unterschiedlicher Niveaus – die breite Mitte jenes literarischen Geschmacks, der von den Autoren des bürgerlichen Realismus zur ästhetischen Konsequenz getrieben wurde – bis zur schließlichen Entfernung von diesem Geschmackskonsens (Raabe, Keller, Fontane). Die Breite der potentiellen, gelegentlich auch realisierten Rezeption ist Voraussetzung für den ästhetischen Aufstieg der Erzählprosa seit den fünfziger Jahren.

In den achtziger Jahren wird die Übereinkunft der bürgerlichen liberalen Erzähler mit ihren Medien brüchig. Der gesellschaftliche Optimismus ist den kritischeren Autoren vergangen, neue Medien (wie der ›Generalanzeiger‹) verdrängen die älteren, der Anpassungsdruck nimmt zu angesichts der unübersehbaren sozialen Konflikte im Kaiserreich. Die bürgerlichen »Realisten« werden mehr und mehr zu Außenseitern. Auf der anderen Seite haben die vergangenen Jahrzehnte nicht nur eine quantitative Zunahme, sondern zugleich die qualitative Anerkennung der Erzählprosa als ästhetisch ernstzunehmender literarischer Gattung vorbereitet. 1874 gründet Julius Rodenberg in Berlin die ›Deutsche Rundschau‹, eine Kulturzeitschrift, deren Ziel unter anderen die Pflege der deutschen Erzählliteratur im Interesse des großstädtischen anspruchsvollen Publikums ist. Rodenberg bevorzugt Gottfried Keller, C. F. Meyer, Theodor Storm; für die Autoren ist es ein Prestigegewinn, in der ›Rundschau‹ zu publizieren.[57] Eine solche Situation wäre in den fünfziger und sechziger Jahren kaum vorstellbar gewesen.

Ebenfalls in den siebziger Jahren entwickelt sich jedoch eine neuartige *Massenpresse*, die eine große Zahl von Lesern mit reinem Unterhaltungsstoff versorgt, um ein Anzeigenpublikum zu gewinnen und zu halten. Der expandierende Literaturmarkt produziert auf neuer Stufe die Dichotomie von hoher und niedriger Literatur für verschiedene Leserschichten, deren Anfänge im 18. Jahrhundert konstatiert und beklagt wurden, als zum ersten Mal das Bedingungsverhältnis von »freier Literatur« und Literatur für den Markt sichtbar wurde. Neue technische Möglichkeiten verbilligen den massenhaften Druck, eine neue Gesetzgebung nach der Reichsgründung ermöglicht z. B. die ›Generalanzeiger‹-Presse, die zunehmende Konzentrierung des potentiellen Publikums in den Großstädten, besonders in Berlin, vereinfacht Werbung und Vertrieb, wozu die Entwicklung des Verkehrs- und Postwesens sehr viel beiträgt.[58] Für die Bedürfnisse der sich als »tendenzfrei« verstehenden Massenpresse werden unterhaltende, erzählende Texte nun durch literarische Agenturen vermittelt.

2. *Kolportage*

Von dieser Mittelschicht der Literatur – die »Oberschicht« bleibt weiter am höfischen Klassizismus orientiert und favorisiert das Drama – hebt sich bis in die siebziger Jahre deutlich eine Unterschicht ab. Die Lesefähigkeit der Volksschul-Absolventen aus der Arbeiterklasse reichte kaum für mehr als eine Kolportageroman-Lieferung von 8–12 Seiten pro Woche; auch die finanziellen Möglichkeiten waren mit dem Groschen pro wöchentliches Heft erschöpft (nur daß der Gesamtpreis eines Lieferungsromans mit 150–250 Fortsetzungen schließlich sehr hoch war: 15 bis 20 Mark, verteilt auf mehrere Jahre). In England existierte diese Form der Lektüre für die städtischen Massen schon seit den dreißiger Jahren. Der Kolportageroman war gewöhnlich eine Mord-, Horror- oder Sensationsgeschichte, teils an die Trivialromane des ausgehenden 18. Jahrhunderts angelehnt, teils aktualisiert; besonders beliebt waren Skandale bei Hofe (so zum Beispiel in Karl Mays Romanen für den Verleger H. G. Münchmeyer oder auch in den Buchromanen von H. O. F. Goedsche-»Retcliffe«). Über die Regeln für spannende Gestaltung dieser meist von Lohnschreibern der Verlage verfaßten Texte mokierte sich die ›Gartenlaube‹, die sie ihren Lesern zitierte. 1860–1903 sind in Deutschland etwa 600–800 Kolportageromane erschienen. Die größte Verbreitung fand ›Der Scharfrichter von Berlin‹, von dem 260 000 Stück im ersten Jahr erschienen – die ersten Hefte wurden jeweils kostenlos verteilt –, insgesamt 1 Million (Verlegerprofit: 3 Millionen). Der Verkauf ging allerdings bei allen Texten nach einer bestimmten Anzahl von Exemplaren zurück, so daß am Ende einer Serie nur noch etwa 13 000 Käufer übrig waren.[59]

Der *Kolportagehandel* mit Druckwerken darf allerdings nicht mit dem Kolportageroman identifiziert werden; nur 16 Prozent der durch Kolportage verbreiteten Texte seien Romane, hieß es in einer zeitgenössischen Auflistung (Flodoard v. Biedermann[60]), die übrigen zu 50 Prozent Zeitschriften, weiterhin Lexika, Sachbücher u.a. Der Kolportagevertrieb, seit dem 18. Jahrhundert die übliche Art, Hauskalender, Handbücher, Erbauungsliteratur und fliegende Blätter vor allem auf dem Land an die Käufer zu bringen, hatte sich schon seit den zwanziger Jahren des 19. Jahrhunderts erweitert. Verleger wie Joseph Meyer in Leipzig, dann F. A. Brockhaus waren auf diese Distributionsart für ihre Lexika, Groschenklassiker und Pfennigmagazine angewiesen; die Abnehmer fanden sich nun auch mehr und mehr in den Städten. Ebenso hing der Abonnementsverkauf der Familienzeitschriften zum großen Teil von den Kolporteuren ab; besondere Erfolge waren Sachbücher wie ›Brehms Tierleben‹ (1863–1869). Die große Zeit des Kolportagehandels und auch des Kolportageromans war die Zeit seit der Gewerbefreiheit 1864 (1869 im Norddeutschen Bund). 1883 drohte aus »Schmutz-und-Schund«-Motiven, die, wie meistens, die Furcht vor einer Subliteratur verdeckten, ein Verbot des Kolportagehandels. Es konnte, vor allem durch das Engagement des liberalen Reichstagsabgeordneten und Buchhändlers Friedrich Kapp, abgewehrt werden; Kapp argumentierte mit dem geringen Anteil des Kolportageromans am gesamten Kolportagevertrieb und mit der wirtschaftlichen Bedeutung dieser Vertriebsform. Das dann verabschiedete Gesetz forderte: sittliche Zensur durch die Polizei und Offenlegung des Gesamtpreises der zu kaufenden Schrift; es verbot die Werbung mit branchenfremden Prämien. Dies hatte denn doch den Niedergang des Kolportageromans zur Folge, zumal die 1884 durch ein Gesetz etablierte Generalanzeigerpresse fortan Unterhaltungsstoff völlig kostenlos bot.[61]

Der schwülstige Stil der Prämienwerbung für Kolportageromane suggerierte den Leserinnen und Lesern eine soziale Aufstiegsmöglichkeit. Ein »Hinauflesen« in anderem Sinn ist tatsächlich in einzelnen Leserdokumenten bezeugt. Sie reichen vom Sohn der ostpreußischen Landarbeiterfrau, der zum Schrecken der Mutter beim Lesen (von Indianerheften) lacht, bis zum österreichischen Arbeiterkind Adelheid Dworschak-Popp, deren Lesen mit Schundheften begann und über Räuber-, Fürsten- und Jesuitenromane bei den literarischen und dann den sozialistischen Klassikern ankam.[62]

3. Leihbibliotheken

Die Entwicklung der Leihbibliothek seit den fünfziger Jahren dokumentiert ebenfalls die Veränderung in Funktion und Bewertung der erzählenden Literatur. In der Restaurationszeit bis 1848 wurden drei Viertel aller Belletristik durch die Leihbibliotheken distribuiert, von denen es in Deutschland 1500 bis 2000 gab.[63] Auch in Nachmärz und Gründerzeit versuchte man an dieser Praxis der Buchverbreitung festzuhalten; die Verlage blieben z. B. bei einer Normalauflage von etwa 800 Exemplaren eines Romans – verstanden als Unterhaltungsroman –, die für den Bedarf der Leihbibliotheken ausreichte. Aufwendige Herstellungstechniken und konservative Verkaufspraktiken hinderten den Buchhandel, größere Auflagen billiger an das wachsende Lesepublikum zu verkaufen. Ausnahmen bildeten Serien wie die Romanbibliothek.

Es blieb daher zunächst bei der Distribution der Buchromane durch Leihbibliotheken, wobei jedes Buch durch sehr verschiedene Hände ging, bis zu den mitlesenden Dienstboten. Diese für die Honorierung der Autoren sehr ungünstige Praxis wurde zwar schon im Vormärz immer wieder angeprangert, doch hatten die Ermahnungen an wohlhabendere Leser/innen, sich die Bücher zu kaufen, so lange wenig Wirkung, wie der Kauf eines teuren Romans, womöglich eines »deutschen Originalromans«, keinerlei gesellschaftliches Prestige bedeutete. »Auf den Büchertischen der Damen« lagen Lyrikbändchen, Epen und großformatige illustrierte Bände, alle aufwendig ausgestattet und als prächtige Geschenke erworben; die Buchrücken der Klassiker-Ausgaben in den Vitrinen taugten ebenfalls zum Gesehenwerden. Anstandsbücher mahnten immer wieder, daß solche Bücher auch gelesen werden sollten![64]

Veränderte Lesegewohnheiten werden seit den fünfziger Jahren nicht vom Buchhandel, sondern von den Familienzeitschriften und den Zeitungen geweckt und gefördert. Die neuen Leser dringen nun auch in die Leihbibliotheken ein und lassen diese, wie es scheint, eine Zeitlang in der Einschätzung des höher klassierten Publikums absinken.[65] Andererseits bieten gerade die Zeitschriften und Zeitungen den Lesewilligen Stoff zu ebenso günstigen Preisen wie die Leihbibliotheken, so daß diese seit den fünfziger und besonders in den sechziger Jahren von Krisen und sogar dem Niedergang bedroht sind und viele tatsächlich eingehen. Die »neuen Leser« sind keineswegs nur an Unterhaltung interessiert, sondern ebenso sehr – wie das ja auch die Familienzeitschriften zeigen – an Sachinformation, an »Bildung«. Der Anteil an Sachliteratur in den Leihbibliotheken ist seit der Jahrhundertmitte auf beinahe 50 Prozent gestiegen; aber auch hier sind die Zeitschriften und die durch Kolporteure verkauften populärwissenschaftlichen Bücher (etwa ›Brehms Tierleben‹) eine erfolgreiche Konkurrenz. Eine weitere ist den kommerziellen Bibliotheken durch die öffentlichen *Volksbibliotheken* erwachsen, deren Bücherbestand allerdings vergleichsweise gering war.[66]

In den siebziger Jahren ist die Leihbibliothek keineswegs verschwunden; vielmehr spalten sich die kommerziellen Bibliotheken offenbar stärker auf, je nach ihrem Leserkreis. So gibt es nach wie vor die »Winkel-Bibliothek«, oft mit einem kleinen Laden verbunden (Karl May bezog seine Jugendlektüre aus einer solchen)[67], am anderen Ende der Skala entfalten sich große und großstädtische Leih-Institute wie das von Fritz Borstell in Berlin oder von Albert Last in Wien. Sie schafften Bücher, deren Kenntnis zum guten Ton gehörte, in Hunderten und Tausenden von Exemplaren an und trugen so wiederum zum Aufschwung des Buchhandels bei. Beispiele aus der Berliner Leihbibliothek sind: 2316 Exemplare von Freytags ›Soll und Haben‹, 1688 Stück von Felix Dahns ›Kampf um Rom‹, 1317 von Scheffels ›Ekkehard‹, 1285 von Marlitts ›Goldelse‹ – Erfolgsromane also aus den fünfziger bis achtziger Jahren.[68] Diese Zahlen belegen ihrerseits die neue Einschätzung der Erzählprosa seit den siebziger Jahren. Es gibt nun Romane, die »man« (auch Herren) gelesen haben muß. »Verleger verlangen Romane!« – konstatiert der Lyriker Detlev von Liliencron 1889.[69] Der Buchroman hat den Zeitschriftenroman eingeholt, und sein Prestigewert ist unvergleichlich viel höher.

4. Buchhandel. Bestseller

1879 hat die jährliche Titelproduktion der deutschen Verlage zum ersten Mal den Stand von 1843 übertroffen (rund 14000 Titel, davon 1170 belletristische). Bücher werden nun von immer mehr Lesern gekauft und offenbar nicht nur zu Geschenkzwecken. Angesichts der Bevölkerungszunahme von 8 Millionen zwischen 1850 und 1875 (von 35 auf 43 Millionen) und der etwa im gleichen Verhältnis gestiegenen Alphabetisierungsquote (von ca. 50 Prozent auf ca. 80 Prozent seit der Jahrhundertmitte) ist das Zurückbleiben des Buchhandels bis zu diesem Zeitpunkt ein bemerkenswertes Phänomen. Die »Zweite Leserevolution«[70], die im letzten Drittel des 19. Jahrhunderts zu konstatieren ist – nach der ersten im ausgehenden 18. Jahrhundert –, in den fünfziger und sechziger Jahren durch Zeitschriften- und Kolportageliteratur vorbereitet, wird seit den siebziger Jahren durch technische Neuerungen ermöglicht und durch neue Gesetze gefördert (Durchsetzung der Schnellpresse im Druckverfahren; die seit 1872 in Deutschland gebaute Rotationsdruckmaschine; das einheitliche Gewerberecht seit 1869, das Firmengründungen ohne die bisherigen Einschränkungen erlaubt; ein neues Urheberrecht seit 1886, das deutsche Autoren begünstigt – bis dahin waren Übersetzungen honorarfrei –; die neue Pressegesetzgebung, die das Anzeigenmonopol aufhebt). Die Bücher werden dadurch vor allem billiger. In den fünfziger Jahren klaffte eine Schere zwischen Löhnen und Buchpreisen: während die Löhne sanken, stiegen die Buchpreise. Zwar änderten sich diese Tendenzen in der folgenden Zeit: man konstatiert steigende Real- wie Nominallöhne und sinkende Buchpreise; aber nach 1870 steigen die Löhne weiter, während die Buchpreise auf dem erreichten niedrigen Niveau bis zum Jahrhundertende bleiben.[71] Bücher werden nachgerade auch für wenig bemittelte Leser – Lehrer, Studenten, Angestellte, Beamte – erschwinglich. Trotz der großen Gründerkräche und der seit 1873 herrschenden wirtschaftlichen »Depression« ist das Lohn- und Gehaltsniveau im letzten Jahrhundertdrittel eher gestiegen.

Gedichte

Dies alles sind Erklärungen für den Bücher-Boom im letzten Drittel des 19. Jahrhunderts. In der Nachmärzzeit konnte der belletristische Buchhandel lediglich *Gedichte* – epische, lyrische, didaktische – in größerer Zahl verkaufen: sie eigneten sich für (Damen)-Geschenke. Lieblingstitel waren:

›Otto der Schütz‹ (1846) von Gottfried Kinkel
›Amaranth‹ (1849) von Oscar von Redwitz
›Was sich der Wald erzählt‹ (1850) von Gustav Gans zu Putlitz
›Waldmeisters Brautfahrt‹ (1851) von Otto Roquette
›Die Lieder des Mirza Schaffy‹ (1851) von Friedrich v. Bodenstedt
›Der Trompeter von Säckingen‹ (1854) von Victor Scheffel.

Die Auflagen dieser idyllischen Kleinepen und Liedersammlungen stiegen bis 1870 in keinem Fall über etwa 40000 Exemplare. Danach bewirkte die neue Generation von Buchkäufern und Geschenkempfängerinnen Auflagensteigerungen z. B. bis zur 161. für ›Mirza Schaffy‹ 1902, während Redwitz (1900 die 43.), Putlitz (1900 die 50.), Roquette (1901 die 75. – 1924 die 100.) und andere allmählich zurückblieben (die ›Mirza Schaffy‹-Verse wurden gern in den immer populärer werdenden Anstandsbüchern für aufsteigende Bürger zitiert). Alle blieben allerdings zurück hinter dem wachsenden und dauerhaften Erfolg von Scheffels ›Trompeter‹, der zunächst nur langsam bekannt wurde, es dann aber zwischen 1868 und 1873 von der 5. auf die 20., bis 1876 auf die 50., 1882 die 100., 1891 die 200. Auflage gebracht hat (1907: 370000 Exemplare).[72] Es sind Dichtungen der Beschränkung, des Kleinen und Privaten, der Verklärung von Natur und Liebe, der rückwärts gewandten Sehnsucht nach einfachen Lebensformen. Seit den siebziger Jahren gewinnt die Gattung des *Versepos* an Beliebtheit, es erscheinen epische Gedichte von Julius Wolff (›Der Rattenfänger von Hameln‹, 1876, ›Der wilde Jäger‹, 1877), Rudolf Baumbach, F. W. Weber (›Dreizehnlinden‹, 1878), die den Mittelalterkult des neuen Reiches bestärken, zum Teil den mittelalterlichen Ton perfekt imitierend, sie nennen sich »Minnesang« oder »Aventiure« und dienen zugleich der poetischen Überhöhung des Kaiserreichs, seiner »Stiftungslegende« (Jäger).[73] Diese epischen Texte wurden offenbar von breiten

Schichten rezipiert. Die Statistik zeigt einen Höhepunkt der Epenproduktion unmittelbar nach der Reichsgründung, mit etwa 30 jährlichen Neuerscheinungen. ›Dreizehnlinden‹ erreichte bis 1901 100 Auflagen, Wolffs ›Wilder Jäger‹ im gleichen Zeitraum 90. Von all diesen Auflagen-Poeten – zu denen als Lyriker auch Emanuel Geibel, »der Mann der 100 Auflagen«, gehört – waren Scheffel, Weber und Wolff die einzigen, die über einen längeren Zeitraum mehr als 5000 Exemplare ihrer Epen/Lieder pro Jahr absetzten; was aber bei den beiden letzteren nur ein oder zwei Jahrzehnte anhielt, blieb für Scheffels ›Trompeter‹ als Dauererfolg erhalten, von 1868 bis weit ins 20. Jahrhundert; das Buch hat mehrere deutsche Generationen literarisch begleitet.

Romane

Das gilt auch für Scheffels Mittelalter-Roman ›Ekkehard‹, dessen breite und dauerhafte Rezeption allerdings erst nach Verzögerungen begann. Der Roman erschien zuerst 1855, 1865 dann in 3. Auflage. 1877 war erst die 16. Auflage erreicht, zehn Jahre später dann jedoch schon die 93. und 1904 die 200. mit insgesamt über 330 000 Exemplaren. Der Wechsel des Autors von der »Butzenscheiben-Dichtung« (Heyse) zur Prosa wurde vom Publikum zunächst nicht akzeptiert; die Schwierigkeiten werden auch durch Scheffels Verlagswechsel zu Otto Janke und dann zu Metzler dokumentiert. Erst seit den späten sechziger Jahren wächst das Interesse für den Roman. »Frische«, Lebendigkeit, Tatkraft ohne hemmende Reflexion empfehlen nun auch die ›Ekkehard‹-Idylle in der Prosaform. Ähnliche Eigenschaften zeigt der andere Erfolgsroman dieser Zeit, Gustav Freytags ›Soll und Haben‹. Der Autor ließ ihn 1855 nicht im üblichen Presse-Vorabdruck, sondern zuerst in Buchform erscheinen, um damit seinen Anspruch als Programmatiker des Realismus zu unterstreichen. Dieser Roman des deutschen Bürgertums und seiner unaufhaltsamen Tüchtigkeit, in der unmittelbaren Vergangenheit und in den östlichen Grenzgebieten lokalisiert, durchbrach offensichtlich die Barriere, die das männliche Publikum von der Romanlektüre trennte; ›Soll und Haben‹ ist ein Männerroman. Das erklärt zu einem guten Teil den Erfolg; der Roman wurde viel rezensiert, »man« hatte ihn zu kennen. In den ersten fünf Jahren wurde er immerhin 22 000mal verkauft: ein Rekord angesichts der üblichen Romandistribution; 1914 war eine Verkaufszahl von 300 000 Exemplaren erreicht.[74] Diese Bücher sind die ältesten »Dauerseller« auf dem deutschen Belletristik-Markt; ältere Titel aus der Zeit vor 1848 blieben, abgesehen von den Schulklassikern, dem größeren Lesepublikum nicht mehr sehr lange präsent. Die Autoren des Realismus, die später zu dauerhaften Leseklassikern wurden – Raabe, Keller, Storm, Fontane –, blieben ohne große Bucherfolge bei den Zeitgenossen; Raabes ›Chronik der Sperlingsgasse‹ (1856) war am Ende des Jahrhunderts erst bei der 16. Buchauflage angelangt.

Seit den siebziger Jahren präsentierten sich neue Romantitel an der Spitze der meistverkauften Bücher, neben den schon genannten:
›Die Ahnen‹ von Gustav Freytag, 1872 (15. Aufl. 1887, 25. 1898)
›Jürg Jenatsch‹ von C. F. Meyer, 1876 (20. Aufl. 1894)
(Erst nach 1900 stiegen die Auflagen des ›Jürg Jenatsch‹ ungewöhnlich rasch: 1907 erschien die 80. Auflage.)
›Ein Kampf um Rom‹ von Felix Dahn, 1876 (20. Aufl. 1893)

Wie die historisierenden Epen, so gewinnen auch die *historischen Romane* nach der Reichsgründung an Interesse für das Publikum auf der Suche nach einer Vergangenheit, die die momentane Reichsherrlichkeit dauerhaft erscheinen lassen konnte.[75] (Die Dramen dieser Zeit behandeln sogar zu 80 Prozent historische Stoffe, was allerdings zum guten Teil in der Gattungstradition begründet liegt.[76]) Doch das literarische Klima änderte sich schnell nach der Erfahrung des Gründerkrachs und durch die verbreitete Enttäuschung der hohen kulturellen Erwartungen vom Deutschen Reich.[77] Keine neue Klassik entstand; wohl aber gewinnen nun auch die bürgerlichen Realisten mehr Leser, d. h. von dem größeren Kaufpublikum für Bücher kommt auch ihnen ein Anteil zugute; die ›Deutsche Rundschau‹ von Julius Rodenberg, nach der Reichsgründung in Berlin etabliert, demonstriert dies wachsende Interesse für die jeweils lokal geprägten, aparten, doch ästhetisch noch akzeptablen Texte der Keller, Storm, Fontane, Meyer. Ein weit größeres Publikum hatten jedoch die »Professoren-Romane« von Felix Dahn oder Georg Ebers, die sich sogar leisten konnten, auf den Presse-Vorabdruck zu verzichten: ›Eine ägyptische Königstochter‹, 1864; ›Uarda‹, 1877; ›Homo sum‹, 1878 usw. Diese Romane erschienen meist dreibändig in Buchform (bis die Leihbibliotheken protestierten, die sich auf knappere Bücher umstellten). Es sind Lesetexte für humanistisch Gebildete – Männer –, die historischen Stoff benutzten, um die nun modisch werdende pessimistische Geschichtsbetrachtung zu vermitteln. Große Männer, Weiber und Schurken beherrschen die Romanszene; die Handlung führt vor, wie man Macht erringt und verliert. Schicksalsgläubigkeit und Prachtentfaltung, Lebensgier und Todesfeier haben im meinungsbildenden Geschichtsroman die erfolgreiche bürgerliche Tüchtigkeit von ›Soll und Haben‹ abgelöst (Anton Wohlfart besiegte mit bestem Gewissen die weniger Gesunden, weniger Tüchtigen: Polen, Juden, Aristokraten; in Dahns ›Kampf um Rom‹ geht das – germanische – Gute unter durch Verrat). Hatte die Kritik Freytags Kaufmannsroman prosaische Nüchternheit vorgeworfen, so kommen die Historien-Romane nun in einem gestelzten Stil daher, der die nüchterne Prosa nur mühsam verbirgt. Das gilt auch für Karl Mays Erfolgsromane.

Am Ende der Gründerzeit gewinnen Lokal- und Heimatromane ein immer größeres Publikum, Romane, die das Bestehende oder – häufiger – das Vergangene freundlich-humoristisch verklären, wie Peter Roseggers ›Waldschulmeister‹ (1875, 25. Auflage 1898, 85. 1905) oder auch Julius Stindes Berliner Kleinbürgerroman ›Familie Buchholz‹ (1884, bis 1900 85 Auflagen), eine selbstzufriedene, patriotische Darstellung des Alltags in der Reichshauptstadt; »vaterlandslosen« Kritikern wird in diesem Roman nahegelegt, die Grenzen des Reichs doch zu verlassen.

III. Schriftstellerberuf

Fontane schrieb 1859 aus München:

> Wenn man hier oder in Weimar oder in Gotha, also überall, wo ein Kunstmäzen regiert, auftreten und rasche Erfolge haben will, muß man wie ein junger Sieger kommen, mit einem vielleicht kleinen, aber *frischen* Lorbeer um die Stirn. »Das ist er!« heißt es dann, »der, dessen Tragödie den Preis gewonnen hat oder 30mal hintereinander gegeben wurde.«[78]

Fontanes jüngerem Berliner Freund Paul Heyse war es schon 1854 gelungen, mit seinen »brotlosen« Dramen und Epen Zugang zum Münchener Dichterkreis zu finden und vom bayrischen König Maximilian II. mit einem Jahresgehalt ausgestattet zu werden. Doch Heyse erkannte bald, daß fürstliches Mäzenatentum ebensowenig mehr zeitgemäß war wie klassizistisches Drama und Epos. 1870 äußert ein Literaturkritiker der älteren Schule, Rudolf Köpke, über Geibels Drama ›Sophonisbe‹, das mit dem Schillerpreis »gekrönt« worden war:

> ⟨...⟩ es ist eine Dichtung, die dem Ideal der Tragödie nachstrebt: wer in einer unproduktiven Zeit ihr am nächsten kommt und damit zugleich die Tradition wahrt, der verdient den Preis ⟨...⟩ Auf der Bühne hier in Berlin hat Sophonisbe, wie alle antiken Stoffe, die das Publikum nicht mag, keinen Eindruck gemacht; ich habe das auch gar nicht erwartet.[79]

Emanuel Geibel, der Heyse in München vorangegangen war, wurde die bayrische Pension entzogen wegen seiner preußischen Gesänge. Der »Reichsherold« bekam zum Ausgleich dann eine preußische Pension von jährlich 1000 Talern. Der erfolgreiche Liederdichter war darauf jedoch gar nicht mehr angewiesen. Und ebenso hat sich Paul Heyse dem Publikum als dem »modernen Mäzen« zugewandt, so daß er seinerseits 1868 – nach dem preußischen Krieg – auf seine bayrische Pension verzichten konnte.

Seit den fünfziger Jahren schrieb er Erzählprosa für Zeitschriften und Zeitungen; bis 1914 wurden rund 150 Novellen und Romane von ihm veröffentlicht, obwohl er noch 1883 die Bezeichnung »Novellist« als abwertend empfand.[80] Seine Anpassung an den Geschmack des Zeitschriften-Publikums geschah bewußt; so schrieb er 1886 eine »unabsehbare märkische Geschichte« für die ›Gartenlaube‹, d.h. »für Tantchen Toutlemonde«, und empfahl Theodor Storm: »Gehe hin und tue desgleichen«[81]. Er kannte seinen Wert für Redaktionen und Verleger sehr genau und warnte z.B. 1892 die aristokratische Kollegin Marie von Ebner-Eschenbach vor zu geringen Honorarforderungen: »So dürfen Sie uns den Markt nicht verderben, beste Frau Kollegin!«[82]

Heyses Erfolg beim lesenden Publikum beruhte paradoxerweise zum guten Teil auf der konsequenten Pflege seines Dichterbildes in der medialen Öffentlichkeit; Heyse galt als ein über alles Materielle erhabener Künstler, als »freischwebender Dichtergeist« (›Daheim‹ 1864). Die Leser honorierten die scheinbare Abgehobenheit vom Alltäglichen in Motiven und Stil seiner Novellen über Liebe, Leidenschaft, Künstler und südliche Gegenden. Bis in die siebziger Jahre kam es noch zu Konflikten mit den Dezenzregeln der Redaktionen[83], danach wurde Heyses dichterisches »Evangelium« der Liebe ebenso akzeptiert wie die entsprechenden Motive in der bildenden Kunst. Heyse hat wie Richard Wagner das Bedürfnis des Publikums nach Kunst»göttern« benutzt und durchschaut; in seinem Roman ›Im Paradiese‹ (›Kölnische Zeitung‹, 1875) stellt er einen Maler dar, der in einem Tempel der reinen Kunst dient und daneben Heiligenfiguren für den Markt produziert.[84] Trotz der Entlarvung des Literatur»fabrikanten« Heyse durch die Naturalisten um 1889 bekam der Autor 1910 den Nobelpreis für Literatur.

Fontane hat den Schriftstellerberuf seit 1850 anders erlebt. Als er in den siebziger Jahren, der zweiten Gründerzeit, ebenfalls wagte, von seinen Einkünften als Autor zu leben, war er nur begrenzt zu Konzessionen an Redakteure und Verleger bereit; das hatte allerdings ständigen Wechsel von Verlagen und Presseorganen, die seine Romane druckten, zur Folge. Fontanes Beurteilung der Situation schwankte zwischen Lob des Fortschritts, der – durch den Bedarf an Texten – für den Schriftsteller seit den siebziger Jahren erreicht sei, und dem Zorn über die Abhängigkeit von den Verlegern. Verärgert über die ihm von der (Berliner) ›Vossischen Zeitung‹ zugemutete Fahnenkorrektur schreibt er 1887:

> Eigentlich liegt es viel schlimmer und beleidigt einen geradezu in seiner schriftstellerischen Ehre ⟨...⟩ es wird soviel Bittres dabei wach, die ganze Wut drüber, wie in zurückliegenden Zeiten die Schriftsteller behandelt wurden und noch froh sein mußten, von einem Ruppsack von Buchhändler ⟨...⟩ 10 Taler für eine Novelle zu kriegen oder Schillers Werke, statt Zahlung ⟨...⟩ Aber während die Setzer und Drucker in ihren Verbänden längst alles durchgesetzt haben, was sie wünschen, möchte man den Schriftsteller immer noch in seinem weißen Sklaventum festhalten.[85]

Fontane schreibt dies in dem Jahr, in dem Verleger und Buchhändler sich im ›Börsenverein des Deutschen Buchhandels‹ organisierten – eine Stärkung ihrer Position, die den Schriftstellern als Bedrohung erschien. Der seit dem 18. Jahrhundert existierende Konflikt zwischen Dichter-Autonomie und Marktabhängigkeit, die sich doch gegenseitig bedingen, ist seit den siebziger Jahren in eine neue Phase getreten, in der schließlich die Forderung nach gewerkschaftlicher Organisation der Autoren erhoben wird. Zur Interessenvertretung wurden seit 1878 mehrere Schriftsteller-Verbände gegründet.[86] Das Selbstbewußtsein der Schriftsteller wuchs jedenfalls, seit die Presse und schließlich auch der Buchhandel einem Teil von ihnen ermöglichte, das Schreiben zum Beruf zu machen (oft in Kombination mit einer Redakteursstellung wie bei Gutzkow, Spielhagen, Fontane, Freytag und anderen). Für die Mehrzahl bedeutete allerdings der Entschluß zum Schriftstellerberuf mehr oder weniger ehrenvolle Armut und Abhängigkeit. Karl Gutzkow diente vielen Kritikern als negatives Beispiel des Berufsschriftstellers. Auf ihn bezieht sich Gottfried Keller, wenn er 1875 klagt:

> wie schrecklich es ist, wenn ein Mensch ⟨...⟩ von der Schule weg, unter die Literaten geht und bis ins Alter hinein ohne Aufhören ⟨...⟩ fortschriftstellert und fortschustert, immer auf dem Marktplatz stehend oder sitzend, wie eine grau gewordene Hökerin, die ihren 40 oder 50jährigen Eckplatz hat gleich links neben den Fischhändlern.[87]

(Keller selbst hatte von 1861 bis 1876 das Amt eines Staatsschreibers in Zürich inne.)

Gutzkow war aktiv beteiligt an der Gründung der Deutschen *Schillerstiftung* 1859 (nach ersten Versuchen 1855) und fungierte

1861–1864 als ihr Sekretär. Die Notwendigkeit einer Institution, die notleidenden Schriftstellern materielle Unterstützung gewährte, hatte sich spätestens seit den vierziger Jahren herausgestellt. Seit der Reaktionszeit nach 1848 wuchs die Zahl der Autoren auch durch die Märzgeschädigten, Schriftsteller, die durch das Scheitern der Revolution ihre Ämter in Verwaltung, Justiz oder Lehre verloren hatten und nun versuchen mußten, vom Schreiben zu leben. Ein Beispiel ist der ehemalige Richter J.D.H. Temme, der in 30 Jahren 116 Bände mit – meist kriminalistischen – Erzählungen publizierte, die häufig auch vorabgedruckt wurden, und der trotz dieser Produktivität zeitweise zu den von der Schillerstiftung Unterstützten gehörte.[88] Popularität schützte durchaus nicht vor einer Notlage in späteren Jahren, denn jede Altersvorsorge für Künstler und Schriftsteller fehlte. So zahlte die Schillerstiftung Wilhelm Raabe in seinen letzten Lebensjahren 1000 Mark jährlich, da der Verlag Westermann, in dessen ›Monatsheften‹ Raabe jahrzehntelang publiziert hatte, seit 1884 keine Texte mehr von ihm drucken wollte. »Das deutsche Publikum habe für's erste genug von mir«, schreibt Raabe 1886 bitter an den damaligen Vorsitzenden der Schillerstiftung, Paul Heyse, und fährt fort:

> Am 15ten Oktober dieses gegenwärtigen Jahres 1886 sind es dreißig Jahre her seit meine ›Chronik der Sperlingsgasse‹ erschien. Für die ihr nachfolgende dreißigjährige Arbeit hat mir das deutsche Publikum durch seine Buchhändler die Summe von 25 000 Talern auszahlen lassen, und ich habe ihm sehr dankbar dafür zu sein.[89]

Bei den Unterstützungsanträgen und ihrer Erörterung steht dem Verwaltungsrat der Schillerstiftung immer wieder der pseudo-idealistische Dichtungsbegriff im Wege, dem man sich verpflichtet fühlt. »Schriftstellern, welche dichterischer Formen sich bedienen« ⟨!⟩, wolle man im Falle der Not helfen, hieß es im ersten Gründungsaufruf 1855. Als 1894 Hans Wachenhusen geholfen werden sollte, einem fleißigen und vielgelesenen Prosaautor, heißt es im Gutachten, ein »Dichter von Gottes Gnaden« sei er zwar nicht, ebensowenig gehöre er zur »Priesterschar des Parnasses«, er sei vielmehr »als Reporter ⟨...⟩ wie als Poet der eigentliche Spezialist des Auslands«, und die bunten Hefte seiner Reise- und Kriegserzählungen seien in jeder Bahnhofsbuchhandlung zu finden.[90]

Die Ehre der Poeten-Armut war inzwischen verblaßt, so daß die Veröffentlichung der Namen von Unterstützungs-Empfängern der Schillerstiftung für die Betroffenen weniger ruhmvoll als peinlich war. Das allmählich wachsende Vermögen der Stiftung baute sich aus Spenden auf; später vermachten erfolgreiche Autoren wie Heyse der Stiftung Tantiemen und Rechte.

Die vulgär-idealistischen Leerformeln offizieller Äußerungen über Kunst und Literatur verdecken gegen Ende des Jahrhunderts kaum noch das wirkliche Gewicht des Materiellen. Auch die Schriftsteller wollen jetzt teilhaben an Geld, Ruhm und staatlicher Anerkennung. Die Brüder Heinrich und Julius Hart fordern 1882 von Bismarck, daß er ein Reichsamt für Literatur schaffe.[91] Fontane schreibt 1891 in einem anonym im ›Magazin für Literatur‹ erschienenen Aufsatz, der kaiserlich-preußische Staat möge gefälligst seine Schriftsteller-»Söhne« mit Orden und Titeln ehren wie die Kommerzienräte und die geadelten Professoren und Beamten.[92]

Von den *Schriftstellerinnen* ist bei diesen Überlegungen wenig die Rede, obgleich sie einen erheblichen Anteil an der Produktion belletristischer Literatur für das überwiegend weibliche Lesepublikum hatten. Im letzten Drittel des Jahrhunderts erschien eine Reihe von Lexika und literaturgeschichtlichen Darstellungen, die die quantitative und qualitative Bedeutung der Autorinnen ins öffentliche Bewußtsein riefen, u.a. von Heinrich Groß (1885), Sophie Pataky (1898), Adalbert von Hanstein (1899 f.).[93] Schreiben war einer der ganz wenigen »Berufe« für bürgerliche Frauen, denen im 19. Jahrhundert Ausbildung und Studium kaum bzw. gar nicht erlaubt waren, und eine gesellschaftlich mögliche Art, Geld zu verdienen. Eugenie John, genannt Marlitt, repräsentiert die erfolgreiche Variante solcher literarischer Tätigkeit. Ihre ›Goldelse‹ erschien ein Jahr nach der Gründung des Allgemeinen Deutschen Frauenvereins, 1866. Die selbstbewußt und unabhängig auftretende Heldin des Romans unterwirft sich am Ende gern der überzeugenden Autorität eines adligen Herrn. Diese auch politisch deutbare Bereitschaft ist wohl einer der Gründe für den Publikumserfolg. Marlitt blieb in ihren Romanen bei diesem Rezept. Der Anpassungsdruck auf die weiblichen Autoren, wenn sie denn von ihrer Arbeit leben wollten oder mußten, war noch stärker als der auf die männlichen Konkurrenten.[94] Das änderte sich erst seit den achtziger Jahren mit der Generation der naturalistischen Autorinnen und dem neuen Roman-Buchmarkt.

Klaus-Michael Bogdal
Arbeiterbewegung und Literatur

I. Von der proletarischen Öffentlichkeit zur Arbeiterkultur

1. Literatur und Organisation

Die Arbeiterliteratur des 19. Jahrhunderts ist nicht von der Entstehung der organisierten Arbeiterbewegung zu trennen. Mit der gescheiterten bürgerlichen Revolution und der anschließenden Zerschlagung und Repression der Arbeiterorganisationen bis ca. 1860 verschwinden daher auch die ersten zaghaften Ansätze einer Arbeiterliteratur. Eine kontinuierliche Literaturproduktion setzt erst mit der Gründung überregionaler, autonomer Arbeiterorganisationen (1863 Allgemeiner Deutscher Arbeiterverein ADAV, 1869 Sozialdemokratische Arbeiterpartei SDAP) ein. Sie ist unmittelbar in die politische Tagespraxis der Arbeiterbewegung eingebunden und schon allein deshalb ein Fremdkörper im Gesamtsystem der Literatur der zweiten Jahrhunderthälfte. Die Besonderheit der Arbeiterliteratur resultiert aus ihrer ungewöhnlichen gesellschaftlichen und kulturellen Position: Der Autonomisierungsprozeß, der die Institutionalisierung der (bürgerlichen) Literatur seit dem Ausgang des 18. Jahrhunderts bestimmt, erreicht sie nicht mehr. Sie entsteht innerhalb des engen Rahmens proletarischer Selbstorganisation, der ihre Distribution und Rezeption umgrenzt und eine spezifische Ästhetik bedingt. Die konstituierenden Elemente der Kunstideologie des 19. Jahrhunderts, das Ewigkeits-, Wahrheits- und Autonomiepostulat, beeinflussen das Selbstverständnis der Arbeiterliteratur auf widersprüchliche Weise. Zentrale Kategorien wie ›der Dichter‹ und ›sein Werk‹ scheinen hier sinnlos, weil Arbeiterliteratur als kollektives Produkt für einen kollektiven Gebrauch verstanden wird.

Sie kann daher nicht anhand von Kriterien dargestellt und bewertet werden, die einer an ›großen‹ Werken oder exzeptionellen

Dichterpersönlichkeiten orientierten Ästhetik entstammen. Ihre besondere historische Leistung erbringt sie als Teil einer gewissermaßen aus dem sozialen und materiellen Nichts entstehenden Arbeiterkultur, welche die kulturelle Hegemonie der herrschenden Klassen und bisherigen Eliten radikal in Frage zu stellen beginnt.

Die Arbeiterkultur des 19. Jahrhunderts verdankt ihre historische Besonderheit nicht allein den rasanten politischen Erfolgen der Sozialdemokratie und der Gewerkschaften. Von struktureller Bedeutung ist die von Marx analysierte Freisetzung der Arbeiter aus dem Beziehungsnetz der tradierten Gesellschaft, die in dieser Geschwindigkeit und Übergangslosigkeit von keiner anderen Schicht vergleichbar erlebt wird. Die Arbeiterkultur entsteht im 19. Jahrhundert ohne nennenswerte Zwischenstufen als moderne, nicht-regionale *Großstadtkultur*. Das bedeutet, daß sie auf Kommunikations- und Organisationsformen fortgeschrittenster Art angewiesen ist, die sie insgesamt als *proletarische Öffentlichkeit* der bürgerlich verfaßten Gesellschaft entgegensetzt.

2. Arbeiteridentität

Die in Fabriken und Elendsquartieren zusammengebrachten Massen lernen sich – im Bewußtsein ihrer Schlüsselstellung im Produktionsprozeß als Arbeiter – als neue geschichtsmächtige Klasse zu verstehen. Es entsteht ein Bewußtsein für die Diskrepanz zwischen dem alltäglichen Leben in Armut, Schmutz und Rechtlosigkeit und dem Wesen der Arbeit als Quelle allen Reichtums. Ein identitätsstiftendes *Pathos der Arbeit*, an dessen Artikulierung die Literatur wesentlich beteiligt ist, weist aus einer aussichtslosen Gegenwart in eine bessere Zukunft. 1879 schreibt August Bebel (1840–1913) in ›Die Frau und der Sozialismus‹:

> Die sozialistische Gesellschaft bildet sich nicht, um proletarisch zu leben, *sondern um die proletarische Lebensweise der großen Mehrzahl der Menschen abzuschaffen.* 〈...〉 *die neue Gesellschaft will nicht proletarisch leben, sie verlangt als ein hochentwickeltes Kulturvolk zu leben* 〈...〉.[1]

Der proletarischen Lebensweise also spricht Bebel, der einflußreichste Politiker der Arbeiterbewegung, eine kulturbildende Funktion ab. Die angestrebte »hochentwickelte Kultur« soll, so wird in seinem Buch an anderer Stelle dargelegt, vor allem von der Würde der Arbeit und des Arbeiters geprägt sein. Die moderne Gesellschaft werde, so das Konzept der Arbeiterbewegung, vom Prinzip gemeinschaftlich organisierter Arbeit auf der Basis des Gemeineigentums getragen sein, einem Prinzip, das in Zukunft auf allen gesellschaftlichen Ebenen und Gebieten von der Familie über die Fabrik bis zum Staat vorherrschen soll. Zum identitätsstiftenden Pathos der Arbeit gehört auch die feste Überzeugung, daß die bestehende kapitalistische Gesellschaft das Prinzip vergesellschafteter Arbeit schon enthalte und durch innere Widersprüche quasi naturgesetzlich auf einen sozialistischen Volksstaat zutreibe. So ist es paradoxerweise die historische Zukunftsgewißheit, die dazu führt, daß die konkreten Alltagserfahrungen der Arbeiter weitgehend unbeachtet bleiben.

3. Widersprüche der Arbeiterliteratur

Das politische Selbstverständnis der Arbeiterbewegung hat tiefgreifende Folgen für die Entwicklung der Arbeiterliteratur. An der Darstellung des eigenen Lebens besteht letztlich nur dann Interesse, wenn ein Zusammenhang mit dem grundlegenden Ideologem der ›Würde der Arbeit‹ oder aktuellen politischen Kämpfen hergestellt werden kann. Die enge Funktionszuweisung der *Arbeiterliteratur* und das *allgemeine* Kunstverständnis vieler Arbeiter klaffen allerdings auseinander. Es kommt zu der paradoxen Situation, daß die Arbeiterliteratur von der ausdifferenzierten Kunst und Literatur der bürgerlichen Gesellschaft des 19. Jahrhunderts unberührt bleibt, d. h. nach eigenen, ›gegeninstitutionellen‹ Regeln funktioniert, die *Mentalität* der Arbeiter jedoch von den Normen der ›offiziellen‹ Kultur, soweit sie durch die Bildungsinstitutionen vermittelt worden sind, geprägt ist.

Das tradierte Kunstverständnis betrifft den *privaten*, individuellen Umgang mit Literatur und Kunst. Hier ist die Anpassungsbereitschaft an die kulturellen Normen des Bürgertums groß. Die Rolle der Arbeiterliteratur in der proletarischen *Öffentlichkeit*, in der andere Selektions-, Verteilungs- und Bewertungsregeln gelten, weicht augenfällig davon ab.

Der Widerspruch zwischen ›privatem‹ Kunstverständnis und ›öffentlicher‹ Literaturpraxis führt wiederholt zu heftigen Debatten innerhalb der Arbeiterbewegung, die sich um das Problem drehen, was ein klassenbewußter Arbeiter zum Erhalt seiner proletarischen Identität benötigt. In den Auseinandersetzungen, die bis zum Ersten Weltkrieg andauern, setzt sich weder die Position derjenigen durch, die nach dem Motto »*Unter den Waffen schweigen die Musen!*« dem politischen und gewerkschaftlichen Kampf Priorität einräumen, noch jene, die eine gleichmäßige »Hebung« der kulturellen und politischen Lage (»*Brot und Rosen!*«) wünschen.

Die Arbeiterbewegung strebt im Sinne ihrer revolutionären Gesamtstrategie zwar faktisch eine kulturelle Autonomie von den hegemonial-dominanten Klassen der Gesellschaft an und möchte die Literatur insgesamt diesem Ziel unterordnen. Zugleich wagt sie es nicht, gegen eine durch Tradition legitimierte Ästhetik anzugehen, die sich als geschlossenes, selbstreferentielles System der *Wahrheit* ausgibt. Dies führt bis über die Jahrhundertwende hinaus zu ständigen Widersprüchen, die sich in der konkreten literarischen Praxis als komplexes Verhältnis mit wechselnden Dominanten gestalten.

So bleibt als unbestrittene Aufgabe der Literatur innerhalb der Arbeiterbewegung, das Klassenspezifische der Arbeiterpolitik in welthistorischer Perspektive zu deuten. Literatur soll veranschaulichen, »daß die Sozialdemokratie nur nominell eine Partei« ist, in Wirklichkeit jedoch die Sache »der Kultur, die Sache der Menschheit«[2] vertrete. Literatur entwirft in der Gegenwart die zukünftige Geschichte proletarischer Emanzipation, indem sie die Ausgebeuteten und Unterdrückten in siegreiche Helden der Zukunft verwandelt.

Die Verschmelzung einer *dynamischen*, revolutionären Geschichtskonzeption mit einem *statischen* und funktional ausgerichteten Literaturverständnis ermöglicht für den Zeitraum der zweiten Jahrhunderthälfte zwar die Darstellung bzw. Selbstdarstellung von Arbeitern, dies jedoch nur innerhalb eines engen und geschlossenen Rahmens, der proletarischen Öffentlichkeit.

4. Ein Leben nach der Uhr

Die Besonderheiten der Arbeiterliteratur lassen sich ohne einen Seitenblick auf die strukturellen Transformationen des Produktionsprozesses und die Folgen für das soziale Leben nur schwerlich begreifen. Industrielle Revolutionen und moderne Massengesellschaft ›befreien‹ die Arbeitenden aus ständischen Bindungen und trennen sie von Eigentum und Produktionsmitteln, so daß sie ihre Arbeitskraft verkaufen müssen. Die Verwandlung der Arbeit in eine Ware führt im *Arbeiteralltag* zu einer Trennung in zwei Bereiche: die *Produktionssphäre*, in der die verkaufte Arbeitskraft verausgabt wird, und die *Reproduktionssphäre*, in der der Arbeiter seine verausgabte Arbeitskraft wiederherstellen muß.

Für die Arbeiter zerreißt damit die Einheit von Arbeit und Leben.[3] Die Situation am Arbeitsplatz ist der Verfügung des Arbeiters fast völlig entzogen. Gegenüber der entfremdeten Arbeit erscheint nun die Nicht-Arbeitszeit, über die der Arbeiter anders als der Handwerker oder Bauer wirklich frei verfügen kann, als die eigentliche Lebenszeit. Das Zeitgefühl wird immer mehr von der Unterscheidung zwischen Arbeitszeit und Freizeit bestimmt. Arbeiterkultur und Arbeiterliteratur entstehen erst mit einer nennenswerten *Freizeit*. Ohne Freizeit ist unter den konkreten Lebensbedingungen im 19. Jahrhundert für Arbeiter und Arbeiterinnen die Entwicklung einer eigenständigen Kultur und Literatur nicht denkbar.[4]

Ohne Kenntnis dieses Sachverhalts muß jeder Versuch einer Analyse und Wertung der Arbeiterliteratur zu verzerrten Ergebnissen kommen. Bei einer durchschnittlichen Arbeitszeit von 14–16 Stunden am Tag[5] wird deutlich, daß die Lohnarbeit kulturelle Aktivitäten nahezu ausschließt. Erst um 1860 setzt eine merkliche Verkürzung der Arbeitszeit ein, die um 1890 dann bei 11 Stunden liegt[6], so daß ein geringer Spielraum für Freizeitaktivitäten entsteht.

Intensität, Formen und Geltungsbereiche der Arbeiterkultur werden zudem von den Lebensentwürfen der Arbeiter geprägt, die von der Lebenserwartung abhängen. Noch in den siebziger Jahren liegt die Lebenserwartung der Männer bei 35,6, die der Frauen bei 38,5 Jahren[7], so daß auch hier der Entwicklung kultureller Perspektiven enge Grenzen gesetzt sind.

Hinzu kommt, daß sich in langwierigen Auseinandersetzungen schließlich ein modernes Fabriksystem durchsetzt, in dem die Arbeiter nach den Bedürfnissen der Produktion ausgerichtet werden. Dazu gehört die Unterwerfung der Körper unter die Kontinuität der Arbeitsvorgänge und damit die Durchsetzung eines neuen Zeitrhythmus', des »Lebens nach der Uhr«[8]. Fabrikordnungen regeln Zeiteinteilung und Bewegung im Raum bis ins Detail und richten die Körper funktionell ab. Der Lebensentwurf des einzelnen verlagert sich daher von der disziplinierenden, fremdbestimmten Arbeitszeit auf die Freizeit. An ihr orientiert sich die ›Sinnsuche‹ im Alltag.[9]

Über Freizeit verfügen bis zur Jahrhundertwende nur Männer und unverheiratete Frauen.[10] Für Arbeiterfrauen gibt es mit Ausnahme weniger Stunden am Sonntag keine freie Zeit. Deshalb ist die Arbeiterkultur trotz ihres egalitären Ansatzes im Alltag von *Männern* geprägt. Zugleich ist sie eine *Großstadtkultur*,[11] die ohne ländliche Tradition auskommt. Die Großstadt wird zu einem geopolitischen Raum, in dem Arbeiter, der Kontrolle und den Gewohnheiten einer lokalen traditionellen Sozialstruktur weitgehend entzogen, eigene Kommunikationsformen entwickeln. Nur die Großstadt mit ihrer Unübersichtlichkeit bietet den Arbeitern die Möglichkeit, sich schließlich, trotz der Repression durch die Sozialistengesetze von 1878–1890, zu organisieren, ohne Einfluß von außen zuzulassen. Durch die Konzentration von Menschenmassen auf engstem Raum öffnen sich vielfältige Möglichkeiten, die Freizeit innerhalb der eigenen Schicht zu verbringen und eigene Wünsche und Interessen zu verwirklichen.[12] Trotz des sozialen Elends und der Normierung des Lebens wird allein die Stadt zum Ort kultureller Impulse ›von unten‹.

5. Organisationskultur

Die Arbeiterbewegung deutet die erkämpfte Nicht-Arbeitszeit als Antizipation ihrer Zukunftsideale. Die Selbstorganisierung dient nicht nur instrumentell der Politik. Sie ist ›Genossenschaft‹ im Wortsinn, die gelebte Vorwegnahme einer egalitären, solidarischen und gerechten Gesellschaft. Insofern ist es zutreffend, »daß die Organisation den entscheidenden Teil an der Kultur der Arbeiterklasse«[13] bildet. »Die Gründung des kleinsten Arbeitervereins wird für den künftigen Kulturhistoriker von größerem Wert sein als der Schlachttag von Sadowa«[14] – dieses Motto einer Rede Wilhelm Liebknechts aus dem Jahr 1871 gehört zum politisch-kulturellen Selbstverständnis der Arbeiterbewegung des 19. Jahrhunderts.

Das Bewußtsein, in der Selbstorganisierung den Schlüssel zum historischen Erfolg gefunden zu haben, prägt die Arbeiterbewegung seit der Gründung der ersten frühkommunistischen Zirkel und verstärkt sich mit der Schaffung eines weitverzweigten Organisations- und Kommunikationsnetzes, das dann auch die Produktion und Verteilung einer eigenen Literatur trägt.

Greifen wir zur Veranschaulichung auf das signifikanteste Beispiel dieser Entwicklung zurück. Der 1. Mai gehört zur durch Streik erkämpften Freizeit. Als Feiertag dient er der Ehrung der Arbeit und der Arbeiter. Er ist das zentrale Ereignis der proletarischen Öffentlichkeit. Am 1. Mai demonstrieren die Arbeiter, ihre Organisationen und Vereine durch das Verlassen der Stadt und den Gang in die Natur symbolisch ›brüderliches‹ Verhalten. Die an diesem Tag wiedervereinigten Arbeiterfamilien praktizieren all das, was in einem halben Jahrhundert als Arbeiterkultur (vom Umzug bis zur Theateraufführung und zum Konzert der Arbeiterchöre) entstanden ist und im Alltag nur diskontinuierlich, partiell und räumlich verteilt wahrgenommen werden kann. Die integrierende, ganzheitliche Gestaltung des 1. Mai weicht allerdings auffällig vom gewöhnlichen großstädtischen Arbeiteralltag ab. Nach den Beobachtungen von Marx erhalten die

> Genüsse des Proletariats ⟨...⟩ einerseits durch die lange Arbeitszeit und andererseits durch die qualitative und quantitative Beschränkung der dem Proletariat zugänglichen Genüsse, die gegenwärtige brutale Form.[15]

Die lange Arbeitszeit drängt zu einer komprimierten, die Sinne stark affizierenden Form des Vergnügens.[16] Die Arbeiterfreizeit entfernt sich im 19. Jahrhundert von dem an der harmonischen Entwicklung des ›ganzen Menschen‹ orientierten Bildungsideal.

Diese Tatsache schränkt den Wirkungsbereich gerade der Arbeiterliteratur ein. Zunächst entsteht und dominiert die ›brutale Form‹ des Lesens: die rasche Lektüre reizstarker Lesestoffe. Doch kann sich das Lesen daneben auch als Ausgleich zur körperlichen Arbeit behaupten. In erster Linie politisch engagierte Arbeiter zählen das Lesen zur Bildung, die als ein Weg zur Befreiung von der »geistigen Vorherrschaft« des Bürgertums gilt. Die Literatur wird zu einem Mittel der Bildungspolitik der Arbeiterbewegung, einer chaotisch und übermächtig erlebten Alltagsrealität Augenblicke der Muße und Kontemplation abzuringen. Ihr fällt, wie z. B. auch den nach ästhetischen Gesichtspunkten formierten Aufmärschen[17], die Aufgabe zu, den Blick und das Gefühl der Arbeiter für *Ganzheiten* und *Zusammenhänge* zu schulen.

6. *Institutionalisierungen*

Die Arbeiterliteratur gelangt in erster Linie über Presse- und Verlagsveröffentlichungen[18], das selbstorganisierte Bildungswesen[19] und die Arbeiterfestkultur[20] zu ihrem Publikum. Ihr Erfolg bleibt, auch wenn man noch das Vortragswesen und die Arbeiterbibliotheken hinzunimmt, bescheiden. Aufgrund der vorliegenden Quellen ist nicht von der Hand zu weisen, daß das »Lesen von Zeitungen und Büchern oder gar das Schreiben ⟨...⟩ in den siebziger/achtziger Jahren des 19. Jahrhunderts nicht zur Lebensweise der Masse der Industriearbeiter«[21] gehört.

Die Sozialdemokratie setzt sich schon 1870 auf einem Parteitag mit diesem Problem auseinander. Die Diskussionen führen zu dem Entschluß, eigene Unterhaltungszeitschriften und -beilagen herauszugeben. Zu den erfolgreichsten Gründungen avancieren ›Die Neue Welt‹ (1876 ff.) und die satirischen Zeitschriften ›Der Wahre Jacob‹ (1879 ff.) und ›Der Süd-Deutsche Postillon‹ (1882 ff.), deren Auflagen später zeitweise in die Hunderttausende gehen. Die umfangreichen bildungs- und kulturpolitischen Anstrengungen erreichen bis zur Jahrhundertwende dennoch einen großen Teil der Arbeiter nicht.

II. Funktionen der Arbeiterliteratur

1. *Kollektives Gedächtnis*

Der Arbeiterliteratur fallen jene Aufgaben zu, die von den anderen Kommunikationsformen proletarischer Öffentlichkeit nicht erfüllt werden können. Insbesondere in ihrer rhetorisch-pathetischen Variante[22] verbreitet sie das noch fragile proletarische *Selbstbild*. Sie sichert einer traditionslosen Klasse, die gerade erst in die Geschichte eingetreten ist und aus der Sicht der kulturellen Eliten außerhalb der Zivilisation steht, erste Dokumente einer eigenen kulturellen Überlieferung. In einer frühen Lyriksammlung aus dem Jahr 1884 wird deshalb gefordert, Gedichte sollen

> über die Armseligkeit des Alltagslebens den Blick hinausheben, ihn auf das große Endziel hin richten, dem das Proletariat aller Kulturländer im rastlosen Vorwärtsmarsche zustrebt.[23]

Die Selbstdarstellung der Emanzipationsbewegung legitimiert das Schreiben.

> Von jeher, seit es eine Geschichte gibt und wo es eine Geschichte gibt, haben die Menschen den großen Momenten ihrer Kämpfe durch die poetische Form einen weihevolleren oder sagen wir besser, einen eindrucksvolleren Ausdruck zu geben versucht.[24]

Mit Hilfe der Arbeiterliteratur erschreibt sich die Arbeiterbewegung eine historische Identität. In den Texten erscheinen die Arbeiter als dynamisches Zentrum ihrer Zeit und agieren als kollektiver Heros der Geschichte. Die Literatur negiert die ›Nichtigkeit‹ des proletarischen Alltags und setzt ihr Bilder einer brüderlichen Gemeinschaft entgegen. Lyrik, Dramatik und Prosa institutionalisieren ein *kollektives Gedächtnis*, das Wunsch- und Merkbilder proletarischen Lebens aufbewahrt. Sie imaginieren zugleich eine Lebensweise, die erst noch gewonnen werden soll. In ihr erscheint die Gegenwart als notwendig leidvolle *Vor*geschichte der »wirklichen Geschichte« einer befreiten Menschheit. Die Arbeiter sollen *diese* Geschichte als die ihrige wiedererkennen und als handlungsmächtiges Kollektiv an die Öffentlichkeit treten, das seine Gegenwart zu beherrschen beginnt:

> Alle Räder stehen still,
> Wenn Dein starker Arm es will.[25]

2. Selbstverständnis

1893 erscheint im ›Süd-Deutschen Postillon‹ folgendes anonyme Gedicht:

> Die Arbeiterpoesie
>
> Im Sturm ist sie geboren,
> Die neue Poesie,
> Den Heuchlern und den Toren
> Wird sie gefallen nie.
>
> Es klingt vor allem Volke
> Der Freiheit stolzes Lied,
> Gleich einer Feuerwolke,
> Die leuchtend vor ihm zieht.
>
> Sie ist mit Stahl gerüstet
> Und eisern ihre Hand,
> Und wen ein Strauß gelüstet,
> Den streckt sie in den Sand.
>
> Mit Rosen nicht und Myrten
> Buhlt sie um geile Gunst,
> Zum Kampfe muß sich gürten
> Die Proletarierkunst.[26]

Der durch Luxus korrumpierten, ›femininen‹ bürgerlichen Literatur wird das Bild einer heldenhaft-›männlichen‹, wehrhaften Arbeiterpoesie gegenübergestellt. Der Emanzipationskampf der Arbeit ist Ursprung, Rechtfertigung und Gegenstand des ›Dichtens‹ zugleich.

Pro domo

Könnt ich mir selbst und meinem innern Triebe
Mich überlassen, würd ich harmlos singen
Von Blumen, Sternen und von Schmetterlingen,
Von Waldesrauschen und von Wein und Liebe,
Denn jeder Windhauch bringt in mir zum Tönen
Wie eine Äolsharfe das Empfinden,
Und bis mir einst im Tod die Sinne schwinden,
Hänge ich am Zarten, Lieblichen und Schönen.
⟨...⟩
Wär ich ein Dichter, wenn ich kühl ertrüge
Den Lauf der Welt, die Herrschaft der Gemeinheit,
⟨...⟩
Den Sklavensinn, die Feigheit und die Lüge?
⟨...⟩
Denn ehern sind, gewaltig sind die Zeiten,
Und wen sie wie ein Frühlingssturm ergreifen,
Der kennt nur eine Pflicht: sein Schwert zu schleifen
Und für Wahrheit und das Recht zu streiten;
Der läßt, wenn's sein muß, in den Tod sich hetzen,
Wie ins Exil auf einer fremden Erde;
Daß frei das Volk, das wunderreiche, werde,
Muß er an alles auch sein alles setzen.[27]

›Sein alles‹ zu setzen, diese Grundhaltung verbindet Politik und Literatur. Das Wissen um Ungerechtigkeit und Elend läßt den ›empfindsamen‹ Poeten zum ›streitbaren‹ Agitator werden. Die Arbeiterliteratur auratisiert ihre propagandistische Funktion als leidenschaftliches Prophetentum. Sie wähnt sich im Besitz historischer Wahrheit und spricht deshalb mit Pathos von der eigenen Rolle im ›Befreiungskampf‹. Solange es ihr gelingt, Leid und Elend des Alltagslebens zu transzendieren und ihnen einen höheren geschichtlichen Sinn zuzuschreiben[28], gilt sie als unentbehrlich.

Das der politischen ›Bewegung‹ untergeordnete Selbstverständnis der Arbeiterliteratur gerät 1890 nach der Aufhebung des Sozialistengesetzes und der einsetzenden Erosion sozialdemokratischer Burgmentalität in eine tiefe Krise. Schon bald brechen im theoretischen Organ der Partei, ›Die Neue Zeit‹, Widersprüche auf, die in der Phase der Illegalität und Repression verdeckt bleiben mußten. Ein Teil der Parteiintellektuellen klagt nun für die Arbeiter die auf Distanz gehaltene ›große‹ Kunst und Literatur des Bürgertums ein, eine Gruppe um die parteiinterne Opposition der ›Jungen‹[29] sucht Anschluß an die auch in Deutschland sich durchsetzende Moderne in der Literatur, und die Mehrheit der in den politischen Kämpfen selbstbewußt gewordenen Parteiorganisatoren sieht die Bedeutung der Literatur für den Emanzipationskampf schwinden.

Wilhelm Liebknecht (1826–1900) resümiert in einem ›Brief aus Berlin‹ (1890), der sofort eine erbitterte Debatte auslöst, seine bisherigen Erfahrungen und kommt zu der Schlußfolgerung, daß die Literatur angesichts des erhofften nahen Sieges der Arbeiterbewegung von den wesentlichen politischen Aufgaben ablenke:

> Und der Kampf schließt die Kunst aus: Man kann nicht zween Herren dienen: nicht gleichzeitig dem Kriegsgott und der Muse. ›Leier und Schwert‹ vertragen sich zur Noth mit einander während der Romantik des Freischaaren-Geplänkels *vor* dem ernsthaften methodischen Krieg ⟨…⟩ Das alte, junge und jüngste Deutschland ⟨…⟩, welches für die soziale Bewegung ein Verständnis hat, *kämpft*, und das, welches nicht kämpft, hat kein Verständnis für sie. Und das kämpfende Deutschland hat keine Zeit zum Dichten.[30]

Liebknecht spitzt hier die in der Sozialdemokratie weitverbreitete Auffassung zu, nach der die Geschichte nun endlich selbst ›spreche‹ und keiner literarischen Schlachtfelder und Heroen mehr bedürfe.[31] Wie schon Marx im ›18. Brumaire‹[32], lehnt Liebknecht die ästhetisierende Inszenierung von Politik zugunsten eines wissenschaftlichen (»methodischen«) Politikbegriffs ab.

Aber auch seine Kontrahenten wissen mit der Literatur aus den ›Gründerjahren‹ der Arbeiterbewegung nun immer weniger anzufangen. Zwar gibt es innerhalb der Debatte um 1890 einzelne Versuche, den Zusammenhang von proletarischer Lebensweise und Arbeiterliteratur zu begreifen. Angesichts der vermeintlich auf der Tagesordnung stehenden Machtübernahme des ›Ganzen‹ gelingt die Identifizierung und Sichtung des ›Eigenen‹ schon nicht mehr.

Perspektiven einer neuen *Kultur* in einer befreiten und modernisierten Gesellschaft werden in der Debatte nicht entworfen. Statt dessen geht es meist aus beschränkter Perspektive um *Einzelwerke* und um die letztlich müßige Frage, ob sich politisch engagierte Arbeiter mit ›Dichtung‹ belasten sollten, wo doch die sozialistische Theorie die ›Wahrheit‹ der eigenen Existenz und das Wissen über die Zukunft in viel präziserer und modernerer Form enthalte. Die Literaturdebatte um 1890 liefert schon erste Hinweise darauf, daß die seit der Jahrhundertmitte entstandene Arbeiterliteratur trotz ihrer beachtlichen quantitativen Präsenz in der proletarischen Öffentlichkeit als stabiles Literatursystem mit eigenen Institutionen und einer spezifischen Ästhetik nicht überdauern wird.

Ein weiteres Moment kommt in den neunziger Jahren hinzu: die immer stärker sich durchsetzende industrialisierte Massenkultur[33], die den Arbeiteralltag und damit die kulturellen Gewohnheiten durchdringt und die ästhetischen Wahrnehmungsweisen bestimmt. Das Verkennen dieses Vorgangs läßt die an Heftigkeit noch zunehmenden kulturpolitischen und literaturästhetischen Auseinandersetzungen in den folgenden Jahren, von der Naturalismus-Debatte auf dem Gothaer Parteitag der Sozialdemokratie 1896 bis zur Schiller-Debatte 1905, aus heutiger Sicht als konzeptionslose Rückzugsgefechte erscheinen.[34]

Die Literatur hat sich im 19. Jahrhundert so weit ausdifferenziert, daß ein vielfältiger Gebrauch möglich wird. Er reicht von der politischen Propaganda über die bildungsbürgerliche ›reine‹ Rezeption bis zum dekorativ-repräsentativen Luxus und zum kommerziellen Kalkül. Die Arbeiterbewegung des 19. Jahrhunderts erkennt dagegen nur zwei Gebrauchszusammenhänge an: 1. den *alltäglichen* Umgang im Zusammenhang mit ritualisierten Verhaltensweisen. Dazu zählen das Vorlesen oder Lesen am Feierabend meist aus der Parteipresse, die Lektüre als Aneignung von Bildung und schließlich das gemeinsame Singen von Arbeiterliedern in der Privatsphäre oder auf öffentlichen Veranstaltungen. 2. den *feierlichen*, auratisierten Umgang. Hierzu gehören die ›erhebende‹ Rezitation oder dramatische Aufführung und das Absingen von Arbeiterhymnen an Feiertagen bzw. besonderen Partei- und Vereinsveranstaltungen (Stiftungsfesten u. ä.).

Jegliche Literatur, die in den Verdacht des Luxuriösen gerät, wird strikt abgelehnt und für den zukünftigen Volksstaat insgesamt ein

›mittleres Maß‹ der Bedürfnisbefriedigung angestrebt. Der Luxus unterliegt als provokantes Ergebnis der Ausbeutung einer scharfen Kritik:

> Da zerriß die Profitwut alle Zügel der Scham, die Sinneslust ging nackend, und die Künste, welche bisher die Führerinnen der Nation gewesen, wurden zu schmeichlerisch dienenden Mägden. Sie hatten fortan nur noch eine Aufgabe, die auf der fieberhaften Jagd nach Gewinn schlaff und schwach gewordenen Nerven zu reizen.[35]

Diese asketische Grundhaltung, die in der konkreten Ausprägung anti-hedonistische Züge annimmt, wird in der historischen Konsequenz zur doppelten Falle der Arbeiterkultur des 19. Jahrhunderts und letztlich zu einer Hypothek, von der sich auch die sozialistischen Länder des 20. Jahrhunderts nicht befreien konnten. Denn zum einen wird verkannt, daß Kunst in allen Gesellschaftsformationen meist nur als Luxusproduktion, als Konzentration disparater Ressourcen möglich war. Und zum zweiten stößt die hegemoniale industrialisierte Massenkultur am Ausgang des 19. Jahrhunderts mit ihren eben genau auf die Sinne abzielenden Produkten in die von der Arbeiterbewegung geschaffene Tabuzone vor.

Die Verachtung der sinnlichen, raschen und abwechslungsreichen Vergnügungen und des Wohllebens über eine unmittelbare Bedürfnisbefriedigung hinaus hängt sicher damit zusammen, daß die Arbeiter im Luxus den akkumulierten Wert *ihrer* Arbeit erblicken, der allein von ihren Ausbeutern genossen wird.[36]

> Wenn andre sich zu Festgelagen finden,
> Um zu vergnügen sich bei Sang und Wein,
> Wenn sie zur hellen Freude sich verbinden,
> Sie, deren Leben Glück und Sonnenschein,
> Da schafft der Proletar in finstren Räumen,
> Hoch auf dem Bau, in Gruben, auf dem Feld
> Und fördert ohne Unterlaß und Säumen
> In Schweiß getränkt die Herrlichkeit der Welt!
> Und wenn er abends nach vollbrachter Plage
> Zusammenkommt mit der Genossen Schar,
> Da gibt's kein Singen und kein Zechgelage
> Für den bedrängten armen Proletar![37]

Das literarische Selbstverständnis der Arbeiterbewegung wird durch die Ablehnung einer artifiziellen Literatur und die Forderung nach einer ›schlichten‹ Volkskunst geprägt, wie sie vergleichbar z. b. Leo Tolstoi Ende des 19. Jahrhunderts mit Erfolg auch in Westeuropa propagiert. Selbst der Alltag soll durch eine aufklärerisch-erzieherische Praxis gekennzeichnet sein, die eine Verwischung der Klassengrenzen und somit letztlich der gewonnenen Identität verhindern hilft.

> Der Einfluß der Bildung ist ein doppelter. Sie macht den Menschen sittlicher und sie macht ihn frei. Der Arbeiter, welcher Geschmack an geistiger Beschäftigung findet, wird seine Freistunden lieber mit einem guten Buche hinbringen und einem gemeinnützigen wissenschaftlichen Vortrage zuhören, als sein Vergnügen in der Schänke zu suchen oder in Tanzlokalen ⟨...⟩. Es ist die Ausbildung des Verstandes, welche die Sitten mildert und veredelt.[38]

Die Arbeiterliteratur ist demnach in der Regel darauf bedacht, eine Lebensweise auszumalen, die von historischer Vernunft, persönlichem Verzicht und dem Streben nach ›Höherem‹ charakterisiert ist.

> Mit *uns* die Ehre, mit *uns* das Recht!
> Wir lösen aus Ketten und Banden den Knecht,
> Wir lösen die Künste, wir lösen die Liebe
> Und fesseln die niedern, gemeinen Triebe.[39]

3. Aufklärung und Agitation

In der Frühphase nach 1860 ist die Arbeiterliteratur nahezu ausnahmslos ein Teil der Bildungs- und Propagandaarbeit des ADAV und der SDAP. Mit ihrer Hilfe wird das wachsende Vereinsleben gestaltet. Während die neuen Lieder und Hymnen identifikatorisches Verhalten fördern sollen, dienen die ersten Dramen, Szenenfolgen und Lebenden Bilder der anschaulichen Belehrung, Aufklärung und Verbreitung der Programmatik der Arbeiterorganisationen. So finden wir in dieser Phase als Verfasser meist Organisatoren und Funktionäre der Arbeiterparteien wie Wilhelm Hasenclever (1834–1889), Wilhelm Fritzsche (1825–1905), Johann Philipp Becker (1809–1886), Johann Most (1846–1906) und August Geib (1842–1879). Jean Baptist Schweitzer (1833–1875), von 1867 bis 1871 Präsident des ADAV, verfaßt neben zahlreichen Dramen zwei außerordentlich erfolgreiche Schwänke, ›Ein Schlingel‹ (1867) und ›Eine Gans‹ (1869), in denen er mit einfachen Dialogen die Marxsche Mehrwerttheorie didaktisch aufzubereiten sucht.

Literarische Popularisierungen der Parteiprogrammatik bieten schon vor dem Sozialistengesetz (1878–1890) Anlaß zu internem Streit darüber, ob eine unterhaltende, Trivialmuster nicht scheuende Literatur ein adäquates Medium sozialistischer Ideen sei. Gegen die Literatur wird die sozialistische Theorie als angemessene und zeitgemäße Wissensform ins Feld geführt. Die Autorität der Wissenschaft übertrifft nach Auffassung der meisten Sozialdemokraten die Möglichkeiten der Literatur bei weitem.[40]

Obwohl die Autorität der Literatur weiterhin umstritten bleibt, wird sie zu einem wichtigen Mittel, die schwierige und ›kalte‹ sozialistische Wissenschaft in eine verständliche und politische Leidenschaften auslösende Form zu bringen. Das Verbot der Sozialdemokratie am 19. Oktober 1878 durch das »Gesetz gegen die gemeingefährlichen Bestrebungen der Sozialdemokratie«, das erst nach 12 Jahren keine Mehrheit mehr im Reichstag findet, führt zu einer besonderen Situation für die Arbeiterliteratur. Verbote und Verfolgungen wirken sich widersprüchlich auf ihre Weiterentwicklung aus. Mit den Parteiorganisationen und ihren Publikationsorganen fehlt (abgesehen vom illegalen Vertrieb aus dem Exil) zunächst der bisherige Distributionsapparat. Doch entstehen relativ rasch im Zuge der sozialdemokratischen Gegenstrategie neue Zeitschriften wie die erwähnten satirischen Blätter ›Der Wahre Jacob‹ und ›Der Süd-Deutsche Postillon‹, die unter strengen Zensurbedingungen nun literarische Formen zur Propagierung sozialdemokratischer Politik nutzen.

Positiv auf die Literaturentwicklung wirkt sich aus, daß an die Stelle der politischen Organisationen (Wahlvereine, Gewerkschaften) Tarnvereine mit kultureller Schwerpunktsetzung treten. Dazu gehören in erster Linie Bildungsvereine, Arbeitergesangsbünde und

Laientheatervereinigungen. In diesen Organisationen und in den nach außen parteiunabhängigen Publikationen betätigt sich eine neue Generation von Arbeiterschriftstellern wie Friedrich Bosse (1848–1909) und Max Kegel (1850–1902), die keine Berufspolitiker sind. Das kulturelle Vereinsleben muß in der Zeit des Sozialistengesetzes die unmittelbare politische Arbeit ersetzen, die in der Öffentlichkeit einzig von der sozialdemokratischen Reichstagsfraktion betrieben werden kann. Die Beschäftigung mit Literatur, Gesang, Theater usw. garantiert die Kontinuität der verbotenen Organisationen und stabilisiert unter Repressionsbedingungen die proletarische Öffentlichkeit.

Die Zeit der Illegalität sollte unter dem Aspekt der Kulturarbeit nicht glorifiziert werden. Dennoch ist nicht von der Hand zu weisen, daß gerade in dieser Phase die Bildungsvoraussetzungen der organisierten Arbeiter deutlich verbessert und in starkem Maße kulturelle Bedürfnisse geweckt werden, die vorher noch keine Rolle spielten.

III. Arbeiterliteratur im Kontext der Literatur des 19. Jahrhunderts

Die Arbeiterliteratur nimmt im System der Literatur des 19. Jahrhunderts eine isolierte Stellung ein. Als spezifische Literatur einer auch kulturell unterdrückten Klasse, als »kleine Literatur«[41], bleibt sie ohne Wirkungen auf die Beschleunigungen, die zu den Modernitätsumbrüchen um 1900 führen. Diese Wirkungslosigkeit trifft jedoch nicht auf die Arbeiterbewegung selbst zu, die die Modernitätsschübe insgesamt verstärkt.[42]

Die kulturelle Isolation der Arbeiter wird zur Entstehungsbedingung der Arbeiterliteratur. Aufgrund der Abkoppelung sowohl vom ausdifferenzierten System der Literatur des 19. Jahrhunderts und insbesondere von deren Legitimationsinstanzen (Akademien, Literaturkritik, Schule) als auch vom Markt gelingt die Schaffung einer Literatur, die in dieser Form einmalig ist und bleibt: eine Literatur abseits der hegemonial-dominanten Kultur, mit weitem Verbreitungsgrad und hohem Identifikationswert, zudem ohne interne Differenzierung z. B. in niedere und hohe Gattungen, in zeitgebundene und klassische Texte. Ihr bleibt, das ist die historische Schattenseite, die kulturelle Anerkennung bis zu ihrer Wiederentdeckung durch die literarisch-politische Avantgarde in den zwanziger Jahren des 20. Jahrhunderts versagt.

Die institutionelle Sonderstellung der Arbeiterliteratur bedeutet nicht, daß die Arbeiter von der ›offiziellen‹ Kultur und ihrer Ästhetik unberührt bleiben. Sie bewirkt jedoch, daß die Literatur der ›anderen‹ nur über Selektionsmechanismen der ›eigenen‹ Kultur wahrgenommen wird. Anerkannt werden jene Werke einer ›aufklärerischen‹ Tradition, die den Befreiungsgedanken, die Menschenwürde und den Widerstand gegen Unterdrückung thematisieren (Lessing, Schiller, Heine; in zweiter Reihe Freiligrath und Herwegh). Diese Autoren und ihre Werke werden für die eigene Vorgeschichte reklamiert.

Die Trennungslinie zur Gegenwartsliteratur der zweiten Jahrhunderthälfte wird durch die jeweiligen ästhetischen Grundanschauungen verstärkt. Denn ist Literatur für die kulturellen Eliten trotz der Verunsicherung durch die naturalistische Ästhetik immer noch der entscheidende Wissens- und Wahrheitsdiskurs[43], so orientiert sich die ›moderne‹ Arbeiterbewegung schon nahezu ausschließlich an der Autorität der Wissenschaft. Aber auch der proletarischen Alltagskultur ist z. B. die Idee einer klassentranszendenten literarischen Wahrheit fremd, weil dies der Lebenserfahrung der Arbeiter fundamental widerspricht. Eine deutliche Änderung tritt allmählich mit der Einbeziehung der Arbeiter in Institutionen wie die *Schule* ein, die das Werte- und Normensystem auch der Unterschichten beeinflussen.

Die Abkoppelung der Arbeiterliteratur vom System der hegemonialen Literatur führt allerdings *nicht* dazu, daß diese sich als eine im Sinne der Moderne *ästhetisch innovative* Literatur konstituiert. Die Arbeiterschriftsteller nehmen im Gegenteil eine selektive Adaption des Überkommenen vor und arrangieren es im Blick auf die beschriebenen Funktionen und die spezifische Lebensweise der Arbeiter neu. Im Zentrum der Bemühungen steht die Schaffung einer kulturellen Klassenidentität, mit der der hegemonialen Kultur Terrain abgewonnen wird.

Eine *Vorbildfunktion* erlangt jene Literatur, die in der Literaturgeschichte landläufig als ›Klassik‹ und ›Vormärz‹ gefaßt wird. Einzig sie gilt auch in der Arbeiterbewegung als klassentranszendente, menschheitsgeschichtliche Kunst und als progressiver Faktor in der Geschichte (nach dem Marxschen Erklärungsmuster als ›Ersatz‹ für revolutionäre Politik bzw. als Sprachrohr des Fortschritts). Ihr Bild bestimmt in der Arbeiterkultur wesentlich mit, was als ›Kunst‹ zu gelten hat.

Der bürgerliche Realismus, jene Literatur, die zeitgleich mit der Arbeiterbewegung entsteht, gilt als bürgerliche Klassenkunst. Ihr ›Realismus‹ zählt als Verrat am ›Idealismus‹ der bürgerlichen Revolution von 1848, gilt als »Verpreußung des Bürgertums«[44]. Die Trauer der ›Realisten‹ über den Autoritätsverlust der großen bürgerlichen Kultur, ihre Versuche, die neue Wirklichkeit ›versöhnend‹ zu bewältigen und Raum für die Bewahrung und Entfaltung von Individualität jenseits der sich durchsetzenden gesellschaftlichen Normierungen zu schaffen, bleiben der Arbeiterbewegung fremd. So heißt es in Franz Mehrings ›Geschichte der deutschen Sozialdemokratie‹ (1897) über Gustav Freytag:

> Mit einer geschickten, leichten und in letztem Grunde auch nicht unehrlichen Hand half er der Bourgeoisie aus der idealistischen in die mammonistische, aus der schwarzrotgoldenen in die schwarzweiße Haut.[45]

Während Freytag vorgehalten wird, »die moralische Soße anzurühren, worin der deutsche Bourgeois allemal seinen Profit serviert zu haben wünscht«[46], neigt die Arbeiterbewegung eher dazu, den technischen Fortschritt als Produktivkraftexplosion zu auratisieren und auf die unbedingte Dynamik der Geschichte zu setzen. Sie teilt das latente Krisengefühl des bürgerlichen Realismus nicht, sondern deutet den Verfall der traditionellen Kultur als ein Vorzeichen des erhofften Umsturzes der bestehenden Herrschaftsverhältnisse.

Zur Grundhaltung der Arbeiterbewegung gehört das Bekenntnis zum ›Ideal‹, zum Ziel einer befreiten Zukunftsgesellschaft, in der alles anders sein wird. Dieses Bekenntnis verhindert, wie Karl Kautsky (1854–1938) schreibt, daß »die nüchterne Alltäglichkeit den Idealismus überwuchert«[47].

Die ›idealistische‹ Grundhaltung führt, trotz der Ablehnung der Inhalte, zu starken Affinitäten zur sog. epigonalen Literatur der Gründerzeit. Als Kunst der neuen Eliten des Kaiserreichs und als öffentliche Alltagskunst wird sie zwar zum Gegenstand heftigster Kritik der sozialdemokratischen Presse. Diese inhaltliche Kritik darf jedoch über weitgehende Ähnlichkeiten zwischen ihr und der Arbeiterliteratur nicht hinwegtäuschen. Die Arbeiterliteratur greift wie die Gründerzeitliteratur bei der öffentlichen Selbstdarstellung auf vertrautes, vielfach verwendetes literarisches Material zurück. Sie löscht vergleichbar die Züge des Individuellen und Originären zugunsten des Kollektiven und Seriellen und bedient sich desselben semantischen Repertoires.[48] Ebenso tendiert sie zu Mythisierungen der Geschichte und zur Sakralisierung der eigenen Bewegung. Hier liegt offensichtlich eine klassenübergreifende Mentalität vor. In beiden Literaturen vermag sich das Kollektiv jeweils erst durch ein der Vergangenheit entliehenes Kostüm als identisches Ganzes wiederzuerkennen.[49]

Gegenüber der ›Moderne‹ nimmt die Arbeiterkultur eine bewußtere Position ein. Zunächst wird die naturalistische Sozialliteratur als ›wahre‹ Darstellung der gesellschaftlichen Wirklichkeit begrüßt. Dem folgt jedoch schon bald eine vehemente Ablehnung ihrer Ästhetik. Sie gilt als klassenspezifisches Element einer Untergangsgesellschaft, die jeglichen ›Idealismus‹ verloren habe, wie Franz Mehring (1846–1919) in seinem berühmten Verdikt schreibt:

> Es ist ein Verdienst des heutigen Naturalismus, daß er den Mut und die Wahrheitsliebe gehabt hat, das Vergehende zu schildern, wie es ist. 〈…〉 Aber er hat soweit nur erst den halben Weg zurückgelegt, und wenn er dabei stehenbliebe, so würde er allerdings den unaufhaltsamen Verfall von Kunst und Literatur einleiten, so würden seine Bekenner 〈…〉 ›Dekadenzjünger, Fäulnispiraten, Verfallsschnüffler‹ werden, die ›sich mit der Syphilis brüsten, um ihre Mannheit zu beweisen‹. Ist die *ganze* Gesellschaft verfallen, so ist es die Kunst, die nur um diesen Verfall herumzugrinsen weiß, erst recht.[50]

IV. Gattungssystem der Arbeiterliteratur

1. Übersicht

Trotz der beschränkten Distributionsmöglichkeiten ist die Quantität der Arbeiterliteratur im 19. Jahrhundert beachtlich. Wir können aufgrund der langjährigen Forschungen an der Akademie der Wissenschaft der DDR inzwischen von ca. 600 namentlich erfaßten Autoren[51], über 50 autobiographischen Werken und mehr als 300 Arbeitertheaterstücken ausgehen.[52]

Zu den ergiebigsten Quellen gehören die vielfältigen Presseorgane der Arbeiterbewegung.[53] In der sozialdemokratischen Tagespresse finden sich ergänzend Berichte über Versammlungen und Festveranstaltungen, auf denen Texte rezitiert oder Lebende Bilder bzw. Szenenfolgen aufgeführt wurden. Lyrische ›Prologe‹, durch die die Teilnehmer feierlich auf Parteitage oder Stiftungsfeste eingestimmt wurden, lassen sich den entsprechenden Protokollen entnehmen. Lieder und Hymnen werden in Fortsetzung der Handwerkertradition schon früh in Liederbüchern gesammelt.[54] Auf diese Weise sind uns auch heute noch viele Melodien (meist Kontrafakturen) bekannt.

Der erste Fortsetzungsroman, August Otto-Walsters (1834–1898) ›Am Webstuhl der Zeit‹, erscheint ab 1870 im Feuilleton des Leipziger ›Volksstaat‹.[55]

Schon kurz nach der Vereinigung der beiden Arbeiterparteien wird 1876 eine nach dem Vorbild der ›Gartenlaube‹ konzipierte Unterhaltungszeitschrift, ›Die Neue Welt‹, herausgebracht. Kurz darauf folgen die schon erwähnten erfolgreichsten publizistischen Unternehmungen der Arbeiterbewegung, ›Der Wahre Jacob‹ und der ›Süd-Deutsche Postillon‹. Nicht unerwähnt bleiben soll, daß 1879 der interessante Versuch unternommen wird, eine literarische Jugendzeitschrift unter dem Titel ›Deutscher Jugendschatz‹ herauszugeben, die allerdings nach kurzer Zeit ihr Erscheinen einstellen muß.[56]

Längere Erzählungen und Kurzprosa vom Märchen bis zur Anekdote finden wir in erster Linie in den zahlreichen beliebten Volkskalendern, von denen sich der ›Illustrierte Neue-Welt-Kalender‹ (1890 ff.) schließlich durchsetzt.

Repräsentative Lyrikeditionen kommen erst unter und nach dem Sozialistengesetz zustande. Die ersten Sammlungen, Rudolf Lavants ›Vorwärts! Eine Sammlung von Gedichten für das arbeitende Volk‹ (1884), Max Kegels ›Lichtstrahlen der Poesie‹ (1890) und Karl Henckells ›Buch der Freiheit‹ (1893) werden noch direkt von der sozialdemokratischen Parteiführung unterstützt.

Neben zahlreichen Laientheatervereinen etabliert sich zunächst in Berlin (dann in mehreren anderen Städten) eine eigene Theaterorganisation, die ›Freie Volksbühne‹ (1890 ff.), der nach der Spaltung die ›Neue Freie Volksbühne‹ (1894 ff.) folgt.[57] Beide Volksbühnen sind selbstorganisierte Zuschauerorganisationen, die zu dem Zweck geschaffen werden, Arbeitern und Arbeiterinnen anspruchsvolle Inszenierungen zu erschwinglichen Preisen zu bieten (»*Die Kunst dem Volke!*«).

2. *Das Arbeiterdrama zwischen Tribüne und Bühne*

Als die ›Volksbühne‹ gegründet wird, blicken die Arbeiterbildungsvereine schon auf eine mehr als zwanzigjährige Laientheatertradition zurück.[58] Die Bildungsvereine bringen, meist im Rahmen eines Festprogramms, von ihren Mitgliedern verfaßte Stücke auf die Bühne. Von Friedrich Bosse, dem Vorsitzenden des mitgliederstarken Leipziger Vereins, sind mehrere Agitationsdramen überliefert. Zum Stiftungsfest des Vereins 1888 verfaßt er das Spiel ›Die Alten und die Neuen‹. In die Handlung integriert er die beim Publikum beliebten Vorführungen der Arbeiterturner und Auftritte des Arbeiterchors. Zur ersten Maifeier 1890 führt er sein »Zeitbild« ›Der erste Mai‹ auf, um die Mitglieder über Sinn und Zweck des neuen Feiertags aufzuklären. 1892 folgt sogar ein Mehrakter, das Streikdrama ›Im Kampf‹.[59]

Die Bildungsvereine greifen nicht zufällig auf die Form des Dramas zurück. Dies hängt einmal mit dem Sozialistengesetz zusammen, zum anderen aber auch mit den fehlenden Bildungsvoraussetzungen der Arbeiterfamilien in den sechziger und siebziger Jahren. Der hohe Anteil an Analphabeten führt dazu, daß die sozialdemokratische Presse häufig nur über Multiplikatoren, meist sogenannte

›Agitatoren‹, die die Artikel vorlesen und kommentieren, Verbreitung findet. Die wirksamste Form der Aufklärung und Agitation ist daher lange »das gesprochene, gesungene und gespielte Wort«[60].

Das Laientheater bietet die Chance, auf unterhaltsame Art über Vorstellungen und Ziele der Arbeiterorganisation zu informieren. Die Stückeschreiber entwickeln ein Repertoire dramatischer und dramaturgischer Elemente, die sie zu einem großen Teil der Volkstheatertradition entlehnen.[61] Die meisten Stücke verbinden ein zentrales politisches Anliegen mit komödienhaften oder schwankhaften Elementen.[62] Das gilt für die erwähnten Szenen von Schweitzer bis zu den Dramen von Bosse.

Das Laientheater dient nicht ausschließlich der politischen Agitation. Dadurch, daß es auf der Bühne bestimmte ›Haltungen‹ wie Ehre, Würde, Mut, List u. ä. zeigt, prägt es in einer Zeit der maßlosen Verachtung durch die anderen Klassen der Gesellschaft ein positives Selbstbild der Arbeiter.[63]

In vielen Stücken verdrängt jedoch rhetorisches Pathos die konkrete Schilderung von Leid und Ausbeutung. Wie z. B. in Scaevolas Festspiel ›Zwölf Jahre Verbannung oder Der Ausgewiesenen Heimkehr‹ (1892), dominiert meist ein kämpferischer Trotz.

Dem heroischen Selbstbild kommen auch solche Stücke entgegen, die, wie Max Kegels ›Demos und Liberitas oder Der entlarvte Bürger‹ (1876), *allegorische Figuren* auf die Bühne bringen. Sie kostümieren den konkreten politischen Alltagskampf und versuchen ihn mit populären Mythen und Legenden zu verbinden.

Laientheateraufführungen stehen im Schnittpunkt von organisierter Bildungsarbeit und kulturellem Alltag. Aus der Sicht der Organisatoren sind sie ein wichtiges Mittel, das proletarische Alltagsleben im Sinne der politischen Zielstellung zu verändern und damit die Bewußtseinslage der Arbeiter zu ›heben‹. Und in der Tat strukturieren die kulturellen Aktivitäten der Vereine das Leben jenseits der Arbeit mit. Sie stellen sich der neuen Familienstruktur, indem sie Frauen, Jugendliche und Kinder beteiligen und ihren Bedürfnissen nach Unterhaltung und Entspannung ohne gesellschaftliche Diskriminierung Rechnung tragen.

Seit den neunziger Jahren wird die kulturelle Vereinsarbeit wegen ihrer fehlenden kognitiven Ausrichtung (keine direkte ›Schulung‹, kaum wissenschaftliche Vorträge, Zunahme von Festveranstaltungen) zunehmend kritisiert. Vor allem die ›Linke‹ innerhalb der Sozialdemokratie von Franz Mehring bis zum Bildungstheoretiker Heinrich Schulz lehnt die kulturelle Eigentätigkeit als sektenhaftes, dilettantisches Unterfangen ab. Die Kritiker sehen nur die in den neunziger Jahren tatsächlich überholte agitatorische Ausrichtung des Laientheaters, verkennen jedoch die grundsätzliche Bedeutung des Vereinslebens als praktische, selbstbestimmte kulturelle Tätigkeit.

3. Politische Lyrik

Die Arbeiterlyrik mit ihren vielfältigen Formen demonstriert Funktionen, Möglichkeiten und Grenzen einer Arbeiterliteratur im 19. Jahrhundert am eindeutigsten. Der institutionelle Zusammenhang mit Bildungsvereinen und Chören (1877 Gründung des ›Allgemeinen Deutschen Arbeitersängerbundes‹) fördert Produktion und Verbreitung der Lyrik.

Als Autoren versuchen sich bewährte Parteijournalisten. Sie müssen in den neu entstehenden sozialdemokratischen Publikationsorganen das gesamte Repertoire vom Leitartikel über historische Abhandlungen bis eben zum Gedicht im Feuilleton beherrschen. Eine Ausnahme ist die ›eiserne Lerche‹ Georg Herwegh (1817–1875), der nach seiner Vormärzphase seit den sechziger Jahren bis zu seinem Tod eine Reihe von Gedichten schreibt, die unter dem Titel ›Neue Gedichte‹ 1877 postum in einem sozialdemokratischen Exilverlag erscheinen. Zu den bekannteren dichtenden Laien gehören neben dem späteren Anarchisten Johann Most (sein Lied ›Die Arbeitsmänner‹ erfreut sich großer Beliebtheit) Johann Philipp Becker aus dem engsten Freundeskreis von Karl Marx und Friedrich Engels (1875 erscheinen seine Gedichte unter dem parodistischen Titel ›Neue Stunden der Andacht‹), der Hamburger Reichstagsabgeordnete Karl Franz Egon Frohme (1850–1933), der in erster Linie durch seine Gedichte zur Pariser Commune bekannt gewordene Sekretär des Parteivorstandes der SDAP Wilhelm Leopold August Geib (1842–1879) und der unter Pseudonym schreibende Leipziger Prokurist Rudolf Lavant (1844–1915).

Fünf Autoren verdienen aus unterschiedlichen Gründen eine besondere Erwähnung.

Da ist zunächst Jakob Audorf (1835–1898), Maschinenbauer von Beruf, später Redakteur bei verschiedenen sozialdemokratischen Zeitungen, dessen Ruhm durch zwei Gedichte, das ›Lied der deutschen Arbeiter‹ (1864) und das ›Lied der Petroleure‹ (Flugblattgedicht aus den siebziger Jahren; Druck 1893) begründet wird. Das auch »Arbeitermarseillaise« genannte ›Lied der Arbeiter‹ ist nach der Quellenlage mit Sicherheit das populärste Massenlied der Arbeiterbewegung im 19. Jahrhundert.

Der beliebteste Autor ist ohne Zweifel Max Kegel (1850–1902), ein fähiger Journalist, der neben zahlreichen Zeitungen den ›Süd-Deutschen Postillon‹ gründete. Sein umfangreiches Werk zeichnet sich durch eine an der Vormärzsatire geschulte Bissigkeit aus. Mit dem pathetischen ›Sozialistenmarsch‹ (1891) gelingt es ihm, Audorfs ›Arbeitermarseillaise‹ an Beliebtheit einzuholen.

Adolf Lepp (1847–1906) unterscheidet sich trotz seines zeitweiligen organisatorischen Engagements in der Partei von den bisher Genannten. Er ist Autodidakt und einer der wenigen Berufsschriftsteller im Umkreis der Arbeiterbewegung. In seiner Autobiographie berichtet er von ständiger Existenznot. Er hat sich in der Tradition Pierre Jean de Bérangers (1780–1857) als »Deutscher Chansonnier« bezeichnet. Seine Gedichte trägt er meist zur Gitarre vor. Lepps Leben und Werk weist auf den Bereich der populären Musikhallen-, Kneipen- und Varietékultur hin, der bisher im Blick auf die Arbeiterbewegung kaum erforscht ist.[64]

Der Ruhm Leopold Jacobys (1840–1895) verdankt sich hingegen eher seiner soliden akademischen Bildung. Der weitgereiste promovierte Mediziner verfaßt eine Reihe von Gedichten, in denen er die Grundgedanken der Arbeiterbewegung philosophisch fundiert zum Ausdruck bringt. Er bedient sich dabei einer der Gedankenlyrik Friedrich Schillers nachempfundenen Sprache (›Es werde Licht!‹, 1872; schon 1893 4. Auflage).

Schließlich ist der Bergmann Heinrich Kämpchen (1847–1912) zu nennen, der sich unter den Zechenarbeitern des Ruhrgebiets fast kulthafter Verehrung erfreute.[65] Er gehört zu den wenigen Arbeiterschriftstellern seiner Zeit, die sich intensiv mit dem erlebten sozialen Alltag auseinandersetzen. In seinen Gedichten versucht er immer wieder schicksalhafte Erlebnisse der Bergarbeiterfamilien wie Unglücksfälle, Not, Krankheit und Tod in historische Gesamtzusammenhänge zu bringen und als *kollektive Erfahrung* der Betroffenen zu deuten. Damit wird er im Bewußtsein seiner Leser, wie es im Nachruf der Bergarbeitergewerkschaft heißt, zu einem »Sänger des Proletariats«.

Die meisten Lieder und Gedichte stehen in einem unmittelbaren Gebrauchszusammenhang. Sie sind Gelegenheitsdichtung ohne die Implikationen bürgerlicher Lyriktheorie des 19. Jahrhunderts wie z.B. des einflußreichen »Münchner Kreises«. Zu den ›Gelegenheiten‹ zählen Parteitage, Stiftungsfeste, Gedenktage des Proletariats (z.B. Lassallefeiern, zu denen es eine sehr große Anzahl von Gedichten gibt), bedeutende politische Ereignisse u.ä.

Die bekanntesten Parteilieder und -hymnen dienen als Erkennungssignal bei Demonstrationen und Versammlungen.[66] Es muß daran erinnert werden, daß Aufmärsche mit Gesang und Hochrufen eine zeittypische Form politischer Demonstration sind, denen die Arbeiterbewegung mit ihren Massen nur eine neue Dramaturgie gibt.[67]

Die genannten Rezeptionssituationen schränken die Themenbreite der Arbeiterlyrik zweifellos ein. Vielen Gedichten liegt *eine* programmatische Aussage zugrunde, die nach Veranschaulichungen und Wiederholungen schließlich in einen Appell mündet.

Mit wenigen Ausnahmen variiert die Arbeiterlyrik letztlich ein einziges Thema: das politische Endziel, die Befreiung der Arbeiter durch eigene Kraft.

Ihr nennt es einen Dichtertraum,
Wenn ich vom Völkerfrühling singe.
Ihr sagt: Die Welt hat keinen Raum
Für solche idealen Dinge.
⟨...⟩
Die Erde bietet Brot und Raum
Genug zu aller Menschen Frommen.
Ihr nennt es einen Dichtertraum,
Ich aber weiß, es wird so kommen.[68]

Der »Dichtertraum« kommt mit wenigen inhaltlichen Elementen und literarischen Mitteln aus. Zu den zentralen Aussagen gehören die Aussicht auf eine bessere Zukunft (»Wir wollen's besser haben, / Die wir die Kohlen graben, / Tief unten in dem Schacht.«[69]), die Betonung der Selbstachtung (»Mutlose nur tun winseln und verzagen«[70]) und immer wieder der Gedanke der Solidarität (»Laßt das Hadern[71]; »Wir sind ein Riese, wenn wir geeint«[72]; »Und sind wir eins im Leiden, / Wir müßten Toren sein, / Wenn wir im Kampf zum Bess'ren / Uns wollten noch entzwei'n.«[73]).

Zu diesen identitätsstiftenden Elementen kommen in der Regel noch erkenntnisleitende und appellative Mittel hinzu. Auch Herweghs ›Bundeslied für den Allgemeinen deutschen Arbeiterverein‹ (1864) bleibt in diesem Rahmen, wenn es demonstrativ Selbstachtung und Solidarität zu einem Appell zum politischen Handeln verknüpft:

> Mann der Arbeit aufgewacht!
> Und erkenne Deine Macht!
> Alle Räder stehen still,
> Wenn Dein starker Arm es will.[74]

Formal gesehen, setzt die Arbeiterlyrik die Tradition revolutionärer Lyrik seit dem Sturm und Drang fort.[75] Sie greift epigonal auf das Sprach- und Formenrepertoire des Vormärz, auf Schiller und insbesondere auf die in den unteren Schichten weitverbreitete Lyrik der Befreiungskriege zurück.[76] Zu diesen Mitteln zählen die rhetorischen Gebärden der Drohung, des Fluchs und der Prophezeiung. Der angestrebte revolutionäre Veränderungsprozeß wird isomorph auf Naturereignisse abgebildet, ein Verfahren, das der unter Arbeitern sehr beliebten Lyrik Ferdinand Freiligraths (1810–1876) abgeschaut wird. Wie schon in der politischen Dichtung des Vormärz werden primär jene Naturbereiche ausgewählt, die Gesetzmäßigkeit und Unaufhaltsamkeit symbolisieren.

Weit verbreitet ist die Verknüpfung von Geschichte und kosmologischer Ordnung (»Glück auf, du glühend Morgenrot«[77]; »Es naht die große Sonnenwende, / Die bricht der Selbstsucht eisig Joch«[78]; »Der Freiheit Ostertag ist da!«[79]; »Sie künden: Winter herrscht nicht mehr, / Es naht, es naht der Retter!«[80]).

Die Arbeiterbewegung wird als unabänderliche und in kosmische Gesetze einbezogene Entwicklung ausphantasiert (»Wie unaufhaltsam sich das Meer ergossen, / Wie die Gestirne nehmen ihren Lauf«[81]; »Unaufhaltsam seine Bahn, / Rollt das Rad der Weltgeschichte«[82]).

Dem korrespondiert die Präferenz für die aufrührerische Natur, in der Ästhetik des 18. und 19. Jahrhunderts ein Paradigma des Erhabenen (»Ihr kommt unrettbar in die Enge, / Denn Sturm und Brandung bringen *wir*«[83]; »Was überbraust die Erde feuersprühend, / Durchfurcht das Meer mit wunderbarer Hast?«[84]).

Und auch der organische Bereich (Werden und Vergehen) wird zum Symbol historischer Veränderungen (»Stets nur durch den Tod des Alten / Kam zum Sieg ein neu Geschlecht.«[85]).

Insgesamt läßt sich ein geringes semantisches Reservoir nachweisen. Dies scheint aber im Blick auf die beiden konstituierenden Funktionen der Arbeiterlyrik, die Stabilisierung des proletarischen Selbstbilds und das kollektive Wiedererkennen, eher von Vorteil gewesen zu sein. Wie wir aus historischen Quellen wissen, hat die durch Redundanzen, Tautologien und Kumulationen erzeugte semantische Leere eines Textes wie der ›Arbeitermarseillaise‹ Raum für konkrete Projektionen in aktuellen Kampfsituationen geöffnet und die kollektive Identifikation verstärkt.

Neben der pathetischen Lyrik, die ein Wunschbild der Arbeiterbewegung entwirft, erfreut sich die *Gedichtsatire*, die den übermächtigen Gegner (Kapitalisten, Militär, Kirche, Presse, Staatsbeamte) angreift und auf ein besiegbares Maß zu reduzieren sucht, großer Beliebtheit, wie die Rezeptionsgeschichte von Audorfs ›Lied der Petroleure‹ zeigt.[86]

Deutlich unterrepräsentiert ist die Darstellung des Arbeiteralltags. Aus den Gedichten erfahren wir nur sehr wenig über die wirklichen Leiden, Demütigungen, Wünsche und Bedürfnisse der Arbeiter und Arbeiterinnen im 19. Jahrhundert. Die vorherrschenden pathetischen Gedichte wirken wegen ihres monumentalen Charakters monoton und erinnern an die nationalistische Lyrik der Gründerzeit.[87] Sie weisen ihren Lesern den Blick nach oben, zum Denkmal, und nicht nach unten, auf die eigenen Lebensverhältnisse.

Diese Tendenz begründet in der Phase der Schwäche der Arbeiterbewegung und der fehlenden Identität der Arbeiter ihren anfänglichen Erfolg, weist aber auch schon auf den Funktionsverlust der Arbeiterlyrik in den neunziger Jahren, als die Sozialdemokratie zur stärksten Partei in Deutschland heranwächst.

4. Prosaformen

Aus den Darstellungen des Arbeiterdramas und der Lyrik ist vielleicht ersichtlich geworden, weshalb eine *realistische* Erzählliteratur nicht zu den dringendsten Lesebedürfnissen organisierter Arbeiter gehörte. Eine eigene Prosa entsteht aus anderen Motiven. An erster Stelle sind in der Arbeiterbewegung wiederholt und heftig debattierte diskurstaktische Erwägungen zu nennen.[88] Auf dem Hintergrund von im 19. Jahrhundert weit verbreiteten anthropologischen und pädagogischen Vorstellungen geht es primär darum, Frauen, Jugendlichen und unorganisierten Arbeitern das Wissen der Arbeiterbewegung auf unterhaltsame, anschauliche Weise zu vermitteln. Die unterhaltenden Elemente sollen bei jenen einen Erkenntnisprozeß in Gang setzen, denen die Wissenschaft aufgrund ihres Geschlechts, Alters oder ihrer sozialen Stellung verschlossen ist.

Unter dieser Prämisse entstehen eine große Anzahl Kalendergeschichten, Anekdoten, Erzählungen und einige Romane, die meist vor dem Hintergrund der ›großen‹ Geschichte die ›kleinen‹ Möglichkeiten des Widerstands im Alltag thematisieren. Leid und Elend, Niederlagen und Demütigungen werden in dieser Erzählprosa als individueller Tribut an eine bessere Zukunft gedeutet. Die Verfasser greifen auf bewährte Mittel des Unterhaltungsgenres zurück. ›Belehrung‹ und Aufklärung geschehen in den Dialogen oder werden aus den Handlungsmustern (z. B. Bestrafung – Belohnung) überdeutlich sichtbar.[89]

Minna Kautsky (1837–1912) gelangt durch Friedrich Engels' Auseinandersetzung mit ihren Romanen zu einer gewissen Berühmtheit.[90] Ihr Roman ›Die Alten und die Neuen‹ erscheint wie viele Prosawerke zunächst in der Unterhaltungsbeilage ›Die Neue Welt‹ (1884). Die Verfasserin orientiert sich hier wie in ihren anderen Werken (u.a. 1881 ›Stefan vom Grillenhof‹; 1882 ›Herrschen oder dienen?‹; 1889 ›Viktoria‹) stark am liberalen Frauenroman ihrer Zeit.

Schon vor dem Sozialistengesetz versucht sich August Otto-Walster mit einem Zeitroman von epischer Breite, ›Am Webstuhl der Zeit‹ (Buchausgabe 1873), in dem, wie später die Zensurbehörde zugesteht, die Ideen der Sozialdemokratie eingängig dargestellt werden.[91]

Einer gewissen Beliebtheit erfreut sich auch der mit Wilhelm Liebknecht und Franz Mehring befreundete, literarisch an der realistischen Dorfgeschichte Auerbachs geschulte Robert Schweichel (1821–1907). Sein Bauernkriegsroman ›Um die Freiheit‹ (1899) erlebte bis in unsere Gegenwart wiederholt Neuauflagen (u.a. in einer Präsentation als Jugendbuch).

Die meist unterhaltsame Prosa der Arbeiterbewegung zieht trotz ihrer parteilichen Darstellung immer wieder Kritik aus den eigenen Reihen auf sich. Aus der Sicht einer wissenschaftsgläubigen Funktionärsschicht gibt Literatur auch als pädagogisches Mittel der Agitation das Wissen der Arbeiterbewegung nicht adäquat wieder. Sie trifft der Vorwurf, dem unkontrollierbaren Gefühlsbereich zu viel Platz eingeräumt zu haben. Die sozialdemokratische Literaturkritik akzeptiert in der Regel nicht, daß neben dem autorisierten Wahrheitsdiskurs der Arbeiterbewegung, der »materialistischen Weltanschauung«, Texte aus den eigenen Reihen existieren, die wegen ihres literarischen Status abweichende Lesarten zulassen.

Erst mit der *Arbeiterautobiographie*[92] entsteht ein Erzähltypus, der, gesteuert durch Klassenbewußtsein *und* Lebenserfahrung, die Rede über den Alltag unter Kontrolle zu bringen scheint. Dazu gehören M. Th. W. Brommes (1873–1926) ›Lebensgeschichte eines modernen Fabrikarbeiters‹ (1905), Carl Fischers (1841–1906) ›Denkwürdigkeiten und Erinnerungen eines Arbeiters‹ (1903), Wenzel Holeks (1864–1935) ›Lebensgang eines deutsch-tschechischen Handarbeiters‹ (1909) und Otto Krilles (1878–1954) ›Unterm Joch. Die Geschichte einer Jugend‹ (1914), die bei ihrem Erscheinen viel beachtete ›Jugendgeschichte einer Arbeiterin‹ (1909) von Adelheid Popp (1869–1939).

5. Allegorien

Allegorien zählen zu den bevorzugten Stilmitteln der Arbeiterliteratur.[93] Kulturelle und politische Organisationen pflegen intensiv ein heute verschwundenes Genre, die allegorischen ›Lebenden Bilder‹.[94] Unter Lebenden Bildern versteht man kunstvoll illuminierte Augenblicksdarstellungen historischer Ereignisse oder Arrangements von ›Sinnbildern‹, die von Musik oder Rezitationen begleitet werden. Mit dieser Vorliebe für monumentalisierende Selbstdarstellung ist die Arbeiterbewegung nicht weit von der Mentalität der politischen und ökonomischen Machteliten ihrer Zeit entfernt.

Auf der Suche nach kulturellen Leitwerten greift die Arbeiterliteratur auf die Allegorie zurück, die es erlaubt, unterschiedliche Traditionen verschiedener Epochen synkretistisch zu verbinden.[95] Das Neue kostümiert sich in der Allegorie als das Alte und erscheint als dessen Erfüllung *und* Überbietung. So verkündet der »Volksgeist« in Josef Schillers (1846–1897) Festspiel ›Selbstbefreiung‹ (1883):

> So ging ich durch Jahrtausende im Dunkeln
> Und habe kämpfend oft den Weg verflucht –
> Sah ich des Wissens helle Sterne funkeln,
> Da haben meine Feinde stets versucht,
> Die dunkle Binde fester mir zu binden,
> Damit der Wahrheit Sterne mir verschwinden.[96]

Die Allegorie soll den in der Geschichte festgelegten gesellschaftlichen Hegemonialanspruch der Arbeiterbewegung zum Ausdruck bringen. Zahlreiche Gedichte und Lebende Bilder inszenieren den Augenblick der weltgeschichtlichen ›Erhebung‹ der Arbeiter und die Idee des unaufhaltsamen Fortschritts in immer neuen allegorischen Variationen. In ihnen ist eine Überhöhung der Arbeiterbewegung angelegt, wie sie die sozialistischen Länder im 20. Jahrhundert gekennzeichnet hat.

Zur Erklärung der Popularität allegorischer Formen kann auch ein Fortwirken der mittelalterlichen Adventusgebräuche herangezogen werden.[97] Die Gestaltung des 1. Mai seit 1889, die durch die Arbeiterlyrik vorbereitet wird, erinnert in vielen Einzelheiten an Gebräuche, mit denen einst der Frühling begrüßt wurde.

Kulturelle Festgewohnheiten der Arbeiter und allegorische Arbeiterliteratur gehören eng zusammen. Feiertage wie der 1. Mai und allegorische Texte repräsentieren aus der Sicht der Arbeiter gleichermaßen jenen Teil ihres Lebens, der im Alltag verborgen bleiben muß. Die Festteilnehmer bzw. Leser und Zuhörer genießen aktuell Botschaft, Bilder und Feier und kennen zugleich deren ›höhere‹ Bedeutung als Vorschein einer befreiten Gesellschaft.

Das Fest der Arbeiter lenkt so den Blick von dem prosaischen Nurfabrikleben der Gegenwart zu einem durch die Kunst verklärten Arbeitsleben hin. Über die gedankenlose Ausgelassenheit der früheren Berufsfeste schreitet der Arbeiter zu einer ernsten, einem neuen historischen Prinzip geheiligten Feier und von dort zu dem Arbeitsfest der Zukunft, das durch die Ehe der Arbeit mit der Kunst verherrlicht wird.[98]

Allegorische Literatur und Feste lassen für einen Augenblick die Hoffnung Wirklichkeit werden.

Wenn der Arbeiterliteratur im Zeitraum zwischen der Jahrhundertmitte und der Jahrhundertwende eine Aufgabe zufällt, dann die der Vermittlung zwischen erlebtem Elend der Gegenwart und prophezeitem Glück in der Zukunft. Sie imaginiert in der Gegenwart, was noch historische ›Bewegung‹ ist. Wir können sie daher zu den »Wunschsymbolen« (Walter Benjamin) rechnen, derer die Arbeiter im 19. Jahrhundert offensichtlich bedürfen, um überhaupt erst in die Auseinandersetzungen um gesellschaftliche Hegemonie eintreten zu können. Sie ergänzt das zentrale Projekt der Arbeiterbewegung, die *Selbstorganisierung,* als Antizipation der zukünftigen Gesellschaft.

Kehren wir zum Ausgangspunkt zurück. So wie im Alltag die ›leere‹ Freizeit als die eigentliche Lebenszeit angesehen wird, so werden die Projektionen der Arbeiterliteratur als *Selbstbild* akzeptiert. Damit leistet sie in den Anfängen der Arbeiterbewegung einen wichtigen Beitrag zur Identitätsbildung wie zur kulturellen Emanzipation der Arbeiter und gehört deshalb zur Geschichte der Literatur des 19. Jahrhunderts.

Rolf Parr / Wulf Wülfing

Literarische und schulische Praxis (1854–1890)

Im folgenden geht es – am Beispiel der preußischen Elementar- bzw. Volksschule – um die Beschreibung einer nach 1848 im Schnittpunkt von Medizin, Pädagogik, Religion und Politik neu entstehenden »Formation«[1] im sozialen Feld, die das Zusammenspiel von Schule und Literatur, von pädagogischer, politischer und literarischer Praxis in vielerlei Hinsicht bestimmte. Formal war die Verbindung dieser Spezialbereiche und ihrer Diskurse[2] zu einer neuen Formation bereits durch die Amtsbezeichnung der zuständigen preußischen Behörde vorgegeben: »Ministerium der geistlichen, Unterrichts- und Medicinal-Angelegenheiten«; inhaltlich läßt sich zeigen, wie die *schulmedizinisch* initiierte Überbürdungsdiskussion in den dreißiger Jahren zur Formulierung des *pädagogisch-didaktischen* Konzentrationsprinzips führte (Kap. I.1), das seinerseits mit den Stiehlschen Regulativen und dem Verbot der ›Klassiker‹ Goethe und Schiller seine erste konsequente *politische* Anwendung fand (Kap. I.2). Denn statt auf das in der Literaturgeschichtsschreibung und im Literaturunterricht der Gymnasien spätestens seit Schillers hundertstem Geburtstag (1859) massenhaft propagierte Konzept einer auch sozialintegrativ gedachten *deutschen Nationalliteratur* wurden die angehenden Elementarschullehrer ausschließlich auf eine *vaterländisch-preußisch-religiöse* Lektüre verpflichtet (Kap. I.3–I.5).

Einfluß darauf, was in Preußen gelesen, gedruckt und geschrieben werden sollte bzw. durfte, nahmen aber auch diejenigen Mitglieder des geselligen Berliner Literatenvereins »Tunnel über der Spree«, die ihre ›private‹ literarische Praxis im »Sonntagsverein« zugleich in den Dienst ihrer ›öffentlich-beruflichen‹ Tätigkeit als Lehrer, Seminardirektoren oder Schulräte stellen konnten. Die in Kap. II unternommene Rekonstruktion der ›patriotischen‹ Aktivitäten der »Tunnel«-Mitglieder Werner Hahn, Karl Bormann, Theodor Fontane sowie des mit ihnen in vielfältigem Kontakt stehenden Ferdinand Stiehl (vgl. I.1) versucht, deren hegemoniale literarische Praxis als komplementäre Seite der vorwiegend beschränkenden und ausgrenzenden schulischen Literaturpolitik der Regulative sichtbar zu machen.

I. Schulische Praxis und Literatur

1. *Das Konzentrationsprinzip in Medizin und Pädagogik*

Ziel der Aufklärungspädagogik war es, prinzipiell jedem Menschen das gesamte Spektrum verfügbaren Wissens zu erschließen, um mit der freien »Entfaltung allgemeinmenschlicher Kräfte« die Grundlage und »Voraussetzung autonomer Selbstverwirklichung und Lebensbewältigung«[3] zu schaffen. So hatte Comenius seine ›Große Didaktik‹ als »die vollständige Kunst, alle Menschen alles zu lehren«[4] betitelt; und auch die Enzyklopädie Diderots kann als Versuch angesehen werden, das verfügbare Wissen in einem umfassenden Tableau zu präsentieren, um es auf diese Weise jedermann zugänglich zu machen. Die Wissensexplosion und, damit verbunden, die Ausdifferenzierung spezialisierter gesellschaftlicher *Praxisbereiche* seit dem Ende des 18. Jahrhunderts ließ aber die Unmöglichkeit erkennen, ›alle alles zu lehren‹, so daß der Stoff in der Schule beschränkt werden mußte.

Diese didaktische Notwendigkeit fand ihr Pendant in einem politischen Interesse. Denn auch der sich seit dem ausgehenden 18. Jahrhundert abzeichnende Konflikt zwischen aufklärerischem Lehr-Lernanspruch und den Interessen von Bürgertum und Aristokratie hatte dazu geführt, gerade nur so viel Bildung, wie durch die beginnende Industrialisierung nötig wurde, zuzulassen. »Monarchie und Bürgertum fanden sich gleichermaßen vor der Schwierigkeit, Aufklärung« – und das hieß immer auch: schulisch vermittelte Bildung – »wünschen und zugleich in Grenzen halten zu müssen«.[5]

In den dreißiger Jahren des 19. Jahrhunderts meldeten sich innerhalb pädagogischer Diskussionen zunehmend Mediziner zu Wort, die »zum Schutze der Gesundheit in den Schulen«[6] gegen eine

»Überbürdung« der Schüler eintraten. Als probates Mittel gegen die »Zerstreutheit und Oberflächlichkeit, Urteilslosigkeit und Blasiertheit, geistige Mattigkeit und Schlaffheit, Kurzsichtigkeit, Engbrüstigkeit und große Sterblichkeit der Studenten«[7] empfahl diese Schulhygienebewegung entweder eine *homöopathische Konzentration* des Schulunterrichts (der Stoff in den einzelnen Fächern wird gekürzt) oder eine *chirurgische* (die Fächer selbst werden eingeschränkt).[8]

Diese quantitativen Konzentrationsvorschläge wurden schnell um die Forderung nach qualitativer Konzentration ergänzt. Nicht die Stoffülle oder die Zahl der Fächer zerstreue die »Kraft des Schülers«, zersplittere ihn und »lähme sein Interesse, sondern der Mangel an ›Einheit in der Mannigfaltigkeit‹«.[9] Diese Einheit galt es einmal durch ›Konzentration‹ der Vorstellungen, Gemütszustände, Bewußtseinsinhalte und Interessen des Schülers zurückzugewinnen, zum anderen durch ›Konzentration‹ des Unterrichts. Wenn es im letzteren Fall nicht nur darum gehen sollte, vorgegebene Inhalte ›methodisch‹ durch das Lehr-Lernverfahren zu verkoppeln, dann wurde die didaktische Vorgabe ›Konzentration‹ automatisch auch zum Instrument lehrplantheoretischer Entscheidungen und hatte mögliche Inhalte auf ein Erziehungsziel hin zu bündeln. Es sollte also (1) eine Konzentration auf den Zweck der Erziehung erreicht werden, und zwar so, daß (2) die Konzentration der kognitiven Strukturen des Schülers sichergestellt und (3) die Fächer und Inhalte untereinander vernetzt waren. Gleichzeitig versuchte man, (4) die ›äußeren Behelfe des Unterrichts‹, wie etwa das Volksschullesebuch, dem Konzentrationsprinzip entsprechend zu gestalten.

Solche für das gesamte 19. Jahrhundert zu beobachtenden Bemühungen um ›Konzentration‹ des schulischen Unterrichts lassen sich insgesamt als spezifisch pädagogische Antwort auf die doppelte Herausforderung von Wissensexplosion und »Differenzierungsprozeß«[10] einerseits, erneuter Verknappung und Kanalisierung des Wissens auf ein politisch gewünschtes Ziel hin andererseits verstehen.[11]

2. Politische Anwendung des Konzentrationsprinzips durch die »Stiehlschen Regulative«

Konsequent zur Durchsetzung politischer Interessen genutzt wurde das Konzentrationsprinzip zum ersten Mal mit den »drei Preußischen Regulativen ⟨...⟩ über Einrichtung des evangelischen Seminar-, Präparanden- und Elementarschul-Unterrichts«[12], die Ferdinand Stiehl (1812–1878) – Geheimer Regierungsrat und dem Rang nach dritthöchster Beamter im »Ministerium der geistlichen, Unterrichts- und Medicinal-Angelegenheiten« – am 1., 2. und 3. Oktober 1854 veröffentlichte. Vor dem Hintergrund der Erfahrung politischer »Mobilisierung der Lehrerschaft in Vormärz und Revolution« stellten die Regulative den Versuch dar, das niedere Schulwesen, unter Anknüpfung an schon im Vormärz zu beobachtende Tendenzen, restaurativ zu reorganisieren. Insofern können sie als »schulpolitische Antwort des preußischen Staates auf die Revolution« verstanden werden. Ziel war es, »eine systemkonforme sekundäre Sozialisation« der Lehrerschaft sicherzustellen, und zwar durch die Kombination von »massiver religiöser Indoktrination«, »drastischer Reduzierung der Inhalte in der Lehrerausbildung« und »Festlegung der Volksschulen auf das gegenaufklärerische Prinzip der ›volkstümlichen‹ Bildung«.[13] Mit den Regulativen sollte die Volksschulbildung »auf ihr richtiges Maß« beschränkt und auf »ihr christliches Fundament« bezogen werden.[14] Denn der neuhumanistische »Gedanke einer allgemein menschlichen Bildung durch formelle Entwicklung der Geistesvermögen an abstraktem Inhalt« habe »sich durch die Erfahrung als wirkungslos, oder schädlich erwiesen«[15]. Aus Sicht der Reaktion war es »daher an der Zeit, das Unberechtigte, Überflüssige und Irreführende auszuscheiden«, um im Gegenzug

> an seiner Stelle dasjenige nunmehr auch amtlich zur Befolgung vorzuschreiben, was von denen, welche die Bedürfnisse und den Wert einer wahrhaft christlichen Volksbildung kennen und würdigen, seit lange als notwendig gefühlt, von treuen und erfahrenen Schulmännern als dem Volke wahrhaft frommend und als ausführbar erprobt worden ist.[16]

Drastischer hatte es König Friedrich Wilhelm IV. anläßlich einer Konferenz der Seminardirektoren und -lehrer 1849 ausgedrückt, in der er die preußische Lehrerschaft für die 48er-Revolution und ihre Folgen unmittelbar verantwortlich gemacht hatte:

> All' das Elend, das im verflossenen Jahre über Preußen hereingebrochen, ist Ihre, einzig Ihre Schuld, die Schuld der Afterbildung, der irreligiösen Menschenweisheit, die Sie als echte Weisheit verbreiten, mit der Sie den Glauben und die Treue in dem Gemüte Meiner Untertanen ausgerottet und deren Herzen von Mir abgewandt haben. Diese pfauenhaft aufgestutzte Scheinbildung habe Ich schon als Kronprinz aus innerster Seele gehaßt und als Regent Alles aufgeboten, um sie zu unterdrücken. Ich werde auf dem betretenen Wege fortgehen, ohne Mich irren zu lassen; keine Macht der Erde soll Mich davon abwendig machen. Zunächst müssen die Seminarien sämmtlich aus den großen Städten nach kleinen Orten verlegt werden, um den unheilvollen Einflüssen eines verpesteten Zeitgeistes entzogen zu werden. Sodann muß das ganze Treiben in diesen Anstalten unter die strengste Aufsicht kommen. Nicht den Pöbel fürchte Ich, aber die unheiligen Lehren einer modernen, frivolen Weltweisheit vergiften und untergraben mir Meine Bureaukratie, auf die bisher Ich stolz zu sein glauben konnte. Doch so lange Ich noch das Heft in Händen führe, werde Ich solchem Unwesen zu steuern wissen.[17]

Die von ›höchster Stelle‹ geäußerten Forderungen einlösend, vertraten die Regulative quer durch alle Fächer eine strikte Begrenzung dessen, was Lehrer lehren und Schüler lernen sollten. Explizit formuliert wurde diese Didaktik zunächst auf der Ebene der Lehrerausbildung, da die Regulative durch ein Analogieprinzip charakterisiert waren, von dessen Wirksamkeit Stiehl überzeugt war: Die angehenden Volksschullehrer sollten in bezug auf Methoden und Inhalte so ausgebildet werden, wie sie später ihre Schüler zu unterrichten hätten. Denn »wenn nur das gelehrt werden durfte, was in den Lehrbüchern stand ⟨...⟩, so war es auch nicht nötig, die Lehrerbildung viel weiter gehen zu lassen«[18]. Dabei wurde der Konzentrationsbegriff zwar schon terminologisch benutzt und das Konzentrationsprinzip auf Lehrerbildung und Elementarschule angewendet, aber noch nicht mit Rekurs auf theoretische Überlegungen eingeführt[19]. Praktisch operierten die Regulative jedoch bereits mit allen

Spielarten der Konzentration, und dies sowohl auf lehrplantheoretischer als auch didaktisch-methodischer Ebene: (1) Die Realien wurden aus dem Fächerkanon ausgeschlossen (chirurgisch-subtrahierende Konzentration); (2) der Wissensstoff der verbleibenden Fächer wurde auf das Notwendigste beschränkt (homöopathisch-subtrahierende Konzentration); (3) Religions- bzw. Vaterlandsunterricht sollten die beiden wichtigsten Bezugspunkte bilden (zentralisierend-gruppierende Konzentration) und die übrigen Stoffe durchdringen – ein Gedanke, der dann »später in der Theorie des ›erziehenden Unterrichts‹ der Herbartianer bildungstheoretisch«[20] als konzentrierender ›Gesinnungsstoff‹ seinen treffenden Namen bekam. Materielle Grundlage dieser Konzentrationsbemühungen in der Volksschule war das *Lesebuch*, das »sich belebend und verklärend über die anderen Unterrichtsgegenstände« verbreiten »und durch seine Lebensbilder die Hauptstücke des sachlichen Unterrichts in lebendiger und das Gemüt ergreifender Weise zu eingehender Betrachtung« vorführen sollte.[21]

Als »wahrhaft frommend«[22] galten die ›Highlights‹ der preußischen Geschichte, die im Unterricht vor allem über die »vaterländischen Gedenk- und Erinnerungstage« und mittels der »besten Erzeugnisse der patriotischen Poesie nach Text und Melodie bekannt« gemacht werden sollten.[23] Die ein Jahr nach den ›Regulativen‹ erschienenen ›Aktenstücke zur Geschichte und zum Verständnis der drei Preußischen Regulative‹ führten dazu aus:

> Durch die Behandlung der Unter- namentlich aber der Mittelstufe des Schullesebuchs werden den Zöglingen vorbereitende Kenntnisse aus der vaterländischen und Reformationsgeschichte zugeführt, indem sie auf diese Weise kurze, großenteils anekdotenmäßige Geschichten von Luther, Friedrich d. Gr., seinen Generalen und Soldaten, Friedrich Wilhelm III. und der Königin Louise, den Befreiungskriegen und Friedrich Wilhelm IV. kennen und erzählen lernen.[24]

De facto bedeuteten diese Bestimmungen, solche im weitesten Sinne ›literarischen‹ Texte zum Mittelpunkt des Volksschulunterrichts zu machen, die erstens patriotische Ereignisse oder Figuren wie beispielsweise die Königin Luise[25] zum Gegenstand hatten, sich zweitens zugleich zum Gesang bzw. zur Deklamation eigneten und drittens im Sinne des Konzentrationsprinzips Übergänge zwischen den ›Fächern‹ ermöglichten. Damit entstand automatisch ein gewisser Bedarf an ›preußisch-vaterländischer‹ Literatur, und die Seminardirektoren, -lehrer, Schulräte und -inspektoren waren aufgerufen, entsprechende Texte zu kanonisieren oder – im Einzelfall – selbst zu produzieren. Was lag näher, als Biographien und patriotische Lyrik, vor allem Balladen, auszuwählen? Konkret genannt wurden einige solche »Erzeugnisse patriotischer Poesie« im Text der ›Regulative‹, die darauf verwiesen, daß sich die Privatlektüre der Seminaristen wählen lasse innerhalb der

> Erzählungen und Biographien von Schubert, der Volksschriften von Horn, Gotthelf, Ahlfeld, Redenbacher, Stöber, der Kinderschriften von Barth, der Märchen der Gebrüder Grimm, der Schriften von Claudius, Krummacher und Hebel, der vaterländischen Lebensbilder von Werner Hahn, des Vaterlandes von Curtmann, der Germania von Vogel, des Preußens Ehrenspiegel von Müller, der Geschichte der Französischen Revolution und der Befreiungskriege von Jahn, der Länder-, Natur- und Reiseschilderungen von Schubert, Kohl, Grube, Zimmermann u. A.[26]

Bei der Begründung solcher Auswahl wurden vielfach lernpsychologisch-didaktische Kriterien, literarisch-ästhetische Gattungsbegriffe und die inhaltlich-politische Entscheidung für religiöse und vaterländisch-preußische Stoffe im Sinne des Konzentrationsprinzips miteinander verquickt. Besonders deutlich wird das im ›Einrichtungs- und Lehrplan für Dorfschulen‹ von Th. Goltzsch (Berlin 1852), der für das Volksschullesebuch vor allem die »einfachen Formen«[27] (»Spruch, Fabel, Parabel, Erzählung und Lied«) empfahl, die inhaltlich als »Gebet« bzw. als »vaterländische, Kriegs- und Soldatenlieder« konkretisiert werden sollten.[28]

3. Das »Klassikerverbot« der Regulative

Mit der »Konzentration« auf Patriotisches und Religiöses wurde zugleich die klassische Literatur, allen voran Goethe und Schiller, aus dem Curriculum für die Volksschullehrerausbildung wie auch aus den Volksschullesebüchern weitestgehend verbannt. Der Direktor des Lehrerinnenseminars in Berlin kam zu dem Schluß:

> Was die eigentliche Volksschule betrifft, welche in einer oder zwei Klassen Kinder der Landleute oder Kleinbürger vom sechsten bis zum vierzehnten Jahre für das praktische Leben vorbereitet – so scheinen alle bedeutenden Schulmänner darin einig zu sein, *daß Dichtungen von Schiller und Goethe in diese nicht gehören.*[29]

Betroffen war auch die Privatlektüre der Seminaristen; denn das 3. Regulativ bestimmte, daß »ausgeschlossen von dieser« »die sogenannte klassische Literatur bleiben« muß.[30] Die »Betreibung von Literaturgeschichte«[31] im Seminar selbst war ohnehin untersagt. Als »tiefere« Gründe für die »Scheu vor Aufnahme unserer großen Dichter« nannte Ferdinand Bünger in seiner ›Geschichte des Volksschullesebuches‹ die Schwierigkeit, Goethe und Schiller christlich zu lesen:

> Da jetzt Durchdringung des Stoffes durch die christliche Religion Losung war, so gaben Schiller und Goethe eine geringe Ausbeute. Von dem ersteren konnte man das Morgenlied: »Verschwunden ist die finstere Nacht«, also das Lied des Wächters in Macbeth verwenden, sonst aber fast nichts. Man ging noch weiter und wollte beide Dichter wegen *ihrer Stellung zur Religion* ausschließen.[32]

Einer der einflußreichsten Publizisten der Restaurationsepoche, Ernst Wilhelm Hengstenberg (1802–1869), seit Juli 1827 Herausgeber der ›Evangelischen Kirchenzeitung‹, hatte schon 1830 eine Rezension des Goethe/Schiller-Briefwechsels abgedruckt, in der es hieß, daß Goethe und Schiller »sich von dem Christentume nichts zu eigen gemacht«[33] hätten, ein Befund, den er auch in den fünfziger Jahren nicht müde wurde zu konstatieren. Seinen Gegner erblickte dieser ›christliche Fundamentalist‹ – ebenso wie der Rechtsphilosoph Friedrich Julius Stahl (1802–1861), Minister Karl Otto von Raumer (1805–1859) und auch Ferdinand Stiehl – in jeder Art von Rationalismus, der »die ewigen Wahrheiten der Bibel entthront«[34] habe. Bei Schiller erregten Verse wie »Welche Religion ich bekenne? Keine von allen, / Die Du mir nennst! – Und warum keine? Aus Religion«[35] oder die Vorrede zur ›Braut von Messina‹ (»unter der Hülle aller Religionen liegt die Religion selbst«[36]) Anstoß; bei Goethe sein Pantheismus, sein »nicht fleckenloses Leben« sowie »seine undeutsche Herzensstellung in nationaler Beziehung«[37].

Gerade Schiller wurde dabei sowohl mit Blick auf sein *Werk* als auch seine *Person* in besonderem Maße zum Gegenstand politischer Abgrenzungskämpfe und Positionsbestimmungen, so daß sich an ihm die Geister in ein restauratives und ein bürgerlich-liberales Lager schieden.[38]

Als einer der heftigsten Gegner Stiehls und Verfasser einer ganzen Reihe von Schriften, Aufsätzen und Reden gegen die Regulative trat auf liberaler Seite der Pädagoge Friedrich Adolph Diesterweg (1790–1866) auf.[39] Seit den vierziger Jahren hatte er in Opposition zum de facto herrschenden kirchlichen Einfluß immer wieder eine »National-Schule« in staatlicher Trägerschaft propagiert, wobei er die klassische Literatur nicht nur als »treuesten Abdruck des deutschen Geistes auf dem Gipfel seiner Entwicklung«[40] ansah, sondern im Vergleich mit den übrigen europäischen Nationen die literarische Bildung darüber hinaus geradezu zum Spezifikum des deutschen Nationalcharakters erklärte:

> Wer das deutsche Volk von der Literatur seiner Klassiker, wer die deutsche Jugend, auch die Volksschullehrer, von ihr entfernt zu halten sucht ⟨...⟩, dem darf man mit Recht die Frage vorlegen, was für Vorzüge denn eigentlich für Deutschland und das deutsche Volk anderen Ländern und Nationen gegenüber noch bleiben?[41]

Mit unverhohlener Ironie und gelegentlich einem gewissen Sarkasmus pflegte er seine konservativen Gegenspieler im Streit um die Volksschule öffentlich mittels Schillersentenzen anzugreifen. So kommentierte er die Lehrerkonferenz in Brühl vom 24. Oktober 1855 durch Schillers Distichon ›Gelehrte Gesellschaft‹: »Sind sie in corpore, gleich wird ein Dummkopf daraus«;[42] gegen die Verfechter der Regulative zitierte er: »Gib ihnen, was sie bedürfen, nicht, was sie loben!«[43] sowie »Das gemeinsame Ziel des Despotismus und der Priesterherrschaft ist Einförmigkeit«[44]. Dabei setzte Diesterweg sich selbst als ›Mann des Volkes‹ in Parallele zu Schiller, da seine Schriften den Seminaristen ebenso wie die Schillers verboten waren.[45] Es ist daher nicht verwunderlich, daß er sich die Chance der Hundertjahrfeier des Schiller-Geburtstags nicht entgehen ließ, um die eigene Position durch die Betonung der Wichtigkeit Schillers für die Schule zu festigen: »Auch der dürftigsten Dorfschule« dürfe Schiller »kein Unbekannter bleiben«.[46] Damit nahm Diesterweg die genaue Gegenposition zu den Regulativen ein. In einem im ›Pädagogischen Jahrbuch‹ veröffentlichten und in Gutzkows ›Unterhaltungen am häuslichen Herd‹[47] kommentierten Artikel[48] betonte Diesterweg, daß es vornehmlich Schiller sei, an dem sich die Lehrer selbst zu erziehen hätten:

> Wer ein deutscher Lehrer und Erzieher sein will, muß Schiller kennen ⟨...⟩.
> Wer ihn den werdenden Lehrern vorenthält, beraubt sie des edelsten Genusses und des Strebens nach den idealen, höchsten Gütern der Menschheit; wer ihn verschmäht, »der stehle weinend sich aus unserm Kreise«! –
> ⟨...⟩ das Geburtsjahr ⟨...⟩ darf nicht ungefeiert vorübergehen; die deutschen Lehrer dürfen nicht die letzten sein, die daran teilnehmen.[49]

Auch der westfälische Industrielle Friedrich Harkort (1793– 1880) kämpfte gegen die Regulative und versuchte 1855, sie durch Anträge und Petitionen an die Zweite Kammer des Preußischen Landtags zu Fall zu bringen. Dabei gab wiederum das ›Klassikerverbot‹ ein wichtiges Argument ab:

> Dem Deutschen Lehrer soll also die Kenntnis der Sprache und die Blüte des Geistes der Nation vorenthalten bleiben. Nebenbei wird der Patriotismus empfohlen. Wir aber fragen mit Recht: worauf kann der Deutsche stolz sein, wenn ihm der höchste Ruhm seines Volkes, die klassische Literatur, unzugänglich gemacht wird?[50]

Stiehl suchte sich durch den Hinweis zu verteidigen, daß in den Regulativen nur »von derjenigen Privatlektüre der Seminaristen die Rede« gewesen sei, welche in Verbindung mit dem Deutschen Sprachunterricht, als Mittel der Sprach-, Gemüts- und Charakterbildung empfohlen und von den Lehrern geleitet werden soll. In diesen Kreis gehörten nicht die Deutschen Klassiker in ihrem ganzen Umfange, indem sich in ihren Schriften Manches finde, was diesem Zwecke nicht diene, auch nicht einmal für das Verständnis der Seminaristen sich eigne.[51]

Daß die Annahme der mangelnden Vorbildung allerdings nicht ganz unbegründet war, belegt Ferdinand Bünger durch den Bericht von einer Aufnahmeprüfung zu einem einjährigen Ausbildungslehrgang, bei der die Seminaristen Schillers ›Bürgschaft‹ »prosaisch als Aufsatz« darstellen sollten.

Zu diesem Zwecke wurde die Ballade ihnen zweimal vorgelesen, und die Namen wurden an die Tafel geschrieben. Eine der Arbeiten begann so: Zu Dionys, einer Stadt in Syrakus, lebte ein Mörder, welcher einen Tyrannen töten wollte; er wurde aber von den »Fischern« gefangen und zum Tyrannen gebracht. Dieser wollte ihn sogleich töten, aber der Mörder bat ihn um drei Tage Frist, *bis er die Schwester vom Gatten befreit habe*.[52]

Die mit dem Antrag Harkorts befaßte Unterrichtskommission empfahl dem Preußischen Landtag nach mehreren Beratungen im April 1855 schließlich »den Übergang zur einfachen Tagesordnung«, so daß die Petitionen Harkorts gar nicht erst vor das Plenum kamen.[53] Allerdings führte die damit begonnene öffentliche Diskussion zu einigen Konzessionen seitens der Kultusbürokratie. Ein – ebenfalls in den ›Aktenstücken‹ abgedruckter – ›Lehrplan für Deutsche Sprache‹ räumte ein, daß im dritten Kurs »Stücke aus der Glocke«[54] behandelt werden könnten, und am 19. November 1859, also knapp eine Woche nach den Feierlichkeiten zu Schillers 100. Geburtstag, erließ Minister von Bethmann-Hollweg eine ›Circular-Verfügung‹, in der ein Unterrichtsbeispiel zu Goethes ›Hermann und Dorothea‹ erwähnt wird.[55] Am 16. Februar 1861 schließlich nahm Bethmann-Hollweg in einem weiteren Erlaß an alle Provinzial-Schul-Kollegien erneut zur Frage der Klassikerlektüre Stellung:

Daß die Seminarien den richtigen Sinn dieser Bestimmungen verstanden und aus ihrem Unterricht und der Privatlektüre der Zöglinge auch seither das Edelste und Beste unserer Nationalliteratur nicht ausgeschlossen, wohl aber dabei besonnene und durch die Verhältnisse gebotene Auswahl getroffen haben, ergibt schon tatsächlich mein Circular-Erlaß vom 19. November 1855. Hier soll indessen, um jedes weitere Mißverständnis und jede mögliche Mißdeutung zu entfernen, bemerkt werden, daß nicht unsere Nationalliteratur, sondern nur dasjenige von dem Seminarunterricht und der Privatlektüre ihrer Zöglinge ausgeschlossen werden muß, was zu seinem Verständnis Kenntnisse und diejenige Bildung verlangt, welche durch die sogenannten klassischen Studien erworben werden und bei den Zöglingen der Seminarien nicht vorausgesetzt werden können. Wenn sonst Zeit und Verhältnisse es gestatten, kann z.B. in den Seminarien mit Rücksicht auf diesen Grundsatz wohl Schillers Wilhelm Tell und Göthes Hermann und Dorothea, es können aber nicht die Götter Griechenlands, Tasso und Iphigenia der Privatlektüre der Seminaristen zugewiesen werden.[56]

Unmittelbar vor der Ablösung der Regulative durch die ›Allgemeinen Bestimmungen ⟨...⟩, betreffend das Volksschul-Präparanden- und Seminar-Wesen‹ von 1872[57], legte Stiehl eine letzte, späte Rechtfertigungsschrift vor, in der er noch einmal versuchte, das Klassikerverbot als Mißverständnis darzustellen, wie es ja schon die Verfügungen Bethmann-Hollwegs nahegelegt hatten. Die fragliche Stelle habe sich nur auf die empfohlene und im Seminar wieder zu besprechende Lektüre bezogen. Nur diese sollte dem Seminaristen »keine *sachlichen* Schwierigkeiten«[58] bereiten. De facto wurde jetzt nicht nur die Lektüre der Lehrer, sondern auch die der Schüler gelockert. So enthielten einige der von Stiehl ausdrücklich empfohlenen Lesebücher ›Wanderers Nachtlied‹ bzw. ›Über allen Gipfeln ist Ruh‹. Als zu schwierig hingegen galten weiterhin Schillers ›Götter Griechenlands‹ und die ›Klage der Ceres‹. Wie weitreichend das Klassikerverbot trotz solcher Relativierungen jedoch gewirkt hat, illustriert der Bericht Konrad Fischers in seiner ›Geschichte des Deutschen Volksschullehrerstandes‹ von 1892:

Ein Seminardirektor nahm einem Seminaristen Schillers Werke und eine Weltgeschichte weg, beide dessen Eigentum, und lieferte sie ihm erst wieder bei dem Abgange von der Anstalt aus. In einem Seminar wurde der hundertste Geburtstag Schillers mit keiner Silbe erwähnt. In einer andern Lehrerbildungsanstalt bemerkte der Lehrer bei dieser Feier den Zöglingen: »Obwohl uns Schiller gar nichts angeht, so wollen wir ihn doch näher in Betracht ziehen.« Das Traurige bei solchen Maßregeln war, daß sich das Seminarkollegium, das natürlich den Regulativen gemäß ausgewählt und berufen worden war, so sehr an diese Auffassung gewöhnte, daß nachher die mildere Auslegung der betreffenden Verordnungen durch den Minister von Bethmann-Hollweg so gut wie keine Änderung hervorrief. Es gab in Preußen Seminare, in denen auch in den letzten 60er Jahren nichts von deutscher Literaturkunde, nichts von Lessing, Schiller und Goethe gesagt wurde. Als im Januar 1870 einem westpreußischen Seminar eine außerordentliche Revision bevorstand, fragten die Zöglinge einen Lehrer, ob sie die durch ihn wohlfeil bezogenen Klassikerausgaben von ihren Bücherbrettern entfernen sollten. Der Lehrer stimmte zu, und so wurden eiligst Schiller, Körner und Lessing den Augen des gestrengen Revisors entzogen. Die Angst war damals wahrscheinlich unbegründet; man sieht aber, wie die Regulative noch wirkten.[59]

So folgerichtig das ›Klassikerverbot‹ für Stiehl auch sein mochte – denn die Interpretation der »deutschen Klassik als ›Neuheidentum‹«[60] erlaubte es, die Ziele der ›evangelischen Erweckungsbewegung‹ mit denen der ›politischen Reaktion‹ zu verbinden –, so führte es doch innerhalb kürzester Zeit zu einer gerade nicht beabsichtigten öffentlichen Diskussion, da sich die Volksschullehrerschaft von einem wichtigen Teil der ›Kultur‹ und damit zugleich »aus der deutschen Bildungsschicht« ausgeschlossen sah.[61] So schrieb die ›National-Zeitung‹:

Es wird genug sein, zur allgemeinen Charakterisirung dieses Erziehungsplanes nur noch anzuführen, wie es danach mit der deutschen Literatur gehalten werden soll. Daß dieselbe in der Elementarschule keinen Platz hat, wird man nach dem Obigen errathen; daß aber auch der *Lehrer* nichts, ja nicht das Geringste von den deutschen Dichtern erfahren soll, muß man gedruckt lesen, um zu glauben, daß Jemand daran denken kann. Nur Wackernagels (kleineres) Lesebuch soll den Seminaristen in die Hand gegeben werden, aber sogar »von der Privatlektüre muß die sogenannte klassische Literatur ausgeschlossen bleiben ⟨...⟩«.

Wir haben diese Stelle abgeschrieben, damit diejenigen unserer Leser, welche bessere Geschichtskenner sind, als wir, sich die Mühe nehmen, uns zu unterrichten, ob, seit es kultivierte Staaten gibt, schon einmal daran gedacht worden ist, die Nationaldichter alle miteinander für gemeingefährlich zu erklären. In der Tat, daß die große Mehrheit des Volkes und ihre Lehrer völlig losgerissen werden sollen von der Bildung, welche die Geisteshelden der Nation errungen haben, ist eine Idee, deren Kühnheit wir unsere Verwunderung nicht versagen würden, wenn wir uns nicht durch die Vorstellung, daß die Ahlfeld, Stöber und Redenbacher gegen Goethe und Schiller, Lessing und Kant in den Kampf geschickt werden sollen, in eine Stimmung versetzt fühlten, die der Würdigung des Erhabenen nicht günstig ist ...[62]

Und in den ›Grenzboten‹ hieß es:

Auch eine nationale Bildung im Anschluß an unsere Nationalliteratur gehörte mit zu den Forderungen der jüngst verflossenen Zeit. Wie verhalten sich dazu die Regulative? Herr Stiehl geht unsern Dichtern zu Leibe. Die sogenannten Klassiker, sagt er, sind nicht für die in den Seminarien gebildeten Lehrer. Selbstverständlich also auch nicht für die überwiegenden Massen der Nation, welche ihre Bildung von jenen erwarten. Wenn wir jemals hätten zweifeln können, ob wir eine Nationalliteratur besitzen, so ist dieser Zweifel jetzt, wo man erklärt, daß unsere Dichter sich nicht für die Lehrer unseres Volkes eignen, verschwunden. Und es ist nicht das schwierige Verständnis derselben allein, das ihren Ausschluß aus den Volkskreisen herbeiführt, haben doch Lessing, Schiller, Goethe, Uhland auch manches Einfache und Leichtverständliche geschrieben; es ist ihre, wie Stahl sagt, von christlicher Sitte losgetrennte Gesinnung, welche alle ihre Werke zu den verbotenen Früchten vom Baume der Erkenntnis macht.[63]

Hier wird bereits die partielle Dysfunktionalität der restaurativen Bildungspolitik nach 1848 deutlich. In einer Zeit, in der die von den Regulativen als literarischer Gegenstand empfohlene preußische Königin Luise bereits längst als Prototyp der ›deutschen Frau‹[64] gehandelt wurde, womit über die engere *preußische* Identität hinaus eine weiterreichende *deutsche* ins Spiel kam, mußte ein Verbot der als Teil der ›deutschen Kultur‹ geltenden ›Klassiker‹ um so befremdlicher wirken. Zudem war das in der Literaturgeschichtsschreibung – etwa bei Gervinus[65] – favorisierte Konzept »Deutsche Literatur als deutscher Wesensausdruck«[66] vielfach an solche Wellentheorien über die Blütezeiten deutscher Dichtung gekoppelt, die den Höhepunkt in der Entwicklung der deutschen Literatur gerade in der mythischen Konvergenz Goethe/Schiller[67] sahen, so daß sich der Widerspruch zwischen dem im ›Klassikerverbot‹ mündenden Konzentrationsbemühen der preußischen Kultusbürokratie auf ›volksgemäße‹ Inhalte[68] einerseits und dem Konzept »Nationalliteratur« andererseits noch einmal verschärfte. Jedoch konnte sich der Ruf nach ›Volkstümlichkeit‹ auf die romantische Sprachphilosophie stützen, die eine »Steigerung der nationalen Kultur 〈...〉 durch das Bewußtmachen der völkischen Eigenart«[69] propagiert und sich dabei wie zuvor schon Herder ebenfalls in erster Linie auf eine – oftmals allerdings nur vermeintliche – ›Volkspoesie‹ bezogen hatte.[70] In dieser Tradition sind die komplementär zum National*literatur*-Konzept angelegten Versuche zu sehen, die deutsche *Sprache* als Wesensausdruck des ›deutschen Nationalcharakters‹ zu interpretieren, wie es etwa Rudolf Hildebrand mit seiner Schrift ›Vom deutschen Sprachunterricht in der Schule und von deutscher Erziehung und Bildung überhaupt‹[71] 1867 versuchte, der aber erst nach der Reichsgründung Breitenwirkung erzielte[72]. Klassische Nationalliteratur und Volkspoesie waren jedoch dann miteinander zu verbinden, wenn man »als die vornehmste Grundlage wahrer Volksbildung die Bekanntschaft mit den vorzüglichsten Werken der eigenen Nationalliteratur« ansah[73] und die Werke der Klassiker selbst zur ›Volks‹literatur erklärte. So beantwortete der Lehrer Möbius 1864 die rhetorische Frage, warum die deutsche Dichtung das »vorzüglichste nationale Bildungsmittel« sein könne, die reichste »Quelle des ächten Patriotismus«, ganz in diesem Sinne: »Weil sie ein getreues Spiegelbild aller nationalen Eigentümlichkeiten des Volkes darbietet«[74], wie man es in Wolframs ›Parzival‹, Klopstocks ›Messias‹, Lessings ›Nathan‹, Goethes ›Faust‹, im ›Nibelungenlied‹ und ›Wilhelm Tell‹ finde. Solche Auffassung war unter im weitesten Sinne ›liberalen‹ Intellektuellen in der zweiten Jahrhunderthälfte Konsens, was sich am Beispiel Schiller schnell belegen läßt. So hatte Robert Prutz schon 1851 im ›Deutschen Museum‹ geschrieben: »Schiller gehört der Nation, und wer sein Bildnis verfälscht, vergeht sich an der Nation selbst«[75]; Franz Grillparzer hatte Schiller 1855 als »Besitztum der Nation«[76] bezeichnet; Rudolf Gottschall sah in der Freigabe der Rechte an den Klassikern im November 1867 einen Weg, das bisher stets nur »persönliche Eigentum in ein Nationaleigentum zu verwandeln«[77]; und auch die ›Gartenlaube‹ wandte sich aus gleichem Anlaß gegen »die Männer der Finsternis und des Rückschritts« und betonte, daß die im November d. J. endlich eintretende Befreiung unserer klassischen Dichter und Schriftsteller im wahrsten und eigentlichsten Sinne eine Wiedergeburt derselben, eine ganz unermeßliche Verstärkung ihrer Wirkungskraft und demzufolge ein bedeutsamer Wendepunkt in der Entwickelungsgeschichte unseres Jahrhunderts[78]

sei. Noch 1873, ein Jahr nach Ablösung der Regulative, gab ein Schulpädagoge seinem Befremden über die Diskrepanz zwischen philologischem Nationalliteratur-Konzept und politischem Klassikerverbot Ausdruck. Es sei

doch offenbar kein normaler Zustand, wenn die genauere Kenntnis der hervorragendsten und edelsten Erzeugnisse deutschnationaler Geistesbildung in den Lehrerseminaren nicht nur nicht bestimmt und klar gefordert, sondern wenn sogar die Ansicht und Meinung begünstigt wird, daß die deutschen Klassiker eigentlich halb und halb als verbotene Ware für den künftigen Lehrer anzusehen seien. Es ist kein normaler Zustand, wenn angenommen werden muß, daß die Vorbildung 17- bis 20jähriger Seminaristen nicht ausreichend sei, um Schillersche Dramen mit den künftigen Lehrern zu lesen, ohne die begründete Sorge, es werde das Notdürftigste dadurch versäumt, und in der Hoffnung auf die Möglichkeit, daß das notwendige Verständnis erzielt werden könne.[79]

Besonders deutlich läßt sich die ›Stellung der Seminarien und der Elementarlehrer zur deutschen Literatur‹[80] am Beispiel eines am 18. Mai 1870 gehaltenen Vortrags des Lehrers Karl Supprian zusammenfassen, der vor allem drei Themenkomplexe herausstellte.

Seine *erste Frage*, nämlich »ob wir Seminarien und die seminarisch gebildeten Lehrer überhaupt Teil haben an der deutschen Literatur«, beantwortet er – ebenso wie Stiehl in seiner letzten Schrift – relativierend. Die klassische Literatur sei mit den Regulativen nicht generell verboten worden; die Einschränkung bestehe vielmehr darin, daß im Lehrerseminar nicht Literaturgeschichte, sondern Literaturkunde praktiziert werden solle. Erstere setze Vollständigkeit voraus, letztere erlaube dagegen eine Auswahl.

Zweitens grenzt Supprian ein, »was aus dem bezeichneten Gebiete ich zunächst für geeignet halte, gelesen zu werden«[81]. Hier wird ein möglicher *Kanon* entworfen, der zum Teil auf eigenen Unterrichtserfahrungen fußt und insofern tatsächlichen Literaturunterricht in den Lehrerseminaren dokumentiert. Für Goethe werden genannt: ›Hermann und Dorothea‹ sowie eine Auswahl der Gedichte als Beispiele für die Lyrik; ›Götz‹ und ›Egmont‹ als Dramen; Passagen über die Jugendjahre und Sesenheim aus ›Dichtung und Wahrheit‹. Für ungeeignet erachtet werden: ›Iphigenie‹, ›Tasso‹, ›Werther‹ und die ›Wahlverwandtschaften‹. Von Schiller werden herangezogen: die Balladen und eine Auswahl der Gedichte; die ›Geschichte des 30jährigen Krieges‹ und der ›Abfall der Niederlande‹ als Prosa; ›Tell‹ und ›Wallenstein‹ – noch ganz im Sinne der Regulative – als »farbenreiche, lebendige Bilder zur deutschen Geschichte, wie man sie besser als Illustrationen derselben nicht wünschen kann«[82], sowie ›Maria Stuart‹, ›Jungfrau‹ und erstaunlicherweise sogar die ›Braut von Messina‹.

Drittens entwirft Supprian unter der Fragestellung, »*wie* ich mir diese meine Vorschläge ausführbar und ausgeführt denke«[83], eine Diätetik für den Umgang mit diesem Kanon, in der es um die »Grundsätze« geht, nach denen »man aus der Fülle der deutschen Literatur wählen soll«. Entfaltet wird eine Art Didaktik als Bildungslehre oder Lehrplantheorie, die auf der Grundlage fachdidaktischer und politisch-ideologischer Kriterien helfen soll, Auswahlentscheidungen zu treffen und zu legitimieren. Erstes Kriterium ist der Imperativ: »Lesen Sie nicht bloß und ausschließlich die sogenannten Klassiker.«[84]

> Ich kann Ihnen nur raten, vergessen Sie über Schiller die leider gewöhnlich etwas schwerer erreichbaren Dinge nicht: Märchen, Sage, Heldensage, Tiersage, Volksbuch, Volkslied.[85]

Dabei wird das Klassikerverbot der Regulative als kompensatorisch gemeintes Votum für die von Supprian aufgezählten »einfachen Formen« der Volksliteratur ausgelegt:

> Wer sich aber an Schiller den Geschmack verdorben hat, oder auch zu haben glaubt, für das Märchen mit seiner Waldluft oder für die Gemütstiefe und Urwüchsigkeit des Volksliedes, der ist noch gar ferne von dem Geiste des deutschen Volkes und seiner Schriftwerke. Ich vermute fast, daß etwas

hievon die Regulative mit ihrer Abmahnung von den ›sogenannten Klassikern‹ meinen.[86]

⟨...⟩ wer an Schillers Räubern mehr oder auch nur gleiches Gefallen fände, als z.B. an seinem Wallenstein, der hat einen verbildeten und verkommenen Geschmack. Aber wenn es in der Welt Corrections- und Rettungshäuser gäbe für am Geschmack Verwahrloste und Vagabunden, glauben Sie mir, sie stünden so wenig leer, als die Zuchthäuser.[87]

Der zweite Grundsatz fordert auf, »nur das Beste und vorzugsweise das Reine«[88] als Lektüre zu wählen. Nur die wirklich klassischen Werke Schillers seien zu lesen, vor allem die Jugendwerke aber müßten beiseite gelassen werden:

⟨...⟩ wenn aber irgend Jemand unter uns, zumal von den Jüngeren, sich noch in Versuchung fühlen sollte, seine sittlichen Begriffe nach einem der beiden Brüder Moor zu bilden, sein Urteil über die höheren Stände aus Kabale und Liebe, seine Ehestandsmoral und seine Vorbilder für den Umgang der beiden Geschlechter aus den Wahlverwandtschaften oder dem Werther zu entnehmen, dem weiß ich keinen bessern Rat, als: er lasse diese Dinge noch eine Weile ungelesen.[89]

Ein drittes Kriterium reproduziert den einmal festgesetzten und für ungefährlich erachteten Kanon auf die denkbar einfachste Weise, nämlich dadurch, daß dieser zur ständigen Repetition empfohlen wird: »Lesen Sie dieses sorgfältig gewählte Wenige gründlich und oft.«[90]

Wenn Ihnen eine Mußestunde lacht nach saurem Tagewerk, so ist es besser, Sie nehmen längst Gelesenes aber Bedeutendes zur Hand, um es zum zehnten oder zum sechsundzwanzigsten Male zu lesen, als daß Sie Neues vornehmen.[91]

4. Kompensatorische Klassikerlektüre in den Bildungsvereinen

Während das konservative Lager bereits im Vormärz gegen die Elementarlehrer den Vorwurf erhoben hatte, daß sie in ihrem Bildungsbestreben »hochmütig seien und sich über ihren Stand erheben wollten, anstatt in ihren Kreisen fest zu wurzeln«[92], wurden gerade in den von der Reaktion als »fuglose« Versammlungen angesehenen Lehrervereinen[93] Schiller und Goethe gelesen[94]. Die Besitzerstempel in vielen älteren Klassikerausgaben verweisen noch heute auf solche Vereine, die geradezu als Zellen des Widerstandes angesehen werden können.[95] Das gleiche gilt für die »Allgemeinen Bildungsvereine« und ihren Dachverband, die »Deutsche Gesellschaft für Verbreitung von Volksbildung«[96].

Gleichsam kompensatorisch zu den Regulativen wurden auch in den Arbeiterbildungsvereinen schon früh Goethe und Schiller rezipiert. 1865 legte Moritz Müller den Mitgliedern des »Arbeiter-Bildungs-Vereins zu Pforzheim« in einer Rede mit dem bezeichnenden Titel ›Göthe als Arbeiter‹ einen Kanon der Goethe-Werke wärmstens ans Herz:

> Den Mitgliedern der Arbeitervereine rate ich hiermit, in ihre Bibliotheken folgendes anzuschaffen und zur näheren Ergänzung von Göthe selbst recht viel zu lesen, namentlich vorerst »Dichtung und Wahrheit«, »Götz von Berlichingen«, »Egmont«, »Herrmann und Dorothea«, »Eckermanns Gespräche«, »Briefwechsel mit Schiller« usw. – Dann als Kommentar und Lebensbeschreibung »Leben Göthe's« von Dr. W. Schäfer (II. Auflage).
> Man muß Göthe wiederholt lesen. Mir gefiel er früher, wie ich Arbeiter war, auch nicht, aber indem ich nicht nachließ im Studium, lernte ich ihn immer mehr verehren und lieben ⟨...⟩.[97]

Noch 1905 übte Max Alberty bei einer im Münchener Kindl-Keller abgehaltenen Schiller-Gedächtnisfeier der Arbeiterschaft Münchens heftige Kritik daran, daß »eine in jedem Betracht ungenügende, ganz unzulängliche, elende Volksschulbildung der proletarischen Jugend in engherziger pfäffischer Weise ⟨...⟩ den Stoff ihres Wissens« beschneide und »ihre Gehirne mit abgestandenen, Herz und Verstand gleichermaßen leerlassenden Katechismussprüchen« fülle.

Fragt Eure Kinder, welche Bibelsprüche, welche Kaiser und Massenmörder der Geschichte ihnen bekannt sind, sie werden sie Euch am Schnürchen herzählen, fragt Eure Kinder, was sie von Schiller, was sie von Goethe, was sie von Shakespeare wissen, sie werden mit ihrem Wissen bald zu Ende sein. ⟨...⟩ Und darum erhebt die klassenbewußte Arbeiterschaft auch heute ihre vernehmliche Stimme und *fordert* von den Herrschenden diesen ihr freventlich vorenthaltenen Anteil an der Kultur.[98]

In einer Rede am 10. Januar 1884 hatte Wilhelm Liebknecht eindringlich vor der bürgerlichen Losung »Durch Bildung zur Freiheit« gewarnt und betont, daß es gerade umgekehrt um ein Fortschreiten von der »Freiheit zur Bildung« gehen müsse, da erst »im freien Volksstaat« »das Volk Bildung erlangen« könne. Sein Schlußappell – »*Ohne Macht für das Volk kein Wissen! Wissen ist Macht! – Macht ist Wissen!*«[99] – wurde jedoch nur selektiv, nämlich mit Blick auf das mittlere Glied und die gerade verworfene Dominanz von »Wissen ist Macht«, aufgenommen. Zugespitzt läßt sich sagen: Anstatt für die von Liebknecht in den Vordergrund gestellte ›Freiheit‹ zu kämpfen, versuchte der in Bildungsvereinen organisierte Teil der Arbeiterschaft den Bildungsvorsprung des Bürgertums u.a. durch Schiller- und Goethe-Lektüre zu kompensieren, und dies (erst) zu einem Zeitpunkt, zu dem sich die bürgerliche Hegemonie ebenso wie die kulturkritische Avantgarde (symptomatisch dafür Nietzsches Entlarvung des ›Wissens‹ als eines ›Willens zur Macht‹ und Michael Georg Conrads Idealismusschelte im programmatischen Eröffnungsartikel des ersten Jahrgangs der ›Gesellschaft‹[100]) von Schiller und Goethe längst abgewandt hatten.[101]

Ähnliches galt für die Volksschullehrer. Indem ihnen die ›Allgemeinen Bestimmungen‹ ab 1872 eine breitere Klassikerlektüre erlaubten, konnten sie sich mit ihren akademischen Kollegen identifizieren, ohne allerdings de facto je deren gesellschaftliche Stellung erlangen, geschweige denn, sie gefährden zu können.[102]

5. Die »Allgemeinen Bestimmungen« und die Entwicklung bis 1890

Mit der für die Zeit um 1866 zu konstatierenden ›Wende‹ Preußen-Deutschlands vom ›idealistischen Michelschlaf‹ zum ›politischen Realismus‹, die beide sofort wieder zu einem mit dem ästhetischen Konzept der ›Verklärung‹ arbeitenden ›Real-Idealismus‹ vermittelt wurden, setzte sich als Lösung des Problems der Integration der klassischen deutschen Literatur in das sich konstituierende Reich das Modell ›National-Idealismus‹ durch. Der preußische Schulmeister, 1849 von Friedrich Wilhelm IV. noch für die 48er-Revolution verantwortlich gemacht, avancierte »nach dem militärischen Sieg über Österreich« zum eigentlichen Sieger der Schlacht von Königgrätz.[103] Unmittelbar nach der Reichsgründung entstand dann ein Mythos, nach dem die deutsche Klassik im neuen Reich eine Heimstatt gefunden habe, auf die sich dieses Reich gleichzeitig als seine Tradition berufen könne, so daß »die Ästhetik und Dichtung von Lessing bis Goethe als geistige Grundlage der Reichseinigung«[104] erschienen. So konnten auch Schiller und Goethe nach 1871 in der patriotischen Biographik jeweils zusammen mit Bismarck ein den deutschen Nationalcharakter repräsentierendes Dioskurenpaar bilden.[105]

Dabei wurde auch die eher sprachwissenschaftliche (romantische) Variante der Konstitution des ›deutschen Nationalcharakters‹ integriert. So schrieb die Diesterwegstiftung in Berlin 1870 die Preisfrage aus:»Wie ist der Unterricht in der Muttersprache, besonders auch der grammatische in der Volksschule einzurichten, um die nationale Bildung unserer Jugend nach allen Seiten hin zu fördern?« Die schließlich mit dem ersten Preis bedachte Schrift Hugo Webers[106] – ebenso wie die von Albert Richter[107] – konturiert die sprachlich-literarische Nationalbildung in Opposition zu kosmopolitischer und konfessioneller Bildung, die beide von der spezifisch *deutschen* Nationalität weggeführt hätten.

Insgesamt läßt sich diese Änderung als ein Wechsel vom Oppositionspaar ›aufklärerischer Rationalismus (- religiös, - vaterländisch, + revolutionär) vs. Gemüt (+ religiös, + vaterländisch)‹ beschreiben, bei dem literarische Bildung im Rationalismus-Paradigma verortet wurde, zu einem Oppositionspaar ›Idealismus vs. Materialismus‹, bei dem die Literatur auf seiten des ›Idealismus‹ zu finden war, der zugleich als ›national‹ und im Vergleich mit anderen europäischen Nationen als spezifisch ›deutsch‹ galt. Was mit den Regulativen 1854 noch in einer einzigen, negativ gewerteten Kategorie ›Verstandesbildung‹ zusammengefaßt wurde, nämlich sowohl die ›Realien-Fächer‹ als auch die literarischen Texte der ›Klassiker‹, stand sich in der Gründerzeit als Antagonismus gegenüber: Idealismus vs. Materialismus. In Woldemar Dietleins Kommentar zu einer imaginären Meta-Anthologie ›Die Dichtungen der Deutschen Volks-Schullesebücher‹ hieß es dementsprechend, daß es die deutsche Dichtung und Sprache seien, durch die »dem alles Ideale zersetzenden Materialismus der Gegenwart ein mächtiger Damm entgegengesetzt«[108] werde.

Die ›Allgemeinen Bestimmungen betreffend das Volksschul-, Präparanden- und Seminarwesen‹ vom 15. Oktober 1872 reagierten auf diesen Wandel und lösten die ›Regulative‹ nach 18 Jahren Gültigkeit ab. Das Lesebuch sollte zwar auch weiterhin dem gesamten Deutschunterricht zugrunde liegen, volkstümliches Gepräge tragen und zur Belebung, Ergänzung und Wiederholung des Realienstoffes dienen[109], jedoch

> tunlichst keine Stücke »konfessionellen Inhaltes« bringen, dafür aber »Proben von den Hauptwerken der vaterländischen, namentlich der volkstümlichen Dichtung und einige Nachrichten über die Dichter der Nation« enthalten. Für die Mittelschulen wurde darüber hinaus empfohlen, »Werke wie Minna von Barnhelm, Hermann und Dorothea, Tell, Wallenstein etc. im Zusammenhange« zu lesen.[110]

Das didaktische Konzentrationsprinzip blieb dabei insofern aufrechterhalten, als die Texte nach Themenbereichen angeordnet waren, wodurch die literarischen Texte unmittelbar auch für den Unterricht in anderen Fächern genutzt werden konnten, z.B.: *Geographie* (Goethe: ›Kennst Du das Land, wo die Zitronen blühn‹[111]), *Naturkunde* (Goethe: ›Frühlingsauferstehung‹; Schiller: Lieder aus dem ›Tell‹), *Geschichte* (Schiller: ›Wallenstein‹, ›Der Graf von Habsburg‹), *Religion* (Goethe: ›Legende vom Hufeisen‹). Bekannt ist das

Beispiel des Herbartianers Christian Ufer, der 1886 »vom Leben Jesu über den Missionsauftrag zu den Entdeckungsreisen (Geographie) und zum Kolonialismus (politische Geschichte); vom Meer, das Kolumbus befuhr, zu den Eigenschaften des Wassers (Physik und Chemie) und von da zu Schillers Gedicht ›Der Taucher‹ (Deutsch)«[112] vorgehen wollte.

Auch die didaktische Forderung nach ›Volkstümlichkeit‹ wurde weiterhin beibehalten, aber nicht mehr nur im Sinne der Regulativpädagogik ausschließlich durch »Volkslieder und die Erzählungen volkstümlicher Schriftsteller« gefüllt, sondern im Sinne literarischer Repräsentation des deutschen Nationalcharakters und damit des Konzepts »Nationalliteratur« verstanden. Jetzt sollten »Lessings Minna von Barnhelm, Schillers Lied von der Glocke und Wilhelm Tell, Goethes Hermann und Dorothea«[113] gerade wegen ihres nationalen Gehaltes behandelt werden. »Unsere Dichter«, hieß es in der Einleitung einer Lesebuch-Anthologie, die sich als »gute Sammlung der volkstümlichen Klassiker« annoncierte, sind die

> Dolmetscher der Volksseele und des nationalen Lebens und Strebens, ihre Werke die Blüte der geistigen Volkskraft. Daher haben wir in unserer klassischen Literatur ein geistiges Spiegelbild der Nation, das beste Band zwischen ihren Stämmen und Gliedern ⟨...⟩.
> Auch das ärmste deutsche Schulkind hat jetzt in seinem *Lesebuche* eine Anweisung auf seinen Erbanteil von dem besten Nationalgute in der Hand.[114]

Wenn mit den ›Allgemeinen Bestimmungen‹ also auch mehr klassisch-literarische Texte in den Deutschunterricht der Seminarien und Volksschulen aufgenommen wurden, so blieben die didaktischen Auswahl-Kriterien, formal besehen, dennoch weiterhin gültig, nur daß an die Stelle des ›Spruchs‹ aus der Bibel jetzt die ›Sentenzen‹ und ›geflügelten Worte‹ aus Schillers Gedichten, besonders natürlich der ›Glocke‹, traten. Erläuterungsbücher wie Dietleins ›Materialien zur schulgemäßen Behandlung von Lesestücken‹ legten den ›Sinn‹ der poetischen Lesestücke auf Sprüche von der Art ›Merke:‹ fest. Ein anderer Lehrer, H. Winzer, gruppierte die im Volksschulunterricht gebräuchlichen Gedichte sogar nach der jeweiligen ›Moral von der Geschicht‹: Der Dichter »fordert auf zu treuer Freundschaft und preist diese: Der Liebe Dauer von *Freiligrath*, Die Bürgschaft von *Schiller*«; »er lehrt Liebe zur Heimat, zur deutschen Natur, zum deutschen Vaterlande: Schloß Boncourt von *Chamisso*, Morgendämmerung von *Eichendorff*⟨...⟩, Mailied von *Goethe*, Pförtnerlied von *Schiller* ⟨...⟩, Der Alpenhirt und der Alpenjäger aus Wilhelm Tell, ⟨...⟩ Deutschland, Deutschland über alles und Mein Vaterland von *Hoffmann von Fallersleben*«; »er lehrt rechten Lebensgenuß: Der Schatzgräber von *Goethe* ⟨...⟩, Das Lied von der Glocke von *Schiller*.«[115]

Schwer ist es, sich der Schulwirklichkeit über die heute noch verfügbaren Quellen zu nähern.[116] Die fachdidaktischen Aufsätze in pädagogischen Zeitschriften ergeben jedoch für den Elementarschulbereich in etwa das folgende Bild: Was Schiller angeht, haben zumindest nach 1870/71 die großen Balladen (›Die Bürgschaft‹, ›Der Graf von Habsburg‹ und ›Die Glocke‹) Eingang in den Volksschulkanon gefunden. Als geeignet wurden daneben ›Tell‹ sowie in einzelnen Passagen ›Wallenstein‹ angesehen. Explizit ausgeschlossen blieben dagegen die frühen Dramen (›Räuber‹, ›Fiesco‹, ›Don Carlos‹) sowie die ›philosophischen Gedichte‹. Von Goethe wurden ›Erlkönig‹, Ausschnitte aus ›Reineke Fuchs‹ sowie ›Hermann und Dorothea‹, ›Über allen Gipfeln ist Ruh‹, ›Zauberlehrling‹ und ›Sänger‹ benutzt. Ausgeschlossen waren hier ›Tasso‹, ›Iphigenie‹ sowie einige Gedichte. Dieser Kanon blieb für die Lehrerseminare lange bestehen und kann anhand einer ganzen Reihe von Unterrichtswerken bis hinein in die neunziger Jahre immer wieder neu verifiziert werden.[117] Spätestens zu Beginn der neunziger Jahre hatte sich ein entsprechender Klassikerkanon für die Volksschule durchgesetzt. So verzeichnete beispielsweise der ›Stoffplan der sechsstufigen Volksschule zu Halle a.S. für den Unterricht in Deutsch‹[118] als »kursorischen Lesestoff« u.a. »die Balladen-Dichtungen Schillers und Goethes« für die Klassen I und II (Schiller: ›Wie heißt das Ding, das‹, ›Der Mann muß hinaus‹, ›Munter fördert‹, ›Dem dunkeln‹, ›Der Graf von Habsburg‹, ›Der Taucher‹, ›Die Bürgschaft‹, ›Der Ring des Polykrates‹, ›Glocke‹, ›Tell‹; Goethe: ›Der Schatzgräber‹, ›Was wäre das Haus‹, ›Erlkönig‹). Die unter didaktischen Gesichtspunkten weiterhin geforderte Rückbindung dieser Texte an die Vorstellungswelt des Volkes erfolgte, dem Konzentrationsprinzip entsprechend, auch hier wieder durch Subsumierung unter Sachthemen wie: »Im Hause« (›Der Mann muß hinaus‹), »In der Stadt« (›Munter fördert‹), »Das Begräbnis« (›Dem dunkeln‹), »Ein guter Bürger« (›Was wäre das Haus‹).

II. Literarische Praxis und Schule in Preußen: Kulturpolitische Aktivitäten im Umkreis des »Tunnels über der Spree«

Läßt sich also feststellen, daß die Regulative die Kanonbildung zumindest indirekt bis in die neunziger Jahre hinein kanalisierten, so bleibt zu untersuchen, wie denn ihre Vorgaben positiv erfüllt werden sollten; damit stellt sich die Frage nach den literaturpolitischen Aktivitäten und Institutionen der Hegemonie und solcher Literaten, die Anschluß an sie zu gewinnen suchten.

Als Orte der Verbindung von literarischer und politisch-administrativer, also auch schulischer Praxis fungierten vor allem formelle und informelle Gruppierungen im literarischen Leben. Geht man dem – am Beispiel einiger Mitglieder jenes Berliner »Sonntagsvereins«, der unter dem Namen »Tunnel über der Spree« bekannt geworden ist – genauer nach, so entsteht das Bild eines literarisch-sozialen Personengeflechts, das sich unter der Fahne des ›Patriotischen‹ zusammenfand und beteiligt war an den Versuchen, Einfluß darauf zu nehmen, was in Preußen gelesen, gedruckt und geschrieben werden durfte bzw. sollte.[119] Als wichtige personale Schnittstellen können dabei Werner Hahn, Karl Bormann und Ferdinand Stiehl gelten, aber auch Theodor Fontane. Die Rekonstruktion ihrer Aktivitäten zeigt die hegemoniale literarische Praxis als komplementäre Seite der vorwiegend beschränkenden und ausgrenzenden schulischen Literaturpolitik der Regulative.

1. Werner Hahn

Werner Hahn (1816–1890) wurde in Stiehls ›Aktenstücken‹ mit seinen »vaterländischen Lebensbildern« als empfehlenswert vorgestellt, denn er betätigte sich genau auf den beiden von den Regulativen herausgehobenen Feldern von Thron *und* Altar: Die zeitgenössischen ›Aufweichungstendenzen‹ innerhalb des Protestantismus bekämpfte er als Theologe zunächst wissenschaftlich[120], dann mit Inkrafttreten der Regulative auch popularisierend in einem Bändchen ›Vom lieben Gott. Erzählungen für Kinder‹[121]; als Literaturhistoriker verfaßte er Poetiken und Literaturgeschichten für den Gebrauch in höheren Schulen[122]; als Biograph schließlich hatte er solche ›patriotischen‹ Lebensläufe zu bieten, wie sie die Regulative für das niedere Schulwesen forderten.[123] Theodor Fontane (1819-1898) bescheinigte Hahn später in seinen Lebenserinnerungen, daß dieser sich ›volkstümlich‹ mit der – positiv bewerteten – Kategorie des ›Patriotischen‹ befaßt habe:

> Sein Bestes ⟨...⟩ sind doch wohl seine volkstümlichen Darstellungen preußischer Geschichtsstoffe: Königin Luise, der alte Zieten, König Friedrich I., Kunersdorf etc. ⟨...⟩ Er vermied auch die Phrase, was bei patriotischen Stoffen immer schwer, aber deshalb auch wichtig ist.[124]

Fontanes Urteil überrascht nicht, wenn man weiß, daß er selbst an der Entstehung dieses Buches maßgeblich beteiligt war; jedenfalls nach seiner eigenen – und zwar zeitgenössischen – Aussage:

> Er ⟨sc. Hahn⟩ pflegt mir das Manuskript vorzulegen, und nach meiner Angabe zu korrigieren. Den Portwein, den er mir dabei vorsetzt, kann ich mit gutem Gewissen niedertrinken, denn, ohne Renommisterei, ich bin ihm wirklich eine Hülfe, sogar eine doppelte dabei. Einmal befehde ich rücksichtslos jede Geschmacklosigkeit, dann aber bin ich in der Geschichte jener Zeit gerade zu Hause, und influiere somit öfters auch auf den Inhalt.[125]

Fontane war hier einmal mehr stolz auf das, was er zeitlebens für den einzigen Wissensbestand hielt, auf den bei ihm wirklich Verlaß sei: die Kenntnis der Geschichte;[126] und er war hier insofern besonders stolz, als er diese Kenntnis – wenn auch im Dienste eines anderen – deswegen ›vermarkten‹ konnte[127], weil sie gesellschaftlich gefragt war: Preußische Literaten, die sich zwischen 1813 und 1913 einen Platz in der literarischen Öffentlichkeit sichern wollten, konnten das am ehesten, wenn sie sich als Spezialisten für Geschichte, insbesondere für die Geschichte der Befreiungskriege, empfehlen.

Hahn hatte Fontane bereits 1840 im Berliner »Platen-Verein« kennengelernt.[128] Dieser Verein bestand vor allem aus Studenten, »unter denen wieder die Theologen überwogen«[129], die »fast sämtlich zu Hengstenberg« hielten[130], also zur protestantischen Orthodoxie.[131] Beide – der Student der Theologie und Philosophie Hahn und der Apothekergehilfe Fontane – hatten einen gemeinsamen aristokratischen Freund, Bernhard von Lepel (1818–1885).[132] Dieser war seit dem 1. Dezember 1839 Mitglied im »Tunnel über der Spree«[133], in dem sich bürgerliche und adlige Literaturliebhaber zusammenfanden. Die gesellschaftliche Differenz versuchte man in diesem Verein dadurch zu überspielen, daß man sich Decknamen gab. So wurde Hahn am 1. März 1840 unter dem Namen ›Cartesius‹ »Tunnel«-Mitglied[134] und bereits im selben Jahr vom 9. August bis 1. November Sekretär.[135] Fontane wurde im Juli 1843 von Lepel (›Schenkendorf‹) als Gast im »Tunnel« eingeführt[136] und dort im September 1844 unter dem Namen ›Lafontaine‹ als Mitglied aufgenommen. Als dann Lepel im Winter 1845/46 als Offizier beim »Kaiser-Franz-Gardegrenadierregiment Nr. 2« diente, gehörten Hahn und Fontane, Lepels Untergebener, zu einem Kreise, der sich nach den »Tunnel«-Sitzungen in der Kaserne versammelte.[137]

Trotz solch gemeinsamer gesellig-literarischer Praxis gingen die Mitglieder dieses Trios im Revolutionsjahr 1848 ideologisch unterschiedliche Wege: Während Fontane sich auf die Seite der Revolution schlug und den »Tunnel«-Sitzungen weitgehend fernblieb[138], war Hahn dort mit ›patriotischer‹ Literatur zur Stelle[139]; und während Fontane für die ›Berliner Zeitungshalle‹ schrieb, das Publikationsorgan des »Zentralausschusses der deutschen Demokraten«[140], hielt Lepel Fontane vor, daß er nicht – wie auch Hahn – Mitglied des »Constitutionellen Clubs« war[141], einer eher konterrevolutionären Vereinigung.[142]

Im Frühjahr 1850 wurde Hahn Redakteur der ›Deutschen Reform. Politische Zeitung für das constitutionelle Deutschland‹.[143] Das Blatt war »mit Subvention der Regierung« gegründet worden, die im Innenministerium das Literarische Cabinet unterhielt, eine Institution, die die Presse beobachten sollte. Aktuelle Aufgabe der ›Deutschen Reform‹ sollte es sein, angesichts der allgemeinen »Stimmung gegen das Ministerium Brandenburg-Manteuffel« Einfluß »in der Presse« zu gewinnen.[144] Lepel arbeitete mit[145] und auch Fontane[146], der so seine ›Wende‹ vom ›48er-Demokraten‹ zum ›vaterländischen Patrioten‹ einleitete.

Parallel dazu war Fontane ab dem 21. April 1850 »Tunnel«-Sekretär und damit auch Protokollant der Sitzungen.[147] Er trat die Nachfolge Wilhelm von Merckels (1803–1861) an, der sich aktiv in den Dienst der Konterrevolution – »Gegen Demokraten / Helfen nur Soldaten!« – gestellt hatte[148] und nun – eben im April 1850 – als Kammergerichtsrat Leiter des Literarischen Cabinets wurde, das er zu einem Zentrum der »*Organisation der gesamten konservativen Presse*«[149] umzugestalten suchte. Dieses Bestreben Merckels ist vor allem deshalb interessant, »weil nicht nur der politische Teil der Zeitung, sondern auch das Feuilleton unter seiner ⟨sc. Merckels⟩ Obhut und Aufsicht« stand und sich »dadurch der Einfluß dieser Organisation auch auf das literarische Leben erstreckte«[150]. Hauptinstrument dieser »Obhut« war eine lithographierte ›Constitutionelle Correspondenz‹[151], der sieben Literaten zuarbeiteten, die 116 in- und ausländische Zeitungen auswerteten, u.a. für die Zeitungsschau der ›Deutschen Reform‹.[152] Auch privat mußten sie für einzelne Zeitungen Korrespondenzen schreiben, die die Position der Regierung festigen sollten, aber keinen offiziellen Charakter haben durften.[153] Einer der sieben Literaten hieß ab 1. August 1850 Theodor Fontane[154]; ein – so Merckels Fürsprache – »achtungswerter junger Mann, auch mir treu ergeben«[155]. Die Initiative war von Fontane selbst ausgegangen, der Lepel am 8. April brieflich gebeten hatte, dieser möge ihn an Merckel weiterempfehlen.[156] Als das Literarische Cabinet im Dezember 1850 in der bisherigen Form aufgelöst wurde, fand sich für Fontane erst einmal keine weitere Verwendung in Regierungsdiensten, bis dann ab 1851 die ›Deutsche Reform‹ als ›Preußische (Adler) Zeitung‹ weitergeführt wurde und sich Fontane »der Reaktion für monatlich 30 Silberlinge« verkaufte.[157]

2. Karl Bormann

Die somit auf vielfältige Weise in literarisch-politischer Kooperation stehenden »Tunnel«-Mitglieder Fontane, Lepel und Merckel machten sich zu Beginn der fünfziger Jahre Gedanken über die »Reorganisation« des Sonntagsvereins[158], dessen Schwächen in Struktur und Verfahrenspraxis durch die Revolution an den Tag gebracht, aber dann doch nicht grundsätzlich behoben worden waren. Angesichts der intensiven Öffentlichkeitsarbeit, die zahlreiche Vereinsgründungen des Jahres 1848 auszeichnete, war einem Teil der aktiveren »Tunnel«-Mitglieder die – z. T. als dünkelhaft empfundene[159] – Zurückhaltung des Sonntagsvereins als unzeitgemäß erschienen.[160] Im Dezember 1852 war es soweit: Die zu dieser Zeit wichtigsten »Tunnel«-Mitglieder[161] faßten den Plan einer Zeitschrift, die schließlich den Namen ›Argo‹ erhielt.[162] Diese wurde von einem Verein – »Rütli« – getragen[163], der auf Initiative des in Vereinsgründungen erfahrenen[164] Professors an der Berliner Akademie der Künste Friedrich Eggers (1819–1872) entstand. Der »Rütli« hielt dann »bis in die neunziger Jahre hinein mit größter Regelmäßigkeit« seine Sitzungen ab.[165] »Ur-Rütlionen«[166] waren u.a. Merckel, Lepel, Fontane, außerdem der Professor der Kunstgeschichte an der Akademie der Künste zu Berlin und spätere Mitarbeiter des Kultusministeriums Franz Kugler (1808–1858) und Karl Wilhelm Emil Bormann (1802–1882). Dieser trug den »Tunnel«-Namen ›Metastasio‹ und – gemäß Paragraph 51 der Statuten – einen »auf individuellen Beziehungen beruhenden humoristischen Beinamen«[167]: »die hüpfende Schulhymne«. Bormann war nämlich von 1832 bis 1847 Mitarbeiter Diesterwegs am Berliner Seminar, dann ab 1849 Provinzial-Schulrat in Berlin und Mitherausgeber des als Amtsblatt fungierenden ›Schulblattes für die Provinz Brandenburg‹; er zählte zu den Befürwortern der Regulative[168] und wurde Verfasser einer bis 1872 in 17 Auflagen erschienenen, auf der Regulativpädagogik fußenden und von amtlicher Seite geförderten ›Schulkunde‹[169], die die Volksschulerziehung in einem Katalog evangelisch-preußischer Erziehungsziele (»Gehorsam«, »Vaterlandsliebe«, »Gottesfurcht«, »Stille«, »Aufmerksamkeit«, »Fleiß«, »Ordnung«, »Wohlanständigkeit«, »Wahrhaftigkeit«, »Friedfertigkeit«,

»Reinlichkeit«) an die übergeordneten »Erziehungsanstalten« ›Staat‹ und ›Kirche‹ anzubinden suchte.[170] Allerdings beschäftigte er sich durchaus auch mit den für den Elementarschulbereich verpönten »Klassikern« und legte 1871 eine umfangreiche Deutung von Schillers ›Mädchen aus der Fremde‹ vor.[171]

Der »Rütli« tagte regelmäßig u.a. auch bei Bormann[172]; danach wurden manchmal »dem Rütli ⟨...⟩ die Salons der Frau Rätin geöffnet«, so daß es nötig wurde, »im Frack zu erscheinen«[173]. Zu derlei gesellschaftlichen Ereignissen wurden »auch Andere, z.B. Hahn, eingeladen«[174]. Bormann verschaffte im übrigen dem immer unter Geldsorgen leidenden Fontane die Möglichkeit, »Unterricht im Deutschen, Geschichte und Geographie« zu erteilen. Fontane zuversichtlich: Er habe »Zusicherungen Seitens des Schulrats Bormann in Händen, die mir mehr in Aussicht stellen«[175]. Als dann Fontane im Auftrage der preußischen Regierung in England weilte, hielt der »Rütli« den Kontakt zu seinem Mitglied u.a. durch Kollektivbriefe aufrecht[176]; an einem von ihnen beteiligte sich auch Bormann.[177] Seine und Kuglers »amtliche Stellung« spielten dann bei Fontanes Überlegungen, für den in »Stagnation« geratenen »Rütli« neue »Ersatzmannschaften« zu gewinnen, eine gewisse Rolle.[178] Bormann hatte im übrigen »vom Jahre 1837 an, durch länger als zwei Jahrzehnte, die Ehre und Freude, Prinzen und Prinzessinnen des königlichen Hauses unterrichten zu dürfen«[179].

3. Theodor Fontane und Ferdinand Stiehl

Die Verflechtung von Staat, Schule und literarischem Verein war also unübersehbar – und folgenreich. Das bekam z.B. derjenige zu spüren, der von außen in diesen preußischen »Tunnel«-Zirkel eindrang und dessen ideologisches Projekt nicht beachtete: Als Theodor Storm – Mitglied des parallel zum »Tunnel« tagenden »Rütli« – für dessen Zeitschrift ›Argo‹ 1853 die Erzählung ›Ein grünes Blatt‹ anbot, schrieb Fontane als einer der beiden Herausgeber dem Autor über dessen ›Epilog‹, dieser sei »zwar völlig klar, aber für Geheime Regierungsräte, Schulräte und ähnliche Leute eben nur *allzu* klar geschrieben«[180]. Dann erwähnte Fontane Bormann und Kugler namentlich, bis er sich selbst einschloß:

Das Deutsch-Patriotische kann sich natürlich in den stärksten Ausdrücken äußern, aber was nach der einigen, unteilbaren deutschen Republik schmeckt, könnte uns »Beamteten« doch sehr verübelt werden. Sie fühlen dabei vielleicht: »nette Kerle das«, aber das Märtyrertum, schon an und für sich eine kitzliche Sache, kann unmöglich von Personen erwartet werden, die teils ausgesprochenermaßen, teils unbewußt au fond du cœur die besten Preußen und Royalisten von der Welt sind.[181]

Zur Rolle des »vaterländischen Schriftstellers«[182] hatte Fontane nicht ohne z.T. ausdrückliche ›Nachhilfe‹ des »Tunnels über der Spree« gefunden, der bereits in den dreißiger Jahren in Paragraph 5 der »Statuten für die Redaktion und Mitarbeiter« des ›Literaturblatts des Sonntags-Vereins‹ ausdrücklich festgehalten hatte, es sei »doch vorzugsweise die nächste Absicht«, »die vaterländische deutsche Kunst, und was mit ihr zusammenhängt 〈...〉 zu behandeln«[183]. Ganz im Sinne dieses Projekts notierte Fontane unter dem 19. August 1856 in sein Londoner Tagebuch: »Einen Plan gemacht. ›Die Marken, ihre Männer u. ihre Geschichte. Um Vaterlands u. künftiger Dichtung willen gesammelt u. herausgegeben von Th. Fontane.‹«[184]

Nach der Rückkehr von diesem dritten Englandaufenthalt erfolgten dann am 18. Juli 1859 die erste Wanderung durch die Mark[185] und bereits am 31. August in der oben erwähnten ›Preußischen (Adler-) Zeitung‹ der Abdruck des ersten Kapitels der künftigen ›Wanderungen durch die Mark Brandenburg‹.[186] Am 5. Dezember 1859 bat Fontane für seine Arbeiten über die Mark Brandenburg das »Ministerium der geistlichen, Unterrichts- und Medicinal-Angelegenheiten« um einen finanziellen Zuschuß.[187] Am 12. Februar 1860, einem Sonntag, schrieb Merckel (›Immermann‹) an Fontane (›Lafontaine‹):

Cocceji war heute morgen bei mir. Der Geheime Rat Stiehl (Ritterstraße 71 wohnhaft) ist Referent in Ihrer Sache und wünscht Sie persönlich zu sprechen; er hat gesagt, abends von 7 Uhr ab sei er zu Hause. Cocceji hat ihn vorgestern beim Minister in Gesellschaft gesprochen. Der Minister wie Stiehl sind nicht ungünstig gestimmt. Wahrscheinlich aber wird (*ich* vermute es) Stiehl von Ihnen Details über das Material und wie nahe Sie etwa daran wären beginnen zu können, hören wollen.[188]

Minister war Moritz August von Bethmann-Hollweg (1795–1877), und hinter dem »Tunnel«-Namen ›Cocceji‹ verbarg sich der Jurist und Politiker Heinrich von Mühler (1813–1874), Bruder Henriette Merckels und als Nachfolger Bethmann-Hollwegs ab 1862 Kultusminister.

Merckel riet Fontane, alles zusammenzuraffen, »was Sie wissen und dazu erfinden können«. Allen Vorschlägen gegenüber solle Fontane »ja nicht etwa die Nase« rümpfen, »als widerstrebe das ⟨z.B. ein für die Jugend ›gereinigtes‹ Buch; W.W.⟩ Ihrer Neigung oder widerspreche Ihrem Plane«:

Reden läßt sich vieles; haben Sie erst die Subvention sicher, dann *machen* Sie Ihr Buch doch, wie *Sie's* für gut finden ⟨...⟩.
Gehen Sie endlich so *bald als möglich*, am liebsten gleich *morgen* abend zu Stiehl; geben Sie *eventuell* Ihre Karte ab u. sagen Sie, Sie würden Donnerstag wiederkommen.
Lassen Sie sich durch Stiehls etwas scharfe Manier und kurioses Auftreten nicht alterieren. Es ist etwas sarkastisches Scheidewasser in ihm; aber »Bellen ist noch nicht Beißen!«
Seien Sie ruhig, kühl, geistesgegenwärtig, zugleich eingehend, kurz *anjenehm*!

Immermann

A revoir me⟨r⟩credi![189]

Der auf diese Weise hinsichtlich des Umgangs mit Ministerialen instruierte Fontane hatte Erfolg: Bis 1868 erhielt er eine jährliche Beihilfe von 300 Talern.[190] Im November 1861 erschien dann der erste Band der ›Wanderungen durch die Mark Brandenburg‹ bei dem Berliner Wilhelm Hertz (1822–1901), einem Sohn Adelbert von Chamissos (1781–1838)[191] und Verleger u.a. der Werke Paul Heyses (1830–1914), Gottfried Kellers (1819–1890) und Julian Schmidts (1818–1886); bei Hertz waren – auf Vermittlung Heyses – 1860 bereits Fontanes ›Balladen‹ erschienen[192] und ab 1854 Stiehls ›Regulative‹ und die kommentierenden Broschüren dazu.[193] Fontane nutzte in den folgenden Jahren die Tatsache, daß er und Stiehl Autoren ein und desselben Verlegers waren, nach Kräften: Hertz wurde zu Fontanes Vertrautem und Vermittler in Sachen Stiehl.[194]

Gleich nach Erscheinen des ersten Bandes der ›Wanderungen‹, in dem es um »die Schöpfungen und die Erinnerungen einer großen Zeit« geht[195] und von denen ein Exemplar für Bormann reserviert wurde[196], schrieb Fontane fünf Begleitbriefe: vier an Berliner Zeitungsredakteure, den fünften, mit dem er sich besondere Mühe gab, an »Geh. Rat Stiehl«[197]. Am Abend des 21. November überreichte Fontane anläßlich einer Audienz bei Bethmann-Hollweg den Band.[198] Doch der Minister, Mitglied des Kabinetts der liberalen »Neuen Ära«, ärgerte sich über Fontane; und zwar offenbar deshalb, weil dieser mittlerweile Redakteur der ›Neuen Preußischen (Kreuz-)Zeitung‹ geworden war. Fontane fühlte sich als »Manteuffel-Mann und Reaktionär« betrachtet[199], und sein »Ärger« war so groß, daß auch die Verbindung zu Stiehl darunter zu leiden drohte.[200] Weil vermutlich Hertz besänftigend eingriff, versuchte Fontane trotzdem, Stiehl – in dessen Schule Fontane seit August 1859 Englischstunden gegeben hatte[201] – in der Ritterstraße zu erreichen[202]; am 14. Dezember 1861 endlich mit Erfolg: »*Famos liebenswürdig*«[203]. Mit vielen anekdotischen Details illustrierte Stiehl – wie Fontane in seinen Tagesnotizen ausführlich festhielt – seine Klage über die »Misere der preußischen Schulen«[204].

Fontane versuchte in den folgenden Jahren, den Kontakt zu Stiehl zu halten[205], der 1866 mit seinem »Fürwort« offenbar zur Verlängerung der »Bewilligung« beitrug.[206] Vor allem aber rechnete Fontane 1868 auf Stiehl bei einem »brandenburgisch-preußischen Geschichtenbuch«[207], mit dem er auf ›patriotische‹ Weise dem ›Brandenburgischen Kinderfreund‹ Konkurrenz machen wollte, einem Lesebuch für Volksschulen, das Friedrich Philipp Wilmsen (1770–1831) herausgegeben und das 1852 bereits die 198. Auflage erreicht hatte.[208] Hertz gegenüber stellte Fontane das Projekt wie folgt vor:

> Es ist ein Unternehmen, das wenn es Ihren und Ihrer ministeriellen Freunde Beifall fände, mit einer Art von Wahrscheinlichkeit zu ähnlich glänzenden Resultaten führen müßte, wie der brandenburgische Kinderfreund.

(Vielleicht heißt er jetzt anders.) Ich verhehle mir dabei keinen Augenblick, daß von der ministeriellen oder deutlicher zu sprechen, daß von Geh. Rat Stiehls Protektion des Unternehmens *alles abhängt* und daß, wenn diese Protektion *nicht* in Aussicht gestellt würde, es sich – Ihre Geneigtheit überhaupt vorausgesetzt – weder für Sie noch für mich verlohnen würde, ein solches Buch ins Leben zu rufen. *Ohne* Protektion würde es ein Unternehmen sein, das günstigstenfalls auf eine Aufnahme wie etwa meine Wanderungen zu rechnen hätte, *mit* Protektion könnte es ein glänzendes Geschäft für Sie und eine andauernde, bescheidne Einnahmequelle für mich werden.[209]

Inhaltlich setzte Fontane ganz auf den ›volkstümlichen‹ Ton, von dem oben mehrfach die Rede war und als dessen Paradigma die Ballade galt: »Es müßte eine Art Stoffbuch werden, ein in schlichtester Form gegebener Balladen-Extrakt unsrer Geschichte«, der »Geschichten erzählend schließlich doch die Geschichte selb⟨er⟩ gibt, ihr bestes Teil, ihr Kernstück nur *dies*«[210].

Mehr als ein Jahr später arbeitete Fontane dann an »Notizen für Geh. Rat Stiehl«[211] und kam – um »1 Uhr früh« – auf die Prinzipien und das Innovative seiner ›patriotischen‹ Arbeiten zu sprechen: Es ging Fontane nicht lediglich um das »Popularisieren« der bereits gewußten Geschichte, sondern allererst um deren Rekonstruktion aus den ›einfachen‹ Formen:

> Vielleicht könnten Sie Herrn Geh. R. Stiehl gegenüber noch 'mal hervorheben, daß ich in meinen Arbeiten nicht bloß Vorhandenes und allgemein Gekanntes zu popularisieren trachte, sondern daß ich *recht eigentlich auf Entdeckungsreisen ausgehe*. Es klingt das halb lächerlich, halb anmaßlich und doch ist es so. Es reichen keine hundert Dinge: Briefe, Dokumente, Bilder, Baulichkeiten, Sagen, Volkslieder, Anekdoten die ich *aufgefunden* habe, die vorher für die Welt nicht da waren. ⟨...⟩ *Ihnen* kann ich das sagen; direkt dem Herrn Geheim Rat St. gegenüber, wär' es die reine Renommisterei gewesen.[212]

Inzwischen hatte Fontane weiterhin ganz auf die preußische Sache gesetzt: ›Der Schleswig-Holsteinsche Krieg im Jahre 1864‹ und die ›Reisebriefe vom Kriegsschauplatz‹ waren erschienen und die zwei Bände ›Der Deutsche Krieg von 1866‹ in Arbeit. Mitte November 1869 richtete Fontane an König Wilhelm I. erneut ein Gesuch um 300 Taler jährlich.[213] Die Ablehnung traf Fontane tief und nachhaltig: Er erkannte, daß seine ›patriotische‹ Arbeit »wieder umsonst« gewesen war:

> Ich habe die kümmerliche Genugtuung, daß jeder der davon ⟨sc. der Ablehnung; W.W.⟩ hört, sein empörtes Urteil in die Worte zusammenfaßt: »wenn *Sie* diese Unterstützung nicht erhalten, wer überhaupt *soll* sie dann noch erhalten!« – indessen was gilt den Herrn, die alles vom Standpunkte eines Seminardirektors ansehn, eine solche oberflächliche *Coterie*-Meinung. Zucht muß geübt werden. Arme Kerle. Die schlimmsten sind doch immer die Parvenus!
> Dies große Kriegsbuch (›Der Deutsche Krieg von 1866‹; W.W.), die Tag- und Nacht-Arbeit dreier Jahre, war der letzte Zug; alles wieder umsonst, und so darf ich denn sagen: ich habe diesen Literaturbettel gründlich satt.[214]

Der »Seminardirektor«, der schon früher von Fontane *privat* sarkastisch beschrieben worden war[215], wurde nun zur Zielscheibe bitterbösen Witzes – in Privatbriefen[216]; *öffentlich* steht – wie so oft bei Fontane[217] – genau das Gegenteil:

> Diese Räte waren nichts weniger als steifleinene Herren, vielmehr umgekehrt meist glänzende Causeurs. Ich nenne nur einen, den Geheimrat Stiehl. Er war so witzig, daß man fast sagen konnte, selbst seine Regulative wirkten so. Jedenfalls stand er selber ziemlich kritisch zu seiner Schöpfung, und ich erinnere mich einer bei Gelegenheit seines Sturzes von ihm abgegebenen, halb humoristischen, halb zynischen Erklärung, in der er lächelnd zugestand, daß er wohl wisse, wie man das alles auch ganz anders machen könne.[218]

Wolfgang Rohe
Literatur und Naturwissenschaft

Ganz unterschiedlich war die Resonanz auf die Ereignisse des Jahres 1848 in Politik, Wirtschaft, Wissenschaft und Literatur. Reaktion und Depression als erkennbaren Wirkungen in der Politik steht die ebenso markante ökonomische Hausse der fünfziger Jahre[1] gegenüber. Die Naturwissenschaften blieben dagegen in ihrem seit den dreißiger Jahren beschleunigten Erkenntniszuwachs nahezu unbeeindruckt. Nur für die sprunghaft zunehmende Popularisierung ihrer Ergebnisse scheint das Datum 1848 Signifikanz zu besitzen. Schon diese Beobachtung sollte Anlaß sein, sozialgeschichtlichen Fragen nach dem historischen Entwurf von Literatur, nach ihrer Funktion und ihrem sozialen Konnex in Zusammenhang mit je spezifischen Teilsystemen der Gesellschaft nachzugehen.

Daß das Datum 1848 auch in der Kommunikation über Literatur einen Schnitt markiert, ist – nachdem die These vor allem von Fritz Martini vertreten wurde – durch die Forschungen von Widhammer, Kinder, Eisele und Plumpe über den historischen Realismusbegriff zum literaturwissenschaftlichen Konsens geworden. Gewiß stehen Autoren, etwa Adalbert Stifter oder Karl Gutzkow, und auch Gattungen, etwa die Dorfgeschichte, quer zum Epochenschnitt. Indes besteht kein Zweifel, daß auch sie im Literatursystem nach 1848 unter einem neuen Programm, eben dem ›realistischen‹, betrachtet wurden. Für die Literaturwissenschaft lag es nahe, ihr Textmaterial, seien es theoretische oder literarische Produktionen des Realismus, mit jenen Feldern der Gesellschaft zu korrelieren, in denen das Jahr 1848 gleichfalls einen Schnitt markiert: mit Politik und Ökonomie. In der Tat sind diese beiden Systeme bislang die beherrschenden Bezugsgrößen für eine sozialgeschichtliche Realismusforschung gewesen. Daß Untersuchungen zur Vermittlung von Literatur und Naturwissenschaft fast völlig ausblieben, kann indes nicht allein mit der fehlenden Koinzidenz beider Systeme im Epochendatum erklärt werden. Der Grund dieses Defizits darf forschungsgeschichtlich vielmehr in der geradezu systematischen Blockade vermutet werden, der das Thema ›Literatur und Naturwissenschaft‹ infolge des Epochenparadigmas des ›Poetischen Realismus‹ unterlag, wie es von Wolfgang Preisendanz installiert worden ist. Der ›Poetische Realismus‹ gewinnt sein konstituierendes Moment aus folgendem Dilemma:

> Wie kann die Erzählkunst vermeiden, zum Vehikel wissenschaftlicher Erkenntnisse, zur Verherrlichung der »wissenschaftlichen Seligkeiten« zu werden? Wie kann der Romancier, der Novellist der Gefahr entgehen, in seinem Werk nur mehr die konkretisierende Vermittlung von Hypothesen, Fakten oder Theorien anderweitiger Herkunft zu sehen?[2]

Die Antwort sieht Preisendanz im Prinzip der ›Verklärung‹, welches verhindern soll, »daß die Dichtkunst aufhört, ein eigenwertiges Medium zu sein«[3]. Ein Epochenkonzept, das die Literatur primär durch ihre Differenz zur (Natur-)Wissenschaft konstituiert sieht, läßt die Frage nach den Berührungen beider Bereiche oder gar die nach der literarischen Bearbeitung von Naturwissenschaft kaum mehr zu. Das gilt erst recht, wenn es zur Formel »Dichtung contra Wissenschaft«[4] verknappt wird. Eine solche Antinomie ist als theoretische Prämisse für weitere Untersuchungen aufzugeben. Daß sie als Teil einer historischen Konfiguration im Blick auf die Literatur des Realismus ihre Berechtigung haben kann, bleibt unbestritten. Nur ist die Antinomie dann als Setzung der realistischen Literaturkonzeption näher zu analysieren, und zwar sowohl hinsichtlich ihrer Ursache als auch hinsichtlich ihrer besonderen Qualität als eines ausformulierten oder eines stillschweigend vorausgesetzten Axioms. Den theoretischen Reflexionen über das Verhältnis von Literatur und Naturwissenschaft, wie sie in der Ästhetik, der Literaturtheorie und der populären Naturwissenschaft nach 1848 angestellt wurden, geht der zweite Abschnitt dieses Aufsatzes nach. Die Auswirkungen der Grenzziehung zwischen Literatur und Naturwissenschaft auf die literarische Produktion im Realismus sind Gegenstand des letzten Abschnitts. Diesen beiden Untersuchungsfeldern geht zunächst der Versuch voraus, eine Typologie jener Literaturform zu entwerfen, die wesentlich zur öffentlichen Wahrnehmung der Naturwissenschaften und somit zu ihrer Transformation aus der bloß systeminternen Reproduktion beitrug: die populäre Wissenschaftsprosa. Sie ist bedeutsam einerseits als literarisierte Form naturwissenschaftlichen Wissens und andererseits als jene Manifestation von Wissen, die die breiteste Resonanz in der Gesellschaft und auch in der Kunst erzeugen konnte.

I. Naturwissenschaft und Öffentlichkeit: Typen populärer Naturwissenschaft

Die Auffassung vom 19. Jahrhundert als dem »Beginn des Zeitalters der Wissenschaft«[5] ist ein Gemeinplatz, auf den auch die Literaturgeschichtsschreibung gern verweist, wenn sie ihren Gegenstand im historischen Raum verankern will. Es erfordert indes eine genauere Beschreibung des Systems ›Wissenschaft‹ um 1850, wenn man den Wechselwirkungen dieses Systems mit der Literatur nachgehen will. Zunächst müssen die Repräsentationsformen von Wissenschaft in der Gesellschaft aufgezeigt werden, die einen Reflex in der Literatur erst ermöglichen. Als die drei wichtigsten Repräsentationsformen sind erstens die wissenschaftlichen Institutionen und Personen (Universitäten, Wissenschaftliche Vereine, Kongresse, disziplinäre Gemeinschaften, Einzelforscher, Fachzeitschriften u.a.)[6], zweitens die literarische Popularisierung von Wissenschaft und drittens deren Anwendungseffekte zu unterscheiden. Dieser dritte Aspekt umfaßt die Realisationen abstrakter Wissenschaft in Technik und Industrie. Hermann von Helmholtz registrierte 1869, daß »die Naturwissenschaften das ganze Leben der modernen Menschheit durch die praktische Verwertung ihrer Ergebnisse umgestaltet«[7] haben. Solcher Umgestaltung der Lebenswelt, die bereits Adelbert von Chamisso in die sinnfällige Trias von Lokomotive, Dampfmaschine und Telegraph gefaßt hatte, ist eine literaturwissenschaftliche Technikforschung seit langem und jüngst wieder verstärkt nachgegangen.[8]

Ein erheblich geringeres Interesse hat dagegen die popularisierte Naturwissenschaft unseres Untersuchungszeitraums gefunden. In der Forschung dominiert die Präsentation von Einzeltexten, während eine Systematisierung des gesamten Materials bislang unterblieb.[9] Ein Beschreibungsversuch zur Genese der populären Naturwissenschaft und der Entwurf einer dreigliedrigen Typologie ihrer Formen lassen sich an Rudolf Stichwehs Studien zur Physik in Deutschland knüpfen. Am Beispiel dieser Disziplin hat Stichweh die Statusveränderungen der Naturwissenschaften innerhalb des sozialen Systems im 19. Jahrhundert beschrieben.

Kennzeichnend für die Jahrhundertmitte ist demnach erstens der fortgeschrittene Stand, den die Herausbildung von Einzelwissenschaften mit jeweils »disziplinär spezialisierter Kommunikation«[10] erreicht hat. Vor allem am Organ der Fachzeitschrift läßt sich diese Spezialisierung und disziplinäre Differenzierung studieren.[11] In der Folge nimmt die Referenz der Naturwissenschaften auf die Gesellschaft fortschreitend ab, während die Orientierung der Disziplinen untereinander, in einer wissenschaftsinternen Umwelt also, an Bedeutung gewinnt. Das zieht zweitens die Abkoppelung der Naturwissenschaften von der Pflicht zu gesellschaftlicher Nützlichkeit[12] nach sich und generiert zugleich »neue Wertmuster, die den Kontakt und gar den Appell an das Publikum in den Bereich des Illegitimen drängen«[13]. Indes ist diese forcierte Gesellschaftsferne der Wissenschaft nicht von langer Dauer, es entstehen neue Vermittlungsformen des Wissens, die freilich am erreichten ausdifferenzierten Status der Wissenschaften selbst nichts ändern. Stichweh führt aus:

> Kommunikative Überbrückungen, die es erlauben, die Ergebnisse der Wissenschaft an breite Interessentenkreise zu vermitteln, müssen im 19. Jahrhundert erst neu institutionalisiert werden. Dabei entsteht *Popularisierung* der Wissenschaft im modernen Sinn. Popularisierung will – darin unterscheidet sie sich von vielen der halbpopulären Traktate des 18. Jahrhunderts – in der Wissenschaft selbst keine Innovation mehr auslösen. Den Stand des Wissens nimmt sie als gegebenes Datum und konzentriert sich auf den Akt der Übermittlung und die notwendigen Übersetzungsleistungen.[14]

Mit dieser Beobachtung Stichwehs ist ein erster und zugleich der verbreitetste Typ von Wissenschaftsprosa der Jahrhundertmitte beschrieben: die populäre Darstellung zumeist disziplinär begrenzten Wissens, häufig aus der Feder professioneller Naturwissenschaftler.

Ein zweiter Typus durchbricht die Grenze von Naturwissenschaft und Gesellschaft nicht nur auf der kommunikativen, sondern auch auf der thematischen Ebene. Die Beiträge dieses Typs gehen entweder den Wirkungen der Naturwissenschaft im sozialen System nach und stammen sowohl von Wissenschaftlern als auch von Philosophen, oder sie versuchen, eine gesellschaftliche Wirkung der Naturwissenschaft planmäßig herbeizuführen. Diese letzte, materialistische Variante besitzt mit Karl Vogt, Jakob Moleschott und Ludwig Büchner eine relativ stabile Text- und Autorengruppe. Wissenschaftsintern, so Stichweh, bleibt auch diese Popularisierung ohne Resonanz. Für seinen gesellschaftlichen Konnex zahlt der Materialismus »den Preis akademischer Marginalität«[15].

Ein dritter Typus schließlich begnügt sich weder mit bloßer Wissensübersetzung, noch intendiert oder registriert er eine gesellschaftliche Resonanz der Naturwissenschaft. Es ist der fast schon anachronistische Versuch einer Gesamtschau aller naturwissenschaftlichen Erkenntnis. Er liegt in Alexander von Humboldts ›Kosmos‹ exemplarisch und nahezu singulär vor.

Als richtungweisend für den ersten, Naturwissenschaft popularisierenden, Typus können Justus von Liebigs ›Chemische Briefe‹ gelten, die nach Einzelveröffentlichungen in der ›Augsburger Allgemeinen Zeitung‹ (ab 1842) in Buchform zuerst 1843 in englischer Übersetzung und dann 1844 auch in Deutschland erschienen.[16] Vorbildlich wirkte das Werk zum einen in seiner Intention, »die Aufmerksamkeit der gebildeten Welt auf den Zustand und die Bedeutung der Chemie«[17] zu lenken, und zum anderen in seiner kommunikativen Ausrichtung. Diese setzt die Adressaten- über die Wissenschaftsfunktion, ohne aber »in das Gemeine und in das platte Verständlichmachen«[18] zu verfallen. Der Titel ›Briefe‹ bringt diesen kommunikativen Akzent auf den Begriff und ist vielfach übernommen worden: in den ›Physiologischen Briefen‹ Karl Vogts (Stuttgart ¹1845/47; ⁴1874) ebenso wie in dessen ›Zoologischen Briefen‹ (2 Bde. Frankfurt a.M. ¹1851), in Hermann Burmeisters ›Zoonomischen Briefen‹ (Leipzig ¹1856) und Karl Schmidts ›Anthropologischen Briefen‹ (Dessau ¹1852), aber auch in den ›Odisch-magnetischen Briefen‹ des Karl von Reichenbach (Stuttgart ¹1852). Eine Fortsetzung Liebigs unternahm Karl Ritter von Hauer in ›Neuen

Chemischen Briefen für Freunde und Freundinnen der Naturwissenschaften‹ (Wien 1862).

Für eine weitere Bedingung von Popularisierung – die Veranschaulichung abstrakten Wissens – steht eine zweite verbreitete Gattungsbezeichnung: das ›Bild‹. Ein Tableau ihres Gegenstands, oftmals durch Stahlstiche oder Holzschnitte großzügig unterstützt, entwerfen u. a. die ›Geologischen Bilder‹ Bernhard Cottas (Leipzig [1]1852; [6]1876), die ›Naturbilder aus dem Leben der Menschheit. In Briefen an Alexander von Humboldt‹ (Leipzig [1]1850) des außerordentlich produktiven Arztes und Autors Hermann Klencke, Karl Vogts ›Bilder aus dem Tierleben‹ (Frankfurt am Main [1]1852)oder Otto Ules ›Physikalische Bilder‹ ([1]1854). Gemeinsam ist all diesen Untersuchungen die Einsicht, nur bedingt »auf wissenschaftliche Gründlichkeit Ansprüche machen«[19] zu können. Cotta warnt zudem seine Leser vor dem Irrglauben, »durch das Betrachten solcher Bilder ein fertiger Geolog, ein gemachter Mann auf diesem Gebiete des Wissens«[20] werden zu können. Dennoch sind die genannten Werke, das von Reichenbachs ausgenommen, am aktuellen Erkenntnisstand des jeweils bearbeiteten Fachgebiets orientiert. Trotz kommunikativer Ausrichtung haben sie den Übergang vom »mondänen zum modernen Zeitalter der Wissenschaft« (Bachelard) vollzogen.[21] Die Konversationselemente der an Bernard de Fontenelle oder Leonhard Euler erinnernden Titel sind zumeist an den Vorworten besser zu studieren als an den Werken selbst[22]: Hier wird deutlich artikuliert, daß sich die Schriften des ersten Typus wissenschaftlichen, nicht ästhetischen Standards verpflichtet fühlen, hier grenzen sich die Autoren ab gegen eine Gruppe von Veröffentlichungen, die ausdrücklich »keine naturhistorische, sondern eine ästhetische, jedenfalls eine gemütvolle Betrachtung«[23] anstreben. Neben den außerordentlich erfolgreichen ›Naturstudien. Skizzen aus der Pflanzen- und Tierwelt‹ (Leipzig [1]1852; [10]1900) des Pädagogen Hermann Masius und den nicht minder populären ›Biographien aus der Naturkunde‹ (Leipzig [1]1851; [6]1869; und zwei neue Folgen) des gleichfalls pädagogisch tätigen August Wilhelm Grube fallen z. B. auch die drei ›Naturwissenschaftlichen Romane‹ (Berlin 1860–1862) von W. F. A. Zimmermann oder die von Ignaz Lampert herausgegebenen ›Charakterbilder aus dem Gesamtgebiete der Natur für Schule und Haus gesammelt‹ (2 Bde. Mainz 1854) unter diese Rubrik. Freilich variiert die ästhetische Ausrichtung dieser Texte stark: Während Grube und Masius im Dienste der Erziehung danach streben, einer romantischen Natursicht auf dem Boden der Naturwissenschaften ihr verlorenes Recht zurückzuerobern, sind die Romane Zimmermanns reißerisch betitelt und befriedigen weit eher das Bedürfnis nach esoterischen Randphänomenen, als daß sie Aufschluß gäben über die im Titel erwähnten Naturwissenschaften.[24] Anzumerken bleibt immerhin, daß der ästhetisch-pädagogische Standpunkt es ermöglicht, Wissen über die Disziplingrenzen hinweg neu zu ordnen. Eine Totalisierung allen naturwissenschaftlichen Wissens wird dabei nicht angestrebt, und das u.a. unterscheidet die genannten Werke von Humboldts ›Kosmos‹. In der wissenschaftlich orientierten populären Prosa insgesamt sind summierende Versuche über Disziplingrenzen hinweg seltene Ausnahmen. Zu vermerken sind allenfalls enzyklopädische Versuche wie ›Die gesamten Naturwissenschaften‹ (3 Bde. Essen [1]1857) oder ›Aus der Natur‹ (66 Bde. Leipzig 1852–1875), daneben die naturwissenschaftliche Beiträge integrierende Reihe ›Die Gegenwart‹, die 1848–1856 in Leipzig bei Brockhaus erscheint.[25] Die große Mehrzahl der Texte zeigt an, daß sich die disziplinäre Differenzierung der Wissenschaft auch in der Populärliteratur durchgesetzt hat. Nur die als ›Briefe‹ oder ›Bilder‹ firmierenden Bücher wurden hier zum Beleg angeführt. Das Material ließe sich aber allein anhand der Rezensionsverzeichnisse in der Zeitschrift ›Die Natur‹ leicht verzehnfachen und würde alle Disziplinen abdecken.[26]

Mit ›Die Natur. Zeitung zur Verbreitung naturwissenschaftlicher Kenntnis und Naturanschauung für Leser aller Stände‹ (ab 1852 in Halle zunächst von Otto Ule und Karl Müller herausgegeben) ist neben der Buchveröffentlichung ein weiteres Publikationsorgan populärer Naturwissenschaft genannt: die Zeitschrift. ›Die Natur‹ ist das auflagenstärkste und langlebigste Beispiel (bis 1902) dieses neuen Typs. Ludwig Büchner beschrieb sie als »Fabrik für naturwissenschaftliche Aufklärung«[27]. Daneben sollen noch ›Aus der Heimat‹ (1859–1866 in Leipzig hrsg. von Emil Adolf Roßmäßler) und ›Der Naturforscher. Wochenblatt zur Verbreitung der Fortschritte in den Naturwissenschaften‹ (1868–1885 in Berlin hrsg.

von Wilhelm Sklarek) genannt werden. Diese Organe lassen sich wegen der Fülle ihrer Beiträge nicht allein dem oben erwähnten ersten Typus einer überwiegend disziplinär geprägten Popularisierung zurechnen. ›Die Natur‹ etwa geht dem gesellschaftlichen Reflex der Naturwissenschaft ebenso nach, wie sie materialistischen, aber auch noch naturphilosophischen Spekulationen Raum läßt.

Von der wissenschaftlich oder ästhetisch dominierten Popularisierung von Naturwissenschaft zu unterscheiden ist der zweite Typus unseres Modells, der die gesellschaftlichen Folgen der Naturwissenschaft explizit zum Thema macht. Dabei sind zwei Modi erkennbar: ein registrierender Modus und ein intendierender, materialistischer Modus. Dem registrierenden Genre gehören u. a. folgende Werke an: Gustav Adolf Spiess' ›Über die Bedeutung der Naturwissenschaften für unsere Zeit‹ (Frankfurt a. M. 1854), Julius Frauenstädts ›Die Naturwissenschaft in ihrem Einfluß auf Poesie, Religion, Moral und Philosophie‹ (Leipzig 1855), Wilhelm Steins ›Die Naturwissenschaften in ihren Beziehungen zu den materiellen und geistigen Interessen der Menschheit‹ (Dresden 1856). Frauenstädt etwa widerspricht denen, die den »Einfluß der Naturwissenschaft auf die *geistigen* Gebiete 〈...〉 für einen verderblichen und zerstörenden«[28] ausgeben, und proklamiert, Poesie, Religion, Moral und Philosophie könnten allein in bestimmten historischen Formen, nicht aber ihrem Wesen nach dem »gesetzmäßigen Zusammenhang der Naturreiche«[29] entgegenstehen. Bei den Wirkungen der Naturwissenschaft reflektiert Frauenstädt diejenigen ihrer materialistischen Variante und ihrer Exponenten Vogt, Moleschott und Büchner stets mit.

Vor allem die Werke der beiden ersten, etwa Vogts ›Physiologische Briefe‹ oder Moleschotts ›Kreislauf des Lebens. Physiologische Antworten auf Liebigs Chemische Briefe‹ (Mainz [1]1852; [5]1875–1878) lassen sich, anders als Büchners ›Kraft und Stoff‹ (Frankfurt a. M. [1]1855; [20]1902), aufgrund ihrer noch engen wissenschaftlich-disziplinären Orientierung partiell auch dem ersten Typus zurechnen. Ihr entscheidender Impetus aber, aus den naturwissenschaftlichen Regeln auch solche für die Gesellschaft und für das Individuum deduzieren zu wollen, macht sie zu einer Variante unseres zweiten Typus.[30] Den Anspruch, über Systemgrenzen hinweg geltende Regeln zu formulieren, haben die Materialisten vor allem in ihren Entwürfen von Subjektivität und Psyche vertreten. Beide werden als bloße Effekte chemischer Reaktionen abgetan, wenn z. B. Karl Vogt provozierend behauptet, »daß die Gedanken in demselben Verhältnis etwa zu dem Gehirne stehen, wie die Galle zu der Leber oder der Urin zu den Nieren«[31]. Vor allem Philosophen und Theologen wiesen solche Thesen als Kompetenzanmaßung vehement zurück; es gab eine Flut antimaterialistischer Schriften, deren Ausmaß das der materialistischen noch übertrifft.[32] Eine ambivalente Rolle spielte dabei Ludwig Feuerbach, dessen anthropologische Religionskritik in vordergründiger Rezeption durch die Materialisten mit deren Thesen zu konvergieren schien. Feuerbach selbst freilich lavierte zwischen der Anerkennung der gesellschaftlichen Effekte der Naturwissenschaft einerseits und der Verachtung des Niveaus, auf dem die Materialisten jene Effekte reflektierten.[33] Ganz auf der Verächterseite findet man Arthur Schopenhauer in seinen Briefen an den schon erwähnten Julius Frauenstädt. »Flaches Geschwätz der gänzlichen Unwissenheit und Roheit dieser Pflasterschmierer, Pillendrechsler und Klystiersetzer«[34] lautet am 30. Juli 1856 etwa sein Resümee über einen Artikel in der ›Natur‹.

In Münster gründeten katholische Gelehrte die Zeitschrift ›Natur und Offenbarung‹ (1855–1910). Ihrem dominanten antimaterialistischen – später antidarwinistischen – Impetus stellte die Zeitschrift mehr und mehr populärwissenschaftliche Beiträge aus allen Disziplinen zur Seite, obgleich sie damit dem im Syllabus von 1864 kulminierenden Antimodernismus der katholischen Kirche insgesamt widerstrebte. Unter den literarischen Zeitschriften vertraten die ›Grenzboten‹ eine deutlich antimaterialistische Haltung und pochten auf Differenzierung.[35] Prutz' ›Deutsches Museum‹ verhielt sich uneindeutiger und veröffentlichte z. B. einen der schroffsten Artikel gegen den Materialismuskritiker Rudolf Wagner.[36] Erst Friedrich Albert Langes ›Geschichte des Materialismus‹ kündigte 1866 ein neues Niveau in der Diskussion um die öffentlichen Ansprüche der Naturwissenschaften an. Zwar spottete auch Lange noch über jene Form der »Gewerbefreiheit«, infolge derer »Chemiker und Physiologen 〈...〉 die Kelle der Metaphysik«[37] zu ergreifen sich anmaßten. Für verhängnisvoller als diese Grenzüberschreitungen erachtete Lange jedoch die totale Entkoppelung von Naturwissenschaft und Philosophie. Dieser Vorgang läßt erstere entweder in reflexionslose Quasi-Objektivität oder in schlechte Metaphysik fallen und bringt sie um eine Wissenschaftstheorie, die Methoden- und Erkenntniskritik betreibt.

Der dritte Typus populärer Naturwissenschaft ist durch jene Unternehmen vertreten, die ein Panorama des Wissens zu präsentieren suchen, das durch mehr als bloß enzyklopädische Addition zusammengehalten wird. Exponiertes Beispiel ist Alexander von Humboldts ›Kosmos. Entwurf einer physischen Weltbeschreibung‹ (5 Bde. 1845–1862). Dem Bild des Kosmos liegt die Annahme eines geordneten Zusammenhangs aller Naturerscheinungen zugrunde, welcher – seiner Idee ebenso wie den tatsächlich bis an den Jahrhundertanfang zurückreichenden Kosmos-Plänen des Autors nach – noch der Naturphilosophie verpflichtet ist. Von dieser bleibt Humboldt freilich durch die allein empirisch-beobachtende Datengewinnung ohne spekulative Verknüpfung entfernt. Daß gerade der ›Kosmos‹ eine im engeren Sinne ästhetische Qualität bewahrt, »das Subjekt in der *Naturanschauung* nicht verspielen will«[38] und seinen Leser prägnant zum »Zuschauer eines Zuschauers«[39] der Natur macht, hat Hans Blumenberg hervorgehoben. Daß er die Einheit der Natur und zugleich die der forschenden Wissenschaften verkörperte, ohne mit dem Makel des Naturphilosophen behaftet zu sein, machte Humboldt schon zu Lebzeiten zum Denkmal und zur herausragenden Bezugsgröße der Naturwissenschaft in der zweiten Hälfte des 19. Jahrhunderts.[40] Vor der gefährlichen Nähe zu George Louis Buffon und dessen ausschließlich literarischer Qualität verdächtigtem ›style‹ schützte sich Humboldt, vor ihr wurde er aber auch in Schutz genommen.[41] So ist er für Emil Du Bois-Reymond 1889 einer der letzten, »in denen die heute zu lauter Einzellichtern zerstreuten mannigfaltigen Farbenstrahlen des menschlichen Geistes noch zu einem in reinem Weiß erglänzenden Gestirn harmonisch verschmolzen waren«[42]. In seiner Funktion, die höhere Einheit der Wissenschaften gleichsam aus deren internen Kräften und frei vom Spekulationsverdacht zu erzeugen, steht mehr noch als Humboldts ›Kosmos‹ die Person des Verfassers einzig da. Wie groß das Bedürfnis nach solcher Einheitsstiftung war, zeigen zwei Versuche an, die dem Humboldtschen vergleichbar sind. Nach der philosophisch-spekulativen Seite hin ist Hans Christian Oerstedts ›Der Geist in der Natur‹ (Leipzig ¹1850; ⁶1874) ein vieldiskutiertes Werk, über das es gar heißt:

> was A. v. Humboldt in seinem Kosmos als Ergebnisse der realen Wissenschaften nur als Material zur geistigen Verarbeitung, ohne Verbindung, bloß als Facta zusammengebracht, das hat H. Chr. Oersted geistig zusammengefaßt, belebt und beseelt.[43]

Zur pädagogisch-enzyklopädischen Seite gibt Friedrich Schoedlers ›Buch der Natur‹ (¹1846; ²³1899) »eine Übersicht der Gesamtnaturerscheinungen«[44]. Er wählt dabei jene alte Metapher als Buchtitel, die Humboldt für den ›Kosmos‹ nur erwogen hatte.[45]

Der Geltungszuwachs der Naturwissenschaft unter den Teilsystemen der Gesellschaft und ihre literarische Omnipräsenz sind bereits von den Zeitgenossen variantenreich analysiert worden. Als Flucht aus der »trostlosen Öde und Leere des politischen Lebens«[46] oder als »Lückenbüßer für die politische Apathie«[47] werden Aufstieg und Verbreitung der Naturwissenschaften ebenso gedeutet wie als ernüchterte Rückkehr auf den Boden der Tatsachen, den ein schwärmerischer Revolutionstrubel sträflich verlassen hatte. Unermüdliche Liberale wie der Historiker Karl Hagen fanden in den Naturwissenschaften neuen Trost. Sie seien die »Armee des Fortschritts«, »der Keim einer bessern Zukunft«[48], weil allein sie aus Rücksicht auf die materiellen Interessen des Staates unbeeinträchtigt blieben, während die Reaktion auf allen anderen Gebieten Hemmnisse errichte. Mit seiner erzwungenen Abwanderung aus der Politik in die Naturwissenschaft kann der Fortschrittsgedanke sich als Prinzip einer »naturgemäßen Entwicklung der menschlichen Gattung«[49] wissenschaftlich fundieren.

Häufiger als die Ursachen wurde der bloße Umstand des Naturwissenschaftsbooms registriert. Triumphierend konstatiert Otto Ule:

> Daß die Naturwissenschaften in der Literatur unserer Gegenwart, die hervorragendste Stelle einnehmen, möchte kaum noch von Jemand bezweifelt werden. ⟨...⟩ selbst unsere Belletristik bestreitet sie ihnen nicht mehr.[50]

Robert Prutz formuliert den Befund als Klage, wenn er den deutschen Buchhandel fragt:

> Warum liefert er nicht deutsche Originalromane in derselben massenhaften Auflage und zu demselben billigen Preise, wie z. B. jetzt gewisse naturwissenschaftliche Werke verbreitet werden?[51]

Bei Julian Schmidt erscheint das gleiche Faktum dank eines bemerkenswert weiten Literaturbegriffs in anderer Perspektive:

> Die große Reihe populärer naturwissenschaftlicher Darstellungen, die durch den Kosmos angeregt wurden, bildet eines der wesentlichsten und besten Elemente unserer neuern Literatur.[52]

In den ›Unterhaltungen am häuslichen Herd‹ dichtete man:

> *Eine* Kraft ward dem Stoff von unbestreitbarer Wirkung: Schwellend aus Rand und Band treibt er den Meßkatalog.[53]

Das Stichwort ›Mode‹ faßte schließlich diese – neben der These von der Kompensation der gescheiterten Politik – zweite Strategie zusammen, mit der man die phänomenale Ausweitung der Naturwissenschaften zu bewältigen suchte. Es mutet wie Selbstberuhigung an, wenn Prutz von der Naturwissenschaft als der »Modewissenschaft des Tags«[54] spricht und Humboldts gegenwärtigen Erfolg mit dem von Gervinus in den dreißiger Jahren vergleicht. Diese Einschätzung bleibt in den engen Grenzen des Literatursystems befangen, das in der naturwissenschaftlichen Expansion nur die Bedrohung seines ureigensten medialen Ortes, des Buchmarkts, erkennen will. Die Naturwissenschaft erscheint nur als ein publizistisches, nicht als ein Phänomen eigenen Rechts, das die Literatur zur Auseinandersetzung herausforderte. Die Konkurrenz am Buchmarkt ist nämlich marginal, verglichen mit dem Umstand, daß durch die breitenwirksame und mit Wahrheitsanspruch vorgetragene Definition sämtlicher Realitätsbereiche ein neuer Common sense über die Wirklichkeit entstand, der eine Literatur, die zumindest ihrer Theorie nach wahre Erkenntnis der Wirklichkeit vermitteln wollte, herausfordern mußte.

II. Naturwissenschaft und Literatur (1): Vermittlungen und Schweigen in der Theorie

Genaugenommen kann das Verhältnis von Literatur und Naturwissenschaft erst etwa von der Mitte des 19. Jahrhunderts an ein Gegenstand der theoretischen Reflexion sein, von seiten des Kunst- wie des Wissenschaftssystems. Vor der strikten Trennung beider Systeme, im Zeitalter der ›Schönen Wissenschaften und Künste‹, gab es zwar konkurrierende Systematisierungsversuche aus der Perspektive der Philosophie, nicht jedoch den Zustand hierarchieloser gegenseitiger Beobachtung unabhängiger Systeme. Auch nach ihrer Ausdifferenzierung blieb die Kunst in ihrem Verhältnis zur Naturwissenschaft von naturphilosophischer Reflexion geprägt. Erst als die Naturwissenschaft in einem rhetorisch bis an das Ende des 19. Jahrhunderts währenden Prozeß sich jeglicher naturphilosophischer Prämissen entledigte, ihre eigenen Methoden und Gegenstandsbestimmungen forcierte, tat sich ein Abstand zur Kunst auf, der nicht schon immer von einer höheren philosophischen Warte aus überbrückt gewesen war. Dieser Abstand ist um 1850 aus der Perspektive der Philosophie, der populären Naturwissenschaft und der Literaturtheorie kommentiert worden.

Für die ›Ästhetik‹ Moriz Carrières stellt das Verhältnis 1859 kein Problem dar. Carrière zufolge kann von »einer Über- oder Unterordnung« der Ideen des Wahren, Guten und Schönen und ihrer ›Offenbarungsformen‹ Wissenschaft, Religion und Kunst »nicht die Rede sein«[55]. Vielmehr gilt, »daß Kunst, Religion, Wissenschaft jede in ihrer Art ein Höchstes und ein Gipfel menschlichen Lebens ist«[56]. Mit der These: »Die Wissenschaft befriedigt im Gedanken, die Kunst in der sinnenfälligen Darstellung«[57] bestimmt Carrière das nähere Verhältnis der beiden Systeme und deren Abstand. Unergründet bleibt hier freilich, welche Konsequenzen eine beschleunigte Ausweitung des von der Naturwissenschaft als wahr Erkannten für die Kunst hat, wenn der Idee der Schönheit doch auch »stets eine Wahrheit zu Grunde«[58] liegen soll.

Von der heraufziehenden Möglichkeit, die Kunst auf eine Versinnlichungsfunktion für wissenschaftliche Wahrheiten festzulegen, hatte sich Friedrich Theodor Vischers Ästhetik bereits stärker berührt gezeigt. Um das ganze Reservoir an Schönheit zu überschauen, das die Natur bereithält, und eine »Physik des Schönen«[59] aufzurichten, muß die »Ästhetik ⟨...⟩ Hand in Hand mit der Naturwissenschaft«[60] gehen. Der Code ›schön vs. häßlich‹ stellt den ästhetischen Blick auf die Naturphänomene aber anders als naturwissenschaftlich ein und verlangt, jeweils zu entscheiden, »was für die Ästhetik brauchbar, was der Naturwissenschaft als solcher zu überlassen sei«[61]. Die Ästhetik fasse ausschließlich »den reinen Schein der Oberfläche ins Auge«[62], z. B. den eines Gebirges, und sei an dessen ›Stofflichkeit‹ und Bildungsgesetzen nur soweit interessiert, wie sie die Schönheit der Oberfläche zu erklären helfen. Weniger noch als der Ästhetiker muß sich vollends der Künstler »auf die Namen und Einteilungen der Naturwissenschaft einlassen«[63]. Die klare Codedifferenz zwischen Kunst und Naturwissenschaft in Vischers Argumentation läßt dieses Desinteresse legitim erscheinen. Wo die Kunst freilich – wie im Realismus – auf Erkenntnis ausgeht, wo sie gerade die ›Oberfläche‹ der Erscheinungen durchstoßen will[64], mehr mit dem Code ›wahr vs. falsch‹ als mit ›schön vs. häßlich‹ operiert oder gar die Codes mischt und den Gegensatz ›wahr vs. häßlich‹ kennt, da werden die Voraussetzungen für Vischers Grenzziehung aufgehoben.

Bevor die Reflexion der Realismustheoretiker auf diese Grenze näher untersucht wird, soll noch eine in den fünfziger Jahren virulente naturwissenschaftlich/naturphilosophische vorgestellt werden, die von dem schon erwähnten Physiker Hans C. Oersted stammt. Als Supplement war dem ›Geist in der Natur‹ eine Abhandlung mit dem Titel ›Von dem Verhältnis der Naturwissenschaft zur Dichtkunst‹ beigefügt, die Oersted als Entgegnung auf den Vorhalt des Bischofs J. P. Mynster verfaßt hatte, die Naturwissenschaft stehe Poesie und Religion feindlich gegenüber. In der Tat war die auch von Oersted noch postulierte Gleichwertigkeit von Religion, Kunst und Wissenschaft in der Erkenntnis der einen, aller Wirklichkeit zugrundeliegenden ›Vernunftharmonie‹ dadurch aus der Balance geraten, daß der Physiker erklärte: »Kurz: das Geistige in der Natur hat sich nie so durch die Erfahrungsnaturwissenschaft offenbart, wie in unserem Jahrhundert.«[65] Indem er die Naturwissenschaften latent dominant setzt und sie zum Kriterium macht, gelangt Oersted nicht nur zu Verdikten – z. B. über Ludwig Tieck –, sondern auch zu der Forderung, jeder Dichter müsse, sofern er »als Mann der Jetztzeit spricht, ⟨...⟩ alle in die Dichtersprache aufgenommenen falschen Meinungen vermeiden«[66]. Damit ist das Axiom, die Kunst habe sich mit dem naturwissenschaftlichen Erkenntnisstand in Einklang zu setzen, wirkungsvoll ausgesprochen. Ihm folgen vor allem die Organe der populären Naturwissenschaft. Sie zitieren und paraphrasieren Oersted[67], sie legen die »Berechtigung der Naturwissenschaft zu einem Kunsturteil«[68] dar, sie postulieren: »ohne Naturwissenschaft keine Kunst!«[69], sie katalogisieren »Sünden gegen den heiligen Geist der ewigen Wahrheiten der Natur«[70], Verstöße also gegen das naturwissenschaftliche Wissen, die fortan in der Kunst nicht mehr geduldet werden sollen. Der heilige Zorn Karl Müllers über jeden Dichter, der aller botanischen Logik zum Trotz »den Mai mit Rosen feiert«[71], mag marginal erscheinen. Immerhin bleibt aber sein Zusammenhang z. B. mit der gleich zweimaligen Beteuerung des Erzählers in Stifters ›Nachsommer‹ noch zu klären, er erwähne bei der ersten Schilderung von Risachs Garten allein solche Pflanzen, die der Rosenblüte gleichzeitig seien.[72] Darauf und auf andere literarische Folgen ist noch näher einzugehen.

Das Errichten von Darstellungsgrenzen durch die Naturwissenschaft rechtfertigen indes nicht nur die Organe ihrer Popularisierung. Sogar Rudolf Gottschall fordert 1858: »wir wollen die Blumen nicht in einer Jahreszeit blühen sehen, in der sie in der Wirklichkeit nicht einmal Knospen treiben«, und verlangt eine Literatur, »welche der Physiognomie der Gewächse und der Pflanzengeographie Rechnung trägt«[73]. Resonanz fanden die von Oersted exemplarisch formulierten Forderungen auch in der Philosophie. In Frauenstädts Untersuchung über den ›Einfluß der Naturwissenschaft‹ wird Oersted zustimmend zitiert und über ihn hinausgehend gar erklärt, es seien »die objektiven Resultate der Naturwissenschaft der Poesie keineswegs zuwider, denn sie bilden den *Stoff*, den der Dichter poetisch zu gestalten hat«[74]. Dieser Auftrag konfrontiert die Literatur mit mehr als nur der negativen Erwartung, nicht gegen wissenschaftliche Erkenntnis zu verstoßen, nämlich mit der positiven Erwartung, das stetig expandierende und sich differenzierende Wissen zum Gegenstand literarischer Darstellung zu machen.

Die poetologischen Hinweise und Maximen, die die realistische Literaturtheorie für einen solchen Auftrag bereitstellte, waren indes defizient. In den ›Grenzboten‹ stieß Oersteds Prophezeiung auf Zustimmung, die Stoffverluste, welche der Kunst durch das naturwissenschaftliche Realitätskonzept entstünden, würden durch neue Erkenntnisse allemal kompensiert. Die »Ideen des Schönen, Erhabenen und Poetischen ⟨...⟩ strömen ⟨...⟩ aus der neueren Naturwissenschaft mit viel größerer Fülle und Tiefe hervor«[75]. Nur gehörten die vorgeblichen neuen naturwissenschaftlichen Gegenstände, welche Oersted der Literatur anbot – u.a. Magnet, Pulver, Sonnenflecken, Blitzableiter und Fernrohr[76] –, einer vergangenen Epoche an. Dadurch und durch ihre schlichte Anschaulichkeit wichen sie dem Problem des differenzierten disziplinären Wissens, z.B. der aktuellen Chemie, Physiologie oder Geologie aus. Eine Vermittlung dieses neu konstituierten Wissenstyps mit der Literatur wäre die zeitgemäße Aufgabe gewesen. Diese ließ sich aber nicht mehr nach der Carrièreschen Formel von Gedanke (Wissenschaft) vs. sinnfällige Darstellung (Kunst) bewältigen, denn der neue Wissenstyp hatte jede inhärente Sinnfälligkeit verloren. Die stets wiederholte Maxime, nach der »die Kunst gleichfalls die Realität gibt«[77] – und zwar als eine individualisierte, im Gegensatz zur verallgemeinerten der Philosophie –, blieb so eine hohle Formel. Das von der Wissenschaft produzierte Abstrakte und Allgemeine ließ sich um 1850 nicht mehr individualisieren und veranschaulichen.

Der theoretische Mangel wird offenkundig, wo ein Beitrag zu den ›Grenzboten‹ 1855 der Frage nachgeht, »welchen Stoff ein künstlerischer Genius möglicherweise aus der Naturwissenschaft würde ziehen können«[78]. Weil der Kunst die Aufgabe zufällt, »eine unmittelbare Erregung des Gemüts« zu erzielen, kommen nur solche Stoffe in Betracht, die ihrerseits »Einwirkungen ⟨...⟩ auf das Gemüt« erwarten lassen,

> aber außer der erhabenen Anschauung des Unendlichen, außer dem Erblicken schöner Formen durch künstliche Werkzeuge, außer der Begeisterung der Naturforscher für ihre große Aufgabe und außer der Bewunderung menschlicher Hingebung und Scharfsinnes wüßten wir keine ⟨...⟩ aufzuzählen.[79]

Dieser Entwurf normalisiert das irritierende Potential der zeitgenössischen Naturwissenschaft, indem er sie dem Repertoire traditioneller Kunst einverleibt. Neue wissenschaftliche Erkenntnisse dienen zur Stabilisierung alter poetischer Themen wie Unendlichkeit und Schönheit oder werden dem traditionellen Modus der Personalisierung (»Naturforscher«) abstrakter Zusammenhänge unterworfen. Es stehen literarische Projekte in Aussicht, die vor dem naturwissenschaftlichen Wissen und seinen Geltungsansprüchen kapitulieren müssen. Es ist bezeichnend, daß auch im ›Deutschen Museum‹ kaum ein effizienterer literarischer Umgang mit dem dominanten gesellschaftlichen System der Zeit eröffnet wird. Die Arbeiten des 1850 überlebten Naturphilosophen Carl Gustav Carus und des marginalen Franz Thomas Bratranek werden, obwohl als »Reliquien einer frühern Entwicklung«[80] geringgeschätzt, der Kunst zur Bearbeitung anempfohlen:

> Der Naturforscher weiß nichts damit anzufangen; wohl aber werden Künstler und Schriftsteller, Maler und Dichter eine Masse von Belehrung und Anregung daraus schöpfen.[81]

Unreflektiert bleibt, welche Kompetenz zur Deutung der Wirklichkeit die Kunst gegenüber der modernen Naturwissenschaft z. B. bei der Berufung auf Carus noch behaupten kann. So läßt sich resümieren, daß die literarischen Strategien der Realismustheoretiker, ihr Verlangen nach Unmittelbarkeit und Anschaulichkeit, ja, »derber Natürlichkeit«[82], und ihre Polemik gegen alles Diskursive und jegliche Reflexion vom differenzierten, spezialisierten und abstrakten Wissen der modernen Naturwissenschaft überfordert waren. Die Not der Überforderung wurde jedoch zur Tugend des Differenzprinzips umstilisiert. Es sei »ein arges Mißverständnis, anzunehmen, der Dichter müsse sich auf dem Wege des Denkens diese Gesetze der Natur aneignen«, sie gar »mit empirischer Sorgfalt durchdringen«[83], heißt es in einem anonymen Beitrag im ›Deutschen Museum‹. Und weiter:

> Dies wissen wir: Dichter und Naturforscher sind verschiedene Wesen, auch wenn man bei dem Letztern nicht einen Mückenfänger, sondern einen,

den ›Geist der Natur‹ belauschenden Oersted oder Humboldt denkt. Nein, der Dichter erfährt dies Alles, ehe er darüber nachzudenken veranlaßt wird, seine Erkenntnis der Natur ist keine abstrakte, sondern Anschauung und Empfindung. ⟨...⟩ alle klassische Poesie ist durch und durch bestimmt und individuell, alle Afterpoesie bewegt sich auf Gemeinplätzen, ist in Reflexionen verschwommen.[84]

Durch solche Maximen machte der programmatische Realismus einen angemessenen Umgang mit der Naturwissenschaft seiner Gegenwart unmöglich.

Gegen die These von einem Defizit der Realismustheorie in der Reflexion über das Verhältnis zur Naturwissenschaft ließe sich freilich mit der prinzipiellen Frage kontern, warum sich die Literaturtheorie überhaupt in ein Verhältnis zu den Naturwissenschaften hätte setzen und den literarischen Umgang mit deren Erkenntnissen erproben sollen. Die »furchtbare Konkurrenz der Wissenschaften«[85], von der Friedrich Spielhagen 1873 sprach, hat zwar in der beobachteten Wirkung von Oersteds Ansprüchen ihre Vorgeschichte, doch zeigt sich das Literatursystem von ihnen kaum tangiert. Mit der historisch zum ersten Mal möglichen Interferenz von Naturwissenschaft und Literatur als ausdifferenzierten Systemen war keineswegs die Notwendigkeit solcher Interferenz schon verbunden. Gerade die Differenzierung ließ ja ein berührungsloses Nebeneinander der Systeme ebenso zu, das gar als angemessener und moderner erscheinen könnte.[86]

Wenn dennoch eine Virulenz im Verhältnis von Naturwissenschaft und Literatur liegen soll, so bedarf es zur Erklärung ihrer Konkurrenzsituation mehr als nur des Hinweises auf den Erkenntniszuwachs der Naturwissenschaft, welcher als deren interner Vorgang die Literatur nicht zwangsläufig hätte berühren müssen. Entscheidend ist hier der von Ulf Eisele beschriebene Umstand, daß sich seit dem Tode Hegels die »Aufwertung der Literatur ⟨...⟩ nach Maßgabe ihrer Erkenntnisfähigkeit vollzogen«[87] hat. Indem die realistische Programmatik postulierte, »Literatur müsse ›wahr‹, müsse Erkenntnis sein«[88] und die Fähigkeit besitzen, das Wesen der Dinge darzustellen, trat sie in eine Konkurrenz zur Naturwissenschaft, die wie kein anderes Teilsystem der Gesellschaft Anspruch auf wahrheitsfähige Aussagen erhob.

Nicht Max Buchers zitierte Formel »Dichtung contra Wissenschaft« dringt zur Ursache für das virulente Verhältnis der beiden Systeme vor, sondern die Einsicht, daß die Literaturtheorie einen Geltungszuwachs für ihren Gegenstand gerade unter Berufung auf das Erkenntnisprinzip anstrebte, dessen effiziente Beherrschung gleichzeitig wie nie zuvor von der Naturwissenschaft demonstriert wurde. So ist das Contra in Buchers Formel gegenüber der gespannten Nähe beider Systeme sekundär. Die durch Übernahme des Erkenntniscodes von ›wahr vs. falsch‹ selbstgewählte Nähe zur Naturwissenschaft zwang die Realisten zu genauerer Bestimmung und Unterscheidung ihrer spezifischen Wahrheit. Schmidt, Freytag oder Prutz bildeten sich nicht ein, vor die Differenzierung der Systeme zurückgelangen und in der Literatur wissenschaftsfähige Erkenntnis herstellen zu können. Als spezifische Unterscheidung und zur näheren Bestimmung literarischer Wahrheit setzte der Realismus einerseits die Begriffe ›Verklärung‹ und ›Idealisierung‹ sowie andererseits den auch von Carrière vertretenen Zwang zur Anschaulichkeit und Konkretheit ein. Diese Konzepte blieben indes halbherzig und theoretisch mangelhaft. Die erzwungene Anschaulichkeit der literarischen Wahrheit hatte, wie schon angedeutet, zwar eine klare Grenzziehung gegenüber der wissenschaftlichen zur Folge, ihre fatale Wirkung war es jedoch, die moderne Naturwissenschaft von literarischer Bearbeitung auszuschließen. Die konstitutiven Charakteristika der neuen wissenschaftlichen Erkenntnismethoden, ihr ›experimentelles‹, ›anatomisches‹, ›sezierendes‹, ›mikroskopierendes‹ Vorgehen, dienten vor allem den ›Grenzboten‹ als Begriffsregister zur Denunzierung von Erzählformen, die sich dem realistischen Projekt entzogen, etwa die Balzacs oder Thackerays. Das forcierte negative Vorgehen gegen das Eindringen naturwissenschaftlicher Elemente in die Literatur resultierte aus dem Dilemma, die positive ästhetische Differenz zur Wissenschaft nicht hervorheben zu wollen. Was die Literatur zur Abgrenzung als ästhetisches Prinzip konstitutiv benötigte, wurde nicht ausformuliert, weil es in die Nähe der abgelehnten Selbstreferentialität der Romantik und ihres Kunstgestus zu geraten drohte. Nicht aber den Kunst-, sondern den Realitätsgestus machten die Realisten zu ihrem Programm.

Um eine Wahrheit über Natur und Gesellschaft aufrichten zu können, die kohärent, individualisiert und ›schön‹ im Gegensatz zur kruden, fragmentierten Wahrheit der Wissenschaft sein sollte, war der Realismus auf das Verklärungsprinzip angewiesen. Dieses zugleich verstecken, ja, negieren zu müssen, um die Realität geradezu pur und unmittelbar präsentieren zu können, führte ihn in die Aporie. Weil man die Exaktheit und Mannigfaltigkeit naturwissenschaftlicher Realitätserkenntnis bewundernd und neidvoll registrieren mußte[89] und sich doch zur eigenen Verteidigung in der selbstgewählten Konkurrenz zur Wissenschaft auf kein dezidiertes ästhetisches Prinzip berufen wollte, blieb das Verhältnis von Literatur und Naturwissenschaft in der Realismustheorie ein blinder Fleck. Zu einem Zentralproblem ihrer Theorie haben die Realisten fast völlig geschwiegen. Auf keinen Gegenstand trifft Eiseles Diktum mehr zu als auf die Naturwissenschaften:»Wichtig am realistischen Diskurs ist auch und gerade das, wovon er nicht spricht, was er verschweigt.«[90]

Hinter dem Rücken, den der Realismus ihr zuwendete, definierte die Naturwissenschaft unterdessen mehr und mehr um, was faktische Realität sei, und ließ den Realismus auf diese Weise gerade das werden, was er am wenigsten sein wollte: realitätsfremd und latent ästhetizistisch.[91] Die zwei Pole seines Anspruchs, mit der literarischen Wahrheit zugleich die über die Wirklichkeit zu geben, gerieten in die Aporie, und aus der gewähnten wahren Erkenntnis des Realen wurde ein Fetisch, der sich immer mehr in reine Selbstbezüglichkeit transformierte. Mit diesem Urteil über die Theorie des Realismus ist aber noch keines über die Literatur dieser Zeit formuliert, nicht über ihr Verhältnis zur Naturwissenschaft und auch nicht zum konstatierten Mangel an Reflexion.

III. Naturwissenschaft und Literatur (2): Dichtung

Generell, so formulierte es Wolfgang Preisendanz, erlaubten die Werke der Realisten es nicht, »den Blick einzustellen auf die Probleme, die sie bewegt haben«[92]. In einer Zeit, in der die Naturwissenschaft der große gesellschaftliche Beweger gewesen ist, scheint es in der Tat zunächst so, als sei sie gerade in der Literatur nicht in Erscheinung getreten. Weder für die kanonischen realistischen Autoren Theodor Storm, Gottfried Keller, Theodor Fontane und Wilhelm Raabe, noch etwa für Berthold Auerbach, Otto Ludwig oder Gustav Freytag läßt sich mit Blick auf das Gesamtwerk behaupten, die Naturwissenschaft sei eines der zentralen Themen. Doch es wäre voreilig, in diesem Befund umstandslos die Entsprechung zum Defizit in der Theorie zu erblicken. Preisendanz' zitierte Formel ist verführerisch, weil sie dazu verleitet, nicht zu sehen, was sein Epochenentwurf nicht vorsieht, z. B. Naturwissenschaft als Thema der Literatur. Dem soll nun auf drei Feldern nachgegangen werden: zunächst anhand der oft geschmähten Tagesliteratur im Realismus, sodann in Auseinandersetzung mit dem erratischen Erzähler des 19. Jahrhunderts, Adalbert Stifter, und schließlich im Blick auf drei exemplarische ›realistische‹ Texte.

Die gesellschaftlichen Wirkungen der Naturwissenschaft und ihr oben konstatierter Assimilationsdruck lassen sich an manchen heute vergessenen Texten der Zeit nach 1850 studieren. Polemisch gegen den naturwissenschaftlichen Materialismus richtete sich etwa ein Dramolett ›Göthe im Fegefeuer. Eine materialistisch-poetische Gehirnsekretion‹, das der evangelische Theologe Adolf von Harleß 1856 unter dem Pseudonym ›Dr. Mantis‹ veröffentlichte.[93] Leicht identifizierbar treten in ihm als Protagonisten des Materialismus u. a. Moleküleschott, Hahnebüchner und Blauvogt auf. ›Göthe‹, in Begleitung Mephistos die Erde besuchend, muß die Figuren selbstkritisch als fatale Epigonen des eigenen Naturkults verdammen, den er zu einer Reduktion des Menschen auf ein Aggregat chemischer Verbindungen verkümmert sieht. So belauscht ›Göthe‹ einen Theologen, der ein Bauernmädchen in das materialistische Glaubensbekenntnis einübt. Als das Mädchen auf die Frage nach einer Hoffnung über den Tod hinaus antwortet:

Ach ja! denn als der Weisen Jünger
Sagt Ihr, daß, so wir einst zerstieben,
Am Ziel sei unser Hoffen, Lieben,
Wenn trefflich dienen wir als – Dünger. (43),

hält es ›Göthe‹ nicht mehr an seinem Platz, er »springt vor Zorn über den Zaun« (ebd.) und fährt den Theologen an:

> Das ist doch Bauernwirtschaft rein!
> Wie kannst Du so ein Esel sein
> Und armer Mädchen gute Seelen
> Mit solchen Mistgedanken quälen! (44).

Jener Assimilationsdruck läßt sich aber auch an Autoren studieren, die sich explizit um einen Konsens mit den Fortschritten der Naturwissenschaft bemühen. Anzuführen sind z. B. Karl Müllers in der ›Natur‹ veröffentlichte Gedichte. Rudolph Gottschalls Bonmot über Albrecht von Haller: »wo das Herbarium anfängt, hört die Poesie auf«[94], kennzeichnet hinlänglich auch Müllers Dichtungsversuche. Der wichtigste Text dieses Genres ist Arnold Schloenbachs den ›Deutschen Naturforschern‹ gewidmeter Gedichtband ›Weltseele‹ (1855). Die Naturwissenschaft, so Schloenbach im Vorwort, habe »der Dichtung den reichen Schatz von Poesie erschlossen, der wie ein heiliger Gral unter ihren mächtigen Pfeilern ruhte«. Der Autor erklärt, es seien ihm die Schriften Humboldts, Oersteds, Cottas, Liebigs, Moleschotts, Ules u. v. a. »zu Lied und Lied« geworden.[95] Einzelne Gedichte knüpfen an das naturwissenschaftliche Lehrgedicht der Aufklärung an, so etwa ›Kreislauf des Lebens‹, eine Versifizierung von Moleschotts gleichnamigem Hauptwerk. Andere Gedichte erinnern in ihrem Lob auf die Zweckmäßigkeit der Natur geradezu an Barthold Heinrich Brockes. Wenn sie dessen strikte göttliche Schöpfungsordnung auch aufgegeben hat, muß Schloenbachs Sammlung doch als entschiedener Beleg für jenen unterschwelligen ›Zusammenhang der Dinge‹ gelten, den das 19. Jahrhundert aller Differenzierung zum Trotz kontinuierlich beschworen hat.[96] Das letzte Gedicht der Sammlung lautet:

> Zum Schluß
>
> So hab' ich andachtsvoll erlauscht
> Was die Natur mir zugerauscht;
> Wie mir in jedem Blatt und Stein
> Verborgen lag der Gottheit Schein.

Wie mir in ernstem, großem Deuten
Zu jedem Sein ein Werden schlief.
Wie Sturmeswehn als Sabbathläuten
Zur Kirche in den Wald mich rief,
Wo ich gefaltet meine Hände
Zur Tempelwölbung, zum Azur:
O Menschenseele! wende, wende
Dich hin zur Seele der Natur!

Ins Humoristische gewendet, bietet auch das vom Struwwelpeter-Autor Heinrich Hoffmann 1866 herausgegebene ›Liederbuch für Naturforscher und Ärzte‹ Proben naturwissenschaftlicher Lyrik. Es finden sich u.a. das nach der Melodie von ›Freut Euch des Lebens‹ zu singende Lied ›Von Stoff und Kraft‹, das Wolfgang Müller von Königswinter schrieb, ferner eine ›Ode an den Sauerstoff‹ oder ein ›Guanolied‹ von Victor Scheffel.

Resultat des Versuchs, die modernen Naturwissenschaften mit den traditionellen poetischen Mitteln zum Gegenstand zu machen, konnte fast notwendig nur solche Humoristik oder aber ein »sentimentaler Naturklingklang«[97] sein, der sich mit Banalitäten aus Tier- und Pflanzenwelt abgab. Unter dieser Perspektive sind die Werke von Putlitz, Roquette oder Redwitz ebenso zu betrachten wie die Favoriten der ›Natur‹-Herausgeber, der alte Schmidt von Werneuchen, August Thieme oder Adolf Bube. Als gültige Bearbeitung von Naturwissenschaft im Medium der Literatur können all diese Unternehmen ebensowenig firmieren wie jene Texte, welche sich den seit langem schon populären naturwissenschaftlichen Modethemen ›Magnetismus/Mesmerismus‹ und ›Phrenologie‹ zuwandten. Zu nennen sind Zimmermanns schon erwähnter ›Naturwissenschaftlicher Roman‹ (1862) und Friedrich Wilhelm Hackländers Lustspiel ›Magnetische Kuren‹ (1855) sowie Roderich Benedixens Einakter ›Die Phrenologen‹ (1852) oder Theodor Drobischs ›Die neue Schädellehre‹ (1865). Mit solchen schon aus der Romantik geläufigen Themen greift die Literatur nach 1850 nur mehr noch publizistische[98] und nicht mehr wissenschaftliche Gegenstände auf, denen folgerichtig zumeist ein Platz in der Komödie angewiesen wird. Dort war bekanntlich der Mesmerismus bereits durch Chamissos ›Die Wunderkur‹ (1825) angelangt. Vielleicht sind einige Erzählungen Stifters die letzten Belege einer noch ernsthaft-wissenschaftlichen Rezeption des Mesmerismus.[99] Daß der komische Akzent auch Hans Wachenhusens Theaterstück ›Chemische Briefe oder Schwabe contra Müller‹ trotz der aktuelleren Anspielung auf Liebig beherrschte, läßt sich nur vermuten, weil allein die Berliner Aufführungsankündigung erhalten ist.[100] Als literarische Beispiele der Humboldt-Rezeption schließlich sind u. a. Heribert Raus Humboldt-Roman von 1860/61 und Feodor Wehls Lustspiel ›Der Kosmos des Herrn von Humboldt‹ (1865) zu verzeichnen.

Insgesamt dokumentiert die Tagesliteratur der fünfziger und sechziger Jahre eine Rezeption der Naturwissenschaft entweder im Zeichen der Lust am Kuriosen oder mit einem Hang zu naiver Naturtümelei. Kaum registriert wurde der Umstand, daß angesichts »der fortgeschrittenen Wissenschaft« ein Gefühl, »welches sich zu einer anderen Zeit als ein echt poetisches würde haben entwickeln können ⟨...⟩ zu einer schwächlichen Sentimentalität« schrumpft. Es ist bedauerlich, daß der katholische Theologe Friedrich Michelis diesen Gedanken abbricht, von dem aus in der Tat »in Absicht auf die neuere Poesie und überhaupt die ganze moderne Kunstentwicklung viel zu reden« gewesen wäre.[101]

Einseitig als Zufluchtsstätte und heilende ›Trostquelle‹ erscheinen Natur und Naturwissenschaft in Ottilie Wildermuths Erzählung ›Der Naturforscher‹ (zuerst 1852). Nach dem plötzlichen Tod der jugendlichen Geliebten findet der Protagonist in der Gebirgsnatur und schließlich in deren Erforschung neuen Halt, so daß er endlich »sein Leben selbst wie eine Pflanze unmittelbar von Luft und Sonnenschein zu ziehen«[102] scheint. Nicht zufällig wirkt diese Selbstaufrichtung eines Individuums an den Gesetzen der Natur wie ein Plot Adalbert Stifters. Die Autorin hat Stifter verehrt und ihm bisweilen auch eigene Werke zugesandt. Wenn Stifter auf die ›Bilder und Geschichten aus Schwaben‹ auch geradezu begeistert reagierte[103], darf dennoch nicht übersehen werden, daß mit der Natur als Trostquelle im Blick auf Stifter allenfalls die eine Hälfte seines Naturbegriffs und auch seiner Rezeption der Naturwissenschaft erfaßt ist.

Neben dem oft zitierten ›sanften Gesetz‹, das Natur und Menschheit verbinden soll, ist nämlich das »Grauen vor einer sinnlos waltenden Natur«[104] ein konstantes Element bei Stifter, das vor allem durch Friedrich Sengle wieder nachhaltig akzentuiert wurde. Das ›Grauenhafte‹ und die ›Fremdheit‹[105] der Natur, ihre uneinholbare, nur hinnehmbare Eigengesetzlichkeit ist nicht allein in den frühen Erzählungen, etwa im ›Condor‹ oder im ›Hochwald‹, präsent, sondern z. B. auch in den Gebirgsexkursionen des ›Nachsommers‹, vor allem in jener auf den winterlichen Echerngletscher. Mit solchen Elementen einer Selbständigkeit der Natur, die einen Unterschied zu ihrer subjektiven Vermittlung im Erlebnis und ihrer domestizierten Vermittlung im Gartenbau markieren, teilt Stifter eine grundlegende Voraussetzung der Naturwissenschaft: die Annahme eines autonomen Erkenntnisobjekts. Führt diese Annahme darstellerisch zur ›fremden Natur‹, so führt sie erzähltechnisch zu jenen ausführlich-exakten Naturbeschreibungen, deren Desintegration schon von den Programmatikern des Realismus gerügt wurde. Wie weit solche Beschreibungen etwa denen Alexander von Humboldts in seinen ›Reisen in die Aequinoctialgegenden‹ oder Carl Ritters in seiner ›Allgemeinen vergleichenden Geographie‹ entsprechen – Texte, zu denen der ›Nachsommer‹ explizit in eine intertextuelle Relation rückt[106] –, diese Frage müßte eine eigene Untersuchung klären. Nur auf diesem Wege ließe sich etwa Sengles Behauptung, Stifters Poesie sei eine ›aus dem Geist der Naturwissenschaft‹, auch im Blick auf deren Veröffentlichungen konkretisieren.[107]

Wenn mit der Eigengesetzlichkeit der Natur und ihrer mehr an wissenschaftlicher Exaktheit als an poetischer Integration orientierten Schilderung zwei Affinitäten Stifters zur Naturwissenschaft genannt wurden, so dürfen sie doch nicht über den Umstand hinwegtäuschen, daß die moderne, experimentelle Forschung seiner historischen Gegenwart dem Autor fremd geblieben ist.[108] Es sind vor allem die in Anschaulichkeit überführbaren Ergebnisse der Geologie, Botanik und Meteorologie, die Stifter rezipiert, während jene die Natur- und Menschenwahrnehmung revolutionierenden Erkenntnisse der Chemie oder Physiologie weitgehend ausgeblendet werden. Letztlich scheinen die Naturwissenschaften im Sinne einer forcierten Physikotheologie[109] integriert und dienen der Erkenntnis, ja, der bloßen Anerkenntnis von Natur, nicht deren wissenschaftlich-technischer Durchdringung. Schwer vorstellbar, daß der Freiherr von Risach Liebigschen Kunstdünger verwendet hätte.

Weil Wissenschaft und Kunst letztlich gleichrangige Repräsentanten der einen zugrundeliegenden göttlichen Ordnung sind, ist das Verhältnis beider auch immer schon durch höhere Vermittlung harmonisiert. Beider Status als differenziertes System wird überspielt. Die Naturwissenschaft verliert so weitgehend ihr irritierendes Potential, sie ist per se mit der Literatur kompatibel oder, wie Sengle prägnant über Stifter formuliert: »Die Wissenschaft, wie er sie versteht, bedient sich noch nicht der Formel, sondern der Sprache«[110].

Daß indes die Naturwissenschaft auch unter Anerkenntnis ihrer Alterität Teil einer literarischen Konstruktion werden kann, ja, daß diese die Erkenntnis jener Alterität erst hervorzubringen vermag, läßt sich an Gottfried Kellers ›Grünem Heinrich‹ studieren.[111] Wie Stifter in Wien, so hat Keller in Heidelberg naturwissenschaftliche Kollegien besucht. Während jener in Mathematik, Physik und Astronomie gerade den Menschen als Gegenstand ausschloß, war es die physiologisch dominierte Anthropologie des renommierten Anatomen Jakob Henle (1809–1885), die Keller in einer Vorlesung hörte. Private Beziehungen zu Jakob Moleschott, einem der Wortführer des physiologischen Materialismus, kamen hinzu. Mit der Darstellung der Anthropologievorlesung im ›Grünen Heinrich‹ (Bd. 4, Kap. 2) hat das physiologische Wissen Eingang in den Roman gefunden. Seine Integration hat Effekte, die für das Thema ›Kunst/Literatur und Naturwissenschaft‹ von eminenter Bedeutung sind.

Zunächst besucht Heinrich die Vorlesung mit dem Vorsatz, »zu äußerer plastischer Verwendung einige gute Kenntnisse zu holen«[112]. Solche ›Anatomie für Künstler‹ war um 1850 durchaus geläufig. Emil Harleß' ›Populäre Vorlesungen aus dem Gebiet der Physiologie und Psychologie‹ (1851) gingen z.B. aus Vorträgen für Künstler in München hervor. Im Roman erweist sich das präsentierte Wissen indes als unvereinbar mit Heinrichs künstlerischen Intentionen. Es ist mit nahezu allen gesellschaftlichen Systemen vermittelbar, allein beim Künstler bewirkt es, »daß er sowohl seinen Zweck als alle seine Verhältnisse vergaß« (668). Damit ist die Einsicht gewonnen, daß die Vermittlung von Kunst und Naturwissenschaft nicht mit Hilfe eines traditionellen Formenrepertoires, wie es dem Künstler Heinrich Lee zu Gebote steht, gelingen kann, wenn das naturwissenschaftliche Wissen so revolutioniert wird, wie es in der modernen Physiologie der Fall war. Der ›Grüne Heinrich‹ bleibt aber nicht bei der Kapitulation seines Protagonisten stehen, sondern weist durch sein eigenes Erzählverfahren den Ausweg aus dem Dilemma.

Der Roman breitet das naturwissenschaftliche Wissen nämlich nicht nur als Gegenstand für das Bildungssubjekt Heinrich Lee aus, sondern macht jenes Wissen zugleich zum Bildner des Gegenstands ›Heinrich Lee‹. Während Heinrich nämlich im Gegensatz zum Standpunkt der Vorlesung[113] die Willensfreiheit verteidigt und die Argumente des Lehrers ablehnt, unterwirft der Roman seinen Protagonisten ebenjener materialistischen Perspektive einer Negation der Willensfreiheit. Das geschieht auf zweifache Weise. Zum einen deutet der Roman das individualisierende Bildungsstreben seines Helden durch Pflanzen- und Tiervergleiche, die auch für die materialistische Polemik gegen die Willensfreiheit typisch waren. Heinrich wird mit einer »willenlosen durstigen Pflanze« ebenso verglichen wie mit einer »Raupe, die für ihren bestimmungsvollen Heißhunger ein anderes Baumblatt sucht« (688). Zum anderen rekurriert der ›Grüne Heinrich‹ in Anspielungen auf die Ernährungsphysiologie Jakob Moleschotts. Moleschott hatte in seiner populären ›Lehre der Nahrungsmittel. Für das Volk‹ (1850) die Formel »Ohne Phosphor kein Gedanke« (116) als Quintessenz seiner Forschungen präsentiert und damit eine der wichtigsten Parolen des Materialismus kreiert. Ihr zur Seite steht der Slogan Feuerbachs ›Der Mensch ist, was er ißt‹ aus seiner Rezension von Moleschotts Ernährungsbuch. Auf dessen Thesen spielt der Roman an, wenn er ein Festmahl Heinrichs nach langer Hungerzeit so kommentiert:

> Hatte aber der bloße Anblick des vielvermögenden Geldes ihn aufgemuntert, so stärkte ihn jetzt das Essen zusehends, daß er ordentlich zu Gedanken kam, und schon während er die kräftige Fleischbrühe einschlürfte, besann er sich und nahm sich vor, nicht mehr zu essen als gewöhnlich und sich überhaupt anständig zu verhalten. (730)

So kommt Heinrich durch Phosphor zu Gedanken, und so läßt zugleich derjenige, welcher die Willensfreiheit gegen den Hörsaal-Physiologen verteidigte, sich unter einer physiologischen Perspektive beobachten. Auf diese Weise gibt der ›Grüne Heinrich‹ dem naturwissenschaftlichen Wissen Raum in seiner Konstruktion, ohne es durch eine vorgängige Harmonisierung zu entschärfen. Es bleibt ein fremdes Wissen. Das läßt sich im Roman auch an anderen Systemen, etwa an Ökonomie oder Recht, studieren.[114] So liefert der ›Grüne Heinrich‹ schon sehr früh das Paradigma einer produktiven und erzähltechnisch innovativen Vermittlung von Naturwissenschaft und Literatur. Er hat damit aber – wie die Erstfassung des Romans überhaupt – kaum eine Wirkung erzielt.

Selbst Kellers eigener späterer Umgang mit dem Thema im ›Sinngedicht‹ (1881) knüpft daran nicht an, sondern setzt auf eine poetische Integration, indem der Novellenzyklus die Opposition von Leben vs. Wissenschaft entfaltet. Wenn auch unaufgelöste Reste bleiben, so ist doch das Modell eindeutig, in welchem dem Naturwissenschaftler Reinhart nach seinen isolierten und gesundheitsschädlichen Lichtexperimenten am Ende das lebendige Licht in Gestalt von Lucie/Lux beschieden wird.[115] In den anschaulichen und eher traditionellen optischen Experimenten Reinharts tritt die Naturwissenschaft weniger brisant und fremd auf als in Gestalt der avancierten physiologischen Theorie im ›Grünen Heinrich‹. Die literarische Arbeit an einem solchen Abstraktionsniveau ist die Ausnahme geblieben, so daß der Hinweis auf weitere relevante realistische Texte voraussetzt, auch die Übergänge der Naturwissenschaft in Technik und Industrie zum Thema zu rechnen.

Wilhelm Raabes ›Pfisters Mühle. Ein Sommerferienheft‹ (1883/84) ist ein Text, der weniger dem Effekt des naturwissenschaftlichen Wissens nachgeht als vielmehr beklagt, »daß die Wissenschaft in ihrer Verbindung mit der Industrie nicht zum besten duftet«[116]. Auf der Basis eines konkreten, seit 1881 auch gerichtlich verhandelten Falls von Gewässerverschmutzung geht die Erzählung den Schäden der Industrialisierung nach. Ihre Struktur bleibt dabei ambivalent: Zum einen erscheint der Industrielle Adam Asche in seinem fidelen Geschäftsgeist als durchaus legitimer Erbe der »Traditionen von Pfisters Mühle« (186). Zur Kompensation seines womöglich allzu kruden Geschäftsinteresses ist ihm ein Philologe zum Freund beigesellt und eine griechische Homerlektüre unterstellt. Von einer »Freigabe des Rezeptionsspielraums«[117] durch die Zeit- und Erzählebenen kann nur bedingt die Rede sein. Es dominiert vielmehr eine aus glücklicherer Gegenwart zurückblickende Erinnerungsperspektive, die mit leiser Melancholie, bisweilen fast mit Teilnahmslosigkeit zusammenklingt. Die optimistische Hoffnung auf Kontinuität erweist sich aber dort als brüchig, wo sie mit der Depravation emphatischer Werte einhergeht. Der Begriff des Ideals etwa wird zur Geschäftsdevise: »das Ideale im Praktischen!« (133). Ähnliches gilt für die ›Wahrheit‹, wie das ›Ideal‹ auch ein prominenter Begriff realistischer Theorie. Inmitten des widerlichen Geruchs seines Labors wendet sich Adam Asche an Eberhard: »gegenwärtig beuge in schaudernder Ehrfurcht dein Knie: so geht man im zweiten Drittel des neunzehnten Jahrhunderts zur Wahrheit!«(63). Signifikant karikiert diese Szene auch jene oben zitierte »Begeisterung der Naturforscher für ihre große Aufgabe«, die die ›Grenzboten‹ 1855 für poesiefähig erachteten. Die Negativität der Erzählung gegenüber dem Schein der großen Worte und ein Erzählgegenstand außerhalb des poetischen Common sense, der die Veröffentlichung des Texts massiv erschwerte, machen die literaturgeschichtliche Bedeutung von ›Pfisters Mühle‹ vor allem aus. Es mutet ironisch an, daß sie 1884 gerade in den ›Grenzboten‹ – freilich nicht mehr unter der Ägide von Julian Schmidt – erscheinen konnte, deren einstigem Realismusprogramm sie doch fundamental widerspricht. Im Rückblick auf naturwissenschaftliche Gutachten, die ihm als Material für seine Erzählung zur Verfügung standen, fragte Raabe 1901: »Wie hätte der Autor da wahr sein können, wenn ihm nicht die exakte Wissenschaft die Hand geboten hätte!«[118] Damit ist ein definitiver Grabspruch auf den emphatischen Wahrheitsbegriff der Literaturtheorie des Realismus formuliert.

Erheblich bitterer als Raabe hat Theodor Storm die Verluste durch Modernisierung und Industrialisierung dargestellt und im Regreß auf eine unvernünftige Natur die tiefe Ambivalenz im Prozeß naturwissenschaftlicher Aufklärung inszeniert. Lothar Köhn hat das in einem grundlegenden Aufsatz zum ›Schimmelreiter‹ (1888) entfaltet.[119] Das Modell der ›Dialektik der Aufklärung‹ läßt sich auch der 1881 veröffentlichten und weniger bekannten Novelle ›Der Herr Etatsrat‹ unterlegen, eine der düstersten in Storms Werk. Durch die mittelbare Schuld eines trunksüchtig-empfindungslosen Vaters findet sein Sohn Archimedes – ebenfalls dem Alkohol verfallen – ein frühes Ende, während die elfenhafte Tochter, von einem intriganten Hausdiener sexuell mißbraucht, im Kindbett stirbt. Der apathische Verursacher dieser Katastrophen bekleidete einst »eine höhere Stelle in dem Wasserbauwesen«[120] seiner Heimatstadt, er ist vorgeblich reich mit »Verstand und Kenntnissen« (317) ausgestattet, mit ihm begann »die eigentliche Ära unseres Deichbauwesens« (332). Stolz verkündet er: »nach mir ist mein Sohn Archimedes der erste Mathematikus des Landes!« (332). Die Zeit der Erzählung zeigt den Deichtechniker, Vernunftmenschen und Rechner allerdings schon im Stadium animalischer – (»Tanzbär« 315; »Roßkäfer« 319) –, ja, sub-animalischer Regression. Regelmäßig nämlich nimmt der Etatsrat ein ›Erdbad‹, indem er sich bis zum Hals »in den Schoß der Erde« (334) eingraben läßt. Seine Regression in »Mutter Erde« (333), sein grotesker Leib[121] und sein tyrannisches Wesen illustrieren prägnant den dialektischen Umschlag der naturwissenschaftlichen Aufklärung in vernunftlose Monstrosität. Machte Wolfgang Frühwald im ›Schimmelreiter‹ den »Antagonismus von mythischem und mathematischem Weltbild«[122] aus, so zeigt ›Der Herr Etatsrat‹ pointiert deren Dialektik an. Der Mathematikus von ehedem lebt in der Erinnerung der Gegenwart als »Bestie« (315) fort. Und auch der Erzähler kann sein Plädoyer für die Zugehörigkeit des Etatsrats »zu der Gattung homo sapiens« nur durch das Merkmal »unbewegliche⟨r⟩ Ohren« (315) zuverlässig stützen. So fällt bei Storm und Raabe mehr als eine thematische Vernachlässigung der Naturwissenschaft die Ausschließlichkeit auf, mit der jene als ambivalentes Movens im Prozeß gesellschaftlicher Modernisierung aufgefaßt wird.

Die Popularisierung der Naturwissenschaften in den fünfziger und sechziger Jahren des 19. Jahrhunderts hat ihnen mit der öffentlichen Präsenz zugleich einen Kompetenzzuwachs bei der Deutung sozialer Phänomene verschafft, den sie bis heute nicht verloren haben. Die zeitgenössische Realismustheorie hat den Geltungszuwachs zwar als Faktum registriert, eine angemessene Reflexion auf dessen Bedeutung für die Literatur wurde jedoch durch deren Festlegung auf eine Erkenntnisfunktion verhindert. Wo eine Reflexion dennoch stattfand, wurden die Naturwissenschaften unter Ausblendung vieler ihrer Erkenntnisgebiete ästhetisiert und so mit der Kunst kompatibel gemacht: ein Verfahren, das man zwangsläufig, aber auch unangemessen nennen kann. Über dieses Verfahren sind auch wichtige Vertreter der naturalistischen Kunsttheorie nicht hinausgekommen, wie Jutta Kolkenbrock-Netz an Bölsches Adaptationen naturwissenschaftlichen Wissens gezeigt hat, die die »Naturwissenschaften als unbegrenztes Feld ästhetischer Erfahrung«[123] vereinnahmen. Erst die Moderne entfaltet theoretisch und literarisch jenes Verhältnis von Naturwissenschaft und Kunst, das exemplarisch in Kellers ›Grünem Heinrich‹ schon etabliert scheint: eine perspektivische Integration naturwissenschaftlichen Wissens, die dieses nicht assimiliert, sondern in seiner Alterität beläßt.

Gerhard Plumpe
Das Reale und die Kunst
Ästhetische Theorie im 19. Jahrhundert

I. Übersicht

Die Bedeutung der philosophischen Ästhetik idealistischer Provenienz für die literarische Kommunikation der zweiten Hälfte des 19. Jahrhunderts kann kaum überschätzt werden. Auch wenn an der Mentalität dieser Jahre stets ein spekulationskritischer Zug hervorgehoben wurde, so bleibt doch ganz unbestreitbar, daß zentrale Normen der idealistischen Kunstphilosophie in einer Vielzahl epigonaler Ästhetiken mit popularisierender Ausrichtung in der kulturellen Öffentlichkeit nach 1850 präsent gehalten wurden.[1] Sie betrafen ebenso die Selektion kunstfähiger Themen – man denke etwa an den Ausschluß des Sexuellen oder an die Diskussion um den ästhetischen Status des »Häßlichen« – als auch die fundamentale Bestimmung des Verhältnisses von Kunst und Wirklichkeit. Nachdem Kant die Möglichkeit ästhetischer Spezialkommunikation transzendental begründet und das »Schöne« und die Kunst damit aus der Ontologie Alteuropas gelöst hatte, hypostasierte die idealistische Ästhetik das »Schöne« noch einmal zur Qualität des »Seins«, um die Kunst des Künstlers als anschauliche Einheit des Objektiven und des Subjektiven hinstellen zu können – d. h. als Paradigma einer Überwindung der von Kant aufgerissenen Differenz von Sein und Subjektivität. Die epistemologische Pointe dieser philosophiegeschichtlichen Position lag in der Unterstellung, daß das Schöne der Kunst – die Leistung des genial disponierten Subjekts – die Schönheit des Seins nur kondensiere und zentriere, das Sein sich gewissermaßen als Kunst reflektiere. Von dieser spekulativen These der Identitätsphilosophie hat die »realistische« Ästhetik gelebt, auch wenn sie sich spekulationsfern gab und von ihrer theoretischen Abkunft nichts mehr wissen wollte.[2]

Die Bedeutung der Kunstphilosophie *Hegels* liegt in dieser Perspektive einmal darin, die ästhetischen Konsequenzen des identitätsphilosophischen Programms paradigmatisch formuliert zu haben; diese Formulierungen – vor allem zur »Idealisierungsfunktion« des Kunstschönen gegenüber dem Real-Schönen – sind in der epigonalen Ästhetik der zweiten Jahrhunderthälfte tradiert worden und finden sich in allen »real-idealistischen« Programmen wieder; Hegels Bedeutung liegt aber vor allem darin, die Prämissen dieses Programms einer historischen Reflexion unterzogen zu haben, die das »Real-Schöne« aus der modernen, arbeitsteiligen und institutionell differenzierten Gesellschaft geschwunden sieht. Moderne Kunst und Literatur können daher, so sieht es Hegel, nicht länger »realistisch« optieren, sie werden vielmehr ästhetisch und kommunizieren den Eigensinn ihres Themen- und Formenrepertoires.

Gegen Hegel plädierte *Friedrich Theodor Vischers* »Ästhetik« für die Möglichkeit »realistischer« Kunst, da sie von der letzthin »romantischen« Hoffnung auf eine »schöne Nachmoderne« durchstimmt war, deren Antizipation der Kunst obliegen sollte. Nicht zuletzt politische Enttäuschungen und unabweisbare soziale Erfahrungen nötigten Vischer freilich zu der Einsicht, daß solche Hoffnungen illusionär waren; ästhetisch hatte diese Enttäuschung über die Möglichkeit des »Real-Schönen« zur Folge, Kunst und Literatur von der Realreferenz auf Subjektreferenz umzustellen und alles »Schöne« als Konstrukt des Künstlers auszugeben, dem nichts Seiendes je völlig entsprechen könne.

Merkwürdigerweise ist es *Arthur Schopenhauer* gewesen, der die Epistemologie des »Realismus« am vorbehaltlosesten formuliert hat, wohl weil ihm jede historische Erwägung fern lag. Auch für Schopenhauer reflektiert sich das Sein – als »Wille« – in der Kunst, der dabei die Funktion zufällt, die Individuen für Augenblicke von der Qual des Daseins zu befreien und im »ästhetischen Nirwana« zu erlösen. Die Kunst wird zum Therapeutikum, zum »Quietiv des Willens.«

Der wohl leitenden Tendenz der Kunstphilosophie des 19. Jahrhunderts, der Wende des »Realismus« zum »Ästhetizismus«, hat *Friedrich Nietzsche* den prägnantesten Ausdruck gegeben. Sein Perspektivismus entzieht den ontologischen Prämissen des »Realismus« die Grundlage; das »Reale« selbst wird zum Konstrukt des »Willens zur Macht«. Die Kunst gibt nicht länger dem »Sein« Ausdruck, sondern erfüllt sich in der schön gelingenden Existenz elitärer Kultur. Dieses Programm überschreitet den Spielraum der Ästhetik des 19. Jahrhunderts und kündigt die »Avantgarde« an.

II. Hegel: Die Kunst in der modernen Welt

1. *Der systematische Ort des Schönen und der Kunst*

Um Hegels Konzeption von Kunst und Literatur angemessen verstehen zu können, ist eine Vergegenwärtigung seiner philosophischen Position unverzichtbar, so verkürzt und schematisch sie auch ausfallen mag. Denn Hegel hat die Kunst in seinem »System« genau verortet – als erste Stufe des »absoluten Geistes« –, und diese Verortung entscheidet über ihr Geschick, über Funktion und Funktionsverlust der Kunst.

Man gewinnt Einblick in die Eigenart von Hegels Philosophie, wenn man den Systembegriff ins Auge faßt, der ihr zugrunde liegt. Gewöhnlich versteht man unter »System« entweder ein Konstrukt, das es erlaubt, kontingente empirische Daten sinnvoll zu arrangieren, oder man unterstellt, daß »Systeme« real vorkommen, unabhängig von ihrer theoriegestützten Rekonstruktion. Es ist nun entscheidend zu sehen, daß Hegel diese Alternative zwischen Empirismus und Konstruktivismus vermeidet. Sein Systemkonzept zielt auf die *Identität von Konstrukt und Faktum*: Das Reale intendiert jenes System, das im Denken expliziert wird; oder anders: nur weil das System *existiert*, kann es *reflexiv* eingeholt werden. Für Hegel differenziert der »normale Verstand« zwischen Denken und gedachter Realität wie zwischen Subjekt und Objekt. Diese Differenz hatte Kant transzendentalphilosophisch legitimiert und in letzter Instanz damit dem modernen Konstruktivismus vorgearbeitet, der das »Reale« aus dem Gedachten verdrängt hat. Diese Differenz zieht Hegels spekulative Philosophie nun ein: Das Denken und seine als *Logik* explizierbare Ordnung stehen dem Sein nicht durch einen Abgrund getrennt gegenüber; die Ordnung, das System des Denkens ist vielmehr die Ordnung, das System dieses Seins selbst.

Hegel übergreift, um seinen philosophiehistorischen Ort kurz zu markieren, mit dieser Identitätsthese die moderne Differenz von Denken und Sein – eine Differenz, die das erkenntnistheoretische Problem, wie nämlich dann Erkenntnis überhaupt noch möglich sein kann, zur bedrängenden Grundfrage der neuzeitlichen Philosophie machte; und er bringt damit die Ontologie, die Lehre vom Sein, wieder in die erste Position: weil die Struktur des Seins selbst »intelligibel« ist, stellt ihre Erkenntnis kein eigentliches Problem dar, das Sein impliziert sein Erkanntwerden.

Für die Systemkonzeption wirft diese postulierte Einheit von Sein und Denken nun aber eine Frage auf: Wo findet dieses System des sich selbst denkenden Seins eine Grenze? Hat dieses System ein Außen, gegen das es *als System* abgrenzbar ist? Wir definieren ein System ja gewöhnlich keineswegs allein durch seine interne Struktur, sondern auch durch seine Grenze, d.h. durch die Möglichkeit, System und Umwelt zu unterscheiden. Die moderne Systemtheorie zeigt sogar größeres Interesse an der Fähigkeit eines Systems, in wechselnden Umwelten seine Grenze behaupten zu können – sich z.B. auf schwankende Temperaturen oder wechselnde Zahlungen grenzerhaltend einstellen zu können –, als an interner Strukturierung als solcher.[3]

Kennt Hegels »System« aber noch eine Umwelt, die etwas anderes wäre als es selbst? Was könnte zu dieser Umwelt zählen? – Vielleicht die Natur? Hegels Philosophie, die um den »Geist« oder die »Idee« kreist, könnte vielleicht den Bereich der natürlichen Phänomene und Prozesse als »Nicht-Geistiges« in die Umwelt ihres Systems plazieren und so die herkömmliche Differenz »natürlich«/»geistig« (»Materie«/»Idee«) fortsetzen. So verfährt Hegel aber nicht: Sein System wäre nicht absolut, wenn es einen so wesentlichen Teil des Seins, wie ihn die natürlichen Prozesse zweifellos darstellen, als »Umwelt« behandelte. »Natur« ist daher für Hegel durchaus ein Teil des absoluten Systems. Was bleibt, scheidet Natur also aus, dann noch für die Systemumwelt übrig? Man könnte nun auf Gott verweisen! Gott könnte – in Anlehnung an wichtige theologische Traditionen – als »Außen« einer der menschlichen Vernunft durchsichtigen Weltganzheit begriffen werden, der diese wohl bedingt, in ihr aber nicht angemessen reflektiert werden kann; Gott wäre dann der sich jedem Vernunftsystem letzthin Entziehende, dessen Inkommensurabilität sich jeder rationalen Vergegenwärtigung sperre, und d.h. profan: er wäre für das aus Vernunftpotentialen konstruierte System: »Umwelt«.

Diese theologische Figur des sich »entziehenden Gottes« hat Hegel aber aufs schärfste kritisiert. Hegel deutete die Dogmen der Offenbarung und der Menschwerdung Christi als Immanentisierung Gottes zur absoluten Idee, die sich im Prozeß der Selbstbewegung des Geistes völlig durchsichtig wird. Alles andere als »Außen« des Systems ist Gott, verkürzt formuliert, nur ein anderes Wort für das absolute System – das autoreferentielle, reflexive Sein – selbst.

Scheiden aber »Natur« und »Gott« als Kandidaten für die Umwelt des absoluten Systems aus, dann wird es schwierig, von einem »Außen« des Systems überhaupt noch zu sprechen. Hegels »absolutes System« ist als sich wissendes Sein ein Supersystem ohne Umwelt, da es nur sich – und sonst noch das Nichtige der Kontingenz kennt. Es macht gerade die Leistung des sich selbst denkenden Seins aus, dieses Kontingente als »Gleichgültiges« in die Umwelt abzudrängen.

> Die philosophische Betrachtung hat keine andere Absicht, als das Zufällige zu entfernen. Zufälligkeit ist dasselbe wie äußerliche Notwendigkeit, d.h. eine Notwendigkeit, die auf Ursachen zurückgeht, die selbst nur äußerliche Umstände sind. Wir müssen in der Geschichte einen allgemeinen Zweck aufsuchen, den Endzweck der Welt ⟨...⟩. ⟨Um ihn⟩ zu erkennen, muß man das Bewußtsein der Vernunft mitbringen, keine physischen Augen, keinen endlichen Verstand, sondern das *Auge des Begriffs*, der Vernunft, das die *Oberfläche* durchdringt und sich durch die Mannigfaltigkeit des bunten Gewühls der Begebenheiten hindurchringt.[4]

Das absolute System kennt als Umwelt oder »Außen« derart bloß das Kontingente, dieses aber ist am Ende Nichts, ein Nichtiges. Das Herauswerfen des Zufalls ins »Nichts« der System-Umwelt ist die eigentliche Leistung des sich selbst bewegenden Geistes; gerade die Kunst – wie noch zu zeigen sein wird – kann als Medium forcierter Zufallstilgung verstanden werden.

Da Systemreflexivität aber nur mittels einer Abgrenzung zu haben ist, entfaltet sich das System als Prozeß einer internen Differenzierung, die ein »Anderes« einführt, das dieses »Andere« aber nicht bleibt, sondern als das »Andere« des Selbst alle Fremdheit verliert. Die Position der bloßen a-reflexiven Identität (des Systems) wird in der Instanz des »Anderen« negiert, um als Negation dieser Negierung wiederzukehren – nun als sich selbst wissende, reflexive Systemidentität. Damit sich ein System *als dieses* reflektieren kann, braucht es eine Unterscheidung – es muß gewissermaßen sagen können: da ist etwas, das mehr als Nichts ist, und das gehört nicht dazu! Deshalb ist jede Selbstreflexion Reflexion auf eine Grenze und auf ein »Fremdes«. Hegels System ist aber nicht irgendeines unter anderen, sondern das *System des Seins*, und kann daher ein Primat der Differenz nicht kennen; denn dann gehörte ja etwas substantiell Seiendes nicht zu ihm. Will das so konzipierte System sowohl Reflexivität wie Totalität, so ist es zur Quadratur des Kreises gezwungen: denn Reflexivität setzt Differenz voraus, Differenz aber widerstreitet Totalität. Hegels System meint dieser Klemme zu entkommen, indem *es in sich selbst* eine Unterscheidung einführt, die aber nur vorläufig ist, weil das Unterschiedene als Unterschied und als Einheit gedacht werden kann. Das heißt konkreter: Der Geist sieht sich der Natur konfrontiert; in der Unterscheidung von der Natur gewinnt er Selbstbewußtsein, er erkennt sich aber auch in der Natur wieder, die ihre Fremdheit so verlieren kann. Das System Hegels ist die temporalisierte – als Prozeß entfaltete – Einheit von Differenz und Identität; über die interne Differenz gewinnt das System Reflexivität, über die Identität Absolutheit.

Der Geist, den Hegel genetisch als leibgebundene Intelligenz aus der Natur hervorkommen sieht, setzt sich dieser zunächst als subjektiver entgegen und operiert in der Gegenstellung von Subjekt und Objekt. Mit »subjektivem Geist« meint Hegel keineswegs das Individuum oder die endliche Intelligenz der Person, sondern eine Welteinstellung, in der die Differenz vorherrscht[5]; zwischen mir als denkendem oder handelndem Subjekt und dem Realen der Welt waltet eine Kluft, die unüberbrückbar scheint. Mit dieser Einstellung sind zwei – komplementäre – Optionen verbunden: man kann das Subjekt entweder dem Objekt oder umgekehrt das Objekt dem

Subjekt nachordnen, d. h. etwa Erkenntnis als Einschreibung des Realen in die »tabula rasa« des Subjekts – oder es als Konstruktion des Realen nach Maßgabe subjektiver Kategorien verstehen; Handeln als Domestizierung und Unterwerfung des Entgegenstehenden (etwa der Natur) oder als unbedingten Gehorsam gegenüber einem göttlichen Gesetz oder dergleichen denken. Diese Welteinstellung des »subjektiven Geistes« trägt aber für Hegel einen tiefen Konflikt in sich; die komplementären Optionen gehen nicht restlos auf: weder das Objekt noch das Subjekt lassen ihre Unterwerfung ohne Widerstand zu; sie bleiben dissonant und »unversöhnt«. Diese Dissonanz ist kein »Betriebsunfall« des Geistes, den man etwa bedauern müßte, sondern jene noch nicht getilgte Differenz, die Fremderfahrung als Prämisse von Selbstbewußtsein möglich macht. Der Geist bleibt aber auf dieser Stufe der bloßen Reflexion nicht stehen, sondern hebt sie in die substantielle Wirklichkeit der Freiheit auf, wie sie in den Medien des Sozialen und der Geschichte erfahren werden kann. Der »subjektive Geist« überschreitet seine Einseitigkeit und wird »objektiv«, wenn er die Vernünftigkeit sozialer Institutionen anerkennt, die ihm nicht als äußerer Zwang entgegentreten, sondern seiner Freiheit allererst Wirklichkeit geben. Der vernünftige Staat – als Telos des historischen Progresses – erreicht in gewisser Hinsicht ein Maximum an realisierter Identität von Subjekt und Objekt, er bleibt aber endlich und dem unaufhebbaren Konflikt der Mächte ausgesetzt; die Weltgeschichte wird keine vernünftig geeinte Menschheit hervorbringen. So überschreitet sich der Geist noch einmal; und es ist das Schöne, in dem das reflexiv gewordene System des Seins zuerst erscheint und seiner ansichtig wird – angeschaut werden kann, ehe es religiös vorgestellt und schließlich philosophisch gedacht wird.

Dem im Medium des Schönen zur Anschauung gebrachten Absoluten tritt die spekulative Philosophie nun nicht als eine fremde Instanz entgegen, so als ob sie sich noch im Käfig des »subjektiven Geistes« befände, sondern *sie* ist es, die die Geistigkeit des Schönen entbindet und allererst angemessen auslegt. Die Kunst bedarf geradezu der spekulativen Philosophie, um zur Sprache zu bringen, was sich in ihr begriffslos zeigt. Das Schöne ist auf Auslegung hin orientiert, an dieser Auslegung scheitert aber alle bloße Verstandesoperation im Gegenzug von Subjekt und Objekt. Weil das Schöne das Absolute zeigt, kann diesem Wink nur ein Denken folgen, das über die Grenzen des »subjektiven Geistes« hinaus ist – und dieses Denken ist die spekulative Philosophie.

Es ⟨ist⟩ für den Verstand nicht möglich, die Schönheit zu erfassen, weil der Verstand, statt zu jener Einheit durchzudringen, stets deren Unterschiede nur in selbständiger Trennung festhält, insofern ja die Realität etwas ganz anderes als die Idealität, das Sinnliche etwas ganz anderes als der Begriff, das Objektive etwas ganz anderes als das Subjektive sei und solche Gegensätze nicht vereinigt werden dürften. So bleibt der Verstand stets im Endlichen, Einseitigen und Unwahren stehen.[6]

2. Realismusprobleme: Das Schöne in Natur und Kunst

Was privilegiert nun das »Schöne« zu dieser hohen Systemfunktion? Hegel antwortet auf diese Frage mit seiner berühmten, vielzitierten Definition:

Das Schöne bestimmt sich ⟨...⟩ als das sinnliche Scheinen der Idee.[7]

Das Schöne, und das bedingt seinen privilegierten Ort, läßt also die Idee erscheinen. Nicht irgendeine, sondern *die* Idee. Was versteht Hegel aber unter »der Idee«? Weder die Idee Platons noch die Idee Kants; die Idee Platons nicht, weil ihm die extramundanen Ideen des griechischen Philosophen durch eine unüberbrückbare Kluft vom phänomenal Seienden getrennt erscheinen – durch den berühmten »Chorismós«; die Idee Kants nicht, weil sie nur eine »regulative« Idee der Subjektivität ist, der nichts Empirisches entspreche. Sowohl die ontologische Konzeption der Idee bei Platon als auch die transzendentale Kants klammern den Bereich der profanen Realität aus; sie verlegen die Idee entweder in den Himmel oder in die Subjektivität. Im Gegenzug gegen diese Tradition bestimmt Hegel die Idee als Einheit von Begriff und jener Realität, die der Begriff schon intendiert. Der Begriff steht dem Realen nicht als Gedankenabstraktum gegenüber, sondern ist in ihm gegenwärtig; die vollendete Einheit von Begriff und Realität des Begriffs ist nun die Idee:

> Die *Idee* ⟨...⟩ ist nicht nur die ideelle Einheit und Subjektivität des Begriffs, sondern in gleicher Weise die Objektivität desselben, aber die Objektivität, welche dem Begriffe nicht als ein nur Entgegengesetztes gegenübersteht, sondern in welcher der Begriff sich als auf sich selbst bezieht. Nach beiden Seiten des subjektiven und objektiven Begriffs ist die Idee ein Ganzes, zugleich aber die sich ewig vollbringende und vollbrachte Übereinstimmung und vermittelte Einheit dieser Totalitäten.[8]

In dieser Einheit von Begriff und Wirklichkeit ist *die* Idee aber das reflexiv gewordene System selbst: Identität von Sein und Denken. Wenn Hegel also definiert, das Schöne sei das sinnliche Scheinen der Idee, dann heißt das nichts anderes, als daß im Schönen das System sich selbst anschaut. Diese Selbstreflexion geschieht aber in jener besonderen Weise, die als »sinnliches Scheinen« bestimmt wird. Der Aggregatzustand der absoluten Idee ist demnach nicht die »dünne Luft« des spekulativen Gedankens, sondern die handgreifliche Materialität eines konkreten Gegenstands, wie er sich unseren *Sinnen* darbietet. Das System – als absolute Idee – durchläuft ja einen Prozeß, und das Schöne ist dessen erste Etappe, die die Idee in den Banden der naturverhafteten Sinnlichkeit hält:

> Das Schöne ist die Idee als unmittelbare Einheit des Begriffs und seiner Realität, jedoch die Idee, insofern diese ihre Einheit unmittelbar in sinnlichem und realem Scheinen da ist.[9]

Das Schöne zeigt an, daß auch die Natur Teil des Systems ist, d. h. im schönen Sinnenschein erweist die Differenz, die das System zum Zwecke der Selbstreflexion in sich einführte, ihre ganze Vorläufigkeit und Aufhebbarkeit. »Schön« ist ein sinnlich-natürliches Phänomen im Maße seiner erscheinenden Intelligibilität. In dieser Konzeption Hegels wiederholt sich noch einmal das Versöhnungsparadigma Schillers oder Schellings, das aus einer entdifferenzierenden – »totalisierenden« – Interpretation der Kantschen Analyse des Geschmacksurteils gewonnen war, in dem Sinne und Vernunft zusammenstimmen. Hegel schränkt die Systemfunktion dieses ästhetischen Paradigmas aber ein: die Sinne begrenzen die Selbstentfaltung der absoluten Idee – ihrer erscheinenden Schönheit zum Trotz. Deshalb verändert sie ihren Aggregationszustand und reflektiert sich in den sinnenfernen Medien der Religion und vor allem der Philosophie.

Das »Schöne« zeigt sich nun zuerst in der *Natur*. Hegel widmet dem »Natur-Schönen« einen eigenen Abschnitt seiner ›Vorlesungen‹. Anders aber als Kant, dem die schönen Gestalten der Natur unüberbietbare Substrate ästhetischer Kommunikation waren, interpretiert Hegel das Natur-Schöne als defizienten Modus dessen, was Schönheit überhaupt sein kann – und erweist daraus die Notwendigkeit des *Kunst*-Schönen, das alle Natur übersteigt. Hegel räumt zunächst durchaus ein, daß auch in der phänomenalen Wirklichkeit der Natur sich die Idee zeigen könne. Sein Paradigma in dieser Hinsicht ist der beseelte Organismus, der lebendige Mensch. Hegel deutet den Körper als Erscheinung der Seele; diese realisierte Einheit von Außen und Innen ist die erscheinende Idee als Identität von Begriff und Realität. Die Schönheit des menschlichen Körpers ist das ästhetische Maximum, das die Natur erreichen kann. Sie hat ihre Grenze – die die *Kunst* dann überschreitet – in der Unaufhebbarkeit der Kontingenz, die alle Natur stigmatisiert. Dieter Henrich schreibt in seiner Studie über ›Hegels Theorie über den Zufall‹:

> Gäbe es nicht das zufällig Seiende, so würde die Kunstschönheit, die eine Form der Überwindung der Kontingenz ist, ihre ausgezeichnete Stellung in Hegels Ästhetik verlieren.[10]

Noch der schönste Körper, so glaubt Hegel urteilen zu dürfen, kennt Mängel und Schwächen, die seine Kontingenzanfälligkeit verraten. Die Beseelung der »Körperoberfläche« gelinge der Natur niemals perfekt; stets gebe es »blinde Stellen«, Belangloses oder gar Störendes. Hegel nimmt sich viel Zeit, um diese Schwächen der Natur drastisch ins Licht zu stellen. Stets geht es um den Nachweis, daß dem Naturschönen eine Überschüssigkeit an »Oberfläche« eigne, die ohne Deckung durch die »Idee« bleibe. Das Naturschöne scheint in manchen seiner Teile insignifikant, »seelen-los« – und genau diese Insignifikanz ist das Kontingente, das ins »Nichts« gestoßen wird.

Wie sehr nun aber auch der menschliche Körper im Unterschiede des tierischen seine Lebendigkeit nach außen hin erscheinen läßt, so drückt sich an dieser *Oberfläche* dennoch ebensosehr die Bedürftigkeit der Natur in der Vereinzelung der Haut, in den Einschnitten, Runzeln, Poren, Härchen, Äderchen usw. aus.[11]

So ist der Mensch schon in seiner bloßen Körperlichkeit dem Mangel anheimgegeben – und diese Mangelhaftigkeit ist auch aus dem konkret gelebten Leben, d. h. aus den Gestalten des »objektiven Geistes«, der Familie, der Gesellschaft, im Staat, nicht zu tilgen. Die Natur ist wohl imstande, die Idee erscheinen zu lassen; dies sichert ihre Zugehörigkeit zum System. Sie vollbringt dieses Erscheinen-Lassen aber nur unvollkommen, da ihre Phänomenalität nicht jene unbedingte Transparenz kennt, in der die Idee den Stoff perfekt durch-leuchtet. Die Natur ist – wie Hegel sagt – nicht an jeder ihrer Stellen *Auge*: jenes transitorische Medium zwischen »innen« und »außen«, das den Geist passieren läßt. Die Blindheit oder Opazität des Natürlichen, d. h. ihre Kontingenz, ist der Grund,

weshalb der Geist auch in der Endlichkeit des Daseins und dessen Beschränktheit ⟨...⟩ den unmittelbaren Anblick und Genuß seiner wahren Freiheit nicht wiederzufinden vermag und das Bedürfnis dieser Freiheit daher auf einem anderen, höheren Boden zu realisieren genötigt ist. *Dieser Boden ist die Kunst.*[12]

Allein die Kunst ist imstande, der Idee die ihr vollkommen gemäße, konkrete anschauliche Gestalt zu geben. Diese von der Idee restlos durchdrungene Gestalt nennt Hegel »Ideal«:

Ideal ist ⟨...⟩ die Wirklichkeit, zurückgenommen aus der Breite der Einzelheiten und Zufälligkeiten.[13]

Die Kunst »idealisiert« gewissermaßen das Reale der Natur. Dieser Idealisierungsprozeß ist ein Vorgang der »Reinigung«, d. h. der Ausstreichung aller Kontingenz:

Indem die Kunst ⟨...⟩ das in dem sonstigen Dasein von der Zufälligkeit und Äußerlichkeit Befleckte zu dieser Harmonie mit seinem wahren Begriffe zurückführt, wirft sie alles, was in der Erscheinung demselben nicht entspricht, beiseite und bringt erst durch diese *Reinigung* das Ideal hervor.[14]

Hegel illustriert diese Bestimmung an den Aufgaben der Portraitmalerei:

Der Portraitmaler ⟨...⟩ muß ⟨...⟩ alle die Äußerlichkeiten in Gestalt und Ausdruck, in Form, Farbe und Zügen, das nur Natürliche des bedürftigen Daseins, die Härchen, Poren, Närbchen, Flecke der Haut ⟨...⟩ fortlassen und das Subjekt in seinem allgemeinen Charakter und seiner bleibenden Eigentümlichkeit auffassen und wiedergeben. Es ist etwas durchaus anderes, ob er die Physiognomie nur überhaupt ganz so nachahmt, wie sie ruhig in ihrer *Oberfläche* und Außengestalt vor ihm dasitzt, oder ob er die wahren Züge, welche der Ausdruck der eigensten *Seele* des Subjekts sind, darzustellen versteht.[15]

Im Vorgang der »Idealisierung« eignet sich der Geist seine sinnliche Körperlichkeit vollkommen an, er spricht an jeder Stelle seiner erscheinenden Oberfläche, aber er verbleibt in den Schranken der sinnlichen Gestalt; er wird nicht »abstrakt«. Das ist Hegel wichtig: Er betont immer wieder, daß das Kunstschöne als Ideal nicht in abstrakte Idee und äußere Gestalt auseinanderfalle, sondern daß sich die Idee vollkommen »verleibliche«, ganz Anschauung werde. Diese »Gestalt« ist aller Zufälligkeit und Vergänglichkeit des Realen enthoben; das Ideal, sagt Hegel, »steht wie ein *seliger Gott* vor uns da«[16].

Hegels Bestimmung des Kunstschönen als Ideal vollendet sich im organischen *Werk*, das als sinnzentrierte Einheit seiner Teile in expressiver Totalität das absolute System reflektiert. Wie dem romantischen »Denken des Außen« das Fragment ästhetisch entsprach, so der Hegelschen Philosophie des absoluten Systems die Poetik des kohärenten, organischen Werks.[17]

Unmittelbar gegen Friedrich Schlegel, den Denker des »Außen« gerichtet, heißt es:

So wurde z.B. in Friedrich von Schlegels Gedichten zur Zeit, als er sich einbildete ein Dichter zu sein, dies *Nichtgesagte* als das Beste ausgegeben; doch diese Poesie der Poesie ergab sich gerade als die platteste Prosa.[18]

3. Kunst – Geschichte: Das »Ende der Kunst«

Hegels Konzept des »Ideals« haben wir bis jetzt allein als abstrakte Kategorie kennengelernt – weit entfernt von der Wirklichkeit der Kunst und ihrer Geschichte. Hegel will seine Philosophie aber gerade an der Wirklichkeit und ihrer historischen Dynamik bewähren; daher fragt er nach den geschichtlichen Möglichkeitsbedingungen der Kunst als Realisierung des Ideals. Wie muß die Welt beschaffen sein, daß in ihr schöne, beseelte, idealisch durchleuchtete Individualität darstellbar wird? Mit dieser Frage stellt Hegel die Kunst explizit in die Bewegung der Geschichte; er ist keineswegs der Überzeugung, daß Kunst eine geschichtsenthobene, ewige Ausdrucksweise des menschlichen Geistes sei, sondern er bezieht ihre Möglichkeit ausdrücklich auf Gegebenheiten des allgemeinen Prozesses der Geschichte.

Hegel gliedert die Kunstgeschichte bekanntlich in drei fundamentale Epochen, die er die *symbolische*, die *klassische* und die *romantische* Kunstform nennt. Das Kriterium dieser Unterscheidung liegt in dem Verhältnis von Idee und Material, von geistigem Gehalt und äußerer Form. Die symbolische Kunst, die Hegel dem Orient zuordnet, kennzeichne ein Übergewicht der Materialität; die Idee habe sich noch nicht so individualisiert, daß sie sich ihr Material vollkommen anverwandelt habe: daher nennt Hegel die symbolische Kunstform gelegentlich auch »Vor-Kunst«. Dagegen vollziehe die griechische Kunst eine vollkommene Ineinsbildung von Idee und Material; sie allein realisiert das Ideal und ist deshalb »klassisch«; denn die romantische Kunstform des christlichen Europa zerstöre diese Identität wieder, da die Idee nun die Bande des sinnlichen Stoffes fliehe – die Materialität der Kunst zunehmend als Beengung empfinde. Hegel bestimmt diese drei Möglichkeiten der Beziehung von Idee und Material bündig so:

> Sie bestehen im *Erstreben*, *Erreichen* und *Überschreiten* des Ideals als der wahren Idee der Schönheit.[19]

Man denke bei der symbolischen Kunstform etwa an das Paradigma der Pyramide in ihrer massiven Materialität, bei der klassischen Kunstform an das Standbild eines Heros und bei der romantischen Kunstform an eine Symphonie, die eine unendliche Reflexion anstoßen mag. Hegel verdeutlichte diese Bezüge auch durch Verweis auf die Elemente des religiösen Kultes: die symbolische Kunstform baue gleichsam den Tempel für den Gott (ein »Außen ohne Innen«); die klassische Kunstform stelle den Gott in den Tempel, der ihn mit seiner Aura erfüllt (»Einheit von außen und innen«); die romantische Kunstform wende sich zur Gemeinde parzellierter Individuen in ihrer Innerlichkeit (»Innen ohne Außen«). Im Blick auf das Maximum der Kunst sind also sowohl die symbolische wie die romantische Kunstform defiziente Modi: »Vor-Kunst« und »Nach-Kunst«. Einmal ist die Idee noch zu dumpf, um ihre Realität ganz zu durchdringen; dann ist sie schon zu reflektiert, um an den Gegebenheiten des Sinnlichen noch Genüge zu finden; sie wendet sich zur Religion und zur Philosophie.

Hegel nennt die historischen Wirklichkeiten, auf die hin die Kunstepochen interpretiert werden müssen, weil sie von ihnen her erst verständlich werden, »Weltzustände«. Ausdrücklich erwähnt er nur zwei solcher »Weltzustände«; den einen nennt er »heroisch« oder »poetisch«, den anderen »modern« oder »prosaisch«. Zwanglos darf man die klassische Epoche dem »poetischen« Weltzustand, die romantische dem »prosaischen« Weltzustand zuordnen, doch bleibt dann zu fragen, welcher Weltzustand der symbolischen Kunstform entspricht. Offenbar gibt Hegel auf diese Frage keine explizite Antwort. Da er den »heroischen« oder »poetischen« Weltzustand unzweideutig auf die griechische Antike bezieht, haben wir keine Möglichkeit, ihn für die symbolische Epoche in Anspruch zu nehmen. Man kann aber aus bestimmten Bemerkungen Hegels im Kontext seiner Erläuterungen der symbolischen Kunstform plausibel auf einen dritten »Weltzustand« schließen.

Der »Weltzustand« gibt an, wie eine Gesellschaft strukturiert ist, welcher elementaren Differenzierung sie folgt. Diese Differenzierung betrifft drei Instanzen Natur, Soziales und Subjektivität. Aus der Art und Weise des Bezuges dieser Instanzen resultieren die verschiedenen »Weltzustände«.

Der erste Weltzustand, der ganz hypothetisch »archaischen« genannt werden soll, orientiert sich an der einen Wirklichkeit, in der Natur dominant ist und in der das Soziale sich gegen Natur noch nicht vollständig ausdifferenziert hat; der zweite Weltzustand, der »poetische« oder »heroische«, wie Hegel ihn nennt, kennt die volle Differenzierung von Natur und Sozialität, aber noch keine wirkliche Unterscheidung von Sozialem und Subjektivität. Diese Differenzierung vollzieht aber der »modern-prosaische« Weltzustand, der deutlich zwischen Natur – Gesellschaft – Subjektivität unterscheidet.

Der Mensch des »archaisch« genannten Weltzustands deutet sein soziales Dasein naturanalog; die staunend betrachtete Natur liefert das Modell, nach dem der Mensch seine soziale Existenz begreift. Hegel begründet diese nicht wirklich vollzogene Ausdifferenzierung der Gesellschaft aus der Natur auch mit einem »ökonomischen« Argument: In dieser Phase eigne sich die Menschheit die Natur noch nicht eigentlich *arbeitend* an, sondern sie lebe gewissermaßen vom »Segen der Natur« – mit der Kehrseite, ihren Launen und Wechselfällen, d.h. ihrer Kontingenz, fast schutzlos ausgeliefert zu sein.[20] Dieser Dominanz der Natur entspricht die Seinsweise der »symbolischen« Kunst:

> Die ersten Kunstwerke sind mythologischer Art. ⟨...⟩ Die nächste *Explikation* ⟨...⟩, welche für das Absolute da ist, sind die Erscheinungen der *Natur*, in deren Existenz der Mensch das Absolute ahnt und sich dasselbe daher in Form von Naturgegenständen anschaulich macht. In diesem Streben findet die Kunst ihren ersten Ursprung.[21]

Der zweite, der »poetische« bzw. »heroische« Weltzustand, setzt die gelungene Ausdifferenzierung des Sozialen aus der einen, natürlich dominierten Welt voraus. Diese Differenzierung reflektiert, wie Hegel zu beobachten glaubt, ein höheres Maß ökonomischer Aneignung der Natur, eine Effektivitätssteigerung der Arbeit:

> In einem solchen Zustande hat der Mensch in allem, was er benutzt und womit er sich umgibt, das Gefühl, daß er es aus sich selber hervorgebracht und es dadurch in den äußeren Dingen mit dem *Seinigen* und nicht mit entfremdeten Gegenständen zu tun hat, die außer seiner eigenen Sphäre, in welcher er Herr ist, liegen.[22]

Entscheidend für den poetischen Weltzustand ist aber, daß sich die von der Natur gelöste Gesellschaft noch nicht gegen Subjektivität differenziert; das bedeutet positiv, daß die Akte der Individuen unmittelbar soziale Akte sind. Was die »Heroen« tun, konstituiert Gesellschaft. Das substantiell Soziale ist zugleich das Individuelle. Praktisch heißt dies, daß im heroischen Weltzustand noch kein eigentlicher Staat und kein fixiertes Recht existieren dürfen, die die Akte der Individuen als sozialkonstitutive Akte ja beschränken bzw. überflüssig machen würden. Vielmehr setzt der Heros Recht durch seinen Willen und synthetisiert das Soziale durch sein Handeln. Nur wenn das Individuum in *seiner* Aktion das Substantielle realisiert, das ihm noch nicht institutionell vorgegeben ist, nur dann kann es dem »Ideal« Gestalt geben: In dem poetischen Weltzustand soll

> also durchgängig das Sittliche und Gerechte individuelle Gestalt in dem Sinne behalten, daß es ausschließlich von den Individuen abhängt und nur in ihnen und durch sie zur Lebendigkeit und Wirklichkeit gelangt.[23]

Der poetische Weltzustand profiliert das »individuelle Allgemeine«. Das Soziale setzt sich aus Akten machtvoll handelnder Menschen zusammen; es steht den Personen nicht als zu Institutionen – wie Recht oder Staat – geronnenes Abstraktum gegenüber, das Individuelle ist vielmehr das Soziale. Das hat für Hegel zur Folge, daß sich die Individuen nicht eigentlich als »Handelnde« reflektieren und noch nicht zwischen Motiv und Tat unterscheiden. Der Heros haftet für alle Folgen und Nebenfolgen seines Tuns und Lassens – unabhängig davon, ob er sie »gewollt« hat oder nicht. Erst das moderne Denken differenziert Motive und Taten, während »das heroische Selbstbewußtsein« – wie Hegel in seiner Rechtsphilosophie sagt (§ 118), »noch nicht zur Reflexion des Unterschieds von Tat und Handlung, der äußerlichen Begebenheit und dem Vorsatze ⟨...⟩ fortgegangen« sei.[24]

Nur auf dieser Grundlage ist klassische Kunst möglich, da nur hier das schöne Individuum die Idee verkörpern kann, d.h. das Substantielle *ist*. Diesen Weltzustand sah Hegel in der griechischen Antike verwirklicht, wie nicht nur seine Ästhetik, sondern vor allem auch seine Vorlesungen über die ›Philosophie der Weltgeschichte‹ zum Ausdruck bringen; dort heißt es etwa:

> In Griechenland ist die Freiheit des Individuums noch nicht zu der Abstraktion gekommen, daß das Subjekt schlechthin vom Substantiellen, dem Staate als solchem, abhängt; sondern in ihr ist der individuelle Wille in seiner ganzen Lebendigkeit frei und nach seiner Besonderheit die Betätigung des Substantiellen.[25]

Nun noch einige Worte über den modernen Weltzustand. Er vollzieht über die Unterscheidung von Natur und Gesellschaft hinaus noch die Differenzierung von Sozialität und Subjektivität. Die Subjekte emigrieren aus der Gesellschaft und erfahren sie als ein Gegenüber. Setzte der Heros durch sein Tun allererst das Substantielle des Sozialen, so kennzeichnet den modernen Weltzustand eine Verfestigung des Sozialen zu Normen und Institutionen, die das Subjekt nur als vernünftige anerkennen kann, aber keineswegs mehr unmittelbar in seinem Tun und Lassen prägt oder gar hervorbringt.

> Die *einzelnen* Individuen erhalten ⟨...⟩ im Staate die Stellung, daß sie sich dieser Ordnung und deren vorhandener Festigkeit anschließen und sich ihr unterordnen müssen, da sie nicht mehr mit ihrem Charakter und Gemüt die einzige Existenz der sittlichen Mächte sind, sondern im Gegenteil, wie es in wahrhaften Staaten der Fall ist, ihre gesamte Partikularität der Sinnesweise, subjektiven Meinung und Empfindung von dieser Gesetzlichkeit regeln zu lassen und mit ihr in Einklang zu bringen haben. Dies Anschließen an die objektive Vernünftigkeit des von der subjektiven Willkür *unabhängigen* Staates kann entweder eine bloße Unterwerfung sein, weil die Rechte, Gesetze und Institutionen als das Mächtige und Gültige die Gewalt des Zwanges haben, oder es kann aus der freien Anerkennung und Einsicht in die Vernünftigkeit des Vorhandenen hervorgehen, so daß das Subjekt in dem Objektiven sich selber wiederfindet. Auch dann aber sind und bleiben die einzelnen Individuen immer nur das Beiläufige und haben außerhalb der Wirklichkeit des Staats in sich selbst keine Substantialität.[26]

Dieser Sachverhalt hat auch wieder eine ökonomische Seite: Die fortschreitende Differenzierung und »Arbeitsteilung« schließt es aus, in der Perspektive der Subjektivität noch das »Ganze« zu repräsentieren:

Im wahren Staat ⟨...⟩ ist die Arbeit für das Allgemeine, wie in der bürgerlichen Gesellschaft die Tätigkeit für Handel und Gewerbe usf., aufs allermannigfaltigste geteilt, so daß nun der gesamte Staat nicht als die konkrete Handlung *eines* Individuums erscheint ⟨...⟩, sondern die zahllosen Beschäftigungen und Tätigkeiten des Staatslebens müssen einer ebenso zahllosen Menge Handelnder zugewiesen sein.[27]

Dieser *Entsubstantialisierung* des Subjekts korrespondiert ein Kult der *Innerlichkeit*. Das Subjekt, das sich von aller wesentlichen Wirklichkeit abgeschnitten erlebt, sucht nach Kommunikationsformen, in denen es authentisch es selbst sein kann – ohne nur vorgegebenen sozialen Konventionen zu folgen. Diese Kompensation sozialer Depotenzierung hat für Hegel u. a. die Karriere der *Liebe* begünstigt: Die Liebe scheint ein Residuum individuell gedeckter Kommunikation zu sein, wo das Subjekt noch ganz bei sich bleiben kann – ohne sich codierten, vorprogrammierten Aussagen beugen zu müssen. In seiner Betrachtung der »romantischen Liebe« legt Hegel jedoch sarkastisch dar, daß gerade Liebeskommunikation, der es ums Individuelle zu tun ist, hochgeneralisiert verfährt: Das Individuelle ist das (All-)Gemeine!

In der romantischen Liebe ⟨...⟩ dreht sich alles nur darum, daß *dieser* gerade *diese, diese diesen* liebt. Warum es just nur dieser oder diese Einzelne ist, das findet seinen einzigen Grund in der subjektiven Partikularität, in dem Zufall der Willkür. Jedwedem kommt seine Geliebte sowie dem Mädchen ihr Geliebter, obschon sie andere sehr gewöhnlich finden können, als die Schönste, als der Herrlichste vor, und sonst keiner und keine in der Welt. Aber eben indem alle, oder doch viele, diese Ausschließung machen und nicht Aphrodite selbst, die einzige, geliebt wird, sondern vielmehr jedem die Seine die Aphrodite und leicht noch mehr ist, so zeigt sich, daß es viele sind, welche als dasselbe gelten; wie denn auch in der Tat jeder weiß, daß es viele hübsche oder gute, vortreffliche Mädchen in der Welt gibt, die alle – oder doch die meisten – auch ihre Liebhaber, Anbeter und Männer finden, denen sie als schön, tugendreich, liebenswürdig usf. erscheinen. Nur jedesmal einer und *nur eben dieser* absolut den Vorzug zu geben, ist daher eine bloße Privatsache des subjektiven Herzens und der Besonderheit oder Absonderlichkeit des Subjekts, und die unendliche Hartnäckigkeit, notwendig gerade in *dieser* sein Leben, sein höchstes Bewußtsein zu finden, erweist sich als eine *unendliche Willkür* der Notwendigkeit.[28]

Auf dem Boden des modernen Weltzustandes, so darf man resümieren, steht die subjektive Reflexion der Wirklichkeit des Objektiven entgegen. Es gibt kein Ideal mehr, in dem sich die Substanz des Realen individuelle Gestalt geben könnte. Institutionen lassen sich, das sah Hegel in aller Schärfe, nicht personal repräsentieren. Das Subjekt kann dann entweder die objektive Vernünftigkeit der modernen Welt anerkennen – oder sich über sie – als über banale Prosa – ironisch hinwegsetzen, wie es die Romantik tat. Indem die romantische Ironie die *Undarstellbarkeit der Idee*, ihren Entzug, verkündet, verrichtet sie für Hegel das notwendige Werk der Selbstaufhebung der Kunst. Die Idee hat den Spielraum, den ihr die sinnliche Erscheinung schöner Individualität bot, durchschritten; sie bedarf nunmehr anderer Medien der Selbstreflexion.

Hegels berühmte These vom »Ende der Kunst« ist manchem Mißverständnis ausgesetzt gewesen. Wir können hier auf die facettenreiche Auseinandersetzung mit ihr nicht eingehen, sondern lediglich einige Aspekte herausstellen, die ihre Funktion in Hegels Argumentationszusammenhang beleuchten sollen.[29]

(1) Hegels Satz vom »Ende der Kunst« bedeutet nicht etwa, daß er der Moderne die Möglichkeit bestreiten will, Kunstwerke zu produzieren, die Interesse und Aufmerksamkeit hervorrufen. Ganz im Gegenteil ist Hegel vielmehr der Meinung, daß erst in der Moderne eine vom religiösen Kult ganz freie Kunst souverän über alle in ihrer Geschichte möglich gewordenen Formen verfügen und diese – ohne alle Rücksicht auf ehedem gültige Restriktionen des Kultes – inszenieren, kombinieren oder auch ironisch beleuchten kann. Die Kunst tritt demnach in eine Ära der »Posthistoire« ein; sie spielt mit ihrer Geschichte ausschließlich unter kunsteigenen Regulativen.

(2) Hegels Satz vom »Ende der Kunst« heißt weiter, daß moderne Kunst reflexive Kunst ist; die Geschichte der Kunst findet sich philosophisch aufgehoben, und dieses Wissen der Kunst von sich selbst teilt sich aller Gestaltung mit. Die Kunst operiert nicht mehr mit »naiven« Setzungen oder unmittelbaren Durchgriffen auf »Welt«, sie färbt alle ihr möglichen Konstrukte mit dem Index ästhetischer Selbstreflexion. Zweifellos hat Hegel mit diesem Aspekt seiner

These einen »main-stream« moderner Kunst von der Romantik bis in die Gegenwart klarsichtig akzentuiert.

(3) Hegels Satz vom »Ende der Kunst« meint im Kern, daß Kunst aufgehört hat, die moderne Welt, die Wirklichkeit des Geistes auf der Stufe differenzierter sozialer Systeme und hochaggregierter Diskurse, adäquat zu erkennen. Die Kunst verliert ihre kognitive Potenz und wird ästhetisch. Dieses heißt für Hegel vor allem, daß in der Moderne keinerlei Möglichkeit mehr besteht, soziale Prozesse und theoretische Konstrukte mit den Mitteln der Kunst kognitiv – d.h. als wahr oder falsch – angemessen zur Anschauung zu bringen.

Blickt man auf die Kunstevolution des 19. Jahrhunderts und der Wende zum 20. Jahrhundert, dann kann man Hegels Scharfsinn nur bewundern. Daß die Kunst an der modernen Welt unter *Erkenntnis*erwartungen scheitert, wenn sie anonyme Prozesse in figurative, subjektiv stilisierte Handlungen übersetzen will, zeigt sich in beliebiger Deutlichkeit im Blick auf die Erzählliteratur des Realismus. Der Kunst bleibt dann die von Hegel anvisierte Wende zum *Ästhetizismus*, d.h. zur Kommunikation ihrer Selbstreferenz, oder eine durch die Reflexionen Hegels hindurchgegangene Transformation ihres Selbstverständnisses, wie sie wohl am markantesten in den linksavantgardistischen Theoremen Bertolt Brechts, mit Abstrichen auch an den radikalsten Positionen des französischen Naturalismus, erkennbar geworden sind.

(4) Hegels Satz vom »Ende der Kunst« versteht man also nur dann angemessen, wenn man ihn *differenzierungstheoretisch* reformuliert, d.h. die Rhetorik der *Hierarchie* (der Stufen des Geistes) fallen läßt und statt auf Hierarchisierung auf Differenzierung setzt, Hegel also mit Kant liest. Dann zeigt sich nämlich, daß Hegel die Kunst historisch so einschätzt, daß sie lange Zeit – bis an die Schwelle der Moderne – im Verein mit philosophischen und religiösen Sinnpotentialen ein homogenes, noch kaum differenziertes Medium der Welterschließung und der sozialen Selbstbeschreibung gewesen ist. Hegel sprach ja auch von »Kunstreligion«, um die vormoderne Funktion – ihre integrale Erkenntnisleistung – zu charakterisieren. »Ende der Kunst« heißt dann *Funktionsdifferenzierung*: Was Kant 1790 unhistorisch als gleichsam ewige Differenzierung der transzendentalen Subjektivität herausstellte, das erscheint

nun in Hegels Philosophie als Resultat eines geschichtlichen Prozesses; Kunst, Religion und Philosophie treten in der Moderne auseinander und situieren sich auf »autonomen« Feldern. In der Konsequenz bedeutet das, daß die Kunst mit der Philosophie nicht mehr um *Erkenntnis* konkurriert; die philosophische Theorie kann dann sehen, daß es zwar Zeiten gegeben hat, in denen »Kunst« gleichsam Theorie (und Religion) mitvertrat. Nun aber haben sich die einzelnen Sphären gegeneinander ausdifferenziert; die Kunst ist keine defiziente Philosophie, sondern – wie Kant epochal gesehen hat – genuin *ästhetisch codierte* Kommunikation. Hegels Überlegungen bedeuten eine Historisierung Kants und eröffnen eine Theorie modern differenzierter Kunst – nach ihrem Ende als (erster) »Weltanschauung« des absoluten Geistes.

4. Die Gattungen der Literatur und ihre Funktionen

Hegels Theorie der literarischen Gattungen erscheint als Höhepunkt und Abschluß der um 1800 einsetzenden Versuche, die Genres aus den klassifizierenden Tableaus der normativen Poetik Alteuropas zu lösen und sie in der Perspektive ästhetisch-geschichtsphilosophischer Spekulation neu zu begründen. Galten die Genres bis dahin als Diskurse, die durch Anlaß, Ort, Subjekt und Gegenstand der Rede festgelegt erschienen, so werden sie nun zu unmittelbaren Trägern philosophischer Bedeutungen, ja zu Sinnbildern der hochfliegenden Semantik des deutschen Idealismus. So deutete Schelling etwa das Prinzip des Epos im Sinne der vorkritischen Ontologie, das Prinzip der Lyrik als Sinnbild der transzendentalen Subjektivität und das Drama schließlich als »Versöhnung« von Ontologie und Transzendentalismus, als »frei anerkannte Notwendigkeit«. Ödipus, der sein Schicksal auf sich nimmt, galt ihm als tragischer Held par excellence: wie Schellings eigene Philosophie habe er Sein und Subjektivität, Notwendigkeit und Freiheit – die Kluft, die Kants kritische Philosophie aufgerissen hatte – wieder versöhnt.

Hegel steht in der Tradition solcher spekulativen Erörterungen, in denen die Philosophie versucht hat, ihren Projekten in Gestalten der Kunst Anschaulichkeit zu geben. Durch seine Lehre vom »Vergangenheitscharakter« aller Kunst und Poesie hat er allerdings dem überschwenglichen Begehren entgegengewirkt, aus einer Interpretation der literarischen Gattungen ein *aktuelles* oder gar unüberbietbares Verständnis der philosophischen Gegenwartsprobleme zu gewinnen. Denn jede Auslegung des philosophischen Gehalts einer Gattung steht im Horizont des »Endes der Kunst«; sie muß sich der Frage stellen, wo die Gattungs*funktion* in der Gegenwart bedient wird, und was eine philosophisch depotenzierte, ästhetisch gewordene literarische Gattung statt dessen zu leisten vermöchte.

In der historischen Bestimmung dieser Gattungsfunktionen, die weit über Schellings formale Differenzierung nach dem Subjekt-Objekt-Kriterium hinausweist, kann man die eigentlich innovative Leistung der Hegelschen Literaturtheorie sehen. So deutete Hegel das Epos als Vergegenwärtigung des heroischen Weltzustands in der Begebenheit des Krieges, eine Vergegenwärtigung, die die *Kohärenz* der alten Welt im Geschick eines Volkes und seiner Helden erzählend prägnant werden ließ. Das Epos leistet also einen *Kohärenzeffekt*, in ihm erscheint der Zusammenhang eines Zeitalters, der Ökonomie und Sittlichkeit, religiösen Glauben und Naturanschauung, aber auch Alltag und Festtag, banale Routinen und spektakuläre Taten umgreift. In epischer Perspektive erscheint die Einheit der Zeit als schöne Kohärenz ihrer einzelnen Momente und Facetten. Darum wird dem Epos zugestanden, in weitschweifender Breite und mannigfacher Episodik zu erzählen, um der tatsächlichen Totalität einer Epoche als Spiegel zu dienen. So klar Hegel diese bedeutende Funktion des Epos für die soziale Orientierung herausstellt, so wenig Zweifel läßt er andererseits daran, daß die Gegenwart des 19. Jahrhunderts in den Schwundstufen des Epischen, die ihr geblieben sind, vor allem im Roman, kein Medium mehr hat, das den Effekt der Kohärenzierung noch überzeugend leisten könnte.

Wie das Epos der alten Welt, so entstammt die Lyrik der entzweiten Moderne; sie gibt dem »entfremdeten« Subjekt ein Organ »authentischer Ich-Expression«, indem sie das gesellschafts*externe* Bewußtsein und seine Gestimmtheit kommunikabel macht. Der lyrische Diskurs codiert die Unmittelbarkeit der Empfindung und läßt so den engen Bezirk bloß privater Betroffenheit hinter sich.

Hegel betont das »Gemachte«, ja Künstliche und »Maskenhafte« der lyrischen Transfiguration des »Selbst«; das »lyrische Ich«, in dessen Perspektive die ganze Welt hereingezogen werden kann, ist *nicht* die trauernde oder jubilierende empirische Person, sondern ein Effekt des lyrischen Diskurses, der dem »absoluten«, nicht aber dem »subjektiven« Geist zugehört. Freilich bleibt auch hier zu fragen, ob das »lyrische Wissen vom Subjekt« nach dem »Ende der Kunst« theoretisch nicht überboten wird, und ob der lyrische *Authentizitätseffekt* dann seine Funktion verliert.

Fragt man schließlich nach der Funktion des Dramas, so kann nach Hegel die Antwort nur lauten, daß sich im Vollzug des Dramas ein Effekt der *Konfliktversöhnung* ereignet, der hinter dem Rücken der auf der Bühne agierenden Personen die Vernunftkompatibilität widerstreitender Partikularinteressen erweist. Das Drama zeigt so, und darin liegt seine primäre Funktion, daß verfolgte Zwecke wohl in Zwiespalt und Konflikt führen können, daß sie aber nicht ausweglos darin verbleiben müssen, sondern in eine *höhere Harmonie* aufgehoben werden können, auch wenn der lernunwillige Heros – anders als das moderne, kognitiv trainierte Subjekt – dies nicht sehen kann. Der dramatische *Versöhnungseffekt* vereint auf diese Weise epische Kohärenz mit lyrischer Authentizität. Denn die schließlich »heile« Welt des tragisch versöhnten Konflikts erweist die bloß epische Kohärenz des wesentlich Seienden nun als *vernünftige* Abstimmung, weil sie durch den *Willen* authentisch handelnder Subjekte hindurchgegangen ist, deren berechtigte Interessen nach dem »Knall« versöhnt koexistieren können. Im tragischen Untergang scheint der *Sinn* einer höheren, harmonischen Weltordnung auf. Der Tod des Helden ist kein blanker Un-Sinn, keine trostlose Faktizität, auch kein rätselhaftes Fatum, undurchschaubares »Ge-Schick«; für Hegel ist der tragische Tod Quelle allen Sinns: das Einzelne geht unter, auf daß das Ganze, in dem es *als Einzelnes* doch aufgehoben ist, triumphiert.

> Durch ⟨die tragische Lösung⟩ übt die ewige Gerechtigkeit sich an den Zwecken und Individuen in der Weise aus, daß sie die sittliche Substanz und Einheit mit dem Untergange der ihre Ruhe störenden Individualität herstellt. Denn obschon sich die Charaktere das in sich selbst Gültige vorsetzen,

so können sie es tragisch dennoch nur in verletzender Einseitigkeit widersprechend ausführen. Das wahrhaft Substantielle, das zur Wirklichkeit zu gelangen hat, ist aber nicht der Kampf der Besonderheiten ⟨...⟩, sondern die *Versöhnung*, in welcher sich die bestimmten Zwecke und Individuen ohne Verletzung und Gegensatz einklangsvoll betätigen. ⟨...⟩ Über der bloßen Furcht und tragischen Sympathie steht deshalb das Gefühl der *Versöhnung*, das die Tragödie durch den Anblick der ewigen Gerechtigkeit gewährt, welche in ihrem absoluten Walten durch die relative Berechtigung einseitiger Zwecke und Leidenschaften hindurchgreift, weil sie *nicht dulden kann*, daß der Konflikt und Widerspruch der ihrem Begriffe nach einigen sittlichen Mächte in der wahrhaften Wirklichkeit sich siegreich durchsetze und Bestand erhalte.[30]

Auch im Blick auf diese wohl zentrale künstlerische Funktion der Versöhnung divergent scheinender wesentlicher Interessen fragt sich, was aus ihr nach dem »Ende der Kunst« – als »Weltanschauung« – wird. Denn die normative Verhaltensweise des tragischen Helden, die trotz gegenläufiger Erfahrungen an der Ausgangsorientierung mit Pathos festhält, löst sich nach Hegel auf dem modernen Theater auf und wird von einer Haltung ersetzt, die man »Lernen« nennen kann, eine Haltung, die gegenüber überraschenden Ereignissen bereit ist, ihre Ausgangsposition zu revidieren. Der kognitive Habitus ersetzt den normativen. »Lernen« aber ist »prosaisch«: das Subjekt ist mit seinem Halt gebenden Zweck nicht mehr eins; es ist vielmehr disponiert, sich situationsbezogen und flexibel zu verhalten, sich überzeugen zu lassen, der Welt ihr Recht zu geben. Der Heros rennt mit dem Kopf gegen die Tür – die der gelehrige Moderne öffnet; das ist situationsgerecht, aber prosaisch und alles andere als spektakulär. Der kognitive Vorteil der Moderne ist zugleich ein Mangel an unverwechselbarer »Plastizität« des Charakters. Die Modernen sind gelehrig oder ironisch, aber beide Optionen reagieren bereits auf den Entzug kunstermöglichender Subjektivität. Denn gleich, ob man bereit ist zu lernen oder eher Gefallen daran findet, alles und jedes zu ironisieren: in beiden Fällen erscheint das Subjekt gegenüber der objektiven Welt *entmächtigt*, während das Pathos des tragischen Helden diese Welt – oder doch einen Teil von ihr – handelnd realisiert. Die Vergleichgültigung allen individuellen Handelns in einer sachlich geordneten, »prosaischen« Moderne läßt es aber fraglich erscheinen, ob das Drama seine Funktion der »Versöhnung« dann noch gewährleisten kann.

III. Friedrich Theodor Vischer: Der zurückgenommene Realismus

Vischers vielbändige und wirkungsmächtige »Ästhetik oder Wissenschaft des Schönen« (1847–1858) folgt der Hegelschen Konzeption weithin, zeigt aber auch signifikante Unterschiede, auf die allein es hier ankommen soll.[31] Denn sie machen die Aporien der realistischen Ästhetik besonders deutlich.

Vischers »Ästhetik« war mit dem Anspruch verbunden, ihren Gegenstand in überzeugenderer Weise, als dies bei Hegel gelungen schien, »dialektisch« zu entwickeln. Auf die »Metaphysik des Schönen«, der abstrakten Indifferenz von Subjekt und Objekt im »sinnlichen Schein der Idee«, folgt die Erörterung des Differenten – der Objektivität des Schönen in der Natur und der Subjektivität des Schönen in der Phantasie; die konkrete Einheit dieser Differenz des Subjektiven und Objektiven vollzieht dann die Kunst, deren sachlicher und historischer Darstellung der dritte Teil der »Ästhetik« gewidmet ist. Schon aus dieser »dialektischen« Disposition ist der hohe systematische Stellenwert der Wirklichkeit des Schönen in der Natur ersichtlich, der Hegel nur kursorische Bemerkungen gewidmet hatte. Wie Hegel unterstreicht allerdings auch Vischer die Kontingenz alles »Real-Schönen« und erkennt der Imagination des Künstlers die Bedeutung zu, diese Kontingenz im Hinblick auf die sich im Naturstoff zeigende Idee restlos zu tilgen. Die

> Naturnachahmung ⟨müsse⟩ die Erscheinung, welche die Natur geschaffen, aber im Gedränge des störenden Zufalls Trübungen jeder Art ausgesetzt hat, auf ihre Reinheit zurückführ⟨en⟩ und so gereinigt in einem idealen vom Geistesleben erfüllten Scheinbilde wiederhol⟨en⟩, in der Ausführung des inneren Bildes aber das Vorbild mit der Bestimmtheit seiner Formen und der Wärme seiner Lebendigkeit nacheifernd fest im Auge behalten ⟨...⟩.[32]

Diese allgemeine Bestimmung des Verhältnisses von Real-Schönem und Kunst-Schönem setzt Vischer nun ebenso wie Hegel einer historischen Betrachtung aus – und hier zeigt sich ein gravierender Unterschied. Dabei stimmt Vischer zunächst mit Hegel darin überein, daß die moderne Welt »prosaisch« geworden sei und insofern alles »Real-Schöne« in Frage stelle. Mit kulturkritischem Unterton läßt Vischer die »Prosa« der Gegenwart im Gefolge von Industrialisierung und sozialer Differenzierung Revue passieren:

> Wie die Fabriken ⟨...⟩ ein fressendes Gift in die Sittlichkeit des Volkes sind, die schöne Einfalt der Sitten, das Familienverhältnis zwischen Meister und Geselle zerstören, so haben sie der Handarbeit den Schwung des Formsinns entzogen, liefern Produkte von seelenlosem, papiernem Gepräge und haben durch die Wohlfeilheit ⟨...⟩ zur Vertilgung der Volkstrachten beigetragen. ⟨...⟩ Nun alle übrigen neu erfundenen Mechanismen; die Guillotine hat selbst die Todesstrafe zur Maschinensache, den Kopf zum Kohlhaupte gemacht, die Eisenbahnen verdrängen den rüstigen Gang, den männlichen Ritt, selbst vom Wagen das feurige Pferd, und es fehlt nur noch, daß man Menschen mit Dampf mache und die Liebe aus dem Leben schwinde.[33]

Diese schönheitsfeindliche Tendenz der Moderne veranlaßt Vischer zu dem Fazit:

> Die schönen Formen sind nicht zeitgemäß, und die zeitgemäßen sind nicht schön.[34]

Anders aber als Hegel folgert Vischer aus dieser Bilanz der Moderne kein »Ende der Kunst«. Denn er sieht den Geschichtsprozeß in seiner Gegenwart nicht gestoppt oder in eine Ära der »Posthistoire« eingetreten; er hofft vielmehr auf eine »versöhnte« Nachmoderne, die die »Zerrissenheit«, die »Entfremdung« und »Abstraktheit« der Gegenwart überwinden und so zu neuer »Objektivität« zurückfinden könnte, wie sie die schönen Tage Griechenlands einmal gekennzeichnet hatte. Die »romantische« Einfärbung dieser Hoffnung tritt zu Tage, wenn Vischer schreibt:

> Das Bewußtsein aller dieser Übel ist da und wächst. Der Drang der Zeit geht auf wahre Freiheit. ⟨...⟩ die wahre Freiheit muß wieder schöne Kultur-

formen erzeugen. ⟨...⟩ Die Frage, vor der wir stehen, ist diese: ist es denkbar, daß die abstrakten Gedanken, die innere Ideenwelt, die jetzt zur Tat drängt, aus der Vermittlung der Reflexion in Unmittelbarkeit umschlagen, zum Sein, zum Naturgewächs werden kann und daß wir einst mit der ganzen Unendlichkeit unserer innern Welt, der ganzen Geltung der Individualität und zugleich der ganzen Begründung des Allgemeinen in Gedankenform, die wir vor den Alten voraus haben, doch wieder naiv, daß wir *objektive Menschen* werden können wie sie?[35]

Diese Überwindung der Moderne würde der Wirklichkeit jene Schönheit zurückgeben, die das künstlerische Werk der »Idealisierung« allererst möglich macht. Ohne schöne Realität keine schöne Kunst – dieser Zusammenhang scheint Vischer fraglos gewiß.

Alles, was jetzt ⟨...⟩ unverwirklichter Zweck ist, muß erst durch eine große reale Bewegung Zustand, Sein, Natur, Wirklichkeit geworden sein, dann ist wieder Naivität, Instinkt möglich. Goethe hat gesagt, er wolle den Deutschen die Umwälzungen nicht wünschen, welche nötig wären, wenn sie wieder eine klassische Poesie haben sollen. Er wünschte also die Bedingung einer Wirkung nicht, wo er doch als Dichter die Wirkung wünschen mußte. Es ist aber gleichgültig, was wir wünschen, es fragt sich, was kommen muß, und so viel ist gewiß, wenn wieder Blüte der Phantasie kommen soll, so muß vorher erst eine Umgestaltung des ganzen Lebens kommen.[36]

Es sind die politischen und soziologischen Implikationen dieser Konzeption gewesen, deren Brüchigkeit Vischer schon bald nach Abschluß der »Ästhetik« zu einer Revision Anlaß gegeben haben, die schließlich die gesamten epistemologischen Prämissen der ontologischen Kunsttheorie zurückwies. In seiner 1866 publizierten »Kritik meiner Ästhetik« vollzieht Vischer eine Wende, die die bislang angenommene »Objektivität« des Schönen ausstreicht und statt dessen kategorisch die Subjektreferenz allen ästhetischen Wahrnehmens und Handelns herausstellt. Vischer tritt aus dem Denkzusammenhang der Identitätskonzeption des deutschen Idealismus heraus und kommt auf Kant zurück.

Die Ästhetik muß den Schein, es gebe ein Schönes ohne Zutun ⟨...⟩ des anschauenden Subjekts schon auf ihrem ersten Schritte vernichten. ⟨...⟩ Das Schöne ist ⟨...⟩ nicht einfach ein Gegenstand, das Schöne wird erst im Anschauen, es ist Kontakt eines Gegenstandes und eines auffassenden Subjekts, und da das wahrhaft Tätige in diesem Kontakte das Subjekt ist, so ist es ein Akt. Kurz das Schöne ist einfach eine bestimmte Art der Anschauung.[37]

Nicht nur der »prosaischen« Moderne, jeder historischen Realität mangelt daher das Schöne, das sich erst in der Anschauung des Subjekts herstellt und insofern vom Sein nichts Wesentliches zu sagen weiß. Für die Kunst bedeutet diese Wende zur Subjektreferenz, daß man ihre schönen Gestalten nicht als »Idealisierungen« realer Schönheiten mißverstehen darf, sondern als Projektionen oder Konstrukte erkennen muß. Spricht die Kunst hinfort von der »Realität« des Schönen, so heißt dies nichts anderes, als daß eine »Realität« gemeint ist, die von der Kunst allererst hervorgebracht wird:

> Die ideale Anschauung schaut in das Objekt hinein, was *nicht* in ihm ist.[38]

IV. Schopenhauer: Kunst als Therapeutikum

1. Voraussetzungen

Um Ort und Funktion von Kunst und Literatur in Schopenhauers Philosophie in den Blick zu bekommen, sei zunächst deren Grundzug umrissen.[39] Schopenhauers Stellung in der Philosophie des 19. Jahrhunderts ist zweideutig: zum einen wirkt sein Denken wie ein radikaler Einschnitt, wie ein Bruch mit der lang andauernden Tradition der Metaphysik des Geistes, die in Hegels System kulminiert. Das Thema des blinden Willens, die Herabstufung der Erkenntnis zu einem Instrument der Selbsterhaltung, vor allem der abgründige und durch nichts versöhnbare Pessimismus, schließlich Askese und Resignation als einzig mögliche Auswege aus der Misere, die Leben heißt – Auswege, die man freilich nicht subjektiv wollen kann, sondern die sich als kontingentes Faktum des blinden Willens ereignen, der unter Umständen das »Nicht-Wollen« will: all diese Themen und Motive brechen in großer Eindeutigkeit mit

Grundüberzeugungen des neuzeitlichen Denkens, mit der Idee eines »Fortschritts« zu innerweltlichem Glück, mit der »Willensfreiheit« als Basis vernünftiger Selbstbestimmung des Subjekts und mit der Superiorität des »Geistes« unter den menschlichen Vermögen. Zweideutig ist die Stellung Schopenhauers in der Philosophie des 19. Jahrhunderts aber, weil andererseits auch Kontinuitäten unübersehbar bleiben: Schopenhauer entfaltet sein Denken als striktes System, das an Geschlossenheit und innerer Stringenz den Konkurrenten Hegel gleichsam noch übertrumpfen möchte. Zugleich denkt Schopenhauer noch ganz in der Kontinuität des Diskurses der Metaphysik, wenn er nach dem Prinzip fragt, das die Welt im ganzen und jenseits der Erscheinungen regiert, – wenn er das Wesen des Seins als »Wille« bestimmt und diesen »Willen« dann so auslegt, daß sein Drängen als Selbstentfaltung des Seins in der Phänomenalität des Seienden greifbar wird. Das ist noch die klassische Disposition der abendländischen Metaphysik, die das »Sein des Seienden« als Präsenz denkt: hier als Präsenz des Willens. Schopenhauers Philosophie ist daher wohl ein Einschnitt, aber ein Einschnitt auf altem Terrain; Schopenhauer gibt eine *neue* Antwort auf eine *alte* Frage (nach dem Wesen des Seins), ohne dieses Terrain selbst zu verändern oder zu verlassen. Ja, man wird den Gedanken nicht ganz los, daß Schopenhauer eine Art negativer Überbietung der Hegelschen Systemphilosophie versucht hat, die streckenweise Züge einer Parodie trägt.

Es gibt zwei Möglichkeiten, in Schopenhauers Philosophie sinnvoll einzuführen. Einmal kann man vom Ergebnis seines Denkens her systematisch den »Willen« in der Stufenfolge seiner Objektivationen vom Anorganischen bis zum Menschen hin rekonstruieren und dann zeigen, daß der kognitive Apparat des Menschen im Interesse der Selbsterhaltung der Gattung organisiert ist, daß raumzeitliches, kausalanalytisches Wahrnehmen und Urteilen technisch und strategisch erfolgreich operiert und dem Menschen als Gattung die Weltherrschaft unter den Wesen gesichert hat. In dieser Hinsicht ist die apriorische Struktur menschlicher Erkenntnis ein Evolutionsresultat des »Willens«: die »Welt als Vorstellung« ist ein Selbsterhaltungsinstrument der »Welt als Wille« auf der Stufe ihrer Objektivation im Menschen. Dieser Ansatz kann – entkleidet man ihn von einigen terminologischen Antiquiertheiten – durchaus als Hinführung zu einer »biologischen Erkenntnistheorie« verstanden werden, die alles Erkennenkönnen aus der transzendentalen Fragestellung herausnimmt und als Medium und Resultat der Gattungsevolution beschreibt.

Die andere Möglichkeit der Einführung liegt in einer Art »Hermeneutik des Selbst«: man wendet den Blick vom gleichsam »objektiven« Treiben des Willens zur eigenen Existenz und benutzt die Selbsterfahrung als Tor zur Metaphysik. Diese zweite Möglichkeit ist gewiß die näherliegende und unmittelbarere; vor allem deshalb, weil es die Evidenz der Leiblichkeit ist, die eine Erfahrung des Willens noch diesseits aller kognitiven Rasterung zuläßt, die den Menschen gewissermaßen in den fensterlosen Käfig seiner Erkenntnisvermögen einsperrt. An unserem Leib erleben wir nach Schopenhauer das Wesen des Willens als sinn- und zielloses Drängen, als endloses Begehren ohne dauernde Befriedigung. Während unser Erkenntnisvermögen – seine Kategorialität von Raum und Zeit sowie von Kausalität als Nach- und Nebeneinander von Ereignissen, Zuständen und Motiven – als Werkzeug des Willens in aller Regel die Erfahrung des Mangels überdeckt und das Phantasma einer kohärenten, sinnvollen und beherrschbaren Welt suggeriert, öffnet die Leiberfahrung einen Durchblick auf das fatale Treiben des Willens – im einzelnen und dann auf dem Wege einer globalisierenden Hermeneutik in der Welt schlechthin; ein Durchblick, von dem aus dann im nachhinein erst der illusionäre Charakter des raum-zeitlichen Erkennens entlarvbar wird: als trügerischer »Schleier der Maja«. In dieser epochalen Umwertung der Relation von Leib und Geist steckt ein erkenntnisproduktives Moment, das man herausstellen muß, auch wenn der strenge Anspruch einer Neubegründung der Metaphysik aus der »Leiberfahrung« nicht eingelöst erscheint. Denn erst seit dieser Umwertung kann man fragen, ob der traditionellen Metaphysik des Geistes nicht tatsächlich ein Begehren innewohnt, den Mangel zu verwerfen; ist nicht etwa Hegels System tatsächlich der großangelegte Versuch, die unfehlbare, alles durchdringende Souveränität des Geistes zu imaginieren, dessen Telos schließlich alles Drängen stillstellt, weil nichts mehr ihm nicht anverwandelt wäre? Und ist dieser Triumph nicht erkauft mit einem

Abdrängen der »Natur«, deren Mängel als »Wesenloses« ins Nichts fallen? Ein Denken, das den Mangel verwirft, leugnet die Differenz, die allem Identitätsverlangen entgegensteht; wir haben gesehen, wie Hegel den Vorrang der Identität vor der Differenz durch die Konstruktion eines Systems des Seins zu erreichen versuchte, das kein »Außen« mehr kennt.

Schopenhauer scheint nun der Differenz ihr ganzes Recht zu geben. Der Wille als metaphysischer Seinsgrund operiert ja gemäß des Takts der Differenz von Verlangen und Erfüllung. Der Wille ist Differenz schlechthin. Hielte man hier ein, könnte man dem interessanten Gedanken nachgehen, der vorliegt, wenn das Sein des Seienden als Differenz veranschlagt wird – die sich als Differenz der Präsenz und der Re-präsentierbarkeit sperrte. Diese von Heidegger dann vorgetragene Überschreitung der Metaphysik eines präsenten Seinsgrundes, den das philosophische Denken nur noch repräsentieren müßte, um der Wahrheit inne zu sein, vollzieht aber Schopenhauer gerade nicht; denn er identifiziert die Differenz, die der Wille ist, indem er sie einzig negativ bilanziert. Unsere Leiberfahrung sagt uns, daß das Drängen des Willens im Takt der Differenz eine einzige Qual ist, unterbrochen allenfalls von kurzen Momenten vorgetäuschter Erfüllung, die in Wirklichkeit aber nichts sind als Auftakt neuer Leiden; der Wille wird als sinnloses und qualvolles Drängen zum identischen Prinzip des Seins substantialisiert:

> Alles Wollen entspringt aus Bedürfnis, also aus Mangel, also aus Leiden. Diesem macht die Erfüllung ein Ende; jedoch gegen einen Wunsch, der erfüllt wird, bleiben wenigstens zehn versagt: ferner, das Begehren dauert lange, die Forderungen gehn ins Unendliche; die Erfüllung ist kurz und kärglich bemessen. Sogar aber ist die endliche Befriedigung selbst nur scheinbar: der erfüllte Wunsch macht gleich einem neuen Platz: jener ist ein erkannter, dieser ein noch unerkannter Irrtum. Dauernde, nicht mehr weichende Befriedigung kann kein erlangtes Objekt des Wollens geben: sondern es gleicht immer nur dem Almosen, das dem Bettler zugeworfen, sein Leben heute fristet, um seine Qual auf Morgen zu verlängern.[40]

Und nur diese Vereinseitigung und Vereinheitlichung des Willens zum Horrorszenario und getreuem Kontrapunkt der Hegelschen Weltvernunft bildet dann das Motiv zur Formulierung von Erlösungsmodellen, die in Askese und Resignation das Nichtwollen des Willens annehmen. Schopenhauers Denken ist hier überaus spekulativ: Auf der höchsten Objektivationsstufe, im Menschen, gerät der Wille in die Situation, sich mittels seines Instruments, der Erkenntnis, selbst zu erkennen. Diese »Selbstreflexion« des Willens im Menschen, der sich erkennt als das, was er ist: als Leiden, kann nun dazu führen, daß der Wille »nicht länger will« – und auf diese Weise einzelne, auserwählte Menschen dazu disponiert, ein Leben als Asketen und Heilige zu führen, denen die Welt (als »Wille« *und* als »Vorstellung«) gleichgültig geworden ist und die ins »Nirwana« eingegangen sind. Wenngleich Schopenhauer von seinem Ansatz her noch dieses *Nicht*-Wollen des Willens als kontingentes Faktum werten muß, so drängt sich doch der Eindruck auf, als ob der Wille im Prozeß seiner Objektivation einer Teleologie folge und im Menschen – vorsichtiger gesagt, in einzelnen – gleichsam »Vernunft« angenommen habe.

2. Die Funktion der Kunst

Da aber nur *Wenige* vom Willen in die Lage versetzt werden, als Asketen und Heilige die Welt mit gleichgültigen Augen anzuschauen, fragt sich natürlich, was den vielen anderen bleibt, die die Segnungen der Askese nicht erfahren dürfen. Hier genau liegt nun die *Funktion der Kunst* für Schopenhauer; sie befreit die profane Menschheit, freilich nur für Augenblicke, vom Diktat des Willens. Sie ist gleichsam ein geringer dosiertes Sedativum, als die Askese es ist; daher ist ihre Wirkung von kürzerer Dauer. Die Kunst ermöglicht den

> schmerzlosen Zustand, den Epikuros als das höchste Gut und als den Zustand der Götter pries: denn wir sind, für jenen Augenblick, des schnöden Willensdranges entledigt, wir feiern den Sabbath der Zuchthausarbeit des Wollens, das Rad des Ixion steht still.[41]

Wie begründet Schopenhauer die ihm zentrale Funktion der Kunst, als Quietiv des Willens zu wirken? Um diese Frage zu beantworten, müssen wir noch einmal auf Schopenhauers Erkenntnislehre zurückgehen. Denn Kunst ist für Schopenhauer eine *Form der Erkenntnis*, und zwar eine ausgezeichnete. Alles gängige Erkennen ist die Leistung parzellierter Individuen, die sich die Welt in Raum und Zeit vorstellen – und in diesem Vorstellen dem Willen, der in ihnen agiert, Genüge tun. Diese instrumentelle oder willensfunktionale Erkenntnis im Käfig der Vorstellung ist die normale; gäbe es *nur* sie, kreiste das Rad des Ixion ewig, wir würden allenfalls die Qual der Marter nicht im ganzen Umfang empfinden – wie die Tiere, die wohl nicht soviel leiden, wie ihrer bösen Situation an sich angemessen wäre. Nun glaubt Schopenhauer aber zu beobachten, daß das komplizierte Selbsterhaltungsinstrument der Gattung »Mensch« – die Erkenntnis – im Laufe der Evolution gelegentlich in Varianten vorkommt, die im Blick auf die eigentliche Funktion der Selbsterhaltung im Kampfe der Wesen nur als *dysfunktional* bezeichnet werden können. Diese, für den Willen dysfunktionale Kapazität der Erkenntnis bezeichnet Schopenhauer als abnorme Quantität des kognitiven Apparats – und diese anormale Erkenntniskapazität charakterisiert nun exakt das *Genie*:

> Das Genie besteht darin, daß die erkennende Fähigkeit bedeutend stärkere Entwicklung erhalten hat, als der Dienst des Willens, zu welchem allein sie ursprünglich entstanden ist, erfordert. Daher könnte, der Strenge nach, die Physiologie einen solchen Überschuß der Gehirntätigkeit und mit ihr des Gehirns selbst, gewissermaßen den monstris per excessum beizählen, welche sie bekanntlich den monstris per defectum und denen per situm mutatum nebenordnet. Das Genie besteht also in einem abnormen Übermaß des Intellekts, welches seine Benutzung nur dadurch finden kann, daß es auf das Allgemeine des Daseins verwendet wird; wodurch es alsdann dem Dienste des ganzen Menschengeschlechts obliegt, wie der normale Intellekt dem des Einzelnen.[42]

Im genialen Menschen, im Künstler, findet sich also ein Überschuß an kognitiver Potenz, die, da sie dem Willen, der schon bedient ist, nicht zu Diensten sein muß, eine andere Funktion erfüllen kann. Diese Funktion liegt einerseits, blicken wir auf den objektiven Sachverhalt, in der Erkenntnis der *Ideen* als primären Objektivationen des Willens (wobei der Sonderfall der Musik zunächst unbeachtet bleiben soll). Sie liegt andererseits, blicken wir auf den subjektiven Sachverhalt, in der Befreiung vom Diktat des Willens. Als *Erkenntnis* verbleibt Kunst in dem Gegenüber von Subjekt und Objekt; diese Stellung teilt sie mit allem profanen Vorstellen in Alltag und Wissenschaft. Während aber in profaner Erkenntnis das raumzeitlich vereinzelte Individuum eine vom Kausalitätsprinzip durchherrschte »Welt« vor sich hat, erscheint in *genialer* Erkenntnis ein von der Individuation befreites, d. h. vom Willen losgekommenes, »reines« Subjekt – wie Schopenhauer schreibt – und als sein Gegenüber das Raum und Zeit enthobene Reich der »Ideen«. Da das geniale Subjekt nichts will, ist seine Erkenntnis »klarer Spiegel« der Ideen, die sich in der Apperzeption des »reinen« Subjekts gleichsam selbst anschauen. Das »reine« Subjekt der Erkenntnis wird, wie Schopenhauer formuliert, zum »klaren Weltauge«[43]. Vom Willen erlöst, von der Individuation befreit, ist das geniale Subjekt der Kunst reines *Medium* der Selbstwahrnehmung der Ideen, und d. h. des Willens, der sich in ihnen objektiviert hat. Man sage also nicht, daß Schopenhauer an Spekulationslust hinter Hegel zurückgeblieben sei! Er konfrontiert uns im Falle genialer Erkenntnis mit der aus den idealistischen Konzeptionen so vertrauten Figur des selbstreflexiven Seins. Der Wille als Wesen des Seins ist zwar blindes, kontingentes Drängen; dieses wesentliche Sein artikuliert sich aber als Subjekt und als Objekt, d. h. als Vorstellung – und vollzieht in ihr die Selbstreflexion. Die im Menschen überschüssig vorkommende Erkenntnis, diese Evolutionsabnormität, wird als Kunst zum Spiegel, in dem der Wille als Objekt seiner ansichtig wird.

Schopenhauer stellt sich die geniale Erkenntnis nun keineswegs als Dauerzustand eines physiologisch entsprechend disponierten Subjekts vor. Geniale Erkenntnis gibt es vielmehr nur in Momenten der *Ekstase*, eines fast gewaltsamen Heraustretens aus den gewöhnlichen Ordnungen des Lebens:

> Der 〈...〉 nur als Ausnahme zu betrachtende Übergang von der gemeinen Erkenntnis einzelner Dinge zur Erkenntnis der Idee geschieht *plötzlich*, indem die Erkenntnis sich vom Dienste des Willens losreißt, eben dadurch das Subjekt aufhört ein bloß individuelles zu sein und jetzt reines, willenloses Subjekt der Erkenntnis ist, welches nicht mehr dem Satze vom Grunde

gemäß, den Relationen nachgeht, sondern in *fester Kontemplation* des dargebotenen Objekts, *außer* seinem Zusammenhange mit irgend andern, ruht und darin aufgeht.[44]

»Ekstatisch« ist diese Kontemplation zu nennen, weil sie die vertraute Koordinierung der Wahrnehmung in Raum und Zeit überschreitet oder außer acht läßt. Denn die kontemplative Einstellung auf ein Seiendes verliert sich so darin, daß dessen gewohnte und erwartete topische und temporale »Vernetzung« – im Nebeneinander und im Nacheinander – außer Kraft gesetzt ist.

Dieser ekstatische Zug des künstlerischen Erkennens ist nun der tiefste Grund für die Nähe, in die Schopenhauer »Genie« und »Wahnsinn« gebracht hat. Aus der Sicht der konventionellen Wahrnehmung erscheint der künstlerische Blick nämlich buchstäblich »ver-rückt«: er ver-rückt die gewohnte Koordination im Neben- und Nacheinander, die dem Kausalitätsgrundsatz folgt. Kontiguität im Raum und Kontinuität in der Zeit kümmern das Genie nicht, es reißt ein Einzelnes aus allen Zusammenhängen, um in ihm die Idee zu schauen. Diese Befähigung bringt es aber in die Nähe des Wahnsinnigen.

Sehn wir nun ⟨...⟩ den Wahnsinnigen das *einzelne* Gegenwärtige, auch manches *einzelne* Vergangene, richtig erkennen, aber den Zusammenhang, die Relationen verkennen und daher irren und irrereden, so ist eben dieses der Punkt seiner Berührung mit dem *genialen* Individuo; denn auch dieses, da es die Erkenntnis der Relationen, welches die gemäß dem Satz des Grundes ist, verläßt, um in den Dingen nur ihre Ideen zu sehn und zu suchen ⟨...⟩ – auch der Geniale läßt darüber die Erkenntnis des Zusammenhangs der Dinge aus den Augen: das einzelne Objekt seiner Beschauung, oder die übermäßig lebhaft von ihm aufgefaßte Gegenwart, erscheinen in so hellem Licht, daß gleichsam die übrigen Glieder der Kette, zu der sie gehören, dadurch in Dunkel zurücktreten, und dies gibt eben Phänomene, die mit denen des Wahnsinns eine längst erkannte Ähnlichkeit haben.[45]

Die auf solchen Prämissen mögliche Entrückung befreit das Genie auf Zeit vom Diktat des Willens und läßt es die Ideen schauen. Diese Schau ist wohl ästhetische Apperzeption, aber nicht eigentlich *Kunst* – im Sinne strukturierter, raum-zeitlich vorfindlicher Artefakte. Die Kunst-*Werke* haben für Schopenhauer nun einzig die

Funktion, die willenssedierende Ideenschau über den engen Bezirk der Genies heraus für profane Menschen offen zu halten. »Das Kunstwerk ist bloß ein *Erleichterungsmittel* derjenigen Erkenntnis, in welcher jenes Wohlgefallen (d. h. die Freiheit vom Willen) besteht« – sagt Schopenhauer. »Der Künstler läßt uns *durch seine Augen* in die Welt blicken.«[46] Kunst hat also ihren Zweck nicht in sich selbst; sie ist alles andere als »autonom«, da sie als Hilfsmittel, ja als Therapeutikum der leidenden Menschheit verstanden wird.

Wenn wir nun danach fragen, wie Schopenhauer die *Struktur des Kunstwerks* bestimmt, dann muß man zur Antwort geben, daß Schopenhauer das Kunstwerk als »realistisch«, ja als »hyperrealistisch« charakterisiert. Denn das Kunstwerk ist der *reine Spiegel* der Idee; diese aber – und hier denkt Schopenhauer eher aristotelisch denn platonisch – ist das *eigentliche Wesen* des Wirklichen. Ganz nach dem Vorbild des Aristoteles weist Schopenhauer daher Platons Kritik an der künstlerischen Darstellung (»Mimesis«) zurück:

> (Platon) lehrt nämlich ⟨...⟩, daß der Gegenstand, den die schöne Kunst darzustellen beabsichtigt, das Vorbild der Malerei und Poesie, nicht die Idee wäre, sondern das einzelne Ding. Unsere bisherige Auseinandersetzung behauptet gerade das Gegenteil, und Plato's Meinung wird uns hierin um so weniger irre machen, als dieselbe die Quelle eines der größten und anerkannten Fehler jenes großen Mannes ist, nämlich seiner Geringschätzung und Verwerfung der Kunst, besonders der Poesie.[47]

Die Kunst zeigt also die Idee – die Stufenfolge der Ideen gibt das Kriterium für die Klassifikation der Künste. Als »Bild der Idee« ist das Kunstwerk das Nichtindividuelle schlechthin; es ist das sich zeigende Sein. Schopenhauer gibt eine etymologische Erläuterung:

> Schön ist, ohne Zweifel, verwandt mit dem Englischen to shew und wäre demnach shewy, schaulich, what shews well, was sich gut zeigt, sich gut ausnimmt, also das deutlich hervortretende Anschauliche, mithin der deutliche Ausdruck bedeutsamer (Platonischer) Ideen.[48]

Wenn das Sein sich im blanken Spiegel des genialen Subjekts zeigt, erscheint die Instanz des Künstlers – vergleicht man sie etwa mit der Genieästhetik im 18. Jahrhundert – vollkommen depotenziert. Gerade weil das Künstlersubjekt nichts will, eignet es sich zum Medium der erscheinenden Idee. Das Werk fixiert die Ideenschau lediglich; es ist eine Art »höhere Photographie«, weil sie nicht die raum-zeitliche Phänomenalität, wie sie dem Alltagsbewußtsein gegeben ist, erfaßt, sondern eben die allem zugrunde liegende Ideenwelt. Schopenhauer spricht von der »camera obscura«:

> Ist die ganze Welt als Vorstellung nur die Sichtbarkeit des Willens, so ist die Kunst die Verdeutlichung dieser Sichtbarkeit, die *Camera obscura*, welche die Gegenstände reiner zeigt und besser übersehn und zusammenfassen läßt.[49]

Ganz wie Hegel bestimmt Schopenhauer die Kunst als *Selektionsinstrument*, das die erscheinende Realität so wahrnimmt, daß in ihr das »Wesentliche«, das »Ideale« zur Sichtbarkeit gebracht wird.

> Daß aus dem Kunstwerk die Idee uns leichter entgegentritt, als unmittelbar aus der Natur und der Wirklichkeit, kommt allein daher, daß der Künstler, der nur die Idee, nicht mehr die Wirklichkeit erkannte, in seinem Werk auch nur die *Idee rein* wiederholt hat, sie *ausgesondert* hat aus der Wirklichkeit mit Auslassung aller störenden Zufälligkeiten.[50]

Kunst hat also die Funktion eines »Filters«, dem alles Nicht-Ideale zum Opfer fällt. Diese Filterfunktion erfüllt nun die *Phantasie* des Künstlers, die damit nichts weniger als freie Imagination, sondern Organ des Seins wird.

> Die Erkenntnis des Genius ⟨würde⟩ beschränkt sein auf die Ideen der seiner Person wirklich gegenwärtigen Objekte und abhängig von der Verkettung der Umstände, die ihm jene zuführten, wenn nicht die Phantasie seinen Horizont weit über die Wirklichkeit seiner persönlichen Erfahrung erweiterte und ihn in den Stand setzte, aus dem wenigen, was in seine wirkliche Apperzeption gekommen, alles Übrige zu konstruieren und so fast alle möglichen Lebensbilder an sich vorübergehn zu lassen. Zudem sind die wirklichen Objekte fast immer nur sehr mangelhafte Exemplare der sich in ihnen darstellenden Idee: daher der Genius der Phantasie bedarf, um in den Dingen nicht das zu sehn, was die Natur wirklich gebildet hat, sondern was sie zu bilden sich bemühte, aber ⟨...⟩ nicht zu Stande brachte.[51]

Das ist klassisch aristotelisch gedacht: die künstlerische Darstellung zeigt, was ein Seiendes seiner Idee gemäß sein kann, unabhängig von kontingenten Widrigkeiten des Lebens. Diese Filterfunktion, diese »Reinigung« von aller Kontingenz, nennt Schopenhauer »Verklärung«:

> Das Leben ist nie schön, sondern nur die Bilder des Lebens sind es, nämlich im *verklärenden Spiegel* der Kunst oder der Poesie.[52]

Kurz: Die Kunst »zerreißt« den Schleier der Maja, der gewöhnlich den Durchblick auf das Wesen des Wirklichen verhüllt:

> Jedes Kunstwerk ist ⟨...⟩ eigentlich bemüht, uns das Leben und die Dinge so zu zeigen, wie sie in Wahrheit sind, aber, durch den Nebel objektiver und subjektiver Zufälligkeiten hindurch, nicht von jedem unmittelbar erfaßt werden können. Diesen Nebel nimmt die Kunst hinweg.[53]

Blickt man mit Abstand auf Schopenhauers Bestimmung des Kunstwerks, so ordnet sie sich mehr oder weniger widerstandslos in den Hauptstrom der Ästhetik des 19. Jahrhunderts ein. Kunst ist anschauliche Präsentation des Wesens des Seins, seiner Tiefe, keine Imitation der Oberfläche mit ihren Defekten und Zufälligkeiten. »Wachsfiguren«, die solche Imitation anstrebten, galten Schopenhauer daher als Inbegriff kunstfeindlicher Tendenzen:

> Statt daß also das wahre Kunstwerk uns von dem, welches nur einmal und nie wieder da ist ⟨...⟩, hinleitet zu dem, was stets und unendliche Male, in unendlich vielen, da ist, der ⟨...⟩ Idee, gibt das Wachsbild uns scheinbar das Individuum selbst, also das, was nur einmal und nie wieder da ist, jedoch ohne das, was einer solchen vorübergehenden Existenz Wert verleiht, ohne das Leben. Darum erregt das Wachsbild Grausen, indem es wirkt, wie ein starrer Leichnam.[54]

Eine Sonderstellung gewinnt das ästhetische Konzept des Werks bei Schopenhauer freilich durch die in ihm getilgte Individualität; diese Radikalität ist beispiellos im 19. Jahrhundert. Sie mußte so radikal sein und dem ästhetischen common sense in dieser Hinsicht entgegentreten, weil die Schau das Genie – und das Werk uns alle von Individualität gerade erlösen sollte. Im Moment der inspirierten Kunstbetrachtung sind wir als Individuen nichts; und auf diese In-Existenz des Individuums kommt es Schopenhauer gerade an: denn Glück ist nichts Positives, sondern ein Privatives – ein Fehlen, bloße Abwesenheit von Leid und Mangel. Im ästhetischen Nirwana, in das uns für Augenblicke echte Werke versetzen können, schweigt das Begehren, dem wir sonst verfallen sind. Kunst ist eine Droge – ein »Tranquilizer des Willens«, den dieser sich selbst, gelegentlich, verabreicht.

Wollte man ⟨...⟩ einwenden, daß dann auch die Möglichkeit der Freude aufgehoben wäre, so ist man zu erinnern, daß, wie ich öfter dargetan habe, das Glück, die Befriedigung, negativer Natur, nämlich bloß das Ende eines Leidens, der Schmerz hingegen das Positive ist. Daher bleibt beim Verschwinden alles Wollens aus dem Bewußtsein, doch der Zustand der Freude, d. h. der Abwesenheit alles Schmerzes, und hier sogar der Abwesenheit der Möglichkeit desselben, bestehn, indem das Individuum, in ein rein erkennendes und nicht mehr wollendes Subjekt verwandelt, sich seiner und seiner Tätigkeit, eben als eines solchen, doch bewußt bleibt. Wie wir wissen, ist die Welt als *Wille* die erste ⟨...⟩ und die als *Vorstellung* die zweite Welt ⟨...⟩. Jene ist die Welt des Verlangens und daher des Schmerzes und tausendfältigen Wehes. Die zweite aber ist an sich selbst wesentlich schmerzlos: dazu enthält sie ein sehenswertes Schauspiel, durchweg bedeutsam, aufs wenigste belustigend. Im Genuß desselben besteht die ästhetische Freude. – Reines Subjekt des Erkennens werden, heißt, sich selbst loswerden: weil aber dies die Menschen meistens nicht können, sind sie zur rein objektiven Auffassung der Dinge, welche die Begabung des Künstlers ausmacht, in der Regel unfähig.[55]

3. Literatur und Musik

Schopenhauers Differenzierung der literarischen Gattungen ist konventionell; er unterscheidet nach dem Verhältnis, in dem das »vorstellende Subjekt« und das »vorgestellte Objekt« zueinander stehen. Folglich ist die Lyrik subjektive, das Drama objektive Poesie; die epische Dichtung, zu der Schopenhauer freilich so gut wie nichts sagt, nimmt eine Zwischenstellung ein, indem das vorstellende Subjekt sich im Roman z. B. in Form von Reflexionen oder Kommentaren noch Ausdruck verschaffen könne. In der Lyrik, im Lied vor allem, spricht sich das Subjekt aus, einerseits als begehrendes, von Liebe, Hoffnung, Freude, Verzweiflung und Trauer erfülltes, andererseits aber auch als erkennendes, das sich in den Anblick umgebender Natur verliert und so auf Zeit vom Drängen des Begehrens loskommt. Das »liebende Subjekt in der Natur« ist Schopenhauer daher lyrisches Sujet par excellence; es erfährt an sich das Wechselspiel von Wunsch und Wunschlosigkeit, Begehren und Vergessen, Bindung und Freiheit; im »lyrischen Zustand«, sagt Schopenhauer, tritt

> das reine Erkennen zu uns heran, um uns vom Wollen und seinem Drange zu erlösen: wir folgen; doch nur auf Augenblicke: immer von neuem entreißt das Wollen, die Erinnerung an unsere persönlichen Zwecke, uns der ruhigen Beschauung; aber auch immer wieder entlockt uns dem Wollen die nächste schöne Umgebung, in welcher sich die reine willenlose Erkenntnis uns darbietet. Darum geht im Liede und der lyrischen Stimmung das Wollen ⟨...⟩ und das reine Anschauen der sich darbietenden Umgebung wundersam gemischt durcheinander; es werden Beziehungen zwischen beiden gesucht und imaginiert; die subjektive Stimmung, die Affektion des Willens, teilt der angeschauten Umgebung und diese wiederum jener ihre Farbe im Reflex mit: von diesem ganzen so gemischten und geteilten Gemütszustande ist das echte Lied der Abdruck.[56]

Aus diesem Hin und Her führt nun das Trauerspiel heraus, das Schopenhauer nicht wie Hegel in der griechischen Antike beispielhaft geleistet sieht, sondern vielmehr auf dem Boden des Christentums. Das Trauerspiel hat für ihn nicht etwa die Funktion, den spannungsreichen und tragischen Fortschritt der Weltgeschichte in brisanten Umbruchsmomenten zu spiegeln und aus Untergang und Tod den Vorschein höheren Sinns erkennen zu lassen; es hat einzig und allein die Aufgabe, die Misere des Daseins grell zu beleuchten und Charaktere vorzuführen, die sich in miserablen Umständen zur Entsagung überwinden.

Es ist für das Ganze unserer gesamten Betrachtung sehr bedeutsam und wohl zu beachten, daß der Zweck dieser höchsten poetischen Leistung die

Darstellung der schrecklichen Seite des Lebens ist, daß der namenlose Schmerz, der Jammer der Menschheit, der Triumph der Bosheit, die höhnende Herrschaft des Zufalls und der rettungslose Fall der Gerechten und Unschuldigen uns hier vorgeführt werden: denn hierin liegt ein bedeutsamer Wink über die Beschaffenheit der Welt und des Daseins. ⟨...⟩ So sehn wir im Trauerspiel zuletzt die Edelsten, nach langem Kampf und Leiden, den Zwecken, die sie bis dahin so heftig verfolgten, und allen Genüssen des Lebens auf immer entsagen, oder es selbst willig und freudig aufgeben.[57]

Das tragische Finale des Trauerspiels, seine Katastrophen und Untergänge deuten auf keinerlei Theodizee oder »Logodizee«; das Verhängnis ist sinnlos, die Katastrophen und Schicksalsschläge Ereignisse, die keinerlei »Vernunft«, kein Hinzeigen auf »Versöhnung« in sich tragen.

Nur die platte, optimistische, protestantisch-rationalistische, oder eigentlich jüdische Weltansicht wird die Forderung der poetischen Gerechtigkeit machen und an deren Befriedigung ihre eigene finden. Der wahre Sinn des Trauerspiels ist die tiefere Einsicht, daß was der Held abbüßt nicht seine Partikularsünden sind, sondern die Erbsünde, d.h. die Schuld des Daseins selbst.[58]

Im tragischen Konflikt »zerfleischt« der Wille sich selbst; er tritt sich in antagonistischen Mächten entgegen, ohne – wie die Hegelsche Geschichtsvernunft – in einer »höheren« Synthese wieder zusammenzufinden. Er bricht als kontingentes Unglück über die Kontrahenten des dramatischen Geschehens herein – und läßt ihnen allein die Chance, sich den Vorgängen gleichgültig zu überlassen. Weil für Schopenhauer das Trauerspiel Sinnbild des Lebens schlechthin ist, favorisierte er unter den Möglichkeiten, die der Dichter wählen kann, um das Unglück, das die Handelnden ereilt, motivieren zu können, weder die außerordentliche, exorbitante Bosheit des Charakters, noch das blinde Schicksal der griechischen Tragödie, sondern die Banalität gewöhnlicher Konflikte, die in Unheil und Verderben führen. Die durchschnittliche Misere sollte es sein, die als Trauerspiel des Lebens vor die Augen der Zuschauer tritt; hier werde das Unglück herbeigeführt durch die bloße Stellung der Personen gegeneinander, durch ihre Verhältnisse; so daß es weder eines ungeheuren Irrtums, oder eines unerhörten Zufalls, noch auch eines die Grenzen der Menschheit im Bösen erreichenden Charakters bedarf, sondern Charaktere wie sie in moralischer Hinsicht gewöhnlich sind, unter Umständen, wie sie häufig eintreten, sind so gegeneinander gestellt, daß ihre Lage sie zwingt, sich gegenseitig, wissend und sehend, das größte Unheil zu bereiten, ohne daß dabei das Unrecht auf irgendeiner Seite ganz allein sei. Diese letztere Art scheint mir den beiden andern weit vorzuziehn: denn sie zeigt uns das größte Unglück nicht als etwas durch seltene Umstände, oder monströse Charaktere Herbeigeführtes, sondern als etwas aus dem Tun und den Charakteren der Menschen leicht und von selbst, fast als wesentlich Hervorgehendes, und führt es eben dadurch furchtbar nahe an uns heran.[59]

Das Trauerspiel zeigt uns die »Banalität der Hölle« und empfiehlt Resignation. Der Mangel an Resignation ist es nun, den Schopenhauer der antiken Tragödie zum Vorwurf macht. Die »Unterwerfung unter das Schicksal« – die Haltung eines Ödipus etwa –, das »gelassene Ertragen« der Übel der Welt sei etwas ganz anderes als genuin christliche oder besser noch indische Entsagung, die dem Willen selbst abgeschworen habe. Für »Antigone«, das Modelldrama Hegels, hatte Schopenhauer nur Verachtung übrig. Ihr gegenüber verwies er auf den paradigmatischen Rang der Oper »Norma« von Vincenzo Bellini:

> Selten ⟨tritt⟩ die echt tragische Wirkung der Katastrophe, also die durch sie herbeigeführte Resignation ⟨...⟩ der Helden, so rein motiviert und deutlich ausgesprochen hervor ⟨...⟩, wie in der Oper Norma, wo sie eintritt in dem Duett »Qual cor tradisti, qual cor perdisti«, in welchem die Umwendung des Willens durch die plötzlich eintretende Ruhe der Musik deutlich bezeichnet wird. Überhaupt ist dieses Stück ⟨...⟩, seinen Motiven und seiner innern Ökonomie nach betrachtet, ein höchst vollkommenes Trauerspiel, ein wahres Muster tragischer Anlage der Motive, tragischer Fortschreitung der Handlung und tragischer Entwicklung, zusamt der über die Welt erhebenden Wirkung dieser auf die Gesinnung der Helden, welche dann auch auf den Zuschauer übergeht.[60]

Schopenhauers Ästhetik, die über manche Strecken hin recht epigonal wirkt und konventionelle Ansichten immer wieder auf die fast monoton vorgetragene leitende Grundintuition bezieht, hat ihre eigentliche, wirkungsmächtige Pointe in der Konzeption der *Musik*. Formal ähnlich wie die Romantiker stellt Schopenhauer die Musik an die Spitze der Kunsthierarchie; man sollte genauer sagen: er weist ihr eine ganz eigenständige, aus der bislang erläuterten Systematik der Künste völlig herausfallende Sonderstellung zu. Während aber für die romantische Musikästhetik Musik eine fast paradox zu nennende Repräsentation des Nichtrepräsentierbaren war – Chiffre einer sich stets entziehenden Transzendenz in der Immanenz –, interpretiert Schopenhauer die faszinierende, ergreifende Macht der Musik als Abbild des Weltprinzips, des Willens selbst:

> Die Musik ⟨ist⟩, da sie die Ideen übergeht, auch von der erscheinenden Welt ganz unabhängig, ignoriert sie schlechthin, könnte gewissermaßen, auch wenn die Welt gar nicht da wäre, doch bestehn, was von den andern Künsten sich nicht sagen läßt. Die Musik ist nämlich eine so *unmittelbare* Objektivation und Abbild des ganzen *Willens*, wie die Welt selbst es ist, ja wie die Ideen es sind, deren vervielfältigte Erscheinung die Welt der einzelnen Dinge ausmacht. Die Musik ist also keineswegs, gleich den anderen Künsten, das Abbild der Ideen, sondern *Abbild des Willens selbst*, dessen Objektivität auch die Ideen sind; deshalb eben ist die Wirkung der Musik so sehr viel mächtiger und eindringlicher, als die der andern Künste, denn diese reden nur vom Schatten, sie aber vom Wesen.[61]

Die Innenspannung der Musik, die Folge von Dissonanz und Konsonanz, deutet Schopenhauer als Bild des endlosen Begehrens selbst – das uns aber als *Bild* nicht quält, sondern willenlos das Seinsgeschehen schauen läßt. Aus diesem Grunde ist die Musik die »eigentliche metaphysische Tätigkeit«. In ihr vergegenwärtigt sich das Wesen des Seins unmittelbarer und evidenter als in jedem anderen Medium, die Philosophie eingeschlossen. Denn der Diskurs der Philosophie, dem nach Schopenhauer aufgetragen ist, »das Wesen der Welt in allgemeinen Begriffen zu wiederholen«, fehlt wegen dieser begrifflichen Diskursivität jene Unmittelbarkeit und Prägnanz, in der die Musik den Willen erfaßt. Deutlicher und einprägsamer als in der musikalischen Erfahrung läßt sich das blinde Begehren als metaphysischer Seinsgrund nicht erfahren, wie Schopenhauer unmißverständlich sagt:

Die Musik ist demnach, wenn als Ausdruck der Welt angesehn, eine im höchsten Grad allgemeine Sprache, die sich sogar zur Allgemeinheit der Begriffe ungefähr verhält wie diese zu den einzelnen Dingen. Ihre Allgemeinheit ist aber keineswegs jene leere Allgemeinheit der Abstraktion, sondern ganz anderer Art, und ist verbunden mit durchgängiger deutlicher Bestimmtheit.[62]

Als Bild ist aus dem Drängen des Begehrens, wie es die Musik mit ihren Klangmitteln vor uns hinstellt, alles Schreckliche getilgt. Nur für die musikalische Repräsentation des Weltgrundes räumt Schopenhauer ein, was er im Leben der Menschen für unmöglich hält: Befriedigung, die mehr wäre als Auftakt neuer Qual:

Das Wesen der Melodie ⟨ist⟩ ein stets Abweichen, Abirren vom Grundton, auf tausend Wegen, nicht nur zu den harmonischen Stufen, zu Terz und Dominante, sondern zu jedem Ton, zur dissonanten Septime und zu den übermäßigen Stufen, aber immer folgt ein endliches Zurückkehren zum Grundton; auf allen jenen Wegen drückt die Melodie das vielgestaltete Streben des Willens aus, aber immer auch, durch das endliche Wiederfinden einer harmonischen Stufe, und noch mehr des Grundtones, die *Befriedigung*.[63]

In der Erfahrung der Musik hat Schopenhauer der Ambivalenz des Begehrens, der Dualität von Schmerz *und* Lust, allein ihr Recht gegeben. Diese Facette seines Werks hat der ästhetischen Theorie einen neuen Kontinent eröffnet: Kunstwollen und Begehren, Schönheit, Lust und Tod befragbar gemacht. Nicht die fade Botschaft des Asketen, nicht die Weltflüchtigkeit des blassen Heiligen, sondern das, was sie quälte, die Macht des Begehrens und ihre Apotheose in der Musik – kurz, was man das »Dionysische« nennt, hat Epoche gemacht. So ist es die Musik gewesen, die Schopenhauers Metaphysik des als Leiden identifizierten Weltgrundes unterminiert und als Metaphysik der Präsenz überschritten hat. Wer hier, wie es Nietzsche dann tat, weiterdenken wollte, mußte freilich das dritte Buch der ›Welt als Wille und Vorstellung‹ und sein Finale, die Musikphilosophie, nicht als Vorbereitung auf, sondern als Bruch mit dem vierten Buch, der Ethik der Resignation, lesen. Für Schopenhauer jedoch war die heilige Cäcilia, Schutzpatronin der Musik, aber auch christliche Märtyrerin, höchstes Sinnbild einer Philosophie, die das Kunsterlebnis als Vorstufe endgültiger Entsagung und weltenthobener Heiligkeit gedeutet hat.

V. Nietzsche: »Lebenskunst« im Ständestaat

1. Voraussetzungen

Anders als Schopenhauer, der eine Grundintuition sein Leben lang festgehalten und in immer neuer Variation entfaltet hat, weist Nietzsches Denken vielfältige Brüche, immer neue Anläufe und eine verwirrende Vielzahl von Facetten auf; ein »System«, gar ein »Hauptwerk«, wie es die Schwester Elisabeth propagierte, fehlt Nietzsche; es lag ihm ganz fern. Hinzu kommt der völlige Diskursbruch; Schopenhauers Texte sind zwar gelegentlich »schwungvoll« formuliert, sein Diskurs ist in seiner Paragraphengliederung, in seinem Bemühen um argumentative Folgerichtigkeit aber durchaus »akademisch«. Man muß in Nietzsches Texten nur flüchtig geblättert haben, um die völlige Andersartigkeit seines Schreibens zu ersehen. Zwei Züge kennzeichnen dieses Schreiben besonders; erstens ein nichtsystematischer Zug, der das Genre des Aphorismus, der Skizze, gelegentlich des Fragments, alles in allem Kurzformen favorisiert. Nietzsches Theorie ist weniger am Schreibtisch erdacht, sondern beim Gang im Freien ersonnen worden und hat der Philosophie so die »Peripatetik« zurückgegeben. »Nichtsystematisch« ist dieses Denken, gleichwohl aber kohärent, alles andere als beliebig oder zusammenhanglos. Zweitens charakterisiert dieses Schreiben ein »literarischer« Zug, besser: eine Entdifferenzierung traditionell gegeneinander abgeschotteter Diskurse, des literarischen und des philosophisch-wissenschaftlichen. Nietzsches Philosophie vollzieht sich auch in Gedichten und in einem Text wie dem ›Zarathustra‹; seine Prosa ist häufig rhythmisch-musikalisch akzentuiert. Nietzsche hat die Rhetorik wie kaum ein anderer Denker zu nutzen gewußt, seine Wirkung ist zu großen Teilen eine Wirkung suggestiver Formeln – gelegentlich zu seinem Schaden. Schon 1870 meinte er gegenüber seinem Freund Erwin Rhode, daß »Wissenschaft, Kunst und Philosophie jetzt so sehr in mir zusammenwachsen, daß ich jedenfalls einmal Zentauren gebären werde«[64]. Da war die ›Geburt der Tragödie‹ noch nicht geschrieben.

Soll man mit wenigen Worten eine Grundtendenz dieses »Zentaurendiskurses« herauspräparieren, so bietet es sich an, Nietzsches rhetorischen Formeln zu folgen. »Gott ist tot« – das ist seine Grunderfahrung; mit ihr ist mehr gemeint als skeptischer Einspruch gegen den Glaubensinhalt der Religion; sie steht vielmehr gegen jeden Versuch, das Sein metaphysisch grundzulegen. »Gott« ist Repräsentant für sämtliche Titel, unter die man das Sein gestellt und von denen her man es sinnhaft ausgelegt hat: Logos, Idee, Vernunft, Geist, Wille usw. Die wissenschaftliche Welteinstellung, und Nietzsche sieht sich eine Zeitlang als »fröhlichen Positivisten«, entzieht allen diesen metaphysischen Ontologien den Boden und stößt sie ins Nichts – ohne etwas an ihre Stelle zu setzen. Sie fordert das heroische Hinnehmen des Sinnentzuges, wenn sie lehrt, daß es nur eine, kontingente Welt gibt: die, in der wir leben, und die wir nicht im Rückgriff auf irgendwelche Hinterwelten rechtfertigen bzw. sinnhaft interpretieren können. Nietzsche destruiert die metaphysische Entgegenstellung von »Sein« und »Schein«, »Tiefe« und »Oberfläche«, »Wesen« und »Erscheinung«. Das ist das eine; zugleich aber läßt die wissenschaftliche Depotenzierung der Metaphysik erkennen, um was es sich bei ihr recht eigentlich handelt. Ontologisch ohne Deckung, keine Repräsentation irgendeiner »quasigöttlichen« Sinninstanz sind die metaphysischen Systeme *Fiktionen*, Seinsentwürfe, Ordnungsrahmen der menschlichen Selbsterhaltung und Daseinssteigerung, des »Willens zur Macht«. Die Metaphysik ist eine Interpretation, ohne daß es einen »Text« gäbe, auf den sie sich stützen könnte und von dem her sie sich legitimieren könnte; sie ist eine *Perspektive*, wie alles Wahrnehmen und Wertschätzen. Nietzsche bricht mit dem Logozentrismus, der »Wahrheit« als »Wieder-Holen« eines uranfänglichen Sinns, eines Logos, versteht. »Wahrheit« ist, so Nietzsche, eine nützliche Fiktion – und sonst nichts! Der Positivismus wissenschaftlicher Nüchternheit ruiniert derart alle traditionellen abendländischen Sinnentwürfe; sie halten dem skeptischen Blick nicht stand. Nietzsche sieht sich in der Tradition der Aufklärung, die das überlieferte Wissen entwertet, aber vor sich selbst nicht haltmacht: auch ihre Ideale sind Fiktionen. Diese konsequente Destruktion aller Sinngestalten der Überlieferung beschreibt Nietzsche in ihrem Resultat als »Nihilismus«; jede sinnhafte Ordnungsstiftung scheint bodenlos. Diesen Nihilismus bejaht Nietzsche nun, denn er eröffnet den Spielraum *neuer* Wertschätzungen, die um ihre Fiktionalität wissen und deshalb von einem eminent ästhetischen, künstlerischen Zug geprägt sind. Diese sinnhaften, ja neumythischen, weil globalkulturellen, gleichwohl artistischen Weltentwürfe machen die nihilistische Bilanzierung der Kontingenz und des Metaphysikverlustes *produktiv*. Der Mensch ist, was er aus sich macht, weil er keinem quasigöttlichen, »vernünftigen« oder wie immer metaphysischen Programm zu folgen hat – sich selbst vielmehr entwerfen kann: als Kunstwerk. Diesen Grundgedanken bildete Nietzsche schon sehr früh, als zweiundzwanzigjähriger Student in Leipzig aus; die Philosophie Kants, die ihm vor allem durch den hochgeschätzten Philosophen und Neukantianer Friedrich Albert Lange (1828–1875) nahegebracht wurde, rezipierte er so, daß die Unerkennbarkeit des »Ding an sich«, die Unmöglichkeit aller Metaphysik, Raum schaffte für fiktive, quasikünstlerische Weltentwürfe, die nicht um ihrer Wahrheit, sondern um ihrer Lebenssteigerung willen Interessen erweckten.

Der Nihilismus ist in seiner traditionskritischen Stoßrichtung destruktiv; er eröffnet aber dann den Raum individueller und sozialer Selbstentwürfe, die – gerade weil sie ontologisch ohne Deckung sind – von Nietzsche als Akte produktiver Steigerung des Lebens verstanden werden: so antwortet der »Übermensch«, der Mensch, der *agiert*, nicht re-agiert, wie man die oft mißverstandene Formel verstehen muß, auf den »Tod Gottes«[65]. Unter einem götterleeren Himmel sollen die Menschen nicht resignieren, sondern ihr Leben zum »Kunstwerk« steigern. Der »Tod Gottes« ist so eine Formel der Befreiung zum schöpferischen Selbst. Daher postuliert Nietzsche eine »Umwertung« gültiger Werte und entwirft das Szenario einer revolutionär veränderten Zukunft, das in mancherlei Hinsicht vieldeutig oder unklar bleibt, aber gewiß eine vom Studium der Antike her inspirierte Elitekultur propagiert, deren Möglichkeit gleichsam einen »Sklavenstand« voraussetzt, dessen Angehörige in diesem dienenden Möglichmachen höchster Kultur ihr Ethos und ihre Würde finden, statt sich durch sie überfordernde Parolen nach »Gleichberechtigung« um ihr Glück bringen zu lassen. Den Sinnkampf des 20. Jahrhunderts sah Nietzsche zwischen einer alles nivellierenden Massenkultur, die schließlich das Versprechen der »Gleichheit« auf erbärmlichstem Niveau einlöst, einerseits und einer elitären Kultur andererseits, die um Rangordnung weiß und Unterschiede markiert.

Von diesem generellen Ansatz her erschließt sich auch Nietzsches scharfe Kritik der Ästhetik als philosophischer Rede über die Kunst, wie sie die bürgerliche »Kulturrevolution« im 18. Jahrhundert etabliert hatte. Deren Zentrum sieht Nietzsche in der Unterscheidung individueller von genereller Kommunikation und in der Auszeichnung des Individuellen. Die Ästhetik habe einem Kult des Individuellen vorgearbeitet, der jeden verpflichtenden Stil, jede maßgebende Konvention destruiert und so einer Unkultur monadisch vereinzelter, disperser, am Ende sprachloser Individuen den Weg bereitet hat, die sich buchstäblich nichts mehr zu sagen hätten! Nietzsche sah, daß die ausdifferenzierte Kunst – als privilegiertes Redesujet dieser »Ästhetik des Individuellen« – nur die Kehrseite einer in ihren sonstigen Vollzügen völlig anonymisierten Gesellschaft ist, die sich an hochgeneralisierten Normen und Standards der Produktion, Konsumtion und Kommunikation orientiert. Die Kunst schafft dem Subjekt gleichsam ein Reservat, in dem die Zumutungen der modernen Gesellschaft gedämpft und kompensiert werden sollen. »Normalisierung« und »Individualisierung« sind daher die komplementären Insignien der modernen Kultur; wobei die Ironie gerade darin liegt, daß in der ästhetischen Spezialkommunikation das »Individuelle« zur *Norm* wird: die Inszenierung als »besonders«, »anders«, die Attitüde der »Abweichung«, auch der Destruktion usw. wird zum Zwang, zur erwartbaren, vollkommen überraschungsarmen, ja banalen Norm. Der Diskurs der Ästhetik, der seit seinem Eintritt in die Ordnung des Wissens dieser Leitdifferenz – der Unterscheidung »generell«/»individuell« – verpflichtet ist, darf daher auch als Diskurs des »allgemeinen Individuellen« bestimmt werden: die Kommunikation der Individualität produziert exakt jenes Stereotyp, von dem Individualität sich zu unterscheiden meint. Damit aber wird die Unterscheidung selbst hinfällig: das Individuelle ist auch nur eine Norm oder eine Generalisierung – die »Norm der Normnegation«, deren semantisches Potential rasch verbraucht worden ist. So etwa darf man das Fazit des Diagnostikers Nietzsche resümieren, der die Ästhetik und ihre allmählich kollabierende Leitdifferenz beobachtet, mit der die Ästhetik ihrerseits beobachtet und wertet. Da alles Beobachten aber im Kern *Unterscheiden* heißt, muß Nietzsche – beobachtet er die Ästhetik – seinerseits eine Differenz verwenden; diese Differenz ist nun aber nicht mehr die ästhetische – denn dann könnte Nietzsche ja nur »individuelle« von »genereller« Kommunikation unterscheiden! –, sondern diese, Nietzsches Optik dirigierende Differenz ist die Unterscheidung von »aktiv« und »passiv« (oder auch von »Überfluß« und »Mangel«, »Kraft« und »Schwäche«).

Aus Nietzsches Perspektive ist die gesamte Ästhetik mit ihrer Unterscheidung »individuell« / »generell« eine *re-aktive* Position, der keine formierende Potenz mehr innewohnt; sie ist ein Dekadenzsymptom, ein Anzeichen von Schwäche, das »Herdenmentalität« und die Pose weltloser Subjektivität vereint. Aus der Perspektive der Ästhetik, die ihren Beobachter ja ihrerseits beobachten kann, wäre Nietzsches Projekt dann z.B. eine »originelle« Position, er selbst ein »Genie« und seine Texte »inkommensurable Werke«! Und nichts hindert, noch mit anderen Leitdifferenzen, z.B. mit den Unterscheidungen »progressiv«/»konservativ«, »links«/»rechts«, »männlich«/»weiblich«, »wünschenswert«/»verwerflich«, »wahr«/ »falsch«, »bewußt«/»unbewußt« zu beobachten. Diese Pluralität der Perspektiven ist für Nietzsche Resultat der Tatsache, daß das »Sein« keine dieser Leitdifferenzen in irgendeinem metaphysischen Sinn nahelegt oder auszeichnet; sie sind so kontingent wie das »Sein« selbst, und allein dadurch, daß sie *praktiziert* werden, entstehen »Realitäten«, die in ein Konfliktverhältnis zueinander treten und um ihre Durchsetzung kämpfen. Nietzsche sieht also schon in der *Entscheidung für eine Unterscheidung* ein Symptom dafür, ob man *agiert* oder bloß *re-agiert*, d.h., die Wahl *seiner* Unterscheidung ist ein Agieren: Nietzsche wendet seine Leitdifferenz auf sich selbst als Beobachter an – und beobachtet eine Aktion: die Welt so sehen, wie er sie sieht, kann nur der Starke! Die Wahl der Perspektive entscheidet über den *Rang!* Wer etwa einwendet, diese Wahl sei doch moralisch anfechtbar, weil sie die Menschen hierarchisiere, dem hätte Nietzsche geantwortet, daß seine Unterscheidung, die Differenz »gerecht«/»ungerecht«, nichts anderes besage, als daß er sich nicht zutraue, zu agieren, und lediglich auf Verhältnisse reagieren könne. Da ihm die Kraft fehle, wolle er mit moralischen Slogans die Starken um *ihre* Kraft bringen und das Soziale unter dem Vorwand der »Gerechtigkeit« nivellieren. Nietzsche sah ja nüchtern, daß es den sozialen Emanzipationsbewegungen mehr und mehr gelang, ihre Leitdifferenz, die *moralische* Unterscheidung, zu generalisieren – und am Ende selbst den Starken einzureden, daß Herrschaft und Elite »ungerecht« seien.

Eine Möglichkeit, diesen Konflikt der Perspektiven zu schlichten, gab es für Nietzsche nicht, denn dies setzte ja eine privilegierte Beobachterposition voraus, die nach dem »Tod Gottes« weggefallen war. Man kann dann allenfalls noch pragmatisch nach Erfolg oder Mißerfolg unterscheiden – und in dieser Hinsicht ist ausdrücklich festzustellen, daß Nietzsche *nicht* Aktion mit »Erfolg«, Re-Aktion mit »Mißerfolg« gleichsetzte. Im Gegenteil: Er sah im 19. Jahrhundert, dem Jahrhundert der *Dekadenz*, den Triumph der Schwachen, der Re-Aktiven – und er sparte seine Hoffnungen auf eine mögliche Wiederkehr einer »agierenden Kultur der Stärke« für kommende Jahrhunderte auf.

2. ›Die Geburt der Tragödie aus dem Geiste der Musik‹

Als Nietzsche die ›Geburt der Tragödie‹ 1872 veröffentlichte, beendete er seine drei Jahre zuvor begonnene Karriere als Professor der klassischen Philologie – und begann eine Karriere als Kulturphilosoph, die erst nach dem Ausbruch der Krankheit richtig einsetzte, dann aber Formen annahm, die bis heute beispiellos geblieben sind. Schon 1902 hörte man Klagen, daß die über Nietzsche verfaßte Literatur unübersehbar geworden sei. Gottfried Benn sagte 1950:

Eigentlich hat alles, was meine Generation diskutierte, innerlich sich auseinanderdachte, man kann sagen: erlitt, man kann auch sagen: breittrat – alles das hatte sich bereits bei Nietzsche ausgesprochen und erschöpft, definitive Formulierung gefunden, alles weitere war Exegese. Seine gefährliche stürmische blitzende Art, seine ruhelose Diktion, sein Sichversagen jeden Idylls und jeden allgemeinen Grundes, seine Aufstellung der Triebpsychologie, des Konstitutionellen als Motiv, der Physiologie als Dialektik –, ›Erkenntnis als Affekt‹, die ganze Psychoanalyse, der ganze Existentialismus, alles dies ist seine Tat. Er ist, wie sich immer deutlicher zeigt, der weitreichende Gigant der nachgoetheschen Epoche.[66]

Es sei versucht, den Gedankengang der ›Geburt der Tragödie‹ in seinen Grundzügen zu rekonstruieren. Wie führt Nietzsche die Leitdifferenz »apollinisch/dionysisch« in seinem Text ein? Vom Verständnis der Antwort auf diese Frage hängt fast alles ab: die Antwort selbst ist aber nicht leicht. Denn Nietzsche lokalisiert das Begriffspaar auf zwei ganz verschiedenen Feldern: auf einem *metaphysischen* und auf einem *anthropologischen*. Metaphysisch ist Nietzsche zur Zeit der Niederschrift der ›Geburt der Tragödie‹ noch Anhänger Schopenhauers; er übernimmt dessen »Zwei-Welten-Lehre« vom »Willen« und von der »Vorstellung« im Verhältnis von »Wesen« und »Erscheinung«, »Tiefe« und »Oberfläche«. Das Sein ist in seiner Tiefenstruktur »Wille«; ihn deutet Nietzsche als endlose Folge von Werden und Vergehen, Geburt und Tod, Schöpfung und Zerstörung. Diesen Weltgrund identifiziert Nietzsche als »dionysisches« Prinzip. Ihm gegenüber ist der Einzelne, das Individuum nichts, eine belanglose Episode im Strom von Werden und Vergehen. Seine Welt, die Schopenhauersche »Vorstellung« von raumzeitlich geordneter Individualität – die Welt des »Scheins« – deutet Nietzsche als »apollinisches« Prinzip: »Kosmos« gegenüber dem dionysischen »Chaos«. So weit folgt Nietzsche Schopenhauer; er nennt den »Willen« lediglich Dionysos, die »Vorstellung« Apollo. Was ist mit dieser Namensgebung gewonnen? Nun, in ihr steckt die eigentliche Pointe von Nietzsches Aufnahme der metaphysischen Disposition Schopenhauers. Die beiden griechischen Götter sind *Kunstgötter* – des Tanzes und der Poesie –, und sie weisen auf Nietzsches Projekt einer »Ästhetisierung« der metaphysischen Disposition: der »Schein«, die Sphäre der apollinischen Vorstellung, ist ein Kunstwerk, in dem sich das »Sein«, das differentielle Prinzip des Dionysos, selbst erlöst. Die vorgängige Differenz – »Dionysos«, der auch der »zerrissene Gott« ist, »Dionysos zagreus« – drängt zur *Identität*, zu Apollo als Prinzip sinnhaft strukturierter, individualisierter Ordnung in Raum und Zeit. Die Welt ist somit, wie Nietzsche sagen kann, »ein sich selbst gebärendes Kunstwerk«. Später wird Nietzsche die metaphysische Topologie von Oberfläche/Tiefe (Schein/Sein) fallenlassen, an der »Ästhetizität« allen Daseins aber festhalten. Der Grundgedanke ist, daß jede Sinn-*Setzung* Produktion und Konstruktion ist, der keine Sinn*präsenz* vorausgeht, die man bloß wieder-holen müßte; jeder Sinn ist Resultat eines artifiziellen Akts, dem bloße Differentialität vorausgeht – ein Gedanke, den die moderne Sprachphilosophie dann fruchtbar gemacht hat.[67] Die Differenz – d. h. »Dionysos« – drängt zur Identität, zu »Apollo«; als Identität ist sie aber notwendig »Eines«, eine individualisierte Sinnform, die jederzeit in Differenz zurückgenommen werden kann; das apollinisch Individuelle kehrt in das dionysische »Chaos« zurück. Man sieht, daß Nietzsche keine starre Opposition der Begriffe »apollinisch«/»dionysisch«, sondern ihre Verflüssigung anvisiert: Differenz drängt zur Identität, Identität zu Differenz.

Wenn wir nun unter Dionysos nicht länger im Gefolge der Metaphysik den quasipersonalen »Welt-Willen« verstehen, der sich im Scheine selbst erlöst, sondern jenes Prinzip der Produktivität, das aus dem »Nichts der Differenz« heraus konstruiert, aufbaut, aber auch destruiert, einreißt, dann haben wir die Problematik des späteren »nachmetaphysischen« Nietzsche vor Augen und können verstehen, daß er seine letzten Verlautbarungen, die sog. »Wahnsinnszettel«, auch mit »Dionysos« unterzeichnete. Das dionysische Prinzip ist die *Aktion*, nicht die *Re-Aktion* auf transzendenten, uranfänglichen Sinn. Dionysos macht die »Differenz« produktiv.

Neben diese metaphysische Einführung der Begriffe »apollinisch«/»dionysisch« tritt eine anthropologische. Nietzsche spricht von *Trieben*; er verdeutlicht sie an den Phänomenen des Rausches und des Traumes. Der apollinische Trieb entlädt sich in der plastischen, klaren *Vision des Einzelnen*, der eine quasi-traumhafte Bilderfolge vor Augen hat; der dionysische Trieb zeigt sich als ekstatische Selbstentgrenzung, als rauschhafte *Aufhebung der Individu-*

ation, die an der Orgie ihr Vorbild hat. Dieses rauschhafte Preisgeben der Individuation in der kollektiven Ekstase inszeniert Nietzsche mit allen Zügen der Menschheitsutopie, als totale, umfassende Versöhnung.

> Unter dem Zauber des Dionysischen schließt sich nicht nur der Bund zwischen Mensch und Mensch wieder zusammen, auch die entfremdete, feindliche oder unterjochte Natur feiert wieder ihr Versöhnungsfest mit ihrem verlorenen Sohne, dem Menschen. ⟨...⟩ Jetzt ist der Sklave freier Mann, jetzt zerbrechen alle die starren, feindseligen Abgrenzungen, die Not, Willkür ⟨...⟩ zwischen den Menschen festgesetzt haben. ⟨...⟩ Singend und tanzend äußert sich der Mensch als Mitglied einer höheren Gemeinsamkeit, er hat das Gehen und Sprechen verlernt und ist auf dem Wege, tanzend in die Lüfte emporzufliegen.[68]

Gegenüber dieser orgiastisch-befreienden Gewalt des berauschenden Dionysos scheint Apollo, der Gott des Traumes, der visionären Plastizität und Klarheit, zurückstehen zu müssen; das ist aber nicht der Fall; Nietzsche preist das apollinische Prinzip:

> Die freudige Notwendigkeit der Traumerfahrung ist ⟨...⟩ von den Griechen in ihrem Apollo ausgedrückt worden: Apollo, als der Gott der bildnerischen Kräfte, ist zugleich der wahrsagende Gott. Er, der seiner Wurzeln nach der ›Scheinende‹, die Lichtgottheit ist, beherrscht auch den schönen Schein der inneren Phantasie-Welt. Die höhere Wahrheit, die Vollkommenheit dieser Zustände im Gegensatz zu der lückenhaft verständlichen Tageswirklichkeit, sodann das tiefe Bewußtsein von der im Schlaf und Traum heilenden und helfenden Natur ist zugleich das symbolische Analogon der wahrsagenden Fähigkeit und überhaupt der Künste, durch die das *Leben möglich und lebenswert* gemacht wird.[69]

Anthropologisch gesehen sind beide Prinzipien – Dionysos *und* Apollo – Strategien der Lebensbewältigung für Nietzsche. Dem Mangel und der Vergeblichkeit aller menschlichen Existenz in der Welt, die im Sterbenmüssen am deutlichsten sich zeigt, wollen beide abhelfen: beide sind Supplemente des Lebens; das apollinische Prinzip, indem es den Mangel der Existenz im *schönen Schein* überspielt und ein glückhaft-sinnvolles Dasein imaginiert, das dionysische Prinzip, indem es den Mangel der Existenz in rauschhafter

Entgrenzung des Einzelnen gleichgültig werden läßt – im Sinne einer ekstatischen Identifikation mit dem ewigen »Leben« im ganzen. Diese beiden existentiellen Strategien der Lebensbewältigung haben zunächst mit Kunst noch gar nichts zu tun; es sind für Nietzsche anthropologische Grundsachverhalte. Traum und Rausch machen das Dasein allein erträglich.

Beide Strategien sind für Nietzsche allerdings in hohem Maße fragwürdig. Der dionysische Weg – die ekstatische Entgrenzung – vermag nicht auf Dauer gestellt zu werden, der Euphorie folgen Katzenjammer und Lebensekel, dem allein Entsagung und Nihilismus beikommen mögen.

Von dem Orgiasmus aus führt für ein Volk nur ein Weg, der Weg zum indischen Buddhaismus, der, um überhaupt mit seiner Sehnsucht ins Nichts ertragen zu werden, jener seltnen ekstatischen Zustände mit ihrer Erhebung über Raum, Zeit und Individuum bedarf: wie diese wiederum eine Philosophie fordern, die es lehrt, die unbeschreibliche Unlust der Zwischenzustände durch eine Vorstellung zu überwinden.[70]

Auf der anderen Seite erscheint die apollinische Strategie in ihrem Extrem als »geformtes« Sein, genauer als *Staat*, als Politik einer totalen Ordnung, wie es für Nietzsche das römische Imperium war:

Notwendig gerät ein Volk, von der unbedingten Geltung der politischen Triebe aus, in eine Bahn *äußerster Verweltlichung*, deren großartigster, aber auch erschrecklichster Ausdruck das römische Imperium ist.[71]

Die einzigartige Stellung der griechischen Kultur liegt nun darin, weder den indischen noch auch den römischen Weg gegangen zu sein:

Zwischen Indien und Rom hingestellt und zu verführerischer Wahl gedrängt, ist es den Griechen gelungen, in klassischer Reinheit eine dritte Form hinzuzuerfinden, freilich nicht zu langem eigenen Gebrauche, aber eben darum für die Unsterblichkeit.[72]

Mit dieser dritten Kulturstrategie, der griechischen, die Nietzsche in seiner Gegenwart im Musikdrama Wagners neu sich artikulieren sieht, kommt nun endlich der *Titel* der Abhandlung in den

Blick, der ja eine Entstehungsgeschichte der attischen Tragödie verspricht. Dazu muß man einen nächsten Gedankenschritt vollziehen: Das dionysische und das apollinische Prinzip eröffnen beide eine ästhetische Praxis; man kann sie als anthropologische Prämissen der Kunstproduktion verstehen; sie sind – auch – Kunsttriebe. Die apollinische Ästhetik ist eine Ästhetik des *Bildes*, das der Einzelne schaut; Nietzsches Paradigma ist das Epos Homers: die ebenso heitere wie plastisch-kristalline Welt der seligen Götter, der traumhaften Ideal-Menschen. Die dionysische Ästhetik ist eine Ästhetik des Tanzes und der Musik, die Kollektive in Entzücken versetzt.

Diese beiden ästhetischen Strategien (Musik und Bild) sind in aller Regel konfliktuell; sie schließen sich wechselseitig aus. Nietzsche deutet die »dorische« Kultur geradezu als Bollwerk gegen den »orientalischen« Dionysos. Einzig in der alten Tragödie sei für kurze Zeit eine, wie Nietzsche wörtlich sagt, »Paarung« des Dionysos und des Apollo gelungen, die eine neue und ganz anders geartete Kultur möglich gemacht habe: die hellenische oder *künstlerische* Kultur. Diese Kultur ist daher geeignet, die Extremkonsequenzen »buddhistischer« Verneinung, »brütender« Meditation einerseits, römischer Staatsvergottung und Politikverehrung andererseits, zu vermeiden.

Die Argumentation, mit der Nietzsche die Entstehung der attischen Tragödie begründet, ist spekulativ; man kann verstehen, daß sie die Philologen vor den Kopf stieß. In der Musik, die ein Kollektiv rauschhaft entzückt, artikuliert sich der an sich unerträgliche Weltgrund – von Werden und Vergehen, Leben und Tod; dieses musikalisch erregte Kollektiv, dem alsbald ein desillusionierender Katzenjammer droht, deutet Nietzsche als Ursprung der Tragödie: es ist der *Chor*, reine Musikalität, die alle erfaßt: Zuschauer und Agenten werden nicht unterschieden; die Musik vereinigt alle zum Chor. Dieser Chor »schaut« nun – in apollinischer Einstellung – das dionysische Drama des Seins; diese Vision des Chors, dieses *Bild*, tritt dann als tragische Handlung auf die Bühne; sie ist aber, ihrer Genealogie nach, Schau des musikalisch stimulierten Chor-Kollektivs. In der Tragödie des Aischylos – und noch des Sophokles – versöhnen sich die feindlichen Götter

Dionysos und Apollo; die Musik entbindet »Sinn« – Mythos – aus sich; der Sinn aber macht den unerträglichen Weltgrund anschaulich und, quasi als Miniatur, auch erträglich. Der »Sinn« zeigt den »Nicht-Sinn«, der ihm vorhergeht, und hält ihm stand. So wäre eine Kultur möglich, die das Leben *bejaht*, ohne es zu verkennen – jenseits indischer Verneinung und römischer Täuschung. Diese bejahende, gleichwohl im recht verstandenen Sinne »tragische« Kultur ist die Leistung einer Kunst gewesen, die das Sein, das Leiden der Differenz, zur *Sprache* bringt. Aber zu einer Sprache, in welcher der Mangel ungetilgt bleibt, einer Sprache, die Musikalität durchwaltet. In einer Formulierung, deren Raffinesse einzig ist, sagt Nietzsche:

> So wäre wirklich das schwierige Verhältnis des Apollinischen und des Dionysischen in der Tragödie durch einen Bruderbund beider Gottheiten zu symbolisieren: Dionysus redet die *Sprache des Apollo*. Apollo aber schließlich die *Sprache Dionysus*: womit das höchste Ziel der Tragödie und der Kunst überhaupt erreicht ist.[73]

Um sprechen zu können, »leiht« sich Dionysos die Sprache Apollos; diese ist aber am Ende die seine – sie ist die Spur der Differenz im Sinnmedium.

Die hellenische Kultur der tragischen Lebensbejahung war jedoch nicht von Dauer; Nietzsches Abhandlung könnte nicht nur ›Geburt der Tragödie‹, sondern auch »Tod der Tragödie« heißen, denn es liegt ihr daran, die Gründe herauszustellen, die das Kulturexperiment der Tragödie haben scheitern lassen. Kurz gesagt handelt es sich um die Verdrängung der hellenischen Kultur durch eine *theoretische Strategie*, eine Kultur der Wissenschaft und der »Aufklärung«, die Nietzsche »alexandrinische Kultur« nennt und die er in der Gestalt des *Sokrates* personalisiert. Nietzsche kennzeichnet die wissenschaftliche Kultur durch zwei zentrale Aspekte: durch den Anspruch, die Natur wissenschaftlich enträtseln und technisch nutzen zu können, und durch die sichere Erwartung, die Lebensprobleme der Menschen durch Wissensexpansion prospektiv beheben zu können; es handelt sich also um den Umriß einer wissenschaftlich-technischen Zivilisation, die kompensatorisch und therapeutisch innerweltliches Glück tendenziell für *alle* versprechen zu können glaubt. Für die tragische Kunst war diese aufgeklärt-optimistische Strategie der Wissenschaftskultur tödlich; Nietzsche zeigt dies am Drama des Euripides, des Weggefährten von Sokrates. Erst jetzt scheiden sich Chor und Publikum; das Publikum erscheint in der Rolle des kritisch-rationalen Beobachters, der sich vom Theater Belehrung verspricht und auf »Ideen« aus ist. Dionysos und seine Musik schwinden, die Funktion des Chors wird »rationalisiert« und banalisiert, aber mit Dionysos geht auch Apollo; die alte epische Plastizität mangelt dem Theater des Euripides ebenfalls; kurz: wir haben das moderne Problemtheater mit sozialen und psychologischen Sujets vor uns, die allenfalls noch kritische Kommentare »de-kollektivierter«, vereinzelter Zuschauersubjekte auslösen mögen.

Sehr pointiert hat Gottfried Benn das Theater der »aufgeklärten« Kultur in der Nachfolge Nietzsches als »Verflachung« beschrieben:

> Bei Euripides beginnt die Krise, es ist sinkende Zeit. Der Mythos ist verbraucht, Thema wird das Leben und die Geschichte. Die dorische Welt war männlich, nun wird sie erotisch, es beginnen Liebesfragen, Weiberstücke, Weibertitel: Medea, Helena, Alkestis, Iphigenie, Elektra, diese Serie endet in Nora und Hedda Gabler. Es beginnt die Psychologie. Es beginnt, daß die Götter klein werden und die Großen schwach, alles wird alltäglich, die Shawsche Mediokrität.[74]

Denn das ist auch für Nietzsche der entscheidende Aspekt der optimistischen Aufklärungskultur, die in seiner Typologie neben die römische, die buddhistische und die hellenisch-künstlerische tritt: sie nivelliert, sie verspricht »Gleichheit«, Kompensation aller Unterschiede und Differenzen durch Schulbildung und Kulturprogramme aller Art, sie versteht sich sozialtherapeutisch und psychohygienisch – und landet in einer »normalisierten« Massenkultur auf niedrigstem Level. Scheut man vor krasser Aktualisierung nicht zurück, dann polemisiert Nietzsche in seinem Votum für den »hellenischen« Weg also sowohl gegen die wohlfahrtsstaatliche Massenkultur und Sozialtherapeutik, gegen indienselige Aussteigerträume als auch gegen eine Ästhetisierung von Politik und Staat.

Nietzsches Schrift ist aber nicht nur eine Genealogie der Tragödie und eine Typologie möglicher Kulturen als Formen der Lebensbewältigung angesichts des Mangels menschlicher Existenz, sie ist zugleich ein kulturrevolutionäres Programm. Sie verkündet eine Wiederkehr des Dionysos *und* des Apollo. Sie glaubt dies tun zu dürfen, weil die im Weltmaßstab zweifellos erfolgreiche »Aufklärungskultur« zwei für sie unlösbare Selbstwidersprüche aufweise, die sie schließlich untergehen lassen: Nietzsche resümiert den Prozeß der Aufklärung als zunehmendes Gewahrwerden der Insuffizienz wissenschaftlicher Welterklärung. Eine sich selbst reflektierende wissenschaftliche Erkenntnis müsse sich eingestehen, daß sie zu *Seins*-Erkenntnis gar nicht imstande sei. In der Transzendentalphilosophie Kants sei daher der optimistische Anspruch der »Aufklärer«-Kultur, das Sein ergründen und darauf eine bessere Welt bauen zu können, einer Selbstkorrektur unterzogen worden. Eine über sich selbst aufgeklärte Wissenschaft muß das »Sein« als Thema preisgeben – das ist das eine, die »theoretische« Seite. Aber auch der »praktische« Anspruch, die Gleichstellung aller Menschen in einer demokratischen Gesellschaft, sei gescheitert; auch die alexandrinische Kultur, selbst wenn sie es nicht wahrhaben wolle, benötige einen »Sklavenstand«; werde dieser aber auf Dauer unter Emanzipationspropaganda gesetzt, so dürfe man sich nicht wundern, wenn er seine ihm vorgegaukelten »Rechte« endlich wahrnehmen wolle; die »Aufklärungs«-Kultur züchte so eine revolutionäre Kaste heran, die ihre »Versprechen« am Ende gegen sie wenden werde.

Eine auf diese Weise intellektuell und sozial destabilisierte, von ihren Selbstwidersprüchen labilisierte Gesellschaft meinte Nietzsche in der bürgerlichen Kultur der Gründerzeit vor sich zu haben. Er sah ihren Untergang voraus und prognostizierte einen Kampf um die Macht zwischen dem »Sklavenstand« der Massen einerseits und einer erneuerten tragisch-hellenischen Elite-Kultur andererseits. Deren Möglichkeit band er 1872 an das Phänomen »Wagner«. In dessen Musikdramen kehre die alte Tragödie wieder, und die dionysische Musik, so hoffte er, werde erneut einen *Mythos* auf der Bühne entbinden, der ein Publikum – besser: eine soziale Elite integriere und zu einer Selbstbejahung motiviere, die eine Kultur der Zukunft eröffne, welche die Schrecken des Lebens in der Welt ins *Schöne* wende:

Ohne Mythus ⟨...⟩ geht jede Kultur ihrer gesunden schöpferischen Naturkraft verlustig: erst ein mit Mythen umstellter Horizont schließt eine ganze Kulturbewegung zur Einheit ab. Alle Kräfte der Phantasie und des apollinischen Traumes werden erst durch den Mythus aus ihrem wahllosen Herumschweifen gerettet. Die Bilder des Mythus müssen die unbemerkt allgegenwärtigen dämonischen Wächter sein, unter deren Hut die junge Seele heranwächst, an deren Zeichen der Mann sich sein Leben und seine Kämpfe deutet: und selbst der Staat kennt keine mächtigeren ungeschriebenen Gesetze als das mythische Fundament, das seinen Zusammenhang mit der Religion, sein Herauswachsen aus mythischen Vorstellungen verbürgt.[75]

3. Nach der Ästhetik: ›Physiologie der Kunst‹

Nur wenige Jahre nach der Publikation der ›Geburt der Tragödie‹ waren Nietzsche ihre tragenden Voraussetzungen – Schopenhauers Metaphysik und Wagners Bayreuth-Projekt – fragwürdig geworden. Sie schienen ihm für den zweifelhaft »romantischen« Duktus seiner Abhandlung verantwortlich zu sein. Statt der Kunstmetaphysik weiter zu folgen, plädierte Nietzsche nun für eine entschiedene »Verwissenschaftlichung« der ästhetischen Fragestellung, die ihn nach und nach zu einer ›Physiologie der Kunst‹ führte, wobei der Begriff »Kunst« selbst eine entscheidende Bedeutungsveränderung erfuhr; nicht mehr um »Werke« sollte es vorrangig zu tun sein, sondern um die an der griechischen Antike orientierte »Lebenskunst« einer kulturstiftenden Elite.

Die Physiologie, die die psycho-physischen Auswirkungen mentaler und emotiver Prozesse empirisch zu analysieren versucht, fand im zu Ende gehenden 19. Jahrhundert große Resonanz. Man interessierte sich vor allem für die physiologisch nachweisbaren Folgen der *Modernisierung*, der Urbanisierung, der Beschleunigung und Effektivierung von Kommunikation, der zunehmenden Ausdifferenzierung für Wahrnehmung und Erlebnisverarbeitung des Menschen. Der Mensch, ausgerüstet für eine wenig komplexe, vornehmlich »natürlich« geordnete, konventionell strukturierte, Zeit und Raum »schonende« Umwelt, schien mehr oder weniger unvorbereitet in eine völlig veränderte, technisierte, beschleunigte großstädtische Welt gestoßen zu werden, die seine Adaptionsfähigkeiten hoffnungslos zu überfordern drohte. Das Wort von der »Reizüberflutung« hat hier seinen Ursprung. Die der Hektik überkomplexer Informationsimpulse nicht mehr gewachsenen Subjekte würden entweder mit zunehmender »Nervosität« oder mit wachsender »Abstumpfung« reagieren. Die Schere, die sich zwischen humaner Wahrnehmungs- und Verarbeitungskapazität auf der einen und den Stimulantien der modernen Lebenswelt auf der andern Seite immer weiter öffnet, würde, so glaubte man, in eine »Überforderungskrise« führen, die die menschliche Substanz bedrohe. Man sprach von Degeneration oder *Dekadenz* und meinte damit die fatalen Konsequenzen permanenter Überstrapazierung der Informationsverarbeitungskapazität. Die mangelnde Adaption an die dramatisch komplexer gewordene Umwelt habe »Hysterie«, »Exzesse«, »a-soziales« Verhalten jeder Art, »Hypersensibilitäten« usw. im Gefolge. Interessant an dieser »Physiologie« moderner Wahrnehmung ist vor allem ihr »ästhetischer« Aspekt. Schon die Zeitgenossen sahen, daß der »nervösen« – dekadenten – Apperzeption eine spezifische Sensibilität zu danken sei und daß auf der anderen Seite dem Trend zur »Abstumpfung«, zur Senkung der »Reizschwellen« zum Zwecke des Selbstschutzes eine immer raffiniertere Ästhetik des »Reizes« und des »Schoks« antworte: »Dekadente« Kunst also einerseits als »nervöse« Kunst der Nuance und der hypersensiblen Wahrnehmung hochdifferenzierter Umwelten – andererseits als Kunst extremer Reizmittel, immer neuer Aufstachelung und Provokation immer resistenter werdender Sinne. Diese zweite Variante der »Dekadenzkunst« hat Nietzsche im Auge, wenn er sagt: »Man muß tyrannisieren, um zu wirken« und folgende Beispiele gibt:

> Die Leidenschaft ⟨als⟩ eine Sache der Nerven und der ermüdeten Seelen; so wie der Genuß an Hochgebirgen, Wüsten, Unwettern, Orgien und Scheußlichkeiten ⟨...⟩; tatsächlich gibt es einen Kultus der Ausschweifung des Gefühls ⟨...⟩, die Bevorzugung der aufregenden Stoffe (Erotica oder Socialistica oder Pathologica): Alles Zeichen für wen heute gearbeitet wird, für *Überarbeitete* und *Zerstreute* oder *Geschwächte*.[76]

Nietzsches Haltung zur »Dekadenzkultur« seiner Zeit ist ambivalent: einerseits – und das ist der zentrale Aspekt – sieht er in ihr ein Symptom der Schwäche, bloßer Re-Aktion; andererseits aber erkennt er in der spezifisch gesteigerten, von der Moderne provozierten Sensibilität der Wahrnehmung ein produktives Moment, das er in seine ›Physiologie der Kunst‹ aufnehmen wird.

Wagners Musikdramen waren es, an denen Nietzsche sein Verständnis »reaktiver«, »dekadenter« Kultur in erster Linie erläuterte. Sie galten ihm, aller weiterwirkenden Faszination zum Trotz, als Exempel »kranker« Kunst, die ein abgestumpftes Publikum mit immer neuen Effekten aus seiner Lethargie zu reißen versuche:

> Wagners Kunst ist krank. Die Probleme, die er auf die Bühne bringt – lauter Hysteriker-Probleme –, das Konvulsivische seines Affekts, seine überreizte Sensibilität, sein Geschmack, der nach immer schärferen Würzen verlangte, seine Instabilität, die er zu Prinzipien verkleidete, nicht am wenigsten die Wahl seiner Helden und Heldinnen, diese als physiologische Typen betrachtet (– eine Kranken-Galerie! –): alles zusammen stellt ein Krankheitsbild dar, das keinen Zweifel läßt. ⟨...⟩ Nichts ist vielleicht heute besser bekannt, nichts jedenfalls besser studiert als der Proteus-Charakter der Degenereszenz, der hier sich als Kunst und Künstler verpuppt. Unsre Ärzte und Physiologen haben in Wagner ihren interessantesten Fall, zum mindesten einen sehr vollständigen. Gerade, weil nichts moderner ist als diese Gesamterkrankung, diese Spätheit und Überreiztheit der nervösen Maschinerie, ist Wagner der *moderne Künstler par excellence*, der Cagliostro der Modernität. In seiner Kunst ist auf die verführerischste Art gemischt, was heute alle Welt am nötigsten hat – die drei großen Stimulantia der Erschöpften, das *Brutale*, das *Künstliche* und das *Unschuldige* (Idiotische).[77]

Ein anderes Dekadenzsymptom sei die Heterogentität, die Dissonanz und die fehlende Kraft zur Totalität, die die moderne Kunst auszeichne. Was man später etwa an Baudelaire und seiner poetischen Erfahrung der großen Stadt so bewunderte, das »Plötzliche«, die Simultaneität, die Dispersion des Blicks, wertet Nietzsche ab:

> Womit kennzeichnet sich jede *literarische décadence*? Damit, daß das Leben nicht mehr im Ganzen wohnt. Das Wort wird souverän und springt aus dem Satz hinaus, der Satz greift über und verdunkelt den Sinn der Seite, die Seite gewinnt Leben auf Unkosten des Ganzen – das Ganze ist kein Ganzes mehr. Aber das ist das Gleichnis für jeden Stil der *décadence*: jedesmal Anarchie der Atome, Disgregation des Willens, ›Freiheit des Individuums‹, mo-

ralisch geredet – zu einer politischen Theorie erweitert ›*gleiche* Rechte für alle‹. Das Leben, die *gleiche* Lebendigkeit, die Vibration und Exuberanz des Lebens in die kleinsten Gebilde zurückgedrängt, der Rest arm an Leben. Überall Lähmung, Mühsal, Erstarrung *oder* Feindschaft und Chaos: beides immer mehr in die Augen springend, in je höhere Formen der Organisation man aufsteigt. Das Ganze lebt überhaupt nicht mehr; es ist zusammengesetzt, gerechnet, künstlich, ein Artefakt.[78]

Man sieht: es ist gleichsam die »Enthierarchisierung« des künstlerischen Blicks, die Nietzsche attackiert; die Sensibilität für das Detail und für die Nuance, die im »Ganzen« nicht mehr zusammengeschlossen werden können, wertet Nietzsche als »ästhetische« Konsequenz dekadenter Sozialnivellierung. Ihr Ideal wäre schließlich die photographische Momentaufnahme, der alle Details *gleich* – gültig sind. Die Kombination dieser – für Nietzsche stillosen »Gleich – Gültigkeit« mit einer Technik der Schokierung und der Suggestion, der Aufmerksamkeitsprovokation lethargischer Subjekte kennzeichnet für ihn die französische Gegenwartsliteratur – Nietzsche las vor allem Baudelaire, die Brüder Goncourt, Flaubert und Maupassant –, in der er den Gipfel »dekadenter« Kunst erblickte – und durchaus ambivalent sah: sie faszinierte ihn ihrer Raffinesse wegen.

Virtuosen durch und durch, mit unheimlichen Zugängen zu allem, was verführt, lockt, zwingt, umwirft, geborne Feinde der Logik und der geraden Linie, begehrlich nach dem Fremden, dem Exotischen, dem Ungeheuren, allen Opiaten der Sinne und des Verstandes. Im ganzen eine verwegen-wagende, prachtvoll-gewaltsame, hochfliegende und hoch emporreißende Art von Künstlern, welche *ihrem* Jahrhundert – es ist das Jahrhundert der *Masse* – den Begriff ›Künstler‹ erst zu lehren hatte. Aber *krank* ⟨...⟩[79]

Im Gegensatz zu dieser alles in allem ablehnenden Haltung zur Dekadenzkultur des 19. Jahrhunderts stehen aber Versuche Nietzsches, einzelne Momente »dekadenter« Wahrnehmung in seine ›Physiologie‹ der Produktivität zu retten. Nietzsche fragt nach den physiologischen Voraussetzungen aktiver »Lebenskunst« und kommt in diesem Zusammenhang auf die ›Geburt der Tragödie‹ und ihre Kategorien zurück. Hatte er dort den »dionysischen« Rausch dem »apollinischen«, plastisch-klaren Traum entgegengesetzt, so erscheint ihm nun der *Rausch* als das einzig wesentliche Kriterium der Produktivität. Deshalb spricht er von einem »apollinischen« Rausch. Als »Rausch« beschreibt Nietzsche einen hohen Erregungszustand des Affektsystems, der zur Entladung drängt; im Moment des Rausches trete die entfesselte Potenz des Subjekts, das Maximum seiner Kraft nach außen und »verwandle« das Reale.

> Das Wesentliche am Rausch ist das Gefühl der Kraftsteigerung und Fülle. Aus diesem Gefühl gibt man an die Dinge ab, man *zwingt* sie von uns zu nehmen, man vergewaltigt sie – man heißt diesen Vorgang *idealisieren*. Machen wir uns hier von einem Vorurteil los: das Idealisieren besteht nicht, wie gemeinhin geglaubt wird, in einem Abziehn oder Abrechnen des Kleinen, des Nebensächlichen. Ein ungeheures *Heraustreiben* der Hauptzüge ist vielmehr das Entscheidende, so daß die andern darüber verschwinden. ⟨...⟩ Man bereichert in diesem Zustande alles aus seiner eignen Fülle: was man sieht, was man will, man sieht es geschwellt, gedrängt, stark, überladen mit Kraft. Der Mensch dieses Zustandes verwandelt die Dinge, bis sie seine Macht widerspiegeln – bis sie Reflexe seiner Vollkommenheit sind. Dies Verwandeln-*müssen* ins Vollkommene ist – *Kunst*.[80]

Mit dieser ›Physiologie‹ gibt Nietzsche seiner Philosophie der Perspektive eine quasi-naturwissenschaftliche Basis. Die Perspektive der »Bejahung«, des Verschönerns und »Idealisierens«, die sich in einem Lebensstil Ausdruck geben kann, wird in keinerlei ontologischem Horizont mehr formuliert – das wird etwa schlagend klar, wenn man Hegels Konzeption der »Idealisierung« zum Vergleich heranzieht –, sondern drückt in einer kontingenten Welt allein das Machtquantum des Subjekts aus, das die Welt so sehen *will* – oder sehen *muß*, weil seine produktive Energie der Kontingenz, dem Sinnleeren, ihre Vision aufzwingt. »Stil« wäre dann gleichsam die angenommene, traditionsbeständige Offerte, solche Perspektive zu teilen, aber nach Maßgabe eigener Machtquanten auch zu modifizieren und zu nuancieren. Entscheidend ist, daß Stil und Kunst *Gaben* sind: die aktiven Kulturen schenken – aus Überfülle. Demgegenüber bestimmt Nietzsche den Gegentypus, den re-aktiven Menschen, durch Mangel; in ihm herrscht gewissermaßen permanent »Unterdruck« und entsprechend ist die Perspektive, die er auf die Welt vorschlägt, eine *kompensierende*; er will *nehmen*, nicht geben.

Die Physiologie der Produktivität gibt den Phänomenen des Rausches zwei Bestimmungen, die der »Dekadenz-Forschung« entstammen, von Nietzsche aber umgewertet werden. Die Zustände der »Nervosität« als gesteigerte Reizbarkeit oder Sensibilität, wie sie die veränderten Wahrnehmungserfordernisse in modern-urbanen Lebenswelten für die besorgten Zeitgenossen des »fin de siècle« nach sich zu ziehen schienen, deutet Nietzsche um in eine »Sensibilität der Stärke«, die die Wahrnehmung für Raum und Zeit in ungeahnter Weise potenziere und sowohl die minimalste Nuance in Art einer »Detailaufnahme« konturieren, als auch übergreifende Horizonte und Zusammenhänge in Form einer »Totaleinstellung« kopräsent machen könne. Der »Rausch«, das hochgesteigerte Kraftgefühl, sensibilisiert das Subjekt »teleskopisch« und »mikroskopisch«; der Rausch potenziert den »Blick« und seine Organisationskraft. Die »Industrialisierung von Zeit und Raum«, so wie sie die modernen Medien der Bewegung und Kommunikation – Eisenbahn, Telegraph, Photographie und später Film durchgesetzt haben, prägt – verknüpft mit der psychiatrisch-medizinischen Degenerationstheorie – auch Nietzsches Vision des »berauschten«, des starken Blicks, der eine »Welt« formen kann.

> Der Lustzustand, den man *Rausch* nennt, ist exakt ein hohes *Macht*gefühl ⟨...⟩ Die Raum- und Zeitempfindungen sind verändert: ungeheure Fernen werden überschaut und gleichsam erst *wahrnehmbar*; die *Ausdehnung des Blicks* über größere Mengen und Weiten; die *Verfeinerung des Organs* für die Wahrnehmung vieles Kleinsten und Flüchtigsten.[81]

Diese fast mediale Dynamisierung und Potenzierung der »Wahrnehmung« ist das eine; das andere Motiv, das Nietzsche der Dekadenzliteratur entnimmt und »umwertet«, ist die extreme *Kommunikabilität* des hypersensiblen Subjekts, das von einem »Mitteilungsdrang« besessen ist, der sich buchstäblich als »Sprache des Körpers« artikuliert: in Mimik und Gestik: als wolle jeder Punkt der Körperoberfläche die Kraft, die er birgt, ausdrücken und mitteilen. Der Körper und seine Plastizität werden zu einem einzigen *Signifikanten der Macht*, als Reizsuggestion, die sich überträgt und kompatible »Zustände« so agitierter »Ko-Subjekte« auslösen mag.

»Kunst« ist für Nietzsche »Kommunikation« als Kommunikation extrem sensibilisierter Körper und ihrer »Zeichensprachen«, die erst nachträglich – das meint Nietzsche historisch und »logisch« – in Sinneffekte übersetzt werden.

> Alle Kunst wirkt als Suggestion auf die Muskeln und Sinne, welche ursprünglich beim naiven künstlerischen Menschen tätig sind: sie redet immer nur zu Künstlern, – sie redet zu dieser Art von feiner Beweglichkeit des Leibes. Der ästhetische Zustand hat einen Überreichtum von Mitteilungsmitteln, zugleich mit einer extremen Empfänglichkeit für Reize und Zeichen. ⟨...⟩ Man teilt sich nie *Gedanken* mit: man teilt sich Bewegungen mit, mimische Zeichen, welche von uns auf Gedanken hin *zurückgelesen* werden.[82]

Die ›Physiologie der Kunst‹, mit der Nietzsche seine Abkehr von aller Ästhetik am weitesten radikalisiert hat, begreift »Produktivität« als reine Machtkommunikation, als ein beinahe zwanghaftes Mitteilenmüssen »explodierender« (phallischer) Kraft, die »gibt«, abgibt, formt, verschönt, aber auch überwältigt, fasziniert und so stil- und kulturbildend werden kann. Die Kritik aller Metaphysik läßt die Welt als kontingentes Feld bloßer Kraftquanten erscheinen, die um die *Macht* kämpfen; diese ultranüchterne »Bestimmung der Lage« kennt keinerlei Sinnresiduen mehr; ihr ist der Zustand der Welt Resultat der *Kräftekonstellation*; wobei Nietzsche freilich selbst sich als Element in diesem Machtspiel sieht, das wertet und umwertet, agiert und bekämpft, und eine Kultur der »Energie« statt eine Kultur des »Wärmetodes« erzwingen will, in der es den Re-Aktiven gelungen ist, den Starken ihre Stärke zu nehmen und sie zum Mittelmaß zu nivellieren. Wenn man will, kann man durchaus sagen, daß Nietzsches Denken nicht nur die Ästhetik, sondern die Philosophie generell hinter sich gelassen und durch eine physiologisch orientierte Anthropologie einerseits, durch dezisionistische Machtpolitik andererseits ersetzt hat. Die »Kunst« bleibt allein deshalb wichtig, weil alles auf Setzung, Konstruktion, Stilisierung, Formierung ankommt.

Nietzsche hat – um das Ergebnis unseres Überblicks noch einmal zu nennen – die Ästhetik durch »Wissenschaft der Kunst« und die Kunst durch eine »Stilisierung der Existenz« ersetzt, wobei die Wissenschaft der Kunst und die Entscheidung für sie selbst schon in diese Stilisierung hineingehören. Nietzsches Existenz aber war die des Schreibenden; wenn er »Dichter seines Lebens« war, wie es die »Lebenskunst« forderte, dann erfüllte sich dieser Anspruch vorrangig im Medium der Texte. Der »Stil«, den er als tradierbare, kulturstiftende Lebensform gegen die Dekadenz der Zeit inaugurieren wollte, blieb ohne wesentliche soziale Resonanz; nach seiner Enttäuschung über die Wagner-Bewegung war sich Nietzsche über die Ortlosigkeit seines Stil-Willens unzweideutig im klaren; ein Ton der »Vereinsamung« entspricht dem. Wenn Stilofferten aber ohne Resonanz bleiben, am »Leben« also vorbeigehen, dann können sie nur als »Literatur« gespeichert und kommenden Generationen offengehalten werden. So inszenierte der späte Nietzsche nur mehr literarisch sein Leben, um es vor dem Vergessen zu bewahren. Die »Lebenskunst« *über*lebt als *Text* – und am Ende steht ›Ecce homo‹, die stilisierte Autobiographie.

Renate Werner

Ästhetische Kunstauffassung am Beispiel des »Münchner Dichterkreises«

I. Geschichte des »Münchner Dichterkreises«

Nirgends wird der Zusammenhang zwischen dem in einer uniformen Vielzahl von Popular-Ästhetiken und -Poetiken normativ festgeschriebenen Kunst-Wissen der Epoche und der literarischen Praxis so offenkundig wie in der Lyrikproduktion des Münchner Dichterkreises. Dieser verdankte seine Entstehung einem ehrgeizigen Projekt des bayrischen Königs Maximilian II. (1811–1864), dessen erklärtes Regierungsziel es war, Bayern neben Österreich und Preußen eine führende Rolle im Deutschen Bund zu sichern. Teil der »Trias-Idee« war eine großzügige Kulturpolitik, die aus München ein Zentrum der Wissenschaften und Kultur machen sollte. Es gelang Maximilian, wissenschaftliche Zelebritäten wie den Chemiker Justus Liebig, den Staatsrechtler Johann Kaspar Bluntschli und den Historiker Heinrich Sybel (Gründung der »Historischen Zeitschrift«, 1859) für die Münchner Universität zu gewinnen, er entwickelte mit beträchtlichem finanziellem Einsatz eine rege Forschungsförderung, zu deren bleibenden Ergebnissen etwa die 1850 ins Leben gerufene »Naturwissenschaftlich-Technische Kommission« und die 1858 gegründete »Historische Kommission« bei der Bayrischen Akademie der Wissenschaften, das Bayerische Nationalmuseum (1855) und die Stiftung des Maximilianeums sowie des Maximiliansordens für Wissenschaft und Kunst (1853) gehörten. Bei allem durchaus persönlichen Engagement des Monarchen, der als junger Mann in Berlin Friedrich von Raumer und Leopold von Ranke gehört hatte, kann kein Zweifel darüber herrschen, daß die Münchner Forschungspolitik vorwiegend solchen wissenschaftlichen Disziplinen galt, an denen der Staatsapparat ein erhebliches Interesse haben mußte: den Naturwissenschaften, den Staats- und Geschichtswissenschaften.[1] Sie galten als Garanten des

Fortchritts, sie unterwarfen sich einer Politik des monarchischen Legitimismus, sie dienten der Rekrutierung des Beamtenapparates.

Zum kulturpolitischen Programm Maximilians gehörte neben dem Ausbau der Universitäten und der Akademien auch die Förderung der Literatur durch »Dichterberufungen«, eine mäzenatische Praxis, die in der zweiten Hälfte des 19. Jahrhunderts – ungeachtet der Nähe zahlreicher bürgerlicher Autoren zur höfischen Aristokratie[2] – doch sehr ungewöhnlich war. 1852 erhielt der Lyriker Emanuel Geibel (1815–1884) das Angebot, gegen ein Jahresgehalt von 800 Gulden, das wenig später (1854) auf 1400 Gulden erhöht wurde, für immer nach München zu ziehen und nominell eine Honorarprofessur für Ästhetik und Literaturgeschichte an der Universität anzunehmen. Sein ›Amtsantritt‹ wurde mit einem Bankett gefeiert, der Preuße Geibel erhielt die bayrische Staatsbürgerschaft, er wurde Teilnehmer der gelehrt-künstlerischen Symposien am Hofe Maximilians, Mitglied des Maximiliansordens, erhielt den persönlichen Adelstitel und erfreute sich gegen viele Anfeindungen örtlicher Notabeln bis zum Tode des Monarchen (1864) der königlichen Gnadensonne. Was hatte diesen Lyriker, dessen Œuvre bis dahin im übrigen sehr schmal war, zum Münchner Hofpoeten qualifiziert, dessen »Karriere sich«, wie eine wissenschaftliche Publikation des Jahres 1988 allen Ernstes behauptet, »wie ein Märchen« lese[3]?

Geboren 1815 als Sohn eines Lübecker Pfarrers, entwickelte Geibel bereits früh ein ausgesprochenes Sendungsbewußtsein und ging zielstrebig eine Berufsschriftstellerkarriere an. Möglich war dies freilich nur dadurch, daß er einflußreiche Gönner für sich mobilisierte. Lange bevor er zum Hofpoeten Maximilians avancierte, hatte er adlige Mäzene für sich zu gewinnen verstanden, darunter Karl Freiherr von Malsburg, Moritz Graf Strachwitz, Fürst Heinrich von Carolath und Friedrich Wilhelm IV. von Preußen. Die Bedingungen, unter denen derartige Protektionen erfolgten, demonstriert die Vorgeschichte jener berühmt-berüchtigten preußischen Pension, durch die der eben Siebenundzwanzigjährige auf Lebenszeit »unter die preußischen Staatsschulden aufgenommen wurde«, wie ein zeitgenössischer Beobachter boshaft bemerkte.[4] 1841 war der erste Teil von Georg Herweghs ›Gedichten eines Lebendigen‹ erschienen, der den Autor mit einem Schlag berühmt machte.[5] Die ungewöhnliche Publikumsresonanz des Bändchens (es erlebte innerhalb von drei Jahren sieben Auflagen) erklärte sich wesentlich aus der Tatsache, daß Herwegh hier einer weit verbreiteten Forderung nach »Konstitution« und konkreten Freiheitsrechten innerhalb der bürgerlichen Opposition Ausdruck verliehen hatte. Während die bürgerlich-liberale Opposition Herwegh als ihr Sprachrohr feierte und die preußischen Zensurbehörden ihre Maschinerie in Gang setzten, meldete sich freilich auch eine literarische Opposition zu Wort, die von Herweghs politischer Lyrik entweder aus grundsätzlichen ästhetischen Erwägungen oder aber (wie z. B. Heinrich Heine) aus realistischer Einschätzung illusionärer Momente seiner Freiheitsappelle nichts hielt. Ferdinand Freiligrath, in der Überzeugung, Poesie habe sich »an das Ewige, Bleibende« zu halten[6], schleuderte Herwegh die berühmten Sätze entgegen: »Der Dichter steht auf einer höhern Warte / Als auf den Zinnen der Partei«, worauf Herwegh seinerseits mit dem Schlachtruf konterte: »Partei! Partei! Wer sollte sie nicht nehmen, / Die noch die Mutter aller Siege war?«[7] Den nun in der literarischen Öffentlichkeit ausbrechenden Streit um ›Parteilichkeit‹ und Parteilosigkeit der Literatur nutzte Geibel, um sich auf der literarisch-politischen Szene bemerkbar zu machen. Er verfaßte ein Gedicht, das sich unverhohlen auf die Seite der preußischen Reaktion stellte (›Emanuel Geibel an den Verfasser der Gedichte eines Lebendigen‹) und das er bei der erstbesten Gelegenheit an ungewöhnlichem Druckort publizierte.[8] Noch 1842 erschien das ›Gedicht, dessen Verbreitung Geibel sich sehr angelegen sein ließ, ein weiteres Mal an prominenter Stelle, in Eduard Hitzigs ›Berliner Gesellschafter‹ (14. Juni 1842). In einem politischen Reizklima, in dem Geheimagenten ihren Auftraggebern über die Gefährlichkeit der politischen Poesie Bericht erstatteten, tönte Geibel Herwegh entgegen:

Bist du dir selber klar bewußt,
Daß deine Lieder Aufruhr läuten;
Daß jeglicher nach seiner Brust
Das Ärgste mag aus ihnen deuten?
⟨...⟩
Die Freiheit geht nicht auf aus Mord,

Blick nach Paris, das dir's verkündigt.
Vom Geist will sie gewonnen sein;
⟨...⟩
Ich sing' um keines Königs Gunst,
Es herrscht kein Fürst, wo ich geboren;
Ein freier Priester freier Kunst
Hab' ich der Wahrheit nur geschworen.
Die werf' ich keck dir ins Gesicht,
Keck in die Flammen deines Branders;*
Und ob die Welt den Stab mir bricht:
In Gottes Hand ist das Gericht;
Gott helfe mir! - Ich kann nicht anders.[9]

Geibels antirevolutionärer Heroldsruf kam dort an, wo er ankommen sollte: in den konservativen Kreisen der Berliner Salons. Auf Empfehlung des Obersten Radowitz und des Kammerherrn von Rumohr – beides intime Vertraute Friedrich Wilhelms IV. – setzte der preußische König dem Jungautor, dessen bisherige literarische Leistung in einem schmalen Gedichtband (›Gedichte‹, Berlin 1840), einem Zyklus von zwölf Zeitgedichten (›Zeitstimmen‹, Lübeck 1841) und (zusammen mit dem Altphilologen Ernst Curtius) aus lateinischen bzw. griechischen Übersetzungen bestand (›Klassische Studien‹, 1840), eine jährliche Pension von 300 Talern aus, die dieser – im Gegensatz zu dem in gleicher Weise ausgezeichneten Freiligrath[10] – bis an sein Lebensende verzehrte. Geibel bedankte sich im Dezember 1842 mit einem Huldigungsgedicht:

Was ich in unsrer Wälder Stille,
An Hellas Strand umsonst begehrt,
Das hat Dein königlicher Wille
Aus freien Hulden mir gewährt:
Du gabst ein Leben mir vom Staube
Des niedern Marktes unberührt,
Ein Leben, wie's im grünen Laube
Der freie Vogel singend führt.

---

* Zünder der Bombe

So helfe Gott mir, daß ich walte
Mit Ernst des Pfundes, das mir ward,
Daß ich getreu am Banner halte
Der deutschen Ehre, Zucht und Art.
Fern von dem Schwarm, der unbesonnen
Altar und Herz in Trümmern schlägt,
Quillt mir der Dichtung heil'ger Bronnen
Am Felsen, der die Kirche trägt.[11]

Als Antipode der als gefährlich eingeschätzten politischen Poesie fand er immer wieder Unterstützung in konservativen Adels- und Beamtenkreisen. Victor Aimé Huber, der ideologische Kopf der Protestantisch-Konservativen (›Die Konservative Partei‹, 1841; ›Janus. Jahrbücher deutscher Gesinnung, Bildung und Tat‹, 1845–1848), forderte dazu auf, die Tendenzpoesie »in unserem Sinne und für unsere Sache zu vindizieren«, und pries Geibel schon 1842 als »Sänger der wahren Deutschen, christlich-monarchischen Bildung und Freiheit«[12]. Erfolgreich, wie sich zeigte. Die offizielle Auszeichnung des in der literarischen Öffentlichkeit noch fast Unbekannten wirkte äußerst reklamewirksam. Ein Rezensent in ›Unser Planet‹ nahm ihn 1843 gegen den Vorwurf des »Knechtischen« in Schutz: »Sind denn die Dichter nur geboren, um Parisiennen oder blutige Jacobinerlieder zu singen? Die Poesie nur da, um Revolutionen zu erversen, Fürsten zu entthronen? ⟨...⟩ fragt nach zehn oder zwanzig Jahren wieder, wenn Eure politischen Verse und Versemacher längst vergessen, wenn man spöttisch lächelt über eine Poesie, die keine Poesie ist – dann wird man die Namen eines Freiligrath und Geibel noch nennen, wenn man die Eurer Lieblinge längst nicht mehr kennt.«[13]

Erst jetzt trafen Geibels Gedichte auf eine größere Resonanz beim Publikum, 1848 wurde die zwölfte Auflage seiner ›Gedichte‹ erreicht. Er avancierte zu einem erfolgreichen Autor, der nunmehr auch die Aufmerksamkeit des berühmtesten Verlegers der Zeit auf sich zog. Von Baron Georg von Cotta umworben, sah er sich in einen Verlag aufgenommen, der sich der Förderung alles dessen verschrieben hatte, was »den Stempel der Klassizität«[14] trug.

Daß Maximilian II., der schon bald nach seinem Regierungsantritt einen reaktionären, gegen die liberalen Reformen von 1848 gerichteten Kurs steuerte¹⁵, bei seiner Suche nach einem geeigneten Kandidaten für die erste »Dichterberufung« auf diesen Autor stoßen mußte, war also kein Zufall. Denn hinter den »Berufungen« – es folgten 1854/55 die Autoren Friedrich Bodenstedt, Paul Heyse und Adolf Friedrich von Schack, zudem der Journalist und Kulturhistoriker Wilhelm Heinrich Riehl und der Ästhetiker Moriz Carrière (seit 1853) – stand ein literaturpolitisches Programm. Generelles Ziel Maximilians war es, »München zu einem Weimar des 19. Jahrhunderts zu machen«¹⁶. Dabei ging es zunächst darum, den kulturellen und politischen Schock zu parieren, der durch die politische Literatur des Vormärz und die revolutionären Bewegungen des Jahres 1848 ausgelöst worden war. Hier konnte man getrost auf die konservativen Grundüberzeugungen der »Berufenen« setzen. Im Bereich der Politik orientierten sie sich an ständestaatlichen Ordo-Vorstellungen, mit dem Monarchen einte sie die Furcht vor der sozialen Revolution. Geibel, der die Märzrevolution in Berlin erlebte, schrieb am Morgen des 22. März 1848 an seinen Freund Paul Heyse:

Noch ist auf der Einen Seite die Möglichkeit da, mit raschen kühnen Schritten in geordnetem unblutigen Gang Deutschland auf den Gipfel seiner Macht und Größe zu führen ⟨...⟩; auf der andern Seite aber gähnt der unermeßliche Abgrund einer Herrschaft der Massen, die man zuerst Republik taufen möchte ⟨...⟩ Bricht in Preußen die Ordnung der Dinge zusammen, so wird bald nirgends mehr ein Halt sein, und der Krieg zwischen Besitz und Proletariat ist erklärt.[17]

Solche Ängste vor der »Pöbelherrschaft« durch die literarische Propagierung von anti-egalitären Ordnungsvorstellungen zu kompensieren, wurde Geibel in der Folgezeit nicht müde, wobei er seine eigenen ›Lieder‹ und ›Gesänge‹ für gänzlich unpolitisch hielt.

Fürwahr, nach Gleichheit wußt' ich nie zu schrei'n,
Ob rings erhitzt auch tausend Stimmen riefen;
Und Lug erschien mir's, sah ich überm Rhein
Ein ewig Brudertum dem Volk verbriefen.
Auf Erden werden Herrn und Diener sein,
So lang sich Berge türmen, Täler tiefen; ⟨1850⟩[18]

Auch im Bereich der Ästhetik sind die Optionen eindeutig: daß Geibel sich Herwegh gegenüber als »Priester freier Kunst« aufwirft, ist signifikant. Er begreift die Emanzipationsbewegung des Vormärz und die partielle Politisierung der Literatur als anarchistisch, unsittlich, anti-christlich, pathologisch und destruktiv und setzt der politischen Krisenerfahrung das Ideal einer Welt des reinen ›Geistes‹ und kosmischer Harmonie entgegen, deren Hüter und Hermeneuten die Dichter sein sollen. Als sinnlich-sichtbare Ausdrucksform der göttlichen Weltordnung wird der Kunst höchste Bedeutung zugeschrieben. Das harmonisch in sich geschlossene Kunstwerk ist Symbol des All-Einen, das sich in zeitlicher Dimension als »Weltgeschichte« entfaltet. Solche Grundüberzeugungen eines christlich-organologischen Panästhetizismus hat alle ›Münchner‹ geeint. Gegen die kritisch-aufklärerische Funktionsbestimmung von Kunst im Vormärz wurden sie von Maximilian II. zu Bewahrern einer ästhetischen Orthodoxie bestellt, deren zentrale Aufgabe Sinnstiftung und der Kampf gegen ›materialistische‹ Tendenzen waren. Institutionell verankert wurde diese Orthodoxie durch die Einsetzung der »Berufenen« in ein professorales Lehramt (Geibel[19], Bodenstedt, Riehl, Carrière), das sie zu Multiplikatoren in der Schicht des Bildungsbürgertums und (über die Studenten) in der zukünftigen Beamtenschaft machte. Zudem sollten sie publizistische Aufgaben wahrnehmen: W. H. Riehl erhielt außer seiner Professur den Posten eines »Oberredakteurs der Presseangelegenheiten« und wurde damit Leiter der amtlichen Informationspolitik, der Journalist Julius Grosse schließlich wurde eigens zu dem Zweck nach München geholt, die »Bestrebungen und Leistungen der neu berufenen, wie der einheimischen Kräfte« gebührend herauszustreichen und als Wertmaßstab allein das Kriterium »des Schönen an sich« anzuerkennen.[20] Grosse übernahm das Feuilleton der »Neuen Münchner Zeitung«, die ausdrücklich zum Zweck der Beeinflussung der öffentlichen Meinung durch die Presse aufgekauft und in ein abhängiges, die Absichten und Ansichten Maximilians widerspiegelndes Organ umgewandelt worden war.[21] Politischer Redakteur wurde in den Jahren 1854–1856 Riehl. Grosse entfaltete eine reiche Rezensionstätigkeit auf dem Gebiet der Literatur-, Theater- und Kunstkritik, wobei er die Verdienste der Symposiasten und der mit ihnen verbundenen Schriftstellerkollegen nach Kräften würdigte. Als später die »Neue Münchner Zeitung« in der amtlichen »Bayrischen Zeitung« aufging, gewann Grosse die »Berufenen« als ständige Mitarbeiter: Bodenstedt, Carrière, Geibel, Heyse u.a. publizierten hier Gedichte und ästhetische Aufsätze und wurden dafür aus regierungsamtlichen Fonds bezahlt.[22]

Es ist also keineswegs eine bloße Metapher, wenn man die Mitglieder des »Münchner Dichterkreises« als Teil eines »ideologischen Staatsapparates« (Louis Althusser) bezeichnet.[23] Der Schizophrenie, einerseits unablässig die Zweckfreiheit der Kunst zu beschwören, die Uneigennützigkeit des monarchischen Mäzenatentums zu besingen, und andererseits sich einbinden zu lassen in ein regierungsamtliches kulturpolitisches Projekt, waren die ›Münchner‹ sich offenkundig nicht bewußt.[24] Da war der Erzkonservative Victor Aimé Huber wenigstens hell- und einsichtiger, wenn er das poetische Autonomie-Postulat der »puren Dichter« in Frage stellte.[25] Die Selbstverständlichkeit, mit der die bürgerlichen Autoren sich dieses Projekt zu eigen machten, resultierte aus geistesaristokratischen Ansprüchen, die faktische Isolierung der literarischen Intelligenz in der bürgerlichen Gesellschaft des 19. Jahrhunderts zu kompensieren. Wenn Geibel sich 1853 in München mit den Worten Karls in Schillers ›Johanna von Orléans‹ (I,2) huldigen ließ: »Es soll der Dichter mit dem König gehen / Sie beide wohnen auf der Menschheit Höhen!«[26], dann entsprach dies dem eigenen Elitebewußtsein, und er meinte es tatsächlich ernst, wenn er Maximilian feierte:

> Es winkt mit hohem Gruße
> Des Herrschers Angesicht,
> Der, jedem Flügelschlage
> Des deutschen Geistes hold,
> Der Hoffnung künft'ger Tage
> Ein licht Panier entrollt.[27]

Der bayrische Monarch konnte sich im bürgerlichen Zeitalter aber umgekehrt auch nicht einfach durch ein autokratisches Verständnis legitimieren. Er bedurfte der Teilhabe an der bürgerlichen

Kultur und Wissenschaft. Diesem Zweck diente die Einrichtung der »Symposien«, die zeitweise mehrmals in der Woche stattfanden und deren regelmäßige Teilnehmer u.a. die nach München »berufenen« Gelehrten und Poeten Bluntschli, Bodenstedt, Carrière, Geibel, Heyse, Liebig und Sybel waren. Maximilian empfing die Gäste, so erzählt Bluntschli, »in durchaus ungezwungener Weise, wie ein hochgebildeter reicher Privatmann«[28]. Die Gesprächsthemen waren dabei keineswegs schöngeistig-unverbindlich, sondern hoch politisch. Die »Symposiasten« übernahmen die Rolle von königlichen Ratgebern, etwa zum Problem der »sozialen Frage«[29], und erhielten so einen (mindestens indirekten) politischen Einfluß.[30]

Daneben nimmt sich das Vereinsleben der Poeten-Vereinigung »Das Krokodil« eher bieder aus. Der Verein wurde am 5. November 1856 gegründet und entstand bezeichnenderweise gegen den Willen Geibels, der offenbar neben den Symposien eine exklusive »aristokratische Gesellschaft« wünschte.[31] Das soziale Stratum der Mitglieder des »Krokodils« weist aus, daß sie nahezu ausnahmslos dem akademischen Bildungsbürgertum entstammten; Schriftsteller im Hauptberuf waren die wenigsten (darunter außer Geibel und Heyse u.a. Wilhelm Hertz, Hans Hopfen, Hermann Lingg und Heinrich Leuthold.) Man traf sich zu Lesungen und Diskussionen und versuchte, einer literarischen Öffentlichkeit gegenüber mit einem verbindlichen ästhetischen Programm aufzutreten, als »Côterie des guten Geschmacks«[32]. »Das Krokodil« bot nicht zuletzt eine Möglichkeit, Verlagsbeziehungen anzuknüpfen, insbesondere zum Cotta-Verlag, der das Marktmonopol für Lyrik besaß. Aufgrund einer Empfehlung Geibels an Cotta gelang es etwa Hermann Lingg, seinen ersten Gedichtband zu veröffentlichen, allerdings erst nach der Beseitigung ›anstößiger‹ Stellen: Seinem Gedicht ›Bauernkrieg‹ mußte er ein Gegenstück hinzufügen, das die Grausamkeit der Bauern gegenüber den Rittern schilderte. Denn, so monierte Georg von Cotta: »Der Gang der Geschichte ist furchtbar oft wie Gottes Donner, aber bei keinem Stand allein wohnt das Recht und das Rechttun ausnahmsweise.«[33] Ähnlich erging es Heinrich Leuthold, der durch Heyse und Geibel einer breiteren literarischen Öffentlichkeit vorgestellt wurde, freilich erst nach massiven Eingriffen Geibels in seine Gedichte und Übersetzungen.[34] Wer sich der ästhetischen Doktrin des anerkannten Oberhaupts der ›Schule‹ unterwarf und im übrigen diesem als ernsthafter Konkurrent nicht gefährlich werden konnte, durfte auf Protektion rechnen. Kritik hingegen und Konkurrenzverhalten wurden bestraft: zwischen Leuthold und Geibel kam es anläßlich eines gemeinsamen Übersetzungsprojektes (›Fünf Bücher französischer Lyrik‹, 1862) zum Bruch, gegen Bodenstedt wurde intrigiert: Geibel verhinderte dessen Aufnahme in den Maximiliansorden (1862).

In der Vermarktung ihrer Lyrik waren die ›Münchner‹ überaus erfolgreich. Geibels Jugendgedichte wurden bis 1859 in etwa 40 000 Exemplaren verkauft[35], in seinem Todesjahr (1884) betrug die Gesamtauflage dieses Bandes etwa 100 000; Bodenstedts ›Mirza Schaffy‹-Lieder erreichten in fünfzig Jahren ca. 159 000 Exemplare; Linggs ›Gedichte‹ (1854) erschienen zwischen 1854 und 1871 in sieben Auflagen. Auch andere Mitglieder des ›Kreises‹, wie z. B. Wilhelm Hertz, erzielten achtbare Erfolge. Dies gilt auch für den Lyriker Paul Heyse, der als Novellist der wohl erfolgreichste Autor in den letzten Dezennien des 19. Jahrhunderts war.[36] Als »geschlossene Koterie«[37] traten die ›Münchner‹ allerdings erst 1862 durch die Veröffentlichung der Gruppenanthologie des ›Münchner Dichterbuchs‹ hervor. Mit diesem Manifest einer »hochpoetischen« Lyrik-Diktion[38] wollte Geibel »einen Schlag führen«[39] und den ›Kreis‹ in der literarischen Öffentlichkeit als Gralshüter ›wahrer Poesie‹ ins Licht setzen. Der Plan gelang. Zwar gab es Rezensenten, die vorsichtige Kritik an der hier vertretenen »Poesie der mittlern Sphäre« äußerten, doch bezogen sie diese Kritik sogleich auf die allgemeinen Zeitverhältnisse, die eine Poesie des »kühnern Schwunges« nicht zulasse und in der das Streben nach »größter Reinheit und Strenge der Form« die einzige Möglichkeit darstelle, »gegenüber den Verirrungen des Zeitgeschmacks das Banner der Wahrheit und Schönheit« hochzuhalten.[40] In der Tat: in dem Maße, in dem – insbesondere seit dem Schiller-Jahr 1859 – das Klassizitätsdogma zur ästhetischen Nationalreligion wurde, stieg die Beliebtheitskurve der ›Münchner‹ an. Kritiker, die Geibel und seine ›Côterie‹ als mittelmäßige »Backfischlyriker« oder »Süßwasserfische« qualifizierten und ihre Produktion für »lyrischen Schund« (so Keller und Storm[41]) erklärten, waren selten. Man rezipierte die Lyrikproduktion der ›Münchner‹ als Standard ›hoher‹ Literatur. Heinrich Heines und Karl Gutzkows Verdikt über die Zukunftslosigkeit der Lyrik[42] war längst verhallt, wenn es denn je gehört worden war. Im populären Dichtungswissen galt (im Gegensatz etwa zu Friedrich Wilhelm Hegel[43]) die Lyrik weithin als die ranghöchste Gattung, als das »in einer Form-Phiole gefaßte Sublimat der Empfindungen, welche das Verhältnis des Sterblichen zum Unendlichen hervorruft«, und damit als Ausdruck »ewiger Interessen«[44]. Eben diesem Lyrikverständnis haben die ›Münchner‹ in immer neuen Variationen entsprochen.

II. Der Lyrik-Begriff des »Münchner Dichterkreises«

1. Vorgeschichte: Die Popularpoetiken

Ästhetisches ›Wissen‹ ist im 19. Jahrhundert primär nicht durch das Medium der ›hohen‹ philosophischen Ästhetik, also nicht über die Ästhetiken Hegels oder Vischers vermittelt worden. Deren unmittelbare Wirkung blieb auf den kleinen Kreis der philosophisch Interessierten und Gebildeten beschränkt. Es sind vielmehr die ungezählten (und noch immer kaum erforschten) Lexika und Lehrbücher (wie z. B. Pölitz [1807], Hillebrand [1827], Jeitteles [1839], Knüttell [1840], Lange [1844], Carrière [1854][45]), Enzyklopädie-Artikel, Dichtungsanthologien und deren Vorworte, Populärästhetiken und -poetiken gewesen, die im Rückgriff auf die Dichtungstheorie der Klassik, aber auch auf Hegel, das ›Dichtungswissen‹ der Epoche vermittelt und transportiert haben.[46] Wer sich im ersten Drittel des 19. Jahrhunderts in einer Enzyklopädie bzw. einem Konversationslexikon über »Lyrik« oder »lyrische Poesie« informierte, fand 1829 im ›Enzyklopädischen Wörterbuch der Wissenschaften, Künste und Gewerbe‹ beispielsweise die folgende Auskunft:

Lyrische Poesie der vollendete Ausdruck einer Empfindung oder Anschauung im höchsten Wohlklange der Sprache. (1) Ihr Charakter ist idealisierte Darstellung (Objektivierung) bestimmter subjektiver Gefühle (als des

Stoffes) in der Totalität einer vollendeten ästhetischen Form. (2) Jene individuellen Gefühle aber sind nach ihrem Zusammenhange mit den höchsten Idealen der Menschheit geläuterte und rein menschliche Gefühle (3), so daß der lyrische Dichter keine Rolle hat, seine Person verschwindet, da durch ihn die Muse singt (4), und daß sich jedes gebildete menschliche Individuum in der Darstellung der Gefühle, als der seiner eignen, wieder erkennt (5).[47]

Diese Lexikon-Definition stellt eine Zitat-Montage dar: die Passagen (1) und (4) zitieren wörtlich Herders ›Lyra‹-Abhandlung von 1795[48], die Passagen (2), (3) und (5) ebenso wörtlich die ›Ästhetik für gebildete Leser‹ (1807) von Karl Heinrich Ludwig Pölitz[49]. Das hier praktizierte Kompilationsverfahren ist nicht nur für die Enzyklopädieartikel, es ist auch für die Popularpoetiken und Speziallexika des 19. Jahrhunderts symptomatisch. So wird (um dafür wenigstens noch ein Beispiel zu nennen) der oben zitierte Lexikon-Artikel nahezu wörtlich in der ›Enzyklopädie der gesamten musikalischen Wissenschaften oder Universal-Lexikon der Tonkunst‹ von 1837 reproduziert.[50] Mit großer Eintönigkeit werden die immer gleichen Bausteine, Versatzstücke vor allem aus den Schriften Goethes, Herders und Schillers autoritativ oder kryptisch zitiert und als Norm tradiert. Ungeachtet identischer Bezugsgrößen jedoch lassen sich teilweise erhebliche Verschiebungen und Umakzentuierungen erkennen.[51] Genau an ihnen aber kann die doktrinäre Verfestigung des populären ästhetischen Diskurses im 19. Jahrhundert abgelesen werden. Der Enzyklopädie-Artikel von 1829 nimmt Bestimmungen auf, die in den Populärästhetiken des 19. Jahrhunderts relevant bleiben werden: Lyrik als Gattung steht in der Spannung von »Subjektivität« und »Objektivität«. »Subjektivität« äußert sich als »Gefühl« und »Empfindung«. »Objektivität« ist gebunden an »Idealisierung«: die Gefühle bedürfen der »Läuterung«, um den »höchsten Idealen der Menschheit« Ausdruck zu verleihen. Lyrischer Ausdruck wiederum artikuliert sich als »Wohllaut«, als Harmonie und »vollendete ästhetische Form«. Das Harmonie-Kriterium macht die Lyrik zum Paradigma des Poetischen überhaupt. Was Vollendung der Form heißt, wird bei Pölitz, dem Gewährsmann des Enzyklopädisten, folgendermaßen näher bestimmt:

Schön ist die Form, vermittelst deren der Stoff idealisiert erscheint. Alle Kunst muß idealisieren ⟨...⟩ Denn das Idealische erhebt über das Wirkliche, und deshalb wird es der nach Vollendung strebende Künstler in dem Augenblicke der Begeisterung auf seine Form übertragen, ohne sich selbst gewisser Regeln oder Gründe dabei bewußt zu sein.

⟨...⟩

⟨Die⟩ *Vollendung* des schönen Kunstwerkes beruht ⟨...⟩ darauf, daß es für die Anschauung *vollkommene Objektivität* habe, d. h. daß die Phantasie dasselbe als ein in sich vollendetes Ganze festhalten, und in diesem Ganzen zwar die einzelnen Teile unterscheiden, aber auch deren notwendigen Zusammenhang unter sich selbst so bestimmt auffassen kann, daß eben durch die Wahrnehmung dieses versinnlichten Zusammenhanges *das Bild von dem Ganzen* für den innern Sinn vermittelt wird.

Nach dieser vollendeten Objektivität erscheint das Kunstwerk unter der Totalität eines vollkommenen Organismus ⟨...⟩.[52]

Solche Sätze schreiben die populäre Kunstlehre des 19. Jahrhunderts dogmatisch fest: In der schönen Form des Kunstwerks sind die Spuren der Wirklichkeit durch den Prozeß des ›Idealisierens‹ zum Verschwinden gebracht. Das schöne Werk stellt eine in sich geschlossene Totalität dar, die ›organisch‹ gebildet ist: alle Teilelemente sind nach dem Gesetz der »innern Notwendigkeit« aufeinander bezogen, gehen auseinander hervor und bilden eine unauflösliche Harmonie; jede Dissonanz ist getilgt.

Das Idealisierungstheorem ist Schillersches Erbe, das Subjekt-Objekt-Schema identitätsphilosophisches Erbe der Romantik (Fr. Schlegel, A. W. Schlegel, Schelling) und Hegels. Beide Konzepte können hier nicht dargestellt, müssen aber wenigstens angedeutet werden, um das Verfahren der normierenden und ontologisierenden Festschreibung klassischer Positionen in den Populärästhetiken sichtbar zu machen.

Das »Idealisierungs«-Postulat ist Teil eines literaturpolitischen Programms. Es wird von Schiller 1791 gegen Gottfried August Bürger und sein aufklärerisches Projekt einer Kunst für die unteren Schichten, einer Kunst für das Volk als Kunst *des* Volks, in Geltung gebracht. »Idealisieren« hieß für Schiller, im Individuellen das Allgemeine zu begreifen; das Allgemeine aber ist allemal das, was den Menschen als Gattungswesen konstituiert und was Schiller wenig später (1795) in der Utopie des ästhetischen Staats einklagen wird: die Kunst soll dazu beitragen, den *ganzen Menschen* wiederherzustellen. Schiller schreibt:

> Eine der ersten Erfodernisse des Dichters ist Idealisierung, Veredlung, ohne welche er aufhört, seinen Namen zu verdienen. Ihm kommt es zu, das Vortreffliche seines Gegenstandes (mag dieser nun Gestalt, Empfindung oder Handlung sein, *in* ihm oder *außer* ihm wohnen) von gröbern, wenigstens fremdartigen Beimischungen zu befreien, die in mehrern Gegenständen zerstreuten Strahlen von Vollkommenheit in einem einzigen zu sammeln, einzelne, das Ebenmaß störende Züge der Harmonie des Ganzen zu unterwerfen, das Individuelle und Lokale zum Allgemeinen zu erheben. Alle Ideale, die er auf diese Art im einzelnen bildet, sind gleichsam nur Ausflüsse eines innern Ideals von Vollkommenheit, das in der Seele des Dichters wohnt. Zu je größerer Reinheit und Fülle er dieses innere allgemeine Ideal ausgebildet hat, desto mehr werden auch jene einzelnen sich der höchsten Vollkommenheit nähern.[53]

»Idealisierung« bedeutet für Schiller »Veredlung«, und dies wiederum meint Tilgung des bloß Sinnlichen, Stofflichen, Materiellen des künstlerischen Gegenstandes.[54] Bürger wird unterstellt, daß sein Literaturkonzept nicht nur kunstfeindlich, »platt« und »geistlos« sei, sondern auch bildungsfeindlich: indem es sich mit dem ›Volk‹ gemein mache, verhindere es dessen ästhetische Erziehung. Das Konzept der »Idealisierung« ist Bestandteil eines umfassenden ästhetisch-geschichtsphilosophischen Projekts, das angesichts der Erfahrung von Partikularität und Entfremdung in der Moderne auf Humanisierung und Wiederherstellung der Einheit des Getrennten zielt. Es sucht, die Ansprüche wahrer »Klassizität« und künstlerischer Autonomie gegen ein konkurrierendes Literaturkonzept durchzusetzen, das unmittelbar wirkungsbezogen und anti-elitär sein will. Es zielt jedoch keineswegs schlicht auf die Eskamotierung der Thematisierung von Wirklichkeit. In eben diesem Sinne aber hat das Idealisierungspostulat in den Populärästhetiken sehr häufig seinen Niederschlag gefunden. Auch dafür ein Beispiel. In seiner Abhandlung ›Die Dichtkunst und ihre Gattungen‹ von 1840 zitiert August Knüttell ein längeres exotisches Gedicht Adelbert von Chamissos, das nach einem Bericht Alexander von Humboldts die Missionspraxis der Weißen unter den Indianern kritisiert, und kommentiert dann:

Wer möchte diesem Gedichte das Phantasie und Gefühl mächtig ergreifende Leben streitig machen? doch im Leser läßt es ein geängstigtes und erschüttertes Gemüt zurück. Die Schönheit unterlag in diesem Gedichte der eisernen Wirklichkeit; es scheint, als habe der Dichter in gerechtem Unmute der Menschheit lieber einen Spiegel, als ein Kunstwerk vorhalten wollen⟨...⟩ Es ist Lebenswahrheit in dieser Erzählung, denn so ist es in der Welt zugegangen und so geht es leider noch zu; aber die höhere Wahrheit, in welcher Schönheit ist, fehlt dieser poetischen Darstellung. Wenn einst jeder Schleier von unserm Auge genommen sein und das ganze Leben in seinem großen Zusammenhange aufgedeckt vor unsern Augen liegen wird: dann wird auch diese Begebenheit ihren versöhnenden Aufschluß erhalten.[55]

Das Idealisierungspostulat fungiert hier, wie auch in anderen Populärästhetiken, verkürzt um die geschichtsphilosophischen Implikationen, die es noch bei Schiller hatte, als »Ausgrenzungsregel«[56] gegenüber einer Literatur, die sich klassizistischen Kunstansprüchen verweigert. Es wird metaphysisch ontologisiert:

Die Aufgabe der Poesie ⟨...⟩ ist es, die beiden Welten zu versöhnen, in welchen sich das menschliche Leben bewegt. Was sich in den höchsten Gebieten des Gefühles beinahe nur wie ein flüchtiger Blitz offenbart, und was von der anderen Seite die Sorge ums tägliche Brod an Mühen und Kümmernissen herbeiführt, das Ideale und das Materielle hat der Dichter in abgeschlossenen Gebilden zu einigen, und dadurch mitten in die Werkeltage des gemeinen Daseins eine Zeit der Feier hereinzustellen. Will er aber diese Aufgabe befriedigend lösen, will er uns die Höhen der Humanität erschließen, so muß er das Ideale als ein auch den gewöhnlichsten Verhältnissen Verwandtes darlegen, und er wird dies wieder nur dadurch können, daß er es in den engsten Kreis individueller Interessen, Bestrebungen und Verhältnisse einführt. Er wird aber zugleich, zu diesem Gebiete herabsteigend, nur das aber auch alles das zusammentragen, worin jeder Einzelne seine Erlebnisse abgespiegelt finden kann, und so im engen Kreise des alltäglichen Lebens uns das geben, was die Bestrebungen Aller leitet, also im Individuellen das allgemein Menschliche aufzeigen.[57]

Ähnliche Verkürzungen lassen sich auch für das gattungspoetische Subjekt-Objekt-Schema feststellen. Es ist bereits in der Romantik in einer Geschichtsphilosophie der Gattungen fundiert[58] und wird in der Ästhetik Hegels aufgenommen. Auch Hegel bestimmt die Lyrik als Gattung der Subjektivität.[59]

Angesichts der problematischen Wirkungsgeschichte des lyrischen Subjektivitätsbegriffs im 19. und 20. Jahrhundert muß zunächst festgehalten werden, daß »Subjektivität« hier nicht zu verstehen ist als Gestus der ›Innerlichkeit‹, als irrationaler Empfindungskult. »Subjektivität« ist vielmehr eine *historische* Kategorie, die einen spezifischen Entwicklungsstand der gesellschaftlichen Verhältnisse voraussetzt. Hegel bestimmt die Lyrik als Ausdrucksform solcher

> Zeiten ⟨…⟩, die schon eine mehr oder weniger fertig gewordene Ordnung der Lebensverhältnisse herausgestellt haben, indem erst in solchen Tagen der einzelne Mensch sich dieser Außenwelt gegenüber in sich selbst reflektiert.[60]

Lyrik als Gattung der »Subjektivität« ist also einerseits Resultat solcher geschichtlichen Verhältnisse, in denen sich das Subjekt in Gegensatz gestellt sieht zum Objektiv-Allgemeinen von Staat und Gesellschaft, andererseits nimmt sie im Moment der Selbstreflexion den Subjekt-Objekt-Gegensatz in *sich* auf und stellt ihn dergestalt wieder aus, daß sie für ihn eine Sprache findet:

> Aus der Objektivität des Gegenstandes steigt der Geist in sich selber nieder, schaut in das eigene Bewußtsein und gibt dem Bedürfnisse Befriedigung, statt der äußeren Realität der Sache die Gegenwart und Wirklichkeit derselben im *subjektiven* Gemüt, in der Erfahrung des Herzens und Reflexion der Vorstellung und damit den Gehalt und die Tätigkeit des innerlichen Lebens selber darstellig zu machen. Indem nun aber dies Aussprechen, um nicht der zufällige Ausdruck des Subjektes als solchen seinem unmittelbaren Empfinden und Vorstellen nach zu bleiben, zur Sprache des *poetischen* Inneren wird, so müssen die Anschauungen und Empfindungen, wie sehr sie auch dem Dichter als einzelnem Individuum eigentümlich angehören ⟨…⟩, dennoch eine allgemeine Gültigkeit enthalten, d.h. sie müssen in sich selbst wahrhafte Empfindungen und Betrachtungen sein, für welche die Poesie nun auch den gemäßen Ausdruck lebendig erfindet und trifft.[61]

Lyrik als Gattung der Subjektivität ist für Hegel ein genuin neuzeitliches Phänomen. Sie reflektiert als Sprachform, als Diskurs, in spezifischer Weise die Situation des Individuums in der bürgerlichen Gesellschaft und wird historisch-systematisch der romantischen Kunstform zugeordnet.

Der Hinweis auf Hegel mag die Schwundstufen verdeutlichen, denen das Subjektivitätskriterium in den Popular-Ästhetiken und -Poetiken unterlag. Denn hier meint »Subjektivität« zumeist nichts anderes als ›Gefühl‹, ›Empfindung‹, ›Erguß‹, ›Ausströmen‹, unwillkürlichen Gesang; und das Subjekt-Objekt-Schema zieht sich zusammen auf das Postulat des ›Idealisierens‹. Auch dafür aus der Fülle des Materials nur ein Beispiel: Joseph Hillebrand entwickelt in seinem ›Lehrbuch der Literar-Ästhetik, oder Theorie und Geschichte der schönen Literatur‹ (1827) folgenden Kriterien-Katalog des Lyrischen:

– Die lyrische Poesie ist ihrem Wesen nach *subjektiv*, d. h. sie stellt das innere Gefühlsleben in seiner *individuellen Unmittelbarkeit* dar.⟨...⟩
– Bei aller Individualität des Gepräges aber, welches dem lyrischen Gefühle eignen muß, darf dieses doch nie *schlechthin* subjektiv sein ⟨...⟩
– Das lyrische Gefühl muß in sich selbst tiefere Bedeutung haben oder diese doch dadurch gewinnen, daß es in Beziehungen aufgefaßt wird, welche dasselbe über den Kreis des Gewöhnlichen und Gemeinen erheben. Am wenigsten darf es sich als schlechthin sinnlich motiviert ⟨...⟩ darstellen. Denn das Gemeine wie das schlechthin Sinnliche ist das Unfreie, welches nur durch die Freiheit der Auffassung und Wiederdarstellung ästhetisches Interesse erhalten kann.
– Ein wesentliches, durch alle vorhergehenden Punkte begründetes Erfordernis wahrhaft künstlerischer Lyrik ist eben daher die *Idealisierung*. Die lyrische Idealisierung offenbart sich aber ⟨...⟩ darin, daß die gegebene Individualität ⟨...⟩ aus der bloßen Naturgegebenheit in das Licht der geistigen Verklärung gestellt wird.[62]

2. Lyrik als Kernzone des ›Poetischen‹

Dieses Lyrikverständnis wird im Münchner Dichterkreis ungebrochen fortgeschrieben und bestimmt die theoretischen Konzepte wie die lyrische Produktion. In höchst bezeichnender Weise verschiebt sich dabei allerdings noch einmal die Bedeutung des ›Subjektivitäts‹-Kriteriums. ›Subjektivität‹ meint nunmehr auch eine mediale Funktion des dichterischen Ich. Sie konkretisiert sich im Bild einer empfindsamen, beweglichen und erregbaren Psyche, die durch das ›Außen‹ in Schwingung versetzt wird und dieses in sich reflektiert, sei es die ›Natur‹, das ›All‹, der ›Kosmos‹, die ›Geschichte‹, das ›Volk‹, das ›Schöne‹, das ›Wahre‹ oder das ›Gute‹. Der Ästhetiker des Kreises, Moriz Carrière, formuliert die Auffassung von der Psyche als Folie, auf der sich ein Allgemeines einzeichnet, so:

⟨...⟩ wie das All klanglos, dunkel, in schweigender Nacht dastünde, wenn nicht die Wellen der Luft an ein Ohr und die Schwingungen des Äthers an ein Auge schlügen, wo dann die Seele sie empfindend zu Tönen und Farben werden läßt, so sollen wir in der Subjektivität des Dichters die Macht erkennen, welche in aller Fülle der Natur und der Geschichte nur den Widerschein ihrer eigenen Gefühle erblickt ⟨...⟩ sein Gemüt muß ⟨...⟩ so zart besaitet sein, daß es gleich der Äolsharfe nicht eines anschlagenden Plektrums oder einer sichtbar eingreifenden Hand bedarf um zum Tönen zu kommen, sondern daß auch des unsichtbaren Lufthauchs leise Welle ihm süß erschütternden Klang entlockt.[63]

Die Rolleneinkleidung für dieses Konzept konkretisiert sich in den genuin romantischen Bildern des »Spielmanns«, des »Sängers« oder des Vogelgesangs. Umstandslos kann dann ein Goethescher Balladenvers als poetologische Aussage ontologisiert werden. Carrière beginnt sein Kapitel über die »lyrische Darstellungsweise« mit der Feststellung: »›Ich singe wie der Vogel singt, / Der in den Zweigen wohnt, / Das Lied, das aus der Kehle dringt, / Ist Lohn, der reichlich lohnet.‹ In diesen Worten Goethes ist es schon gesagt, daß der Lyriker die eigene Innerlichkeit ausspricht.«[64] Und Heinrich Leuthold kombiniert gleich eine ganze Serie von entsprechenden Motiven zur gedichteten lyrischen Poetik:

⟨...⟩
Ich bin ein Spielmann von Beruf
Mein Leben ist Singen und Wandern;
Als Gott, unser Herr, die Welt erschuf,
Da gab er sie den andern.

Doch was das Gemüt des Menschen bewegt,
Ich kann es singen und sagen,
Kann den Lenz, der im eigenen Herzen sich regt,
Hinaus in die Lande tragen.

⟨...⟩
Und wird mein Lied mit dem tönenden Reim,
Das ich lernte in fremden Landen,
Und werden die klagenden Laute daheim
Vom verständigen Volk nicht verstanden,
⟨...⟩
Dann häng' ich an den nächsten Baum
Mein Spiel, und bläst der scharfe
Gebirgswind, rührt sich's wie im Traum
Und von selber tönt die Harfe.

Ich lieg' im Gras und rege kein Glied;
Erst klagen hörbar die Saiten...
Dann wächst es und rauscht wie ein Heldenlied,
Ein Lied aus der Väter Zeiten.[65]

Wenn hier der Dichter-Lyriker als natura naturans imaginiert wird, sein Werk als Natur-Schöpfung, dann reproduziert Leuthold das Konzept der Naturpoesie des 18. Jahrhunderts und der Romantik. Aber der Rückgriff geschieht nicht ›naiv‹, sondern in dem Bewußtsein eines Defizits. Dieses besteht in dem Wissen eines Konsensbruchs zwischen ›Dichter‹ und ›Publikum‹: jener spricht mit ›fremder‹ Zunge und bleibt daher unverstanden. Die Möglichkeit der Aufhebung solcher Entfremdung wird gebunden an ein ästhetisches Programm, das Naturschöpfung, Volkspoesie und Geschichte gleichsetzt. Als Therapeutikum gegen die Legitimations- und Publikumskrise der Lyrik wird naturwüchsige Tradition beschworen: sie allein macht den Lyriker wieder zum ›Sänger aller‹; etwas anders gefaßt: sie stellt ›Objektivität‹ her. Geibel bringt dieses Konzept präzis auf den Punkt:

Das ist des Lyrikers Kunst, auszusprechen was allen gemein ist,
Wie er's im tiefsten Gemüt neu und besonders erschuf;
Oder dem Eigensten auch solch allverständlich Gepräge
Leihn, daß jeglicher drin staunend sich selber erkennt.[66]

Was »allen gemein« ist, sind unverrückbare Werte und Ideale: die »Weltanschauung ⟨...⟩ des Volks«, das »Gesetz der Kunst« und die

»allgemeinen Formen und Normen der Natur« (Moriz Carrière).⁶⁷ In ihnen ›objektiviert‹ sich die ›Subjektivität‹ des Lyrikers – ein vollendeter Zirkel, der jede Alteritätserfahrung ausschließt, jedes künstlerische Programm subjektiver Entgrenzung mit Denkverboten belegt, jedes Projekt, das auf die ästhetische Wahrnehmung der widerständigen Realität gerichtet ist, als kunstwidrig dem Verdikt unterwirft. Die ästhetische Reflexion im Kontext des Münchner Dichterkreises ist über ein derartiges Zirkeldenken niemals hinausgelangt, sie war auf systematische Choc-Vermeidung ausgerichtet, genuin anti-modern und hat, wie die Rezeptions-Resonanz erkennen läßt, offenbar zentralen Erwartungen eines breiten Publikums entsprochen. An Geibels Gedichten rühmte der Rezensent A. Z.⁶⁸ im Cottaschen ›Morgenblatt‹, daß er »besonders solchen Ideen und Gedanken das poetische Gepräge ⟨gegeben habe⟩, in denen das Gemeinbewußtsein schon früher von ihm erkannte oder geahnte Wahrheiten wiederzufinden glaubt, und die im Leser das Gefühl erwecken, als habe auch er dasselbe schon einmal gedacht, und der Dichter habe dem Goldgehalt seines eigenen Geistes nur den Stempel einer vollendeten Form aufgedrückt«⁶⁹. Die Uniformität und Stereotypie in der Lyrikproduktion der ›Münchner‹ dürfte in der so gerechtfertigten regressiven Lust des Wiedererkennens ihren zentralen Grund haben.⁷⁰

Darin nun besteht ein zweites Moment der Objektivierung: dem Gefühlten eine Form zu verleihen, die artistischen Ansprüchen genügt. Die vollendete poetische *Form* ist dann Ausdruck des höchsten Allgemeinen, wenn in ihr sich das Individuelle und Partikulare gesetzmäßig zu einem harmonisch geordneten Ganzen zusammenschließen, Gedanke und Sprachmaterie sich ›durchdringen‹, in ›lebendige Erscheinung‹ treten.

> Der Organismus der Rede soll den des Gedankens widerspiegeln. Jeder einzelne Laut erhält also eine unverrückbare Stellung in dem nach eigenem innern Gesetz gegliederten Ganzen, und die Musik des Gefühls regelt den Tanz der Worte, in deren taktvoller Bewegung, in deren Wohlklang die Freude und der Friede der ästhetisch gestimmten Seele widerhallt, die Idealität der Idee einen ideal gebildeten Leib erhält.⁷¹

Lyrik im Verständnis der ›Münchner‹ ist Sprachkunst, die ›Idee‹ in »Klangfigur«[72] verwandelt. Dabei werden der Form preziose Qualitäten zugeschrieben, die auf den Ästhetizismus des Fin de siècle hinzuweisen scheinen:

> Fließend Wasser ist der Gedanke,
> Aber durch die Kunst gebannt
> In der Form gediegne Schranke
> Wird er blitzender Demant.[73]

Doch ist z. B. Stefan Georges artistischer Sprach- und Wortkult von der Sprachauffassung der ›Münchner‹ durch einen entscheidenden Bruch getrennt: Wo George die radikale Autonomie der poetischen Setzung akzentuiert (»kein ding sei wo das wort gebricht«[74]), stellt für die ›Münchner‹ die »güldne Form«[75] stets ein Ordnungsgefüge vor, das als Analogon kosmischen Seins aufgefaßt wird:

> das Werk der Kunst ist die Krystallgestalt des Lebens: es sind dieselben Elemente, die aber nicht wirr und wüste durcheinander liegen oder trüb aufgähren, sondern sie sind geordnet nach ihrem eingebornen Gesetz und damit durchsichtig dem Auge und farbenhell im freudigen Licht.[76]

III. Ästhetik und Geschichte

Im Wertgefüge der Ästhetik der Kunsttheoretiker des Münchner Dichterkreises wie Moriz Carrière, Adolf Zeising und Melchior Meyr nimmt die Kunst den höchsten Rang unter allen Hervorbringungen der menschlichen Kultur ein. Das Kunstschöne wird verstanden als »das volle mangellose Sein«, als »die verwirklichte Weltharmonie«, »ein Mikrokosmisches, das uns das Universum darstellt, das uns den Sinn des Weltganzen beseligend enthüllt«[77]. Mit dieser Auffassung sucht sich die Münchner Ästhetik bewußt gegen Mimesiskonzeptionen abzugrenzen, denen eine »Verleugnung der idealbildenden Phantasie« unterstellt werden konnte: »Wer in der Kunst auf jenen Realismus dringt, der nur die Außenwelt abbildet und die Gestaltung der Idee verschmäht, der erniedrigt sie zur bloßen Kopistin«.[78] Der Kopie-Vorwurf impliziert für Carrière den Vorwurf des »Knechtischen und Gemeinen«: Je treuer die Kunst dem Prinzip der »Naturnachahmung« folgt, desto mehr verfällt sie dem Häßlichen.[79] Solche Thesen erweisen einerseits die Nähe der Münchner Ästhetik zur Kunstauffassung der programmatischen Realisten mit ihrer Unterscheidung eines essentiellen, ›wahren‹ Kerns des Realobjekts gegenüber dessen bloß zufälliger, inessentieller Außenseite, die als »rohes Erz« der »Läuterung« [Th. Fontane] bedürfe.[80] Andererseits blieb in der Praxis für die Realisten allemal die empirische Wirklichkeit der Ausgangspunkt: sie sollte der reflektierenden Beobachtung unterworfen, ihr »Charakteristisches« herausgearbeitet werden. »Das Leben gilt uns mehr als die Kunst, die Sache mehr als die Person, die sittliche Kraft mehr als die schöne Erscheinung«, schreibt Julian Schmidt 1854. Demgegenüber bedeutet für die ›Münchner‹ die Empirie einen gewissermaßen apriorischen Störfaktor: als solche hat sie einen defizienten Status und bedeutet dem denkenden Verstand das »Nichtseinsollende«, dem die Kunst das »Seinsollende« entgegensetzt, während Staat und Recht die »sittliche Weltordnung« positivieren.[81] Vor dem Hintergrund konkurrierender Wirklichkeitskonzepte der Epoche, die zumal im Bereich sozialen Handelns »Realpolitik«, Pragmatismus und Zweckrationalität propagierten, stellen sich literarische Praxis und Kunstauffassung der ›Münchner‹ als ausgesprochen defensiv und kompensatorisch dar. Kunst soll »ideale Wahrheit und Lebenswirklichkeit« versöhnen[82], Wirklichkeit als »Harmonie des Innern und Äußern« entwerfen:

> Wäre das Leben bereits Harmonie, so befriedigte es selber unsere Freude am Schönen und wäre Poesie, wir bedürften dann der Kunst nicht. 〈...〉 das Leben ist ein Emporgang aus dem Dunkel zum Licht, durch die Verwirrung der selbstkräftigen Triebe auch der Schuld und Häßlichkeit dahingegeben; aber wir empfinden solche als das Nichtseinsollende durch das Unbehagen, das sie uns machen 〈...〉 Das Schöne ist eine Beseligung des ganzen Menschen, des geistigen und sinnlichen; es befriedigt unsere Vernunft und unser Gewissen, indem es dem Ohre sich einschmeichelt und das Auge labt und ergötzt. Darum kann uns der Dichter nur dadurch über das Gewöhnliche erheben, – und die Kunst wäre recht unnütz die das nicht täte, – und es wird

uns nur dadurch wohl bei seinem Werke, wenn er die Forderung der Vernunft und des Gewissens erfüllt.[83]

Ästhetische Versöhnung rechtfertigt das »trostspendende Amt der Poesie«[84]. Friedrich Bodenstedt poetisiert dieses metaphysische Kunstkonzept dann so:

> O Geist der Dichtung, göttliche Gabe, du
> Deckst mit Blumen den Abgrund des Lebens zu;
> Du beutst Weihe der Freude und Balsam dem Schmerz,
> Ziehst goldne Fäden vom Himmel ins Herz,
> Auf daß schon hienieden ein Abglanz von Klarheit
> Uns werde vom Urborn des Lichts und der Wahrheit.[85]

Entsprechend hypertroph sind die Zusprechungen und Erwartungen an das Dichtersubjekt, dem zugetraut wird, es versetze »die Taten die ⟨es⟩ besingt, die Gefühle die ⟨es⟩ ausspricht, in eine andere Sphäre als die der gewöhnlichen Erfahrung« und erhebe sie »aus der vielfach störenden Realität der Außenwelt in die ideale Freiheit seines eigenen Gemüts und leih⟨e⟩ ihnen die harmonische Stimmung seiner eigenen Seele bis in den Tonfall der Worte hinein.«[86] Melchior Meyr formuliert die metaphysische Aura des Poeten noch prägnanter: »Die Dichter, einer höhern Sphäre des Geistes angehörig, von ihr aus erleuchtet, tilgen für die Menschen die Mängel des Erdenlebens.«[87] Theoretisch dergestalt legitimiert, konnten sich die ›Münchner‹ als Propheten des Heils, als Schöpfer des Schönen, als Hüter des ›Geistes‹ und Deuter der Geschichte selbst feiern[88] und unablässig sich selbst thematisieren.[89] Kein anderer als das geniale ästhetische Subjekt vermag die Wirklichkeit in ihrer Essentialität zu erkennen und auszulegen:

> Der sei noch nicht des Lorbeers wert gehalten,
> Zu dessen Wohllaut Ohr und Sinn sich neigen;
> Dem Dichter sei der Blick des Sehers eigen,
> Der fromm vertraut ist mit des Schicksals Walten.
>
> Ihm muß im Kampf des Neuen sich und Alten
> Durch alle Zeit des Lebens Werkstatt zeigen,

An Schuld und Sühnung muß sich ihm der Reigen
Der ewgen Weltgesetze still entfalten.

Nur wenn er in sich trägt das Maß der Dinge,
Gebührt es ihm, daß er die Dinge schlichte,
Gelingt es ihm, daß er die Sphinx bezwinge.

Dann aber wird ihm Alles zum Gedichte,
Denn Alles wirkt und deutet mit im Ringe,
Und was er singt ist wie die Weltgeschichte.[90]

Die Kunstauffassung der ›Münchner‹ bewegt sich im Zirkel von Postulaten und Projektionen: Es gibt eine prästabilierte, im Verborgenen waltende Weltharmonie, weil deren Annahme vernunftnotwendig ist oder als göttliche Schöpfungsordnung geglaubt wird. Sinnenfälliges Symbol dafür ist das Kunstwerk, das als Analogon der Weltordnung erscheint. Künstlerische Tätigkeit ist damit Nachschöpfung, Sinnstiftung, Offenbarung des Heilsplanes, der sich als ›Geschichte‹ entfaltet. Innerhalb dieses Zirkels kann nicht nur die Poesie »wie die Weltgeschichte« gedacht werden, sondern umgekehrt auch die *Weltgeschichte als Poesie*, als *Gedicht*. Entsprechend heißt es bei Moriz Carrière:

> Die Geschichte ist die Offenbarung einer ewigen Idee in der Menschheit und durch die Menschheit, das erhabene Drama der göttlichen Menschwerdung. Es ist Ein Geist der in allen waltet um das große Weltgedicht darzustellen.[91]

Daher ist es kein Zufall, daß im Themenspektrum der ›Münchner‹ geschichtliche Gegenstände eine besondere Rolle spielen: Friedrich Bodenstedt, Emanuel Geibel, Graf Schack, vor allem aber Hermann Lingg treten durch »historische Lyrik«[92] hervor, die im Medium ästhetisch versöhnter Geschichte dem Konsolationsbedürfnis eines historischen Bewußtseins Rechnung trägt, das die eigene Gegenwart als »wirr« und undurchschaubar empfindet. Hermann Lingg apostrophiert die Geschichte als Erlöserin aus ›Finsternissen‹ und ›schweren Träumen‹[93], Geibel feiert sie allegorisierend als »Prophetin«, Richterin und Priesterin und entwirft in einem programmatischen Text des ›Münchner Dichterbuchs‹ eine Geschichtshermeneutik, die sich als Poetisierung des Historismus in der Tradition der Ranke-Schule lesen läßt (›Geschichte und Gegenwart‹):

⟨…⟩
Nun rollt vor dem betroffnen Blicke
In festgegliedertem Verlauf
Die Kette sich der Weltgeschicke
Wie ein vollendet Kunstwerk auf;
Nun sehn wir reifend durch die Zeiten,
Das Antlitz wandelnd Zug um Zug,
Des Gottes Offenbarung schreiten,
Die jeder gab, was sie ertrug.

Wohl lastet über weiten Räumen
Unsichrer Dämm'rung trüber Flor,
Doch wächst in Bildern dort und Träumen
Die Sehnsucht nach dem Licht empor;
Wohl stürzt was Macht und Kunst erschufen,
Wie für die Ewigkeit bestimmt;
Doch alle Trümmer werden Stufen,
Darauf die Menschheit weiter klimmt.

Und wie wir so aus Nacht zum Glanze
Den Wandel der Geschlechter sehn,
Erkennen wir – den Blick auf's Ganze –
Die Stätte, da wir selber stehn;
Wir spüren, froh des hohen Waltens,
Das *jeder* Zeit ihr Ziel verliehn,
Den heil'gen Fortgang des Entfaltens
Im Tag auch, der uns *heut* erschien.
⟨…⟩[94]

Die Ästhetisierung von Geschichte ist konstitutiv für das historistische Denken. Nicht nur, daß im Verständnis Leopold von Rankes – wie schon Wilhelm von Humboldts[95] – Geschichte als Wissenschaft immer schon *Kunst* ist, indem sie deutend die einzelnen Begebenheiten in einen Zusammenhang stellt und in ihrer Darstellung historische Wahrheit evident zu machen sucht[96]; die Kunst stellt als Kulturform für das Geschichtskonzept des Historismus auch die Leitidee dar. »Denn sie ist eine *einzelne* geschichtliche Erscheinung des die Geschichte *im ganzen* konstituierenden Geistes der Menschheit. Sie ist *eine geschichtliche Erscheinung des Prinzips Geschichte* selbst.«[97] Wenn Geibel die Weltgeschichte als »vollendetes Kunstwerk« begreift, das sich als »Offenbarung« entfaltet, dann stellt er sich in diese Tradition. Ihr ist er auch verhaftet durch die Akzentuierung des Individualitätsgedankens und des Prinzips der Entwicklung. Der königliche Symposiast kennt zudem zweifellos mindestens die Kernthesen von Rankes Vorlesungen ›Über die Epochen der Neueren Geschichte‹, die dieser 1854 am Hoflager Maximilians II. in Berchtesgaden gehalten hat. »Ich aber behaupte:«, so lauten die berühmt gewordenen Sätze dort, »jede Epoche ist unmittelbar zu Gott, und ihr Wert beruht gar nicht auf dem, was aus ihr hervorgeht, sondern in ihrer Existenz selbst«.[98] Die Abwehr von weltgeschichtlichen Theogonie- und Fortschrittskonzepten etwa Schellings oder Hegels bei Ranke als eine »kosmopolitische Hypothese, die man aber nicht historisch nachweisen kann«[99], hat Geibel – wie schon sein Monarch – wohlweislich überhört. Der ›Trost‹, den die Geschichte gewährt, ist für ihn nicht Erkenntnis der Gegenwart (die eigene Zeit erscheint bei Geibel bis zur Reichsgründung vielmehr unter durchweg negativen Vorzeichen) sondern Hoffnung auf die Zukunft, die – wiederum ästhetisch – nur in »Bildern« und »Träumen« präsent ist. Geschichte wird somit entmachtet und als Gegenstand der Kontemplation bürgerlicher Bildungsbesitz.[100] Klassisch ist diese ästhetische Radikalisierung des Historismus-Konzepts bei Friedrich Bodenstedt formuliert:

> Doch nur den Abglanz der Vergangenheit
> Und höh'rer Ahnung spiegeln echte Lieder.
> Die Gegenwart zeigt stets ein wirres Bild,
> Rein wirkt nur ein verklärendes Erinnern.
> Ob ruhig schlägt sein Herz, ob stürmisch wild:
> Der Dichter sei der Spiegel seines Innern.[101]

Die Gegenwart bleibt hier als »kulturlose Zivilisation aus dem Sinngebilde des geschichtlichen Lebens« ausgeblendet und wird als geistverlassen denunziert[102]; sie steht unter dem »Fluch«, daß es dem

Künstler nicht gelingt, das »Rätsel seiner Tage« allgemein verständlich »in Schönheit« zu lösen (Geibel, ›Der Bildhauer des Hadrian‹[103]).

Das historistische Bewußtsein der ›Münchner‹ übt seine Gegenwartskritik aus einer Position ästhetischer Subjektivität heraus, deren Untergrund vor allem bei Geibel allerdings ein fundamentalistisches Weltbild mit manichäischen Zügen ist. »Die Freiheit des ästhetischen Subjekts, Natur und Geschichte erlebend zu beherrschen, wird als Prophetenamt am objektiven Geist ausgegeben.«[104] Die vielfältigen Formen der politischen Zeitklage und Anklage mit biblischer Prophetengebärde haben in diesem Denken ihre Wurzeln. Wirklichkeitserfahrung artikuliert sich in den Gegensätzen von ›gut‹ und ›böse‹, ›lichtvoll‹ oder ›finster‹, ›geisterfüllt‹ oder ›materialistisch‹. Derart lösen sich Geschichte und Zeitgeschichte ästhetisch in universale mythische Konstellationen auf. Bereits 1841 faßt Geibel sein vormärzliches Krisenbewußtsein – 1840 hatte die Orientkrise zu erheblichen politischen Spannungen in Westeuropa geführt und die Rheinpolitik Frankreichs in Deutschland eine Aufwallung reichspatriotischer Gesinnung erzeugt – in Metaphern, die die politischen Auseinandersetzungen der Gegenwart zum apokalyptischen Weltgericht stilisieren[105]:

> Da kam ein Beben in die Welt, hohlbrausend wuchs der Zeiten Sturm,
> Die Eiche bog ihr knotig Haupt, in seinen Festen brach der Turm;
> Und als ich nun vom Pergament die Augen hob und sah umher,
> Da schien der Osten feuerrot, im Westen hing's gewitterschwer.
>
> Und rings die Völker sah ich stehn im Widerschein des Flammenlichts,
> Gewappnet, und erwartungsvoll, als harrten sie des Weltgerichts;
> Doch murrt' es auch nur dumpf von fern, ich sah, daß nah ein Kampf uns ist
> Von Nacht und Licht, von Geist und Stoff, ein Kampf von Gott und Antichrist.
>
> Und mächtig faßte mich Begier, mitauszufechten solchen Streit,
> Doch was vermag ein einz'ger Arm, ein schwacher Arm in unsrer Zeit?
> Da sprach mein Herz: es ist der Reim des Sängers Wehr in Ernst und Scherz,
> Und da von Erz die Zeiten sind, so sei'n die Lieder auch von Erz.

Das mythische Schema ist in beliebigen politischen Konfliktkonstellationen einsetzbar, in der Zeit um 1840 ebenso wie um und nach 1848 (›Herbstblätter‹, IX) oder 1870 (›Ein Psalm wider Babel‹, ›Am dritten September‹, ›Zur Friedensfeier‹ u. a.) und dient damit der religiösen Überformung und kollektivsymbolischen Sinnstiftung. Allerdings nimmt die Militanz und damit die konkrete Referentialisierbarkeit zu. Geibel wächst immer mehr in die Position eines »poeta laureatus des neuen Kaiserreiches« (Rudolf Gottschall[106]) hinein; deutlicher formuliert: er wird zum verbalen politischen Täter. Was 1851 noch gnomischen Charakter hatte, erhält 1871 einen aggressiven martialischen Klang:

(1851)
Die Reb' ist schwarz, will sie der Winzer pressen,
Zermalmt vom Hagel liegt die Frucht am Grunde,
Die Luft trieft Feuer, und mit gier'gem Schlunde
Verschlingt die Woge was die Glut vergessen.

So war es stets, wenn abendlich und bange
Die kalten Schatten auf den Erdkreis fielen
Von einer Weltzeit Sonnenuntergange.[107]

(1870)
Drei Tage brüllte
Die Völkerschlacht,
Ihr Blutrauch hüllte
Die Sonn' in Nacht.
⟨…⟩

Da hub die Waage
Des Weltgerichts
Am dritten Tage
Der Herr des Lichts
Und warf den Drachen
Vom güldnen Stuhl
Mit Donnerkrachen
Hinab zum Pfuhl.
Ehre sei Gott in der Höhe![108]

Der apokalyptische »Drachen« des Bösen ist 1870 allemal der »Erbfeind« Frankreich, der im »Weltgericht«, das sich durch den preußischen Aar vollzieht, physisch vernichtet wird. Es siegt der lichtvolle »deutsche Geist«, der das »Wälschtum« auch den »Herzen« austreibt.[109] Das »grause Spiel der Waffen«[110] begründet eine neue Friedensordnung:

> Dann mag verwandelt werden
> Das Schwert zum Palmenzweig,
> Und Friede wird sein auf Erden
> Und kommen wird das Reich.[111]

Die polysemantische Suggestion des religiösen Sprach- und Bildpotentials verknüpft die »neue Erde«, die die Apokalypse der Bibel verheißt, konnotativ mit dem ›neuen deutschen Reich‹: das »tausendjährige Reich«[112] erfüllt sich geschichtsimmanent im Bismarck-Reich.

Solchen »eisernen Liedern« hat der Ästhetiker des Münchner Dichterkreises, Moriz Carrière, die philosophische Begründung zur Seite gestellt; er feiert die Reichsgründung als Walten der »geistigen Mächte« und »Sieg der sittlichen Weltordnung« über den »Schwindelbau« Napoleons III.[113]:

> Wenn die Waffen Preußens den großen Gedanken der deutschen Einheit materiell verwirklicht haben, so ist dem die Vorarbeit einer intellektuellen Tätigkeit vorausgegangen, welche mit Leibniz begonnen hat und bis zu unsern Tagen fortgeführt wurde. Philosophen und Dichter, Geschichtsschreiber und Kritiker haben dazu mitgewirkt, sodaß man behaupten darf Deutschlands Wiedergeburt sei so recht das Werk des Gedankens und der Wissenschaft. Auf jedem Felde menschlichen Wissens, in jeder Form dichterischen Schaffens hat das geistige Deutschland das neue politische Deutschland vorbereitet. ⟨... Die⟩ politische Hegemonie ist Wirkung und Folge der geistigen.[114]

Die Münchner reihen sich 1870 ohne Skrupel in den militanten »poetischen Troß«[115] reichspatriotischer Kriegspanegyrik ein. Wie diese beschwört ihre Lyrik in Bildwelt und Rhetorik die biblizistische Tradition von 1813:

Ein Weltgericht ist dieser Krieg
Und stark der Geist der Lügen.
Doch der einst unsrer Väter Burg,
Getrost, er führt auch uns hindurch!
 Vorwärts![116]

Die Berufung auf die Befreiungskriege und deren symbolische Deutung funktionalisiert einen nationalen Mythos in neuer historischer und gesellschaftspolitischer Konstellation. Daher bleibt eine Deutung unzureichend, die diese Konstellation unter formgeschichtlichen Aspekten lediglich als »epigonal« kennzeichnet.[117] Denn die Analogisierung von 1813 und 1870 unterliegt einem ideologischen Verfügungsinteresse: der mit der Kaiserproklamation abgeschlossene Krieg von 1870/71 wird als Wiederholung des patriotischen Kampfes gegen Napoleon und zugleich als dessen Vollendung interpretiert.[118] Der Mythos bündelt geschichtliche Sinndeutungsmuster und suggeriert kollektive Plausibilitäten. So kann der Krieg sakralisiert, die göttliche Vorsehung zur Verbündeten erklärt und brüderliche Treue des deutschen Volks beschworen werden, welche die vergangene »Blutschuld«[119] rächt und die Zeit der »Zwietracht«[120] beendet. Für die Münchner ist Geschichte nicht nur als ästhetischer Bildungsbesitz verfügbar, sondern auch als entelechische Konstruktion, die bruchlose Kontinuitäten herstellt. In dieser Konstruktion gehen christlich-eschatologische Heilserwartungen, Germanenmythen, Vorstellungen mittelalterlicher Reichsuniversalität, nationalstaatliche Konzepte des 19. Jahrhunderts samt deren ideologischer Überformung und idealistische Philosopheme synkretistische Verbindungen ein, deren Symbolik überaus bewußtseinsprägend gewirkt hat. Emanuel Geibels politische Lyrik ist für solche mythische nationale Identitätsstiftung in der zweiten Hälfte des 19. Jahrhunderts besonders signifikant. Er ist zwar keineswegs der Urheber, wohl aber der nach 1848 wahrscheinlich wirkungsmächtigste poetische Propagator des romantischen Barbarossa- und Kyffhäuser-Mythos, der sich mit der patriotischen Reichsidee und schließlich mit der Reichsgründung verbindet.[121] Geibels erstes ›Barbarossa‹-Gedicht (›Friedrich Rotbart‹) tritt 1837 noch in eine poetische Konkurrenz zu Friedrich Rückerts berühmter ›Barbarossa‹-Ballade (1815) und nimmt die romantische Idee von der Wiederkehr des Kaisers auf, welche die Einheitssehnsucht des deutschen Volkes erfüllt. Immerhin: im Vormärz wußte man noch, daß Barbarossa solche Erwartungen nicht erfüllen würde. »⟨Er⟩ wird nicht aufwachen; das war im Zeitalter des beginnenden Historismus auch den Schwärmern klar.«[122] Diese Perspektive jedoch verengt sich bei Geibel zusehends ins Reaktionäre, wie sie sich andererseits auf problematische Weise universalisiert: sie verengt sich durch die preußische Option Geibels auf eine immer konkretere politische Dimension, und sie universalisiert sich, indem die preußisch-kleindeutsche Lösung der deutschen Frage eschatologisch symbolisiert und damit als Ziel mindestens der deutschen Geschichte vorgestellt wird.[123] Heißt es nach dem deutschen Krieg von 1866 noch relativ unbestimmt (aber deutlich genug: immerhin hatte Bismarck den Norddeutschen Bund bereits konstituiert),

> O wann kommst du, Tag der Freude,
> Den mein ahnend Herz mir zeigt,
> Da des jungen Reichs Gebäude
> Himmelan vollendet steigt,
> Da ein Geist der Eintracht drinnen
> Wie am Pfingstfest niederzückt
> Und des Kaisers Hand die Zinnen
> Mit dem Kranz der Freiheit schmückt![124],

so steigert sich die pfingstliche Erwartung 1871 zur österlichen Gewißheit. Die »Witwe« Deutschland wird addressiert:

> Wie Erz durchströmte deine Glieder
> Das Mark der Nibelungen wieder
> Der Geist des Herrn war über dir,
> Und unterm Schall der Kriegsposaunen
> Aufpflanztest du, der Welt zum Staunen,
> In Frankreichs Herz dein Siegspanier.
> ⟨...⟩

O laß sie* nicht verglüh'n im Dunkeln!
Verjüngten Glanzes laß sie funkeln
Ins Frührot deiner Osterzeit!
Denn horch, schon brausen Jubellieder
Und über deinem Haupte wieder
Geht auf des Reiches Herrlichkeit.

Durch Orgelton und Schall der Glocken
Vernimmst du deines Volks Frohlocken?
Den Heilruf deiner Fürstenschar?
Sie bringen dir der Eintracht Zeichen,
Die heil'ge Krone sonder Gleichen,
Der Herrschaft güldnen Apfel dar.

Auf Recht und Freiheit, Kraft und Treue
Erhöh'n sie dir den Stuhl aufs neue,
Drum Barbarossas Adler kreist,
Daß du, vom Fels zum Meere waltend,
Des Geistes Banner hoch entfaltend,
Die Hüterin des Friedens seist.[125]

Dieser Text ist ein klassisches Beispiel für den oben angedeuteten Mythen- und Symbolsynkretismus, dessen Funktion – bezogen auf die faktischen politischen Ereignisse und historischen Konstellationen – als fälschende Uminterpretation von Geschichte zu werten ist. Das Gedicht zitiert direkt und indirekt die Formel »Einigkeit und Recht und Freiheit« aus Hoffmann von Fallerslebens ›Lied der Deutschen‹ (1841), die eine antiständische, auf Volkssouveränität gegründete Rechtsordnung und Verfassung beschwor, wie sie 1848 die Bürgerlich-Liberalen des Paulskirchenparlaments auf die Tagesordnung setzten. Geibel unterschlägt diese bürgerlich-demokratische Tradition und vindiziert »Recht und Freiheit« für das autokratische, halbabsolutistisch verfaßte Reich der Hohenzollern[126], das obendrein als unmittelbarer Nachfolger mittelalterlicher Kaiserherrlichkeit ausgegeben wird: Nicht die Souveränität des Volks, sondern feudale »Treue«-Verhältnisse der Fürsten begründen die »Einigkeit« und legitimieren die monarchische Herrschaft, deren

---

* sc.: das eroberte Elsaß und Lothringen

Symbole die alten Reichsinsignien (Krone und ›güldner‹ Apfel) sein sollen. Diese aristokratische ›renovatio imperii‹ von oben wird durch Anspielungen auf die österliche Auferstehung Christi sakral überhöht und das neue Reich als Reich des »Geistes« und des »Friedens« gepriesen. Daß dieses Reich des »Geistes« aber seinen Führungsanspruch auf sehr konkrete Machtpolitik gründen soll, indiziert eine bezeichnende ikonographische Veränderung: es sind nicht mehr die Raben, die krächzend den Berg des Kaisers umfliegen, vielmehr (in suggestiver preußischer Emblematik) der »Adler«, der den Thron umkreist. Hieß es doch schon im ›Kriegslied‹ von 1870 unmißverständlich:

> Flieg, Adler, flieg! Wir stürmen nach,
> Ein einig Volk in Waffen.
> Wir stürmen nach, ob tausendfach
> Des Todes Pforten klaffen.
> Und fallen wir: flieg, Adler, flieg!
> Aus unsrem Blute wächst der Sieg.
> Vorwärts![127]

Geibels borussistische Phantasie erweist sich als unerschöpflich. In ihr erscheint Geschichte als großer Bildfundus voller mythischer Versatzstücke. Alles mit allem beliebig zu verbinden, kennzeichnet ein Denken, das sich vom Druck des Unverständlichen zu entlasten sucht, Kontingenzen durch Überblendung bekannter Sinnmuster aufhebt, Spannungen harmonisiert und Anomieerfahrungen verdrängt. Im Zeitalter der industriellen Revolution und der Klassenkonflikte, in einer Epoche erheblicher sozialer Verwerfungen als Folge des »Mißverhältnisses zwischen ökonomischer und soziopolitischer Modernisierung«[128], in einer Zeit, die eher durch Traditionsbrüche des sozialkulturellen Systems als durch Kontinuitäten gekennzeichnet war, dürfte dieses Denken von erheblicher Attraktion gewesen sein. Anders ist der Erfolg solcher und ähnlicher Texte bei einem großen Publikum nicht erklärbar.

Geibels späte Reichslyrik stellt auch keineswegs einen grundsätzlichen Bruch mit der zentralen Programmatik dar, unter welcher der ›Münchner Dichterkreis‹ sich formiert hatte.[129] Literatur galt den ›Münchnern‹ von Beginn an als Ausdruck des Nationalcharakters; ihre Aufgabe war ästhetische Erziehung und Versittlichung durch die Darstellung des ›Schönen‹ und Auslegung von Geschichte. In diesem Sinne haben 1859 etwa Carrière, Geibel, Heyse und Lingg Schiller interpretiert, und sie wußten sich darin einig mit jenen Schichten des Besitz- und Bildungsbürgertums, die ihre Kulturideologie als Ausdruck des »durch Schiller geweihten Nationalgefühls«[130] in öffentlichen Festen selbst inszenierten.[131] Exemplarisch für die kulturheroischen Schillerdeutungen im Kontext des Münchner Dichterkreises kann Paul Heyses ›Prolog zur hundertjährigen Geburtsfeier Friedrich Schillers im Berliner Hoftheater‹ gelten, in dem es heißt:

> Wie trat in mütterlich besorgtem Sinn
> Natur so ernst zu ihrem Liebling hin
> Und wies ihm, der dem Ew'gen sich geweiht,
> In der Geschichte Buch das Bild der Zeit.
> Da rang im Sturm und Drang, der ihn umgab,
> Er seinem Busen Maß und Klarheit ab,
> Da beugt' er, kaum befreit durch kühne Flucht,
> Sich selber unter des Gesetzes Zucht,
> Und aus dem Meer, das allen Trotz entzügelnd
> Mit der Vernichtung Schrecken ihn umwallt,
> Stieg auf, im Antlitz die Gestirne spiegelnd,
> Der Schönheit unvergängliche Gestalt.[132]

Im »Buch der Geschichte« zu lesen sind die »Erkornen« imstande, jene Zeugen der ›ewigen Geist- und Gemütskräfte‹ des Volks, aus denen sich vaterländische Gesittung und Bildung speist.[133]

Was die ›Münchner‹ Schiller zuschrieben, war allerdings kulturtheoretisch verallgemeinernd gemeint: Sinndeuter der Geschichte und nationale Erzieher sind die Dichter. Die geschichtsphilosophische Vorgabe für dieses Konzept formuliert Carrière 1859 in seiner ›Ästhetik‹:

> Alle wahre Geschichte ist Kulturgeschichte, in der Gesittung und Bildung haben wir den bleibenden Niederschlag aus den Gärungen und Bewegungen. Und so erklimmt durch jede Generation das Ganze eine höhere Stufe. Nur diejenigen Völker sind geschichtlich, welche die Erbschaft der Vergangenheit antreten, nur diejenigen Menschen, welche fortbedingend in die

Zukunft eingreifen. So ist Geschichte die im Bewußtsein sich zusammenfassende Einheit, und Völker die sich außerhalb derselben befinden, erstarren oder verwildern, und stellen den höher stehenden die Aufgabe von ihnen wieder in den Strom der allgemeinen Entwickelung hineingezogen zu werden.[134]

Wenn die ›Münchner‹ solche historische Traditionsbewahrung und -vermittlung aus dem Geiste der ›Kultur‹ als ›deutsche Sendung‹ interpretiert haben, dann befanden sie sich auch darin in Übereinstimmung mit zentralen Bildungs- und Geschichtskonzepten ihrer Epoche.[135] Zwar bedeutete ihre kulturideologische Sinnstiftung zunächst nicht notwendig die Behauptung einer deutschen Suprematie, doch bedurfte es nur der Machtverlagerungen und Fixierungen auf »Realpolitik« in den sechziger und siebziger Jahren, um jene Mentalitätsverschiebungen zu erzeugen, wie sie an den Stiftungslegenden des Kaiserreichs abgelesen werden können.[136] Geibels berüchtigtes Diktum »Und es mag am deutschen Wesen / Einmal noch die Welt genesen« (›Deutschlands Beruf‹)[137] bildet die vielleicht berühmteste Formel für das brisante Mischungsverhältnis von christlich-germanischem Sendungsbewußtsein und nationalstaatlichem Machtdenken in der Epoche der Reichsgründung. Noch 1915 konnte sie durch den Berater und Vertrauten des Reichskanzlers Bethmann-Hollweg, Kurt Riezler, emphatisch ausgemünzt werden: »In der Tat: diese wenigen Worte geben das Tiefste des nationalen Willens wieder. Traurig die Nation, die nicht mehr glaubt, daß an ihrem Wesen die Welt genesen werde.«[138] Es liegt in der Konsequenz solcher Superioritätsvorstellungen, daß um 1900 Bismarck mit Vorliebe als Vollender Schillers gedeutet werden konnte: »Es war Bismarck, der das Reich schuf, aber es war Schiller, der den Boden bereitete, aus dem es werden konnte. Der Mann des Schwertes kam aus Norden, der Mann des Wortes aus Süden.«[139] Das ästhetische Projekt des ›Münchner Dichterkreises‹, das Projekt einer nationalen Erziehung durch ›Klassizität‹, findet vollends sein Ende in mythischen Idealismusderivaten.[140]

Edward McInnes
Drama und Theater

Beschäftigt man sich mit der Geschichte des Dramas und Theaters im deutschen Sprachraum zwischen 1848 und 1880, so ist man mit Widersprüchen aller Art konfrontiert. Ästhetiker und Kritiker aus dieser Zeit gehen zwar noch entschieden davon aus, daß das Drama die höchste Literaturgattung, ja »die Spitze der Kunst« überhaupt sei, und zeigen sich eifrig bemüht, diese Sonderstellung kritisch und systematisch zu begründen. Gleichzeitig klagen sie jedoch über den gegenwärtigen Verfall des Dramas und das erschreckende Niveau der dramatischen Dichtungen, die nach wie vor den Büchermarkt überschwemmen.[1] Das Drama fällt, wie sie eingestehen müssen, faktisch immer weiter hinter den lebenskräftigen zeitgenössischen Roman zurück.

Im Bereich des Theaters sieht es nicht viel anders aus. Das Theater als ideell und gesellschaftlich, ja national hochrangige Kunstveranstaltung steht nach wie vor in prinzipiell hohem Ansehen – und dies sowohl in der Literatenwelt als auch beim bürgerlichen Publikum, das in diesen Jahrzehnten immer selbstbewußter und anspruchsvoller wird. Doch klagt die Kritik zunehmend über Degeneration und Versagen der Bühnen.[2] Man verdammt einerseits die Kommerzialisierung des immer tiefer zum Unterhaltungsmedium und Boulevardtheater herabsinkenden Theaters, distanziert sich andererseits von der Vorstellung eines als Bildungsanstalt begriffenen Theaters, das sich zunehmend von der Zeit- und Lebenswirklichkeit entferne.

So stehen sich in den Bereichen Drama und Theater hochfliegende Bestrebungen und tiefgehender Skeptizismus in diesem Zeitalter einigermaßen unvermittelt gegenüber. Künstler wie Kritiker berufen sich gern auf die als vorbildlich verstandene klassische Tradition und beschwören zugleich mit großer Geste eine zu erwartende ideale Zukunft der Kunst. Die reale Gegenwart jedoch, in der sie stehen und die ihre Kräfte fordert, will sich den hohen Erwartungen und Ansprüchen angesichts der zutiefst problematischen Situation nicht fügen.

I. Die Theorie des Dramas und die dramaturgische Tradition

Den dramentheoretischen Bemühungen in diesem Zeitraum liegt – wie die Untersuchungen von Martini, Schanze, Schönert und anderen betonen – die Überzeugung von der literarischen Vorrangstellung des Dramas zugrunde.[3] Sie weisen fast alle eine stark bestätigend-erhaltende Tendenz auf – einen Willen, die Formkonzeption des Dramas im Sinne der klassizistischen Gattungspoetik zu bewahren und seine Sonderstellung gegenüber anderen literarischen Formen (und besonders dem Roman) auf ganz entschiedene Weise zu behaupten. Wie zahlreiche andere Kritiker in diesen Jahrzehnten hob ein Anonymus 1839 in den ›Blättern für literarische Unterhaltung‹ die einzigartige Macht des Dramas, dem »schlechten Hang des Zeitalters« standzuhalten, bewundernd hervor:

> Nur die Dramaturgie hat sich hinter ewigen Begriffen verschanzt, ihre Wesenheit behauptet, ihr Gebiet umschränkt, ihre Ideen gerettet und in einer Zeit allgemeiner Begriffsverschmelzung ihren Kunstcharakter zu erhalten gewußt. Sie ⟨...⟩ hat ihr uraltes Gesetz, ihren ursprünglichen Codex treu und rein bewahrt.[4]

Hier wird ein grundlegender Gegensatz zu der theoretisch-kritischen Diskussion um den Roman in diesen Jahren klar ersichtlich. Bis in die siebziger Jahre hinein gingen die meisten Ästhetiker und Kritiker noch von der Annahme aus, daß der Roman eine relativ neue, »unfertige« Gattung sei und – wie die gegenwärtige Gesellschaft selbst – einen gewaltigen Entwicklungsprozeß durchmache. Er besaß, wie man allgemein meinte, eine vielseitige, flexible Form, die an keine normative Tradition gebunden war und noch unerkannte Möglichkeiten offenließ. Die intensiven Bemühungen der deutschen Kritiker um die neuen realistischen Romantypen Englands und Frankreichs vor allem in den vierziger und fünfziger Jahren zeigen, wie sehr sie bestrebt waren, ihr Verständnis der Gattung in der gegenwärtigen Gesellschaftssituation zu überprüfen und deren Beziehungen zu der tatsächlichen Lebenserfahrung der Zeitgenossen tiefer zu verstehen.[5] Fast alle fördernden und einflußreichen Versuche um den Roman in diesem Zeitraum – wie etwa die von Vischer, Ludwig oder Spielhagen – haben etwas Provisorisches, Offen-Suchendes, das den in den meisten Fällen recht doktrinären dramentheoretischen Diskussionen abgeht. Häufig scheinen sich diese Diskussionen von einem direkten, herausfordernden Kontakt mit der Zeiterfahrung geradezu abzuschirmen, einer als kompromittierend empfundenen Berührung mit der dramatischen Praxis und dem Theater der Zeit bewußt oder unbewußt aus dem Wege zu gehen.

In der Rückschau wird klar, wie eng dieser Zug zum Verallgemeinernd-Abstrakten mit den bestimmenden Vorstellungen von dem metaphysischen Charakter des Dramatischen verbunden war. Während der Roman kraft seiner vielfältig-weltoffenen Form von vornherein ins Empirische, in ›die vom Geiste abgefallene Wirklichkeit‹ (Kühne) verstrickt war, verkörpert das Drama – so nahm man weitgehend an – eine höhere, ›notwendige‹ Welt, die über das Zufällige und Vergängliche erhaben war. Das Drama gestaltet nach Hermann Hettner »die Welt innerer Notwendigkeit ⟨...⟩, die schlechthin vernünftige Welt«[6]. Im Drama offenbart sich – so Otto Ludwig – »das innere Gesetz« des Seins, oder, um es mit Gustav Freytags Worten auszudrücken, die letztliche »Notwendigkeit des Schicksals«, die moralische Beschaffenheit der Welt.[7] Die dramentheoretischen Diskussionen von Mundt, Gottschall, Vischer, Prutz und von anderen in dieser Zeit namhaften Kritikern werden von den gleichen Gattungsvorstellungen bestimmt.[8] Sie bestätigen durchweg – jeder auf seine Weise – eine im wesentlichen traditionelle Auffassung vom Drama als einer metaphysischen Form, die über alles Relative und Zufällige hinausstrebt und fundamentale Weltzusammenhänge erhellt.

In ihren Versuchen, diese Grundanschauung des Dramatischen für die zeitgenössische Welt neu zu definieren, schließen sich die meisten Kritiker in der zweiten Hälfte des 19. Jahrhunderts den ›aristotelischen‹ Formbestimmungen an, wie Lessing sie auf differenzierte, dem modernen Lebensgefühl entsprechende Weise in seiner ›Hamburgischen Dramaturgie‹ erneut dargelegt hatte. Sie gehen fast stets – wie Lessing – von der Grundvorstellung einer persönlichen Formkonzeption des Dramas aus. Alles, was auf der Bühne geschieht, wird – dieser Anschauung gemäß – vom Handeln selbstverantwortlicher, selbstbewußter Individuen bestimmt. Mit der aristotelischen Lehre übereinstimmend setzt man im allgemeinen voraus, daß der Mensch im Drama dynamisch angelegt ist und erst im Handeln zu sich selbst kommt: daß er durch die sich verpflichtende Tat alle ihm innewohnenden Kräfte zur Erfüllung bringt.[9] Julian Schmidt stellte 1850 in den ›Grenzboten‹ die für die dramaturgischen Diskussionen dieser Zeit charakteristische Ansicht dar, daß »die dramatische Größe« nicht in der Fähigkeit zur Reflexion oder gar in der Bereitschaft zur Selbstaufopferung, sondern »allein in der entwickelten, vollständig zur Erscheinung gekommenen Kraft« liege. Mundt, Hettner, Gottschall und Ludwig vertreten die gleiche Auffassung der dramatischen Person als des sich erst im Handeln realisierenden Menschen – eine Auffassung, die in diesen Jahrzehnten selten ernstlich in Frage gestellt wurde. Sie bestimmt durchweg Otto Ludwigs Auslegung der Tragödie Shakespeares sowie die Versuche Gottschalls, die Vorbildlichkeit der Dramatik Schillers für die Gegenwart herauszustellen.[10] Sie liegt auch der Konzeption Freytags vom heldenhaft-individualistischen Charakter des modernen Dramas zugrunde. Ähnliche Vorstellungen prägen aber ebenso das Bemühen zahlreicher Kritiker dieses Zeitraums, schwankende, zerrissene oder – um es mit Freytags Worten auszudrücken – ›kernlose‹ Charaktere als für das Drama ungeeignet abzutun.[11]

Diese Grundanschauung von dem zuinnerst persönlichen Charakter des Dramas bestimmt auch die verbreitete Vorstellung von der Autonomie und Geschlossenheit des dramatischen Geschehens. Die Handlung im Drama wird überall – in völliger Übereinstimmung mit der klassizistischen Gattungspoetik – als einheitliche, stetige Entwicklung aufgefaßt, die sich vollständig im Bereich des Zwischenmenschlichen vollzieht. Hier schließt man sich auch den Formbestimmungen der ›Hamburgischen Dramaturgie‹ an. All die repräsentativen, einflußreichen dramentheoretischen Diskussionen der vornaturalistischen Zeit setzen voraus, daß der Drang des Helden zur Selbstentfaltung, die Wirkung seines Handelns auf die ihn umgebenden Menschen sowie deren Gegeninitiativen als ein kohärenter, durchmotivierter Kausalprozeß gestaltet werden. Hettner stellt 1851 die organische Geschlossenheit der dramatischen Form mit einer für diese Jahrzehnte ganz typischen Zuversicht heraus. Im Drama gingen alle Ereignisse »aus den handelnden Charakteren in folgerichtiger Wechselwirkung« hervor. Der Konflikt freier, selbstbewußter Individuen bilde die einzige Voraussetzung des Geschehens.

> Nur durch diesen inneren Streit und Widerstreit, der zu seiner entscheidenden Lösung ⟨...⟩ mit innerster Notwendigkeit hindrängt, unterscheidet sich die dramatische Handlung von der bloßen Begebenheit, die der Gegenstand des Epos oder des Romans ist.[12]

In seiner ›Poetik‹ faßt Gottschall diese Vorstellung von dem Einheitlichen des Dramas als dynamischer, persönlicher Form ebenfalls auf traditionell-klassizistische Weise zusammen:

> Wir schauen in das Herz der Menschen, aus dem ihre Handlungen hervorgehen, zugleich in das Herz der Welt, welche durch die Tat des Menschen verwandelt wird. Das Drama ⟨...⟩ läßt die Handlung ohne jeden Eingriff der Natur aus Wirkung und Gegenwirkung der handelnden Charaktere hervorgehen.[13]

Formbestimmungen dieser Art finden sich in diesen Jahrzehnten immer wieder. Oft versucht man das Abgeschlossene des neuzeitlichen Dramas dadurch zu betonen, daß man dieses dem antiken Drama oder dem christlichen Spiel des Mittelalters gegenüberstellt. Im letzten Band seiner ›Ästhetik‹ (1857) stellt Vischer etwa das ›Monistische‹ als das entscheidende Kriterium des neuzeitlichen Dramas heraus. Im Gegensatz zu früheren religiösen Gattungsformen, in denen der Mensch in seiner Abhängigkeit von übernatürlichen Mächten erscheine, gehe hier das Geschehen aus der innerlich-ethischen Existenz des Individuums vollständig hervor. Den »freien Handlungen der Charaktere und ihrer Verschlingung« entspringe »die Notwendigkeit des Schicksals«, das sich als durchaus immanente Macht erweist.[14]

In ähnlicher Weise betonen Hettner, Ludwig, Gottschall, Mundt und Prutz die Autonomie des modernen Dramas.[15] Freytag behauptet in seiner ›Technik des Dramas‹, diese Gattung zeige die vernünftige Weltsicht der mündig gewordenen Menschheit, die kein anderes Schicksal anerkenne »als ein solches, das aus dem Wesen des Helden selbst hervorgeht«. Durch die Gestaltung dieses Schicksals vermöge der Dichter eine Welt auf der Bühne zustande zu bringen, die den »idealen Forderungen« des Zuschauers entspreche.[16]

Diese Versuche, den Kunstcharakter des Dramas näher zu bestimmen, gründen sich auf klassizistische Voraussetzungen. Sie gehen durchweg von dem Bestreben aus, das traditionelle Verständnis vom Drama als metaphysischer Form neu zu definieren – einer Form, die alle relativierenden, sozialgeschichtlichen Verhältnisse transzendiert und letztliche Seinsbezüge offenbart. Es ist bemerkenswert, wie selten die Überzeugungen, die diesem Dramenverständnis zugrunde liegen, ernsthaft überprüft, geschweige denn angezweifelt werden. Bis in die achtziger Jahre hinein sind sich Ästhetiker und Kritiker in fast allen Fällen darüber einig, daß die bestimmende Eigenschaft des Dramas in seiner Macht zur Verklärung und Transzendenz liegt. Diese Vorstellung ist es vor allem, die die Frage nach den möglichen Beziehungen des Dramas zu der besonderen Sozialerfahrung der Zeit ständig aus dem Mittelpunkt der Diskussion verdrängt und das Drama somit besonders in den sechziger und siebziger Jahren von den wesentlichsten literarkritischen Auseinandersetzungen ausschließt.

Kritiker wie etwa Hettner, Gottschall, Mundt oder Prutz wurden zwar nicht müde zu behaupten, daß sich das Drama in der zweiten Hälfte des 19. Jahrhunderts über jenes der Goethezeit hinaus entwickeln müsse, und sie sahen gerne einer ›Erneuerung‹ der Gattung entgegen. Das führte aber keineswegs zu grundlegenden Zweifeln an den noch als unantastbar angesehenen Gattungsgesetzen. Man nahm als selbstverständlich an, daß alle gültigen Entwicklungen sich im Rahmen dieser Gesetze vollziehen würden. Einstimmig forderte man, daß das Schicksal im Drama aus den Taten der handelnden Personen hervorgehen müsse, ohne sich dabei jedoch zu fragen, ob sich die vielschichtigen, einander durchkreuzenden Spannungen der modernen Lebenserfahrungen überhaupt in der Form von konsequent durchgehaltenen Konflikten erfassen ließen. Obwohl man gerne annahm, daß ein erneuertes Drama die tiefsten Impulse, Ängste und Bestrebungen des zeitgenössischen Menschen aussprechen würde, wich man vor der entscheidenden Frage zurück, wie die dynamisch-persönliche Form des Dramas die Erfahrung des in eine übermächtige, unverständlich gewordene Umwelt verstrickten Menschen erfassen könnte. Hier wie überall bestand die prägende Tendenz der Dramentheorien vielmehr gerade darin, die unvermeidliche Loslösung des Dramas von den sozialen Gegebenheiten zu betonen. Das hieß nun nicht nur, daß Kritiker jeder Richtung bestrebt waren zu zeigen, daß die gesellschaftskritische Tendenz (wie eigentlich jedes politisch-soziale Anliegen) mit der Autonomie der Dramenform unvereinbar war, da sie notwendigerweise zu »Einseitigkeit«, »Verzerrung«, »Karikatur« und schließlich zu »Banalität« führen mußte. Man verlangte darüber hinaus, daß das Drama sich von jeder entscheidenden Berührung mit den politisch-sozialen Verhältnissen der Zeit fernhielt. Denn diese persönlich-ethische Form erforderte, wie immer wieder betonte, vor allem die Erhöhung des Tatsächlichen, dessen Sublimierung ins Allgemeingültig-Zeitlose. In diesem Zusammenhang ist das Beispiel Otto Ludwigs in verschiedener Hinsicht charakteristisch. Nach seinen Versuchen in den späten vierziger Jahren, einen gesellschaftsnahen, realistischen Tragödientypus zu schaffen, der Sozialerfahrung und tragisches Bewußtsein auf neuartige Weise verschmolz, wurde er sich als Dramentheoretiker nach der Jahrhundertmitte des Widerspruchs von Realismus und Dramenform immer klarer bewußt. Durch seine anhaltenden vergleichenden Untersuchungen der Dramatik Shakespeares und des zeitgenössisch realistischen Romans kam er zur Einsicht, daß sich das Drama seiner vorgegebenen Formkonzeption gemäß dem Sozial-Zuständlichen grundsätzlich verschließt, daß es immer auf »das Allgemeine des menschlichen Loses« hindrängt.[17]

Hettner hatte schon Anfang der fünfziger Jahre in ›Das moderne Drama‹ gleiche Gesichtspunkte geltend gemacht: Das von äußerlichen, zufälligen Verhältnissen verursachte Leiden des sozial verstrickten Menschen lasse sich nicht in dramatischer Form konzipieren; der Dramatiker könne nur vom Standpunkt des heroischen Revolutionärs aus an dieses Leiden herankommen. Nach Hettners

Auffassung liegt der eigentlich dramatischen Konzeption das ethische Wollen des Individuums zugrunde, das sich innerlich über die einschränkenden Zwänge des Sozialen erhebt und den Kampf mit ihnen aufnimmt. Er setzt mithin voraus, daß die tatsächlichen gesellschaftlichen Gegensätze erst dann dem Drama zugänglich werden, wenn sie ins Persönlich-Ethische subsumiert sind. Denn nur so können die besonderen Geschehnisse auf der Bühne ein »klares Spiegelbild der Menschheit« geben und »allgemeine ewige Geltung« erringen.[18]

In der ›Technik des Dramas‹ führt Freytag eine ebenso scharfe Absonderung der Dramenform von der sozialen Wirklichkeit durch. Im Drama ist die Welt, die das Geschehen umfaßt – so Freytag –, nur insofern von Bedeutung, als sie sich »in dem charakteristischen Grundzug des Heldenlebens« zusammenfassen läßt. Die tatsächlichen sozialhistorischen Verhältnisse, die etwa im Roman große bedingende Kraft haben, existieren in der persönlichkeitsbezogenen Form des Dramas nur aus ihrem Verhältnis zur handelnden Person heraus; von deren Entschlüssen und Bestrebungen her erhalten sie erst Bedeutung.[19] Wenn der Dramatiker – wie etwa in ›Götz von Berlichingen‹ – sich auf tatsächliche Zeitverhältnisse einläßt und die Realität einer bestimmten historischen Epoche zu beschwören sucht, dann geht nach Freytag die Autonomie der Handlung verloren, die einen eher explikativ-illustrierenden Charakter annimmt und zur Funktion überindividueller Faktoren wird.

Diese Belege ließen sich beliebig vermehren, denn die Bemühungen, das Drama gegen das Soziale abzuschirmen, kommen bis in die achtziger Jahre hinein immer wieder vor. So verschieden sie auch aussehen, sie lassen die bestimmende Kraft des Grundverständnisses der Gattung erkennen: Die Funktion des Dramas besteht für sie vor allem darin, die Macht des freien Individuums zu zeigen, sich über die zufälligen Bedingungen seiner Umwelt zu erheben und sein Schicksal in einem vernünftig geordneten Weltall selbst zu bestimmen. Die unermüdlichen Klagen über das immer tiefer sinkende Niveau der Dramenpraxis konnten, so scheint es, dieser prägenden Vorstellung des Kunstcharakters der Gattung nichts anhaben.

Erst in den achtziger Jahren sind – zunächst allerdings etwas unsicher und unbestimmt – Ansätze des Bemühens um ein neues Gattungsverständnis zu erkennen. Einige progressive junge Kritiker wie etwa Heinrich und Julius Hart, Bleibtreu, Wolff und Kühnemann setzten sich mit der Dramenproduktion und dem Theaterbetrieb der Zeit auf eine zunehmend kritische Weise auseinander und suchten grundlegend neuartige Konzeptionen des Dramatischen zu erproben. Hierzu gab insbesondere das Werk Ibsens den entscheidenden Anstoß.[20] Die Bedeutung des Norwegers für die jüngere Kritikergeneration ging aber weit darüber hinaus. Seine in den späten siebziger und frühen achtziger Jahren verfaßten Sozialdramen – ›Stützen der Gesellschaft‹ (1877) ›Nora‹ (1880), ›Gespenster‹ (1881), ›Ein Volksfeind‹ (1882) – lieferten den Stoff und die Formkonzeption, aus denen man gleichsam ein innovatives Dramenverständnis herzuleiten suchte. Diese Dramen eröffneten, wie Brahm begeistert erklärte, unerahnte Perspektiven. In diesen Werken erkannte die junge opponierende Kritik in der Tat einen ganz neuen realistisch-analytischen Dramentypus, der den handelnden Menschen in seinem besonderen historisch-gesellschaftlichen Kontext gestaltete und der die überindividuellen Prozesse zu erfassen suchte, die das menschliche Selbstverständnis und Verhalten auf grundlegende Art bestimmten. Hier machte das Drama – so behauptete man immer wieder – zum ersten Mal ernst damit, die Sozialerfahrung des Individuums mit unerbittlicher Konsequenz zu durchdringen und den gespaltenen, von Umweltzwängen getriebenen Menschen, der um Selbsterkenntnis und innere Klarheit kämpfte, in den Mittelpunkt des Interesses zu rücken.[21] Obwohl diese naturalistischen Kritiker die analytische Kraft der Ibsenschen Dramenform stark hervorhoben, betonten sie zugleich, daß seine Werke in echt dramatischen Kategorien konzipiert waren. Die historische Bedeutung des Norwegers lag nach ihrer Ansicht zu einem großen Teil darin, daß er die stoffliche Vielfalt und imaginative Weite des Romans für das Drama zurückerobert hatte. In der Tat hatte Vischer 1857 gerade die inneren Kämpfe, die Ibsen zum zentralen Gegenstand seiner Dramatik machen sollte, als das Wesen des Romans bezeichnet.

Die Kämpfe des Geistes, des Gewissens, die tiefen Krisen der Überzeugung, der Weltanschauung, die das bedeutende Individuum durchläuft, vereinigt mit den Kämpfen des Gefühlslebens: dies sind die Konflikte, dies die Schlachten des Romans.[22]

Am Ende des Jahrzehnts und in den frühen neunziger Jahren gelang es den naturalistischen Kritikern, ihr Verständnis der realistischen Dramenkonzeption Ibsens in theoretischen Kategorien auf eine Art zu erfassen, die ihre Bestrebungen auf dem Gebiet des Dramas und des Theaters fast bis zum Ende des Jahrhunderts in entscheidender Weise bestimmte. Der empirisch-naturwissenschaftlichen Lebenssicht ihrer Zeit gemäß hatte Ibsen nach der Ansicht der deutschen Naturalisten das Drama zu einer erprobend-psychologischen Form gemacht. Er hatte die Seelenkrisen des entfremdeten, in sich gespaltenen Menschen als dynamische dramatische Prozesse gestaltet und sie so zum Mikrokosmos einer ganzen aus den Fugen geratenden Gesellschaft gemacht. Seine Leistung lag somit für die Naturalisten vor allem darin, daß er das Drama noch einmal zum Organ der tiefsten Zerwürfnisse der Zeit erhoben hatte, zu einer intellektuell durchdringenden, moralisch herausfordernden Kunstform, die in ihrer Kunststrenge, ethischen Tiefe und sozialen Aktualität nichts neben sich bestehen ließ.

II. Theaterwirklichkeit und Theatererneuerung

Die Theatergeschichte Deutschlands 1848–1880 sieht Robert Arnold 1925 im Zeichen einer einzigen, bestimmenden Tendenz: »Spätklassizismus«:

Zu Ende der vierten und während der ganzen fünften Dekade des Jahrhunderts ⟨...⟩ kommt das Iambendrama Schillerischen Zuschnitts und Tonfalls, sobald sich die Sintflut der Revolution einigermaßen verlaufen und das jungdeutsche Prestige seinen Höhepunkt überschritten hat, allenthalben wieder zum Vorschein und genießt nun, von der Sonne höfischer Gunst beleuchtet und erwärmt, noch eines ausgiebigen Nachsommers, dem erst die Stürme des Naturalismus ein Ziel setzen.[23]

Was immer man an einem solchen Pauschalurteil aussetzen mag, sicher ist, daß das deutsche Theater vor allem in dem betreffenden Zeitraum immer noch als Bildungsstätte in sehr hohem Ansehen steht. Es ist allgemein anerkannt als »Ort der Pflege unserer ›Klassiker‹, Stolz der Stadt, Treffpunkt der Gesellschaft«[24]. Ebenso wahr ist, daß sich – wie Arnold behauptet – starke klassizistische Bestrebungen schon unmittelbar nach der Revolution bemerkbar machen. Das Schillerjahr 1859 hat diesen Bestrebungen eine erhöhte Bedeutung verliehen. Das gebildete Bürgertum feierte Schillers hundertsten Geburtstag als »Fest der geistigen Einheit«. Er wurde zum ›Dichter des Ideals‹, zum »größten Volksdichter« (Gottschall) erhoben. Das Ausmaß dieser Schiller-Verehrung läßt sich nicht nur an dem Jubel erkennen, der den Siegeszug seiner Dramen über alle Hof- und Stadtbühnen begleitete, sondern auch daran, daß so viele der in den sechziger Jahren erscheinenden neuen Dramen bewußt nach den formalen Kategorien der Schillerschen Dramatik aufgebaut waren.[25]

Dieser Drang zum Epigonenhaft-Klassizistischen verband sich in diesen Jahrzehnten jedoch mit einer immer stärkeren Expansion des Theaterbetriebs. Breite Schichten des Bürgertums fanden zum ersten Mal nach der Jahrhundertmitte regelmäßigen Zugang zum Theater, und die 1869 eingeführte Gewerbefreiheit verstärkte diesen Aufschwung noch weiter. Sie hob die Vorrechte des Hoftheaters auf und sorgte für eine freie Konkurrenz im Theaterleben. Die eingehende Untersuchung Buchers hat diese enorme ›Theaterinflation‹ statistisch belegt. Sie weist eine nicht aufzuhaltende, sprunghafte Zunahme von Theaterstätten nach. Während von 1850 bis 1870 nur 46 Neubauten errichtet wurden (13 Brände), waren es von 1870 bis 1885 104 (60 Brände).[26] Bucher zeigt auch, daß sich die Gesamtzahl der Theaterkompanien, die bis 1869 relativ konstant geblieben war, bis 1885 verdoppelte und daß die Zahl der Bühnenangehörigen mit 15 000 die dreifache Höhe erreichte.

So ist es nicht weiter verwunderlich, daß unaufhörlich Klagen über eine fatale Kommerzialisierung des Theaters laut wurden. Ebenso häufig beklagte man sich über die »schlampigen« Zustände im Theaterleben, über den Verfall der Darstellungskunst, den Dilettantismus der Regisseure, die Willkür der Spielplangestaltung und die Oberflächlichkeit des immer verwöhnter werdenden Publikums.

Eine recht öde Theaterlandschaft also, so sieht es wenigstens aus. Wenn man jedoch auf diesen Abschnitt der deutschen Theatergeschichte aus der Perspektive des 20. Jahrhunderts zurückblickt, so nimmt man zunächst nicht die Mittelmäßigkeit, sondern eher die großen, kreativen Theater-Persönlichkeiten wahr: Devrient, Laube, Dingelstedt, den Herzog von Sachsen-Meiningen, Wagner – um nur die bekanntesten zu nennen. Diese stellten sich der Degeneration des zeitgenössischen Theaters konsequent entgegen, und obwohl sie sicherlich sehr hohe Ansprüche an das eigene Haus stellten, strebten sie stets über spezifische, begrenzte Reformen hinaus. Sie waren alle auf die eine oder andere Weise darum bemüht, die ethisch-imaginativen Horizonte des zeitgenössischen Theaters zu erweitern, dessen »geistigen Gehalt« (Laube) zu erhöhen. So unterschiedlich ihre individuellen Ziele auch waren, sie hatten doch eines gemeinsam: Sie wollten letztlich alle den »verhängnisvollen Dualismus von Kunst und Theater«[27] aus der Welt schaffen.

Aus dieser Sicht erhält etwa die Tätigkeit Eduard Devrients als Leiter des Karlsruher Hoftheaters von 1853 bis 1870 eine wesentliche, geradezu epochale Bedeutung. Obwohl ihm ein nur mittelmäßiges Ensemble und beschränkte finanzielle Mittel zur Verfügung standen, strebte er ständig danach, eine progressive Konzeption der organischen Einheit von Regisseur, Schauspieler und Publikum zu realisieren. Der Höhepunkt dieses Strebens war der vergleichsweise breit angelegte Shakespeare-Zyklus 1864–1867.[28] Hier machte Devrient den für ein provinzielles, deutsches Hoftheater unerhörten Versuch, die dynamische Harmonie der elisabethanischen Bühne auf eine für die Gegenwart herausfordernde Weise wiederherzustellen.

Ein ebenso konsequentes Bemühen, die Bedeutung des zeitgenössischen Theaters als Kunst- und Kulturanstalt zu erhöhen, bestimmte auch Franz Dingelstedts Leitung des Hoftheaters in München (1851–1857) und anschließend in Weimar (1857–1864). An beiden Theatern versuchte er die Spielplangestaltung zu reformieren, die Schauspieler auf rigoros-systematische Art zu erziehen und den Geschmack des Publikums zu verfeinern. In seiner Münchener

Zeit gelang es ihm gegen große Schwierigkeiten, eine innovative Auffassung des Schauspiels einzuführen.[29] Er brachte es auf ganz erstaunliche Weise fertig, die hervorragenden schauspielerischen Talente des deutschsprachigen Theaters an sich zu binden und richtungsweisende Inszenierungen der deutschen Klassiker zu bringen. Dingelstedt konnte mit Recht behaupten, daß es hier zum ersten Mal möglich wurde, sich von den Zuständen und Entwicklungstendenzen des deutschen Theaters ein umfassendes Bild zu machen.[30] In Weimar glückte ihm auch ein großes Theaterereignis ganz anderer Art. Er inszenierte 1864 einen ambitionierten Zyklus der Königsdramen Shakespeares, der weitreichendes, kritisches Interesse erregte. Viele Kommentatoren sprachen ihre uneingeschränkte Bewunderung aus. Andere, die an der Aufführung manches auszusetzen hatten, erkannten trotzdem die Größe und Bedeutung dieses Versuches, dem gegenwärtigen deutschen Theater das großartige literarische Sujet zugänglich zu machen.

Von der Jahrhundertmitte an galt jedoch Wien allgemein als die unbestrittene Theaterhauptstadt im deutschen Sprachraum. Das Burgtheater erlebte unter der Leitung Heinrich Laubes (1850–1867) und Dingelstedts (1870–1881) eine Blütezeit, die, wie viele meinten, alle anderen Theater Europas in den Schatten stellte. Beide Direktoren zielten ausdrücklich darauf ab, das allgemeine Ansehen dieser großen Bühne als Brennpunkt des Theaterlebens und der Theaterentwicklung Deutschlands noch zu steigern. Laube wurde gleich nach den Revolutionsjahren nach Wien berufen und verstand seine Tätigkeit als Leiter und Regisseur in erster Linie von der Literatur her. Sofort machte er sich daran, den Spielplan grundlegend zu reformieren. Im Jahre 1850 allein brachte er mehr als dreißig sehr sorgfältig vorbereitete Neuinszenierungen, vor allem Klassiker – Lessing, Schiller, Grillparzer und immer wieder Shakespeare.[31] Damit zeigte er ganz eindeutig sein Bemühen, ein systematisches Repertoire aufzubauen, das zugleich literarisch bedeutend, bühnenwirksam und zeitgemäß war. Er wollte, wie er später berichtete, jedem Gast sagen können:

> Bleibe ein Jahr in Wien, und du wirst im Burgtheater alles sehen, was die deutsche Literatur seit einem Jahrhundert Klassisches oder doch Lebensvol-

les für die Bühne geschaffen; du wirst sehen, was Shakespeare uns Deutschen hinterlassen, wirst sehen, was von den romanischen Völkern unserer Denk- und Sinnesweise angeeignet werden kann.[32]

In der Rückschau konnte Laube mit Recht für sich in Anspruch nehmen, daß er diesem Ziel tatsächlich sehr nahe gekommen war und daß das Burgtheater unter seiner Leitung »das umfassendste Repertoire nicht nur in Deutschland, sondern in Europa« geboten habe. Laubes Bemühungen um einen organischen, weltoffenen Spielplan gingen mit seinem konsequenten Streben nach einem profilierten, modernen Inszenierungsstil Hand in Hand. Sein Ziel war ein schlichtpoetischer, lebensnaher Realismus in Regie und Darstellung, der die »keusche poetische« Welt des dramatischen Kunstwerks, dessen »geistige Reize« zur vollen Geltung brachte. Dementsprechend verwarf er eine üppige, farbenprächtige Ausstattung der Bühne als störende Ablenkung und forderte eine einfache, ›geschlossene‹ Zimmerdekoration.[33] Diese sollte – seinen Regieabsichten gemäß – die Wirkung des Intim-Ergreifenden steigern, zugleich aber auch die Aufmerksamkeit der Zuschauer auf das gesprochene Wort lenken, das Laube als der lebensträchtige Kern einer jeden Aufführung galt.

Laube wurde in der Tat weithin als der Wortregisseur par excellence bekannt. Er legte großen Wert darauf, daß die berühmten Burg-Schauspieler eine überzeugende, natürliche Sprechweise erlernten, die in erster Linie auf psychologische Nuancierung und Lebensechtheit ausgerichtet war und das Deklamatorische bewußt herunterspielte.[34]

Von diesem Standpunkt aus ist auch seine von seinen Zeitgenossen oft sehr scharf gerügte Bevorzugung des französischen Konversationsstücks zu verstehen. Laube erkannte, daß es bei den Stücken eines Scribe, Sardou oder Labiche in erster Linie auf die gewandte Beherrschung des geistreich-pointierten Dialogs und das subtile Zusammenspiel der Darsteller ankam.[35] Er verstand es sehr gut, sich den pikant-provozierenden Konversationston dieser Werke zu eigen zu machen. In seinen Inszenierungen gelang es ihm, das Gefühl einer realen Gesellschaftswelt auf eine detailechte, überzeugende Weise zu evozieren, die für das deutschsprachige Theater dieser Zeit neu war und die die Möglichkeit einer innovativen, sozialkritischen Bühnenkonzeption in sich barg.

Dingelstedt wurde 1870 zum Nachfolger Laubes als Direktor des Burgtheaters ernannt. Anfangs glaubten viele, er sei der eigentliche Erbe des Schlesiers, der auf allerdings individuelle und fördernde Weise dessen Tätigkeit fortführe und erweitere. Wie Laube war Dingelstedt bestrebt, ein systematisches, kosmopolitisches Repertoire aufzubauen. Ihm war ebenfalls in erster Linie an einem einheitlichen, disziplinierten Ensemblespiel gelegen. Gleichzeitig aber suchte Dingelstedt sofort eigene und sehr individuelle Inszenierungsformen einzuführen, die sich deutlich von denen Laubes unterschieden. Bevor er an die Burg kam, hatte er sich – im Gegensatz zu seinem Vorgänger – sehr eingehend mit der Oper befaßt und seine Operninszenierungen vor allem in München und Wien als ergiebiges Experimentierfeld seiner Regiereformen genutzt. Anders als Laube, der für seine ›Wortkultur‹ bekannt war, lag ihm sehr daran, all die technischen Möglichkeiten eines modernen, reichlich ausgestatteten Theaters auszuschöpfen, um neue Formen der Bildregie zu realisieren.[36] Dekoration, Kostüme wie auch andere nichtverbale Mittel begriff er auf experimentell-innovative Art als inhärente, ausdrucksstarke Momente des Bühnenvorgangs, und er setzte sie mit solchem Nachdruck ein, daß zeitgenössische Kritiker sich wiederholt an die Traditionen des barocken Festtheaters erinnert fühlten.[37]

Dingelstedt war jedoch keineswegs darauf aus, sich den Wünschen eines schaulustigen Wiener Publikums unterzuordnen. Sein erklärtes Ziel lag vielmehr darin, Wort und Bild, optische und akustische Elemente in eine einheitliche, künstlerische Gesamtwirkung zu integrieren. Dieser Regiewille leitete seine prachtvolle historisierende Inszenierung von Hebbels vernachlässigter ›Nibelungen‹-Trilogie, die ihm und den Burgschauspielern großen und kritischen Beifall einbrachte. Der Zyklus der Königs-Dramen Shakespeares, der im April 1875 aufgeführt wurde, übertraf jedoch alles, was Dingelstedt an der Burg bis dahin versucht hatte, und gilt allgemein noch heute als der Höhepunkt seiner Tätigkeit in Wien.[38] Er hatte, wie wir sahen, schon etwa zehn Jahre früher einen Shakespeare-Zyklus im Hoftheater Weimar inszeniert. Die Burg-Inszenierung sollte seinen früheren Versuch aber in den Schatten stellen. Das lag sicherlich zum Teil daran, daß Dingelstedt jetzt über ungleich reichere Mittel – finanzieller, szenischer und technischer Art – verfügte. Wichtiger war jedoch das unvergleichliche Niveau der Burg-Darsteller, mit denen Dingelstedt hier zusammenarbeitete. Diese waren alle durch die strenge Schule der Laubeschen Wort-Regie gegangen, und es gelang ihnen laut zeitgenössischen Berichten, den beschwörend-poetischen Reichtum der dramatischen Sprache Shakespeares auf meisterhafte Weise auszuschöpfen.[39] Mit sicherem theatralischen Instinkt wußte Dingelstedt diese sprachliche Ausdruckssicherheit der Schauspieler mit den Tendenzen seines stark am Szenischen ausgerichteten Regiestils effektvoll zu verbinden, Bild und Wort in spannungsreicher Interaktion zu halten. Dingelstedts Shakespeare-Zyklus, so meinte schon Hofsekretär Wlassak, stellte »eines der glorreichsten Gedenkblätter in der Geschichte des Burgtheaters« dar. Fast hundert Jahre später bestätigte Heinz Kindermann dieses Urteil und ging sogar noch weiter. In der Inszenierung des Zyklus sei es Dingelstedt gelungen, ein einzigartiges »Gesamtkunstwerk« zu realisieren, das eine unmittelbare und lange anhaltende Wirkung auf das deutschsprachige Theater ausübte.[40]

Vom Ausland her gesehen stammte jedoch das größte, epochale Theater-»Ereignis« des deutschen Theaters in den siebziger Jahren nicht aus Wien, sondern aus der kleinen, bis dahin kaum beachteten thüringischen Residenz Sachsen-Meiningen. Nach dem Riesenerfolg der Truppe des Herzogs Georg II. 1874 in Berlin fanden in den nächsten Jahren umjubelte Gastspiele in fast allen europäischen Hauptstädten statt. Diese erregten jedesmal großes, kritisches Aufsehen und lenkten die Aufmerksamkeit der internationalen Theaterwelt wie nie zuvor auf die deutsche Bühne.[41]

Was hatten die Meininger zu bieten, das Publikum und Kritik auf dem gesamten Kontinent so fesselte und so stark beeindruckte? Diese Frage läßt sich nicht so leicht beantworten. Auf den ersten Blick fällt auf, wie eng der Herzog an den Reformbestrebungen anderer progressiver Theaterleiter anknüpfte. Wie Devrient, Laube oder Dingelstedt war ihm in erster Linie daran gelegen, Theater als selbständige, schöpferische Kunst zu betreiben und seine Tätigkeit somit vom alltäglichen Theatergeschäft abzuheben. Wie seine großen Vorgänger kämpfte der Herzog gegen die Stillosigkeit und den Aufführungsdilettantismus des zeitgenössischen Theaters. Gleichwohl nahmen die Meininger, wie die Kritik immer wieder bestätigt hat, eine ganz besondere Stellung in der Theatergeschichte Deutschlands ein, strebten sie doch wesentlich nach einem neuartigen, stilvollen Realismus auf dem Theater, der zeitgemäß und gleichzeitig herausfordernd wirkte, ohne dabei das Überlieferte preiszugeben.

Dem Wirken des Herzogs lag ein eigenständiges Postulat der Texttreue zugrunde, das er konsequent und in aller Genauigkeit durchzusetzen suchte. Er lehnte grundsätzlich Streichungen ab, und zwar auch dann, wenn sie als traditionell akzeptiert waren.[42] Das war zu dieser Zeit schon etwas Besonderes, aber doch nicht das Entscheidende. Der Herzog wollte nämlich den gesamten Bühnenvorgang – also nicht nur die Handlung, sondern auch die Bühnenausstattung und die Darstellungsformen – unmittelbar aus dem Dramentext herleiten. Seiner Ansicht nach sollten Dekoration, Kostüme, Möbel und Waffen in Übereinstimmung mit den im Text angelegten Indizien historisch echt und detailgetreu entwickelt und bühnenmäßig realisiert werden.[43]

Dieses rigorose Bemühen um eine Bühnenausstattung, die auf geschichtliche Authentizität und Wirklichkeitsnähe ausgerichtet war, führte darüber hinaus zur Ausbildung neuer, realistischer Darstellungstechniken. Der Wille zum Tatsächlich-Lebensechten lief dem tradierten klassizistischen Deklamationsstil zuwider, der die zeitgenössische Bühne beherrschte, und drängte auf die Entwicklung psychologisch differenzierterer Sprechweisen, die ›natürlicher‹ wirkten. Der Herzog beabsichtigte zudem, innovative Formen des passiven Spiels auszubilden, einer subtilen Körpersprache, die das gesprochene Wort begleiten sollte, gleichzeitig über dieses hinausging und ergänzte. Er legte in noch nie gekanntem Maße Wert auf Mimik und Gebärdenspiel, die er als integrierte, dramatische Ausdrucksmittel systematisch einzusetzen suchte. Die erfolgreichen Aufführungen der Stücke Ibsens – vor allem die der ›Gespenster‹ – zeigen, in welch hohem Maße es dem Herzog gelang, diese neuen Techniken auf die Forderungen eines radikalen Realismus hin auszurichten, der die leitenden Traditionen des deutschen Theaters herauszufordern, ja in Frage zu stellen schien. Von hier aus läßt sich die Anerkennung der jungen Naturalisten in den späten achtziger Jahren sehr gut verstehen. Sie begrüßten den Herzog als den großen Erneuerer, der die ersten entscheidenden Schritte unternahm, die Gegenwartsbühne aus dem Verfallenen, Lebensfremden hinauszuführen und sie für die Stürme eines revolutionären, der Wirklichkeit verpflichteten Dramas zu öffnen.

Für Richard Wagner war die Reform des Theaters auch von herausragender kultureller Bedeutung. Seinem Schaffen als Dichter, Musiker und Regisseur lag die Überzeugung zugrunde, daß das Theater »der Keim und Kern aller nationalpoetischen und nationalsittlichen Geistesbildung« sei und daß die Regeneration des Theaters der Erneuerung aller anderen Kunstzweige notwendig vorausgehe. Gleichzeitig erkannte er allerdings auch, daß die Reform des Theaters von der des Dramas nicht zu trennen war und die Überwindung des verfallenen, impotenten »Alltagstheaters« die Ablösung durch das Drama der Neuzeit unvermeidlich mit sich brachte.[44]

Das neue Drama, »das Kunstwerk der Zukunft«, wie Wagner es konzipierte, fand erst im Theater der Zukunft seine Erfüllung. Das »gedichtete Literaturdrama«, das »Wortdrama« – so führte er immer wieder polemisch aus – war in der Neuzeit so abstrakt-intellektualisiert geworden, daß er sich von der eigentlichen Wirklichkeit des Lebens gänzlich entfremdet hatte.[45] Die instinkthaft-archaischen Tiefen der Menschheitserfahrung vermöge es nicht mehr zu erfassen: es könne nur mehr den in sich brüchigen, mit sich und seiner gesellschaftlichen Umgebung zerfallenen, modernen Menschen zum Ausdruck bringen. Sein Musikdrama, wie er etwa in seiner 1850 verfaßten Schrift ›Das Kunstwerk der Zukunft‹ darlegte, gestalte »das von aller Konvention losgelöste Reinmenschliche«, das ursprüngliche Individuum in seiner Schicksalhaftigkeit, und überwinde somit das geknebelte moderne Drama als literarische Form. Nur ein neuartiger Dramentypus, der alle Künste einbezog und schöpferisch zusammenschloß, konnte Wagners großartigen Intentionen gerecht werden. Nur ein Drama, in dem sich Wort, Musik, Mimik und Dekoration organisch zusammenschlossen und gegenseitig erhöhten, konnte die zeitlos-mythischen Tiefen des Seins beschwören, und zwar auf eine Weise, die den Menschen als geistigsinnliche Totalität unmittelbar ergriff und seine verlorene innere Einheit wiederherstellte.[46] Dieses »Gesamtkunstwerk«, wie Wagner es auffaßte, strebte jedoch weit über die Kapazität, die geistigen, sittlichen und technischen Möglichkeiten des zeitgenössischen Theaters hinaus.

Schon 1848/49 schwebte Wagner die Idee eines eigenen Festtheaters vor, und er kam damals sogar dazu, einige Rohentwürfe zu machen. Erst durch die großzügige Hilfe des königlichen Mäzens Ludwig II. und engagierter Freunde wurde es ihm zwei Jahrzehnte später möglich, seinen Traum in die Wirklichkeit umzusetzen.[47] In dieser langen Wartezeit schrieb Wagner jedoch seine großen theoretischen Schriften ›Das Kunstwerk der Zukunft‹ (1850) und ›Oper und Drama‹ (1852), in denen er die künstlerischen Fundamente seines Schaffens zu bestimmen suchte und sich nachhaltig mit dem Konzept eines ›Originaltheaters‹ auseinandersetzte. Als 1872 der Grundstein in Bayreuth gelegt wurde, wußte er sehr präzise, wie das ersehnte Theater beschaffen sein müßte und wie er seine Wünsche durchsetzen könnte. Unter seiner Aufsicht kam drei Jahre später ein Theaterbau zustande, der revolutionär schien und in ganz Europa großes Interesse erregte.

Wagner stellte sein Festtheater sowohl dem Bildungs- wie auch dem Unterhaltungstheater bewußt entgegen. Er entfernte es absichtlich aus dem Großstadtbetrieb in die abseits liegende, ruhige Kleinstadt. Nach griechischem Vorbild faßte er es explizit als Festhaus, als Volkstheater auf. Dementsprechend schloß er grundsätzlich Logen und Ränge aus, um die Einheit des Volkes als Theaterbesucher symbolhaft auszusprechen.[48] Jeder Zuschauer sollte im steil ansteigenden Raum eine gute Sicht auf die Bühne haben. Das hatte auch gewisse künstlerische Vorteile: es sollte die Konzentration des Schauens und Hörens fördern, die Wagner explizit vom Zuschauer forderte.

Von diesem Gesichtspunkt her läßt sich auch seine zweite, wichtige bauliche Neuordnung verstehen: die Versenkung des Orchesters. Wagners Konzeption des Musikdramas setzte die Möglichkeit der organischen Verschmelzung von Ton und Wort voraus. Daher war es ihm von entscheidender Bedeutung, daß der Zuschauer die Musik nicht als selbständige, separat wirkende Kraft empfand. Das versteckte Orchester sollte die Illusion fördern, daß die Musik direkt aus dem Bühnenvorgang entstehe, das Empfinden und Handeln der dramatischen Personen von innen her beseele und ihnen erst zum Ausdruck verhelfe.

Dieses neuartige Festgebäude bildete gleichsam die Arena, in der, wie Wagner selbst es formulierte, »ein zweckmäßig geregeltes Zusammenwirken zweckmäßig geteilter Funktionen« erst vollständig verwirklicht werden konnte. Ihm lag sehr daran, daß sich alle Mitwirkenden der ideellen Konzeption des aufzuführenden Werkes bewußt waren. Zum Beispiel bestand er darauf, daß nur Sänger engagiert wurden, die ausgeprägte schauspielerische Fähigkeiten besaßen und im Singen wie im Darstellen eine »erhöhte Natürlichkeit« anstrebten, die der gängigen Oper fremd war. Aus der gleichen Überzeugung heraus forderte Wagner, daß Dirigent und Regisseur stets aufs engste zusammenarbeiteten und gemeinsam Proben beaufsichtigten.[49] Er verlangte außerdem, daß der Bühnenbildner auf »geistvolle« Weise mitwirke, damit Bühnenbild und -ausstattung auf solch suggestiv-beschwörende Weise mit der Partitur übereinstimmten, daß sich szenische und musikalische Momente möglichst verschmolzen.

Dem allen liegt die gleiche, bestimmende künstlerische Intention zugrunde. Wagner zielt auf eine Konzeption ab, in der Wort und Ton, Rhythmus und Poesie, Mime und Dekoration zu einer organischen, ideal-erhöhenden Einheit gebracht, ins Erhabene gesteigert werden.

Das »Unternehmen« von Bayreuth – so Nietzsche – war etwas Unerhörtes, völlig Unvorhersehbares, »eine erste Weltumsegelung im Reich der Kunst«. Manche haben allerdings bezweifelt, ob es Wagner gelungen ist – oder überhaupt gelingen konnte –, das »Gesamtkunstwerk« im Sinne seiner Konzeption zu realisieren. Dazu reichten, so wurde immer wieder behauptet, seine dichterischen Fähigkeiten einfach nicht aus; von einer Verschmelzung von Musik und Poesie könne nirgends die Rede sein. Wie auch immer Wagners Intentionen geartet waren, sein »Musikdrama« sei über die herkömmlichen Opern-Konzeptionen der Zeit nicht hinausgegangen.[50] Ob man solche Kritik gelten lassen soll oder nicht, darüber werden sich die Kommentatoren wohl immer streiten. Die theatergeschichtliche Bedeutung des Bayreuther »Unternehmens« bleibt aber davon unangefochten. Die »Ring«-Aufführungen von 1876 wie auch die Uraufführung des ›Parsifal‹ im Juli 1882 waren Theaterereignisse ersten Ranges. Sie wurden auf allen fünf Kontinenten eifrig besprochen und wirkten entscheidend auf die Entwicklung des modernen Theaters ein.

III. Reformansätze im Drama des Nachmärz

Die Jahre nach den Umbrüchen von 1848/49 waren für das Drama und Theater sehr ergiebig. Viele neue Werke gelangten zur Aufführung und wurden in vielen Fällen Gegenstand intensiver und anhaltender kritischer Diskussion.[51] In der Rückschau wird deutlich, wie viele der in den fünfziger Jahren erschienenen Dramen sich mit den Themen der Revolution oder sozialer Unruhen befassen. Dazu gehören etwa Ludwigs ›Die Makkabäer‹ (1852), Griepenkerls ›Maximilian Robespierre‹ (1850) und ›Die Girondisten‹ (1852), Freytags ›Die Fabier‹ (1859), Lassalles ›Franz von Sickingen‹ (1859), Brachvogels ›Der Usurpator‹ (1860). In zwei der meistdiskutierten Dramen des Jahrhunderts, Ludwigs ›Der Erbförster‹ (1850) und Freytags ›Die Journalisten‹ (1853) wird die Revolution von 1848 zwar nicht thematisiert, bildet aber jeweils die wesentliche Voraussetzung der Dramenhandlung. Vor allem jedoch begrüßte die deutsche Kritik von Anfang an Hebbels ›Agnes Bernauer‹ (1851) als das größte Drama der Revolution, als einziges dramatisches Werk der Zeit, das die Erfahrung der Revolution ins Tragische zu erheben und dadurch zu verewigen wußte.[52]

An diesen und zahlreichen anderen Dramen der Zeit läßt sich abschätzen, wie tief die Erfahrung der Revolution auf die Dramatik des Nachmärz nachwirkte. Die Nachwirkung ist jedoch in sich widersprüchlich, gebrochen und nur schwer genau bestimmbar. Die Revolutionserfahrung hat auf der einen Seite – so scheint es – das Bemühen um Annäherung von Dramenform und sozialer Wirklichkeit, um verfeinerte realistische Sicht- und Darstellungsweisen intensiviert. Andererseits hat sie gleichzeitig auch ein verstärktes Traditionsbewußtsein wachgerufen und den Wunsch, sich ererbten Formkonzeptionen und Wertvorstellungen anzuschließen. Ein neuer Wille zum Tatsächlich-Sozialen geht im Drama des Nachmärz mit erneuten klassizistischen Bestrebungen Hand in Hand, historische Sachtreue steht auf neue, provozierende Weise einem Drang zu metaphysischer Erkenntnis gegenüber.

Das Dramenwerk Ludwigs und Freytags weist (allerdings in unterschiedlicher Art) diese ungelösten Spannungen besonders deutlich auf. Vor allem Ludwigs jahrelange Bemühungen um seine ›Erbförster‹-Tragödie sind von der Kritik oft als Symptom für die Krisensituation des Dramas überhaupt gewertet worden. Der Konzeption aller Fassungen der Tragödie liegt die bestimmende Erkenntnis der schillernden, mehrschichtigen Motivation zugrunde, die dem idealistischen Drang des Helden nach Gerechtigkeit innewohnen. Im ›Wilddieb‹, der Fassung, an der Ludwig 1845/46 arbeitete, wird klar, daß die Bereitschaft des Protagonisten, sich für einen ihm unbekannten Mann einzusetzen, der ein schreiendes Unrecht erleidet, zugleich mit einer tiefsitzenden Verbitterung gegenüber seinem aristokratischen Herrn verbunden ist, die er sich nicht eingesteht.[53] Solche klassenbedingten Gefühle trüben seine Urteilskraft und treiben ihn denjenigen in die Arme, welche die soziale Unruhe für ihre eigenen egoistischen Zwecke benützen. In der Verbindung mit ihnen kompromittiert sich der Held immer mehr und verrät am Ende seine heiligsten Ideale.

Im Gegensatz zu allen früheren Fassungen versucht Ludwig im ›Erbförster‹, diesen prägenden Zusammenhang zwischen idealistischem Streben und umweltlichem Einfluß, von tragischer Verschuldung und Standesbewußtsein aufzuheben. Es kommt ihm jetzt vor allem darauf an, das Versagen des Helden aus der Einseitigkeit seiner eingeborenen Natur herzuleiten: aus einem »Übermaß des Affektes«, das allen sozialen Bedingungen vorgegeben ist.[54] Im ›Erbförster‹ nimmt Ludwig in entscheidender Weise seine moralisierende Deutung der Tragödie vorweg, die er einige Jahre später in seinen ›Shakespeare Studien‹ ausführlich entwickeln sollte. Er hebt schon hier den innerlichen Prozeß der Selbstverschuldung als den eigentlichen Kern des tragischen Geschehens hervor – einer Selbstverschuldung, die des Handelnden Freiheit voraussetzt und diese letztlich um so strahlender hervorleuchten läßt. Ludwig ist gleichzeitig aber auch ganz eindeutig daran gelegen, die Bühnenhandlung in dem Alltäglichen des Försterlebens zu verwurzeln und allein aus dieser eingehend und liebevoll gezeichneten Welt heraus die unerbittliche Notwendigkeit des tragischen Vorgangs zu entwickeln. Hier wird ein Bruch in Ludwigs Tragödienkonzeption erkennbar, den er nicht zu überbrücken vermochte. Denn obwohl er von seiner ethischen Intention her die dramatische Handlung von umweltlichen Prozessen lösen wollte, begriff er intuitiv deren tiefe Verwurzelung in einer partikularisierten, übermächtigen Umwelt, die von den um sich greifenden Zerwürfnissen der Revolution zerrissen ist – Zerwürfnissen, die in entscheidender Weise noch in den Handlungsverlauf des späteren Dramas eingreifen.[55] Es ist Ludwig nicht gelungen, die metaphysisch-moralische Konzeption des maßlos sich vergreifenden Helden mit seiner Sicht des in unpersönliche soziale Verhältnisse verstrickten Menschen in Einklang zu bringen. Sein realistischer, empirischer Ansatz bestimmte noch in der letzten Fassung der Tragödie seine Auffassung des tragischen Geschehens in so hohem Maße, daß man den Förster in der Kritik weithin als hilfloses Opfer seiner Umwelt ansehen konnte, was Ludwigs hohe Ambitionen als tragischer Dichter geradezu verhöhnte.[56]

Auch in den ›Makkabäern‹ (1852) gelang es Ludwig nicht, diese widersprüchlichen Bemühungen auszugleichen. Hier im Geschichtsdrama scheint er zunächst erneut primär bestrebt, das dramatische Geschehen aus den Gegensätzen einer besonderen, klar umrissenen historisch-sozialen Situation zu entwickeln, die die Erfahrungswelt und das Handeln der Personen in grundlegender Weise bestimmen. In der ersten Hälfte des Dramas etwa untersucht er die Krisenlage des jüdischen Volks, das unter der tyrannischen Herrschaft der Syrer leidet. Die zentrale Gestalt in diesem nationalgeschichtlichen Drama ist Judah. Er ist es, der die Auflehnungswut des unterjochten Volkes in höchster Intensität verkörpert und der den Aufstand gegen die syrische Oberherrschaft mit heroischer Leidenschaftlichkeit vorantreibt.[57] Im Laufe des Dramas aber lenkt Ludwig die Aufmerksamkeit zusehends von diesem kollektiven, geschichtlichen Vorgang ab und erhebt die Gestalt Leas, der fanatischen, betrogenen Mutter, immer mehr zum eigentlichen Träger der tragischen Handlung. Dies bedeutet aber die Verdrängung des entscheidenden dramatischen Prozesses ins Innerlich-Gefühlsmäßige, was wiederum auf das Bemühen Ludwigs zurückgeht, die Verbindung von persönlicher Schuld und Sühne als das prägende Gesetz der tragischen Entwicklung herauszuarbeiten. Dies läßt sich jedoch nur im Schicksal der am Rande des öffentlich-politischen Geschehens stehenden Frau eindeutig aufzeigen.[58] Solche moralische Demonstration, die den partikularen Vorgang ins Allgemeingültige erheben soll, enthüllt jedoch eine Diskrepanz in der Konzeption der Tragödie. Denn die hier als primär hervorgehobene Verknüpfung von moralischem Vergehen und Leiden ergibt sich offenbar keineswegs notwendig aus den bestimmenden Voraussetzungen der Dramenhandlung, wie sie die Exposition darlegt. Sie erscheint vielmehr als eine unwillkürliche und ungewollte Vereinfachung der mehrschichtigen, schillernden Realität des Geschichtlichen: als ein gewaltsamer Versuch des Dramatikers, die Wirklichkeit auf eine ethische Formel zu bringen, sie dadurch zu bändigen.

Kommentatoren haben dem Unsicheren und Unausgeglichenen im Dramenwerk Ludwigs wiederholt eine umfassende epochale Bedeutung zuzusprechen versucht und sie auf die eine oder andere Weise als ein Symptom der Problemlage der Gattung in diesem Zeitraum bewertet.[59] Und sicherlich kann man von diesen Stücken aus – wie immer man sie sonst beurteilen mag – aufschlußreiche Beziehungen zu einigen eigentümlich zerrissenen Dramen der fünfziger Jahre wie etwa Griepenkerls ›Maximilian Robespierre‹ oder Brachvogels ›Der Usurpator‹ oder auch Lassalles ›Franz von Sickingen‹ herstellen.[60] Die Dramen Ludwigs lassen sich jedoch auch zu den im Nachmärz sehr geschätzten Stücken Freytags in Verbindung bringen – vor allem zu den ›Journalisten‹ (1853), einem der meistgespielten Dramen des Jahrhunderts, und zu der historischen Tragödie ›Die Fabier‹ (1859), die sehr bald zum bevorzugten Gegenstand verbreiteter kritischer Diskussion wurden.

In den ›Journalisten‹ konfrontiert Freytag den zeitgenössischen Rezipienten mit einer Situation, die er aus eigener Erfahrung kannte. Christa Barth hat wohl mit Recht darauf hingewiesen, daß der Dramatiker jene Wahlkämpfe, die er selber in Breslau erlebt hatte, als Vorbild für die Komödienhandlung verwendete.[61] Doch ist das eigentlich nebensächlich. Wesentlicher ist, daß Freytag einen Vorgang auf die Bühne bringt, der als eine aktuelle und für das Gesellschaftsleben der Zeit bedeutende Erfahrung aufgenommen werden mußte. Der Dichter läßt keinen Zweifel an der unmittelbaren politischen Signifikanz des vorgeführten Wahlkampfsujets und unterstreicht, daß Oldendorf der einzige Kandidat auf der liberalen Seite ist, der genügend Popularität besitzt, um den Sieg davonzutragen.[62] Ebenfalls schon am Anfang des Dramas wird deutlich, daß Oldendorf als die Verkörperung eines fortschrittlich-weltoffenen Liberalismus und darin als vorbildliche Gestalt vorgeführt werden soll. Doch wird man sich bald bewußt, daß das Positive der liberalistischen Gesinnung des Professors nicht nur von seinen politischen Grundsätzen, sondern mehr noch von seiner tragenden moralischen Grundhaltung herrührt: von seiner Toleranz und dem Respekt den Mitmenschen gegenüber, egal ob sie seine politischen Anschauungen teilen oder nicht. Gerade die Kraft dieses optimistischen, menschenliebenden Vertrauens ist es, die Oldendorf eigentlich zur mustergültigen Figur macht – eine Kraft, die sich in der Überzeugung äußert, daß Einzelmenschen, und nur Einzelmenschen, die Macht haben, die Welt von Grund auf zu erneuern. Vom zweiten Akt an wird in der Tat immer klarer, daß dies den Kern von Freytags Aufruf an seine Zeitgenossen bildet. Er will zeigen, daß die Regenerierung der Gesellschaft nicht von oben – von Parteiführern, Programmen oder Institutionen – bewirkt werden kann; sie ergibt sich nur aus der täglichen Zusammenarbeit unzähliger, sich verpflichtender Individuen, die sich für die Ideale der Versöhnung und des Fortschritts einsetzen. Freytags Versuch, hinter das Öffentlich-Politische zu kommen, wird an allen entscheidenden Stellen der dramatischen Handlung sichtbar. Es läßt sich etwa an der Art und Weise erkennen, in der Bolz seinen Kollegen Oldendorf dem einflußreichen Wahlmann Piepenbrinck als gültigen Kandidaten vorführt.[63] Noch expliziter kommt es im Glaubensbekenntnis Oldendorfs im dritten Akt zum Ausdruck. Vom Gesellschaftlichen her – so behauptet Oldendorf – sind die politischen Ansichten oder Zwecke des Individuums keineswegs das Entscheidende, nicht einmal die Frage danach, inwiefern seine Zwecke sich realisieren lassen. Wesentlich sei vielmehr nur die innere Entschlossenheit des einzelnen, dem zersetzenden Skeptizismus der Zeit entgegenzuwirken und sich der Vision einer besseren Welt zu verpflichten.[64]

Durch die Gestalt Oldendorfs scheint Freytag das innerliche ethische Bestreben des Individuums als den Grund des wahrhaften sozialen Fortschritts zu verkünden, und zwar auf eine Art, die Entwicklungen im politischen und institutionellen Bereich eine sekundäre Bedeutung zumißt. Was sich hier als menschengläubiger, konstruktiver Optimismus gebärdet, entspringt jedoch einer tiefen politischen Resignation, der sich Freytag gar nicht stellt. Dies zeigt sich vor allem daran, daß er dem zentralen Problem gänzlich aus dem Wege geht, wie dieses edle innere Streben des einzelnen in überindividuelle, realpolitische Wirklichkeit umzusetzen ist. Sein Konzept bleibt im Innenpersönlichen und im engen Zwischenmenschlichen verhaftet. Im Grunde bestätigt dies auch die komische Lösung des Stückes: sie geht keineswegs aus einem Annähern der entgegengesetzten politischen Standpunkte oder gar aus vertieftem gegenseitigem Respekt der Parteivertreter hervor. Die Versöhnung, die wohl auf die nationale und soziale Einheit symbolisch vorausdeuten soll, vollzieht sich im Rahmen der persönlichen, intimen Verhältnisse und hat nahezu keine Auswirkung auf das kollektive Leben der Gesellschaft.

In der historischen Tragödie ›Die Fabier‹ (1859) versucht Freytag auf polemisch-direkte Weise die letztlich bestimmende Macht des moralisch handelnden Menschen zu demonstrieren. Das im 3. Jahrhundert in Rom spielende Drama stellt den blutigen Kampf zwischen dem aristokratisch-traditionsgebundenen Fabier-Geschlecht und der aufsteigenden, strebsamen Bürgerklasse dar, welcher den römischen Staat völlig zu untergraben droht.[65] Freytag hebt dieses Drama bewußt vom klassizistischen Tragödientypus ab, denn er will vor allem zeigen, daß diesem schrecklichen Bürgerkrieg jeder höhere Sinn mangelt, da er weder geschichtlicher Notwendigkeit noch gar einer Schicksalsmacht unterliegt, sondern einzig und allein der Unwissenheit und dem Selbstbetrug der oppositionellen Fraktionen entspringt.

Besonders in den Anfangsszenen des Stücks bemüht sich Freytag, die seltsame, sich steigernde Dynamik dieses Kampfes zu beschwören und zugleich die sozial-historischen Ursachen der eingefleischten gegenseitigen Feindschaft auf prüfend-analytische Weise zu ergründen. Im Laufe der Handlung sucht Freytag aber immer offensichtlicher über die deterministische Perspektive hinauszugelangen und die potentielle Freiheit der Handelnden aufzuzeigen – die Möglichkeit des Individuums, sich vom Zwang des Vorurteils und des Klassenegoismus zu befreien und zur Selbsterkenntnis durchzustoßen. Die Handlung wird deshalb auch zunehmend in das Innerlich-Ethische verlegt, das als der alle relativierenden Geschichts- und Umweltmächte transzendierende Bereich erscheint.[66] Konsequent werden aus diesem Bereich heraus am Ende des Dramas auch die Mächte der Zerstörung überwunden. Das Geschehen gipfelt in der freien, sich selbst opfernden Tat des Caeso Fabius, des Führers des Geschlechts, welcher die Bürger Roms unerbittlich zur Selbstbesinnung und Umkehr ermahnt. Die eigentümlich befreiende Kraft dieses heroischen Freitods gründet in dem Aufscheinen der unabdingbaren Verbundenheit aller Römer, die jenseits aller Sippen- oder Klassenzugehörigkeit das eigentliche Fundament des Staates bildet.[67] Diese Erkenntnis fundamentaler Verbundenheit mit den Mitbürgern wird als ethischer Akt begriffen. Sie erfordert vom einzelnen die positive Selbstverpflichtung zu einem Ideal des Staates, das den partiellen Loyalitäten und Interessen übergeordnet ist.

In der Dramendiskussion im Nachmärz nahm jedoch Hebbels ›Agnes Bernauer‹ eine ganz besondere Stellung ein. Das Bemühen der meisten Kritiker, die überragende Bedeutung dieses Werks zu betonen, es gar als den einzigen gelungenen Versuch der Fortführung der klassischen deutschen Tragödientradition herauszuheben, hat zu der fatalen Tendenz geführt, es isoliert von den anderen Dramen der Zeit zu betrachten und somit von zeitgenössischen literarischen Entwicklungen abzutrennen.

Hebbels Beschäftigung mit dem Bernauer-Stoff ging, wie er selbst verdeutlicht, aus der unmittelbaren Erfahrung der 48er-Revolution hervor.[68] Die politisch-sozialen Gegensätze der Gegenwart waren es vor allem, die ihn zur schöpferischen Auseinandersetzung mit der Krise des bayerischen Staates im 16. Jahrhundert führten. Hier gelang es ihm in der Tat wie in keinem seiner früheren Dramen, die sich überschneidenden religiösen, ökonomischen, politischen und sozialen Spannungen mit scharfem analytischem Spürsinn aufzudecken und die Vorgänge als eine vielschichtige, gewaltsam explodierende Sozialkrise zu erfassen. Wie die Kritik immer wieder bestätigt, ist es Hebbel in ganz einzigartiger Weise gelungen, die Realität der zerrissenen bayerischen Gesellschaft der Zeit mit analytischer Intensität darzustellen.[69]

Damit eng verbunden ist das Bemühen Hebbels in ›Agnes Bernauer‹ um die Bedeutung des Politischen. Dies wird erst recht ersichtlich, wenn man die Konzeption des Stückes mit der des Dramas ›Herodes und Mariamne‹ vergleicht, das Hebbel noch während der Unruhen von 1848 fertigstellte. Die politische Macht, wie er sie dort konzipiert, negiert jede moralische Wertung.[70] Sie wird einzig und allein aus der Perspektive des politisch Handelnden aufgefaßt: als Ausdruck eines inneren Zwanges, der unwiderstehliche Kraft besitzt, der aber unergründlich ist und sich vom Rational-Ethischen her nicht begreifen läßt. Der römische Oberlehnsherr Antonius, Alexandra, die makkabäische Königin, Herodes, der König Judas, Sameas der Pharisäer, die Führer der verschiedenen fanatischen Sekten – sie alle werden vom gleichen zwanghaften Willen getrieben, ihre Macht einer übermächtigen, dunkel-unberechenbaren Welt aufzudrängen. Dieser Wille erscheint aber bei jeder Gestalt als triebhaft und blind, als jedem ethischen Wertanspruch und Ziel grundsätzlich fremd.

Betrachtet man dagegen die Konzeption der ›Agnes Bernauer‹, so wird deutlich, wie sehr Hebbel sich hier darum bemüht, die reduktive Auffassung der politischen Machtausübung zu überwinden und sie vom Ethischen her zu erfassen. Die unmittelbare Voraussetzung des tragischen Konflikts liegt in den politischen Spannungen, die das Staatsgebilde zu sprengen drohen, genauer: in dem Machtstreben der drei konkurrierenden Herzöge.[71] Der regierende Herzog Ernst übertreibt nicht, wenn er Bayern mit einem Pfannkuchen vergleicht, um den hungrige Hunde kämpfen. Sowohl Rudolf von Ingolstadt als auch Franz von Landshut versuchen längst, ihre Machtansprüche zu behaupten, und warten schon auf eine günstige Gelegenheit, die Autorität Herzog Ernsts herauszufordern. Die zunächst geheimgehaltene, unerwartete Hochzeit zwischen Albrecht, dem einzigen Sohn Ernsts, und der Badertochter Agnes Bernauer, kommt den machtgierigen Herzögen gerade recht, denn sie stellt die Legitimität der Erbfolge in Frage. In dem Versuch, die Situation zu stabilisieren, geht Ernst so weit, Albrecht zugunsten seines jungen kränklichen Neffen Adolf zu enterben. Aber auch dieser verzweifelte Schritt bleibt vergebens. Der Neffe stirbt, und Bayern steht plötzlich am Rande eines entsetzlichen Krieges, in dem, wie Ernst erkennen muß, Tausende von unschuldigen Menschen ums Leben kommen werden und das Land schrecklich verwüstet werden wird. Er sieht, daß allein die Annullierung der Verbindung von Albrecht und Agnes diesen Krieg verhindern kann. Doch weder Drohung noch Verlockung bringen Agnes von ihrer Liebe zu Albrecht ab. Ernst muß daher die entsetzliche Entscheidung fällen, das unschuldige Mädchen zu opfern:

⟨...⟩ im Namen der Witwen und Waisen, die der Krieg machen würde, im Namen der Städte, die er in Asche legte, der Dörfer, die er zerstörte.[72]

Doch zunächst sieht es so aus, als ob dieser schreckliche Gerichtsmord nichts fruchtet. Er löst in Albrecht fürchterliche Rachegefühle und Zerstörungswut aus, die ihn in eine Allianz mit Rudolf treiben, welche das ganze Land zu verwüsten droht. Erst die Begegnung von Vater und Sohn auf dem Schlachtfeld führt zur entscheidenden inneren Wandlung Albrechts, die ihrerseits die tragische Versöhnung ermöglicht. Dieser Läuterungsprozeß ist von ganz zentraler Bedeutung für die Konzeption der Tragödie: er bildet den Höhepunkt des dramatischen Geschehens und umgreift die ethisch-ideologische Tendenz, auf die hin das ganze Drama angelegt ist. Die künstlerische Gestaltung dieses Prozesses bereitet dem Dichter jedoch große Schwierigkeiten. Das Problem liegt in der Weltanschauung Herzog Ernsts. Hebbels Konzept arbeitet ja mit der Voraussetzung, daß der Herzog seinen Sohn von der souveränen Bedeutung des Staats als wert- und ordnungsschaffender Instanz überzeugen kann.[73] Aber gerade dieses rational-ethische Argument vermag Hebbel nicht aus den geschichtlichen Zusammenhängen der Dramenhandlung zu entwickeln. Denn Ernsts Auffassung vom Staat beruht auf der bestimmenden Einsicht von der letztlichen Zufälligkeit der Welt, von deren Bedrohung durch Sinnlosigkeit und Chaos – eine Einsicht, die sich mit dem mittelalterlichkatholischen Weltverständnis des Herzogs des 16. Jahrhunderts in keine klare Verbindung bringen läßt, die andererseits aber die tragische Existenzphilosophie Hebbels allzu eindeutig offenbart.

Bezeichnend für all diese Dramen des Nachmärz ist zunächst ein Zug zu einem differenziert-kritischen Realismus, der über die Dramatik der vierziger Jahre weit hinausführt. In den besprochenen und in zahlreichen anderen Werken bemühen sich die Dichter – jeder auf seine Weise –, eine historisch-gesellschaftliche Situation naturgetreu und detailecht nachzuzeichnen und aus deren inhärenten Gegensätzen heraus die Dramenhandlung herzuleiten. In keinem dieser Werke wird der analytische Ansatz jedoch konsequent durchgeführt. Jeder Dramatiker versucht vielmehr, die realistisch-empirische Sicht mit einer erhöhend-verallgemeinernden Auffassungsweise zu verquicken, um auf ganz innovative Art eine Dramenkonzeption zu realisieren, in der Wirklichkeitsbezüge zu einer verklärenden metaphysischen Lebensvision erhoben sind. Diese Bemühungen um eine vielfältige, komplexe und doch völlig integrierte Dramenform münden freilich alle ins Ungelöst-Widersprüchliche. Denn in jedem dieser Werke führt (allerdings auf unterschiedliche Art) der Versuch zur Subsumierung des Realistischen eigentlich zu dessen Aufhebung: die Beschwörung metaphysischer Bedeutungszusammenhänge zerstört schließlich den analytischen Ansatz. Der innere Zusammenhang von Schuld und Sühne, der Shakespearesche »Ideal-Nexus«, von dem her Ludwig sein Sozialdrama zur Allgemeingültigkeit zu erheben versucht, verschlingt letzten Endes sein Bemühen um das Tatsächlich-Gesellschaftliche. Das Geschehen in Freytags Dramen führt ebenfalls zur Verkündung von Wertbindungen, die als zeitlos-allgemein erscheinen, die aber mit der historisch bedingten Welt des jeweiligen Werkes in keiner notwendigen Beziehung stehen und deren Geschichtlichkeit übersteigen. Der Versuch Hebbels in ›Agnes Bernauer‹, aus den politisch-sozialen Gegensätzen Bayerns im 16. Jahrhundert den unerbittlichen tragischen Konflikt zu entwickeln, widerspricht, wie wir gesehen haben, seiner spezifisch neuzeitlichen Anschauung des Tragischen, die die Einsicht in das metaphysische Preisgegebensein voraussetzt. In allen Fällen wird auf die eine oder andere Weise eine empirische Auffassungsart, die die Konzeption des Dramas zunächst zu bestimmen scheint, von einem imaginativen Bestreben negiert, das auf letztlich metaphysische Lebensbezüge abzielt. Von der Untersuchung dieser Werke her wird, wie mir scheint, die Krisenlage des Dramas in der Jahrhundertmitte klar ersichtlich. Obwohl diese Dramatiker und andere, wie Griepenkerl, Brachvogel und Lassalle, unter dem Druck der Zeiterfahrung und angeregt von Entwicklungen im zeitgenössischen Roman nach realistischen, sozialbezogenen Dramenformen strebten, gelang es ihnen nicht, dieses Streben mit bestimmenden Moralkategorien zu verbinden, die sich der relativierenden analytischen Erfassungsweise entzogen und widersetzten und damit diese progressive Tendenz unterminierten, aufhoben und unterdrückten.

IV. Entwicklungen des populären Dramas

Die Revolution von 1848 rief die Hoffnung auf eine Entwicklung neuer, populärer Dramenformen wach, die das gewachsene Selbstbewußtsein des Volkes artikulieren und bestätigen könnten.[74] Diese Hoffnungen sollten jedoch recht bald verebben. In Deutschland waren eigentlich nur in Berlin Ansätze zu einer vitalen politischen Posse zu erkennen, und diese führten, wie man bald einsehen mußte, keineswegs zur Entwicklung neuer lokaler Traditionen des Volksstücks. Einige Dramatiker wie etwa Glaßbrenner, Kalisch, Hopf oder Cohnfeld bemühten sich allerdings eine Zeitlang darum, das populäre Theater als politisch-satirisches Organ zu nutzen. Dieser Drang zum polemischen Zeitkommentar ließ aber fast immer jede künstlerische Absicht vermissen. Die Dramatiker übernahmen allerlei Kurzformen vom Pariser Boulevardtheater und versuchten sie ohne wesentliche Modifizierung einzusetzen. Satirische Genrebilder, Einakter, politische Revuen und aktuelle Dialoge gediehen eine kurze Zeit lang auf allen populären Bühnen.[75] Man gab sich allerdings keine Mühe, diese übernommenen Formen den lokalen Verhältnissen anzupassen, sie aus der besonderen politisch-sozialen Situation Berlins heraus neu zu konzipieren. Man brauchte sie bloß, um Aktuelles auszusprechen und zu kommentieren, und als das Interesse des vornehmlich kleinbürgerlichen Publikums für politische Zeitfragen sehr bald merklich nachließ, verschwanden diese »Eintagsfliegen« (Meyer) von der Bühne und gerieten sofort in Vergessenheit.

In Wien war die Situation jedoch anders. Die Traditionen des Volksdramas waren hier viel tiefer verwurzelt und erreichten im Werk von Johann Nestroy sogar einen neuen Höhepunkt. Nestroy war auch nach den Revolutionsereignissen im Sommer 1848 auf einzigartige schöpferische Weise bestrebt, die Volksbühne zum Vehikel der Zeitgeschichte zu machen, und in ›Freiheit in Krähwinkel‹ gelang es ihm in der Tat, eine gänzlich neuartige politische Posse zu schaffen.

Nestroy versuchte in diesem Werk die Freiheit von allen Zensurbeschränkungen dazu zu nutzen, die Revolutionsvorgänge, wie sie sich vom 13. März bis zum 27. Mai in Wien ereignet hatten, nochmals in der konventionellen Possenstadt Krähwinkel stattfinden zu lassen. Nestroy wollte also auf sehr eigenständige Art das Lokalstück für die Revolutionserfahrung öffnen und die großen Bewegungen der Gegenwart in der tradierten Possenform einfangen. Aktuelle Zustände und Vorgänge werden hier unvermittelt auf die Bühne gebracht. Nestroy zeigte das despotische Beamtentum der Metternichschen Ära, die Sehnsucht des Volks nach Freiheit, die Austreibungen der Ligorianer und die Beteiligung der Studenten an den Straßenaufständen.[76] Darüber hinaus gelang ihm auch durch »die überlegene und überlegende« Hauptgestalt Ultra, Kritik am absolutistischen Herrschaftssystem zu üben und ein weitreichendes Geflecht von politisch-sozialen Bezügen zu erfassen. Es liegt hier in der Tat, wie ein zeitgenössischer Rezensent meinte, »eine Geschichte, ein Dokument aus Österreich« vor.

Nestroy verlegt die Ereignisse der Revolution jedoch in die den Zuschauern vertraute Scheinwelt des Schwankes. Diese sollten sich darüber im klaren sein, daß Krähwinkel eigentlich Wien ist, dabei aber auch erkennen, daß es ebenso die traditionelle, lachhafte Kleinstadt der Posse darstellt, die gewissermaßen jenseits der Zerwürfnisse der Zeitgeschichte bleibt. Alle »Revolutionselemente«, die »in dem glorreichen, freiheitsstrahlenden Österreich« ausgefochten wurden, mögen wohl in Krähwinkel vorhanden sein, aber eben in einer grotesk verkleinerten und eher lächerlichen Form. Diese ironisch herabsetzende Sicht der Revolutionsereignisse wird noch verstärkt durch deren Verzahnung mit den Vorgängen einer banalen Possenintrige. Auf der Bühne buhlen die Revolution und eine traditionelle Liebesgeschichte stets um die Aufmerksamkeit des Zuschauers. Die demaskierend-relativierende Tendenz von Nestroys Zeitsatire wird hier unverkennbar.

Obwohl Nestroy dem absolutistischen Regime offensichtlich sehr kritisch gegenübersteht, zielt er letztlich darauf ab, die dem Verhalten aller politisch Handelnden zugrunde liegende Unvernunft zu enthüllen – eine Unvernunft, die eigentlich jede Möglichkeit eines politisch-sozialen Fortschritts zweifelhaft erscheinen läßt. Das immer klarer werdende Streben Ultras, jegliche Form von Beschränkung zurückzuweisen, wirkt schließlich genauso erschreckend und gar unmenschlich wie der Versuch der Reaktionäre, alle Freiheitsimpulse mit Gewalt zu unterdrücken.[77]

Es gelingt Nestroy in ›Freiheit in Krähwinkel‹ in herausfordernder Weise, Schwankform und politische Satire in ein provozierend verunsicherndes Spannungsverhältnis zu bringen. Aktualitätsstreben und Posse scheinen sich in der Tat gegenseitig in Frage zu stellen. Denn so wie er die Brutalität der Revolutionsereignisse auf die Bühne bringt, so hebt er im Grunde die konventionelle Welt der Posse auf; indem er aber andererseits das Irrationale und Verworrene aller Beteiligten bloßlegt, setzt sich – so scheint es – die Überlegenheit der absurd-lachhaften Possenwelt gegenüber der Zeitwirklichkeit durch.

›Freiheit in Krähwinkel‹ bildet den letzten Höhepunkt von Nestroys Schaffen als Volksdichter. Ein solch prüfend-provozierendes Ineinander von polemischer Zeitspiegelung und Possenhandlung, von unmittelbarer Gegenwartsdarstellung und Theaterfiktion sollte ihm nicht mehr gelingen. Schon in seinen nächsten bedeutenden Werken ›Lady und Schneider‹ (1848) und ›Der alte Mann mit der jungen Frau‹ (1849) schränkte sich sein satirisch-politisches Engagement sehr stark ein. Er begnügte sich in beiden Werken damit, nur Teilaspekte der Revolution anzuvisieren, die er nur lose mit einer konventionellen Handlungsstruktur zu verbinden suchte. In ›Lady und Schneider‹ war seine zeitkritische Absicht besonders schwach ausgeprägt. Er war hier im Grunde nur darauf aus, den Opportunismus des Heugeig'n zu entlarven, der die Stichworte und Attitüden der Revolution für seine eigenen Zwecke sehr geschickt auszunützen wußte.[78] Diesen satirischen Zweck hat Nestroy jedoch nicht in eine geschlossene Bühnenhandlung umzusetzen vermocht. Der Heugeig'n, der von der politisch-sozialen Tendenz her als ein sich schlau durchsetzender Handelnder erscheint, fungiert im Possengeschehen noch als ein komischer, in unübersichtliche Intrigen verstrickter Mensch, der mit seiner Situation nie recht ins reine kommen kann.[79]

Nestroy wurde sich dieses Widerspruchs wohl auch sehr bald bewußt, denn er wandte sich in ›Der alte Mann mit der jungen Frau‹ der wirklichkeitsnäheren, solideren Form des Volksstücks zu. Hier war es ihm möglich, seine politisch-satirischen Betrachtungen auf differenziertere Art darzulegen und sie der realistischer anmutenden Handlung eines Familiendramas anzunähern. Die Handlung in diesem Stück entspringt einer zweifachen Krisensituation: den Spannungen, die sich daraus ergeben, daß Kern einem politischen Gefangenen in seinem Haus Obdach gewährt, und gleichzeitig denjenigen, die in dem Verhältnis des sechzigjährigen Kern mit seiner jungen, indiskreten Frau begründet liegen.[80] Diese Krisen werden kaum in Beziehung zueinander gebracht. Im ersten Teil des Dramas handelt es sich hauptsächlich um die Frage nach dem Verhältnis des einzelnen zum Staat und besonders nach seiner Haltung jenen Gesetzen gegenüber, die er für ungerecht hält. Vom zweiten Akt an steht aber die emotionale Verwirrung Kerns im Mittelpunkt des Interesses, wie dieser mit der Erkenntnis der Untreue seiner Frau zurechtzukommen sucht.[81] Es ist bemerkenswert, daß Nestroy versucht, die innere Krise seines Helden in eine allgemeinmenschliche Perspektive zu rücken und sie also – bewußt oder unbewußt – vom Einfluß bestimmter zeitgeschichtlicher Verhältnisse zu lösen.

Diese beiden Werke wurden unter dem Druck der wiedereingesetzten Zensurkontrolle geschrieben, und dies hat sich ohne Zweifel auf ihre Konzeption ausgewirkt. Wie auch immer, diese Einschränkung der Möglichkeiten zur Zeitsatire fällt mit einem merklichen Nachlassen der schöpferischen Kraft Nestroys zusammen.

Nach der Jahrhundertmitte verfiel das Wiener Volksstück zusehends. Das Niveau der neuen Werke, die über die Bühne gingen, schien immer tiefer zu sinken, und als das Publikum auf den Vorstadttheatern weltoffener und anspruchsvoller wurde, wandte es sich mehr und mehr vom Lokalstück ab und schenkte der neu erschienenen, einnehmenden und vor allem modischeren Operette seine Gunst.[82] Bezeichnend für diese Wendung ist, daß es gerade Nestroy war, der 1858 als erster die Operette Offenbachs auf die Wiener Bühne brachte. Der Erfolg Offenbachs beim Publikum war unmittelbar und beinahe überwältigend. In wenig mehr als einem Jahrzehnt wurden rund fünfzig seiner Werke in Wien aufgeführt. Der Triumph Offenbachs gab sicherlich den entscheidenden Anstoß zur Entwicklung besonderer, immer populärer werdender Wiener Operettenformen. Zunächst mit Suppé und dann vor allem mit Johann Strauß feierte die Operette in den nächsten Jahrzehnten einen strahlenden Siegeszug auf den Bühnen Wiens.

Der riesige Publikumserfolg der Operette führte weitgehend zur Verdrängung des Lokalstücks aus den Repertoires der meisten Vorstadttheater. Er wirkte aber auch auf das Werk der Lustspiel- und Volksstückdichter der Zeit, die zunehmend der flotten Leichtigkeit und unverbindlich-vergnügten Stimmung der Operette nachzueifern suchten.[83] Nur Friedrich Kaiser gelang es – allerdings in beschränktem Maße –, der Trivialisierung der Wiener Volksbühne entgegenzuarbeiten. Von 1831 bis zu seinem Tode (1874) schrieb er etwa einhundertfünfzig Stücke, und obwohl er offenbar stets unter dem Druck der Massenproduktion litt, bemühte er sich, zeitnähere realistischere Formen des Volksstücks zu entwickeln, die die immer tiefer werdende Kluft von Volksbühne und sozialer Wirklichkeit zu überwinden vermöchten. Diese Versuche Kaisers blieben jedoch recht zaghaft und führten eigentlich über das Versöhnlich-Sentimentale des herkömmlichen Familienstücks Ifflandscher Art kaum hinaus. Zu neuen, zeitgemäßen Formen des Volksdramas ist er nicht vorgedrungen.[84]

Das Werk Kaisers hat trotzdem in sehr fördernder Weise auf Ludwig Anzengruber eingewirkt. Wie er selbst bekannte, hatte Anzengruber am Anfang seiner Karriere in dem Werk seines Vorgängers die Möglichkeiten zu einem regenerierten, radikalen Volksstück erblickt und daraus entscheidende Anregungen gezogen. Schon in den sechziger Jahren hatte er sich den Traditionen des populären Dramas verschrieben, der einzigen Dramenform, die, wie er glaubte, dem ganzen Volke gehörte und alle Zeitgenossen ansprechen konnte. Wie Kaiser ging er von der Erkenntnis des Verfalls des Volksdramas aus. Anzengruber sah aber viel deutlicher als dieser, daß das Volksstück nur dann eine neue sozialkritische Bedeutung erlangen konnte, wenn es in der Lage war, sich die vom realistischen Roman entwickelten Methoden der Menschen- und Milieudarstellung zu eigen zu machen und sie auf bühnenwirksame Weise auszunützen.[85] Nur durch eine solche Vereinigung von empirischen und konventionellen Mitteln könne das Volksdrama wieder zu einem ernstzunehmenden Genre werden und noch im späten 19. Jahrhundert eine radikale volksaufklärerische Funktion erfüllen. Es ist allerdings zweifelhaft, ob Anzengruber je den problematischen Charakter dieser Konzeption eines zeitkritischen, polemischen Volksstücks voll erkannte. Sicher ist, daß sein Streben nach Dramenformen, die gleichzeitig ergreifend und tendenziös, analytisch und noch konventionell waren, ihn vor große intellektuelle und künstlerische Schwierigkeiten stellte, mit denen er nie recht fertig werden konnte.

Zu seinen Lebzeiten hielt man Anzengrubers in den frühen siebziger Jahren verfaßte Bauerndramen wie ›Der Meineidbauer‹ (1871), ›Die Kreuzelschreiber‹ (1872) und ›Der G'wissenswurm‹ (1874) für seine eigentliche Leistung als Volksdichter. In diesen Werken lag ihm daran, das oft in der Literatur der Zeit sentimentalisierte Bauernleben aus extrem kritischer Sicht darzustellen. Er versuchte im bewegten Bühnengeschehen zu zeigen, wie eine autoritäre, herrschsüchtige Kirche den scheinbar angeborenen Aberglauben der Bauern ausnützte, um diese in tiefer geistiger Abhängigkeit zu halten. Diese angriffslustigen Werke, die Anzengruber in ständige Auseinandersetzungen mit den Zensurbehörden verwickelten, etablierten seinen Ruf als kontroversen, polemischen Volksdramatiker.[86] Aber obwohl diese Bauernstücke sofort großen Anklang beim zeitgenössischen Publikum fanden und lange Zeit ihre Popularität bewahrten, waren es eigentlich seine weniger beachteten in Wien spielenden Dramen, die die Grenzen des deutschsprachigen Dramas erweiterten. In diesen Werken bemühte sich Anzengruber als erster, Geldgier und Statussucht als die unerbittlich treibenden Kräfte des Großstadtlebens zu enthüllen. Er versuchte in Dramen wie ›Elfriede‹ (1872), ›Die Tochter des Wucherers‹ (1873) und ›Alte Wiener‹ (1879) das Verstricktsein des einzelnen in die ökonomisch-sozialen Prozesse einer aus den Fugen geratenen Gesellschaft aufzuzeigen – Prozesse, die dieser nicht übersehen oder verstehen kann. Als Moralist wollte Anzengruber jedoch gleichzeitig nachweisen, daß das Individuum über seine sozialpsychologische Gebundenheit hinauswachsen könne. Letztlich ist es seine Absicht, den Zuschauer als ethische Person anzusprechen: ihn zur befreienden Einsicht in seine Abhängigkeit von unpersönlichen gesellschaftlichen Mächten zu führen, so daß er sich der in dieser Einsicht liegenden Möglichkeit der Selbstentdeckung und -erneuerung voll bewußt werde. Gerade in diesen weiterführenden Werken werden jedoch die Diskrepanzen, die Anzengrubers ganzes Werk durchziehen, besonders auffällig. Sie lassen sich in struktureller Hinsicht vor allem an dem Bruch zwischen Exposition und Handlung erkennen: zwischen der Analyse bestimmender Sozialbedingungen und den Vorgängen, die (oft auf recht krude Weise) zur inneren Umkehr der Hauptperson führen. Häufig scheinen hier die ererbten lässigen Handlungsschemata des Volksstücks ja in direktem Widerspruch zur differenziert eindringenden Diagnose gesellschaftlicher Prozesse zu stehen. Nur in ›Das Vierte Gebot‹ (1876) gelang es Anzengruber, diesen Widerspruch zu überwinden. Hier wird die Analyse bestimmender Umweltkräfte zum dynamischen, hinreißenden Dramengeschehen.

Die zum Scheitern verurteilte Ehe von Hedwig Hutterer und August Stolzenthaler erscheint in diesem Stück als zentrales Symbol einer total verfallenden Gesellschaftswelt. Die Ehe, die von den Vätern der Familien als vorteilhaftes Geschäft arrangiert wurde, stürzt alle dramatischen Personen ins Unglück. Aus der Verbindung geht ein kränkliches Kind hervor, das die genetische Degeneration seines Vaters in sich trägt und nach einer kurzen qualvollen Existenz stirbt.[87] Die Schalanters, eine verkommene Handwerkerfamilie, die von Stolzenthaler ökonomisch völlig abhängig ist, möchte von dieser unglücklichen Ehe für sich profitieren. Sie machen Stolzenthaler auf Hedwigs (in Wirklichkeit ganz harmlosen) erneuten Kontakt mit ihrem ehemaligen Liebhaber, Frey, aufmerksam und geraten mit diesem zuletzt selbst in einen erbitterten Streit. Es kommt zu einer Schlägerei, in der Frey von dem jungen Martin Schalanter erschossen wird.[88]

Auch in diesem sehr pessimistischen Stück fordert Anzengruber den Zuschauer auf, seine Verstrickung in moralisch zerrüttende Umweltprozesse zu erkennen und sich daraus zu befreien. Im ›Vierten Gebot‹ wie auch in seinen anderen Dramen gilt das ethische Anliegen Anzengrubers aber eigentlich nur dem Innenleben des Einzelnen. Von der Erneuerung der Institutionen oder Klassenstrukturen der Gesellschaft durch politische Mittel ist nirgends die Rede.

Sowohl in der Gestaltung des Bühnengeschehens als auch in der Behandlung der Sprache wurzeln diese Dramen in der Tradition des Wiener Volksstücks. Es läßt sich jedoch auch – besonders im ›Vierten Gebot‹ – klar erkennen, daß Anzengruber in ganz neuartiger Weise bestrebt war, das Drama als Organ ökonomisch-sozialer Kräfte aufzufassen, die weit über die Vorgänge auf der Bühne hinausdringen und das Handeln des einzelnen zu bestimmen drohen. In dieser Erprobung originaler Formmöglichkeiten, die er freilich nie gänzlich ausführen konnte, ist Anzengruber in der Tat, wie Julius Bab behauptete, der bedeutendste »Sturmvogel« des Naturalismus.

Die Bemühungen Anzengrubers um ein radikal sozialkritisches Volksstück haben bekanntlich keine Nachfolger gefunden. Mit ihm geht, wie man immer wieder festgestellt hat, die Tradition des Wiener Volksstücks zu Ende. Zu dieser Zeit gingen allerdings recht viele andersartige Gegenwartsdramen über die deutschen Bühnen, Dramen, die ebensosehr auf Aktualität und unmittelbare gesellschaftliche Relevanz Anspruch erhoben. Ein neuartiger Dramentypus – das Sitten- und Salonstück – hatte sich schon in den sechziger Jahren mit großem Erfolg im deutschen Theater eingebürgert und wurde im Laufe des nächsten Jahrzehnts zum unentbehrlichen Bestandteil des Repertoires vieler Hof- und Stadtbühnen. Diese Werke entstanden unter dem prägenden Einfluß französischer Vorbilder und bemühten sich vor allem, den zweideutig-pikanten Ton und die fragwürdige Atmosphäre der Pariser Halbwelt im deutschsprachigen Theater zur Geltung zu bringen.[89] Sie verdrängten bald die heiteren, jetzt naiv anmutenden Komödien von Benedix und die ehemals auch sehr beliebten Familiendramen der Birch-Pfeiffer von ihrer Vorrangstellung im Theater der siebziger und achtziger Jahre. Paul Lindau war es, der diese Nachahmungsmode in Gang setzte. Er war nach Paris gegangen, um die Werke der bekannten Sozialdramatiker, vor allem Dumas und Augier, an Ort und Stelle zu studieren, hatte dann mit großem Erfolg einige dieser Dramen für die deutsche Bühne übertragen und arrangiert, um dann schließlich selbst als strebsamer zeitgemäßer Dramatiker hervorzutreten. Er zeigte in der Tat ein beachtliches Geschick darin, die Thematik und Handlungsführung französischer Muster auf akzeptabel modifizierte Weise für den Geschmack des bürgerlichen deutschen Publikums aufzubereiten. Doch selbst seinen bekanntesten Stücken, wie etwa ›Marion‹ oder ›Maria und Magdalena‹, fehlte das gedrängt provozierende Theatergefühl und der geistreich pointierte Dialog, die die Originale auszeichneten. Im Vergleich zu diesen wirkten Lindaus Versuche oft recht schwerfällig und unbeholfen und ließen überdies das ethische Pathos von Dumas' »théâtre intellectuel et militant« vermissen. Den Nachfolgern Lindaus, etwa Bürger, Voß und L'Arronge, gelang es ebensowenig, das französische Sittenstück erfolgreich nach Deutschland zu verpflanzen. Ihre Versuche entsprachen trotz ihrer kurzfristigen Popularität ebenfalls nicht der Sozialerfahrung der deutschen Zuschauer und gingen eher den tatsächlichen Gegensätzen und Mißständen der Zeit geflissentlich aus dem Wege. Während die französischen Dramatiker durch ihre ständigen Auseinandersetzungen mit der Zensur die Grenzen des auf der Bühne Aussprechbaren erweitern und ernsthafte Probleme der sexuellen Moralität zur öffentlichen Diskussion stellen wollten, wurde in den deutschen Nachahmungen alles sorgfältig ins Sentimental-Versöhnliche abgeschwächt.[90] Diese Plagiate dienten nur dazu, ein im allgemeinen großbürgerliches Publikum zu unterhalten, das sehr selbstzufrieden geworden war und vom Drama vor allem verlangte, daß es diesem Selbstgefühl Genüge leistete. Ibsen konnte Dumas und Augier als seine unentbehrlichen Vorgänger anerkennen; die deutschen Nachahmer wurden jedoch sehr bald gänzlich vergessen.

V. Das klassizistische Epigonendrama der siebziger und achtziger Jahre

Heyse, Greif, Wildenbruch, Wildbrandt und von Saar, die das »höhere« Theaterleben und die Dramendiskussion in der vornaturalistischen Zeit in Deutschland weithin beherrschten, bezeichnet man häufig pauschal und etwas herablassend als die »Epigonen«-Dramatiker des späten 19. Jahrhunderts. Sie alle schlossen sich ganz bewußt der klassizistischen Dramentradition an und unternahmen den Versuch, überkommene Konzeptionen des Dramatischen weiterzuführen und neu zu beleben.[91] Dabei galt ihr Bemühen allerdings vor allem der Erneuerung des klassischen Geschichtsdramas, dessen Größe und Monumentalität sie alle unbedingt nachzueifern versuchten. Schon die Tatsache, daß sich etliche dieser Dramen zum Verwechseln ähnlich sehen, verweist auf die Stärke dieses Nachahmungswillens.[92] In vielen Fällen ging es ihnen jedoch keineswegs bloß um unverbindliche Nachahmung. So stark ihre Werke von klassizistischen Formvorstellungen geprägt waren, so sehr waren sie gleichzeitig auf die eine oder andere Weise bemüht, die historischen Stoffe von der Zeiterfahrung her neu zu erfassen und so umgekehrt die großen Bewegungen der Gegenwart vom Geschichtlichen her zu beleuchten. Bezeichnend war vor allem eine durchaus traditionelle Auffassung vom Drama als poetisch erhöhendem Medium, in dem sich die Prozesse der Zeit, von allem Zufälligen und Trivialen geläutert, in verklärtem Bilde symbolhaft widerspiegelten. Entsprechend dieser Gattungsauffassung lag die Funktion des Dramas letztlich darin, über alle besonderen und ephemeren Gegensätze der Gegenwart hinauszudringen und eine tiefer liegende, allgemein-metaphysische Wahrheit zu verkünden. Es darf also nicht verwundern, daß diese epigonalen Dramen von vornherein der Kritik ausgesetzt waren, in ihrem Verklärungsdrang den wirklichen Mißständen und Ängsten der zeitgenössischen Welt eigentlich auszuweichen. Solche Vorwürfe trafen in besonderem Maße Heyse und Wildenbruch, die keinen Hehl daraus machten, daß sie ihre Dramen in erster Linie als Vehikel vaterländisch-preußischer Tendenzen auffaßten. In seinen wohl bekanntesten Dramen wie etwa ›Colberg‹ (1865), ›Hans Lange‹ (1866), ›Göttin der Vernunft‹

(1872) oder ›Ludwig der Baier‹ (1891) bringt Heyse zum Beispiel eine im Grunde einfache, konservativ-patriotische Gesinnung klar zum Ausdruck. Vor allem möchte er die geschichts- und gesellschaftsfördernden Impulse aufdecken, die im organischen Leben des Volks begründet liegen und nach Heyses Überzeugung die einzige Grundlage von gültigen Staats- und Verfassungsformen bilden. In allen diesen Dramen gestaltet Heyse eine Krise, in der diese naturmäßige Einheit von Volkswillen und politisch-institutioneller Struktur bedroht wird, in der die tragende Harmonie von Individuum und Staat durch gewaltige, von außen hereinbrechende Kräfte zeitweise aufgehoben ist. Dabei liegt ihm hauptsächlich daran, die willkürliche, rein destruktive Natur dieser Kräfte herauszustellen. Er zeigt, daß sie keineswegs in Spannungen in der tatsächlichen Erfahrungswelt des Volks oder in vorliegenden politisch-sozialen Gegensätzen begründet sind und daß sie daher keine auch nur relative historische oder ethische Berechtigung besitzen. In ›Göttin der Vernunft‹ stellt er die Französische Revolution etwa als Ausbruch einer Anarchie dar, die die vorgegebene Einheit des Volks-, Staats- und Gesellschaftslebens auf gewaltsame und sinnwidrige Weise negiert.[93] Die Revolutionäre nehmen zwar hohe Idealzwecke für sich in Anspruch, sie werden jedoch ausnahmslos von einem blinden Machtdrang getrieben, der alle Werte zunichte macht und unvermeidlich zum Chaos führt.[94] Das ganze Dramengeschehen wird daraufhin angelegt, zu zeigen, daß die revolutionäre Bewegung auf nichts anderes als auf den zerstörerischen Egotismus einzelner Individuen hinausläuft.

Die Revolution, weit davon entfernt, die Welt des späten 18. Jahrhunderts zu erneuern, untergräbt also alle überkommenen menschlichen und sozialen Werte. Heyse will zeigen, daß die einzige Möglichkeit zur Freiheit und Gerechtigkeit in der Rückkehr zu den harmonisch tragenden Strukturen der vorrevolutionären Welt liegt. Im versöhnlichen Ausblick am Ende des Dramas wird in der Tat die endliche Verjüngung des unterjochten Volkes beschworen, eine Verjüngung, die aus der Restauration des *ancien régime* triumphal hervorgeht.

›Colberg‹ bildet ein intimes und herzhaft-positives Gegenstück zur ›Göttin der Vernunft‹. Im Dramengeschehen wird dargestellt, wie die kleine preußische Gemeinschaft der nackten Zerstörungsgewalt der französischen Kriegsmaschine anheimfällt. Diese Gewalt, die alle organischen, verpflichtenden Staatsformen und Sozialbezüge zunichte zu machen droht, scheitert jedoch an dem Mut und an der Aufopferungsbereitschaft der Bürger, die eine unbezwingbare Stärke aus ihrem tiefen Vaterlandsgefühl schöpfen.[95] Während die tragische Konzeption von ›Göttin der Vernunft‹ auf der Erkenntnis der Wehrlosigkeit der integrierend-erhaltenden Werte des unverdorbenen Volkslebens beruht, geht die aufrüttelnde Kraft von ›Colberg‹ aus der Vision der unbezwingbaren Stärke einer solidaren Gemeinschaft, die sich Nation und Staat absolut verpflichtet weiß, hervor. Kein Wunder also, daß das Stück sich lange Zeit als Pflichtlektüre in preußischen Schulen bewährte.[96]

Nur einmal, in ›Ludwig der Baier‹, gelang es Heyse, vaterländische Tendenz und klassizistischen Formwillen, politischen Aufruf und in sich geschlossene Dramenhandlung in provozierender Weise zu vereinen und von den polemischen Voraussetzungen her ein kohärentes und ergreifendes Geschichtsdrama zu schaffen. Heyse stellt Ludwig als eine unbezweifelbar heldenhafte Führergestalt dar: als den von den deutschen Fürsten auf freie, gesetzmäßige Weise gewählten Kaiser. Dieser erscheint von Beginn an in persönlich-ethischer wie auch militärischer Hinsicht allen seinen potentiellen Rivalen eindeutig überlegen. Er allein vermag es, die Sicherheit und das Wohlergehen aller Völker des Reiches zu fördern und Einheit und Frieden in gerechter wie humaner Art zu verteidigen. Auch Friedrich von Habsburg erkennt im tiefsten Herzen Ludwig von Anfang an als Kaiser an. Er läßt sich jedoch in seinem verletzten Stolz von seiner eitlen, strebsamen Frau Isabella und seinem machtgierigen Bruder Leopold dazu verleiten, einen von vornherein aussichtslosen Kampf mit Ludwig aufzunehmen – einen Kampf, der die Ordnung des Reichs und den Frieden ganz Europas bedroht. Friedrich wird eine Zeitlang zum passiven Objekt der rücksichtslosen Machtgier anderer herabgewürdigt, die ihn sogar in eine unheilige Allianz mit dem König Frankreichs und einem intriganten Papst treibt.[97] Das »deutsche Herz« des Habsburgers ist aber nicht tot. Am Rande der Katastrophe kommt er zu sich und schrickt vor der Verwüstung und den Greueln zurück, die seine willkürliche

Auflehnung unvermeidlich mit sich bringen würde. Er gelangt schließlich zu der entscheidenden Erkenntnis, daß das Reich keinen zufällig-vorübergehenden Zusammenschluß verschiedener Völker, keine von bloß historisch-politischen Verhältnissen abhängige Einrichtung darstellt, sondern vielmehr eine höhere Ordnung verkörpert, die alle relativen geschichtlichen Bedingungen transzendiert und letztlich metaphysische Seinsbezüge offenbart.

Bei der Lektüre von ›Ludwig der Baier‹ fällt vor allem auf, wie wenig sich Heyse eigentlich auf die historische Wirklichkeit einläßt. Sein Interesse gilt nur in sehr beschränktem Maße der besonderen geschichtlichen Situation und ihren Bedingungen. Er bemüht sich vielmehr, das Reich als eine verklärte, zeitlose Idealordnung zu beschwören, die über alle tatsächlichen relativierenden Gegensätze erhaben ist. Im Reich – wie Heyse es hier darstellt – geht das heroische Bestreben des großen Menschen in einem umfassenden Pflichtbewußtsein auf, das jenes läutert und erhöht, wie andererseits das Selbstgefühl jedes Volksstamms und jeder sozialen Schicht sich in einem übergreifenden Verbundenheitssinn erst vollständig realisiert und sich in konstruktiver Weise ausdrückt. In ›Ludwig der Baier‹, wie auf andere Weise auch in ›Colberg‹ und ›Göttin der Vernunft‹, wird das Drama zu einer Art Parabel, in der der Dichter ein utopistisches Vergangenheitsbild entwirft, um den Zuschauer zur Bejahung der politischen Gegenwartssituation zu bewegen.

Ein ähnliches propagandistisches Anliegen prägt auch das Dramenwerk Ernst von Wildenbruchs, der im Laufe der achtziger Jahre zu immer höherem Ansehen gelangte. Sein Ruf als der »märkische Schiller« beruht zu einem großen Teil auf seinem Stück ›Die Karolinger‹ (1888), das durch die Meininger Inszenierung sofort bekannt wurde. Dies war auch in künstlerischer Hinsicht sein gelungenstes Drama, vermochte er hier doch in ganz einzigartiger Weise nationalpolitische Tendenz und theatralische Schwungkraft zu verbinden. In den ›Karolingern‹ wie in zahllosen Dramen der siebziger und achtziger Jahre wird eine Krise in der Geschichte des Reiches thematisiert. Wildenbruch bemüht sich jedoch ganz explizit darum, diese Krise als vorübergehend und eigentlich unbedeutend hinzustellen. Er will zeigen, daß der Konflikt, der auf der Bühne stattfindet, keine wirklich repräsentative Bedeutung hat, da er weder einer konstitutionellen Krise noch dem Aufbegehren eines unbefriedigten Volksstamms oder einer sozialen Gruppe entspringt. Wildenbruch betont stets, daß Graf Bernhard, der die Spannungen unter den Söhnen des alten Kaisers Ludwig zu entfachen versucht, ein Emporkömmling und Außenseiter ist.[98] Er vertritt keine berechtigte Sache, verfolgt keinerlei konstruktive politisch-soziale Zwecke, sondern zielt nur auf Unordnung und Anarchie, weil er darin die einzige Möglichkeit sieht, seine eigene Machtstellung zu erhöhen. Symptomatisch für die Megalomanie Bernhards ist sein bitterer Groll auf den Kaiser, der ihn, wie er meint, um die Liebe Judiths, der ihm vom Schicksal bestimmten Frau, betrogen hat. Doch auch auf diese Liebe hat er keinen wirklichen Anspruch: seine erotische Leidenschaft ist gleichermaßen in Vermessenheit und Selbstbetrug verwurzelt.

Der Konflikt, auf den Bernhard alles setzt, ist also grund- und aussichtslos. Er stiftet – wie der Dichter deutlich macht – die Söhne Ludwigs dazu an, konstitutionelle, ethische und emotionale Bindungen abzulehnen, die sie im Grunde nicht anzweifeln und die sie letzten Endes nicht verraten können, Bindungen, die ihrem Leben ja erst Sinn und Richtung verleihen.[99] Die Konzeption der ›Karolinger‹ ist also auf eine eindeutige, freilich herausfordernde Botschaft angelegt. Wildenbruch will zeigen, daß die im Reich realisierten Wertordnungen eine übergreifende, ja religiöse Geltung besitzen. Er betont die Nichtigkeit aller Machtansprüche und politischen Zwecke, die nicht in den umfassenden Strukturen des Reichs begründet sind, um dadurch deren absolute Bedeutung um so klarer herausstellen und das Reich als Idealbild über die ephemeren Zerwürfnisse dieses vergangenen Zeitalters erheben zu können.

Die gleichen propagandistischen Absichten verfolgt Wildenbruch in den ›Mennoniten‹. Er will zeigen, daß die zu Beginn des 19. Jahrhunderts in Danzig lebende Mennoniten-Gemeinde durch eine ängstlich jenseitssüchtige Frömmigkeit entkräftet und von jeder national-sozialen Verpflichtung zunehmend entfremdet worden ist.[100] Was die Mitglieder als Religiosität auffassen, ist in Wirklichkeit schwächliche Resignation. Im Zentrum der Handlung steht Reinhold, ein junger Mennonit, der unter dem Zwang der unmittelbaren Erfahrung seiner Liebe in Konflikt mit der Gemeinde gerät.

Als seine Geliebte durch Truppen der französischen Besatzungsarmee geschändet wird, sieht er die feige, entwürdigende Machtlosigkeit seiner pazifistischen Ideale. Er faßt sie in dem kämpferischen, befreienden Ausruf zusammen: »Es soll der Mann nicht Unterdrückung leiden.«

Reinhold erfährt, daß Patriotismus keine irrationale und unverbindliche Emotion, sondern eine positive, ethische Haltung darstellt, die heroische Kraft mit tiefer Selbstaufopferungsbereitschaft vereinigt. Das tragische Geschehen gipfelt in einer Vision der himmlischen Versöhnung, in der Reinhold und seine Geliebte über die brutale, wertvernichtende Macht des französischen Imperialismus triumphieren und ihr Freiheitsverlangen endgültig befriedigen.

In diesen Werken – wie auch in den oben diskutierten von Heyse – dient das Drama einem politisch-propagandistischen Zweck, der jede ernsthafte historische Analyse untergräbt und tragische Erkenntnis in jedem herkömmlichen Sinne von vornherein ausschließt. Sie sind von dem Anliegen bestimmt, national-politische Zeitentwicklungen positiv erscheinen zu lassen und zu propagieren: das neugegründete Reich als eine Ordnung zu verherrlichen, die organisch und durchaus lebenskräftig, von außen aber Angriffen ausgesetzt ist. Zum nationalen Selbstgefühl gehören nicht nur Pietät und Liebe, sondern auch militärische Einsatzbereitschaft. »Ein treuverbrüdert Volk« – so verkünden beide Dichter – ist auch »ein Volk in Waffen«[101].

Auch Martin Greif und Ferdinand von Saar zählt man häufig zu den klassizistischen Epigonen. Die Werke dieser Dramatiker stehen aber, so scheint es, in einem sehr viel problematischeren Verhältnis zum tradierten Gattungsverständnis und lassen sich nur schwer in die Entwicklung des deutschsprachigen Dramas einordnen. Beide Dichter wollten zwar auch bewußt klassizistische Dramenkonzeptionen fortsetzen, waren jedoch stets, wenngleich intuitiv und vorsichtig, auf der Suche nach neuen Formen des Dramatischen. Als Bühnendichter scheint sich Greif beispielsweise vornehmlich um eine Erneuerung des klassischen Geschichtsdramas bemüht zu haben. Im Mittelpunkt von Werken wie ›Prinz Eugen‹ (1880), ›Heinrich der Löwe‹ (1887) oder ›Pfalz am Rhein‹ (1887) steht der selbstbewußte Held, der sich als Führer seines Volkes betrachtet und seine Umwelt nach seinem Willen zu gestalten versucht. Sieht man genauer hin, erkennt man aber, daß Greif eigentlich einen grundlegenden Widerspruch zwischen Ich und Welt gestalten will, der den Voraussetzungen des klassizistischen Formverständnisses direkt zuwiderläuft. Solche Inkongruenz zwischen Formkonzeption und Handlungsstruktur läßt sich in seinen ambitioniertesten und bekanntesten Werken ›Marino Falieri‹ und ›Corfiz Ulfeldt‹ besonders klar erkennen. Im ersten Drama scheint Greif in paradoxer Weise gleichzeitig bemüht, sowohl die idealistischen Ziele des Helden zu bejahen als auch seine tiefsten Motive in Frage zu stellen. Falieri, der heldenhafte Doge, erscheint zunächst als Retter des Vaterlandes. Er allein hat den Sieg über den Erzfeind Genua erfochten und den Ruhm Venedigs gesichert.[102] Sowohl die Nobili wie die Inquisitoren, die seit Jahrhunderten die Regierung des Staates kontrollieren, sehen allerdings in der durch diesen Sieg ungeheuer erhöhten Machtstellung des Dogen eine große Gefahr für die politisch-konstitutionelle Stabilität Venedigs und versuchen, seine Pläne zu durchkreuzen. Sicher ist, daß Falieri auf weitreichende soziale und institutionelle Änderungen abzielt, die, wie er behauptet, zu größerer Gerechtigkeit und gesellschaftlicher Kohärenz führen könnten, die aber ohne Zweifel auch die ererbte Macht seiner Gegner stark einschränken würden. Bei Falieri fallen also große Vaterlandsliebe und selbstischerer Machtdrang undurchschaubar vielschichtig und widersprüchlich zusammen.

Indem Greif derart die reformistischen Bestrebungen des Helden in Zweifel zieht, stellt er zugleich auf beunruhigende Weise die konstitutionell-gesetzliche Struktur des venezianischen Staates in Frage. Venedig gilt zwar seit tausend Jahren als Rechtsstaat, als »Palladium der Freiheit«, es ist jedoch offensichtlich, daß die Macht von kleinen privilegierten Gruppen ausgeübt wird, die ihre jeweiligen Sonderinteressen nie aus den Augen verlieren und auch die Maschinerie der Gesetzgebung beeinflussen können. Offen bleibt jedoch die entscheidende Frage, ob es sich in diesem Fall um einen von einzelnen Individuen zu verantwortenden Mißbrauch eines an sich gerechten und gültigen Systems handelt oder ob das System selbst im Kern verdorben ist. Deshalb läßt sich von hier aus kein Urteil über die Reformversuche des Helden fällen. Sowohl die

Bestrebungen Falieris als auch die politisch-sozialen Verhältnisse, in denen er sich zu behaupten versucht, bleiben in moralischer Hinsicht ambivalent und undurchdringlich. Absichtlich oder nicht, Greif gestaltet ein tragisches Geschehen, das sich in keinen festen Sinnzusammenhang bringen und deshalb auch nicht deuten läßt.

Die dramatische Welt in ›Corfiz Ulfeldt‹ wirkt in ähnlichem Maße unergründlich und verunsichernd. Auch hier zeigt Greif, daß der Wille des Helden zu politischer Macht von tiefer Vaterlands- und Gerechtigkeitsliebe durchdrungen ist. Er stellt sein Bemühen, als Reichshofmarschall den Ränken der strebsamen Königin einerseits und der machtsüchtigen Erbaristokratie andererseits eine Grenze zu setzen, um die eigene Vorstellung einer einheitlicheren, gerechteren sozialen Ordnung zu realisieren, als einen heroisch idealistischen Versuch hin, eine Krise im dänischen Staatsleben zu vermeiden. Zugleich zieht Greif dieses Bemühen in Zweifel. Denn so ausgeprägt Ulfeldts Gerechtigkeitsstreben auch ist und so offensichtlich die Übel sind, die er bekämpft – scheint er manchmal doch darauf aus zu sein, das ganze politische System, das Positive wie das Korrupte, einfach zu liquidieren, ohne die Konsequenzen ernsthaft zu bedenken.[103] Der Dichter legt hier im Verhalten des Helden einen Zug zur Selbstherrlichkeit, zur rücksichtslosen Überheblichkeit bloß, den dieser nicht erkennen kann, weil er in seiner leidenschaftlichen Natur begründet liegt, der aber sein Idealwollen beeinträchtigt. Dies ist der springende Punkt. Wie in ›Marino Falieri‹ läßt sich nicht wirklich erkennen, in welcher Beziehung Idealismus und egoistischer Drang zueinander stehen, inwiefern dieser auf jenen einwirkt, oder wie sich überhaupt Ulfeldts revolutionäre Bestrebungen zu den tatsächlichen politischen Zuständen Dänemarks verhalten. Auch hier erscheinen das Handeln des Helden und die Welt, die er zu bezwingen versucht, als letztlich unergründlich.

In diesen Dramen – so scheint es – ist Greif darauf bedacht, das Problematisch-Ungelöste des tragischen Geschehens herauszuarbeiten. Sowohl die innersten Motive des Protagonisten wie auch die Beschaffenheit der realpolitischen Mächte, die ihn schließlich überwältigen, entziehen sich der ethischen Beurteilung, wodurch der Leser in hohem Maße verunsichert wird. Hier wie auch in ›Marino

Falieri‹ treibt der tragische Vorgang auf Fragen zu, die nicht mehr zu beantworten sind, und es tritt ein tiefer Bruch zutage, den Greif offensichtlich nicht erkennen konnte. Der skeptisch-analytische Drang seiner Phantasie wirkt seinem Formwollen stets in stärkerem Maße entgegen. Obwohl er die klassizistische Auffassung des Dramas als in sich geschlossener, ethisch kohärenter Welt sicherlich aufrechterhalten wollte, nimmt seine Dramatik ironischerweise die analytisch-destruktiven Tendenzen des naturalistischen Dramas in wesentlichen Aspekten bereits vorweg.

Auch die Dramen Ferdinand von Saars, die von der Kritik lange Zeit fast gänzlich unbeachtet blieben, gehören zu den wenigen anregenden und weiterführenden Werken dieser Jahrzehnte. Seine dramatischen Bemühungen wurden ebenfalls von klassizistischen Formvorstellungen geprägt, denen jedoch seine Praxis als Dramatiker oft wenig entsprach. So sehr er versuchte, sich den Traditionen der deutschen Klassik anzuschließen, seine Phantasie zielte – wie auch bei Greif – stets weit über die herkömmlichen Konzepte des Dramatischen hinaus.

Das Interesse von Saars als Dramatiker gilt in erster Linie der heroischen, von der Machtsucht gänzlich besessenen Führergestalt. Auf den ersten Blick könnte man sogar den Eindruck gewinnen, daß der Dichter das Drama zunächst als Vehikel der Tatkraft eines titanischen Individuums auffaßt, das sich eine ganze Welt unterjochen will. In Dramen wie ›Hildebrand‹ (1864), ›Heinrichs Tod‹ (1867), ›Die beiden de Witt‹ (1874) oder ›Ludwig der Sechzehnte‹ (unvollendet) ist es der Machtdrang des Protagonisten, der das tragische Geschehen unerbittlich vorantreibt. Dieser Drang erscheint als etwas Mysteriöses, metaphysisch Gegebenes, das sich weder vom Historischen noch vom Moralischen her erklären und relativieren läßt. Es liegt Saar aber keineswegs daran, den großen Führer (wie etwa bei Grabbe) zu mystifizieren, sondern er sucht vielmehr, dessen Schwäche und Verstricktsein aufzuzeigen. Der Held in diesen Dramen steht immer einer übermächtigen, chaotischen Geschichtswirklichkeit entgegen, die er nicht überschauen, geschweige denn beherrschen kann. Die Konzeption seiner Dramen ist auf einen letztlichen Widerspruch angelegt: den Widerspruch zwischen dem unbedingten inneren Drang des Helden und der Übermacht einer zufälligen, undurchschaubaren Welt, die früher oder später jedes menschliche Bestreben zunichte macht.[104]

Das Dramenwerk von Saars ist durchgehend von grundlegenden Gegensätzen geprägt. Auch in seinen gelungensten und bekanntesten Stücken wie etwa ›Hildebrand‹, ›Heinrichs Tod‹ oder ›Thassilo‹ versuchte er vergebens, seine fatalistische Sicht des ausweglosen Preisgegebenseins des Menschen, die seinem tragischen Gefühl zugrunde lag, mit klassizistischen Formkonzepten zu verbinden. Letztere setzten ja die Priorität des individuellen Handelns voraus, die Fähigkeit des Menschen, das Schicksal zu gestalten, während die Phantasie von Saars demgegenüber eigentlich immer darauf drängte, die Abhängigkeit seiner Gestalten von zufälligen, unpersönlichen Kräften aufzuzeigen, die sie weder durchschauen und beeinflussen konnten.[105] Dieser Bruch von Formbestreben und tragischem Gefühl zeigt sich zunächst an der Unfähigkeit des Dichters, seine Sicht einer von der Willkür regierten Welt in unmittelbare, dramatische Entwicklung umzusetzen. Er erfaßt sie vielmehr auf indirekte und zum großen Teil lyrische Weise als Selbstgespräch oder Reflexion, die nur selten die Handlung vorantreiben. Diese Vision des durch Zwang und Zufall bedrängten Menschen hätte sich – wie erst in der Rückschau klar wird – nur in einer disparaten, offenen Form dramatisch gestalten lassen, einer Form, die trotz der innovativen Versuche eines Lenz oder Büchner noch als wesentlich undramatisch galt.

Die unsicheren, brüchigen Dramen Greifs und von Saars zeigen auf ganz auffällige Weise die Krise in der Entwicklung des deutschsprachigen Dramas im späten 19. Jahrhundert, die in den weniger innovativen Werken der anderen Epigonen eher überdeckt und verschlossen bleibt. Denn hier fallen in der Tat Formverständnis und Gestaltungswille merklich auseinander. Obwohl beide Dichter einen fundamentalen Zwiespalt von Ich und Welt zu erfassen versuchen, streben sie noch (auf allerdings etwas unterschiedlichen Wegen) nach einer Gattungsform, die eine einheitliche, ethisch kohärente Konzeption voraussetzt und ihren gestaltenden Impulsen stets in die Quere kommt. Gerade die Erkenntnis der unlösbaren Diskontinuität von innerer Selbsterfahrung und entfremdeter Weltwirklichkeit sollte in den neunziger Jahren die jungen Kritiker des

Naturalismus dazu antreiben, völlig neue Begriffe des Dramatischen herauszuarbeiten – Begriffe, die nicht nur einen Zugang zu jenen bahnbrechenden und erschreckenden Werken, die aus dem Ausland kamen, vor allem den ›Gespenstern‹ (1881), der ›Macht der Finsternis‹ (1886) und ›Fräulein Julie‹ (1888) eröffneten, sondern auch radikale neue Entwicklungsmöglichkeiten für das deutsche Drama zu umreißen vermochten.

VI. Schlußbetrachtung

Kritiker stehen den Entwicklungen des deutschen Dramas in diesem Zeitraum im allgemeinen sehr ablehnend gegenüber. Man redet unaufhörlich vom Verfall des Dramas, von einer ›Lücke‹ der deutschen Dramengeschichte, vom Versagen der Dramatiker, von Epigonentum. Gleichzeitig weist man gerne auf die imponierende Entfaltung des Romans als zeitgemäßer Kunstform, die sich gerade in diesen Jahrzehnten als vielseitiges, realistisches Organ der Erfahrungswirklichkeit den anderen Literaturgattungen gegenüber immer stärker durchsetzt.

Das Aufblühen des Realismus im zeitgenössischen Roman läßt in der Tat die Schwäche des Dramas in der zweiten Hälfte des 19. Jahrhunderts um so klarer hervortreten und legt die Stagnation in der Entwicklung progressiver dramatischer Konzepte schonungslos offen. Die Krisenlage des Dramas wird gerade dann besonders augenfällig, wenn der Dichter bestrebt ist, die konkrete sozial-geschichtliche Determination des Menschen innerhalb des Dramas adäquat zu gestalten. Immer wieder bemühen sich begabte Autoren – man denke etwa an Ludwig, Freytag, von Saar oder Greif –, die Form des Dramas für die neuen Inhalte, die Einsicht in die Abhängigkeit und Verstrickung des Individuums in unpersönlich und unübersichtlich gewordene gesellschaftliche Strukturen aufnahmefähig zu machen. Das führt jedoch in keinem Fall zu einer angemessenen und durchgreifenden Neugestaltung des Dramas. Diese Dichter – wie viele andere – suchen vielmehr das neue Realitätsverständnis an die klassizistischen Formkonzeptionen anzupassen, die ja die Freiheit des

Menschen und die ethische Kohärenz der Dramenwelt zur Voraussetzung haben und der empirischen Sichtweise zuwiderlaufen. Das Bestreben der Dramatiker über drei Jahrzehnte hinweg, ein traditionelles Formwollen mit einem radikalen, skeptisch-analytischen Ansatz auszugleichen, endet immer wieder in Widersprüchen.

Erst im Naturalismus hat eine neue Dichtergeneration den Bruch mit der klassizistischen Dramentradition bewußt und konsequent vollzogen. Unter dem maßgebenden Einfluß Ibsens gelang es den jungen opponierenden Dramatikern, innovative Formen zu entwickeln, die den sozial gefangenen, preisgegebenen Menschen in den Mittelpunkt des dramatischen Interesses rücken und das Drama auf revolutionäre Weise zum Vehikel der rigorosen sozial-psychologischen Untersuchung machen. Viele Zeitgenossen begrüßten diesen Durchbruch zum Tatsächlich-Wirklichen als eine triumphale Befreiung. Das Drama wurde auf einmal wieder zum Brennpunkt der sozial-politischen, kulturellen und moralischen Auseinandersetzungen der Zeit und eroberte gerade in den deutschsprachigen Ländern seine einstige Vorrangstellung als führende Literaturgattung zurück.

Jürgen Fohrmann
Lyrik

I. Nationale Katharsis

1861, nachdem die meisten seiner Gedichte geschrieben sind, verfaßt Gottfried Keller den Aufsatz ›Am Mythenstein‹. Der Anlaß, die Einweihung eines Schiller-Denkmals, gibt ihm Gelegenheit, über die Rolle von Lyrik, das Bedürfnis nach Schauhandlung und über eine neue, gleichsam ethisch fundierte Nationalästhetik zu reflektieren. Ausgangspunkt ist der »graue Strichregen« der nachgoetheschen Verse, die fehlenden innovativen Elemente, ihr epigonaler Stillstand. Die Renovatio kann – so Keller – aber nicht nur von einzelnen ausgehen, sondern muß eine neue, kollektive Mentalität zur Basis haben, eine nationale Summe im jeweils historischen Augenblick. Die Bewegkraft des Volkes vermählt sich mit dem einzelnen und zeichnet es als Besonderes aus; Volk und Genie verschmelzen zu der produktiven Synthese, die eine neue Nationalästhetik entstehen läßt. Es bedarf eines genauen Szenarios, um diese Wirkung zu erzielen, einer »Literaturkritik auf freiem Feld«[1], eines Festes, in dem, fast als mythische Katharsis, die Verbindung von Literatur und Leben gelingt. Dieses Fest, an dem Keller zunächst tausend Männer teilnehmen lassen will (Frauen erhalten später ein Billett), ersetzt Lyrik durch eine neue Gesangesepik, in die »große geschichtliche Erinnerungen, die Summe sittlicher Erfahrung oder die gemeinsame Lebenshoffnung eines Volkes«[2] eingehen.

Das große Festlied erhebt sich eben zum Ausdruck der reinsten Leidenschaft und Begeisterung. Sie reißt den Körper der auswendig singenden Tausende von Männern, Jünglingen und Jungfrauen mit, eine leise rhythmische Bewegung wallt wie mit Zauberschlag über die Menge, es hebt sich vier- bis fünftausendfach die rechte Hand in sanfter Wendung, es wiegt sich das Haupt, bis ein höherer Sturm aufrauscht und beim Jubilieren der Geigen, dem Schmettern der Hörner, dem Schallen der Posaunen, unter Paukenwirbeln und vor allem mit dem höchsten Ausdrucke des eigenen Gesanges die Masse nicht in Tanzen und Springen, wohl aber in eine gehaltene maßvolle

Bewegung übergeht, einen Schritt vor- und rückwärts tretend, sich links und rechts die Hände reichend oder rhythmisch auf und nieder wandelnd, ein Zug dicht am andern vorüber in kunstvoller Verwirrung, die sich unversehens wieder in Ordnung auflöst.[3]

Durch die adäquate Baukunst eingerahmt entsteht im Augenblick ein Gesamtkunstwerk, in dem Musik zu Ethik, das lyrische Sprechen und Singen »an Wind und Sonne des offenen Volkslebens«[4] gebracht wird und so »das gemeinsame Element der Bildung«[5] entstehen kann, das »alle Blasiertheit überwinden und die verlorene Naivität zurückführen würde«[6].

Nach einem solchen Fest soll ruhige Arbeit einkehren, damit der Augenblick der Katharsis sich auch im Alltagsleben als produktiv erweist – so lange, bis er durch ein neues Singen aufzufrischen ist. Der Demokrat Keller, der für solche Feste zur Bedingung macht, daß das bürgerliche Elend bereits beseitigt ist, hat ein Arrangement kreiert, das in fataler Weise auf das 20. Jahrhundert vorausdeutet. Er hat zugleich eine erste Funktionsbestimmung eines nicht unbeträchtlichen Teils der Lyrik zwischen 1850 und 1890 vorgenommen.

Trotz der zunehmenden funktionalen Differenzierung von Gesellschaft im 19. Jahrhundert bleibt die Semantik, die diesen Prozeß begleitet, weitgehend am Modell personaler Interaktion orientiert. Die Sinnkonstitution der Subjekte vollzieht sich als Dialog von alter und ego. Dieser Dialog (und das mit ihm verbundene Modell von Geschichte) hat eine Außen- und Innenseite: Er läßt sich verstehen als Kampf und als Liebe, als heroische und als empfindsame Rede.

Der Versuch, eine Geschichte der Lyrik zwischen 1848 und 1880/90 zu schreiben, soll sich zunächst an der Teilhaberschaft von Lyrik an diesen beiden Diskussionszusammenhängen orientieren.

II. Lyrik als Form heroischen Redens

1. Patriotische Lyrik

> Soll's denn ewig von Gewittern
> Am umwölkten Himmeln braun?
> Soll denn stets der Boden zittern,
> Drauf wir unsre Hütten baun?
> Oder wollt ihr mit den Waffen
> Endlich Rast und Frieden schaffen?
>
> Daß die Welt nicht mehr, in Sorgen
> Um ihr leichterschüttert Glück,
> Täglich bebe vor dem Morgen,
> Gebt ihr ihren Kern zurück! ⟨...⟩
>
> Einen Hort geht aufzurichten,
> Einen Hort im deutschen Land!
> Sucht zum Lenken und zum Schlichten
> Eine schwerterprobte Hand,
> Die den güldnen Apfel halte
> Und des Reichs in Treuen walte.
>
> ⟨...⟩
> Macht und Freiheit, Recht und Sitte,
> Klarer Geist und scharfer Hieb
> Zügeln dann aus starker Mitte
> Jeder Selbstsucht wilden Trieb,
> Und es mag am deutschen Wesen
> Einmal noch die Welt genesen.[7]

Diese Verse sind zitiert aus Emanuel Geibel, ›Deutschlands Beruf‹ (1861). Geibel, in Lübeck aufgewachsen, in den Salons der Zeit heimisch und schon bald Pensionär je wechselnder deutscher Fürsten, ist sicherlich ein Protagonist der heroischen Lyrik.[8] 1861, im oben zitierten Gedicht, macht er Stimmung gegen Frankreich und setzt auf das ›deutsche Wesen‹. 1870 bereits kann er in ›Deutsche Siege‹ jubilieren und das Recht des Siegers einfordern:

⟨...⟩
Der feigen Welt zum Neide
Dann sei dein Werk vollführt.
Und du, nur du entscheide
Den Preis, der uns gebührt!
Es stritt mit uns im Gliede
Kein Freund, als Gott allein,
So soll denn auch der Friede
Ein deutscher Friede sein.[9]

Und im Januar 1871, im Gedicht ›An Deutschland‹, beschwört er Germania, nun den Witwenschleier von sich zu werfen und sich vom »Bräut'gam«, ihrem »Held und Kaiser«, »im Siegesglanz« heimwärts führen zu lassen.[10]

Die Popularität Geibels ist nicht zu unterschätzen, lassen sich doch immerhin über 3600 Vertonungen seiner Gedichte feststellen.[11] Die Entwicklung seiner Lyrik von den ›Juniusliedern‹ (1848) über die ›Neuen Gedichte‹ (1856) bis zu den ›Heroldsrufen‹ (1871), ihre zunehmende preußisch-nationale Euphorie, hat repräsentative Bedeutung: Es ist die Stimmung, die zum Deutsch-Französischen Krieg mehr als 10 000 Gedichte entstehen läßt, mit so klingenden Anthologientiteln wie ›Alldeutschland. Dichtungen aus den Ruhmestagen des Heldenkrieges 1870–1871‹[12], ›Kaiserlieder‹[13], ›Lieder zu Schutz und Trutz‹[14] und das unglaubliche Unterfangen, in der ›Kriegspoesie der Jahre 1870–1871, geordnet zu einer poetischen Geschichte‹[15], eine systematische Versifizierung der Kriegsereignisse vorzunehmen und das Buch dann mit der Widmung zu versehen »Zum Besten der Kaiser-Wilhelm-Stiftung für deutsche Invaliden«. Hier tönen Gedichte wie ›Herr, unser Gott, dich loben wir!‹ gleichzeitig mit ›Elsaß muß unser sein!‹ oder ›Zum heiligen Krieg‹, ›Der Schatz des deutschen Soldaten‹, ›Es rufen Pflichten und Ehre‹ und immer wieder ›Germania‹ und ›An mein Vaterland‹, ›An meine Schüler in Waffen‹[16].

Die nationale Versifizierung des Krieges 1870/71 ist kein singuläres Ereignis, höchstens der Kulminationspunkt des heroischen Redens.[17] Die Semantik des 19. Jahrhunderts wird maßgeblich durch diese Redeweise strukturiert. Die politischen Ereignisse bilden sich nahezu ohne Brechung in der Lyrikproduktion ab. Als

heroische Lyrik *patriotischer* Provenienz können unterschieden werden:
- Befreiungskriegslyrik (E. M. Arndt, Th. Körner, M. Schenkendorf u. a.)
- Teile der Burschenschaftslyrik, z. B. Lyrik des Hambacher Fests
- Lyrik zur Rheinkrise, 1840 (N. Becker, M. Schneckenburger u. a.)
- Patriotische Lyrik zum Geburtstag Schillers, 1859
- Lyrik zum Deutsch-Dänischen Krieg, 1864
- Lyrik zum Deutsch-Französischen Krieg, 1870/71.

Die Verzahnung von politischem Anlaß und lyrischem Produkt ist sinnfällig. Sie hat zu tun mit der Einsetzung der Nation in die Subjektstelle.

Die Unterscheidung von ›Subjekt‹ und ›Gesellschaft‹ bedeutet noch für das späte 18. Jahrhundert die Differenz von ›Innen‹ und ›Außen‹. In der patriotischen Bewegung des 19. Jahrhunderts wird die Außen- zur Innenseite. Die Gesellschaft erscheint als ›Nation‹ (die »Gemeinde der entflammten Herzen« bei E. M. Arndt) und das ›Außen‹ wird auf das ›Fremde‹ projiziert (häufig die Franzosen). Die Unterscheidung verschiebt sich also folgenreich, und dies hat den Effekt, daß ›Nation‹ als homogene Größe behandelt, der Republikanismus durch Außenpolitik übertüncht und abgeleitet werden kann. Soweit die Ausgangslage.

›Innen‹ – ›Außen‹, Nation vs. Fremde: Auf diese Weise entsteht ein grundsätzlicher Binärismus, der für das Reden und die *Struktur* der heroischen Lyrik konstitutiv geworden ist. ›Nation‹ selbst ist eine emphatische Gemeinschaft, deren Formen des Zusammenlebens nicht mehr durch Rationalität (›Kalte Vernunft‹ in der Sprache der Zeit), sondern durch Gefühl, Gemüt, Herz gewonnen werden sollen. Das Heroische nutzt für seine Innenperspektive ›Empfindsamkeit‹ sowohl als Handlungs- als auch als erkenntnistheoretisches Modell: Man *handelt aus Gefühl* und kann es, da das Gefühl selbst in einem religiösen Zusammenhang angesiedelt wird. Es entstehen so die ›Gemeinschaft‹ und die auszugrenzenden ›Feinde‹ als scheinbar homogene Größen. Individualität wird kontingentiert. Sie kommt nur dem Führer, dem Heros oder dem Dichter zu.

Der politische Binärismus deutsche Nation vs. fremde Nation weist sich auch als ethischer und kultureller aus. Treue, Liebe, deutscher Eid stehen auf gegen Tand, Tyrannei und Schande, und eine eigenartige Mischung aus Moral und Kulturkritik entsteht. Deutschland handelt aufgrund alter Rechte, mit Gerechtigkeit im Sinn (Patriotismus ist Gerechtigkeit). Der Gegner hingegen ist selbstsüchtig, neidisch, feige und hat dazu noch imperialistische Gelüste. Selbstlosigkeit tritt gegen Selbstreferenz an – und wird 1870/71 auch das Recht des Siegers eingefordert, so hat der Egoismus der Gewinner sich als Gerechtigkeit verkleidet.[18] In der heroischen Lyrik begegnen sich Recken, und es gibt nur Freundschaft oder Kampf. Handeln erscheint über anthropologische Dispositionen motiviert, komplexe Gebilde wie ›Gesellschaft‹ oder ›Staat‹ werden auf wenige Antriebsfedern zurückgeführt: Neid oder Liebe zur Gerechtigkeit. Dieser Binärismus, seine Ethik und sein Begründungszusammenhang über Anthropologie muß sich auf doppelte Weise inszenieren.

Zum einen sind Bildfelder zu benutzen, die in einem hohen Maße akzeptiert sind und Anschlußfähigkeit für viele Diskurse haben: Mythologie, Religion, naturale Metaphorik. Licht kämpft gegen Dunkelheit, Blut gegen zersetzenden Geist, Gott gegen die Erbsünde usw. Hier bieten sich *Konvergenzfiguren* an, die die geforderten Tugenden sinnfällig verkörpern: ›Germania‹, die Heldin, natürlich die Nibelungen und Barbarossa, der alte Kaiser, der aus dem Kyffhäuser erstehen und ›Deutschlands Beruf‹ vollenden wird (um sich dann zusehends über die Varianten Otto oder Karl den Großen in die Gestalt des Preußenkönigs zu verwandeln).[19] Es ist kein Zufall, daß die Uminterpretation der Kyffhäuser-Geschichte in erster Linie die Tat des 19. Jahrhunderts war.

Zum anderen bedarf es eines rhetorischen Arrangements, in dem das Sprechen entsubjektiviert wird. Es spricht kein lyrisches Subjekt mehr, sondern die Geschichte selbst, die als mythische Instanz auftritt und das Recht des deutschen Volkes einklagt – in immer neuen Schattierungen. Die Sukzession des Sprechens in der heroischen Lyrik läßt sich daher als *Variation* beschreiben, die einen verstärkenden Effekt produzieren soll. Variation in doppelter Hinsicht: zunächst in der Darstellung des Binärismus von Eigenem und Fremdem, der auf einer Reihe von Ebenen (Ethik, Kultur, Anthropologie) durchgespielt wird, und dann in der Präsentation des erwarteten Ziels, der den Texten immanenten Projektion: Sieg Deutschlands, Herstellung von Gerechtigkeit als Wiedergewinn von Glanz und Gloria eines deutschen Reiches. Folgerichtig in diesem Sinne ist auch das in dieser Lyrik transportierte Gesellschaftsmodell: Kaiser – Fürsten – Volk. Man lebt im Mittelalter oder auch in Felix Dahns heroisierter Antike, und ewig möge es dauern. Indoktrination durch Wiederholung ist die Aufgabe der semantischen Variationen, des gleichbleibenden Versmaßes (meist Jamben), der Parataxe, der asyndetischen Struktur der Texte. Ein episierendes Moment tritt dann hinzu, wenn der Prozeß der deutschen Wiedergeburt und das Auslöschen des Gegners schwungvoll dargeboten wird. Und diese Rhetorik suggeriert die Notwendigkeit der Tat. Man darf nicht vergessen, daß sich schon zu Anfang des 19. Jahrhunderts der Burschenschafter K. L. Sand mit Theodor Körners ›Leier und Schwert‹ im Marschgepäck auf den Weg gemacht hatte, um August v. Kotzebue zu ermorden. Der Heroismus geht gegen den Feind im Inneren los. Dies verweist auf eine Umbesetzung, eine Variante des Modells.

2. Republikanische Lyrik

Heros und Pathos der Freiheit

Zwar kulminiert die patriotische Lyrik in der Kriegsdichtung von 1870/71, in der Glorifizierung Preußens und in der mythischen Konvergenz von Barbarossa und Wilhelm I.; die Analyse des Geibelschen Werkes könnte alle diese Elemente repräsentativ für eine Vielzahl von Gedichten erweisen. Es ist dennoch lohnend, die Genealogie dieser Entwicklung zu rekonstruieren, denn sie kann die Varianten der heroischen Lyrik verdeutlichen.

Die Lyrik der Befreiungskriege bildet die Ausgangslage; zu Recht können sich die Dichter des sogenannten Ruhmesjahres 1870/71 auf sie als ihre Vorgeschichte berufen. Die patriotische Lyrik, im Gefolge von Arndt, Körner, Schenkendorf oder der Balladendichtung Uhlands, aber auch Follens, Harro Harrings, Fallerslebens usw., hatte einen Begriff von ›Nation‹ zum neuen Subjekt von Geschichte erklärt, der sich an verschiedene historische Perspektiven und Gesellschaftskonzepte anknüpfen ließ. Die patriotische Lyrik konnte *auch* auf Egalität und Freiheit setzen, nicht nur auf das alte ständische Hierarchiemodell.[20] ›Nation‹ im Sinne des frühen 19. Jahrhunderts ist so zu lesen als Metapher für Homogenität, und diese ist doppelt auslegbar: als schon oder noch nicht erreicht. Verankert sich die erste Option noch im Kosmos der Ständewelt, so zielt die zweite auf Egalität, auf Republikanismus. Zwar bedeutet die Hinwendung zum Republikanismus nicht automatisch die Absage an die Franzosenfresserei und andere sogenannte Außenpolitik, aber gleichzeitig ist die Nation im Innern erst noch zu konstituieren. Man kämpft also an zwei Fronten – im Rahmen derselben Redeform. Es bedarf hierzu nur einer Umbesetzung des Binärismus: das Volk tritt gegen die Unterdrücker an, die Tyrannen, die – doppeldeutig genug – nun beides sein können: Franzosen oder deutsche Fürsten. Es überrascht daher nicht, das Redemodell der patriotischen Lyrik bei Republikanern wie Ferdinand Freiligrath (z. B. in ›Trotz alledem‹, 1843, ›Von unten auf‹, 1846, ›Im Hochland fiel der erste Schuß‹, 1848)[21] oder Georg Herwegh (z. B. in ›Der letzte Krieg‹, 1841, ›Morgenruf‹, 1841)[22] wiederzufinden. Sowohl Freiligraths ›Ça ira‹ (1846) als auch Herweghs sehr erfolgreiche ›Gedichte eines Lebendigen‹ (1841) können in weiten Teilen auf die formale Struktur, ja sogar auf die Metaphorik der patriotischen Lyrik abgebildet werden.

Mein Dichten und Trachten ist nun, etwas hinaus zu schleudern, was die Masse packt und ergreift. *Ein* gelungenes Lied wäre hinreichend; *warum* kann ich keine Marseillaise schreiben?[23]

›Nation‹ wird in dieser Lyrik als die ›Assoziation von Gleichen‹ begriffen, als das Ende von aristokratischer Herrschaft. Freiheit und Tyrannis werden konterkariert. Damit sind die regulativen Prinzipien benannt. Die konkrete lyrische Produktion kann innerhalb dieses Rahmens dann akzentuieren, kombinieren und die Opposition von ›eigen‹ und ›fremd‹ in den Bereichen Kultur, Politik und Wirtschaft durchspielen. Ihre Impulse erfährt sie nicht zuletzt durch die Freiheitsbewegungen anderer Länder (Philhellenismus, Polen, später Italien) oder auch aus innenpolitischen Ereignissen (Göttinger Sieben, Robert Blum usw.).

Es ist diese Ausgangslage, die man bedenken muß, wenn man den Dissoziationsprozeß der heroischen Lyrik nach 1848 darstellen will.[24] Für die Konzeption von ›Nation‹ bedeutet zwar schon das Jahr 1830, verstärkt aber 1848 eine Zäsur: die Einheit des Begriffs ›Nation‹ wird endgültig aufgegeben. Republikanismus und Patriotismus verlieren damit ihre wechselseitige Anschlußfähigkeit. Das Betonen von ›Gleichheit‹ sucht u. a. eine neue Verbindung zur im weiteren Sinn sozialistischen Bewegung, wie an der Biographie Georg Herweghs exemplarisch zu zeigen ist. Das Insistieren auf ›Freiheit‹ kann aber auch einen antisozialistischen Effekt produzieren. Abzulesen ist dies beispielsweise bei Harro Harring, der – wohl bis zu seinem Selbstmord im Jahre 1870 in alle Kämpfe des 19. Jahrhunderts verstrickt und sie lyrisch begleitend – sich am Ende seines Lebens in eine Dolchstoßlegende hineinsteigerte: Die Kommunisten hätten mit den Monarchisten paktiert, um die Republikaner zu erledigen.[25]

Sukzessive spaltet sich von diesen Richtungen eine patriotisch-offensive Lyrik ab, verengt ihre Perspektive auf die preußisch-kleindeutsche Lösung und ihren endgültigen Sieg über den Erzfeind Frankreich. Ihrem Redeductus ordnet auch Freiligrath sich unter. 1851 beschwört er zwar noch das Weiterleben der Revolution (›Die Revolution‹), schwenkt aber bald um und begrüßt 1870 den deutschen Kampf in seinem ›Hurra, Germania!‹:

⟨…⟩
Auf, Deutschland, auf, und Gott mit dir!
Ins Feld! der Würfel klirrt!
Wohl schnürt's die Brust uns, denken wir
Des Bluts, das fließen wird!
Dennoch das Auge kühn empor!
Denn siegen wirst du ja:
Groß, herrlich, frei, wie nie zuvor!
Hurra, Germania!
  Hurra, Viktoria!
  Hurra, Germania![26]

Während der Patriotismus die heroische Redeform so fortführt, wird sie von der republikanischen Lyrik nahezu völlig aufgegeben.

Satirische Lyrik

Gleichwohl kann die republikanische Lyrik überleben. Indem die Satire, als ihre *komplementäre Redegeste*, reaktiviert und auf neue Felder übertragen wird, gelingt es, zumindest das Scheitern der Revolution (z. B. bei Fallersleben) zu thematisieren und ihr Fiasko dem vermeintlichen Schuldner anzulasten. Es werden also weniger die bitteren, elegischen Töne angeschlagen, die Heinrich Heines ›Enfant perdu‹ (›Verlorener Posten in dem Freiheitskriege‹) und andere Texte[27] charakterisieren, sondern im Zentrum steht neben der Satire auf die Herrschaft der alten Gewalten (Adel, Monarchie und Kirche als Trias der Reaktion und der deutsche Michel als Bild für die kleinbürgerliche Mentalität, der die Revolution verschlafen hat)[28] ein neuer Sarkasmus. Die Topoi aus der Zeit vor 1848 (die Symbiose von Kleinbürgerschelte und Ständekritik ist repräsentativ entfaltet in Dingelstedts ›Kosmopolitischem Nachtwächter‹)[29] werden durch die Tilgung des noch immanent transportierten Heroismus neu arrangiert. Die sarkastische Haltung strukturiert die Geschichte dann allein. Diese Veränderung erlaubt es, das satirische Terrain entscheidend zu vergrößern. Es kann sich nun auch auf die eigene politische Bewegung beziehen und ermöglicht (in einem zweiten Schritt) die Differenzierung des Republikanismus selbst:

> Wir zogen von Gotha bis Eisenach
> In zehen Jahren, gemach, gemach;
> Von Gotha bis Eisenach sind drei Meilen –
> Staatsmänner sollen sich nicht übereilen.
> ⟨...⟩[30]

In Herweghs ›Harmlosen Gedanken‹ (Fortsetzung. April/Mai 1860) wird das Bild des Gegners, des neuen Nationalliberalen, und damit das Bild der Dissoziation des Republikanismus selbst, wiederholt gezeichnet:

> Nationalvereinsgermane,
> Du verläß'st das Reich der Träume,
> Du wirst praktisch, deine Jahne
> Klettern auf die Freiheitsbäume.[31]

Und die sarkastische Redeweise legt es nahe, die Kritik zu universalisieren, wie in ›Der schlimme Feind‹ (Februar 1871):

> Dies Volk, das seine Bäume wieder
> Bis in den Himmel wachsen sieht
> Und auf der Erde platt und bieder
> Am Knechtschaftskarren weiter zieht;
> ⟨...⟩
> Gleich Kindern laßt ihr euch betrügen,
> Bis ihr zu spät erkennt, o weh! –
> Die Wacht am Rhein wird nicht genügen,
> Der schlimmste Feind steht an der Spree.[32]

Es ist jene radikal sich isolierende Position, von der aus hier gesprochen wird, die auch Teile der Heineschen ›Lamentationen‹ im ›Romanzero‹ strukturiert. Der Sarkasmus bleibt bestimmende Haltung, er ist aber nicht gleichbedeutend mit dem politischen Abgesang, den Dingelstedt, Gottfried Keller oder auch Paul Heyse an ihre ehemals vormärzlichen Positionen richten, um sich dann ganz dem empfindsamen Diskurs und der Goethe-Nachfolge (Heyse) hinzugeben, in der Geschichte zu verschwinden (Keller) oder auch den Selbstmord durchzuspielen (wie Dingelstedt in seinen ›Liedern aus der Fremdenlegion‹).[33] Herwegh vertritt hingegen eine Position, die sich *außerhalb* der alten Bewegung stellt, die Beobachterrolle einnimmt, dadurch aber ästhetischen Spielraum gewinnt. Er verdankt gerade in diesen Gedichten Heine viel.

Dieser ästhetische Spielraum, der die Abkehr von tagespolitischer Programmatik mit sich bringt, macht eine literarische Position möglich, die sich auf Dauer auf eine nun moralisierende Beobachterrolle zurückzieht und sogenannte menschliche Schwächen parodiert. Die Gedichte und Bildergeschichten Wilhelm Buschs (1832–1908) sind in dieser Tradition zu sehen.[34] In das Handexemplar seiner Lyrik-Sammlung ›Kritik des Herzens‹ (1874) notiert Busch:

> In kleinen Variationen über ein bedeutendes Thema soll dieses Büchlein ein Zeugnis meines und unseres bösen Herzens ablegen. Recht unbehaglich! muß ich sagen ⟨...⟩ Schwieriger und heilsamer scheint mir das offene Geständnis, daß wir nicht viel taugen ›von Jugend auf‹.[35]

Von dieser anthropologischen Konzeption aus decouvriert sich die Zivilisation als Maskenspiel ohne Ethik. Es geht nicht um Aufklärung der Kinder oder Belehrung der Tiere, die als die beiden wichtigsten Störfaktoren die scheinbar idyllische Alltagswelt bedrohen; es geht um deren Vernichtung in der Dressur. Ein Feld kruder Machtkämpfe wird von Busch entworfen, um die Kultur der zweiten Jahrhunderthälfte zu charakterisieren; Anfang 1875 schreibt er an Maria Anderson: »Bei den besten Menschen, die mir begegnet, habe ich noch immer die Reißzähne von den Schneidezähnen ganz deutlich unterscheiden können.«[36] Ganz aus der Beobachterperspektive reduziert Busch menschliches Handeln im Sinne allgegenwärtiger Lächerlichkeit. Seine ›Kritik des Herzens‹ versucht, die Ebene der Sentenzensprache, die die Macht beschönigende Semantik, parodistisch aufzubrechen:

Wer möchte diesen Erdball
Noch fernerhin betreten,
Wenn wir Bewohner überall
Die Wahrheit sagen täten
⟨...⟩.[37]

Es ist also kein Humor, der bei Busch vorherrscht, sondern ein durchgängiger Sarkasmus, der sich nur als Humor drapiert hat. Genau besehen entpuppt sich Buschs Humor als *Parodie von Bildung*, der letzten heroischen Geste. Es sind Anti-Bildungsgeschichten mit unversöhnlichem Ende, die Busch liefert; der schwungvolle, emphatische Beginn wird schnell als Illusion entlarvt, die Handlung verselbständigt sich, und das Genre kommt in Bewegung, um aus den Fugen zu geraten.

Außer bei Busch und auch bei Heinrich Heine wird die Satirisierung der heroischen Geste vor allem im Werk Adolf Glaßbrenners inszeniert. In seiner Prosa, aber auch in seiner Lyrik werden Alltagssprache und Berliner Mundart gegen den Heroismus gewendet[38], etwa in der nach der Melodie ›God save the King‹ zu singenden ›Neuen Berliner Hymne‹:

Heil Dir, o Brandenburg!
Jroß bist Du durch und durch!
    Als Ministeer!
Du, der so rechtsjeleert,
Riefst zeitig noch Dein Kehrt!
Und hast Dir stets bewährt
    Durch't Militair!³⁹
⟨…⟩

Die heroischen Phrasen zeigen ihre blutige Spur z. B. im ›Neuen chinesischen Offizierslied‹:

⟨…⟩

Bruder- und Freundesmord!
Ist unser Losungswort, ⟨…⟩.⁴⁰

Glaßbrenner erfreute sich, wie leicht einzusehen, nicht der allergrößten Beliebtheit bei den preußischen Machthabern. Radikaler als bei Klaus Groth, der in seinen ›Quickborn-Liedern‹ (entst. 1849–1857)⁴¹ ebenfalls den Dialekt einsetzt, um – neben vielen sentimentalen Zügen, die seinen Regionalismus auch auszeichnen – die lokale Gebundenheit der Subjekte als ihr authentisches Element gegen eine scheinbar verbrauchte Hochsprachenkultur zu stellen, findet sich bei Glaßbrenner über die *Perspektivierung von unten* der Ansatz zu einer neuen, sozialistischen Geschichtsauffassung, ohne daß er allerdings ein Bündnis mit der Arbeiterbewegung eingegangen wäre. Nicht grundlos, denn die Lyrik der frühen Arbeiterbewegung führt fast bruchlos den heroischen Diskurs fort.

3. Sozialistische Lyrik

Will man das heroische Reden aufrechterhalten, so bedarf es einer Neufassung der Unterscheidung von ›eigen‹ und ›fremd‹. Der Republikanismus muß, um als Emanzipationsstrategie überleben zu können, sich in eine neue Bewegung integrieren, die eine bessere Situationsanalyse bietet und dadurch genügend Startemphase für Heroismus. So ist es nur folgerichtig, wenn Georg Herwegh und andere – wie Georg Weerth, wohl im Gefolge seiner England-Erfahrungen, schon vor 1848 – im Nachmärz *auch* mit der sozialistischen Bewegung kooperieren. Herwegh schreibt das ›Bundeslied für den Allgemeinen deutschen Arbeiterverein‹ (1864):

⟨…⟩
Und du ackerst und du säst,
Und du nietest und du nähst,
Und du kämmest und du spinnst –
Sag; o Volk, was du gewinnst! ⟨…⟩
Mann der Arbeit, aufgewacht!
Und erkenne deine Macht!
Alle Räder stehen still,
Wenn dein starker Arm es will.
⟨…⟩.[42]

Exemplarisch sichtbar wird bei Herwegh auf doppelte Weise die Kontinuität sozialistischer Lyrik: Zunächst beerbt er die Liedtradition der Handwerkerschaft aus der Vormärzzeit, die sowohl mündlich – besonders in der Schweiz und Frankreich, von Straßburg ausgehend – verbreitet war und auch schon in ersten Anthologien gesammelt wurde, z. B. in ›Volksklänge. Eine Sammlung patriotischer Lieder, Paris 1841‹, für die auch Wilhelm Weitling eine Reihe von Gedichten schrieb.[43]

Zweitens ergeben sich Anschlußmöglichkeiten an die republikanische Poesie, z. B. an Karl Beck, Georg Herwegh, Ludwig Pfau, Ludwig Seeger oder auch an Eduard von Bauernfeld, weil neben die Forderung nach Freiheit und nach Abschaffung der Tyrannis (vgl. z. B. das berühmte ›Deutsche Treibjagen‹. »Fürsten zum Land hinaus«[44]) auch die Forderung tritt, die Armut der Bevölkerung zu beseitigen. Politische Freiheit darf nicht von wirtschaftlicher Armut absorbiert werden – dies ist das zweite Argumentationsmuster, das die Vormärzlyrik prägt und das unmittelbar in die noch diffusen ökonomischen Forderungen der frühen Arbeiterlyrik integrierbar ist. Ein gutes Beispiel bietet hierfür das ›Weberbild‹.[45]

Die Ausbildung der sozialistischen Lyrik[46] erfolgt nun parallel zum organisatorischen Aufbau der Arbeiterbewegung; Partei, Arbeiterbildungsverein und Arbeitersängerbewegung sind die Institutionen, an die die neue Lyrik rückgebunden werden kann. Sie bilden das Publikum, auf das die Lyrikproduzenten hin adressieren, und aus ihnen geht das Gros der Lyriker selbst hervor, z. B. Jacob Audorf, August Geib, Hermann Greulich, Wilhelm Hasenclever, Max Kegel, Rudolf Lavant (d. i. Richard Cramer), Adolf Lepp. Andere Autoren, etwa Leopold Jacoby, stehen der Arbeiterbewegung zumindest nahe. Die Produzenten-/Rezipienten-Trennung ist dadurch weitgehend aufgehoben, und die Lyrik zirkuliert in einer fast geschlossenen Gesellschaft.

Vier Verbreitungsformen sind zu unterscheiden:

(1) das Fortlaufen der mündlichen Tradition,

(2) die Exponierung und funktionale Einbindung einzelner Gedichte in den politischen Tageskampf (Flugblätter; Max Kegel, der Verfasser des ›Sozialistenmarsches‹, bringt z. b. fast 30 000 Exemplare seines Gedichtes ›Der Ausgewiesene‹ in Umlauf).[47]

(3) Mit dem Aufkommen der sozialistischen Massenpresse kommt als dritte Verbreitungsform der Abdruck in (oft) satirischen Zeitschriften hinzu. Eine zentrale Rolle spielen in diesem Zusammenhang ›Die neue Welt‹ (ab 1876), ›Der wahre Jakob‹[48] (ab 1879), ›Der süddeutsche Postillon‹ (ab 1883), aber auch die von Kegel mitbegründeten ›Chemnitzer Nußknacker‹ / ›Chemnitzer Raketen‹ (ab 1871) und der ›Hiddigeigei‹ (ab 1882), der in Dresden erschien. Nun erst wird eine massenhafte Verbreitung von sozialistischer Lyrik möglich: ›Der wahre Jakob‹ beispielsweise hatte zur Zeit des Sozialistengesetzes eine Auflage von 100 000 Exemplaren.

(4) Neben die selbständigen Gedichtbände bekannter sozialistischer Lyriker sind die Anthologien zu stellen, insbesondere Rudolf Lavants ›Vorwärts! Eine Sammlung von Gedichten für das arbeitende Volk‹ (Zürich 1886), Max Kegels ›Sozialdemokratisches Liederbuch‹ (Stuttgart 1890) und Karl Henckells ›Buch der Freiheit‹, (Berlin 1893). Lavant versucht eine Charakterisierung der abgedruckten Lyrik:

> Es sind samt und sonders Kampfpoesien, Lieder und Gedichte, welche den großen weltgeschichtlichen Kampf der Enterbten gegen die Besitzenden, der Unterdrückten gegen die Unterdrücker, der Rechtlosen gegen die Machthaber, der nach Erkenntnis Ringenden gegen die Monopolisten der Wissenschaft, gegen die Feinde des freien Gedankens zum Vorwurf haben; ⟨...⟩.[49]

Lavant ediert Jacob Audorf, August Geib, Max Kegel oder Adolf Strodtmann, greift aber auch auf die Vormärztradition zurück (Fallersleben, Freiligrath, Glaßbrenner, Herwegh, Pfau u.a.). Durchgängig ist der sogenannte »kämpferische Ton«, z.B. in Audorfs ›Arbeiter-Marseillaise‹, die zur Melodie des französischen Revolutionsliedes gesungen wird:

> Wohlan, wer Recht und Wahrheit achtet,
> Zu uns'rer Fahne steht zu Hauf:
> Wenn auch die Lüg' uns noch umnachtet,
> Bald steigt der Morgen hell herauf!
> Ein schwerer Kampf ist's, den wir wagen,
> Zahllos ist uns'rer Feinde Schar,
> Doch ob wie Flammen die Gefahr
> Mög' über uns zusammenschlagen,
> Nicht zählen wir den Feind, nicht die Gefahren all'!
> Der kühnen Bahn nur folgen wir,
> Die uns geführt Lasall'! ⟨...⟩.[50]

Inhaltlich sind die einzelnen Arbeiterhymnen fast beliebig austauschbar. Wenn Audorfs ›Arbeiter-Marseillaise‹ Herweghs ›Bundeslied‹ den Rang abläuft und selbst wiederum durch Kegels ›Sozialistenmarsch‹ ablösbar ist, so scheinen diese Veränderungen weniger durch eine politische Kurskorrektur bedingt als durch die jeweils schlagkräftigere rhetorische Struktur: Audorfs Text läßt sich besser singen als Herweghs ›Bundeslied‹, und Chorgesang ist Trumpf. Man benutzt daher, wie auch die patriotische Lyrik, die *Kontrafaktur*, schreibt neue Texte zu schon bekannten und einprägsamen Liedmelodien, um die Inszenierung zu optimieren. So kann der heroische Gestus aufrechterhalten werden. Neben dem partiellen Austausch der Metaphorik (Fahnensymbol, in anderen Gedichten auch ›rote Republik‹)[51] wird auch hier die Unterscheidung ›eigen‹–›fremd‹ neu benannt; zwar tritt immer noch, wie schon in der republikanischen Lyrik, das Volk gegen die Unterdrücker an; aber es ist nun ein in erster Linie *ökonomisches* Verhältnis, das gemeint ist: ›Volk‹ wird zum Arbeiter, und ›Unterdrücker‹ wird zur Bourgeoisie. Übernommen sind die rhetorische Struktur und nahezu die gesamte Bildlichkeit der patriotischen Lyrik, allenfalls angereichert durch spezifische Embleme und eine säkulare Geist-Metaphorik. Die heroische Redeform ist auch von links restituiert worden.

4. *Naturalistische Lyrik*

Sind die *politischen* Oppositionen der Zeit alle durchgespielt, so lassen sich weitere Varianten der heroischen Lyrik nur über eine Geltungsveränderung des Heroischen gewinnen. Dieser Versuch wird unternommen in der frühen Lyrik des Naturalismus[52], der ersten Phase der ›naturalistischen Literaturrevolte‹. (Ab den neunziger Jahren des 19. Jahrhunderts kommt es in dieser Lyrik dann zu der Verschiebung, die in Arno Holz' ›Phantasus‹ ihre deutlichste Ausprägung findet.[53])

Im Zentrum steht die von Wilhelm Arent edierte Lyrik-Anthologie, die ›Modernen Dichter-Charaktere‹ (1885).[54] Neben Arent als Herausgeber sind vor allem Hermann Conradi, Heinrich und Julius Hart, Erich Hartleben, Karl Henckell, Arno Holz, Oskar Jerschke und Oscar Linke repräsentiert. Der Anspruch, der mit dieser Anthologie verbunden ist, wird dann im Titel der 2. Auflage von 1886 besonders deutlich: »Jungdeutschland«. Es geht um die »jüngstdeutsche Lyrik«. Den ›Modernen Dichter-Charakteren‹ sind daher zwei programmatische Einleitungen vorangestellt (Hermann Conradi ›Unser Credo‹, Karl Henckell ›Die neue Lyrik‹), die versuchen, das Unternehmen zu rechtfertigen. Sie führen die Linie der exemplarischen Rezension über »Graf Schack als Dichter«[55] und den »Lyriker à la mode« (Albert Träger, Hausschriftsteller der ›Gartenlaube‹) fort, mit denen die Gebrüder Hart ihren Feldzug gegen den Dilettantismus angetreten hatten.

> Das erste, was mir auffiel, als ich Herrn Träger näher kennenlernte, das war der unabänderliche, immer gleichklapprige, jämmerlich jammernde Jambentrab seiner poetischen Rosinante. Tripp trapp, tripp, trapp, tripp, trapp – ⟨...⟩. Gewiß, der Jambus ist das biegsamste und deshalb das bevorzugte Versmaß unsrer Poesie, aber es macht mich doch bedenklich, wenn die Empfindungen eines Lyrikers so selten aus dem alltäglichen Takt herausspringen, daß er sie unter sieben Fällen sechsmal an derselben Schnur herunterleiern kann.[56]

Die Position, die hier und besonders in den programmatischen Einleitungen zu den ›Modernen Dichter-Charakteren‹ entwickelt wird, versucht sich sowohl von der ›Oberflächenkultur‹ der Gründerzeit als auch von der vermeintlichen Gefahr der Masse (implizit eine Distanzierung von der Sozialdemokratie, trotz einiger Allianzen, die im Naturalismus auch eingegangen werden[57]) abzugrenzen. ›Materialismus/Oberfläche‹ soll mit ›Tiefe/Größe/Volk‹ konterkariert werden:

> Und doch erheben wir den Anspruch, endlich *die* Anthologie geschaffen zu haben, mit der vielleicht wieder eine *neue* Lyrik anhebt; durch die vielleicht wieder weitere Kreise, die der Kunst untreu geworden, zurückgewonnen und zu neuer, glühaufflammender Begeisterung entzündet werden; und durch die alle *die* Sänger und Bildner zu uns geführt werden, ⟨...⟩ die bisher abseits stehen mußten, weil sie kein Organ gefunden, durch das sie zu ihrem Volke in neuen, freien, ungehörten Weisen reden durften, weil nur das Alte, Konventionelle, Bedingte, Unschuldige oder das Frivole, Gemeine, Schmutzige – nie aber das Intime, das Wahre, das Natürliche, das Ursprüngliche, das Große und Begeisternde, offene Ohren und gläubige Herzen findet.[58]

Dagegen ins Spiel gebracht wird neue Größe, die sich bei zahlreichen Theoretikern aber schnell als altes Germanentum entpuppt. Henckell formuliert emphatisch das neue Programm:

> Nun so wollen wir denn darauf vertrauen, daß die Herrschaft der blasierten Schwätzer, der Witzbolde, Macher und literarischen Spekulanten, die der materialistische Sudelkessel der siebziger Jahre als Schaumblasen in die Höhe getrieben hat, ein für alle mal vernichtet und gebrochen sei, wir wollen vertrauen auf die unzerstörbare Empfänglichkeit unseres Volkes für alles wahrhaft Große, Schöne und Gute, und in diesem Sinne mit dem Pfunde, das uns verliehen, zu wirken und zu wuchern streben.[59]

Aus der Perspektive eines neuen, gesteigerten Dichtersubjekts – nur im Dichter könne Individualität sich vollständig entfalten – wird eine differente Qualität des Weltzugangs postuliert. Diese Qualität ist heroisch, aber in einem nun bedeutend erweiterten Sinn; in Wilhelm Arents ›Fieberglut‹ heißt es:

Durch meine Adern
Rast Fieberglut!
In meinem kranken
Ausgedörrten Hirne
Lodert des Wahnsinns
Flamme empor!
Aus Nacht und Graus,
Aus wilder Verzweiflung
Schreit meine Seele
Nach dir, nach dir
Du süße
Ewig verlorene Geliebte! ⟨...⟩⁶⁰

Das Sprechen über Liebe ist emphatisch gesteigert, ohne daß allerdings eine empfindsame Semantik bemüht würde. Liebe – als Passion – wird genauso heroisiert wie bei Oskar Jerschke ›An die oberen Zehntausend‹ die Anklage gegen soziale Ungerechtigkeit:

⟨...⟩
Es würd' Euch grausen und in Eure Stirnen
Käm' flammengleich das Krösusblut gerollt,
Und durch den Puder Eurer feilen Dirnen
Bräch' sich die Schamglut um das Sündengold,
Und wie wenn Eise sich mit Feuern mischen,
Würd' Euch das Herz in frost'gen Schaudern zischen.
⟨...⟩⁶¹

Auch eine Zugfahrt nach Berlin, wie sie Julius Hart beschreibt, erhält dramatische Konturen:

⟨...⟩
Hindonnernd rollt der Zug! Es saust die Luft,
Ein anderer rast dumpfrasselnd risch vorüber,
Fabriken rauchgeschwärzt, im Wasserduft
Glänzt Flamm' um Flamme, düster, trüb' und trüber,
Engbrüst'ge Häuser, Fenster schmal und klein,
Bald braust es dumpf durch dunkle Brückenbogen,
Bald blitzt es unter uns wie grauer Wasserschein,
Und unter Kähnen wandeln müd' die Wogen.
⟨...⟩.⁶²

Obwohl jedes der drei Gedichte ein anderes Subjekt behandelt, findet sich doch eine gemeinsame Sprechhaltung. Entweder geht es um emphatisierte Menschen, die – ungleich der Menge, die nur nach ›Gold‹ und ›Dirnen‹ schielt – intensiver erleben; oder aber die Situationen werden heroisiert. Das soziale Elend ist genauso wie eine Zugfahrt nach Berlin eine extraordinäre Situation, schon deswegen, weil es gilt, einen Zustand der Langeweile, des Mittelmaßes, zu überwinden; Hermann Conradi beklagt in seinen ›Pygmäen‹:

> Die Zeit ist tot, da große Helden schufen,
> Die mit der Fackel der Begeisterung,
> Mit kühn erhabenem Gedankenschwung
> Des Lebens florumhüllte Stufen
> Und weiter – weiter bis zum Gipfel klommen ⟨…⟩[63]

Die Zeit ist wiederzugewinnen, in der der Heroismus alle Lebensbereiche durchdrungen hat. Aber hierzu bedarf es einer Inszenierung, einer oft sinnlosen Kombination affektbeladener Metaphern, einer hymnischen Sprechhaltung, sei sie elegisch oder heroisch. Man fühlt tiefer.

Wenn es gilt, alle Felder von Welt heroisch zu besetzen, so muß man ebenfalls den differenten, den empfindsamen Diskurs okkupieren (z. B. in Jerschkes ›Fieberglut‹). Auch sind dann im System ›Literatur‹ eher gemiedene Sujets dem Geltungsanspruch des Heroischen zu unterwerfen. Darum – und um das System der Kunstideologie zu restituieren[64] – werden Arbeiterschaft und Stadt verstärkt in den Diskurs hineingeholt. Will man sich auf das ›Leben‹ berufen, die Heroen, das Eigentliche, so hat man die Kultur der Oberfläche, das ›Tändelnde‹ der Gründerzeit, zu durchstoßen, um das ›Wahre‹, ›Intime‹ und ›Echte‹ an den Tag zu bringen. Die so neugewonnene Tiefe kann dann als die eigentliche, die ideale Natur ausgegeben werden, die sich gerade durch ihre Differenz zur Dirnen- und Goldwelt legitimiert. ›Natur‹ ist jetzt eine geistige Haltung, die Haltung zum Heroismus, die Emphatisierung von Lebenswelt. Die frühe naturalistische Lyrik variiert so den heroischen Diskurs, indem sie seinen Geltungsbereich universalisiert. Es geht noch immer um ego und alter, aber der Gegensatz ist nicht mehr *politisch* bestimmt, da die konkrete Kampfsituation durch eine diffuse Gegnerschaft von Heros und Masse substituiert worden ist. Die Masse ist nur noch die kulturelle Folie, von der sich emphatische Selbstreferenz abhebt. Der Heroismus wird zum Wahrnehmungsvermögen von Wesentlichkeit.

5. *Psychologie des Helden – Fontanes Anthropologie des Heroischen*

So kann der Heroismus von der extraordinären Situation des Kampfes auf das gesamte Leben ausgedehnt werden. Folgerichtig muß er sich des atavistischen Bombasts entledigen und ohne große Übersetzungsanstrengungen auf Jetztzeit hochrechnen. Er ist nicht mehr nur als Element von Vorgeschichte zu denken, die es rückzuholen gilt, sondern ist immer schon präsent, in die Anthropologie der Subjekte eingeschrieben. Sukzessive den Heroismus zur transhistorischen Haltung, zur psychischen Disposition zu stilisieren: diesen Versuch unternimmt ein Teil der Lyrik Theodor Fontanes.[65]

Fontane hat zunächst den Romanzenzyklus ›Von der schönen Rosamunde‹ (1850) veröffentlicht, dann die acht Preußenlieder ›Männer und Helden‹ (1850), 1851 eine Duodezausgabe seiner ›Gedichte‹, 1861 seine ›Balladen‹. Erst 1875 erscheint eine zweite Auflage seiner Gedichte, die nun um den Rosamunde-Zyklus, ›Männer und Helden‹ und ›Balladen‹ erweitert wird. 1889 folgt die dritte, 1892 die vierte und 1898 die fünfte (jeweils vermehrte) Auflage.

Nach der Aufnahme in den Berliner »Tunnel über der Spree« (1844) wendet sich Fontane der Ballade zu[66] und trägt, beeinflußt durch den im »Tunnel« besonders geschätzten Moritz von Strachwitz, mit Erfolg seinen ›Tower-Brand‹ vor. 1847 folgen die ›Preußenlieder‹[67], die die altpreußische Tradition leicht ironisch, aber nicht ohne Geltungsanspruch im Sinne eines eher volkstümlichen Heroismus inszenieren wollen. Balladen wie ›Der Tag vor Hemmingstedt‹ (1851) oder ›Der letzte York‹ (1854) setzen die Extrapolation des Heldenhaften in der Geschichte fort. Die Balladentradition erlebt einen Höhepunkt in Fontanes berühmtem ›Archibald Douglas‹ (1854):

Ich hab' es getragen sieben Jahr
Und ich kann es nicht tragen mehr,
Wo immer die Welt am schönsten war,
Da war sie öd' und leer ⟨...⟩

Nimm's hin ⟨das Schwert⟩, nimm's hin und trag es neu
Und bewache mir meine Ruh',
Der ist in tiefster Seele treu,
Wer seine Heimat liebt wie du.[68]

Ein Vergleich mit der Strachwitzschen Version der Ballade (›Das Herz von Douglas‹) macht die Verschiebung in der Präsentation des Heroischen deutlich:

⟨...⟩
Doch wo am dicksten ringsumher
Die Feinde lagen im Sand,
Da hatte ein falscher Heidenspeer
Dem Grafen das Herz durchrannt.

Und er schlief mit klaffendem Kettenhemd,
Längst aus war Stolz und Schmerz,
Doch über dem Schilde festgeklemmt
Lag König Roberts Herz.[69]

Wenn es Strachwitz darum geht, die Tradition des Ritters und Troubadours zu reaktivieren, Recken vorzuführen, die sich durch Stärke und Tatkraft auszeichnen, so ist bei Fontane der vordergründige Aktivismus stark zurückgenommen. Für Strachwitz steht die säbelrasselnde Handlung im Mittelpunkt, bei Fontane geht es um die geistige Disposition zum Heldenhaften, zum Opfer, zur Treue. Ein Teil der Lyrik Fontanes differenziert diese geistige Disposition aus; bereits 1844 erträumt er in ›Der Wunsch‹ eine heroische Konvergenz von Subjekt und Natur:

⟨...⟩
O, wär' ich stark! Nah ist der Streit,
Und ganze Männer heischt die Zeit –
Ich wollte, daß in Sturmesnacht
Die Mutter mich zur Welt gebracht.[70]

Nun ist Peter Wruck sicherlich zuzustimmen, daß gerade in Fontanes ›Preußenliedern‹ ein durchaus ironisches Rückbesinnen auf die heroische Tradition zu beobachten ist. Es kann nicht mehr darum gehen – und dies unterscheidet Fontane von Strachwitz –, über schwungvolle Lyrik ein Zeitalter der Recken wieder als *Gegenwart* zu imaginieren. Gleichwohl gilt es, die in ihm wirksamen Ideen für die Jetztzeit zu retten. So stehen in der Entwicklung Fontanes bis zu seinen Romanen der Versuch *und* die Unmöglichkeit, das Heroische zu retten, im Vordergrund – unabhängig davon, an welche politische Richtung sich Fontane anschließt.

Fontane, der sich nach 1878 (›Vor dem Sturm‹) überwiegend der Prosa widmet, nimmt das Helden-Thema dann in einigen Texten seines lyrischen Spätwerkes wieder auf, u.a. in ›John Maynard‹ (1886).

John Maynard!
»Wer ist John Maynard?«
»John Maynard war unser Steuermann,
Aus hielt er, bis er das Ufer gewann,
Er hat uns gerettet, er trägt die Kron',
Er starb für uns, unsre Liebe sein Lohn.
John Maynard.«
⟨...⟩
Das Schiff geborsten. Das Feuer verschwelt.
Gerettet alle, nur *einer* fehlt!
⟨...⟩
Sie lassen den Sarg in Blumen hinab,
Mit Blumen schließen sie das Grab,
Und mit goldner Schrift in den Marmorstein
Schreibt die Stadt ihren Dankspruch ein:
»Hier ruht John Maynard! In Qualm und Brand
Hielt er das Steuer fest in der Hand,
Er hat uns gerettet, er trägt die Kron'
Er starb für *uns*, unsre Liebe sein Lohn.
John Maynard.«[71]

Es ist aufschlußreich, das Fontanesche Gedicht mit dem ›Referenzgeschehen‹ zu vergleichen. Fontane rekurriert auf die Darstellung einer Schiffskatastrophe, die sich auf dem Erie-See ereignet haben soll; allerdings wendet er die Vorzeichen.[72] Zusammenfassend bemerkt der Fontane-Biograph Hans Heinrich Reuter:

> Bei dem Brand des Schiffes »Erie« auf dem Erie-See unweit von Silver-Creek am 9. August 1841 war nicht der Steuermann Luther Fuller umgekommen, wohl aber 249 Passagiere. Hauptursache dafür war eine Panik gewesen, die ausbrach, während Fuller das brennende Schiff – ganz wie in der Ballade – so schnell wie möglich auf den Strand zu setzen suchte.[73]

Die Verkehrung bei Fontane ist zentral, liegt doch das fabula docet des Referenz-Ereignisses darin, daß der anfängliche Heroismus wirkungslos bleibt, weil die Schiffspassagiere nicht ruhig den Erfolg oder Mißerfolg des Helden abwarten wollen, sondern ganz einfach in Panik geraten – ungleich der Situation im Fontaneschen Gedicht, in dem die Passagiere sich zusehends in eine Art antiken Chor verwandeln und damit den Hintergrund abgeben, vor dem sich der Heros erst in Differenz setzen und damit zum Heros werden kann.

Die vielleicht unwissentliche Geschichtsverkehrung bei Fontane hat das Ziel, in einer Extremsituation die Notwendigkeit und die Eigenschaften des Heroischen zu erweisen. Identität gewinnt der Heros durch seine Tat: »Wer ist John Maynard?« – auf diese Frage hin wird die Ballade erzählt. Geschickt konterkariert Fontane jeweils Chor und Subjekt, Passagiere und Steuermann. Die Spannung, die durch die Konkurrenz zweier Zeitabläufe (Zeit des Schiffes, Zeit der Feuerausbreitung) erzeugt wird, verdeutlicht exemplarisch die Notwendigkeit von Handeln: Knappheit führt zur Tat und ruft den Helden auf den Plan, bereit, sich selbst zu opfern. Das Zentrum des Gedichts ist diese Disposition zum Heroischen, weniger eine konkrete Handlung oder Katastrophe, die erzählt werden soll. Die Ballade spielt im historischen Nirgendwo, es ist eine allgemein menschliche Situation gemeint. Der Balladenschluß offeriert dann den Lohn der Selbstaufgabe. In einem fast mythischen Szenario (»Alle Glocken gehn; ihre Töne schwell'n / Himmelan / aus Kirchen und Kapell'n / Ein Klingen und Läuten, sonst schweigt die Stadt ⟨…⟩«[74]) wird der tote Held, den man zu Grabe trägt, geehrt. Die Auslassungen im Gedicht und die dadurch mögliche Exposition bedeutender Situationen evozieren ein ästhetisiertes Leben, das nicht durch zuviel Alltagswelt profanisiert werden darf. Maynard wird mit Blumen, nicht mit Erde bedeckt, und in Gold und Marmor wird seine Identität festgehalten. Wie auch im Naturalismus begründet der Heroismus hier einen ästhetischen Blick auf Welt.

III. Lyrik als Form des empfindsamen Redens

Mit ›Lyrik‹ wird nach 1850 weniger der pathetisch-heroische Ausdruck, sondern die empfindsame Sprache, die ›Sprache des Gefühls‹, verbunden. Die Polemik der Naturalisten richtet sich ja nicht gegen Graf Schack, sondern gegen Albert Träger, den Paradeautor der biederen ›Gartenlaube‹. Als ›Sprache des Gefühls‹ versuchen auch die zeitgenössischen Ästhetiker Lyrik zu definieren.

1. Lyrik in der ästhetischen Diskussion

In scheinbarem Gegensatz zur Kraftrhetorik der heroischen Lyrik steht ein poetologisches Konzept, das versucht, Lyrik als Ausdruck des Gefühls zu begreifen.[75]

Seit Baumgarten setzt sich in der ästhetischen Theorie eine triadische Einteilung der literarischen Gattungen durch, deren Bestimmung sich nicht mehr an einer rhetorischen Konzeption, sondern an den *Vermögen* des Subjekts auszurichten versucht. Damit eröffnet sich die Möglichkeit einer anthropologisch oder gar ontologisch begründeten Gattungstheorie (›das Lyrische‹ als Substanzqualität von Welt), in deren Rahmen dann Lyrik ihre Festlegung findet. Es ist eine neugefaßte Vermittlung von Individuellem (als Besonderem) und Allgemeinem, auf das die Ästhetiken Mitte des 19. Jahrhunderts (ihre wirkungsmächtigsten Vertreter sind Carrière, Gottschall und Vischer[76]) in der Nachfolge und in Abweichung von Hegel zielen. Vischers Darlegung von Lyrik als »punktuelles Zünden der Welt im Subjekt«[77] konzentriert dreierlei:

– das Momenthafte,
– das Subjektive,

– die Vermittlung des Subjektiven (als des Besonderen) mit dem Allgemeinen.

Die Verschränkung dieser drei Punkte läßt sich exemplarisch bei Moriz Carrière studieren. Carrière bietet folgenden Definitionsversuch:

> Die lyrische Dichtung ist die subjektive: sie folgt dem Wirbel der Empfindungen, sie verknüpft nicht Dinge nach deren Gesetz, sondern Vorstellungen wie sie sich im Innern assoziieren, wie die Einbildungskraft in freiem Spiel mit ihnen schaltet. Darum bleibt in der Lyrik manches der Ahnung überlassen ⟨...⟩.[78]

Es ist dabei zentral, daß Lyrik »in individueller Unmittelbarkeit ausgesprochen wird«[79]. Damit ist ein ganz bestimmtes Vermögen beim Dichter aufgerufen; das ›Gemüt‹ als die Fähigkeit zu unmittelbarer Apperzeption erscheint als die Bedingung der Möglichkeit lyrischen Sprechens:

> Die Melodie der Seele und ihre Selbstinnigkeit tönt in seinem Lied, und von den Dingen spricht er nur wie sie das Gemüt bewegen ⟨...⟩.[80]

So entstünden Kunstwerke, für deren Aufnahme beim Rezipienten ebenfalls eine Disposition, eben das ›Gemüt‹, erforderlich ist:

> Sein Gefühl singt er ⟨der Autor⟩ um das Echo im Herzen der Andern wach zu rufen, nicht Anschauungen will er vor uns hinführen, sondern Stimmungen in uns erwecken.[81]

Allerdings ist dieses künstlerische Vermögen, über das Gemüt auf das Gemüt zu wirken, also mit Hilfe von Lyrik eine Stimmung zu erzeugen, nicht subjektiv beliebig, sondern in ›Grundwahrheiten‹ aufgehoben:

> Die Eigenart und Größe der Subjektivität wird sich darstellen müssen in deren Beziehung zu den wesentlichsten Grundwahrheiten des Lebens wie in dem Vermögen auch das Kleine und Unscheinbare durch den eigenen Gemütshauch zu beseelen, auch in ihm ein Göttliches ahnen zu lassen ⟨...⟩.[82]

Auf diese Weise wird der künstlerische Ausdruck in ›Ordnung‹ verankert:

Doch es ist der Reichtum und die Gewalt der Empfindung nicht allein was den Lyriker zum Dichter macht, vielmehr wird er es erst dadurch daß er in der Freiheit seines Geistes zugleich über ihren Wogen schwebt, und daß er sich von der Macht derselben befreit, ⟨...⟩ indem er sie ordnend beherrscht und in reinen Formen, in melodischer Folge darstellt.[83]

Die Welt, auch das ›Kleine‹ und ›Unscheinbare‹, durch einen ›Gemütshauch zu beseelen‹: Hierin verbirgt sich eine Ästhetisierung von Alltagswelt, die als Sinngebung verstanden wird. Die literarische Form, so werden im Anschluß an Platen dann Geibel und Heyse behaupten, bildet diese sinnhafte Ordnung der Welt ab. Ja es ist gerade die Aufgabe des lyrischen Dichters, seine harmonisierende Gabe zu nutzen, um diese Ordnung in der Dichtung stimmungshaft, also nichtrational, aufscheinen zu lassen. In den Worten Rudolph Gottschalls: »die dichtende Phantasie verbannt den Zufall, der die Schönheit trübt«[84].

So wird ein Begriff von Welt eingeführt, der – wie Ulf Eisele nachgewiesen hat[85] – als der programmatische Kern des Realismus, als ›Ideal-Realismus‹, anzusehen ist. Von dieser Realismuskonzeption, als »poetischer Verklärung«[86], geht dann auch Fontane in seinem Essay ›Unsere lyrische und epische Poesie seit 1848‹ aus. Naiv und folgenschwer gerade für die Lyrik ist dabei der Versuch, Realität selbst als utopisches Reservoir, aus der das Essentielle abzuziehen ist, einzuführen. Die Kategorie ›Möglichkeit‹ als Potential für Spielräume von Denken und Handeln wird mit Realität in eins gesetzt. Das Prinzip der realistischen Programmatik heißt daher ›Idealisierung‹, ›Verklärung‹, ›Harmonisierung‹, da die ›eigentliche‹ Realität ja wohlgeordnet und nur durch das Inessentielle verstellt ist. Die Ausgrenzung des Nicht-Besonderen, des Akzidentiellen, das eigentlich nicht zum Wesen der Realität gehöre, zwingt dazu, Welt als Sinn ästhetisch zu konstituieren; in diesem Verständnis wird Sinn zu schon realisierter Form (Anschluß an eine ästhetizistische oder klassizistische Theorie[87]); *besonderer* Sinn weist immer auf die Einheit der Ordnung hin. Die Ästhetik stellt somit das Symbol in den Mittelpunkt ihrer Kunsttheorie und ist genötigt, gleichzeitig fast *alles* zum Symbol zu erklären. Es ist diese Konzeption, die Heinrich Henel für die Lyrik – sicherlich zu einseitig normativ – als erlebnisunfähig und damit epigonal erklärt hat.[88] In dieser Lyrik wird mit der grundsätzlichen Betonung von Gefühl/Gemüt/Stimmung der Ausschluß von Reflexion vollzogen.[89] Sie wird, gerade in ihren empfindsamen Varianten, ersetzt durch eine *Ästhetisierung der Welt.*

2. *Empfindsame Lyrik und die Ausweitung ihres Geltungsbereichs*

Was gemeinhin unter der ›schlechten Innerlichkeit‹ der Gründerzeit verstanden wird, ist Folge einer Ausweitung von Empfindsamkeit um jeden Preis, insbesondere in der Lyrik. Die Empfindsamkeit versucht, vor allem nach der Konsolidierung durch Restauration und Kaiserreich, ihren Geltungsanspruch auf alle Lebensbereiche zu übertragen bzw. alles zu ignorieren, was sich der empfindsamen Darstellung entzieht. In der Lyrik bedeutet dies, daß die für das empfindsame Denken bedrohlichen Bereiche, z. B. Technik und Arbeitswelt oder die Erfahrung von ›Masse‹ und Stadt, ausgeklammert bleiben.[90] Wird Technik thematisiert, so als Kampf mit den Naturgewalten, und es bedarf eines heroischen Gedichts. Die Stadt ist immer der klassische Ort für Kunst; die Arbeitswelt wird erst im Naturalismus Gegenstand der Kunst. ›Natur‹ dient also immer noch als idyllisches Projektionsfeld.

›Leben‹ stellt sich in dieser Lyrik als ein von Naturgewalten bedrohter (Tod, Schicksal), aber gesellschaftlich pazifizierter Raum dar. Was unter ›Gesellschaft‹ verstanden wird, ist eigentlich eine universalisierte Privatsphäre, ein harmonisches, über Gefühl bestimmtes Verhältnis zwischen dem jeweiligen Subjekt und seinen Kosubjekten.[91] Die Gesellschaft kann dann als Netz nahezu symmetrischer dialogischer Beziehungen beschrieben werden. Dies aber hat zur Bedingung, daß das Kosubjekt den Sprecher *stabilisiert*, zumindest: daß es mehr auf Identität als auf Differenz setzt. Dem Kosubjekt wird das Verbot auferlegt, *instrumentell* zu handeln. Es hat die Welt des Sprechers durch prinzipielle Zustimmung zu begründen. In der Lyrik findet sich diese Haltung etwa bei Paul Heyse (›Zuflucht‹):

> Und so hebst du meiner Seele
> Schleier mit der weichen Hand,
> Daß sie nichts mehr dir verhehle,
> Die errötend vor dir stand.
>
> Ach, was ihr im Übermute
> Lieblich an ihr selber deucht',
> Seit darauf dein Auge ruhte,
> Ist der eitle Wahn verscheucht.
> 〈...〉[92]

Nicht nur Heyse, der Prototyp dieser Richtung, ist von Emanuel Geibel zu Recht als ›Lyriker des Gemüts‹ charakterisiert worden. Auch bei Storm findet sich das Modell:

> So komme, was da kommen mag!
> So lang du lebest, ist es Tag.
> 〈...〉[93]

Nun zeichnet sich die Lyrik nach 1850 dadurch aus, daß nicht nur der/die Geliebte die Funktion des bestätigenden Kosubjekts übernehmen kann. Genausogut könnte es ein Freund/eine Freundin, ›Gott‹, die Nation als Gemeinschaft der Herzen, Natur oder auch die Heimat sein; so beispielsweise in Theodor Storms frühem Gedicht ›Die Möwe und mein Herz‹ (1836), in dem die Möwe (als Natur) auf Heimat (als ideale Projektion), in das das lyrische Ich seine Wünsche setzt, verweist.[94] Bedingung ist, daß bei allen Substitutionen die Kosubjekt-Funktion stabil bleibt. Natur soll also nichts Mythisch-Bedrohliches, die Religion keine nemesis divina, die Geliebte nichts Instrumentelles oder Erotisch-Gefährliches an sich haben.[95] Gerade im letzten Fall bedarf es einer literarischen Konzeption von Frau, die das Nicht-Sinnliche, den Marien- oder (transformiert) den Königin-Louise-Mythos verkörpert. Verdichtet findet sich diese Konzeption in Julius Rodenbergs ›Die reinen Frauen‹, dem Einleitungsgedicht von Elise Polkos ›Dichtergrüßen‹:

> Die reinen Frauen steh'n im Leben
> Wie Rosen in dem dunklen Laub;
> Auf ihren Wünschen, ihrem Streben
> Liegt noch der feinste Blütenstaub.

In ihrer Welt ist keine Fehle,
Ist Alles ruhig, voll und weich:
Der Blick in eine Frauenseele

Ist wie ein Blick in's Himmelreich.
Wohl sollst du hören hohe Geister,
Verehren sollst du Manneskraft;
Dich sollen lehren deine Meister,
Was Kunst vermag und Wissenschaft.

Doch was das Höchste bleibt hinieden,
Des Ew'gen nur geahnte Spur,
Was Schönheit, Poesie und Frieden:
Das lehren dich die Frauen nur![96]

Als Beispiel für ›empfindsame Lyrik‹ ist dieses Gedicht programmatisch: die naturale Metaphorik, die Eliminierung von Zeit, der Verweis auf Metaphysik, die empfindsamen Epitheta, die verklärende Grundhaltung, die Bildwelt des Reinen, das immer auch zum Opfer bereit ist, sind die charakteristischen Elemente solcher Poesie.

In diesem Sinne ist die empfindsame Lyrik nach 1850 darum bemüht, über die Zitation (jeweils ersetzbarer) Kosubjekte einen Stabilisationseffekt für den Sprecher (und damit auch für den Leser, der die Subjektrolle einnehmen will) zu erzielen. Es geht nur vordergründig um Liebe, Freundschaft, Natur oder Religion; im Hintergrund steht der schon etablierte Raum des lyrischen Sprechers und seine stete Affirmation. Die Auseinandersetzung mit Welt wird in dieser Lyrik ersetzt durch Narcissus' Wiederkehr. Deutlich wird dies, wenn man die Gründerzeitlyrik[97] mit der Tradition vergleicht, die sie als selbsternannter Nachlaßverwalter beerben möchte: mit der Romantik.

3. Empfindsame Lyrik und Romantik

Die Bestimmung von Lyrik als ein Produkt des Gefühls, als Evokation einer Stimmung ist ja keine genuine Konzeption der Zeit nach 1850. Sie ist u. a. von der Romantik abgeschrieben, allerdings mit wesentlichen Modifikationen.[98]

In ihrem Rekurs auf echte oder unechte Volksliedtradition setzt die romantische Lyrik letztlich doppelt auf Natur: einmal ist das Subjekt selbst Kreatur und daher überhaupt qua Gefühl wahrnehmungsfähig; zweitens ist es integriert in einen (göttlichen) Zusammenhang, der sich als Natur verobjektiviert. Das Gefühl/Gemüt hat dann die Vermittlerrolle zwischen ›innerer‹ und ›äußerer‹ Natur, ist ein Medium, das gerade seine ›Natürlichkeit‹ als Stärke wenden kann, um die Grenzen der Vernunft zu überwinden. Im Moment der Aufhebung von Zeit verschmelzen im ›Gemüt‹ oder Traumbewußtsein innen und außen und erfahren ihren Ausdruck in der Poesie. Nur weil die lyrische Semantik nicht in der vermeintlichen Realität, sondern in der kosmischen Ordnung ihren Referenzpunkt hat, kann das romantische Lied sein »hieroglyphisches Wesen«[99] erhalten.

Gleichwohl ist diese Gefühlswahrnehmung nicht naiv, sondern reflexiv gebrochen. Sie bezieht sich doppelt auf das Subjekt[100]: auf ein transzendentales (also den Menschen schlechthin) und ein empirisches Wesen (das historisch bedingte Individuum). Auf der Ebene transzendentaler Subjektivität kann die Vermittlung von innen und außen zwar gedacht, aber nicht bruchlos umgesetzt werden; die Vermittlung von Subjekt und Metaphysik (über Natur) ist höchstens *punktuell* möglich: so lautet etwa – wie Manfred Frank gezeigt hat[101] – die Abschwächung bei Tieck.

Dieser Hiatus ist aber insofern produktiv, als daß er die Schwierigkeiten des Modells (Überforderung des Gefühls, neue Zeiterfahrung) präzis *reflektiert* und Strategien des spielerischen Umgangs mit Lyrik entwickelt: Paradoxieren, Ironisieren usw. In der romantischen Lyrik manifestiert sich also neben einer Teilnehmerperspektive (Subjekt als Natur) auch immer eine Beobachterperspektive (Subjekt als reflexive Instanz), die neben die Evokation eines Erlebnisses auch seine reflexive Brechung setzt. Diese Brechung bestimmt dann – als bewußte Paradoxierung von transzendentalem und empirischem Subjekt – insbesondere Heines Lyrik, etwa das ›Buch der Lieder‹ und die ›Neuen Gedichte‹. Das reflexive Moment geht aber weitgehend verloren in der empfindsamen Lyrik nach 1840.

4. Die Tilgung von Reflexion und ihre Folgen

Vergleicht man Rodenbergs ›Die reinen Frauen‹ (oder Gedichte von Geibel, Heyse, Baumbach u.a.) mit romantischen Versen, so fällt der Unterschied zwischen romantischer Reflexion und poetischer Naivität ins Auge. Die poetische Naivität führt letztlich zum Ausverkauf der romantischen Bilderwelt. Insofern kann man durchaus davon sprechen, daß die Lyrik der Gründerzeit die reflexionslose Mimikry romantischer Poesie darstellt. Es ist diese imitatorische Haltung zu einer verharmlosten Romantik, die die Gründerzeitpoeten auszeichnet und mit der Gloriole des Schönen umgeben soll. Dabei wird durchaus noch immer programmatisch eine Poesie gefordert, die (wie die romantische) auf das Natursubjekt und seine Erlebnisse setzt; insofern wird Storms Theorie des ›Naturlauts‹ durch *Verallgemeinerung* des Erlebnisses depotenziert:

> Von der lyrischen ⟨...⟩ Poesie kann man sagen, sie soll Naturlaut in künstlerischer Form sein. ⟨...⟩ Allein, und ich möchte dies nachträglich in die Kritik einführen, auch diese Form ist eine doppelte, eine gröbere prosodische und eine feinere, geistige, die ganz ungreifbar ist. ⟨...⟩ Die zweite Form ist Sache des Gefühls, vielleicht darf ich sagen des Genies, die erste des Verstandes. ⟨...⟩ Diese letztere Form hat man richtig *Seele* genannt.[102]

Der Vermittlungsprozeß von Gefühl/Gemüt und Welt/Natur wird aber auch bei Storm nicht ausreichend reflektiert; Storm glaubt, über das Erlebnis einen direkten Zugang zu Welt/Natur zu gewinnen, bedenkt aber nicht, daß auch Erlebnisse immer schon sozial vermittelt sind und so die natürliche Ordnung als kulturelle Ordnung abbilden.

In der lyrischen Kommunikation sind im Laufe des 19. Jahrhunderts eine Reihe von Verschiebungen zu beobachten, die die empfindsame Lyrik weiter von der romantischen Bilderwelt abrücken. Die Tilgung des reflexiven Moments zieht eine durchgängige *Verräumlichung* und auf sie folgend eine Banalisierung nach sich. Zunächst wird Liebe zu Ehe und Glück zur Idealisierung von Alltagswelt, wie beispielsweise in Heyses ›Idylle‹:

> Junges Weib, wie manche Stunde
> Seh' ich deinem Glücke zu,
> Wie du auf dem Söller droben
> Schaltest ohne Rast und Ruh.
>
> ⟨…⟩
>
> Noch kurze Frist, dann klingt ein rascher Fuß,
> Der Knabe lacht im Schlaf, das Hündchen bellt,
> Die Türe geht – Willkommen, Gruß und Kuß,
> Und in zwei Armen hältst du deine Welt![103]

Das symmetrische Verhältnis zwischen Subjekt und Kosubjekt wird in Herrschaft verkehrt; Storm schreibt in ›Morgens‹ (1845):

> Nun gib ein Morgenküßchen!
> Du hast genug der Ruh;
> Und setz dein zierlich Füßchen
> Behende in den Schuh![104]

Die entkörperlichte Idealisierung entrückt, wie bei Rodenberg zu sehen, das Kosubjekt in eine sakrale Ferne. Die Liebeslyrik schottet sich ab gegen Zeit und differente Erfahrung der Subjekte. In ›Schöne Verse‹, einer Abrechnung mit dem »allgemein eingerissenen Siechtum des Geschmacks«[105], attackiert Hebbel diese Position:

> Die vielgepriesenen und gehätschelten schönen Verse der ›kalligraphischen‹ Dichter von heute blicken auf keine gewonnenen Erfahrungen zurück, sondern wiegen sich selbstgefällig in einer schlechten Unschuld ⟨…⟩.[106]

Die ›schlechte Unschuld‹, die künstliche Naivität ohne Kunst, wird besonders offensichtlich in der empfindsamen Naturlyrik. So schreibt Geibel in ›Frühmorgens‹:

> Ich weiß nicht, säuselt' in den Bäumen
> Des Frühlings Zauberlied zu Nacht?
> Aus unerklärlich holden Träumen
> Bin früh und frisch ich heut erwacht.
> Der Morgen weht mit goldner Schwinge
> Mir um die Stirn den kühlen Schein ⟨…⟩[107]

Nicht viel besser Robert Hamerling:

Es kommt ein Vöglein dann und wann
In meines stillen Gartens Bahn,
Das flötet mit ganz eignem Schall
Viel süßer als die Nachtigall. ⟨...⟩[108]

Gerade in der Naturlyrik verkommen die romantischen Bilder und werden, wie Eberhard Lämmert für die Eichendorff-Rezeption gezeigt hat[109], ›indikativisch‹, d. h. ohne Reflexion auf die romantischen Kunstprämissen verwendet. Das romantische Kokettieren mit Naivität schlägt in tatsächliche Naivität um, Dichter oder Wanderer als Metaphern (Sehnsucht/Gegenwelt) werden wörtlich genommen. Dazu kommt die Rhein-Wein-Weib-Seligkeit.[110]

Liebe wird so in Alltagswelt und Ehe überführt, Freundschaft ersetzt durch Huldigungsgedichte (›An Theodor Storm‹, ›An Emanuel Geibel‹ usw.), Natur ist keine Medialinstanz, sondern Raum für Selbstbespiegelung oder Toposreservoir für Stimmungsgedichte, die Religion wird funktionalisiert als Trost, der Begriff ›Nation‹ verliert seinen republikanischen Charakter und wird vertauscht mit Heimat.

Der Geltungsanspruch der empfindsamen Lyrik ist überhöht und entleert zugleich: nichts hat mehr Symbolfunktion, aber alles wird zum Symbol erklärt. Das Insistieren auf dem Erlebnis, aus dem alles entstehen soll, führt zur *Verwechslung von Erlebnis und Anlaß*. Die Stormsche Inspirationstheorie wird so auf den Kopf gestellt.

⟨...⟩ meine Ansicht – für die Lyrik wenigstens – ist, der Dichter darf den Stoff nie wählen, der Stoff muß sich immer von selbst bieten; je mehr er Poet ist, desto tiefer und öfter wird dieser Anstoß von innen zur Produktion kommen. ⟨...⟩[111]

Die Verkehrung von Anlaß und Erlebnis wird exemplarisch in Paul Heyses Städteimpressionen (etwa ›Mailand‹) deutlich:

Daß du modern und halb französisch seist,
Vom Edelrost Italiens reingescheuert,
Ein blankes Klein-Paris, ward mir beteuert;
Echt sei hier nur, daß man Risotto speist.
⟨...⟩[112]

Auf ähnliche Weise wird dann bei Johann Viktor von Scheffel, in seinem Gedichtband ›Waldeinsamkeit‹, die Versifizierung von Wandererlebnissen vorgenommen, z. B. in dem Gedicht ›Sonnenschein‹:

> Sei gegrüßt mir, einsamer Abersee!
> Spärlich umwohnter, spärlich befahrner,
> Hochwaldumkrönter, in düsterem Schein
> Der Tannen düster Gewipfel erspiegelnd:
> Sei gegrüßt mir, See! ⟨...⟩[113]

Die Beispielreihe mit vergleichbar schlechten Versen ließe sich fortsetzen. Eine Variation des Schemas wird dadurch möglich, daß man dem Geschehen – wie Friedrich Bodenstedt mit seinem Erfolgsbuch ›Die Lieder des Mirza Schaffy‹ (1851) – ein exotisches Kolorit gibt.[114] Die Versepen der Zeit, z. B. Oskar von Redwitz' ›Amaranth‹ (1849) oder Scheffels ›Trompeter von Säkkingen‹ (1853) treten diese Pfade noch aus.

Es ergibt sich ein systematisches Problem: Die Erlebniskategorie als Derivat eines empfindsamen Interaktionsmodells ist nicht universalisierbar, der Anspruch der empfindsamen Lyrik auf Unmittelbarkeit wird häufig *narrativ* aufgelöst. Man versifiziert, was man gerade so sieht – und geht weiter. Wo nur auf Erlebnis gesetzt wird, überschätzt man die eigene Erlebnisfähigkeit, ästhetisiert die Alltagswelt, macht das Banale zum Projektionsort. Damit geht die Kosubjekt-Funktion aber verloren, weil alles als Konstitutionsinstanz eingesetzt werden kann. Man bleibt so allgemein, daß jede(r) sich identifizieren kann. In diesem Sinne formuliert Geibel:

> Das ist des Lyrikers Kunst, auszusprechen was allen gemein ist,
> Wie er's im tiefsten Gemüt neu und besonders erschuf;
> Oder dem Eigensten auch solch allverständlich Gepräge
> Leihn, daß jeglicher darin staunend sich selber erkennt.[115]

Während sich (hier ist Heinz Schlaffer recht zu geben[116]) in der Lyrik Mörikes und Annette von Droste-Hülshoffs sukzessive die Enträumlichung, das Einfordern von Zeit und Subjektivität Geltung verschaffen, wird dieses Zeitkonzept in die empfindsame Lyrik nach 1850 nicht übernommen. Die naive Ästhetisierung von Leben erfordert Dauer; der Augenblick von Liebe soll Permanenz erhalten, wie Storm in ›Wer je gelebt in Liebesarmen‹ (1844) formuliert:

> Wer je gelebt in Liebesarmen,
> Der kann im Leben nie verarmen;
> Und müßt er sterben fern, allein,
> Er fühlte noch die sel'ge Stunde,
> Wo er gelebt an ihrem Munde,
> Und noch im Tode ist sie sein.[117]

Dies ist nur möglich, wenn Geschichte selbst wieder in Natur eingebettet wird; in Storms ›Meeresstrand‹ (1854) bewegt sich das lyrische Ich in einem geheimnisvoll-natürlichen Szenario, das auf Geschichte übertragbar ist:

> 〈...〉
> Ich höre des gärenden Schlammes
> Geheimnisvollen Ton,
> Einsames Vogelrufen –
> So war es immer schon.〈...〉[118]

Die empfindsame Lyrik setzt in ihrer Hochrechnung des Privatraums in die Gesellschaft eine grundsätzlich *homogene* Zeit voraus. Geschichte wird dadurch wieder zu einer naturalen Kategorie, organologisch gedeutete Zeit zum Souverän einer Naturgeschichte der Menschheit. Hier können dann die verschiedensten Lyriktypen anschließen.

Paul Heyses Konzeption von ›Verklärung‹, die einen euphemistischen Blick auf Welt an die Stelle der Erfahrung disparater Realität setzt, ist die Variante, die die Gründerzeitkultur wohl am besten kennzeichnet:

> 〈...〉
> Der Lärm des Lebens ist versunken,
> Kaum dringt der Freunde Ruf herauf.
> Wir schauen stumm und wonnetrunken
> Zu seligen Gestirnen auf.
>
> Und wie des Friedens sanfte Welle
> Begräbt den schwanken Grund der Zeit,
> Wird's vor den Sinnen morgenhelle
> Und tagt wie Glanz der Ewigkeit.[119]

Der Zeit kann dann – wie in Heyses ›Über ein Stündlein‹ – eine Trostfunktion zugewiesen werden.

> Dulde, gedulde dich fein!
> Über ein Stündlein
> Ist deine Kammer voll Sonne.[120]
> ⟨...⟩

Durch den Wunsch, eine ästhetisierte Welt auf Dauer zu errichten, wird der Anlaß, nicht das Erlebnis zum Organon der Lyrik. Ein Anlaß verweist aber viel stärker als das exponierte Erleben auf Serialität und Alltagswelt.

Gegen das Räsonnement haben sich also die heroische und die empfindsame Lyrik, außen und innen, ausdifferenziert. Einmal rückte – wie an Carrière zu sehen – eine ästhetische Theorie in den Mittelpunkt, die versuchte, Lyrik über das *Erlebnis* zu definieren. Andererseits mußte sich dieses Erlebnis *verallgemeinern* lassen, sonst konnte die erhoffte Wirkung von Literatur – erinnert sei an Kellers nationale Katharsis – nicht eintreten. Aus zwei Gründen bedeutete Verallgemeinerung aber auch immer ein Stück *Serialität*, Wiederholung:

(1) Die ersten drei Varianten der heroischen und die empfindsame Lyrik kennzeichnet, daß die Dichotomie Produzenten-Rezipienten tendenziell aufgehoben wird. Die Zahl der Lyrikproduzenten vergrößert sich immens; hinzu kommen Wellen patriotischer oder republikanischer Literatur, die zum ersten Mal eine massenhafte Verbreitung auch von Lyrik mit sich bringen. Offensichtlich läßt sich die große Zahl von Texten wieder auf ein einfaches Grundschema abbilden. Die Variation des strukturell Identischen führt zur Serienproduktion. Wiederholung ist geradezu die notwendige Geste einer Rhetorik, die indoktrinieren will: Man muß es immer wieder sagen.

(2) Die zweite Voraussetzung betrifft weniger den funktionalen Ort dieser Lyrik als vielmehr die Bauform der Gedichte selbst. Der Rahmen, die heroische oder empfindsame Haltung, läßt dem lyrischen Sprechen nur eine geringe Variationsbreite. Eine stereotype Metaphorik ist die Folge.

Gewollte oder ungewollte Rekurrenz, dazu die Evokation eines Erlebnisses: Dies ist die Synthese, die Erlebnisse aus dritter Hand entstehen läßt. Semantische Serialität ermöglicht Synthesen, die *Erlebnis und Kollektivität* aufeinander beziehbar machen. Nicht zuletzt wird diese Kombination geschaffen durch die *gesellschaftliche Organisation* des lyrischen Sprechens. Um seine Rahmenbedingungen in der zweiten Hälfte des 19. Jahrhunderts geht es in der Folge.

IV. Rahmenbedingungen des lyrischen Sprechens

1. Teilnehmer, Markt und Publikum

Im Vergleich zum 18. Jahrhundert hat sich die Zahl der ›Lyrikproduzenten‹ entschieden vergrößert. Man kann von über 20 000 Autorinnen und Autoren ausgehen[121], die ihre Lyrik im 19. Jahrhundert haben publizieren können. Durch technische Innovationen wie Schnellpresse und dampfbetriebene Papiermaschine wurde es möglich, einen simultan größeren Leserkreis zu beliefern. Ambitionierte Nachdruckreihen, Übersetzungsserien, der Klassikerboom nach der Aufhebung des Cotta-Monopols (1867), Konversationslexika und das Anwachsen der periodischen Presse sind sinnfällige Ergebnisse. Die zweite Hälfte des 19. Jahrhunderts ist so sehr durch diesen Prozeß massenhafter Produktion geprägt, daß als Selektionskriterium wieder ein ›Klassik‹-Begriff und die Prachtausgabe dagegengesetzt werden müssen.[122]

Im Zuge der Verallgemeinerung des Schreibens entsteht ein Pauper-Literatenstand, der das Unterhaltungsbedürfnis einer weniger räsonnierenden als konsumierenden Öffentlichkeit befriedigen muß und einem ständigen Produktionszwang unterliegt (dies gilt selbst für damals so berühmte Autoren wie Paul Heyse). Um 1880 haben sich bereits vier literarische Agenturen etabliert, die gegen prozentuale Beteiligung am Honorar die Produkte der Autoren weitervermitteln.

Diese Marktsituation wirkte sich nach 1850 gerade für die Lyrik nachteilig aus. War vielleicht der Absatz von Romanen noch möglich, so bestand kaum eine Chance, Lyrikbände als *selbständige* Publikationen auf den Markt zu bringen. Der Verfasser mußte eine Absatzgarantie und einen Teil der Kosten übernehmen, mehr als 250–500 Exemplare pro Auflage wurden nicht gedruckt, die Leihbibliotheken stellten keine Lyrik in ihre Regale. Vor diesem Hintergrund hebt sich der Erfolg so populärer Autoren wie Geibel ab. Gleichwohl waren – insgesamt gesehen – die Autorenhonorare für separate Lyrikbände nach 1850 so gering, daß gegen Ende des 19. Jahrhunderts Assoziationsversuche gestartet werden, die dann 1902 im »Kartell lyrischer Autoren« münden.[123] Gefordert werden feste Zeilenhonorare, Korrekturrecht, Freiexemplare. Der Kampf des Kartells massiert sich u. a. gegen den unerlaubten Nachdruck von Lyrik in *Anthologien*. Damit ist einer der entscheidenden Begriffe genannt. Denn die durchaus massenhafte Verbreitung von Lyrik geschieht vor allem über die Anthologie und die Familienblätter.

2. Anthologien und Familienblätter

Erschienen sind im 19. Jahrhundert etwa 600 Anthologien[124], zwei Drittel davon wohl Lyrikanthologien. Besonders in exponierten politischen Situationen werden sie auf den Markt gebracht – oder wenn ein Fest zu begehen ist. Daneben tritt die private Sammlertätigkeit, denn das Abschreiben schöner Stellen ist en vogue. Der Aufbau dieser Anthologien, ›Chrestomathien‹ oder auch ›poetischen Blumenlesen‹ folgt häufig konzeptionellen Überlegungen, ein alphabetisches Ordnungsprinzip ist selten; die Chronologie spielt nur in der heroischen Lyrik, die politische Tagesereignisse begleiten will, eine größere Rolle.

Die thematische Orientierung bildet den Kosmos der Mittelstandssemantik ab: Heroica, Religion, Liebe, Natur, Reisen und Geographie. Natürlich läßt sich dieser Kosmos je nach Akzentuierung variieren; für das 19. Jahrhundert repräsentative Anthologietypen wie Kinderlied- und Schulanthologien, religiöse oder heroische Sammlungen und die speziellen Anthologien für Frauen setzen jeweils ihren Schwerpunkt für die avisierte Zielgruppe. Allerdings fällt auf, daß außer den Heroica sich diese Typen zunehmend annähern und eine national-erbauliche Gemütlichkeit in das Zentrum ihrer Stimmungspalette stellen. So in der *religiösen Anthologie* ›für alle‹, z.B. in Karl J. Löschkes ›Zu Herzensfreude und Seelenfrieden‹ (1861) oder auch in Julius Hammers ›Leben und Heimat in Gott‹ (1861). Im Vordergrund steht in den christlichen Liedersammlungen eine Synthese aus Nationaldenken und vermeintlicher Religiosität. Ausgegrenzt werden Autoren wie etwa Heinrich Heine, die nicht in dieses Konzept passen[125]; in den Vordergrund gestellt findet man dagegen die deutschen Mystiker, Autoren der Reformation und des Pietismus, dann Goethe, Schiller, Arndt, Brentano, Eichendorff, Novalis, Lenau, Platen, Rückert, Schenkendorff und natürlich Emanuel Geibel. Trost im Leid, gegen die Härte des Lebens, in der häuslichen Welt zu lesen – die Anthologie im Haus vertritt die Kirche. Daher zielen die Selektionsprinzipien, die diese Anthologien strukturieren, auf eine strikte Innen-Außen-Trennung (Haus und Welt): Welt muß ganz ausgegrenzt oder kann nur dann berücksichtigt werden, wenn sich Haus und Welt aufeinander abbilden lassen.[126]

Wie auch bei der *Schulanthologie* sind es oft – freilich immer wieder überarbeitete – Textsammlungen, die bereits aus der ersten Hälfte des 19. Jahrhunderts stammen. Die Anthologienlandschaft in der zweiten Jahrhunderthälfte ist zum Großteil eine *Rezeptionslandschaft*. Dies gilt sowohl für Philipp Wackernagels ›Auswahl deutscher Gedichte‹ (1. Aufl. 1832) als auch für Theodor Echtermeyers ›Auswahl deutscher Gedichte für gelehrte Schulen‹ (1. Aufl. 1836, mit Neuauflagen fast alle zwei Jahre bis zu Benno von Wiese); oder auch für die liberale Konkurrenz, Oskar Ludwig Bernhard Wolffs ›Poetischer Hausschatz des deutschen Volkes‹ (2. Aufl. 1843), dem es um Repräsentativität, also auch um Heine geht, nicht nur, wie beim ›Echtermeyer‹, um »die geistige Welt des deutschen Volkes«, die dann schnell einen konservativ-nationalen Anstrich bekommt.

Abgesehen von den sozialistischen oder eher republikanisch orientierten Anthologien und ihren Vorläufern (z.B. Rudolf Gottschalls ›Lieder der Gegenwart‹, 1842, der Lieder und politische Bewegung einander zuordnet) ist es dieser konservativ-nationale Ton, der vor allem die *heroischen Anthologien* charakterisiert. Aus der nationalen Vergangenheit sollen die zentralen Sinnorientierungen gewonnen werden. Dies gilt für fast alle Lyrikanthologien ›heroischen Zuschnitts‹ zwischen Hermann Marggraffs ›Politische Gedichte aus Deutschlands Neuzeit‹ (1843) und Otto Lyons ›Auswahl deutscher Gedichte‹ (ca. 1880) und natürlich insbesondere für die Anthologien, die die Kriegslyrik der Nachwelt überliefern möchten (z.B. Scherers ›Deutsche Kriegs- und Vaterlandslieder‹, 1870; Lipperheides ›Lieder zu Schutz und Trutz‹, 1870; oder Hensings u.a. ›Kriegspoesie des deutschen Volkes‹, 1873). Dominiert bis 1850 überwiegend die sogenannte Schulanthologie, so ändert sich das Bild im Nachmärz, weil die Frau in das Zentrum der Anthologiebemühungen rückt. Repräsentativ sind hier Gedichtsammlungen wie Kletkes ›Album deutscher Dichter‹ (4. Aufl. 1850), Elise Polkos ›Dichtergrüße‹ (3. Aufl. 1863) oder Zettels ›Edelweiß‹ (1869). Die thematische Gliederung ist aufschlußreich:

Kletke: Natur, Jugend, Traum und Leben, Bild und Spruch, Andacht.

Scherer: Lenz und Liebe, Heim und Welt, Geschichte und Sage, Erbauliches und Beschauliches.

Gottschall: Naturbild und Naturempfindung, Liebesblüthen, Lebensweisheit, Welt- und Lebensbilder, Romanzero, Gedankenbilder usw.

Auffällig ist die Konzentration dieses Anthologietyps auf empfindsame Semantik: alte arkadische Topoi (Schäfer und Gärtnerin) stehen neben religiöser Metaphorik oder durchgehender Allegorisierung (Frau Arbeit), Werte wie ›Reinheit‹, ›Einfachheit‹, ›Milde‹, ›Liebe‹ und ›Frömmigkeit‹ werden variiert.

So orientieren sich die bürgerlichen Anthologien, von Kriegsereignissen abgesehen, zunehmend auf die Belieferung der Innenperspektive – mittels alter Topoi. Empfindsamkeit differenziert sich, mittelständisch-gepflegt, in einer Fülle von Variationen aus. Die Serialität dieser Variationen zu sichern, ist die Funktion der *Familienblätter*.

Sie sind zu rezipieren »im Kreise ⟨der⟩ Lieben« am »traulichen Ofen« oder in der Natur, vor allem aber »fern von aller räsonnierenden Politik«[127]. Diese Programmatik des Familienblattes[128] ›Die Gartenlaube‹ gilt auch für Lyrik. Schon die Titel dieser Zeitschriften haben Visitenkartenfunktion: ›Zu Hause‹, ›Unterhaltung am häuslichen Herd‹, ›Daheim‹, ›Beim Lampenschimmer‹, ›Für Palast und Hütte‹ ⟨...⟩; daneben findet sich zivilisierter Exotismus: ›Über Land und Meer‹, ›Illustrierte Welt‹, ›Alte und neue Welt‹, ›Ost und West‹, ›Alphorn‹; oder auch die Verbindung ›Heim und Welt‹ usw. Die Mischung von Intimität und Exotik zwischen 1852 und 1890 in über 150 Varianten kommt periodisch zum Leser, reformuliert den Ton der Moralischen Wochenschriften und gibt ihm eine gemütlich-plaudernde Note, alles, wie bei der ›Gartenlaube‹, mit einer Auflage von durchschnittlich 100 000 Exemplaren. Man sucht Kontakt zum Publikum, lädt zur Mitarbeit ein, veröffentlicht Leserbriefe, druckt eingesandte Texte, vor allem Gedichte. Und man veranstaltet Lyrik-Preisausschreiben: Wer schreibt das schönste Gedicht?

Die Plazierung von Lyrik, etwa in der ›Gartenlaube‹, ist aufschlußreich.[129] Als lyrische ›Hausautoren‹ agieren Friedrich Bodenstedt, Felix Dahn, Emanuel Geibel, Emil Rittershaus, Julius Sturm, Albert Träger. Ihre Lyrik ist ›gerahmt‹, also in die Gesamtkonzeption des Familienblattes eingebaut. Auffällig ist dabei das *Junktim von Lyrik und Anlaß*: Gedichte begleiten den Jahresablauf, Festivitäten, beziehen sich auf politische Ereignisse (Kaiserlyrik) oder versifizieren Genres. Lyrik wird so zur *semantischen Illustration* (der die graphische oft beigefügt ist), ihr wird ein Ort zugewiesen in einem *Repräsentationszusammenhang*. Er verlangt zum einen, nur das schon Akklamierte lyrisch zu thematisieren, zum anderen, sich einer harmlos tönenden Form zu verschreiben: Albert Trägers Jambenton, wie die Naturalisten richtig bemerkt haben, herrscht vor. Damit verkommt Lyrik zur bloßen Schablone, der es nur noch um die Mimesis der schönen Vergangenheit geht. Die Anthologien und Familienblätter[130] haben eine ganz unheilige Form des Ästhetizismus durchgesetzt: sie haben das Bestehende als ästhetisches Phänomen gerechtfertigt und ihm dadurch Dauer verliehen, daß sie möglichst viele am Ästhetisierungsspiel haben teilnehmen lassen. Dies zeigt die Produktions- und Rezeptionsorganisation von Lyrik als Massenphänomen.

3. Produktionsorganisation von Lyrik

Im Gegensatz zur Theorie der Inspiraton ist Lyrik weniger die Schöpfung eines monadischen und authentischen Subjekts, sondern eingebunden in Formen von Kollektivität. Produktion und Rezeption sind weitgehend kollektiv gerahmt.

Gesteuert wird dies weniger von alten Geselligkeitsformen, z. B. den *Salons*[131], die trotz des bekannten Kugler-Kreises in Berlin, zu dem Fontane Zutritt hat und in dem Geibel, Heyse häufige Gäste sind, nach 1850 eher an Bedeutung verlieren. An die Stelle des Salons treten weniger räsonnierende, sondern eher auf ›Erlebnis‹ angelegte Gemeinschaften, die *Dichterkreise*. Mindestens drei Formen lassen sich unterscheiden:
- der Berliner »Tunnel über der Spree« und der »Rütli«,
- der »Wuppertaler Dichterkreis«
- die Verbindung von Dichterkreis und Hof, am Beispiel des »Münchner Dichterkreises« und der »Krokodile«.[132]

»Tunnel über der Spree«

Die »Sonntagsgesellschaft im Tunnel über der Spree«, 1827 von Moritz Gottlieb Saphir gegründet, tritt zunächst an als eine literarische ›Blödsinnsgesellschaft‹ mit gekünstelten Witzeleien, mit denen vor allem Offiziere und Beamte dilettieren. Zwischen 1840 und 1848 vollzieht sich mit Scherenberg, Bernhard von Lepel und Strachwitz als den tragenden Figuren eine Wendung zum Heroischen und zur Balladenproduktion. Nach 1850 treten der Gesellschaft u. a. der Maler Adolf Menzel, Richard Lucae, Otto Roquette, als Gäste Gottfried Keller und auch Theodor Storm bei. Nun wird Franz Kugler wichtigste Figur, und es kommt zur informellen Bildung eines Kugler-Kreises (Kugler, Eggers, Lucae, Menzel, Roquette, Storm, Heyse), aus dem zwei weitere Abspaltungen hervorgehen:
- ab 1852 die Vereinigung »Rütli«, die eher der ›Elitebildung‹ dienen soll (Eggers, Heyse, Menzel, Storm, Fontane) und
- »Ellora«, als geselliger Kreis, an dem auch Frauen ›teilnehmen dürfen‹.

1854 erscheint, von Franz Kugler und Theodor Fontane herausgegeben, das Jahrbuch ›Argo‹.

Der Sitzungsverlauf der »Tunnel«-Treffen ist ritualisiert: Eröffnungszeremonie, die Abfassung eines Protokolls, das Verlesen der Texte (»Späne« genannt), das Akklamieren oder Verwerfen des Beitrags, Preise und Orden. Die Mitglieder haben Decknamen (Kugler = Lessing, Theodor Storm = Tannhäuser, Paul Heyse = Hölty usw.). Die Texte werden *verlesen*, ein schwungvoller rhetorischer Gestus ist beliebt. Strachwitz und Fontane können beim Vortrag ihrer Balladen wichtige Erfolge verbuchen.

»Wuppertaler Dichterkreis«

Im Unterschied zum auch literarisch ambitionierten »Tunnel« und seinen Abspaltungen sind im »Wuppertaler Dichterkreis«, wie Joachim Bark es genannt hat, die »poetae minores« versammelt: die Akteure kommen aus anderen sozialen Schichten, oft aus Handel oder dem Fabrikantenmilieu. Der bekannteste Vertreter dieser Vereinigung ist wohl Emil Rittershaus, Hauspoet der ›Gartenlaube‹. Die Gruppe kann stellvertretend für eine Reihe ähnlicher Assoziationen stehen, den »Maikäferbund« im Rheinland etwa oder die »Poetische Menagerie« in Trier.

Im Unterschied zum Berliner »Tunnel« treten neben die Lesung von Poesie auch Vorträge aus dem Gebiet von Geschichte und Literaturgeschichte oder Dramendeklamationen mit verteilten Rollen. Wie in den Familienblättern findet man auch hier die lyrische Produktion für Anlässe: Jubiläen, Stiftungsfeiern, Bundesversammlung der deutschen Schützen, Turner, Sänger usw. Im Gegensatz dazu steht ein Selbstverständnis, das diese Poeterei als Berufung interpretiert, die eigentlich mit dem Brotberuf unvereinbar sei. Die Spannung wird aber schnell homogenisiert, Dichtung als Trost gefaßt; auch der Dichter im Nebenberuf ist noch Prophet und Priester, die Wertschätzung der andern erteilt ihm seine Weihen. Überhaupt geht es um das Allgemeine: Das nur Zufällige, Akzidentielle gilt es auszuschalten, die Familie ist ein Hort von Beständigkeit, und die Flüchtigkeit des Alltags muß durch das Kunstwerk gebannt werden. Es gilt daher in der Lyrik, *Bilder* des Lebens zu bieten, Genrebilder des Alltags, Versuche, die Zeit (häuslich) zu renaturalisieren.

Bezeichnend ist die wechselnde politische Position dieses »Wuppertaler Dichterkreises«: vor 1848 liberal, dann national zufrieden und nach 1871 dem neuen Reich zugetan. Die Wuppertaler haben den »Tunnel« – nur im eher kleinbürgerlichen Zuschnitt – noch einmal abgebildet.

»Münchner Dichterkreis«

Der Münchner Dichterkreis (1852–1872) setzt andere Akzente. Als Teil der Initiative des Bayernkönigs Maximilian II. (1848–1864), der versucht, seine Triasidee umzusetzen (Preußen hat die Hegemonie über Heer und Verwaltung, Habsburg über Zölle und Verkehr, Bayern aber über Kunst und Wissenschaft), liegt sein Spezifikum in der Verbindung von Kunst, Wissenschaft und Hof. Maximilian, ein Schüler Rankes, versteht es, den Juristen Johann Kaspar Bluntschli, den Chemiker Justus von Liebig, den Historiker Heinrich von Sybel, den Kulturhistoriker Wilhelm Heinrich Riehl, die Dichter Geibel, Heyse, Graf Schack, Friedrich Bodenstedt, den Ästhetiker Moriz Carrière zu einem Kreis zu verbinden. Parallel zur Etablierung dieser enzyklopädischen Akademie verläuft die Gründung von Schulen, Akademien, Museen (Bayrisches Nationalmuseum), wissenschaftlichen Kommissionen, Stiftungen, der Ausbau des Münchner Hoftheaters unter Franz Dingelstedt; Bauaufträge (Hohenschwangau), Vergabe von Orden, Professuren, Pensionen, Stipendien usw. treten hinzu. Da Poet und Wissenschaftler eine Person sein sollen, ernennt Maximilian seine dichtenden Pensionäre gleichzeitig zu Münchner Universitätsprofessoren. Unter Leitung des Königs finden mindestens einmal wöchentlich Abendsymposien statt, die Themen aus allen Wissensgebieten aufgreifen. Zudem schreibt Maximilian selbst Gedichte.

Die politischen Akzentverschiebungen, die mit dem Einfluß der ›Pensionäre‹ am Hof entstehen, sollen aufgefangen werden durch die Gründung einer lokal integrierenden Gemeinschaft, der Dichtergesellschaft »*Krokodile*« (1856–1879). Prominente Mitglieder sind Bodenstedt, Carrière, Felix Dahn, Geibel, Karl Heigel, Wilhelm Hertz, Heinrich Leuthold, Hermann Lingg, Ehrengäste Scheffel und Schack. Das Vereinsleben orientiert sich am Berliner »Tunnel«, auch die Decknamengebung wird übernommen; der Gesellschaftsbetrieb ist ähnlich ritualisiert, sieht Scherz- und Strafgelder vor, Protokolle in Sonettform usw.

Im Unterschied zum »Tunnel« und den Wuppertalern will der Münchner Dichterkreis nicht nur die ›Antike‹ oder Italien, Klassik oder Romantik ›beerben‹, sondern sie auch der Gegenwart zu präsentieren versuchen. Man initiiert eine Übersetzungstätigkeit, die sich perspektivisch auf Weltliteratur ausrichtet – und scheinbar ganz auf Goethes Spuren darum bemüht ist, formvollendete Kunst zu retten.[133] Diese Kunst ist gekoppelt mit der Vorstellung von einer Erbschaft (s. E. Geibels ›Platens Vermächtnis‹), die man gegenüber der Tradition anzutreten habe.

So ist die Produktion von Lyrik im Berliner »Tunnel«, im »Wuppertaler« und im »Münchner Dichterkreis« eingebunden in Gemeinschaft; Lyrik wird für die Gemeinschaft vorgetragen und in ein Ritual integriert; man dichtet für Anlässe und beerbt eine Tradition, die nur noch als ›Anlaßgeberin‹ dient. Ein solcher Rahmen beschränkt Lyrik – und dies ist die Linie, die es auch auf der Rezipientenseite weiterzuverfolgen gilt – auf die Funktion, *Medialinstanz für Gemeinschaftsbildung* zu sein.

4. Rezeptionsorganisation von Lyrik

Verein und Lied

In der zweiten Hälfte des 19. Jahrhunderts tritt der Verein[134] als die spezifische Binnenstruktur für die Organisation von Freizeit neben die Familie und ersetzt damit langfristig Standeszugehörigkeit. Lyrik ist für alle Vereine, nicht nur für die Gesangsvereine, ein konstitutiver Bestandteil des geselligen Lebens. Nahezu jede Gruppe oder Interessenassoziation hat ihr eigenes Liederbuch; Beispiele wären etwa:
 – ›Fidelibus! Lieder für die Naturforscher und Ärzte auf der

44ten Versammlung in Rostock. Als Festgabe‹ (Rostock 2. Aufl. 1871).
– ›Taschen-Liederbuch für Stolze'sche Stenographen‹. Hrsg. von der Stenographischen Gesellschaft zu Berlin (Berlin 1872).
– ›Singet dem Herrn! Bundesharfe für evangelische Jünglings- und Männergesangsvereine‹. Hrsg. vom Komitee des rheinisch-westfälischen Jünglingsbundes (Gütersloh 1880).
– ›Kommers-Liederbuch deutscher Gastwirts-Gehilfen‹. Hrsg. vom Fecht-Verein Berliner Kellnerschaft (Berlin 1888).

125 Titel dieser Art hat Heinrich W. Schwab bibliographiert.[135] Die Liederbücher beschränken sich nicht auf das ›Lob des Berufsstandes‹, sondern sind umfassender angelegt; im Vereinsliederbuch des »Verbandes deutscher Post- und Telegraphen-Assistenten« finden sich z. B. Vaterlandslieder, Volkslieder, Heimatlieder, Abschiedslieder, Natur- und Wanderlieder, Trinklieder, Postlieder, zu besonderen Gelegenheiten, Lieder Berliner Fernsprechgehülfinnen. Signifikant ist wieder die Verknüpfung von Lied und Anlaß. Hier unterscheiden sich die christlichen Liedervereine nicht von Berufs- oder Heimatvereinen, nicht von Wander- oder Sportgruppen, Jungbauern oder Jünglingsvereinen. Topisch ist die Reihung von Eintracht, Solidarität, Bruder- oder Heimatliebe, Pflichterfüllung und Kampfesmut, am Ende gesteigert durch ein Hurra! Vivat! Lebe hoch! als stereotype Formel. Die jeweils eingesetzten Namen sind austauschbar, die Liedmelodien bekannten Liedern entlehnt.[136] Die Biederkeit, die in diesen Liedern zum Ausdruck kommt, ist dabei nur die eine Seite. Wichtiger ist, daß ein gemeinsames, *chorisches Singen* initiiert wird, das gemeinschaftsbildende Funktion hat. Der ›Verein‹ transformiert Lyrik in Lied. Dieser Vorgang gilt insbesondere für die im 19. Jahrhundert aufkommende Sängerbewegung: Seit 1808 entstehen im norddeutschen Raum die »Liedertafeln«, seit 1824 die »Liederkränze« in Süddeutschland. In den fünfziger Jahren lassen sich die ersten Arbeitergesangsvereine nachweisen[137] (es handelt sich um Männerchöre, gemischte Chöre kommen verstärkt ab 1900 auf, Frauenchöre noch später). Der Gesang hat dabei jeweils eine klare Funktion und Bestimmung:

Der Gesang soll nicht den Demagogen spielen, aber er soll veredelnd und kräftigend auf die Gesinnung und die nationale und soziale Erhebung des Volkes wirken, er soll ertönen, wo es in seiner Macht steht, ein vaterländisches volkstümliches Unternehmen zu fördern, er soll die Ideen wahrer menschlicher Freiheit verbreiten helfen.[138]

Aber auch hier wird die politische Wende nach 1850 deutlich. Das Lied, als Medium zur Kollektivierung des deutschen Volkes, wird seiner republikanischen Funktion entkleidet und als Antizipation der realen, politischen Staatsbildung des Kaiserreichs gedeutet; so jedenfalls stellt es sich im ›Musikalischen Conservations-Lexikon‹ von 1876 dar:

Bei allen Gelegenheiten singt der Deutsche, und wer nicht selbst singt, erfreut sich ganz bestimmt am Gesange. Deutschland ist in Wahrheit das Land des Gesanges und der Musik 〈...〉. Was bis vor wenigen Jahren nur ersungen worden, hat sich zum Ruhme der deutschen Nation seit 1871 erfüllt. Deutschland hat mit diesem Jahre aufgehört, ein geographischer Begriff zu sein, und das ›deutsche Lied‹ ist zur Tat geworden.[139]

Sozialisation und Lyrik

Lyrik als Medium von Kollektivierung, das Lied, das dann zur Tat wird oder einen sympathetisch-empfindsamen Zustand evozieren soll, ist aber nicht nur ein Effekt der Vereine, sondern wird bereits in Schule und Ausbildung eingeübt. Offensichtlich ist dabei die Korrelation von Lyrik und Geschlechtscharakter. Solange in den Jungenschulen ein eher an der Antike orientierter Bildungsbegriff das Feld beherrschte, legten die philologischen Fächer ihren Schwerpunkt auf Drama und Epos. Im Deutschunterricht beschränkte sich die Behandlung von Lyrik auf patriotische oder konservativ-romantische Gedichte (Uhland, Schwab).[140] In den Lesebüchern für Jungen ist Lyrik unterrepräsentiert, abgesehen von einigen Texten der ›Klassiker‹.

Anders verhält es sich in der Mädchenausbildung[141], denn die »weibliche Bildung hat sich vor einem Zweifachen zu hüten: vor Einseitigkeit und Wissenschaftlichkeit«[142]. Die programmatische

Schrift von H. Erkelenz ›Über weibliche Erziehung und die Organisation der höheren Töchterschule‹ (Köln 1872) faßt die weitverbreitete Funktionsbestimmung der Frauenrolle noch einmal zusammen. Förderswert ist das »ästhetische Wesen« und die »praktische Richtung« der Frau, sie ist die »Seele der Familie« und soll den »höheren Bestrebungen«[143] des Mannes Verständnis entgegenbringen; »der weibliche Geist aber ist empfänglicher für das Einzelne und Anmutige, wobei er zugleich dem Gefühle eine größere Stelle einräumt«[144]. Für den Unterricht folgt daraus, daß die Wissensgebiete nicht in »systematisch geordneter Vollständigkeit« dargeboten werden sollen,

> sondern es muß ihm ⟨dem Mädchen⟩ mehr der *ideale* Wert alles Wissenswerten geboten werden, ⟨...⟩. Entsprechend wird die Methode des Unterrichts daher zunächst weniger auf abstrakte Erklärungen, als auf die Ausbildung der *Anschauungs-* und *Einbildungskraft* und des *Gefühls* zielen müssen ⟨...⟩.[145]

Für den Deutschunterricht bedeutet dies, daß Gegenstände gewählt werden, die zur ›Gemütsbildung‹ beitragen; gerade hier situiert sich Lyrik, die ja eher das ›Gefühl‹ ansprechen soll, vor allem aber *memoriert* und *deklamiert* werden kann.[146] Der Umgang mit Literatur wird dabei durch spezielle Poetiken für Frauen, z. B. Oesers ›Briefe an eine Jungfrau über die Hauptgegenstände der Ästhetik‹ (15. Aufl. 1874), angeleitet.

Die Analyse von Mädchenlesebüchern, die Günter Häntzschel begonnen hat[147], zeigt die überdurchschnittliche Repräsentanz von Lyrik. Typisch ist die willkürliche Anordnung der Gedichte, der Verzicht auf Ordnungsprinzipien. Das Unsystematische verweist auf die Funktion der Lesebücher: Ihr Ziel ist es, Texte mit ›Dekorwert‹ zu präsentieren:

> Flecht- und Ausstechübungen, ausgeschnittene und mit Farbe belebte Bilder, Zeichnungen von Umrissen häuslicher Geräte, Blumen, Anschauen von plastischen Kunstwerken und wirklich schönen Gemälden, und dann die Poesie in ihrer ganzen Skala, Gesang daneben, des Mädchens Lust, Klavierspiel, seine Freude; das sind die Momente, in die das Mädchen eingeführt werden muß, um in die Kunst einzudringen und an sich selbst die Schönheit darzustellen.[148]

Es ist also nur folgerichtig, daß dort, wo zum Erlebnis erzogen werden soll, gerade Lyrik als Medium eingesetzt wird. Sie hat sich ja auch in der Vereinskultur als kollektivstiftend erwiesen, ästhetisch legitimiert durch eine Theorie, die Geschichte als Objektivation des Gefühls zu bestimmen versuchte.

V. Lyrik und Ästhetizismus (Heyse und Geibel)

Der Repräsentationszusammenhang, in den Lyrik integriert wird, ist also *kollektiv* organisiert. Das Liedersingen der Vereine, die Rezitation und Akklamation in den Dichterkreisen, das Memorieren in den Mädchenschulen funktionalisieren Lyrik zum Medium für *Gemeinschaftsbildung.*

Die Gemeinschaft stilisiert die oft triviale Lyrik durch das kollektive Erlebnis, in dem das Einzelne wieder zum Besonderen wird, zum authentischen Produkt. Dem Bestehenden kann damit eine besondere Note gegeben, die Homogenität von Welt erneuert werden; das eigentliche Leben ist das Fest. Lyrik hat in diesem Rahmen dann die Funktion, das Alltagsleben oder auch die Politik in ein kollektives ästhetisches Ereignis zu überführen. Ein Sinnzusammenhang von Welt muß je und je ästhetisch hergestellt werden. In der Serialität der lyrischen Fließbandproduktion wird dieses Sinnbedürfnis dann marktstrategisch genutzt. Erst die Massenherstellung von Kulturgut ermöglicht eine fast lückenlose Ästhetisierung von Welt.

Diese Form der Ästhetisierung von Welt führt zu einer schrittweisen Ersetzung von Realität durch Kunst. Will man sich auf Wirklichkeit beziehen, so hat man auf Kunst zurückzugreifen: Kunst zitiert ›Leben‹ durch Kunst.

Geibel und Heyse vertreten diese Homogenisierung von Welt durch Kunst, die Selbstästhetisierung des Künstlers, und nehmen gleichzeitig eine epigonale Haltung gegenüber der Tradition ein. Die Verklärung von Welt muß zunächst um jeden Preis aufrechterhalten werden; Geibel zum frühen Tod seiner Frau in den ›Ada-Liedern‹:

Und den Schmerz, der mich zerrissen,
Da ich stumm vor ihm erlag,
Nimmer könnt' ich ihn nun missen,
Seit ich von ihm Klagen mag.[149]

Der Tod der eigenen Frau wird zum Organon von Kunst und gipfelt in der Selbsteinschätzung Geibels: »Mein eigen Leben blühte zum Gedicht«[150]. Ein potenziertes Leben kommt ja gerade dem Künstler als dem Subjekt schlechthin zu. Es ist der »König Dichter«, auf den laut Geibel (›An den Genius‹) noch eine gewichtige Aufgabe wartet:

Du Genius, der vom ew'gen Herd
Mein Wesen all gesetzt in Flammen,
O halte diesen Leib zusammen,
Bis ich ein Werk schuf deiner wert;
Dann mag in Erde, Luft und Wellen
Der Staub dem Staube sich gesellen,
Ein Tropfen, der zum Meere kehrt.[151]

Die Dichter sind immer die Mittler zwischen Transzendenz und profanem Leben, ihre Subjektivität verweist stets auf die objektiven Sinnzusammenhänge, die auch – ungleich der Masse – das Leben der Künstler strukturieren. In der Lebensweise von Geibel und Heyse wird diese Selbstästhetisierung als Mimikry deutlich. Geibel ist für seine ›strikte Goethetuerei‹ bekannt, und Paul Heyse beginnt bereits in jungen Jahren, auf Goethes Spuren zu wandeln, geht ein Liebesverhältnis zu einer Nachfahrin von Goethes Frau von Stein ein.[152] Man gibt sich als Goethes Statthalter auf Erden und stilisiert sich so zum besonderen Subjekt, das sich von der Barbarei der Massenkultur (so vor allem Geibels Ablehnung der ›poetae minores‹ im »Tunnel« und im »Münchner Dichterkreis«[153]) durch Kunst abhebt, obwohl man doch selbst nur Serienprodukte liefert; Fontane über Heyse: »Paul Heyse. Alle zwei Jahre ein Kind, alle Jahr ein Drama, alle Halbjahr eine Novelle.«[154]

Der Ästhetisierung von Welt und eigenem Leben korrespondiert eine epigonale Haltung zur Tradition. So schreibt Geibel in ›Bildhauer des Hadrian‹:

⟨...⟩
Wohl bänd'gen wir den Stein und küren,
Bewußt berechnend, jede Zier –
Doch, wie wir glatt den Meißel führen,
Nur vom Vergangnen zehren wir.

O trostlos kluges Auserlesen,
Dabei kein Blitz die Brust durchzückt!
Was schön wird, ist schon dagewesen,
Und nachgeahmt ist, was uns glückt.[155]

Sich auf das Schöne beziehen, kann nur noch meinen, kanonisierte Kunst, also Goethe, in ihrer Formqualität zu imitieren, sich bewußt mimetisch, epigonal zu verhalten. Dabei macht, wie Herbert Kaiser herausarbeitet[156], die konstitutive Verschränkung von naivem Sehen und Metaphysik die Qualität des eigenen Erlebnisses zum paradigmatischen Akt, der nur dadurch getrübt erscheint, daß das Schöne bereits dargestellt worden ist. Es geht dann um die Rettung des schon Vollendeten durch Duplikation – mit einem leisen melancholischen Anflug, der sich aber bei Geibel und Heyse als lebenspraktisch nicht besonders virulent erwiesen hat. Lyrik ahmt die bereits schönen Formen nach – um sie in der Massenkultur dann zu depotenzieren.

VI. Rekurs auf das Natursubjekt (Storm)

Es ist diese Position, die Storm in seinen Versen ›Lyrische Form‹ zu attackieren versucht:

Poeta laureatus:

Es ist die Form ein Goldgefäß,
In das man goldnen Inhalt gießt!

Ein anderer:

Die Form ist nichts als der Kontur,
Der den lebend'gen Leib beschließt.[157]

Storms Lyrik ist im Gegensatz zu der Geibels und Heyses konzentriert auf einen Lebensbegriff, in dessen Zentrum das Natursubjekt steht. Das Subjekt wird integriert gedacht in einen naturalen Raum, der als Innenraum erscheint und sich gegen die »Negativität des Draußen«[158] absetzt. Wenn auch alles der Veränderung unterworfen ist, die Natur bleibt konstant. Es ist eine ›organische‹ Ordnung, die Storm vorschwebt, eine Natur, die, wenn auch verborgen, homogen ist.[159]

Nun setzt aber letztlich auch diese Position (wie der Ästhetizismus) an die Stelle von disparater Wirklichkeit einen neuen, konsistenten Zusammenhang. Auch bei Storm soll in den Zufällen der Politik wieder das Allgemein-Menschliche aufscheinen[160], und seine Lyrik soll nur dieses Allgemeine thematisieren, nicht als Idee, sondern als »eine Summe der Erfindung auf einmal und ein für allemal«[161]. Lyrik als endgültige Formulierung einer Empfindung überträgt hier die Naturhaftigkeit des Subjekts in die literarische Form. Sie wird unberührbar durch die Zeit. Es ist diese Eliminierung von Zeit, die den größten Teil der Stormschen Lyrik kennzeichnet.

Nur dort, wo das Natursubjekt selbst gefährdet ist – durch den Tod als Einbruch eines jähen Moments in die uniforme naturale Chronologie –, gelingt es Storm, das naturale Sinngefüge von Welt, die verräumlichte Zeit und damit den Ästhetizismus entscheidend zu treffen: Die Zeilen »Es ist der Sommer nur, der scheidet / Was geht denn uns der Sommer an!«[162] vermögen das ›Schaudern‹ nicht außer Kraft zu setzen, die Versöhnung durch die Wiederkehr des Sommers, die Kontinuität der Liebe bleibt vordergründig. Auf ähnliche Weise wird die naturale Zeit in »Wohl fühl ich, wie das Leben rinnt« (1848) aufgebrochen; vor dem Untergang wird alles in einen letzten Augenblick von Leben gelegt:

⟨...⟩
Laß einmal noch durch meine Brust
Des vollsten Lebens Schauer wehn, ⟨...⟩.[163]

Aber wohl nur in zwei Gedichten, Reaktionen auf den Tod (seiner Schwester Helene oder des Sohnes des Grafen Reventlow), in ›Einer Toten‹ (1847) und in ›Geh nicht hinein‹ (1878), gibt Storm nachhaltig die organologische Vorstellung von Zeit und Leben auf:

⟨...⟩
Das aber kann ich nicht ertragen,
Daß so wie sonst die Sonne lacht;
Daß wie in deinen Lebenstagen
Die Uhren gehn, die Glocken schlagen,
Einförmig wechseln Tag und Nacht; ⟨...⟩.[164]

Storm stellt hier zwei Zeitkonzeptionen gegeneinander: Der Tod, der als Schlaf kommt, das Verrinnen der Zeit (obwohl auch dies nicht ungebrochen ist) als Gegenstand des ersten Teils wird im zweiten Teil konterkariert mit dem Aufbäumen des überlebenden Subjekts gegen den gleichmäßigen Weitergang des Lebens. Zeit hat hier ihre Trostfunktion verloren. Konsequent weitergedacht führt diese Erfahrung zum Aufsprengen überlieferter metrischer Formen. In ›Geh nicht hinein‹ ist dieser Schritt vollzogen:

⟨...⟩
  Dort, wo er gelegen,
Dort hinterm Wandschirm, stumm und einsam liegt
Jetzt etwas – bleib! Geh nicht hinein! Es schaut
Dich fremd und furchtbar an; für viele Tage
Kannst du nicht leben, wenn du es erblickst.
»Und weiter – du, der du ihn liebtest – hast
  Nichts weiter du zu sagen?«
      Weiter nichts.
⟨...⟩.[165]

Der Schrecken beherrscht diesen Text, die Leere des Todes (wenn es »jählings einsam« wird) ist unversöhnbar geworden mit Metaphysik, Geschichte oder empfindsamer Geborgenheit des Subjekts in Natur; die Beschwichtigungsgeste, die das Sprechen auch immer bedeutet, wird abgelehnt. Der nicht mehr im alten Sinn lyrische Sprecher hat »weiter nichts« zu sagen – *Schweigen* ist in diesem Gedicht die Antwort auf die Verklärung von Welt durch Lyrik. Natur – nun antithetisch gegen Leben und Kultur gewendet – hat einen Bezugspunkt freigegeben, von dem aus Storm seinen Bruch mit der Mimikry-Kultur vollziehen konnte.

VII. Selbstrettung durch Kunst (Conrad Ferdinand Meyer)

Nun trifft Storm aber damit nur den Ästhetizismuus in seiner seriellen Spielart, nur die lyrische Inszenierung von Welt als schönes Erlebnis. Die Referenz von Kunst auf Kunst, wie sie bei Geibel oder Heyse zu finden ist, ist der Reflexion, von einem faden Selbstmitleid über ihr Epigonentum abgesehen, gar nicht fähig. Sie reproduziert den Ästhetizismus als Kultform selbsternannter Hohepriester. Der Kernpunkt des Ästhetizismus, die Substitution von Realität durch Kunst, wird hier auf seiner banalsten Ebene getroffen.

Das lyrische Werk Conrad Ferdinand Meyers bedient sich der Kunstreferenz auf sehr viel subtilere und zugleich existentiellere Weise.[166] Meyers lyrisches Œuvre beginnt – durch die Vermittlung seiner Schwester Betsy – 1864 mit den ›Zwanzig Balladen von einem Schweizer‹; 1867 folgen die ›Balladen‹, 1870 die ›Romanzen und Bilder‹, 1882 sein Band ›Gedichte‹, der zunächst 191 lyrische Texte umfaßt, in den folgenden Neuauflagen bis 1892 dann auf 231 Gedichte anwächst.

Meyer hat seine Lyrik in den Briefen an Louise von François immer als seine »Sächelchen«[167] bezeichnet. Sie schienen ihm weit hinter seinen Novellen und Verserzählungen zurückzubleiben. Nun darf man sich von diesen Selbstaussagen nicht täuschen lassen. Meyer feilt an jedem Gedicht, überwacht genauestens die Neuauflagen und ist insgesamt bemüht, sorgfältig zu arbeiten, da »die Sächelchen in der Tat nur durch einen Schein von Vollendung erträglich werden«[168]. Diese distanzierte Haltung, der Diminutiv der ›Sächelchen‹ und der ›Schein der Vollendung‹, der dem Ganzen gegeben werden soll, bestimmt die Struktur von Meyers Lyrik. Storm spricht ihm ab, überhaupt Lyriker zu sein; in einem Brief an Keller schreibt er:

> Ein Lyriker ist er 〈 Meyer〉 nicht; dazu fehlt ihm der unmittelbare, mit sich fortreißende Ausdruck der Empfindung oder wohl auch die unmittelbare Empfindung selbst.[169]

Meyer weist scheinbar in dieselbe Richtung, wenn er seinen 1870 erschienenen Lyrikband ›Romanzen und *Bilder*‹ 〈Hervorhebung von mir – J. F.⟩, nicht aber ›Gedichte‹ nennt, also auf keinen Fall die von Storm immer eingeforderte Erlebniskategorie auf sein eigenes Werk anwenden will.

Es mag paradox erscheinen, daß dennoch Meyers Lyrik – wie auch seine Prosa – mit einem *Erlebnis* zusammenhängen. Er reist mit seiner Schwester Betsy nach Italien. »Die Hauptsache an Bologna«, so schreibt er, sei die »unvergleichliche Pinakothek«[170]. Wie schon in Paris der Louvre ihn besonders angezogen hatte, so wird er auch in Italien von der Welt der Kunst, vor allem der Welt Michelangelos fasziniert. Von den 28 Gedichten des Zyklus ›Reise‹ sind, wie Kirchgraber festgestellt hat, mehr als die Hälfte mit der Welt der Bilder verbunden. Meyers Italienimpressionen sind so weniger durch Natur und Menschen, sondern durch das *Erlebnis von Kunst* bestimmt. In Gedichten wie ›Jungfrau‹ oder ›Michelangelo und seine Statuen‹ werden diese für Meyers künstlerische Produktion wichtigen Eindrücke dann umgesetzt. Der Zugang zur Welt realisiert sich von diesem Zeitpunkt an für Meyer in erster Linie über Kunst. Kunst rahmt ein:

> Die Neigung zum Rahmen ⟨...⟩ ist bei mir ganz instinktiv. Ich halte mir den Gegenstand gern vom Leibe oder richtiger gerne vom Leibe oder richtiger so weit als möglich vom Auge, und dann will mir scheinen das Indirekte der Erzählung (und selbst die Unterbrechungen) mildern die Härte der Fabel.[171]

Was hier über Meyers Prosa gesagt wird, gilt in gleicher Weise auch für seine Lyrik. Die Funktion des Rahmens, der gleichzeitig zum perspektivischen Blickpunkt wird, übernimmt die Kunst. Erst von ihr aus kann man sich auf Realität beziehen. In seinem Gedicht ›Auf Goldgrund‹ heißt es:

> Ins Museum bin zu später
> Stunde heut ich noch gegangen,
> Wo die Heil'gen, wo die Beter
> Auf den goldnen Gründen prangen.
>
> Dann durchs Feld bin ich geschritten
> Heißer Abendglut entgegen,
> Sah, die heut das Korn geschnitten,
> Garben auf den Wagen legen.

Um die Lasten in den Armen,
Um den Schnitter und die Garbe
Floß der Abendglut, der warmen,
Wunderbare Goldesfarbe.

Auch des Tages letzte Bürde,
Auch der Fleiß der Feierstunde
War umflammt von heil'ger Würde,
Stand auf schimmernd goldnem Grunde.[172]

Der Blick auf Natur und Ernteallltag ist hier schon durch das Museum gerichtet, hat bereits eine ästhetische Qualität, ist ›golden‹. An eine Verbindung von Kunst und Natur war dabei wohl von Anfang an gedacht, ohne daß es allerdings schon zur Ästhetisierung gekommen wäre. Die Vorstufen zu ›Auf Goldgrund‹, die verschiedenen Fassungen von ›Der Erntewagen‹ und auch die Vorentwürfe des Gedichts[173] arbeiten dann sukzessive die gemeinsame ›Goldqualität‹ von Kunst und Natur heraus.

Diese Verbindung von Kunst, Natur oder Welt, das Universum des Panoramas, der Museen, der lebenden Bilder, wird für Meyer bestimmend.[174] »Ehe sich Machiavelli zum Schreiben niedersetzte«, so äußert sich Meyer,

> zog er sein Feierkleid an. Ein verwandtes Gefühl überkommt mich, wenn ich mich an die Arbeit begebe. Mir ist, ich betrete die Schwelle eines Tempels.[175]

Kunst erscheint als eine Objektivation, die das bloß Individuelle und Subjektive des Künstlers überbietet. Insbesondere gilt dies für Meyers Lyrik, in die »hin und wieder etwas Intimes hinein versteckt« ist.[176] Dieses Individuelle muß durch Kunst überarbeitet werden:

> Was jetzt etwa entsteht, leichtsinnig entworfene, sehr individuelle Sachen, will später durch ein wenig Kunst gestärkt oder gemildert werden, ehe es sich blicken lassen darf.[177]

Dieser Überarbeitungsprozeß ist ein Bemühen um Distanz; Meyer will es vermeiden, auf Gegenwart oder persönliche Bezüge zu verweisen:

Es ist seltsam, mit meinem (ohne Selbstlob) geübten Auge komme ich oft in Versuchung, Gegenwart zu schildern, aber dann trete ich plötzlich davor zurück. Es ist mir doch zu roh und zu nahe.[178]

So heißt es folgerichtig im Einleitungsgedicht ›Alles war ein Spiel‹ zur Abteilung ›Liebe‹ seiner ›Gedichte‹:

⟨...⟩
Besonders forsche nicht danach,
Welch Antlitz mir gefiel,
Wohl leuchten Augen viele drin,
Doch alles war ein Spiel.[179] ⟨...⟩

Meyers Lyrik zeichnet sich nun gerade in den Teilen, an denen er am intensivsten gearbeitet hat, durch den Versuch aus, mittels einer eher hermetischen Bildgebung die Distanzierung vom Individuellen zu vollziehen. Es ist sicherlich richtig, daß man, wie Günter Häntzschel eingewandt hat, Meyers Werk nicht insgesamt als symbolistisch kennzeichnen darf. Meyer verwendet *auch* eine sehr traditionale Bildlichkeit weiter, für seine Balladenproduktion gelten nicht die Kennzeichen, die Heinrich Henel etwa als symbolistisch herausgestellt hat. Dennoch existiert für den vielleicht wichtigeren Teil von Meyers Lyrik ein innerer Verweischarakter. Das Einzelwerk ist vielfach mit anderen Gedichten verknüpft, der Band ›Gedichte‹ stellt eine bewußte kompositorische Leistung dar. Meyer arbeitet dabei mit oft stereotypen Symbolgruppen (Wasser, Sterne usw.), durchsetzt ein Thema mit verschiedenen Bildfeldern, arbeitet es als Variation von Symbolen durch und weist endgültig die ausgewählten Bildfelder den Themen seiner Lyrik zu. So entsteht zwischen den Gedichten ein Netz von Beziehungen, das die Summe dieser Lyrik als *Gesamtgedicht* wichtiger erscheinen läßt als das einzelne Werk.

Ein in Ansätzen hermetisches, untereinander vernetztes Œuvre als Versuch der Distanz zu Leben: In diesem Sinne versteht sich Meyers Lyrik als Produkt von Kunst. Nur Kunst ermöglicht diese Distanz und mit ihr die Dauer, die »den Augenblick verewigt«[180]. An Louise von François schreibt Meyer:

Sieht man so das Leben vorüberziehen, ist einem, man hätte schon dreimal gelebt und man sucht das Dauernde, ich in der Kunst und in der Anstrengung, weil ich darauf angelegt bin, mein armes Schwesterchen in der christlichen Askese ⟨...⟩.[181]

Was in der Kunst gestaltet werden darf, ist das Objektive, Überindividuelle, das »Ewig-Menschliche«[182]; der Blick durch Kunst auf Natur, die Referenz von Kunst auf Kunst ist dann der Versuch, der schon gestalteten Objektivität ihr ›Geheimnis‹ zu entlocken. Die Kehrseite allerdings liegt in der Unwirklichkeit von Leben außerhalb seiner Gestaltung in der Kunst. In ›Die Kleine Blanche‹ werden Realität und Fiktion ununterscheidbar, in ›Abendrot im Wald‹ kann nicht mehr der »Abendschein« vom »eignen Blut« getrennt werden; in ›Möwenflug‹ werden die Polarisierung und Ununterscheidbarkeit von Leben und Kunst dann deutlich formuliert:

⟨...⟩
Und du selber? Bist du echt beflügelt?
Oder nur gemalt und abgespiegelt?
Gaukelst du im Kreis mit Fabeldingen?
Oder hast du Blut in deinen Schwingen?[183]

Das unwirkliche Leben bei Meyer führt gerade in seinen bekanntesten Gedichten zu einer Relationierung von zwei Ebenen. Betrachtet man das Gedicht ›Schwüle‹ und seine verschiedenen Vorstufen (›In der Dämmerung‹, ›Sterne kommt‹, ›Auf dem See‹), so treten die Bereiche des Wassers und der Sterne/des Lichtes besonders hervor:

Trüb verglomm der schwüle Sommertag,
Dumpf und traurig tönt mein Ruderschlag –
Sterne, Sterne – Abend ist es ja –
Sterne, warum seid ihr noch nicht da?

⟨...⟩

Eine liebe, liebe Stimme ruft
Mich beständig aus der Wassergruft –
Weg, Gespenst, das ich oft winken sah!
Sterne, Sterne, seid ihr nicht mehr da?[184]
⟨...⟩

Es geht weniger darum, diese Bildfelder interpretatorisch zu vereindeutigen; wichtiger ist, daß sie *so* in ein Verhältnis gerückt werden und daß sich zwischen ihnen ein fast erstarrtes Subjekt befindet. Es gibt nämlich keine Vermittlung zwischen den Ebenen, das sprechende Subjekt würde – ginge sein Handeln über das mechanische Rudern (wie in ›Lethe‹) hinaus – das, was es in der Tiefe sucht, nur tot auffinden. Die Erstarrung des Sprechers, die Meyers Gedichte häufig thematisieren, sein »süß erkaltet Herz«[185] im ›Spätboot‹, beschreibt den Verlust von Handlungsfähigkeit und die Hoffnung auf Perspektive. Es ist die Zerschlagung als Subjekt, die Meyers Leben geprägt hat und die er hier – sich selber über die hermetische Symbolik verobjektivierend und unkenntlich zugleich – darzustellen versucht. Der Verlust von Kommunikation durch Wahnsinn und Phantasieverbot, das ihm schon früh auferlegt worden ist[186], wird durch das literarische Werk zu bewältigen versucht. Dauer heißt, eine objektive Ebene zu finden, in der Subjektivität sich ohne Brechung ausdrücken kann. Kunst ist dann die Metapher für Dauer und Objektivität. Sich auf Kunst zu beziehen und Kunst zu produzieren, ist der Versuch des Subjekts Meyer, sich einen Referenzbereich zu eröffnen, der seine Rede dauerhaft sichert. Es geht in seiner Lyrik also gar nicht mehr um Kommunikation, sondern – fast solipsistisch – um die Möglichkeit und die Gewährung von Expression. Der Ästhetizismus Meyers, sein Bezug auf Kunst, dienen nicht der Ästhetisierung, sondern der Möglichkeit eines Lebens, das sich als solches nicht mehr ausweisen darf.

VIII. Homogene Zeit und Alltagswelt (Theodor Fontanes späte Lyrik)

Nun zeichnet sich auch Fontanes späte Lyrik[187] durch ein Betonen von Dauer aus. Sie verfährt dabei ebensowenig naiv wie Meyer und formuliert trotz der Geste des Endgültigen eine zumindest ambivalente Haltung zur Welt; so kann dann im Rekurs auf die eigene Entwicklung u. a. der Geltungsanspruch der heroischen Texte wieder begrenzt werden. Zu verweisen ist auf Gedichte wie ›Auch ein Stoffwechsel‹ oder auch, als Kritik an der Beliebigkeit des Spiels ›Geschichte‹, auf ›Drehrad‹:

> Heute, Sonntag, hat einer ein Lied gedichtet,
> Morgen, Montag, wird wer hingerichtet,
> Dienstag, verdirbt sich ein Prinz den Magen,
> Mittwoch wird eine Schlacht geschlagen,
> Donnerstag habe ich Skatpartie,
> Freitag stirbt ein Kraftgenie,
> Samstag wird überall eingebrochen,
> Und so geht es viele Wochen:
> Bilder, blaue, rote, gelbe,
> Aber der Inhalt bleibt derselbe.[188]

Auch wenn Fontane dieses neue poetische Verfahren in den ›Causerien über Theater‹ noch im Rahmen der realistischen Theorie zu beschreiben versucht:

> Es ist das Schwierigste, was es gibt (und vielleicht auch das Höchste), das Alltagsdasein in eine Beleuchtung zu rücken, daß das, was eben noch Gleichgültigkeit und Prosa war, uns plötzlich mit dem bestrickendsten Zauber der Poesie berührt[189],

so wird hier keine schlichte Ästhetisierung von Alltagswelt und Leben vorgenommen, sondern aus der *Beobachterperspektive* ein ironisches Zitieren der alltagsweltlichen Abfolge des Sinnlosen geboten. Man kann dann, wie in ›Summa summarum‹ einen Strich ziehen und abrechnen:

> ⟨...⟩
> Altpreußischer Durchschnitt. Summa summarum,
> Es dreht sich alles um Lirum larum,
> Um Lirum larum Löffelstiel,
> Alles in allem, es war nicht viel.[190]

Die Kritik attackiert also nicht nur den Heroismus, sondern wird an Welt insgesamt vorgetragen. Sie bleibt anthropologisch orientiert, nur die Vorzeichen haben gewechselt: Dieser Umstand erklärt die Fontane attestierte ›resignative Haltung‹, macht sein ›Über-den-Dingen-stehn‹ verständlich (z.B. in ›Umsonst‹). Es ist das Einnehmen einer radikalen Beobachterposition, die sich für eine Ordnungsvorstellung *entscheidet* (z.B. in ›Fester Befehl‹), die zwar notwendig, aber auch lächerlich ist. Gerade diese Ambivalenz, das Ironisieren *und* der Geltungsanspruch der Konvention, kennzeichnet die späte Lyrik Fontanes. Wenn auch die Bedeutungen beliebig werden, so muß doch das semantische System selbst Fortbestand haben und die Konversation sich fortsetzen.

Unter diesen Prämissen findet sich auch hier wieder die Auffassung einer leeren Zeit, eines Kontinuums des Allgemein-Menschlichen, für das die Zeit selbst Souverän wird; so schreibt Fontane in ›Überlaß es der Zeit‹:

> Erscheint dir etwas unerhört,
> Bist du tiefsten Herzens empört,
> Bäume nicht auf, versuch's nicht mit Streit,
> Berühr es nicht, überlaß es der Zeit.[191] ⟨…⟩

Im Rahmen einer solchen Zeitkonzeption kann man allerdings keinen Subjektbegriff mehr denken, der den Menschen anders denn als Gattungswesen, d.h. als Nicht-Individuum, zu beschreiben vermag. Fontanes Sentenzen- und Spruchstil ist die Verobjektivierung der Position. Ein Mensch schlechthin, kein spezifisches lyrisches Ich spricht, und das Eigene wird unkenntlich:

> Mein Leben, ein Leben ist es kaum,
> Ich geh' durch die Straßen als wie im Traum.
> ⟨…⟩[192]

Die Rolle des Beobachters, der sich seiner Teilnahme gleichzeitig gewahr ist, produziert ein sich radikal isolierendes Bewußtsein, das sich, als Gattungswesen ohne Fortune, selbst als geschichtsirrelevant begreift; wie im Gedicht ›Ausgang‹ liegt der Fluchtpunkt im Tod, dem endgültigen Abtreten von der Spielfläche:

> Immer enger, leise, leise
> Ziehen sich die Lebenskreise,

Schwindet hin, was prahlt und prunkt,
Schwindet Hoffen, Hassen, Lieben,
Und ist nichts in Sicht geblieben
Als der letzte dunkle Punkt.[193]

Diese Haltung wird dann in der Lyrik Gottfried Kellers zu Ende gedacht.

IX. Selbsteliminierung im Angesicht der Geschichte (Keller)

Gottfried Kellers Lyrik hat verschiedene, z. T. erhebliche Umarbeitungen erfahren.[194] Wie auch bei Meyer ist es daher notwendig, Stufen zu unterscheiden.

Entstehungs- und publikationsgeschichtlich läßt sich Kellers Lyrik in drei Phasen einteilen. Die erste Phase, von 1843 bis 1846, in der ca. 300 Gedichte entstehen, zeichnet sich durch Erlebnis- und Tagebuchnähe aus. Neben Natur- und Liebesgedichten findet sich hier vor allem politische Lyrik (gravierend ist der Einfluß Herweghs). Diese Phase schließt 1846 mit der Herausgabe seiner ›Gedichte‹; neben den schon erwähnten Gruppen stehen die Zyklen ›Lebendig begraben‹ und ›Feueridylle‹. Keller resümiert diese Phase seines lyrischen Schaffens in ›Autobiographisches 1876/77‹:

> Ein Band Gedichte, zu früh gesammelt, erschien im Jahr 1846; er enthielt nichts als etwas Naturstimmung, etwas Freiheits- und etwas Liebeslyrik, entsprechend dem beschränkten Bildungsfelde, auf dem er gewachsen.[195]

Zwischen 1847 und 1854, parallel zum ›Grünen Heinrich‹, folgt mit etwa 150 Gedichten ein zweiter Schub lyrischer Produktion. 1851 kommt es bei Vieweg in Braunschweig zur Herausgabe der ›Neueren Gedichte‹, 1854 zu einer zweiten Auflage. Sie zeigt bereits wesentliche Veränderungen. Alles eher Subjektive soll so verschoben werden, daß nichts Persönliches mehr aufscheint: »ein Liebeslied erscheint im Gewand eines Weinliedes; aus Zürich wird ein mythisches Cypern; aus der Geliebten ein heidnisches Fabelwesen«[196].

In einem Brief an Freiligrath vom 22. September 1850 hatte Keller formuliert:

> Das subjektive und eitle Geblümsel und Unsterblichkeitswesen, das pfuscherhafte Glücklichseinwollen und das impotente Poetenfieber haben mich lange genug befangen ⟨...⟩.[197]

Lyrik diskreditiert sich für Keller in dieser Phase insgesamt durch ihre Subjektivität, er hat »eine wahre Sehnsucht ⟨...⟩ nach einer ruhigen und heitern objektiven Tätigkeit«[198]. Kurz bevor seine ›Gesammelten Gedichte‹ (1883) bei Hertz erscheinen, ist Kellers Position aber noch einmal verschoben; er hat nun die Objektivität im Subjektiven entdeckt. So schreibt er an Paul Heyse (1. Juni 1882):

> Und doch gibt es gewiß auch im Lyrischen, sobald einmal vom psychischen Vorgang die Rede ist, etwas Perennierendes oder vielmehr Zeitloses.[199]

Das Verhältnis von Lyrik und Objektivität, das Keller in seinem Denken beschäftigt, bestimmt die Form seiner Gedichte seit den ›Neueren Gedichten‹ von 1851. Seine ›Gesammelten Gedichte‹ von 1883, die seine »Gedichte« und »Neueren Gedichte« zusammenfassen sollen, verstärken die Objektivierungstendenz. Wie Bernd Neumann im einzelnen darstellt, gliedert Keller zunächst 66 ältere Texte aus: Persönliches und Emotionales, Politisches oder Gedichte ›an Personen‹ werden in die Ausgabe nicht mehr aufgenommen. Daneben treten Umformulierungen, Änderung der Überschriften, Glättung des eher Schroffen, manchmal die Entscheidung für ein offenes Ende des Gedichts – insgesamt die Tendenz, alles Persönliche so zu verobjektivieren, daß es als Produkt des Autors Keller unkenntlich wird. Wenn Keller als ›Gedankenlyriker‹ bezeichnet wird[200], so deutet dies die bewußte Erlebnisferne seiner Lyrik an; er stellt weniger Impressionen in den Mittelpunkt, sondern Beobachtung und Reflexion, und er bietet weniger augenblickshafte Erfahrungen als ein fast schon episches Schema: Storm und Keller können insofern als Gegensatzpaar gelten. Reflexion in der Gedichtform: Dies führt zum Verschwinden der vielen Abbreviaturen, die z.B. Storms Lyrik kennzeichnen. Der Chiffrencharakter der poetischen Bilder wird bei Keller oft *narrativ* aufgelöst, in eine Geschichte oder einen *Gang* durch die Natur übersetzt; die zeitliche oder reflexive Sukzession ersetzt dann die räumliche Totale.

Diese Sukzession in Kellers Lyrik sieht perspektivisch aber nicht (wie z.B. Heine) eine Gegenwart und ist auch nicht, wie in seinen frühen Gedichten, auf Politik beziehbar. Der narrative Duktus polarisiert sich gerade gegen eine Konzeption von Lyrik, die das Gedicht als Resultat von Erlebnissen zu fassen sucht. Gegen das Erlebnis wird schon früh, etwa in ›Am Himmelfahrtstage 1846‹ oder auch in ›Lebendig begraben‹, die Position des Beobachters gesetzt. Zwischen lyrischem Sprechen und Welt ist eine Distanz aufgebaut, die unfähig macht zu purer Subjektivität, zum Erleben. Diese Distanz führt aber schnell zur Wahrnehmung von Trennung, besonders deutlich in ›Winternacht‹:

Nicht ein Flügelschlag ging durch die Welt,
Still und blendend lag der weiße Schnee,
Nicht ein Wölklein hing am Sternenzelt,
Keine Welle schlug im starren See.

Aus der Tiefe stieg der Seebaum auf,
Bis sein Wipfel in dem Eis gefror;
An den Ästen klomm die Nix herauf,
Schaute durch das grüne Eis empor.

Auf dem dünnen Glase stand ich da,
Das die schwarze Tiefe von mir schied;
Dicht ich unter meinen Füßen sah
Ihre weiße Schönheit Glied für Glied.

Mit ersticktem Jammer tastet' sie
An der harten Decke her und hin.
Ich vergaß das dunkle Antlitz nie,
Immer, immer liegt es mir im Sinn![201]

Trennung als Preis für den Erkenntnisgewinn durch Beobachtung – dies ist die Formel, die sich bei Keller in immer neuen Gegensatzpaaren variiert: Subjektivität und Objektivität, Jetztzeit und

Dauer, Spiel und Ordnung, Handeln und Schicksal. Das Verhältnis von Distanz und Glück läßt sich mit Begriffen wie ›Resignation‹ und ›Melancholie‹ fassen. »Resignatio ⟨ist⟩ keine schöne Gegend« soll auf Kellers Berliner Schreibtischunterlage gestanden haben.[202] Nur einem melancholischen Bewußtsein gelingt es – wie im Gedicht ›Melancholie‹ –, zu der »Erkenntnis Träne«[203], zu Objektivität zu gelangen. ›Objektivität‹ ist dann das Gegenteil von utopischem Überschwang, das Leugnen sinnvoll-teleologischer Geschichte, letztlich der Tod. Er findet sich mit beruhigender Geste in ›Abendlied‹, mit unverstellter Krudität aber in ›Land im Herbste‹:

⟨...⟩
Wohl hör ich grüne Halme flüstern
Und ahne froher Lenze Licht;
Wohl blinkt ein Sichelglanz im Düstern,
Doch binden wir die Garben nicht!

Wir dürfen selbst das Korn nicht messen,
Das wir gesät aus toter Hand;
Wir gehn und werden bald vergessen,
Und unsre Asche fliegt im Land![204]

Vor diesem Hintergrund wird Kellers Abneigung gegen das ›Subjektive‹ deutlich: Subjektivität als das »eitle Geblümsel« wäre dann eine Haltung, die als das beschränkte und dadurch überschwengliche Blickfeld des nur erlebenden Subjekts zu bezeichnen wäre. Objektivität jedoch wäre die Darstellung einer im Grunde leeren Zeit, deren ungewollte Homogenität in der Folge der Folgenlosigkeiten läge, in der Beliebigkeit und Kontinuität der Anstrengungen und Gesten: Das Gesäte wird bald selbst vergessen sein.

Paradigmatisch läßt sich dieser negativ gewendete Historismus am Künstler exemplifizieren. Keller hat dies u.a. in seinem Gedicht ›Poetentod‹ versucht; in der Ausgabe von 1846 heißt es zunächst:

Der Herbstwind zieht, der Dichter liegt am Sterben,
Die Wolkenschatten jagen an der Wand;
An seinem Lager knien die zarten Erben,
Des Weibes Stirn ruht heiß auf seiner Hand. ⟨...⟩

»Die ich aus Wunderklängen aufgerichtet,
Vorbei ist dieses Hauses Herrlichkeit!
Ich habe ausgelebt und ausgedichtet
Mein blühend Lied, dich, meine Erdenzeit!

Das stolz und mächtig diese Welt regierte,
Es bricht mein Herz, mit ihm das Königshaus!
Der Gastfreund, der die edlen Hallen zierte,
Der Ruhm wallt mit dem Leichenzug hinaus.
⟨...⟩

Mein Lied wird siegreich durch die Lande klingen,
Ein Banner, von den Höhn der Erde wehn;
Doch ungekannt, mit mühsalschwerem Ringen
Wird meine Sippe dran vorübergehn.
⟨...⟩

Die ganze Größe dieses schönen Spieles
Liegt in der engen Totenkammer nun,
Wo Weib und Kinder, stumm, voll Wehgefühles,
Verlassen um die Dichterleiche ruhn!
⟨...⟩.[205]

Die zweite Fassung in den ›Gesammelten Gedichten‹ kürzt und verschärft den Gestus des Sprechers. Die »Wunderklänge« des Dichters werden zu »luft'gen Klängen«, »Das stolz und mächtig diese Welt regierte« wird zu »Das keck und sicher seine Welt regierte« usw. Die Figur des Dichters wird demnach in der zweiten Fassung *depotenziert*, aus dem Priester wird ein Spieler. Der Grundtenor wird auf diese Weise überboten: Die Poesie ist letztlich, wie auch das Leben des Literaten, folgenlos. Das von ihm »durch das Land« geschickte Lied findet bei niemandem Aufnahme, stiftet keine Tradition. Der ›Erbe seines Geistes‹ ist namenlos, und er muß sich die Werke, die »auf offnem Markte« liegen, »ahnungsvoll« erwerben. Es gibt keine Zwangsläufigkeit, keine translatio der poetischen Imaginationskraft, keine Wirkung der poetischen Werke, obgleich nur sie, wie es in der zweiten Fassung heißt, »die Heilkraft wider die Vernachtung Leid« sind.

Eine Steigerung erlebt diese Kellersche Position noch einmal durch sein Gedicht ›Komet‹, das sich in den nachgelassenen Gedichten findet:

Einstmals werd ich wieder kommen,
Wenn die Zeit von euch genommen,
Wenn ihr ganz verschollen,
Nur noch prähistorisch seid![206]

Die Selbstauslösung des Subjekts als Reaktion auf seine Beliebigkeit in der Geschichte wird hier auf die Menschheitsebene hochgerechnet. Die kosmologische Perspektive (wie auch schon die Abkehr vom Anthropozentrismus in ›Friede der Kreatur‹) dient dazu, das Genus humanum insgesamt als Element der Prähistorie zu bestimmen. Wenn die kosmologische die eigentlich objektive Ebene ist, dann können das einzelne Subjekt wie die Menschheit insgesamt nicht mehr als archimedische Punkte anerkannt werden. Das Kellersche Verfahren bestünde dann in seiner Lyrik darin, die Selbstüberschätzung von Subjektivität und Menschheitsgeschichte, die sich als das Besondere aus der naturalen Geschichte zu emanzipieren sucht, mit fremdem Blick zu attackieren. Das wahrnehmbare Ich der Kellerschen Lyrik ist reduziert auf einen radikalen und melancholischen Zuschauer, der kein Erlebnissubjekt mehr ist, sondern Medialinstanz für die Darstellung der Katastrophe. Das ›Zeitlose‹ in der Lyrik, das sich als ›psychischer Vorgang‹ darstellt, wäre das *Bewußtsein* von der Kontinuität der leeren Zeit, das Objektive die Quelle der eigenen Selbstaufgabe. Keller hätte, obwohl er Heine im ›Apotheker von Chamounix‹ hat parodieren wollen, den reflexiven Abgesang der ›Lamentationen‹ des ›Romanzero‹ noch einmal abgebildet.

Winfried Freund
Novelle

I. Das Novellenkonzept des poetischen Realismus

Die Erzählgattungen formen das literarhistorische Profil des poetischen Realismus, während die Lyrik Storms und Meyers wie die Dramen Hebbels bedeutende Einzelleistungen darstellen ohne repräsentative Aussagekraft für die epochale Gattungssituation. Es ist bezeichnend, daß sich keiner der bekannten realistischen Autoren überzeugend am Drama versuchte – geradezu symptomatisch sind Kellers gescheiterte Dramenpläne – und die Lyrik Fontanes, Kellers und Raabes eher zweitrangig blieb. Unter den Versdichtungen der Genannten verdienen noch am ehesten die Balladen Fontanes herausgehoben zu werden, Dichtungen indes mit eindeutig epischer Tendenz. Dominant blieb die erzählende Prosa, die bereits in der Phase der Restauration deutlich an Terrain gewonnen hatte und nun das Feld nahezu unangefochten beherrschte.

Unter den Erzählformen traten der Roman, die Erzählung und die Novelle auffällig hervor, während Märchenhaftes und Phantastisches, aber auch Essayistisches, insbesondere von den Vertretern des sogenannten Jungen Deutschland gepflegt, an Bedeutung verloren bzw. lediglich einzelne Ausnahmeleistungen hervorbrachten wie im Fall der märchenhaften und phantastischen Erzählungen Storms. Die Wirklichkeit nach 1848, gezeichnet von politischer Ernüchterung, zunehmend naturwissenschaftlich geprägt, sich formierend zum wirtschaftlich-technischen Aufbruch, und der geistige Anspruch auf Sinnstiftung, auf eine sittlich souveräne Stellung des Menschen, bildeten zunehmend ein Spannungsverhältnis aus, in dem die determinierende Herrschaft der Politik und der Zwecke in Widerstreit lagen mit dem Willen nach Freiheit und Selbstbestimmung.

Im Roman und in der romanhaften Reduktionsform der Erzählung, einsträngiger in der Handlungsführung und weniger komplex als der Roman, formte sich vor allem der Perspektivismus der geistig sittlichen Selbstbehauptung des Menschen im Umfeld erstarkender determinierender Kräfte. Dies trifft insbesondere auf die großen Romane des poetischen Realismus zu, wie etwa auf Kellers Bildungs- und Entwicklungsroman ›Der grüne Heinrich‹, auf Fontanes Zeitroman ›Der Stechlin‹ und ohne Abstriche auf die Romane Raabes und dessen kürzere Prosawerke, unter denen bei weitem die Erzählungen den Vorrang haben vor den Novellen. Roman wie Erzählung sind im poetischen Realismus die exponierten Ausdrucksformen geistiger Selbstbewahrung im Streben nach einer sinnerfüllten Existenz. Sie insbesondere verwirklichen die Forderung Otto Ludwigs, des führenden Programmatikers des poetischen Realismus, nach einer nachschaffenden Wiedergeburt der Wirklichkeit aus dem gestaltenden Geist des sinnstiftenden Dichters.[1] Im Roman wie in der Erzählung gewinnt der Humor, so wie ihn Wolfgang Preisendanz versteht, als dichterische Einbildungskraft Gestalt, indem es dem einzelnen noch im Verzicht und in der Entsagung gelingt, sich den Determinierungszwängen von außen zu entziehen.[2] Exemplarisch und repräsentativ ist Raabes Roman ›Stopfkuchen‹, in dem der souveräne einzelne seinen eigenen deutlich abgegrenzten Lebensraum gegen die verworrenen und verwirrenden Verhältnisse des Dorfes behauptet.

Der Umbruch der bürgerlichen Gesellschaft nach 1848 von den traditionellen zu modernen Lebensformen spiegelt sich in der Novelle des poetischen Realismus in der Auseinandersetzung mit den kollektiven, den einzelnen bestimmenden und bedingenden Kräften, die um so spürbarer hervortraten, als die alten Ordnungen brüchig wurden, sich die neuen technischen und sozialen Entwicklungen Bahn brachen und die Einblicke in die Menschennatur jenseits idealistischer Überhöhungen moralische Abgründe und negative Antriebe enthüllten. Die Novelle, ohnehin mehr mit den Bedingungen menschlicher Existenz befaßt, zeichnet den einzelnen als Mitgestalter seines sozialen und geschichtlichen Daseins, das er als Aufgabe und Ziel erfährt, häufiger aber als Erleidenden von sozialen, geschichtlichen und psychischen Entwicklungen, die sich seiner Kontrolle zu entziehen scheinen. Die pessimistische Erfahrung der Umbruchsituation nach 1848 überwog bei weitem die optimistische

Zukunftserwartung. In der traditionellen Ausdrucksform der Novelle verbindet sich die Trauer über den Niedergang der schützenden Tradition mit der Angst vor der heraufziehenden, noch weitaus konturlosen Moderne, der man sich, ohne die Chance auszuweichen, schutzlos ausgeliefert fühlt.

Insofern bildet die Novelle vor allem die tragische Erzählvariante im poetischen Realismus, in der das Geistige, Humoristische und Poetische, die Refugien humaner Souveränität, erdrückt werden von scheinbar außer Kontrolle geratenen, über den einzelnen sich hinwegsetzenden Prozessen. Die Wirklichkeit schickt sich an, alle Versuche poetischer Sinnstiftung außer Kraft zu setzen. Entwicklung weicht der Verwicklung, die Tat dem Ereignis, ein Vorgang, den Storm gleich einleitend zu seiner frühen Novelle ›Auf dem Staatshof‹ als Frage formuliert: »⟨...⟩ und ob es eine Tat war oder ein Ereignis?«[3] Vor der Übermacht der politischen Autorität, gerade nach der kollektiven Enttäuschung von 1848/49, und der wirtschaftlich industriellen Prozesse, begleitet von der naturwissenschaftlichen Desillusionierung des freien Geistes und idealistischer Weltbilder, kapitulierten in der Novelle auch die poetischen Rettungsversuche des Menschen, die Sinnstiftungen und die poetischen Hoffnungsgebärden. Im novellistischen Ereignis spiegelt sich die pessimistische Erfahrung einer eigenmächtig sich verselbständigenden, den Menschen an den Rand drängenden Wirklichkeit, die individuelle Alleingänge nicht zuläßt. Anders aber als die klassisch-romantischen und restaurativen Novellenmodelle, darin liegt ihr eigentlicher Neueinsatz begründet, begreift die realistische Novelle die Determinanten menschlichen Schicksals als Ergebnis gesellschaftlich-geschichtlichen Handelns. Goethes Vertrauen auf die letztlich Harmonie stiftende Humanitätsidee in seiner Musternovelle, Stifters »sanftes Gesetz« und Gotthelfs Triumph des Glaubens über die Macht des Bösen in der ›Schwarzen Spinne‹ weichen der nüchternen Erkenntnis der realen, vom konkreten Menschen ausgehenden Triebkräfte, die die unerhörte Begebenheit mit der Wende zur Lösung regelmäßig vereiteln. Verabschiedet wird der Fatalismus des Wunderbaren ebenso wie der des Phantastischen, die utopisch angedeutete Erfüllung wie die scheinbare Verflechtung des Wirklichen mit dem Schicksalhaften und Unheimlichen bei Tieck, Hoffmann und Arnim, die fatale Bodenlosigkeit menschlichen Daseins bei Kleist ebenso wie die romantische Transzendierung der sinnlichen Welt etwa am Schluß von Brentanos ›Geschichte vom braven Kasperl und dem schönen Annerl‹, und von Eichendorffs ›Marmorbild‹.[4]

Keine Ideen und Prinzipien, nicht der Gedanke Gottes, keine poetische Gerechtigkeit und auch kein böses Fatum steuern die menschlichen Geschicke, sondern nur der Mensch selbst. Einen epigonalen Nachklang stellen die Novellen Wilhelm Heinrich Riehls dar, einschließlich seiner 1856 erschienenen ›Culturgeschichtlichen Novellen‹ (›Der Stadtpfeifer‹, ›Ovid bei Hofe‹, ›Die Lehrjahre eines Humanisten‹). In ihrem Zentrum steht der historische Geist, der sich im deutschen Bürgertum als christliche Sittlichkeit ausprägt bzw. ausprägen sollte. Die betont erzieherische Grundhaltung des Erzählens erinnert an Gotthelf. Selbst noch in den Dissonanzen des Lebens liegt die hohe Harmonie von Gottes schöner Welt verborgen (letzte Vorrede).[5] Ähnliches gilt für Otto Roquettes Novellen, die dem kulturgeschichtlichen Muster Riehls einiges verdanken (›Novellen‹, 1870; ›Welt und Haus‹, 1871 ff.).

Die realistische Novelle, skeptisch gegenüber allen übergreifenden Einwirkungen, macht das, was dem einzelnen scheinbar undurchdringlich und unkontrollierbar begegnet und ihn überwältigt, durchsichtig für das Allzumenschliche als den letzten und eigentlichen Beweggrund. Hinter der Pseudokonkretheit auf den ersten Blick übermächtiger Verhältnisse macht sie die konkreten Handlungsträger und Verursacher sichtbar. Ihre Sympathie aber gehört den in die Verhältnisse verwickelten Opfern, denen sie die Täter als die Opfer der von diesen selbst heraufbeschworenen Verwicklungen gegenüberstellt. Angesichts der tatsächlichen Verwicklungen des einzelnen verweigert sie zwar in den meisten Fällen eine wie immer geartete Lösung, aber gerade dadurch, daß der konkrete Mensch und nicht ein abstraktes Schicksal für das, was geschieht, verantwortlich gemacht wird, scheint eine Wende zum Guten prinzipiell möglich.[6] Hier setzt vor allem die didaktische Novelle Kellers ein. Doch auch sie schildert wie die Novelle des poetischen Realismus überhaupt die Wirklichkeit losgelöst von idealistischen Erfüllungsutopien unter den realen Bedingungen akut gefährdeter und mißachteter Humanität und verweist im Scheitern des Menschen auf die Notwendigkeit humaner Neuorientierung, die in dem einen oder anderen Fall zumindest angedeutet wird.

Die strenge objektive Darbietungsweise der Novelle unter weitgehender Ausblendung kommentierender Einmischung durch die Erzählinstanz sowie ihr gattungsgebundener, komprimierender Verweischarakter fordern die produktive Intervention des Lesers heraus, seine Bereitschaft, nach den Möglichkeiten einer humanen Praxis in der Konfrontation mit der Wirklichkeit des Scheiterns Ausschau zu halten bzw. die sich öffnenden Perspektiven einer humaneren Welt weiter zu verfolgen. So gesehen, zeigt selbst die Novelle eine humoristische Struktur, indem sie das Erstarrte und Determinierende durch objektive und symbolische Konzentration bis zu dem Punkt treibt, wo die Befreiung vom Druck des Pseudokonkreten im subjektiv verstehenden Leseakt unausweichlich wird. Die realistische Novelle hält den gesellschaftlichen und geschichtlichen Erstarrungen gleichsam ihr scharf eingestelltes Spiegelbild vor, das im Leser neue bewegende Kräfte herauszufordern vermag. Insbesondere Keller geht gelegentlich noch einen Schritt weiter, indem er seinen Lesern die Rezeptionsrichtung weist.

Der poetische Realismus nach 1848 leitete nach der sublimen Kultivierung des Innerlichen und den Visionen einer gerechteren Welt jenseits des tatsächlich Realisierten eine nüchterne Auseinandersetzung mit repräsentativen, eng umgrenzten empirischen Lebensausschnitten ein. Mit der Hinwendung zu den konkreten Bedingungen menschlichen Daseins wuchs die Sensibilität für geschichtliche und gesellschaftliche Prozesse ebenso wie für die unbewußten psychischen Antriebsmomente, deren zerstörerische, Humanität vereitelnde Wirkungen es bewußt zu machen galt. Nicht die Vollendung und Vollendbarkeit des Menschen stehen im Vordergrund, sondern seine Gefährdung durch sich selbst und durch die von ihm geschaffenen Verhältnisse.

Während es im realistischen Roman und in realistischen Erzählungen wie etwa in Raabes ›Odfeld‹ noch gelingt, das geschichtlich sich Ereignende mit seinem determinierenden Druck auf Distanz zu halten, sieht sich der einzelne in der realistischen Novelle scheinbar auswegslos in die Bedingungen seines Daseins verwickelt, in das Ensemble gesellschaftlich-geschichtlicher und psychischer Faktoren, die erst dann ihre bedrückende Macht verlieren, wenn sich der Mensch als ihr Urheber begreift bzw. es lernt, sie zu kontrollieren. Nur im Einzelfall erhält der einzelne in der realistischen Novelle die Chance zur Mitgestaltung, indem er die herrschenden Bedingungen als Herausforderung erfährt, bessere Bedingungen für ein humaneres Zusammenleben in sich selbst und für die anderen zu schaffen. Wo dies gelingt, werden die Grenzen zum Roman fließend. Während der Roman jedoch das Ziel humaner Selbstbehauptung betont, akzentuiert die Novelle den Weg dorthin, einen Weg allerdings, der sich oft in den Niederungen des Lebens verliert und abbricht. Die Spannweite der traditionell gesellschaftlich gebundenen Novellengattung erfüllt sich zwischen den Polen der aktiven Mitgestaltung des eigenen Lebensraums als Ziel individuellen Handelns und des passiven Erleidens seiner Bedingungen, wobei die tragische Variante vor dem Hintergrund realer politischer Enttäuschungen und menschlicher Ernüchterung dominiert.

Eine literarische Pionierleistung in der Entwicklung der realistischen Novelle stellt Annette von Droste-Hülshoffs ›Judenbuche‹ aus dem Jahr 1842 dar.[7] Mit Bedacht setzte sich Theodor Storm für die Aufnahme der Novelle in den von Hermann Kurz und Paul Heyse herausgegebenen ›Deutschen Novellenschatz‹ ein, wo sie 1876 vorlag. Erst dieser Druck begründete den endgültigen Durchbruch des Drosteschen Werks. In der Tat prägt sich hier die realistische Konzeption der Gattung nahezu mustergültig aus. Mit unbestechlicher Objektivität zeichnet die Droste den abschüssigen Lebensweg eines Menschen nach, der in blinder Anpassung an herrschende Standards zum Opfer der borniertes Dorfgemeinschaft wird, ohne jemals deren Unzulänglichkeiten zu durchschauen. Die einzelnen auffällig herausgehobenen Lebensdaten formieren sich nicht zu einer persönlichen Entwicklungsgeschichte, sondern markieren den steil abfallenden Lebensweg zwischen der Geburt in einer Elendsbehausung, dem selbstgewählten Erhängungstod und dem Verscharrtwerden auf dem Schindanger. Die Heimat, konkret angesiedelt im authentischen Raum, und die Orientierung am materiellen Schein haben den bedürftigen einzelnen erledigt. Wo es lebenswichtig gewesen wäre zu verstehen, hat man verurteilt und den Außenseiter zum Opfer der eigenen anmaßenden Maßstäbe verkümmern lassen. Mit bemerkenswerter Konsequenz realisiert die Droste das novellistische Fatum und macht in den Eingangsversen zugleich diejenigen, die sich das Urteil über den anderen anmaßen, von vornherein verantwortlich für das Desaster des Menschen aus ihrer Mitte, der ihrer Hilfe bedurft hätte. Im wiederholten symbolischen Verweis auf den Unglücksbaum wird die Fatalität wirklicher Lebensbedingungen für denjenigen ersichtlich, der sich ihnen unterwirft. Exemplarisch für novellistisches Erzählverhalten ist die Beteuerung der Erzählerin, selbst gebunden zu sein an den als authentisch vorgestellten Handlungsverlauf, ohne die Chance, eingreifen oder verändern zu können. Zwangsläufig nimmt die persönliche Katastrophe ihren Lauf, solange der einzelne nicht fähig wird zur Kritik und die Gemeinschaft sich nicht zu ihrer sozialen Verantwortung bekennt. Die objektive Darstellung eines scheiternden Lebensentwurfs, der Vorrang des Prozesses vor der Person, der unterschwellige Verweis auf die menschliche Eigenverantwortlichkeit, die sozialgeschichtliche Konkretisierung und die Verlagerung einer möglichen Wende zum Positiven auf die Rezeptionsebene, unterstrichen durch die von der Erzählprosa deutlich abgehobenen Verseinlagen, machen die Drostesche ›Judenbuche‹ zur realistischen Novelle par excellence, die erst im Rezeptionsklima des poetischen Realismus die Anerkennung fand, die sie verdiente.

II. Theodor Storm (1817 – 1888)

Der Erzähler Theodor Storm ist fast ausschließlich Novellist.[8] Seine frühen Prosaskizzen (›Marthe und ihre Uhr‹, 1848; ›Im Saal‹, 1849) sind in ihrer konzentrierten Erzählführung novellistische Vorarbeiten. Außerhalb des Novellenwerks stehen im Grunde nur die echten Märchen (›Der kleine Häwelmann‹, 1850; ›Die Regentrude‹, 1864 u. a.) sowie die anekdotischen kulturhistorischen Skizzen, die unter dem Titel ›Zerstreute Kapitel‹ zwischen 1871 und 1873 erschienen. Von den sogenannten ›Drei Märchen‹ weisen ›Bulemanns Haus‹ (1864) und ›Der Spiegel des Cyprianus‹ (1865) in den Bereich der phantastischen Novelle, deren einziger bedeutender Vertreter Storm im poetischen Realismus ist. In diesen Zusammenhang gehören auch die Gespenstergeschichten ›Am Kamin‹ (1862), die sich kunstvoll zu einer Rahmennovelle fügen. Phantastisches Erzählen artikuliert die Existenzängste des unter äußerem Druck beschädigten Menschen. In einzigartiger Weise verwirklicht Storm literarische Phantastik als Stil eines Bewußtseinsrealismus, der in das Innere hineinleuchtet und es in erregenden Sinnbildern anschaubar macht.

Storms illusionslose Weltsicht, seine Erfahrungen des politischen und wirtschaftlichen Verwickeltseins des Menschen, drängten ihn zur Novelle, zur Darstellung menschlichen Daseins in einem weitgehend determinierenden Umfeld. Nur gelegentlich gestattete er sich märchenhafte und idyllische Ausblicke, Perspektiven einer möglichen, in Wirklichkeit aber immer wieder gefährdeten Humanität. Storms bekanntes Wort von der Novelle als »Schwester des Dramas« akzentuiert die strenge Objektivität der Gattung, die den subjektiven Erzählraum empfindlich einschränkt, und zugleich die Konflikträchtigkeit realen Lebens unter den verschärften politisch-ökonomischen Bedingungen nach 1848.

Bereits in der ersten, 1849 entstandenen Novelle ›Immensee‹[9], lange Zeit das populärste Werk Storms, stößt der Wunsch nach ganzheitlicher Entfaltung in der Liebe und in der Kunst mit dem nüchternen bürgerlichen Erwerbsalltag zusammen. Was aber die gesellschaftliche Wirklichkeit versagt, bleibt in der Erinnerung und in der Suche nach dem verlorenen, aber nicht aufgegebenen Glück präsent. Der novellistische Rahmen schließt nicht ab, sondern dringt in innerer Anschauung über die engen äußeren Grenzen hinaus ins Weite.

Storms Novellistik nimmt sich von Anfang an der gesellschaftlichen und geschichtlichen Prozesse an, die den bürgerlichen Menschen im 19. Jahrhundert bestimmen und seinen Lebensraum prägen. In der frühen Novelle ›Auf dem Staatshof‹ (1859) versinkt mit der zentralen weiblichen Gestalt die fein ausgebildete patrizische Kultur mit ihrem Kunstsinn und ihrem erlesenen Geschmack. An ihre Stelle tritt der nüchtern-geistlose Erwerbsalltag des Bürgers. Zwecke verdrängen den Sinn, geistiger Genuß weicht dem Streben nach materiellem Gewinn. Im novellistischen Ereignis spiegelt sich eine Zeit im Umbruch. Der Erzähler vermag die Entwicklung zum Großgewerbe als Teil der sich ausbreitenden Industrialisierung nicht aufzuhalten, in eindringlichen Sinnbildern aber macht er deutlich, was verlorengeht. Literatur bewahrt auf und erinnert. Konfrontiert mit der ökonomischen Durchdringung aller Lebensbereiche, hält sie das Bild einer versinkenden geistigen Kultur fest.

Stehen sich in der Novelle ›Auf dem Staatshof‹ Patriziertum und aufstrebendes Erwerbsbürgertum gegenüber, so entzündet sich der Konflikt in der Novelle ›Auf der Universität‹ (1862) an der Kluft zwischen dem Besitzbürgertum und dem Handwerkerstand. In beiden Fällen sieht sich der einzelne eingebunden in soziale Verhältnisse, die ihn bestimmen und über seine Lebenschancen entscheiden. Hier scheitert die Heldin, weil sie Erfüllung und Schönheit jenseits ihrer kleinbürgerlichen Herkunft im großbürgerlichen Milieu sucht. Was aber überlebt, ist die ungestillte Sehnsucht nach dem Glück über alle sozialen Grenzen hinaus. Die versagte Erfüllung verweist auf die Übermacht der Verhältnisse und die Ohnmacht des Menschen, der im tieferen Sinn im Recht bleibt. Der realistische Novellist kann kein Glück stiften, das die Gesellschaft verweigert, aber er kann durch Darstellung, in symbolisch repräsentativer Gestaltung, Licht werfen auf das, was im Namen des Menschen nicht sein sollte. Indem er die Verhältnisse mit den Mitteln seiner Kunst durchleuchtet und durchschaut, behauptet er einen Rest von Souveränität.

Mit den zwischen 1863 und 1865 entstandenen sogenannten ›Drei Märchen‹ weitet Storm sein stilistisches Spektrum erheblich aus. Im Wunderbaren und Phantastischen gewinnen polare Möglichkeiten des Erzählens Gestalt. Während das Märchen von der ›Regentrude‹ die Menschen aus der Erstarrung wunderbar erlöst, scheint der Egoismus in ›Bulemanns Haus‹ phantastisch versteinert. Im ›Spiegel des Cyprianus‹ sind über die Struktur von Rahmen und Binnenerzählung Wunderbares und Phantastisches kunstvoll miteinander verknüpft. Erkennbar wird menschliches Dasein in seiner extremen Spannung zwischen Hoffnung und Angst, Glück und Grauen.

Das Schwergewicht des Erzählers Storm liegt jedoch zweifellos auf der Durchdringung der von der Schönheit wie von der emotionellen Erfüllung gleichermaßen weit entfernten bürgerlichen Wirklichkeit im Medium eines poetisch sinnbildlichen Realismus. In der Novelle ›Draußen im Heidedorf‹ (1870) geht ein junger Bauer in den Tod, weil er, um seinen Besitz zu erhalten, zur Ehe mit einer ungeliebten Frau gezwungen wird, aber von seiner leidenschaftlichen Liebe zu einem schönen, mittellosen Mädchen aus der Fremde nicht lassen kann. Im Konflikt zwischen Nutzen und Neigung zerbricht der einzelne, während die anderen ungerührt in ihren Geschäften fortfahren. Am Ende ist das schöne Mädchen spurlos verschwunden. Notwendig muß die Schönheit in einer Welt des platten Nutzens fremd und flüchtig erscheinen. Zurück aber bleibt, aufbewahrt in der Novelle, die Erinnerung an eine Faszination, die die bürgerliche Enge und Verflachung nur um so deutlicher hervortreten läßt.

Egoismus und das Streben nach totem Besitz durchkreuzen in vielen Novellen Storms das Glück des Menschen, sein Verlangen nach lebendiger Liebe und Schönheit. Storm kritisiert das Bürgertum seiner Zeit jedoch nicht, weil sich in ihm das bloß Negative verkörpert, sondern weil es seine positiven Möglichkeiten nicht verwirklicht. Er ist kein Fatalist, der fortwährend Katastrophen beschwört, sondern ein realistischer Chronist, der die Bedingungen prägnant Gestalt werden läßt, unter denen der ursprüngliche Reichtum des ganzen Menschen notwendig verkümmern muß. Eine Wendung zum Positiven erscheint immer dann möglich, wenn der Bürger die Bedingungen durchschaut und verwirft, die Humanität verhindern.

Besonders liebenswürdig gelingt Storm die Darstellung einer solchen Wende zum Guten mit der Novelle ›Die Söhne des Senators‹ (1880). Die Einsicht in die eigene Borniertheit verbindet sich mit der Sehnsucht nach Begegnung und Gemeinschaft, die man gegen das eigene Gefühl aufgekündigt hatte, und führt schließlich zu einem beinahe märchenhaften Happy-End. Kunst ist nicht nur schöner Schein, sondern auch Entwurf von Humanität. In der Novelle ›Pole Poppenspäler‹ (1874) bilden Ästhetisches und Ethisches eine Einheit, indem der einzelne durch die Kunst sittliche Impulse für eine harmonische Lebensgestaltung erhält, während sich das reine Spiel dem sittlichen Ernst nicht gewachsen zeigt.

Tragisch klaffen Spiel und Ernst, Neigung und Pflicht in der Novelle ›Carsten Curator‹ (1878) auseinander. Am Ende steht nicht wie im ›Pole Poppenspäler‹ die Freude in der Gemeinschaft mit dem geliebten Menschen, sondern die Trauer über die Trennung von allem, was einem lieb und teuer war. Ökonomische Zweckorientierung durchkreuzt den Wunsch nach Erfüllung und Liebe. Amor und Caritas zerbrechen in der späten Novelle ›Hans und Heinz Kirch‹ (1882) an der zutiefst unchristlichen bürgerlichen Wirtschaftsgesinnung. Ohnmacht, Verzweiflung und Einsamkeit erfüllen die Menschen vor den Trümmern unwiederbringlich zerstörter Gemeinschaft.

Kompromißlos drängt die bürgerliche Gesellschaft den Habenichts in der Novelle ›Ein Doppelgänger‹ (1886) an den Rand und treibt ihn schließlich in den Abgrund. Lebensrecht hat nur der Besitzende. Die unbarmherzige Wirtschaftsgesinnung führt zur Spaltung und in radikaler Konsequenz zur Zerstörung individueller Identität. In der kompromißlosen Darstellung der Determinierung des einzelnen durch seine Lebensverhältnisse nähert sich Storm bereits naturalistischen Sichtweisen an.

Während sich Storms Kritik am Besitzbürgertum seiner Zeit in der Regel in der Gesellschaftsnovelle vor zeitgenössischem Hintergrund entfaltet, wählt er für die Auseinandersetzung mit dem Adel und dem Klerus vorzugsweise die historische Chroniknovelle. In zeitlicher Verfremdung tritt der Anachronismus feudaler und klerikaler Machtansprüche deutlich zutage. Liebe und Glück versinken in ›Aquis submersus‹ (1876) in einer von ständischer Überheblichkeit und Gewalt beherrschten Zeit. Humanität kapituliert vor der Arroganz der Macht. Auch die Novelle ›Zur Chronik von Grieshuus‹ (1884), eine der besten Arbeiten Storms, führt den Leser zurück ins 17. Jahrhundert. In erschütternden Bildern und Szenen schildert der Chronist adlige Macht und ihre Folgen, Gewalt und Brudermord, Unversöhnlichkeit und Haß. Die brutale Herrschaft feudaler Zwingherren macht alle Hoffnungen auf Frieden und Liebe zunichte. Was jedoch unversöhnlich einsetzt und seinen Lauf nimmt, endet schließlich doch noch versöhnlich. Bürgerlich-christliches Ethos legt den Grundstein für eine befriedete, lebensstiftende Gemeinschaft.

Die Chroniknovelle lotet die geistig-sittlichen Möglichkeiten des Bürgers in der Auseinandersetzung mit dem Adel aus. Seine erlangte sittliche Überlegenheit aber verspielt der Bürger in der Folgezeit in dem Maße, wie er es im wirtschaftlichen Bereich dem politisch führenden Adel gleichzutun versucht. Macht, ob politisch oder wirtschaftlich ausgeübt, korrumpiert letzten Endes das Gemeinschaftsgefühl durch ein Übermaß an Geltungsstreben, weil sie nur darauf aus ist, sich mit allen Mitteln selbst zu erhalten, und darüber den Menschen an den Rand drängt.

Von der Unversöhnlichkeit von Macht und Liebe handelt die späte Chroniknovelle ›Ein Fest auf Haderslevhuus‹ (1885), die im 14. Jahrhundert ausschließlich im Kreise des Adels spielt. Eine tiefe Liebesbeziehung zerbricht am national geschürten Haß, nachdem die Bindung des Mannes an eine ungeliebte Frau eine wirkliche Erfüllung von vornherein ausgeschlossen hatte. Die Novelle ist die pessimistische Parabel von der Unmöglichkeit der Liebe in der realen geschichtlichen Machtwelt. Der Adel und das Besitzbürgertum, die Macht der Politik wie die Macht des Geldes und der Geschäfte sind die eigentlichen Widersacher menschlichen Glücks. Dazu tritt in der Novelle ›Renate‹ (1878) die Macht des Klerus. Egoismus und Intoleranz triumphieren gleichermaßen über Verständnis und Menschenliebe, Totes und Anonymes über die lebendige Persönlichkeit. In der zentralen Frauengestalt verkörpert sich die Überlegenheit weiblicher Humanität.

Adel und Klerus erschienen Storm als das »Gift in den Adern der Nation«[10]. Erst vor dem Hintergrund solcher Auffassung treten die negativen Entwicklungen eines Bürgertums deutlich hervor, das sich für die zunächst politisch versagte Macht mit der wirtschaftlichen entschädigte und dabei ebenso wie der Adel sein menschliches Gesicht verlor. Im ›Schimmelreiter‹ (1888), seiner letzten vollendeten Novelle, entstanden im chauvinistischen Klima des wilhelminischen Deutschland nach der Reichsgründung von 1871, stellt Storm in letzter Konsequenz mit dem Deichgrafen den bürgerlichen Machtmenschen in den Mittelpunkt, der sich zum Führer berufen glaubt. Sein kompromißloses Geltungsstreben verdrängt jedes Gemeinschaftsgefühl. Im gespenstischen Wiedergänger gewinnt das Schreckensbild einer heillosen Ich-Obsession Konturen.

Der neue Deich ist nicht für die Menschen, sondern für den persönlichen Ruhm erbaut. In ihm verewigt sich der Machtanspruch noch über den Tod hinaus. ›Der Schimmelreiter‹ bildet den folgerichtigen Abschluß eines Novellenwerks, das den Menschen im Sog der von ihm heraufbeschworenen Macht zeigt, die ihn nun selbst beherrscht. Nur selten gestaltete Storm einen versöhnlichen Ausgang. Aber gerade in der ›Regentrude‹ und im ›Spiegel des Cyprianus‹ wie in den Novellen ›Beim Vetter Christian‹ und ›Die Söhne des Senators‹ wird im überhöhten poetischen Gegenbild deutlich, was die reale Bürgerwelt entbehrt. Die Novelle wird im bürgerlichen Zeitalter zum Spiegel politischer und ökonomischer Krisen und darüber hinaus zur Andeutung einer jederzeit möglichen humanen Wende.

III. Gottfried Keller (1819–1890)

Es ist wohl nicht zufällig, daß Storm unter den Novellen Kellers, mit dem er in regem Briefwechsel stand, gerade ›Romeo und Julia auf dem Dorfe‹ besonders schätzte. Gewinnt hier doch, was sonst selten im Werk des Schweizers ist, die tragische Novelle Gestalt, wie sie bei Storm ihre gültige Ausformung erfuhr. Auch in der 1856 im ersten Teil der Sammlung ›Die Leute von Seldwyla‹[11] erschienenen Novelle scheitert die Liebe an der Borniertheit der Gesellschaft, hier an der Raffgier und Unversöhnlichkeit der Väter. In der Aktualisierung des besonders durch den Novellino und durch Shakespeare bekannten Motivs der herkunftsbedingten Liebeskonflikts spiegelt sich die Beschränktheit einer Gesellschaft, für die repräsentativ der fiktive, aber durchaus realistisch gezeichnete Ort Seldwyla steht. Mit tödlicher Folgerichtigkeit mündet die wechselseitige widerrechtliche Aneignung eines Stücks Acker in einen zermürbenden Rechtsstreit, der, von Eigensinn und Trotz geprägt, nicht nur das Leben der Väter zerstört, sondern auch das Glück Vrenchens und Salis, der Kinder. Eine Gesellschaft aber, die der Liebe der Jungen keine Chance gibt, richtet sich selbst zugrunde.

Konsequent abwärts geneigt ist der novellistische Prozeß von der

Verstümmelung der Puppe am Anfang bis hin zur abschließenden, dem Tod entgegentreibenden Schiffsfahrt. Das steuerlos sich flußabwärts bewegende Schiff ist Sinnbild des sich verselbständigenden Ereignisses, eines Vorgangs, der sich menschlichem Eingreifen offenbar entzieht. Das Ziel ist nicht die persönliche Erhöhung in der Liebe, sondern Untergang und Tod. Wie wohl in keiner seiner anderen Novellen pointiert Keller hier die selbstverschuldete Tragik der bürgerlichen Gesellschaft, die ihre Kinder zu unschuldigen Opfern macht, wehrlos und ohne Chance, sich aufzubäumen gegen den Widersinn einer lieblosen Welt.

Borniertet Eigensinn und seine Folgen für das menschliche Zusammenleben bilden ein zentrales Thema in den Novellen Kellers. Dominierend ist dabei aber weniger die tragische als die didaktische bzw. satirische Darstellungsweise. ›Pankraz der Schmoller‹, leitet ›Die Leute von Seldwyla‹ ein und setzt zugleich Maßstäbe, an denen menschliches Verhalten zu messen ist. Pankraz, zunächst ein stets unzufriedener Nichtstuer, erfährt draußen vor exotischer Kulisse die Gefährdung des Menschen in Gestalt einer eitlen, nur in sich selbst verliebten Frau und in der unmittelbaren Bedrohung durch einen Löwen. In dem Maße, wie ihm das raubtierhaft Verschlingende der Welt aufgeht, erkennt er, daß seine eigentliche Aufgabe in seiner eigenen bürgerlichen Welt liegt. Nach seiner Rückkehr verläßt er Seldwyla und findet in der Hauptstadt des Kantons Gelegenheit, »ein dem Lande nützlicher Mann zu sein und zu bleiben«[12]. Die didaktische Tendenz ist unverkennbar. Während die persönliche Läuterung zum Gemeinsinn jedoch nur allgemein angedeutet wird, steht die von Pankraz selbst erzählte Geschichte seiner Irrwege im Mittelpunkt. Zentrales novellistisches Thema, ebenso detailliert wie sinnbildlich entfaltet, ist die Gefährdung des einzelnen durch ein übersteigertes Selbstwertgefühl, das ihm selbst zum Verhängnis zu werden droht. Der Hinweis auf seine Bekehrung formuliert in lehrhafter Absicht die Rezeptionsrichtung.

In ›Frau Regel Amrain und ihr Jüngster‹ nimmt das Erzieherische einen großen Teil der Novelle selbst ein und bringt den Erzählprozeß über weite Strecken zum Erliegen. Frau Amrain, von ihrem Mann, einem typischen großsprecherischen Seldwyler verlassen, übernimmt die Verantwortung für die Familie, insbesondere für den kleinen Fritz, den sie im Sinne einer soliden, gemeinschaftsbewußten Bürgerlichkeit zu erziehen versucht.

Satirisch gewendet erscheint das Thema dann in der Novelle ›Die drei gerechten Kammacher‹, in der die drei Gesellen, der Sachse Jobst, der Bayer Fridolin und der Schwabe Dietrich, kein anderes Ziel kennen, als arbeitsam und sparsam ihr Leben zu verbringen mit dem Blick auf die freiwerdende Meisterstelle. Selbst ihr gemeinsames Werben um die über ein beachtliches väterliches Erbteil verfügende Züs ist ausschließlich von wirtschaftlichen Wünschen geleitet. Nach der Heirat von Dietrich und Züs erhängt sich Fridolin, und Jobst erträmkt sein Unglück im Alkohol, während Dietrich unter den Pantoffel gerät. Seldwyla entpuppt sich einmal mehr als Spießernest, in dem das Geld und das Ansehen, das es verleiht, sowie Geschäftigkeit und knauseriges Wesen jede echte Lebensfreude und den Genuß, wahre Leidenschaft und Liebe verdrängen. Spießige Beschränktheit verwickelt ihre Urheber in ein freudloses Dasein, über das der Satiriker den Stab bricht. Die Novelle wird zur Fallstudie der verkehrten Welt, die es im Leseprozeß zu bewerten gilt nach der Norm unverstellter Humanität.

Mit einem satirischen Kabinettstück klingt der erste Teil der ›Leute von Seldwyla‹ aus. ›Spiegel, das Kätzchen‹, als Kunstmärchen getarnt, ist eine bissige Abrechnung mit der Verlogenheit und der Scheinhaftigkeit der Seldwyler. Medium der Satire ist der Kater. Im »Spiegel« seines Bewußtseins wird die Häßlichkeit der Menschen offensichtlich. Nachdem er in äußerster Not sich selbst für ein kurzfristiges sorgenfreies Leben an den Stadthexenmeister verkauft hat, gelingt es ihm kurz vor Ablauf der Frist, diesen durch die Aussicht auf einen fabulierten Geldschatz zu überlisten. Bedingungen für die Hebung des Schatzes sei die aufrichtige Liebe zu einer schönen, unbemittelten Frau, die in der Nachbarin gefunden zu sein scheint. Doch die bescheidene, saubere Fassade ihres Hauses täuscht über das Geschehen auf der verwahrlosten Rückseite hinweg, wo die Frau regelmäßig um Mitternacht als Hexe durch den Schornstein fährt. Die Verbindung des Hexenmeisters mit der Hexe, in arglistiger Täuschung betrieben, bildet den Höhepunkt satirischer Perversion. Der geldgierige Egoist landet in den Fängen der machtlüsternen Hexe. Das Glücksmärchen um einen angeblichen Schatz verkehrt sich in eine satirische Parabel von den verlogenen Maskeraden einer korrupten Welt, in der die Betrüger am Ende die Betrogenen sind.

Nach der didaktischen Eröffnung und der tragischen Zuspitzung steht am Ende die radikale satirische Verkehrung von Gemeinschaftsgefühl und Humanität. Menschlich im eigentlichen Sinn ist am Ende nur der Kater. Mit den borniertten, spießigen und eigennützigen Seldwylern ist kein Staat zu machen. Nicht zufällig bewährt sich Pankraz außerhalb des Ortes heilloser Verwicklungen. Nicht die Tragödie kommt den Seldwylern in erster Linie zu, sondern die Satire, nicht die Trauer, sondern das schadenfrohe Gelächter. Die in der einleitenden Novelle noch zumindest angedeutete sittliche Norm ist am Ende ganz und gar der satirischen Szene gewichen. In seiner kritischen Schärfe erreicht Keller gerade hier das Niveau von Cervantes-Novellen wie ›Die betrügliche Heirat‹ oder ›Gespräch zwischen Cipion und Berganza‹. Ähnlich wie in diesen verbergen sich in Kellers Stücken im Gegenbild nützliche Beispiele für eine humane Lebensführung.[13]

Der zweite Teil der ›Leute von Seldwyla‹ (1873/74) ist strukturell weniger konsequent. Eine beißende Satire gelingt noch einmal mit ›Der Schmied seines Glückes‹. Der Seldwyler Johann Kabis versucht sein Glück bei dem alten Litumlei in Augsburg, der bereits zum drittenmal kinderlos verheiratet ist und nun Johann zu adoptieren gedenkt. Nach einem Schäferstündchen mit Litumleis junger Frau wird er auf eine Bildungsreise geschickt. Zurückgekehrt, findet er ein Neugeborenes vor, das seine Hoffnungen auf ein reiches Erbe zunichte macht. Auf seinen Hinweis, daß das Kind nicht von dem alten Mann stammen könne, wird er hinausgeworfen. Ihm, der davon überzeugt war, daß jeder seines Glückes Schmied sei, bleibt nur noch die Gründung einer Nagelschmiede in Seldwyla, wohin er in der Tat gehört. Leichtsinn und Gedankenlosigkeit aus moralischer Indifferenz, in diesem Sinn ein echter Seldwyler, haben den Glücksritter um den schon sicher geglaubten Erfolg gebracht, indem er sich in seinem eigenen unreflektierten Verhalten verfängt. Dort, wo allein sinnvolle Arbeit zum Ziel führen kann, vertraut er blind einem Glück, das ihm nur Nieten zuspielt. Für die fatale Wende in seinem Leben ist aber weder Fortuna noch irgendein böses Geschick verantwortlich, sondern der, der sich dem Fatalismus des Glücks aus fehlendem persönlichen Einsatzwillen anvertraut.

Neben dieser eindeutig satirischen Novelle variieren die anderen Stücke des zweiten Teils das novellistische Erzählmuster von drohendem Scheitern und der angedeuteten Wende zu einem möglichen Gelingen, wobei allerdings jeweils der endgültige Erfolg zweifelhaft bleibt, zumindest aber nicht näher ausgeführt wird. Ähnlich wie die Novelle ›Der Schmied seines Glückes‹ geht die Novelle ›Kleider machen Leute‹ von einem Sprichwort aus. Während dort jedoch das Sprichwort durchaus eine tiefere Wahrheit enthält, indem es auf die individuelle Tüchtigkeit verweist, die ironischerweise allerdings ausbleibt, hebt hier das Sprichwort den Vorrang des Scheins vor dem Sein, der Lüge vor der Wahrheit hervor. In der Tat verhält sich der Schneider Wenzel Strapinski in seinem vornehmen Mantel ganz im Sinne des Sprichworts. Zwar sind es die anderen, die Seldwyler, die vom blendenden Äußeren auf den persönlichen Rang schließen, Strapinski aber ist es, der die angetragene falsche Identität schweigend akzeptiert und sich in ihr sonnt. Vorgeführt, für den Leser von vornherein durchschaubar, wird die Parodie eines romantischen Lebensentwurfs, der aus nichts als aus Täuschung und Einbildung, aus purer Fiktion besteht. Die Goldacher sind es, die in einem turbulenten Maskenspiel schließlich die Scheinexistenz ihres Landmanns entlarven. Damit ist der Versuch, Leben auf bloßen Schein zu gründen, gescheitert, und die Seldwyler, die Urheber wie die Opfer der Scheinexistenz, sind die eigentlich Blamierten. Die Liebe Nettchens aber rettet den Schneider vor einem tragischen Ende und eröffnet ihm glänzende Perspektiven als erfolgreicher Tuchherr. Wie Pankraz kehrt Wenzel am Ende Seldwyla den Rücken und etabliert sich in Goldach. Anders als jener aber, von dem es ausdrücklich heißt, daß er dem Lande ein nützlicher Mann war, ist Wenzel ausschließlich mit dem eigenen Geschäft und seiner Familie befaßt. Der erfolgreiche Marchant-Tailleur, bescheiden, sparsam und fleißig, rund und stattlich bei steigendem Vermögen und Jahr für Jahr sich vermehrender Kinderzahl, zeigt in seiner selbstgenügsamen Saturiertheit unverkennbar die Züge des reüssierenden Spießers. An die Stelle des imaginativen ist der ökonomische Lebensentwurf getreten, an die Stelle des Scheins das

Geld, ohne daß sich ein übergreifendes Gemeinschaftsgefühl wie bei Pankraz regt. Wenzel hat es mit Hilfe seiner Frau im zweiten Anlauf geschafft, etwas zu gelten. Das Ziel, das eigene Geltungsbedürfnis zu befriedigen, ist das gleiche geblieben. Nur der Weg hat sich geändert.

In ›Dietegen‹, der einzigen unter den Seldwyler Novellen vor historischer Kulisse, spitzt sich das Geschehen zweimal tragisch zu, um dann jedoch jedesmal wieder in eine Lösung auszulaufen. Die im 15. Jahrhundert spielende Handlung führt zunächst den streitsüchtigen Ruechensteiner Dietegen vor, der, wegen eines Diebstahls gehängt, glücklich überlebt und von der Seldwylerin Küngolt aufgenommen wird. In einem zweiten Handlungsteil ist es Küngolt, die in spielerischem Leichtsinn einige Ruechensteiner durch einen Liebestrank toll macht und die, nachdem es einen Toten gegeben hat, selbst mit dem Leben für ihren Leichtsinn bezahlen soll. Diesmal aber wird sie von Dietegen gerettet, indem er erklärt, sie heiraten zu wollen. Beide, Dietegen wie Küngolt, begegnen sich auf dem tiefsten Punkt ihres Lebens im Armsünderhemd, Verweis auf die Schuldverstrickung und Gefährdung des einzelnen, solange er nur sich selbst durchzusetzen versucht bzw. sein Spiel mit den anderen treibt. Die Heirat setzt der drohenden tragischen Entwicklung ein vorläufig gutes Ende, vorläufig, weil sich Dietegen im weiteren als Söldner fortwährend in kriegerische Auseinandersetzungen verwickelt, die ihn schließlich fern der Heimat das Leben kosten. Auch Küngolt kommt beim Besuch des Grabes um. Am Ende scheint die angedeutete Lösung eigentümlich relativiert, indem sich die Betroffenen selbst um die Früchte von Anteilnahme und Liebe gebracht haben.

Wie in ›Kleider machen Leute‹ verweigert Keller einen zufriedenstellenden Schluß. Dominierte im ersten Teil der ›Leute von Seldwyla‹ die satirische Verkehrung von Humanität, so im zweiten Teil die Relativierung sich anbahnender humaner Lösungen. Beherrschend bleibt die Skepsis des Novellisten Keller, der in Seldwyla ein realistisches Modell menschlicher Existenz in der Perspektive des wirklichen wie stets möglichen Scheiterns entwirft. Die positive Wende der einleitenden Pankraz-Novelle bleibt ein uneingelöstes, ironisch eingeschränktes Versprechen.

Eine Sonderstellung nehmen die 1872 erschienenen ›Sieben Legenden‹ ein. Durch pointierte Kontrafakturen der ›Legenden‹ (1804) des protestantischen Pfarrers Kosegarten im Sinne der Physisches und Psychisches vereinenden Philosophie Feuerbachs entwickelt sich durch die Verschiebung der ursprünglich geistlichen Aussage ein Bekenntnis zur Sinnlichkeit. Novellistisch ist jeweils die unerhörte Begebenheit, die die Wende einleitet, vor allem aber die Überzeugung, daß der Mensch nicht auf Dauer gegen seine sinnliche Bestimmung zu handeln vermag, indem er sich dem Irdischen entzieht. Aus der sinnlichen Kontrafaktur der geistlichen Aussageform entstehen novellistische Miniaturen im Stil der oft schwankhaft erotischen Renaissancenovelle. In ›Eugenia‹ weigert sich die Frau, sich zu ihrer Weiblichkeit zu bekennen, um ganz dem Geistigen leben zu können. Als Mann getarnt, stiftet sie als Abt in einem Kloster heillose Verwirrungen, die schließlich nur dadurch gelöst werden können, daß sie sich dem Mann entdeckt, den sie insgeheim liebt und der ihre weibliche Identität ironisch in Frage stellt. Was mit der Hinwendung zum Himmlischen begann, endet mit der Hingabe an das Irdische.

In ›Die Jungfrau und der Teufel‹ kämpft der dämonisch schöne Teufel mit der Jungfrau Maria um den Besitz einer Frau. Vereinsamt und sehnsüchtig nach der verlorenen himmlischen Liebe vermag ihn allein die irdische Liebesseligkeit an jene zu erinnern. Zwar gelingt es Maria, den Teufel zum Verzicht zu zwingen, besiegen aber kann sie ihn nicht. Anders als Kosegarten bekennt sich Keller zur Liebe, die nur in sinnenhafter Erfüllung eine Ahnung des verlorenen Paradieses aufsteigen lassen kann.

In diesem Sinne erfährt auch der Mönch in der Legendenkontrafaktur ›Der schlimm-heilige Vitalis‹, der es unternimmt, Huren zu bekehren, in der unerhörten Begebenheit seine eigene Bekehrung durch die faszinierende Jole. Als Dirne verkleidet, macht sie ihm deutlich, daß in der wahren Geschlechterliebe Sinnlichkeit und Sittlichkeit untrennbar verbunden sind. Jenseits vom frommen Selbstbetrug im asketischen Dienst des nur Geistlichen und jenseits von bloß tierischer Sinnlichkeit geht Vitalis das Irdische als der einzige Weg zur Erfahrung des Göttlichen auf. Novellistisch wie auch in den übrigen Stücken (›Die Jungfrau und der Ritter‹, ›Die Jungfrau und die Nonne‹, ›Dorotheas Blumenkörbchen‹, ›Das Tanzlegendchen‹) ist es die Bindung des Menschen an seine irdisch-sinnliche Bestimmung, aus der ihm allein Erfüllung zuwachsen kann. Kellers ›Sieben Legenden‹ repräsentieren im Anschluß an die Realisierung des Genres in der Renaissance den Typus der Erfüllungsnovelle[14], die das novellistische Fatum als Bestimmung zum einzig möglichen Glück begreift.

Mit den ›Züricher Novellen‹ aus dem Jahr 1878 wendet sich Keller einem konkreten gesellschaftlich-geschichtlichen Lebensraum zu. Im Unterschied zum fiktiven Seldwyla mit seinen tragischen und satirischen Aspekten bildet die freie Stadt Zürich den authentischen Hintergrund für nachahmenswertes bürgerliches Verhalten. Durchgehend ist die markante didaktische Tendenz, akzentuiert durch die Rahmenhandlung, in der der junge Herr Jacques das Fehlen von Originalen und ursprünglichen Menschen beklagt. Gegen die Reminiszenz des klassisch-romantischen Individuums stellt der Pate das sozial integrierte Menschenbild.

In ›Hadlaub‹ erzählt er die Geschichte des gelehrten Bauernsohns, der für den Burgherrn Rüdiger von Manesse die überlieferten Minnelieder aufzeichnet und illuminiert und schließlich selbst Minnelieder verfaßt, gerichtet an Fides, die uneheliche Tochter des Konstanzer Bischofs. Als Hadlaub nach der begeisterten Aufnahme der Liederhandschrift Fides über das konventionelle Minnespiel hinaus wirklich heiraten will, stößt er auf den Widerstand des standesbewußten Adels. Erst der Erwerb eines Hauses in Zürich erlaubt es Hadlaub als nunmehr freiem Bürger, mit der Tochter aus dem Kreis des freien Adels die Ehe einzugehen. Hadlaub verkörpert den Novellenhelden in beispielhafter Weise. Nicht durch originelle Individuation, sondern durch Integration in die kulturelle Überlieferung formt sich seine Persönlichkeit. Erst das selbstverständliche Sich-Einfügen in das, was Menschen geschaffen haben, bringt das Menschliche zur Geltung, das sich in Hadlaub letztlich in der Überwindung der Standesgrenzen verwirklicht und eine freie bürgerliche Zukunft begründet.

Erzählt ›Hadlaub‹ von der Bestimmung des Menschen durch Geschichte und Tradition, so ›Der Landvogt von Greifensee‹ von dem persönlich bestimmenden Einfluß menschlicher Beziehungen. Jacques erhält den Auftrag, die vom Paten in schwer lesbarer Handschrift niedergeschriebene Erzählung sorgfältig abzuschreiben. Den Inhalt bilden fünf Liebesgeschichten, die alle unerfüllt enden. Im Rahmen bittet der Obrist Salomon Landolt nach vielen Jahren seine »Schätze« von einst zu sich und läßt die Vergangenheit noch einmal lebendig werden. Den beherrschenden Raum nimmt Figura Leu ein, die einzige wirklich ernsthaft geliebte Frau, die wie Landolt ledig geblieben ist, nachdem sie wegen einer erblichen Belastung in ihrer Familie seine Werbung ausgeschlagen hatte. Doch das Scheitern ihrer Liebe zerbricht sie nicht, sondern läßt beide in der gemeinsamen Entsagung angesichts des Unabwendbaren reifen. Auch hier verwirklicht sich echte Humanität jenseits individueller Selbstbestimmung in der Zuwendung zum andern, der selbst noch im auferlegten Verzicht für das eigene Leben bestimmend bleibt.

Zur Geschichte und zum Mitmenschen, die beide den einzelnen entscheidend formen, tritt im ›Fähnlein der sieben Aufrechten‹ die Gesellschaft, repräsentiert durch das freie eidgenössische Gemeinwesen nach der Bundesverfassung von 1848. Kunstvoll verknüpft sind Öffentliches und Privates. Die Inschrift »Freundschaft in der Freiheit« auf der Fahne anläßlich des Freischießens soll offenbar nur im Rahmen der Gesellschaft selbst gelten, denn als Karl, der Sohn des armen Schneidermeisters Hediger, Hermine, der Tochter des reichen Zimmermanns Frymann, nachstellt, lehnen es beide Väter ab, Freundschaft auf Grund gleicher politischer Gesinnung und Familie zu verquicken. Doch am Ende erweisen sich die Liebe der jungen Leute und die Tüchtigkeit Karls als stärker. Das politische Gemeinwesen ist kein abstraktes Gebilde, sondern eine lebendige Gemeinschaft konkreter Menschen. Freundschaft in der Freiheit umfaßt auch die Liebe, die am privaten Egoismus nicht scheitern darf, wenn sich echtes Gemeinschaftsgefühl entfalten soll.

Die Bindung des einzelnen an das von allen mitgeschaffene und gebilligte Ethos ist verpflichtend. Auch wenn die Geschichte vom ›Fähnlein der sieben Aufrechten‹ aus dem Rahmen formal herausfällt, so bleibt sie doch inhaltlich mit der Erörterung sogenannten originalen Menschentums verbunden. Auch hier nutzt Keller die Novelle in bewußter Absetzung von romanhafter Subjektivität als Aussageweise der Unterordnung des Individuums unter seine kollektiven Daseinsbedingungen, die jedoch stets menschlichen Ursprungs sind. Mit der didaktischen Darbietungsweise knüpft er an die Pankraz-Novelle an. Dort wie hier handelt es sich um novellistische Entwürfe menschlichen Gelingens unter der Voraussetzung, daß der einzelne sich einfügt in das bestimmende Ganze.

›Das Sinngedicht‹, Kellers letztes, 1881 erschienenes Novellenwerk, geht aus von einem Epigramm Logaus:

> Wie willst du weiße Lilien zu roten Rosen machen?
> Küß eine weiße Galathee: sie wird errötend lachen.[15]

Das Werk ist als Rahmennovelle angelegt, in die kleinere und größere Geschichten eingefügt sind, die jeweils auf das zentrale Rahmenthema zurückverweisen. Der Naturforscher Reinhart bricht aus seiner wissenschaftlichen Isolation aus, um die Wahrheit des Sinnspruchs im wirklichen Leben zu erfahren. In der Zöllnerstochter, die ihn küßt, ohne zu erröten, und in der Pfarrerstochter, der er einen Kuß stiehlt, ohne daß sie lacht, erlebt er die Problematik leichtfertiger Sinnlichkeit und prüder Sittlichkeit. Eine Lösung bahnt sich in der Begegnung mit Lucia, einer jungen, selbstbewußten Frau, an. Auf ihrem Landgut erzählt man sich Geschichten, in denen es um den tragischen Untergang einer unverbildeten Frau geht, die am falschen Bildungsanspruch ihres Mannes scheitert (›Regine‹), um den Widerspruch von bloßer Sexualität und liebender Hingabe (›Don Correa‹) und um ein Liebespfand, das zur Trophäe verkommt (›Die Berlocken‹). Alle Geschichten weisen auf falsches Lieben hin und damit auf Reinhart selbst, der die Liebe zu einer Art Experiment macht, in dem der Frau die Rolle des Versuchsobjekts zufällt.

Ein Wandel in dem ins Nachdenken geratenen Reinhart vollzieht sich, als er zusammen mit Lucia dem Schuster zuhört, der Goethes Lied ›Mit einem gemalten Bande‹[16] singt. Fasziniert von dem unverstellt innigen Liebesbekenntnis, gipfelnd in der Zeile »Und das Band, das uns verbindet, sei kein schwaches Rosenband«, küssen sich Lucia und Reinhart. Der witzig pointierte Sinnspruch scheint aufgehoben in der emotionalen Intensität des lyrischen Gedichts. Liebe erfüllt sich erst dort, wo beide zur Hingabe reif werden. Nur der Hingebende hört auf, den anderen zum Objekt zu machen und erlebt die Erlösung von der eigenen Ich-Befangenheit als das wahre Glück. In der Überwindung des absoluten Ichs in der Liebe gründet Kellers Rahmennovelle, die die italienische novella entscheidend vertieft.

Unter den Novellisten des poetischen Realismus zeigt Keller die zweifellos größte Spannweite. Sie reicht von der tragischen, satirischen und skeptisch relativierenden Novelle bis zur didaktischen Realisierung des Genres, einer Domäne Kellers, in der seine Grundhaltung wohl am überzeugendsten zum Ausdruck kommt. »Was ewig gleich bleiben muß, ist das Bestreben nach Humanität.«

IV. Conrad Ferdinand Meyer (1825 – 1898)

Steht bei Keller die Gemeinschaft als Ziel des Menschen im Zentrum, das der bornierte einzelne indes häufig verfehlt, so liegt in Conrad Ferdinand Meyers Novellen das Schwergewicht auf dem einzelnen selbst, der, von seinen eigenen Zielen vorangetrieben, Konflikte, Krisen und Katastrophen heraufbeschwört. Den Sonderlingen und Spießern im bürgerlichen Alltag bei Keller stehen bei Meyer herausgehobene Persönlichkeiten in geschichtlichen Zusammenhängen gegenüber. Ist bei Keller die Integration des Menschen in die Gemeinschaft prinzipiell möglich, so scheint der von seinem Eigenwillen beherrschte Mensch bei Meyer eine soziale Integration stets neu in Frage zu stellen. Keller wie Meyer sehen in der bürgerlichen Gesellschaft auf der Grundlage aktiver Humanität das vor allem anstrebenswerte Ziel. In solchem Primat des Ganzen vor dem Einzelnen sind sie echte Novellisten. Während Keller aber die Möglichkeit von Humanität in aller Regel für realisierbar hält, problematisiert das abgründige Menschenbild Meyers eine fruchtbare Synthese von Individuum und Kollektiv. Nur die Einsicht in die eigene Schwäche vermag letztlich humane Perspektiven zu öffnen. Meyers Vorliebe für die Renaissance als Handlungshintergrund erklärt sich vor allem aus der kritischen Auseinandersetzung mit dem übersteigerten Selbstbild des Menschen in dieser Epoche. Immer wieder zeigen die Novellen den einzelnen, überwältigt von unkontrollierten Affekten und zerstörerischen Leidenschaften, aber auch von seinen Schwächen und seiner Ohnmacht.

›Das Amulett‹[17], Meyers erste 1873 erschienene Novelle, enthält bereits die wesentlichen Züge der späteren Gattungsausprägungen. Auffällig ist die Neigung zur Rahmennovelle, die das Geschehen auf Distanz rückt und das Vergangene dem kritischen Urteil des aktuellen Lesers anheimstellt. Im ›Amulett‹ öffnet sich gleich ein zweifacher Rahmen. Nach dem knappen Hinweis auf den Erzähler, der vorgibt, die auf vergilbten Blättern überlieferte Geschichte aus dem 17. Jahrhundert in die Sprache der Gegenwart zu übersetzen, erhält durchgehend der fiktive Ich-Erzähler das Wort. Seine Erinnerung führt zurück ins Frankreich des 16. Jahrhunderts, genauer in die Phase, in die die sogenannte Bartholomäusnacht, die Nacht zum 24. August 1572, fiel. Während sich der Binnenrahmen schließt, bleibt der äußere Erzählerrahmen offen, eine Aufforderung an den Leser, selbst nach einem sinnvollen Schluß zu suchen.

Problematisch und Widerspruch provozierend ist von vornherein die Unwandelbarkeit des Ich-Erzählers Schadau, gespiegelt in der Geschlossenheit des inneren Rahmens. Auch noch nach zwanzig Jahren sieht er keinen Anlaß, sein Verhalten von damals in Zweifel zu ziehen. In Schadau begegnet dem Leser der borniert einzelne, der sich auch dann noch im Recht glaubt, wenn um ihn herum die Folgen von Engstirnigkeit und starren Haltungen eine ebenso klare wie furchtbare Sprache sprechen. Bereits seine Jugend ist geprägt von der Prädestinationslehre Calvins, die dem Menschen keine Chance läßt, die seine guten wie seine bösen Entscheidungen und Taten entwertet. Obwohl ihm in dem Katholiken Boccard, der ihn, den Hugenotten, mit einem Amulett der Maria von Einsiedeln schützt und am Ende sein Leben für ihn opfert, in dem alten Rat Chatillon und in seiner Frau Gasparde sowie in dem hugenottischen Admiral Coligny Menschen von tolerantem, versöhnlich ausgleichendem Wesen begegnen, verharrt er selbstgerecht in dem, was er für die einzig richtige Lehre hält. Selbst die Fanatiker vermögen in ihm keine Selbstkritik auszulösen. Schadau, wenn auch selbst mehr eine Randfigur, verkörpert die Verhärtung und Unduldsamkeit schlechthin, an denen der versöhnliche Geist der Humanität stets neu zu scheitern droht. Weder der katholische Hetzpriester, der die Ausrottung der Andersgläubigen predigt, noch die von Haß, Wut und Angst verzerrten Gesichter der Mächtigen, unter ihnen der König und die Königinmutter Katharina von Medici, die eigentliche Drahtzieherin, können ihn zur Einsicht in die menschliche Verantwortung führen. Gerade die konsequent gestaltete Ich-Erzählsituation aber hebt die Verblendung des Ich-Erzählers hervor.

Dogmatische und affektive Verhärtungen beschwören zwangsläufig geschichtliche Katastrophen wie die Bartholomäusnacht herauf, in denen die Gebote der Menschlichkeit in der Gewalt ersticken. Hinter den Katastrophen aber, dies macht Meyers Novelle deutlich, steht der einzelne, beherrscht von seinem Eigensinn und seinen Affekten. Erst seine Selbstbefreiung wäre imstande, einer humanen Gesellschaft und einer humanen Geschichte den Weg zu bahnen. Meyers eigene Einstellung scheint jedoch eher skeptisch, wenn auch der offene Schluß dem Leser Raum für eigene Überlegungen gibt. Die Wirklichkeit ist in den Händen der Mächtigen beherrscht von dem Drang, allen den eigenen Willen aufzuzwingen.

In diesem Sinne ist auch ›Der Schuß von der Kanzel‹ (1877) kaum als komisch zu bezeichnen. Mit dem spöttischen, im Grunde areligiösen General Wertmüller wird eine Persönlichkeit beschrieben, die die gesellschaftliche Wirklichkeit nicht nur beherrscht, sondern selbst Wirklichkeit schafft. Er ist es, der die Fäden in Händen hält und den anderen ihre Rollen zuweist, indem er ihre Schwächen ausnutzt. Mit einem Taschenspielertrick gelingt es ihm, seinen Vetter zum Verzicht auf die Pfarrstelle zu bewegen, dessen Tochter mit dem Kandidaten Pfannenstiel zu verbinden und letzteren zum neuen Pfarrer zu machen. Zentrales Dingsymbol ist eine wertvolle Pistole, die dem geistlichen Vetter, der für sein Leben gern jagt und schießt, kurz vor der Predigt zugespielt wird. Um ihn sicher zu machen, reicht Wertmüller ihm zunächst eine schwer auslösbare Waffe, die er dann geschickt mit einer einwandfreien vertauscht. Der Vetter, in der Gewißheit des schwergängigen Mechanismus, spielt während der Predigt mit der Pistole und löst zum Entsetzen der Gemeinde einen Schuß aus. Das inszenierte Manöver führt zum Erfolg, nachdem der General seinen Vetter zum Verwalter der eigenen Jagdgründe eingesetzt und die aufgebrachte

Gemeinde durch eine beachtliche testamentarische Zuwendung beschwichtigt hat.

Das unerhörte Ereignis aber, so ordnet der General an, sei »zu den ungeschehenen Dingen ⟨zu⟩ verstoßen«[18]. Die Wirklichkeit entpuppt sich als Spielkonzept des Regisseurs. Nicht das Geschehene ist wirklich, sondern die dramaturgische Idee. Geschichte erscheint als manipulierte Realität, die die realen Antinomien von schießwütigem Jäger und geistlichem Verkünder, von Schuß und Kanzel, von Friedensbotschaft und Gewalt zudeckt. Die Novelle aber hält das unerhört sich Ereignende fest und meldet Zweifel an der Verflüchtigung des Wirklichen durch die bloße Spielidee an. Versteckt, aber bei näherer Betrachtung unübersehbar ist die Kritik des Realisten Meyer an allen fiktiven und ideellen Interpretationen einer Wirklichkeit, in der Wort und Tat auseinanderklaffen, in der die Mächtigen handeln und imstande sind, ihre Handlungen zu verschleiern. Der scheinbar allmächtige Regisseur ist auch hier nur der von sich selbst besessene, unfreie einzelne, dem ein dunkles, unheimliches Ende Grenzen setzt. Der Tod holt den Wirklichkeitsspieler ein. Das Lebensspiel mündet in den Ernstfall des Sterbens. Was bleibt, ist der novellistisch vermittelte Einblick in eine Welt, in der die böse Tat das gute Wort aushöhlt, in der die evangelische Botschaft zur Phrase verkommt, weil die Verführung zum Schießen scheinbar unwiderstehlich ist.

»⟨...⟩ es gibt Augenblicke, da mir gleichermaßen graut vor dem, was die Menschen sind, und vor dem, was sie sich zu sein einbilden!«[19] Der Ausspruch Thomas Beckets in Meyers 1879 erschienener Novelle ›Der Heilige‹, die zu seinen bedeutendsten zählt, umreißt und pointiert sein novellistisches Programm. An der Hauptgestalt wird die Aussage einmal mehr zur erschütternden Wahrheit. Erzählt wird die Handlung als Rückblende von Hans dem Armbruster anläßlich des Fests des neuen Heiligen Thomas von Canterbury in Zürich im Dezember 1191, 21 Jahre nach der Ermordung des Primas von England und 18 Jahre nach dessen Heiligsprechung. Der Erzähler, einst nach Granada verschlagen, wo er das Märchen vom Prinzen Mondschein hörte, hinter dem sich niemand anders als Thomas Becket, Sohn einer Sarazenin und eines sächsischen Pilgers, verbirgt, dem er dann persönlich in England als Kanzler Heinrichs II. begegnete, ist wie kein anderer legitimiert, von der umstrittenen Persönlichkeit Zeugnis abzulegen. Zugleich aber bedeutet die Perspektive des durchaus aufrichtigen, jedoch geistig schlichten Armbruster ein durchgehendes Understatement, das die leidenschaftlich bewegte Handlung objektiviert und die Grundlage schafft für ein distanziertes Urteil.

Im Märchen tritt Thomas als geschickter und zugleich humaner Politiker auf, der das Reich des Kalifen ohne Gewalt erweitert und festigt. Doch als der Kalif ihm die Köpfe der Verschwörer schickt, verläßt er Granada nach dem Tode seiner Frau mit seiner einzigen Tochter Grace. Noch bevor Thomas persönlich auftritt, wird er als sanfter, friedliebender Mensch charakterisiert, erfüllt vom Geist versöhnlicher Humanität. Doch das Gewesene scheint in eine kaum noch faßbare Vergangenheit entrückt, verfremdet zum Märchen von einer gewaltfreien Zeit, die durch die blutige Gabe des Kalifen ein jähes Ende fand.

Am Hof des normannischen Königs Heinrich II. zum Kanzler avanciert, versucht Thomas erneut sein Programm einer humanen Politik durchzusetzen, indem er bemüht ist, Todesurteile und Hinrichtungen zu verhindern. Doch seine maurischen Erfahrungen und der politische Alltag haben ihn skeptisch werden lassen. Gerade aber diese Erfahrungen sind es, die sein Streben nach Humanität verstärken, ihn herausfordern, für die Würde des Menschen in einer schlimmen Welt einzutreten. Die brutale Wirklichkeit holt indes auch diesmal den Vertreter sanfter Menschlichkeit ein und unterwirft ihn einer Prüfung, an der er, unheilbar verletzt, zerbricht.

Der markante Wendepunkt des Geschehens fällt zusammen mit dem Tod von Beckets Tochter Grace, zu der der König in ihrem maurischen Schlößchen Zugang gefunden und die er zu seiner Mätresse gemacht hatte; sie wurde schließlich unglücklich getroffen, nachdem man versucht hatte, sie vor den Entführern zu schützen. Mit ihrem Tod scheinen Gnade und Gunst, Würde und Wohlwollen aus der Welt verschwunden, die das Mädchen mit dem sprechenden Namen sinnbildlich repräsentierte, wenn auch im wohlgehüteten Abseits von den Zentren der Macht. Aber selbst in solcher Abgeschiedenheit vermag das Gute am Ende nicht zu überleben. Die unerhörte Begebenheit leitet ein tragisches Geschehen ein. Unübersehbar mehren sich die Zeichen einer feindseligen Haltung Beckets dem König gegenüber. Als Erzbischof von Canterbury tritt er für die unterdrückten Sachsen ein und weigert sich, dem König die Kirche botmäßig zu machen. Doch was als konsequentes christliches Handeln erscheint, ist in Wahrheit der Beginn eines Rachefeldzugs gegen den, den Becket für die schlimme Wendung der Dinge verantwortlich macht.

Nach seiner Rückkehr aus der Verbannung verweigert Thomas dem König den Versöhnungskuß und tritt in den offenen Widerstand. Indem er am Altar durch die Totenrichter des Königs ermordet wird, erleidet er in der Nachfolge Christi den Märtyrertod, der jedoch für Thomas den Höhepunkt der Rache darstellt. Im Lebensopfer erfährt er den größten Triumph über den verhaßten Gegner, der sich zum Schluß, von seinem eigenen Sohn verlassen, am Grab von Thomas geißelt und in Verbitterung stirbt. Die Sanftmut und die Menschenliebe des Prinzen Mondschein haben sich in Haß und Rachsucht verkehrt. Dem Andrang brutaler Wirklichkeit vermag das Streben nach Humanität nicht standzuhalten. Meyers Novelle erzählt von der Ohnmacht der Versöhnlichkeit und des guten Willens in einer Welt, die selbst den gutwilligen einzelnen am Ende überwältigt, indem sie ihn dazu antreibt, auf erlittene Verletzungen seinerseits mit der Zufügung von Verletzungen zu antworten. Die Christusnachfolge, von Thomas selbst wiederholt sinnbildhaft betont, ist Tarnung des unbedingten Zerstörungswillens, der selbst das eigene Leben hinzugeben bereit ist, um zu vernichten. Der Novellentitel trifft im Grunde nur auf die weit zurückliegende märchenhafte Existenz des Prinzen Mondschein zu, die geschichtliche Wirklichkeit aber verschiebt ihn ins Ironische, da sie am Ende alles Heilige und Heile zerstört wie das Mädchen Grace, deren Tod den Untergang der Gnade bedeutet.

Ein ironisch pointiertes, weniger tragisches Gegenstück ist die Novelle ›Plautus im Nonnenkloster‹ (1882), die bereits 1881 unter dem Titel ›Das Brigittchen von Trogen‹ erschienen war. Der gealterte Humanist Poggio, aufgefordert, eine »Facezia inedita« im Stile seiner berühmten Facetien zum besten zu geben, erzählt die Geschichte von dem Handschriftenfund einer Plautus-Komödie in einem Nonnenkloster vor dem historischen Hintergrund des Konstanzer Konzils (1414–1418). Anders als der biedere Chronist Armbruster bürgt hier der gebildete Humanist für eine urbane, geistig überlegene Darstellungsweise eines fragwürdigen Geschehens.

Auf dem Wege zum Kloster erfährt Poggio von der Bäuerin Gertrude, die, einem kindlichen Gelübde folgend, zum großen Kummer eines Bauern, der sie heiraten möchte, den Schleier nehmen will. In seinen Bemühungen um den Erwerb der begehrten Handschrift kommt Poggio einem unerhörten Betrugsmanöver auf die Spur, regelmäßig inszeniert von der Äbtissin »Brigittchen von Trogen«, die jede Novizin zur Prüfung ihres Erwähltseins in der Nachfolge der Gründerin das übermenschlich schwere Kreuz tragen läßt, das sie selbst aber jeweils geschickt mit einer leichten Nachbildung vertauscht, um ihr Kloster immer wieder mit dem nötigen Nachwuchs zu versorgen. Für sein Schweigen verspricht die Äbtissin Poggio die Aushändigung der Handschrift. Doch Poggio bricht sein Versprechen und weiht Gertrude ein, die dann, nachdem sie unter dem richtigen Kreuz zusammengebrochen ist, heiraten kann. Poggio aber macht sich mit der Handschrift davon.

Eine Welt von Täuschung und Lüge, List und Vertrauensbrüchen tut sich auf, ganz wie in den komödiantischen Intrigenstücken des Plautus, in denen es darum geht, mit List und Betrug einem verliebten Jüngling die Geliebte zu verschaffen. Nur, daß sich die Handlung hier in einem Kloster, an einem Ort des Glaubens vollzieht. Die Liebesgeschichte, in der italienischen novella jeweils im Zentrum, ist ganz an den Rand gedrängt. Der Akzent liegt auf der skeptischen Relativierung des Glaubens, der bei Meyer in die Nähe einer perfiden Manipulation gerät. Das Wunder ist die Inszenierung eines ungeheuren Betrugs in der Regie einer skrupellosen Intrigantin, die die Gläubigkeit für ihre eigenen Ziele nutzt. Der Gottesdienst verkommt zur komödiantischen Farce. Poggio ist es, der die Wogen der Entrüstung glättet, indem er die Wahl des Papstes durch das Konzil verkündet, die das bisherige Pontifikat von drei Päpsten beendet. Der Hinweis auf die neu installierte Autorität verdeckt den tatsächlichen Mißbrauch klerikaler Autorität und macht sie dadurch um so fragwürdiger. Am Ende bleibt die Skepsis geistlichen Institutionen gegenüber, die ihr Amt offenbar auch dazu mißbrauchen können, ihre eigene Macht zu erhalten und auszubauen, während die Gläubigen selbst der Autorität des Klerus ausgeliefert erscheinen.

Die Novelle ›Gustav Adolfs Page‹ (seit 1885), 1882 unter dem Titel ›Page Leubelfing‹ erschienen, fand bis heute eine eher geteilte Aufnahme. Während sie auf der einen Seite zu den populärsten Werken Meyers gehört, unterstrichen durch die erfolgreiche Verfilmung von 1960, tadelte die Fachkritik auf der anderen Seite die Inkonsequenzen in der erzählerischen Durchführung, die Unentschiedenheit zwischen komischen und tragischen Zügen und die symbolische Überfrachtung. Zu leugnen ist indes kaum, daß es sich auch hier um ein charakteristisches Stück handelt, in dem Meyer einmal mehr die Ohnmacht der guten Kräfte in bewegenden Szenen einfängt. Anders als in den übrigen Novellen, darin mag die Popularität des ›Pagen Leubelfing‹ gründen, stehen hier die positiven Gestalten im Vordergrund, die der guten Sache vorbehaltlos und ungebrochen bis zum Ende dienen. Verkörpert sich in Gustav Adolf die vorbildliche Sittlichkeit des Glaubens, so ist Auguste Leubelfing, der Page, erfüllt von uneigennütziger Liebe. Tragisch ist allerdings von vornherein, daß sich solche Liebe nicht offenbaren darf. Nur in der männlichen Maske ist es Auguste möglich, sich dem geliebten und bewunderten Mann zu nähern und mit ihm zusammenzuleben. Eine Welt in Waffen läßt Glück und Erfüllung nicht zu.

Wie die Liebe so ist aber auch der Glaube in einer Welt gefährdet, die nicht von humaner Sittlichkeit, sondern von Begehrlichkeit und Egoismus bestimmt ist. Als Gustav Adolf mit kompromißloser Härte gegen den Herzog von Lauenburg vorgeht, der in einem außerehelichen Verhältnis mit der Slavonierin Korinna lebt, schafft er sich einen unversöhnlichen Todfeind, den weniger der Sieg des Glaubens als der geforderte Verzicht auf die eigene Lust bewegt. Die Verwechslung des Pagen mit dem intriganten Lauenburger auf Grund auffälliger Ähnlichkeiten und Übereinstimmungen, die zur Flucht des Pagen führt, mag wenig überzeugend sein, immerhin signalisiert sie die allgemeine Verwirrung im Gefolge eines krisenhaften, durch menschliche Unzulänglichkeiten bedingten Zustands. Konsequent parallel geführt sind die unglückliche Trennung von dem geliebten Mann und die tödliche Gefährdung des Vertreters des reinen Glaubens. Ausweglos münden beide Entwicklungen in der Schlacht bei Lützen (1632) in die Katastrophe. Inzwischen wieder an der Seite des Königs, erlebt Auguste seine Ermordung durch eine hinterhältige Attacke des Lauenburgers, bei der auch sie tödlich verwundet wird. Das Finale zeigt sie, gemeinsam aufgebahrt, im Tode vereint. »Ein Strahl der Morgensonne 〈...〉 verklärte das Heldenantlitz und sparte noch ein Schimmerchen für den Lockenkopf des Pagen Leubelfing.« Gefallen als Opfer von Egoismus und Rachsucht, wird mit ihnen die Hoffnung auf den Sieg des reinen Glaubens und auf die Erfüllung uneigennütziger Liebe zu Grabe getragen. Die Morgensonne weckt in tragischer Ironie nicht auf zu einem Neuanfang, sondern wirft ihr Licht auf die Toten, auf das Ende eines hoffnungsvollen Aufbruchs.

Mit dem Mönch Astorre in ›Die Hochzeit des Mönchs‹ (1884) gelingt Meyer vergleichbar mit Thomas Becket die Darstellung des Menschen zwischen seiner wesenhaften Bestimmung und ihrer von außen ausgelösten Pervertierung. Anders als in der früheren Novelle wählt Meyer hier mit Dante einen geistig souveränen Erzähler, der wie in seiner ›Divina Commedia‹ Reales und Fiktives verbindet, indem er die Namen seiner Zuhörer am Hofe der Scaliger in Verona in seine Geschichte einflicht. Eingebettet in den novellistischen Prozeß, erscheint die Wirklichkeit selbst in den Sog des Scheiterns hineingezogen, das im Zentrum des Erzählten steht und nicht zufällig seinen Ausgang von einer Grabinschrift nimmt. An die Seite von Inferno, Purgatorio und Paradiso in Dantes ›Commedia‹ stellt Meyer in novellistischer Fiktion das Diesseits als Ort tragischer Verwicklungen und des Todes.

Der Mönch Astorre soll nach 15 Klosterjahren dem Willen seines Vaters gemäß Diana, die verwitwete Frau seines Bruders, heiraten, um das Geschlecht zu erhalten. Unter »dem Druck eines fremden Willens«, der ihn von seinem wahren Wesen entfremdet, verwickelt sich Astorre schon bald in eine verhängnisvolle leidenschaftliche Beziehung zu einer anderen Frau, die, nachdem er die Ehe mit ihr geschlossen hat, bei der Hochzeit von der tief verletzten Diana erstochen wird. Astorre selbst ersticht in blinder Wut den Bruder Dianas und findet dabei selbst den Tod, indem er sterbend Mund an Mund neben seine tote Frau niedersinkt. Die Prophezeiung des lüsternen Mönchs Serapion, Astorre werde bald neben seiner Frau schlummern, erfüllt sich in ironisch makabrer Weise.

Aus dem geistlichen Leben mit seinem Leitideal der Barmherzigkeit hinausgestoßen in die Brutalität des Welttreibens und zum Verrat an seinem wahren Selbst gezwungen, sieht sich der ehemalige Mönch hineingerissen in ein blutiges Chaos von Leidenschaft, verletztem Stolz, Haß und Rache. Das Inferno scheint bereits auf Erden ausgebrochen – ohne Hoffnung auf Läuterung und Erlösung. Erstorben ist zum Schluß jede Handlung, die Szene zum Ort des Todes erstarrt. Auch die Zuhörer verharren, während der Erzähler Dante langsam »die Stufen einer fackelhellen Treppe«[21] emporsteigt, vielleicht ein Verweis auf die Möglichkeiten der Dichtung, über das Chaos der Wirklichkeit hinauszuweisen, zumindest aber Perspektiven zu öffnen, wie es Dante in seiner ›Commedia‹ tut, wo Stufen aus dem Inferno bis hinauf zum Paradies führen.

In der 1883 erschienenen, im Zeitalter Ludwigs XIV. spielenden Novelle ›Das Leiden eines Knaben‹ radikalisiert Meyer die Ohnmacht des Menschen, indem er ihn in der unaufhebbaren Diskrepanz von Begabung und persönlichem Wunschbild darstellt. Julian, schön, aber ohne geistiges Profil, wird vom Vater, einem Marschall, in ein Internat gegeben, das von Jesuiten geleitet wird. Der Leiter, Pater Le Tellier, entpuppt sich schon bald als grausamer Quäler, einzig darauf aus, den Knaben mit dem Spitznamen »le belle idiot« zu demütigen. Brutal geschlagen, erkrankt Julian schließlich schwer und stirbt in den Armen des Vaters, der dem Sterbenden einredet, er kämpfe gerade in der Armee des Königs und sei im Begriff, die feindliche Fahne zu erobern. Im Bewußtsein heldischer Lebenserfüllung stirbt der Knabe. Der Wunsch, bedeutend zu sein, bleibt nur ein Traum in der Agonie. Menschliche Würde und Selbstachtung erweisen sich als Selbsttäuschung, als Ergebnis des Realitätsverlusts in der Stunde des Todes. Die Umwelt erscheint grausam wie die Mitschüler und die Lehrer oder teilnahmslos wie der König und passiv wie der Arzt in der Rahmenhandlung. Zwar ist der Arzt, der die Geschichte erzählt, betroffen von dem Leiden Julians, zu ändern jedoch vermag er nichts, während der König, der Le Tellier inzwischen zu seinem Beichtvater gemacht hat, bis zum Schluß unbeteiligt bleibt und nur unwillig zuhört. Meyers Novelle ist die tragische

Parabel von den Heldenträumen der Menschen, die an den eigenen Unzulänglichkeiten scheitern, und von der Brutalität und der Teilnahmslosigkeit der Gesellschaft, die den einzelnen noch stößt, wenn er zu fallen droht. Zusammen mit der Humanität zerrinnt die Selbstachtung am Ende zur Illusion. Erneut führt die unerbittlich durchgeführte novellistische Ereignisstruktur zur Revision menschlicher Größe.

Als eine seiner besten Leistungen sah Meyer selbst die 1885 erschienene Novelle ›Die Richterin‹ an, wohl weniger wegen ihrer herausragenden ästhetischen Qualität als wegen ihrer ethischen Perspektive. Im Mittelpunkt der Binnenhandlung steht mit der Richterin Stemma wiederum eine starke Persönlichkeit, deren schuldhafte Verstrickung jedoch schon weit zurückliegt; diese aufzuarbeiten ist sie fest entschlossen. In diesem Sinne will sie sich vor ihrem Stiefsohn Wulfrin wegen des ihr angelasteten Todes seines Vaters rechtfertigen. Zwar spricht Wulfrin sie von jeder Schuld frei, doch kurz darauf ist es Stemma selbst, die den Mord gesteht, den sie wegen ihrer Tochter, die sie von einem anderen Mann erwartete, verübt hatte. Verknüpft ist das Geschehen um die Richterin mit der erwachenden Liebe zwischen ihrer Tochter Palma und Wulfrin, der die Liebe jedoch als sündhaft empfindet, da er Palma für seine Schwester halten muß. Erst das Geständnis Stemmas macht den Weg frei für eine Verbindung. Am Ende richtet sie sich selbst vor den Augen Karls des Großen, der zentralen Gestalt der Rahmenhandlung.

Anders als in seinen vorausgegangenen Novellen gestaltet Meyer hier die Sühne des starken, schuldig gewordenen einzelnen, seine freiwillige Unterwerfung unter die Ansprüche der Gemeinschaft. Der Sieg des Individuums über sich selbst öffnet Wege zur menschlichen Erfüllung, wie sie sich in der Liebe und in der in Aussicht gestellten Verbindung Palmas und Wulfrins abzeichnet. Der christliche Kaiser am Anfang und am Ende der analytisch strukturierten Novellenhandlung repräsentiert den überlegenen Wert christlicher Gemeinschaft. Ihre Zukunft wird auch weiterhin von der Bereitschaft des Menschen abhängen, über sich selbst zu richten und sich zurückzunehmen. ›Die Richterin‹ als eine Novelle der Aussöhnung des einzelnen mit seiner als überlegen anerkannten Gemeinschaft gehört zweifellos zu Meyers ethisch reifsten Leistungen.

Zwischen den auf den ersten Blick so unterschiedlichen Persönlichkeiten der Richterin und Pescara, dem Feldherrn Karls V., in ›Die Versuchung des Pescara‹ (1887) besteht bei näherem Hinsehen eine wesentliche Übereinstimmung. Beide begegnen dem Leser, nachdem sie ihren Höhepunkt überschritten haben und das Leben sie unheilbar verletzt hat – die eine schwer an ihrer Schuld tragend, der andere mit einer tödlichen Wunde nach der Schlacht von Pavia. Weder Stemma noch Pescara vertreten länger den renaissancehaften, leidenschaftlichen Menschentypus. Schuld und Leiden haben sie bescheiden und versöhnlich werden lassen.

Meyers vorletzte Novelle verzichtet fast völlig auf Handlung, wie sie in den vorausgegangenen Novellen jeweils Ausdruck leidenschaftlicher Bewegtheit war. Das Ereignishafte scheint verinnerlicht als seelischer Läuterungsprozeß, dem sich der einzelne im Bewußtsein seiner Machtlosigkeit willig unterwirft. Die Stärke des Menschen besteht nicht im Erwerb und der Ausübung von Macht, sondern im Eingeständnis der Schwäche. Pescara ist der novellistische Antiheld, dessen Seitenwunde ihn mit dem leidenden, ans Kreuz geschlagenen Christus verbindet. Seine Versuchung ist ironisch, wirklich erreichen kann sie ihn nicht mehr. Von vornherein gescheitert ist daher der Versuch der italienischen Liga (Mailand, Venedig, Florenz und der Vatikan), ihn als Feldherrn zu gewinnen gegen das spanische Kaiserreich, dem Pescara bisher gedient hat. Selbst die Krone Neapels, in Aussicht gestellter Lohn für den verräterischen Übertritt, kann den nicht locken, dessen Leben sich dem Ende zuneigt. Vor der Hinfälligkeit des Menschen und der Gegenwart seines Todes erscheinen alle menschlichen Pläne belanglos und nichtig. Im Zentrum der Novelle steht nicht die Tat Pescaras, sondern sein Leiden, nicht sein Leben, sondern sein Sterben. Seine unheilbare Wunde ist das novellistische Leitsymbol, Verweis auf die Verletzbarkeit und Sterblichkeit des Menschen schlechthin. Mit der Figur des Pescara ist die Revision angeblicher menschlicher Größe endgültig und unüberbietbar vollzogen. Nicht zufällig spielt die Novelle noch einmal in der Renaissance, aber ihr Ursprungsland Italien ist von Niedergang und Korruption gezeichnet. Die einstige Aufbruchstimmung ist der Angst vor dem Untergang gewichen. Am Ende gleicht der tote Pescara einem »von der Ernte erschöpften und auf seiner Garbe schlafenden Schnitter«. Der Tod erscheint paradoxerweise als die eigentliche Ernte des Lebens, das sich im Selbstvollzug des Sterbens erfüllt.

›Angela Borgia‹, Meyers letzte, 1891 erschienene Novelle, sprengt durch ihre mehrsträngige Handlungsführung fast die Grenzen der Gattung. Als Summe des Novellenwerks spiegelt sie im Kreis um Lukrezia Borgia, ihren verbrecherischen Bruder Cesare und den skrupellosen Kardinal Ippolito das selbstherrliche, verantwortungslose Individuum, während der Kreis um Angela Borgia, einer Verwandten Lukrezias, für eine humane, von Läuterung und Anteilnahme bestimmten Lebensform steht. Angela, vom Kardinal Ippolito leidenschaftlich umworben, der seinem Mitbewerber Giulio beide Augen ausstechen läßt, heiratet den Geblendeten, dem nach seiner Blendung ein inneres Licht aufgegangen zu sein scheint. In ihrer Verbindung kündigt sich ein von gegenseitiger Achtung und Anteilnahme getragenes Zusammenleben an, Ausdruck erfüllter Menschlichkeit. Der Kreis um Lukrezia aber bleibt von diesem Wandel unberührt. Die Wende zur Humanität vollzieht sich lediglich im Abseits der herrschenden Gesellschaft, während diese selbst ihre eigenen selbstischen Ziele weiterverfolgt. ›Angela Borgia‹ unterstreicht angesichts der hektischen politischen und ökonomischen Entwicklungen am Jahrhundertende deutlich die Skepsis Meyers gegenüber dem Glauben an die allgemeine Durchsetzbarkeit humaner Lebensgestaltung.

V. Theodor Fontane (1819–1898)

Theodor Fontanes Bedeutung liegt zweifellos mehr im Bereich des Romans. Seine Überzeugung von der gesellschaftlichen Determinierung des Menschen, von seinem Eingebundensein in die Bedingungen seiner sozialen Existenz, eröffnet zwar auf der einen Seite grundsätzlich novellistische Perspektiven, fordert aber auf der anderen auch die Distanzierung des humoristischen Erzählers heraus, der den determinierenden Verhältnissen versöhnliche Gesten und geistig eigenständige Persönlichkeiten entgegenstellt, die den Weltlauf mit feiner Ironie kommentieren und eine Enklave individueller Selbstbewahrung sichern. Wo aber die humoristische Verarbeitung und die ironische Distanzierung fehlen bzw. nur schwach und wenig überzeugend ausgebildet sind, wächst der Einfluß des Gesellschaftlichen und entfaltet seine ungebrochene Macht über den Menschen.

Ein Werk mit deutlich novellistischen Zügen, das im letzten indes romanhaft gewendet erscheint, ist ›Effi Briest‹[23], Fontanes meistgelesene Erzählung. Die Geschichte der jungen Frau, die sich in eine belanglose Affäre verstricken läßt, deren Folgen sie noch nach Jahren einholen und sie als Opfer eines rigoristischen Ehrenkodexes ausstoßen, fügt sich zu einer novellistischen Handlung schlechthin. Das Kollektiv triumphiert über das Individuum, die starre Norm über den lebendigen einzelnen. Die Konvention, von den Menschen geschaffen, verselbständigt sich und bricht gnadenlos über denjenigen den Stab, der mehr aus Gedankenlosigkeit als aus Überzeugung gegen sie verstoßen hat. Gestalten wie der Apotheker Gieshübler, insbesondere aber der alte Briest, sind es, die die tragische Entwicklung relativieren, indem sie sich weigern, das Abschüssige menschlicher Existenz als endgültig hinzunehmen, bzw. es poetisch überhöhen und so die Möglichkeit einer Sinngebung des offensichtlich Sinnlosen prinzipiell offenhalten. Die Trostlosigkeit des Scheiterns scheint gemildert durch die Gebärde des Verstehens.

Fühlbar wird die Spannung zwischen Roman und Novelle auch dort, wo vergleichbare Motive in dem einen wie in dem anderen Genre gestaltet werden. Sowohl in ›Irrungen, Wirrungen‹ (1887) als auch in ›Stine‹ (1890) geht es um die Liebe eines Adligen zu einem Mädchen aus dem Volk. Während sich aber Lene Nimptsch und der Baron Botho von Rienäcker dem übermächtigen gesellschaftlichen Druck beugen und am Ende standesgemäße Ehen eingehen, endet ›Stine‹ mit dem Selbstmord des jungen Grafen Haldern und dem körperlichen Zusammenbruch des Mädchens. Was man dort in seiner menschlichen Unzulänglichkeit durchschaut, so daß der einzelne selbst noch in seiner erzwungenen Resignation dem engstirnigen Kastendenken gegenüber im Recht bleibt, führt hier vor der Unbedingtheit des Gefühls, das nicht verzichten will und kann, in die persönliche Katastrophe. Anders als Lene ist Stine schwach, ganz aus ihrem Gefühl lebend und tödlich verwundbar. Auch dem Grafen, krank und hinfällig, fehlt die Kraft zur geistig souveränen Distanzierung. Bereits die unterschiedliche Anlage der Figuren begründet die unterschiedliche Verarbeitung des Motivs. Bleibt dem Entsagenden im Roman noch eine Überlebenschance, so ist der ausweglos in das eigene Gefühl Verstrickte dem Untergang preisgegeben. Der alte Graf Haldern, der Onkel des jungen Grafen, ist in seinem Verhalten zu zwiespältig, um eine versöhnliche Haltung wirklich überzeugend zu formulieren. Zwar bietet er nach dem Begräbnis seines Neffen Stine, die innerlich gebrochen am Straßenrand steht, einen Platz in seiner Kutsche an, aber er ist es vorher auch gewesen, der seinem Neffen standesstolz jede Vermittlung und jedes Verständnis verweigert hat. Im Mittelpunkt der novellistischen Szene verharrt das Opfer. Anders als in ›Effi Briest‹ versagt sich der Erzähler einen versöhnlichen Schluß. Ebenso unbarmherzig wie wahr sind die abschließenden Worte der Polzin: »Heil? Was heißt heil? Die wird nich wieder.«[24]

Die ganze Härte der Gesellschaft bekommt auch Grete Minde in der gleichnamigen, 1879 erschienenen Novelle zu spüren. Die Handlung, einer altmärkischen Chronik entnommen, spielt um das Jahr 1615 in Tangermünde. Aus der Quelle erklärt sich der für Fontane eher untypische balladische Zuschnitt des Geschehens. Die elternlose Grete Minde erfährt im Hause ihres Halbbruders, insbesondere durch dessen Frau, eine lieblose, feindselige Behandlung, der sie schließlich zusammen mit ihrem Jugendfreund Valtin zu entkommen sucht. Als sie nach Jahren mit einem Kind zurückkehrt, bittet sie nach dem Tode Valtins ihren Bruder um Verzeihung, wird jedoch herzlos zurückgewiesen. Sowohl ihr Bruder als auch der Rat der Stadt verweigern ihr die Auszahlung ihres Erbteils. In ihrem äußersten Elend legt sie in pathologisch gesteigerter Rach- und Zerstörungssucht Feuer in ihrem Elternhaus und in der Stadt. In einem balladesken Finale findet sie vor den Augen ihres Bruders mit ihrem Kind und dessen Sohn den Tod. Die Schuld an dem tragischen Geschehen trägt die gnadenlose Gesellschaft, die denjenigen, der sich ihren Erwartungen und Normen nicht fügt, ausstößt und ächtet. Eine Gesellschaft ohne Integrationskraft jedoch, ohne Bereitschaft, auch dem Bedürftigen und Deklassierten beizustehen, bringt sich selbst in Gefahr. Das dramatische Ende ist Verzweiflungstat und Strafgericht zugleich. Das zerstörte Individuum und die brutal zerstörende Gesellschaft reißen sich gegenseitig in den Untergang.

Balladeske Züge zeigt überdies die dem Ilseburger Kirchenbuch entnommene Erzählung ›Ellernklipp‹ (1888). Gestaltet Fontane in seinen novellistischen Arbeiten vor allem den erdrückenden Einfluß der Gesellschaft auf den einzelnen, so steht hier die Zerstörung einer intakten sozialen Ordnung durch den verführerischen einzelnen im Zentrum, ohne daß diesen allerdings eine klar benennbare Schuld trifft. Aufgewachsen im Hause des verwitweten »Heidereiters« löst die verwaiste Hilde als junge Frau sowohl in dem alternden Förster als auch in dessen Sohn, ihrem Jugendfreund, zerstörerische Leidenschaften aus, die den Vater zum Mörder seines eigenen Sohns werden lassen. Der Förster, da die Tat unaufgeklärt bleibt, heiratet das Mädchen. Doch sein Schuldbewußtsein treibt auch ihn schließlich in den Tod, indem er sich am gleichen Ort erschießt, wo er den Sohn in die Tiefe gestürzt hatte. In naturalistischer Radikalisierung sieht sich der einzelne ohnmächtig verwickelt in seine Leidenschaft. Die begehrenswerte Schönheit des Mädchens löst nur aus, was in ihm zu seinem eigenen Verderben angelegt ist. Zurück bleibt, bei Fontane wohl einmalig, der Eindruck der Ausweglosigkeit, zumal der Mensch seinem Triebschicksal ohne die Chance der Gegenwehr ausgeliefert erscheint.

Vergleichbar mit ›Effi Briest‹ bei ähnlicher Thematik entwickelt sich in ›L'Adultera‹ (1882) aus der novellistischen Anlage der Roman, eine für Fontanes Erzählen typische Struktur. Melanie, verheiratet mit dem viel älteren Kommerzienrat Van der Straaten in Berlin, begegnet dem jungen, eleganten Ebenezer Rubehn. In seiner Gegenwart wird sie sich der leblosen Konventionalität ihrer Ehe bewußt und erlebt peinlich den mangelnden Takt und die Geschmacklosigkeiten ihres Mannes. Nachdem sie sich mit Rubehn eingelassen hat, verläßt sie Mann und Kinder und heiratet nach der Scheidung ihren Liebhaber. Zurückgekehrt nach Berlin, sieht sie sich als Ehebrecherin der massiven Ächtung durch die Gesellschaft ausgesetzt, die die Selbstverwirklichung des Menschen in einer persönlich bejahten Liebesbeziehung nicht zulassen will und auf die freie Entscheidung des einzelnen mit sittlicher Entrüstung reagiert.

Die Handlung droht sich zu einem novellistischen Desaster zuzuspitzen. Erst der Bankrott der Firma ihres zweiten Mannes ermöglicht es Melanie, nun aktiv an der Gestaltung ihrer neuen Familie mitzuwirken. Mit den zuwachsenden Handlungsmöglichkeiten und der Herausforderung persönlicher Initiative ist die Gefahr, erdrückt zu werden, abgewendet. Die Novelle mündet in den Roman, indem das bloß Ereignishafte durch die sich abzeichnende Chance, selbst etwas zu tun, überwunden wird. Unterstrichen wird die romanhafte Entscheidung für den individuellen Menschen und sein Glück nicht zuletzt durch die versöhnliche Humanität des Fräuleins von Sawatzki, einer Vertrauten Melanies.

Mit der 1886 erschienenen ›Cécile‹ nahm Fontane die Problematik der bürgerlichen Ehe noch einmal auf, spitzte sie aber diesmal tragisch zu. Die Ehe des Oberst a.D. St. Arnaud und der viel jüngeren Cécile scheint nach außen intakt, ein Muster der in diesen Kreisen üblichen Durchschnittsehe. Erst die Begegnung mit dem jungen Ingenieur Gordon bringt die tragische Entwicklung in Gang. Gordon, der zu Cécile eine leidenschaftliche Liebe gefaßt hat, erfährt von ihrer zweifelhaften Vergangenheit als Kurtisane zweier Fürsten, seinerzeit bei der Heirat Anlaß für den Oberst, den Dienst zu quittieren, nachdem ein Offizier, der die Ehre seiner Frau in Frage gestellt hatte, im Duell von seiner Hand gefallen war. Gordon, schwankend zwischen seiner Liebe und seiner bürgerlich prüden Moral, trifft Cécile mit einem Freund in der Oper. Eifersüchtig sucht er sie noch in der Nacht auf und macht ihr eine Szene. St. Arnaud, in Kenntnis des Vorfalls, tötet Gordon im Duell. Cécile nimmt sich das Leben, müde einer Welt, die ihr »Liebe und Freundschaft« versagte. Mit unaufhaltsamer Konsequenz läuft die Handlung auf die Katastrophe zu, heraufbeschworen durch eine engherzige Moral, die die Ehre über das Glück, die Norm über das Leben stellt. Eine Gesellschaft, gebunden an die toten Buchstaben einer rigoristischen Moralmaxime, ist unfähig zur Liebe. Cécile wird ihr Opfer wie Stine in der später entstandenen Novelle, da beide zu schwach sind, dem normativen Druck von außen Widerstand entgegenzusetzen. Der gesellschaftliche Druck aber, unter dem der einzelne schließlich zusammenbricht, artikuliert sich bei Fontane in aller Regel novellistisch. Die Novelle nimmt sich in besonderer Weise der Schwachen an und verweist in deren Scheitern auf eine inhuman erstarrte Gesellschaft. In dem Maße, wie die abstrakten gesellschaftlichen Institutionen und Standards den konkreten Menschen in den Hintergrund drängen, wird die Entscheidung für die Novelle als Gattung unausweichlich.

Fontane selbst hat es mit den Genre-Bezeichnungen nicht allzu ernst genommen. So hat er in der Regel auch dann von Erzählungen und Romanen gesprochen, wenn es sich um eindeutig novellistische Aussageweisen handelte. Gerade eine konsequente Gattungsuntersuchung aber kann zu einem differenzierteren Verständnis Fontanescher Gesellschaftsanalyse beitragen, die auch im Bereich der einzelnen Gattungsrealisierungen vielschichtiger ist, als es die vom Autor selbst gewählten Bezeichnungen vermuten lassen. Fontane hat vor allem die tragische Gesellschaftsnovelle gestaltet, in der der einzelne regelmäßig unter dem Druck von außen zerbricht, weil er nicht stark genug ist zu widerstehen und nicht souverän genug zu entsagen.

Eine der persönlich unsichersten und schwächsten Gestalten in Fontanes Spektrum der novellistischen Antihelden ist der Schach von Wuthenow in der 1882 erschienenen, nach der Zentralfigur benannten Novelle. Schach lebt die »falsche Ehre« Preußens, wie sie der Zeitkritiker von Bülow nennt, der in seinen bissigen Kritiken die Erstarrung der preußischen Gesellschaft und ihr hohles Pathos geißelt. Weniger aus spontaner Leidenschaft als angeregt durch die Worte des Prinzen Louis Ferdinand, der von einer »beauté du diable« gesprochen hatte, verführt Schach die durch Pockennarben entstellte, geistvolle Victoire von Carayon. Doch erst die Intervention des Hofes kann ihn dazu bewegen, zu den Folgen seines Handelns zu stehen und die Ehe mit Victoire zu schließen. Nach der Trauung erschießt er sich. Schach, der dem Prinzen mangelnde »Rücksicht auf den Schein« vorwirft und Bülows Kritik wenig mehr als das hohle Pathos eines leblosen Ehrbegriffs entgegenzusetzen hat, unterwirft sich dem Diktat des bloß Scheinhaften. Die makellose äußere Schönheit wie der ungetrübte Schein veräußerlichter Ehre machen sein Leben aus. Unfähig, Geist und tieferen Sinn hinter der vordergründigen Fassade zu erkennen, wird er zum kritischen Repräsentanten eines in seinen eigenen Prinzipien erstarrten Preußentums, das in der Schlacht von Jena (1806), auf die sich die

Handlung zubewegt, seinen von Bülow prophezeiten Zusammenbruch erlebte. Schach genügt dem Schein, indem er pro forma die Ehe mit Victoire eingeht, aber er sieht sich außerstande, an der Seite einer äußerlich verunstalteten Frau zu leben. Ein Anwalt und Opfer des Scheins, für den er sein Leben preisgibt, bleibt ihm die Tiefe humaner Existenz verborgen.

Die Kritik trifft eine veräußerlichte Gesellschaft, die die Menschen zu bloßen Ehrattrappen aushöhlt und den schwachen einzelnen in den Untergang treibt, weil sie ihm keinen inneren Halt zu geben vermag. Tragisch ist das Geschehen schon deshalb, weil am Ende die Trauer über den Untergang der Menschlichkeit steht, zugleich aber ist die Tragik ironisch relativiert durch die Bornierung durch die nur scheinbare Übermacht des Scheins.

Mit der Novelle ›Unterm Birnbaum‹ (1885) verläßt Fontane die Berliner Adelsgesellschaft und ihre Normenwelt und wendet sich den Problemen der sich kapitalistisch entwickelnden Gründerzeit zu, indem er sie in zeitlicher Verfremdung in der wirtschaftlichen Aufbruchsituation des Oderbruchs um 1830 spiegelt. Im Mittelpunkt steht der Kaufmann und Gastwirt Abel Hradscheck, absorbiert durch Profitkalkulation und expansive Wirtschaftspläne. Nach dem Leitsatz »Nur nicht arm!« richten er und seine Frau Ursel sich ein Leben ein, das allein an Geld und Besitz orientiert ist. Das Kapital wird zum Scheinwert eines sich ökonomisch etablierenden Bürgertums, das die Renommage des Habens über die innere Werthaftigkeit des Seins stellt. Die konsequente materielle Orientierung gipfelt in den Mordplänen Hradschecks. In einer ausgeklügelten Strategie räumt das Ehepaar den Reisenden eines Bankhauses aus dem Weg, der gekommen ist, um anfallende Gelder zu kassieren. Planung und Durchführung der Mordtat erscheinen dabei einer nüchternen, geschäftlichen Kalkulation nicht unähnlich. Geld, Besitz und Prestige sind die sich gegenseitig bedingenden Kategorien in der Novelle, nach denen die Menschen sich selbst bemessen und von anderen bemessen werden. Das Kapital als Resultat menschlicher Arbeit verobjektiviert sich und tritt dem Menschen als eigenständige Pseudokonkretheit entgegen, die ihn in die Entfremdung von sich selbst führt. Plötzlich erscheinen die Beziehungen zwischen den Menschen im Grunde als Beziehungen zwischen Sachen. Nach dem Mord beginnen sich die Mörder zusehends in ihren eigenen Netzen zu verfangen. Während Frau Hradscheck ihrer Gewissensnot erliegt, strebt ihr Mann nach einer immer vollkommeneren Tarnung des Verbrechens. Als er die Leiche des Ermordeten aus dem Keller fortschaffen will, rollen plötzlich die Fässer, deren Halterung er vorher selbst gelöst hatte, auf die von innen geschlossene Falltür. In panischer Angst vor dem, was er für das rächende Schicksal hält, trifft ihn der Schlag. Der Kalkulator wird zum Opfer seines eigenen Kalküls. Anschaulich dokumentieren die Novelle und das Novellenfinale die selbstverschuldete Unfreiheit des Menschen in einer von ihm selbst installierten Welt der toten materiellen Werte. Die Ökonomisierung und Kapitalisierung des Lebens, vom Bürger vorangetrieben, um gesellschaftliche Unabhängigkeit zu erlangen, bedingen in ironischer Umkehrung seine Versklavung an die von ihm selbst geschaffenen Bedingungen. ›Unterm Birnbaum‹ ist Fontanes aktuellste Novelle, da die in ihr reklamierten Ursachen menschlichen Scheiterns ihre verheerenden Wirkungen weiterhin ausüben. Mit dieser Novelle öffnete Fontane die Gattung für die Auseinandersetzung mit der menschlichen Problematik in der modernen Industrie- und Kapitalwelt.

VI. Wilhelm Raabe (1831 – 1910)

Läßt der Novellist Fontane den Menschen unter dem Druck der Gesellschaft zerbrechen, so rückt der Novellist Raabe – ähnlich wie Fontane in erster Linie Romancier – den Menschen selbst in seiner Abgründigkeit, seinen egoistischen, irrationalen und anarchischen Antrieben, aber auch in seiner existentiellen Ohnmacht und Determiniertheit in den Mittelpunkt. Menschliche Destruktivität erscheint als die eigentliche Triebkraft der Gesellschaft und der Geschichte, die Täter wie die Opfer gleichermaßen mit Verletzung und Auslöschung bedrohend. Das tragische Scheitern des Menschen, als Handelnder wie als Erleidender, bildet den Kern der Raabeschen Novelle, wobei der scheinbar Bedingende in Wahrheit immer schon der Bedingte ist.

Raabe selbst hat die Gattungsbezeichnung Novelle ausdrücklich nur zweimal verwendet. Zum erstenmal begegnet sie bei dem 1858 entstandenen ›Junker von Denow‹[25]. Den historischen Hintergrund bildet die Belagerung der von Spaniern besetzten Stadt Rees durch ein Reichsheer im Jahr 1599. Der Junker, auf der Seite Braunschweigs kämpfend, wird verwundet, von einem meuternden Haufen entführt und genötigt, sich an dessen Spitze zu stellen. Von den Braunschweigern gefangengenommen und der Meuterei beschuldigt, findet er schließlich den Tod. Bereits in dieser frühen Novelle erscheint der einzelne als Opfer erpresserischer Zwänge und gnadenloser Macht. Glaubt er noch, sein Leben retten zu können, indem er den Meuterern zu Willen ist, so führt ihn am Ende gerade dieser Entschluß in den Tod durch diejenigen, für die er gekämpft hat und auf deren Seite er im Innern weiterhin steht. Im Gerangel von Macht und Meuterei muß der Mensch notwendig unterliegen.

›Das letzte Recht‹, 1862 entstanden und von Raabe ebenfalls ausdrücklich Novelle genannt, wurde von Paul Heyse in den ›Deutschen Novellenschatz‹ aufgenommen. Zeigt die frühe Novelle den Menschen im Strudel der Macht, so erscheint er hier im Bann des Besitzes um seiner selbst willen. Heyliger – der Name ist durchaus ironisch zu verstehen –, der Kindler aus seinem Eigentum, die Silberburg, prozessiert hat, sichert einem korrupten Justizsekretär, der ihm illegale Prozeßhilfe geleistet hat, bzw. dessen Erben den Besitz der Silberburg nach einem Ablauf von dreißig Jahren zu. Als der Sohn des Sekretärs seinen Rechtsanspruch einlösen will, findet er Heyliger über seinen Goldtruhen erhängt. In der folgenden Nacht begräbt die baufällige Silberburg die Leiche des alten Besitzers und den neuen Besitzer unter ihren Trümmern. Beide werden zu Opfern ihres ausschließlich materiellen Besitzstrebens. Das letzte Recht spricht der Tod, nachdem die Menschen das Recht nur mißbraucht haben. Am Rande kündigt sich in der Liebe zwischen der Tochter Heyligers und dem Sohn des geprellten Kindlers eine positive menschliche Alternative an, nachdem schon vorher ein Frühlingssturm ein Amorbild in der alten Silberburg freigelegt hatte, Verweis auf die verschüttete, uneigennützige Zuneigung unter den Menschen. Der liebende Mensch tritt gerade in Raabes frühen Arbeiten als Gegenfigur zu denen auf, die der Macht und dem Besitz verfallen sind.

In der 1861 veröffentlichten Erzählung ›Die schwarze Galeere‹ verknüpft Raabe eine Episode aus dem niederländischen Befreiungskrieg gegen die Spanier mit einer Liebesgeschichte. Eingebunden in die geschichtlichen Bedingungen, durch diese bestimmt und bedroht, ist die Liebe von Myga van Bergen und Jan Norris, dem Steuermann der schwarzen Galeere, eines Kaperschiffs, das bei Nacht die spanischen Schiffe angreift. Nur im Schutz der Nacht kann Jan seine Braut besuchen, die überdies den Nachstellungen des skrupellosen Kapitäns der »Andrea Doria« ausgesetzt ist. Die gewalttätige Geschichte beschränkt den einzelnen gerade dort, wo seine Menschlichkeit ihren spontansten und reinsten Ausdruck findet. Hart prallen begehrliche Leidenschaft und Liebe aufeinander, der Wille, den Besitz zu erzwingen, und die freie Entscheidung für den anderen, die persönliche Hingabe an ihn. Bei dem Versuch einer nächtlichen Entführung Mygas durch den Kapitän und seinen Vertrauten Leone stoßen diese auf Jan, der den Kapitän tödlich verwundet. Jan entkommt, während Myga in der Gewalt Leones auf der »Andrea Doria« verbleibt. In der Nacht jedoch gelingt es Jan, mit der schwarzen Galeere das feindliche Schiff zu kapern und seine Braut zu befreien. Am Ende stehen die Freiheit der Geusen und in sie eingeschlossen die Freiheit der Liebenden. Das drohende Scheitern ist noch einmal glücklich abgewendet, zurück aber bleibt die Erinnerung an die Gefährdung der Liebe durch die geschichtliche Gewalt und deren brutale Vertreter.

Reine Novellen gelingen Raabe mit den zwischen 1862 und 1863 entstandenen ›Hämelschen Kindern‹ und der zwischen 1863 und 1864 entstandenen ›Else von der Tanne‹, während in den etwas später verfaßten Erzählungen ›Die Gänse von Bützow‹ und ›Gedelöcke‹ die humoristischen Züge überwiegen. In den ›Hämelschen Kindern‹ knüpft Raabe an die Hamelner Rattenfängersage an, gibt ihr aber eine eigene, überraschende Deutung. Vor dem historischen Hintergrund des Kampfs um die Stadt Hameln zwischen den Bürgern und den Truppen des Bischofs von Minden entwickelt sich mit düsterer Konsequenz eine menschliche Tragödie. Der geächtete Wende Kiza, der gebrochene Held der Novellenhandlung, löst bei einem Maifest durch sein betörendes Pfeifenspiel rasende Leidenschaften in der Jugend der Stadt aus. Nur mühsam gelingt es, den wilden Tänzen und blutigen Raufereien Einhalt zu gebieten. Die Musik versetzt in einen Taumel, der die Menschen außer Kontrolle geraten läßt, so daß sie beginnen, ihre Aggressionen hemmungslos auszuleben. Grausam rächt sich der Wende, den man von Haus und Hof vertrieben hatte, an der Jugend der Stadt, indem er die menschliche Niedrigkeit entfesselt. Aber nur deshalb kann er zur dämonisch beherrschenden Figur werden, weil die anderen im Grunde von zerstörerischen Antrieben beherrscht sind. In dem anstehenden Krieg gegen den Mindener Bischof, von Kiza begeistert begrüßt, tobt sich die latente Gewaltbereitschaft aus, die Kiza anzufeuern und zu aktualisieren versteht, wodurch er sogar vorübergehend in der Stadt zu Ansehen gelangt. Nach dem Sieg der Hamelner spielt Kiza übers Jahr erneut auf zur Maifeier, und wieder provozieren sein Spiel und sein Tanz wüste Ausschweifungen, bei denen er selbst übel mißhandelt wird. Als Werkzeug der Rache von den Mindenern ausersehen, lockt er schließlich die Hamelner Jugend in einen Hinterhalt, wo alle, auch er selbst, den Tod finden. ›Die Hämelschen Kinder‹ gehört zu Raabes düstersten Erzählungen. Der Mensch in äußerster Ferne vom sittlichen Leitbild der Humanität scheitert an der eigenen anarchischen Triebnatur, die ihn zum Opfer und zum Werkzeug verkümmern läßt. Der Verführer wie die Verführten kommen um im Sog entfesselter Aggressivität. Der Mensch pervertiert zur Bestie.

Von ähnlich pessimistischer Haltung ist ›Else von der Tanne‹, ebenfalls eine Novelle von der Tragik, die die Menschen über die Menschen bringen. Wieder spielt die Handlung vor dem Hintergrund eines Kriegs, genauer am Ende des Dreißigjährigen Kriegs in dem ärmlichen Harzer Bergdorf Wallrode. Noch trägt der Pfarrer Friedemann Leutenbacher die Spuren kriegerischer Gewalt am eigenen Körper. Krieg ist für Raabe stets Ausdruck anarchischer Destruktivität, die absolute Krise der Menschlichkeit. Der Krieg als Ereignisrahmen bildet die einschlägige Kulisse für die menschlichen Aggressionen im Alltag. Mitverantwortlich für die kriegerischen Akte ist im Grunde jeder, der sich nicht von der Zerstörung und der Gewalt distanziert. Die Novelle, die am Heiligabend, am Vorabend des christlichen Friedensfestes einsetzt, erzählt von der Gewalt, von ihren Tätern und ihren Opfern und von dem Unfrieden ohne Ende unter den Menschen. Seit zwölf Jahren lebt der Magister Konrad mit seiner nunmehr achtzehnjährigen Tochter Elsa in einer Waldhütte nahe dem Dorf, wo er Zuflucht gefunden hat vor den Kriegsereignissen, nachdem seine Frau und seine anderen Kinder erschlagen worden sind. Doch der Frieden ist trügerisch. Im Dorf hält man den Fremden mit seinen Folianten für einen Hexenmeister und seine Tochter für eine Hexe. Nach dem Abendmahl in der Kirche wird sie von dem entfesselten, abergläubischen Mob gesteinigt und liegt bei Einsatz der Novelle im Sterben. Fassungslos stehen der Vater und der Pfarrer vor einer Toten. Für den Magister gibt es »keine Rettung in der Welt vor der Welt«, und der Geistliche verzweifelt gar an der Güte Gottes: »Er hat seine Hand abgezogen von der Erde, ⟨...⟩ es ist keine Hoffnung und kein Licht mehr in der Welt und wird auch nimmer wieder kommen.«[26] Sein Heimweg durch Nacht und Eis führt den Pfarrer in den Tod. Der Gewalt der Menschen steht in der Novelle die Natur gegenüber, ohnmächtig jedoch wie die hohe Tanne draußen an der Waldhütte, den Menschen auf Dauer vor seinen Mitmenschen zu schützen, die sich längst entfernt haben von dem elementaren Frieden der Kreatur.

Die späteren novellistischen Arbeiten Raabes sind gesammelt in den 1879 veröffentlichten ›Krähenfelder Geschichten‹. Eingeleitet werden sie durch die 1873 entstandene Geschichte ›Zum wilden Mann‹, eine Parabel vom geschenkten und wieder genommenen Glück, eine novellistische Beispielerzählung von der Abschüssigkeit menschlichen Lebens. Die Handlung spielt auf zwei Zeitebenen. Die Erinnerung des Apothekers Kristeller ist erfüllt von der Dankbarkeit gegenüber seinem Wohltäter, der, einer Scharfrichterfamilie entstammend, nach seiner ersten vollzogenen Hinrichtung Deutschland vor nunmehr dreißig Jahren verlassen und damals sein Vermögen Kristeller vermacht hatte. Der Name der von diesem Geld erworbenen Apotheke »Zum wilden Mann« ist jedoch bereits sagenhaft-dämonischer Verweis auf die lauernde unheimliche Bedrohung. In der Erzählgegenwart kehrt der einstige Wohltäter am 30. Jahrestag der Apotheke als brasilianischer Oberst Agonista zurück, um sein Geld einzufordern. Kristeller, der nicht einen Augenblick zögert, der Forderung nachzukommen, endet in Armut. Der Wendepunkt des Geschehens läßt das idyllische kleinbürgerliche

Glück ins bitterste Unglück umschlagen. Beispielhaft erfüllt sich die novellistische Struktur in der Wendung des erinnerten Märchens vom geschenkten Reichtum zu der realen Geschichte sich ereignender Armut. Die Novelle als Antimärchen wird zum Spiegel menschlichen Lebens, indem jedes Happy-End sich abschließend in die schlimmstmögliche Wende verkehrt.

Unmittelbar nach dem ›Wilden Mann‹ entstand die regional und geschichtlich konkret umrissene Novelle ›Höxter und Corvey‹. In Höxter stehen sich 1673 nach dem Abzug der Franzosen die Protestanten unter der Schutzherrschaft Braunschweigs und die Katholiken unter der durch den Prior des Klosters Corvey repräsentierten bischöflichen Oberhoheit als gleich starke Gruppen gegenüber. Die aufgestauten Aggressionen nach der französischen Besatzung entladen sich in wüsten Raufereien zwischen den beiden Gruppen. Fenster werden eingeworfen, Häuser verwüstet, Gewalttätigkeiten hüben und drüben häufen sich. Als Sündenböcke für die allgemeine Konfusion müssen schließlich die Juden herhalten. An der Spitze von Protestanten und Katholiken dringt der protestantische Pfarrer in das Haus der jüdischen Kröppel-Leah ein und fordert die Ausweisung der Juden. Doch die alte Frau, von Dieben im Schatten der chaotischen Zustände heimgesucht, ist verstorben. Frieden angesichts der anarchischen Aggressionen unter den Menschen gibt es nur im Tod. Selbst die christlichen Religionen mit ihrer erklärten Ablehnung von Gewalt und Haß sind wesentlich beteiligt an Unfrieden und Destruktion. Bedenklich sind vor allem die Ausschreitungen gegen Minderheiten. Eigene Verantwortung und Schuld verdrängend, mißbrauchen die Starken die Schwachen als Alibi für ihre eigenen brutalen Exzesse. ›Höxter und Corvey‹ ist vor regionalgeschichtlicher Kulisse ein novellistisches Fallbeispiel für die Unmenschlichkeit der Menschen. Die unerhörte Begebenheit verkommt zum Skandal. Ironisch gefiltert erscheint das Geschehen in der Gestalt des Studenten Lambert Tewes. Mit seinem aus der Bibliothek entwendeten Horaz in der Tasche und seinen jederzeit verfügbaren Horaz-Zitaten vertritt er die Haltung heidnisch humanistischer Urbanität in wohltuendem Gegensatz zu dem mittelalterlich anmutenden düsteren Geschehen, gegen das er allerdings nichts auszurichten vermag. Zum Schluß verläßt er den Ort heillosen Durcheinanders, um niemals wiederzukehren.

Dominant bleibt die sich novellistisch entfaltende pessimistische Lebensstimmung, die in der 1874 entstandenen ›Frau Salome‹ ungebrochen die Handlungsentwicklung bestimmt. Der weitaus umfänglichere erste Teil ist extrem handlungsarm, fast ausschließlich eingenommen von den Gesprächen zwischen dem Justizrat Scholten und der jüdischen Bankierswitwe Frau Salome. Sowohl der illusionslose Rationalist und Voltairianer als auch die mit subtiler Ironie begabte, sensitive Frau in der Nachfolge Heines, auf den sie sich wiederholt beruft, versuchen, sich in geistreichen Gesprächsspielen von einer erdrückenden geistlosen Welt zu distanzieren. Ihr Dialog, gespickt mit literarischen Anspielungen, fremdsprachlichen Floskeln und Bildungsreminiszenzen, schließt sie gleichsam hermetisch von den anderen ab. Zurückgezogen am Fuße des Brocken im Harz, blenden sie die banale Außenwelt aus. Doch die artifizielle Existenz kann sich nur so lange behaupten, wie es gelingt, sich abzuschließen. Jede Berührung mit der Realität muß sie gefährden, mit Auflösung bedrohen. Zur unerhörten Begebenheit wird der Besuch beim Bildhauer Querian, dessen Tochter Eilike schon vorher das Lebensmuster Scholtens in Frage gestellt hatte. »Der Herr Pate Scholten tut auch nur so, als ob er vergnügt sei.«[27] Auf den ersten Blick scheint der Bildhauer in seinen abgedunkelten Räumen auf seine Weise ein ähnliches Inseldasein zu führen wie seine Besucher. Was ihn jedoch von diesen grundsätzlich unterscheidet, ist der Wahrheitsanspruch des Künstlers, seine Unfähigkeit, die Risse in der Welt mit geistreichen Spielereien zu verdecken. Deshalb verbietet er sich jegliches Lachen in seinem Haus. Sein Lebenswerk, ein Gigant mit einem toten Kind im Arm, offenbart in bestürzender Weise die Problematik des Menschen in dieser Welt, den unbedingten Willen, Lebendiges zu schaffen, und die bittere Gewißheit, daß alles Geschaffene von vornherein von der Sterblichkeit des Schöpfers gezeichnet ist, sie gleichsam endlos reproduzierend. Scholten versucht die im Kunstwerk komprimiert in Erscheinung tretende Wahrheit sofort wieder zuzudecken, indem er in ein Lachen ausbricht, das den gebotenen Ernst verletzt und eine Katastrophe auslöst. Querian zerschlägt die Skulptur und setzt sein Haus in Brand.

Während er selbst in den Flammen umkommt, kann seine Tochter gerettet werden. Die unerhörte Begebenheit, die Begegnung mit der existentiellen Wahrheit in der Kunst, lassen Scholten um Jahre altern. Frau Salome formuliert das Fazit der schonungslosen novellistischen Demaskierung aller menschlichen Versuche, sich existentiell zu behaupten, und mögen sie auch noch so geistreich und gebildet angelegt sein: »⟨...⟩ es ist vergeblich – wir stecken in uns, wir stecken in der Menschheit, wir sind gefangen in dem harten Gefängnis der Welt. Wir keuchen nach Freiheit, Erkenntnis, Schönheit und im günstigsten Falle wird uns gestopft der Mund mit Erde.«[28] Mit Novellen wie der vorliegenden desillusioniert Raabe den Glauben des poetischen Realismus an die Möglichkeit geistiger Selbstbehauptung. Was mit Gestalten wie Noah Buchius aus dem ›Odfeld‹ und Heinrich Schaumann aus dem ›Stopfkuchen‹ gelingt, scheitert in der novellistischen Enttäuschung des sich immer nur selbst täuschenden Geistes. In seiner Novellistik überschreitet Raabe am überzeugendsten die Grenze zur Modernen.

Dies gilt bedingt auch für die ebenfalls 1874 entstandene Erzählung ›Die Innerste‹, die allerdings nicht mehr allein im Novellistischen aufgeht. Merkwürdig verknüpft sind Mensch und Natur. Die Innerste meint einmal den bei Clausthal-Zellerfeld im Harz entspringenden Fluß und zum andern die wilde Doris Radebreker oben in der Mühle nahe an der Quelle des Flusses. Doris verkörpert die ungezähmte, elementare Naturkraft, impulsiv und unreflektiert. Auf den jungen Müller Albrecht Bodenhagen übt die ungebrochene Sinnlichkeit eine verführerische Anziehungskraft aus. Er verläßt die elterliche Mühle in der Ebene, um mit Doris oben im wilden Harz zusammenzuleben. Nachdem ihn die Werber ausgehoben haben und er im Siebenjährigen Krieg hat mitkämpfen müssen, kehrt er reumütig ins Elternhaus zurück, wo er sich mit dem sanften Lieschen Papenberg verloben läßt. Unheimlich beginnt um diese Zeit die Innerste zu schreien, wobei wiederum die wilde Doris und der Fluß merkwürdig verbunden erscheinen. Jeder Schrei fordert ein Todesopfer, erst stirbt der Vater, darauf die Mutter. Doris will sich um jeden Preis an dem rächen, den sie schon ihr eigen glaubte und der dann doch nicht zu ihr zurückgefunden hat. Schließlich versinkt sie selbst in der Innersten, wird endgültig eins mit dem

Fluß, nachdem sich der junge Müller erfolgreich gegen sie und den elementaren Naturtrieb zur Wehr gesetzt hat. Der versöhnliche Schluß kann indes nicht über die Gefährdung des Menschen durch die elementare Natur, der er selbst angehört und die der Fluß repräsentiert, hinwegtäuschen. Humanität setzt die Einsicht in die anarchische Sinnlichkeit voraus, die es abzuwehren und zu domestizieren gilt. Albrecht Bodenhagen macht einen Entwicklungs- und Reifeprozeß durch, indem er sich der Faszination durch das bloß Sinnliche entzieht. Unabweisbar aber bleibt, symbolisch gegenwärtig in der Innersten, die latente Gefährdung des humanen Bewußtseins durch die determinierende Triebnatur. Mit der Erzählung ›Die Innerste‹ überwindet Raabe die tragische Novelle, ohne jedoch – hierin echter Realist – deren Antriebskräfte für prinzipiell überwindbar zu halten. Raabes Erzählen ist gespannt zwischen romanhaftem Gelingen durch humane Sublimierung und novellistischem Scheitern durch den Absturz in die destruktive Triebnatur des Menschen und die Konfrontation mit dem Desaster menschlicher Existenz.

VII. Ferdinand von Saar (1833–1906)

Die Novellen Ferdinand von Saars zeigen in der Regel einen betont intimen Charakter. Im Zentrum steht der einzelne, häufig isoliert und sich selbst überlassen. Die gesellschaftliche und geschichtliche Welt gewinnt nur am Rande Konturen, vornehmlich aber ist sie präsent im subjektiven Erleiden. Gerade die Konzentration auf den durch die stets versagende Welt verletzten einzelnen verleiht den Novellen Saars einen lyrischen Grundzug. Immer bleibt die Entsagung durchsichtig für den Schmerz und die Trauer über das von außen verweigerte Glück. Nicht selten münden Enttäuschung und Resignation in selbst- bzw. fremdzerstörendes Handeln.

Saars erste und meistgelesene Novelle[29] erzählt von Entsagung und Verlust. Vor dem Hintergrund Prags handelt die Geschichte um den Pater Innocens, der der Novelle auch den Namen gegeben hat, von einer jäh aufflammenden Liebe zu einem jungen Mädchen, einseitig und von vornherein aussichtslos. Verknüpft ist die 1866 erschienene Geschichte einer unerfüllbaren mit der sich scheinbar erfüllenden Liebe eines jungen Brautpaars. Schmachtend dringen die Töne eines Liebeslieds, vom Bräutigam gesungen, von der Moldau herauf zu dem einsamen Priester. Aber auch dieser Liebe wird durch den plötzlichen Tod der Braut ein unerwartetes Ende gesetzt. Desillusioniert erscheint das romantische Motiv von der Bootsfahrt der Liebenden auf dem nächtlichen Fluß, von der harmonischen Verschmelzung von Gefühl, Natur und Poesie. Dem Pater aber erschließt sich angesichts des grausamen Verlusts der Schmerz als die eigentlich läuternde, veredelnde Kraft. Freiwillig, in innerer Bejahung nimmt er den Liebesverzicht auf sich und findet in der Entsagung ein stilles, persönliches Glück. Ähnlich wie Storm weiß Saar um das Scheitern der Liebe in einer letztlich Glück versagenden Welt, aber er verharrt nicht in der elegischen Gebärde, sondern begreift die Erfahrung des Verzichts als Bedingung persönlicher Reife. Der am Ende erreichte Zustand erinnert an den Rückzug vieler Gestalten Stifters in die Innerlichkeit, aber Saar läßt anders als Stifter Leidenschaft und Enttäuschung ganz nahe an seine Helden herankommen und steigert die Vergeblichkeitsgefühle bis an die Grenze des persönlichen Zusammenbruchs. Aus der Krise erst entwickelt sich die Einsicht in den Schmerz als Wegweiser zu einem stillen, von den Stürmen des Lebens ungefährdeten Glück. Nicht das sanfte Gesetz siegt hier, sondern der Mensch, der geläutert aus der Erfahrung des realen Verzichts hervorgeht.

In »dieser Welt der Enttäuschung und des Schmerzes«[30], wie es in der ›Geigerin‹ (1875) heißt, gibt es offenbar nur den Weg der Entsagung, um dem unausweichlichen Verlust durch den freiwilligen, persönlichen Verzicht zuvorzukommen. In diesem Sinne ist auch der Binnenerzähler durch den Lebensschmerz geprägt und geläutert. Seine innere Haltung bestimmt die Tonlage des Erzählens. Die Geschichte aber, die er erzählt, handelt im Kern von einem unbeugsamen Verlangen nach dem Glück, nach einer tiefen inneren Erfüllung der Liebe, die sich trotzig weigert, Verlust und Verzicht anzunehmen. Die Geigerin Anna, gleichermaßen begabt mit einem außergewöhnlichen Virtuosentum wie mit einer leidenschaftlichen Unbedingtheit des Gefühls, erfährt in der Begegnung mit Männern, denen sie ihre Liebe schenkt, stets neue Enttäuschungen. Keiner erweist sich der Tiefe ihrer Empfindung würdig. Regelmäßig wird ihre völlige Hingabe mißbraucht und ausgenutzt. In dieser Welt hat die nach unbedingter Erfüllung verlangende Liebe keinen Platz. Notwendig treibt die kompromißlos nur ihrem Gefühl vertrauende Frau in die Selbstaufgabe. Überlebenschancen gibt es nur für die, die sich wie ihre Schwestern entweder in einem biederen bürgerlichen Dasein einrichten oder sich den vordergründigen Genüssen verschreiben und diese zu ihrem eigentlichen Lebensinhalt machen. Weder die biedermeierlich abgeschirmte Lebensform noch eine Existenz, die vornehmlich auf dem Verstand gründet, vermögen der Tiefe des unbedingten Gefühls gerecht zu werden. Tragisches Scheitern oder die elegische Haltung der Entsagung sind die Alternativen des tief empfindenden Menschen in einer Welt des flüchtigen Scheins und der oberflächlichen Beziehungen. Gerade die Realität des Scheiterns aber, gebrochen in der elegischen Perspektive des Erzählers, legt die Novelle als Ausdrucksform des Schmerzes nahe.

Die Stimmung der Entsagung und des Verzichts, charakteristisch für die Novellen Saars, ist in ›Vae victis!‹ (1883, unter dem Titel ›Der General‹, 1879) eng verknüpft mit dem politischen Niedergang Österreichs, wie er sich seit den Napoleonischen Kriegen und in den Niederlagen gegen Napoleon III.: bei Magenta und Solferino 1859 sowie gegen Preußen 1866 abzeichnete. Es ist der Niedergang des alten Österreich mit der beherrschenden Stellung des Adels und des Militärs. Das bürgerliche Beamtentum, bürgerliche Politiker und die finanzstarke Bourgeoisie drängen nach vorn und treten für längst fällige Neuerungen ein. In der Novelle ist General Baron Brandenberg der Vertreter der alten niedergehenden Ordnung, während seine Frau, Tochter eines Hofbeamten, sich dem bürgerlichen Wortführer der Politik unbedingter Erneuerung zuwendet. Der Riß zwischen alter und neuer Zeit geht mitten durch die Ehe. Brandenberg, der feindseligen Verachtung seiner eigenen Frau ausgesetzt, die ihm und seiner Welt alle Zukunft abspricht, erschießt sich im Bewußtsein, sich selbst und das alte Österreich überlebt zu haben, und macht so den Weg frei für eine Ehe seiner Frau mit dem Politiker und für die neue Zeit. Der Verlust der Tradition und die Skepsis dem Neuen gegenüber verleihen den Novellen Saars ihre unverwechselbare melancholische Stimmung, ihren Charakter eines nostalgischen Abgesangs. Aus der sich immer deutlicher abzeichnenden Krise der einstigen glanzvollen k.u.k.-Monarchie erwächst die Novelle als Ausdrucksform des Untergangs.

Die 1892 erschienene Novelle ›Schloß Kostenitz‹, die Saar zu seinen besten Arbeiten zählte, spielt nach 1848, nach der erneuten Durchsetzung der reaktionären Kräfte in Österreich. Von den historischen Entwicklungen unmittelbar betroffen ist Baron Günthersheim, der, als hoher Beamter selbst ein Vertreter des liberalen Geistes, verabschiedet wird. Zurückgezogen lebt er fortan mit seiner um vieles jüngeren Frau Klothilde auf Schloß Kostenitz. Harmonie bestimmt ihr Zusammenleben, erfüllt von Musik, Malerei und Literatur in einer idyllischen Parklandschaft. Doch die Harmonie ist gefährdet. Im Rahmen einer Einquartierung begegnet die empfindsame, leicht verletzbare Klothilde dem Rittmeister Graf Poiga, der sich mit Blick auf ihren gealterten Ehemann ein leichtes Abenteuer verspricht. Klothilde, zwischen leidenschaftlicher Faszination und Liebe zu ihrem Mann, kann sich der Zudringlichkeiten nur mühsam erwehren. Zurück bleibt ein vernichtendes Schuldgefühl, das sie in den Tod treibt. Der geschichtlich-politische Hintergrund und die geschilderten Ereignisse scheinen auf den ersten Blick wenig miteinander zu tun zu haben. Und doch gibt es versteckte Verbindungen zwischen dem Sieg der Reaktion und den erotischen Eroberungsversuchen des Grafen, der die liberale Bewegung als Freiheitsschwindel abtut und der »Knute« für das Volk das Wort redet. Die reaktionären Kräfte, nur auf sich selbst und den eigenen Machterhalt konzentriert, erweisen sich als gänzlich unempfindlich den Ansprüchen und Eigenrechten des anderen gegenüber. In einem Klima der Reaktion muß Humanität notwendig Schaden leiden. Auch wenn der Baron selbst die Schuld am Tod seiner Frau auf sich nimmt, bleibt die Verantwortung des eigentlich Schuldigen offensichtlich. Erst dann kann der Baron in Frieden sterben, als er von dem Tod des Grafen auf dem Schlachtfeld von Magenta liest. Mit der Niederlage Österreichs im Krieg gegen das mit Frankreich verbündete Italien scheint auch das Ende der reaktionären Gesellschaft eingeleitet. Kein blinder Fatalismus waltet, sondern das politische und menschliche Unwesen einer elitären Kaste, die jede Humanität unterdrückt. In der kunstvollen Verknüpfung von öffentlicher Lage und privatem Schicksal zeigt sich die Unmenschlichkeit einer Welt, die zerstörerisch selbst in die abgeschiedensten Winkel erfüllten mitmenschlichen Glücks eindringt. Radikaler noch als in ›Vae victis!‹ ist die pessimistische Haltung verbunden mit dem Niedergang einer Tradition, die in der Tat keine Zukunft mehr hat, da sie den humanen Ansprüchen nicht länger gerecht wird. Saar realisiert die Novelle als literarisches Medium einer geschichtlichen Endzeit, als Schwanengesang auf eine endgültig absterbende Vergangenheit. Schloß Kostenitz, schließlich vereinsamt und verödet, wird zum Sinnbild des geschichtlich Überlebten. Die Aufbrüche in eine neue Zeit, flüchtig, mehr summarisch angedeutet, vermögen vorerst keine neuen Perspektiven zu öffnen. Saars Novelle beschwört das Ende einer Epoche ohne das Vertrauen auf einen menschlich erfüllenden Neuanfang.

Ähnlich wie in der bereits 1874 erschienenen Novelle ›Der Steinklopfer‹ wendet sich Saar auch in ›Die Troglodytin‹ (1889) dem Arbeiterstand und dem entstehenden Proletariat zu. Der trivialen Liebesgeschichte dort, die trotz widrigster Umstände durch menschliche Anteilnahme glücklich endet, steht hier die Darstellung einer tiefgreifenden sozialen Krise gegenüber, verschärft noch durch die offenbare Verständnislosigkeit des Erzählers, eines Forstmeisters, der sich weitgehend mit der Sichtweise der Herrschenden identifiziert. Das Schicksal des Mädchens Maruschka aus sozial deklassierter Schicht erscheint ihm als naturgegeben. Ihre Arbeitsscheu betrachtet er mit anderen als charakteristisch für Leute ihres Schlages. Wie seine Umwelt neigt er dazu, sie als Sündenbock für ordnungswidrige Vorfälle verantwortlich zu machen, und gibt der Gemeinde recht, wenn diese sich ihrer Fürsorgepflicht für die sozial Schwachen entzieht. Den unweigerlichen Untergang des Mädchens kommentiert er zum Schluß mit einer gewissen Beruhigung. ›Die Troglodytin‹, eine soziale Novelle mit naturalistischer Tendenz, gehört zu den besten Arbeiten Saars und markiert zugleich den Abschluß seiner Entwicklung als Novellist. Die Novelle formt sich zur verständnislosen Gebärde der gesellschaftlich führenden Schichten angesichts des wachsenden, industriell bedingten Elends an den sozialen Rändern. Während die alten Ordnungen ins Wanken geraten, die traditionelle Gesellschaft zu zerbrechen beginnt, steht man fassungslos vor einer sich anbahnenden gesellschaftlichen Umstrukturierung, die immer mehr aus der Kontrolle zu geraten droht. Saars Novellen beschreiben den Übergang zwischen einer im Niedergang begriffenen Vergangenheit und einer chaotisch anbrandenden Zukunft.

Die späten Novellensammlungen Saars (›Herbstreigen‹, 1897; ›Nachklänge‹, 1899; ›Camera obscura‹, 1900 und ›Tragik des Lebens‹, 1906) variieren und radikalisieren das Thema des zerbrechenden und untergehenden einzelnen in einer feindseligen, fremder werdenden Welt. Dies gilt ebenso für den alternden Mann in ›Requiem der Liebe‹, dem plötzlich klar wird, daß er nur der Spielball seiner einstigen Jugendliebe gewesen ist, wie für Doktor Trojan in der gleichnamigen Novelle, dem bei aller natürlichen Begabung für seinen Beruf das Fehlen des letzten legitimierenden Diploms zum Verhängnis wird, und schließlich für die Liebenden in der Novelle ›Die Pfründer‹, die spät endlich zueinander finden, um bald darauf durch unheilbare Krankheit und Tod wieder voneinander geschieden zu werden. Die in der »Camera obscura« der Novellistik Saars erscheinenden Bilder sind dunkel getönte Ablichtungen von den Verletzungen, Niederlagen und Auslöschungen des Individuums in der kollektiven und anonymen Welt auf der Schwelle des 20. Jahrhunderts.

VIII. Die Novellisten im Umkreis

In den novellistischen Arbeiten der Erzähler im Umkreis der großen Novellisten spiegeln sich noch einmal die Möglichkeiten einer Gattung, die in der Phase des poetischen Realismus in der Breite und in der Qualität einen Höhepunkt erreichte. Gelegentlich überraschen neue Themen und Tendenzen.

Die betonte Orientierung an den sozialen Werten der Gemeinschaft rückte den, der bloß seinen eigenen Vorteil suchte, zusehends ins Abseits. In der Sonderform der Kriminalnovelle entlud sich der novellistische Konflikt von Individuum und Gesellschaft in der Darstellung von Verbrechen, ihren Folgen und ihrer gerechten Bestrafung. Neben Meyer (›Die Richterin‹) und Fontane (›Unterm Birnbaum‹) trat vor allem Friedrich Halm mit seiner Novelle ›Die Marzipanliese‹ (1856) hervor, in der der habgierige Mörder einer alten reichen Frau durch eine Verkettung mißlicher, unheimlicher Umstände den Tod findet, nachdem er der irdischen Gerechtigkeit durch Täuschung und Tarnung entgangen war. Fast ausschließlich als Autor von Kriminalnovellen ist der Jurist Jodokus Temme hervorgetreten. In seinen ›Kriminalnovellen‹ von 1860/63 und 1873 geht es in detektivischer Manier um die exakte Aufklärung der Verbrechen und die Überführung der Täter. Anders als Halm setzt Temme auf den Verstand, dem der im Affekt handelnde Täter prinzipiell unterlegen ist. Unverkennbar bildet sich gerade hier das gestiegene Selbstvertrauen des Bürgers in die eigenen intellektuellen Kräfte ab. Die Kriminalnovelle blieb jedoch schon auf Grund ihrer thematischen Einengung eine Randerscheinung. Die bedeutenderen Novellisten gaben ihr in der Regel keinen Raum.[31]

Aus dem Erzählwerk[32] von Hermann Kurz (1813–1873), zusammen mit Paul Heyse Herausgeber des ›Deutschen Novellenschatzes‹, ragen neben dem Roman ›Der Sonnenwirt‹ auch zwei novellistische Arbeiten hervor. In der Novelle ›Die beiden Tubus‹ (1859) – der Titel stammt von Heyse – entdecken sich der menschenfreundliche Pfarrer von A..berg und der kritisch querulantische Pfarrer von Y..burg eines Tages durch das Fernglas, durch das sie »spazieren zu sehen« pflegen, der eine mit der Vorliebe für das Schöne, der andere dem Schiefen und Absonderlichen zugeneigt. Es entspinnt sich ein freundschaftlicher Briefwechsel, der jedoch, nachdem man sich persönlich begegnet ist, in gegenseitiger Enttäuschung abbricht. Wie eine Parodie auf die bürgerliche politische Praxis nach 1848 wirkt die bloß rhetorisch ausgetragene, völlig folgenlose Kontroverse zwischen republikanischen und monarchistischen Standpunkten. Während für den Menschenfreund eine Welt zusammenbricht, fühlt sich der Skeptiker in seinen Ansichten über die Unzulänglichkeiten der Welt bestätigt. Als lebensfähiger erweist sich der Realist, der sich selbst und den anderen nichts vormacht über den Zustand seiner Gesellschaft, die weit davon entfernt ist, die beste aller möglichen zu sein.

Deutlich treten die Schattenseiten menschlichen Zusammenlebens in der Geschichte ›Der Weihnachtsfund‹ (1855) hervor. Konfliktauslösend ist auch hier die Problematik, sich dem anderen verständlich zu machen. Sowohl die Magd Justine als auch der Knecht Erhard erweisen sich als unfähig, ihrer gegenseitigen Liebe klaren Ausdruck zu geben. Statt dessen läßt sich Justine von den falschen Liebesschwüren eines anderen verführen, von dem sie daraufhin ein Kind erwartet. Nach vielen Jahren, als Erhard als wohlhabender Mann zurückkehrt und erfährt, daß Justine das Kind zu Weihnachten ausgesetzt hat, um ihm als Findling eine Zukunft zu sichern, die es als Bankert nie gehabt hätte, dabei aber für das Kind immer da gewesen ist, erkennt er die Größe der Frau, die ihren Irrtum durch ihre aktive Verantwortung für das junge Leben längst wiedergutgemacht hat. Einer Verbindung steht nun nichts mehr im Wege. Die Novelle handelt von den Mißverständnissen im gesellschaftlichen Umgang der Menschen miteinander, aber auch von der Verantwortung und dem Verstehen. Konsequent erscheint der einzelne eingebunden in seine Gemeinschaft, außerhalb derer er nicht zu existieren vermag. Akzentuiert treten die realen Lebensbedingungen in ihren tragischen wie in ihren glücklichen Aspekten zutage.

Soziale Verantwortung ist das Leitthema in den Novellen von Louise von François (1817–1893).[33] Die Erzählerin, die mit Marie von Ebner-Eschenbach und Conrad Ferdinand Meyer im Briefwechsel stand, gestaltet die Novelle als moralische Parabel. Ihr didaktisches, an bürgerlicher Solidarität orientiertes Engagement erinnert an Keller. Gemessen wird der einzelne jeweils an seinen Leistungen für die Gemeinschaft. In der Novelle ›Phosphorus Hollunder‹ (1857) stoßen das strebsame, zukunftsoffene Bürgertum und der bornierte Adel aufeinander. Der Konflikt endet mit einer aus heutiger Sicht allzu dick aufgetragenen moralisierenden Darstellung des gesellschaftlichen Abstiegs und der Verelendung der adligen Vertreter, während der Bürger wirtschaftlich und politisch reüssiert und sich beispielhaft durch soziale Verantwortung auszeichnet. Bedeutsam ist nach der Enttäuschung von 1848 die dargestellte Rückbesinnung auf die bürgerlichen Werte der Arbeit und der Gemeinschaft.

In der ebenfalls 1857 erschienenen historischen Novelle ›Der Posten der Frau‹ erkennt die Gräfin Eleonore ihre Verantwortung für ihr Haus und ihre Familie, die sie aus Enttäuschung über ihren verantwortungslosen, schwachen Mann verlassen hatte. Nach einem Gespräch mit dem Preußenkönig Friedrich, der allerdings zunächst incognito bleibt, vor dem Hintergrund des Siebenjährigen Kriegs, kehrt sie mit der festen Überzeugung zurück in das Haus, daß gerade die Schwachen des Einsatzes der Stärkeren bedürfen. Die Anmahnung des preußischen Wertethos ist für Louise von François ebenso charakteristisch wie die sittliche Aufwertung der Frau. Eine der überzeugendsten Frauengestalten gelingt ihr in der Novelle ›Judith, die Kluswirtin‹ (1862). Durch persönlichen Einsatz bringt Judith nicht nur ihr heruntergewirtschaftetes Erbe wieder hoch, sondern fühlt sich darüber hinaus auch verantwortlich für die menschlich schlimmen Folgen in ihrer Familie. Die Frau wird einmal mehr zum Zentrum eines sozial verantworteten Handelns, das erst Zukunft aufzubauen vermag.

Neben der sozialen Verantwortung sind es die Werte der Toleranz und des Vertrauens, die in den Novellen von Louise von François unabdingbare Voraussetzungen für jede erfüllte Gemeinschaft bilden. ›Hinter dem Dom‹ (1859) handelt von der protestantischen Hetze gegen jüdische Mitbürger, aber auch von dem vorbildlichen Verhalten des einzelnen, der durch Anteilnahme und Freundschaft dem Unrecht unbeirrt entgegenwirkt. Im Einzelfall tritt die Menschlichkeit als Bedingung eines künftigen befriedeten Zusammenlebens der Andersdenkenden in Erscheinung. Kritisch zeichnet Louise von François in ihrer erfolgreichsten Novelle ›Der Katzenjunker‹ (1879) den eifersüchtigen Zweifel des Mannes an der Treue und Integrität seiner Frau. Tragisch droht die Eifersucht das Vertrauen und damit die Gemeinschaft zwischen den Geschlechtern zu zerstören. Beispielhaft gewinnt gerade in der kleinsten gesellschaftlichen Zelle der Glaube an den anderen, an sein Gemeinschaftsgefühl als sittlicher Kern jedes intakten Gemeinwesens Gestalt. Die Novellen von Louise von François mögen stilistisch inzwischen Patina angesetzt haben, doch sollte dies nicht der Erkenntnis im Wege stehen, daß es sich hier um den nicht gerade häufigen Typus der moralischen Novelle handelt, der im Gefolge des didaktischen Modells der »novelas ejamplares« von Cervantes nützliche Beispiele für ein erfülltes menschliches Miteinander gestaltet.

Die existentielle Beispielhaftigkeit in den Novellen Ferdinand Kürnbergers (1821–1879)[34] ist demgegenüber zwiespältig. Um in einer rücksichtslosen Wirklichkeit überleben zu können, müssen Täuschung und Lüge herhalten. In der Novelle ›Der Drache‹ (1857) gelingt es einem Arzt nur durch das Täuschungsmanöver eines fingierten Briefs, einen angeblich besessenen Patienten zu heilen, der in Wahrheit unter Schock steht, da man ihn um eine reiche Erbschaft geprellt hat. Erst die gefälschte Nachricht vom Bankrott des von ihm unter Wert Verkauften lassen ihn wieder gesunden. Die Novelle ›Flucht und Fund‹ (1861) streift das Groteske. Der Insasse eines Irrenhauses erkennt, daß seine Fluchtchancen in dem Maße steigen, wie er aufhört, seine geistige Gesundheit zu beteuern. Auch hier führt erst Tarnung zum Erfolg. Nicht um Wahrheit geht es, sondern um Überleben. Der Triumph der Lüge wirft ein kritisches Licht auf die verlogene bürgerliche Gesellschaft, in der der Scheinwert des Kapitals das wahre menschliche Sein verdrängt. In der Novelle ›Die Opfer der Börse‹ (1861) sind die Aktien in den Händen der Spekulanten am Ende zu bloßem Papier entwertet. Der anonyme Kapitalprozeß entfremdet den Menschen zur Marionette. Wertschein und Lügen regieren die bürgerliche Welt. Kürnberger gestaltet die Novelle als satirische Abrechnung mit einer Wirklichkeit, in der das Essentielle und Existentielle weit auseinanderklaffen.

Bei Marie von Ebner-Eschenbach (1830–1916) erhält die moralische Novelle zunehmend tragische Züge.[35] Komische und tragische Töne mischen sich noch in der Novelle ›Die Freiherren von Gemperlein‹ (1879), in der das Motiv der verfeindeten Brüder letztlich versöhnlich gewendet wird. Die unerbittlich geführten politischen Auseinandersetzungen zwischen konservativ-feudalen und fortschrittlich-liberalen Standpunkten können das brüderliche Fühlen und Handeln nie überdecken und verdrängen. Nur theoretisch sind sie uneins, praktisch handeln sie von entgegengesetzten Positionen aus im Sinne aufrichtiger Menschlichkeit. In der realen Krise stehen sie, ohne zu zögern, füreinander ein.

Wird hier die unterschwellig drohende tragische Entwicklung noch abgewendet, so bricht sie in der knappen Erzählung ›Krambambuli‹ (1883), auf der Grenze zwischen Novelle und Kurzgeschichte, voll durch. Im Gefühlsverhalten und im Schicksal des

Hundes, hin und her gerissen zwischen der Anhänglichkeit an seinen alten Herrn, einem heruntergekommenen Trinker und Wilderer, und der Treue zu seinem neuen Herrn, dem integren, angesehenen Förster, spiegelt sich der Mangel an Verständnis und sozialer Anteilnahme. Ähnlich wie in Saars ›Troglodytin‹ nimmt sich hier der etablierte Bürger heraus, den deklassierten Mitmenschen wie einen Menschen zweiter Ordnung zu behandeln. Gerade die Anhänglichkeit des Hundes an seinen ersten, heruntergekommenen Herrn aber zeigt die brutale Unmenschlichkeit jeglichen Kastendenkens, das durch das elementar richtige Verhalten des Tieres widerlegt wird. Mit ›Krambambuli‹ schlägt Marie von Ebner-Eschenbach ihr Kernthema der sozialen Not an. Diese, weniger die Darstellung vorbildlichen sozialen Handelns wie bei Louise von François, steht im Zentrum ihrer sich mehr und mehr tragisch zuspitzenden Novellen.

In ›Er läßt die Hand küssen‹ (1886) stehen sich der ständische und der menschliche Adel widerspruchsvoll gegenüber. Der kleine Gemeindearbeiter ist ohnmächtig den Übergriffen der Gräfin ausgesetzt, die ihn von seiner Frau und seinem Kind trennt und ihn, nachdem er sich ohne Erlaubnis entfernt hat, um seine schwer mißhandelte, sterbende Frau zu besuchen, unter brutaler Gewaltanwendung zurückholen läßt, der er schließlich selbst erliegt. Wie eine ironische Litanei zieht sich der von dem Kammerdiener der Gräfin übermittelte Satz »Er läßt die Hand küssen« durch die Handlung, jeweils an den Stellen, wo dem Gemeindearbeiter offenbares Unrecht widerfahren ist, für das er sich auch noch in der verlogenen ständischen Komplimentiersprache zu bedanken hat. Weder seine Arbeit noch seine Verantwortung für seine Familie und die Sorge um die bedürftige Mutter seiner Frau werden ihm angerechnet. Was zählt, ist allein der formale Gehorsam, erzwungen von der ebenso selbstherrlichen wie unmenschlichen Vertreterin des Adels. Deutlich tritt neben die Darstellung der realen Not die Kritik an ihren Verursachern.

Die späte Novelle ›Mašlans Frau‹ (1894) gestaltet das in der zweiten Jahrhunderthälfte brisant werdende Thema des Geschlechterkampfs. Der schöne Mašlan, mit der reichen Bauerntochter zunächst in glücklicher Ehe lebend, beginnt sie nach Jahren fortwährend zu betrügen. Nach anfänglichem Verzeihen schwört sie, eher das Haus in Brand zu stecken, als ihn um Einlaß zu bitten, während Mašlan schwört, eher in die Hölle zu fahren, als sie zu rufen. Als Mašlan im Sterben liegt, fühlen sich beide an ihren Schwur gebunden, so daß der Mann allein, ohne seine Frau sterben muß. Die Sinnlichkeit des Mannes, seine frei schweifende Sexualität jenseits tieferer Gefühlsbedingungen und die Beharrlichkeit und die Treue der Frau, für die sich Erotik nur in der Liebe erfüllen kann, sind unvereinbar. Obwohl sie sich im Grunde lieben, müssen beide an der Liebe des anderen letztlich irre werden. Die Kluft zwischen den Geschlechtern scheint so lange unüberbrückbar, wie der Mann sich gegen die Einsicht in den inneren Zusammenhang von Körper und Seele sperrt, da erst aus solcher Einsicht moralische Verantwortung erwachsen kann. Ähnlich wie in ihren um die soziale Not kreisenden Novellen verharrt Marie von Ebner-Eschenbach auch hier bei dem ungelösten Konflikt. Humanität, die sich zwischen den gesellschaftlichen Schichten und den Geschlechtern erfüllt, bleibt eine Aufgabe für die Zukunft.

Der gleichaltrige Paul Heyse (1830–1914), mit seinen über hundert Novellen[36] der beliebteste Erzähler des bürgerlichen Lesepublikums, verlagert den Konflikt in den einzelnen selbst. Wie Meyer läßt er seine Novellen vornehmlich in Italien spielen, ohne allerdings mit seinen Figuren die tragische Größe der herrischen Renaissancegestalten des Schweizers zu erreichen. Heyses Menschentyp ist bei allem Selbstbehauptungs- und Durchsetzungswillen fähig zur Einsicht in die eigenen Schwächen. Das klassisch idealistische Vertrauen in den Menschen löst die sich anbahnenden tragischen Entwicklungen auf oder mildert sie zumindest ab. Heyses Novellentyp erfüllt sich in einer Art Bildungsnovelle, die die Entfaltung von Humanität an die individuelle Reifung bindet und dabei die kollektiven Bedingungen weitgehend ausblendet. Der einzelne scheint jeweils verstrickt in das eigene borniere Lebensmuster, dessen Revision die Perspektiven für ein Leben in einer humanen Gesellschaft eröffnet.

In diesem Sinne ist wohl auch Heyses novellentheoretischer Ansatz zu verstehen, wie er ihn in der Einleitung zum ›Deutschen Novellenschatz‹ (1871) formuliert hat. Der »Falke«, die bedeutsame

Einzelheit, markiert danach innerhalb der novellistischen Handlungsführung die Wendung zu einer Lösung des bornierten individuellen Verhaltens. In ›L'Arrabiata‹ (1855) löst Laurettas Biß in die Hand des heftig um sie werbenden Schiffers Antonino die endgültige Überwindung ihrer spröden Verschlossenheit aus. Ihr abwehrendes Verhalten, begründet durch ihre negativen Erfahrungen im Elternhaus, entspannt sich in der persönlichen Anteilnahme an dem Schmerz, den sie dem anderen, der sie aufrichtig liebt, zugefügt hat. Erst jetzt, in der Entfaltung ihrer natürlichen Sinnlichkeit, wird sie selbst liebesfähig. Die Erlösung aus einem isolierenden Verhaltensmuster führt den einzelnen in den sinnstiftenden sozialen Zusammenhang zurück.

In der dunkler getönten Novelle ›Andrea Delfin‹ (1862) ist es der Mord an dem Freund, den er mit einem anderen verwechselt hat, der in Delfin die entscheidende Wende auslöst. Als Rächer an der venezianischen Signoria, die für den Tod seiner Geschwister verantwortlich ist, tötet er unter falschem Namen zunächst zwei alte Inquisitoren, bis schließlich der eigene Freund, den er in der Verkleidung ebenfalls für einen Inquisitor hält, durch seine Hand den Tod findet. Der selbsternannte Richter wird zum Mörder, die Gerechtigkeit, die er wiederherstellen wollte, verkehrt sich in blutigen Widersinn. Delfin erkennt, daß Menschlichkeit nicht durch unmenschliche Taten erreicht werden kann. Rache und Gewalt verzerren den einzelnen zu einem Dämon der Vernichtung. Im Bewußtsein der eigenen Anmaßung richtet sich Delfin selbst durch einen Sprung in die Lagune. Der selbstgewählte Tod verurteilt in radikaler Pointierung die individuelle Verblendung und hebt sie zugleich auf.

Moderner als die weiterhin dem klassischen Menschenbild verpflichteten Bildungsnovellen Heyses wirken die novellistischen Arbeiten des galizischen Erzählers Leopold von Sacher-Masoch (1836–1895), der fast nur noch in Verbindung mit der nach ihm benannten sexuellen Perversion des Masochismus Erwähnung findet. Seine damals populärsten und zugleich berüchtigsten Geschichten stehen im ersten Teil der 1870 erschienenen Erzählsammlung ›Das Vermächtnis Kains‹ unter dem Leitthema »Liebe«. In ›Don Juan von Kolomea‹[37] gelingt es Sacher-Masoch, dem oft realisierten literarischen Motiv originelle Seiten abzugewinnen. Der Binnenerzähler, ein galizischer Gutsherr, erzählt von der zunächst äußerst glücklichen Liebesgemeinschaft mit seiner Frau, die ihm nach der Geburt eines Kindes jedoch merkwürdig verändert vorkommt. Mehr und mehr fühlt er sich ausgeschlossen von der neu entstandenen Gemeinschaft von Mutter und Kind. Zugleich wird ihm aber auch die Abhängigkeit deutlich, in der er lebt, indem er sich ganz an die Frau verloren hat, an ihre sinnliche Natur, mit der er bis zur Selbstaufgabe verschmelzen wollte. Die Liebe, nach der er verlangt, erscheint ihm plötzlich als die Tyrannei des fremden Lebens über ihn selbst. Um seine Freiheit zurückzugewinnen, distanziert er sich von seiner Frau und geht zahlreiche andere Verbindungen ein, die ihn indes nicht länger fesseln, sondern nur noch seinem Vergnügen und seiner Lust dienen. Don Juan ist weniger der egoistische und skrupellose Verführer, wie ihn die antiromantische Kritik darstellte, als der um seine persönliche Befreiung aus den Zwängen weiblicher Liebe ringende Mann. Doch in dem Maße, wie er jenseits der Moral nur noch sein Spiel mit der Liebe und den Frauen treibt, bleibt das tiefere Gefühl auf der Strecke. Freiheit scheint nur möglich ohne Liebe, während die echte Liebe den Mann versklavt.

In seiner berühmtesten Novelle ›Venus im Pelz‹[38], der Titel verweist auf die Frau als herrschsüchtige Liebesgöttin, radikalisiert Sacher-Masoch den Kampf der Geschlechter. Der Ich-Erzähler unterwirft sich bedingungslos der Herrschaft der schönen Wanda, von der er sich peitschen und drangsalieren läßt, um in dem von ihr zugefügten Schmerz höchste Liebesgefühle zu empfinden. Wanda ist es, die den Mann schließlich zu der Erkenntnis bringt, daß Mann und Frau im Grunde immer nur Feinde, Hammer oder Amboß füreinander sein können. Diese Erkenntnis befreit ihn zugleich aus der Herrschaft der Frau und läßt ihn selbst die Rolle des Herrschers übernehmen. Eine Gefährtin des Mannes wird die Frau erst dann sein können, »wenn sie ihm gleichsteht an Rechten, wenn sie ihm ebenbürtig ist durch Bildung und Arbeit«[39]. Der Kampf der Geschlechter ist keineswegs naturgegeben, sondern bedingt durch die patriarchale Herrschaft des Mannes, durch die sich die unterdrückte, aber begehrte Frau provoziert fühlt, dem begehrenden Mann gegenüber ihren natürlichen Vorteil gnadenlos auszuspielen, zumal sie um so begehrenswerter erscheinen muß, je härter sie dem

Mann entgegentritt. In einer repressiven Gesellschaft muß letztlich auch die Liebe zwischen den Geschlechtern zur Repression und zu Machtritualen pervertieren. In Sacher-Masochs Novellen spiegelt sich ähnlich wie später in den Dramen Strindbergs das wachsende Bewußtsein einer Gesellschaft, die sich von idealistisch verbrämten Rollenfixierungen zu verabschieden beginnt, aber auch den bloß materialistischen Determinierungen mißtraut. Der Realist Sacher-Masoch setzt auf eine Versöhnung der Geschlechter durch ungetrübte Erkenntnis in einer künftigen Gesellschaft. Bisher aber gibt es nur die, »welche andere belügen, das sind die materiellen Menschen, ⟨...⟩ und dann die Idealisten, wie die Deutschen sich nennen – die sich selbst belügen«[40].

Ebenfalls aus Galizien stammt der jüdische Erzähler Karl Emil Franzos (1848–1904), der in seinen ›Tragischen Novellen‹ (1886)[41] den von der Gesellschaft vereinnahmten bzw. geächteten Menschen Gestalt werden läßt. In ›Melpomene‹, einer Geschichte aus dem Prager Getto, soll die schöne Lea Herzheimer mit dem reichen, verwitweten Ruben Blau verheiratet werden, um ihren verarmten Eltern einen sorglosen Lebensabend zu sichern. Ihre außergewöhnliche Schönheit wird ihr zum Verhängnis, erniedrigt sie gleichsam zum Tauschobjekt für materielle Sicherheit. Nachdem die Verlobung mit dem viel älteren Blau unter demütigenden Umständen zunächst wieder gelöst worden war, der sich im Grunde nur eine Frau für seine erotischen Wünsche kaufen will, kommt es schließlich doch zur Heirat. Aber noch in der Hochzeitsnacht vergiftet sich die in ihrem persönlichen Stolz tief verletzte Frau und entzieht sich einem Leben, das ihr nur die Rolle der Prostituierten in einer unwürdigen Ehe aufgezwungen hätte. Tragisch, wie ihr Übername Melpomene bereits andeutet, endet das Leben der Frau, der die Gesellschaft eine persönliche Entfaltung versagte. Zugleich wird das gesellschaftliche Schicksal der Juden als Bedingung für den tragischen Ausgang erkennbar. Ein jüdischer Student kommentiert: »Wir lebten solange in Knechtschaft, da keimt kein Sinn für Freiheit auf, auch nicht für das freie Recht der Persönlichkeit.«[42]

In der zweiten Novelle ›Der Stumme‹ mißachtet der Vater seinen eigenen Sohn wegen außergewöhnlicher Häßlichkeit und gibt ihn so der Verachtung durch die Gesellschaft preis. Der Geächtete, erfüllt von Haß auf die anderen, aber auch auf sich selbst, vermag sich nicht anzunehmen. Als der Bruder ihm die Frau, die mehr aus Mitleid als aus Liebe in die Ehe eingewilligt hat, entführt, wird er zum Mörder. In der Binnenerzählung schildert er als alter Mann sein tragisches Schicksal, sein Umhergetriebensein nach dem Brudermord. Den Tod, den ihm Gott zu versagen scheint, findet er kurz nach seiner Lebensbeichte bei der Rettung eines Kindes. Eine soziale Tat erwirkt ihm am Ende seines Lebens die Achtung der anderen, die ihn bisher ausgestoßen und dämonisiert hatten. Die tragischen Novellen von Franzos nehmen sich der Opfer einer übermächtigen, grausamen Gesellschaft an. Im Teufelskreis von sozialer Ächtung und dem Verlust der Selbstachtung geht das Individuum unter.

Mit der Novellistik[43] von Isolde Kurz (1853–1944), der Tochter von Hermann Kurz, klingt die Novelle des poetischen Realismus aus. Noch einmal stehen das Ringen des einzelnen um erfüllte Humanität, seine Entwürfe und sein Scheitern, der Konflikt von bedingungsloser Möglichkeit und bedingender Realität und mit ihm die Krise der bürgerlichen Gesellschaft im Mittelpunkt eines umfangreichen novellistischen Werks. Sowohl in ihren ›Florentiner Novellen‹ (1890) wie in den ›Italienischen Erzählungen‹ (1895) und in der Sammlung ›Die Nacht im Teppichsaal‹ (1933)[44] zeigt Isolde Kurz eine Vorliebe für Italien als Schauplatz, insbesondere für die italienische Renaissance. Der sich zunächst aufdrängende Vergleich mit Meyer fördert jedoch eher die Unterschiede als die Gemeinsamkeiten zutage. Während es Meyer um die Fragwürdigkeit und den Sturz renaissancehafter Herrengestalten, um die Revision menschlicher Größe allgemein geht, thematisiert Isolde Kurz – gedanklicher, bei abnehmender Plastizität der Gestaltung – die Antinomie von Sinnlichkeit und Spiritualität, von heidnischem Eros und christlichem Glauben.

Repräsentativ ist ›Der heilige Sebastian‹ aus den ›Florentiner Novellen‹. Der geniale Maler Gaetano, der das Bild eines wie durch ein Wunder wohlerhaltenen, an der Via Appia gefundenen Leichnams einer noch immer strahlend schönen Römerin auf einem Gemälde festgehalten und seine Seele der Toten verschrieben hat, erhält den Auftrag, die Kapelle des heiligen Sebastian in Florenz auszumalen. In sinnenfreudiger, renaissancehafter Darstellung gibt er dem Heiligen die Züge seines bildschönen Bruders Fabrizio. Unter den bewundernden Besuchern fällt ihm das zarte Mädchen Pia, eine religiöse Schwärmerin auf, in die er sich verliebt. Als Pia, die jedoch nicht den Maler, sondern sein Bild liebt, vor dem Gemälde zufällig Fabrizio begegnet, glaubt sie, der Heilige selbst sei aus dem Bild herausgetreten, und gibt sich ihm in religiöser Ekstase hin. Nachdem der Bruder Pias den Verführer Fabrizio getötet hat, stürzt sich Pia in den Arno. In den allgemeinen Wirren verdammt der Fanatiker Savonarola die sinnlich aufreizenden Bilder Gaetanos, der erschüttert über das von ihm angerichtete Chaos die Gemälde übertüncht und ins Kloster geht. Der Versuch, sinnliche Darstellung und geistliche Aussage zu verbinden, ist gescheitert. Fruchtlos ist das Bemühen des Renaissancekünstlers um die versunkene Antike, die so tot ist wie die schöne Römerin, der Gaetano einst seine Seele verschrieben hatte. Irdische und himmlische Liebe scheinen unvereinbar. In der Renaissancekunst offenbart sich die unüberbrückbare Kluft zwischen Diesseitsbejahung und Jenseitsglauben. Deutlich zeigt die Interpretation der Renaissance bei Isolde Kurz barocke Züge. Doch auch der Radikalismus Savonarolas scheint wenig tragfähig in einer Welt, die nach der Aussöhnung von Geist und Natur, Seele und Körper verlangt.

In der späten Novelle ›Die Verdammten‹ aus ›Die Nacht im Teppichsaal‹ nach einem Stoff aus Dantes ›Divina commedia‹ entspringt der Konflikt aus dem ungelösten Widerspruch von sinnenhafter Schönheit und sittlicher Ordnung. Die schöne Francesca, mit dem häßlichen Gianetto vermählt, der den Beischlaf durch einen Schlaftrunk erzwungen hat, liebt dessen wohlgebildeten Bruder Paolo. In ihrer ehebrecherischen Beziehung entdeckt, werden beide von Gianetto erstochen. Als verdammtes Liebespaar schweben sie durch Dantes Hölle. Francesca und Paolo, allein der Schönheit ergeben, verletzen die sittliche, von der Gesellschaft gesetzte Ordnung und müssen untergehen. Schönheit ohne Sittlichkeit ist amoralisch, aber auch das Handeln der Menschen, gestützt auf sittliche Ordnung, scheint fragwürdig, wenn das formale Recht die Schönheit zwingt und vergewaltigt, so wie Gianetto, der sich an der betäubten Francesca vergeht. Erneut verweigert die Novelle die harmonische Versöhnung in einer Gesellschaft, in der die sinnliche Erfüllung der christlichen Entsagung und die ursprüngliche Schönheit der sittlichen Ordnung unterworfen wird. Die Lösung muß in einer künftigen Versöhnung von Eros und Glauben, von der Liebe zum Schönen mit dem sittlichen Willen liegen.

Die Novellen von Isolde Kurz am Ausgang des poetischen Realismus verweisen im Medium eines Genres, das wie kaum ein anderes die Problematik der sich bürgerlich formierenden Gesellschaft nach 1848 reflektierte, exemplarisch auf die Krise des nach ganzheitlicher Entfaltung drängenden Individuums unter dem Druck kollektiver Zwänge und Beschneidungen und anonymer Entfremdung. Am Ende ihrer Sebastian-Novelle läßt Isolde Kurz den in ein Kloster eingetretenen Maler Gaetano, der seine Gemälde übertüncht hat und den gebrochenen Novellenhelden überhaupt repräsentiert, sagen: »Wie mit der Zeit aus der übertünchten Wand die Farbenpracht meiner Fresken stellenweise wieder durchschlug, so tritt auch von dem alten Gaetano da und dort wieder etwas hervor.«[45] Die Novelle des poetischen Realismus verweist gerade in den Niederlagen des einzelnen auf das Individuum als konstituierende Kraft jeder lebensfähigen Gemeinschaft, die das Ziel allen individuellen Handelns bleiben muß.

Gerhard Plumpe
Roman

I. Romantheorie nach Hegel

Die Literatur des bürgerlichen Realismus hat sich in allererster Linie in der Erzählprosa – in Roman und Novelle – manifestiert. Dieser Sachverhalt ist so auffällig, daß manche Literaturhistoriker dazu geneigt haben, Realismus und Erzählliteratur mehr oder weniger gleichzusetzen.[1] Ganz gewiß hat der bürgerliche Realismus dazu beigetragen, daß der Roman aus dem Zwielicht seiner ästhetischen Beurteilung herausgerückt wurde und zu einer der wesentlichen Ausdrucksformen der modernen Literatur geworden ist. Denn bis weit ins 19. Jahrhundert hinein galt der Roman ästhetisch noch als fragwürdige Kunstform, die gegen Drama und Lyrik – sowie auf ihrem eigenen Terrain gegen das alte Epos – kritisch abgegrenzt wurde. Die ästhetische Abwertung der modernen Erzählformen wird besonders deutlich, wenn man die »Ästhetiken« in der Zeit des Realismus auf das Stichwort »Roman« hin durchsieht: Falls man überhaupt Einträge findet, dann meist als Appendix zu ausführlichen Darstellungen des alten Epos. Nachdem Carl Lemcke z.B. in seiner ›Populären Ästhetik‹, veröffentlicht im Jahre 1865, also lange nach dem Erscheinen der ersten Romane von Keller und Stifter, Freytag und Raabe, um von Goethe und den Romantikern nicht zu reden, auf mehr als zwanzig Seiten die Epen Homers und Vergils, das Nibelungenlied, Dantes ›Göttliche Komödie‹, Miltons ›Verlorenes Paradies‹ und Klopstocks ›Messias‹ besprochen hat, schreibt er lapidar: »Ich übergehe hier das Epos in Prosa, den Roman ⟨...⟩«[2]. Statt dessen verweist er am Schluß seines der epischen Poesie gewidmeten Kapitels auf zeitgenössische Versuche, das alte Epos zu erneuern, und nennt Otto Roquettes ›Waldmeisters Brautfahrt‹ oder Hermann Linggs ›Die Völkerwanderung‹. Trotz Goethes epochemachenden Romanen, trotz der intensiven Romandiskussion im Kontext der Frühromantik fanden sich die Wortführer der Ästhetik im 19. Jahrhundert kaum bereit, den Roman und die Erzählung in den Kanon der klassischen Gattungen aufzunehmen und der Lyrik, dem Drama oder dem alten Epos gleichzustellen. Nur vor dem Hintergrund dieser ästhetischen Hierarchien wird verständlich, daß man sich einerseits so intensiv um eine Neubelebung des Versepos bemühte – all diese Versuche sind heute längst und wohl auch zu Recht vergessen –, und daß andererseits Autoren wie Gottfried Keller oder Otto Ludwig lange Jahre damit zugebracht haben, Dramenpläne zu verfolgen und Theaterträumen nachzuhängen, auch wenn ihre Begabung eindeutig im Erzählerischen lag. An seine Mutter schrieb Keller noch 1852 aus Berlin:

> Mein langer Aufenthalt in Berlin hat zum Zweck, mich am Theater bekannt zu machen und alles zu lernen, was nötig ist, gute Schauspiele zu schreiben. Ich werde damit schließen, ein Stück auf ein großes Berliner Theater zu bringen, weil ich dadurch, wenn es gelingt, für alle hundert anderen Theater in Deutschland den Zutritt habe, welche mir die Sachen abkaufen müssen, die ich alsdann in Zürich machen und versenden kann. Aber aller Anfang ist schwer.[3]

Und zwei Jahre später, am 26. Juni 1854 – also in der Endphase seiner Arbeit am ›Grünen Heinrich‹, schrieb er an Hermann Hettner, daß der »fehlerhafte Roman« für ihn nicht »maßgebend« sei, weil diese »weitschichtige, unabsehbare Strickstrumpfform« nicht in seiner »Natur« liege. Statt dessen erwarte er alles von »dramatischen Sachen«[4]. Diese Haltung Kellers ist überaus symptomatisch für die Einstellung gegenüber dem künstlerischen Gewicht des Romans gewesen: Seine Weitschweifigkeit, sein Hang zum Episodischen, sein Mangel an strikter Komposition und Kohärenz stellte ihn einerseits ästhetisch ins Zwielicht eines fragwürdigen Genre, eröffnete ihm jedoch andererseits wie keiner anderen literarischen Gattung die Chance, zum Medium einer Wirklichkeitserfahrung zu werden, die gerade von »Inkohärenz« und »Undurchsichtigkeit«, »Zerrissenheit« und »Kontingenz« geprägt war. So fragte Robert Prutz 1851, wie es denn »möglich« sei, daß eine »in sich so zerfahrene, zerflatternde Zeit wie die unsrige, sich zu der äußersten Plastik des dramatischen Kunstwerks zusammenfassen« könne! Den diffus-undurchsichtigen Zeitverhältnissen entspreche vielmehr der Roman:

Wir werden vor allem in der episodischen Form des Romans ein bequemes Gefäß finden für den vielfach auseinander gehenden, sich so vielfach durchkreuzenden Inhalt unserer Zeit.[5]

In vergleichbarer Hinsicht meinte Johann Georg Fischer 1867, daß »der breitere epische Stil des Romans und der Novelle den Wegen und Irrwegen, den Krümmen und Windungen der Strebungs- und Werdungsversuche einer gespannten, einer gespaltenen, einer pathologischen Zeit viel eher nachgehen« könne als die Lyrik, »welche in göttlichem Behagen ⟨...⟩ den Ton des Augenblicks zu geben hat«[6].

Prutz und Fischer hielten ihre Gegenwart zur Konturierung dramatischer Konflikte und zur Motivierung lyrischer Stimmungen für ungeeignet; der Kontingenz der Zeit entspreche aber die formale Elastizität und Ungebundenheit des Romans; er sei die angemessene Gattung zur Thematisierung der heterogenen, nicht mehr in schöner Einheit erfahrbaren Moderne!

Diese Einstellung zur »Modernität« des Romans, die im Prinzip das Feld hätte freigeben können für mannigfache Experimente mit seiner wenig normierten Struktur, war allerdings mit den ästhetischen Grundüberzeugungen der realistischen Literaturprogrammatik kaum vereinbar. Ein Roman, der sich der Kontingenz phänomenal erfahrener Wirklichkeit rückhaltlos ausgesetzt hätte, wäre von der »realistischen« Kritik als »unverklärt« aus dem Reich der Poesie ausgegrenzt worden – wie etwa die Auseinandersetzung mit dem französischen sozialkritischen Zeitroman deutlich machen kann.[7] Wollte man den Roman als literarische Ausdrucksform aufnehmen, dann mußte zunächst herausgestellt werden, daß auch mit seinen spezifischen Darstellungsmitteln eine poetische »Verklärung« kruder Wirklichkeit möglich und deshalb eine Annäherung an die klassischen Gattungen statthaft sei. Diese realistische Rechtfertigung des Romans gegen den Vorwurf seiner ästhetischen Illegitimität, seiner – mit Schiller zu sprechen – zu großen »Erdgebundenheit« soll nun zunächst in ihren Grundzügen dargestellt werden.

Als Ausgangspunkt zur Darstellung der realistischen Romankonzeption dient uns Hegels Ästhetik. Zwar hat auch Hegel dem

Roman keine ausführliche Darstellung gewidmet und ihn als Anhängsel des alten Epos nur kurz erwähnt; er hat jedoch den Spielraum des Romans unter den Bedingungen der modernen Welt mit großer Schärfe herausgestellt. Im Horizont dieser illusionslosen Bestimmungen Hegels müssen die realistischen Aufwertungsversuche der Gattung gesehen werden. Hegel nennt den Roman das »moderne bürgerliche Epopoe« und gibt folgende, vielzitierte Erläuterung:

> Der Roman im modernen Sinne setzt eine bereits zur Prosa geordnete Wirklichkeit voraus, auf deren Boden er sodann in seinem Kreise 〈...〉 der Poesie, soweit es bei dieser Voraussetzung möglich ist, ihr verlorenes Recht wieder erringt. Eine der gewöhnlichsten und für den Roman passendsten Kollisionen ist 〈...〉 der Konflikt zwischen der Poesie des Herzens und der entgegenstehenden Prosa der Verhältnisse 〈...〉: ein Zwiespalt, der sich entweder tragisch oder komisch löst oder seine Erledigung darin findet, daß einerseits die der gewöhnlichen Weltordnung zunächst widerstrebenden Charaktere das Echte und Substantielle in ihr anerkennen lernen, mit ihren Verhältnissen sich aussöhnen und wirksam in dieselben eintreten, andererseits aber von dem, was sie wirken und vollbringen, die prosaische Gestalt abstreifen und dadurch eine der Schönheit und Kunst verwandte und befreundete Wirklichkeit an die Stelle der vorgefundenen Prosa setzen.[8]

Diese Bestimmungen Hegels sind in ihrer Zielrichtung nicht völlig klar. Der Konflikt zwischen der »Poesie des Herzens« und der »Prosa der Verhältnisse« (von »schöner Seele« und »moderner Welt«) kann tragisch oder komisch enden – das ist nachvollziehbar und wird in beiden Fällen den Triumph der »Prosa« über die »Poesie« zur Folge haben. Die dritte »Lösung« der Kollision erscheint jedoch einigermaßen rätselhaft: Die Individuen sollen die Weltordnung anerkennen, aber gleichzeitig ihr – notwendig »prosaisches« – Handeln – »ästhetisieren«, d.h. in eine der »Schönheit« zumindest angenäherte Realität verwandeln. Leider gibt Hegel kein Beispiel für diesen Ausweg des Romans in der Moderne, an dem ersichtlich würde, wie er sich die Repoetisierung des bürgerlichen Lebens in einer hochdifferenzierten Gesellschaft vorstellt. Eher im Gegenteil: Mit unverhohlenem Sarkasmus zieht er alle Versuche ins Lächerliche, die die Literatur unternimmt, um Spielräume der Individualität gegen die Prosa des Lebens zu verteidigen. Denn die »Helden« der Romane stünden

> als Individuen mit ihren subjektiven Zwecken der Liebe, Ehre, Ehrsucht oder mit ihren Idealen der Weltverbesserung dieser bestehenden Ordnung und Prosa der Wirklichkeit gegenüber, die ihnen von allen Seiten Schwierigkeiten in den Weg legt. Da schrauben sich nun die subjektiven Wünsche und Forderungen in diesem Gegensatze ins Unermeßliche in die Höhe; denn jeder findet vor sich eine ⟨…⟩ für ihn ganz ungehörige Welt, die er bekämpfen muß, weil sie sich gegen ihn sperrt und in ihrer spröden Festigkeit seinen Leidenschaften nicht nachgibt, sondern den Willen eines Vaters, einer Tante, bürgerliche Verhältnisse usf. als ein Hindernis vorschiebt. Nun gilt es, ein Loch in diese Ordnung der Dinge hineinzustoßen, die Welt zu verändern, zu verbessern oder ihr zum Trotz sich wenigstens einen Himmel auf Erden herauszuschneiden: das Mädchen, wie es sein soll, sich zu suchen, es zu finden und es nun den schlimmen Verwandten oder sonstigen Mißverhältnissen abzugewinnen, abzuerobern und abzutrotzen. Diese Kämpfe nun aber sind in der modernen Welt nichts Weiteres als die Lehrjahre, die Erziehung des Individuums an der vorhandenen Wirklichkeit, und erhalten dadurch ihren wahren Sinn. Denn das Ende solcher Lehrjahre besteht darin, daß sich das Subjekt die Hörner abläuft, mit seinem Wünschen und Meinen sich in die bestehenden Verhältnisse und die Vernünftigkeit derselben hineinbildet, in die Verkettung der Welt eintritt und in ihr sich einen angemessenen Standpunkt erwirbt. Mag einer auch noch soviel sich mit der Welt herumgezankt haben, umhergeschoben worden sein, zuletzt bekommt er meistens doch sein Mädchen und irgendeine Stellung, heiratet und wird ein Philister so gut wie die anderen auch; die Frau steht der Haushaltung vor, Kinder bleiben nicht aus, das angebetete Weib, das erst die einzige, ein Engel war, nimmt sich ungefähr ebenso aus wie alle anderen, das Amt gibt Arbeit und Verdrießlichkeiten, die Ehe Hauskreuz, und so ist der ganze Katzenjammer der übrigen da.[9]

Man darf aus diesen Sätzen den Schluß ziehen, daß Hegel die Möglichkeit eines »poetischen« Romans auf dem Boden der Moderne außerordentlich skeptisch beurteilt, ja mehr oder weniger für aussichtslos gehalten hat. Sein Schüler Friedrich Theodor Vischer hat diese skeptische Beurteilung des Romans zwar aufgenommen, zugleich aber versucht, die Spielräume der Gattung ein wenig optimistischer einzuschätzen und Hegels dunkler Formel von der »Poetisierung der Prosa« etwas mehr Kontur zu geben.

Mit Hegel stimmt Vischer zunächst in der Kennzeichnung der modernen Gesellschaft überein: diese ist »prosaisch«, entmythologisiert, wird nur noch empirisch erfahren, ist von Differenzierung und Arbeitsteilung gekennzeichnet, von »Erkältung der Umgangsformen« und von der vollendeten »Lösung« der öffentlichen Tätigkeiten »von der unmittelbaren Individualität«.[10] Kurz, für sie ist ein Zustand prägend, den man oft als »Entfremdung« beklagt hat. Wenn Vischer also auch Hegels Diagnose der Moderne teilt, so versucht er aber doch zugleich, dem Roman als spezifisch moderner Kunstform etwas größere Spielräume zu eröffnen. Auf welche Weise, so fragt er, kann der Roman der Poesie auf dem Boden der »Prosa« ihr Recht zurückgewinnen? Fünf Möglichkeiten sind es, die er in Erwägung zieht:

(1) Die Möglichkeit, der Moderne einfach aus dem Wege zu gehen, indem man die Handlung des Romans in eine historisch weit zurückliegende Zeit verlegt, die womöglich noch »poetisch« war; das hat man im 19. Jahrhundert – im Kontext der enormen Ausdehnung der historischen Forschung und ihrer populären Darstellung – nur zu oft unternommen; Vischer verwirft die Möglichkeit des »historischen Romans« als Ausweg aus dem Dilemma der prosaischen Moderne jedoch, da – wie er vollkommen zu Recht meint – zwar das Sujet des Romans einer vergangenen Epoche entnommen werden könne, der Antike oder dem Mittelalter etwa, die Position des Autors aber unaufhebbar eine moderne bleibe, »denn das Wissen um die unerbittliche Natur der Realität ist jedenfalls im Dichter und teilt sich dem Gedichte mit«[11].

(2) Die zweite Möglichkeit diskutiert Vischer unter dem populär gewordenen Titel der sogenannten »grünen Stellen«. Damit meint er die Favorisierung marginaler Phänomene in der gegenwärtigen Welt, die noch nicht von der »Prosa« erfaßt sind; er denkt etwa an Themen aus dem Leben der Zigeuner, der Räuber, an Szenen aus dem Künstlerleben oder an pittoreske Attitüden der noch »vormodernen« Aristokratie.

(3) Eng damit verbunden ist die dritte Möglichkeit: das Aufstöbern sogenannter »offener Stellen«, die in der entgötterten und durchrationalisierten Moderne noch Ahnungen transzendenter,

mythischer oder mindestens übernatürlicher, »irrationaler« Kräfte möglich machen. Ein Paradigma für solche »offenen Stellen« waren ihm die Figuren der Mignon und des Harfners in Goethes ›Wilhelm Meister‹ – Figuren, an denen z. B. Schiller Anstoß genommen hatte, gerade weil sie einer philosophisch-rationalen Rekonstruktion der immanenten »Bildungslogik« des Romans Schwierigkeiten bereiteten. Für Vischer waren solche »offenen Stellen« »eine Art Surrogat für den verlorenen Mythos«[12], zugleich aber schienen sie ihm – wie auch die »grünen Stellen« – die Gefahr mit sich zu bringen, im Sinne der »Tollheiten der modernen Romantik« überstrapaziert zu werden.

(4) Eine vierte Möglichkeit schien ihm ebenso prekär; sie sah er in dem Versuch, den Zufall und die stets überraschende und niemals vorhersehbare Vielfalt möglicher Geschehnisse gewissermaßen »systematisch« auszunutzen und damit der langweiligen Gegenwart eine »romanhafte« Alternative entgegenzusetzen. Im Roman spiele der »Zufall als Rächer des lebendigen Menschen an der Prosa der Zustände« eine besondere Rolle[13]. Die Überspitzung dieses Prinzips lande aber wiederum bei der falschen Abenteuerlichkeit einer überzogenen Romantik, wo der Held »nur in dem nächsten Postwagen sitzen« müsse, »um eine verkappte Prinzessin darin zu finden, die ⟨er⟩ dann von einem Schock Räuber befreit«[14]. Romane dieser Art seien vor allem deshalb bedenklich, weil sie ihre Leser zu einer Identifikation mit den abenteuernden Helden verleiteten, die ihnen schließlich das »Hirn verbrennen« würde.[15]

(5) Aus all diesen Gründen sah Vischer letztlich nur eine echte Möglichkeit für den Roman in der Moderne, nämlich den Rückzug in die Innerlichkeit des Subjekts bzw. in die Residuen intimer Kommunikation:

> Der Roman sucht die poetische Lebendigkeit da, wohin sie sich bei wachsender Vertrocknung des Öffentlichen geflüchtet hat: im engeren Kreise, der Familie, dem Privatleben, in der Individualität, im Innern.
> Die Geheimnisse des Seelenlebens sind die Stelle, wohin das Ideale sich geflüchtet hat, nachdem das Reale prosaisch geworden ist. Die Kämpfe des Geistes, des Gewissens, die tiefen Krisen der Überzeugung, der Weltanschauung, die das bedeutende Individuum durchläuft ⟨...⟩: das sind die Konflikte ⟨...⟩ des Romans.

Der Herd der Familie ist der wahre Mittelpunkt des Weltbildes im Roman, und er gewinnt seine Bedeutung erst, wo Gemüter sich um ihn vereinigen, welche die harte Wirklichkeit des Lebens mit zarteren Saiten einer erweiterten geistigen Welt wiedertönen.[16]

Aus solchen Sätzen wird deutlich, weshalb der »Bildungsroman«, der sich auf die innere Entwicklungsgeschichte des Subjekts im Prozeß seiner Auseinandersetzung mit den objektiven Gegebenheiten der Welt konzentriert, eine so große Rolle für die Erzählliteratur des bürgerlichen Realismus gespielt hat.

Aber Vischer ist sich auch der inneren Gefährdung dieser Gattung bewußt; er diskutiert sie am Dilemma des Romanschlusses: Wie soll der Roman zu Ende gebracht werden, womit soll er aufhören? Wer Stifters ›Nachsommer‹, Freytags ›Soll und Haben‹ oder Raabes ›Hungerpastor‹ gelesen hat, weiß die Antwort: mit der Hochzeit des »Helden«. Und dies aus gutem Grund, wie Vischer herausstellt:

Ein Hauptmoment des Romanschlusses ist die Beruhigung der Liebe in der Ehe. 〈...〉 Die Ehe ist eigentlich mehr als die Liebe, aber in ihrer Stetigkeit nicht darzustellen, in ihrer Erscheinung zu prosaisch, und so läuft auch diese Seite der gewonnenen Idealität in 〈...〉 Prosa aus.[17]

Das heißt aber, daß auch die Poesie der Innerlichkeit und der intimen Kommunikation von der schleichenden Gefahr der Prosa stetig bedroht ist, allenfalls augenblickshaft und diskontinuierlich in Erscheinung treten und literarisch inszeniert werden kann. Schlimmer noch: Vischer legt den Gedanken nahe, und darin folgt er seinem Lehrer Hegel, daß dieses Poetische letztlich doch belanglos ist und unsere Aufmerksamkeit nicht recht fesseln kann, die vielmehr auf die harte, unpoetische, aber um so folgenreichere Prosa der Verhältnisse gerichtet ist. Kurz, da, wo der Roman wirklich Objektives thematisiert, steht er in Gefahr, unpoetisch zu werden, und da, wo er noch Poesie auszudrücken vermag, erscheint er kaum von Belang, keines wirklich ernsthaften Interesses wert. So ist Vischer am Ende seiner Bemühungen, die dem Roman ein größeres Daseinsrecht zu sichern versuchten, von der Skepsis Hegels gar nicht allzu weit entfernt.

Aus der Betrachtung der romantheoretischen Stellungnahmen Hegels und Vischers wird eines deutlich: Die moderne Wirklichkeit des Lebens erschien ihnen als hochproblematischer Gegenstand für die Gestaltungsmöglichkeiten eines Romans, der im Hinblick auf das Handeln des Subjekts – des Helden – Wirklichkeit zur Darstellung bringen will. Allein in den Nischen der Moderne, und hier vor allem im Raum der Familie und im Bezirk der Liebe, scheint noch eine gewisse Chance für die narrative Profilierung individueller Charaktere zu liegen, die nicht bloß als Abziehbilder sozialer Strukturen auftreten sollen.

Diese resignierte Beurteilung der Spielräume des Romans war den ›Grenzboten‹-Realisten, Julian Schmidt und Gustav Freytag, Anlaß heftigster Kritik. Da sie von der grundsätzlichen »Verklärbarkeit« der Moderne, ihrer Gegenwart, überzeugt waren – dies war ja ihr eigentliches literaturpolitisches Anliegen –, konnten sie mit der von Hegel und Vischer nahegelegten Marginalisierung der Sujets des Romans nicht einverstanden sein. Nicht in dem Aufsuchen der »grünen Stellen«, sondern in der Poetisierung des bürgerlichen Alltags, der Arbeitswelt, lag ihrer Meinung nach die eigentliche Aufgabe des modernen, realistischen Romans. Die überwiegende Mehrzahl der deutschen Romanciers, so klagte Schmidt 1853 in den ›Grenzboten‹, suche

> das Poetische immer noch im Gegensatz zu der Wirklichkeit, gerade als wenn unser wirkliches Leben der Poesie und Schönheit bar wäre –, und doch ist mit dem Leben jedes praktischen Landwirts, jedes Geschäftsmanns, jedes tätigen Menschen ⟨...⟩ viel mehr poetisches Gefühl verbunden, als in den Romanen zu Tage kommt, in welchen unsre Dichter schattenhafte Helden in den allerunwahrscheinlichsten Situationen dem wirklichen Leben wie ein Gegenbild gegenüberstellen.[18]

Diese Position führt Schmidt folgerichtig zu einer Polemik gegen Goethes ›Wilhelm Meister‹, in dem das Leben der Schauspieler und des Adels, nicht aber das des tüchtigen und arbeitsamen Bürgertums poetisch verklärt werde. Daß Wilhelm Meisters Jugendfreund Werner nur als »Zerrbild« bürgerlicher Tüchtigkeit dargestellt werde, moniert Schmidt an Goethes »Bildungsroman« mit äußerster Entschiedenheit. In gleicher Weise machte auch Gustav Freytag

1853 nicht die Wirklichkeit der Moderne, sondern die Unfähigkeit der Romanautoren für das Ausbleiben eines realistischen, der Gegenwart verpflichteten Romans verantwortlich:

> Was uns fehlt, sind nicht die Bilder des Lebens, welche der Dichter zu verarbeiten hat, sondern die Dichterkraft, Augen, welche das Leben anzusehen wissen, Bildung, welche dasselbe versteht und Schönheitssinn, der dasselbe zu idealisieren weiß. Wenn doch nur einer von all den Romanen, welche im letzten Jahr in Deutschland geschrieben sind, uns das tüchtige, gesunde, starke Leben eines gebildeten Menschen, seine Kämpfe, seine Schmerzen, seinen Sieg so darzustellen wüßte, daß wir eine heitere Freude daran haben könnten. Wir haben doch in der Wirklichkeit eine große Anzahl tüchtiger Charaktere unter unsren Landwirten, Kaufleuten, Fabrikanten usw., deren Lebenslauf und Verhältnisse dem, der sie kennenlernt, das höchste menschliche Interesse einflößen.[19]

»Verklärt« werden konnte die »Poesie des bürgerlichen Alltags« aber nur, wenn die Form des Romans – so postulierten die ›Grenzboten‹-Realisten – in ihrer strikten Geschlossenheit und Organisiertheit dem Eindruck von Beliebigkeit, »Serialität«, »Unabgeschlossenheit« usw. strikt entgegenwirke. Gerade dies gilt es herauszustellen: Die Leitdifferenz »verklärt« / »unverklärt« als Formel für die Unterscheidung von »schöner Wirklichkeit« und »schöner Literatur« bedeutete für den Roman den unbedingten Verzicht auf alle formalen Experimente mit seiner wenig definierten Struktur. Man verlangte einen völlig durchkomponierten Roman, der sich an Baugesetzen des Dramas orientieren sollte, um die »lose Kopplung« schöner Elemente des wirklichen Lebens im Medium der Poesie »dicht« zu knüpfen und von allem Nichtdazugehörigen zu befreien. Nur wenn man sich diese sinnbildende Funktion der Romanform vor Augen hält, kann man verstehen, daß Theodor Fontane gerade die Struktur von ›Soll und Haben‹ in den höchsten Tönen lobte:

> ›Soll und Haben‹ ⟨...⟩ ist keineswegs leicht und heiter hingeschrieben, sondern vielmehr ernstlich aufgebaut. ⟨...⟩ Wer das Ideal epischer Darstellung einzig und allein in naiver und fesselnder Herzählung der buntesten Ereignisse findet, wird sich hier entweder getäuscht sehen oder doch nicht be-

greifen können, warum so schrecklich ordentlich und gewissenhaft verfahren sei. Wir wissen dem Verfasser Dank dafür. Er hat nicht einen »Faden gesponnen«, sondern er hat dem Drama und seinen strengen Anforderungen und Gesetzen auch die Vorschriften für Behandlung des Romans entnommen. Das dünkt uns ein Fortschritt, und wir legen um so lieber Gewicht darauf, als wir überzeugt sind, hierin keinem bloßen Zufall, sondern einer wohlüberlegten Absicht zu begegnen. ›Soll und Haben‹ hat keine Episoden und Abschweifungen. 〈...〉 Wir lernen unübertrieben hundert verschiedene Persönlichkeiten kennen, aber wir wagen die Behauptung, daß das Fortfallen der kleinsten und unscheinbarsten als eine fühlbare Lücke empfunden würde, so organisch ist alles ineinandergefügt. Daher glückt es auch dem Verfasser, den Tod aus dem Bereich seines Romans beinahe ganz fern zu halten, er hat nirgends überflüssige Personen und braucht deshalb keinen sterben zu lassen.

Überblicken wir den Gesamtinhalt, so gewahren wir, daß derselbe die innige Verschmelzung dreier Dramen ist. Wir haben zwei Tragödien und ein Schauspiel.[20]

Und lobend setzte Fontane hinzu, daß im ersten Buch des Romans kein Nagel in die Wand geschlagen werde, an dem nicht im sechsten und letzten Buch eine Jacke aufgehängt werde. Die perfekte Motivierung noch der belanglosesten Ereignisse – und die an Baugesetze des Dramas angelehnte Komposition – sollten den Zufall und die Inkohärenz aus dem Binnenraum der Romanfiktion vollkommen ausschließen. Man wird unterstellen dürfen, daß dies gegen eine Wirklichkeitserfahrung gerichtet war, die von »Zufall« und »Undurchschaubarkeit« gerade provoziert wurde.

II. Der Vorrang des Bildungsromans

Es mag überraschen, daß unter den verschiedenen Romangattungen der Bildungsroman von der realistischen Literaturprogrammatik favorisiert wurde. Auf den ersten Blick hätte viel eher der »Zeit«-, »Gesellschafts«- oder »soziale« Roman ihren spezifischen Erwartungen entsprochen. Diese Formen sind in der Literatur des bürgerlichen Realismus zwar aufgegriffen, zumeist aber mit Elementen der Struktur des »Bildungsromans« durchsetzt worden.[21]

Jede Reflexion auf den Bildungsroman kommt nicht umhin, zunächst auf den Bildungsbegriff selbst einzugehen. Dieser Begriff wurde im letzten Drittel des 18. Jahrhunderts zu einer der prägenden Leitformeln der idealistischen Anthropologie und Pädagogik, diente zu Anfang des 19. Jahrhunderts als Motiv einer umfassenden Reorganisation des höheren Schulwesens, verlor dann allmählich sein idealistisches Pathos, diente mehr und mehr im Verein mit »Besitz« der Selbstbeschreibung des prosperierenden Bürgertums und wurde gegen Ende des 19. Jahrhunderts von Nietzsche einer rigorosen Kritik unterzogen (»Bildungsphilister«). Seither ist »Bildung« nicht viel mehr als der Titel einer Dauerkrise[22].

Worin liegt die historische Signifikanz der Bildungssemantik? Das Wesentliche ist, daß sie sich auf das Leben eines Subjekts bezieht, das nicht mehr einer vergleichsweise »vorprogrammierten« Bahn folgt, die ihm durch Stand oder Zunft vorgegeben wäre, sondern das seine »Biographie« in eine offene Zukunft hinein gestalten muß, in der es durchaus alternative Lebenspläne, unterschiedliche Karrieren, diverse Ziele und Möglichkeiten geben kann. Diese Situation eröffnet also Chancen, enthält aber auch Risiken. Sie hängt sozialgeschichtlich damit zusammen, daß in der im 18. Jahrhundert allmählich entstehenden bürgerlichen Gesellschaft eine Differenz von Subjekt und Sozialität erfahrbar wird, da das Subjekt von den Erfordernissen des Sozialen stets nur noch sektoral und spezifisch erfaßt wird und sich dann die Frage stellen kann, worin seine »Identität« besteht – ob sie die Summe der »Rollen« ist, die es in der Gesellschaft spielt (bzw. spielen muß), oder aber etwas mehr und etwas anderes. »Gebildet« wird jene Identität des Subjekts genannt, in der die Besonderheit der je eigenen Individualität mit den objektiven Erfordernissen seiner sozialen Verpflichtung harmonisch – und zwanglos – in Übereinstimmung gebracht wird. »Bildung« ist somit der Titel eines Projekts, das das Risiko eines denkbaren Auseinandertretens von authentischem Selbst und sozialer Anrufung verhindern soll. Daher stecken im Bildungsbegriff der idealistischen Anthropologie zwei parallele Annahmen: zum einen das Motiv der Selbstbildung, eine Art immanente Teleologie des Subjekts; zum anderen das Motiv der Ausbildung bzw. der Erziehung im Sinne einer Leitung des Subjekts durch privilegierte »Lehrer«-Instanzen. Beide Aspekte verschmelzen zu der Utopie einer Versöhnung von Selbstverwirklichung und sozialer »Rollenerfüllung«. Das idealistische Bildungskonzept setzt die Spannung von Individualität und Gesellschaft – gewissermaßen als Leitunterscheidung – konstitutiv voraus; das Subjekt erhebt Anspruch auf »Bildung seiner selbst«, so daß die Denkmöglichkeit einer Divergenz von »Ich« und »Welt«, ego und alter, stets vorhanden ist. Die idealistische Bildungsutopie hat diese Spannung zu entschärfen versucht und war dabei auf eine Art »prästabilierter Harmonie« oder mindestens »Harmonisierbarkeit« von Ich und Welt, Subjektivität und Gesellschaft angewiesen.

Wenn Goethe im ›Werther‹ die moderne Differenzerfahrung extrem zugespitzt und wohl unüberbietbar literarisch inszeniert hat, so hat er sie in ›Wilhelm Meisters Lehrjahren‹ im Gegenzug entschärft und ins Lebbare und sogar Vorbildliche entdramatisiert. Man kann sagen, daß der »Bildungsroman« eine Art »Wiedergutmachung« des Werther-Skandals gewesen ist.[23]

Gleichwohl kann man auch die »Lehrjahre« keineswegs als bloße literarische Umsetzung des idealistischen Bildungskonzepts begreifen. Weder bildet Wilhelm Meister seine Individualität in freier Entwicklung problemlos aus, noch sind die Grundsätze jener philanthropischen Turmgesellschaft, die seinen Weg im geheimen überwacht und lenkt, ohne Bedenken als ideales Bildungsprogramm zu werten. Im zweiten Teil des ›Wilhelm Meister‹ – den ›Wanderjahren‹ – hat Goethe überdies das idealistische Bildungsprogramm verabschiedet und – im Lichte der veränderten Wirklichkeit des 19. Jahrhunderts – der Funktionserfüllung in einer differenzierten Gesellschaft nüchtern den Vorzug gegeben. Auch löste er die am Leitfaden der Biographie orientierte Monoperspektive des Bildungsromans auf.

Am ›Wilhelm Meister‹ lassen sich jedoch die Medien der »Selbstverwirklichung« des authentischen Subjekts idealtypisch ablesen: Liebe, Kunst und Natur sind auch fortan zentrale Medien im Bildungsprozeß des Subjekts; anders als in der desperaten Perspektive des ›Werther‹ scheinen sie gerade besonders geeignet, Subjektivität und Objektivität, Ich und Welt glücklich zu vermitteln. Nur so ist erklärbar, daß die Semantik der Bildungsromane von diesen Konzepten so überaus massiven Gebrauch macht: Ohne Liebe, Kunst und Natur ist kein Bildungsroman ausgekommen. Diese Medien vermitteln die Spannung von Ich und Welt, die die Bildungsromane zwischen Werthers Verzweiflung auf der einen und Humboldts bzw. Schillers philosophisch-spekulativem Optimismus auf der anderen Seite inszeniert haben.

Die Relation Ich/Welt (samt ihren medialen Vermittlungen) wird dann im Horizont einer Biographie verzeitlicht, d.h. Welt erscheint in der Bindung an die Perspektive des Ich (und seiner Zeitlichkeit), nicht das Ich in der Perspektive der Welt (und seiner transindividuellen Temporalität). Dieser Sachverhalt ist für die Darstellungskapazität des Bildungsromans und die Art und Weise seiner Perspektivierung objektiven Geschehens natürlich von einschneidender Bedeutung gewesen. Und hierin liegt auch der eigentliche Grund, weshalb die Programmatiker des bürgerlichen Realismus das Bildungsromanschema favorisierten: es schien in ausgezeichneter Weise die Möglichkeit zu bieten, Welt im Modus individuellen Handelns sinnhaft zu erschließen. Gegenüber der theoretisch generalisierten Welteinstellung der Wissenschaft sollte der am Leitfaden individuellen Lebens orientierte »Bildungsroman« das Eigenrecht der Poesie vor dem Universalitätsanspruch der Wissenschaften retten. Wir werden bei der Betrachtung »realistischer« Bildungsromane sehen, in welcher Weise die Praxis des Schreibens dieser programmatischen Konzeption gerecht geworden ist.

III. Paradigmen des Bildungsromans

1. *Gustav Freytag: Das Begehren der Normalität*

Gustav Freytag war vielleicht der repräsentative Schriftsteller seiner Zeit; in seinem literarischen Werk, in seiner journalistischen Arbeit und in seinem politischen Engagement verdichtete sich die Mentalität der bürgerlichen Liberalen der zweiten Jahrhunderthälfte. An ihm wird, wie in einem Brennspiegel, der Einstellungswandel des bürgerlichen Liberalismus nach 1848 sichtbar: die zunehmende

Verengung des Interesses auf das Nationale, mit chauvinistischen Abgrenzungen gegen die »Anderen«, das Ausland, die penetrante Moralisierung der bürgerlichen Arbeitswelt und die Anfänge der Modellierung eines internen Feindbildes, dem alle Negativerscheinungen der kapitalistischen Wirtschaft aufgebürdet und angelastet werden: die Juden; schließlich auch die Ablösung der alten Freiheitsideen und republikanischen Einstellungen durch ein Ethos des Gehorsams, des Funktionierens, des sich Einpassens, des sich Abfindens – z.B. auch mit der Fortexistenz der Aristokratie. Der Roman ›Soll und Haben‹ (1855), der diesem Mentalitätswandel tief verpflichtet ist, arbeitet mit einer doppelten Perspektive: einmal der nach Innen, in das positiv gewertete eigene System, das die Welt des Bürgertums in seiner spannungsreichen Beziehung zu der problematischen Lebensweise des Adles einerseits, dem korrupt-kriminellen Milieu der sogenannten »Schacherjuden« andererseits umfaßt – also einen inneren Feind und einen erziehungsbedürftigen Partner benennt; zum anderen mit der Perspektive nach Außen, die die Bedrohung des Systems durch die Umtriebe polnischer »Chaoten« und »Revoluzzer« erfassen will. Welcher Einstellungen es bedarf, um den Verführungskünsten des Adels, den Machenschaften der Juden und dem Terror polnischer Desperados mannhaft und erfolgreich zu begegnen, hat Freytag in ›Soll und Haben‹ deutlich machen wollen.[24]

Der Roman schildert in sechs Büchern den Lebens- und Bildungsgang des Anton Wohlfart, der als Sohn eines kleinen Finanz- oder Rechnungsbeamten in Ostrau (Schlesien) geboren wird. Nach bestandenem Abitur – und nach dem Tod der Eltern – tritt Anton in Breslau eine Stelle als Lehrling in dem Handelshaus Schröter an; auf dem Weg in die schlesische Metropole begegnet er durch Zufall der jungen Lenore von Rothsattel auf ihrem elterlichen Gutshof; das schöne junge Mädchen hinterläßt einen tiefen Eindruck. Kurze Zeit später trifft er auf Veitel Itzig, einen jüdischen Mitschüler, der ebenfalls in Breslau sein Glück versuchen will und bei dem zwielichtigen Hirsch Ehrenthal um Arbeit nachsucht. Dieser Ehrenthal steht in undurchsichtigen Geschäftsverbindungen mit Lenores Vater, dem Freiherrn von Rothsattel, der sich aus Mangel an Kapital auf allerlei riskante finanzielle Spekulationen einläßt. Anton gewinnt in dem patriarchalisch geführten Handelshaus rasch das Vertrauen seiner Kollegen, seines Chefs und dessen noch jugendlicher Schwester Sabine. Er befreundet sich auch mit dem ein wenig dandyhaft wirkenden Baron von Fink, dem Sohn eines Hamburger Geschäftspartners des Firmeninhabers Schröter, der in Breslau eine Art Volontariat absolviert. Gleichzeitig – der Roman verfährt hier nach dem Prinzip der Kontrastierung – kann auch Veitel Itzig im Haus des Hirsch Ehrenthal auf sich aufmerksam machen; er ist kenntnisreich und gerissen, zumal er in dem Winkeladvokaten Hippus einen Kumpan gewinnt, der ihn in allerlei finanztechnische Tricks und Gaunereien einweiht.

Die Bekanntschaft mit Fink führt Anton in eine »Identitätskrise«. Seine Neigung zu Lenore und das ihn beeindruckende Gehabe Finks verleiten ihn dazu, an einem aristokratischen Tanzzirkel teilzunehmen und den Habitus dieser jungen Adelsclique zu imitieren. Dies entfremdet ihn prompt dem kleinbürgerlich-biederen Milieu seiner Kollegen in der Firma und stellt das Arbeitsethos des angehenden Kaufmanns in Frage; erst als Anton merkt, daß Fink eine Posse mit ihm getrieben hat – er hatte ihn als »Prinzen incognito« ausgegeben –, findet er zu seinem bürgerlichen Standesbewußtsein zurück. Anton und Fink machen dann die Bekanntschaft der Familie Ehrenthal; während Fink mit der attraktiven, freilich stets ein wenig ordinär wirkenden Tochter Rosalie ein flüchtiges Verhältnis eingeht, befreundet sich Anton mit dem ebenso gelehrten wie weltfremden Sohn Bernhard. Der Freiherr von Rothsattel ist inzwischen von Ehrenthal immer abhängiger geworden; dieser hat ihn veranlaßt, eine windige Hypothek auf ein polnisches Gut zu kaufen; später rät er zu der Errichtung einer Zuckerfabrik mit geliehenem Kapital, die dann aber nicht die Profite abwirft, die sich der Freiherr von ihr erhofft hatte. Bei all diesen geschäftlichen Aktivitäten des Hirsch Ehrenthal spielt Veitel Itzig immer deutlicher die Rolle eines Drahtziehers im Hintergrund. Nachdem Fink vergeblich um Sabine Schröter geworben hat – er hatte auf sie schon lange ein Auge geworfen, und auch sie war von seiner munter-selbstbewußten, weltläufigen Art nicht unbeeindruckt geblieben, zugleich aber auch aufgeschreckt und verwirrt worden –, verläßt er das Handelshaus und vertritt die Geschäftsinteressen seines Vaters in Nordamerika.

Dann bricht in Polen ein Aufstand los, und Anton bewährt sich an der Seite seines Chefs bei der Rettung der gefährdeten Warentransporte durch mutiges und entschlossenes Auftreten gegen die polnischen, immer betrunkenen Revoluzzer. Bei diesen Abenteuern im aufständischen Polen begegnet Anton auch dem Bruder Lenores, einem überheblichen jungen preußischen Offizier, dessen Spielleidenschaft und Schuldenmacherei ihn wie seinen Vater ausweglos in die Arme der jüdischen Händler und Wucherer treiben. Denn der Freiherr ist inzwischen in eine desolate Lage geraten: Als er sich vor Gläubigern nicht mehr zu retten weiß, geht er auf einen Vorschlag des Schurken Itzig ein und deckt die drängenden Schulden durch eine Hypothek auf sein Gut – eine Hypothek, die er gegen Ehrenwort bereits Hirsch Ehrenthal überlassen hatte. Diese betrügerische Transaktion ruiniert die moralische Integrität des Freiherrn endgültig; als ein von Ehrenthals Sohn, der Lenore heimlich liebt, in Gang gebrachter Rettungsversuch an der kriminellen Energie Itzigs scheitert, unternimmt der Freiherr einen vergeblichen Selbstmordversuch, bei dem er jedoch erblindet.

Für Anton bedeutet diese Entwicklung der Dinge wieder eine »Krise seiner Identität«: Als seine Karriere in Schröters Kontor steil nach oben führt und die Ernennung zum Prokuristen unmittelbar bevorsteht, ereilt ihn die Bitte der Familie Rothsattel, er möge in ihre Dienste treten und die ruinierten Finanzen langfristig in Ordnung bringen. Gegen den Willen seines Chefs, der den moralisch und ökonomisch gescheiterten Freiherrn verachtet – und gegen die Neigung seiner Schwester Sabine, die Anton seit seiner Bewährung in Polen großes Interesse entgegenbringt, entscheidet er sich für die Rothsattels – und für die angehimmelte Lenore. Das bedeutet eine zweite Polenreise, denn dem Freiherrn ist nach seinem finanziellen Zusammenbruch nichts geblieben als ein heruntergekommener polnischer Besitz. Anton betreibt gegen viele Widerstände die Renovierung dieses Guts und sorgt für leidliche Lebensverhältnisse der adligen Familie. Die genauere Kenntnis der Familie Rothsattel ernüchtert ihn jedoch schnell, und ihr manieriert-oberflächliches, ungebildetes und zugleich anmaßendes Verhalten weckt in ihm den alten Bürgerstolz; selbst Lenore wird vom Sockel idealer Weiblichkeit gestoßen: sie ist wild, launisch, unbeherrscht – immer erotisch fesselnd, aber doch wohl nicht, wie Anton allmählich begreift, das Ideal der Lebensgefährtin eines Kaufmanns in spe. Erneut bricht ein Aufstand los, die Lage des Guts ist gefährdet, man muß an Verteidigung und Widerstand denken. In dieser Situation kommt glücklicherweise Fink aus Amerika zurück; er organisiert mit militärischem Geschick die Verteidigungsvorbereitungen; sehr zu Antons Verdruß frönt dabei auch Lenore ihrem aristokratischen Interesse an Reiten und Schießen – sie ist alles andere als ein schüchternes Hausmütterchen und beginnt Finks Aufmerksamkeit zu erregen. Die Angriffe der polnischen Horden werden abgewehrt – die Ereignisse werden von Freytag in Wildwestmanier erzählt; offensichtlich war er von Cooper beeindruckt –, und schließlich bereinigt das preußische Militär die Lage, in diesem Gefecht stirbt der junge Rothsattel den »Heldentod« und entkommt so seinen irdischen Gläubigern.

Im letzten Buch des Romans wird der Leser mit der Vorbereitung auf drei Hochzeiten konfrontiert. Fink und Lenore haben sich im Abwehrkampf gegen die Polen lieben gelernt; Fink setzt sein Vermögen für die Sanierung des Gutes ein und plant an Lenores Seite ein Leben als Vorposten deutscher Kultur, als Kolonisator und Großgrundbesitzer im Osten. Veitel Itzig hat sich nach einer Vielzahl gelungener, stets aber krimineller Spekulationen selbständig gemacht und wirbt um Rosalie, die Tochter seines ehemaligen Chefs. Ehe es aber zu dieser Verbindung kommt, wird Itzig von Anton zur Strecke gebracht, und seine Machenschaften werden aufgedeckt; so stellt sich etwa heraus, daß er seinen alten Kompagnon Hippus ermordet hat – dieser wollte stets mehr Geld von ihm. Als Itzig sich der polizeilichen Verfolgung entziehen will, ertrinkt er in den kalten Gewässern der Oder. So hat Anton Wohlfart alle Bewährungsproben bestanden, und einer glücklichen Verbindung mit Sabine, seiner Ernennung zum Mitinhaber der Firma Schröter steht nichts mehr im Wege.

Die Juden

Das jüdische Personal des Romans wird zunächst mit signifikanten Namen bedacht: Veitel Itzig, Hirsch Ehrenthal, Schmeie Tinkeles oder Pinkus Löbel sprechen für sich und produzieren so einen deutlichen Abgrenzungseffekt gegen Namen wie Anton Wohlfart und Traugott Schröter. Auch die Beschreibung ihres Aussehens und ihres Verhaltens dient dieser Ab- und Ausgrenzung:

> Junker Itzig war keine auffallend schöne Erscheinung, hager, bleich, mit rötlichem, krausem Haar, in einer alten Jacke und defekten Beinkleidern sah er so aus, daß er einem Gendarmen ungleich interessanter sein mußte, als andern Reisenden.[25]

Weiter heißt es:

> Veitel Itzig aber hatte eine merkwürdige Vorliebe für krumme Seitengassen und schmale Trottoirs. Hier und da winkte er hinter dem Rücken seines Reisegefährten mit frecher Vertraulichkeit geputzten Mädchen zu, die an den Türen standen, oder jungen Burschen mit krummer Nase und runden Augen, welche, die Hände in den Hosentaschen, auf der Straße herumlungerten.[26]

Auch sprachlich, durch die mangelnde Beherrschung der Grammatik, wird Itzig gegen Anton, den Abiturienten, kritisch abgesetzt. Der Kaufmann Ehrenthal wird bei seinem ersten Erscheinen in folgender Weise beschrieben:

> Herr Ehrenthal war ein wohlgenährter Mann in seinen besten Jahren mit einem Gesicht, welches zu rund war, zu gelblich und zu schlau, um schön zu sein; er trug Gamaschen an den Füßen, eine diamantene Busennadel auf dem Hemd und schritt mit großen Bücklingen und tiefen Bewegungen des Hutes durch die Allee dem Baron entgegen.[27]

Diese berechnend-devote Haltung wird sich dann in dem Maße, in dem Rothsattel von ihm abhängig wird, ändern und von frecher Dreistigkeit ersetzt werden. Über die anderen Mitglieder der Familie Ehrenthal kann man lesen:

> Madame Ehrenthal war eine volle Frau in schwarzer Seide, mit starken Augenbrauen und rabenschwarzen Hängelocken; sie machte noch große Ansprüche zu gefallen und gefiel auch. Wenigstens versicherten ihr das mit mehr oder weniger Anstand junge Herren von Adel, welche zuweilen in den Morgenstunden Herrn Ehrenthal besuchten, um mit ihm Geschäfte zu machen; ⟨...⟩ Ihre Tochter aber war in der Tat eine Schönheit, eine große, edle Gestalt mit glänzenden Augen, dem reinsten Teint und einer nur sehr wenig gebogenen Nase. Wie aber kam der Sohn in diese Familie? Er war fast klein, mit einem bleichen, faltigen Gesicht und gebückter Haltung; daß er noch ein Jüngling war, sah man nur an seinem Munde und dem hellen Blick; auch war er nachlässiger gekleidet, als einem Sohn des Herrn Ehrenthal geziemte, und in dem braunen Haar hingen noch jetzt am Abend einige Federn.[28]

Die Mutter wird als Protzerin, die Tochter als laszive, stets um eine Nuance zu auffällig gekleidete Schönheit, der Sohn, alles in allem die einzige, wenigstens z.T. positiv gezeichnete Figur, als im Endeffekt lebensunfähiger Sonderling gekennzeichnet. Auch Nebenfiguren wie der ostjüdische Händler Schmeie Tinkeles oder der Schmugglerwirt Löbel Pinkus geraten in die Nähe von Karikaturen: »er sah gespenstig bleich aus« – heißt es von Tinkeles – »seine Nase war spitz und groß ⟨...⟩ und sein Kopf hing ihm nach vorn, wie der Kelch einer welkenden Blume am Bach Kidron«[29].

In vielen Einzelheiten, die die Kleiderordnung, die Essensfolge, die Wohnungseinrichtung u.ä. betreffen, geht es dem Roman vor allem darum, die Vergeblichkeit jüdischer Imitationsversuche bürgerlichen Lebensstils zu demonstrieren. In den Nuancen abweichenden, stets ironisch festgestellten, Verhaltens soll die Andersheit der Juden, ihre Fremdheit unübersehbar hervortreten. Ein letztes Beispiel: Gegen Ende des Romans werden die Hochzeitsvorbereitungen im Hause Ehrenthals geschildert; alles wartet auf den Bräutigam, auf Itzig, der schon von der Polizei gehetzt wird. In diesem Kontext heißt es:

> Die Zimmer im Hause Ehrenthals waren hell erleuchtet, durch die herabgelassenen Vorhänge fiel ein trüber Schimmer in den Sprühregen, der aus der dicken Nebelluft auf die Straße sank. Mehrere Räume waren geöffnet, schwere silberne Leuchter standen umher, glänzende Teekannen, bunte Porzellanschalen, alles Schaugerät war gebürstet, gewaschen und aufgestellt,

der dunkle Fußboden war neu gebohnt, sogar die Küchenfrau trug eine neu geplättete Haube; das ganze Haus hatte sich gewaschen und gereinigt. Die schöne Rosalie stand mitten unter dieser Herrlichkeit in einem Kleid von gelber Seide mit purpurroten Blüten geschmückt, schön wie eine Huri des Paradieses, und bereit wie diese, den Auserwählten zu empfangen.[30]

Auch hier sind es wieder die Nuancen, die »feinen Unterschiede«, die das jüdische Milieu disqualifizieren: ein Zuviel an Glanz, das stillos wirken soll, eine zu deutliche Betonung des Säuberns und Putzens, die die latente Schlamperei hervorkehrt, schließlich die ins Auge springenden Farbkontraste und Muster auf Rosalies Kleid, die ihre Geschmacklosigkeit offenbaren. Diese kulturelle Ausgrenzung der Juden, die eine Reihe unheilvoller Klischees wirkungsvoll inszeniert, ist jedoch nur eine Begleiterscheinung der moralischen Verurteilung der jüdischen Geschäftspraktiken, der Schurkereien und Betrügereien, die den labilen Freiherrn von Rothsattel ins Unglück und in den Ruin stürzen. Ehrenthal und natürlich vor allem Itzig werden in dieser Hinsicht zu Inkarnationen des Bösen, zum teuflischen Prinzip, das den Guten und Gerechten diametral entgegengesetzt wird. Der Freiherr von Rothsattel, so sagt einmal Schmeie Tinkeles, der es wissen muß, sei

> unter den Händen von einem, der heimlich wandelt wie ein Engel des Verderbens. Er geht und legt seinen Strick um den Hals der Menschen, die er bezeichnet hat, ohne daß ihn einer sieht. Er zieht den Strick zu, und sie fallen um, wie die hölzernen Kegel ⟨...⟩.[31]

Dämonisch erscheint Itzig auch dem Sohn Ehrenthals, als er dessen Absicht, den Freiherrn zu retten, hinterhältig durchkreuzt:

> ⟨Er⟩ warf sein Haupt zur Seite und starrte auf den Mann, wie der ermattete Vogel auf die Schlange. Es war das Gesicht eines Teufels, in das er blickte, rotes Haar stand borstig in die Höh ⟨...⟩ und Bosheit saß in den häßlichen Zügen.[32]

Itzigs verbrecherische Handlungen, die Ermordung seines Kumpans Hippus, grenzen ihn, wie der Erzähler formuliert, »aus der Gesellschaft der Menschen« aus[33]; sein Tod ist nur die Konsequenz dieser Ausgrenzung. Ehrenthal, dem anderen jüdischen Protagonisten, geht es kaum besser. Zwar halten sich seine Machenschaften gewissermaßen im Rahmen gängiger Kleinkriminalität und entbehren der Teufelei, doch auch er hat seinen Anteil am Desaster des Freiherrn, den er mit berechnenden Versprechungen und durchtriebenen Spekulationen von sich immer abhängiger machte – und so erst in jene Lage brachte, in der Itzig ihm den letzten Stoß geben konnte. Auch sein Leben ist ruiniert; sein Sohn Bernhard ist vor Aufregung über Itzigs Gaunerstück gegen die Rothsattels gestorben – seine Gesundheit war von Beginn an zerrüttet gewesen. Dies bringt den alten Ehrenthal um den Verstand:

> Da ward die Unterhaltung durch ein Geräusch unterbrochen, eine Tür ging auf, allgemeine Stille entstand, ein schwerer Armstuhl wurde in das Zimmer gerollt. – Auf diesem Armstuhl saß ein alter Mann mit weißem Haar, ein dickes aufgedunsenes Gesicht, zwei glotzende Augen, welche vor sich hinstarrten, der Leib gekrümmt, die Arme schlaff über die Lehne herabhängend. Das war Hirsch Ehrenthal, ein blödsinniger Greis.[34]

Wahnsinn und Tod sind die Folgen des amoralisch-verwerflichen Handelns der jüdischen Agenten und Spekulanten. Ihnen gegenüber erscheint die bürgerlich-deutsche Kaufmannswelt als Inbegriff moralisch intakter Geschäftspraktiken. Wenn man dieses Konzept des Romans auf seine Funktion hin prüft, dann ist nur eine Antwort möglich: Das Verhältnis des Bürgertums zum Adel, das von großer ökonomischer Konkurrenz gekennzeichnet war – Bürgerliche erwarben Rittergüter, Aristokraten industrialisierten ihre Landwirtschaft –, sollte als im Prinzip harmonisierbar erscheinen durch Benennung und Ausgrenzung eines Störenfrieds, dem alle negativen Begleiterscheinungen der Kapitalisierung und Industrialisierung der Agrarwirtschaft angelastet wurden. So spaltet der Romantext – und diese Strategie ist in Zukunft immer wieder verwendet worden – den Mechanismus der kapitalistischen Ökonomie in zwei Sektoren: den moralisch integren des deutschen Bürgertums und den kriminell-verwerflichen der fremden, jüdischen Außenseiter. Kulturell stigmatisiert, werden letztere zugleich moralisch für die zweifelhaften Folgeerscheinungen der Industrialisierung und Durchkapitalisierung des aristokratischen Großgrundbesitzes verantwortlich gemacht. In der Einigung auf dieses systemimmanente Feindbild sollen Adel und Bürgertum sich ausgleichen – so die Textstrategie.

Adlige

Dieser Ausgleich erscheint aber nur möglich, wenn der Adel, von der moralischen Integrität des Bürgertums geleitet, zu einer neuen, wenn man so will, verbürgerlichten Identität findet. Denn die Familie des Freiherrn von Rothsattel, die hier die Aristokratie repräsentiert, erscheint keineswegs in sonderlich positiver Beleuchtung. Der Freiherr selbst wird als Mann des Übergangs charakterisiert. Wurzelt er einerseits noch ganz in den Traditionen eines vormodernen Landadligen, so fasziniert ihn andererseits die Möglichkeit raschen Profits durch moderne landwirtschaftliche Produktion und riskante Geldanlage. Weder sein kaufmännischer Sachverstand noch seine ethischen Grundsätze – seine »Ehre« – reichen freilich aus, um ihn diese Spannung von alt und neu erfolgreich bestehen zu lassen. Im Maße seiner durch Ignoranz mitverschuldeten Verstrickung in die Machenschaften der jüdischen Kaufleute bricht seine »Ehre« wie ein Kartenhaus zusammen; am Ende ist der Freiherr ein gebrochener, blinder, moralisch und ökonomisch erledigter Mann, der in seiner launenhaften Arroganz nur noch die schlechte Karikatur eines Landedelmannes ist. Nicht unzutreffend charakterisiert ihn einmal Hirsch Ehrenthal so:

> Er ist ein guter Mann ⟨...⟩, aber er hat seine Schwächen. Er ist einer von den Menschen, welche verlangen tiefe Bücklinge und untertänige Reden und welche Geld bezahlen, damit andere für sie denken. Er würde lieber verlieren eins vom Hundert, wenn man nur zu ihm spricht mit gebogenem Rücken, den Hut in der Hand. Es sind auch solche Leute nötig in der Welt, was sollte sonst werden aus unserm Geschäft.[35]

In ebenso kritischer Perspektive erscheint der Sohn des Freiherrn, Eugen von Rothsattel; er ist der Typ des leichtlebigen, spielfreudigen, stets verschuldeten Offiziers, der die Ersparnisse seiner Untergebenen leichtfertig verschleudert und der mit seinem »Heldentot« gegen die rebellierenden Polen noch einen verhältnismäßig guten

Abgang hat. Die Freifrau von Rothsattel gewinnt erst in der Phase des Untergangs der Familie einige Statur; vorher wird sie als eher oberflächliche, repräsentationsfreudige Frau geschildert, die das Leben in der Stadt dem abgeschiedenen Landleben vorzieht. Der Roman kennzeichnet sie vor allem indirekt durch ihre Lektüre; wie überhaupt eine Analyse der im Roman erwähnten Literatur und die Bezeichnung der unterschiedlichen Vorlieben aufschlußreiche Einblicke in die Personenkonstellation vermitteln könnte. Über die Baronin von Rothsattel heißt es einmal:

> Unterdes saß die Baronin in einer Gartenlaube und blätterte in den neuen Journalen, welche der Buchhändler aus der nächsten Kreisstadt zugeschickt hatte. Sie betrachtete prüfend die Modekupfer und genoß die kleinen Nippes der Tagesliteratur: Geschichten von Menschen, welche auf außerordentliche Weise reich geworden, und von andern, welche auf schauderhafte Weise ermordet sind, Tigerjagden aus Ostindien, ausgegrabene Mosaikböden, rührende Schilderungen von der Treue eines Hundes, hoffnungsreiche Betrachtungen über die Unsterblichkeit der Seele, und was sonst das flüchtige Auge eleganter Damen zu fesseln vermag.[36]

Noch aufschlußreicher ist vielleicht eine andere Schilderung der Lektüregewohnheiten der Frau von Rothsattel:

> Die Baronin, welche Interesse an unterhaltender Lektüre hatte, ⟨...⟩ verehrte Chateaubriand und las außer kleinen Modenovellen die Romane blasierter Damen; Anton fand ›Atala‹ abgeschmackt und die Romane fade.[37]

Diese Passage ist deshalb aufschlußreich, weil sie einen Autor und eine Erzählung nennt, die in den ›Grenzboten‹ unter besonderen Beschuß genommen worden waren. 1850 urteilte Julian Schmidt über Chateaubriands ›Atala‹ (1801):

> Das kleine Büchlein Atala, welches von der Liebe zweier Wilden handelt, hat in ganz kurzer Zeit in Frankreich 11 Auflagen erlebt, ist in sämtliche Sprachen übersetzt. ⟨...⟩ Die unmittelbaren Beobachtungen auf seiner Reise durch Nordamerika haben ihn ⟨Chateaubriand, d. Verf.⟩ in seiner Darstellung wenig gefördert: die frühern Touristen haben uns ein viel deutlicheres Bild von der Natur der Indianer gegeben, und Chateaubriand in seiner Rei-

sebeschreibung hat selber viel mehr originelle, naive und poetische Anschauungen; ich will mich gar nicht auf Cooper beziehen, in dem jede einzelne Redensart, jeder kleine Zug tausendmal charakteristischer ist, als die ganze Atala, wo die Wilden so aussehn, wie elegante gepuderte Masken im Wildenputz. Ihre Sprache, ihre Empfindung, ihr Denken ist so geziert, so sentimental, so schwülstig, daß ein wirklicher Wilder keinen einzigen Satz daraus verstehen würde. 〈...〉 In Atala ist die Galanterie, die Sentimentalität und das Rokokowesen ganz nach Bernardin's Muster, aber nie so kräftig, nie so graziös. Der junge Wilde Chaktas fällt fortwährend vor seiner Geliebten auf die Knie; diese legt sich »tausend Fragen über den Zustand ihres Herzens« vor, und es erfolgen dann inbrünstige Küsse 〈...〉. Atala ist die Tochter einer heimlichen Christin, sie hat ihrer Mutter auf dem Todbett geloben müssen, keusch zu bleiben, und um dem Konflikt dieses heiligen Gelübdes mit dem natürlichen Gefühl, das bei einer einsamen Reise mit Chaktas durch Prärien sehr lebhaft wird, zu entgehen, nimmt sie Gift. Das Ideal des Romans, der Pater Aubry, der die Wilden nach Art der Jesuiten in Paraguay zivilisiert, tröstet ihre Todesstunde durch die Betrachtung, daß sie wenig verliert, indem sie diese Welt verliert.[38]

Derart sentimentale Lektüre kennzeichnet die Baronin von Rothsattel und weiterhin tendenziell die »romantische« Mentalität des Adels; während die »realistischen« Bürger – wenn sie überhaupt lesen – Dickens oder eben Cooper bevorzugen. So wird z. B. erwähnt, daß Anton an einem Sonntagmorgen »emsig in dem ›Letzten Mohikaner‹« las, und gegenüber Bernhard Ehrenthals ebenfalls »romantischer« Vorliebe für Lord Byron »vertrat 〈er〉 die ruhige Klarheit Walter Scotts« (245).

Die zweifellos schillerndsten Figuren des Romans sind aber Lenore von Rothsattel und Fritz von Fink. Sie werden gewiß auch das meiste Interesse der Leser auf sich ziehen, da sie fast als einzige der eindeutigen Schwarz-Weiß-Malerei entgehen, die die meisten Personen des Romans zu wandelnden Verkörperungen moralischer Begriffe, von Tugend und Laster werden läßt. Wie Rosalie Ehrenthal ist Lenore eine körperlich sehr anziehende, schöne Frau von erotischer Ausstrahlungskraft. Der außerordentlich prüde Roman kann dies freilich nur sparsam und indirekt zur Anschauung bringen; so springt Lenore einmal ins Wasser, um ein vom Ertrinken bedrohtes Kind zu retten; Bernhard Ehrenthal ist Zeuge dieser Szene:

Das nasse Gewand legte sich dicht an Lenores Leib, die schönen Formen des Körpers wurden in der raschen Bewegung dem Auge ihres Begleiters fast unverhüllt sichtbar. Sie achtete nicht darauf. Bernhard drang mit ihr in die Stube des Gärtners, aber Lenore trieb ihn hastig wieder hinaus. Mit Hilfe der erschrockenen Gärtnersfrau entkleidete sie das Kind und suchte das bewußtlose durch Reiben ins Leben zurückzubringen. Unterdes lehnte Bernhard draußen vor der Tür vor Kälte klappernd und in einer Aufregung, welche seine Augen glühen machte wie Kohle. »Lebt das Kind?« rief er durch die Tür. »Es lebt«, rief Lenore vom Bett zurück. »Gelobt sei Gott!« rief Bernhard und schlug die Hände zusammen; aber der Gott, an den er in diesem Augenblicke dachte, war das schöne Weib dadrin, von dessen Reizen sein Auge mehr gesehen hatte, als irgendein anderer Mann.[39]

So mutig und entschlossen wie in dieser Situation zeigt sich Lenore auch während der Belagerung des Gutshofes in Polen durch die Aufständischen; aber gerade dieses selbstbewußte, ja manchmal burschikose Auftreten provoziert Anton; es erscheint ihm zu wenig »weiblich«. Vollends gerät sein Bild von Lenore ins Wanken, als er diese während der gemeinsamen Monate in Polen von ihrer »häuslichen« Seite näher kennenlernt:

Auch Lenore war nicht so, wie er sie geträumt hatte. Immer hatte er in ihr das vornehme Fräulein verehrt, und die herzliche Vertraulichkeit, mit der sie ihn behandelte, als einen Vorzug empfunden. Jetzt hörte sie ihm auf, eine vornehme Erscheinung zu sein. Er kannte die Muster ihrer Spitzenärmel persönlich und sah sehr gut einen kleinen Riß im Hauskleide, den die sorglose Lenore lange nicht beachtete.[40]

In der Perspektive des Bürgers erscheint das selbstbewußt-eigenwillige, mutige, genußsüchtige und lebensfrohe Verhalten Lenores als unpassend, ja als skandalös. Zweifellos artikuliert sich in der Art und Weise, mit der der Roman die Figur der Lenore kennzeichnet und agieren läßt, ein hohes Maß an Faszination, das diese »unbürgerliche Frau« für den Autor, wohl gegen seine »offiziellen« Intentionen, gehabt hat. Fasziniert ist auch Fink, der sie am Ende heiratet, nicht ohne Anton vorher versichert zu haben, er wisse schon, wie man Vögel abrichte – als ihn dieser vor Lenores »Tollheiten« warnt.[41] Dieser Fink ist selbst ein »bunter Vogel«, ein bürgerlicher Aristokrat, ein witziger Dandy, ebenso lebenslustig und prinzipienlos wie Lenore, dabei reich und schließlich doch tüchtig und erfolgreich. Er repräsentiert jenen Typus des Adligen, der so viel bürgerliche Gesinnung in sich aufnimmt, daß er zum idealen Partner der bürgerlichen Protagonisten werden kann. »Was meinen deutschen Adel betrifft«, sagt er einmal, »er hat für mich ungefähr denselben Wert, wie ein Paar gute Glanzstiefel und neue Glacéhandschuhe.«[42]

Fink und Lenore sind in ihrer Verbindung von Mut, Tatkraft, Frechheit und aristokratischem Schwung in besonderer Weise geeignet, den deutschen »Lebensraum im Osten« offensiv zu verteidigen. Über die Zukunft der beiden läßt der Roman am Ende keinen Zweifel:

⟨Finks⟩ Leben wird ein unaufhörlicher siegreicher Kampf sein gegen die finstern Geister der Landschaft; und aus dem Slawenschloß wird eine Schar kraftvoller Knaben herausspringen, und ein neues deutsches Geschlecht, dauerhaft an Leib und Seele, wird sich über das Land verbreiten, ein Geschlecht von Kolonisten und Eroberern.[43]

Bürger

Während der Adel in dieser Weise buchstäblich marginalisiert wird, d.h. an den Rand, die Grenze, die »Front« abgeschoben wird, reserviert der Roman dem Bürgertum den zentralen Platz im Innern der Gesellschaft. In diesem Zentrum behauptet sich das Bürgertum ebenso gegen jüdische Intrigen wie gegen die Herausforderung durch die Arbeiterschaft, die der Roman freilich nur streift. Die Protagonisten der bürgerlichen Schicht, in erster Linie Anton Wohlfart und die Geschwister Schröter, bleiben im Text freilich auf signifikante Weise blaß, schemenhaft, sie gewinnen nie die Plastizität der Schurken oder die Farbigkeit der Aristokraten. Anton Wohlfart ist kaum mehr als sein Name, Sabine Schröter wirkt körperlich nie präsent, und der Firmenchef ist die wandelnde Sentenz, er existiert allein als Sprachrohr bürgerlicher Lebensweisheiten und Tugendkataloge. Der Roman macht überaus deutlich, wie schwierig es ist, »das Gute«, »Positivität«, makellose Vorbilder darzustellen. Dies beginnt schon mit Antons kleinbürgerlichem Elternhaus, in dem er »Fleiß« und »Ordnung« kennenlernt, wohl auch die »Poesie« des sonntäglichen Kaffees, aber eigentlich ist die Existenzberechtigung seiner Eltern erschöpft, als der Sohn im Sinne der bürgerlichen »Sekundärtugenden« erzogen ist; mehr ist über sie nicht zu sagen. Das Handelshaus, in das Anton dann eintritt, ist ein anachronistisches Relikt, wie der Text selber herausstellt:

> Das Geschäft war ein Warengeschäft, wie sie jetzt immer seltener werden, jetzt, wo Eisenbahnen und Telegrafen See und Inland verbinden, wo jeder Kaufmann aus den Seestädten durch seine Agenten die Waren tief im Lande verkaufen läßt, fast bevor sie im Hafen angelangt sind, so selten, daß unsere Nachkommen diese Art des Handels kaum weniger fremdartig finden werden, wie wir den Marktverkehr zu Tombuktu oder in einem Kaffernkral. Und doch hatte dies alte, weit bekannte Binnengeschäft ein stolzes, ja fürstliches Ansehen und, was mehr wert ist, es war ganz gemacht, feste Gesinnung und ein sicheres Selbstgefühl bei seinen Teilhabern zu schaffen.[44]

In diesem überschaubaren, in seinen organisatorischen und merkantilen Strukturen noch transparenten Unternehmen herrscht der Geist eines strikten Patriarchalismus, der sich in der Sitzordnung beim gemeinsamen Mittagessen der Angestellten ebenso ausdrückt wie in dem väterlich-strengen Verhältnis des Chefs zu seinen Mitarbeitern, die ihn ihrerseits gewissermaßen als »Vater« wertschätzen. Antons Kollegen, allesamt arbeitswütige Kleinbürger, werden auf vielen Seiten liebevoll in ihren kleinen Eigenheiten und Schrullen geschildert; die Textstrategie zielt darauf ab, sie alle als »Individuen« vor den Blick der Leser zu stellen und nicht etwa als anonyme, austauschbare, gesichtslose Rollenträger. »Gesichtslos« ist allerdings der Chef, Traugott Schröter, in hohem Maße; von Antons erster Begegnung mit ihm heißt es:

> Anton sah schnell auf das Antlitz, und dieser erste Blick ⟨...⟩ gab ihm einen guten Teil seines Mutes wieder. Er erkannte alles darin, was er in den letzten Wochen ach so oft ersehnt hatte, ein gütiges Herz und einen redlichen Sinn. Und doch sah der Herr streng genug aus, und seine erste Frage klang kurz und entschieden.[45]

Das sind alles Klischees, mehr ist über Schröter kaum zu sagen;

er selbst allerdings ergreift bei jeder sich bietenden Gelegenheit das Wort, um das Bürgertum zu preisen und sein Arbeitsethos zu rühmen. Während der Fahrt ins aufständische Polen entspannt sich z. B. zwischen Schröter und Anton folgender Dialog:

»Es gibt keine Rasse, welche so wenig das Zeug hat, vorwärtszukommen, und sich durch ihre Kapitalien Menschlichkeit und Bildung zu erwerben, als die slawische. Was die Leute dort im Müßiggang durch den Druck der stupiden Masse zusammengebracht haben, vergeuden sie in phantastischen Spielereien. Bei uns tun so etwas doch nur einzelne bevorzugte Klassen, und die Nation kann es zur Not ertragen. Dort drüben erheben diese privilegierten den Anspruch, das Volk darzustellen. Als wenn Edelleute und leibeigene Bauern einen Staat bilden könnten! Sie haben nicht mehr Berechtigung dazu, als dieses Volk Sperlinge auf den Bäumen. Das Schlimme ist nur, daß wir ihre unglücklichen Versuche auch mit unserem Geld bezahlen müssen.« »Sie haben keinen Bürgerstand«, sagte Anton eifrig beistimmend. – »Das heißt, sie haben keine Kultur«, fuhr der Kaufmann fort, »es ist merkwürdig, wie unfähig sie sind, den Stand, welcher Zivilisation und Fortschritt darstellt und welcher einen Haufen zerstreuter Ackerbauern zu einem Staate erhebt, aus sich heraus zu schaffen. ⟨...⟩ Was man dort Städte nennt, ist nur ein Schattenbild von den unsern, und ihre Bürger haben blutwenig von dem, was bei uns das arbeitsame Bürgertum zum ersten Stande des Staates macht.«[46]

Der Roman ist freilich alles andere als ein Roman der bürgerlichen Arbeitswelt – wie ihm manche Kritiker bescheinigt haben; er ist vielmehr ein Roman, in dem Arbeit nur in der Rede der bürgerlichen Repräsentanten vorkommt und als »moralische Haltung« verklärt wird. »Fleißig«, »ordentlich«, »gebildet«, »sittsam« und »ehrlich« hat man zu sein und nicht so intrigant und verschlagen wie die Juden, so unbedacht und hedonistisch wie der Adel oder so chaotisch, faul und aufsässig wie die Polen.

Man muß zu dem Schluß gelangen, daß dieser Roman – programmatisch der Verklärung des Bürgertums gewidmet – die Vertreter der Bourgeoisie zu wandelnden Phrasen und zwangsneurotischen Schatten, zu Diskursfetzen, ja zu der Buchstäblichkeit ihrer Sentenzen verkümmern läßt. Ihr prätentiös moralisches, in Wahrheit aggressives und menschenfeindliches Selbstverständnis gibt keiner der Figuren jene anschauliche Kontur, die ihr Autor für »realistisch« hielt und in seinen ›Lebenserinnerungen‹ an dem Roman hervorhob, als er schrieb:

> Wenn es den Personen in ›Soll und Haben‹ gelungen ist, als wahrhafte und wirksame Darstellungen von Menschennatur zu erscheinen, so kommt das gerade daher, weil sie sämtlich frei und behaglich erfunden sind ⟨...⟩, sie sind nur unter dem Zwange der erfundenen Handlung geschaffen und scheinen gerade deshalb hundert wirklichen Menschen zu gleichen, welche unter ähnlichen Verhältnissen leben und handeln müßten.[47]

Arbeiter

Eigentliche Arbeiter spielen in dem Roman nur eine marginale Rolle; sie werden thematisiert einerseits als Personal der Firma Schröter – es handelt sich hier um Transportarbeiter, Packer, um die sogenannten »Auflader« – andererseits als Bauarbeiter, die auf dem Besitz des Freiherrn von Rothsattel jene Zuckerfabrik errichten, die den Ruin des Freiherrn mitverursacht.

Die »Auflader« der Firma Schröter werden als Mitglieder des patriarchalisch geführten Handelshauses durchweg positiv geschildert. Es kommt Freytag darauf an, am Exempel dieser Arbeiter die Möglichkeit einer »moralischen« Verbürgerlichung der Arbeiterklasse aufzuzeigen. Diese Packer, die innerhalb des Personals eine eigene »Korporation«[48] bilden, sind dem Firmenchef treu ergeben und werden von ihm mit besonderer Zuwendung ausgezeichnet. Denn sie sind allesamt Träger solcher Einstellungen und Überzeugungen, die auch das Bürgertum prägen: Fleiß, Pflichtbewußtsein, Loyalität, Sparsamkeit usw. So wird ausdrücklich erwähnt, daß der Anführer dieser Korporation, ein Mann namens Sturm, es zu einem eigenen Haus und zu beträchtlichen Ersparnissen gebracht habe; auch auf die 65 Bücher, die sich – als Indiz von »Bildung« – in seinem Haus befinden, wird eigens und mit Nachdruck hingewiesen. Über das Erziehungsprogramm und die es bestimmenden Wertvorstellungen des Aufladers Sturm informiert eine Episode des Textes, in der Sturm seinen fünfzehnjährigen Sohn Karl als Lehrling in die Firma einführt. Hier vollzieht sich eine Art »Tugendexperiment«, mit dem der Vater die Standhaftigkeit und Ehrlichkeit des Sohnes testen will:

Der Vater fing seine Lehre auf der Stelle damit an, daß er den Sohn in das große Gewölbe unter die offenen Vorräte führte und zu ihm sagte: »Hier sind die Mandeln, und hier die Rosinen; diese in dem kleinen Faß schmecken am besten, koste einmal.« – »Sie schmecken gut, Vater«, rief Karl vergnügt. – »Ich denk's, Liliputer«, nickte der Vater. »Sieh, aus allen diesen Fässern kannst du essen, soviel du willst, kein Mensch wird dir's wehren.⟨...⟩ Jetzt merke auf, mein Kleiner. Jetzt sollst du probieren, wie lange du vor diesen Tonnen stehen kannst, ohne hineinzugreifen. Je länger du's aushältst, desto besser für dich; wenn du's nicht mehr aushalten kannst, kommst du zu mir und sagst: es ist genug. Das ist gar kein Befehl für dich, es ist nur wegen dir selber und wegen der Ehre.« So ließ der Alte den Knaben allein, nachdem er seine große dreischalige Uhr herausgezogen und auf eine Kiste neben ihn gelegt hatte. »Versuch's zuerst mit einer Stunde«, sagte er im Weggehen, »geht's nicht, so schadet's auch nicht. Es wird schon werden.« Der Junge steckte trotzig die Hände in die Hosentaschen und ging zwischen den Fässern auf und ab. Nach Verlauf von mehr als zwei Stunden kam er die Uhr in der Hand zum Vater heraus und rief: »Es ist genug.«[49]

»Selbstbeherrschung« und Unterdrückung begehrlicher Regungen – das sind Maximen, nach denen die Arbeiter der Firma Schröter leben und die ihnen die Voraussetzung schaffen, an der Moralität des Bürgertums und dann auch an seinem ökonomischen Erfolg teilzuhaben. Der Proletariersohn Karl Sturm durchläuft so ein »Bildungsprogramm«, das der »guten Fahrt« Antons vergleichbar ist, er bewährt sich als Arbeiter und Soldat und wirkt am Ende an der Seite Fritz von Finks als Ostkolonisator.

Als Konstrastbild zu diesem Projekt Freytags, Arbeiter durch Besitz, Bildung und ein unbedingtes Arbeitsethos gleichsam zu »verbürgerlichen«, erscheint die Darstellung der Bauarbeiter auf dem Gute des Freiherrn von Rothsattel. Diese werden als verwahrloste Horde halbkrimineller Proleten geschildert, die die intakte Sittlichkeit der Landbewohner zu korrumpieren drohen. Wo sie sich sehen lassen, haben sie »Chaos« zur Folge:

Ein Haufe fremder Arbeiter zog mit Hacke, Schaufel und Karren wie ein Heuschreckenschwarm über das Gut. Sie zertraten die Grasplätze des Parks, sie lagerten in ihren Eßstunden in der Nähe des Schlosses und genierten die Frauen oft durch ihren Mangel an Rücksicht. Der Gärtner rang die Hände über die zahlreichen Diebstähle an Obst und Gemüse. Der Amtmann war in lauter Verzweiflung über die Unordnung, welche in seiner Wirtschaft einriß.[50]

Und auch Lenore beklagt sich über das unkultivierte, barbarische Verhalten dieser Arbeiterhorden:

> Die Arbeiter hatten Feierabend gemacht und den Platz verlassen, nur einige Kinder aus dem Dorfe kauerten unter dem Holz und sammelten die Späne zum Abendfeuer. Wenige Schritte hinter der Baustelle zog sich eine Bucht des Sees heran, durch Gebüsch eingefaßt und mit grünen Wasserlinsen überdeckt. »Wie wüst es hier aussieht«, klagte Lenore, »die Zweige der Sträucher sind geknickt, auch die Bäume sind beschädigt. Das alles macht der Bau. Wir kommen der fremden Arbeiter wegen jetzt nur selten hierher. Auch die Kinder vom Dorf sind dreist geworden, sie haben hier einen Spielplatz aufgeschlagen, und es ist ihnen gar nicht zu wehren.«[51]

Diese Textpassagen lassen Freytags – und über ihn hinaus auch des bürgerlichen Liberalismus' – politisches Konzept hinsichtlich der Arbeiterklasse deutlich werden. Im »Naturzustand« wird sie als eminente Gefährdung der herkömmlichen sozialen Strukturen und der konventionellen Sittlichkeit empfunden – potentiell als Träger einer durchgreifenden »Revolutionierung«, die im Text des Romans nur in Metaphern des »Chaos« artikuliert werden kann. Als Strategie gegen diese quasinatürliche Revolutionsposition des Proletariats empfiehlt der Roman die »Verbürgerlichung« der Arbeiter, d.h. ihre Normalisierung, ihre Abrichtung an Normen wie Pünktlichkeit, Ehrlichkeit, Selbstbeherrschung, Sauberkeit, usw. und im Gefolge dieser Normalisierung ihre Partizipation an den Symbolen bürgerlichen Erfolges und Prestiges: Besitz und Bildung.

Revolution

Es gehört zu den auffälligsten Merkmalen des Romans, daß das Faktum der Revolution – d.h. die Zeitereignisse von 1848/49 – in das »Außen« des Systems, konkret gesprochen: nach Polen »verdrängt« wird. Der Roman inszeniert über viele Kapitel hinweg und mit großem rhetorischen Aufwand das Ereignis der Revolution – aber eben nicht auf dem Boden des positiv besetzten eigenen Systems, sondern »verschoben« in die Fremde; es handelt sich offenkundig um ein Symptom des »kollektiven Unbewußten« nach 1848, um das Vergessenmüssen des eigenen Anteils an den Ereignissen von 1848, um eine Verwerfung des Selbstverständnisses als »Revolutionär«, um die Verbannung der Revolution in ein »Außen«, in dem sie als Konsequenz der slawischen Mentalität gewertet werden kann und aus dem Horizont deutscher Bürgerlichkeit entrückt scheint. Indem die Erscheinung der Revolution unmittelbar aus den angeblichen Nationaleigentümlichkeiten der Polen abgeleitet wird, soll undenkbar werden, daß deutsche Bürger revoltieren könnten. Um die Revolution insgesamt negativ werten, um sie als Inbegriff des Desasters und des Schreckens inszenieren zu können, bedarf es der Tilgung jedes deutsch-bürgerlichen Anteils an ihr. Dann aber kann der Erzähler seinen Obsessionen und »Horrorvisionen« freien Lauf lassen; über die ersten Erlebnisse Schröters und Antons im aufständischen Polen liest man folgendes:

> So schritten die Reisenden durch die Straßen der Stadt. Die Nacht war eingebrochen, aber unter ihrem Mantel wurde das wüste Treiben noch peinlicher. Haufen des niedrigsten Pöbels, Patrouillen des Heeres, Scharen von flüchtigen Landbewohnern drängten sich schreiend, fluchend, singend durcheinander; viele Fenster waren erleuchtet, und der Lichterglanz verbreitete über den Straßen ein schattenloses, gespenstiges Licht. Über die Häuser wälzten sich dicht geballte rötliche Wolken, es brannte in einer Vorstadt, und der Wind trieb Schwärme goldener Funken und lohende Holzsplitter über die Häupter der Reisenden. Dazu heulten die Glocken der Türme mit schauerlicher Stimme eintönigen Klagegesang. ⟨...⟩ Die Reisenden eilten ⟨...⟩ mit schnellen Schritten durch das Gewühl. Wieder hatten sich die Straßen gefüllt, wieder zogen Scharen Bewaffneter an ihnen vorbei, der Pöbel war wilder und aufgeregter, und das Geschrei war noch größer, als am Abend zuvor. Es wurde an die Häuser gedonnert und Einlaß verlangt, Branntweinfässer wurden auf die Pflastersteine gerollt und von dichten Haufen trunkener Männer und Weiber umdrängt, alles kündigte an, daß die befehlende Macht nicht stark genug war, die Straßendisziplin aufrechtzuerhalten.[52]

Chaos, Brand und Anarchie, betrunkene Horden, sittenlose, morddurstige Desperados – das ist das Antlitz der polnischen Aufstände; es ist zugleich eine Metapher für Revolution schlechthin, wie der Kaufmann Schröter verkündet, als Anton angesichts solcher Verwüstungen ausruft: »Wenn Revolution so aussieht, sieht sie häßlich genug aus.« Darauf dann der Kaufmann: »Sie verwüstet immer und schafft selten etwas Neues.« Und dann gibt er folgende Analyse:

> Der Adel und der Pöbel sind jeder einzeln schlimm genug, wenn sie Politik treiben; sooft sie sich aber miteinander vereinigen, ruinieren sie sicher das Haus, in dem sie zusammenkommen.«⁵³

Aristokratie und Proletariat bilden demnach gemeinsam eine hochbrisante Mixtur, die das »Haus der Nation«, die Einheit des Staates, gefährlich bedroht; allein das Bürgertum, so will es der Text des Romans, ist in der Lage, beide verderblichen Kräfte zu neutralisieren, indem er zwischen sie tritt und sie zu »verbürgerlichen« sucht. Wo diese bürgerliche »Mitte« – dieser schützende Wall, fehlt, da schlagen die »Fluten der Revolution« erbarmungslos über allen alten Ordnungen zusammen. »Die Menge wogte durcheinander wie ein unruhiges Meer« – heißt es einmal.⁵⁴

Die Chaotik der revolutionären Ereignisse hat ihre Bedingung, so will Freytag es seinen Lesern suggerieren, in der Enthemmung der Massen. Diese Enthemmung wird im Roman durch den exzessiven Alkoholkonsum der Revolutionäre ins Bild gesetzt. Anders als die biertrinkenden Aufl ader der Firma Schröter motiviert der reichliche Alkoholgenuß die polnischen Horden zu hemmungslosen Dreistigkeiten und brutalen Übergriffen. Wohlfarts und Schröters Reise durch Polen wird dann geradezu ein Leidensweg enthaltsamer deutscher Bürger im Ambiente polnischer Saufgelage:

> Jedes Abkommen ⟨...⟩ wurde mit Wein überschwemmt. Diese langen Sitzungen im Weinhause ⟨...⟩ waren für Anton kein geringes Leiden. Er sah, daß man in dem Land viel weniger arbeite, und viel mehr schwatze und trinke, als bei ihm daheim. ⟨...⟩ Man fing mit Porter an, aß Kaviar nach Pfunden und zechte dann den roten Wein von Bordeaux. Gastfrei wurde nach allen Seiten eingeschenkt. ⟨...⟩ Immer zahlreicher wurde die Gesellschaft, oft kam der Abend heran.⁵⁵

Dieser weinselige Hedonismus ist das genaue Gegenteil des bürgerlichen Asketismus, dem sich Anton Wohlfart verschrieben hat. Enthemmt er einerseits die Massen und macht sie revolutionsbereit, so ist er in der Optik der deutschen Reisenden und Kolonisten andererseits die Wurzel der sogenannten »polnischen Wirtschaft«, des ökonomischen Mißerfolgs und des Massenelends. Als Anton im Auftrage des Freiherrn von Rothsattel dessen polnischen Besitz inspiziert, bietet sich ihm folgendes Bild:

> »Hier ist das Gut«, sagte der Kutscher sich umdrehend, und wies mit der Peitsche auf einen Haufen dunkeler Strohdächer, welcher gerade vor ihnen sichtbar wurde. Anton erhob sich von seinem Sitz und suchte die Baumgruppe, in welcher das Herrenhaus liegen konnte. Er sah nichts davon. Um das Dorf war manches nicht zu finden, was auch die ärmlichsten Bauernhäuser seiner Heimat schmückte, kein Haufe von Obstbäumen hinter den Scheuern, kein umzäunter Garten, keine Linde auf dem Dorfplatz, einförmig und kahl standen die schmutzigen Hütten nebeneinander. ⟨...⟩ Durch eine Lücke zwischen den Ställen fuhren die Reisenden in den Wirtschaftshof, einen großen unregelmäßigen Platz, auf drei Seiten von schadhaften Gebäuden umgeben, die vierte offen gegen das Feld. Dort lag ein Haufe von Trümmern, Lehm und verfaulten Balken, die Überreste einer eingefallenen Scheuer. Der Hofraum war leer, von Ackergeräten und menschlicher Tätigkeit war nichts zu erblicken. »Wo ist die Wohnung des Inspektors?«, fragte Anton betroffen. Der Kutscher sah sich suchend um, endlich entschied er sich für ein kleines Parterregebäude mit einem Strohdach und unsauberen Fenstern. – Bei dem Geräusch des Wagens trat ein Mann auf die Türschwelle und wartete phlegmatisch ab, bis die Reisenden abgestiegen waren und dicht vor ihm standen. Es war ein breitschultriger Gesell mit einem aufgedunsenen Branntweingesicht, in einer Jacke von zottigem Zeuge, hinter ihm steckte ein ebenso zottiger Hund die Schnauze aus der Tür und knurrte die Fremden an.[56]

Ähnlich wüst und verwahrlost erscheinen alle polnischen Ortschaften und Landstriche in dem Roman. Es soll mit penetranter Deutlichkeit herausgestellt werden, daß diese Region allererst kultiviert werden muß, daß sie aus sich heraus unfähig zu aller Kultur ist, daß sie der deutschen »Eroberer« zu ihrem Heile bedarf.

Um diese »Botschaft« sinnfällig zu machen, läßt der Roman seinen Helden mitten im Desaster Polens auf ein deutsches Anwesen stoßen:

> »Es ist merkwürdig«, sagte Karl, aus der Ferne auf die Gebäude sehend, »dieses Dach hat keine Löcher; dort in der Ecke ist ein Viereck von neuem

Stroh eingesetzt. Bei Gott, das Dach ist ausgebessert.« – »Hier ist die letzte Hoffnung«, erwiderte Anton. – Als der Wagen vorfuhr, zeigte sich der Kopf einer jungen Frau am Fenster, neben ihr ein blondhaariger Kinderkopf, beide fuhren schnell zurück. – »Dies Vorwerk ist das Juwel des Gutes«, rief Karl und sprang über den Rand der Britschka herunter. »Es sind deutliche Spuren einer Düngerstätte hier. Dort läuft ein Hahn und die Hennen hinterdrein, alle Wetter, ein regulärer Hahn mit einem Sichelschwanz. Und hier steht ein Myrtenstock am Fenster. Hurra! hier ist eine Hausfrau, hier ist Vaterland, hier sind Deutsche.« Die Frau trat aus dem Hause, eine saubere Gestalt, gefolgt von dem krausköpfigen Knaben, der beim Anblick der Fremden schleunigst seine Finger in den Mund steckte und sich hinter der Schürze seiner Mutter verbarg. Anton frug nach dem Mann. »Er kann ihren Wagen vom Felde sehen, er wird sogleich hier sein«, sagte die errötende Frau. Sie bat die Herren in die Stube und stäubte mit ihrer Schürze eilig zwei Holzstühle ab. Es war ein kleines geweißtes Zimmer, die Möbel mit roter Ölfarbe gestrichen, aber sauber gewaschen, im Kachelofen brodelte der Kaffeetopf, in der Ecke tickte eine Schwarzwälder Uhr, und auf einem kleinen Holzgestelle an der Wand standen zwei gemalte Porzellanfiguren und einige Tassen, darunter wohl ein Dutzend Bücher; hinter dem kleinen Wandspiegel aber steckte die Fliegenklappe und eine Birkenrute, sorgfältig mit rotem Band umwunden. Es war der erste behagliche Raum, den sie auf der weiten Gutsfläche gefunden hatten.[57]

Diese wahrhaft penetrante Genreszene enthält alle Insignien deutscher Bürgerlichkeit: die schamhaft errötende, d.h. sittsamzüchtige Hausfrau, die anders ist als die polnischen »Schlampen«; der abwesende, d.h. arbeitende Hausvater; das einfache, aber saubere und ordentliche Interieur; der Kaffee, d.h. Gemütlichkeit, und kein Branntwein; die Uhr: man weiß, wie spät es ist, kann pünktlich sein; Schmucktassen und Bücher: Kultur und Bildung (über Sabine Schröters Schmucktassen, die die Porträts deutscher Dichter zeigen, wird eingehend gesprochen); die Fliegenklappe: Ordnung und Hygiene, Sauberkeit; schließlich die Birkenrute: der Sohn, so schüchtern und putzig er ist, muß gelegentlich übers Knie gelegt werden, damit er lernt, was Gehorsam heißt. Um solche »Idyllen« aus dem Chaos der polnischen Verhältnisse entstehen zu lassen, bedarf es der deutschen Ostkolonisation, die der Roman offen und unverblümt propagiert hat. Die Deutschen ziehen nach Osten – wie die europäischen Siedler in den amerikanischen Westen; und wie die

Trapper und Waldläufer in den Romanen Coopers und Gerstäckers widerspenstigen Indianern den Garaus machen, so räumen die Deutschen unter dem polnischen Gesindel auf:

> »Jetzt gilt's«, rief Fink. Im Schnellschritt zog die Schar über den Anger, stellte sich seitwärts vom Wege an der ersten Scheuer auf, und eine Salve aus fünfundzwanzig Gewehren drang in die Seite des Feindes. Dadurch kam Verwirrung in die gedrängte Schar der Feinde, die Masse löste sich auf und stürzte in wilder Flucht über die Ebene. Wieder klang ⟨...⟩ die Trompete, in vollem Rosseslauf stürmten die Husaren vor und hieben in einen Haufen ein, der noch standhielt.[58]

Bildungsroman

Wilhelm Dilthey hat davon gesprochen, daß der Bildungsroman den jungen Mann zeige,

> wie er in glücklicher Dämmerung in das Leben eintritt, nach verwandten Seelen sucht, der Freundschaft begegnet und der Liebe, wie er nun aber mit den harten Realitäten der Welt in Kampf gerät und so unter mannigfachen Lebenserfahrungen heranreift, sich selber findet und seiner Aufgabe in der Welt gewiß wird.[59]

Diese formale Struktur findet sich in Freytags Roman in hohem Maße wieder. Denn er schildert den Werdegang seines Helden vom Kinde bis zum selbstbewußt-erfolgreichen Mann, konfrontiert ihn mit einigen Krisen und Gefährdungen, läßt ihn Freundschaften finden und Beziehungen, die so etwas wie »Liebe« sein sollen, und führt ihn zu einem glücklichen Finale, das das Versprechen seines Namens erfüllt. Die entscheidenden Lebenskrisen sieht der Roman nun in der Gefährdung durch Wünsche und Imaginationen, die an der Wirklichkeit des Lebens vorbeizielen und den Sinn der Existenz verfehlen. Es handelt sich kurz gesagt um die Gefährdung durch »Romantik«. Wie ein Mahnmal steht so über dem ganzen Roman jene Warnung, die der auktoriale Erzähler gleich zu Beginn seinem Helden mit auf den Weg gibt:

Man sage nicht, daß unser Leben arm ist an poetischen Stimmungen, noch beherrscht die Zauberin Poesie überall das Treiben der Erdgeborenen. Aber ein jeder achte wohl darauf, welche Träume er im heimlichsten Winkel seiner Seele hegt, denn wenn sie erst groß gewachsen sind, werden sie leicht seine Herren, strenge Herren![60]

Romantische Träume sind es, die den Weg des jungen Anton gefährden und seinen Sinn für das Reale verwirren; nur dieser Hang zu romantischer Imagination macht ihn für die Welt der Aristokratie – und zumal für die launisch-anziehende Lenore – verführbar. In ihrer Nähe gerät er in »träumerisches Entzücken«[61] oder fühlt sich wie »verzaubert«[62]. Dieser »Bann«, dieser Zauber führt ihn von seiner geraden Bahn zum bürgerlichen Kaufmann für eine Weile ab; er weckt in ihm ein – in der Perspektive des Romans fragwürdiges – Begehren nach sozialem Aufstieg und gesellschaftlichem Glanz:

> Seit Jahren verbarg er einen Wunsch im Grund seiner Seele, die Sehnsucht nach dem freien, stattlichen, schmuckvollen Leben der Vornehmen. ⟨…⟩ Sooft er von dem Treiben der aristokratischen Kreise las, sehr oft, wenn er mit sich allein war, wurde in ihm die holde Erinnerung lebendig, das hohe Schloß mit Türmen im Blumenpark und das adlige Kind, das ihn über den Schwanenteich gefahren. Jetzt wieder stieg das Bild in ihm auf, in dem goldenen Licht, das seine Poesie in jahrelanger Arbeit dazugetan.[63]

Erst das direkte Engagement als Vermögensverwalter der Familie Rothsattel nimmt ihm alle Illusionen hinsichtlich der »Romantik« aristokratischer Lebensformen und gewinnt ihm das bürgerliche Selbstbewußtsein in vollem Umfang zurück. Am Ende seiner Abenteuer und Bewährungen auf dem polnischen Gut Rothsattels hat der Adel allen Zauber für ihn verloren, der Bann ist ein für allemal gelöst:

> Er sah sein vergangenes Leben vor sich vorüberziehn, die Gestalt der Edeldame auf dem Balkon ihres Schlosses, das schöne Mädchen auf dem Kahn unter ihren Schwänen, den Kerzenglanz im Tanzsalon ⟨…⟩, alle diese Zeiten sah er vor sich und deutlich erkannte er den Zauber, den sie um ihn gelegt hatten, alles, was seine Phantasie gefesselt hatte, sein Urteil besto-

chen, seinem Selbstgefühl geschmeichelt, das erschien ihm jetzt als eine Täuschung. Ein Irrtum war's seiner kindischen Seele, den die Eitelkeit großgezogen hatte.[64]

Die Bilanz dieser Jahre fällt für Anton daher ambivalent aus; da ist ein merkbares *Soll*: das Sicheinlassen auf die moralisch fragwürdige Welt des Adels aus dem Motiv des Narzißmus und der Tagträumerei; da ist aber auch ein deutliches *Haben*: die Bewährung in feindlicher Umwelt und die Sanierung der Rothsattel-Finanzen.

Er hatte Verluste gehabt, aber auch gewonnen, er hatte durchgesetzt, daß auf unkultivierter Fläche ein neues Leben aufgründte; er hatte geholfen, eine neue Kolonie seines Volkes zu gründen, er hatte den Menschen, die er liebte, den Weg zu einer sichern Zukunft gebahnt; er selbst fühlte sich reifer, erfahrener, ruhiger. Und so sah er über die Häupter der Pferde, die ihn seiner Heimat zuführten, und sagte zu sich selbst: »Vorwärts! ich bin frei, und mein Weg ist jetzt klar.«[65]

Dieser Selbsteinschätzung Antons gibt der Text des Romans dann in vollem Umfang recht und bestätigt ihm auf der letzten Seite, daß seine »poetischen Träume ⟨...⟩ ehrliche Träume« gewesen seien.[66] Denn sie konnten die »Wohlfahrt« Antons zwar eine Zeitlang irritieren, nicht aber den unaufhaltsamen Aufstieg aus romantischen Gefährdungen zum realistischen Bürger ernsthaft gefährden.

Blicken wir von diesem Fazit noch einmal auf das Konzept des Bildungsromans, dann gibt dies Anlaß zu einigen Feststellungen: »Bildung« sollte einmal der Ausgleich von »inneren« Anlagen und »äußeren« Erfordernissen, von subjektiven Wünschen und objektiven Bedürfnissen sein; »gebildet« sollte ein Subjekt heißen, wenn es den freien Entwurf seines Lebens sinnvoll mit den Gegebenheiten der Welt vermittelt hatte. Dieses Konzept ist in Freytags Roman nur noch auf einer Schwundstufe greifbar. Denn Antons »Bildungsgang« besteht doch im Kern darin, daß er seine subjektiven Wünsche als unernste Flausen preisgibt und das so entstandene Vakuum seines Innern ohne Rest mit dem pragmatischen Selbstverständnis des lebenstüchtigen Bürgers auffüllt. Wirklich ohne Rest, denn Antons Identifikation mit der programmatischen Bürgerlichkeit des Romanprojekts ist so vollkommen, daß auch der kleinste Moment von Irritation, von Betroffenheit oder Unlustgefühl – um von »Widerstand« nicht erst zu reden – verloren geht. Selbst Komik und Ironie – als Formen plötzlichen Distanzgewinns zu der Ordnung der Lebenswelt – bleiben kategorisch ausgespart. Die Austreibung der Romantik hat zur Folge, daß Anton Wohlfart zum Modell des »normalen« Bürgers wird, der sich mit der symbolischen Ordnung seiner väterlichen Welt so total identifiziert hat, daß ihm jeder kritisch reflektierte Umgang mit den Normen seines Tuns und Lassens versperrt wird. Die gelingende »Bildung« ist deshalb weit eher der analgetisch erfahrene Prozeß einer perfekten Normalisierung des Subjekts, das jede interne Distanzierungsmöglichkeit verliert, um von einer »Rebellion des Körpers« nicht zu reden. Man müßte von »Dressur« statt von »Bildung« sprechen, wenn diesem Prozeß der Anpassung nicht die geringsten Anzeichen von Schmerz, Empörung oder Trauer mangelten. »Normalsein als Glücksgefühl« – das ist die fatale Botschaft des Romans. Wenn er eine »Lust« preist, wo er doch alles Begehren zensiert und stillstellt, dann ist es die Lust am perfekten Funktionieren, die Lust an der Identifikation mit der Ordnung, das perverse Begehren des Funktionärs. Diese exzessive Normalität hat in Freytags Roman das klassische Ideal des selbstbestimmten Lebens abgelöst und die Utopie der Bildung ersetzt. Dies zeigt sich auch an der Darstellung der Bildungsmedien Liebe, Kunst und Natur. Liebe – immer schon um ihre leidenschaftliche Dimension gekappt – ist nur als Ehe normal und wünschenswert; »poetisch« sind nicht die »wilden Wünsche« und die traumverlorenen Imaginationen, sondern die Kolonialwaren, Rosinen und Kaffee – das Ambiente kleinbürgerlicher Häuslichkeit; und Natur erscheint vor allem als kultivierbare und nützliche Anbaufläche – oder, schlimmer, als penetrantes Symbol für menschliche Verfehlungen: so stehen permanent »drohende Gewitter« über dem verschuldeten Gut der Rothsattels. Die Natur ist entweder ökonomisch zu verwerten oder moralischer Komplize der Bürger; daß ein Blitz das Geschäft Schröters träfe, ist – Trau Gott! – nach der Logik dieses Romans undenkbar.

Man darf sagen, daß ›Soll und Haben‹ den Bildungsroman als Gattung an ein Ende bringt, an das Ende seiner ideologischen Trivialisierung und Pervertierung. Der Roman benutzt das Gattungsschema, um die Idee der Bildung zu verabschieden und durch ein Konzept des »normalisierten Subjekts« zu ersetzen. Blickt man auf die so überaus erfolgreiche Geschichte des Romans, so wird man um das Fazit nicht herumkommen, daß Anton und Sabine das »Traumpaar« der folgenden hundert Jahre gewesen sind. An ihm ist ein Syndrom ablesbar, das in der Kombination von Häuslichkeit und Fremdenhaß, von Arbeitsfreude und Lustfeindlichkeit, Gemütlichkeit und Härte, Sittsamkeit und Unempfindlichkeit, Pflichttreue und Borniertheit – die Mentalität der Deutschen nicht unerheblich geprägt hat und gewiß in die Vorgeschichte des Faschismus gehört. Dazu zählt auch die Identifikation der moralisch zweifelhaften Seiten der kapitalistischen Wirtschaft mit den Juden, die Verwerfung der republikanischen Tradition des Bürgertums, die »Angst vor dem Chaos« als Horror vor jeder durchgreifenden Veränderung des Systems, die nur als Zerstörungswerk volksfremder Drahtzieher und ausländischer Agenten, speziell slawischer Terroristen denkbar erscheint. Es ist heute, nach den Ereignissen der Jahre 1933–1945 fast unbegreiflich, aber ›Soll und Haben‹ war das Lieblingsbuch des deutschen Bürgertums. An Anton und Sabine, an Fritz von Fink und Traugott Schröter muß etwas gewesen sein, das zur Identifikation einlud. Es kann nur das Begehren der Normalität gewesen sein.

2. Gottfried Keller: Das Reale und die Bilder

Nach allem, was man weiß, hat Keller ›Soll und Haben‹ nicht gelesen. Hermann Hettner drängte ihn zeitweilig zu dieser Lektüre, aber Keller kam diesem Drängen wohl nicht nach. Er hätte an dem Roman gewiß kein Gefallen gefunden; sein ›Grüner Heinrich‹ stellt in fast jeder Hinsicht einen Kontrapunkt zu Freytags Bestseller dar. Während es etwa verhältnismäßig problemlos ist, die wesentlichen Handlungsprozesse von ›Soll und Haben‹ im Blick auf die zentrale konzeptionelle Perspektive – die »Botschaft« – nachzuzeichnen, erscheint es im Fall des ›Grünen Heinrich‹ sehr viel schwerer, die Einheit der erzählten Handlung als Einheit eines in ihr artikulierten Konzepts auszuweisen. Freytag vertextet in monotoner Eindeutigkeit ein moralisch eingefärbtes Realismusprojekt, das Charaktere,

Aktionen und Milieus in dichotomischer Weise festlegt und somit eine Monoperspektive installiert, die alle Fiktionalität als Illustration des »ideologischen Projekts« des Autors erscheinen läßt. Keller kennt solche Konzepte zwar auch; sie spielen in seinem Roman – wie etwa die anthropologische Philosophie Feuerbachs oder Aspekte des ästhetischen Realismus – zweifellos eine erhebliche Rolle. Sie werden aber in den meisten Fällen durch gegenläufige Tendenzen gebrochen und in ihrer Eindeutigkeit irritiert – und gewinnen dem Roman auf diese Weise eine Autonomie der Fiktion, die ihn davor bewahrt, als bloße Symbolisierung apriorischer Konzepte und Projekte herhalten zu müssen.[67]

Die erste Fassung des Romans (1854/55), die unserer Darstellung zugrunde liegt, arbeitet mit zwei Erzählperspektiven. Während ein auktorialer Erzähler das Lebensschicksal des erwachsenen Heinrich Lee erzählt, erfährt der Leser von seiner Kindheit und Jugend aus einer – »Jugendgeschichte« genannten – Einlage, die Heinrich Lee selbst, also in der »Ich-Perspektive«, verfaßt hat. Diese Fiktion einer »Autobiographie« ist länger als die auktoriale Erzählung – und dieses Verhältnis der beiden Teile des Romans zueinander empfand Keller schon im Vorwort von 1855 als mißlich; er schrieb dort:

> Besagte Unförmlichkeit hat ihren Grund hauptsächlich in der Art, wie der Roman in zwei verschiedene Bestandteile auseinanderfällt, nämlich in eine Selbstbiographie des Helden, nachdem er eingeführt ist, und in den eigentlichen Roman, worin sein weiteres Schicksal erzählt und die in der Selbstbiographie gestellte Frage gewissermaßen gelöst wird. Der eine dieser Teile ist viel zu breit, um als Episode des andern zu gelten, und so bleibt nur zu wünschen, daß die Einheit des Inhaltes beide genugsam möge verbinden und die getrennte Form vergessen lassen.[68]

Die auffälligste Änderung der zweiten Fassung von 1879/80 ist daher wohl die Integration des späteren Lebensschicksals in eine nun den ganzen Roman organisierende »Ich-Erzählung« und die dadurch möglich gewordene »Synchronisation« von Erzählfolge und biographischer Chronologie.

In der ersten Fassung begegnet dem Leser zu Beginn des Romans der bereits zwanzigjährige Heinrich Lee, kurz vor seiner Abreise aus einer imaginären Schweizer Seestadt nach Deutschland, wo er seine Ausbildung zum Maler vervollkommnen will. Auf seiner Reise lernt Heinrich eine gräfliche Familie kennen, die in seinem weiteren Leben eine bedeutsame Rolle spielen wird; der Graf wird – in einer der Turmgesellschaft in Goethes ›Wilhelm Meister‹ nicht unvergleichbaren Weise – Heinrichs Wege und zumal seine Kunstanstrengungen begleiten; die Tochter des Grafen, zu Beginn fast noch ein Kind, wird später zur großen Passion seines Lebens – eine Liebe, die ihm das Herz bricht. Mit Postkutsche, Schiff und Eisenbahn reist Heinrich in eine nicht näher bezeichnete Kunst- und Residenzstadt im Süden Deutschlands – für die aber München das Vorbild gewesen ist. Nachdem er einige seiner Illusionen über das »romantische Deutschland« durch die ernüchternde Erfahrung seiner autoritätshörigen und bornierten Bewohner verloren und sich in der Residenzstadt etabliert hat, bricht die auktoriale Erzählung ab und läßt die autobiographische »Jugendgeschichte« zu Wort kommen, die Heinrich vor seiner Abreise aus der Schweiz niedergeschrieben und in seinem Reisekoffer mitgenommen hatte.

In ihr schildert er seine Herkunft, vor allem aber das Schicksal seines Vaters, der als Baumeister und Architekt Erfolg hat, sich aber übernimmt, früh stirbt und seine Frau und den fünfjährigen Sohn in zwar geordneten, aber verhältnismäßig kargen Lebensumständen zurückläßt, deren Meisterung von Heinrichs Mutter Sparsamkeit, allgemeine Einschränkung, alles in allem eine asketische Lebensführung zu verlangen scheint. Sie sorgt zwar mit großer Aufopferung und Hintansetzung eigener Interessen für das äußere Wohlergehen ihres Sohnes, überläßt ihn aber ansonsten den Eigenwelten seiner regen Phantasie und der Einsamkeit kindlicher Spiele und Träumereien; sie ist mit der Reproduktion des materiellen Lebens genügend beschäftigt, hat für die Belange kindlicher Imaginationen keinen rechten Sinn und begnügt sich mit der Vermittlung einer pragmatischen Religiosität, die an den Phantasiebedürfnissen des kleinen Heinrich vorbeizielt. Dieser gerät deshalb für eine Weile in den Bann einer skurrilen Nachbarin, die einen vorsintflutlichen Trödlerladen betreibt und mit allerlei merkwürdigen und phantastischen Geschichten seinen träumerischen Sinn fasziniert; er begegnet der Welt reisender Theaterleute, erlebt eine Aufführung des

›Faust‹ und erfährt zum erstenmal die bestrickende Kraft des Erotischen; er verliert sich in die Lektüre abenteuerlicher Kolportageromane und muß zugleich die gegenläufigen Tendenzen einer sozialen Wirklichkeit erfahren, die ihm in Form von Schule und Kirche entgegentritt und seinen nur mangelhaft ausgebildeten Realitätssinn immer wieder auflaufen läßt. Heinrich, der Träumer, bezieht das wirkliche Leben in seine Träume ein; dieses aber sperrt sich der Imagination; Heinrich wird schuldig, wenn er Mitschüler als Figuren einer erdachten Geschichte auftreten läßt, sie aber faktisch diffamiert und ihnen Taten zuspricht, die sie nur seiner Einbildungskraft verdanken: wenn er also Fiktion und Wirklichkeit gleichsetzt oder durcheinanderbringt. Er wird schuldig, als er Ersparnisse seiner Mutter heimlich entwendet, um damit jene Kosten zu bestreiten, die ihm seine phantastischen Lügengeschichten dann tatsächlich verursachen. Schließlich wird er im Alter von vierzehn Jahren von der Schule verwiesen, weil er als Rädelsführer eines Protestzuges gegen einen ungeliebten Lehrer aufgetreten war – wobei er sich selbst in der phantastischen Rolle eines »Volkshelden« wahrgenommen und den eigentlichen Anlaß der Aktion aus den Augen verloren hatte.

Nach dieser Kollision mit den Instanzen des Realen flüchtet sich Heinrich, der den Hinauswurf aus der Schule freilich kaum als Strafe, sondern weit eher als Befreiung erlebt – auch wenn der klüger gewordene Ich-Erzähler aus dem Abstand von einigen Jahren diese Handlungsweise der Schulbehörde mit harschen Worten tadelt –, aufs Land, in den dörflichen Pfarrhof seines Onkels und empfindet zunächst die idyllische Szenerie der ländlichen Verhältnisse als eine Art Paradies – ein Paradies, das sich dann freilich rasch als von profan-irdischen Konflikten und Dissonanzen beherrscht erweisen wird. Die nächsten Jahre verbringt Heinrich im jahreszeitlichen Wechsel teils in der städtischen Wohnung der Mutter, teils im ländlichen Pfarrhaus. Geprägt werden diese Jahre von den Versuchen Heinrichs, sich zum Landschaftsmaler zu bilden; seine autodidaktischen Studien haben aber wenig Erfolg: seine schweifende Phantasie, die vom vagen Spiel der Wolken schon als Kind angestoßen wurde – ein Motiv, das immer wieder im Kontext des Malens auftauchen wird –, vermag es nicht, sich zu der Zeichnung landschaftlicher Konturen zu disziplinieren. Sie versagt bei dem Versuch, das Reale im Bild zu fassen und verbleibt im Ungefähr intensiv empfundener, aber fast gegenstandsflüchtiger Imaginationen. Die Versuche, die er fertigbringt, sind weit eher Anlässe oder Anstöße zum Grübeln und Phantasieren als präzise Formung landschaftlicher Sujets. Als Heinrich seine Ausbildung dann bei Lehrern fortsetzt, erreicht er zwar gewisse technische Fertigkeiten; die Wahl dieser Lehrer ist aber alles andere als glücklich: der eine, Habersaat, leitet eine Art »Kunstmanufaktur« und ist allein am Profit seines Betriebs interessiert, der sich auf Reproduktionen, Kopien und Gebrauchsgraphik spezialisiert hat. Der andere, Römer, ist zwar ein wirklicher Künstler, bei dem Heinrich die Schwierigkeiten realistischer Naturstudien allmählich zu meistern lernt; es zeigt sich aber bald, daß er verrückt und schizophrenen Allmachtsphantasien ausgeliefert ist. Zu seinem traurigen Ende trägt Heinrich selbst noch bei, indem er ein kleines Darlehen leichtfertig und ohne Not zurückverlangt und den völlig Verarmten ausweglos dem Untergang entgegentreiben läßt. Römer stirbt elend in einem Pariser Irrenhaus.

Kaum glücklicher enden Heinrichs Beziehungen zu Mädchen und Frauen, seine Begegnungen mit Erotik und Liebe, die neben der Kunst den anderen Schwerpunkt der Jugendgeschichte bilden. Auf dem Lande lernt Heinrich Judith und Anna – beide sind entfernte Verwandte – kennen und lieben: Judith, eine dreißigjährige Witwe, und Anna, ein vierzehnjähriges Mädchen. Oberflächlich betrachtet leben diese beiden weiblichen Gestalten von dem Kontrast zwischen vitaler Sinnlichkeit (Judith) und ätherischer Geistigkeit (Anna), der erotischen Präsenz handfester Körperlichkeit und der Anmut einer »schönen Seele«. Heinrich ist von beiden fasziniert, tändelt mit Judith, schwärmt für Anna, ist hin- und hergerissen, meint Anna mehr zu lieben, ohne sich Judiths körperlichem Bann entziehen zu können, entdeckt Annas spröde Sinnlichkeit und Judiths Herzensbildung; doch zu ernsten Verstrickungen kommt es nicht: Sexualität erscheint ihm eher bedrohlich. Dann stirbt Anna; Heinrich schwört der toten Geliebten »ewige Treue«, entsagt Judith – und während er pflichtgemäß den eidgenössischen Wehrdienst ableistet, wandert Judith, die an ihm eher unbegreiflicherweise tiefes Interesse genommen hatte, nach Amerika aus, um dort in der ersten Fassung des Romans zu bleiben und aus dem Blickfeld der Leser zu verschwinden; in der zweiten Fassung kehrt sie am Ende zurück und verbringt ihre letzten Lebensjahre als gealterte und um ihre sinnliche Ausstrahlung gebrachte Frau an der Seite des melancholischen Helden.

Mit Judiths Abreise nach Amerika endet die Jugendgeschichte; der auktoriale Erzähler nimmt seinen Bericht der Lebensgeschichte dort wieder auf, wo er ihn zugunsten der »Autobiographie« unterbrochen hatte, und schildert nun die Erlebnisse Heinrichs in der deutschen Kunst- und Residenzstadt. Hier lernt Heinrich zwei Malerkollegen, Erikson und Lys, kennen und nimmt an ihrem Künstlerleben, vor allem auch an ihren Amouren großen Anteil. Beide sind wiederum prekäre Verkörperungen der Künstlerexistenz: Erikson, ein Däne oder Norddeutscher, ein Riese von Statur, malt ohne jede Neigung und stets in derselben Manier winzige Miniaturen, die aber Käufer finden und ihm das aufwendige Hobby des Jagens ermöglichen; er malt nur, wenn er kein Geld mehr hat. Lys, ein reicher Holländer und wirklich begabter Maler, zweifelt an der Existenzberechtigung der Kunst in der Gegenwart; er ist gefangen von der Übermacht der großen Kunsttradition und leidet unter der permanenten Drohung der Epigonalität. Sein Hang zur Reflexion lähmt seine ästhetische Produktivität. In der zweiten Fassung wendet er sich von der Malerei ab und macht als Politiker Karriere; in der ersten Fassung stirbt er an den Folgen eines Duells, das er infolge eines läppischen Konflikts mit Heinrich ausgefochten hatte. Während Erikson das Glück seines Lebens an der Seite der schönen Brauereibesitzerswitwe Rosalie findet – eine Gestalt, in der sich Züge von Judith wiederholen –, bleiben die Beziehungen des genialischen Lys zu Frauen sprunghaft, launisch und uneindeutig; er hat einer Agnes, die wiederum in einigen Details an Anna erinnert, den Kopf verdreht, erliegt aber auch seinerseits der Sinnlichkeit Rosalies und geht am Ende leer aus. Heinrich wird als getreuer Freund in alle diese Liebeshändel eingeweiht, bekommt gelegentlich einmal, wenngleich unbeabsichtigt, einen Kuß, sozusagen im Handgemenge, bleibt sonst aber allein und seinem etwas voreiligen Gelübde an Anna – auch aus Mangel an Gelegenheit – treu. Alle diese Ereignisse und Verwicklungen stehen im Ambiente des Künstlerlebens, der Boheme, der Ateliersfeste und Maskenzüge. Als Landschaftsmaler ist Heinrich in dieser Zeit vollkommen erfolglos; seine Bilder bleiben auf Ausstellungen unbeachtet; einmal muß er mit ansehen, wie eines seiner Motive von einem geschickteren Kollegen übernommen und zu einem großen Erfolg ausgearbeitet wird. Das ökonomische Desaster zwingt Heinrich, Schulden zu machen, immer wieder bei der Mutter um Geld zu bitten – sie muß schließlich auf das ihr noch gebliebene Haus eine Hypothek aufnehmen – und am Ende all seine Bilder und Studien, schließlich sein gesamtes bewegliches Habe an einen Trödler für geringes Entgeld zu verkaufen, ja bei ihm als Tagelöhner zu arbeiten und Fahnenstangen für eine bevorstehende Prinzenhochzeit anzustreichen. Dieses praktische »Ende der Kunst« spiegelt sich auch in Heinrichs Werdegang als Maler: eines seiner letzten Bilder überschreitet die Gegenständlichkeit und verliert sich in einem »abstrakten« Gekritzel. Heinrich wendet sich von der Malerei ab und besucht statt dessen an der Universität philosophische, historische und juristische Vorlesungen, um sich der »Wirklichkeit« des menschlichen Lebens zu öffnen – also um von der »Kunst zum Leben« überzugehen.

Als seine Lage in der Kunststadt unhaltbar geworden ist und als ihn überdies Zweifel an der Rechtmäßigkeit seiner langen Abwesenheit von zu Haus überfallen, entschließt er sich zur Rückkehr und begibt sich im tristen Regen des Herbstes auf den Fußmarsch in die Heimat. Diese Rückkehr gestaltet sich jedoch als langwierig, denn Heinrich gerät während seines Umherirrens auf den Besitz jenes Grafen, dem er zu Beginn seiner Reise nach Deutschland bereits einmal begegnet war. Der Graf war in der Zwischenzeit auf Heinrichs Malversuche aufmerksam geworden und hatte alle seine Arbeiten bei dem Trödler nach und nach erworben. Für einen Moment erscheint jetzt ein märchenhaftes »Happy-End« greifbar nahe zu sein: Der Graf kauft Heinrich die Bilder noch einmal für einen erheblichen Betrag ab und ermuntert ihn überdies, seiner Malerlaufbahn einen würdigen Abschluß zu geben und in aller Muße auf seinem Schloß zwei »Meisterwerke« zu malen. Vor allem aber begegnet Heinrich dem schönen Fräulein wieder, die Dorothea Schönfund heißt und keine Adlige, sondern ein Findelkind – eben ein »schöner Fund« – ist. Heinrich verliebt sich in sie, sie scheint diese

Neigung zu erwidern; kurz: alles läuft auf ein versöhntes, gleichwohl unwirkliches, ja kitschiges Ende hinaus. Dann aber versäumt es Heinrich, sich Dorothea wirklich zu nähern; seine Phantasien und Imaginationen bannen ihn in eine seltsame Untätigkeit und Passivität; er läßt den rechten Augenblick verstreichen, wiewohl Dorothea ihn durch manche Signale zum Handeln ermuntert. Nachdem er seine beiden Gemälde in der Residenzstadt erfolgreich ausgestellt und glücklich verkauft hat – freilich wieder an den Grafen –, kehrt er schließlich resigniert und buchstäblich krank vor Liebe in die Heimat zurück, um hier allein noch die tote Mutter anzutreffen; sie mußte schließlich ihr Haus aufgeben und in ärmlichen Verhältnissen dahinleben und war über Selbstzweifeln an der Richtigkeit ihrer Erziehungsmaßnahmen angesichts des »gescheiterten« Sohnes gestorben. Mit gebrochenem Herzen und im Gefühl der Sinnlosigkeit allen menschlichen Lebens in der Welt folgt Heinrich der Mutter ins Grab. Die letzte Szene des Romans gibt dieser Stimmung der Vergeblichkeit im Innewerden der Vergänglichkeit des Lebens ergreifenden Ausdruck: Heinrich begegnet unmittelbar vor seinem Tod einem steinalten Mann, der seine Mutter noch als Kind und junges Mädchen kannte. Indem er sich an das Glück, das strahlende Gesicht, die Fröhlichkeit der Mutter als Mädchen zurückerinnert, der Leser aber zugleich von ihrem trostlos-elenden, langweilig-sorgenvollen Leben weiß, verdichtet sich im Kontrast dieses Sinnbilds die Atmosphäre der Melancholie, die über dem Roman und insbesondere seinen letzten Kapiteln liegt. Im Zyklus des Todes, der den Roman auch formal bestimmt – wenn er mit dem toten Vater anhebt, viele Sterbende begleitet und mit dem Tod der Mutter und dem Heinrichs endet –, im Zyklus des Todes ist es die Trauer, die alles Hoffen und Beginnen, alles Tun und Lassen, alle Freude und alles Glück hinterrücks überfällt und lähmt; dies gilt auch noch für die zweite Fassung, in der Heinrich zwar überlebt, resigniert ein Amt ausübt und an der Seite Judiths einen »Nachsommer« erlebt, dem alle sinnliche Intensität fehlt und den wohl niemand als »spätes Glück« bezeichnen würde. Die Farbe »Grau« regiert diese späten Jahre des Paares, aller Glanz ist in ihnen getilgt.

Probleme der Deutung

Der Roman beginnt in der Art eines Reiseführers und beschreibt eine Reihe Schweizer Seestädte. Nachdem in verhältnismäßig breiter Schilderung die Ansicht Zürichs, wie sie sich dem Reisenden von der Limmat aus darbietet, vorgestellt wurde, heißt es:

> Die Zahl dieser Städte aber um eine eingebildete zu vermehren, um in diese, wie in einem Blumenscherben, das grüne Reis einer Dichtung zu pflanzen, möchte tunlich sein: indem man durch das angeführte, bestehende Beispiel das Gefühl der Wirklichkeit gewonnen hat, bleibt hinwieder dem Bedürfnisse der Phantasie größerer Spielraum und alles Mißdeuten wird verhütet.[69]

Diese Sätze sind einigermaßen merkwürdig. Sie scheinen von der literaturdidaktischen Sorge motiviert zu sein, die Leser des Romans könnten nach realen Entsprechungen – nach Realreferenzen – der fiktionalen Gegebenheiten, die im folgenden erzählt werden, Ausschau halten und damit Realität und literarische Fiktion durcheinanderbringen. Darum der explizite Hinweis auf die Differenz der realen Schweiz zu der fiktionalen Topographie des Romans. Der Unterschied von Literatur und Wirklichkeit soll von Beginn an außer Zweifel stehen, dem Leser soll die Differenz von realer und erzählter Welt unverrückbar im Bewußtsein bleiben. Im Blick auf die Rezeptionsgeschichte des ›Grünen Heinrich‹ wird freilich schnell klar, daß dieser lektürelenkende Hinweis des Erzählers das »Mißdeuten« keineswegs verhindert hat. Immer wieder glaubte man in Kellers Roman das Lebensgeschick seines Autors biographisch detailliert dargestellt zu finden: das Leben Kellers und das Leben Heinrich Lees verschmolzen häufig zu einer kaum noch voneinander ablösbaren Einheit.

Es scheint nun, daß die eben zitierten Sätze nicht nur die Funktion haben, den Lesern des Romans ein rechtes Verständnis von der Autonomie der poetischen Fiktion zu vermitteln; sie benennen zugleich ein zentrales Motiv der Romanfiktion selbst; es kennzeichnet nämlich das Dilemma des Helden, daß ihm die Wahrnehmung dieser Differenz, die Unterscheidung von Imagination und Realität, nicht eben leichtfällt. Das Verständnis dieses Problemkomplexes gehört zu den ebenso zentralen wie schwierigen Aufgaben einer Interpretation des Romans. Einen ersten Zugang bietet ein Blick auf die familiäre Konstellation.

Was der neunzehnjährige Heinrich Lee in seiner »Jugendgeschichte« über seinen Vater erzählt, könnte man bei oberflächlicher Betrachtung für die Abbreviatur eines gelungenen »Bildungsromans« halten. Der Vater stammt aus einer armen Bauersfamilie, erlernt das Handwerk eines Steinmetz, bildet sich in langen Wanderjahren zum Baumeister und Architekten mit deutlich künstlerischen Ambitionen, heiratet die Tochter eines Landpfarrers, hat dann in der Stadt Erfolg und bringt es bald mit Fleiß, Kunstsinn und Freundlichkeit zu Ansehen und beginnendem Wohlstand. Der Beruf bildet jedoch nur einen Teil seiner weitgespannten Interessen; nebenher betätigt er sich im Sinne des Liberalismus politisch, engagiert sich für die Verbesserung des Schulwesens, gründet Bildungsvereine, organisiert Lesezirkel und Theateraufführungen der Stücke Schillers und vieles mehr. Kurz: In der Universalität seiner Interessen, in der Verbindung von Kunstsinn und Arbeitsethos, inneren Antrieben und äußerem Erfolg scheint das alte Konzept der »Bildung« noch einmal sinnfällig Gestalt anzunehmen und realisierbar zu sein. Doch dann stirbt der Vater ganz plötzlich; er hat sich wohl übernommen, wie der Sohn vermutet; wie auch immer, der Tod dementiert den »Sinn« der Bildung; sei es, weil er Indiz ihrer Unmöglichkeit unter den Bedingungen moderner Ökonomie, ihrer lebenszehrenden Unrast ist; sei es, weil er in weit allgemeinerer Weise das Ausgeliefertsein aller Lebenspläne an das Unverfügbare, sich allem Wollen und Planen entziehende Andere, an die Kontingenz der Existenz, hervortreten läßt. Für den Tod hat der Bildungsroman keinen Platz: wenn die Romane enden, sind die Helden in aller Regel knapp dreißig Jahre alt – oder jünger; sie haben das Telos ihrer Bildung erreicht und verschwinden in einer imaginären Unsterblichkeit – als ewige Jünglinge. An Heinrichs Sterblichkeit und an der seines Vaters erweist sich, daß Bildung nicht allein am Widersinn des Realen scheitern kann, sondern daß ihr Substrat, das Leben, als Dispositionsmasse für »Bildungsprozesse« von allem Wollen des Subjekts letztlich unabhängig ist, ja diesem Wollen plötzlich – und jenseits aller Sinnstiftung – ein Ende setzen kann. Der Bildungsnarzißmus des Subjekts findet am Tod eine schroffe, unversöhnliche und in Sinn unübersetzbare Grenze.

Für den fünfjährigen Heinrich bedeutet der Tod des Vaters eine plötzliche Lücke, einen empfindlichen Mangel, den er fortan imaginär zu kompensieren sucht. Der abwesende Vater wird für den Sohn zu einem Idol, einer imaginären Norm, »zu einem Teil des großen Unendlichen«[70], wie es in der »Jugendgeschichte« heißt; also zu einer fast gottähnlichen Größe, der freilich jede praktische, lebenslenkende Kraft fehlt: im Maße ihrer Apotheose mangelt der Vaterinstanz die Möglichkeit, den Sohn in die symbolische Ordnung des Lebens einzuführen, also ihm etwa die Differenz des Realen und des Imaginären, der Wirklichkeit und der Phantasie als Ordnungsschema der Wahrnehmung und Wertung nahezubringen. Das wird besonders deutlich an den kargen und fragmentarischen Erinnerungen, die Heinrich an seinen Vater geblieben sind:

> Meine deutlichste Erinnerung an ihn fällt sonderbarerweise um ein volles Jahr vor seinem Tode zurück, auf einen einzelnen schönen Augenblick, wo er an einem Sonntag Abend auf dem Felde mich auf den Armen trug, eine Kartoffelstaude aus der Erde zog und mir die anschwellenden Knollen zeigte, schon bestrebt, Erkenntnis und Dankbarkeit gegen den Schöpfer in mir zu erwecken. Ich sehe noch jetzt das grüne Kleid und die schimmernden Metallknöpfe zunächst meinen Wangen und seine glänzenden Augen, in welche ich verwundert sah von der grünen Staude weg, die er hoch in die Luft hielt. Meine Mutter rühmte mir nachher oft, wie sehr sie und die begleitenden Mägde erbaut gewesen seien von seinen schönen Reden.[71]

In einer beeindruckenden Deutung dieser Stelle hat der Literaturwissenschaftler und Psychoanalytiker Norbert Haas darauf hingewiesen, daß es nicht die väterliche Stimme und die von ihr artikulierte Ordnung des Seienden gewesen ist, die Heinrich bleibend erinnert, sondern vielmehr der visuelle Eindruck des Glanzes der Knöpfe und der Augen des Vaters habe sich ihm unauslöschlich eingeprägt.[72] Für diesen erinnerungsmächtigen »Glanz«, der das Bild des toten Vaters im Gedächtnis repräsentiert, sucht Heinrich dann immer neue Substitute, Ersatzbildungen – so vermutet Norbert Haas. D. h. aber, daß die Vaterinstanz sich allein als Signifikant in Heinrichs Phantasie wiederholt, als Sehnsucht nach der Helle und dem Glanz der erinnerten Vaterimago – und nicht als jene Instanz wirksam werden kann, die im Prozeß der kindlichen Sozialisation die verbindliche Hinführung auf die symbolische Ordnung der Welt leistet. Da die Mutter diese Funktion auch nicht erfüllt – sie überläßt Heinrich ganz seinem Hang zum Brüten und Tagträumen –, werden Kollisionen und Konflikte in dem Moment unvermeidlich, als Heinrichs Imaginationen auf die harten Wirklichkeiten der symbolischen Ordnung, auf Schule und Kirche auflaufen. Vorher hatte er Phantasie und Imagination frei ausagieren können. Dabei war es vor allem das helle Bild der ziehenden Wolken, das sich dem Kinde einprägte und zu einem Signifikanten wurde, der imaginäre Totalisierungen leistet, indem er alles Faszinierende signifizieren kann.

Immer wieder sind es daher Bilder der Helle und des Glanzes, die die Phantasie des jungen Heinrich fesseln und als Wiederkehr der Vaterimago deutbar werden. Es sind dann später auch erotische Bilder, die an diesen Platz treten; von der nächtlichen Begegnung des etwa zwölfjährigen Heinrich mit einer Schauspielerin, die eben das Gretchen gespielt hatte, heißt es etwa:

> Wir sahen uns unverwandt an; ich erkannte jetzt ihre Züge wohl, sie hatte ein weißes Nachtkleid umgeschlagen, Hals und Schultern waren entblößt und gaben einen milden Schein, wie nächtlicher Schnee. ⟨...⟩ Indem meine Augen fortwährend auf dem weißen Raume ihrer Brust hafteten, ⟨war⟩ mein Herz zum ersten Male wieder so andächtig erfreut ⟨...⟩ wie einst, wenn ich in das glänzende Feld des Abendrotes geschaut ⟨hatte⟩.[73]

Der Glanz der Augen des Vaters, die Helle des Himmels und der Wolken, das leuchtende Weiß des Kleides und der Haut, schließlich auch die angestrebte Farbintensität der gemalten Bilder: dies zieht sich als Verweisungskette durch den ganzen Roman und wird als Versuch lesbar, das erinnerte Bild des toten Vaters festzuhalten, wiederzugewinnen, zu fixieren. Ein Versuch, der Heinrich als Maler mißlingen wird.

Gebrochen wird dieses Motiv der imaginären Ersatzbildung für den toten Vater aber von einem anderen Konzept, das im Text vielleicht noch deutlicher artikuliert wird. Es bindet die Imaginationen und Phantasien des Heinrich Lee ebenfalls an die Erfahrung eines

Mangels, sieht diesen aber unmittelbar in der nüchternen, ja asketisch-eingeschränkten Umwelt des Kindes im Hause der Mutter. Im Horizont dieses Konzepts werden die Träumereien des Kindes als Kompensation einer öden Jugend in einem phantasietötenden Haushalt verständlich gemacht. Die vollkommene Askese gegenüber dem Eigenrecht von Traum, Phantasie und Imagination im Zusammensein mit der Mutter, die bloße Fristung eines kärglich-langweiligen Lebens motivieren Heinrich, seinen Bedarf an Phantasie anderswo zu decken: im Trödelladen der seltsamen Frau Margret, im kindlichen Theaterspiel und ersten Theaterbesuchen, in zweifelhafter Lektüre. In dieser Perspektive erscheinen die Agenturen der Sozialisation – Familie, Schule und Kirche –, als Institute einer Dressur und Normalisierung, die ihren Opfern alle Imaginationsfähigkeit, alle Tagträume und Phantasien austreiben und jede Abweichung, jede Anders- und Fremdheit rigoros korrigieren. Dieses wird nirgends deutlicher als in jener in den Text der »Jugendgeschichte« eingelagerten Episode von der kleinen Emerentia – eine Art Chronik eines Geistlichen vom Anfang des 18. Jahrhunderts, in der dieser Pfarrer, ein ebenso »aufgeklärter« wie selbstgerechter Mann, von seinen vergeblichen Versuchen berichtet, die »kleine Hexe« Emerentia, die ihm von ihren adligen Eltern zur Aufsicht überlassen worden war, zu normalisieren und auf den rechten Weg zurückzubringen. Die Phantasie dieses Kindes, aber auch seine schöne Körperlichkeit, seine für viele faszinierende und darum in den Augen des Pfarrers so gefährliche »Natürlichkeit« wird in dem Abrichtungsprogramm, das über Emerentia verhängt wird, freilich bis zum Schluß nicht gebändigt; das Leben des Kindes erlischt vielmehr: es stirbt im Prozeß seiner Erziehung. Der Kontrast zwischen schöner Natürlichkeit und »lebensfeindlicher« Normalität zeigt sich besonders plastisch in dem Gegensatz des von jeder Empfindung unberührten Kanzleistils der geistlichen Chronik und dem von ihr beschriebenen Geschehen; ein Beispiel:

> Vorgestern ist uns die kleine Meret ⟨= Emerentia⟩ desertiret ⟨...⟩, bis daß sie heute Mittag um 12 Uhr zu obrist auf dem Buchberge ausgespüret wurde, wo sie entkleidet auf ihrem Bußhabit an der Sonne saß und sich baß wärmete. Sie hatt' ihr Haar ganz aufgeflochten und ein Kränzlein von Bu-

chenlaub darauff gesetztet, so wie ein dito Scherpen um den Leib gehenkt, auch ein Quantum schöner Erdbeeren vor sich liegen gehabt, von denen sie ganz voll und rundlich gegessen war. Als sie unser ansichtig ward, wollte sie wiederum Reißaus nehmen, schämete sich aber ihrer Blöße und wollte ihr Habitlein überziehen, dahero wir sie glücklich attrapiret. Sie ist nun krank und scheinet confuse zu seyn, da sie keine vernünftige Antwort gibt.[74]

Es ist also die sinnenfeindliche, asketische und reizlose Wirklichkeit, die Anlaß zu imaginären Wunscherfüllungen und phantastischen Kompensationen gibt. Die Tagträume, in denen Heinrich befangen ist, scheinen den Mangel beheben zu sollen, den er in seiner Lebenswirklichkeit täglich und empfindlich wahrnimmt. Das Konzept, das hinter dieser Textstrategie steht, ist die Religionskritik des Philosophen Ludwig Feuerbach, den Keller 1848 in Heidelberg kennengelernt hatte, als Feuerbach – dem in Folge des ihm vorgehaltenen Atheismus eine akademische Karriere versagt geblieben war – dort ›Vorlesungen über das Wesen der Religion‹ auf Einladung der revolutionären Studentenschaft hielt. In diesen Vorlesungen, wie auch schon in der 1841 erschienenen Schrift ›Das Wesen des Christentums‹ bestimmte Feuerbach Religion als Projektion menschlicher Wünsche in ein imaginäres Jenseits, bezeichnete sie als »Traum der Menschheit«, als entfremdete Gattungsnatur des Menschen, die sich seiner schmerzhaft empfundenen Endlichkeit und Sterblichkeit, seiner Unwissenheit, aber auch seinen Glücksvorstellungen und Hoffnungen verdanke. Die Pointe von Feuerbachs Konzeption lag jedoch in der Utopie einer Aufhebung der Religion in die Diesseitigkeit des menschlichen Lebens, in der Idee einer Entfesselung der in der Religion gebundenen Wunschenergien für eine Intensivierung und Optimierung der irdischen Existenz. Wenn die Religion Ausdruck eines Mangels der Lebenden ist, dieser Mangel aber behebbar scheint, dann verliert die Sphäre der Transzendenz ihren pragmatischen Sinn: eben den, über die Misere des Daseins hinwegzutrösten. Keller hat diese – hier nur ganz knapp angedeutete – Position mit großer Zustimmung aufgenommen; 1849 schrieb er aus Heidelberg an seinen Freund Wilhelm Baumgartner:

Ich habe ⟨...⟩ noch keinen Menschen gesehen, der so frei von allem Schulstaub, von allem Schriftdünkel wäre wie dieser Feuerbach. Er hat nichts als die Natur und wieder die Natur; er ergreift sie mit allen Fibern in ihrer ganzen Tiefe und läßt sich weder von Gott noch Teufel aus ihr herausreißen. – Für mich ist die Hauptfrage die: Wird die Welt, wird das Leben prosaischer und gemeiner nach Feuerbach? Bis jetzt muß ich antworten: Nein! im Gegenteil, es wird alles klarer, strenger, aber auch glühender und sinnlicher.[75]

Feuerbachs Religionskritik ist in Kellers Roman eingegangen in dem erweiterten Sinn einer allgemeinen Kritik an dem Eigenrecht der Imagination und der Tagträumerei, soweit sie Folge eines behebbaren Mangels sind. Ja, noch alle Kunst und Poesie, die ähnlich wie die Religion über die Misere des Realen hinweghelfen, indem sie imaginäre Wunscherfüllungsszenarien entwerfen, verfallen der Kritik. Zielpunkt dieser Kritik scheint die positive, daseinsfreudige und realitätsbewußte Bewältigung des wirklichen Lebens in der Summe seiner sinnlichen und intellektuellen, praktischen und theoretischen Aspekte zu sein – eine Bewältigung, die im Maße ihres Gelingens der phantastischen Surrogate nicht mehr bedarf. Um kein Mißverständnis aufkommen zu lassen: In der Intention dieses Konzepts liegt keine Nähe zu dem sinnenfeindlichen Verhalten der getadelten Normalisierungsagenturen Familie und Schule; diese erzwingen vielmehr geradezu die Flucht in den Tagtraum, da sie dem Leben Entsagung und Verzicht auferlegen. Erst die Intensivierung und Versinnlichung des praktischen Lebens im Gegenzug zu den Strategien dieser Agenturen schafft für Feuerbach die Voraussetzung einer Entfunktionalisierung der religiösen (und für Keller auch der poetischen) Imaginationen. Dieses im Text des Romans artikulierte Konzept nähert Keller in gewisser Hinsicht dem zeitgenössischen Realismusverständnis und seiner Skepsis gegenüber aller »Romantik« als Evasionsphänomen an. So kehrt der Roman mit großer Eindeutigkeit hervor, daß Heinrichs Hang zur Imagination, seine Verwerfung der symbolischen Ordnung samt ihrer Unterscheidung von Traum und Wirklichkeit, ein Schuldigwerden in der Realität des Lebens zur Folge hat. Die Übermacht der Imagination führt zu erheblichen Defiziten, zu folgenreichem Versagen, zu Schuld und Schulden. Heinrich kennzeichnet seine Situation selbst einmal durch die Ununterscheidbarkeit von unbewußten »Traumvorräten« und »wirklichem Leben«[76]. In der Logik der rezipierten Feuerbachposition läge es nun, alles daran zu setzen, das gelebte Leben in seiner Sinnlichkeit, in seinen Glücksmomenten und in seiner Intensität zu steigern, um dann die Träume wie platzende Seifenblasen preisgeben zu können. Und in der Tat kann das weitere Lebensschicksal Heinrichs als Versuch der Erringung einer derartig realistisch-diesseitigen Position interpretiert werden. Seine Lektüre Goethes, sein Kampf um eine wirklichkeitsgesättigte Landschaftsmalerei, ja seine Preisgabe der Kunst, sein Studium des Menschen und seine Versuche aktiver Lebensbewältigung lassen sich als Indizien für diese Tendenz ins Feld führen. Demnach würde »Bildung« schließlich als Emanzipation aus dem tristen Milieu der Herkunft und als Entfaltung verschütteter Anlagen und Fähigkeiten erkennbar, die in eine glückliche und erfüllte Diesseitigkeit des Lebens hineinführt.

Diesen Roman hat Keller aber nicht geschrieben! Das Konzept Feuerbachs wird zwar aufgegriffen und ist zweifellos ein rekurrentes Textmoment; es wird aber keineswegs einfach vom Roman illustriert, sondern durch das gegenläufige Motiv des toten Vaters und seiner immerwährenden Substitution in Bildern des Glanzes und der Helle unterlaufen, ja – dementiert. Erscheint in Feuerbachs Perspektive der Mangel als Ursache aller Imagination grundsätzlich aufhebbar – er verschwindet in einem intensiv gelebten Leben –, so bleibt jener Mangel, der der Tod ist, in der imaginären Flucht der begehrten, stets aber sich entziehenden Bilder untilgbar, bis er das Subjekt ein-holt. In Feuerbachs Anthropologie erscheint der Tod harmlos und schließlich geradezu »verdrängt«: das Gattungssubjekt »Mensch« ist unsterblich. Diese »Quasi-Göttlichkeit« der Gattung bildet in Feuerbachs Philosophie das Äquivalent für die religiöse Kompensation des Mangels im menschlichen Leben, der der Tod ist, die Endlichkeit und Unverfügbarkeit der Existenz. Sterben muß nur der einzelne, doch gerade dieser einzelne Tod, der Tod des Vaters, wirft über Kellers Roman einen langen Schatten.

Natur und Idylle

Die »Natur« galt als prominentes Medium »individueller Bildung«, weil sie als Ort erschien, in dem das Subjekt eine positive Resonanz seiner Gestimmtheit erfahren und sich in dem »Anderen« der Natur wiedererkennen konnte. Es versteht sich, daß dieses Konzept einer Natur als »Heimat« des Subjekts alles Katastrophische und Dissonante getilgt haben muß und Natur als »Idylle« inszeniert. Friedrich Schiller hat in seiner Abhandlung ›Über naive und sentimentalische Dichtung‹ das Wesen der Idylle darin gesehen, daß sie »den Menschen im Stand der Unschuld, d.h. in einem Zustand der Harmonie und des Friedens mit sich selbst und von außen« darstelle.[77] Die idyllische Situation – als Inbegriff einer idealen Harmonie von Ich und Welt, Mensch und Natur – war für Schiller keineswegs nur entschwundene Vergangenheit, um deren Verlust man elegisch klagen müsse, sondern vor allem Zielpunkt und Utopie einer künftig versöhnten Menschheit. Es gehe um eine Idylle, so meinte Schiller, die den Menschen nicht zurück nach Arkadien, in die verlorenen Schäferparadiese, sondern vorwärts nach Elysium, in ein Utopia der gelösten Konflikte der modernen Kultur führe.[78] Für dieses Ideal einer versöhnten Welt steht aber das Bild der innigen Einheit von Mensch und Natur, in dem für Mangel und Tod kein Platz ist – steht eben die Ikonik der idyllischen Situation, wie sie uns etwa aus den Bildern Salomon Gessners entgegentritt (dessen anachronistische Züge Schiller im Blick auf seine Idee einer Idylle der Zukunft nicht übersah). Diesen Topos greift der Erzähler des ›Grünen Heinrich‹ nun auf, wenn er seinen Helden, nach all den Kollisionen mit den Agenturen des Sozialen, in die Natur flüchten läßt – eine Natur, die als »Mutter« erscheint, welche ihren vielfach gebeutelten und umhergestoßenen »Sohn« gleichsam an ihr Herz drückt und allen Mangel von ihm zu nehmen scheint; es heißt im Text der »Jugendgeschichte« über die Ankunft Heinrichs im Dorf seines Onkels, des Pfarrherrn:

> Endlich sah ich das Dorf zu meinen Füßen liegen in einem grünen Wiesentale, welches von den Krümmungen eines leuchtenden kleinen Flusses durchzogen und von belaubten Bergen umgeben war. Die Abendsonne lag

warm auf dem Tale, die Kamine rauchten freundlich, einzelne Rufe klangen herüber. ⟨...⟩ So gelangte ich zu der Wohnung meines Oheims, welche von dem rauschenden Flüßchen bespült und mit großen Nußbäumen und einigen hohen Eschen umgeben war; die Fenster blinkten zwischen dichtem Aprikosen- und Weinlaube hervor. ⟨...⟩ Indessen näherte sich Geräusch dem Hause, der hohe Garbenwagen schwankte unter den Nußbäumen heran, daß er die untersten Äste streifte, die Söhne und Töchter mit einer Menge anderer Schnitter und Schnitterinnen gingen nebenher unter Gelächter und Gesang ⟨...⟩ und bald fand ich mich mitten im fröhlichen Getümmel. Erst spät in der Nacht legte ich mich zu Bette bei offenem Fenster; das Wasser rauschte dicht unter demselben, jenseits klapperte eine Mühle, ein majestätisches Gewitter zog durch das Tal, der Regen klang wie Musik und der Wind in den Forsten der nahen Berge wie Gesang, und die kühle erfrischende Luft atmend schlief ich sozusagen an der Brust der gewaltigen Natur ein.[79]

Diese Passage zitiert in großer Eindeutigkeit vielerlei idyllische Topoi: das friedliche Dorf im Wiesental, den ländlich-baumumstandenen Pfarrhof, die munteren Bauersleute, Mühle und Bach, das schöne, lebensspendende, keineswegs bedrohliche Gewitter – Natur als mütterliche Heimat. Dieser Eindruck der intakten idyllischen Situation im Ambiente dörflicher Lebensverhältnisse wird auf den ersten Blick im weiteren Verlauf des Textes noch fortgeführt und potenziert: Die agrarischen Formen der Arbeit scheinen ein einziges Vergnügen, die Sozialstruktur der Großfamilie scheint in ihrer gemütlich-patriarchalischen Wirklichkeit ohne Dissonanz zu sein; kurz, die ländliche Welt erscheint als große Harmonie von Mensch und Natur; selbst der Tod scheint im uralten Ritus des Beerdigungszeremoniells versöhnt und die Liebe in den hergebrachten Formen der Eheschließung ohne alle Dämonie.

Es ist, als ob sich die Defizite, die Heinrich in der Flucht imaginärer Wunschbilder zu kompensieren suchte, in der idyllischen Situation auflösten; die idyllische Natur tritt für einen Moment als jenes Mutterphantasma in Erscheinung, dessen Idealität zu einer Identifikation einlädt, in der aller Mangel verschwindet. Aber gewiß nur für einen Moment, denn dann wird offenbar, daß die idyllische Wirklichkeit dieser »Mutter Natur« nur ein Schein ist, hinter dem die Realität harter Dissonanzen sichtbar wird. Ja, man darf vermuten, daß bereits das Arrangement der idyllischen Topoi ein Moment ironischer Selbstinfragestellung enthält. Indem es fast nur Klischeebilder montiert, verweist es gleichzeitig auf die Tradition einer idyllischen Natur samt ihres philosophischen Deutungshorizonts und auf die Depotenzierung des Bildvorrats dieser Tradition, auf den Zerfall des Bedeutungspotentials der idyllischen Situation für eine ihre Mängel beklagende Moderne. Den Bedeutungsschwund der Idylle, der die Skepsis gegen die Utopie einer durch die Moderne hindurchgegangenen Idylle im Sinne Schillers miteinschloß, hat Hegel in seiner Ästhetik rigoros und nüchtern wie immer herausgestellt:

> Die idyllischen Zustände unserer heutigen Gegenwart haben ⟨...⟩ das Mangelhafte, daß diese Einfachheit, das Häusliche und Ländliche in Empfindung der Liebe oder der Wohlbehäbigkeit eines guten Kaffees im Freien ⟨...⟩ von geringfügigem Interesse sind, indem von allem weiteren Zusammenhange mit tieferen Verflechtungen in gehaltreichere Zwecke und Verhältnisse bei diesem Landpfarrerleben ⟨...⟩ nur abstrahiert wird.[80]

Ist die Idylle auf dem Boden der modernen Welt aber defizitär, wie Hegel hervorhebt, dann muß sie als Möglichkeit der Kompensation ausfallen, zumindest dann, wenn sich das kompensationsbedürftige Subjekt um die Partialität, die schleichende Belanglosigkeit, ja um die Konfliktgeladenheit der Idylle nicht betrügt. Dieser desillusionierte Blick auf die Erosion des Idyllischen im Kontext der modernen Welt bleibt Heinrich nicht erspart; der Erzähler hat eine umfangreiche Episode des Romans der wachsenden Einsicht seines Helden in die Selbstauflösung des Idyllischen gewidmet: das große »Tellspiel«, eine Art Volksfest und kollektives Schauspiel, an dem Heinrich regen Anteil nimmt. Dieses Tellspiel kann in seiner Bedeutung nur verstanden werden, wenn man sich vor Augen stellt, welche kulturtheoretische Programmatik mit ihm zitiert wird; es geht um ein Spiel, das das Volk zum Kollektiv vereint und das jene »Popularität« aufweisen muß, von der Schiller in seiner Kritik der Gedichte Bürgers gesprochen hat. Die Synthetisierung des Volks zum Kollektiv im Vollzug eines öffentlichen Schauspiels, in dem die Differenz der sozialen Schichtung, aber auch die Kluft zwischen Akteuren und Zuschauern aufgehoben wäre, solche fast »mythische« Einheit des Volkes hat Keller außerordentlich fasziniert. In einem 1860 von ihm publizierten Bericht über die Enthüllung eines Schillerdenkmals (mit dem Titel ›Am Mythenstein‹) hat Keller – angeregt durch die Schillerfeiern des Jahres 1859, Wagners Musiktheater und die Turnerbünde – die Vision einer sich in ihrer Einheit selbst feiernden und darstellenden Nation entworfen, gleichsam die Utopie des Volks als »kollektives Gesamtkunstwerk«.

Neben der von Schiller entlehnten Idee des »populären« Spiels zitiert das »Tellfest« im ›Grünen Heinrich‹ aber natürlich auch die zentrale Konzeption des Dramas ›Wilhelm Tell‹, die in der Vorstellung zu suchen ist, daß sich in dem eidgenössischen Bundesschwur und in der Auflehnung gegen die Herrschaft der Habsburger das legitime Anliegen eines in seinen quasinatürlichen Rechten gekränkten Volkes erweise, das im Akt dieser revolutionären Erhebung gleichsam direkt aus dem Natur- in den Vernunftstaat übergehe und auf diese Weise ein homogenes, von ernsten sozialen Konflikten nicht mehr geprägtes Kollektiv bilde.

Wenn der Erzähler des ›Grünen Heinrich‹ also die kollektive Inszenierung von Schillers ›Wilhelm Tell‹ im Ambiente der idyllischländlichen Dorfkultur schildert, bezieht er sich auf die Programmatik der »Popularität« einerseits, des vernünftigen Staats andererseits, bewegt sich also unzweideutig im Horizont von Schillers zukünftiger Idylle oder im »Elysium«. Beide Aspekte werden aber im Zuge des Schauspiels selbst schneidend von der gegenläufigen Realität dementiert. Weder bildet das Spiel die Akteure zu einem echten Kollektiv, noch kann die Gemeinschaft der Darstellenden als Hindeutung auf die Utopie des freien Staats in Erscheinung treten. Die realen Dissonanzen machen das volkstümliche Spiel der Dörfler im schlechten Sinne zum Schein, zur bloßen Illusion. Indem der Erzähler die idealistische Kulturprogrammatik in den vielfältigen Schillerbezügen präsent hält, ihr aber die gegenläufige Realität schonungslos kontrastiert, demontiert er alles Idyllische. Diese Demontage zeigt sich sowohl in den eher harmlosen Streitigkeiten unter den Akteuren des Spiels als auch in der Nichtintegrierbarkeit alter und derber Elemente karnevalesker Volkskultur in das ernste und moralisch ambitionierte »Kollektiv« – und sie zeigt sich vor allem in dem ökonomischen Konflikt zwischen dem Darsteller des Tell, einem Gastwirt, und einem reichen Holzhändler, die erbittert über den künftigen Verlauf einer geplanten neuen Straße in ihrem Gebiet streiten; in diesem Konflikt erweist sich die absolute Dominanz der Konkurrenz über alle Projekte eines vereinten Volks im Anspielungshorizont des Telldramas.

Im Vollzug des Tellfestes verschwindet so die idyllische Möglichkeit einer am Bilde der versöhnten Natur aufscheinenden Harmonie von Ich und Welt; es schwindet damit zugleich die Idee der »Bildung« als Ausgleich von subjektiven Bestrebungen und objektiven Erfordernissen. Denn auf Heinrich wirkt der Streit seiner Landsleute überaus desillusionierend:

> Die Unterredung hatte einen peinlichen Eindruck auf mich gemacht; besonders am Wirt hatte mich dies unverhohlene Verfechten des eigenen Vorteils, an diesem Tage und in solchem Gewande ⟨dem des Tell, d. Verf.⟩ gekränkt; diese Privatansprüche an ein öffentliches Werk, von vorleuchtenden Männern mit Heftigkeit unter sich behauptet, das Hervorkehren des persönlichen Verdienstes und Ansehens widersprachen durchaus dem Bilde, welches von dem unparteiischen und unberührten Wesen des Staates in mir war und das ich mir von den berühmten Volksmännern gemacht hatte.[81]

Die unverfügbare, stets als »Mangel« erfahrene Wirklichkeit scheidet als Medium und Resonanz gelingender Bildung des Subjekts aus und legt ihm statt dessen ihr Gesetz auf: das Individuum hat sich ans Reale anzupassen – und kann aus diesem Akt der »Entsagung«, des Einverständnisses in den Mangel, der Leben heißt, eine resignativ zurückgenommene Identität finden. Diese Haltung zeigt der Erzähler paradigmatisch an der Figur jenes Statthalters, eines hohen Beamten, auf, den Heinrich im Laufe des Festes kennenlernt; von diesem Statthalter, den sein Talent zum Politiker, sein mangelnder Reichtum freilich zum Beamten bestimmt hat, heißt es im Text:

> Von Natur ⟨...⟩ ist er ebenso feuriger Gemütsart als von einem großen und klaren Verstande begabt und daher mehr dazu geschaffen, im Kampfe der Grundsätze beim Aufeinanderplatzen der Geister einen tapferen Führer abzugeben und im Großen Menschen zu bestimmen als in ein und demsel-

ben Amte ein stehender Verwalter zu sein. Allein er hat nicht den Mut ⟨...⟩ brotlos zu werden ⟨...⟩ und daher hat er sich der Geltendmachung seiner eigenen Meinung begeben.[82]

Der erzwungene Verzicht auf die Verwirklichung der eigenen Anlagen, das entsagende Sichhineinfinden in eine beschränkte Tätigkeit, werden von Heinrich später geradezu als Tugenden gepriesen, da dieser Statthalter »das Schwerste gelöst habe: eine gezwungene Stellung ganz so ausfüllen, als ob er dazu allein gemacht wäre«[83]. In diesem »Als ob« hat sich das Ideal der »freien Selbstbildung« gründlich verabschiedet; während der Heinrich der zweiten Fassung des Romans ein ähnliches Schicksal nimmt, also ein eher banales, durchschnittliches Ende findet, indem er sich mit dem Mangel resignierend arrangiert, will der Heinrich der ersten Fassung allen Mangel in den Wunschphantasien und Traumbildern seines Ichs imaginär verwinden – bis der Tod ihn holt.

Kunst

»Kunst« galt seit Ende des 18. Jahrhunderts als bevorzugtes Medium von Bildungsprozessen, weil sie es dem Subjekt in ausgezeichneter Weise zu gestatten schien, sowohl sich selbst auszudrücken als auch soziale Bedeutsamkeit zu erlangen. Das gelungene Kunstwerk wurde in dieser Perspektive als Index von Individualität und als bemerkenswertes Thema der sozialen Kommunikation angesehen. Diese Einheit von Selbstausdruck und generalisierbarer Kommunikationsofferte darf geradezu als Paradigma für »Bildung« gelten, da in ihr die Expression des Subjekts und das Sinnbedürfnis seiner sozialen Umwelt glücklich zusammenstimmten. Die Balance von Expression und Kommunikation im Bildungsmedium der Kunst war freilich stets prekär und riskant; denn nie konnte ausgeschlossen werden, daß sich der poetische Selbstausdruck des Subjekts der Kommunikation sperrte, d.h. »unverständlich« erschien, oder daß auf der anderen Seite die zu glatt gelingende Kommunikation den Verdacht aufkommen ließ, dem Werk mangele jene Individualität, die es zu einem interessanten Rätsel werden lasse. Kurz: Die Einheit von »Selbst« und »Sinn«, »Ich« und »Welt«, »Subjekt« und »Gesellschaft« stand stets in Gefahr, in ihre Teile beziehungslos auseinanderzufallen und damit die Idee von »Kunst« als Medium gelingender Bildung zu desavouieren. Kellers Roman hat diesen Zerfall der der Kunst zugesprochenen Synthesis von »Selbst« und »Sinn« unter den Bedingungen der modernen Welt kompromißlos aufgedeckt – und damit auch Kunst als Bildungsmedium hinter sich gelassen. Dieser Zerfall zeigt sich in erster Linie an den Künstlergestalten, denen Heinrich Lee begegnet und die in schroffer Einseitigkeit jeweils nur noch eine Seite des idealistischen Kunstkonzepts repräsentieren. Da ist zunächst der Kunstmanufakturbesitzer Habersaat, Heinrichs erster Lehrer. Dieser Habersaat übt seine Kunst allein als Geschäft aus und unterwirft sich entsprechend bedingungslos dem Diktat des Marktes und jedem konventionellen Publikumsgeschmack. Seine farbrikmäßige Organisation reproduktiver Kunsttechniken schließt bereits im Ansatz jeden Gedanken an eine »individuelle« Codierung der hergestellten Waren aus. Bei Habersaat erlernt Heinrich Lee nur rudimentäre Techniken; im Hinblick auf die Sujets fördert Habersaat Heinrichs Hang zu einer epigonalen Romantik, deren Motive vollkommen standardisiert sind und jeder authentischen Komponente entbehren.

So wie Habersaat seine Kunst praktiziert, tritt sie einzig noch als protoindustrielle Technik einerseits, als konventionelle Bildsemantik andererseits in Erscheinung, hat sich also an die Bedingungen ihrer ökonomischen Nutzung vollkommen angepaßt. Diese Tendenz wiederholt sich in der Figur des Malers Erikson, den Heinrich in der Residenzstadt näher kennenlernt; über seine Arbeitsweise und Einstellung als Künstler heißt es:

Alle Vierteljahr malte er regelmäßig ein Bildchen vom allerkleinsten Maßstabe, nicht größer als sein Handteller, das in einem oder anderthalb Tagen fertig war. Dieses Bildchen verkaufte er jedesmal ziemlich teuer, und aus dem Erlöse lebte er und rührte dann keinen Pinsel wieder an, bis die Barschaft zu Ende ging.[84]

Habersaat und Erikson repräsentieren – in freilich unterschiedlicher Akzentuierung und Beleuchtung – die eine Seite der in ihre Elemente auseinandergefallenen Kunstkonzeption: die Seite der sozialen Nutzung, der glatten Kommunizierbarkeit, der Konvention, ja des Trivialen und des Kitsches. Die andere Seite wird zunächst von Römer zur Geltung gebracht, dem ersten Lehrer, dem Heinrich Respekt entgegenbringt und der ihn die Probleme »realistischer« Wirklichkeitsdarstellung erkennen läßt. Römer praktiziert Kunst als Verwirklichung des Selbst, als authentische Expression in der Begegnung mit schöner Natur, muß aber erleben, daß ihn dieser Anspruch in eine exzentrische Position hineinmanövriert, die ihn in Wahnsinn und Elend treibt. Der Roman bemüht sich, die Motive für den ausbrechenden Wahnsinn Römers, der sich für den »verborgenen Mittelpunkt aller Weltregierung«[85] und das Opfer heimtückischer Intrigen und Attacken finsterer Mächte hält, genau herauszustellen: es seien die frustrierenden Erfahrungen des Künstlers in einer teilnahmslosen und uninteressierten Gesellschaft gewesen, die jene »schizophrenen« Schübe ausgelöst hätten. Vom »Glück verlassen« und »von der vornehmen Welt zurückgewiesen«[86] – so die Formulierungen des Textes –, habe sich sein künstlerisches Sendungsbewußtsein allein noch in den Halluzinationen des Wahns Ausdruck geben können.

An dem Schicksal Römers wird ablesbar, daß das Festhalten an dem Subjektivitätsanspruch von Kunst mit dem Risiko seiner sozialen Vergleichgültigung oder Nichtbeachtung einhergeht, was den Künstler in eine Außenseiterrolle drängt, die als exzentrisch bewertet wird und im Extremfall »Wahnsinn« zur Folge hat. Keller legt tatsächlich diese ruinöse Alternative nahe: Unter den Bedingungen der modernen Lebensverhältnisse scheint die im Medium der Kunst einmal als »versöhnt« gedachte Differenz von »Ich« und »Gesellschaft« beziehungslos in ihre Teile, d. h. überspitzt in subjektiven Wahn und in bloßen Kommerz zerfallen zu sein. Ästhetik – als philosophische Reflexion des Schönen und der Kunst – wird entsprechend von Psychopathologie und Ökonomie ersetzt, die den Künstler entweder nur als »abweichendes« oder nur als »wirtschaftendes« Subjekt wahrnehmen.

Eine andere Konsequenz, die sich aus dem Festhalten am Authentizitätsanspruch der Kunst ergeben kann, zeigt sich am Schicksal des Malers Ferdinand Lys, den Heinrich ebenfalls in der Residenzstadt kennenlernt. Dieser Lys ist wohlhabend und bedarf der Kunst zur Existenzsicherung nicht. Deshalb malt er gleichsam nur für sich selbst und verzichtet auf die soziale Kommunikation seiner Werke. Über all seiner Arbeit aber schwebt das Wissen um ihre Vergeblichkeit angesichts der Übermacht der Tradition. Der reflektierte, historisch gebildete Lys findet gleichsam keine »Lücke« mehr für die malerische Inszenierung des Eigenen. Da alles »gesagt« und »getan« sei, überkommt ihn ein Bewußtsein unaufhebbarer Epigonalität, das seine künstlerische Produktivität lähmt.

Scheitert Römers Selbstbehauptung der Individualität an der Indifferenz seiner sozialen Umwelt, die ihn am Ende in den Wahnsinn treibt, so unterliegt Lys' Selbstausdruck der ruinösen Einsicht in das Schicksal einer Spätzeit, der nichts Wesentliches mehr zu sagen bleibt. Kunst als Medium von individueller Selbstaussage wird so entweder überflüssig – als Dublette schon vollzogener und realisierter Ideen und Visionen – oder rettungslos exzentrisch, indem sie individuelle Sehweisen und Wahrnehmungen so radikalisiert, daß sie sich aller Kommunikation entziehen und allein noch als »unverständlich« oder »pathologisch« empfunden werden.

Wie aber steht es um Heinrich Lee selbst und um seine Ambitionen als Maler? Heinrichs Malversuche sind Fortsetzungen seiner Imaginationen, Phantasmen und Tagträume, die den Mangel seiner Existenz zu kompensieren versuchen. In der Perspektive der Philosophie Feuerbachs kommt es dann zu zwei Aufhebungsversuchen dieser weltflüchtigen Malerei – einmal als Hinwendung zum Programm einer realistischen Kunst, und dann, weit radikaler, als Hinwendung zum Leben selbst, unter Preisgabe des Malens. Beide Aufhebungsversuche des Imaginären ins Reale scheitern jedoch und verweisen darin auf die Permanenz eines Mangels, der zu immer neuen Supplementierungen drängt und erst im Tod gestillt wird.

Heinrichs erste Malversuche folgen unmittelbar seinen traumverlorenen, halbkindlichen Phantasien, die zumeist vom Ziehen der Wolken, von der Ansicht des Himmels angestoßen werden. Den Glanz und die Helle des Himmels – eine imaginäre Fülle ohne allen Mangel – sucht Heinrich zu reproduzieren, freilich erfolglos. Den entscheidenden Anstoß, mit der Malerei ernst zu machen, erhält er durch den Besuch einer Kunstausstellung in seiner Heimatstadt, die in ihm die trügerische Hoffnung weckt, der Beruf des Malers sei ein Weg zu bürgerlichem Erfolg und sozialer Reputation.

Da gewahrte ich eines Tages, wie eine Menge der gebildeten Leute der Stadt in einem öffentlichen Gebäude aus- und eingingen. Ich erkundigte mich nach der Ursache und erfuhr, daß in dem Hause eine Kunstausstellung stattfinde. ⟨...⟩ Da ich sah, daß nur fein gekleidete Leute hineingingen, lief ich nach Hause, putzte mich ebenfalls möglichst heraus, als ob es in die Kirche ginge, und wagte mich alsbald in die geheimnisvollen Räume. Ich trat in einen hellen Saal, in welchem es von allen Wänden und von großen Gestellen in frischen Farben und Gold erglänzte. Der erste Eindruck war ganz traumhaft, große klare Landschaften tauchten von allen Seiten, ohne daß ich sie vorerst einzeln besah, auf und schwammen vor meinen Blicken mit zauberhaften Lüften und Baumwipfeln, ⟨...⟩. Dazu verbreiteten die frischen Firnisse der Bilder einen sonntäglichen Duft, der mir angenehmer dünkte als der Weihrauch einer katholischen Kirche, obschon ich diesen sehr gern roch. Es ward mir kaum möglich, endlich vor einem Werke stillzustehen, und als dies geschah, da vergaß ich mich vor demselben und kam nicht mehr weg. Einige große Bilder der Genfer Schule, mächtige Baum- und Wolkenmassen in mir unbegreiflichem Schmelze gemalt, waren die Zierden der Ausstellung. ⟨...⟩ Immer kehrte ich zu jenen großen Landschaften zurück, verfolgte den Sonnenschein, welcher durch Gras und Laub spiegelte, und prägte mir voll inniger Sympathie die schönen Wolkenbilder ein, welche von Glücklichen mit leichter und spielender Hand hingetürmt schienen. Ich stak, solange es dauerte, den ganzen Tag in dem wonniglichen Saale, wo es fein und anständig herging, die Leute sich höflich begrüßten und vor den glänzenden Rahmen mit zierlichen Worten sich besprachen.[87]

Diese Szene ist nun in mehrfacher Hinsicht aufschlußreich. Zunächst deutet der festliche Eindruck der Ausstellungsräume und ihrer Besucher auf ein Sozialprestige der Malerei, das Heinrich imponiert. Dann erscheint die Präsentation der Kunst in der Aura eines fast sakralen Ambiente, das den Gedanken nahelegt, hier inszeniere der Roman die Illusion einer noch quasi kultischen Geltung der Kunst, um diese dann, durch die im Text unmittelbar folgende krasse Konfrontation mit der Geschäftswelt der Kunstmanufaktur Habersaats schonungslos zu destruieren.[88]

Aber noch ein Aspekt ist in dieser Szene von Bedeutung. Die Kopplung der Thematik des Traumes, der Imagination und des

Wolkenmotivs an die Sinnwelt des Religiösen und der Kirche verweist mit wohl noch größerer Signifikanz auf die Gedankenwelt Feuerbachs. Auch in anderen Erzähltexten hat Keller Motive und Elemente des Religiösen genutzt, um in Übereinstimmung mit Feuerbach die Weltflüchtigkeit der Tagträumerei und die Realitätsferne poetischer Wünsche zu kennzeichnen und zu kritisieren. In der Seldwyler Novelle ›Pankraz der Schmoller‹ verrennt sich der Titelheld beispielsweise in die wirklichkeitsenthobenen Eigenwelten seiner Phantasie; darin wird er noch bestärkt durch die Lektüre der Werke Shakespeares. Um nun eine Lektüre zu tadeln, die von der Realität ins Imaginäre abführt, statt das Wirklichkeitsbewußtsein zu stärken, werden religiöse Allusionen ins Spiel gebracht:

> Mit den Büchern des Gouverneurs war ich endlich so ziemlich fertig geworden und wußte nichts mehr aus denselben zu lernen. Lydia, welche mich oft lesen sah, benutzte diese Gelegenheit und gab mir von den ihrigen. Darunter war ein dicker Band wie eine Handbibel und er sah auch ganz geistlich aus; denn er war in schwarzes Leder gebunden und vergoldet. Es waren aber lauter Schauspiele und Komödien darin, mit der kleinsten englischen Schrift gedruckt. Dies Buch nannte man den Shakespeare.[89]

Die religiösen Motive im Kontext der Gemäldeausstellung haben eine vergleichbare Funktion: Sie bieten eine Lesart an, die Heinrichs Interesse an Malerei als quasireligiöse Kompensation realer Lebensdefizite deuten kann, als Verlangen nach einem Glück der Anschauung, das sich der Misere des Lebens verdankt, aber – und das wäre die Pointe – ebenso wie die Religion in dem Maße aufhebbar ist, in dem dieses Leben selbst intensiver, sinnlicher und glücklicher wird. Der Roman inszeniert – im Horizont dieses Feuerbachschen Projekts – zunächst die Möglichkeit der Selbstaufhebung des Imaginären als *Realismus* in der Kunst, läßt diese Möglichkeit freilich scheitern und tauscht dann die Kunst gegen das »Reale« selbst ein, um am Ende auch damit Schiffbruch zu erleiden.

Die Hinwendung zum Realismus geschieht im Zeichen Goethes. In einem Zuge liest Heinrich dessen Werke – und zwar bezeichnenderweise in einer Reihenfolge, die wohl als bedeutsam angesehen werden muß, wenn sie auch der konventionellen Anlage von Klassiker-Ausgaben zu folgen scheint: denn Heinrich beginnt mit den fiktionalen Gattungen, liest dann die ›Italienische Reise‹ und die ästhetischen Abhandlungen, um mit ›Dichtung und Wahrheit‹ zu enden. Er liest sie also in Richtung von der »Poesie« hin zum »Leben« und setzt darin ein Zeichen, dem er selbst nachzufolgen sich anschickt. Diese Goethelektüre führt Heinrich, wie er selbst resümiert, zu einer intensiveren Wirklichkeitserfahrung und vor allem zu »einer Umwandlung« in seinen »Anschauungen vom Poetischen«[90]. Diese gewandelte Anschauung paraphrasiert das Grundtheorem des »programmatischen Realismus« der fünfziger Jahre des 19. Jahrhunderts:

> Wie es mir scheint, geht alles richtige Bestreben auf Vereinfachung, Zurückführung und Vereinigung des scheinbar Getrennten und Verschiedenen auf *einen* Lebensgrund, und in diesem Bestreben das Notwendige und Einfache mit Kraft und Fülle und in seinem ganzen Wesen darzustellen, ist Kunst; darum unterscheiden sich die Künstler nur dadurch von den anderen Menschen, daß sie das Wesentliche gleich sehen und es mit Fülle darzustellen wissen.[91]

Die Kritik der romantischen »Überschwenglichkeit« und die Konzentration der Kunst auf das »Wesentliche« stehen mit großer Eindeutigkeit im Kontext der zeitgenössischen Realismusdiskussion: das realistische Kunstwerk sollte das Wesen des Wirklichen unter Vernachlässigung alles Unwesentlichen, Störenden und Unpassenden in schöner Anschaulichkeit zur Geltung bringen; es sollte das Reale »verklären«, d. h. von seinen kontingenten Elementen reinigen. D. h. aber – und diese Perspektive deckt Kellers Roman allererst auf –, das realistische Werk hatte die Funktion, den Mangel im Realen zu beheben und das Kunstschöne als vollkommene, von allen Defiziten befreite Wirklichkeit zu präsentieren. Und folgerichtig versucht der »grüne Heinrich«, in seinen »realistischen« Malversuchen jene Elemente zu tilgen, die auf Mängel des Lebens verweisen könnten.

Wie die Versuche aber zeigen, überfordert er seine Malerei damit. In keinem Moment gelingt in ihnen die Tilgung des Mangels: weder tritt das Reale »verklärt« in seine Bilder ein, noch verliert sich das Motiv des Himmels und der ziehenden Wolken, denen sein

Begehren folgt. Noch eine seiner späteren Arbeiten nennt der Erzähler eine »blasse traumhafte Malerei«[92], d. h. eine Malerei, die dem Imaginären verpflichtet bleibt, ohne doch den Glanz und die Helligkeit der Phantasmen recht einfangen und wiedergeben zu können.

So bleibt das Bemühen um eine Aufhebung der Phantasien und Tagträumereien im Zeichen einer realistischen Kunstdoktrin auch nur Episode in Heinrichs Werdegang als Maler. Läßt man diesen Werdegang insgesamt Revue passieren, dann fällt auf, in welchem Maße Heinrichs Entwicklung wesentliche Etappen der neueren Geschichte der Malerei rekapituliert – von der empfindsamen Idyllenmalerei in der Nachfolge Gessners über eine epigonale Romantik und den angesprochenen Realismus bis hin zum Symbolismus und schließlich zu einer protoabstrakten, fast gegenstandslosen Malerei. Wenn Heinrich mit dem Versuch gescheitert ist, das Reale ohne allen Mangel im Bild zu repräsentieren, dann erscheint es naheliegend, daß sein gewissermaßen »letztes« Bild nun das Wirkliche insgesamt ausscheidet und die reine Zeichnung ohne alle Realreferenz als letzte Möglichkeit eines vollkommenen Bildes erprobt. Allein das abstrakte Bild scheint den Gebrechen der realen Welt entkommen zu können. Heinrichs Malerkollege Erikson, der selbst von der Kunst bereits Abschied genommen hat, interpretiert Heinrichs Bild – mit freilich unüberhörbar ironischen Untertönen – auf folgende Weise:

> Du hast hier einen gewaltigen Schritt vorwärts getan von noch nicht zu bestimmender Tragweite. ⟨...⟩ Du hast dich kurz entschlossen und alles Gegenständliche hinausgeworfen! Diese fleißigen Schraffierungen sind Schraffierungen an sich, in der vollkommensten Freiheit des Schönen schwebend, dies ist der Fleiß, die Zweckmäßigkeit, die Klarheit an sich, in der holdesten, reizendsten Abstraktion! Und diese Verknotungen, aus denen du dich auf so treffliche Weise gezogen hast, sind sie nicht der triumphierende Beweis, wie Logik und Kunstmäßigkeit erst im Wesenlosen recht ihre Siege feiern, im Nichts sich Leidenschaften und Verfinsterungen gebären und sie glänzend überwinden? Aus Nichts hat Gott die Welt geschaffen! Sie ist ein krankhafter Abszeß dieses Nichts, ein Abfall Gottes von sich selbst. Das Schöne, das Poetische, das Göttliche besteht eben darin, daß wir uns aus diesem materiellen Geschwür wieder ins Nichts zurückabstrahieren, nur dies kann eine Kunst sein![93]

Erikson deutet also die Geburt der abstrakten Malerei aus der Erfahrung eines unaufhebbaren Mangels im Realen. Seine Formeln zur Bestimmung der gegenstandslosen Kunst – »Zurückabstrahieren ins Nichts«, »Schraffierung an sich«, »Eskamotierung des Gegenständlichen«, etc. – dürfen im Blick auf die Zeit ihrer Niederschrift (1855) als erstaunlich und prophetisch gelten; sie haben freilich eine zeitgenössische Parallele in den poetologischen Reflexionen Flauberts, der bereits 1852 in einem Brief an Louise Colet schrieb:

> Was mir schön scheint und was ich machen möchte, ist ein Buch über nichts, ein Buch ohne äußere Bindung, das sich selbst durch die innere Kraft seines Stils trägt, so wie die Erde sich in der Luft hält, ohne gestützt zu werden, ein Buch, das fast kein Sujet hätte, oder bei dem das Sujet zumindest fast unsichtbar wäre, wenn das möglich ist.[94]

Für Heinrich Lee gründet aber noch dieser letzte Versuch, im Medium der Kunst zu einer absoluten Gestaltung zu finden, in den Mängeln seines Lebens, wie der Text des Romans unzweideutig herausstellt: er beschreibt den Arbeitsprozeß an diesem gegenstandslosen Bild mit Worten, die darauf hindeuten, daß Kunst in jeder Spielart – als Realismus, Symbolismus oder Abstraktion – für Heinrich die Funktion der Kompensation nicht gelebten Lebens zu haben scheint: »Melancholischer Müßiggang«, so heißt es im Roman, habe Heinrich zu seinen Abstraktionen veranlaßt; »gedankenlose Kritzelei«, »zerstreutes Hinbrüten«, »träumendes Bewußtsein«[95] – mit solchen Formeln weist der Erzähler auf den Umstand, daß die Praxis des Malens in all ihren Formen und Varianten für Heinrich eine Art »Flucht vor dem Wirklichen« bedeutet, ein Nicht-Leben-Können oder -Wollen, eine Flucht in den Spuren des Traumes. Daher ist es folgerichtig, wenn Heinrich in einem zweiten Anlauf dann den Versuch unternimmt, die Kunst ganz generell im gelingenden Leben aufzuheben. Denn er macht jetzt das menschliche Leben selbst zum Gegenstand seines Interesses und Begehrens – ganz im Sinne seines Lehrers Feuerbach. Nach seinen universitären Studien zieht er folgende Bilanz seiner bisherigen Existenz: er habe »bis jetzt vom Zufälligen sich treiben lassen, wie ein Blatt auf dem Bache«; und weiter:

Er dachte sogleich an seine aufgeschriebene Jugendgeschichte, die in seinem alten Koffer lag, und an alles seither Erlebte, und alles kam ihm nunmehr mit einem Blicke vor wie ein unbewußter Traum. Zugleich fühlte er aber, daß er von nun an sein Schifflein tapfer lenken und seines Glückes und des Guten Schmied sein müsse, und ein sonderbares, verantwortlichkeitsschwangeres Wesen kräuselte sich tief in seinem Gemüte, wie er es bis jetzt noch nie empfunden zu haben sich erinnerte. – Alles, was gründlich und zweckmäßig betrieben wurde und echt menschlich war, erschien ihm jetzt gleich preiswürdig und wesentlich, und jeder schien ihm glücklich und beneidenswert, der, seinen Beruf recht begreifend, in Bewegung und Gesellschaft der Menschen, mit ihnen und für sie, unmittelbar wirken kann.[96]

Und an anderer Stelle heißt es, daß Heinrich »Lust« dazu habe, »im lebendigen Wechselverkehr der Menschen das ⟨...⟩ Leben selbst zum Gegenstande des Lebens zu machen«[97]. Da das Leben aber etwas ist, mit dem das Subjekt nicht nach Belieben verfahren kann, dessen Übermacht, Fremdheit und Widerständigkeit es vielmehr oft schmerzhaft erfahren muß, liegt es auf der Hand, daß Heinrichs Strategie, im Leben selbst allen Mangel zu verwinden, eine große Illusion bleibt. Schon als er jenen gerade zitierten Vorsatz faßt – »das Leben selbst zum Gegenstand des Lebens zu machen« –, befindet er sich in einer derart desolaten Situation – »er trieb als Bettler im Unwetter dahin«[98] –, daß die Wirklichkeit seines Lebens die Heroik seines Vorhabens ironisch dementiert. So kommt es, daß noch diese letzte Strategie der Aufhebung des Imaginären in die Intensität des Lebens sich allein als Traum erfüllt. Allein im Traum erfährt Heinrich jene soziale Erfüllung seines Lebens, der das Reale selbst keinen Raum gibt. Heinrich phantasiert einerseits traumverloren die Identität von Ich, Volk und Welt, spinnt also eine Art imaginärer Totalisierung aus:

Glücklich ⟨...⟩, wer in seinem Lande ein Spiegel seines Volkes sein kann, der nichts widerspiegelt als dies Volk, indessen dieses selbst nur ein kleiner heller Spiegel der weiten lebendigen Welt ist![99]

Andererseits muß er zugleich die Realität des Todes seiner Mutter, an dem er sich zu Recht mitschuldig fühlt, als Kollaps all solcher Träumereien erfahren:

So war nun der schöne Spiegel, welcher sein Volk widerspiegeln wollte, zerschlagen und der einzelne, welcher an der Mehrheit mitwachsen wollte, gebrochen.[100]

Frauen-Bilder

Auf die Polarität von Judith und Anna, den Jugendgeliebten Heinrich Lees, auf den Kontrast von schöner Sinnlichkeit und fast körperloser Anmut ist immer wieder verwiesen worden. Entscheidend aber ist, daß beide Frauengestalten in erster Linie »Bilder«, Imaginationen sind, hinter denen das »Reale« der beiden ungreifbar ist.

Zu beiden Frauen tritt Heinrich in – jeweils parallel inszenierte und erzählte – nähere Beziehungen, die wiederum jeweils zwei – parallele – Höhepunkte haben. Zunächst erlebt Heinrich mit beiden Frauen eine Art Ekstase, freilich eine Ekstase besonderer und bezeichnender Art. Ek-Stasis bedeutet das momenthafte Heraustreten aus den symbolischen Ordnungen des Lebens – aus Raum und Zeit – infolge eines Übermaßes an erlebter Intensität des Gefühls, die für einen Augenblick allen Mangel der Existenz aufzuheben scheint und etwa am Orgasmus ihr Paradigma hat. Die Ekstasen, die Heinrich erlebt, spielen sich beide im Kontext des schon erwähnten Tellfestes ab: Heinrich hatte sich selbst die Rolle des Rudenz reserviert und Anna – ohne ihr Wissen um das Pikante dieser Wahl – die Rolle der Berta von Bruneck zuerkannt. Als sie davon erfährt, daß Berta in Schillers Drama die Geliebte des Rudenz ist, gibt sie sich für eine Weile empört, reitet dann aber rasch versöhnt mit dem beglückten Heinrich in das vorfrühlingshafte Land hinaus:

> Da gab Anna dem Schimmel einen kecken Schlag mit der Gerte und setzte ihn in Galopp, ich tat das Gleiche; ein lauer Wind wehte uns entgegen, und als ich auf einmal sah, daß sie, ganz gerötet die balsamische Luft einatmend und, während ihr Haar wie ein leuchtender Streif waagrecht schwebte, langhin flatternd: daß sie so ganz vergnügt vor sich hin lächelte, den Kopf hoch aufgehalten mit dem funkelnden Krönchen, da schloß ich mich dicht an ihre Seite, und so jagten wir wohl fünf Minuten lang über die einsame Höhe dahin. Aber diese fünf Minuten, kurz wie ein Augenblick, schienen doch eine Ewigkeit von Glück zu sein, es war ein Stück Dasein, an welchem die Zeit ihr Maß verlor [101]

Dieser zeitenthobene »Augenblick« ist wahrhaftig eine Ekstase des Blicks der Augen. Das Glück Heinrichs ist ein Glück aus der Distanz, ein quasiästhetisches Erlebnis der Geliebten als *Bild* – und keinesfalls die körperliche Nähe sexualisierter Körper: sie würde gerade die Distanz, die Anna erst zum »Bild« werden läßt, aufheben.

Auf den ersten Blick erotischer erscheint der Moment der Ekstase, den Heinrich mit der so sinnlich wirkenden Judith erlebt:

Meine Augen ruhten ⟨...⟩ auf der Höhe der Brust, welche still und groß aus dem frischen Linnen emporstieg und in unmittelbarster Nähe vor meinem Blicke glänzte wie die ewige Heimat des Glückes. Judith wußte nicht, oder wenigstens nicht recht, daß es jetzt an ihrer eigenen Brust still und klug, traurig und doch glückselig zu sein war. Es dünkte mich, die Ruhe an der Brust einer schönen Frau sei der einzige und wahre irdische Lohn für die Mühe des Helden jeder Art und für alles Dulden des Mannes und mehr wert als Gold, Lorbeer und Wein zusammen. Nun war ich zwar sechzehn Jahre alt und weder ein Held noch Mann, der was getan hatte; doch fühlte ich mich ganz außer der Zeit, wir waren gleich alt oder gleich jung in diesem Augenblicke, und mir ging es durch das Herz, als ob ich jetzt jene schöne Ruhe vorausnähme für alles Leid und alle Mühe, die noch kommen sollten.[102]

Aber auch diese Ekstase, dieser glückselige Augenblick an Judiths Brust ist einigermaßen seltsam zu nennen. Zwar nimmt Heinrich Judith nicht aus der quasiästhetischen Distanz als schönes Bild wie Anna wahr; er ruht an ihrer Brust in diesem Augenblick höchster Lust gleichsam wie ein Kind im Schoß der Mutter; nicht aufgeregte Sinnlichkeit, sondern glückselige Ruhe, Stillstand allen Begehrens prägt seine »Ekstase« mit Judith. Man geht wohl kaum zu weit, wenn man diesen »Augenblick« als momentane Wiederkehr jener Mutter-Kind-Dyade deutet, von der die Psychoanalyse spricht, um eine hypothetische Phase der kindlichen Entwicklung zu kennzeichnen, die noch vor dem Eintritt der ödipalen Situation liegt und dem Kinde gestattet, im Spiegel der Mutter die Totalität des Selbst zu imaginieren – bis die Instanz des Vaters dann diese Dyade zerschneidet und dem Kind die Erfahrung abverlangt, daß es ein anderer ist, dem das Begehren der Mutter gilt.

Anna als »Bild« und Judith als »Mutterphantasma« gewinnen Heinrich eine plötzliche und nicht mehr wiederholbare Gefühlsintensität, die weder die Kunst noch auch das »Leben«, wie es ist, gewähren können. Und es ist symptomatisch, daß auch Judiths Sexualität von Heinrich als Bedrohung empfunden wird.

Bezeichnenderweise sind die prägendsten Bilder, die Heinrich von beiden »Geliebten« im Gedächtnis behält, kunstähnliche Bilder. Da ist zunächst die berühmte Badeszene der nackten Judith, eine Szene, die Keller in der zweiten Fassung des Romans ersatzlos gestrichen hat:

> Jetzt trat sie aus dem schief über das Flüßchen fallenden Schlagschatten und erschien plötzlich im Mondlichte; zugleich erreichte sie bald das Ufer und stieg immer höher aus dem Wasser und dieses rauschte jetzt glänzend von ihren Hüften und Knien zurück. Jetzt setzte sie den triefenden weißen Fuß auf die trockenen Steine, sah mich an und ich sie; sie war nur noch drei Schritte von mir und stand einen Augenblick still; ich sah jedes Glied in dem hellen Lichte deutlich, aber wie fabelhaft vergrößert und verschönt, gleich einem überlebensgroßen alten Marmorbilde. Auf den Schultern, auf den Brüsten und auf den Hüften schimmerte das Wasser, aber noch mehr leuchteten ihre Augen, die sie schweigend auf mich gerichtet hielt. Jetzt hob sie die Arme und bewegte sich gegen mich; aber ich, von einem heißkalten Schauer und Respekt durchrieselt, ging mit jedem Schritt, den sie vorwärts tat, wie ein Krebs einen Schritt rückwärts, aber sie nicht aus den Augen verlierend.[103]

An dieser Szene, von der Heinrich schreibt, daß sie sich »für immer seinen Sinnen eingeprägt« habe[104], ist die Ästhetisierung der nackten Frauengestalt unübersehbar. Judith gleicht einer »Marmorstatue« und Heinrich versucht, die zur Schau nötige räumliche Distanz einzuhalten, wenn er vor der sich ihm Nähernden zurückweicht; er will sie sehen, fürchtet aber ihre schöne Körperlichkeit und jeden handgreiflichen Kontakt. Allein als ästhetisch gemildertes Bild vermag Heinrich offenkundig die Sinnlichkeit der nackten Frau hinzunehmen; sie selbst ist bedrohlich und nötigt zur Flucht.

Dem Bild der nackten Judith tritt das der toten Anna zur Seite. Nach einer alten Sitte ist in den Deckel ihres Sarges in Gesichtshöhe eine Glasscheibe eingesetzt worden, durch die Heinrich das Antlitz der toten Freundin ein letztes Mal betrachten kann:

Der letzte Sonnenstrahl leuchtete nun durch die Glasscheibe in das bleiche Gesicht, das darunter lag; das Gefühl, das ich jetzt empfand, war so seltsam, daß ich es nicht anders als mit dem fremden hochtrabenden und kalten Wort »objektiv« benennen kann, welches die deutsche Ästhetik erfunden hat. Ich glaube, die Glasscheibe tat es mir an, daß ich das Gut, was sie verschloß, gleich einem in Glas und Rahmen gefaßten Teil meiner Erfahrung, meines Lebens, in gehobener und feierlicher Stimmung, aber in vollkommener Ruhe begraben sah; noch heute weiß ich nicht, war es Stärke oder Schwäche, daß ich dies tragische und feierliche Ereignis viel eher genoß als erduldete.[105]

Hier ist nun die Ästhetisierung der toten Anna zum schönen Bild im Text des Romans in so klare Worte gefaßt, daß jeder Kommentar überflüssig ist. Überdies macht die Passage die narzißtische Komponente dieser Wahrnehmung mehr als deutlich: es sei ein Teil »seiner selbst«, so der Erzähler Heinrich, der dort »in Glas und Rahmen« erfaßt sichtbar geworden sei. Kurz: Sexualität und Tod, diese Bedrohungen des narzißtischen Subjekts, werden in ästhetische Anschauungsformen transformiert, so um ihr Bedrohliches gebracht – und sie erscheinen in einer Schönheit, deren Rang keine Kunstanstrengung des Malers je erreichen könnte. Die zur Kälte des Marmors erfrorene Sinnlichkeit und der mild-verklärte Reiz des Todes sind ästhetische Sinnbilder, in denen Heinrich die Bedrängnisse und Infragestellungen seiner narzißtischen Identität in die Distanz eines Kunstwerks rücken und auf diese Weise ungefährdet wahrnehmen kann.

Die Realität von Anna und Judith verschwindet in der Erinnerung Heinrichs also hinter den Bildern, die er sich von ihnen macht und an denen er beharrlich festhält. Beide »Gestalten« sind imaginäre Projektionen des Subjekts »Heinrich Lee« und keineswegs einfache Illustrationen vorgegebener Konzepte, etwa des Gegensatzes von Sinnlichkeit und Geistigkeit usw., für die man sie oft gehalten hat. Da Heinrich seine Bilder und weniger reale Frauen begehrt, kommt es in der Residenz- und Kunststadt zu Projektionen dieser »Bilder« auf die ihm hier begegnenden Frauen Rosalie und Agnes, die im Rahmen eines breit geschilderten Künstlerfestes als Venus und als Diana auftreten und in dieser Maskerade, aber auch sonst die Bilder von Judith und Anna wiederholen.

Erst Dorothea, die Heinrich auf seiner Heimreise zur sterbenden Mutter im Schloß des Grafen wiedertrifft, scheint sich solcher Projektion zu entziehen. Heinrich selbst sieht in ihr eine Synthese von Judith und Anna, oder besser von zwei Aspekten seines Selbst, die zu Bildern entäußert sind:

> Wäre es hier möglich, daß meine Neigung und mein Wesen in zwei verschiedene Teile auseinanderfiele, daß neben dieser mich ein anderes Weib auch nur rühren könnte? Nein! Diese ist die Welt, alle Weiber stecken in ihr beisammen, ausgenommen die häßlichen und schlechten![106]

Dieses »Ideal« einer Frau vermag sich Heinrich allerdings weder »lebenspraktisch«, wie es die Feuerbachsemantik des Romans nahelegen könnte, noch imaginär – als vollendet schönes Bild – anzueignen. Daher fehlt sie ihm und bricht ihm das Herz. Auf diese Weise rächen sich Eros und Tod an ihrer Ästhetisierung im schönen Schein.

Bildungsbegehren

Dem idealistischen Konzept der »idyllischen Natur« vergleichbar, hält Kellers Roman auch die alte Idee der »Bildung« als Zitat im Text präsent.

> So fest und allgemein wie das Naturgesetz selber sollen wir unser Dasein durch das nähren, was wir sind und bedeuten ⟨...⟩. Nur dadurch sind wir ganz, bewahren uns vor Einseitigkeit und Überspanntheit und leben mit der Welt in Frieden, so wie sie mit uns, indem wir sie sowohl bedürfen mit ihrer ganzen Art, mit ihrem Genuß und ihrer Müh, als sie unser bedarf zu ihrer Vollständigkeit, und alles das, ohne daß wir einen Augenblick aus unserer wahren Bestimmung und Eigenschaft herausgehen.[107]

Und dieses Bildungsideal als Synthese von Ich und Welt sieht der Erzähler im Leben und im Werk Schillers vollendet vergegenwärtigt:

> Sein Leben ward nichts anderes als die Erfüllung seines innersten Wesens, die folgerechte und kristallreine Arbeit der Wahrheit und des Idealen, die in ihm und seiner Zeit lagen.[108]

Diesem Ideal gelungener Bildung gegenüber stellt der Erzähler dann die bedrohliche Möglichkeit, die sich aus der Arbeitsteilung und Differenzierung der Tätigkeiten und Wissensbereiche ergebe und die es dem Subjekt immer schwerer mache, alle diese Facetten und Daseinsformen in die Einheit eines mit sich selbst identischen Lebens umzuschmelzen. Der Text spricht von der Nötigung zu einem »Doppelleben«[109], zur Spaltung der Existenz in Beruf und Berufung, bürgerlicher Arbeit und künstlerischer Selbstverwirklichung und sieht solche gespaltenen Existenzen etwa bei Spinoza, der Brillenschleifer und Philosoph, oder bei Rousseau, der Berufsmusiker und Philosoph war, gegeben. Diese Infragestellung der »Bildung« des Subjekts durch soziale Differenzierung, die es zunehmend schwieriger werden läßt, die Summe der Rollen und Diskurse, denen das Individuum Rechnung tragen muß, als Einheit des Ich zu erleben und zu beschreiben, erscheint aber noch geradezu harmlos gegenüber der Radikalität, in der Keller am Exempel des »grünen Heinrich« Bildung als Formel für die Identität des Subjekts destruiert. Denn jene Ineinsbildung von individuellem Wollen und sozialen Gegebenheiten, die das »gebildete Subjekt« als »seine« Identität in der Welt ausgeben kann, ist im Falle der Biographie des Heinrich Lee in ihre Bestandteile auseinandergefallen. All seine imaginären Selbstinszenierungen verdecken nicht, daß dort, wo die idealistische Anthropologie von der »gebildeten Identität der Person« spricht, die Energien seines unbewußten Begehrens und die Zwänge der sozialen Dispositive, ihre Diskurse, Rollenerwartungen, Normen und Ordnungen, unvermittelt aufeinanderprallen. »Bildung« als Findung der Einheit des Ich erscheint in dieser Beleuchtung als Phantasma, ja als quasinarißtisches Begehren, die Kontingenz des Lebens in einem schönen und sinnstarken Bild von sich selbst aufzuheben. Der ›Grüne Heinrich‹ ist von daher alles andere als ein »Bildungsroman«; er ist freilich auch kein »Antibildungsroman«. Er ist der Roman, in dem die Genealogie des Bildungsbegehrens, sein Ursprung, seine Notwendigkeit und sein Scheitern, aber auch die Unaufhebbarkeit seiner Motive wie sonst in der deutschen Literatur des 19. Jahrhunderts nirgends zur Anschauung gebracht werden.

3. Adalbert Stifter: *Ordnungsrufe des Seins*

Es ließe sich durchaus fragen, ob Stifter dem bürgerlichen Realismus zugerechnet werden darf. Einmal gehört er einer anderen Generation an – er wurde 1805 geboren, Freytag dagegen 1816, Storm 1817, Keller und Fontane erst 1819; er feierte seine eigentlichen Erfolge als Schriftsteller vor der Revolution von 1848: Novellen wie ›Der Condor‹, ›Feldblumen‹ oder ›Der Hochwald‹, publiziert in Taschenbüchern und Almanachen, den »Medien« der Biedermeierzeit, machten ihn zu einem der Lieblinge des vormärzlichen Lesepublikums; sein Werk nach 1848 wurde von den Zeitgenossen dagegen kaum mehr zur Kenntnis genommen, insbesondere die beiden Romane – ›Der Nachsommer‹ und ›Witiko‹ – nicht. Zum anderen war das Verhältnis des österreichischen Autors zu den preußischen Wortführern des Realismus mindestens ebenso ablehnend kritisch wie das des Schweizers Gottfried Keller. Im Unterschied zu diesem hatte Stifter ›Soll und Haben‹ allerdings gelesen; sein Urteil war vernichtend:

> Wie das Buch ⟨...⟩ ist, halte ich es für Leihbibliotheksfutter. Trotzdem, daß mir ein paarmal bei Einzelheiten die Augen feucht werden wollten, halte ich doch das Buch für eiskalt, und zum Schluße ekelte es mich an.[110]

Als der ›Nachsommer‹ 1857 erschien, revanchierten sich die »Grenzboten«. Julian Schmidt verriß den Roman und sprach Stifter jede Fähigkeit ab, das Handeln wirklicher Menschen gestalten zu können. Der Roman sei daher alles andere als ein »realistisches« Werk – selbst wenn die in ihm zum Ausdruck gelangende Gesinnung Respekt verlange. Der Vorwurf, Stifters Romangestalten fehle das »Individuelle«, wird von den »realistischen« Kritikern immer wieder aufgenommen; es handele sich um »Automaten« oder »Marionetten«, nicht aber um »lebende Menschen« – so der Einwand, den die Rezensenten in den programmatischen Literaturzeitschriften mit Vorliebe gegen Stifter vorgebracht haben.[111] Diese Kritiker haben tatsächlich eine signifikante Tendenz in Stifters Roman in den Blick bekommen, denn die Protagonisten in seiner Erzählwelt sind keine Subjekte mit einem reich entwickelten Innenleben und entsprechenden psychischen Handlungsmotiven. Stifters Erzählprosa ist von jeder psychologischen Perspektive frei; sie schildert ihr Personal »objektivierend«, gewissermaßen von außen – wie die umgebende Natur, wie Dinge, Sitten oder Rituale. Zu einem Vorwurf wird diese Beobachtung freilich erst, wenn ihr die Überzeugung vorangeht, Romanfiguren müßten psychisch disponierte, problematisch-reflexive Subjekte sein – gleichsam »moderne Helden«, die dem Leser Identifikation und Einfühlung möglich machen. Stifter, der zu dieser psychologisierenden Romanliteratur jedoch querstand, hatte kein Interesse mehr daran, die Kultur des Individuellen um eine weitere literarische Variante zu bereichern; er versuchte, die moderne Welteinstellung, die von dem Gegenüber von Subjekt und Objekt, Ich und Welt, lebt, zu überwinden und eine forciert vormoderne Perspektive zurückzugewinnen, die ihn – wenn solche Parallelen erlaubt sind – in die Nähe der philosophischen Position Martin Heideggers bringt, dem wir einen kleinen Text über Stifter verdanken[112], und die ihm das wachsende Interesse eines Gegenwartsautors wie Peter Handke sichert.

Auf der anderen Seite aber, um noch einmal auf die Zugehörigkeit zum Realismus zurückzukommen, hat Stifter wesentliche Theoreme aus der zeitgenössischen Realismusdiskussion, die er gut kannte, aufgenommen und in seinen Aufsätzen zu ästhetischen Fragen auch zum Ausdruck gebracht. Freilich hat er sie in eine für ihn typische religiöse Beleuchtung gerückt, wie folgendes Zitat aus einem Aufsatz des Jahres 1867 zeigen kann:

> Realismus ⟨...⟩ wird so gerne geradehin verdammt. Aber ist nicht Gott in seiner Welt am allerrealsten? Ahmt die Kunst Teile der Welt nach, so muß sie dieselben den wirklichen so ähnlich bringen, als nur möglich ist, d. h. sie muß den höchsten Realismus besitzen. Hat sie über ihn hinaus aber nichts weiter, so ist sie nicht Kunst, der Realismus kann dann noch für die Naturwissenschaft Wert haben, für die Kunst ist er grobe Last. Idealismus ist eben jenes Göttliche, von dem ich oben sagte. Ist es in der Kunst dem größten Realismus als höchste Krone beigegeben, so steht das vollendete Kunstwerk da.[113]

Von der religiösen Einfärbung abgesehen teilen diese Sätze, gerade auch in der Verbindung von »Realismus« und »Idealismus« in prägnanter Weise die Grundüberzeugungen der realistischen Programme. Dies gilt allerdings allein für die »formale« Struktur des ästhetisch-erkenntnistheoretischen Konzepts, das das literarische Werk als »verdichtete« Repräsentation – oder Kondensat – der realen Welt definiert, als »wirklichste Wirklichkeit«, um einen Ausdruck Stifters zu benutzen. »Formal« kann diese Konzeption genannt werden, weil sie – für sich genommen – noch gar nicht festgelegt, was in der Realität wesentlich, der künstlerischen Fixierung und »Verklärung« würdig und was unwesentlich und für die Kunst bedeutungslos sei. Das ästhetisch-erkenntnistheoretische Modell kann, aus sich heraus, diese Differenzierung nicht vollziehen. Dazu bedarf es der Assistenz politischer, moralischer oder philosophischer Hintergrundsannahmen. Erst diese – und keineswegs das ästhetische Modell »Realismus« – legen fest, was im Realen wesentlich, was unwesentlich sein soll. Man kann daher sagen, daß Stifter sehr wohl die Kunstdoktrin des »programmatischen Realismus« geteilt, sich in seinem Weltverständnis von dessen Repräsentanten aber grundlegend unterschieden hat. Diese Sonderstellung war Stifter selbst vollkommen klar; er schrieb über den ›Nachsommer‹ 1858 an Heckenast, nachdem er Julian Schmidts Rezension gelesen hatte:

> Die Tageskritik schwebt mir bei meinen Arbeiten nie vor Augen und, aufrichtig gesagt, ein Publikum wahrscheinlich überhaupt nicht oder nur das eines einzigen strengen Mannes, der ich selbst bin.[114]

Auch wenn in dieser Äußerung ein wenig die Enttäuschung eines Schriftstellers, der ja einmal fast ein Modeautor war, über die ausbleibende oder ablehnende Resonanz auf seinen Roman mitanklingt, drückt sich in ihr doch die sachlich zutreffende Einsicht in die »Fremdheit« seiner Prosa in der literarischen Kultur des 19. Jahrhunderts aus – eine Fremdheit, die vor allem eine Fremdheit der Weltsicht war, wie ›Der Nachsommer‹ deutlich werden läßt.[115]

Der Roman erzählt aus der Perspektive eines jungen Mannes, den »Held« zu nennen wohl niemand wagen wird und dessen Namen – Heinrich Drendorf – man erst gegen Ende eher beiläufig erfährt, eine exemplarische Bildungsgeschichte. Heinrich und seine jüngere

Schwester Klothilde wachsen in einem reichen und gebildeten Elternhaus mit ebenso milden wie entschieden patriarchalischen Umgangsformen wohlbehütet heran. Unbelastet von irgendwelchen Berufszwängen entwickelt sich Heinrich – zunächst unter Anleitung von Hauslehrern, später selbständig – immer aber unter der Oberaufsicht des Vaters, eines Kaufmanns und Antiquitätensammlers, zu einem Muster umfassender, breit gestreuter Bildung, die Naturwissenschaften, Kunst und Literatur ungezwungen und wie selbstverständlich verbindet. Zu diesem »idealtypisch« anmutenden Bildungsgang gehören auch kürzere und längere Reisen in die nähere und fernere Umgebung der Heimatstadt – Wien –, vor allem ins Hochgebirge der Alpen. Auf einer dieser Reisen sucht Heinrich in einem ländlichen Anwesen Schutz vor einem drohenden Gewitter und macht auf diese Weise die Bekanntschaft des alten Freiherrn von Risach – auch dessen Namen erfährt der Leser freilich erst spät –, der seinen Besitz zu einer Art »ökologischen Paradieses« kultiviert und überdies Teile seines Hauses als Museum eingerichtet hat, das der Besucher nur mit Filzpantoffeln betreten darf. Der alte Freiherr und der junge Besucher finden Gefallen aneinander; Heinrich bleibt einige Tage, lernt weitere Bewohner des Gutshofes, vor allem einen Jungen namens Gustav kennen, ohne die familiären Verhältnisse zu durchschauen, und reist schließlich ab, nicht ohne weitere Besuche in Aussicht zu stellen.

In der Folge beschreibt der Roman in unermüdlicher Gründlichkeit die vom jahreszeitlichen Rhythmus geprägte Reisetätigkeit des sich bildenden Heinrich: seinen Winteraufenthalt im städtischen Hause der Eltern und seine von wachsender Distanz geprägte Teilhabe am urbanen Treiben; seine mit der erwachenden Natur erfolgenden Aufbrüche in die Welt des Gebirges, seine geologischen, naturkundlichen und künstlerischen Studien daselbst und seine regelmäßigen Besuche des Landgutes des Freiherrn, meist zur Zeit der Rosenblüte, deren Pracht dem Gut den Beinamen »Rosenhaus« eingebracht hat. Die »ewige Wiederkehr des Gleichen« dieser Ereignisse wird unterbrochen, als Heinrich im Rosenhaus die Bekanntschaft Natalies und ihrer Mutter macht, die den Freiherrn besuchen und zu ihm in engen, aber zunächst geheimnisvollen Beziehungen stehen. Natalie ist schön – oder besser: »unermeßlich

schön«, so der Text des Romans. Heinrich wird in das Leben dieser
Menschen und ihre stets erlesenen Beschäftigungen immer enger
einbezogen – ohne sich dadurch der eigenen Familie irgend zu ent-
fremden; er hält sie auf dem laufenden, und sie billigen sein Tun.
Ohnehin scheinen sich der alte Drendorf und Risach in ihren
antiquarischen und künstlerischen Interessen sehr nahe zu stehen;
zumal es des Kaufmanns dringendster Wunsch ist, nach Abschluß
seiner Geschäftstätigkeit ebenfalls ein Landgut zu erwerben. Es
kommt, wie es kommen muß: Als Heinrich, von gleichsam zwei
Vätern erzogen, ein Maximum an ästhetischer und sittlicher Bildung erlangt hat, nähert er sich Natalie; sie gestehen sich – in einer
für Stiftersche Liebesszenen typischen Förmlichkeit – ihre Liebe
und heiraten schließlich, nachdem Heinrich noch eine zweijährige,
auf einer halben von 850 Seiten erzählten Bildungsreise durch ganz
Europa absolviert hat, nachdem seine Eltern sich in der Nähe des
Freiherrn ländlich angesiedelt haben und nachdem die familiären
Verwicklungen zwischen Risach, Natalie, Gustav und ihrer Mutter
aufgeklärt sind. Heinrich erfährt nämlich in einem langen – erzähltechnisch fast als »Binnengeschichte« angelegten – Rückblick
die Jugendgeschichte Risachs; er erfährt, daß Risach und Mathilde, Natalies Mutter, heftig ineinander verliebt waren – zu heftig, deshalb ging es schief; beide heirateten lustlos andere Partner;
nach deren Tod trafen sich beide im Alter wieder, erleben einen
»Nachsommer« ihrer Liebe, und Risach übernimmt für Mathildes
Kinder die Rolle eines Ziehvaters, eines väterlichen Freundes, Erziehers und Vorbildes.

Der Roman wirkt sehr durchkomponiert; er gliedert sich in drei –
etwa gleichlange – Bücher, die in einzelne Kapitel mit so lapidar-ge-
neralisierenden Überschriften wie »Der Abschied«, »Die Begegnung«, »Der Bund« oder »Das Vertrauen« eingeteilt und jeweils
auf Etappen der Beziehung von Heinrich und Natalie hin perspekti-
viert sind: das erste Buch endet mit der Bekanntschaft, das zweite
mit dem Liebesgeständnis, das dritte mit der Hochzeit.

Natur

Die Darstellung der Natur nimmt in Stifters Werken breiten Raum ein. Sie erscheint in ihnen aber nicht in der Weise, die von der konventionellen, hier einmal abgekürzt »romantisch« genannten Auffassung her erschließbar wäre. Die »romantische« Auffassung sah die Natur in erster Linie als Resonanzmedium sensibler Subjektivität, deren Empfindungen und Gedanken, Sehnsüchte und Wünsche, aber auch Abgründe und Dissonanzen im »Spiegel der Natur« gleichsam widerklangen. In dieser Konzeption der Natur kann man aber eine ästhetische Variante jenes Naturverhältnisses sehen, das die Neuzeit im Weltmaßstab durchgesetzt und das sich in der technischen Beherrschung und industriellen Aneignung der Welt Gestalt gegeben hat. Diese These mag auf den ersten Blick befremdlich scheinen, da man einwenden könnte, die ästhetische Anschauung sei gerade auf jene Schönheit der Natur angewiesen, die durch die technische Aneignung in wachsendem und vielleicht irreversiblem Maße zerstört werde. An diesem Einwand ist etwas Richtiges: Gewiß hält die ästhetisch wahrgenommene Natur jene Potentiale präsent, die faktisch mehr und mehr schwinden. Sie kompensiert also die trostlosen Folgen der industriellen Weltkultur. Wir haben aber einen anderen Aspekt vor Augen, wenn wir von der ästhetischen als einer Variante der technischen Naturaneignung sprechen. Beide nämlich kommen darin überein, daß sie »Natur« als Objekt, als manipulierbares Gegenüber eines Subjekts begreifen, das sowohl technisch ausgeplündert und transformiert wie ästhetisch zum Resonanzmedium für Stimmungen und Emotionen depotenziert wird. In beiden Aneignungsweisen schlägt eine Dominanz der Subjektivität durch, der irgendein Gedanke an ein Eigenrecht der Natur um ihrer selbst willen – das ihre Anders- und Fremdheit respektierte – nicht mehr kommen kann.

Stifter nun, und darin liegt seine Sonderstellung in der Diskurskonstellation des 19. Jahrhunderts, hat den literarischen Versuch unternommen, dieser romantisch-modernen Naturkonzeption eine Alternative entgegenzustellen, die sich als Rückgewinnung einer vormodern-religiösen Haltung zur Natur verstanden hat. »Natur« ist für Stifter jene unvorgreifliche Ordnungsinstanz des Seins, der sich – als Schöpfung Gottes – alles menschliche Wollen zu unterwerfen hat. Sie ist nicht länger Medium subjektiven Experimentierens oder Echo exzentrischer Gefühlslagen, sondern eine quasinuminose Ordnung, deren Anerkennung höchste Aufgabe des Menschen ist, der um seinen Platz in ihr weiß. Wohl kannte und schätzte Stifter die Naturwissenschaften, aber ausschließlich in ihrer vormodern-kontemplativen Gestalt als Naturkunde, Naturbetrachtung, die sich um Kenntnis der natürlichen Ordnungen, nicht um ihre Veränderung oder technische Ausnutzung bemühte. In dieser Einstellung tritt die Emphase des Subjekts als omnipotentes »Gegenüber« der Natur vollkommen zurück; die Menschen in Stifters Erzählprosa werden gleichsam von der Absicht dirigiert, in die natürliche Ordnung des Seienden als Wesen unter und neben anderen zurückzutreten.

»Natürlich« erscheinen zunächst die elementaren Orientierungsformen in Raum und Zeit. Die Zeit wird als zyklische dargestellt, die dem Rhythmus der Jahreszeiten oder des Kirchenjahres folgt: die lange Zeit des Bildungsganges, den Heinrich durchläuft, wird in fast monotoner Gleichförmigkeit vom jahreszeitlichen Wechsel bestimmt; noch in der Mikrostruktur des Tages regiert die zyklische Wiederkehr immer gleicher Gewohnheiten und Rituale, deren minutiöse Beschreibung den Unmut mancher Leser bewirkt haben mag. Die temporale Ordnungsform natürlicher Wiederkehr oder Zyklik bestimmt aber nicht allein den Ablauf der Lebenszeit; sie prägt in Stifters Roman auch die Art und Weise, in der historische Prozesse zur Sprache kommen. Auch Geschichte, im Roman zumeist Kunstgeschichte oder Kulturhistorie, unterliegt dem quasinatürlichen Gesetz zyklischer Wiederkehr, die ihr Paradigma in organischen Verlaufsformen hat.

»Natürliche« Anschauungsformen bestimmen in Stifters poetischem Universum aber nicht allein die Folge der Zeit; sie strukturieren auch die Wahrnehmung des Raums. Die topologische, d. h. eben raumordnende Anschauung, die bei Stifter vorherrscht, ist die Linie der Vertikalität, die Opposition von »oben« und »unten«, »hoch« und »tief«. Daneben spielt noch, in freilich geringerem Maße, der Kontrast von »innen« und »außen«, von »Zentrum« und »Peripherie« eine sinnstiftende Rolle. Das vertikale Modell erlaubt es Stifter, im wesentlichen drei Räume zu differenzieren, die alle in bestimmter Weise semantisiert werden: einen »Raum des Oben«, das Hochgebirge der Alpen – einen »Raum des Unten«, die Großstadt in der Ebene – einen »Raum der Mitte«, die Landgüter (zwischen Stadt und Gebirge). Die natürliche Anschauungsform der Vertikalität wird auf diese Weise zum Träger distinkter Sinnzuweisungen: »unten« – das ist die im ganzen negativ bewertete Großstadt; »oben« – das ist die ganz fremde, teils bedrohliche, teils bergende, unbedingte, extreme, transhumane Natur; »die Mitte« – das ist der dem Menschen angemessene ideale Lebensraum einer maßvoll kultivierten, schönen Natur – ohne die Fremdheit der Höhe einerseits, ohne die zerstörenden Kräfte der Tiefe andererseits.

Die »große Stadt« erscheint in Stifters Prosa als ein Raum, den man besser meidet, da er elementare Naturbegegnungen unmöglich macht, anonyme Kommunikation erzwingt, die Sitten verdirbt – und einfach ›ungesund‹ ist.

Auch sein Gegenpol, die Gipfelregion der Alpen, wird nicht als Raum inszeniert, der dem Menschen »Heimat« sein könnte. Die extreme Natur steht dem Menschen nicht beliebig zu Diensten; sie besitzt vielmehr ein unbedingtes Eigen-Sein, das der Mensch hinnehmen und respektieren muß. In einem schönen Essay mit dem Titel ›Die Alpen‹ hat der Kulturphilosoph Georg Simmel diese Dimension des Hochgebirges so charakterisiert:

> Das Firnrevier ist sozusagen die absolut »unhistorische« Landschaft; hier, wo nicht einmal Sommer und Winter das Bild wandeln, sind die Assoziationen mit dem werdenden und vergehenden Menschenschicksal abgebrochen, die alle anderen Landschaften in irgendeinem Maße begleiten. Das seelische Bild unserer Umgebung färbt sonst durchweg von der Form des seelischen Daseins ab; nur in der Zeitlosigkeit der Firnlandschaft findet diese Erstreckung des Lebens keinen Ansatz.[116]

Das Hochgebirge erscheint daher bei Stifter als Symbol einer vollkommenen Autonomie der Natur, die Staunen und Bewunderung, Demut und Achtung hervorrufen soll. Tritt zu diesem unbedingten Respekt noch eine aus geduldiger Beobachtung erwachsende Kenntnis der Natur, dann darf das Subjekt es wagen, in die Region der Gipfel vorzudringen – nicht als Erobernder, sondern als

Staunender, der das Seiende läßt, wie es ist. Zu den erzählerisch eindringlichsten Passagen des Romans gehört die Beschreibung von Heinrichs Bergbesteigung im Winter in Begleitung eines einheimischen Führers.

> Während wir standen und sprachen, fing sich an einer Stelle der Nebel im Osten zu lichten an, die Schneefelder verfärbten sich zu einer schöneren und anmutigeren Farbe, als das Bleigrau war, mit dem sie bisher bedeckt gewesen waren, und in der lichten Stelle des Nebels begann ein Punkt zu glühen, der immer größer wurde und endlich in der Größe eines Tellers schweben blieb, zwar trübrot, aber so innig glimmend wie der feurigste Rubin. Die Sonne war es, die die niederen Berge überwunden hatte und den Nebel durchbrannte. Immer rötlicher wurde der Schnee, immer deutlicher, fast grünlich sein Schatten, die hohen Felsen zu unserer Rechten, die im Westen standen, spürten auch die sich nähernde Leuchte und röteten sich. Sonst war nichts zu sehen als der ungeheure dunkle, ganz heitere Himmel über uns, und in der einfachen großen Fläche, die die Natur hierhergelegt hatte, standen nur die zwei Menschen, die da winzig genug sein mußten. Der Nebel fing endlich an seiner äußersten Grenze zu leuchten an wie geschmolzenes Metall, der Himmel lichtete sich, und die Sonne quoll wie blitzendes Erz aus ihrer Umhüllung empor. Die Lichter schossen plötzlich über den Schnee zu unseren Füßen und fingen sich an den Felsen.[117]

Die extreme Natur ist keine Idylle. Wir wissen aus anderen Texten Stifters, wie unbarmherzig, oder besser unbeteiligt die natürlichen Ordnungen sich durchsetzen, auch über Menschen hinweg, wenn sie in ihr Schicksal sich nicht fügen. Die Natur kennt Katastrophen, die man hinnehmen und ertragen muß: Gewitter und Überschwemmungen, gigantische Schneefälle und Lawinen, aber auch Krankheit und Tod. Achtet man aber ihre Rhythmen und Abläufe, bemüht sich um ihre Kenntnis und begegnet ihr »schonend«, dann eröffnet sich ein Raum gelingender Kultivierung, der dem Ideal vollendeter Harmonie von menschlichem Bedürfnis und natürlicher Ordnung nahekommt. Dieser Raum erscheint in Stifters Roman als Welt der Landgüter zwischen Stadt und Gebirge. Er bildet die Synthese von Natur und Kultur im Garten, ganz dem Rhythmus der Natur unterworfen, aber doch vom Menschen kundig und behutsam geformt. Die gärtnerischen Grundsätze Risachs, von dem es heißt, daß er mit seiner Umgebung ganz eins geworden sei, werden im ersten Buch des Romans über dreißig Seiten hinweg detailliert beschrieben. Intensives Naturstudium hat Risach dazu befähigt, alle natürlichen Gegebenheiten so auszunutzen, daß in seinem gehegten Biotop ein Zusammenhang von metereologischen Bedingungen, Bodenbeschaffenheiten, den Eigenheiten der Pflanzen und Tiere möglich geworden ist, der buchstäblich als Paradies erscheint.

Der kultivierte Garten ist in Stifters ›Nachsommer‹ jener mittlere Raum, in dem sich menschliches Leben im Gleichtakt mit seiner natürlichen Umwelt harmonisch entwickeln kann. Risachs Garten ist daher ein Modell für eine Lebensform, die als vorbildlich hingestellt wird. Diese Modellfunktion tangiert aber die Natürlichkeit der schönen Natur des Gartens. Denn Stifter hat die Neigung, das »ökologische« Modell als Sozialmodell auszugeben und seine Leser zu der Einsicht zu drängen, daß es um die Gesellschaft besser stünde, wenn sich ihre Mitglieder – in der Art der Wesen in Risachs Garten – wechselseitig zum Wohle des Ganzen ergänzten, Fehler kompensierten und Vorzüge gemeinsam zur Geltung brächten, aber auch besser stünde, wenn »Müßiggänger und Störenfriede« beseitigt wären.

Daß auch unnütze Glieder herbeikommen, Müßiggänger, Störenfriede, das begreift sich. Ein großer Händelmacher ist der Sperling. Er geht in fremde Wohnungen, balgt sich mit Freund und Feind, ist zudringlich zu unsern Sämereien und Kirschen. Wenn die Gesellschaft nicht groß ist, lasse ich sie gelten und streue ihnen sogar Getreide. Sollten sie hier aber doch zu viel werden, so hilft die Windbüchse, und sie werden in den Meierhof hinabgescheucht. Als einen bösen Feind zeigte sich der Rotschwanz. Er flog zu dem Bienenhause und schnappte die Tierchen weg. Da half nichts, als ihn ohne Gnade mit der Windbüchse zu töten. Wir ließen beinahe in Ordnung Wache halten und die Verfolgung fortsetzen, bis dieses Geschlecht ausblieb.[118]

Kunst

Ist der »Garten« in Stifters Roman Inbegriff natürlicher Heimat des Menschen, so ist das Museum, die Kunst- oder Antiquitätensammlung, die ausgezeichnete Existenzform der Kunst. Der hegenden

Sorgfalt des Gärtners entspricht die bewahrende, restaurierende Sorgfalt des Kenners und Liebhabers. Risach und Mathilde haben Teile ihrer schloßähnlichen Landhäuser als Privatmuseen hergerichtet; kostbare Sammlungen besitzt auch Heinrichs Vater; ihre Schilderung füllt viele Seiten des Romans. Diese museale Existenzweise der Kunst gründet in der Überzeugung Stifters von dem unbedingten Vorrang der alten, religiös oder kultisch gebundenen Kultur. Ist aber die eigentliche und gültige Kunst schon in den Arbeiten der noch gläubigen Vorwelt niedergelegt, dann bleibt den Nachfahren in erster Linie die Aufgabe des Sammelns, Schützens und Wiederherstellens. Die Restauration von Gebäuden, Kirchen zumal, Altären, Statuen, Inneneinrichtungen ist daher neben der Gärtnerei die andere große Lebensaufgabe Risachs.

Das markanteste Exemplum dieser restaurierenden Hingabe an die alte Kunst ist die Herrichtung einer vielbewunderten antiken weiblichen Marmorstatue in Risachs Haus. Diese hatte der Freiherr auf einem italienischen Jahrmarkt zufällig entdeckt; sie war unter einem Gipsüberzug verborgen und so in ihrem Wert unerkannt geblieben.

> Durch den Gips war der Marmor vor den Unbilden folgender Zeiten geschützt worden, daß er nicht das trübe Wasser der Erde oder sonstige Unreinigkeiten einsaugen mußte, und er war reiner, als ich je Marmore aus der alten Zeit gesehen habe, ja er war so weiß, als sei die Gestalt vor nicht gar langer Zeit erst gemacht worden. Da aller Gips beseitigt war, wurde die Oberfläche, welche doch durch die feinsten zurückgebliebenen Teile des Überzuges rauh war, durch weiche wollene Tücher so lange geglättet, bis sich der glänzende Marmor zeigte und durch Licht und Schatten die feinste und zartest empfundene Schwingung sichtbar wurde. Jetzt war die Gestalt erst noch viel schöner, als sie sich in Gips dargestellt hatte, und Eustach und ich waren von Bewunderung ergriffen. Daß sie nicht aus neuer Zeit stamme, sondern dem alten Volke der Griechen angehöre, erkannten wir bald.[119]

Diese Entbergung der Schönheit des Werks aus der Hülle des unschönen Gipsüberzuges darf fast eine Allegorie der realistischen Kunstdoktrin genannt werden, hatten die Programme des Realismus ihr Zentrum doch in der Metaphorik des »Entbergens« oder »Freilegens«. In ihrer ursprünglichen Schönheit wiederhergestellt, erscheint diese Statue als künstlerischer Inbegriff weiblicher Schönheit, deren intensive Betrachtung Heinrich Drendorf nicht allein das Wesen der antiken Kunst – ihre »Einfachheit und Reinheit«, ihre »Ruhe und Größe«, wie es klassizistisch heißt[120] – erschließt, sondern die ihm auch zum Spiegel der geliebten Natalie wird.

Gibt die Natur einen Ordnungsrahmen vor, in den der Mensch sich einfügen muß, will er sein Leben nicht verfehlen, so enthält die große Kunst der Vergangenheit jene geschmacksprägenden Vorbilder, denen zu folgen einer kunstsinnigen Nachwelt aufgegeben ist. Natur und alte Kunst stimmen darin überein, daß sie Modelle richtigen Lebens vorgeben, die in Garten und Museum zur Anschauung kommen. Die rechte Haltung des Menschen der Natur gegenüber ist daher nicht die des Technikers oder Ingenieurs, sondern die des Gärtners, die rechte Haltung der Kunst gegenüber daher die des Restaurators und nicht die des genialen Schöpfers, der Eigenes aussagen und den Kreis des Überlieferten sprengen will. So wie der Mensch in die natürliche Ordnung des Seienden demütig zurücktreten soll, so soll er auf die Emphase des schöpferischen Subjekts verzichten und sich vor allem als Erneuerer oder Vollender des Alten verstehen.

Dieser unbedingte Vorrang der Tradition hat zur Folge, daß die einzige Person im Roman, die sich als »Künstler« im modernen Sinn, d. h. als Produzent von neuen, überraschenden Werken versteht, kritisch, zumindest außerordentlich ambivalent gesehen wird. Es handelt sich um Roland, den Bruder des bei Risach angestellten Kunsthandwerkers Eustach. Daß dieser Künstler Roland heißt, erscheint kein Zufall: der bekannteste Träger dieses Namens ist der »Orlando furioso«, der »rasende Roland«, in dem gleichnamigen Epos des italienischen Dichters Ariost aus dem Jahre 1516. Diesen trieb eine leidenschaftliche Liebe in die Raserei – und Züge des Leidenschaftlichen, Unbedingt-Subjektiven, betont Emotionalen sind es auch, die den Roland in Stifters Roman kennzeichnen und gegenüber der vollkommenen Gleichmütigkeit und Beherrschtheit der Nachsommerwelt in ein ungünstiges Licht bringen, ihn zum Exzentriker stempeln, dessen Schicksal – seine Jugend wird halb entschuldigend und erklärend angeführt – noch offen ist. Roland wird als »feuriger Mann« mit »heftigem Begehren« geschildert[121] – und diese Betonung des Affekts, dieses Übergewicht des Wollens prägt auch seine Malerei; sie will »Ich-Expression«, statt sich in die verpflichtende Ordnung der Überlieferung zu fügen.

Für den eigentlich schöpferischen Menschen ist daher in der Nachsommerwelt kein Platz; seine Subjektivität gilt vielmehr als latente Bedrohung der musealen Verehrung des Alten. Während der »rasende Roland« ohne gültiges Werk, mit unklaren Perspektiven, auf der Strecke bleibt, erfüllt sich Heinrichs künstlerische Ambition am Ende glücklich; er, der wohl mimetische Naturstudien und Kopien von Kunstwerken anfertigte, entdeckt auf einer seiner vielen Reisen eine ebenso alte wie kostbare Holzverkleidung für eine Fensternische, von der wichtige Teile verlorengingen. Als Heinrichs intensive Suche nach diesen Teilen ohne Erfolg bleibt, rekonstruiert Risachs Kunstwerkstätte das Fehlende nach Heinrichs Entwurf, und aus Anlaß der Hochzeit erhält der alte Drendorf diese Rekonstruktion zum Geschenk.

Noch ein anderes Motiv scheint zu dieser Verwerfung der ästhetischen Subjektivität zu passen: die im Roman, aber bei Stifter auch sonst auffällige Betonung von Rahmen und Fassungen; das gerahmte Bild und der schön gefaßte Edelstein bilden rekurrente Themen der Kunstkonversation. Rahmen und Fassungen dürfen gleichsam buchstäblich genommen werden: sie umgrenzen das Schöne, sie stellen es in eine Ordnung, ja sie disziplinieren es, indem sie dem aller Schönheit und Kunst eigenen Zug ins Maßlose, E-Norme, auch Verführerische – Konvention, Norm und Maß entgegenstellen.

Diese Betonung des Ordnungsrahmens, in dem allein das Schöne anwesend sein darf, weist schließlich auf den letzten Sinn der Kunst im ›Nachsommer‹: Nicht um die Werke geht es eigentlich, sondern um das Einüben einer Lebensform im bewahrenden, konservierenden Umgang mit ihnen. An ihnen soll jenes Maß, jene Disziplin, jene schöne Ordnung ablesbar sein und in eine Haltung der Lebenden – eine »Lebenskunst« – umgesetzt werden, die einer maßlosen, subjektiv aufgeregten Moderne abhanden gekommen sei. »Die Restauration der Kunst«, so Heinz Schlaffer, »ist der Anfang einer ästhetischen Ordnung der Welt.«[122]

Liebe

Die gepflegten Gärten und schönen Museen sind zugleich Ort der Familie. Die Familie aber ist der Ort leidenschaftsloser Liebe. Stört das Maßlose die Ordnungen der Natur und der Kunst, so richtet es Menschen zugrunde und gefährdet das Glück der Liebenden. Dies ist die Lehre jenes Rückblickes, mit dem Risach Heinrich über seine Jugendliebe ins Bild setzt. Als junger Hauslehrer hatte er Mathilde, eine Tochter reicher Eltern, kennen- und liebengelernt. Sie erwidert seine Neigung und es kommt zu einer Reihe heimlicher Begegnungen. Mit einer für Stifter ganz ungewöhnlichen Deutlichkeit kommen die erotische Erregung, das heftige Begehren, die feurigen Liebesschwüre zur Sprache; etwa so:

> Da flog sie auf mich zu, drückte die sanften Lippen auf meinen Mund und schlang die jungen Arme um meinen Nacken. Ich erfaßte sie auch und drückte die schlanke Gestalt so heftig an mich, daß ich meinte, sie nicht loslassen zu können. Sie zitterte in meinen Armen und seufzte.[123]

Risachs Tugend veranlaßt ihn aber schließlich, sich Mathildes Mutter zu offenbaren. Die Eltern verlangen daraufhin von beiden die Trennung; sie seien noch zu jung, um den Ernst einer wirklichen Bindung recht ermessen zu können. Während sich Risach der Autorität unterwirft – »der Wille der Eltern ist das Gesetz der Kinder«[124] –, besteht Mathilde auf der Unbedingtheit ihres Gefühls, das sie von dem Geliebten verraten glaubt. In leidenschaftlicher Rede macht sie ihrem Herzen Luft:

> Sie ging einige Schritte von mir weg, kniete, gegen die Rosen, die an dem Gartenhause blühten, gewendet, in das Gras nieder, schlug die beiden Hände zusammen und rief unter strömenden Tränen: »Hört es, ihr tausend Blumen, die herabschauten, als er diese Lippen küßte, höre es, du Weinlaub, das den flüsternden Schwur der ewigen Treue vernommen hat, ich habe ihn geliebt, wie es mit keiner Zunge, in keiner Sprache ausgesprochen werden kann. Dieses Herz ist jung an Jahren, aber es ist reich an Großmut; alles, was in ihm lebte, habe ich dem Geliebten hingegeben, es war kein Gedanke in mir als er, das ganze künftige Leben, das noch viele Jahre umfassen konnte, hätte ich wie einen Hauch für ihn hingeopfert, jeden Tropfen Blut

hätte ich langsam aus den Adern fließen und jede Faser aus dem Leibe ziehen lassen – und ich hätte gejauchzt dazu. Ich habe gemeint, daß er das weiß, weil ich gemeint habe, daß er es auch tun würde. Und nun führt er mich heraus, um mir zu sagen, was er sagte. Wären was immer für Schmerzen von außen gekommen, was immer für Kämpfe, Anstrengungen und Erduldungen; ich hätte sie ertragen, aber nun er – er –! Er macht es unmöglich für alle Zeiten, daß ich ihm noch angehören kann, weil er den Zauber zerstört hat, der alles band, den Zauber, der ein unzerreißbares Aneinanderhalten in die Jahre der Zukunft und in die Ewigkeit malte.« – Ich ging zu ihr hinzu, um sie emporzuheben. Ich ergriff ihre Hand. Ihre Hand war wie Glut. Sie stand auf, entzog mir die Hand und ging gegen das Gartenhaus, an dem die Rosen blühten.[125]

Dieses ist die wohl »maßloseste« Rede der Leidenschaft, die sich in Stifters Werk findet. Es ist nun die Absicht des Erzählers Risach, sein Lebensschicksal – den Verlust der geliebten Freundin, dann eine Ehe ohne alle Neigung sowie Entsagung und Verzicht – als notwendige Konsequenz der »ausschweifenden« Jugendaffäre hinzustellen.[126] Die emotionale Unbeherrschtheit, die losgelassenen, einem »Gewitter«[127] gleichgestellten Leidenschaften sollen als Kräfte erscheinen, die nicht binden, sondern zerstören. Beide – Risach und Mathilde – haben für ihre Verfehlung gesühnt und finden so zu einem, freilich melancholisch-resignierten »Nachsommer« ihrer Liebe, als alt und weise Gewordene, die die Jungen nun vor ähnlichen Unbedachtheiten behüten wollen. In der Beziehung zwischen Heinrich und Natalie, die allmählich und stetig wächst, keine Ausbrüche irgendwelcher Passionen kennt und alles Erotische meidet, sehen sie gewissermaßen jenes Glück gegenwärtig, das ihnen selbst hätte beschieden sein können, wären sie maßvoller gewesen. Sie liebten jedoch die Rosen, während Heinrich und Natalie in ihrer Neigung zum Marmor übereinstimmen. Auch der alte Drendorf lobt das Maß des jungen Paares:

> Eure Neigung ist nicht schnell entstanden, sondern hat sich vorbereitet, du hast sie überwinden wollen, du hast nichts gesagt, du hast uns von Natalien wenig erzählt, also ist es kein hastiges, fortreißendes Verlangen, welches dich erfaßt hat, sondern eine auf dem Grunde der Hochachtung beruhende Zuneigung.[128]

Der Kontrast zu dem Verhalten Risachs und Mathilde wird aber nirgends deutlicher als in jener Szene, in der sich Heinrich und Natalie ihre Liebe gestehen; der unvermeidliche Kuß, den sie sich geben, ist gleichsam »geadelt« durch das Eheversprechen, das er bedeutet.

»O meine geliebte, meine teure, ewig mir gehörende Natalie!« – »Mein einziger, mein unvergeßlicher Freund!« – Ich war von Empfindung überwältigt, ich zog sie näher an mich und neigte mein Angesicht zu ihrem. Sie wendete ihr Haupt herüber und gab mit Güte ihre schönen Lippen meinem Munde, um den Kuß zu empfangen, den ich bot. »Ewig für dich allein«, sagte ich. – »Ewig für dich allein«, sagte sie leise.[129]

Man glaubt es Heinrich, wenn er später seiner auf die verehrte Natalie vielleicht ein wenig eifersüchtigen Schwester Klothilde versichert, daß er sie ebenso liebe wie jene.[130] Die Gefühle, die Heinrich für Natalie hegt, die durch Natur- und Kunststudien zu Maß und Form gefunden haben, erscheinen wahrhaftig quasigeschwisterlich, ethisch gebunden, auf ihre Erfüllung in der familiären Ordnung hin angelegt und diszipliniert. So endet der Roman mit einer Apotheose der Familie. Die Eltern Drendorf, Risach und Mathilde, Heinrich und Natalie, schließlich ihre Geschwister Klothilde und Gustav, die auch ein Ehepaar abgeben könnten, treffen zur Hochzeit zusammen, überhäufen sich mit erlesenen Geschenken – man darf ja nicht vergessen, daß alle steinreich sind – und feiern den familiären Bund.

Stifter hat die breit ausgemalte Hochzeitsszene nicht so distanziert geschildert wie die meisten anderen Szenen seines Romans. Er hat vielmehr versucht, diesen Triumph der Familie so zu inszenieren, daß seine Leserinnen und Leser gerührt werden. Während ihm der Diskurs des Gefühls fast überall verdächtig, weil schwer kontrollierbar scheint, kommt er im Schutz der Familie endlich zu seinem Recht. Szenen wie die folgende wäre man geneigt, kitschig zu nennen, wenn die rührenden Passagen nicht von einer merkwürdig steifen, förmlichen, ja ritualisierten Sprache wieder gebunden erschienen:

»Meine teure, meine einzige Natalie«, sagte ich. – »O mein geliebter, mein teurer Gatte«, antwortete sie, »dieses Herz gehört nun ewig dir, habe Nachsicht mit seinen Gebrechen und seiner Schwäche.« – »O mein teures Weib«, entgegnete ich, »ich werde dich ohne Ende ehren und lieben, wie ich dich heute ehre und liebe. Habe auch du Geduld mit mir.« – »O Heinrich, du bist ja so gut«, antwortete sie. – »Natalie, ich werde suchen, jeden Fehler dir zuliebe abzulegen«, erwiderte ich, »und bis dahin werde ich jeden so verhüllen, daß er dich nicht verwunde.« – »Und ich werde bestrebt sein, dich nie zu kränken«, antwortete sie. – »Alles wird gut werden«, sagte ich. – »Es wird alles gut werden, wie unser zweiter Vater gesagt hat«, antwortete sie.[131]

Bildung

In welchem Sinn kann Stifters ›Nachsommer‹ nun ein »Bildungsroman« genannt werden? Wir haben gesehen, daß die drei zentralen Bildungsmedien – Natur, Kunst und Liebe – auch diesen Roman insgesamt strukturieren und seine großen Themen bilden. Ihre Semantik ist freilich gegenüber der Tradition, die im ›Grünen Heinrich‹ Kellers noch einmal aufgenommen und destruiert, die in ›Soll und Haben‹ den Maßstäben bürgerlicher Normalitätsideale angeglichen wurde, völlig verändert: Die als Garten gehegte Natur, die im Museum konservierte Kunst und die zur Ehe gemäßigte Liebe fungieren in Stifters Werk als Formen einer unbedingten Ordnung des Seins, die alles bloß subjektive Wollen, alles individuelle Begehren wesenlos erscheinen lassen soll. Im Garten, im Museum, in der Ehe wird das Subjekt buchstäblich »zur Ordnung« gerufen. Ihrer Autorität gegenüber verblassen alle Absichten und Wünsche, soweit sie sich ihr nicht fügen. Die Emphase des Subjektiven und Genialen wird im Roman als Ausdruck mangelnder »Reife«, als Naivität ausgegeben. So sagt Risach einmal zu Heinrich:

»Wenn wir nur in uns selber in Ordnung wären, dann würden wir viel mehr Freude an den Dingen dieser Erde haben. Aber wenn ein Übermaß von Wünschen und Begehrungen in uns ist, so hören wir nur diese immer an und vermögen nicht die Unschuld der Dinge außer uns zu fassen. Leider heißen wir sie wichtig, wenn sie Gegenstände unserer Leidenschaften sind, und unwichtig, wenn sie zu diesen in keinen Beziehungen stehen, während es doch oft umgekehrt sein kann.« – Ich verstand dieses Wort damals noch nicht so ganz genau, ich war noch zu jung und hörte selber oft nur mein eigenes Innere reden, nicht die Dinge um mich.[132]

Der Appell der »Dinge« bremst aber den Drang der Subjektivität. »Bildung« ist in Stifters Roman daher alles andere als harmonischer Ausgleich von Subjekt und Objekt, Ich und Welt, wie es etwa Schiller oder Humboldt kulturphilosophisch formuliert hatten. Stifter unternimmt den angestrengten Versuch, dem Diskurs, der diese moderne Welteinstellung trägt, zu entgehen. Er verwirft daher folgerichtig in einer an Heidegger gemahnenden Art und Weise auch den »Humanismus« als Welterschließung aus der privilegierten Perspektive eines dem Sein gegenüberstehenden menschlichen Subjekts, das sich in den Medien der Bildung Welt aneignet. Heinrich Drendorf macht sich diese »nichthumanistische« Position im Laufe seiner Studien allmählich zu eigen:

> Wenn eine Geschichte des Nachdenkens und Forschens wert ist, so ist es die Geschichte der Erde, die ahnungsreichste, die reizendste, die es gibt, eine Geschichte, in welcher die der Menschen nur ein Einschiebsel ist, und wer weiß es, welch ein kleines, da sie von anderen Geschichten vielleicht höherer Wesen abgelöst werden kann. Die Quellen zu der Geschichte der Erde bewahrt sie selber wie in einem Schriftengewölbe in ihrem Innern auf, Quellen, die vielleicht in Millionen Urkunden niedergelegt sind und bei denen es nur darauf ankömmt, daß wir sie lesen lernen und sie durch Eifer und Rechthaberei nicht verfälschen.[133]

Die Ordnung der Natur, die Autorität der überlieferten Kunst und die durch Tradition legitimierten Gestalten menschlichen Zusammenlebens begründen einen Ordnungsrahmen, den der einzelne anerkennen muß, will er den Sinn seines Lebens nicht verfehlen. Von »Bildung« kann daher allein als »Anerkennung« gesprochen werden: Der »gebildete« Mensch hat sich vom Appell des Seins anrufen und in die Pflicht nehmen zu lassen. Der Sinn der menschlichen Existenz gründet für Stifter daher nicht auf Werten wie »Selbstverwirklichung«, »Freiheit der Person« oder gar »Emanzipation« – Werte, die dem Diskurs des Humanismus angehören. Der Sinn der Existenz liegt vielmehr im gehorsamen Hören auf die Ordnungsrufe des Seins, das dem Menschen als Natur und als (Kultur-)Tradition entgegentritt. Und deren Feier in schönen Werken ist einzige Aufgabe des Dichters und Künstlers.

Es liegt nahe, die Position Stifters konservativ zu nennen. Denn sie ist das Ergebnis seiner Erfahrung und Bewertung der Revolution von 1848, die er gleichsam als Konsequenz des Humanismus, der modernen Welteinstellung begriffen hat, die nur gelten lasse, was der Kritik des sich mündig dünkenden Subjekts standhalte.[134] Das moderne Projekt, die Welt nach Maßgabe subjektiv-vernünftiger Pläne und Utopien verändern zu wollen, sah Stifter in totalem Chaos, in der Zerstörung aller schönen Ordnung enden. Allein der Rückgriff auf ein vormodernes Kosmosdenken, das die Aktivität des planenden und handelnden Menschen begrenze und ihn zur Anerkennung der Nichtverfügbarkeit des Seienden bewege, galt ihm als »Heilmittel« gegen die Katastrophen im Gefolge losgelassener Subjektivität. Nur diese Überzeugung erklärt jene seitenlangen Beschwörungen von Ordnung noch im Bereich banalster Verrichtungen des Alltags. Der Ablauf des Tages, der Rhythmus von Arbeit und Muße: Alles ist dem Subjekt quasi rituell vorgeschrieben, nichts soll sich seiner Laune, einem plötzlichen Impuls, dem überraschenden Einfall irgendeiner Spontaneität verdanken.

Ohne solche »Fassungen«, ohne derartige »Rahmen«, die aus der Nachsommerwelt jede Überraschungsmöglichkeit tilgen, sie in der Folge ihrer Ereignisse vielmehr erwartbar, weil rituell vorherbestimmt werden lassen und damit die übliche Leseerfahrung der »langen-Weile« provozieren – ohne solche »Fassungen« und »Rahmen« schien Stifter Subjektivität zu riskant. Er wollte einer als »Chaos« erfahrenen Gegenwart noch einmal das Bild einer transsubjektiven, schönen Ordnung entgegenhalten. Vielleicht erhoffte er, daß die »unglaubliche Gewalt der Worte«[135] – jene Ordnung wieder in Kraft setzen und die Gebrechen der Zeit beheben könnte. Stifter betrieb ja zeitweilig aktive Bildungspolitik und sah in erster Linie die Schule als Institution einer gegenmodernen »Erneuerung« an, die zum guten Alten zurückführen sollte. Doch er resignierte rasch und machte sich über die Wirkung seiner Bemühungen und literarischen Arbeiten keine Illusionen. Er hielt sich ja selbst für den einzigen Leser seines ›Nachsommers‹. Freilich hat sich dann im Laufe der Zeit eine Stiftergemeinde gesammelt, die das Weltbild seiner Werke hochhielt und sich dem Autor allein im Ton feierlicher Andacht näherte. Eine große Zahl der über Stifter geschriebenen Literatur ist von dieser verehrenden Attitüde bestimmt worden. Stifters Ordnungsdenken ist es jedoch wie allen Versuchen gegangen, die im Horizont der modernen Welt universale Sinnstiftungen durchsetzen wollten: Nur für den Überzeugten mag sich die Lage so darstellen, als gebe es zu seiner Haltung keine sinnvolle Alternative. Stifters ein wenig zwanghaftes Weltbild ist daher in die Proportion einer Meinung neben anderen Meinungen über die Welt geschrumpft. Über den Charakter des Seins, das er in seiner Sprache – fast magisch – beschwören wollte, kann man anderer Auffassung sein.

So stellt sich uns heute Stifters Dichtung einzig noch als Sprachereignis dar; wir lesen seine Prosa – soweit wir nicht zu der kleiner gewordenen Schar seiner Gemeinde zählen –, nicht um uns über die Welt zu informieren oder gar um Lebensweisheiten oder moralische Maximen zu gewinnen, sondern als ein im Binnenraum poetischen Sprechens verbleibendes Artefakt, das uns durch seine spezifisch stilistischen Mittel – gerade auch durch das Verfahren fast serieller Anordnung und genau kalkulierter Wiederholung des semantischen Materials – beeindrucken mag. Stifter glaubte, in der poetischen Sprache das Reale zu repräsentieren; wie kein anderer Dichter des 19. Jahrhunderts war er davon überzeugt, daß Worte Dinge zeigen. Dieser Hyperrealismus seiner poetischen Position ist – ironischerweise – die Ursache, daß man seine hochstilisierte Prosa heute eher dem Ästhetizismus zurechnet, also einer literarischen Tendenz, die das poetische Wort von allem Weltbezug befreit hat. Stifter wollte die Sprache des Seins – seine Dichtung hat dagegen das Sein der Sprache in den Blick treten lassen.

Friedrich Hebbel, sein schärfster Kritiker, hat diesen Selbstbezug der Sprache, dieses Reflexivwerden des Schreibprozesses im ›Nachsommer‹ erahnt; er meinte allerdings Stifter zu vernichten, als er am Ende seiner Rezension des Romans schrieb:

> Es fehlt nur noch die Betrachtung der Wörter, womit man schildert, und die Schilderung der Hand, womit man diese Betrachtung niederschreibt. ⟨...⟩[136]

4. Wilhelm Raabe: Das Zerschreiben der Bildung

Unter Wilhelm Raabes Erzählwerken folgt in besonderer Eindeutigkeit ›Der Hungerpastor‹ dem Schema des Bildungsromans. Dieser Roman erschien 1864, also etwa neun Jahre nach der Publikation von Freytags und Kellers »Bildungsromanen«. Parallelen zu ›Soll und Haben‹ sind, etwa im Blick auf die Personenkonstellation und die Konfliktlinien, offenkundig und von den Zeitgenossen auch vermerkt worden.[137] Aber auch Motivähnlichkeiten mit dem ›Grünen Heinrich‹ sind kaum von der Hand zu weisen und werden noch zur Sprache kommen. Gleichwohl erschöpft sich die Bedeutung des ›Hungerpastors‹ nicht in der Variierung zeitgenössischer Topoi der realistischen Erzählliteratur, sondern Raabe inszeniert eine andere Möglichkeit, mit der gattungsprägenden Leitdifferenz »Ich/Welt« an ein Ende zu kommen. Weder läßt er wie Keller das Ideal der »welthaltigen, gebildeten Person« als Versöhnung der Differenz an seinen internen Unstimmigkeiten scheitern, noch setzt er es wie Freytag mit dem Status quo bürgerlicher Normalität gleich oder höhlt es wie Stifter »ästhetizistisch« aus; Raabe marginalisiert die Möglichkeit »gebildeter«, mit der Welt harmonisch vermittelter Subjektivität; er »entrückt« sie dem undurchsichtigen Treiben der modernen, zumal großstädtischen Lebenswirklichkeit und plaziert sie in der Weltferne eines kaum erreichbaren Refugiums, an einer »grünen Stelle«, wie Friedrich Theodor Vischer gesagt hätte. Daß die Überzeugungskraft dieser Rettung der Bildungsidee qua »Marginalisierung« wenig überzeugend war, hat Raabe selbst in seinen späteren Erzählwerken schneidend zum Ausdruck gebracht.[138]

Der Roman ›Der Hungerpastor‹ erzählt in drei Bänden die Geschichte des Hans Unwirsch, die in die erste Hälfte des 19. Jahrhunderts fällt. Dabei läßt Raabe einzelne historische Ereignisse wie etwa die Julirevolution 1830 – nicht aber die 48er-Revolution – als hintergründiges Geschehen sehr genau greifbar werden. Hans Unwirsch wird als einziger Sohn eines armen, aber bildungsbeflissenen und poetisch dilettierenden Schusters in einer Kleinstadt 1819 geboren. Nach dem Tode des Vaters, dessen idealisiertes Bild Hans' weiteres Leben orientieren wird, bleibt seine Erziehung seiner zwar herzensguten, nicht aber eben gebildeten oder weltoffenen Mutter und zwei kauzigen Verwandten überlassen. Entlehnt aus Freytags ›Soll und Haben‹ ist die kontrastierende Spiegelung dieses Lebensganges in der Geschichte eines jüdischen Nachbarjungen und Spielkameraden – Moses Freudenstein –, der als Sohn eines von seiner Umgebung für arm gehaltenen Trödlers heranwächst. Dessen bizarrer Trödelladen mit seinem exotischen Krimskrams bietet dem träumerischen Sinn und der blühenden Einbildungskraft des Hans Unwirsch ein faszinierendes Refugium, das ihn immer wieder für Stunden der Enge und Kargheit seiner prosaischen Lebensbedingungen im Hause der Mutter entkommen läßt. Nachdem er die Armenschule durchlaufen hat, erreicht Hans die Erlaubnis zum Besuch des Gymnasiums, das er an der Seite von Moses erfolgreich absolviert. Schon in diesen Schuljahren konturiert sich der charakterliche Gegensatz der Freunde: Während Moses als kalter Pragmatiker erscheint, der den Anforderungen der Schule vollendet, aber innerlich teilnahmslos nachkommt, läßt sich Hans Unwirschs schweifende Phantasie, seine Tagträumerei, immer wieder von den Stoffen der Schullektüre gefangennehmen und ablenken. Nach dem Abitur besuchen die Freunde die Universität, Moses inzwischen als wohlhabender Mann, denn der alte Trödler hatte für seinen Sohn, in dessen akademischer Karriere er das Ziel seiner Wünsche erblickte, viel Geld zurückgelegt. Die plötzlich aufbrechende berechnende Geldgier, der schnöde Materialismus seines Sohnes brechen ihm jedoch das Herz. Die Universitätsjahre lassen den Gegensatz der beiden noch schärfer hervortreten. Hans, der Theologiestudent, ist ein romantischer Schwärmer, eine »schöne Seele«, ein Naturenthusiast; Moses, der Philosophie studiert, ist »Realist« und sarkastischer Spötter. Nach seiner erfolgreichen Promotion unternimmt er eine »Bildungsreise« in die große Welt, nach Paris, während Hans noch vor Abschluß seines Examens zu seiner sterbenden Mutter gerufen wird. Auf der Heimreise begegnet ihm in einem Gasthof ein älterer Offizier, Rudolf Götz, der seine Nichte Franziska gerade von Paris nach Deutschland zurückgeholt hat. Hans erfährt, daß Franziska in Paris eine fragwürdige Begegnung mit Moses gehabt haben muß. Leid und schließlicher Tod der Mutter konfrontieren Hans mit der Abgründigkeit des Lebens in der Welt, sie lassen aber auch seinen Sinn für die harten Gegebenheiten des Realen wachsen.

Nach bestandenem theologischem Examen schlägt er sich als Hauslehrer durch und lernt bei einem Industriellen die beklagenswerten Lebensumstände des Landproletariats in den vierziger Jahren kennen; er ergreift, als es zu Hungerrevolten kommt, entschieden Partei, verliert seine Position und empfindet sich als »Proletarier unter Proletariern«[139]. Wie der Zufall oder die Fügung es will, begegnet ihm in dieser mißlichen Lage wiederum der Leutnant Götz, der ihm eine gutdotierte Hauslehrerstelle bei seinem Bruder, einem durch Heirat reich gewordenen Berliner Justizrat vermittelt. In Berlin angelangt, trifft Hans seinen Jugendfreund Moses wieder, der zum katholischen Glauben konvertiert ist, nun Dr. Theophile Stein heißt, Star der Künstler- und Intellektuellenszene ist und auf eine steile Karriere als Universitätsprofessor und Publizist hoffen darf. Wiewohl Hans das großspurige Gehabe seines Freundes befremdet, bleibt er ihm zunächst in naiver Ahnungslosigkeit loyal verbunden. Im Hause des Justizrates Götz lernt er dann aus seiner subalternen Stellung heraus Denkweise und Lebensart einer großbürgerlichen Familie kennen; da ist die bigotte, hysterische und herrschsüchtige Mutter, der verzogene, boshafte Sohn und die ebenso attraktive wie geistreiche Tochter Kleophea, die Hans fasziniert und aus deren Schatten die Waise Franziska in ihrer unscheinbaren Herzensgüte zunächst nicht heraustreten kann. Auf diese »Circe« Kleophea hat nun auch Moses ein Auge geworfen; er verspricht sich von einer Heirat mit der reichen Tochter aus gutem Hause Gewinn für seinen sozialen Aufstieg und verschafft sich daher mit Hilfe des Hauslehrers Zutritt zu der Familie, die er schnell für sich einzunehmen und als geistreicher Plauderer zu beeindrucken weiß. Als er dort jedoch Franziska begegnet, der er in Paris zu nahe getreten war und deren Vater er vor dessen Tode in böser Weise hintergangen hatte, kommt es zu einem Eklat: Moses' neue Identität bricht zusammen, man weist den jüdischen Parvenü aus dem Haus. Da Kleophea seinem intriganten Charme jedoch längst erlegen ist, flieht sie mit ihm nach Paris, wo sie ihn heiratet und damit für einen Skandal sorgt, von dem sich ihre Eltern nicht mehr recht erholen. Franziska ist über diese Ereignisse an Hans irregeworden; sie muß in ihm einen Kumpan des schlimmen Moses sehen und verschließt sich ihm, bis auch Hans die wahre Gesinnung seines Jugendfreundes durchschaut und sich von ihm abwendet. Der Skandal um Kleophea kostet Hans am Ende die Stelle; seine geringen Ersparnisse ermöglichen ihm vorübergehend eine »romantische« Dachkammerexistenz voller poetischer Träume, aus denen ihn dann freilich schnell die harten Realitäten der Krankheit und des Todes seiner letzten Anverwandten herausreißen. Aus dem düsteren Sinnen über die Vergeblichkeit allen Daseins in der Welt führt ihn ein gütiges Geschick in Form einer Einladung auf einen abgelegenen Gutshof an der Ostsee, wo Franziskas Onkel, Rudolf Götz, der verarmte Offizier, bei einem wohlhabenden Kameraden Unterschlupf gefunden hat. Hans lernt das karge, aber zufriedene Leben der Fischer und die Schrullen der kauzigen Offiziere samt ihres nicht weniger verschrobenen Dorfpfarrers schätzen und empfindet sich am Ziel seiner Sehnsüchte, als er Franziska aus Berlin an den Strand der Ostsee heimholen kann, wo ihm an ihrer Seite die Nachfolge des greisen Pfarrers in Aussicht gestellt ist. Am Tage ihrer Hochzeit verunglückt ein Schiff vor der Küste; unter den Geretteten findet sich Kleophea, die vor der Heimtücke und Herzlosigkeit ihres Gatten, der sich in Paris als Spitzel verdingte, nach Rußland fliehen wollte. Sie stirbt letztlich versöhnt, während Moses später in Berlin, um Ruf und Ehre gekommen, ein klägliches Ende findet.

Die Metaphorik des »Hungers«, die Raabes Roman den Titel gab, führt sogleich ins Zentrum der Geschichte. Denn der »Hunger« der Subjektivität nach »Welt« vermag als versöhnliche Aneignung, aber auch als Destruktion, als Unterwerfung der Welt unter die egoistischen Wünsche des Ich und am Ende als Selbstzerstörung ausagiert werden. Diese Zwiespältigkeit der »Hunger« genannten Ich-Welt-Spannung formulieren gleich die ersten Sätze des Romans als sein textkonstitutives Konzept:

> Vom Hunger will ich in diesem schönen Buche handeln, von dem, was er bedeutet, was er will und was er vermag. Wie er für die Welt im ganzen Schiwa und Wischnu, Zerstörer und Erhalter in einer Person ist, kann ich freilich nicht auseinandersetzen, denn das ist die Sache der Geschichte; aber schildern kann ich, wie er im einzelnen zerstörend und erhaltend wirkt und wirken wird, bis an der Welt Ende.[140]

Narrativ umgesetzt wird dieses Konzept, indem beide Möglichkeiten des »Hungers«, die versöhnliche und die destruktive, als alternative »Lebensgeschichten« der beiden Protagonisten des Romans entfaltet werden. Am Lebensweg des Hans Unwirsch soll erkennbar werden, in welcher Weise das Subjekt sich im Prozeß seiner »Bildung« mit den Gegebenheiten des Realen über Widrigkeiten und Krisen hinweg schließlich zwanglos verständigt; am Schicksal des Moses Freudenstein hingegen soll ablesbar werden, mit welchen Konsequenzen die hypertrophe Subjektivität am Ende zu rechnen hat. In dem Maße, in dem die zentralen Figuren zu Repräsentanten moralisch dichotomer Konzepte werden, kennzeichnet den Roman ein hochdidaktischer Zug.

In einer Kellers ›Grünem Heinrich‹ nicht unähnlichen Weise konfrontiert Raabe zunächst die beklagenswerten Lebensumstände des armen Schustersohnes mit der Evasionskraft seiner Imagination, die sich von aller Wirklichkeit abwendet und in Tagtraum und Phantasiegebilde einspinnt. Vor allem die Bücher des Trödelladens sind es, die seiner Einbildungskraft Nahrung geben.

> Wenn nun Moses den größten Teil dieser Bücher als unnützen Plunder verächtlich beiseite schob, so wühlte Hans mit gieriger Wonne darunter und verschlang alles durcheinander, wie es ihm in die Hände fiel. ⟨...⟩ Es gab fast keinen Tröster, über den nicht sein Geist sich aus der Gegenwart verlieren konnte, um im blauen Äther, der über den Dingen ist, träumerisch lächelnd zu schweben ⟨...⟩. Der sinnreiche Junker Don Quijote de la Mancha allein hob unsern Hans vergnügt über einen ganzen, langen Winter hinaus, und die Schillerschen und Goetheschen Dichtungen ⟨...⟩ waren imstande, alle Regentage des Lebens in ein olympisches Sprühen von Goldsonnenfunken zu verwandeln.[141]

Diese in fast Feuerbachscher Weise inszenierte Differenz von wirklichen Lebensumständen und imaginärer Kompensation wiederholt sich einige Male, so auch in dem fast grotesken Gegensatz zwischen »romantischer« Träumerei und miserabler Lebenswirklichkeit in der armseligen Berliner Dachkammer.

> Er zählte ⟨...⟩ seinen Geldvorrat nach, und allmählich dämmerte die Überzeugung in ihm, daß ein Hauptflügel seines Luftschlosses dem Einsturz nahe sei und daß dem Fundament des Gebäudes gar nicht recht zu trauen sei.[142]

Fatale Realität und weltlose Imagination, häßliche Wirklichkeit und schöne Träumerei scheinen sich schroff und kaum vermittelbar gegenüberzustehen. Der ›Hungerpastor‹ wäre aber kein »realistischer« Bildungsroman, wenn er es bei dieser Konfrontation von »Ideal« und »Leben« beließe. Sie erscheint vielmehr als vorläufig, als überwindbare »Krise« eines ganz anders gerichteten Lebensweges. Denn über diesem Leben waltet als Wegweisung das Bild eines idealisierten Vaters. Dieser war zwar nur ein armseliger Schuster, aber doch auch ein wißbegieriger Autodidakt und ambitionierter Poet, der Arbeit und Kunst, Beruf und Bildung in freilich bescheidenen Proportionen zu versöhnen wußte und sich dabei großer Vorbilder – Hans Sachs und Jakob Böhme zumal – versicherte. Diese vom frühen Tod überschattete »poetische Existenz« des Vaters findet ihre Überhöhung und Verdichtung in seiner Schusterkugel, einer Arbeitslampe, die zum Kunstsymbol gesteigert wird.

> Welch eine Zaubermacht lag in der schwebenden Glaskugel? Sie verklärte die Welt mit den schönsten Farben, und doch konnte sie auch jedes Ding wieder in das rechte Licht stellen.[143]

Für den Sohn verschmilzt der »verklärende« Schein dieser Kugel mit dem erinnerten Bilde des toten Vaters:

> Die Mutter hatte sich an das Licht derselben so gewöhnt, daß sie es auch nach ihres Mannes Tode nicht entbehren konnte; es leuchtete weit in das Jünglingsalter des Sohnes hinein, manche Erzählung von des Vaters Wert und Würdigkeit vernahm Johannes dabei, und unlöslich verknüpfte sich allmählich in des Sohnes Geist das Bild des Vaters mit dem Schein dieser Kugel.[144]

Die Übereinstimmung dieses Motivs mit dem Glanze der Augen und Jackenknöpfe des Vaters, der Heinrich Lees Erinnerung füllt und steter Anstoß zu seiner Wieder-Holung bleibt, ist auf den ersten Blick frappant. Freilich kann gerade an diesem Motiv und seiner Bedeutung für Raabes Roman der große Unterschied herausgestellt werden, der ihn von Keller weit entfernt. Denn anders als Heinrich Lee, dem die Realisierung des Ideals, schöne Wirklichkeit, verschlossen bleibt, gelingt Hans Unwirsch schließlich die Einholung des Vater-Ideals, Phantasie und Wirklichkeit kommen zusammen, offenbar ohne Rest. Denn gerade die Erfahrung von Mangel, Leid und Tod, die Begegnung mit der sterbenden Mutter, dementiert das erinnerte Ideal-Bild nicht, sie gibt ihm vielmehr erst Weltbezug:

> Aus dem Zauberbann schmeichlerischer, entnervender Phantasien und stumpfen, dumpfen Grübelns trat er jetzt zuerst in das wahre Leben; er verlor den Hunger nach dem Idealen ⟨...⟩ nicht, aber dazu gesellte sich nunmehr der Hunger nach dem Wirklichen, und die Verschmelzung von beiden, die in so feierlichen Stunden stattfand, mußte einen guten Guß geben.[145]

Das Gelingen dieser Synthese bringt Hans gegen Ende des Romans, als er in jenem einsamen Fischerdorf an der Ostsee auf ein Leben als Pfarrer an der Seite Franziskas hoffen darf, unmißverständlich zum Ausdruck, wenn er auf die Frage des alten Pfarrers Tillenius: »was ist aus deinen glänzenden Träumen geworden?« erwidert: »Wirklichkeit! Wirklichkeit!« In gleicher Weise stellt jenes Gedicht, das dem 35. Kapitel des Romans vorangestellt ist und so etwas wie ein Lebensresümee zieht, eskapistische Träumerei (»gewaltig Sehnen / unendlich Schweifen ⟨...⟩ ein Niegreifen – / das war mein Leben«) und schöne, freilich beschränkte Realität (»im engsten Ringe, / im stillsten Herzen / weltweite Dinge«) einander gegenüber.[146]

Der substantielle Gehalt dieser »gebildeten« Existenz in Grunzenow ist allerdings außerordentlich kleinformatig. Die bestimmenden Gegebenheiten der modernen Lebenswelt des 19. Jahrhunderts sind in ihm unauffindbar. Selbst die sachlichen Aspekte des Pfarrerberufes bleiben ausgeklammert. Raabes Roman zitiert die tradierte Semantik der idealistischen Bildungsidee, abstrahiert sie aber derart, daß sie zum Interpretament sozialer Erfahrung nicht mehr taugt. Dies zeigt sich vor allem darin, daß es die Gegenwelt zur Ehe- und Pfarrhausidylle des Hans Unwirsch ist, in der die Moderne ausschließlich zur Sprache kommt. Diese Gegenwelt der Moderne aber ist die Sphäre des »destruktiven Hungers« von Moses Freudenstein, des zynischen Egoisten und Machtbesessenen, dem alle Wirklichkeit, und zumal Menschen, nichts sind als Medien selbstherrlicher Manipulation. Moses Freudensteins Welt ist die

Großstadt, sein Schicksal vollzieht sich in Paris und Berlin. Der geradezu archaisch anmutenden dörflichen Idylle Grunzenows in ihrer einfachen, überschau- und erwartbaren Interaktionssituation, tritt die große Stadt als Ort der Massen und des »Chaos« fast dämonisch entgegen. Sie ist der Schauplatz für die Karriere intriganter Spielernaturen wie Moses und ein Ort ständiger Gefährdung für den Seelenfrieden der Anständigen. Franziskas und Kleopheas Erfahrungen in Paris zeugen davon.

Der großen Stadt negativ verbunden sind Industrie und moderner Verkehr – die Eisenbahn –, die gleichfalls als Bedrohung intakter Traditionen des Wirtschaftens und Reisens hingestellt werden. Daß Grunzenow verkehrsmäßig noch unerschlossen und nur schwer erreichbar ist, erscheint geradezu als unerläßliche Voraussetzung seiner Eignung zum idyllischen Wunschort.

Die moralische Disqualifikation der Moderne erweist sich in besonderer Deutlichkeit an den Weiblichkeitsbildern des Romans. Der »Oberflächlichkeit« und Koketterie der reizvoll-schönen Kleophea, dem Zerrbild einer »emanzipierten« jungen Frau im Ambiente der Großstadt Berlin und seiner Salon- und Literatenkultur, steht die Unscheinbarkeit und erotische Neutralität Franziskas gegenüber, die in Paris und Berlin immerfort leidet und erst in Grunzenow »aufblüht« und ihrer intakten Sittlichkeit Gestalt geben kann. Das traurige Schicksal Kleopheas, die ihrer eigenen »Modernität« zum Opfer fällt, spiegelt sich schließlich in der Figur der Henriette Troublet, deren Pariser Leichtfertigkeit – sie ging eine unbedachte Liaison mit Moses ein – ein bitteres Ende nimmt.

Raabes »Hungerpastor« rettet die Idee »gebildeter Subjektivität« um den Preis ihrer Entsubstantialisierung. Die Ausgrenzung und moralische Diskreditierung der Moderne läßt den Spielraum für »Bildung«, für die Synthese von »Ich« und »Welt«, auf den kuriosen Sonderfall einer weltfernen Idylle schrumpfen, die von seltsamen Individuen bevölkert ist, die allesamt allein noch aus der Erinnerung leben. Die räumliche Entrückung in die »Utopie« Grunzenows ist daher zugleich eine »Zeitreise« ins Ehedem einer verklärten Vormoderne.

In seinem nur ein Jahr nach dem ›Hungerpastor‹ 1865 publizierten Roman ›Drei Federn‹, den er später als eigentlichen Beginn seiner poetischen Laufbahn hinstellte[147], hat Raabe den Bildungsgedanken in womöglich noch abstrakterer Art und Weise in Szene gesetzt, ihn aber gleichzeitig – und darin hat man die Modernität dieses Romans gesehen – im Akt des Erzählens dementiert.[148]

Folgt man dem erzählten Geschehen[149], dann schildert der Text des Romans den Lebensweg des August Sonntag, der 1829 in Berlin als einziger Sohn wohlhabender Eltern geboren wird. Seine Mutter stirbt jedoch kurz nach seiner Geburt, nicht ohne auf dem Sterbebett seine Erziehung ihrem Jugendfreund, dem Rechtsanwalt August Hahnenberg, anvertraut zu haben, wohl weil sie von der Lebenstüchtigkeit ihres Ehemanns, des verwöhnten Sohnes einer Konditorswitwe, nicht eben überzeugt ist. Tatsächlich ist Augusts Vater auch bald zahlungsunfähig, er wird sozial deklassiert und kann nur mit Hilfe von Zuwendungen des Advokaten sich und seinem Sohn ein kärgliches Leben ermöglichen. Sein träumerischer Sinn, seine kindliche Freude an phantastischen Spielen entrücken den kleinen August immer wieder der Misere ihrer armseligen Existenz – und zumal den diktatorischen Erziehungsabsichten des Patenonkels, den seine eigenen trostlosen Erfahrungen zu einem Zyniker und Misanthropen haben werden lassen. Er verlangt von seinem Zögling positives Wissen, Pragmatismus und Härte, das exakte Gegenteil jenes Einflusses, den die apathische Tagträumerei des lebensfremden Vaters auf ihn ausübt. Um August über das Leben in der modernen, zumal großstädtischen Welt restlos zu desillusionieren, fördert er seinen Umgang mit dem Kanzleigehilfen und Agenten Pinnemann, einem brutalen, menschenverachtenden Hedonisten, einem ins Monströse gesteigerten Moses Freudenstein. Nach dem Abitur beginnt August auf Drängen des Patenonkels ein Studium der Jurisprudenz, das er aber abbricht, als er zufällig die Bekanntschaft des blindgeborenen Friedrich Winkler macht, dessen »Idealismus« in seiner Menschenfreundlichkeit ihn der Erziehungsdiktatur Hahnenbergs endgültig entreißt. Er wird Arzt, heiratet die liebenswürdig-naive Tochter eines kleinstädtischen Schulrektors, gewinnt gar wissenschaftliche Reputation und bewährt sich, als es ihm gelingt, die finsteren Machenschaften Pinnemanns, der Gelder des Advokaten veruntreute und die leichtlebige und vergnügungssüchtige Schwester des blinden Freundes verführte, zu durchkreuzen und ihn mit Hilfe der Polizei daran zu hindern, Marie Winkler nach Übersee zu entführen. Am Ende kapituliert selbst der hartgesottene Zyniker Hahnenberg, der sich nach großem beruflichen Erfolg reich geworden von der Welt völlig zurückgezogen hatte, vor dem offenen Charme von Augusts Frau Mathilde und kehrt in den Raum ihrer Familie zurück.

Das erzählte Geschehen des Romans wird von einem Konzept der »Bildung« tiefenstrukturell gelenkt, das geradezu in Reinform der bestimmenden Disposition der »realistischen« Ästhetik Folge leistet. Am Lebensweg des August Sonntag soll ablesbar werden, daß gelungene »Bildung« des Subjekts im Resultat die »Versöhnung« zweier Prinzipien bedeutet, die sich gewöhnlich schroff gegenüberstehen und für sich genommen fragwürdig sind: des Materialismus und des Idealismus. Da ist einerseits Hahnenbergs – und als Extremfall auch Pinnemanns – »Materialismus«, der sich als Zynismus, Pragmatismus oder krasser Hedonismus äußern kann und dem ein geradezu »naturwissenschaftliches« Erziehungsprogramm entspricht; so will Hahnenberg an August ein »Experiment«[150] vollziehen.

Mein ganzes Wesen hatte mich auf das Experimentieren mit den Dingen hingewiesen. ⟨...⟩ Meine juristische Laufbahn war wohl geeignet, mich in meiner Selbstschätzung zu befestigen und zu stärken; ich wollte mein Mündel zum Menschen bilden, wie ich ihn verstand – stark, kühn, gewandt und mitleidlos.[151]

Und da ist andererseits der von Augusts Vater und vor allem von Friedrich Winkler vertretene »Idealismus«, der humanen Lebenszielen verpflichtet ist, freilich etwas »Weltfernes« oder »Verstiegenes« an sich hat.

Für das, was ihm ⟨Friedrich Winkler, d. Verf.⟩ das Geschick entzog, hatte es ihn reichlichst entschädigt; er durfte in einer selbstgeschaffenen idealen Welt leben, und das, was die größten Dichter nicht erlangen, das umgab ihn zauberhaft; er schwebte wahrlich in einem Reiche, das mit Wundern erfüllt war, und kein Verkehr mit den Leuten und Dingen, welche sich ihm doch aufdrangen und aufdringen mußten, konnte dauernd sein dunkles und doch so lichtes Zauberreich verwirren.¹⁵²

Der »Materialismus« öffnet sich der realen Welt, sei es, um ihrer erfahrenen Widrigkeit zynisch zu begegnen, sei es, um sich ihren Freuden hedonistisch zu überlassen; der »Idealismus« des blinden⟨!⟩ Winkler übersieht das Reale, um seinem Anspruch die Treue zu halten. Das »gebildete Subjekt« versöhnt die beiden Extreme, es operiert »realidealistisch«, indem es die Selbstbehauptung des »Ideals« im praktischen Leben vollzieht. Die intakte Humanität des Arztes, das Resultat dieser Bildungssynthese, erweist ihre pragmatische Relevanz in der »Rettung« der vom schnöden Materialismus verführten Schwester des hilflos Blinden. Daß der »Idealist« Bodenhaftung bewahren muß, unterstreicht auch ein Diktum Mathilde Sonntags, deren heitere, wiewohl kleinstädtisch enge Lebenstüchtigkeit ohnehin vor allem »Abheben« bewahrt ist:

> Jeder von euch ist mit seinem Luftballon voll Hochsinn und Philosophie und was weiß ich hinaufgefahren ins Himmelblau, und wenn ich nicht wenigstens meinen August an einem tüchtigen Stricke hielte, so wär's schlimm.¹⁵³

Raabes Roman würde das Bildungsprogramm des bürgerlichen Realismus in geradezu naiver Ungebrochenheit inszenieren, wenn das erzählte Geschehen mit dem Text der Geschichte identisch wäre. Der Roman trägt aber nicht ohne Grund den Titel ›Drei Federn‹. In ganz außergewöhnlicher Weise bricht Raabe mit der Monoperspektive des auktorialen Erzählens und fächert das erzählte Geschehen in eine Mehrzahl von Perspektiven auf, die letzthin nicht zur Deckung kommen, so daß sich im Akt des perspektivischen Erzählens das Reale entzieht oder jeweils eigensinnig konstituiert. Wenn der Roman den Advokaten Hahnenberg, August Sonntag und seine Ehefrau Mathilde in der Weise von Tagebucheinträgen erzählen läßt, entstehen drei »Geschichten«, die sich nur gewaltsam zur »Geschichte einer Bildung« koordinieren lassen. Nicht nur wird der Gang der Chronologie durchbrochen, in viel grundsätzlicherer Weise wird die »Realität« der Biographie in Frage gestellt und als Ergebnis wechselnder »Konstruktionen« ausgewiesen. Wenn sich »ego« aber anders sieht als es von »alter« gesehen wird, wenn Selbstwahrnehmung und Fremdbeschreibung sachlich auseinanderfallen, entschwindet das Substrat der idealistischen Bildungsutopie, die Denkmöglichkeit einer Abgestimmtheit von Subjektivität und (sozialer) Um-Welt. Die Beobachtungen des Lebensganges von August Sonntag, also die des »Erziehers« Hahnenberg und selbst noch die Mathildes, sind seiner eigenen Selbstwahrnehmung nicht vollends kompatibel, wie auch vice versa Hahnenbergs Selbstreflexion durch seine Wahrnehmung durch andere ungedeckt bleibt. So setzt Raabe die Idee der Bildung, die das Geschehen des Romans ironisch zitiert, im Akt des Erzählens außer Kurs. Die Realität der gebildeten Subjektivität verliert sich in der Divergenz der Perspektiven, der keine »Realität« mehr sinnstiftend vorhergeht. Freilich wird die denkbare Konsequenz dieser erstaunlich avanciert wirkenden Erzählstrategie der ›Drei Federn‹ durch die versöhnliche Semantik des Romans gemildert, die die »Unverständigten« denn doch im Lebensraum der Familie zusammenfinden läßt.

Nochmals in krasserer Weise hat Wilhelm Raabe das realistische Konzept der gebildeten, mit der »Welt« verständigten Subjektivität in seinem späten Roman ›Stopfkuchen‹ (1891) demontiert. Man kann Zweifel haben, ob dieser Roman, wie das Spätwerk Raabes insgesamt, im Kontext des bürgerlichen Realismus noch sinnvoll zur Sprache gebracht werden kann. Soweit Raabe jedoch leitende Themen und Konzepte der »realistisch« genannten Literaturkommunikation, wenn auch im Gestus des ironischen Zitats oder der sarkastischen Demontage, noch präsent hält, darf der Epochenzusammenhang nicht aus dem Blick rücken. Vom programmatischen Ernst der fünfziger Jahre, von den – wie unterschiedlich auch immer – »ernstgemeinten« poetischen Inszenierungen des Bildungskonzepts bei Freytag, Keller, Stifter oder auch im ›Hungerpastor‹ hält Raabes spätes Erzählen, das die Motive der »realistischen« Literaturkommunikation vornehmlich zum Anlaß kunstvoller Selbstthematisierung nimmt, weiten Abstand.[154]

Folgt man der chronologischen Spur des Geschehens, dann erzählt der Roman ›Stopfkuchen‹ den Lebenslauf des Heinrich Schaumann, der als Sohn kleinbürgerlicher Eltern aufwächst, die hinsichtlich der »Karriere« ihres Sohnes ehrgeizige Pläne verfolgen. Wegen seiner Leibesfülle schon früh tapsig und unbeweglich, wird er zum Gespött seiner Mitschüler, zur Zielscheibe mancher Hänseleien, zum »Außenseiter«, der in seinen Fähigkeiten verkannt wird. Nach dem Abitur beginnt er auf Wunsch seiner Eltern ein Studium der Theologie, dem er freilich, wie dem Studentenleben und der akademischen Bildung insgesamt, keinerlei Interesse abgewinnen kann. Ihn fasziniert vielmehr ein außerhalb der Heimatstadt gelegener Bauernhof, der auf einer ehemaligen Befestigungsanlage errichtet wurde – die »rote Schanze« –, dessen Besitzer Quakatz im Verdacht steht, den reichen Viehhändler Kienbaum ermordet zu haben. Wiewohl es keine Beweise gibt, und eine Verurteilung nicht zustande kommt, werden Quakatz und seine Tochter Valentine von der Umwelt geächtet. Sie ziehen sich, verbittert und menschenfeindlich geworden, in die »Festung« ihres Hofes zurück. Nun gelingt es dem »Außenseiter« Schaumann, das Vertrauen dieser »Außenseiter« allmählich zu gewinnen, er ist dem Bauern bei dessen Prozeß mit seinen Lateinkenntnissen behilflich und er gewinnt mit der Zeit die Zuneigung Valentines. Statt sein Theologiestudium zu beenden und das von den Eltern ersehnte Pfarramt zu erreichen, zieht er auf die »rote Schanze«, bringt die heruntergekommene Landwirtschaft wieder in Ordnung und heiratet schließlich auch Valentine, die an seiner Seite vom scheuen Mädchen zu einer liebenswerten, freundlichen Frau aufblüht. Von seiner Leibesfülle und Trägheit an jeder Ortsveränderung gehindert, eignet sich Heinrich Schaumann seinen Wohnsitz in seiner geschichtlichen »Tiefe« vollständig an; er widmet seine Muße paläontologischen und historischen Studien. Als Quakatz dann stirbt, entdeckt er im Verlauf der Beerdigung eher zufällig den wahren Mörder Kienbaums, den alten Briefträger Störzer, der den bösartigen Viehhändler unabsichtlich im Affekt erschlagen hatte. Heinrich verzichtet auf jede Anzeige und behält sein Wissen, das niemandem mehr nützen kann, für sich, bis Störzer stirbt und er die Ereignisse – eingebettet in eine weitschweifige Schilderung seines Lebensganges – Eduard, einem alten Schulfreund erzählt, der nach Südafrika ausgewandert ist und im Verlauf einer Ferienreise in die Heimat Schaumann auf seiner »roten Schanze« besucht. Auf der Rückreise nach Afrika schreibt dieser Eduard das Erlebte, vor allem aber das Gehörte, detailliert auf.

Das Geschehen dieses Romans, dessen Untertitel ›Eine See- und Mordgeschichte‹ fesselnde Ereignisse erwarten läßt – eine Erwartung, die im Vorgang des zunächst umständlich erscheinenden Erzählens freilich rasch enttäuscht wird –, ist von Konzepten gesteuert, die formal durchaus noch in der Kontinuität der Bildungsprogrammatik stehen. Wenn Heinrich Schaumann an der Seite Valentines materiell und ideell Herr der »roten Schanze« wird, dann hat er in seiner Selbstwahrnehmung ein höchstes Maß an Selbstverwirklichung und autonomer Daseinsgestaltug erreicht.

> Ja, ich hatte es nun, was ich hatte haben wollen. Ich saß mitten drin in meinem Ideal, und ich war mit meinem Ideal allein auf der Roten Schanze.[155]

Das Refugium der »roten Schanze«, demonstrativ durch Wall und Dornenhecke von der Umwelt geschieden, trägt alle Züge eines idyllischen Wunschortes, dessen betulich-engen Züge freilich unübersehbar sind. Es ist fast jene Pfarrgartenidylle mit dampfendem Kaffee, von der Hegel sarkastisch gesprochen hatte.

> O welch ein Frühstückstisch vor dem Binsenhüttchen, das heißt dem behaglichen, auch auf Winterschnee und Regensturm behaglich zugerichteten deutschen Bauernhause – vor dem Hause, am deutschen Sommermorgen, zwischen hochstämmigen Rosen, unter Holunderbüschen, im Baumschatten, mit der Sonne drüber und der Frau, der Katze, dem Hunde ⟨...⟩, den Hühnern, den Gänsen, Enten, Spatzen und so weiter rundum! Und solch ein grauer, der Jahreszeit angemessener, jedem Recken und Dehnen gewachsener Schlaf- oder vielmehr Hausrock! Und solch eine offene Weste und solch eine würdige, lange Pastorenpfeife mit dem dazugehörigen angenehmen Pastorenknaster in blauen Ringeln in der stillen Luft.[156]

Der abgeschirmte Fluchtort der »roten Schanze« birgt ein Lebensglück für seine Insassen, das nur um den Preis der Vergleichgültigung der Welt zu haben ist, die als feindliche Umwelt klatschsüchtiger, neidischer oder bösartiger Philister verabscheut wird. Die

Immobilität Schaumanns auf seiner »roten Schanze« ist gleichsam die Bedingung für idyllisches Glück, das im wesentlichen als Unbetroffenheit durch die Geschicke des Weltgeschehens in Erscheinung tritt. Diejenigen, die der Welt ausgesetzt sind und ihren Raum durcheilen – Eduard, der Weitgereiste, und Störzer zumal, der als Briefträger fünfmal die Erde umrundete –, verkennen ihr Gesetz, das Kontingenz heißt, gerade auch, wenn sie sich um kausale Analyse von Ereignissen und Zusammenhängen bemühen. Allein das unbetroffene, unbeteiligte Schauen, das selbst vom Zufall sich leiten läßt, trifft das Wahre. Dem Weisen enthüllt sich der wahre Hergang der Tat, der der Umwelt und ihren Agenten verschlossen bleibt. »Ich war«, sagte Schau-Mann einmal,

> feist und faul, aber doch nun grade, euch allen zum Trotz, noch vor meiner Kenntnisnahme des Weisen von Frankfurts bester Table d'hote ein Poet ersten Ranges: der Begriff war mir gar nichts; ich nahm alles unter der Hecke weg, mit dem Sonnenschein des Daseins warm auf dem Bauche, aus der Anschauung.[157]

Es ist also Schopenhauers Weltbegriff, den Raabe aufnimmt und mit dem er die Spannung des Bildungskonzepts so verschärft, daß es kollabiert. Die unverfügbare Kontingenz der Welt steht jeder »vernünftigen« Verständigung der Subjektivität mit ihr entgegen. Wer sich ihr in der Illusion, sie kausal erkennen und rational bewältigen zu können, überläßt, geht fatal in die Irre; allein dem letzthin uninteressierten, gelassenen, ja gleichgültigen Blick des Weisen, der ihrem Getriebe entsagt hat, gibt sie sich zufällig preis: Als Geschehen der Kontingenz, die bei Schopenhauer »Wille« heißt. Indem Raabe seinen Weltbegriff nicht länger von der idealistischen Tradition, sondern von Schopenhauer her entlehnt, entzieht er dem optimistischen Versöhnungsprogramm der »Bildung« die Grundlage. Nicht im Ausgleich mit, sondern im Rückzug aus der Welt in der Pose des Weisen in seinem Refugium, dem das Treiben der Welt gleichgültig geworden ist, erfüllt sich der Lebensgang Schaumanns, der nicht ohne Grund kinderlos geblieben ist – auch darin ein von Schopenhauer Belehrter.

Ähnlich den ›Drei Federn‹ liegt die eigentliche Bedeutung des Romans aber in seiner Erzählweise. Seine narrative Komplexität ist so augenscheinlich, daß jede vorrangig thematische oder konzeptuelle Erörterung einseitig bleibt oder in die Irre führt. Zwar artikuliert der Roman keineswegs jene Autonomie der Narration, die Flaubert vorschwebte, als er von einem Roman ohne Inhalt sprach, und die auch dem späten Fontane nicht unvertraut war. Die »Botschaft« des Textes hält der Artifizialität seiner narrativen Struktur noch die Balance. Die Raffinesse des erzählerischen Verfahrens ist gleichwohl bemerkenswert, nicht nur wegen der Vielzahl der Perspektiven, die sich den verschiedenen Erzählern – Schaumann, seine Frau, Störzer und Eduard – verdankt; nicht nur wegen der temporalen und topographischen Brechung und Auffächerung des erzählten Geschehens, das vom Paläolithikum bis in die Gegenwart und von einer deutschen Kleinstadt bis nach Südafrika ausgreift; sondern vor allem wegen des Kunstgriffes, daß der Roman das »Erzählen erzählt«, also selbstreferentiell operiert. Denn es ist vornehmlich der weitschweifige Bericht Schaumanns, den Eduard, der Berichterstatter, fast in der Weise eines Protokollanten nacherzählt. In dem auf diese Weise erreichten Hinlenken der Aufmerksamkeit auf das Erzählen und seine Struktur selbst hat man die Modernität und die Abweichung von der Literaturprogrammatik des Realismus sehen wollen. Es ist aber nicht so, daß in dieser Selbstreferenz des Erzählens das Erzählte verschwände oder zum puren Anlaß verkümmerte und sich die Narration in ihrer reinen Artifizialität spiegelte. Denn – und auf diesen Zug des Romans hat man wohl nicht geachtet – das Erzählen der Erzählung des Außenseiters macht den Berichterstatter seinerseits zum Sonderling. Das fast obsessive Aufschreiben des Gehörten läßt den schreibenden Eduard für die Mitreisenden zum komischen Kauz werden. Das erzählte Geschehen wiederholt sich im Akt des Erzählens; der Erzähler, der seine Erzählung buchstäblich mit dem letzten auf dem Schiff verfügbaren Tropfen Tinte zu Ende bringt, entrückt der Welt, er ist »ver-rückt«, so will es Raabes Text:

> Der Kapitän behauptete, daß er so einen Menschen wie mich ⟨...⟩, solange er fahre, noch nicht auf seinem Schiff gehabt habe. ⟨...⟩ Und der alte Seebär stieg wieder auf Deck, kopfschüttelnd und vor sich hinbrummend,

daß so'ne verdammte Schreiberei gottlob doch nur eine Ausnahme auf dem Wasser sei. Ich bin fest überzeugt, in drängender Not hätte er mich für den Unheilsvogel auf dem Schiff genommen und ohne große Gewissensbisse über Bord in die tosende See befördert, um die übrige Ladung durch das sühnende Opfer zu retten.[158]

IV. Karl Gutzkow: Gesellschaftsroman als Familiengeschichte

Dem Bildungsroman, dessen Bedeutung darin gesehen werden kann, daß er Möglichkeit und Problematik von Subjektivität unter den Bedingungen sich modernisierender Lebensverhältnisse narrativ durchgespielt hat, tritt in der Erzählliteratur des bürgerlichen Realismus ein anderes Genre zur Seite, das man »Zeit«- oder »Gesellschaftsroman« zu nennen gewohnt ist und das im westeuropäischen Roman bei Balzac, Dickens und Thackerey zu großer Bedeutung gelangt war.[159] Diesem Genre geht es weniger um die Subjektivität und ihre welterschließende Kraft als um die prägenden Gegebenheiten einer Periode in ihren bestimmenden ökonomischen, politischen und sozialen Gegebenheiten. Dieses Interesse der Gattung an der Wirklichkeit des Sozialen könnte bedeuten, daß sie – in Umkehr der Bildungsromanperspektive – Subjektivität nur mehr in dem Maß zur Geltung bringt, in dem es zur Erhellung übergreifender Wirklichkeit von Belang ist. Kommt im Bildungsroman Welt nur als individuell erfahrene vor, so eröffnet der Gesellschaftsroman eine Möglichkeit, Personalität als Funktion sozialer Strukturen zu inszenieren. Eine derartige Reduktion individuellen Erlebens und Handelns auf soziostrukturelle Rollenvorgaben, wie sie sich bei Balzac oder Thackeray beobachten läßt, findet sich freilich im deutschen Gesellschaftsroman des Nachmärz nicht. Gerade der gewiß avancierteste dieser realistischen Romane, Karl Gutzkows ›Die Ritter vom Geiste‹ (1850/51), läßt deutlich erkennen, in welchem Maß Strukturen des Bildungsromans auch in diesem alternativen Romankonzept bewahrt worden sind, so daß der Gesellschaftsroman nach 1848 als Kompromiß verstanden werden kann, mit dem das Interesse an sozialen Phänomenen und Prozessen und das idealistische Konzept »gebildeter Individualität« zu vermitteln versucht wurde, und zwar auf eine Art und Weise, die den narrativen Spielraum des Gesellschaftsromans eher ungenutzt ließ.

Neben dem skandalumwitterten Roman ›Wally, die Zweiflerin‹ (1835) ist es fast ausschließlich das Vorwort zu den ›Rittern vom Geiste‹ gewesen, auf das sich Gutkows Nachruhm gründet. In diesem Vorwort prägt Gutzkow nämlich die wirkungsmächtige Formel vom »Roman des Nebeneinander«:

> Ich glaube, daß der Roman eine neue Phase erlebt. Er soll in der Tat mehr werden, als der Roman von früher gewesen. Der Roman von früher ⟨...⟩ stellte das Nacheinander kunstvoll verschlungener Begebenheiten dar. O, diese prächtigen Romane mit ihrer klassischen – Unglaubwürdigkeit! Diese herrlichen, farbenreichen Gebilde – des Falschen, Unmöglichen, willkürlich Vorausgesetzten! Denn wer sagte euch, ihr großen Meister des alten Romans, daß die im Durchschnitt erstaunlich harmlose Menschenexistenz gerade auf einem Punkte soviel Effekte der Unterhaltung sammelt, daß sich ohne Lüge, ohne willkürliche Voraussetzung, alle Bedingungen zu eurem einzigen behandelten kleinen Stoff so zuspitzen konnten? Die seltenen Fälle eines drastischen Nacheinanders greift im Grunde nur das Drama auf. Sonst aber – lebenslange Strecken liegen ja zwischen einer Tat und ihren Folgen! Wieviel drängt sich nicht zwischen einem Schicksal hier und einem Schicksal dort! Und ihr verbandet das alles so rasch? Ihr warft das, was dazwischen lag, sorglos beiseite? Der alte Roman tat das. Er konnte nichts von dem brauchen, was zwischen seinen willkürlichen Motiven in der Mitte liegt. Und doch liegt das ganze Leben dazwischen, die Zeit, die Wahrheit, die Wirklichkeit, die Widerspiegelung, die Reflexion aller Lichtstrahlen des Lebens, kurz das, was einen Roman, wenn er eine Wahrheit aufstellte, fast immer sogleich widerlegte und nur eine Tatsache gelten und siegen ließ, die alte Wahrheit von – unwahrer, erträumter Romanenwelt!
>
> Nein, der neue Roman ist der Roman des Nebeneinander. Da liegt die ganze Welt –! Da begegnen sich Könige und Bettler –! Die Menschen, die zu einer erzählten Geschichte gehören, und die, die ihr eine widerstrahlte Beleuchtung geben. Der Stumme redet da auch, auch der Abwesende spielt mit. Das, was der Dichter sagen, schildern will, ist oft nur das, was zwischen zwei seiner Schilderungen als ein Drittes, nur dem Hörer Fühlbares, in Gott Ruhendes, in der Mitte liegt. Nun fällt die Willkür der Erfindung fort. Kein Abschnitt des Lebens mehr, der ganze, runde, volle Kreis liegt vor uns; der Dichter baut eine Welt oder stellt wenigstens seine Beleuchtung der der

Wirklichkeit gegenüber. Er sieht aus der Perspektive des in den Lüften schwebenden Adlers herab und hat eine Weltanschauung, neu, eigentümlich. Leider ist es eine polemische. Thron und Hütte, Markt und Wald sind zusammengerückt und bekämpfen sich. Resultat: Durch diese Behandlung kann die Menschheit aus der Poesie wieder den Glauben und das Vertrauen schöpfen – daß die Erde von einem und demselben Geiste regiert wird.[161]

Diese Sätze werden meist als Ursprung einer ganz neuen Romanpoetik aufgefaßt, die erst im 20. Jahrhundert, bei Joyce und Dos Passos, bei Döblin oder Broch wieder aufgenommen und literarisch umgesetzt worden sei. Diese Auffassung beruht auf einem Mißverständnis, das sich allein der Suggestion der Formel des »Nebeneinander« verdankt, die an Simultaneität und Montage denken läßt und deshalb Assoziationen an Romane unseres Jahrhunderts wecken mag. Wer den Roman selbst gelesen hat – angesichts seines Umfangs werden das unter den Lebenden nur wenige sein –, sieht das Vorwort mit anderen Augen und wird das Prinzip des »Nebeneinander« durch die ordnende Erzählperspektive des Autors, der als »Adler« über allem schwebt, doch sehr relativiert und in seiner innovativen Kraft recht gebremst finden. Damit ist allerdings nicht gesagt, daß Gutzkows ›Ritter vom Geiste‹ nicht in vielen Zügen deutliche Alternativen zum »Roman des Nacheinander«, also zum Bildungsroman-Schema, enthalte. Ganz im Gegenteil: Dem Roman gelingt es in vieler Hinsicht tatsächlich, ein umfassendes Panorama seiner Zeit zu entwerfen, das die Gesamtheit des Sozialen und die Vielfalt der Diskurse – Wissen und Gesellschaft um die Mitte des 19. Jahrhunderts – fast enzyklopädisch erfaßt. Der zeitgenössische Kritiker Rudolf Gottschall hat das immense Wissen, das in diesen Roman Eingang gefunden hat, bewundernd zum Ausdruck gebracht:

> Gutzkow zeigt hier die vielseitigsten Kenntnisse, ein enzyklopädisches Wissen von Theologie und Ackerbau, von Politik und Maschinenwesen, von Pferdezucht und Damentoiletten, Jurisprudenz und Medizin, Architektur und Gartenbau, von Zoologie und Theaterwesen. Alle vorkommenden Fragen sind mit Geist und Kenntnis behandelt.[162]

Was Gottschall hier aufzählt, ist nur ein kleiner Ausschnitt des im Roman präsentierten Wissens. Der Text gibt auf der sozialen Achse einen um Vollständigkeit bemühten Durchblick durch die gesellschaftliche Schichtung des damaligen Preußens: von der Spitze, von König Friedrich Wilhelm IV. und seinem Hof über den hohen und niederen Adel, die verschiedenen Schichten des Bürgertums bis zum Proletariat und zum delinquenten Milieu urbaner Subkulturen reicht der Blick; auf der diskursiven Achse – der des Wissens und der meinungslenkenden Ideologien – wird gleichsam ein komplettes Spektrum entfaltet, das von der mystischen Religiösität und dem Romantizismus der Kreise um Friedrich Wilhelm IV. bis zum naturwissenschaftlich-abgeklärten Rationalismus und Atheismus protokommunistischer Zirkel reicht.

Diese immensen Informationsmengen werden an handelnde Figuren gebunden, die gewissermaßen jede für sich an einer möglichen Überkreuzung von sozialer und diskursiver Achse stehen und damit einen sozialen Redetypus repräsentieren. Grob geschätzt gibt es rund 150 solcher Personen in dem Roman, die auftauchen und verschwinden, wiederkommen und wieder gehen. Es gibt wichtigere und weniger wichtigere, aber niemand ist eigentlicher Held des Romans; es handelt sich um ein kollektives Geschehen, wobei Gutzkow freilich darum bemüht war, alle Figuren, die an diesem Geschehen teilhaben, mit individualisierenden Noten zu versehen, alle als »kleine Subjekte« zu kennzeichnen, mit zumeist liebevoll ausgesuchten Namen – und nicht nur als Personifikationen von Redepositionen im sozialen Feld.

Wer den Roman liest, wird zunächst erhebliche Orientierungsprobleme hinsichtlich der Personen und des Geschehens haben. Dahinter steht aber ein Programm: Die im Roman zunächst offenkundige Undurchsichtigkeit des Geschehens soll den Leser in eine Lage versetzen, die dem unbefangenen Blick auf die soziale Wirklichkeit gleicht; die Welt erscheint intransparent, ihre Ereignisse oft zusammenhanglos, man sieht sich einem Übermaß rätselhafter Informationen konfrontiert, für deren sinnhafte Deutung meist der Schlüssel fehlt. In seinem ersten Teil simuliert der Roman das Reale als »Chaos«, also in einer Art und Weise, in der die Zeitgenossen das Phänomen einer sich modernisierenden Gesellschaft gerne wahrnahmen. Dann aber liefert der Roman nach und nach jenen »Schlüssel«, der die Tür zu seinem »Sinn« öffnet. Man erkennt im Prozeß des Lesens allmählich Ordnungsstrukturen, die die Masse der Daten in zusammenhängende Informationen, in die Einheit einer Handlung, oder besser, in die Vielheit vieler Handlungen überführen. In dieser Weise vollzieht der Roman eine Art Lehre. Ähnlich wie im analytischen Drama alles davon abhängt, ein anfängliches Rätsel aufzulösen, soll in Gutzkows Roman die Undurchsichtigkeit des Geschehens Stück für Stück aufgelöst, Chaos als Ordnung erkannt werden. Am Roman soll damit gleichsam eine Haltung oder eine Fähigkeit eingeübt werden, die dann auch im Realen selbst zu Sinn, Notwendigkeit und Ordnung führen könne. Deshalb wird den Ordnungsstrukturen, die dem Romangeschehen hintergründig Halt geben, besondere Aufmerksamkeit geschenkt werden.

Wildungen – oder die Macht der Idee

Wollte man doch das Unmögliche versuchen und den Roman »nacherzählen«, so schiene es noch am aussichtsreichsten, dies am Leitfaden der Geschichte der beiden Brüder Siegbert und Dankmar Wildungen zu tun. Diese sind die Söhne eines Pfarrers aus Thüringen, stehen also für das gebildete Bügertum; Siegbert ist Maler, Dankmar Jurist geworden, dessen »realistische« Lebenseinstellung der eher »verträumt-romantischen« Haltung seines malenden Bruders entgegengesetzt wird. Dieser Dankmar Wildungen nimmt noch am ehesten die Position einer zentralen Figur ein, deren Handlungen weite Partien des Romans bestimmen. An Dankmars Aktionen lassen sich noch einmal drei Aspekte unterscheiden; sie spielen sich gleichsam in drei »Arenen« ab: in der eines langwierigen Rechtsstreits, in der einer Ordensgründung – und in der Arena der Liebe.

Arena I: Durch Zufall hatte der findige Rechtsreferendar Dankmar Wildungen in dem väterlichen Pfarrhof Dokumente eines Vorfahren, des letzten Tempelritters in Thüringen vor der Reformation, eines Hugo von Wildungen, entdeckt, die den Anspruch der Familie Wildungen auf die Hinterlassenschaft des Templerordens rechtfertigen können. Um dieses Erbe wird ein jahrhundertelanger, noch immer nicht entschiedener Prozeß geführt, in den die Stadt Berlin und das Land Preußen verwickelt sind. Eine Handlungsachse der Wildungengeschichte wird nun von den juristischen Anstrengungen Dankmars bestimmt, durch die neuentdeckten Zeugnisse die Rechte seiner Familie gegen Preußen und Berlin durchzusetzen. Dieser durch mehrere Instanzen geführte Rechtsstreit endet schließlich mit dem Sieg Dankmars; aus dem Nachlaß des Ordens fällt den Brüdern eine Millionensumme zu, die sie aller materiellen Sorge enthebt. Das Szenario des Prozesses hat nun eine erste strukturbildende Kraft: es verteilt eine Vielzahl von Personen gemäß des juristischen Dispositivs in Gegner und Helfer, es konturiert Fronten und Parteiungen; so sieht sich Dankmar vor allem dem gerissenen Justizrat Schlurck gegenüber, einem ironischen Hedonisten und zynischen Pragmatiker, der die Interessen der Stadt Berlin mit allen erlaubten und unerlaubten Mitteln vertritt, Intrigen anzettelt – auch mit Hilfe seiner hinreißend schönen, aber kalt-egoistischen Tochter Melanie, in die sich alle Männer des Romans – auch beide Wildungen-Brüder – mindestens für einen Moment verlieben. Zu den Gegnern Dankmars zählt auch der Fürst Egon von Hohenberg, der als preußischer Ministerpräsident das Templergut dem Staat sichern möchte. Helfer findet Dankmar vor allem in der zwielichtigen Figur Hackerts, eines früheren Schreibers des Justizrats Schlurck, und in dem greisen Gerichtspräsidenten Dagobert von Harder, einem Mann, der in seinen Grundsätzen noch ganz dem aufgeklärten 18. Jahrhundert verpflichtet ist.

Der juristische Diskurs, das preußische Prozeßrecht, gibt dem Roman eine deutliche Kontur: es organisiert eine bestimmte zeitliche Kontinuität, die Kontinuität des jahrhundertealten Prozesses, der – und das ist für das Ganze des Romantextes keineswegs ohne Bedeutung – die Tradition des Mönchsordens in der Gegenwart des 19. Jahrhunderts präsent hält, Vergangenheit und Gegenwart vermittelt; auf der anderen Seite organisiert der juristische Diskurs eine bestimmte soziale Kohärenz, indem er eine Vielzahl von Personen in eine verhältnismäßig fest geregelte Interaktionssituation versetzt und ihr Verhalten – soweit es sich nicht krimineller Energie verdankt – weithin erwartbar und berechenbar werden läßt.

Dankmar Wildungen tritt in einer zweiten Arena zugleich als Mitbegründer eines Ordens auf. Dieser Orden ist liberalen, sozialreformerischen Idealen verpflichtet und führt eine Reihe gleichgesonnener Männer von unterschiedlicher sozialer Herkunft zusammen: Offiziere und Arbeiter, Landwirte und Techniker, Künstler und Diplomaten; eben die »Ritter vom Geiste«. Der Titel des Romans greift auf eine Verszeile Heinrich Heines zurück, der in seiner ›Harzreise‹ gedichtet hatte:

Jetzo, da ich ausgewachsen
Viel gelesen, viel gereist,
Schwillt mein Herz, und ganz von Herzen
Glaub ich an den Heilgen Geist.

Dieser tat die größten Wunder,
Und viel größre tut er noch;
Er zerbrach die Zwingherrnburgen,
Und zerbrach des Knechtes Joch. ⟨…⟩

Er verscheucht die bösen Nebel,
Und das dunkle Hirngespinst,
Das uns Lieb und Lust verleidet,
Tag und Nacht uns angegrinst.

Tausend Ritter, wohl gewappnet,
Hat der Heilge Geist erwählt,
Seinen Willen zu erfüllen,
Und er hat sie mutbeseelt.

Ihre teuern Schwerter blitzen,
Ihre guten Banner wehn!
Ei, du möchtest wohl, mein Kindchen,
Solche stolze Ritter sehn?

Nun, so schau mich an, mein Kindchen,
Küsse mich und schaue dreist;
Denn ich selber bin ein solcher
Ritter von dem Heilgen Geist.[163]

Diese »Ritter« begründen in Gutzkows Roman eine Gemeinschaft, die Vorbildern wie den alten Templern, den Geheimlogen der Freimaurer, aber auch dem Jesuitenorden, was Organisation und Effektivität angeht, verpflichtet sind. Dankmar erläutert seine Intentionen einmal im Gespräch mit dem Fürsten Hohenberg so:

> Wir sind hineingeschleudert in diese Welt ohne Schutz, ohne Führer. Wir müssen ringen, auf eigene Hand unsern Anteil an ⟨...⟩ der Möglichkeit zu existieren, zu gewinnen. ⟨...⟩ Wo liegt denn irgendeine Bürgschaft, daß wir die großen Zwecke des Lebens auf die einfachste, sicherste, kürzeste und glücklichste Weise erreichen? Da ist es nicht zu verwundern, daß die Menschen zu allen Zeiten gedacht haben, sie müßten sich noch durch Verabredung und Gesinnung in eine zweite moralische Welt einkaufen, die enger und umgrenzter ist als die große sichtbare, die aber die Ihrigen liebevoller und wärmer hegt und beschützt. Die Religion, das Christentum vor allem, sollte einst diese zweite Welt sein, wo wir als Glieder einer unsichtbaren Kirche uns zu lieben haben. Aber die unsichtbare Kirche wurde zu früh eine sichtbare, und ihr großer Bau wurde wieder die Welt selbst, die niemanden schützt. ⟨...⟩ Der Staat ist kein Bund der Menschheit, die Gesellschaft ist grausam und lieblos, die Fürsten behandeln die Völker wie ererbtes Eigentum, wie ich meinen ererbten Garten behandeln würde, ich säe und ernte auf ihm und lass' ihn mir wohlgefallen! Das Leben ist eine große Gefahr geworden! Wie schützt man sich anders vor ihr, als daß man zusammentritt, sich verabredet und durch gemeinschaftliche Kraft die Kraft des einzelnen stärkt? Ein jeder Bund dieser Art sollte die Aufgabe haben, einst der Bund der ganzen Menschheit zu werden.[164]

Später treffen die »Ritter« zu einer ersten Versammlung zusammen und diskutieren ihre Zielvorstellungen; diese Debatte läßt die unterschiedlichsten Positionen erkennen: radikale und gemäßigte, Aufrufe zum gewaltsamen Umsturz der »räuberisch-kapitalistischen« Gesellschaft und die Mahnung zu Behutsamkeit und vorsichtigem Reformismus. Als sich alle ausgesprochen haben, kritisiert Dankmar die »Abstraktheit« der Diskussion und fordert: »Keine Theorie! Für die Theorie das Leben«[165] – und entwickelt dann seine Grundsätze des neuen Bundes:

> Die Ritter vom Geiste sind die neuen Templer. Sie haben den Tempel zu schützen und zu bewachen, den die Menschheit zur Ehre Gottes auf Erden

zu erbauen hat. Ihre Waffe ist der Geist. Ihr Leben ist die innere Mission eines Kreuzzuges gegen die Feinde dieses Gottestempels. Der Geist als Lehre ist die Wissenschaft. Der Geist als Glaube ist die Gesinnung. Den Geist, der dem Verstande entstammt, kann niemand bannen, niemand zum einheitlichen Gedanken eines Bundes machen wollen. Der Geist aber, der dem Herzen entstammt, ist ein Wecker zu den edelsten Verpflichtungen. Die Religion hat Formen, um unsre sittlichen Verpflichtungen, der Staat, um unsre politischen schon von vornherein gefangenzunehmen. Nun wohl, die Religion des Geistes sollte keinen solchen bindenden Kultus haben dürfen? Ich sage, gebt dem Geiste einen Kultus, und in hundert Jahren ist die Welt weiter, als wohin wir sie erst nach einem halben Jahrtausend bei der jetzigen Verworrenheit der Zustände werden kommen sehen. Religion, das Bindende, das Gleichgesellende, ist auch ein Bedürfnis unsrer Epoche. Nur befriedigt es nicht innerhalb des alten Zwanges und der alten Dogmen! Man binde sich auf den Glauben an unsre Freiheit, auf den Glauben an den Geist, auf die gleiche Gesinnung! Aus solcher Grundlage, aus so geackertem ⟨...⟩ Boden muß eine gute Frucht hervorgehen.[166]

Diese Sätze sind freilich ebenso phrasenhaft und abstrakt wie die der Vorredner Dankmars. Konkrete Ziele dieses Bundes werden allein in den alten liberalen Forderungen nach Pressefreiheit, Menschenrechten und dem »Recht auf Arbeit«[167] sichtbar.

Trotz der geringen politischen Stoßkraft des neuen Ordens wird er schnell Gegenstand polizeilicher Ausspähung und Bespitzelung; im Zuge der im Text breit geschilderten Revolution von 1848 wird er zerschlagen, seine Mitglieder müssen fliehen, werden – wie Dankmar – verhaftet und eingesperrt oder gar – wie in einem Einzelfall – hingerichtet. Außerhalb Preußens kommt es dann zu einer Neugründung des Bundes, der mit den im Prozeß gewonnenen Millionen neue Wirksamkeit entfalten will. Dann aber verbrennt das Papiergeld durch einen Unglücksfall, und die »Ritter« finden sich auf die reine Idee ohne materielle Stütze zurückgeworfen:

Der Bund ist geschlossen! Aber der Segen, den irdische Mächte darüber sprechen sollten, ist für jetzt verloren. Der Hort – ist versunken. ⟨...⟩ Der Bund des Geistes, ich ahn' es, soll vom Geiste sein. Nicht können wir kämpfen mit goldenen Waffen, nicht mit dem Klang des Silbers locken und mit metallener Musik aufspielen, wenn wir Märtyrer ermuntern und belohnen wollen. Sie müssen leiden um ihrer selbst willen.[168]

In der Arena des Ordens lebt sich ein hemmungsloser, ja verstiegener Idealismus aus, der von einem Bund hochgestimmter, gleichgesonnener Menschen träumt, die in einer Art neuen Kirche auf der Grundlage einer säkularisierten, mit dem wissenschaftlichen Wissen versöhnten Religiösität immer neue Anhänger finden, bis endlich – als Form innerweltlicher Erlösung – eine versöhnte und geeinte Menschheit möglich wird. Diese Idee des Bundes erfüllt eine dem Recht analoge Funktion: sie schafft historische Kontinuität, indem sie auf die Tradition der Orden und Geheimgesellschaften anspielt, und produziert den Effekt einer sozialen Kohärenz – sie führt also Menschen diverser sozialer Herkunft zusammen und bindet sie durch die Verpflichtung auf gemeinsame – freilich blasse – Ideale; sie hebt die Anonymität und Abstraktheit moderner Sozialbezüge in der Intimität einer engen Gemeinschaft auf.

Die Metapher, in der diese Kohärenz versinnbildlicht wird, ist die des Magnetismus oder der Elektrizität, also die Aufnahme der in der ersten Hälfte des 19. Jahrhunderts weitverbreiteten Spekulation des Mesmerismus. Die unsichtbaren elektrischen Fluiden seien jene verbindende Kraft, die die Eingeweihten im Namen des »Geistes« zu einem Bund integriere. So wünscht Dankmar einmal zu Anfang des Romans, noch vor der Ordensgründung:

> Wer uns etwas ersänne, das wie ein elektrischer Schlag jeden träfe, der mit uns in einem geistigen Rapport steht und uns immerhin dann so ganz zufällig begegnen möge! Man würde sich sogleich erkennen.[169]

Und noch ganz am Ende heißt es pathetisch über die Zukunft des Ordens:

> Die Ritter vom Geiste trennten sich mit ⟨...⟩ dem Vorsatze, auf die Zeit zu wirken mit der Lehre: Wächst nur das schnellere Einverständnis der Edlen und Guten, zielen wir nur auf einen solchen majestätischen Akkord der Übereinstimmung, wie wenn ein Naturphänomen am Himmel von Millionen um dieselbe Minute beobachtet wird, mit denselben Empfindungen, mit demselben elektrischen Schauer über die halbe Welt hin, so fallen die Fesseln des Geistes von selbst und sind wie Spinnweben![170]

Diese elektrisierte Gemeinschaft der Geister funktioniert in Gutzkows Roman, in noch höherem Maße als das Recht, als Instanz sozialer Ordnung, als Sinnbild nichtanonymer, personaler Kommunikation, quasi als Ersatz alter religiöser Bindungen und kirchlicher Institutionen, als ideengesteuerte Sozialintegration oder simpler: als Sekte.

Die Arena der Liebe hat – im Unterschied zum Bildungsroman – keine große strukturbildende Kraft und kommt, im Verein mit Elementen des Kriminalromans und der Hofberichterstattung samt Histörchen aus den Skandalleben des Adels, weit eher einer Leserschaft entgegen, die wohl mehr an den Liebesaffären der handelnden Personen denn an den Ordensidealen Interesse nahm. Beide Wildungenbrüder finden natürlich – nachdem sie sich von der kalten Schönheit Melanies gelöst haben – die passenden Lebensgefährtinnen: Der Romantiker Siegbert heiratet die eigenwillig-tiefsinnige russische Fürstin Olga Wäsämskoj, Dankmar, der Realist, die in Amerika großgewordene, lebenstüchtige Selma Ackermann. Durch diese und andere Heiraten ergeben sich freilich familiäre Konstellationen, auf deren textuelle Funktion noch einzugehen sein wird.

Hohenberg – oder die Idee der Macht

Man könnte den Roman auch in der Spur des Fürsten Egon von Hohenberg nacherzählen. Dieser ist – wie der Leser zunächst annehmen muß – der Sohn eines souveränen Duodezfürsten, der seinen Reichtum in einem ausschweifenden Luxusleben verpraßt hat und den Sohn Egon in verhältnismäßig kärglichen Lebensumständen aufwachsen lassen muß. Seine sterbende Mutter, die Fürstin Amanda, hinterläßt Egon ein geheimnisvolles Bild, das ihm entwendet wird, ehe er sein Rätsel lösen konnte. Wie Dankmar im Roman seinem Prozeß hinterherläuft, so versucht Egon von Hohenberg, hinter das Geheimnis des mütterlichen Bildes zu kommen; es enthält nämlich, wie man am Ende weiß, die Umstände seiner Herkunft: Egon ist das Resultat eines Seitensprungs seiner Mutter, keineswegs ein Fürst von Geblüt, sein Vater ist jener Ackermann, dessen Tochter Dankmar heiraten wird – sie ist seine Halbschwester.

Dieser Egon von Hohenberg hat seine Jugendjahre in Frankreich verbracht, dort als Handwerker gearbeitet und ist mit sozialrevolutionären, saint-simonistischen Ideen in Berührung gekommen. Er hat sich eine politische Weltanschauung zurechtgelegt, die in undurchsichtiger Weise eine Union von Adel und Arbeiterstand erreichen will und sich vorrangig gegen das Bürgertum richten soll, dessen Geldgier und Händlergeist er attackiert. Er macht dann die Bekanntschaft der Wildungenbrüder und betrachtet zeitweilig das Ordensprojekt mit Sympathie. Einflußreiche Adelscliquen unterstützen seine politische Karriere, und er steigt zum preußischen Ministerpräsidenten auf. Diese Passagen des Romans lehnen sich eng an die historischen Vorgänge der Zeit unmittelbar nach der Revolution – der sogenannten Reaktionszeit, der Manteuffel-Ära – an und verwenden eine Vielzahl kaum verschlüsselter historischer Personen und Ereignisse.

Die Karriere Egons vollzieht sich aber diskursiv als Wende des Sozialromantikers zum »Realpolitiker«. So ist er etwa der einzige, der Dankmar auf den Umstand hinweist, daß Ideen ohne Geld kaum durchsetzbar sein dürften:

> »Und noch eins«, fiel wieder Egon, der ungläubig blieb, ein, »überlegst du wohl, woher die Jesuiten und, soviel ich weiß, auch die Freimaurer ihre Kraft nehmen? Aus dem Gelde! Freimaurer sind nur wohlhabende Leute, und die Jesuiten sind an Gütern so gesegnet und werden täglich noch so reich damit ausgestattet, daß die Gedanken dort auch ermunternde und nachhelfende materielle Hebel haben. ⟨...⟩ Die Brüder und Schwestern vom freien Geiste lebten nicht vom Geist allein, sondern ihr Geist war so frei, sich es auch an irdischer Speise nicht fehlen zu lassen.«[171]

Als Abgeordneter im Parlament entsagt Egon allen »abstrakten Idealen« und schwört auf die »Tatsachen«. »Minister haben Tatsachen zu vertreten, keine Meinungen« – ruft er einmal in eine Debatte hinein.[172] Und Siegbert Wildungen meint:

> Egon ist ein Mensch der Tatsachen. Er würde uns Ideologen nennen und unsere Chimären verspottet haben.[173]

Darin täuscht Siegbert sich nicht, denn Ackermann gegenüber, der zu allem Überfluß nicht nur Egons leiblicher Vater, sondern auch Onkel der Wildungenbrüder ist, äußert sich Egon über die Ordensidee äußerst abfällig:

> Luftige Utopismen sind in den meisten Fällen Gelegenheiten zur Ausbeute für die Scharlatane. Ihre Neffen haben das horrible Phantasma eines Bundes aufgestellt, den die Gerichte, im Grunde töricht, wie eine Verschwörung auffassen. Ich weiß sehr wohl, was Dankmar will, und was er den Gerichten verschwieg. Ich sah ja die ersten Keime dieser Gedanken aufblühen. Hier, an diesen Tisch ⟨...⟩ knüpften wir unsre ersten Gedankengänge an, von denen ich nicht ahnte, daß sie ihn so in die Region der Lüfte führen würden.[174]

Diese Sätze paraphrasieren den Grundtenor des politischen Realismus nach 1848 vor allem in der Verdächtigung aller utopischen Projekte als leere Hirngespinste, die den »Boden der Tatsachen« verlassen hätten. Auf diesem »Boden« mit beiden Beinen stehend trägt der Fürst Hohenberg dann dazu bei, die Revolution niederzuschlagen und alle Opposition zu unterdrücken. Die »Ritter vom Geiste« verurteilen ihn als schlimmen Reaktionär:

> Das freundliche Bild des Mannes ⟨...⟩ ist verwischt. Welche Entwicklung einer gewaltsamen, eingebildeten Natur! Diese Verfolgungen, von denen die Zeitungen das Unglaublichste melden! Dieser Terrorismus! Ich kann Adlige gelten lassen, die innerhalb ihrer Vorurteile willkürlich und anmaßend regieren; Beamte, Militärs, Hofmänner sind mir erklärlich; aber so mit Geist, mit Bewußtsein, mit Theorie die gewonnenen Resultate der Zeit mit Füßen treten und den alten feudalen Staat wieder anzubahnen – ⟨...⟩. Alle Vereine hat der Fürst aufgehoben, alle geschlossenen Gesellschaften hat er aufgelöst, die beiden braven Arbeiter, die die Maschinen hierbei begleiteten, ich las es eben in der Zeitung, sind festgesetzt, ⟨...⟩ neue Verhaftungen ⟨...⟩ stehen bevor.[175]

Hält man einen Augenblick inne und fragt sich, in welcher Weise Gutzkow in seinem Roman die Möglichkeit von Politik ins Spiel bringt, dann erkennt man eine ziemlich ruinöse Alternative: entweder die Strategie des Realpolitikers, die hier als Strategie des Adels inszeniert wird und letztlich die Idee der Macht ist, der bloßen Erhaltung, Sicherung und Potenzierung bestehender Herrschaftsverhältnisse – oder die Macht der Idee, die auf den Sog »elektrisierender« Ideale setzt, faktisch aber elitäre Zirkel selbsternannter Menschheitsbeglücker ins Leben ruft – eben die »Ritter vom Geiste«. Zwischen den Polen einer ideenlosen Macht und einer machtlosen Idee wird in Gutzkows Roman das Projekt der Politik aufgerieben.

Der Roman entscheidet sich freilich zugunsten der Ordensidee und gegen Hohenbergs »Realpolitik«. Denn Hohenberg wird selbst Opfer einer »realpolitischen« Intrige, er muß seinen Abschied nehmen, resigniert, wird krank und verbringt den Rest seines Lebens als Pensionär in Nizza – übrigens an der Seite jener Melanie Schlurck, die es als bürgerliche Karrieristin so immerhin zur Fürstin bringt. Vor seiner Abfahrt rechtfertigt er sein Handeln noch einmal gegenüber Dankmar Wildungen und den »Rittern«, mit denen er sich dann halbwegs aussöhnt:

> Mit euch in den Hainen der Akademie wandeln und über Gott, Freiheit, Unsterblichkeit, Staat und Gesellschaft unter den von Efeu und Asphodelos umschlungenen Arkaden der Philosophie, unter dem blauen Himmel der Idealität sokratische Ansichten tauschen – und diese feudale Welt regieren, das sind zwei Gegensätze wie Süd und Nord. Könnt' ich euch von der Tribüne des modernen Staats in eure luft'gen Träume folgen?[176]

Dann aber die Anerkennung der Macht der Idee durch Hohenberg:

> Dieser Zeit muß etwas kommen wie euer Bund oder wenigstens der Geist eures Bundes, sonst bricht diese Gesellschaft in Trümmer. ⟨...⟩ Waffen sind nichts ohne ein strahlendes Banner, das über aller Häuptern weht. Deine Reisige vom Geist brauchen nicht einmal zu kämpfen. ⟨...⟩ Sie haben nichts zu tun als sich nur der Gesellschaft der ewigen Lüge abzuwenden, dieser nicht zu dienen, dieser zu fehlen, stumm zu bleiben, wenn sie ihr reden sollen, das Haus zu schließen, wenn man sie um Hilfe ruft. Dann wird sich die furchtbare Isolierung dieser herrschenden Gesellschaft bald zu Tage geben ⟨...⟩. Ich habe so tief in die Abgründe der Zukunft geblickt, daß ich schweige, um euch nicht zu ermutigen, mehr zu wagen, als jetzt schon geschehen ist.[177]

Hackert – oder das rätselhafte Volk

Arno Schmidt hat die Figur des Fritz Hackert als das »erste und immer noch beste Großstadtkind« der deutschen Literatur bezeichnet.[177a] Hackert ist aber in erster Linie Repräsentant des Proletariats – und zwar genauer des Subproletariats oder »Lumpenproletariats« im delinquenten Milieu des großstädtischen Berlins. Die Schilderung dieses Milieus der Gauner, Spitzel und leichten Mädchen gehört zu den stärksten Passagen des Romans; ein Ausschnitt:

> Hundert Nummern waren in diesem Hause an Bewohner ausgeteilt, und jedes Zimmer bot ein anderes Bild des Elends und Jammers. Dort ein Kranker, ein Sterbender, hier nebenan das kreischende Lachen einer Dirne oder der tobsüchtige Ausbruch eines Trunkenbolds, der seinem Weibe das wenige, das sie besaßen, in Scherben an den Kopf wirft. Arme Käsemaden, menschliche Infusorien, die sich noch im Tod einander selbst verfolgen, mit Gier verschlucken, einer von des andern Armut zehren und mit ihr wuchern wollen! ⟨...⟩ In dem schmutzigen Buche, das die Bewohner nach ihren Nummern anführt, sind an vielen Namen Kreuze gemalt. Das sind Observaten. Sie kamen aus dem Zuchthause und stehen unter polizeilicher Aufsicht. Sie haben einen leidlichen Erwerbszweig ergriffen und vermeiden vielleicht ihre alten Genossen, bis sie von ihnen wieder heimgesucht werden. Mancher von diesen sie dann wieder aufs neue Verführenden ist nur ein verkappter Verführer. Die Polizei gewann ihn zum Spion. ⟨...⟩ Da hüpfte noch vor kurzem ein keckes Bürschchen die Stufen der engen Treppen hinauf, scherzte mit den Näherinnen und Fabrikmädchen, die bis unter das Dach wohnen, und heute führen ihn die Häscher davon. Ein Bündel Wäsche unterm Arm geht er auf zehn Jahre ins Zuchthaus. Wer ahnte, daß er eingebrochen hatte und zu einer Diebsbande gehört? Wer nicht tätig ist, erregt Verdacht. Nur tätig, und sammelte er Glasscherben, wie die alte Frau auf Nr. 43, oder ernährte sich vom Scheren der Pudelhunde, wie ein alter Mann im zweiten Hinterhofe parterre auf Nr. 67, der mit der Brille auf der Nase im Hofe sitzt und die Pudel schert, deren Wolle er an die Tapezierer verkauft. ⟨...⟩ Welch ein Kommen und Gehen in diesem Chaos! Auch die Geburt und der Tod, die Hebamme und der Leichenträger sind immer und immer zugleich auf Besuch hier. Der Tod tritt hier sofort fest und sicher auf. Er nimmt mit rascher Hand. Die Geburten sind zaghafter, mit scheuem Gewissen, mit wenig Freude. Manches Kind, eben gekommen, erhält sogleich die Nottaufe, wozu die Wöchnerinnen, da meist die Väter fehlen, den Vizewirt hin-

aufrufen oder den Alten, der die Pudel schert. ⟨...⟩ Ganze Tragödien spinnen sich hier an und enden, ohne daß sie ihren Dichter anders finden, als höchstens bei Jahrmärkten in den Bankelsängern. In den Kriminalakten stehen die einzelnen Rollen geschrieben.[178]

Diese Genrebilder des Elends bilden den Hintergrund für die Handlungen Hackerts, die vor allem durch ihre Unberechenbarkeit, Sprunghaftigkeit und mangelnde Rationalität gekennzeichnet werden. Mal versorgt er Dankmar Wildungen mit wichtigen Informationen aus Schlurcks Büro, mal bespitzelt er ihn im Auftrage der Polizei. Er leidet überdies an Somnambulismus, kennt Ausbrüche leidenschaftlicher Unbeherrschtheit, dann wieder Momente intriganter Schlauheit. Überdies wird er als triebhaft hingestellt, als Schreiber bei Schlurck hatte er Melanie zu vergewaltigen versucht und war daraufhin entlassen worden, doch er bedrängt die Schöne weiterhin.

Es liegt auf der Hand, daß die Figur Hackerts in der Bizarrheit ihres Auftretens ein Sinnbild des Volks aus der Sicht des Bürgertums ist; es ist unberechenbar, triebhaft, kurz: ein bedrohliches Rätsel; der Roman sagt von Hackert:

Mut und Zaghaftigkeit waren in Hackert auf eigene Art gemischt. Sagen wir, daß etwas Weibliches in ihm lag, eine große Empfänglichkeit und das Bedürfnis einer Liebe, wie sie ihm im bessern Sinne selten zuteil wurde, so wird man sich der Lösung des psychologischen Rätsels, das er bietet, nähern. Ein Mannweib, wäre es denkbar, brächte ähnliche Mischungen, die an Tierisches erinnern, an den Mut und an die Furcht des Löwen zugleich. Hackert hatte große Regungen und verfiel sogleich wieder, bei geringster Verletzung, in niedrige. ⟨...⟩ Und doch konnte er demütig werden bis zum Kleinmütigen, bis zum Überschlagen in weiche Hingebung. Der geringste Erfolg dagegen, ⟨...⟩ schnellte ihn zum Ausbruch des Trotzes und zur Prahlerei auf.[179]

Und für Dankmar ist Hackert geradezu ein Symbol des naiv-unberechenbaren, aber deshalb auch gefährlichen und dressurbedürftigen Volks:

⟨Dankmar⟩ nahm Veranlassung, sich gegen die Schilderung des »Volks« als einer nur unglücklichen Menschenklasse auszusprechen. Von Hackert sagte er: »Ich werfe ihn zu jenen immer nur als halbfertig erscheinenden Menschen, die im Unglück feige winseln und sich im Glück hochfahrend übernehmen. Es fehlt ihm jede geistige Beherrschung. Hackert ist der Mensch des tierischen Instinkts. Und ist er nicht eigentlich der Ausdruck des Volks selbst?«[180]

Hackert ist ein Findelkind; er wuchs ohne Eltern in einem Asyl auf, fand wegen seiner einnehmenden Handschrift und einer gewissen geistigen Beweglichkeit Anstellung im Büro Schlurcks, dessen kriminelle Machenschaften er durchschaute und der ihn deshalb trotz der Attacke auf Melanie nicht der Polizei übergeben konnte, ihm vielmehr Schweigegelder zahlen mußte. Als unberechenbarer Polizeispitzel lebt Hackert ein trostloses Leben, stets auf der Suche nach seiner Herkunft, hierin nicht unähnlich dem Fürsten Hohenberg. Nach langem Hin und Her deckt der Roman seine Identität schließlich auf: Er ist der Sohn eines Hochstaplers und der adligen Schriftstellerin Pauline von Harder und damit weitläufig sowohl mit den Wildungenbrüdern als auch mit Ackermann und seinen Kindern Selma und Fürst Egon verwandt (über diesen selbst mit Melanie). In diesem familialen Universum herrscht somit eine komplementäre Tendenz: Wird Hackert, der »Proletarier« des Romans, durch seine am Ende offenkundige Herkunft sozial gleichsam promoviert, so wird Egon Hohenberg durch die Mesalliance seiner Mutter deklassiert. Beide, der Aristokrat und der Prolet, treffen sich daher, wenn man sich der »Logik« der Genealogie überläßt – in der schönen Mitte der Bourgeoisie.

Ackermann – oder die unendliche Familie

Ackermann, der an sich Rodewald heißt, ist die eigentliche familiäre Integrationsfigur des Romans und sein ideologisches Zentrum. Durch seine Heirat mit Selma von Harder, einer Nichte der Mutter Hackerts, Pauline von Harder, durch sein Abenteuer mit Amanda von Hohenberg und in seiner Eigenschaft als Onkel der Wildungenbrüder ist er faktisch mit allen wesentlichen Figuren des Romans verwandt. Die Lektüre des Romans – das mag schon aus diesen wenigen Beispielen deutlich geworden sein – gleicht dem Herumirren im Labyrinth einer Großfamilie; der Leser kommt sich als Familienforscher, als Genealoge vor. Neben der verhältnismäßig abstrakten Sozialform des Rechts und der utopischen Idee eines »Bundes der Geister« ist es vor allem und in erster Linie das Band der Verwandtschaft – die Familie –, die als Ordnungsform im Chaos undurchschauter Sozialbeziehungen, Abhängigkeiten und Interaktionsspiele für Strukturbildung und Orientierung sorgt. Wenn der Roman oben als Rätsel bezeichnet würde, das es wie im analytischen Drama zu lösen gelte, dann ist des Rätsels Lösung die Aufdeckung der Verwandtschaften, die hier freilich Ordnung und Beruhigung, ja eine gewisse Harmonie bewirkt und nicht der Anfang vom Ende ist wie in der Tragödie des Sophokles.

Ackermann-Rodewald wird als Mann von glänzender, vielseitiger Begabung geschildert. Er machte Karriere als Offizier in den »Befreiungskriegen« gegen Frankreich, dann als Rechtsprofessor an der Universität. Als ihn ein mehrjähriger Forschungsaufenthalt nach Italien führt, lernt er das Leben auch von anderen Seiten lieben und hat eine Reihe heftiger Affären, erst mit Pauline von Harder, dann mit ihrer Freundin Amanda, schließlich mit Paulines Nichte Selma, mit der er nach Amerika emigriert, um sich dort alsbald als wohlhabender und erfolgreicher Farmer einen Namen zu machen. Nach Europa zurückgekehrt, verwaltet er den heruntergekommenen Besitz seines fürstlichen Sohnes, zunächst noch incognito. Über die Tatsache eines »bürgerlichen« Vaters ist Egon, der »realpolitische« Vertreter des Grundsatzes legitimer Fürstenherrschaft zunächst entsetzt; in einer sentimentalen Szene versöhnen sich die beiden aber. Ackermanns häusliches Leben an der Seite seiner Tochter Selma wird im Roman als Inbegriff einer positiven, eben bürgerlichen Kultur und Lebensweise ausgegeben. Auf Louis Armand, einen französischen Ex-Freund Egons, der radikal-sozialistische Ansichten hat, wirkt diese Häuslichkeit ganz bezaubernd:

> Während noch Selma in dem Adagio ⟨von Beethovens c-moll Sonate, d. Verf.⟩ begriffen war und mit großer Reinheit die ersten Läufe, perlenden Tautropfen gleich, aus ihren Fingern gleiten ließ, überdachte Louis Armand die Situation, in der er sich befand. Er konnte sich nicht verschweigen, daß

in diesem kleinen, einsamen Kreis ein Element waltete, das ihm neu und fremdartig war. Die sinnige kleine Welt des höhern Bürgerlebens, verbunden mit den freien und großartigen Anschauungen eines fremden Weltteils, verbreitete hier eine Atmosphäre, die um so wohltuender auf ihn wirkte, als er überall im Gespräch auf die Grenze der reinsten Sittlichkeit gestoßen war. Er hatte soviel Ungewöhnliches, Abnormes seit einer Reihe von Jahren erlebt, daß ihm diese Lebenskunst, die hier nach dem Tumult einer großen Reise schon so rasch einen kleinen Tempel der Häuslichkeit hatte aufbauen können, als etwas Ehrwürdiges erschien und er sich hier nur untergeordnet und ein Aufnehmender fühlen mußte.[181]

Die »bürgerliche Lebenskunst« bezwingt den Kämpfer und Sozialisten Armand. Politisch stimmt Rodewald mit den Ansichten seines Schwiegersohns und Neffen Dankmar überein, ja er übertrumpft ihn noch in seinen quasi-messianischen Erwartungen:

Rodewald, schon seit lange sowenig Idealist, wie es ein auf Erde, Regen und Sonnenschein angewiesener Arbeiter nur sein kann, ging in seiner Übereinstimmung mit Dankmar so weit, daß er sogar von unserer Zeit zugab, sie wäre zu einer neuen Messiasoffenbarung reif. ⟨...⟩ Er ⟨der neue Messias, d. Verf.⟩ würde nur zu lehren brauchen: Ich komme als ein anderer Christus, der wieder der ganzen Welt sein muß, was dieser den Juden gewesen! Ich komme als ein Richter und Strafredner über den Pharisäismus dieser Tage, der mit den Unterdrückern des geistigen Lebens buhlt, statt die Menschen von der Geschichte zu befreien, das Individuum von der Gesellschaft, die Gesellschaft vom Staate, den Staat von den Personen und den Vorrechten der Geburt![182]

Es sind die Ordnungsformen des Rechts, des Ordens und vor allem der Familie, die in Gutzkows Roman die Kontingenz des Geschehens, das Chaos der Ereignisse in Sinn und Zusammenhang verwandeln. Vor allem das Netz der Verwandtschaften, das alles integriert, das Allzuhohe sinken, das Allzutiefe aber steigen läßt, konturiert gleichsam die bürgerliche Familie zur prägnanten Anschauungsform sozialer Verhältnisse. Man wird freilich kritisch fragen müssen, wie weit man kommt, wenn man das Feld des Sozialen in der Perspektive familialer Beziehungen, ihrer Zuneigungen und Animositäten, Herzlichkeiten und Aggressionen, Liebe und Unterwerfung – immer aber in durchschaubaren und erwartbaren Konstellationen – wahrnimmt. Man ist versucht zu sagen, etwa zu dem Weltbild gewisser erfolgreicher Fernsehserien. Wie auch immer: Gutzkow teilte trotz aller Informiertheit und Weltkenntnis die Unfähigkeit oder den Unwillen der Literatur des bürgerlichen Realismus, der modernen, z.B. großstädtischen Lebenswirklichkeit anders als mit konventionellen Anschauungsformen und traditionellen Sinnfiguren zu begegnen: Wenn die Sozialbeziehungen undurchsichtig sind, so halte man sich an die Familie! – Wenn Politik anonym abläuft, so gründe man einen Orden, dessen Botschaft die Massen »elektrisiert«! Allein dem Rat, im Konfliktfall sich an die Ordnungsform des Rechts zu halten, wird man nicht ironisch begegnen; diese ist freilich von den drei Modellen, die der Roman vorführt, dasjenige, dem am wenigsten Emphase und Raum zuteil geworden ist.

Simultaneität

Gutzkow ist als Programmatiker des »Romans des Nebeneinander« in die Literaturgeschichte eingegangen. Wie ist er diesem Anspruch aber als Erzähler gerecht geworden? Die Zeitlichkeit allen Erzählens erzwingt, daß gleichzeitige Vorgänge nur nacheinander zur Sprache kommen können. Aus diesem Grunde sind die »Ritter vom Geiste« im Prinzip so strukturiert, daß das Ensemble der thematisch differenten Erzählsequenzen, die gleichzeitiges Geschehen artikulieren, im Nacheinander der Kapitel verhältnismäßig konventionell entfaltet wird. Folgt also etwa eine Sequenz der Wildungen-Geschichte, von einem Zeitpunkt t1 zu einem Zeitpunkt t2, dann erzählt die folgende Sequenz die Ereignisse zwischen t1 und t2 aus der Perspektive Hohenbergs, usw.

Der Umstand, daß im Unterschied zum Bildungsroman, der im wesentlichen nur eine Geschehenssequenz im narrativen Diskurs artikuliert, in Gutzkows Sozialroman eine große Anzahl solcher Sequenzen »orchestriert« wird, ruft den Leseeindruck einer gewissen Unüberschaubarkeit hervor. Zeitgenössische Kritiker sprachen sarkastisch vom »Roman des Durcheinander«. Eigentlich aber handelt es sich lediglich um die Integration einer bestimmten Anzahl »gleichzeitiger« Geschehensabläufe im Nacheinander des Romandiskurses. Und dieses im unausweichlichen Modus des »Nacheinander« erzählte »Nebeneinander« gleichzeitiger Ereignisse wird dann von Gutzkow über die narrative Organisation hinaus noch semantisch und symbolisch integriert durch die analysierten Sinnkonfigurationen des Bundes und der Familie.

Noch eine andere Erläuterung sei erwähnt, die Gutzkow für sein »revolutionäres« Formprinzip 1854 gegeben hat, und die sichtbar werden läßt, wie sehr er an Harmonisierung, Integration, sinnhafter Totalisierung – und nicht an Dispersion, Dezentrierung und Disharmonie des im Roman vorgestellten sozialen Panoramas interessiert war:

> Den Roman des Nebeneinander wird man verstehen, wenn man z. B. in einem Bilderbuche sich die Durchschnittszeichnung eines Bergwerks, eines Kriegsschiffes, einer Fabrik vergegenwärtigen will. Wie hier das nebeneinander existierende Leben von hundert Kammern und Kämmerchen, die eine von der andern keine Einsicht haben, doch zu einer überschauten Einheit sichtbar wird, so glaubte der Aufsteller jenes Begriffs im Roman des Nebeneinander den Versuch gemacht zu haben, den Einblick zu gewähren in hundert sich kaum sichtlich berührende und doch von einem einzigen großen Pulsschlag des Lebens ergriffene Existenzen.[183]

Diese Selbstauslegung des Autors sollte all jene nachdenklich stimmen und zur Zurückhaltung mahnen, die in Gutzkows Poetik des »Nebeneinander« ein Präludium des modernen Romans im 20. Jahrhundert sehen wollen. Gutzkow inszenierte Differenz, um in ihr die Identität triumphieren zu lassen.

Gleichwohl gibt es im Roman Szenen, die als erzähltechnische Innovation gedeutet werden können. Und zwar solche, die Simultaneität im Verfahren der Diskursmontage zur Anschauung bringen. Dieses montierende Verfahren ist in keiner Passage prägnanter als in einer Szene, in der der Polizeispitzel Hackert die Gründungssitzung der »Ritter« in einem alten Ratskeller belauscht und mit einem Komplizen namens Schmelzing stenographiert. Hackert und sein Gehilfe befinden sich in einem verborgenen Gang über dem Sitzungszimmer und können dank eines Belüftungsschachtes das Gespräch der »Verschwörer« mithören. Zugleich aber werden sie unfreiwillig Zeugen von zwei weiteren Gesprächsrunden, die in naheliegenden Räumen stattfinden. Diese Szene nun montiert drei Diskurse: zum einen den der »idealistischen« Ritter, die über die Grundsätze ihres Bundes debattieren, dann den ihrer klerikal-konservativen Gegner, die sich über ihre Intrigen verständigen; dabei handelt es sich u. a. um einen getarnten Jesuiten, der hinter dem Geld einer Geliebten des Fürsten Hohenberg her ist; und schließlich um die amouröse Konversation eines Salonliteraten, eines entlaufenen Geistlichen namens Guido Stromer mit einigen Halbwelt-Damen. Und im Stenogramm der Spitzel werden Fetzen dieses nun tatsächlich simultanen Nebeneinanders dreier Diskurse festgehalten. Zunächst der amouröse Diskurs:

> »Aphroditische Wesen«, sagte die männliche Stimme, »lasset uns zum letzten Male noch von dem Schaum opfern, dem die Göttin entstiegen ist, deren würdige Priesterinnen ihr euch nennen dürft! Steige auf, zyprische Welle! Lodre, brodle, schäume!« Ein Geräusch verriet, daß ein Champagnerkork aufflog. Zwei Mädchenstimmen schrien vor künstlichem Schreck. »Die Gläser her!« fuhr die männliche Stimme fort, »das Glück verrauscht! Kurz ist der Augenblick der Freude!« – »Mit Brotrinde umgerührt«, sagte das eine Frauenzimmer, »dann dauert's länger.« ⟨...⟩ »Nein, Diotima«, sagte wieder die pathetische Stimme. »Was soll mir des Brotes Rinde! Was soll mir der künstliche Perlenflor! Die Natur verschmäht die Nachhilfe der Kunst. Oder bist du wohl lieber für die Kunst, schlanke Aspasia?« ⟨...⟩ »Ah«, riefen die Mädchen. »Sie verschütten sich ja –« – »Das köstliche Naß auf des Hauses geheiligten Estrich? So mußt du den Göttern opfern, Diotima!« – »Mit Erlaubnis«, antwortete Diotima, »zum Aufscheuern ist Champagner denn doch zu teuer.«[184]

Der klerikal-reaktionäre Diskurs:

> Der Schall mochte den Lauscher verführen, die Gesellschaft für zahlreicher zu halten, als sie war. ⟨...⟩ Bald unterschied er das Thema, das besprochen wurde. Es war ein politisches. Es hörte den Namen der Jesuiten nennen. Man bat mehrfach den Franzosen, sich über diese Gesellschaft offen auszusprechen. Man versicherte ihn, daß er sich unter Freunden befände, unter den aufrichtigsten Verehrern einer Politik, die nicht auf Kleinliches und Geringes, sondern auf Weltplane zusteuerte. ⟨...⟩ Die Phrase, die eben ausgesprochen wurde: »Wir leben nun einmal im Zeitalter der Revolution!« zog ihn wie auf ein Kommando sogleich zur Erde nieder. Und wie sich ein

Stenograph nicht erst lange besinnen darf, sondern mechanisch die Hand dem Ohr folgen lassen muß, so schrieb auch schon Schmelzing, während er sich erst niederließ.[185]

Der Diskurs der »Ritter«:

> Das Ideal ahnen wir, aber Nebel umgeben die Sonne. Auf dem Wege zur Wahrheit hundert Lügen, und Lügen nicht einmal, die wir verachten dürften, nein, wir sollen uns mit ihnen abfinden, sollen mitlügen, um von ihnen ehrlich loszukommen. Wir alle hier sind Demokraten. ⟨...⟩ Das demokratische Prinzip galt bisher nur für kleinere Staaten, jetzt erst ist es ein Weltdogma geworden, ein geschichtlicher Hebel. Da ist es fast so groß, so heilig zu erachten wie eine Religion.[186]

In keiner Szene hat Gutzkow die narrativen Möglichkeiten der Simultaneität als Diskursmontage so innovativ erprobt wie in diesem »Lauschangriff« der Polizeispitzel. Ihr stenographisches Protokoll bringt daher, wie man sich denken kann, den Polizeikommissar Pax ⟨!⟩, der an belastendem Material gegen die Mitglieder des Ordens interessiert war, zur Verzweiflung:

> »Ich will nicht hoffen«, unterbrach Pax, »daß sie dies Stelldichein eines unbesonnenen Mannes, den der Genuß des Residenzlebens um Vernunft und Vorsicht zu bringen scheint, gehindert hat, an der Hauptstelle achtzugeben?« ⟨...⟩ »Aber mein Gott«, rief jetzt Pax, ⟨das Stenogramm⟩ betrachtend, »wer will denn etwas von den Jesuiten wissen! Was hat denn zum Teufel der Werdeck gesagt, der Major? Der Major! Hackert!« Pax geriet in den äußersten Zorn, als Schmelzing verlegen bald auf Hackert, bald zur Erde sah, und jener sich auf die Erinnerungen seines Gedächtnisses berief. Er lief im kleinen Zimmer auf und ab, fluchte, wetterte und erklärte, daß ihm mündliche Berichte nichts helfen könnten.«[187]

Dieses wertlose Protokoll zusammenhangloser Ausschnitte aus differenten, ja semantisch hoch gegensätzlichen Diskursen, die in dieser Collage ihren Sinn verlieren, ist Gutzkows radikalste, aber zugleich Episode gebliebene Realisierung des neuen Romanprinzips. An erzähltechnischem Innovationsrang ist ihr in der Mitte des 19. Jahrhunderts allein die berühmte »comices agricole«-Szene in

Flauberts ›Madame Bovary‹ (1856) an die Seite zu stellen, in der Flaubert den Verführungsdiskurs und den ökonomisch-politischen Diskurs so montiert, daß beide Diskurse ironisch um ihr Bedeutungspotential gebracht werden.

Der große Unterschied zwischen Flaubert und Gutzkow liegt nun aber darin, daß in der ›Madame Bovary‹ der sarkastische Kontrast der Redeweisen die Funktion hat, die vollkommene Banalität und Lächerlichkeit aller im Bürgertum zirkulierenden Diskurse sichtbar zu machen. Flauberts Textstrategie zielte auf eine totale Entlarvung der Ideale und Wertvorstellungen seiner Zeitgenossen, auf eine literarische »Desemantisierung« der konventionellen Denkweisen und Überzeugungen, denen er keine andere positive Alternative entgegenstellte als ein Schreibprogramm, ein Ideal des Stils oder eine kompromißlos ästhetische Existenz, die alles »Soziale« hinter sich zu lassen glaubte. Daher gibt es in der ›Madame Bovary‹ auch keine »positive«, identifikationsermöglichende Figur: Emma ist das nicht eben intelligente Opfer ihrer töricht-sentimentalen Jugendlektüre, ihr Mann ein Trottel, die »Verführer« ohne Format, alle anderen kleinkarierte Spießer oder phrasendreschende Bildungsphilister. Der Blick des Literaten Flaubert auf seine Zeit war ein Blick des Ekels und Abscheus; er hätte das gesamte Programm der »Ritter vom Geiste« und wohl auch Gutzkows Romanpoetik – hätte er sie gekannt – in sein ›Dictionnaire des idées reçues‹ aufgenommen, in dem er den hochtrabend daherkommenden Unsinn in den Diskursen seiner Zeitgenossen verzeichnen wollte. Diese, was das Soziale betrifft, geradezu zynisch-nihilistische Position Flauberts trennt ihn von dem Harmonisierungs- und Verklärungsbedürfnis der deutschen Realisten. Gutzkow hat daher noch mit einer Passage wie der ausführlich zitierten Spitzelszene keineswegs die Absicht verfolgt, etwa die hochfliegenden Pläne seiner »Ritter« zu ironisieren. Denn in letzter Instanz hatte die Diskursmixtur in dem Polizeiprotokoll eine spurenverwischende, die »Ritter« vor dem Zugriff – mindestens zunächst – bewahrende, d. h. eine pragmatische Funktion im Kontext der erzählten Handlung. Während Flaubert die Semantik der zitierten Diskurse entleerte, um ihre Elemente unter dem Diktat eines forcierten Stilwillens zur Sprachlichkeit des Kunstwerks neu zu formieren, glaubte Gutzkow, das poetische

Konstrukt einer »harmonisierten Welt« als »wahres Wesen« der sozialen Realität ausgeben zu können. Die Trost- oder Kompensationsfunktion, die eine solche literarische Inszenierung von »Harmonie« und Heil angesichts gegenläufiger Erfahrungen hatte, rückte Gutzkow selbst in die Nähe religiöser Erbauung:

> Dem sozialen Roman ist das Leben ein Konzert, wo der Autor alle Instrumente und Stimmen zu gleicher Zeit in- und nebeneinander hört. Wiedergeben läßt es sich natürlich nur in der Form des Nacheinander, aber auf die erste Anschauung kommt es an. Ist diese so viel wie möglich nach allen Lebensrichtungen zugleich gewendet und könnte man hoffen, durch diese immer von einem großen Hintergrund ausgehende Romanform in manche Dissonanz Wohlklang, in manche Verzweiflung Trost ⟨...⟩ zu bringen ⟨...⟩, so wäre man vorläufig wenigstens wieder da angelangt, wo die Poesie schon oft gestanden hat: Der Dichter ist Seher, die Poesie Religion.[188]

V. Theodor Fontane: Das Ende des Realismus und der Beginn moderner Literatur

Im Herbst 1770 lernte Johann Wolfgang von Goethe in Sesenheim Friederike Brion, die zweitälteste Tochter eines Landpfarrers, kennen.

Schlank und leicht, als wenn sie nichts an sich zu tragen hätte, schritt sie, und beinahe schien für die gewaltigen blonden Zöpfe des niedlichen Köpfchens der Hals zu zart. Aus heiteren blauen Augen blickte sie sehr deutlich umher, und das artige Stumpfnäschen forschte so frei in die Luft, als wenn es in der Welt keine Sorge geben könnte; der Strohhut hing ihr am Arm, und so hatte ich das Vergnügen, sie beim ersten Blick auf einmal in ihrer ganzen Anmut und Lieblichkeit zu sehn und zu erkennen.[189]

Dieser Begegnung verdanken wir – literarhistorische Skrupel einmal beiseite gelassen – unsere moderne Liebeslyrik. Denn Goethe schickte seiner Friederike manches Gedicht von Straßburg herüber, in dem ein neuer Ton vernehmlich wird; kein anakreontisches Getändel mehr, wie noch in seiner Leipziger Zeit, sondern unmittelbar empfundene, vom persönlichen Erleben der Liebe durchstimmte Verse, die in der frühlingshaften Natur des Jahres 1771 stimmungsvoll Resonanz zu finden scheinen; so dichtete Goethe das berühmte Mailied:

> Wie herrlich leuchtet
> Mir die Natur!
> Wie glänzt die Sonne!
> Wie lacht die Flur![190]

Und von Straßburg empfing Friederike auch jene Strophen, die zwar noch manches konventionelle Requisit aufweisen, aber doch auch zugleich von jenem neuen Ton innig empfundener Liebe durchtönt sind:

> Kleine Blumen, kleine Blätter
> Streuen mir mit leichter Hand
> Gute junge Frühlingsgötter
> Tändelnd auf ein luftig Band.
>
> Zephyr, nimm's auf deine Flügel,
> Schling's um meiner Liebsten Kleid!
> Und so tritt sie vor den Spiegel
> All in ihrer Munterkeit.
>
> Sieht mit Rosen sich umgeben,
> Selbst wie eine Rose jung:
> Einen Blick, geliebtes Leben!
> Und ich bin belohnt genung.
>
> Fühle, was dies Herz empfindet,
> Reiche frei mir deine Hand,
> Und das Band, das uns verbindet,
> Sei kein schwaches Rosenband![191]

Goethes Liebe zu Friederike hat das Jahr 1771 nicht überdauert; statt weiter Sesenheim zu besuchen, machte Goethe in Straßburg Examen und kehrte nach Frankfurt zurück; bald begegnet ihm Charlotte Buff in Wetzlar: »Werthers Leiden« beginnen. Um die Liebe zu Friederike Brion ranken sich später Legenden, Sesenheim wird zum Ziel mancher Pilgerreise empfindsamer Goethe-Leser und Goethe-Leserinnen; die kurze Affäre verklärt sich zum Inbegriff einer schwärmerisch-poetischen Jugendliebe in der heiteren Frühlingslandschaft des Elsaß und der Rheinauen.

Achtzig Jahre später: In Berlin verliebt sich ein junger Student der Philologie, Sohn eines wohlbestallten preußischen Beamten, in die hübsche Tochter eines Kolonialwarenhändlers aus seiner Nachbarschaft. Sie treffen sich häufig – meist in den Lagerräumen des Geschäfts und schwärmen für Kunst und Literatur. Sie verehrt Schiller und rezitiert ergriffen seine Balladen, etwa die von dem todesmutigen Jüngling, der sich in die brodelnde See stürzt, um als Lohn für seine Kühnheit die Hand der Königstocher zu erringen.

Er hält es mehr mit Goethe: Ist er nicht ebenso jung wie der Student der Jurisprudenz in Straßburg und liebt er seine kunstsinnige Freundin nicht ebenso wie jener seine Friederike? Er beginnt Verse zu machen – Goethes Jugendlyrik klingt in seinem Ohr wider – »Kleine Blumen, kleine Blätter / Streuen mir mit leichter Hand / Gute junge Frühlingsgötter / Tändelnd auf ein luftig Band ⟨...⟩« – Und in dem Versmaß vierhebiger Trochäen dichtet er gleichsam weiter:

> Glück, von deinen tausend Losen
> Eines nur erwähl ich mir.
> Was soll Gold? Ich liebe Rosen
> und der Blumen schlichte Zier.
>
> Und ich höre Waldesrauschen,
> Und ich seh ein flatternd Band –
> Aug in Auge Blicke tauschen,
> Und ein Kuß auf deine Hand.
>
> Geben nehmen, nehmen geben,
> Und dein Haar umspielt der Wind.
> Ach, nur das, nur das ist Leben,
> Wo sich Herz zum Herzen find't.[192]

Kein schlechtes Gedicht, vielleicht ein wenig epigonal, aber tief empfunden; die Geliebte ist jedenfalls gerührt, ihr Sinn für das »Höhere« und »Ideale« empfindsam angesprochen: »Einziger« –

sagt sie zu ihm – »das kommt von Gott«[193]. Dann verloben sie sich. Er beschleunigt sein Studium, will rasch fertig werden, um die Geliebte bürgerlich heimzuführen; sie beginnt ihn jedoch hinzuhalten – und eines Tages ist es dann soweit: sie hat einen anderen genommen, einen Reicheren. Ihm bleibt nur der Dr. phil. und eine melancholische Erinnerung; sie läßt die Gedichte des Ex-Verlobten kostbar einbinden und das Lied ›Glück, von deinen tausend Losen‹, wird sie, wohl nach Beethovens eingängiger Melodie, immer wieder singen. Sie heißt nun Jenny Treibel, geb. Bürstenbinder; er ist Wilibald Schmidt, Gymnasiallehrer für alte Sprachen und deutsche Literatur.

Vierzig Jahre später: Der Oberlehrer Dr. Marcell Wedderkopp liebt seine Cousine Corinna Schmidt, des alten Wilibald einziges Kind. Diese ist nicht auf den Mund gefallen, intelligent, witzig, kann anregend plaudern – eine »moderne« junge Frau, »quick and clever«, wie ein englischer Gast einmal bewundernd sagt[194]. Man lebt im letzten Jahrzehnt vor der Jahrhundertwende, Wilhelm II. ist deutscher Kaiser und »Modernität« Trumpf. 1895 beginnen die ersten Frauen ihr Studium an der Berliner Universität. Alles redet von weiblicher »Emanzipation«. Sentimentale Gedichte auf blonde Mädchen mit langen Zöpfen beeindrucken junge Damen nicht mehr. Wedderkopp schreibt also keine Verse, er konspiriert dagegen mit dem alten Schmidt, dessen Bewunderung er hat, weil er Archäologe ist und kurz vor der Habilitation steht. Forschungsreisen in den Spuren Heinrich Schliemanns, dann eine Professur an der Universität – Wilibald Schmidt ist von den Zukunftsaussichten seines Schwiegersohns in spe ganz hingerissen. Die Tochter sei ihm sicher! Diese aber hat ihren eigenen Willen: Sie schwärmt nicht mehr lyrisch von »Waldesrauschen« und »flatternden Bändern«; sie will aus der kleinbürgerlichen Enge des väterlichen Haushalts heraus – in die »große Welt«, sie liebt das Ambiente von Geld und Luxus; schicke Sachen, Reisen nach Italien, eine eigene Yacht ...

> Ich bin für einen Landauer und einen Garten um die Villa herum. Und wenn Ostern ist und Gäste kommen 〈...〉, so werden Ostereier in dem Garten versteckt, und jedes Ei ist eine Attrappe voll Konfitüren von Hövell oder Kranzler, oder auch ein kleines Necessaire ist drin.[195]

Dies spielt auf die Gewohnheit der großen Welt an, exquisite oder extravagante Geschenke um die Osterzeit feiertagsgerecht zu verschenken. So stellte der Herzog von Gramont in den fünfziger Jahren seiner Geliebten – der Sängerin Hortense Schneider – ein riesiges Osterei vor die Tür, »das in seinem Inneren eine Equipage mit einem Kutscher und zwei Pferden enthielt«[196]. Da ist Konfitüre und ein Necessaire noch bescheiden, aber immerhin – Corinna will hoch hinaus, und dazu braucht sie einen reichen Mann; Wedderkopp, der es bestenfalls zum Professor bringen wird, kommt da nicht in Frage. Der jüngere Sohn der alten Kommerzienrätin Treibel, Leopold, ist da ein weit besserer Kandidat; zwar ist er einigermaßen beschränkt, aber er hat Geld. Corinna nimmt ein Diner im Hause Treibel, zu dem sie aus alter Anhänglichkeit der Kommerzienrätin an den Sänger ihrer Jugend wie stets eingeladen wird, zum Anlaß, um Leopold den Kopf zu verdrehen. Sie ist geistreich wie nie und charmanter Mittelpunkt der Konversation. Die Männer staunen sie an, die Frauen sind pikiert. Leopold ist von Stund an in sie verliebt und gesteht ihr während einer Landpartie nach Halensee seine tiefe Neigung:

»Ach Corinna«, sagt er, »ich kann ohne Sie nicht leben und diese Stunde muß über mich entscheiden. Und nun sagen Sie ja oder nein.«[197]

Corinna schenkt sich jede Gefühlsduselei und ordnet »quick and clever« an, was zu tun ist: zunächst muß die alte Treibel ausmanövriert werden; vor ihr hat Leopold Angst, und sie wird sich der Heirat widersetzen. Denn Jenny, das weiß Corinna von ihrem Vater, gibt ihren sentimentalen Neigungen nur nach, wenn sie nichts kosten, wenn ihre Interessen nicht berührt werden – und eine Lehrerstochter ist für ihren Leopold nichts. Da ist Hildegard Munk, Tochter eines Hamburger Holzhändlers, schon besser, wenn sich Jenny auch über den hanseatischen Dünkel dieser Familie ärgert, und ihr eine Schwiegertochter aus Hamburg an sich reicht: ihr ältester Sohn Otto hatte bereits Hildegards Schwester Helene geheiratet.

Zwischen Corinna und Jenny beginnt nun der Kampf um Leopold; jene versucht, ihm den Rücken zu stärken, diese wäscht ihm den Kopf und bestellt die ansehnliche Hildegard her; Leopold weiß nicht, was er machen soll: Corinna ist ja faszinierend, aber die Mutter ist so böse! Sie sehen sich nicht mehr, er schreibt ihr täglich – mehr oder weniger dasselbe –, so daß Corinna die Briefe bald ungelesen wegsteckt:

> Liebe Corinna! Gestern abend noch hatte ich ein Gespräch mit der Mama. Daß ich auf Widerstand stieß, brauche ich Dir nicht erst zu sagen, und es ist mir gewisser denn je, daß wir schweren Kämpfen entgegengehen. Aber nichts soll uns trennen. In meiner Seele lebt eine hohe Freudigkeit und gibt mir Mut zu allem. Das ist das Geheimnis und zugleich die Macht der Liebe. Diese Macht soll mich auch weiter führen und festigen. Trotz aller Sorge Dein überglücklicher Leopold.[198]

Corinna merkt, daß sie gegen die strategische Energie Jennys und angesichts des mutlosen Leopold keine Chance hat; sie hat hoch gepokert und verloren – geliebt hat sie den dämlichen Treibel-Sohn ja ohnehin nicht, und als Dr. Wedderkopp, der weise und abgeklärt wie sein eigener Großvater und verständnisvoll wie ein Psychologe allen Eskapaden seiner Cousine zugeschaut hatte, wieder auf sie zugeht, sagt sie ja und willigt ohne alle Gefühlsregung in die Ehe mit diesem kommenden Professor ein. Sie verhehlt ihm selbst in diesem Moment nicht, daß ein Leben mit dem jungen Treibel gar nicht so schlecht gewesen wäre:

> Ich wollte ihn ganz ernsthaft heiraten. Und mehr noch, Marcell, ich glaube auch nicht, daß ich sehr unglücklich geworden wäre, das liegt nicht in mir, freilich auch wohl nicht sehr glücklich. Aber wer ist glücklich? Kennst du wen? Ich nicht. Ich hätte Malstunden genommen und vielleicht auch Reitunterricht, und hätte mich an der Riviera mit ein paar englischen Familien angefreundet, natürlich solche mit einer Pleasure-Yacht, und wäre mit ihnen nach Korsika oder nach Sizilien gefahren, immer der Blutrache nach. Denn ein Bedürfnis nach Aufregung würd ich doch wohl zeitlebens gehabt haben; Leopold ist etwas schläfrig. Ja, so hätt ich gelebt.[199]

1770 – 1850 – 1890: Drei Liebesgeschichten geben Fontanes Roman ›Frau Jenny Treibel‹ die Kontur. Johann Wolfgang Goethe und Friederike Brion – Wilibald Schmidt und Jenny Bürstenbinder –

Marcell Wedderkopp und Corinna Schmidt – oder: die zur Legende verklärte Liebe des Genies zu dem reizenden Landmädchen – der dichtende Student und die ebenso schwärmerische wie auf ihren Vorteil bedachte Schöne aus dem Kolonialwarenladen – der nüchterne Gelehrte und die moderne Frau: So wird Poesie zu Prosa! Fontanes Roman aus dem Jahre 1892 kann als ironische Verabschiedung des bürgerlichen Realismus gelesen werden; in ihm wird die Leitsemantik des Realismus der fünfziger Jahre – also des Zeitraums, in dem Jenny und Wilibald jung waren – als Geschwätz preisgegeben. Wenn die Kritik, die Fontanes Roman an den Formeln des Realismus übt, in erster Linie Sprachkritik ist, mag es statthaft sein, eine Parallele zu Flauberts ›Dictionnaire des idées reçues‹ zu ziehen. Über seine Absicht bei der Niederschrift des Romans äußert sich Fontane 1888 gegenüber Paul Schlenther. Demnach gehe es ihm um eine

> Verhöhnung unsrer Bourgeoisie mit ihrer Redensartlichkeit auf jedem Gebiet, besonders dem der Kunst und der Liebe, während sie doch nur einen Gott und ein Interesse kennt: das goldene Kalb.[200]

Kritik der Redensarten

Wer den Roman auf die zentralen Begriffe und Formeln der realistischen Ästhetik hin durchsieht, kommt an der Feststellung nicht vorbei, daß diesen Begriffen kein sonderlicher Kredit mehr eingeräumt wird, daß sie vielmehr sämtlich ironisch betrachtet werden – als Elemente einer mehr als zweifelhaften, ja mitunter ridikülen Konversation. Nehmen wir zuerst den Begriff der »Verklärung«; gerade für Fontane war »Verklärung« ja die zentrale Aufgabe realistischer Literatur und ihr ästhetisches Grundprinzip. Von »Verklärung« ist nun im Roman zweimal die Rede: im ersten Kapitel unterhält sich Corinna mit Jenny Treibel über das Leben im allgemeinen und was ihm Sinn und Bedeutung gibt; Corinna plädiert für Luxus und Wohlleben, Jenny, die dies alles hat, schwärmt für »einfache Verhältnisse« und räsoniert darüber, daß Geld allein nicht glücklich mache:

»Ach, meine liebe Corinna, glaube mir, kleine Verhältnisse, das ist *das*, was allein glücklich macht.« – Corinna lächelte. »Das sagen alle die, die drüber stehen und die kleinen Verhältnisse nicht kennen.« »Ich kenne sie, Corinna.« – »Ja, von früher her. Aber das liegt nun zurück und ist vergessen oder wohl gar verklärt. Eigentlich liegt es doch so: alles möchte reich sein, und ich verdenke es keinem.«[201]

Wenn Corinna hier davon spricht, daß Jenny ihre einfache Herkunft nostalgisch verkläre, so ist damit – vor allem im Hinblick auf Jennys spätere Handlungsweise – nichts anderes gesagt, als daß sie die Lebensbedingungen ihrer Jugend sentimental verfälsche und zu einem kitschigen Erinnerungsbild gemacht habe. Noch einmal ist von »Verklärung« die Rede, als der Erzähler im Kontext eines Diners im Hause des Kommerzienrats Treibel die Gäste schildert und über ein Fräulein von Bomst, die vorher als besonders schlanke Dame in Erscheinung getreten war, ironisch bemerkt:

⟨Man⟩ sah eine kleine Weile dem Landauer nach, der, die Köpnicker Straße hinauf, erst auf die Frau von Ziegenhalssche Wohnung, in unmittelbarer Nähe der Marschallsbrücke, dann aber auf Charlottenburg zu fuhr, wo die seit fünfunddreißig Jahren in einem Seitenflügel des Schlosses einquartierte Bomst ihr Lebensglück und zugleich ihren besten Stolz aus der Betrachtung zog, in erster Zeit mit des hochseligen Königs Majestät, dann mit der Königin Witwe und zuletzt mit den Meiningenschen Herrschaften dieselbe Luft geatmet zu haben. Es gab ihr all das etwas Verklärtes, was auch zu ihrer Figur paßte.[202]

Neben dem Begriff der »Verklärung« sind es vor allem das »Poetische« und das »Ideale«, die als Leerformeln der Konversation immer wieder benutzt werden. Und zwar prägen sie in erster Linie den Diskurs der Jenny Treibel, die sich im Gespräch nicht genug daran tun kann, ihren Sinn für das »Höhere« und »Poetische« herauszustellen und gegen die »Prosa« des gemeinen Lebens abzugrenzen. Einige Beispiele mögen diese Beobachtung illustrieren; gleich zu Beginn meint Jenny zu Corinna:

Zu meiner Zeit, da war es anders, und wenn mir nicht der Himmel, dem ich dafür danke, das Herz für das Poetische gegeben hätte, was, wenn es mal in einem lebt, nicht wieder auszurotten ist, so hätte ich nichts gelernt und wüßte nichts. Aber, Gott sei Dank, ich habe mich an Gedichten herangebildet, und wenn man viele davon auswendig weiß, so weiß man doch manches. Und daß es so ist, sieh, das verdanke ich nächst Gott, der es in meine Seele pflanzte, deinem Vater. Der hat das Blümlein großgezogen, das sonst drüben in dem Ladengeschäft unter all den prosaischen Menschen 〈...〉 verkümmert wäre.[203]

Dann wendet sie während des Diners gegen einen Gast ein, der gemeint hatte, »der Prosa gehöre heute die Welt«:

Wenn Sie Prosa vorziehen, so kann ich Sie daran nicht hindern. Aber mir gilt die poetische Welt, und vor allem gelten mir auch die Formen, in denen das Poetische herkömmlich seinen Ausdruck findet. Ihm allein verlohnt es sich zu leben. Alles ist nichtig; am nichtigsten aber ist das, wonach alle Welt so begehrlich drängt: äußerlicher Besitz, Vermögen, Gold. »Gold ist nur Chimäre«, da haben Sie den Ausspruch eines großen Mannes und Künstlers, der, seinen Glücksgütern nach – ich spreche von Meyerbeer –, wohl in der Lage war, zwischen dem Ewigen und Vergänglichen unterscheiden zu können. Ich für meine Person verbleibe dem Ideal und werde nie darauf verzichten. Am reinsten aber hab ich das Ideal im Liede, vor allem in dem Liede, das gesungen wird. Denn die Musik hebt es noch in eine höhere Sphäre.[204]

Schließlich gesteht sie dem Dichter ihrer Jugend, Wilibald Schmidt, während eines Ausflugs gefühlvoll, daß ihr Mann ihr eigentlich zu »prosaisch« sei und sie das Glück ihres Lebens vertan habe:

Oft, wenn ich nicht schlafen kann und mein Leben überdenke, wird es mir klar, daß das Glück, das anscheinend so viel für mich tat, mich nicht *die* Wege geführt hat, die für mich paßten, und daß ich in einfacheren Verhältnissen und als Gattin eines in der Welt der Ideen und vor allem auch des Idealen stehenden Mannes wahrscheinlich glücklicher geworden wäre. Sie wissen, wie gut Treibel ist und daß ich ein dankbares Gefühl für seine Güte habe. Trotzdem muß ich es leider aussprechen, es fehlt mir, meinem Manne gegenüber, jene hohe Freude der Unterordnung, die doch unser schönstes Glück ausmacht und so recht gleichbedeutend ist mit echter Liebe. Niemandem darf ich dergleichen sagen; aber vor Ihnen, Wilibald, mein Herz auszuschütten, ist, so glaub ich, mein schön menschliches Recht und vielleicht sogar meine Pflicht 〈...〉[205]

In Jenny Treibels Konversation verkommen die alten Schlagworte der realistischen Literatur- und Kunstprogrammatik zu bloßen Phrasen einer schöngeistigen Kommerzienrätin, die sich über die schleichende Banalität ihrer Existenz mit sentimentalem Getue und poetischen Anflügen hinweghilft. Sie gleicht hierin Flauberts Emma Bovary, die in ähnlicher Weise die Langeweile ihres bürgerlichen Lebens mit kitschig-romantischen Tagträumereien überspielt. Anders aber als Emma, die zugleich Gefangene und Opfer ihrer sentimentalen Neigungen ist, weiß Jenny die Sphären ihres Lebens jedoch auseinanderzuhalten, Konversation und Geschäft zu trennen. In ihrem Diskurs ist sie gleichsam eine in die Jahre gekommene »Real-Idealistin«, eine schöne Seele; wenn sie handelt, folgt sie dagegen entschlossen und kompromißlos den »Grundsätzen der Real-Politik«. Welche Bedeutung soll man dieser Beobachtung zumessen? Fontane könnte ja lediglich darauf hinweisen wollen, daß natürlich auch ästhetische Formeln, die ihm selbst wichtig waren und deren Verbindlichkeit er anerkannte, in der Konversation des reich gewordenen Bürgertums als Phrasen zirkulieren und in sinnwidriger Weise törichte Gespräche erfüllen. Nun gibt es aber im gesamten Roman keine Redeposition, die das Vokabular der realistischen Doktrin retten könnte oder ihm eine positive, ernsthafte Bedeutung zurückgewönne. Für die »Modernen«, Corinna oder Marcell Wedderkopp, kommen Ausdrücke wie »poetisch«, »ideal« oder »verklärt« als Leitformeln des eigenen Selbstverhältnisses gar nicht mehr in Frage: derartig »altmodische« Wendungen haben sie längst aus ihrem Sprachschatz gestrichen. Der Kommerzienrat Treibel macht sich gelegentlich einen Spaß daraus, den Jargon seiner Frau durch besonders absurde Verwendung zu karikieren; so sagt er einmal in einer Männerrunde, die gerade genüßlich die Schönheiten der Berliner Theaterszene Revue passieren läßt:

»Sehen Sie, Goldammer, jede Kunstrichtung ist gut, weil jede das Ideal im Auge hat. Und das Ideal ist die Hauptsache, soviel weiß ich nachgerade von meiner Frau. Aber das Idealste bleibt doch immer eine Soubrette. Name?« – »Grabillon. Zierliche Figur, etwas großer Mund, Leberfleck.« – »Um Gottes willen, Goldammer, das klingt ja wie ein Steckbrief. Übrigens Leberfleck ist reizend; großer Mund Geschmackssache. Und Protegé von wem?« – Goldammer schwieg. – »Ah, ich verstehe. Obersphäre. Je höher hinauf, je näher dem Ideal.«[206]

Der Kommerzienrat ist ein erfolgreicher Industrieller, nach 1871 reich geworden, mit einem Hang zum Kulinarischen in jeder Hinsicht, mit kleinen Anflügen von Zynismus und noch nicht ganz befriedigtem Ehrgeiz; das »Höhere« interessiert ihn nicht, ihm reicht es, wenn er in Gesellschaft durch gelegentliche Klassiker-Zitate seiner Konversation einen Anflug von »Bildung« geben kann.

So bleibt nur noch Corinnas Vater, der Gymnasialprofessor Schmidt übrig. Und tatsächlich kann man mitunter lesen, daß dieser Professor von seinem Autor mit positiven Zügen ausgestattet worden sei. Daran sind aber Zweifel angebracht; denn was erfahren wir von diesem Wilibald Schmidt eigentlich? In seiner Jugend fabrizierte er epigonale Gedichte klassisch-romantischer Machart, er liebte ein Nachbarmädchen, das ihn sitzenließ; dann muß er irgendwann geheiratet, lange Jahre als Lehrer verbracht und eine Tochter bekommen haben, Witwer geworden sein und dabei ein ironisches Verhältnis zum Leben und zu sich selbst ausgebildet haben. Diese Ironie, die man ihm so hoch anrechnet, ist aber genaugenommen nur die Attitüde eines Mannes, der im Laufe seines Lebens erfahren mußte, daß romantische Träume und banaler Alltag, Jugendwünsche und Berufsleben nicht zusammenkommen. Man fügt sich in die trivialen Umstände der bürgerlichen Existenz – und jenes erinnernde Wissen um ein anderes, aufregenderes, schöneres Leben, das man nicht gelebt hat oder zu leben nicht wagte, gibt sich im Akt der ironischen Selbstdistanzierung Ausdruck. Ironisch ist Schmidt, weil er ein vom Leben enttäuschter »Romantiker« ist, wie ihn der Erzähler nennt[207]; während Jenny »Poesie« und »Realität« in ihrem Leben geradezu differenztechnisch zur Geltung bringt – sie träumt, wenn es nichts kostet, und ist die Nüchternheit in Person, wenn es um etwas geht –, kaschiert Schmidt seine Enttäuschungen im Redegestus der Ironie, einem – freilich nur rhetorischen – Vorbehalt gegen die Durchschnittlichkeit, ja Langeweile seines Daseins. Der ironische Mensch lebt wie jeder andere auch; er will im Akt der ironischen Rede aber ein individualitätsinszenierendes Fragezeichen hinter die Welt, wie sie ist, setzen. Ironie ist daher der folgenlose Einspruch überschüssiger Individualität gegen den Trott des Alltags, den man mitmacht, aber zugleich belächelt. Schmidts ironische Attitüde ist also in hohem Maße resignativ: Da ihm die naive Unverfrorenheit Jennys fehlt, die aus härtestem Pragmatismus bruchlos in sentimentale Schwärmerei – und umgekehrt – verfallen kann, bleibt ihm allein ein melancholisches Gefühl, daß das Leben auch anders aussehen könnte, als es aussieht – nicht so banal und viel poetischer. Aber das sind nur gelegentliche Anwandlungen, die den enttäuschten Professor nicht abhalten, seinen Dienst pflichtbewußt zu erfüllen; nur einmal, am Ende des Romans, als Corinna heiratet und er zuviel getrunken hat, tritt die ironische Attitüde zurück und alte – nie abgegoltene Wünsche – treten ans Licht; doch wie kläglich sind sie: Der alte Professor denkt – sentimental wie Jenny – an seine Jugend zurück, an seine Poesie, er läßt Jennys Lied von dem befreundeten Tenor Adolar Krola noch einmal singen; Wehmut überkommt ihn und der Gedanke, man hätte alles anders machen sollen; Dichter hätte er bleiben sollen – das wäre ein Leben gewesen; nicht dieser stupide Unterricht.[208] Beide, Jenny und Wilibald, repräsentieren eine Haltung, die die sogenannten »Notwendigkeiten des Lebens« hinnimmt, ja fördert – aber sich von ihnen zugleich, sentimental oder ironisch, in jedem Falle aber folgenlos, distanziert. Daher ist Schmidts Ironie in Fontanes Roman auch nicht mehr als eine Redensart, ein gängiger Redetypus im Bürgertum, keinesfalls eine kritische Alternative zu ihm. Wie Jenny der Typus einer Egoistin mit sentimentalen Anflügen ist, so verkörpert Wilibald den Typus des ironischen Beamten, der außerhalb der Dienststunden mehr oder weniger geistreich zum Ausdruck bringen will, daß er eigentlich zu »Höherem« berufen war. Und wenn er dieses »Höhere« nicht erreicht, dann aber bestimmt der Schwiegersohn, der Wissenschaftler und Archäologe Wedderkopp. Dessen altersweisen Brief, der Corinna alle launischen Anwandlungen, d.h. ihre Beziehung zu Leopold, großzügig verzeiht, nennt Schmidt »ideal« und »klassisch«, weil er von einem Mann geschrieben ist, der noch Zukunftshoffnungen hat, mit denen Schmidt sich identifizieren kann:

Werde, der du bist, sagt der große Pindar, und deshalb muß auch Marcell, um der zu werden, der er ist, in die Welt hinaus, an die großen Stätten und besonders an die ganz alten. Die ganz alten, das ist immer das Heilige Grab; dahin gehen die Kreuzzüge der Wissenschaft, und seid ihr erst von Mykenä wieder zurück – ich sage »ihr«, denn du wirst ihn begleiten ⟨...⟩ –, so müßte keine Gerechtigkeit sein, wenn ihr nicht übers Jahr Privatdozent wärt oder Extraordinarius.[209]

Die archäologischen Ausgrabungen gelten Wilibald Schmidt als wissenschaftliche Abenteuer, die gleichsam »poetische« Qualität haben und überdies den Vorzug besitzen, mit der geachteten Existenz eines Gelehrten und Universitätsprofessors einherzugehen. Diese Vorstellung Wilibalds hat nun im Kontext des Romans objektiv ironische Züge, ja sie wirkt geradezu grotesk; denn keine Figur des Textes ist wohl ungeeigneter, die Poesiepotenz des bürgerlichen Lebens auszudrücken als dieser Marcell Wedderkopp, den Fontane gleichsam als Inbegriff wandelnder Prosa agieren läßt. Er ist nüchtern und rechtschaffen, alles andere als eine abenteuerliche Existenz; ihn treibt auch keinerlei poetische Entdeckerlust in die Welt hinaus, er will Oberlehrer am Gymnasium werden, heiraten – und selbst dazu fehlt es ihm an Talent. Wie soll er Corinna bloß rumkriegen?

Ja, Onkel, das sagst du immer. Aber wie soll ich das anfangen? Eine lichterlohe Leidenschaft kann ich in ihr nicht entzünden. Vielleicht ist sie solcher Leidenschaft nicht einmal fähig; aber wenn auch, wie soll ein Vetter seine Cousine zur Leidenschaft anstacheln? Das kommt gar nicht vor. Die Leidenschaft ist etwas Plötzliches, und wenn man von seinem fünften Jahr an immer zusammen gespielt ⟨hat⟩ ⟨...⟩, ja, Onkel, da ist von Plötzlichkeit, dieser Vorbedingung der Leidenschaft, keine Rede mehr.[210]

Die Betrachtung der »Redensarten« in dem Roman läßt nur den Schluß zu, daß Fontane die prominenten Kategorien der realistischen Ästhetik als Geschwätz banaler Figuren fallen läßt: »Verklärung«, »Poesie« und »Ideal«, das »Höhere« – alles ist zur inhaltsleeren Phrase geworden. Die Kritik der »Redensarten« entspricht aber nur der Einsicht, die der Roman in seiner immanenten geschichtlichen Dimension vollzieht: Poesie, im Mythos von Goethe und Friederike in Sesenheim vollkommen vergegenwärtigt, schwindet aus der Wirklichkeit des 19. Jahrhunderts: Die jungen Leute der fünfziger Jahre hatten noch – wenn auch fragwürdige – poetische Antennen, arrangierten sich aber so oder so mit den Gegebenheiten des prosaischen Alltags; am Jahrhundertende ist alle Poesie dahin; die »Modernen« sprechen nicht einmal mehr von ihr, die Älteren überkommt gelegentlich noch eine sentimentale Anwandlung. Abstrakter formuliert: Als Sprachkritik exekutiert der Roman die Einsicht seines Verfassers in den Wegfall jener »realen Schönheit«, deren »Verklärung« oder »Idealisierung« man vierzig Jahre zuvor als erste Aufgabe der Kunst gefordert hatte. Ist aber alles banal geworden, gibt es auch nichts mehr zu »verklären«; das Reale fällt als Stoff der Kunst aus, die Instrumente der »Verklärung« greifen ins Leere: sie operieren – um in Fontanes Metaphorik von 1851 zu formulieren – auf einer riesigen Schlackenhalde, wo »Gold« sich nicht mehr zeigen will und es nichts mehr zu »läutern« gibt. Fontane entwickelte im Laufe seiner späteren Jahre eine Abneigung gegen das Bürgertum, deren Schärfe an den Haß Flauberts heranreicht; in einem Brief an seine Tochter beklagte er sich über den zunehmenden Luxus und meinte dann weiter:

> Ich sehe in diesen Übertreibungen einen Einfluß des mit dem wachsenden Wohlstande überhandnehmenden Bourgeoistums, gegen das ich jetzt eine mindestens so tiefe Abneigung empfinde wie in früheren Jahreszeiten gegen Professorenweisheit, Professorendünkel und Professorenliberalismus. ⟨...⟩ Vater Bourgeois hat sich für tausend Taler malen lassen und verlangt, daß ich das Geschmiere für einen Velázquez halte. Mutter Bourgeoise hat sich eine Spitzenmantille gekauft und behandelt diesen Kauf als ein Ereignis.[211]

Und die »Redensarten« des Bürgertums, sowohl des »gebildeten«, wie des »besitzenden«, hat Fontane in seinem Roman in ihrer Leere vorgeführt, ihren Bedeutungsverlust aber als Folge eines Prozesses hingestellt, der im 19. Jahrhundert zunehmend der Lebenswelt des Bürgertums die ästhetische Potentiale genommen habe.

Meinungen und Handlungen

Es gehört zu den Topoi der Literaturgeschichtsschreibung, daß Fontane ein Meister des Konversationsromans gewesen sei; tatsächlich wird in seinen Romanen im wesentlichen geredet. Die »Handlung« der ›Frau Jenny Treibel‹ besteht ja lediglich darin, daß eine Professorentochter einen Industriellensohn heiraten will, was dessen Mutter hintertreibt. Mit diesem »Nichts« von Handlung konnte Fontane die Proportion eines immerhin rund zweihundert Seiten füllenden Romans nur erreichen, weil er seine Figuren ununterbrochen reden läßt. Zumeist sind es Anlässe wie Diners, Landpartien, gesellige Runden, die jene Exzesse der Konversation möglich machen, es können aber auch Schwätzchen auf der Treppe, in der Küche oder im Garten sein. Immer aber handelt es sich um Situationen, in denen die Redenden von Berufspflichten frei sind und ihre Ansichten gleichsam als »Privatpersonen« zum besten geben. Von Treibels Tätigkeit als Geschäftsmann und Industrieller erfährt man als Leser des Romans ebensowenig wie von Schmidts Lehrerdasein im Gymnasium. Allein im Reflex des Redens, im Medium der Konversation erscheint gelegentlich ein Moment der beruflichen Existenz. Dies gilt vor allem auch für Treibels politische Ambitionen. Die tatsächlichen Mechanismen der Politik bleiben im Roman ausgeklammert; nur ihrem Widerhall im Gespräch, bei einem Glas Cognac und einer wohlgewählten Zigarre, gibt der Text des Romans Raum. Diese Reduktion so wesentlicher sozialer Gegebenheiten wie Ökonomie, Politik oder Erziehung auf Konversationsthemen ist so auffallend, daß man nach ihrer Ursache fragen muß. Wir glauben, daß Fontanes Roman mit diesem Verfahren lediglich explizit nachvollzieht, was Hegel schon in der ersten Jahrhunderthälfte skeptisch formuliert hatte, daß nämlich die zentralen sozialen Funktionssysteme im Medium einer Literatur, die Individuen und individuelles Handeln gestalten will, undarstellbar werden. Das bedeutet dann auf der anderen Seite, daß Figuren, soweit sie berufliche Funktionen erfüllen, als »Individuen« ausfallen. Hegel drückte diese Einsicht folgendermaßen aus:

In der jetzigen Wirklichkeit ⟨ist⟩ der Kreis für ideale Gestaltungen nur sehr begrenzter Art. Denn die Bezirke, in welchen für die Selbständigkeit partikulärer Entschlüsse ein freier Spielraum übrigbleibt, ist in Anzahl und Umfang gering. Die Hausväterlichkeit und Rechtschaffenheit, die Ideale von redlichen Männern und braven Frauen – insoweit deren Wollen und Handeln sich auf Sphären beschränkt, in welchen der Mensch als individuelles Subjekt noch frei wirkt ⟨...⟩, machen in dieser Rücksicht den hauptsächlichsten Stoff aus. ⟨...⟩ Dagegen würde es unpassend sein, auch für unsere Zeit noch Ideale, z.B. von Richtern oder Monarchen aufstellen zu wollen. Wenn ein Justizbeamter sich benimmt und handelt, wie es Amt und Pflicht erfordert, so tut er damit nur seine bestimmte, der Ordnung gemäße, durch Recht und Gesetz vorgeschriebene Schuldigkeit; was dergleichen Staatsbeamte dann weiter noch von ihrer Individualität hinzubringen ⟨...⟩, ist nicht die Hauptsache und der substantielle Inhalt, sondern das Gleichgültigere und Beiläufige.[212]

»Individuell« sind nach dieser Diagnose Hegels in der Moderne allein noch Handlungen im Raum der Familie – und jene Meinungen, die man sich in der »Freizeit« leistet. Diesem Urteil entspricht, daß in Fontanes Roman nur Frauen – als Familienexpertinnen – im eigentlichen Sinne handeln, die Männer reden nur. Corinna plant ihre Eheaktion ebenso strategisch, wie Jenny sie dann verhindert. Beide Frauen agieren vollkommen pragmatisch, schenken sich jede rhetorische Abschweifung und sentimentale Neigung; Jenny bedient sich modernster Nachrichtentechniken, der Rohrpost, um zügig und effektiv handeln zu können. Als sie von der Liebe ihres Sohnes zu Corinna erfährt, schaltet sie in einer Sekunde von Romantik auf Realpolitik um. Eben noch ihre Verhältnisse beklagend: »Treibel ist gut ⟨...⟩ aber die Prosa lastet bleischwer auf ihm ⟨...⟩ ich empfinde es« – und das Glück im Bescheidenen verklärend –, läßt sie ihre sentimentalen Anwandlungen schlagartig fallen; sie inszeniert effektvoll eine Ohnmacht und verbietet dem armen Leopold jede weitere Begegnung mit der intriganten Corinna. Während die Frauen in Eheangelegenheiten »quick and clever« handeln, reden die Männer. Ihnen bleibt als Inszenierung ihrer »Persönlichkeit« allein noch die »eigene« Meinung. Diese Meinungen sind aber beliebig, folgenlos und am Ende stereotyp. Sie haben weder Konsequenzen für das Handeln der Frauen – wie ja auch Jennys eigene

poetische Meinung ihr Handeln in keiner Weise beeinträchtigt –
noch auch Folgen für die Art und Weise, wie sie in die sozialen
Funktionssysteme eingebunden sind. Kaum hat Jenny von der Neigung ihres Sohnes erfahren, als sie ihren Ehemann ins Bild setzt und
gegen diese Beziehung aufbringen will. Treibel reagiert jedoch gelassen, ja geradezu sympathisch; als Jenny auf die eminenten sozialen Unterschiede zu den Schmidts hinweist, erinnert er sie an ihre
eigene Herkunft und wirft ihr Überheblichkeit vor: »wer sind wir
denn? –

> wir sind die Treibels, Blutlaugensalz und Eisenvitriol, und du bist eine geborene Bürstenbinder aus der Adlerstraße. Bürstenbinder ist ganz gut, aber
> der erste Bürstenbinder kann unmöglich höher gestanden haben als der erste Schmidt. Und so bitt ich dich denn, Jenny, keine Übertreibungen. Und
> wenn es sein kann, laß den ganzen Kriegsplan fallen und nimm Corinna mit
> soviel Fassung hin, wie du Helene hingenommen hast. Es ist ja nicht nötig,
> daß sich Schwiegermutter und Schwiegertochter furchtbar lieben ⟨...⟩.[213]

Dieser »Meinung« ihres Mannes begegnet Jenny vollkommen
strategisch: Sie verzichtet auf jede erörternde Entgegnung, wohl
wissend, daß Meinungen keine Rolle spielen, wenn es um Handlungen geht: »Treibel«, sagt sie nur, »laß uns das Gespräch morgen
früh fortsetzen...«[214]. Und schon wenig später fragt sich Treibel
tatsächlich: »Wenn sie am Ende doch Recht hätte?« Damit ist für
ihn die Sache erledigt; er stellt sich den Aktionen seiner Frau nicht
länger in den Weg. In gleicher Weise läßt der alte Schmidt – trotz erheblicher Reserven – Corinna tun, was sie will, auch Wedderkopps
Meinungen lassen sie kalt. Beide so starke Frauen tragen gewissermaßen ein Duell aus, dessen Einsatz der arme Leopold ist und in
dem mit fast allen Mitteln gekämpft wird.

Daß Meinungen auch in anderer Hinsicht ohne weitere Bedeutung sind, wird an Treibel ebenfalls ablesbar; er hat an sich liberale
Anschauungen, die »Macht der Verhältnisse« zwingt ihn aber zu
einer Wahlkandidatur für die Konservativen.

> Treibel ⟨...⟩ las das ›Berliner Tageblatt‹. Es war gerade eine Nummer, der
> der ›Ulk‹ beilag. Er weidete sich an dem Schlußbild und las dann einige von
> Nunnes philosophischen Betrachtungen. »Ausgezeichnet... Sehr gut...

Aber ich werde das Blatt doch beiseite schieben oder mindestens das ›deutsche Tageblatt‹ darüberlegen müssen. Ich glaube, Vogelsang gibt mich sonst auf. Und ich kann ihn, wie die Dinge mal liegen, nicht mehr entbehren ⟨...⟩.«[215]

Ähnlich geht es Professor Schmidt: Als ihn das bourgeoise Gehabe und das Parvenutum Jennys einmal besonders ärgert, sagt er den berühmten, oft zitierten Satz: »Wenn ich nicht Professor wäre, so würd ich am Ende Sozialdemokrat«, d.h. Kommunist[216]. Eine wahrhaft »radikale« Meinung, wäre sie nicht im Wohnzimmer gefallen, und wäre nicht gerade die Aufwartefrau Schmolke hinzugekommen und hätte nicht gesagt, was sie stets zu sagen pflegt: »Ja, das hat Schmolke auch immer gesagt«. Schmolke war Polizist, muß man wissen.

Den männlichen Figuren in Fontanes Roman sind allein »Meinungen« geblieben, um mehr und anderes zu sein als Personal in sozialen Funktionssystemen. Diese Meinungen berühren diese Systeme aber nicht, sie sind selbst für familiären Entscheidungsbedarf bedeutungslos, der in den Händen kluger und resoluter Frauen liegt. Zuletzt sind die Meinungen nur »Redensarten«, Diskursstereotype ohne individualisierenden Surplus. Sie scheinen so allein die Funktion zu haben, im Rahmen »freier Zeit« jene Persönlichkeitsverluste zu kompensieren, die der anonyme Betrieb des modernen Lebens den Subjekten zumutet. So diskutiert Professor Schmidt in seiner Lehrerrunde ausführlich und detailliert die Vorzüge des Flußkrebses gegenüber dem Hummer und stellt seine nuancenreiche Kenntnis des Moselweins unter Beweis. In solchen Passagen konturiert sich ein »Kultus des Nebensächlichen«, der dem Wunsch Rechnung trägt, wenigstens Essen und Trinken, wenn sonst schon nichts, als Domäne persönlichen Stils und individueller Präferenzen erleben zu können:

»Gewiß dem Krebse fehlt dies und das, er hat sozusagen nicht das ›Maß‹, was in einem Militärstaate wie Preußen, immerhin etwas bedeutet, aber demohnerachtet, auch *er* darf sagen: ich habe nicht umsonst gelebt. Und wenn er dann, er, der Krebs, in Petersilienbutter geschwenkt, im allerappetitlichsten Reize vor uns hintritt, so hat er Momente wirklicher Überlegenheit, vor allem auch darin, daß sein Bestes nicht eigentlich gegessen, sondern

geschlürft, gesogen wird. Und daß gerade das, in der Welt des Genusses, seine besonderen Meriten hat, wer wollte das bestreiten? Es ist, sozusagen, das natürlich Gegebene. Wir haben da in erster Reihe den Säugling, für den saugen zugleich leben heißt. Aber auch in den höheren Semestern ...«
– »Laß es gut sein, Schmidt«, unterbrach Distelkamp. »Mir ist nur immer merkwürdig, daß du neben Homer und sogar neben Schliemann mit solcher Vorliebe Kochbuchliches behandelst, reine Menufragen, als ob du zu den Bankiers und Geldfürsten gehörtest, von denen ich bis auf weiteres annehme, daß sie gut essen ⟨...⟩«[217]

Wo bleibt das Positive?

Eine Rezension des Romans in den ›Grenzboten‹ kritisierte 1893 das vollkommene Fehlen alles »Erhebenden« und »Idealen«:

> Der Gesamteindruck von ›Frau Jenny Treibel‹ ist doch der einer Gesellschaft ohne Ideale, ohne Glauben, ohne tiefgreifende Überzeugungen ⟨...⟩ Die auflackierten Nichtigkeiten, mit denen die meisten Menschen der hier gespiegelten Kreise ihre Tage verbringen, der Mangel an größeren Gesinnungen und Zielen – ⟨...⟩, die seltsame Mischung von innerer Kälte und boshafter Nachrede über den Nächsten mit einem Restchen Gemütlichkeit wirkt auch in der halb ironischen, halb teilnehmenden Wiedergabe Fontanes nicht eben erquicklich.[218]

Tatsächlich läßt sich in dem Roman keine Redeposition ausmachen, die zu einer positiven Identifikation einlüde. Weder Jennys Gefühlskult noch Schmidts Ironie, die seine heimliche Sentimentalität nur halb verdeckt, noch Corinnas hypermoderne Pragmatik, noch gar Wedderkopps fade Nüchternheit sind dazu geeignet. Der Roman hütet sich jedoch, seine Figuren nun etwa allzu negativ – etwa als boshafte Monstren – auftreten zu lassen. Seine Absicht liegt vielmehr gerade darin, ihnen überhaupt nichts Spektakuläres, Aufregendes, Überdurchschnittliches zuzubilligen, weder im Guten noch im Bösen. Sie sollen in ihren Meinungen und Handlungen vielmehr vollkommen banal erscheinen: keine Helden, keine Schurken – durchschnittliche, eher langweilige Bürger, denen zur Exzentrik jedes Talent fehlt. Sie sind medioker, aber diese Mediokrität hat Fontane – das unterscheidet ihn von Flaubert – mit milder Ironie belächelt, nicht im Inferno tödlichen Hohns bloßgestellt. Denn seine Distanz zur Welt des Bürgertums war viel geringer als die des französischen Dichters, der als »Einsiedler von Croisset« eine radikal-ästhetische Existenz zu realisieren versuchte und seine Poesie als »Rache am Dasein« begriff[219].

Sein ›Dictionnaire des idées reçues‹ unterscheidet sich daher in seiner Rigorosität von Fontanes »Kritik der Redensarten«; es sollte ein zynischer Triumph der Banalität werden, dem Ästheten aber ein steter Anlaß schwärzesten Gelächters:

> Es wäre die historische Glorifizierung all dessen, was gebilligt wird. Ich würde darin zeigen, daß die Mehrheiten immer recht und die Minderheiten immer unrecht gehabt haben. Ich würde die großen Männer allen Dummköpfen opfern. ⟨...⟩ Diese Apologie der menschlichen Gemeinheit in all ihren Zügen, ironisch und schreiend von Anfang bis Ende, voll von Zitaten und Beweisen (die das Gegenteil beweisen würden) und erschreckenden Texten (das wäre nicht schwierig) hätte, so würde ich sagen, zum Ziel, ein für allemal mit den Exzentrizitäten, welcher Art sie auch sein mögen, Schluß zu machen. Ich würde mir damit die moderne demokratische Idee der Gleichheit zu eigen machen, das Wort Fouriers, daß die großen Menschen überflüssig werden; und mit diesem Ziel, so würde ich sagen, wäre das Buch geschaffen worden. Man würde also darin in alphabetischer Reihenfolge über alle möglichen Gegenstände alles finden, was man in Gesellschaft sagen muß, um ein anständiger und liebenswürdiger Mensch zu sein. ⟨...⟩ Es dürfte in dem gesamten Buch kein einziges Wort von meinem eigenen Gewächs stehen, und wenn man es gelesen hat, dürfte man nicht mehr zu sprechen wagen, aus Angst, einen der Sätze zu gebrauchen, die sich darin befinden.[220]

Soweit ist Fontane nicht gegangen: Als »bürgerlicher Realist« betrachtete er das Schwinden des Schönen und Wirklichen eher mit heimlicher Trauer und nostalgischer Resignation, während für Flaubert der Gedanke, das Reale könnte schön sein, eine Zumutung und ein »Gemeinplatz« unzurechnungsfähiger Spießbürger gewesen wäre. Diese andere Haltung Fontanes hat aber nicht verhindert, daß er illusionslos jenen Rückzug des Schönen zur Kenntnis genommen und beschrieben hat. Dafür noch ein einziges Beispiel: Der Ausflug nach Halensee gibt ihm Gelegenheit, auf das alte Thema der schönen Natur als Idylle zurückzukommen. Gibt es in der Moderne aber noch diese Idylle als Refugium unbeschädigter Natur und geglückter – in ihr geborgener – Sozialität? Man ist also hinausgefahren, hat ein Restaurant gefunden, Kaffee und Kuchen bestellt:

> Eine Stunde verging unter allerhand Plaudereien, und wer gerade schwieg, der versäumte nicht, das Bild auf sich wirken zu lassen, das sich um ihn her ausbreitete. Da stieg zunächst eine Terrasse nach dem See hinunter, von dessen anderm Ufer her man den schwachen Knall einiger Teschings hörte, mit denen in einer dort etablierten Schießbude nach der Scheibe geschossen wurde, während man aus verhältnismäßiger Nähe das Kugelrollen einer am diesseitigen Ufer sich hinziehenden Doppelkegelbahn und dazwischen die Rufe des Kegeljungen vernahm. Den See selbst aber sah man nicht recht, was die Felgentreuschen Mädchen zuletzt ungeduldig machte. »Wir müssen doch den See sehen. Wir können doch nicht in Halensee gewesen sein, ohne den Halensee gesehen zu haben!« Und dabei schoben sie zwei Stühle mit den Lehnen zusammen und kletterten hinauf, um so den Wasserspiegel vielleicht entdecken zu können. »Ach, da ist er. Etwas klein.«[221]

Eine ziemlich ramponierte Idylle, um das mindeste zu sagen: Wie Liebe und Kunst im Zeichen der Auflösung. Und sie ist auch alles andere als ein Ort menschlicher Harmonie: Corinna attackiert den armen Leopold, Jenny jammert über zerflossenes Glück, Treibel gefällt sich in Spottreden auf Kosten anderer; die Natur, oder das, was von ihr übrig geblieben ist, verbindet die Subjekte nicht länger, ihre Dissonanzen und Konflikte gehen aus ihr eher krasser hervor.

Das Ende des Realismus und der Beginn moderner Literatur

Fontane hat an seinen ästhetischen Überzeugungen, die er 1852 in dem Essay ›Unsere lyrische und epische Poesie seit 1848‹ zum Ausdruck gebracht hatte, und die ein klares Bekenntnis zur realistischen Doktrin beinhalten, lange festgehalten. Als er zu Beginn der achtziger Jahre intensiv die Romane Zolas las, notierte er:

> Das Talent ist groß, aber unerfreulich ⟨...⟩; es ist ⟨...⟩ durchaus niedrig in Gesamtanschauung von Leben und Kunst. So ist das Leben nicht, und wenn es so wäre, so müßte der verklärende Schönheitsschleier dafür geschaffen werden. Aber dies »erst schaffen« ist gar nicht nötig; die Schönheit ist da,

man muß nur ein Auge dafür haben oder es wenigstens nicht absichtlich verschließen. Der echte Realismus wird auch immer schönheitsvoll sein; denn das Schöne, Gott sei Dank, gehört dem Leben gerade so gut an wie das Häßliche.[222]

Das ist die typische Position des bürgerlichen Realismus: das Schöne ist ein Bestandteil des Realen, die Poesie hat es nur zu läutern oder zu verklären. Und noch 1886 schrieb Fontane in einer Rezension über einen eben erschienenen Roman von Paul Lindau:

> Aufgabe des modernen Romans scheint mir die zu sein, ein Leben, eine Gesellschaft, einen Kreis von Menschen zu schildern, der ein unverzerrtes Wiederspiel des Lebens ist, das wir führen. Das wird der beste Roman sein, dessen Gestalten sich in die Gestalten des wirklichen Lebens einreihen, so daß wir in Erinnerung an eine bestimmte Lebensepoche nicht mehr genau wissen, ob es gelebte oder gelesene Figuren waren, ähnlich wie manche Träume sich unser mit gleicher Gewalt bemächtigen wie die Wirklichkeit. 〈...〉 Also noch einmal: darauf kommt es an, daß wir in den Stunden, die wir einem Buche widmen, das Gefühl haben, unser wirkliches Leben fortzusetzen, und daß zwischen dem erlebten und erdichteten Leben kein Unterschied ist, als der jener Intensität, Klarheit, Übersichtlichkeit und Abrundung und infolge davon jener Gefühlsintensität, die die verklärende Aufgabe der Kunst ist.[223]

Auch dieses transitorische Verhältnis des Realen und Poetischen, die in der Erinnerung untrennbar verschmelzen, ist ein Grunddogma der realistischen Ästhetik gewesen. Erst gegen Ende der achtziger Jahre hört man andere Töne; anläßlich einer Besprechung der ›Wildente‹ Ibsens heißt es: »Das Gebäude der überkommenen Ästhetik kracht in allen Fugen.«[224]

Der Krise der alten »realistischen« Ästhetik hat Fontane in seinem Roman ›Frau Jenny Treibel‹ Tribut gezollt. In ihm wird deutlich, daß die Instrumente der »Verklärung« oder »Läuterung« da obsolet werden, wo im Wirklichen das Schöne fehlt. In Romanen wie ›Stine‹ oder ›Mathilde Möhring‹ ist Fontane so weit gegangen, den »verklärenden« Blick auf die Wirklichkeit als Symptom der Dekadenz hinzustellen, die die Härte der Welt nicht länger zu ertragen vermag und nach »ideellen« Surrogaten greift.[225]

Ohne Realschönes aber kein realistisches Kunstwerk; daher überschreitet Fontane in seinen späten Romanen, die das Scheitern der realistischen Doktrin angesichts einer zunehmend banal oder »prosaisch« werdenden Realität vorführen, den Rahmen des bürgerlichen Realismus; oder vorsichtiger formuliert: Sie markieren dessen Grenze, insofern sie – wenn auch lediglich noch negativ oder destruktiv – auf die Normen der realistischen Kunstprogrammatik Bezug nehmen, ohne deren Verfall eine neue ästhetische Doktrin entgegenzustellen. Jedenfalls keine explizit formulierte: Denn man kann in der Vergleichgültigung des Inhalts, der in allen späten Romanen fast ein »Nichts« ist, eine Abwendung vom Realen und eine Hinwendung zum Eigensinn des Schreibens und zur Autonomie des poetischen Wortes sehen. 1897 schrieb Fontane an Georg Friedlaender:

> An den Poggenpuhls habe ich ⟨...⟩ viel Freude. Daß man dies Nichts, das es ist, um seiner Form willen, so liebenswürdig anerkennt, erfüllt mich mit großen Hoffnungen ⟨...⟩ für unsere literarische Zukunft.[226]

Und gegenüber Siegmund Schott erklärte er im gleichen Jahr:

> Das Buch ⟨...⟩ hat keinen Inhalt, das »Wie« muß für das »Was« eintreten.[227]

›Frau Jenny Treibel‹ erschien 1892, im gleichen Jahr wie Gerhart Hauptmanns ›Die Weber‹ und Hugo von Hofmannsthals ›Der Tod des Tizian‹. Die von der Doktrin des Realismus noch als Einheit gedachten Instanzen des Wirklichen und des Schönen können kaum krasser auseinandergerissen vorgestellt werden als in diesen beiden dramatischen Texten: Dort die naturalistische Erfassung wirklichen Elends in seinen bösen, leidvollen und Mitleid heischenden Formen – häßliche Realität; hier die ästhetisierende Inszenierung eines wirklichkeitsflüchtigen Schönheitskultes; dort krassester Jargon des Milieus materiell, mental und psychisch ausgeplünderter Arbeiter; hier die in Wohlklang und erlesenem Ausdruck schwelgende Gebärde, die sich zugleich in der Tradition der europäischen Literatur des Ästhetizismus weiß.

So darf man sagen, daß die Literaturen des Naturalismus und des Ästhetizismus die Erbmasse des Realismus übernommen und die beziehungslos gewordenen Elemente der realistischen Doktrin – das Reale und das Schöne – jeweils separat zu Leitmotiven neuer literarischer Programme gemacht haben. Während der späte Fontane das realistische Konzept dekonstruierte und scheitern ließ, gaben seine naturalistischen Zeitgenossen – wenigstens im Prinzip – der Wirklichkeit das Recht zurück, häßlich, banal, böse und dissonant zu sein, während seine ästhetizistischen Zeitgenossen der Kunst das Recht zuerkannten, vom Wirklichen ganz absehen zu dürfen. Der Realismus aber hatte abgedankt: War er den Naturalisten zu schön, um wahr zu sein, so erschien er den Ästhetizisten zu wahr, um schön zu sein.

Hugo von Hofmannsthal publizierte seinen ›Tod des Tizian‹ 1892 in der ersten Ausgabe der ›Blätter für die Kunst‹ von Stefan George. Dieser hatte gleichfalls 1892 seinen Gedichtzyklus ›Algabal‹ in Paris als Privatdruck erscheinen lassen. Dieser Zyklus stellt den Höhepunkt ästhetisierender Lyrik in Georges Werk dar und inszeniert den Bezirk des Schönen als Gegenwirklichkeit und Antinatur. Blickt man von hier aus auf Goethes ›Mailied‹ zurück, dann kann man ermessen, welchen Weg die deutsche Literatur hinter sich bringen mußte, um in Algabals naturfernem – und nur in dieser Ferne schönem – Unterreich anzukommen. Es ist die Dichtung des bürgerlichen Realismus gewesen, in der die Idee einer Einheit von Wirklichkeit und Schönheit beschworen, bezweifelt und schließlich fallengelassen wurde.

Harro Müller

Historische Romane

I. Das Interesse an »Geschichte«. Zum historischen Ort des »Historischen Romans«

In dem noch heute gelesenen, umfangreichen und ereignisstarken historischen Roman ›Ein Kampf um Rom‹ hat sich vermutlich die folgende Textstelle besonders intensiv in das Gedächtnis ihrer Leser eingegraben:

> Und nun verteidigte Teja, den Engpaß mit seinem Leib und seinem Schilde deckend, geraume, sehr geraume Zeit, ganz allein, sein Gotenvolk. ⟨...⟩ Alle schleuderten und stießen auf ihn die Lanzen: er aber fing die Lanzen sämtlich auf mit seinem Schild: und er tötete in plötzlichem Ansprung einen nach dem andern. Unzählige. Und wenn der Schild so schwer von Geschossen starrte, daß er ihn nicht mehr halten konnte, winkte er dem Schildträger, der ihm einen neuen reichte: so stand er, nicht sich wendend und etwa auf den Rücken den Schild werfend und weichend: sondern fest, wie in die Erde gemauert, stand er: dem Feinde mit der Rechten Tod bereitend, mit der Linken von sich den Tod abwehrend und immer dem Waffenträger nach neuen Schilden und neuen Speeren rufend. ⟨...⟩ Da fuhr Cethegus aus seiner langen Betäubung auf. »Syphax, einen frischen Speer! Halt«, rief er, »steht, ihr Römer! Roma. Roma eterna!« Und hoch sich aufrichtend schritt er gegen Teja heran. ⟨...⟩ Aber auch Teja hatte diese Stimme erkannt. Von zwölf Lanzen starrte sein Schild: – er konnte ihn nicht mehr halten: aber da er den Heranschreitenden erkannte, dachte er nicht mehr des Schildwechsels.
> »Keinen Schild! Mein Schlachtbeil! Rasch!« rief er. Und Wachis reichte ihm die Lieblingswaffe.
> Da ließ König Teja den Schild fallen und sprang, das Schlachtbeil schwingend, aus dem Engpaß auf Cethegus. »Stirb, Römer!« rief er. Scharf bohrten die beiden großen Feinde noch einmal Aug' in Auge. Dann sausten Speer und Beil durch die Luft: – denn keiner dachte der Abwehr. Und beide fielen.[1]

Etwas von dieser Faszination durch Krieg, Zweikampf, heroische Erhabenheit und Tod grundiert nun viele historische Romane, häufig gemischt und angereichert mit den Ingredienzien Macht, Liebe, Erotik, Sexualität, Treue und Verrat. Das ästhetische Hauptpräsentationsverfahren sind Ereignisverkettungen, also Erzählungen. Diese Formen erzählter Geschichte ergeben eine erfolgreiche Mixtur, zumal das Roman-Personal, Raum und Zeit des Geschehens zumindest vorwiegend historisch beziehbar sein müssen und seit dem 19. Jahrhundert verstärkt an das von der Historiographie bereitgestellte Wissen anschließen können.[2]

Für die Schreibmöglichkeiten historischer Romane im 19. und 20. Jahrhundert sind seit der prototypischen Ausbildung dieser Textsorte bei Walter Scott rückwärtsgewandte Perspektiven bestimmend: »T'is sixty years since.« Zugleich ist der Blick des Autors nie gänzlich uninteressiert. Aus einer aktuellen, oft krisenhaft erfahrenen Mangelsituation heraus wendet er den Blick zurück, um Geschichte perspektivisch zu konstruieren. Dabei sind für Verfasser historischer Romane in der Moderne, in der sich der Kollektivsingular Geschichte allererst ausgebildet hat (Koselleck), asymmetrische Zeitverhältnisse konstitutiv. Im Hinblick auf eine offene, überraschungsfähige Zukunft bei unsicherer Gegenwartslage wenden die Autoren innerhalb der *einen* Geschichte mit den *vielen* Geschichten die Perspektive in die ›offene‹ Vergangenheit, um Anschlußmöglichkeiten zu sondieren und Orientierungsmöglichkeiten zu finden. Das gelingt um so besser, weil der historische Roman stets eine Trivialität ausnutzt, die man leicht übersieht. Ist man in der aktuellen Erfahrungs- und Handlungssituation in Geschichten verstrickt, deren Ausgang auf bekannte Weise unbekannt ist, so erzählt der historische Roman eine Geschichte mit Anfang, Mitte und Ende. Weil man vom Anfang auf das Ende und vom Ende auf den Anfang blicken kann, ist es allererst möglich, die Mitte als Mitte zu benennen. Diese Schreibbedingungen des historischen Romans eröffnen zudem der ausstaffierenden, ausmalenden Phantasie einen breiten Spielraum; deshalb sind viele historische Romane so überaus lang, geschwätzig und parfümiert; zugleich ermöglicht die abgeschlossene Geschichte in ihrem Spiel zwischen vorgefundenen und erfundenen Partien die Konstruktion eines oder mehrerer transzendentaler Signifikate (Derrida), die als Sinnzentren der Geschichte dienen und mit metahistorischer Qualität ausgestattet werden. Hierzu können gehören: der Mensch, die Menschheit, das Volk, die Nation, das Bürgertum, die proletarische Klasse, aber auch normative Annahmen wie die Freiheit, die Gerechtigkeit oder die Solidarität. Diese transzendentalen Signifikate, welche den in den historischen Romanen organisierten Geschichten zugrunde liegen, funktionieren als Gelenkstellen, die die jeweilige Rezeption mitsteuern, indem sie nicht weiter befragbare Sinnvorgaben liefern.

Der historische Roman muß stets selektieren, mischt mit unterschiedlichen Gewichtungen antiquarische, kritische und vor allem monumentalische Momente[3], gehört als Roman dem Bereich Kunst an und steht in vielfältigen Beziehungen mit der Historiographie als Wissenschaft. Nun hängt die Konjunktur eines Romantyps nicht nur vom aktuellen Stand der Gattungsevolution ab, sondern wird auch durch die interdiskursiven Möglichkeiten bestimmt, die sich u. a. aus dem Zusammenspiel von Kunst- und Wissenschaftssystem ergeben. Nach der zum Teil traumatischen Erfahrung des Scheiterns der 48er-Revolution läßt sich ein verstärkt rückwärtsgewandtes Orientierungsinteresse beim bürgerlichen Publikum beobachten. Hier kann der historische Roman vorzüglich anschließen, zumal in der zweiten Hälfte des 19. Jahrhunderts der Roman als Gattung das Drama innerhalb der Gattungshierarchie von der Spitzenposition verdrängt. Auf dem kulturellen Feld setzt sich der *Historismus* als dominierender Diskurs durch, der die Geschichte zum häufig normativ aufgeladenen Leitprinzip macht und die Kulturgeschichte popularisiert (W. H. Riehl).

Der Historismus mit seinen Kernbegriffen Geschichte, Individualität und Entwicklung besetzt zugleich den Bildungsbegriff: der Bürger ist nur als historisch gebildeter Bürger wirklich gebildet. Historismuspositionen unterschiedlicher Ausformungen bestimmen zudem das Feld der sich stark verwissenschaftlichenden und professionalisierenden Historiographie, zu deren wichtigsten Vertretern Leopold von Ranke, Johann Christoph Droysen, Heinrich von Sybel, Theodor Mommsen, Heinrich von Treitschke und Jacob Burckhardt zählen. Sie tritt mit großen, vorwiegend narrativ organisierten Geschichtsdarstellungen als Konkurrentin zum historischen Roman auf, favorisiert zumeist einen historischen Idealismus und – Konkurrenz hebt das Geschäft – begünstigt die große Konjunktur des historischen Romans in der zweiten Hälfte des 19. Jahrhunderts wiederum mit. Dabei wird das Schreibfeld innerhalb des viele Positionen umfassenden Historismus zwar von narrativen Verfahren dominiert; so benutzt der Vater der deutschen Geschichtswissenschaft, Leopold von Ranke, in seinem äußerst umfangreichen Werk zumeist Erzählverfahren, um Geschichte als Ereignisgeschichte präsentieren zu können. Hingegen verfährt der Außenseiter Jacob Burckhardt in seiner ›Kulturgeschichte der Renaissance‹ vorwiegend typologisch, ohne allerdings auf das Erzählen ganz zu verzichten.

Innerhalb des Untersuchungszeitraums bildet auf der Folie politischer Ereignisgeschichte die Bismarcksche Reichsgründung einen wichtigen Einschnitt. Das Ende der Epoche ist zugleich das Ende des Historismus als interdiskursives Verklammerungssystem. Mit dem Naturalismus setzt nicht nur die Karriere des Begriffs der Moderne ein, der stets Positionen des Historismus als Negativfolie zur Abgrenzung benutzt, sondern nun übernimmt auch die Naturwissenschaft die Leitfunktion der Historiographie. Auf eigentümliche Weise können bei dieser Verschiebung Positionen Zugewinn erzielen, die nicht mehr auf den Kollektivsingular ›Geschichte‹, sondern – um nichts besser, sondern eher ruinöser – auf das *Leben* als nicht weiter rückführbares transzendentales Signifikat setzen. Diese epochale Verschiebung des interdiskursiven Systems erklärt zugleich folgenden Befund: Historische Romane, wofern sie eng mit Historismuspositionen verknüpft sind, nehmen innerhalb der literarischen Moderne seit dem Naturalismus eher eine Randposition ein, stehen im 20. Jahrhundert unter Legitimationsdruck und müssen jenseits des Historismus mit seiner Wahrscheinlichkeitspoetik neue Schreibverfahren ausbilden, wenn sie in der literarischen Moderne erfolgreich sein wollen.[4]

II. Überblick

Der historische Roman als Gattungsbezeichnung ist keine strenge Kategorie, mit deren Hilfe man historische Romane aus der Gesamtheit der Romanproduktion ohne Schwierigkeiten und strittige Fälle aussortieren könnte. Insofern sind alle bisher von der Literaturwissenschaft vorgenommenen Gattungsbestimmungen des historischen Romans problematisch. Als Gattungsbezeichnung ist der historische Roman eine thematische Kategorie, die Ähnlichkeiten bezeichnet und daher nur unscharfe Sortierungen erlaubt.[5] Wenngleich Verzeichnisse, die sämtliche historische Romane in der Zeit 1850–1900 aufführen, aus diesem Grund sicher auch jenseits der empirischen Schwierigkeiten mit Vorsicht zu genießen sind, bieten sie dennoch einen nützlichen Überblick. Hartmut Eggert hat sich die Mühe gemacht, die Unmenge der Romane, die unter Titeln wie »Vaterländischer Roman«, »Geschichtlicher Roman«, »Historisches Zeitbild«, »Roman aus der Zeit ⟨...⟩«, »Vaterländisches Zeitgemälde«, »Roman und Geschichte«, »Kulturhistorischer Roman«, »Lebensbild und Geschichtsbild«, »Historischer Roman« und »Historische Erzählung« firmieren[6], zu sichten, und hat für die Zeit 1850–1900 in etwa 750 Titel gezählt.[7] Das beginnt mit Friedrich Aaraus ›Ermersburg‹ (1852) über Louise Mühlbach, die als unermüdliche Vielschreiberin z.B. 1871 ›Mohammed Ali und sein Haus‹ produzierte, bis zu Ernst Willkomm, der 1896 ›Peter Pommevering‹ veröffentlichte. Sodann hat Eggert eine Verlaufskurve erstellt[8], an der man die Konjunkturen des historischen Romans innerhalb der Gesamtproduktion ablesen kann:

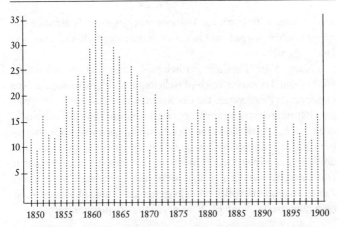

Abb. 1: Statistische Verteilung der in den Jahren 1850–1900 erschienenen historischen Romane

Nach dieser statistischen Verteilung beginnt es 1850 relativ karg, 1861 erreicht der historische Roman einen Höhepunkt, die Kurve flacht dann ab, ein Tiefpunkt ist 1870 zu verzeichnen, dann 1871 erneut ein erheblicher Anstieg mit etwa gleichbleibender Konjunktur, bis sich 1875 erneut eine Baisse einstellt; zwischen 1876 und 1900 schwankt der historische Roman zwischen vier Prozent und 16 Prozent der Gesamtromanauflage.

Lassen sich innerhalb dieser zumindest zahlenmäßig imposanten Romanstückzahl wenigstens grobe Tendenzen markieren?

– In der Zeit 1850–1870 ist auch innerhalb der kulturgeschichtlichen Projekte die Dominanz eines politischen Interesses feststellbar. Man versucht, im Rückgriff auf vorwiegend neuzeitliche Geschichte Gegenwartsfragen zu behandeln und Zukunftsperspektiven zu bieten. Besonders der nationale Reichsgedanke, Probleme der Reichseinigung stehen als positive Phantasmen auf der Tagesordnung. Insofern handelt es sich um die Produktion von politischer Gesinnungsliteratur.

– Ein Schnittpunkt ist im Hinblick auf die Stoffauswahl 1870/71 beobachtbar.[9] Deutlich verschiebt sich der Schwerpunkt der Themenselektion von deutscher neuzeitlicher Geschichte seit der Reformation zum Mittelalter, zur Völkerwanderungszeit/Spätantike, zur germanischen Vorzeit und zur Antike überhaupt (Rom, Griechenland, Ägypten).

– Nach 1870/71 verliert das Reichsphantasma etwas von seinem Glanz, weil das zweite Reich obrigkeitsstaatlich geschaffen ist. Nun entsprechen Phantasmen nie der Realität, und deshalb werden weiter Ursprungsmythen fabriziert, wird versucht, auf die befremdlichen, nicht überschaubaren Beschleunigungsbewegungen besonders auf dem ökonomischen Sektor mit historischen Romanen zu antworten, die in größerer Entfernung zur Jetztzeit plaziert werden. Das Interesse wendet sich u.a. weit zurückliegenden, dekadenten Zeiten zu, und man pflegt zudem weiter Ursprungsphantasmen, indem man ›frühe‹, vorgeblich ›reine‹ Zeiten idyllisch auffüllt.

III. Erfolgsbedingungen

Welche Romane waren auf diesem kulturindustrielle Züge tragenden Feld besonders erfolgreich? Welche Strategien mußte man einsetzen, um sich am Markt durchzusetzen und zu behaupten? Zwar gab es – wie auch heute – keine erfolgssicheren Patentrezepte, aber immerhin waren gewisse Leitlinien zu beachten. Die historischen Romane durften im Hinblick auf Erzählverfahren und Sprachorchestrierung nicht zu kompliziert oder gar streng innovativ angelegt werden. Sie mußten breite, anschauliche Schilderungen mit Überschaubarkeitseffekten und kalkulierten Spannungsbögen enthalten, herkömmliche Illusionstechniken benutzen und die Unterhaltungsqualitäten akzentuieren. Beim immer wieder zu spielenden Spiel zwischen Bekannt und Fremd, zwischen Nah und Fern, zwischen Vertraut und Unvertraut galt es stets eine Dosierung zu finden, welche die Schere zwischen Wiederholung und Innovation nicht zu groß werden ließ, um die für den Erfolg stets notwendigen Wiedererkennungseffekte einbauen zu können. Insgesamt war es unabdingbar, sich im Rahmen einer ›realistischen‹ Wahrscheinlichkeitspoetik mit ihren herkömmlichen Erzähltechniken und ihren traditionellen Illusionierungsverfahren zu bewegen, die freilich

Raum ließ für erfundene und auch phantasievoll ausgemalte Textabschnitte, welche häufig genau die Geschichte⟨n⟩ runden halfen. Erfolg konnte sich mit Hilfe eines durchschlagenden Einzelwerks einstellen. Nach Anfangsschwierigkeiten setzte sich Scheffels ›Ekkehard‹ (1. Auflage 1855; 3. Auflage 1871; 104. Auflage 1988) erfolgreich durch, und Scheffel war im zweiten Kaiserreich einer der meistgelesenen, wenn nicht der meistgelesene Autor. Das probate Mittel, sich am Markt längerfristig zu plazieren, war allerdings Massenproduktion. In möglichst nicht zu langen Abständen immer wieder einen möglichst umfangreichen, mehrbändigen historischen Roman zu produzieren und zugleich die Veröffentlichungsmöglichkeiten des Marktes (Zeitschriftenvorabdrucke) zu nutzen, war der erfolgversprechende Weg. So hat Konrad Bolander zwischen 1857 und 1897 insgesamt 16 dickleibige historische Schinken geschrieben; Emil Brachvogel, der Verfasser einer Friedemann-Bach-Biographie, produzierte in der Zeit von 1857 bis 1880 immerhin zwölf umfangreiche Texte; Felix Dahn von 1874 bis 1900 sechzehn und Georg Ebers zwischen 1864 und 1898 siebzehn zum Teil mehrbändige historische Romane; übertroffen wurden alle durch Louise Mühlbach, der es gelang, in der Zeit zwischen 1851 und 1874 neunundzwanzig stets mehrbändige historische Romane zu veröffentlichen. Das war also mehr oder weniger industrielle Züge tragende Fließbandproduktion, Unterhaltungsware auf unterschiedlichem Niveau für ein lesefreudiges bürgerliches Publikum, das sich vorwiegend amüsieren und in Maßen belehrt werden wollte und das – in fernsehlosen Zeiten – Lesestoff für gemäßigt imaginative Abenteuer suchte, um dem häufig langweiligen Alltag mit seinen jeweiligen Routinen zu entkommen.

IV. Exemplarische Analysen: Scheffel, Ebers, Dahn, Freytag

Aus der Fülle des kaum überschaubaren Materials finden sich im folgenden einige Anmerkungen zu vier erfolgreichen Rennern der Gattung historischer Roman in der zweiten Hälfte des 19. Jahrhunderts.

(a) Joseph Victor von Scheffel publizierte 1855 den historischen Roman ›Ekkehard, Eine Geschichte aus dem 10. Jahrhundert‹. Das Vorwort verweist auf die enge Kooperation zwischen Historiographie und historischem Roman:

> Dies Buch ward verfaßt in dem guten Glauben, daß es weder der Geschichtsschreibung noch der Poesie etwas schaden kann, wenn sie innige Freundschaft miteinander schließen und sich zu gemeinsamer Arbeit vereinen.[10]

»Die geschichtliche Wiederbelebung der Vergangenheit«[11] bedeutet zugleich den Entwurf eines Gegenbildes zur Gegenwart, welche durch »Herrschaft und Abstraktion und Prosa«, durch müßige Selbstbeschauung des Geistes und nicht zuletzt durch Formen und Schablonen gekennzeichnet sei und die Kritik vor schöpferischer Produktion favorisiere.[12] In gemütlich-gemüthaftem Ton mit Anflügen von Humor und Ironie wird die unmögliche Liebesgeschichte zwischen dem Mönch Ekkehard und der Herzogin Hadwig von Schwaben erzählt. Verwicklungen bleiben nicht aus, doch es kommt zu einem Happy-End; von den Wirren der Liebe führt das Leben Ekkehard in die gewaltige Natur, unter einfachen Menschen findet er sich selbst, wird poetisch produktiv und dichtet das Waltharius-Lied, das in Hadwigs Hände gelangt. Anschließend zieht er hinaus »in die weite Welt«[13].

Organisch aufgebaute soziale und politische Lebensformen, die sich vorteilhaft von der als mechanisch interpretierten Jetztzeit abheben, Naturapologie, Liebesgeschichte⟨n⟩, Volksmythologie und nicht zuletzt gängige Kunstmetaphysik – der Dichter als Schöpfer – werden in diesem historischen Roman ineinandergewoben. Zahlreiche Fußnoten verweisen darauf, daß der Autor für das von ihm produzierte »anschauliche Bild«[14] den Anspruch auf historische Exaktheit erhebt und auf diese Weise Realismuseffekte erzielen will. Scheffel mischt Formen bürgerlich-konservativer Kulturkritik, die stets das Organische gegenüber dem Mechanischen, das Anschaulich-Konkrete gegenüber dem Begrifflich-Abstrakten vorzieht, mit einer allgemeinmenschlich gehaltenen, herben Liebesgeschichte, benutzt herkömmliche Erzählverfahren und legt zugleich Wert auf historische Belegbarkeit. Deutlich zeigen sich in Scheffels Anordnungsstrategie die interdiskursiven Verknüpfungsmöglichkeiten mit dem Historismus, der ja ebenfalls glaubt, Geschichte in anschaulich präsentierten, organisch verlaufenden Geschichten einfangen zu können, und der zudem bis heute stets strenge Belegbarkeit sämtlicher ›Fakten‹ einfordert. Da Scheffels ›regressive‹ Geschichtsidylle sich darüber hinaus gängiger Kunstideologie bedient – »echte Dichtung macht den Menschen frisch und gesund«[15] –, ist es zumindest nicht ganz unverständlich, daß dieser im Mittelalter spielende historische Roman nach 1870 zum Lieblingsbuch der deutschen Bildungsbürger im zweiten Kaiserreich wurde.

(b) Auf andere, ähnlich geschickte, wenn auch gröbere Weise verknüpft ein weiteres Erfolgsbuch Historiographie und historischen Roman. Mehr als 500 Fußnoten suggerieren, daß Professor Georg Ebers mit seinem historischen Roman ›Eine ägyptische Königstochter‹ (1864) auf wissenschaftliche Genauigkeit abzielt und eine ›authentische‹ Geschichte bietet, obgleich er im Vorwort zur zweiten Auflage schreibt: »Der Text ist auch ohne Erklärungen für jeden Gebildeten verständlich.«[16] Dieser Roman bietet eine ganze Kette von Intrigen- und Liebesgeschichten. Die Pharaonentochter Nititis wird schließlich durch ihren eifersüchtigen Bräutigam Kambyses in den Freitod getrieben. Daneben gibt es in diesem Professorenroman umfangreiche, mit großer Detailfreudigkeit gezeichnete Kulturbilder aus der ägyptischen Zeit; reichlich Theaterdonner, viele Dialogszenen und massive Anachronismen werden gebündelt, um das Publikumsinteresse wachzuhalten. Der Ägyptologe Georg Ebers benutzt den historischen Roman als Form der Wissenschaftsdidaktik, nähert ihn wiederum der Historiographie an, betont aber zugleich, daß er den Fremdheitscharakter des auch zeitlich fernen

Ägyptens gemindert habe, indem er Gegenwärtiges rückwärts projiziert habe:

⟨...⟩ und durfte ich mich nicht ganz frei machen von den Grundanschauungen der Zeit und des Landes, in denen meine Leser und ich geboren wurden; denn hätte ich rein antike Menschen und Zustände schildern wollen, so würde ich für den modernen Leser teils schwer verständlich, teils ungenießbar geworden sein und also meinen Zweck von vornherein verfehlt haben. Die handelnden Personen werden demnach zwar Persern, Ägyptern usw. ähnlich sehen können, man wird aber doch ihren Worten mehr noch als ihren Handlungen den deutschen Darsteller, den nicht immer über der Sentimentalität seiner Zeit stehenden Erzähler anmerken müssen, der im 19. Jahrhundert nach der Geburt Jesu Christi geboren wurde, des hohen Lehrers, dessen Wort so mächtig eingriff in die Empfindungswelt und die Denkweise der Menschheit.[17]

(c) Einen noch größeren Erfolg als Georg Ebers erzielte allerdings der Historiker Felix Dahn mit seinem monumentalen Roman ›Ein Kampf um Rom‹, der jenseits der kulturgeschichtlichen Raritäten- und Antiquitätenkunde Ebersscher Provenienz eine ganze Fülle von Abenteuergeschichten bietet. Der kollektive Held seines Romans ist das Gotenvolk; zeitlich erstreckt sich der Roman vom Tode Theoderichs bis zum Untergang dieses Stammes unter Teja am Vesuv. Das Ganze ist eine melodramatisch dargestellte, mit schlichten Oppositionen arbeitende Stammesgeschichte, situiert in einer Zeit, in der die Völker »wanderten«. Eine vielfach versponnene Dreiecksgeschichte zwischen Goten, Westrom und Ostrom wird mit sentimentalen Theatereffekten und Szenen von pathetisch aufgeladener, heroischer Erhabenheit dem Leser präsentiert. Der absolute Bösewicht ist die erfundene Figur des Römers Cethegus, zäh und verschlagen, der im Machtspiel der Geschichte – jenseits aller Moral – das Beste für Rom zu erreichen sucht. Der Roman präsentiert eine starke personale Geschichtskonstruktion, bietet gute Anschlußmöglichkeiten für nationale Patriotismen und tritt zugleich für eine Politikkonzeption ein, die Politik als Machtspiel begreift. Jene unheilige Allianz zwischen einem normativ aufgeladenen Patriotismus und einem Politikverständnis, das tendenziell die Macht ins Zentrum rückt, scheint neben Theater- und Abenteuer-Klamauk mit den dazugehörenden erhaben-rührseligen Szenen einer der Hauptgründe zu sein, weshalb dieser historische Roman zur bevorzugten Lektüre bürgerlicher Schichten avancierte.

(d) Das einschneidende Ereignis der durch kriegerische Machtpolitik herbeigeführten Reichsgründung war für Gustav Freytag das Telos der bisherigen Reichsgeschichte. In einem Zyklus von sechs Romanen, ›Die Ahnen‹, zieht er nun diese Ziellinie aus und bietet die wechselvolle Herkunftsgeschichte dieses Reiches, indem er von der Völkerwanderung über das Mittelalter und die frühe Neuzeit bis hin zum Revolutionsjahr 1848 die Reichsgeschichte re-konstruiert. Die Reichsgeschichte ist zugleich als Familiengeschichte konzipiert, die durch die Jahrhunderte geführt wird. Diese Form der Identitätsbürgung ist zugleich ein Lobgesang auf bürgerlichen Familiarismus, der als natürlich ausgegeben wird. Familiengeschichte ist zugleich Volksgeschichte, in der die unzähligen einzelnen sich gleichsam zu einem kollektiven Schöpfungsprozeß zusammenfinden[18] und auf diese Weise die Einheit von Familie, Volk und Reich garantieren. Zielpunkt ist also der preußisch-deutsche Nationalstaat; die favorisierte Schicht ist das kulturtragende Besitz- und Bildungsbürgertum, das sich mit den »Ahnen« seiner eigenen Herkunftsgeschichte versicherte, um der ›Zukunftsgeschichte‹ selbstbewußt entgegengehen zu können.

V. Der andere historische Roman:
Kurz, Stifter, Meyer, Alexis, Fontane, Raabe

Nun ließe sich die Reihe der Erfolgsromane weiter fortführen – etwa mit Louise Mühlbachs ›Friedrich der Große und sein Hof‹; ohne große Schwierigkeiten könnte man zeigen, daß die Hitparade historischer Romane in der zweiten Hälfte des 19. Jahrhunderts ganz anders aussieht, als herkömmliche literaturgeschichtliche Kanonisierungspolitik uns weismachen will. Allerdings ist trotz solcher empirischen Gegenbeweise daran festzuhalten, daß man das historisch Bedeutsame nicht mit dem gleichsetzen sollte, was kollektiv repräsentativ oder empirisch wirksam ist.[19] Es sollte also untersucht werden, weshalb die anschließend präsentierten Romane *historische* Signifikanz beanspruchen könnten.

Dabei ist das Schreibfeld dieser historischen Romane weit gesteckt. Es reicht von der Präsentation ambivalent gesehener heroischer Individuen (C. F. Meyer) über das Aufzeigen kritischer Perspektiven (H. Kurz) und das Formulieren utopischer Gegenbilder (A. Stifter) bis zur polyperspektivischen Brechung von Geschichte (W. Alexis) mit dem Betonen der metahistorischen Dimension (Th. Fontane) und zu Schreibversuchen, die das transzendentale Signifikat ›Geschichte‹ radikal in Frage stellen und keine Entzifferungsregeln für das Buch der Geschichte angeben können (W. Raabe).

(a) In der zweiten Hälfte des 19. Jahrhunderts haben viele historische Romane häufig die Funktion, dem bürgerlichen Publikum Identitätsvorgaben zu liefern. Deshalb wird großes Gewicht auf Kontinuitätsstiftung gelegt. Da haben es kritische Perspektiven schwer. Kein Zufall ist, daß die historischen Romane von Hermann Kurz keine breite Publikumsresonanz finden. Nach ›Schillers Heimatjahre‹ (1848) veröffentlichte er 1855 den historischen Roman ›Der Sonnenwirt‹, der eine bekannte, auch von Schiller behandelte Episode der württembergischen Geschichte aus dem 18. Jahrhundert behandelt. Kurz ist ein sperriger, nicht eben einfach zu konsumierender Text gelungen. Der nach genauen Studien der Gerichtsakten gearbeitete Roman schildert den Lebenslauf des 1760 hingerichteten Sonnenwirthes Friedrich Schwahn; er verzichtet auf romantische Idealisierung von Geschichte, bietet Akten im Text und zeigt vor allen Dingen, wie die Gesellschaft einen jungen Menschen zu Raub und Mord treibt[20], wie jemand zum Verbrecher aus verlorener gesellschaftlicher Stellung wird. Ohne die bei Räubergeschichten zumeist greifenden Verniedlichungs- und Sentimentalisierungsstrategien wird demonstriert, wie in einer kaum entwirrbaren Gemengelage individuell-psychologische und sozial-gesellschaftliche Faktoren ineinandergreifen.

Am Schluß plädiert der Roman eindringlich für die Abschaffung der Todesstrafe. Mit seinem Roman ›Der Sonnenwirt‹ entwirft Kurz ein Gleichnis für die Gegenwart und macht auf diese Weise der bürgerlichen Gesellschaft eine Verlustrechnung auf, indem er zeigt, daß Humanitätsreligion und inhumane Praxis zwei Seiten derselben bürgerlichen Gesellschaft sind.

(b) Ähnlich erfolglos – wenn auch aus anderen Gründen – blieb Adalbert Stifters umfangreicher Roman ›Witiko‹ (1865–1867), der allerdings im 20. Jahrhundert zahlreiche Bewunderer fand und für Ernst Bertram gar den einzig wirklichen historischen Roman der deutschen Literatur darstellt.[21] Die konservativen Bewunderer dieses historischen Romans teilen mit Stifter die Annahme, das sanfte Walten des Sittengesetzes enthalte ein Heilmittel gegen geschichtliche Katastrophen. Dieser Glaube, der Bereich der Politik könne gänzlich von ethischen Maximen geregelt werden, ist ja – in wenig abgehobenerer Form – eine gängige Strategie bürgerlichen Selbstverständnisses und erklärt nicht die »Unzeitgemäßheit« des Stifterschen Textes. Allerdings ist der ›Witiko‹-Roman völlig unpsychologisch geschrieben und bietet auch keinen »mittleren Helden« (W. Scott) als identifikationsfähige Anschlußfigur. Stifter nimmt das Epos als Gattung wieder auf und leugnet auf diese Weise energisch die an den historischen Roman seit Walter Scott herangetragenen Gattungserwartungen. Er entwirft eine im Mittelalter angesiedelte Utopie, in der in unterschiedlichen, sich ausweitenden Kreisen das Wirken des »sanften Gesetzes« gezeigt wird. Das Ausmalen von Utopien hat seine eigenen Gesetze. Allerdings muß es stets auf Verräumlichung setzen, und damit wird den Ereignisverkettungen etwas genommen, was eines der Hauptkennzeichen des herkömmlichen historischen Romans ist: die Ereignisse sind stets einmalige Ereignisse – die Grundvoraussetzung für spannendes Erzählen. Utopien zeichnen sich dagegen durch einen hohen Grad von Überraschungsfreiheit aus, darum muß Stifter beim Spiel zwischen Wiederholung und Innovation die Wiederholung betonen und entwirft auf diese Weise ein geschlossenes, durchhierarchisiertes, vormodernes, vom Sittengesetz durchwaltetes Gegenbild zur modernen Gesellschaft, die ja durch eine wohl irreversible Entmoralisierung gekennzeichnet ist.

Dieser regressiv-konservative Traum von einer Gesellschaft, in der Herrschaft stets legitim und legal zugleich ist, wird in einem umfangreichen Buch dargeboten, das langsamer Lektürebewegungen bedarf, die sich auf den seriell-durchritualisierten Sprachstil Stifters einlassen. Alle diejenigen, welche die Hauptmasse historischer Romane in der zweiten Hälfte des 19. Jahrhunderts konsumierten, lasen jedoch mit ganz anderen Lesegeschwindigkeiten und mußten dem komplex-symbolischen Verweisungsspiel Stifters wohl fremd gegenüberstehen.

(c) Hatte Stifter als ›unzeitgemäßer‹ Zeitgenosse, der die österreichische Gegenwartsgeschichte stets als Verfallsgeschichte interpretierte, einen ›unzeitgemäßen‹ historischen Roman geschrieben, der sich zudem nicht an die Gattungskonventionen hielt, so ist Conrad Ferdinand Meyers Produktion – aus etwas ironischer Perspektive betrachtet – als unzeitgemäß-zeitgemäß zu charakterisieren. So hat sich der aristokratische Lebensformen liebende Schweizer Autor stets um einen stählernen Stil bemüht, der sich – getragen vom Pathos der Distanz – in seiner schroffen Genauigkeit wohltuend von der ungenauen Sentimentalität und vagen Geschwätzigkeit vieler historischer Erfolgsromane unterscheidet. Das Problem Macht-Recht, Politik-Ethik schätzte er ganz anders ein als der von Entdifferenzierungsphantasien angetriebene, zutiefst melancholische Adalbert Stifter. Aus der Perspektive Meyers sind Macht und Recht, Sittlichkeit und Politik nicht miteinander zu vereinbaren. Die zwischen Politik und Sittengesetz anzunehmende Differenz ist gerade die Bedingung dafür, daß charismatische Ausnahmemenschen im Ausnahmefall tätig werden dürfen und Effekte von Erhabenheit hervorbringen, indem sie ›geschichtsnotwendige‹ Taten jenseits der Gültigkeit des Sittengesetzes begehen. Die stets beim historischen Roman vorhandene Tendenz, Geschichtsprozesse personal zu verstehen, wird von Meyer radikalisiert, indem er monumentalische, auratische Figuren entwirft. Ein derartiger Ausnahmemensch, ein so ausstaffierter Held ist nun Jürg Jenatsch in Meyers gleichlautendem Roman ›Jürg Jenatsch. Eine Bündner Geschichte‹. Dessen ambivalente, fragwürdige Größe wird in einem wesentlich dramatisch angelegten Text gezeigt. Diese Apologie des großen Einzelnen enthält eine volksverachtende Dimension, die sich auch im Besitz- und Bildungsbürgertum wiederfindet. Diese bürgerlichen Kreise verachten stets den Plebs, die Unterschichten, die als ungebildet und als geschichtsunfähig eingestuft werden. Meyers knapper dramatischer Text, in den bewußt Anspielungen auf Bismarck eingearbeitet sind, setzt also auf den großen Einzelnen und damit auch wieder auf entscheidende, einmalige Ereignisse, die in Geschichts-Erzählungen eingefangen werden können. Diesem Roman war in der zweiten Hälfte des 19. Jahrhunderts – besonders wegen des den Bürger stets faszinierenden Spiels zwischen Ausnahme und Regel – großer Erfolg beschieden. So erschien die erste Auflage 1876, 1907 erreichte die Bündner Geschichte aus dem 17. Jahrhundert die 80. Auflage.[22]

(d) Conrad Ferdinand Meyers ambivalent ausfallende Darstellung des heroischen Individuums findet sich nicht bei Willibald Alexis, der sich sein Schreib-Leben lang mit Problemen des historischen Romans beschäftigt hat, 1852 ›Ruhe ist die erste Bürgerpflicht‹ und 1854 den Nachfolgeroman ›Isegrimm‹ veröffentlichte. ›Ruhe ist die erste Bürgerpflicht‹ ist bekanntlich ein Zitat und verweist auf Ort und Zeit des Geschehens: Preußen um 1806. Alexis entwirft einen polyperspektivischen historischen Roman, verzichtet auf eine zentrale Helden- oder Vermittlerfigur und konstruiert im wesentlichen einen Roman des Nebeneinanders, der die einzelnen Abschnitte metaphorisch miteinander verknüpft.[23]

Aus unterschiedlichen Perspektiven wird mit vorgefundenen und erfundenen Figuren ein Bild der preußischen Gesellschaft in ihren politischen, sozialen und juridischen Ausformungen gezeichnet, in dem sich Verfall und Hoffnung auf Wieder- oder Neubeginn vermengen. Die gewählte Romanform legt den Leser nicht auf eine ›master history‹ fest, vielmehr ermöglicht sie ihm die Einübung eines reflexiven Geschichtsverhältnisses.[24] In der Fortsetzung ›Isegrimm‹ wird dann ein metonymisches Verfahren gewählt[25] und die Linie bis in die Zeit nach 1848 gezogen. Am Schluß des Romans schreibt Alexis:

Die Gesetze des älteren Romans passen nicht für den historischen der Neuzeit. Verwerfe man, wenn man will, die Gattung; aber wo das Sonnenlicht des Tages, die stürmische Nacht, der brennende Schmerz noch blutender Wunden, die Leiden und Freuden des Volkes, dem Maler, der ihm angehört, die Farben und Tinten eingeben zum Gemälde, was so ein Teil wird seiner selbst, da reichen die Vorschriften nicht aus, nach denen ein Tom Jones und Wilhelm Meister gebildet ward, auch nicht die, welche ein Walter Scott sich kunstreich selbst geschaffen, um mit elegischer Ruhe die Zustände eines gewesenen Volkslebens zu schildern.[26]

(e) Entheroisierung durch Perspektivismus kennzeichnet auch Theodor Fontanes historischen Roman ›Vor dem Sturm‹, der ebenfalls zur Zeit des antinapoleonischen Kampfes spielt. Dieser Roman bietet ein weit gefächertes gesellschaftliches Spektrum, in dem sich Entwicklungen, Meinungen und Äußerungen wechselseitig in ihrem Geltungsanspruch einschränken. Dieses Relativierungsspiel wird nicht nur durch die Fontanesche Dialogtechnik gesteigert, sondern auch dadurch, daß Fontane in den Roman eine metahistorische Dimension einzieht, welche die Schwierigkeiten und Probleme der Geschichtsdarstellung selbst erörtert.[27] Ohne Zweifel stellt Fontanes erster veröffentlichter Roman genau deshalb im deutschsprachigen Raum eine ganz besondere Leistung dar.

(f) Die von Fontane akzentuierte metahistorische Dimension spielt auch in Wilhelm Raabes historischem Roman ›Das Odfeld‹ eine zentrale Rolle. Dieser von einem poeta doctus verfaßte, komplex angelegte Roman behandelt Kriegswirren während des Siebenjährigen Krieges in Niedersachsen. Dabei wird weder einer Geschichte von ›oben‹ Raum gewährt noch preußische Heroengeschichte – Friedrich II. als erhabener Held des Siebenjährigen Krieges – fortgeschrieben. Geschichte wird vielmehr von ›unten‹ und polyperspektivisch dargeboten. Keiner Figur – weder dem Erzähler noch Noah Buchius – kommt eine Zentralperspektive zu. Geschichte scheint überhaupt nicht mehr durch ein personales Interaktionsmodell erfaßbar zu sein. ›Held‹ des Romans ist das Odfeld, das als Campus Odini zugleich Ort von Geschichte als Katastrophengeschichte ist. Letztere dementiert Geschichte als sinnvolle, gar heroisch angelegte Fortschrittsgeschichte. Damit betont dieser außergewöhnlich historische Roman die *Textualität* von Geschichte, die Wahrscheinlichkeitspoetiken mit ihren Unmittelbarkeitseffekten stets zu verbergen suchen. Dieser zwischen humanistisch-gemütlichem und apokalyptischem Sprechen changierende Roman treibt den Desillusionierungsprozeß so voran, daß die Geschichte als Text keine Entzifferungsregeln mehr bereitstellt. Die Buchstaben der Geschichte, das Buch der Geschichte geben keinen ›sicheren‹ Sinn mehr her.[28] Damit wird nicht nur das transzendentale Signifikat Geschichte ausgehöhlt und fragmentiert, sondern zugleich die poetische Abbildbarkeit von Welt radikal in Frage gestellt. Raabes gelehrter, ein enzyklopädisches Wissen voraussetzender Roman dementiert somit herkömmliche Illusionierungstechniken und scheidet deshalb aus dem interdiskursiven Verklammerungssystem des Historismus aus. Insofern stellt ›Das Odfeld‹ in seiner Mischung von ›gemütlichen‹ und katastrophenhaften Passagen einen Übergang zur literarischen Moderne dar, in der allerdings »die Angst der Welt« mit ungleich größerer Radikalität poetisch bearbeitet worden ist.[29]

Axel Drews / Ute Gerhard

Wissen, Kollektivsymbolik und Literatur am Beispiel von Friedrich Spielhagens ›Sturmflut‹

I. »Mikroskopischer« Realismus vs. »makroskopischer« Idealismus

Der mikroskopische Blick gehört zu dem symbolischen Komplex, der in besonderer Weise die programmatischen Aussagen zur Literatur in der zweiten Hälfte des 19. Jahrhunderts in Deutschland bestimmt. Im Bezug auf die verschiedensten optischen Instrumente und Medien konstituiert sich eine Literatur, die sich selbst als ›Abbild‹, als ›Widerspiegelung des Lebens‹ begreift. In der ästhetischen Auseinandersetzung dient das mikroskopische Bild ähnlich wie die Photographie der Abgrenzung eines genuin kunstliterarischen Bereichs.[1]

Diese Symbolik kennzeichnet auf interessante Weise auch die Position Friedrich Spielhagens, des populären Erfolgsautors der sechziger und siebziger Jahre. Wenn Spielhagen in seiner Schrift ›Über Objektivität im Roman‹ von »unseren modernen mikroskopischen Augen« spricht oder von der »veränderten Beschaffenheit« des »geistigen Auges« der modernen Menschen, so verweist das nicht nur auf Probleme der Literatur unter den Bedingungen der wissenschaftlich-technischen Moderne, sondern auch auf die Spezifik seiner eigenen Position.[2] Denn im Gegensatz zum traditionellen, »natürlichen« Auge ergebe sich beim Blick durchs Mikroskop nicht etwas »Einfaches«, das durch seine »Bruchlosigkeit« und »Übersichtlichkeit« einer künstlerischen Verarbeitung entgegenkomme, sondern ein »unendlich Mannigfaltiges«.[3] Steht das Symbol des Mikroskops also metaphorisch für die zunehmende Komplexität und Heterogenität der Moderne, so repräsentiert es gleichzeitig die Wissenschaften als die zentralen Faktoren dieser Veränderungen. Offensiv wie kaum ein anderer deutscher Autor seiner Zeit hat Spielhagen betont, daß die Literatur sich dieser »furchtbaren Konkurrenz der Wissenschaften« stellen müsse, ja in der Form des Romans diese Konkurrenz besonders gut »aushalten« könne. Denn die »epische Phantasie« stehe insofern in »naher Verwandtschaft« zu den Wissenschaften, als auch sie den Menschen »immer auf dem Hintergrund der Natur« und in »Abhängigkeit von den Bedingungen der Kultur« sehe.[4] Aufgabe des Romans sei es, »ein Spiegelbild der Welt« zu geben und gleichzeitig den Anforderungen der Kunst zu entsprechen. Beide Anforderungen bleiben jedoch auch für Spielhagen letztlich prekär, da der Roman sie angesichts des »unerschöpflichen Reichtums des aktuellen modernen Lebens« nie völlig erfüllen könne.[5] Die angestrebte optimale Verknüpfung beider Tendenzen ist das, was Spielhagen dann 1890 in seiner Autobiographie den »gesunden Realismus« nennt, den er in der »Mitte« positioniert zwischen einer rein »mikroskopischen Kunst« des »extremen Realismus« auf der einen und einer »makroskopischen« des Idealismus auf der anderen Seite.[6]

Die weitere Differenzierung ist zu diesem Zeitpunkt sicherlich bereits im Kontext der vehementen Kritik zu sehen, die die Gebrüder Hart 1884 an Spielhagens Romanen übten. Spielhagen, so hieß es, sei ein »Schriftsteller«, aber kein »Dichter«, seine Romane seien »Gemengsel von allem Möglichen, nur nicht reine Gebilde der Dichtkunst«. Hervorgehoben wird außerdem der »Mangel an Realismus, die seichte Idealistik, welche die Wirklichkeit bald durch eine blaue Brille, bald in einem Hohlspiegel sieht«.[7] Diese Kritik an seinen literarischen Texten bewegt sich mit der Betonung mangelnder Einheit und der auf unterschiedliche Weise verzerrten Abbildung innerhalb der Vorgaben, die Spielhagen selbst für die Literatur entwirft. Wenn Julius Hart anläßlich des Todes von Spielhagen 1911 schließlich auch an seine eigene begeisterte Lektüre der Romane in den sechziger und siebziger Jahren erinnert, dann sind die verschiedenen Aspekte skizziert, die Spielhagens Texte zu einem interessanten Phänomen der Epoche des Realismus machen. Waren die zahlreichen Spielhagenschen Romane tatsächlich in den sechziger und siebziger Jahren, sowohl was Auflagenhöhe als auch Kritik betrifft, ein enormer Erfolg, so verloren sie bereits in den achtziger Jahren schnell an Bedeutung. Ob nun »zu Recht vergessen« oder »totgeschwiegen«, Eingang in den Kanon der deutschen Literatur haben sie nicht gefunden.⁸ Von literarhistorischem Interesse schienen auf Dauer, wenn überhaupt, nur noch seine theoretischen Arbeiten. Dabei sind auch die wenigen neueren Auseinandersetzungen mit den Romanen, ähnlich wie die frühe Kritik der Gebrüder Hart, größtenteils orientiert an dem Konzept von Literatur als ›Abbildung‹ und damit an der Frage der mehr oder weniger gelungenen bzw. mehr oder weniger affirmativen ›Abbildung der Wirklichkeit‹.⁹

II. Literatur und Kollektivsymbolik

Mit der Orientierung am optischen Modell werden genau die Regeln und Konzepte befolgt, nach denen sich die Literatur in der zweiten Hälfte des 19. Jahrhunderts selbst als »realistische« konstituiert. Exemplarisch formulieren etwa Spielhagens Überlegungen zur »Technik« des Romans die Regeln und Verfahren, die eine komplexe Versinnlichung und Verbildlichung des literarischen Textes ermöglichen bzw. fördern. Hierzu gehört die für den Roman geforderte »Darstellungsweise«: »alles für, alles durch die Personen!«.¹⁰ Diese – zugleich die Modernität der Spielhagenschen Romantheorie ausmachende – Entwicklung einer personalen Erzählperspektive und damit der Verzicht auf die Realisierung eines Erzählers verstärkt die Tendenz, die spezifisch textuelle Materialität eines Romans zu tilgen und ihn als komplexe optische und akustische Imagination zu rezipieren.¹¹ Bietet sich über diese Verfahren der ›Versinnlichung‹ eine Möglichkeit, die literarisch-ästhetischen Momente der Epochenkategorie ›Realismus‹ genauer zu erfassen, so wird gleichzeitig das theoretische Konzept der Abbildung und seine Produktivität für eine Untersuchung der sozialfunktionalen Zusammenhänge der literarischen Texte fraglich. Statt der Relation zwischen Abbild und Wirklichkeit müßte die spezifische Wirklichkeit der Texte zum Untersuchungsgegenstand werden.

Daß sich damit auch, allerdings auf andere Weise, die Frage nach den sozialfunktionalen Zusammenhängen von Literatur stellen läßt, zeigt eine diskurstheoretisch orientierte Forschungsrichtung innerhalb der Literaturwissenschaft, auf die sich die folgenden Analysen beziehen.[12] Sie betrachtet literarische Texte als Produkte und Faktoren gesamtgesellschaftlicher diskursiver Prozesse und Formationen. Ausgehend von einer, die industrialistische Moderne kennzeichnenden, Differenzierung und Spezialisierung diskursiver Praktiken ergibt sich der besondere Status der Literatur – bezogen sowohl auf ihre Konstitution als auch auf ihre Funktionalität – aus der gleichzeitig notwendigen Tendenz der kulturellen ›Re-Integration‹ solcher Spezialisierungen. Literarische Verfahren ermöglichen vor allem die Produktion integraler, interdiskursiver Positionen mit subjektiven Konturen, so daß sie als Modelle von Subjektivität fungieren können. Mit der Symbolik wurde am Beispiel des Mikroskops bereits eines der zentralen interdiskursiven Verfahren erwähnt. Tatsächlich existieren innerhalb der Kulturen eine Vielzahl solcher Symbole, die sich als ikonische Komplexe beschreiben lassen, denen eine oder mehrere zusätzliche Sinnebenen zugeordnet werden können. Dabei handelt es sich um eine kulturell hochgradig automatisierte und insofern auch kollektive Bildlichkeit. Der Bereich der so verstandenen Kollektivsymbolik umfaßt die aus rhetorischer Perspektive noch weiter differenzierten Phänomene wie Metaphern, Metonymien, Allegorien, Embleme, aber auch bildliche Analogien.[13]

Wenn im folgenden die Kollektivsymbolik zum Ausgangspunkt einer Analyse Spielhagenscher Texte gewählt wird, dann scheint dies im Widerspruch zu stehen zu traditionellen Beschreibungen der Epoche des Realismus. Nicht nur Spielhagen selbst hat sein literarisches Projekt der »Idealisierungssucht« entgegengesetzt, die »Symbole statt der Sache« gebe.[14] Auch aus literar- bzw. kulturhistorischer Perspektive wird häufig genug der ›nüchterne‹ politische und literarische Realismus gerade durch den Gegensatz zur rhetorik-, bild- und metaphernreichen Phase des Vormärz und der 48er Zeit bestimmt. Ein Blick auf die Texte zeigt jedoch sofort, wie notwendig zumindest eine Differenzierung dieser Zuschreibungen ist. Das folgende Zitat, wiederum aus Spielhagens theoretischen Überlegungen, ist nur ein Beispiel unter vielen: der Autor begründet die Notwendigkeit lokaler sowie zeitlicher Konkretisierungen und Bestimmungen für den modernen Roman damit, daß dessen »Menschen immer festen Boden unter den Füßen und die Hand am Steuer und die Augen auf bestimmte Sternbilder gerichtet haben«.[15] Auffällig ist hier die deutlich symbolische Konstitution der Beschreibung und der gleitende Wechsel zwischen verschiedenen Symbolkomplexen bis hin zur Katachrese zwischen ›Land‹ und ›Schiff‹. Darüber hinaus unterstreicht der »feste Boden« die interdiskursiven Verknüpfungen und Anschlüsse, die aufgrund der Symbolik möglich werden. Während sich der »feste Boden« an dieser Stelle auf die Gestaltung der Romanfiguren und das moderne Wissen um die Milieuabhängigkeit des Menschen bezieht, gehört er spätestens seit der 48er Revolution zu den zentralen Schlagworten einer antirevolutionären, pragmatischen – eben ›realistischen‹ Politik.[16] Auch innerhalb der Wissenschaften selbst wird der »Boden der Tatsachen« häufig für die Akzentuierung einer empirischen Wendung der Disziplinen bemüht. Mit der interdiskursiven Funktionalität ist in dem genannten Beispiel die Möglichkeit verbunden, wiederum symbolisch eine integrale und subjektivierende Position zu entwerfen: ›festen Boden unter den Füßen zu haben‹ als Habitus, der die unterschiedlichsten Praktiken subjektiv zu strukturieren vermag. Es liegt nahe, eine solche Subjektivität als ›realistisch‹ zu kennzeichnen. Akzentuiert wird dadurch ein Aspekt, der gerade die Berücksichtigung der Symbolik für eine Beschäftigung mit der Literatur der zweiten Hälfte des 19. Jahrhunderts produktiv erscheinen läßt. Denn der Realismus wird nicht zuletzt aufgrund der Symbolik und der damit gegebenen interdiskursiven Reproduktion zu einem kulturell dominierenden Konzept. Der Anteil, den die literarischen Texte an diesen diskursiven Prozessen haben, ergibt sich u.a. aus den jeweiligen Bezugnahmen auf die gängige Kollektivsymbolik. Ihre genauere Bestimmung verspricht insofern auch Aufschlüsse über die sozialhistorische Spezifik der Texte.

Was Spielhagen betrifft, ist die Katachrese von »festem Boden« und »Hand am Steuer« bereits ein Hinweis auf kollektivsymbolische Elemente seiner Romane und ihrer zumindest für das zeitgenössische Publikum faszinierenden Effekte. Beide Aspekte bestimmen die Fragestellung der folgenden Untersuchung, in deren Mittelpunkt die ›Sturmflut‹ (1877) steht, einer der erfolgreichsten Romane des Autors.

III. Kollektivsymbolische Struktur der ›Sturmflut‹

1. *Flut als übergreifendes Symbol*

Grundlegend für den letzten großen Erfolgsroman Spielhagens ist die Verknüpfung der Sturmflut an der Ostsee im Herbst 1872 mit der großen Krise der Finanzwirtschaft, dem »Gründerkrach« Mitte der siebziger Jahre. Die symbolische Dimension dieses Verfahrens wird in den Kommentaren zum Roman unterschiedlich thematisiert.[17] Bei aller Kritik an der weiteren Durchführung ist selbst für die Gebrüder Hart diese Verknüpfung ein Beispiel »reiner, dichterischer Phantasie«.[18] Ein Blick auf den diskursiven Bereich der Ökonomie macht schnell deutlich, daß die gängige Kollektivsymbolik an dieser »dichterischen Phantasie« durchaus ihren Anteil hat. In den ›Preußischen Jahrbüchern‹ spricht etwa ein populärwissenschaftlicher Beitrag über die ökonomische Krise 1857 von der »Scheu vor sogenannten Platzwechseln«, die darin begründet sei, daß eine »solche Masse von Wechseln und Wechselbeziehungen« entstünde, »daß die Kontrolle unmöglich wäre und die Börse mit schlechten Papieren überschwemmt würde«.[19] Die Überschwemmung als Symbol für problematische Dynamiken der Geldwirtschaft scheint also bereits automatisiert. Spielhagens Text nutzt diese automatisierte Symbolik und verleiht ihr durch die Verknüpfung zweier empirischer, ›realer‹ Ereignisse eine besondere Evidenz. Die symbolische Expansion der Sturmflut und ihre Anschlüsse an andere Kollektivsymbole trägt jedoch gleichzeitig zur Integration der verschiedenen Ebenen des Romans bei und ermöglicht den Entwurf einer bei aller modernen Komplexität möglichen Position der ›Übersicht‹ und ›Totalität des Weltbildes‹.

Die symbolische Verbindung zwischen drohender Sturmflut und drohendem Börsenkrach wird bereits zu Beginn des Romans anläßlich einer Konversation im Schloß des Grafen Golm deutlich akzentuiert (I, 86–90).[20] Es geht um den Ausbau eines Hafens in der Nähe des Schlosses an der Ostseeküste. Der Held des Romans, der bürgerliche Kapitän Reinhold Schmidt, der später zum Lotsenkommandeur an diesem gefährdeten Teil der Küste aufsteigt, hält einen populärwissenschaftlichen Vortrag über eine der Ostseeküste drohende Sturmflut. Die ungewöhnliche Wetterlage der letzten Jahre habe einen »Rückstau« der durch den Wind von Westen nach Osten gedrückten Wassermassen herbeigeführt, so daß eine Veränderung des Windes eine Sturmflut auslösen könnte. Schmidt spricht sich deshalb gegen den geplanten Ausbau des Hafens an einer derart gefährdeten Stelle aus. Zu diesem Zeitpunkt hat Schmidt seine prognostischen Fähigkeiten insofern schon unter Beweis gestellt, als er selbst als Passagier aufgrund seiner empirischen Beobachtungen das Auflaufen des Schiffs vorhergesehen und dank seiner ›Übersicht‹ die kleine Reisegruppe von Adligen – den General von Werben, dessen Tochter Else und den Präsidenten – sicher an Land gebracht hat. Für den Grafen Golm, bei dem die ›Schiffbrüchigen‹ aufgrund des Unfalls zu Gast sind, stellt wiederum der Ausbau des Hafens einschließlich der Eisenbahnlinie eine Möglichkeit dar, sich vor dem finanziellen Ruin zu retten. Er reagiert entsprechend schroff auf den Vortrag des Kapitäns. Der »Präsident«, der bereits vorher als Meister der Konversation ausgewiesen wurde, versucht die Situation zu retten, indem er feststellt, er habe »bei jedem Wort einer andern Sturmflut denken müssen«, und zwar der »Aufstauung von Fluten ⟨...⟩, die sich in einem ungeheuren Strom – einem Goldstrom, meine Damen – von Westen nach Osten ergossen haben«. Auch auf dieser Ebene würden Kenner einen »Rückstau« prognostizieren, eine »Sturmflut, welche – um in dem Bilde zu bleiben, das der Sache so sonderbar entspricht« – ebenso zerstörerische Auswirkungen haben werde (89 f.). Die Funktionalität der Kollektivsymbolik besteht für das Genre der Konversation darin, unterschiedliche diskursive Bereiche mit dem Alltagswissen zu verknüpfen. Auch die Nichtwissenden, hier unterstrichen durch die wiederholte Betonung der »Damen«, können dadurch an einem Gespräch über Ökonomie teilhaben. Darüber hinaus werden über die Kollektivsymbolik gleitende Themenwechsel möglich, die das an diesem Punkt drohende, peinliche Schweigen verhindern sollen. Der bisherige Gegenstand wird zum Bild, zum Symbolisanten eines komplexen Symbols, dem dann eine neue Sinnebene als Symbolisat zugeordnet wird. Allerdings, so kommentiert der Text selbst, mißlingt der Versuch des Präsidenten, »dem Gespräche eine andere

Wendung zu geben«, denn er sei »doch eigentlich bei der Sache geblieben«. Der geplante Hafen- und Eisenbahnausbau gehört ja – wie sich im Laufe des Romans dann auch herausstellt – zu den Objekten der Spekulations- und Gründungspraxis. Die Bauprojekte realisieren ihrerseits die symbolische Verknüpfung von Ostsee-Sturmflut und Börsenkrach auf der syntagmatischen Ebene des Romans – beide Katastrophen bedeuten das jähe Ende der angefangenen Bauten –, wodurch sich die Evidenz der Symbolik noch erhöht. In der Konversation werden somit grundlegende Kompositionsstrukturen des gesamten Romans dargelegt. Aus der deskriptiven und narrativen Expansion der Bildebene der Sturmflut ergeben sich zum einen wiederum Handlungselemente, wie Bedrohung, Flucht, Rettung oder Untergang. Zum anderen wird die Flutsymbolik zu einem konstitutiven Element der Bündelung und Konturierung der Figuren. Der Intensivierung der Bildlichkeit durch Narration und Deskription entspricht gleichzeitig eine Vervielfältigung der Bereiche, die diesem Bild als Sinnebenen zugeordnet werden. Wie sich im weiteren Verlauf zeigt, bestimmt die Symbolik der Flut die unterschiedlichen Themenkomplexe des Romans: neben dem genannten ökonomischen, den erotischen, den politischen und den des gesellschaftlichen Lebens in der Großstadt.

Was die Großstadt betrifft, ist auch in der ›Sturmflut‹ – wie in anderen großen Spielhagenschen Romanen – neben der Ostseeküste Berlin der zentrale Ort der Handlungen. Hier leben die Familie von Werben und der Onkel des Helden, ein bürgerlicher Marmorfabrikant. Während seines Aufenthalts in der Hauptstadt besucht der Kapitän mit seiner Cousine Ferdinande, die selbst Bildhauerin ist, eine Kunstausstellung. Auf der Fahrt durch die Stadt versucht er, sich das Bild der von ihm geliebten Else von Werben vorzustellen, kann sich allerdings nicht konzentrieren:

> Die Menge ist daran schuld, sagte er ärgerlich. Sie waren freilich eben im ärgsten Gewühl. Ein Regiment marschierte mit klingendem Spiele die Friedrichstraße hinab, die Linden quer durchschneidend. Die Flut der Passanten staute sich zu beiden Seiten, besonders auf der, von welcher sie kamen; zwischendurch Schutzleute zu Fuß und zu Pferde, bemüht, mit Güte und Gewalt die Ordnung aufrecht zu erhalten und die Menge zurückzudrängen, die ihren Unmut zum Teil laut genug zu erkennen gab.⟨...⟩ Endlich kam

die Queue des Bataillons, während links her aus der Friedrichstraße bereits wieder die Tête des folgenden mit klingendem Spiel erschien, und durch den kleinen Zwischenraum von beiden Seiten zugleich die entfesselten Menschenwogen in sinnverwirrendem Durcheinander stürzten und drängten. (I, 226 f.)

Mit dem Stau und der ihm folgenden Entfesselung sind hier die für den Roman besonders rekurrenten Elemente der Flutsymbolik wiederholt. Ihre semantischen Merkmale +Bewegung, −Stabilität, −Ordnung, −Sinn kennzeichnen hier den großstädtischen Verkehr, allerdings, so muß betont werden, hervorgerufen durch eine Störung. Auch in der folgenden Sequenz der Kunstausstellung übernimmt die Flutsymbolik eine wichtige Funktion. Während der Kapitän Gemälde mit Schiffs- und Meeresmotiven betrachtet, hat sich Ferdinande »von einer Menschenwoge, die nach dem Nebensaale drängte, mit fortführen lassen« (I, 236). An dieser Stelle verbindet sich mit der Symbolik der Fluten ein anderes wichtiges Strukturelement der Romanhandlung, und zwar die Verschwörung und die intrigierende Beobachtung, das ›Sehen, ohne selbst gesehen zu werden‹. Denn Ferdinande nutzt die Menschenwogen für ein kurzes Treffen mit dem heimlich geliebten Sohn des Generals. Antonio, italienischer Gehilfe des Bildhauers Justus, der als Lehrer Ferdinandes sein Atelier bei dem Marmorwarenfabrikanten hat, nutzt seinerseits das »Gewühl« für die eifersüchtige Beobachtung und für die geplante Intrige. Er braucht »im Notfall ⟨...⟩ nur in das Gewühl zurückzutauchen, das den größeren Nebensaal erfüllt. Er hatte genug gesehen und tauchte in das Gewühl zurück« (I, 240).

Mit Eifersucht und heimlicher Liebe sind bereits die ›Wogen der Lust‹ thematisiert, die direkt die Figuren des Romans betreffen, wie etwa die Börsenspekulanten. Ihre finanziellen Intrigen begleiten Feiern mit viel Wein, Champagner und Schauspielerinnen bzw. Prostituierten. Der erste Band des Romans endet mit einer entsprechenden Beschreibung: »Die Gläser klangen zusammen; höher und höher gingen die Wogen der Lust und schlugen über dem letzten Rest von Anstand und Sitte brausend zusammen« (I, 297). Dies sind die »brausenden Strudel des gesellschaftlichen Lebens«, die besonders den Frauen gefährlich werden (III, 20). Vor allem aber sind es die Fluten sexueller Leidenschaft, denen die Figuren selbst unterworfen sind, die zur Gefahr werden. So kennzeichnet Valerie, Elses Tante, ihren Ehebruch und ihr Leben in Italien als »Rausch« und »Raserei einer Leidenschaft, die, nachdem sie so lange künstlich zurückgedämmt, jetzt alle Schranken überflutete« (III, 71). Deutlich wiederholen sich auf dieser Ebene die Momente des gefährlichen Staus und der ihm folgenden Sturmflut. Auch die problematische, weibliche ›bürgerliche‹ Figur, die Künstlerin Ferdinande, weiß, daß ihre Liebe ist »wie der Sturm, der daherbraust, niederwerfend, was nicht stärker ist, als er; – wie die Flut, die heranrollt, vernichtend, verschlingend, was nicht in die Wolken ragt« (III, 338).

Fluten der Leidenschaft kennzeichnen ebenso den Marmorwarenfabrikanten Ernst Schmidt, Vater Ferdinandes und im Roman größtenteils in familialer Relation zum Helden »Onkel Ernst« genannt: »Onkel Ernst machte eine Pause; wieder mußte er den Strom niederkämpfen, der aus seinem Herzen aufbrausend und siedend zum Gehirn hinauftobte« (II, 171). Er ist politischen Leidenschaften unterworfen. Genauer ist es die revolutionäre Vergangenheit des Bourgeois, die an dieser Stelle das Gespräch zwischen ihm und dem General von Werben durchkreuzt. Beide Figuren waren während der Barrikadenkämpfe 1848 aufeinandergetroffen – als Revolutionär der eine und als offenbar durchaus grausamer Offizier der konterrevolutionären Armee der andere.

Die über die Kollektivsymbolik aufgebaute Äquivalenz von sexuellem Begehren, Massenaufstand/Revolution und Sturmflut wird gegen Ende des Romans noch einmal effektvoll zusammengefaßt (III, 278–299). Während sich in Berlin bei stürmischem Wetter die finanzielle Katastrophe ereignet und sich an der Küste Unwetter und Sturmflut auf ihren Höhepunkt zubewegen, befinden sich Graf Golm und Carla, offiziell immer noch die Verlobte Ottomar von Werbens, auf einem gemeinsamen Ausritt, der ebenfalls einen Höhepunkt, und zwar den ihres sexuellen Begehrens darstellt. Eingeplant ist – zumindest von seiten des Grafen –, einige Stunden oder gar die ganze Nacht in den extra für den Grafen eingerichteten Zimmern eines Ahlbecker Hotels zu verbringen. Da es sich bei diesem Hotel und dem Reichtum des Hafenortes Ahlbeck um ein Ergebnis der Spekulationen handelt, ist auch an dieser Stelle die ökonomische Thematik integriert. Bestimmend für die Narration ist jedoch die Parallelisierung der steigenden Fluten – der Ostsee auf der einen und des sexuellen Begehrens der Figuren auf der anderen Seite. Die Momente von Sexualität und Körper werden rekurrent denotiert, wenn von »Küssen«, »lechzenden Lippen«, »glühenden Wangen«, »holden Busen«, »umschlingenden« Armen und »schönen weißen blitzenden Zähnen« die Rede ist. Augen, »in Leidenschaft schwimmend«, verdeutlichen die symbolische Imagination des sexuellen Begehrens als innerer Flut (III, 281). Sequenzierungen und Spannungselemente der Narration ergeben sich durch das an Stärke zunehmende Unwetter und die steigenden Fluten. Die zunehmenden Überschwemmungen zerstören große Teile des Weges, woraus entsprechende Irritationen der Figuren und die erneute Steigerung ihrer Leidenschaften folgen. Beispielsweise wird die anstehende Entscheidung, trotz der Überschwemmungen, die einen schnellen Rückweg unmöglich machen, weiter zu reiten, mit einer Auseinandersetzung über die Liebe verbunden, die die fehlende familiale Perspektive dieser Leidenschaften endgültig klarstellt. Carla fordert das Eheversprechen von Golm, der jedoch nur zögernd und – wie ein innerer Monolog beweist – verlogen reagiert. Nach kurzer Flucht Carlas führt diese Erkenntnis jedoch zu einer erneuten ungeheueren Steigerung des sexuellen Begehrens. Mit der deutlich gewordenen fehlenden familialen Perspektive akzentuiert der Text dann auch die entgrenzenden Effekte einer solchen Leidenschaft: »Ich bin toll, murmelte sie: 〈...〉 Wir sind's beide; laß uns toll sein – ganz toll! 〈...〉 die Sinne vergingen ihr fast, sie warf sich wie eine Bacchantin rückwärts« (III, 282 f.). Neben die Fluten der sexuellen Leidenschaft treten in dieser Sequenz die politischen. Entgrenzte und revolutionäre Massen, in stereotypen Bildern realisiert, scheinen direkt mit den Fluten identisch. In Ahlbeck angekommen, muß Golm erkennen, daß das Meer »seine Wogen weit in die Straße« hineintreibt: »Und nun die Straße angefüllt mit heulenden, kreischenden, zeternden Weibern und Kindern, rufenden, schreienden Männern« (III, 287 f.). Die symbolisch konstituierte Äquivalenz zu den Fluten sexueller Leidenschaft ist schließlich eindeutig, wenn es in Anlehnung an bekannte Topoi entgrenzter Massen heißt: »um das gestrandete Schiff 〈...〉 tanzte, raste eine Menge – so konnten sich nur Wahnsinnige, oder bis zur Sinnlosigkeit Berauschte gebärden«. Als in Golm einer der Verantwortlichen für den Bau der Molen erkannt wird, die bei der Sturmflut als »künstliche Riffe« gewirkt haben, an denen mehrere Schiffe zerschellt sind, bedroht ihn »ein großer Haufe Männer und Weiber« (III, 289). Die symbolische Äquivalenz von Flut, Massen und sexuellem Begehren wiederholt sich dann bei der Flucht des Grafen. Nacheinander folgen die Bedrohung durch die Menge, durch eine riesige Flutwelle und durch den zürnenden Bruder einer vom Grafen verführten, schwangeren Frau. Carla und Golm retten sich vorerst auf eine schon von Wasser umschlossene Dünenspitze. Beide Figuren sind völlig aufgelöst und insofern keine Subjekte im eigentlichen Sinne mehr. Carla nur noch ein »schwarzer Gegenstand« und »wahnsinnig« (III, 297). In der Perspektive des Grafen wird sie genauso bedrohlich wie die Sturmflut: »ein grausiges Gespenst, der grausen Tiefe entstiegen, und da sitzend – zusammengekauert, unbeweglich – um ihn wahnsinnig zu machen«. Hatte sich Golm schon vorher als feige erwiesen und war vor Angst schwitzend geschildert worden, so ist es jetzt endgültig um seinen Status als männliches Subjekt geschehen, denn auch er »schrie laut auf in seiner Angst ⟨...⟩ und wimmerte und weinte wie ein Kind« (III, 299). Beide werden schließlich durch Reinhold Schmidt, mittlerweile in der Funktion des Lotsenkommandeurs, gerettet.

Insgesamt läßt sich an der kleinen exemplarischen Auswahl zur Flutsymbolik erkennen, daß sie einerseits ein wichtiges Verfahren darstellt für die Integration der unterschiedlichen Strukturelemente des Romans sowie der verschiedenen Handlungen und Figuren. Andererseits wird durch die symbolische Äquivalenzserie der Fluten des Geldes, der Großstadt, der politischen Massen und der Sexualität ein Komplex moderner Wissensbereiche gebildet, der insgesamt durch anonyme und tendenziell bedrohliche Dynamiken bestimmt ist. Weder die Verwendung der Flut- und Meteorologiesymbolik noch die Problematisierung der Dynamiken der Moderne stellen jedoch in den siebziger Jahren des 19. Jahrhunderts etwas Neues dar. Eine ungewöhnliche Perspektivierung und damit vielleicht auch ihre zeitgenössische Faszinationskraft erhält die diskursive Kombinatorik des Romans erst durch die weiteren symbolischen Anschlüsse und die bereits in der Rekurrenz des negativen Staus deutliche Ambivalenz der Fluten. Grundlegend ist dafür die literarische Integration der wichtigen diskursiven Bereiche der Moderne, Naturwissenschaft und Technik.

2. Die Figur des Kapitäns und moderne Aspekte der Steuerung

Aufgrund der Funktionalität der Flutsymbolik erstaunt es kaum noch, daß Spielhagen sich gegen seinen ursprünglichen Plan, den Politiker Lasker zum Helden seines Romans zu machen, entschied. Aber er wählte die Figur eines Kapitäns und Lotsenkommandeurs, nicht etwa die eines ›Deichgrafen‹ mit »festem Boden unter den Füßen«. Durch die Wahl des Kapitäns wird symbolisch eine andere Relation zu den Fluten und damit auch zu den konnotierten Dynamiken möglich. Es geht nicht um eine Position des Stillstands, sondern um die einer gesteuerten, kontrollierten Bewegung innerhalb der dynamischen Prozesse – also um »die Hand am Steuer«. Wiederum werden innerhalb der Narration und Deskriptionen die verschiedenen Praxiselemente der Navigation, nautischer Messungen und der Steuerung realisiert, die gleichzeitig symbolisch auf die verschiedensten Bereiche, die ihrerseits bereits als Fluten imaginiert sind, abgebildet werden. Akzentuiert wird dabei die ›Steuerungsfähigkeit‹. Auch Schmidt erfährt die leidenschaftliche Liebe zu Else als einen Sturm, der »die Steuerung des Schiffes unmöglich machte«, versichert sich aber immer schnell wieder: »habe ich mich in meiner Dummheit auf den Sand gerannt, so werde ich auch wieder flott werden« (I, 66, 73). Wiederholt werden Situationen des Romans aus seiner Perspektive als neue Bedingungen und Schwierigkeiten für die Manövrierfähigkeit signifiziert. Dem Onkel empfiehlt er, den Streik in der Fabrik »wie eine Meuterei auf offener See« zu behandeln, bei der ein kluger Kapitän auch Kompromisse mache (III, 26). Schließlich gelte diese Kapitäns- und Schiffslogik auch für die Politik, denn selbst der »große Bismarck weiß die Segel zu stellen und zu lavieren, wenn es sein muß« (III, 27). Die bekannte und durchaus traditionelle Schiffssymbolik wird im Roman jedoch dadurch variiert, daß die technisch-wissenschaftlichen Momente der Navigation betont werden. Gleich im ersten Kapitel des Romans scheinen »Kompaß«, »Taschenteleskop« und seine »technisch-sachgemäßen Berichte« Schmidt zu einem modernen Kapitän zu machen. Der Taschenkompaß spielt dabei eine besondere Rolle. Er wird zum Begleiter Elsens und steht symbolisch im weiteren Verlauf für das ›Herz‹, den Ort der Wahrheit und das Zentrum familialer Erotik. Wiederholt »zittert« er bei leidenschaftlicher Erregung, und von ihm läßt sich weibliche Treue lernen, wie Else feststellt. Mit ihm darf sie ihren »Herrn suchen wie die Nadel den Pol«, sie hat es »ja von ihr gelernt« (II, 376). Derart ausgerüstet erweist sich Else dann auch am Schluß bezüglich ihrer leidenschaftlichen Tante Valerie als ›Lotsenkommandeurin‹. In »dankbarer Rührung« bemerkt sie, daß während Reinhold Menschen aus der Flut rettet, es ihr selbst möglich wird, »eine Menschenseele aus dem Sturm der Leidenschaften und der Sünde zu bergen in dem Hafen der Liebe« (III, 88).

Eine weitere Variierung erfährt das Schiff als traditionelles Vehikel, indem es in Äquivalenz zur Eisenbahn gesetzt wird. Die Eisenbahn wird auf verschiedenen Ebenen zu einem wichtigen Sujet des Romans. Zum einen gehört sie, wie oben erwähnt, zu der finanziellen Spekulation; eine naheliegende negative Akzentuierung bestätigt sich jedoch nicht. Denn zum anderen bilden Eisenbahnfahrten mit Bahnhöfen, Wartesälen, Schaffnern und Billets rekurrente Sequenzen der Narration. Die Eisenbahnfahrten werden ästhetisiert und zum Ort der Stabilisierung einer integralen menschlichen Subjektivität durch Konversation und Kontemplation. Eine solche Fahrt, bei der Reinhold Schmidt und der Präsident wiederum auf die bevorstehenden Sturmfluten zu sprechen kommen, beschließt beispielsweise den zweiten Band des Romans. Nach Verstummen des Gesprächs wird Schmidts Blick auf die »nächtliche Ebene, die der Zug durchsauste«, und seine sich daran anschließenden Gedanken beschrieben:

> Wie oft, wie oft hatte er so vom Deck seines Schiffes in winterlicher Sturmnacht aufgeschaut. ⟨...⟩ Verzagen? Nimmermehr! Mochte die Sturmflut kommen – sie würde ihn bereit, sie würde ihn auf seinem Posten finden (II, 392).

Über die Analogie zum Schiff wird die Eisenbahn in die dominante Symbolik des Romans integriert, und die Figur der Kapitäns erfährt durch den Anschluß an den technisch-industrialistischen Komplex eine weitere Modernisierung. Schmidt hat sich allerdings bereits bei der Dampfschiffahrt zu Beginn des Romans mit einer Beschreibung der verschiedenen Einstellungen der Maschine, von »halbem Dampf« bis notwendigem »Contredampf«, als Kenner der Materie erwiesen (I, 11). Schließlich sieht er sogar die Menschen als Dampfmaschinen. Aus der Perspektive Reinholds werden Onkel Ernst und die Ausbrüche seiner Leidenschaften mit einer symbolischen Katachrese aus Segelschiff und Dampfmaschine erfaßt:

> Er ist freilich wunderlich genug getakelt und verliert die Steuerung, wie es scheint manchmal in bedenklicher Weise ⟨...⟩ – er hatte mindestens drei Flaschen getrunken – seine Augen waren schon vorher blutunterlaufen und glühten, ehe der Kessel in die Luft flog (I, 167).

Aufgrund der Katachrese erhält die Steuerung als symbolisches Konstituens positiver Subjektivität neue Konturen.[21] Zusätzlich konnotiert sind die komplexen Vorgänge technischer Regulierungen. Die Symbolik der Dampfmaschine bezogen auf Ernst Schmidt findet ihre besondere Motivierung darin, daß diese Maschine auch den Praxisbereich des Marmorfabrikanten repräsentiert. Material und Produktion verweisen jedoch auf den Grad der Ästhetisierung, die der technisch-industrielle Komplex in diesem Roman Spiegelhagens erfährt. Anläßlich seines Besuchs der Werkstätten bewundert der Kapitän etwa, wie mit Hilfe der »Kraft des Dampfes« Maschinen angetrieben werden, die Marmorblöcke zerschneiden und schließlich »in künstliche, ja zum Teil künstlerische Formen« bringen (I, 192). Da sich direkt über den Dampfmaschinen-Werkstätten die Bildhauer-Ateliers von Ferdinande und ihrem Lehrer Justus Anders befinden, ist die Integration bereits räumlich gegeben und institutionalisiert.

3. Empirische Beobachtung und Realismus

Die Kunst bzw. die bildenden Künste sind ein weiterer konstitutiver Bereich innerhalb der diskursiven Kombinatorik der ›Sturmflut‹. Der Bildhauer Justus Anders ist nahezu eine Parallelfigur zum Kapitän. Beide verbindet die grundlegend familiale Erotik und das Moment der ›empirischen Beobachtung‹. Bereits zu Beginn des Romans beweist Reinhold Schmidt als Passagier des Dampfschiffes seine Fähigkeiten und Techniken der genauen Beobachtung gerade im Gegensatz zum Kapitän des Schiffes, der sich strikt an seine Karten hält. Die genaue Beobachtung der Prozesse erlaubt die Prognose des nahenden Unfalls und verleiht eine entsprechende Handlungsfähigkeit. Das Gleiche wiederholt sich bei der Einschätzung der drohenden Sturmflut. Auch für Justus Anders ist empirisch genaues Beobachten Teil seiner Praxis. Er arbeitet nur nach »Modellen«, will nicht wie ein reiner »Erfinder« von »körperlosen Ideen Reliefs« erstellen (II, 276). Es handelt sich also um einen ›gesunden Realisten‹ im Sinne Spielhagens. Die Rekurrenz der ›empirischen Beobachtung‹ verweist auf die eingangs angesprochene Funktion der optischen Symbolik. Innerhalb des Romans erfüllt sie diese gleich in mehrfacher Hinsicht. Entlang der ›empirischen Beobachtung‹ vollzieht sich auf diskursiver Ebene die Integration von Kunst und Technik bzw. Wissenschaft, mit dem Effekt der Ästhetisierung einerseits und der Verwissenschaftlichung andererseits. Die Kunst inszeniert sich im Roman selbst als ein den Wissenschaften durchaus adäquates Medium der Welterkenntnis und dadurch auch als zeitgenössisch adäquat. Darüber hinaus fordern die Beschreibungen von Bildern wie Skulpturen, für die Romanfiguren Modell stehen, immer wieder dazu auf, tatsächlich zu sehen. D. h. sie gehören zu den ästhetischen Verfahren der komplexen Versinnlichung des Textes. Der symbolische Komplex der empirischen Beobachtung verknüpft damit auch den Realismus als literar-ästhetisches Projekt mit dem Realismus als interdiskursivem Konzept. Denn schließlich ist die Beobachtung unabdingbare Voraussetzung für die richtige Steuerung, die den Romanfiguren – außer Schmidt auch den anderen positiven Romanfiguren – einen souveränen Subjektstatus verleiht. Die Reden des Präsidenten realisieren schon zu Anfang des

Romans eine solche Perspektive und markieren mit Hilfe der Symbolik eine deutlich realistische Position. Er erklärt dem General, daß sich der Adel »in diesem unserem nivellierenden Jahrhundert ⟨mit allen anderen »Klassen«⟩ längst auf demselben Niveau derselben staubigen Arena, in welcher der Kampf um's Dasein gekämpft wird«, befinde (I, 59). Das Zitat der Darwinschen Theorie verbindet die symbolisch konstituierte realistische Position des Bodens auch hier mit den zeitgenössischen Wissenschaften. Der General und auch der Fabrikant erreichen eine solche Position erst gegen Ende des Romans. Beide müssen innerhalb der Symbolik erst einmal absteigen: Der General von dem Pferd, von dem aus er bei den Barrikadenkämpfen den Revolutionär geschlagen hat und dem gleichzeitig symbolisch im Roman der noch vorhandene Standesdünkel zugeordnet ist. Der Fabrikant muß die dogmatischen Höhen seines 48er Idealismus verlassen. Beide vollziehen diese Wendung, indem sie gemeinsam in die Eisenbahn einsteigen, in der sie sich schließlich auch versöhnen. Der durch die Eisenbahn symbolisch unter der Perspektive des Industrialismus und des Fortschritts konstituierte Klassenkompromiß wird mit familialem Pathos sowie unter Einbeziehung von Offizierskorps und Volk beim Begräbnis von Ottomar und Ferdinande am Ende des Romans wiederholt. Anstelle des Pfarrers, der sich geweigert hat, zu kommen, hält Onkel Ernst die Trauerrede. Sie schließt mit einem gemeinsamen Schwur auf die Wahrheit, die Liebe und das Deutsche Reich. Nicht Gott, sondern die Natur wird als Zeuge angerufen; eine Substituierung, die sich in der Konnotation des Schillerschen Rütli-Schwurs als einheitstiftendem Ritual anstelle eines gemeinsamen Gebets wiederholt.

Im Gegensatz zu der ›realistischen‹ Position, die sich durch die symbolischen Anschlüsse um das Moment der empirischen Beobachtung herum bildet und der interdiskursiven Formation von Natur, Technik, Industrie, Wissenschaft und Kunst entspricht, steht die Ebene der Spekulation, die durch Intrige, Verschwörung und die kalkulierende Beobachtung gekennzeichnet ist. Genauer wird die Gründungsspekulation zum Teil eines jesuitischen Machtkomplotts, das gleichzeitig durch dessen Hauptfigur Giraldi eine antifamiliale Intrige gegen die Familien von Werben und Schmidt darstellt. Denn Giraldi ist der frühere Geliebte, jetzt der ungeliebte Begleiter und Beherrscher der Schwester des Generals. Die Verbindung von finanzieller Spekulation und jesuitischem Komplott stellt eine im Text auch denotierte Beziehung zur zeitgenössischen Politik des ›Kulturkampfs‹ dar, unterstreicht aber ebenfalls die Opposition zu der beschriebenen symbolischen Position. Das letztendliche Verkennen, das die Intrige auszeichnet, steht insofern auch im Zeichen religiöser Dogmatik oder religiösen Größenwahns, der, wie Giraldi in einem Gespräch mit einem Verbündeten, meint, sogar den Darwinismus nur als Mittel für eine noch gesteigerte Abhängigkeit der Massen von der Religion benutzen zu können. Als Handlungsstrukturelement des Romans baut die Verschwörung zugleich ein Spannungsverhältnis zur Flutsymbolik auf. Während die Flut- und Meteorologiesymbolik die Spekulationen und ihre Folgen als anonyme Dynamiken konstituieren, werden sie durch die Verschwörung zu einer Interaktion von Subjekten. Exemplarisch ist dafür die bezogen auf die Spekulanten und ihre Praxis dominierende Glücksspielsymbolik, die die ereignishafte Dynamik in einer Interaktion begründet. Spekulation und Verschwörung haben ihrerseits Anteil an der Flut, insofern sie künstliche Staus bewußt produzieren und die Fluten der Leidenschaften entfesseln. Die beiden Hauptverschwörer finden dann auch ihren Untergang in den Ostseefluten, nachdem beide bereits durch Fluten ihrer sexuellen und politischreligiösen Leidenschaften ihre Souveränität in Wahnsinnsanfällen verloren haben. Die Relationen zwischen Flut und Verschwörung sowie dem steuernden und beobachtenden Lotsenkommandeur verweisen auf eine Problematik des Spielhagenschen Projekts, die die zeitgenössische Faszination seiner Romane, ihren Erfolg und Mißerfolg zumindest teilweise zu erklären vermag.

4. Faszination der Dynamik vs. familiales Pathos

Spielhagens erfolgreiche Romane sind gekennzeichnet durch die symbolische Integration der wichtigen modernen Wissensbereiche, die vor allem traditionelle Vorstellungen autonomer Subjektivität sowie zentraler Subjekt- und Sinninstanzen irritieren. In erster Linie handelt es sich dabei um die anonymen massendynamischen Prozesse, die im 19. Jahrhundert nicht nur in Politik, Ökonomie, Industrialisierung, sondern auch in dem sich schnell differenzierenden und spezialisierenden Wissen um Menschen und Gesellschaft bestimmend werden. Spielhagens Romane versuchen tatsächlich wie kaum andere, dieser neuen Komplexität und Dynamik gerecht zu werden. Nicht ohne Grund erinnert Julius Hart an die faszinierende ›Bewegung‹ in den Romanen.[22] Die Flut- und Meteorologiesymbolik sowie ihre Anschlüsse an die Dampfmaschine, die modernen Vehikel etc. sind die konstitutiven Faktoren dieser literarischen Inszenierung der Dynamik. Die Symbolik der empirischen Beobachtung und Steuerung ermöglicht in der »Sturmflut« die Herausbildung einer neuen totalisierenden Perspektive, einschließlich einer entsprechenden Subjektposition. Bei dieser Re-Konstituierung souveräner Subjektivität handelt es sich jedoch nicht einfach um eine Stillstellung der Bewegung, sondern bei der »Hand am Steuer« bleibt die Bewegung ja erhalten. Mit der Symbolik der Steuerung sind durchaus Vorstellungen moderner Subjektivität konnotiert, deren Souveränität u.a. darin besteht, entsprechend gesammelter Daten und statistischer Messungen ›Umsteuerungen‹ vorzunehmen.[23] Die Vorstellung eines individuellen Subjekts als zentraler Instanz ist in dieser Form aber deutlich abgeschwächt. Zumindest kann im Gegensatz zum Konzept der Verschwörung das Subjekt nicht mehr als Ursprung der Dynamiken und Prozesse imaginiert werden. Genau gegen diese Tendenzen, die nicht nur Abschwächungen der Subjektinstanzen bedeuten, sondern grundlegende symbolische und kulturelle Binarismen zwischen Mensch/ Maschine oder Natur/Technik in Frage stellen, scheint sich der ungeheure Einsatz familialen Pathos und des »Herzens« als Ort allgemein-menschlicher Wahrheit in den Spielhagenschen Texten zu richten. Mit den Begriffen von Deleuze/Guattari ließe sich sagen, daß der Familialismus als Strategie der Reterritorialisierung gegen die Deterritorialisierungstendezen der symbolischen Kombinatorik funktioniert.[24] Den möglichen anderen Konnotationen des Kompaß-Herz-Symbols werden die zahlreichen Bekenntnisse familialer Liebe entgegengesetzt, und die empirische Beobachtung muß ergänzt werden durch das Sehen mit dem Herzen, realisiert in der naiv-sentimentalen Figur der ›blinden Unschuld‹ Cilli.

Um zumindest darauf hinzuweisen, daß es sich bei diesen divergierenden Tendenzen tatsächlich um durchaus typische Merkmale der Spielhagenschen Romane handelt, sei abschließend ›Hammer und Amboß‹ (1869) erwähnt. Auch dieser Roman gehört zu den großen Erfolgen der sechziger und siebziger Jahre. In der »Lebensgeschichte eines Technikers« werden die durchaus positiv akzentuierten deterritorialisierenden Dynamiken stärker mit der Symbolik der Dampfmaschine verbunden. Aber auch das familiale Pathos des Herzens spielt hier eine zentrale Rolle. Die im Verlauf des Romans symbolisch konstituierte Integration von neuen Wissenschaften, Industrialismus und bildender Kunst wird schließlich am Ende durch die Ehe zwischen Ingenieur bzw. Industriellem und erfolgreicher Malerin vollzogen. Akzentuierter als in »Sturmflut« ist allerdings die Nähe zwischen Dampfmaschine und moderner Subjektivität sowie die beschriebenen Aspekte der Steuerungssymbolik. Das genaue Kennenlernen der Dampfmaschine wird nämlich dadurch zum wichtigen Faktor der Entwicklung Georgs, daß er durch sie das Prinzip der gesteuerten Ventilierung seiner eigenen Kräfte erlernt. Die Narrationssequenzen um Georg und die Dampfmaschine verlaufen von der Arbeit am »schönen« Modell unter Anleitung seines Gefängnisdirektors und Lehrers über die Tätigkeit als Heizer auf einem Dampfschiff, bei der die Maschine zum beruhigenden Bild seiner neuen Identität als ›tüchtiger Arbeiter‹ wird und er selbst durch entsprechend beschriebene Handgriffe und Ventilstellungen eine Kollision vermeidet (409–416).[25] Dann befindet er sich während einer Dampfkesselvernietung als Arbeiter in der Fabrik im »Bauch des Kessels« und muß selbst die Erfahrung von Druckzuständen und notwendiger Ventilierung machen (431 f.). Schließlich erweist er sich auch als Theoretiker dieser Technik, denn als bei einer bereits zusammengebauten Dampfmaschine der Steuerungsmechanismus nicht funktioniert, deckt er, »die kühle Frühlingsnacht hindurch mit brennender Stirn und glühenden Augen messend, rechnend, vergleichend und konstruierend« den Fehler auf (516). Auch in diesem Roman wird allerdings das symbolische Experimentieren an neuen Modellen von Subjektivität durch ein

Übermaß an familialem Pathos zurückgenommen. War das Experimentieren wohl ein Grund für die Faszination der Spielhagenschen Romane, so ist der Familialismus sicherlich ein Grund für das sich schnell ergebende Desinteresse und die Beurteilungen als zu sentimental, ›seicht idealistisch‹ und letztlich trivial.

Anhang

Anmerkungen

Vorbemerkung

1 Vgl. Küpper, Thomas: Lyrik des Realismus in gegenwärtigen Kontexten. Perspektiven einer polykontexturalen Literaturwissenschaft. Bochum 1996 (unveröffentlicht).
2 Vgl. Plumpe, Gerhard: Technik als Problem des literarischen Realismus. In: Salewski, M./Stölken-Fitschen, I. (Hrsg.): Moderne Zeiten. Technik und Zeitgeist im 19. und 20. Jahrhundert. Stuttgart 1994, 43–59.
3 Vgl. Bullivant, Keith/Ridley, Hugh: Industrie und deutsche Literatur 1830–1914. München 1976, 22.
4 Vgl. Plumpe, Gerhard: Realismus. In: Hist. Wb d. Philosophie. Bd. 8. Basel 1992, Sp. 169–178.
5 Vgl. Plumpe, Gerhard/Werber, Niels (Hrsg.): Beobachtungen der Literatur. Aspekte einer polykontexturalen Literaturwissenschaft. Opladen 1995.

Gerhard Plumpe: Einleitung

1 Siehe den informativen Überblick über das Periodisierungsproblem bei *Cowen, Realismus,* 9–13; vgl. auch *Aust, Realismus,* 36–43.
2 *Cowen, Realismus,* 12.
3 Vgl. aber die kritischen Bemerkungen von *Eisele, Realismus-Problematik,* 149–161.
4 Siehe nur *Böhme, Prolegomena,* 40.
5 Rathenau, Walther: Zur Kritik der Zeit. Berlin 1912, 13 f.; vgl. *Martini, Realismus,* 1.
6 *Gehlen, Glück,* 438.
7 Ebd., 439.
8 *Gall, Europa.*
9 Siehe *Zapf, Modernisierungstheorien; Wehler, Modernisierungstheorie;* zur Frage der literaturhistorischen Applikation der Modernisierungskonzeption *Werner, Wilhelminisches Zeitalter; Schönert, Modernisierung.*
10 Die philosophische Hintergrundserfüllung solcher Annahmen ist in immer neuen Anläufen von Jürgen Habermas versucht worden; vgl. zuletzt *Habermas, Diskurs der Moderne,* 390–425.
11 Zahlen nach *Ploetz, Wirtschaftsgeschichte,* 58.
12 Vgl. *Köllmann, Bevölkerung; Reulicke (Hrsg.), Deutsche Stadt.*
13 Gutzkow, Karl: Rückblicke auf mein Leben. In: Werke. Hrsg. v. P. Müller. Bd. 4. Leipzig/Wien o. J., 152.
14 Ebd.
15 Stifter, Adalbert: Vom Sankt-Stephansturme. In: Ges. Werke. Hrsg. v. K. Steffen. Bd. 13. Basel/Stuttgart 1969, 21 f.

16 Freytag, Gustav: Der Preuße aus dem Jahre 1813 vor der Siegessäule. In: Ges. Werke. Erste Reihe. Bd. 7. Berlin o. J., 560 f.
17 Scheffler, Karl: Der junge Tobias. Zit. *Ritter/Kocka (Hrsg.): Sozialgeschichte*, 50 ff.
18 Lessing, Theodor: Einmal und nie wieder. Gütersloh 1969, 20 f.
19 Vgl. *Aubin/Zorn, Handbuch Bd. 2*, 564–580; *Ploetz, Wirtschaftsgeschichte*, 76–79.
20 Gutzkow, Rückblicke, 52.
21 Kochhann, Heinrich Eduard: Tagebücher. Zit. *Pöls, Sozialgeschichte*, 386.
22 *Schivelbusch, Eisenbahnreise*, 117 ff.
23 Vgl. *Stierle, Baudelaire*.
24 Vgl. *Böschenstein-Schäfer, Zeit- und Gesellschaftsroman*, 121 ff.; *Korte, Ordnung*.
25 Gutzkow, Karl: Der Roman und die Arbeit. In: Unterhaltungen am häuslichen Herd 3 (1855). Zit. *Plumpe (Hrsg.), Theorie*, 178.
26 *Wehler, Kaiserreich*, 17.
27 Vgl. den wirkungsmächtigen Titel der berühmten Vorlesungen von *Plessner, Verspätete Nation*.
28 Vgl. die Darstellungen bei *Vossler, Revolution*; *Böhme, Prolegomena*, 41 ff.; *Sheehan, Liberalismus*, 61–91.
29 *Vossler, Revolution*, 142.
30 Stifter, Adalbert: Brief an Gustav Heckenast vom 8.9.1848. Zit. *Privat, Stifter*, 244.
31 Marggraff, Hermann: Eine Weissagung Niebuhrs. In: Blätter für literarische Unterhaltung 1854, 68.
32 So der Titel einer weithin vergessenen Abhandlung von Ernst Schumacher, die 1936 erschien (Neudruck 1972).
33 Siehe z. B. *Böhme, Prolegomena*, 55 u. ö.
34 Vgl. *Gugel, Aufstieg*.
35 *Ritter/Kocka, Sozialgeschichte*, 68.
36 Fontane, Theodor: Briefe. Bd. 3 (Werke, Schriften und Briefe. Hrsg. v. W. Keitel u. H. Nürnberger. Abtlg. IV) München 1980, 673.
37 Vgl. dazu allgemein *Faber, Realpolitik*.
38 Siehe zu dieser Symbolik des »Bodens der Tatsachen« *Drews/Gerhard, Boden*.
39 Schiller, Friedrich: Über naive und sentimentalische Dichtung. In: Nationalausgabe. Bd. 20, 497.
40 Baumgarten, Hermann: Der deutsche Liberalismus. Eine Selbstkritik. In: Preußische Jahrbücher 18(1866). Zit. *Plumpe (Hrsg.), Theorie*, 50 f.
41 Lemcke, Carl: Populäre Ästhetik. Leipzig 1865, 255; mehrfach ist ausdrücklich vom »Realismus« der Engländer die Rede, z. B. 251.
42 Twesten, Carl: Woran uns gelegen ist. Ein Wort ohne Umschweife. Kiel 1859. Zit. *Plumpe (Hrsg.), Theorie*, 48.
43 *Verdenal, Philosophie*, 210 f.; vgl. *Habermas, Erkenntnis*, 92–104.
44 Schmidt, Julian: Graf Bismarck. In: Bilder aus dem geistigen Leben unserer Zeit. Bd. 2. Leipzig 1871. Zit. *Plumpe (Hrsg.), Theorie*, 59.
45 Kant, Immanuel: Zum ewigen Frieden. Ein philosophischer Entwurf. In: Werke in zwölf Bänden. Hrsg. v. W. Weischedel. Bd. 11, 231 f.

46 Ebd., 236.
47 Ebd., 243 f.
48 Baumgarten, Der deutsche Liberalismus (s. Anm. 40), 55.
49 Storm, Theodor: Briefe in zwei Bänden. Hrsg. v. P. Goldammer. Berlin/Weimar 1972. Bd. 1, 508.
50 Rochau, Ludwig August v.: Grundsätze der Realpolitik (1853/1869). Neuedition v. H.-U. Wehler. Frankfurt/Berlin/Wien 1972, 255.
51 Ebd.
52 Ebd.
53 Ebd., 208 f.
54 Vgl. *Gall, Bismarck,* 173 ff.
55 Rochau, Grundsätze der Realpolitik (s. Anm. 50), 263.
56 Baumgarten, Der deutsche Liberalismus, 57.
57 Rochau, Grundsätze der Realpolitik (s. Anm. 50), 264.
58 Ebd., 264 f.
59 *Hamerow, Moralinfreies Handeln,* 46 f.
60 *Gall, Europa,* 93 f.
61 Siehe Anm. 25.
62 »In Deutschland gab es ⟨...⟩ keine bewußte realistische Bewegung.« So *Wellek, Realismusbegriff,* 408.
63 Vgl. aber die Hinweise bei *Wellek, Realismusbegriff,* 403 ff.; von marxistischer Seite *John, Herausbildung.*
64 Der Briefwechsel zwischen Schiller und Goethe. Bd. 1. Hrsg. v. H. G. Gräf u. A. Leitzmann. Leipzig 1955, 197.
65 Krug, Wilhelm Traugott: Allg. Handwörterbuch der philosophischen Wissenschaften. Bd. 1/2. Leipzig 1832, 67.
66 Ebd.
67 Siehe *Berghahn, Naturnachahmung; Fontius, Denkform.*
68 Vgl. *Fuhrmann, Einführung.*
69 Aristoteles: Poetik. Eingel., übers. u. erl. v. M. Fuhrmann. München 1976, 58 f.
70 Gottsched, Johann Christoph: Versuch einer kritischen Dichtkunst. (Unveränderter Nachdruck der 4. Aufl. v. 1751). Darmstadt ⁵1962, 97.
71 Bodmer, Johann Jacob: Kritische Betrachtung über die Poetischen Gemälde der Dichter. Zürich 1741, 67.
72 Schelling, Friedrich Wilhelm: Vorlesungen über die Methode des akademischen Studium. Stuttgart/Tübingen 1813, 310; zur angeblichen »Vorläuferschaft« Schellings für den späteren »poetischen Realismus« vgl. die kritischen Anmerkungen von *Wellek, Realismusbegriff.*
73 Eckermann, Johann Peter: Gespräche mit Goethe in den letzten Jahren seines Lebens. Gedenkausgabe Bd. 24, 213 (Gespräch vom 18.1.1827).
74 Humboldt, Wilhelm v.: Theorie der Bildung des Menschen. In: Ges. Schriften. Bd. 1. Berlin 1903, 286.
75 Siehe *Plumpe, Systemtheorie;* neuerdings auch *Schmidt, Selbstorganisation.*
76 Novalis (Fr. v. Hardenberg): Werke und Briefe. Hrsg. v. E. Kelletat. München 1962, 502.

77 Allgemeine Realenzyklopädie oder Konversationslexikon für das katholische Deutschland. Bd. 8. Regensburg 1848, 662; vgl. *Plumpe (Hrsg.), Theorie,* 41–44.
78 Fontane, Theodor: Unsere lyrische und epische Poesie seit 1848. In: Sämtl. Werke. Bd. XXI, 1. München 1963, 13.
79 Vgl. *Luhmann, Kunst,* 247.
80 Formuliert man so, dann erübrigen sich langwierige Debatten um das »Poetische des »poetischen Realismus«; vgl. *Preisendanz, Voraussetzungen; Cowen, Realismus,* 14–22. Das Attribut »poetisch« signalisiert trivialerweise die Systemreferenz realistischer Literatur, nicht mehr und nicht weniger!
81 Horwicz, Adolf: Grundlinien eines Systems der Ästhetik. Leipzig 1869. Zit. *Plumpe (Hrsg.), Theorie,* 80.
82 Ebd., 82.
83 Vgl. die Hinweise zum Begriff »Verklärung« bei *Aust, Realismus,* 34; im übrigen *Preisendanz, Humor,* 214 ff.
84 Hierzu grundlegend *Eisele, Realismus-Theorie,* 40 ff.
85 Kirchmann, Julius Hermann v.: Ästhetik auf realistischer Grundlage. Bd. 1. Berlin 1868. Zit. *Plumpe (Hrsg.), Theorie,* 75.
86 Fontane, Unsere lyrische und epische Poesie (s. Anm. 78), 12.
87 Siehe zu dieser Themenselektion *Korte, Ordnung.*
88 Keller, Gottfried: Briefe. Hrsg. von C. Helbling. Zürich 1940, 181 f.
89 Vgl. in erster Linie *Eisele, Realismus.*
90 Zit. *Kemp, Theorie,* 56 f.
91 Zit. *Baier, Geschichte,* 116.
92 Zit. *Wiegand, Frühzeit,* 5.
93 Belege in *Plumpe, Blick.*
94 Heine, Heinrich: Lutezia. Hist.-Krit. Gesamtausgabe der Werke. Hrsg. v. M. Windfuhr. Bd. XIII, 1, 19; vgl. auch *Preisendanz, Heine,* 73 ff.; *Betz, Ästhetik,* 14 ff.
95 *Benjamin, Gisèle Freund,* 296.
96 Vgl. *Plumpe, Blick.*
97 Kahlert, August: System der Ästhetik. Leipzig 1846, 317.
98 Kirchmann, Ästhetik auf realistischer Grundlage (s. Anm. 85), 76.
99 Gutzkow, Der Roman und die Arbeit (s. Anm. 25), 178 f.
100 Fontane, Theodor: Briefe. Bd. 3, 147 f.
101 Carrière, Moriz: Die Kunst im Zusammenhang der Kulturentwicklung und die Ideale der Menschheit. Bd. 5. Leipzig ³1886, 702.
102 Sengle, Biedermeierzeit. Bd. 1, 257; dieser Anstoß Sengles hat die Erforschung des »programmatischen Realismus« dann in Gang gesetzt; vgl. *Widhammer, Literaturtheorie;* und insbesondere die Erschließung der Quellengrundlage in *Bucher u. a. (Hrsg.), Realismus.*
103 Vgl. zum weiteren *Obenaus, Zeitschriften; Widhammer, Literaturtheorie,* 8–17; *Bucher, Voraussetzungen.*
104 Unterhaltungen am häuslichen Herd. 1. Bd. Leipzig 1853, V–VIII.
105 Vgl. *Cowen, Realismus,* 64 ff.
106 Schmidt, Julian: Neue Romane. In: Die Grenzboten 19 (1860). Zit. *Plumpe (Hrsg.), Theorie,* 106 f.

107 Schiller, Über naive und sentimentalische Dichtung (s. Anm. 39), 472.
108 Siehe Schmidt, Julian: Die Reaktion in der deutschen Poesie. Zit. *Plumpe, Theorie*, 91–99.
109 Schmidt, Julian: Wilhelm Meister im Verhältnis zu unserer Zeit. In: Die Grenzboten 14 (1855). Zit. *Bucher u. a. (Hrsg.), Realismus* Bd. 2, 226 f.
110 Schmidt, Die Reaktion in der deutschen Poesie (s. Anm. 108), 98.
111 Schmidt, Neue Romane (s. Anm. 106), 107.
112 Heine, Heinrich: Die romantische Schule. In: Hist.-krit. Gesamtausgabe der Werke. Hrsg. v. M. Windfuhr. Bd. VIII, 1, 121 ff.
113 Gottschall, Rudolf: Die deutsche Nationalliteratur des 19. Jahrhunderts. Bd. 1. 5. Aufl. Breslau 1881, 294.
114 Ebd., 333.
115 Schmidt, Die Reaktion in der deutschen Poesie (s. Anm. 108), 98.
116 Schmidt, Neue Romane (s. Anm. 106), 108.
117 Schmidt, Die Reaktion in der deutschen Poesie (s. Anm. 108), 99.
118 Schmidt, Julian: Georg Büchner. In: Die Grenzboten 10 (1851), 122.
119 Vgl. die Dokumente zum französischen realistischen Roman in *Plumpe (Hrsg.), Theorie*, 185–209.
120 Homberger, Emil: Der realistische Roman. In: Allgemeine Zeitung. 18./19./20. März 1870. Zit. *Plumpe (Hrsg.), Theorie*, 198 f.
121 Ebd., 202 f.
122 Carrière, Moriz, Die Kunst im Zusammenhang der Kulturentwicklung, 703 f.
123 Fontane, Unsere lyrische und epische Poesie (s. Anm. 78), 11.
124 Schmidt, Julian: Englische Novellisten I. Charles Dickens. In: Die Grenzboten 10 (1851), 1, 172.
125 Schmidt, Julian: Englische Novellisten II. Walter Scott. In: Die Grenzboten 10 (1851), 2, 42.
126 Schmidt, Julian: Der neueste englische Roman und das Prinzip des Realismus. In: Die Grenzboten 15 (1856), 2. Zit. *Plumpe (Hrsg.), Theorie*, 118.
127 Schmidt, Englische Novellisten I (s. Anm. 124), 165 ff.
128 Siehe *Hein, Dorfgeschichte; Hahl, Konservativismus*.
129 Auerbach, Bertold: Ausgew. Werke. Bd. 1. Berlin 1912, 185 f.
130 Gottschall, Die deutsche Nationalliteratur (s. Anm. 113). Bd. 4, 349.
131 Schmidt, Neue Romane (s. Anm. 106), 109 f.
132 Ebd., 110.
133 Ebd.
134 Prutz, Robert: Zur Geschichte der politischen Poesie in Deutschland. In: Deutsches Museum 4 (1854), 2. Zit. *Plumpe (Hrsg.), Theorie*, 105.
135 Schmidt, Der neueste englische Roman (s. Anm. 126), 118.
136 Schmidt, Julian: Einige Übelstände in unserem Theaterwesen. In: Die Grenzboten 11 (1852), 2. Zit. *Plumpe (Hrsg.), Theorie*, 111.
137 Fontane, Unsere lyrische und epische Poesie (s. Anm. 78), 12.
138 Schmidt, Neue Romane (s. Anm. 106), 106.
139 Fontane, Theodor: Gustav Freytag »Soll und Haben«. In: Sämtliche Werke Bd. XXI, 1, 214 ff.

140 Gottschall, Rudolf: Novellenliteratur. In: Blätter für literarische Unterhaltung 1856. Zit. *Plumpe (Hrsg.), Theorie*, 125.
141 Schmidt-Weißenfels, Eduard: Julian Schmidt und die Realisten. In: Kritische Blätter für Literatur und Kunst 1 (1857). Zit. *Plumpe (Hrsg.), Theorie*, 137.
142 *Ruckhäberle/Widhammer, Roman*, 28.
143 *Geschichte der deutschen Literatur*, 440.
144 *Adorno, Fortschritt*, 41.
145 Siehe *Plumpe, Systemtheorie*, 258–263.
146 Ludwig, Otto: Shakespeare-Studien, Hrsg. v. M. Heydrich. Leipzig 1872, 264 f.; vgl. *Korte, Ordnung*, 11 ff.
147 Ludwig, Shakespeare-Studien, 266.
148 Freytag, Gustav: Isegrimm, Roman von W. Alexis. In: Die Grenzboten 13 (1854), 1. Zit. *Plumpe (Hrsg.), Theorie*, 224 f.
149 Würzbach, Friedrich: Das Vermächtnis Friedrich Nietzsches. Graz 1943, 563.
150 Dazu wegweisend *Eisele, Realismus-Theorie*.
151 Fontane, Unsere lyrische und epische Poesie (s. Anm. 78), 12.

Peter Stemmler: »Realismus« im politischen Diskurs nach 1848

1 Jürgen Habermas: Können komplexe Gesellschaften eine vernünftige Identität ausbilden? In: ders.: Zur Rekonstruktion des historischen Materialismus. Frankfurt/M. ²1976, 93. Vgl. ferner Klaus Bergmann: Identität, in: ders., A. Kuhn, J. Rüsen, G. Schneider (Hrsg.): Handbuch der Geschichtsdidaktik, Bd. 1, Düsseldorf 1979, 46 f.
2 Vgl. dazu *Plumpe, Theorie*.
3 Carl v. Rotteck, Carl Welcker (Hrsg.): Staats-Lexikon oder Encyklopädie der Staatswissenschaften, Bd. 13, Altona 1842.
4 Ebd., Bd. 16, Berlin 1864, 736.
5 Die Publikationen Rochaus und Twestens erschienen anonym. Ludwig August von Rochau: Grundsätze der Realpolitik. Angewendet auf die staatlichen Zustände Deutschlands (Stuttgart 1853, ²1859, 2. Teil 1869). Hrsg. u. eingel. v. Hans-Ulrich Wehler, Frankfurt/M.-Berlin-Wien 1972. Karl Twesten: Lehre und Schriften August Comte's. In: Preußische Jahrbücher Bd. 4, 3. H., 1859, 279–307; ders.: Woran uns gelegen ist. Ein Wort ohne Umschweife, Kiel 1859; ferner: Was uns noch retten kann. Ein Wort ohne Umschweife, Berlin 1861. Zum Einfluß der ›Realpolitik‹, deren 2. Teil weit weniger bekannt wurde als der erste, siehe die Einleitung H.-U. Wehlers; Siegfried Kaehler: Realpolitik zur Zeit des Krimkrieges – eine Säkularbetrachtung. In: HZ Bd. 174, 1952, 417–478; Karl-Georg Faber: Realpolitik als Ideologie. Die Bedeutung des Jahres 1866 für das politische Denken in Deutschland. In: HZ Bd. 203, 1966, 1–45; Theodore S. Hamerow: Moralinfreies Handeln. Zur Entstehung des Begriffs »Realpolitik«. In: Reinhold Grimm, Jost Hermand (Hrsg.): Realismustheorien in Literatur, Malerei und Politik. Stuttgart-Berlin-Köln-Mainz 1975, 31–47. Zu Twestens erster Broschüre siehe die positive Reaktion der Preußischen Jahrbücher Bd. 3, 1859, 368 ff. und

Hans Rosenberg: Die nationalpolitische Publizistik vom Eintritt der Neuen Ära bis zum Ausbruch des Deutschen Krieges. Eine kritische Bibliographie, Bd. 1, München-Berlin 1935, Nr. 21, 17f. und zur zweiten, die sieben Auflagen erreichte, ebd., Nr. 515, 373ff.

6 Auch Hamerow verweist auf die Affinität zwischen Rochau und Machiavelli, setzt aber andere Akzente. Moralinfreies Handeln, 33f.
7 Ebd., 205.
8 Ebd., 204.
9 Ebd., 205.
10 Ebd., 43.
11 Ebd., 62. Vgl. dazu auch Wilhelm Heinrich Riehl: Die bürgerliche Gesellschaft. Hrsg. u. eingel. v. Peter Steinbach. Frankfurt/M.-Berlin-Wien 1976, 153, 161, 168.
12 Heinrich v. Treitschke, Aufsätze, Reden und Briefe. Hrsg. v. Karl Martin Schiller, Bd. 1: Gestalten und Charaktere. Meersburg 1929, 638.
13 Ebd., 639. Vgl. auch Georg Iggers: Heinrich von Treitschke, in: Hans-Ulrich Wehler (Hrsg.): Deutsche Historiker. Göttingen 1973, 175; ders.: Deutsche Geschichtswissenschaft. Eine Kritik der traditionellen Geschichtsauffassung von Herder bis zur Gegenwart. München [3]1976, 160.
14 Zitiert nach Hans Rosenberg: Politische Denkströmungen im deutschen Vormärz. Göttingen 1972, 84.
15 Ebd.
16 Ebd. Vgl. ferner Hajo Holborn: Der deutsche Idealismus in sozialgeschichtlicher Beleuchtung. In: Hans-Ulrich Wehler (Hrsg.): Moderne deutsche Sozialgeschichte. Köln [4]1973, 108; *Martini, Realismus,* 1, 24–27.
17 *Martini, Realismus,* 32.
18 Ebd., 25.
19 Vgl. ebd., 8 und Allgemeine Deutsche Biographie, Bd. 28, Leipzig 1889, 725.
20 So die Überschrift des 1. Kapitels, ebd., 25.
21 Ebd., 26.
22 Ebd.
23 Ebd., 45.
24 Ebd., 28.
25 Ebd., 27, auch 43. Vgl. zu Rochaus Politikauffassung Volker Sellin: Politik. In: Geschichtliche Grundbegriffe. Historisches Lexikon zur politisch-sozialen Sprache in Deutschland. Hrsg. v. Otto Brunner, Werner Conze, Reinhart Koselleck, Bd. 4, Stuttgart 1982, 865. Hier wird von einem »integrativen« Politikbegriff gesprochen, da die sozialen Kräfte ihrem Gewicht entsprechend »in die Willenseinheit des Staates« vermittelt werden sollen.
26 Rochau, 43.
27 Ebd., 32, 56.
28 H. v. Treitschkes Briefe. Hrsg. v. Max Cornicelius, Bd. 1, Leipzig [2]1914, 364.
29 Rochau, 41.
30 Ebd., 42.
31 Ebd., 41.
32 Ebd., 48.

33 Ebd., 47.
34 Ebd., 48.
35 Ebd., 52.
36 Ebd., 51 f.
37 Ebd., 52.
38 Ebd., 191.
39 Ebd., 68.
40 Ebd., 69.
41 Ebd.
42 Constantin Frantz, Unsere Politik. Berlin 1851, 13 f. Die Ideale verachtende und nur den Erfolg honorierende »Realpolitik« mißfiel ihm allerdings, und Rochau sah sich gezwungen, selbst »eine so plumpe Mißdeutung zu berichtigen«, da sie weit verbreitet sei. Rochau, 206 f.
43 Wilhelm Heinrich Riehl, 186 und zum Konservatismus 11 f. In Bismarcks politischem Handeln 1866 erkannte Riehl die gelungene Kombination von »Real-« und »Gefühlspolitik« – seit Rochaus Schrift ein »verpöntes Wort« –, denn der Ministerpräsident habe die »nationale Gefühlspolitik der öffentlichen Meinung« geschickt ausgenutzt. Sollte Riehl damit eine Polemik gegen Rochau bezweckt haben, wie P. Steinbach meint, so muß daran erinnert werden, daß Rochau zwar über »Gefühlspolitik« spottete, aber die politische Bedeutung der »öffentlichen Meinung« und des »Zeit-« oder »Nationalgeistes« durchaus anerkannte. Ebd., 41 f. und Rochau: 204, 32 f., 35 f.
44 Deutschland und der Friede von Villafranca. Frankfurt/M. 1859, auch in: ders.: Kleine politische Schriften, Bd. 1, Stuttgart 1866, 208. Dieses häufig angeführte Zitat findet sich auch bei Th. S. Hamerow: 38; F. Martini: 7.
45 Rochau, a.a.O., 27.
46 Ebd., 43.
47 Ebd., 31, 25.
48 Ebd., 42.
49 Ebd., 13.
50 H. Rosenberg: Nationalpolitische Publizistik, Bd. 2, 539.
51 Ebd., 817.
52 Vgl. H.-U. Wehler (Hrsg.): v. Rochau, 9, 17 f.; hier auch die letzten beiden Zitate.
53 Ebd., 25 f.
54 H. v. Treitschke, Briefe, a.a.O., 364.
55 Rochau, a.a.O., 31.
56 Ebd., 211–217; zum folgenden 213 f.
57 Ebd., 48.
58 Ebd., 25.
59 Ebd., 69.
60 Ebd., 28.
61 Ebd., 39.
62 Ebd., 45.
63 So H.-U. Wehler (Hrsg.): Ebd., 11.
64 Th. S. Hamerow, 31.

65 Vgl. etwa: Über den Gemeinspruch: Das mag in der Theorie richtig sein, taugt aber nicht für die Praxis, in: Immanuel Kant: Schriften zur Geschichtsphilosophie. Hrsg. v. Manfred Riedel, Stuttgart 1974, 118–165 oder ders.: Zum ewigen Frieden. Ein philosophischer Entwurf, Stuttgart 1981.
66 Rochau, a.a.O., 121.
67 Ebd., 26.
68 So H. v. Treitschke: Aufsätze, 638.
69 So Eugene N. Anderson: The Social and Political Conflict in Prussia 1858–1864. New York 1968, 443.
70 Z.B. ebd., 442f. Bismarck unterschied durchaus zwischen »Macht-« und »Interessenpolitik«. Eine Großmacht, die Mäßigung üben sollte, dürfe zwar »Interessen-«, aber keine »Machtpolitik« betreiben, »die außerhalb ihrer Interessensphäre auf die Politik der anderen Länder zu drücken und einzuwirken und die Dinge zu leiten« versuche. Zitiert nach Karl-Georg Faber: Macht, Gewalt. In: Geschichtliche Grundbegriffe, Bd. 3, Stuttgart 1982, 932f.
71 Pars pro toto: Heinz Joachim Fischers Art. ›Der Vatikan und die Atomwaffen. Angst um die Menschheit und politischer Realismus‹ in der FAZ v. 20.12.1982, Nr. 294, 10. »Politischer Realismus« werde von Politikern gefordert, die sich vor die »Notwendigkeit praktischer politischer Entscheidungen« gestellt sähen, während es Sache der Kirche sei, einen moralischen Appell an die Politiker zu richten. Die Bemühungen des Vatikans um Frieden bezeichnet Fischer denn auch als »Politik«, wobei die Anführungszeichen den theoretischen bzw. moralischen Charakter dieser Handlungsweise hervorheben.
72 Rochau: a.a.O., 33.
73 Ebd., 255.
74 Ebd., 253.
75 Ebd., 256.
76 Ebd., 253.
77 So, wenn auch nicht in dieser Schärfe, S. A. Kaehler: a.a.O., 421.
78 A.a.O., 25.
79 Ebd., 25f.
80 Ebd., 29.
81 Ebd., 25.
82 Ebd., 47.
83 Ebd., 254.
84 Ebd., 208.
85 Ebd., 207.
86 Ebd., 254.
87 Ebd., 207.
88 Ebd., 256.
89 Ebd., 45f.
90 Ebd., 256.
91 Ebd., 205.
92 Ebd., 256f.
93 A.a.O. 117.

94 Ebd., 192.
95 Ebd., 282.
96 Ebd., 81.
97 Ebd., 205.
98 Damit ist eine Dreisatzrechnung gemeint. Ebd., 211; vgl. auch P. Steinbachs Einleitung, ebd. 14.
99 Dazu H. Rosenberg: Politische Denkströmungen, 85; Edda Sagarra: Tradition und Revolution. Deutsche Literatur und Gesellschaft 1830 bis 1890. München 1972, 256.
100 Peter Leuschner: Comte. In: Hans Maier, Heinz Rausch, Horst Denzer (Hrsg.): Klassiker des politischen Denkens, Bd. 2, München ³1974, 264.
101 Ebd., 263, 267.
102 Ebd., 270 ff., 274 ff. Die »positive Methode« ermöglicht z. B. die Entdeckung des Dreistadiengesetzes, wonach sämtliche Wissenschaften drei Entwicklungsstufen mit ständigem Erkenntnisgewinn durchlaufen. Am Anfang steht der theologische Zustand, in dem die Menschen hinter den Naturerscheinungen mehrere Gottheiten und schließlich nur noch einen Schöpfer sehen. In der metaphysischen Phase lösen Abstraktionen Gott ab, und letztlich wird die Natur als alles bewegende Potenz angenommen. Im positiven Stadium gibt man die Suche nach absoluten Wahrheiten auf und hält sich an das klar Erkenn- und Erklärbare. Nach Ansicht Comtes haben die Naturwissenschaften diese Vollendung bereits erreicht, wohingegen den Gesellschaftswissenschaften, um mit Thomas S. Kuhn zu sprechen, der letzte »Paradigmawechsel« noch bevorsteht. Vgl. ders.: Die Struktur wissenschaftlicher Revolution. Frankfurt/M. ⁴1979.
103 P. Leuschner: Comte (s. Anm. 101), 268 f.
104 Ebd., 272, 276.
105 Ebd., 279.
106 Ebd., 276.
107 Rochau, a.a.O., 25.
108 Ebd., 256 und P. Leuschner: a.a.O., 279.
109 Rochau: a.a.O., 207 und P. Leuschner: a.a.O., 279.
110 Eine ältere Arbeit, die u. a. über das Pariser Exil Rochaus berichtet, liefert dafür jedenfalls keinen Anhaltspunkt. Vgl. Hans Lülmann: Die Anfänge Ludwig August von Rochaus 1810–1850. Heidelberg 1921, 36–56.
111 Vgl. Allgemeine Deutsche Biographie, Bd. 39. Leipzig 1895, 34–37.
112 Vgl. E. Sagarra: a.a.O. Einen kurzen Auszug aus dem Comte-Aufsatz bietet Bernd Peschken, Claus-Dieter Krohn (Hrsg.): Der liberale Roman und der preußische Verfassungskonflikt. Analyseskizzen und Materialien. Stuttgart 1976, 187–191.
113 Vgl. dazu Helmut Plessner: Die verspätete Nation. Über die politische Verführbarkeit bürgerlichen Geistes. Frankfurt/M., 1974, 81–102.
114 Vgl. Anm. 6.
115 Vgl. ebd.
116 Woran uns gelegen ist, 1859.
117 Dazu der Rezensent dieser Broschüre in den Preußischen Jahrbüchern Bd. 3, 1859, 368: »... unser politisches Denken hat sich nicht minder gekräftigt wie un-

ser materielles Schaffen; wir haben eine Revolution durchgemacht mehr noch in unsren Meinungen als in den Einrichtungen unsres Staats. Welcher Fortschritt gegen die berühmtesten Pamphlete vormärzlicher Zeit! Unsre Reformvorschläge stehen nicht mehr negierend dem Bestehenden gegenüber, sie erwachsen aus den Tatsachen⟨...⟩«.

118 Ebd., Bd. 8, 1861, 85.
119 Ebd., 229.
120 Ebd., 233.
121 Ebd., Bd. 9, 1862, 109.
122 Ebd., Bd. 2, 1858, 682.
123 Ebd., 683.
124 Deutsche Jahrbücher Bd. 13, 1864, 386.
125 Ebd., 387.
126 Stenographische Berichte über die Verhandlungen des preußischen Hauses der Abgeordneten Bd. 1, 1862, 200.
127 Brief v. 11.6.1862 in: Julius Heyderhoff, Paul Wentzcke (Hrsg.): Deutscher Liberalismus im Zeitalter Bismarcks. Eine politische Briefsammlung, Bd.1: Die Sturmjahre der preußisch-deutschen Einigung 1859-1870. Hrsg. v. J. Heyderhoff. Bonn-Leipzig 1925, 97.
128 Ein aufschlußreiches Beispiel dafür aus dem zu Ende gehenden Vormärz liefert C. v. Rottecks Art. ›Naturrecht, Vernunftrecht, Rechtsphilosophie und positives Recht‹ in: ders., C. Welcker (Hrsg.): a.a.O. Bd. 11. Altona 1841, 162. Die »positiven Juristen« und »gern als praktische Köpfe« auftretende »Geschäftsleute« sowie »sich gar weise dünkende(n) Staatsmänner« sähen auf das Naturrecht »als eine müßige Spekulation für's praktische Leben unbrauchbarer Phantasten und Stubengelehrter« herab. Für diese Kritiker sei es eine »reine Fiktion gutmütiger, für Humanität erwärmter Schwärmer« und eine »gar zur Verkehrtheit führende(r) Träumerei«.
129 Johann Gustav Droysen. Briefwechsel. Hrsg. v. Rudolf Hübner, Bd. 2. Osnabrück 1967, 201; Brief v. 12.12.1853.
130 a.a.O., 41.
131 Was uns noch retten kann, 24.
132 Ebd.
133 Ebd., 25.
134 Ebd.
135 Woran uns gelegen ist, 27.
136 Was uns noch retten kann, 26.
137 Ebd., 25f.
138 Ebd., 26.
139 Das ergibt sich aus einer Analyse des Wortgebrauchs bei Oppenheim und E. Lasker. Zu Oppenheim vgl. Deutsche Jahrbücher Bd. 1, 1861, 164; Bd. 7, 1863, 333f., Bd. 8, 1863, 330; Bd. 9, 1863, 171; Bd. 10, 1863, 274 und bes. Bd. 11, 1864, 115; Bd. 13 1864, 121 und zu Lasker vgl. Bd. 1, 1861, 45.
140 Löwe (Bielefeld), Parlamentsrede v. 4.6.1862, Stenographische Berichte Bd. 1, 1862, 118.

141 Woran uns gelegen ist, 22.
142 Ebd., 23.
143 Ebd., 22; vgl. auch Lehre und Schriften A. Comte's, 299.
144 Woran uns gelegen ist, 23.
145 Ebd.
146 Ebd., 24.
147 Ebd., 67.
148 Ebd., 21.
149 Ebd., 27.
150 Lehre und Schriften A. Comte's, 285.
151 Ebd., 282 f.
152 Woran uns gelegen ist, 21.
153 Ebd., 14.
154 Ebd., 29.
155 Ebd., 31.
156 Lehre und Schriften A. Comte's, 299.
157 Ebd., 306; vgl. auch Woran uns gelegen ist, 20. Zum Begriff »autonomer Prozeß« siehe Christian Meier: Fragen und Thesen zu einer Theorie historischer Prozesse, in: ders., Karl-Georg Faber (Hrsg.): Historische Prozesse. München 1978, 27–47 (Theorie der Geschichte. Beiträge zur Historik Bd. 2) Der einmal in Gang gesetzte »autonome Prozeß« verläuft nach »eigenen Gesetzen« und setzt eine »eigene Dynamik« frei, der man sich kaum entziehen kann (30).
158 Woran uns gelegen ist, 20.
159 Lehre und Schriften A. Comte's, 305.
160 Woran uns gelegen ist, 20.
161 Ebd., 21.
162 Daß dies eine weit verbreitete Überzeugung war, belegt ein Artikel der Nationalzeitung von 1856. Nicht der Idealismus, sondern der »Materialismus«, die »intelligente und materielle Kraft des Volkes« habe die »Umgestaltung der gesamten Lebensverhältnisse, die Verschiebung der Schwerpunkte und der Machtverhältnisse in den Organismus des gesellschaftlichen Zusammenlebens« bewirkt. Zitiert nach Heinrich August Winkler: Preußischer Liberalismus und Deutscher Nationalstaat. Studien zur Geschichte der Deutschen Fortschrittspartei 1861–1866. Tübingen 1964, 2, Anm. 6.
163 Zitate ebd., 110, Anm. 55; zur Kritik am »Metaphysiker« Hegel vgl. Lehre und Schriften A. Comte's, 286.
164 Ebd., 306.
165 Ebd., 305.
166 A.a.O., 162 f., auch bei Karl-Heinz Ilting: Naturrecht, in: Geschichtliche Grundbegriffe Bd. 4. Stuttgart 1978, 311 f. Ilting stellt das Ende des Naturrechtsdenkens um die Jahrhundertmitte fest und verweist darauf, daß der Brockhaus in der 10. Aufl. 1854 im Bd. 12 den Art. »Naturrecht« durch »Rechtsphilosophie« ersetzte.
167 Deutsche Jahrbücher Bd. 9, 1863, 506.
168 Ebd., 507.

169 Ebd., 503.
170 Ebd., Bd. 10, 1864, 123. In den ›Politischen Monatsberichten‹ Oppenheims und den einschlägigen Artikeln zur Schleswig-Holstein-Frage dominiert durchweg die »nationale Machtfrage« als Oberbegriff für ökonomische und militärische Interessen. Vgl. etwa W. Wackernagels Art. ›Schleswig-Holstein und der Nord-Ostsee-Kanal‹ ebd. Bd. 12, 1864.
171 Ebd., Bd. 1, 1861, 44.
172 In seinem Vortrag ›Über Verfassungsfragen‹ vom April 1862 differenzierte Lassalle zwischen der bloß »geschriebenen« und der »wirklichen«, in den »tatsächlichen Machtverhältnissen« aufgehobenen Verfassung. Daraus entspringe ein »Konflikt« um »Macht-«, nicht um »Rechtsfragen«, in dem ein »Blatt Papier« nie gegenüber der Realität bestehen könne. Entweder ändere die Regierung die Konstitution zu ihren Gunsten oder das Volk zu seinen; überfällig sei sie in jedem Fall. Somit führte er der Opposition die Notwendigkeit einer Kraftprobe vor Augen, ohne zur Revolution, wohl aber zu einer energischeren Gangart aufzufordern. Ferdinand Lassalle: Gesammelte Reden und Schriften, hrsg. u. eingel. v. Eduard Bernstein, Bd. 2, Berlin 1919, 43, 52, 60. Zu seinem Vorschlag der Parlamentsstreiks und der Ablehnung der Steuerverweigerung vgl. »Was nun« ebd., 89–97, 104–115; Auszug in: B. Peschken, C.-D. Krohn (Hrsg.): a.a.O., 234 ff. Bismarck antwortete auf die Budgetkürzung durch das Parlament mit seiner berüchtigten »Lückentheorie« und bedeutete den Liberalen, derartige etatrechtliche Auseinandersetzungen seien »Machtfragen; wer die Macht in Händen hat, geht dann in seinem Sinne vor«. Stenographische Berichte über die Adreß-Debatte des Preußischen Abgeordnetenhauses am 27., 28. und 29. Januar 1863, Berlin 1863, 60, vgl. auch 62 f.; auch in: Ernst Rudolf Huber: Deutsche Verfassungsgeschichte seit 1789, Bd. 3, Stuttgart-Berlin-Köln-Mainz ²1970, 310; ders.: Dokumente zur deutschen Verfassungsgeschichte, Bd. 2, Stuttgart-Berlin-Köln-Mainz 1964, Nr. 51, 51.
173 Um die Taktik der Deutschen Fortschrittspartei zu rechtfertigen, widersprach Oppenheim seinem Kontrahenten Lassalle, der zwischen der juristisch fixierten und der echten, auf den Machtverhältnissen beruhenden Konstitution unterschied. Vgl. Anm. 173. Der »vermittelnde Charakter der meisten Verfassungsurkunden« sei Ausdruck der Balance zwischen den für die Rechtssetzung durchaus relevanten »realen Machtverhältnissen« und der allerdings auch bedeutsamen »Macht« des öffentlichen Rechtsbewußtseins«. Nicht in der nackten Abbildung der Realität liege das »Wesen der Verfassung«, sondern in der »Einschränkung« der Exekutive. Es gehe nur darum, den Respekt des Kabinetts vor dieser Konstitution, und keineswegs deren totale Änderung zu erzwingen. Deutsche Jahrbücher Bd. 13, 1864, 118 f. Virchow kommentierte Bismarcks »Lückentheorie« (vgl. Anm. 173) mit den Worten, es handle sich »um den Streit der Macht mit dem Recht, aber nicht um den Streit der Macht der Krone, sondern der Macht des Ministeriums gegen das Recht des Landes«. Stenographische Berichte über die Adreß-Debatte, 140 f., ähnlich Stenographische Berichte über die Verhandlungen Bd. 1, 1862, 148 und Bd. 3, 1862, 1596. Schulze-Delitzsch meinte bei anderer Gelegenheit, die Opposition wolle »die Dinge wieder in eine verfassungsmäßige,

gesetzliche Bahn bringen«. Nur »das Gesetz, das Recht« solle regieren »und der König als dessen Wächter und Vollzieher«. Stenographische Berichte über die Verhandlungen Bd. 2, 1863/64, 721; vgl. auch die Adresse der Kammer v. 29.1.1863, in: Stenographische Berichte über die Adreß-Debatte, 284 f., auch in: E. R. Huber: Dokumente, Nr. 52, 53 f. Seit Beginn des Konflikts wehrte sich die Fortschrittspartei vehement gegen den auf einen politischen Machtkampf zugespitzten konservativen Wahlslogan ›Königtum oder Parlamentarismus‹ und beschwor die Einheit von Krone und Volk durch das »unlösbare Band« der Konstitution. Es gehe ihr lediglich um »zähes Festhalten am erworbenen Recht« und um »mutiges Einstehen für Gesetz und Verfassung«. Zu den Konservativen vgl. Der Verfassungskonflikt in Preußen 1862–1866. Ausgew. u. eingel. v. Jürgen Schlumbohm. Göttingen 1970, 13 (Historische Texte Neuzeit 10. Hrsg. v. R. Koselleck, R. Vierhaus); Felix Salomon: Die deutschen Parteiprogramme vom Erwachen des politischen Lebens in Deutschland bis zur Gegenwart, Leipzig-Berlin ³1924, 104; zur Fortschrittspartei vgl. ebd., 98, 125. Die Einsicht der Liberalen in die eigene Machtlosigkeit belegt ein Brief v. Sybels an Baumgarten v. 9.5.1863. Man verfüge über »schlechterdings keine materielle Macht« und kämpfe, »um moralisches Übergewicht zu behalten«, gegen eine Regierung, die »Geld«, »Soldaten und einen alten Verwaltungsapparat« hinter sich wisse, »der mit reaktionären Befugnissen vollgestopft ist«. J. Heyderhoff, P. Wentzcke (Hrsg.): a.a.O., 149 f., vgl. ferner 153; auch in: Verfassungskonflikt in Preußen, 36.

174 Hermann Baumgarten: Der deutsche Liberalismus. Eine Selbstkritik. Hrsg. u. eingel. v. Adolf M. Birke, Frankfurt/M.-Berlin-Wien 1974, 93.

175 Ebd., 94.

176 Ebd., 126.

177 Ebd., 128.

178 Ebd., 93.

179 Das Problem der parlamentarischen Opposition im deutschen Frühliberalismus, in: Gerhard A. Ritter (Hrsg.): Die deutschen Parteien vor 1918. Köln 1973, 202.

180 Die Opposition warf dem Kabinett im März 1862 vor, eine »sachliche Entscheidung« über die strittige Militärfrage blockiert zu haben, während sie selbst nur »den Boden der Verfassung« habe »ungeschmälert behaupten« wollen. Wahlaufruf in F. Salomon: a.a.O., 120, 122, vgl. auch 125. Virchow meinte zu der Kürzung im Militärbudget, seine Partei müsse »notwendig so votieren, wie die Gesetze und die Verfassung« es »vorschreiben« würden; es handle sich eben »nicht um irgend einen willkürlichen Standpunkt, um einen Standpunkt bloßer Laune, bloßer Oppositionslust«. Stenographische Berichte Bd. 3, 1862, 1593 f.

181 Das wird aus dem politischen Umkehrschluß deutlich, wenn es im Wahlaufruf v. 29.9.1861 heißt, die Konservativen hätten »zehn Jahre lang Preußen im Inneren zerrüttet und vor dem Ausland erniedrigt«. Nur mit Hilfe »durchgreifender Reformen« nach liberalem Gusto gelinge es, »die materiellen, geistigen und moralischen Kräfte derart zu heben..., daß wir mit Vertrauen in die Zukunft blicken ... dürfen«. F. Salomon: a.a.O., 101 f.

182 »Politische Motive« machte J. Jacoby 1865 im Parlament für die Heeresreform verantwortlich und lehnte sie deshalb auch aus »politischen Motiven« heraus ab.

Sie verletze die »Grundsätze der Selbstbestimmung und Gleichberechtigung«, festige die monarchische Gewalt und diene dem Partikularinteresse des Adels »auf Kosten des Bürgers« und der Freiheit. Stenographische Berichte Bd. 2, 1864/65, 1229; auch in: Johann Jacoby: Gesammelte Reden und Schriften Bd. 2, Hamburg 1872, 268 f.; Auszug in: B. Peschken, C.-D. Krohn (Hrsg.): a.a.O., 119. Siehe ferner Rede vor Berliner Wählern v. 13.11.1863; Auszug ebd., 117 und Gesammelte Reden, 210. Eine derart in medias res zielende und deshalb heikle politische Argumentation störte die Gemäßigten. Twesten hatte schon 1862 solche »politischen« Einwände für »sehr übertrieben« gehalten. Stenographische Berichte Bd. 3, 1862, 1696; Auszug in: Verfassungskonflikt in Preußen, 18. 1864 und 1865 plädierte Jacoby – u. a. mit dem Hinweis auf die »gesetzliche Notwehr« – für die totale Ablehnung des Budgets. Taktische »Rücksichten der Klugheit und Zweckmäßigkeit«, wie sie Twesten nehmen wollte, könnten ihn nicht von seiner »Pflicht« abhalten. Gesammelte Reden, 223; Stenographische Berichte Bd. 2, 1863/64, 715, 723; Bd. 3, 1864/65, 2056; Gesammelte Reden, 276; Auszug in: B. Peschken, C.-D. Krohn (Hrsg.): a.a.O., 235. Zu Twestens Einwänden siehe: Stenographische Berichte Bd. 2, 1863/64, 715 ff.; Bd. 3, 2057. Zu Jacobys Außenseiterposition vgl. Berliner Polizeibericht v. 16.1.1864 bei B. Peschken, C.-D. Krohn (Hrsg.): a.a.O., 238. Besonders delikat war Jacobys Vorschlag deshalb, weil er das Parlament dazu bewegen wollte, einer allgemeinen Steuerverweigerung mit gutem Beispiel voranzugehen. Und soviel Zivilcourage trauten auch die Linksliberalen dem Bürgertum nicht zu, und das mit Recht. Vgl. Schulze-Delitzsch: Stenographische Berichte Bd. 2, 1863/64, 720 ff.; Waldeck: ebd. Bd. 3, 1864/65, 2059 ff.

183 Industrieller Aufstieg und bürgerliche Herrschaft. Sozioökonomische Interessen und politische Ziele des liberalen Bürgertums in Preußen zur Zeit des Verfassungskonflikts 1857–1867. Köln 1975, 188, 44. Zur Kontroverse um die Einschätzung des Frühliberalismus vgl. Wolfgang J. Mommsen: Der deutsche Liberalismus zwischen »klassenloser Bürgergesellschaft« und »organisiertem Liberalismus«. Zu einigen neueren Interpretationen, in: Geschichte und Gesellschaft 4. Jg., 1978, 77–90; Lothar Gall: Der deutsche Liberalismus zwischen Revolution und Reichsgründung, in: HZ Bd. 228, 1979, 98–108.

184 Ebd., 188.
185 Ebd., 91.
186 Ebd., 76.
187 Ebd., 229.
188 Ebd., 230.
189 Ebd., 69.
190 Ebd., 76.
191 Ebd., 188.
192 Die zur »systematischen Wissenschaft« perfektionierte Nationalökonomie lehrte nach Twestens Ansicht, daß die »Politik« die »ökonomischen Verhältnisse, die Gesetze des Besitzes und des Verkehrs« nur »indirekt« tangiere, denn sie lägen »ebenso vollständig außerhalb der Sphäre des Staates« wie »Wissenschaft, Literatur und Kunst«. Lehre und Schriften A. Comte's, 305. Der Lassalle-Gegner Schulze-Delitzsch, prominentester Sozial- und Wissenschaftsexperte der Fort-

schrittspartei, versicherte in seinem »Arbeiterkatechismus«, die »Arbeiterfrage« sei »keine politische, sondern eine wirtschaftliche« und daher nicht durch Staatseingriffe, vielmehr nur durch »Selbsthilfe« der Betroffenen zu lösen. Die »politische(n) Emanzipation des Arbeiters« müsse aber »der sozialen notwendig vorhergehen«. Wilhelm Mommsen (Hrsg.): Deutsche Parteiprogramme. München ²1962, 135 f., 139. Schulze plädierte für das gleiche Wahlrecht, zumal es ihm nicht weiter bedrohlich schien, denn die mit Besitz und Bildung zementierte »bedeutende Stellung« des Bürgertums werde sich gegen den »unbemittelte(n) Arbeiter« behaupten können, wie er der widerstrebenden Majorität seiner Partei versicherte. Stenographische Berichte Bd. 2, 1860/61, 1049. Zu Schulzes Isolation in der Wahlrechtsfrage vgl. Werner Conze: Möglichkeiten und Grenzen der liberalen Arbeiterbewegung in Deutschland. Das Beispiel Schulze-Delitzschs, in: Heinz Josef Varain (Hrsg.): Interessenverbände in Deutschland. Köln 1973, 97; Ernst Schraepler: Linksliberalismus und Arbeiterschaft in der preußischen Konfliktszeit, in: Forschungen zu Staat und Verfassung. Festgabe für Fritz Hartung. Berlin 1958, 388, 390 ff., 394, 398 ff.; H. A. Winkler: a.a.O., 10–13; Gerd Fesser: Zur »Arbeiterpolitik« der Fortschrittspartei 1861–1866, in: Jenaer Beiträge zur Parteiengeschichte Nr. 36, 1974, 74, 78. Selbst der Linksliberale Waldeck lehnte das gleiche Wahlrecht ab, sollte es in Lassalle'scher Manier zum parlamentarischen Erzwingen der »Staatshülfe nach sozialistischen und kommunistischen Begriffen« versprochen werden. Stenographische Berichte Bd. 1, 1864/65, 142; auch in B. Peschken, C.-D. Krohn (Hrsg.): a.a.O., 170; vgl. ferner Stenographische Berichte Bd. 1, 1862, 193. Oppenheim verteidigte energisch Schulzes Postulat der Selbsthilfe gegen Lassalles Forderung nach staatlicher Unterstützung. Seine Artikel bieten einen guten Einblick in die liberale Wirtschafts- und Sozialauffassung während des Verfassungskonflikts. Unter dem Druck der Agitation Lassalles akzeptierte er zwar das Verlangen nach einem gleichen Wahlrecht, schob jedoch den noch auszutragenden Budgetstreit vor. Deutsche Jahrbücher Bd. 7, 1863, 325 f. Vgl. insgesamt ebd., 320 ff.; Bd. 8, 1863, 172 ff., 332 f.; Bd. 9, 1863, 172 f.; Bd. 13, 1864, 119 f.; Auszug aus: H. B. Oppenheim: Die Lassalle'sche Bewegung im Frühjahr 1863, in: Vermischte Schriften aus bewegter Zeit, Stuttgart 1866, bei: B. Peschken, C.-D. Krohn (Hrsg.): a.a.O., 171 ff.

193 So drohte nach Twestens Auffassung das gefürchtete Bündnis zwischen einer autoritären Obrigkeit und den Unterschichten »die liberalen Parteien zu zerquetschen«. Stenographische Berichte Bd. 1, 1864/65, 140; vgl. auch: Was uns noch retten kann, 9 f. Durchsickernde Gerüchte über die geheimen Kontakte Bismarcks zu Lassalle steigerten noch das Unbehagen der Opposition. Vgl. E. Schraepler: a.a.O., 394.

194 A.a.O., 69, 238.

195 Deutsche Jahrbücher Bd. 3, 1862, 360.

196 Gründungsprogramm der Nationalliberalen Partei v. 6.6.1867, in: F. Salomon: a.a.O., 141.

197 Die Warnungen aus den Reihen der abgespaltenen Fortschrittspartei vor dem »Götzendienst des Erfolges« und der simplen »Machtanbetung« verfingen nicht. Virchow und v. Hoverbeck in: Stenographische Berichte Bd. 1, 1866, 72, 180.

Twesten hatte schon 1859 geschrieben, ein Staatsmann, der »sehr Großes getan« habe, könne auf »Vergebung rechnen«. Woran uns gelegen ist, 46. Einem »Preußischen Minister«, so Twesten 1862, der »wie der Graf Cavour« die »Grenzsteine verrückt, das Völkerrecht verletzt« und »Verträge zerrissen« habe, würde man »ein Denkmal setzen, wie es die Geschichte Italiens dem Grafen Cavour setzen wird«. Stenographische Berichte Bd. 2, 1862, 728. Zur Parteispaltung vgl. H. A. Winkler: a.a.O., 107–125; M. Gugel: a.a.O., 141–152.

198 Man beklagte, monarchische und parlamentarische Rechte stünden nicht in »Einklang« miteinander, das Budgetrecht müsse vervollständigt und die Ministerverantwortlichkeit gesetzlich geregelt werden. Außerdem drohten »Gefahren« vom allgemeinen, direkten, gleichen und geheimen Wahlrecht her, da die Pressefreiheit, das Vereins- und Versammlungsrecht »polizeilich verkümmert« seien, die Abgeordneten keine Diäten erhielten und die Bürokratie die Wahlen beeinflusse. Dennoch waren die Nationalliberalen davon überzeugt, daß sie in Kooperation mit der Regierung einen Nationalstaat schaffen könnten, der »zugleich die Freiheitsbedürfnisse des Volkes befriedige«. Gründungsprogramm a.a.O., 136 ff.

Eva D. Becker: Literaturverbreitung

1 *Jentzsch, Büchermarkt,* 250.
2 *Goldfriedrich, Buchhandel,* IV, 457; jährliche Statistik des Börsenvereins des Deutschen Buchhandels.
3 *Wittmann, Literarisches Leben* 1976, 167 ff.
4 *Schwab-Klüpfel, Wegweiser,* 1862, XXXI (vgl. auch 1864).
5 *Kirchner, Zeitschriften,* II, 468 f.
6 *Neuloh, Sozialer Wandel,* 75 f.; *Henning, Industrialisierung* [3]1976, 17 f.
7 *Schenda, Lesestoffe,* 73 f.; *Langewiesche/Schönhoven, Arbeiterlektüre,* 135 f., 140; *Wittmann, Literarisches Leben,* 228 ff.
8 *Titze, Politisierung,* 171, 164.
9 Zit. nach *Titze, Politisierung,* 188.
10 Zit. nach *Herrlitz, Schulgeschichte,* 59.
11 Zit. nach *Titze, Politisierung,* 191 ff.
12 Zit. nach ebd., 196.
13 Friedrich Theodor Vischer: Kritische Gänge. Bd. 3, Berlin 1920, 497.
14 Wilhelm Raabe: Horacker. Werke in 4 Bänden. Hrsg. v. K. Hoppe. Bd.3, Freiburg 1954, 601.
15 *Roth, Sozialdemokratie,* 346.
16 *Wehler, Kaiserreich,* 126 f.
17 Vischer (Anm. 13), 497. Vgl. *Naumann, Bildung,* 39; zum folgenden: *Jäger, Bildung,* 244 f.; *D. Müller, Sozialstruktur,* 213 ff.; *Ritter-Kocka, Sozialgeschichte,* II, 322 ff.
18 *Jäger, Deutschunterricht,* 124 f.
19 *Jäger, Bildung,* 246, 252.
20 Ebd., 252 f.; *Zinnecker, Mädchenbildung,* 97, 117 (Hochschulzugang i. Preußen 1908).

21 *Schramm, Neun Generationen*, II, 260 ff.
22 *Häntzschel, Anstandsbücher*, 70 ff.; *Häntzschel, Lyrikmarkt*, 205 ff.
23 *Becker, Klassiker*, 362.
24 *Jäger, Deutschunterricht*, 145 f.
25 *Frank, Deutschunterricht* 311.
26 Ebd.
27 *Saalfeld, Buchpreise*, 68 ff.
28 Zit. nach *Feißkohl, Ernst Keil*, 112. – Vgl. auch *Noltenius, Dichterfeiern*.
29 *Kirschstein, Familienzeitschrift*, 90 f.; *Becker, Zeitungen*, 388; *Barth, Familienblatt*, 60.
30 Theodor Fontane: Briefwechsel mit Wilhelm Wolfsohn. Berlin 1910, 60 (3.5. 1850).
31 *Kirschstein, Familienzeitschrift*, 82 f.
32 Berthold Auerbach: Briefe an seinen Freund Jakob Auerbach. Frankfurt 1884, Bd. I, 247 (12.9.1862).
33 Die Gartenlaube, 1878, 576.
34 Ebd., Register.
35 Ludwig Deibel: Die Gartenlaube. München 1879, V. »Unsre Zeit besitzt keinen Spinoza, keinen Hegel, aber eine Gartenlaube, und diese bildet den Sammelort der Massenphilosophie, um nicht zu sagen, die Universalgroßloge der modernen Weltweisen. Was Petri Fels den Katholiken, ist die Gartenlaube *ihren* Gläubigen‹...‹«, XV. – Der Kritiker apostrophiert die Zeitschrift auch als »literarische Weltmacht«, XVI.
36 Max Ring: Erinnerungen. Berlin 1898. Bd. 2, 69; vgl. *Feißkohl, Ernst Keil*, 137.
37 Vgl. *Gruppe, Volk*, 103 ff.
38 *Zerges, Sozialdemokratische Presse*, 37.
39 Zit. nach *Barth, Daheim*, 56.
40 *Barth, Daheim*, 106 und *Zerges, Sozialdemokratische Presse*, 42.
41 Robert Prutz in: Deutsches Museum, 1854, Bd. 2, 28.
42 Wilhelm Heinrich Riehl: Die bürgerliche Gesellschaft. Stuttgart ^{9}1897, [^{1}1851], 440.
43 Riehl, Gesellschaft, 440. – Zur proletarischen Familie vgl. *Heinsohn/Knieper, Familienrecht*.
44 Ernst Keil an Moritz Hartmann, 1864. Zit. nach *Feißkohl, Ernst Keil*, 136.
45 *Häntzschel, Lyrikvermittlung*, 164.
46 *Höllerer, Poesie*, I, 168 ff.; *Häntzschel, Lyrikmarkt*, 227; die folgenden Zitate nach *Höllerer, Poesie*, I, 184, 187; zu Motiven und Vermittlung populärer Lyrik außerdem: *Schönert, Anthologien*; *Bollenbeck, Wanderlyrik*.
47 *Bark, Berufung* II, 163 ff.
48 Ebd., 166.
49 *Akte Herwegh*.
50 *Höllerer, Poesie*, I, 177 f.
51 *Martens, Lyrik kommerziell*, 68, 79.
52 Ebd., 21 ff.
53 Zur politischen Funktion vgl. *Rollka, Belletristik*, 433.
54 Paul Heyse/Theodor Storm: Briefwechsel. München 1917 f., Bd. 1, 89 (1875).
55 Fontanes Briefe. Berlin-Weimar 1968. Bd. 2, 15 (Theodor Fontane an Hermann

Kletke, 3.12.1879); Theodor Fontane: Von Dreißig bis Achtzig. Leipzig 1959, 307 (Theodor Fontane an Emilie Fontane, 20.6.1884). – Vgl. dazu auch *Wittmann, Literarisches Leben*, 206 ff.
56 Zit. nach *Feißkohl, Ernst Keil*, 137.
57 Fontanes Briefe (Anm. 55), Bd. 2, 20 (an Julius Rodenberg, 12.2.1880).
58 *Langenbucher, Leserevolution*, 17; *Wolter, Generalanzeiger*, 33 ff.
59 *Fullerton, Colporteur*, 271 ff.
60 *Sarkowski, Buchvertrieb*, 239.
61 Informationen nach *Fullerton, Colporteur* und *Sarkowski, Buchvertrieb*.
62 Adelheid Popp: Jugend einer Arbeiterin. Berlin 1983 (^{1}1909), 54 f., 65 f.; vgl. *Roth, Sozialdemokratie*, 356 ff. und *Schenda, Lesestoffe*, 75.
63 Vgl. *Jäger, Leihbibliothek* (1977) und *Jäger/Schönert, Leihbibliothek* (1980), 20.
64 Z.B. Kurt Adelfels: Das Lexikon der feinen Sitte. Stuttgart o. J. (^{10}o. J.), Stichwort ›Bücher‹.
65 *Martino, Leihbibliotheksfrage* (1980).
66 *Vodosek, Öffentliche Bibliotheken*; zu Arbeiterlektüre und Arbeiterbibliotheken: vgl. *Langewiesche/Schönhoven, Arbeiterlektüre*.
67 *Martino, Leihbibliothek* (1978).
68 *Wittmann, Literarisches Leben*, 189; *Langenbucher, Publikum*.
69 *Martens, Lyrik kommerziell*, 21.
70 *Langenbucher, Leserevolution*, 26.
71 *Saalfeld, Buchpreise*, 68.
72 Auflagezahlen nach den Bücher-Verzeichnissen.
73 *Jäger, Gründerzeit*, I, 97.
74 Wie Anm. 72; vgl. auch *Eggert, Roman; Kienzle, Erfolgsroman*.
75 Vgl. dazu *Eggert, Roman*.
76 *Bucher, Drama*, 142.
77 Vgl. *Löhneysen, Kunstgeschmack*.
78 Fontanes Briefe (Anm. 55), Bd. 1, 269 (Theodor Fontane an Emilie Fontane, 2.3.1859). – Zum Mäzenatentum vgl. *Kohn-Bramstedt, Aristocracy*, 272 ff.
79 Erinnerungen an Friedrich von Uechtritz und seine Zeit in Briefen von ihm und an ihn. Leipzig 1884, 373 f.
80 Marie von Ebner-Eschenbach/Paul Heyse: Briefwechsel. In: *Alkemade, Ebner-Eschenbach* (Briefe vom 24.12.1883 und 28.2.1884).
81 Heyse/Storm Briefwechsel (Anm. 54), II, 159 f. (Brief vom 20.1.1886).
82 Ebner-Eschenbach/Heyse Briefwechsel (Brief vom 14.6. 1892) (Anm. 80).
83 Z.B. bei ›Westermanns Monatsheften‹ 1874; die ›Haude-und-Spenersche Zeitung‹, Berlin, verlor 1872 viele Abonnenten durch den Vorabdruck von Heyses Roman ›Kinder der Welt‹. Vgl. *Becker, Zeitungen*, 396 f.
84 Vgl. *Dieckmann, Wagner*, 78 über Ökonomie und Vergötterung von Künstlern im bürgerlichen Zeitalter.
85 Fontanes Briefe (s. Anm. 55), Bd. 2, 170 (an Friedrich Stephany, 18.7.1887).
86 *Kron, Schriftstellerverbände*, 32 ff.
87 Gottfried Keller: Gesammelte Briefe. Bern 1952. Bd. 3, 1 (Brief vom 8.10.1875). Vgl. *Kaiser, Keller*, 94.

88 Zu Temme vgl. hier.
89 Zit. nach *Akte Raabe*, 7 (1 Taler = 3 Mark; zu den Lebenshaltungskosten vgl. *Ritter-Kocka, Sozialgeschichte*, Bd. 2, 336 ff.).
90 *Goehler, Schillerstiftung*, II, 178 ff.; *Wittmann, Literarisches Leben*, 222 ff..
91 *Martens, Lyrik kommerziell*, 29.
92 Theodor Fontane: Die gesellschaftliche Stellung der Schriftsteller. In: Fontane, Schriften zur Literatur. Hrsg. v. Hans-Heinrich Reuter. Berlin 1960, 121. – Vgl. *Kohn-Bramstedt, Aristocracy*, 288.
93 Groß 1885, Pataky 1898, von Hanstein 1899.
94 Vgl. *Horovitz, Gartenlaube; Becker, Frauenlektüre; Fliedl, Autorinnen; Goetzinger, Emanzipation*.

Klaus-Michael Bogdal: Arbeiterbewegung und Literatur

1 Bebel, August: Die Frau und der Sozialismus. Berlin [11]1964, 414 f. u. 424.
2 Dietzgen, Joseph: Schriften. Bd. 1. Berlin 1961, 1969.
3 Ausführlich in: *Arbeiterleben; Kuczynski, Alltag* 4; *Ruppert, Arbeiter*.
4 Vgl. *Huck, Freizeit*.
5 *Kuczynski, Alltag* 3, 138.
6 *Arbeiterleben*, 50
7 *Kuczynski, Alltag* 4, 421.
8 *Arbeiterleben*, 56.
9 *Mühlberg, Anfänge*, 127.
10 *Kuczynski, Alltag* 4, 359.
11 Vgl. *Stedman Jones, Kultur*, 317 ff.
12 Vgl. *Groschopp, Bierabend*.
13 *Arbeiterleben*, 110.
14 Liebknecht, Wilhelm: Zu Trutz und Schutz. Festrede, gehalten zum Stiftungsfest des Crimmitschauer Volksvereins am 22. Oktober 1871. In: W. L., Kleine politische Schriften. Leipzig 1976, 84.
15 Marx, Karl/Engels, Friedrich: Die deutsche Ideologie. Berlin 1962, 404 (MEW Bd. 3).
16 Vgl. *Mühlberg, Anfänge; Groschopp, Bierabend*.
17 Vgl. *Hauk, Armeekorps*, 69 ff.
18 Siehe *Koszyk/Einsfeld, Presse*.
19 *Birker, Arbeiterbildungsvereine; Dittrich, Arbeiterbildung; Groschopp, Bierabend; Schäfers, Arbeiterbildung, Schmierer, Arbeiterbildung*.
20 *Herzig, Lassalle-Feiern; Bouvier, Märzfeiern; Lerch, Maifeiern*.
21 *Rosenberg, Literatur*, 61.
22 Dazu ausführlich *Bogdal, Oh Volk*, 45 ff.
23 Lavant, Rudolf: Vorwort zur Gedichtsammlung ›Vorwärts!‹. In: Barth, Helmut (Hrsg.), Zum Kulturprogramm des deutschen Proletariats. Dresden 1978, 187.
24 Lavant, Vorwort, 188.
25 Herwegh, Georg: Bundeslied für den Allgemeinen deutschen Arbeiterverein. In:

Witte, Bernd (Hrsg.), Deutsche Arbeiterliteratur von den Anfängen bis 1914. Stuttgart 1977, 24.
26 Anonym: Die Arbeiterpoesie. In: Barth (s. Anm. 23), 344.
27 Lavant, Rudolf: Pro domo. In: Des Morgens erste Röte. Frühe sozialistische deutsche Literatur 1860–1918. Leipzig 1982, 135 u. 136.
28 *Bogdal, Oh Volk,* 45 ff.
29 *Bock, Jungen,* 22 ff.; *Sollmann, Literarische Intelligenz.*
30 Liebknecht, Wilhelm: Brief aus Berlin. In: Die Neue Zeit. 9. Jg. (1890/91) Bd. 1, 79 f.
31 Schon in der sogenannten ›Sickigen-Debatte‹, einem Briefwechsel zwischen Ferdinand Lassalle auf der einen und Marx und Engels auf der anderen Seite, lehnen letztere literarische Figuren als »Sprachröhren« einer Sache ab. Ähnlich argumentiert Engels später in seinen Briefen zum literarischen Realismus.
32 Marx, Karl: Der 18. Brumaire des Louis Bonaparte (1852). Berlin 1960, 111 ff. (MEW Bd. 8).
33 *Hohendahl, Kultur,* 388 ff. u. 410 ff.
34 *Rothe, Naturalismus-Debatte; Jonas, Schiller-Debatte.*
35 Schweichel, Robert: Deutschlands jüngste Dichterschule. In: Die Neue Zeit. 9. Jg. (1890/91). Bd. 2, 626 f.
36 *Bogdal, Alltag,* 46 ff.
37 Zit. nach *Emig, Veredelung,* 99 f.
38 Schweichel, Robert: Die Bildung der Arbeiterklasse. In: Barth (s. Anm. 23), 172.
39 Klaar, Ernst: Prolog zu Stiftungsfesten politischer Arbeitervereine. In: Witte (s. Anm. 25), 39.
40 *Bogdal, Alltag,* 79 ff.
41 *Deleuze/Guattari, Kafka.*
42 Dazu ausführlich *Bogdal, Alltag,* 119 ff.
43 *Kolkenbrock-Netz, Strategien.*
44 Mehring, Franz: Bürgerliche Literatur und Philosophie. In: F. M., Aufsätze zur deutschen Literaturgeschichte. Leipzig, 250.
45 Ebd., 251.
46 Ebd.
47 Kautsky, Karl: Bernstein und das sozialdemokratische Programm, zit. nach *Trommler, Sozialistische Literatur,* 75.
48 Zur Gründerzeitlyrik: *Link, Geibel,* 234 ff.
49 *Bogdal, Alltag,* 122 ff.
50 Mehring, Franz: Der heutige Naturalismus (1893). In: F. M., Gesammelte Schriften Bd. 11. Berlin 1961, 133.
51 So *Münchow, Nachwort,* 408, deren Pionierarbeit die Forschung zahlreiche wichtige Editionen zu verdanken hat.
52 *Münchow, Nachwort,* 408.
53 S. Anm. 18.
54 *Lammel, Arbeiterlied, Lidtke, Lieder.*
55 *Bürgel, Unterhaltungsliteratur,* 171 ff.
56 *Lesanovsky, Jugendschatz,* 1676 ff.

57 Rüden, Arbeitertheater; Braulich, Volksbühne.
58 Rüden, Arbeitertheater.
59 Pehlke, Im Kampf, 400 ff.
60 Trommler, Sozialistische Literatur, 192.
61 Münchow, Arbeiterbewegung, 134 ff.
62 Ebd., 148 f.
63 Ebd., 150 f.
64 Stedman Jones, Kultur, 317 ff.
65 Hellkuhl, Arbeitergesangsvereine, 58.
66 Bouvier, Märzfeiern, 337 f.
67 Münchow, Arbeiterbewegung, 432.
68 Kämpchen, Heinrich: Mein Glaube (1901). In: H.K., Seid einig, seid einig – dann wir auch frei. Oberhausen 1984, 193.
69 Kämpchen, Heinrich: Nach dem verlorenen Streik. In: Kämpchen, Seid einig, 103.
70 Kämpchen, Heinrich: Unentwegt! In: Kämpchen, Seid einig, 96.
71 Kämpchen, Heinrich: Die Mahnung der Toten. In: Kämpchen, Seid einig, 86.
72 Kämpchen, Heinrich: Glück auf! In: Kämpchen, Seid einig, 124.
73 Kämpchen, Heinrich: Arbeitsbrüder. In: Kämpchen, Seid einig, 145.
74 Herwegh, Georg: Bundeslied (s. Anm. 25), 24. Vgl. die ausführliche Textanalyse bei Bogdal, Alltag, 230 ff.
75 Jäger, Jakobinismus.
76 Stieg/Witte, Arbeiterliteratur; Münchow, Arbeiterbewegung, 172 ff.
77 Audorf, Jakob: Unsere feste Burg. In: Witte (s. Anm. 25), 84.
78 Frohme, Karl Franz Egon: Ostern. In: Witte (s. Anm. 25), 59.
79 Ebd.
80 Kegel, Max: Märzlied. In: Witte (s. Anm. 25), 71.
81 Frohme, Karl Franz Egon: Völkerlenz. In: Witte (s. Anm. 25), 75.
82 Greulich, Hermann: Arbeiterlied. In: Witte (s. Anm. 25), 99.
83 Lavant, Rudolf: An unsere Gegner. In: Des Morgens (s. Anm. 27), 7.
84 Frohme, Völkerlenz (s. Anm. 81), 75.
85 Fuchs, Eduard: Der Prometheus unserer Zeit. In: Des Morgens (s. Anm. 27), 174.
86 Münchow, Arbeiterbewegung, 45 ff.
87 Mahal, Gründerzeit.
88 Bürgel, Unterhaltungsliteratur, 171 ff.
89 Münchow, Arbeiterbewegung, 220–322.
90 Marx/Engels: Über Kunst und Literatur, Bd. 1, Berlin 1967, 155 ff.
91 Münchow, Arbeiterbewegung, 275–287.
92 Bollenbeck, Arbeiterlebenserinnerungen.
93 Stieg/Witte, Arbeiterliteratur.
94 Korff, Tableaux, 103 ff.
95 Schiller, Josef: Selbstbefreiung. In: Witte (s. Anm. 25), 177.
96 Bogdal, Alltag, 230 ff.
97 Tenfelde, Adventus, 45–84.

98 Anonym: ›Fest-Gedanken‹ der Maizeitung aus dem Jahre 1891. In: Achten, Udo (Hrsg.), Zum Lichte empor. Maifestzeitungen der Sozialdemokratie 1891–1914. Berlin-Bonn 1980, 77.

Rolf Parr/Wulf Wülfing: Literarische und schulische Praxis (1854–1890)

1 Vgl. *Foucault, Archäologie,* 48 ff.
2 Diskurse werden hier verstanden als geregelte Formen der Rede in je spezifischen gesellschaftlichen Praxisbereichen. Vgl. dazu *Link/Link-Heer, Interdiskurs.*
3 *Haarmann, Konzentration,* 781.
4 Comenius, Johann Amos: Große Didaktik (1627–32). In neuer Übersetzung hrsg. von Andreas Flitner. Düsseldorf und München 1959, 9.
5 *Schwenk, Unterricht,* 23.
6 Lorinser, C. J.: Zum Schutze der Gesundheit in den Schulen. In: Zeitung des Vereins für Heilkunde in Bremen. 5. 1836, 1–4.
7 *Albert, Gesamtunterricht,* 49.
8 Zur schulhygienischen Konzentrationsdiskussion vgl. *Schnell, Centralisation; Schnell, Unterricht; Schnell, Grundriß; Schiller, Schulhygiene.*
9 *Schwenk, Unterricht,* 29.
10 *Haarmann, Konzentration,* 796.
11 *Paulsen, Unterricht,* 386, schreibt: »›Konzentration‹ ist das Stichwort, das für das zweite Drittel des Jahrhunderts ebenso charakteristisch ist, wie ›allgemeine und allseitige Bildung‹ für das erste.«
12 Vgl. Stiehl, Ferdinand: Die drei Preußischen Regulative vom 1., 2. und 3. Oktober 1854 über Einrichtung des Evangelischen Seminar-, Präparanden- und Elementarschul-Unterrichts. Im amtlichen Auftrage zusammengestellt und zum Drucke befördert von F. Stiehl. Berlin 1854.
13 *Zimmer, Entwicklung,* 42 f.
14 Stiehl, Ferdinand (Hrsg.): Aktenstücke zur Geschichte und zum Verständnis der drei Preußischen Regulative vom 1., 2. und 3. Oktober 1854. Mit erläuternden Bemerkungen hrsg. von F. Stiehl. Berlin 1855, 16. – *Wehler, Kaiserreich,* 125, spricht von der »Festigung vaterländischer Gesinnung und Treue gegenüber der Dynastie« als »höchsten Lernzielen« der Regulative.
15 Stiehl, Regulative (s. Anm. 12), 64.
16 Stiehl, Regulative, 63.
17 *Michael/Schepp, Politik und Schule,* 313 f.; vgl. auch Bünger, Ferdinand: Entwicklungsgeschichte des Volksschullesebuches. Hrsg. unter Benutzung amtlicher Quellen von Schulrat Ferd. Bünger, Seminardirektor zu Lüneburg. Leipzig 1898, 399 f. – Ob Friedrich Wilhelm IV. diese Worte wirklich gesprochen hat, ist zweifelhaft (vgl. *Krueger, Stiehl,* 98 f. und 163), ihre Wirkung steht jedoch außer Frage. – Konrad Fischer (Geschichte des Deutschen Volksschullehrerstandes. Zweiter Band. Von 1790 bis auf die Gegenwart. Hannover 1892, 279) zitiert aus der Kirchengeschichte von Kurz: »Nächst dem Heere brotloser Literatenproletarier hat wohl kein Geschlecht dieser Zeit gründlicher und erfolgreicher an der gei-

stigen Vergiftung des deutschen Volkes gearbeitet, als der Stand der Volksschullehrer.«

18 Müller, *Kulturreaktion,* 39. – Müller weist darauf hin, daß diese »Grundidee der Regulative« (ebd.) bereits in einem Ministerialerlaß vom 20.9.1841 präfiguriert war.
19 Vgl. Stiehl, Regulative (s. Anm. 12), 9 und 29.
20 Vgl. *Schaller, Kommunikation,* 289.
21 Schurig, Rektor in Wernigerode a. H.: Der deutsche Unterricht und die Lehrerbildung. In: Pädagogische Blätter für Lehrerbildung und Lehrerbildungs-Anstalten. 2. Jg. 1873, 563.
22 Stiehl, Regulative (s. Anm. 12), 63.
23 Ebd., 33. – Einige der Stiehlschen Formulierungen finden sich bereits bei Rudolf von Raumer (Der Unterricht im Deutschen. 3., verm. und verb. Aufl. Stuttgart 1857): »Bibel, Gesangbuch und Katechismus sind die eigentlichen Lesebücher des Bauern und Handwerkers in protestantischen Landen«. »Für die *geistliche* Anwendung des Lesens tritt also gleich nach Überwindung der Fibel der Religionsunterricht ein« (97). »In der Geschichte aber werden nur die hervorragendsten Taten des Deutschen Volkes und seiner Fürsten im Lesebuch selbst eine lebendige und charakterbildende Darstellung finden« (99). – Die Genese des Textes der Regulative zeichnet *Krüger, Stiehl* nach.
24 Stiehl, Aktenstücke (s. Anm. 14), 78 f.
25 Vgl. Quietmeyer, E.: Schul- und Hausfreund. Deutsches Lesebuch für Oberklassen der Volksschulen und Mittelklassen höherer Schulen. II. Bd. Hannover 1853, 314–317; *Wülfing/Bruns/Parr, Mythologie,* 101 f.
26 Stiehl, Regulative (s. Anm. 12), 30 f.
27 Zum Begriff vgl. *Jolles, Formen.*
28 Zit. nach: Bünger, Volksschullesebuch (s. Anm. 17), 392; vgl. auch: Pommersches Schul- und Hausbuch. Nach den Bestimmungen des Preußischen Schul-Regulativs bearbeitet von E. T. Goltzsch, Seminar-Direktor in Stettin. Unter Mitwirkung von Pommerschen Synodal-Pastoral-Konferenzen und einzelner Geistlichen in vielen Teilen völlig umgearbeitet. Stettin ²1856.
29 *Bünger, Volksschullesebuch* (s. Anm. 17), 425. – »Eine andere Eigentümlichkeit bzw. unbegreifliche Schwäche der Regulativlesebücher liegt in der Scheu vor den Namen Schiller und Goethe, die in derartigen Lesebüchern kaum vertreten sind; denn höchstens kommen von Schiller einige Rätsel, von Goethe das kleine Stück: ›Gefunden‹ (›Ich ging im Walde so für mich hin‹) vor. Keine aber der schönen, das Kind so außerordentlich anmutenden und bildenden Balladen trifft man an, nicht einmal ein Stück aus der ›Glocke‹« (ebd., 423 f.).
30 Stiehl, Regulative (s. Anm. 12), 30. – Diesterweg weist darauf hin, daß es schon unter dem Ministerium Eichhorn mit dem Reskript vom 14.6.1844 »so weit gekommen« sei, »daß den Schulinspektoren befohlen wurde, die Privatbüchersammlung der Lehrer zu inspizieren respektive zu purifizieren« (Diesterweg, Friedrich Adolph: Aufklärung über Zustände der preußischen Volksschule nebst unmaßgeblichen Vorschlägen, dieselben betreffend. In: Pädagogisches Jahrbuch für Lehrer und Schulfreunde. 10. Jg. 1860, 58–123, zit. nach: *Diesterweg, Sämtliche Werke.* Bd. XIV, 137).

31 Stiehl, Regulative (s. Anm. 12), 31. – Vgl. auch *Jeismann, Regulative*, 439: »Alles, was Eigenständigkeit und geistige Bewegung heißt, was dem Kantschen Imperativ ›sapere aude‹ huldigt, erscheint als frevelhafte Grenzüberschreitung. Das spiegelt sich am deutlichsten in der ⟨...⟩ Liste für die Privatlektüre der Seminaristen, die die Klassiker nun freilich auf den Index setzen mußte.«
32 Bünger, Volksschullesebuch (s. Anm. 17), 424.
33 (Anonym): Briefwechsel zwischen Schiller und Goethe in den Jahren 1794 bis 1805. 6 Teile. Stuttgart und Tübingen, in der J. G. Cotta'schen Buchhandlung 1828, 1829. In: Evangelische Kirchenzeitung. Bd. XI. 1830. Nr. 10, 11 und 12 vom 3., 6. und 10. Februar. Sp. 73–78, 81–88, 89–92, zit. nach *Oellers, Zeitgenosse*, I, 259. – Vgl. auch *Kiehn, Geheimrat*, 577: »Immer wieder hatte die Hengstenbergsche Kirchenzeitung über das Unchristliche bei Lessing, Schiller und vor allem bei dem auch in seinem ›Lebenswandel‹ beschnüffelten Goethe geschrieben, dessen Kosmologie das 1. Buch Mose in Frage stelle und dessen ›Allerweltsreligion‹ eine Irrlehre sei. Tatsächlich geht es in der deutschen Klassik überall um das Problem des autonomen Menschen, und von ihm aus führt die Pforte unmittelbar in die verbotene Gedankenwelt eines Rousseau, Pestalozzi oder Fröbel.«
34 *Müller, Kulturreaktion*, 13.
35 Vgl. Schillers Distichon ›Mein Glaube‹ aus den ›Tabulae votivae‹ von 1796. In: Schillers Werke. Nationalausgabe. Bd. 2, Teil 1. Gedichte in der Reihenfolge ihres Erscheinens 1799–1805 – der geplanten Ausgabe letzter Hand (Prachtausgabe) – aus dem Nachlaß (TEXT). Hrsg. von Norbert Oellers. Weimar 1983, 320. – Vgl. auch *Diesterweg, Sämtliche Werke*, XIV, 83 und 321; XV, 210.
36 Schiller, Friedrich: Über den Gebrauch des Chors in der Tragödie. In: Schillers Werke. Nationalausgabe. Bd. 10. Die Braut von Messina. Wilhelm Tell. Die Huldigung der Künste. Hrsg. von Siegfried Seidel. Weimar 1980, 15.
37 Bünger, Volksschullesebuch (s. Anm. 17), 425.
38 Die sozialen Perspektiven der Schiller-Rezeption – auch hinsichtlich ihrer funktionalen Äquivalenzen zur Religion – sind dargestellt bei *Gerhard, Schiller*.
39 Vgl. Diesterweg, Friedrich Adolph: Die drei Preußischen Regulative. I. Würdigung derselben. Berlin 1855; II. Würdigung ihrer Verteidiger. Berlin 1855; III. Würdigung ihrer Verteidiger (II. Herr Stiehl). Berlin 1855, zit. nach: *Diesterweg, Schriften und Reden*, I, 277–381; Diesterweg, Friedrich Adolph: Aus dem Abgeordnetenhause [I] (Den Antrag Harkorts und Petitionen von Lehrern betreffend). In: Rheinische Blätter für Erziehung und Unterricht. Neueste Folge. IV. 1859, 1–3 und 215–241, zit. nach: *Diesterweg, Sämtliche Werke*, XIV, 29–48; Diesterweg, Aufklärung (s. Anm. 30); ders.: Die Preußischen Schul-Regulative – in dem Hause der Abgeordneten, am 21. Mai 1860. In: Pädagogisches Jahrbuch für Lehrer und Schulfreunde. 11. Jg. (1861), 195–337, zit. nach: *Diesterweg, Sämtliche Werke*, XIV, 327–382; ders.: Zur Regulativ-Literatur. In: Rheinische Blätter für Erziehung und Unterricht. Neueste Folge. VII. 1861, 133–157, zit. nach: *Diesterweg, Sämtliche Werke*, XV, 23–39; ders.: Abermals die Preußischen Schul-Regulative. In: Pädagogisches Jahrbuch für Lehrer und Schulfreunde. 12. Jg. 1862, 135–211, zit. nach: *Diesterweg, Sämtliche Werke*, XV, 122–167; ders.: Zur Beur-

teilung der Regulative und der ministeriellen »Denkschrift« vom Februar 1861. In: Rheinische Blätter für Erziehung und Unterricht. 1862, 246–260, zit. nach: Diesterweg, Sämtliche Werke, XV, 200–207. – Als Mitglied des Preußischen Landtags und der Unterrichtskommission hatte Diesterweg am 9. Mai 1859 den Bericht über die Petitionen auf Abänderung der Regulative zu erstatten (vgl. *Müller, Kulturreaktion,* 33 und 44, sowie die Stenographischen Berichte der Landtagsverhandlungen).

40 Diesterweg, Drei Regulative (s. Anm. 39), 346 f.: »Nach, wie ich glaube, bisher allgemein angenommener Meinung nimmt die Kenntnis und Bekanntschaft mit der deutschen klassischen Literatur unter den Mitteln, durch welche der deutsche Knabe, Jüngling und Mann Liebe zu seiner Nation gewinnen kann, den ersten, obersten Rang ein. Sie ist, wie jede Literatur eines Volkes, der treueste Abdruck des deutschen Geistes auf dem Gipfel seiner Entwicklung. In ihr sind die erhabensten Gedanken, welche deutsche Männer erregt und begeistert haben, niedergelegt, die höchsten Ziele allgemein-menschlicher und deutsch-nationaler Bestrebungen ausgesprochen ⟨...⟩.«

41 *Diesterweg, Schriften und Reden,* I, 348.

42 Diesterweg, Friedrich Adolph: Bemerkungen und Glossen zu dem Protokoll über die Lehrerkonferenz im katholischen Seminar zu Brühl, am 24. Oktober 1855. In: Rheinische Blätter für Erziehung und Unterricht. Neue Folge. LIV. 1856, 230–240, zit. nach: *Diesterweg, Sämtliche Werke,* XII, 198.

43 Diesterweg, Friedrich Adolph: Vorwort und Einleitung. In: Pädagogisches Jahrbuch für Lehrer und Schulfreunde. 7. Jg. 1857, V–XXIV, zit. nach: *Diesterweg, Sämtliche Werke,* XII, 261.

44 Diesterweg, Friedrich Adolph: Vorwort und Einleitung. In: Pädagogisches Jahrbuch für Lehrer und Schulfreunde. 10. Jg. 1860, V–XX, zit. nach: *Diesterweg, Sämtliche Werke,* XIV, 133. – Vgl. auch »Lehrt dich der *Feind,* was du sollst!« (Diesterweg, Friedrich Adolph: Die drei Preußischen Regulative [IV]. In: Pädagogisches Jahrbuch für Lehrer und Schulfreunde. 7. Jg. 1857, 145–222, zit. nach: *Diesterweg, Sämtliche Werke,* XII, 354).

45 *Müller, Kulturreaktion,* 43, berichtet von der Klage Diesterwegs, »daß die Lehrerschaft kaum noch wage, sich zu ihm zu bekennen und seinen Namen auszusprechen, weil man sogar seine Schriften den Lehrern in den Privatbüchereien verboten habe.«

46 Diesterweg, Friedrich Adolph: Zur Schiller-Feier. In: Rheinische Blätter für Erziehung und Unterricht. Neueste Folge. V. 1860, 99–131, zit. nach: *Diesterweg, Sämtliche Werke,* XIV, 255.

47 *Schiller und die Schule,* 94 f.

48 Diesterweg, Friedrich Adolph: 1759. In: Pädagogisches Jahrbuch für Lehrer und Schulfreunde. 9. Jg. 1859, 220–235, zit. nach: *Diesterweg, Sämtliche Werke,* XIII, 418–427.

49 Ebd., 420.

50 Stiehl, Aktenstücke (s. Anm. 14), 37 (Stiehl zitiert aus dem Antrag Harkorts). – Vgl. auch *Harkort, Bemerkungen; Harkort, Volksschule; Harkort, Schriften.*

51 Stiehl, Aktenstücke (s. Anm. 14), 37. – Auch Schurig, Unterricht und Lehrerbil-

dung (s. Anm. 21), 577, relativiert: »Trotz alledem kann im Allgemeinen doch nicht gesagt werden, daß die deutsche klassische Literatur überhaupt vom deutschen Unterrichte im Seminare ausgeschlossen gewesen sei, im Gegenteil lehrt ein einziger Blick in die drei Teile des Wackernagel'schen Lesebuchs, daß in demselben die klassische Literatur stark vertreten ist.«

52 Bünger, Volksschullesebuch (s. Anm. 17), 424.
53 *Diesterweg, Sämtliche Werke*, XII, 414 (dort Anm. 37).
54 Stiehl, Aktenstücke (s. Anm. 14), 77.
55 Stiehl, Ferdinand: Die Weiterentwicklung der drei Preußischen Regulative vom 1., 2. und 3. Oktober 1854. Abdruck der betreffenden Ministerial-Erlasse aus dem Centralblatt für die gesamte Unterrichts-Verwaltung in Preußen. Mit einem Vorwort von F. Stiehl. Berlin 1861, 60.
56 Ebd., 59 f.
57 Allgemeine Bestimmungen des Königl. Preuß. Ministers der geistlichen, Unterrichts- und Medizinal-Angelegenheiten vom 15. Oktober 1872, betreffend das Volksschul-Präparanden- und Seminar-Wesen. In: Centralblatt für die gesammte Unterrichts-Verwaltung in Preußen. Hrsg. in dem Ministerium der geistlichen, Unterrichts- und Medicinal-Angelegenheiten. Berlin. 17. Jg. No. 10. 31. Oktober 1872, 585–608.
58 Stiehl, Ferdinand: Meine Stellung zu den drei Preußischen Regulativen vom 1., 2. und 3. Oktober 1854. Eine Flugschrift von F. Stiehl. Berlin 1872, 34.
59 Fischer, Volksschullehrerstand (s. Anm. 17), 294. – Vgl. auch *Nyssen, Sozialisationskonzept*, 303.
60 *Böhnke, Dichtung*, 146 f.
61 *Kiehn, Geheimrat*, 577.
62 *Diesterweg, Sämtliche Werke*, XII, 409 f. (dort Anm. 15).
63 Die Elementarschule in Preußen. In: Die Grenzboten. Zeitschrift für Politik und Literatur. Redigiert von Gustav Freytag und Julian Schmidt. 14. Jg. 1. Semester. Bd. II. 1855, 367–374, zit. nach: *Diesterweg, Sämtliche Werke*, XII, 357 und 471, dort Anm. 847.
64 Vgl. Theodor Körners Gedicht ›Vor Rauchs Büste der Königin Luise‹. In: *Wülfing/Bruns/Parr, Mythologie*, 90 f.
65 Gervinus, Georg Gottfried: Geschichte der poetischen Nationalliteratur der Deutschen. Leipzig 1835–1842.
66 Vgl. *Böhnke, Dichtung*, 109.
67 Vgl. dazu: *Link, Konvergenz*.
68 Für das Gymnasium dagegen setzte sich das Konzept »Nationalliteratur« gerade auch im Hinblick auf Schiller schon relativ früh durch, wie etwa der Aufsatz ›Schiller in der Schule‹ von Seibert (in: Der praktische Schulmann. 10. Jg. Leipzig 1861, 193–207 und 256–267) oder der ›Vortrag über Schiller am 10. November 1859 in der Aula des Darmstädter Gymnasiums, gehalten von Professor Dr. Friedrich Zimmermann‹ (in: Allgemeine Schul-Zeitung, vornehmlich für das Volksschulwesen. No. 47. Samstag, 19. November 1859, Sp. 737–750) zeigen. Hier wird die Person Schillers bereits zur nationalen Integrationsfigur, der alle positiv bewerteten vaterländischen Tugenden zukommen; das Werk Schillers wird zwei-

geteilt in eine frühe Phase der Verwirrung und die mit dem ›Wallenstein‹ beginnende des ›echten‹ ›deutschen‹ Dichters. – Bei W. Winterstein (Fest-Rede bei der von der Realschule zu Burg veranstalteten Gedächtnisfeier Schiller's am 10ten November 1859 gehalten. Burg 1859) findet sich eine ähnliche Zweiteilung entlang des Freiheitsbegriffs, für den eine Höherentwicklung von der Gedankenfreiheit eines »Posa« zur nationalen Freiheit eines »Tell« konstatiert wird. 1848 ging es nach Winterstein um die falsche Freiheit. Jetzt sieht er die Menschen fortschreiten vom »Karlos zum Tell«. Die umstrittenen ›revolutionären‹ Sentenzen (z. B.: »Der Mensch ist frei geschaffen, ist frei, / Und wärd' er in Ketten geboren!«) werden dabei zum Teil dadurch entschärft, daß sie auf die Befreiungskriege hin ausgelegt werden und Schiller so zu einem Freiheitskämpfer gegen Napoleon wird.

69 *Böhnke, Dichtung,* 109.
70 Vgl. dazu bei *Frank, Deutschunterricht,* 375–484, das Kap. »Nationalerziehung und Germanistik«.
71 Hildebrand, Rudolf: Vom deutschen Sprachunterricht in der Schule und von deutscher Erziehung und Bildung überhaupt. Leipzig ¹1867. – Vgl. auch *Spranger, Volksschule,* 39, der auf eine Traditionslinie von den Brüdern Grimm zu Hildebrand hinweist.
72 In der fachdidaktischen Diskussion verstärkt rezipiert wurde die Schrift Hildebrands erst ab der 2. Aufl. von 1879.
73 Möbius: Über das Studium der deutschen Dichtung als eines der vorzüglichsten nationalen Bildungsmittel. In: Allgemeine Deutsche Lehrerzeitung. Hrsg. von A. Berthelt. Unter Mitwirkung von Ferd. Schnell. 16. Jg. 1864. No. 26. Sonntag, 26.6.1864, 205.
74 Ebd., 206.
75 Prutz, Robert: Literatur und Kunst. In: Deutsches Museum. 1. Jg. 1851. Bd. I, 553, zit. nach *Becker, Schiller,* IX.
76 Grillparzer, Franz: Entwurf eines Briefes an den Schiller-Verein in Leipzig. 1855, zit. nach *Becker, Schiller,* 50.
77 Gottschall, Rudolf: Die Klassiker als Nationaleigentum. In: Börsenblatt für den deutschen Buchhandel. 34. Jg. Nr. 261. 1867, 2870, zit. nach *Realismus und Gründerzeit 2,* 654.
78 F., A.: Literatur und Kunst für das Bürgerhaus. Zum Auferstehungsfeste unserer großen Meister. In: Die Gartenlaube. 15. Jg. 1867, 572 und 574, zit. nach *Realismus und Gründerzeit 2,* 652. – Weitere Belege finden sich in: *Oellers, Zeitgenosse, I* und *II.*
79 Schurig, Unterricht und Lehrerbildung (s. Anm. 21), 577.
80 Supprian, Karl: Die Stellung der Seminarien und der Elementarlehrer zur deutschen Literatur. In: Centralblatt für die gesammte Unterrichts-Verwaltung in Preußen. Hrsg. in dem Ministerium der geistlichen, Unterrichts- und Medicinal-Angelegenheiten. 12. Jg. Berlin 1870, 591–608.
81 Ebd., 592.
82 Ebd., 600.
83 Ebd., 592.
84 Ebd., 602.

85 Ebd., 603.
86 Ebd., 603.
87 Ebd., 604.
88 Ebd., 603.
89 Ebd., 605.
90 Ebd., 605.
91 Ebd., 606.
92 *Müller, Kulturreaktion,* 38. – *Müller,* 37, zitiert u. a. Hengstenberg: »Es liegt alles im argen, über alle Begriffe im argen; Verblendung, Verirrung, Anmaßung, Hochmut und Frechheit der ›Elementargeister‹ übersteigen alle Begriffe.«
93 Vgl. *Müller, Kulturreaktion,* 44.
94 Vgl. z. B.: Staedler, G. L./Rudolph, Ludwig: Zur Erinnerung an Schiller's hundertjährigen Geburtstag. Zwei Vorträge, gehalten in der Festversammlung des jüngeren Berlinischen Lehrervereins am 9. November 1859. Berlin 1859.
95 Vgl. dazu *Heinemann, Lehrerverein,* 55 f.; *Bölling, Sozialgeschichte,* 80–92.
96 Vgl. dazu *Lammers, Volksbildung.*
97 Müller, Moritz: Goethe als Arbeiter! Rede im Arbeiter-Bildungs-Verein zu Pforzheim am 28. 8. Pforzheim 1865. Vorwort.
98 Alberty, Max: Schiller. Gedächtnisrede gehalten bei der Schiller-Gedächtnisfeier der Arbeiterschaft Münchens im Münchener Kindl-Keller am 8. Mai 1905. München 1905, 4.
99 Liebknecht, Wilhelm: Wissen ist Macht – Macht ist Wissen. Festrede, gehalten zum Stiftungsfest des Dresdener Arbeiterbildungs-Vereins am 5. Febr. 1872 und zum Stiftungsfest des Leipziger Arbeiterbildungs-Vereins am 24. Febr. 1872. Berlin 1872. In: Ders.: Wissen ist Macht – Macht ist Wissen und andere bildungspolitisch-pädagogische Äußerungen. Ausgew., eingel. und erläutert von Hans Brumme. Berlin/DDR 1968, 94.
100 Conrad, Michael Georg: Zur Einführung. In: Die Gesellschaft. Realistische Wochenschrift für Litteratur, Kunst und öffentliches Leben. Hrsg. von Michael Georg Conrad. 1. Jg. München. 1.1.1885. Nr. 1, 1 ff.
101 Vgl. als Quelle zur Schillerrezeption im 19. Jahrhundert: Ludwig, Albert: Schiller und die deutsche Nachwelt. Von der Kaiserlichen Akademie der Wissenschaften zu Wien gekrönte Preisschrift. Berlin 1909; ders.: Schiller und die Schule. In: Mitteilungen der Gesellschaft für Deutsche Erziehung und Schulgeschichte. 19. Jg. 1910, 55–95. – Zur Rezeption in der Arbeiterbewegung vgl. *Jonas, Schiller Debatte* und *Bogdal, Arbeiterliteratur,* 84 ff. und 182.
102 Vgl. bei *Meyer, Untertanen,* 117 ff., den Abschnitt »Der Volksschullehrerberuf als Plattform: Begrenzte Chancen des sozialen Aufstiegs« sowie *Berg, Okkupation.*
103 Dieses geflügelte Wort geht auf einen Aufsatz von *Peschel, Lehren,* 695, zurück, der hinsichtlich Königgrätz vom »Sieg der preußischen Schulmeister über die österreichischen Schulmeister« sprach (vgl. *Meyer, Untertanen,* 11; *Blankertz, Pädagogik,* 165; Fischer, Volksschullehrerstand (s. Anm. 17), 406 f.; Liebknecht, Wissen (s. Anm. 99), 215, dort Anm. 51.
104 *Realismus und Gründerzeit 1,* 115.
105 Vgl. *Mandelkow, Goethe,* 208; *Parr, Bismarck.*

106 Weber, Hugo: Die Pflege nationaler Bildung durch den Unterricht in der Muttersprache. Zugleich eine Darstellung der Grundsätze dieses Unterrichts. Leipzig 1872.
107 Richter, Albert: Der Unterricht in der Muttersprache und seine nationale Bedeutung. (Gekrönte Preisschrift). Leipzig 1872, 13: »Und das Herz der Wissenschaft vom deutschen Geiste sollte der deutschen Volksschule fremd bleiben? Nein, wenn deutsche Sprache und Literatur ein Spiegel des deutschen Geistes sind, wenn in ihnen alle die Eigenschaften in Erscheinung kommen, die man an dem deutschen Nationalcharakter rühmt, so sollen auch die Schüler der Volksschule so viel von ihnen lernen, als ihre Kräfte erlauben, damit auch sie in jenem Spiegel erkennen lernen, worauf ihre Achtung vor dem Vaterlande und vor ihren Vorfahren sich zu gründen haben, worin sie den Alten nachzueifern haben, weshalb sie stolzen Herzens sich glücklich preisen dürfen, Deutsche zu heißen.«
108 Dietlein, Woldemar: Die Dichtungen der deutschen Volks-Schulelesebücher. Materialien zur schulgemäßen Behandlung von Lesestücken aus den verbreitetsten Lesebüchern für Volksschulen. Unter Mitwirkung praktischer Schulmänner hrsg. von W.D., Rektor. Bd. I. Unter- und Mittelstufe. Wittenberg 1886. Bd. I, 2.
109 Vgl. Fechner, Heinrich: Geschichte des Volksschul-Lesebuches. In: Pädagogische Blätter für Lehrerbildung und Lehrerbildungsanstalten. 14. Jg. 1885, 70.
110 *Frank, Deutschunterricht*, 489.
111 H. Winzer (Einige Ergebnisse aus der Behandlung von Gedichten in der Oberklasse einer gegliederten Volksschule. In: Deutsche Blätter für erziehenden Unterricht. 16. Jg. 1889, 6) verbindet Ferdinand Freiligraths Gedichte ›Löwenritt‹ und ›Gesicht des Reisenden‹ mit der erdkundlichen Besprechung Afrikas.
112 Ufer, Christian: Vorschule der Pädagogik Herbarts. Dresden 1886, 86, zit. nach *Blankertz, Pädagogik*, 153.
113 Otto: Wie sind die Zöglinge des Seminars in die deutsche Literatur einzuführen? Von Dr. Otto. Direktor in Homberg. In: Pädagogische Blätter für Lehrerbildung und Lehrerbildungs-Anstalten. Bd. 19, 1890, 186.
114 Dietlein, Rudolf/Dietlein, Woldemar/Gosche, Richard/ Polack, Friedrich (Hrsg.): Aus deutschen Lesebüchern. Dichtungen in Poesie und Prosa, erläutert für Schule und Haus. Unter Mitwirkung namhafter Schulmänner hrsg. von ⟨...⟩. Gera und Leipzig ³1891, 3.
115 Winzer, Ergebnisse (s. Anm. 111), 18.
116 Vgl. *Lundgreen, Sozialgeschichte*, 87–100.
117 Vgl. z. B.: Kehr, Karl/Kriebitsch, Theodor: Lesebuch für deutsche Lehrerbildungsanstalten. Bd. 1–4. Gotha 1875; Rein, W./ Pickler, A./Scheller, E.: Das siebente Schuljahr. Ein theoretisch-praktischer Lehrgang für Lehrer und Lehrerinnen sowie zum Gebrauch in Seminaren. Dresden ²1888; Eberhard, K.: Die Poesie in der Volksschule. Deutsche Dichtungen für den Schulgebrauch erläutert. Langensalza ⁴1890. – Am deutlichsten zeigt sich der Kanon bei Dietlein, Dichtungen (s. Anm. 108), der zu allen in den gängigen Volksschullesebüchern der Zeit vorkommenden Texten kurze Erläuterungen gibt und dazu das gesamte Spektrum des Kanons kumulieren mußte.
118 Wohlrabe: Stoffplan der sechsstufigen Volksschule zu Halle a. S. für den Unter-

richt in Deutsch. Aufgestellt von Rektor Dr. Wohlrabe. In: Deutsche Blätter für erziehenden Unterricht. 19. Jg. 1892, 372 ff.
119 Zu literarischen Vereinen im 19. Jahrhundert generell vgl. *Bruns/Parr/Wülfing, Vereine,* zum »Tunnel über der Spree« speziell Berbig: »Rückwirkungen auf die beruflichen Biographien einzelner Mitglieder blieben ⟨...⟩ nicht ausgeschlossen; man war bereit, sich gegenseitig zu fördern: mit Rezensionen, ging es um Poetisches, mit persönlichen Interventionen, ging es um Anstellungsfragen« (*Berbig, Ascania,* 112).
120 Vgl. Hahn, Werner: Geschichtliche Begründung und Ankündigung der wahren Gotteswissenschaft. Nebst einem Sendschreiben an Karl Hase und David Strauß. Berlin 1839; ders.: Das Leben Jesu. Eine pragmatische Geschichts-Darstellung. Berlin 1844; ders.: Die Verirrung und das wahre Ziel der religiös-kirchlichen Bewegung unserer Zeit. Berlin 1845.
121 Vgl. ders.: Vom lieben Gott. Erzählungen für Kinder. Berlin 1854.
122 Vgl. ders.: Geschichte der poetischen Literatur der Deutschen. Berlin ²1853 (erschien bis 1910 in 16 Auflagen); ders.: Deutsche Literaturgeschichte in Tabellen. Handbuch für den Schulgebrauch. Berlin 1869 (⁴1896); ders.: Deutsche Poetik. Berlin 1879; ders.: Metrik der deutschen Sprache. Lehrbuch für die mittleren Klassen höherer Schulen. Berlin 1882; ders.: Poetische Mustersammlungen. Erklärungen und Beispiele zu den Gattungen der Poesie. Für Schule und Haus. Berlin 1882; ders.: Abriß der deutschen Literaturgeschichte für den Schulgebrauch. Berlin 1890.
123 Vgl. ders.: Hans Joachim von Ziethen königl. General der Kavallerie, Ritter des schwarzen Adlerordens, Chef des Regiments der königl. Leib-Husaren, Erbherr auf Wustrau. Berlin 1850 (⁷1893); ders.: Friedrich, der Erste König in Preußen. Berlin 1851 (³1876); ders.: Kunersdorf am 12. August 1759. Berlin 1852; ders.:Kurprinz Friedrich Wilhelm. Geschichte der Kindheit des nachmal. Königs Friedrich Wilhelm I. Berlin 1867; ders.: Friedrich Wilhelm III. und Luise, König und Königin von Preußen. Zweihundert und siebzehn Erzählungen aus ihrer Zeit und ihrem Leben von Werner Hahn, Verf. der Volksschriften ›Hans Joachim von Ziethen‹, ›Kuhnersdorf‹ etc. Berlin ²1850 (³1877).
124 Fontane, Theodor: Autobiographische Schriften. Hrsg. von Gotthard Erler, Peter Goldammer und Joachim Krueger. Bd. II: Von Zwanzig bis Dreißig. Bearbeiter des Bandes: P. G. Berlin/DDR und Weimar 1982, 60.
125 Fontane, Theodor: Briefe. Bd. 1: 1833–1860. Hrsg. von Otto Drude und Helmuth Nürnberger. Für die Taschenbuchausg. (der Hanser-Ausgabe der ›Sämtlichen Werke‹. Hrsg. von Walter Keitel und H.N.) durchges. von H.N. und Michael Stitz. Frankfurt/M., Berlin und Wien 1987. Bd. 51 (Ullstein Buch 4549), 107 f. (Fontane am 15.1.1850 an Lepel). – Sein Luisen-Wissen verwertet Fontane später in eigenen Werken, u.a. im ›Schach von Wuthenow‹ (vgl. *Wülfing/Bruns/Parr, Mythologie,* 72 f.).
126 Vgl. z.B. Fontanes Bemerkung, er sei Friedrich Theodor Vischer gegenüber, den er 1871 auf einer Eisenbahnfahrt zum französischen Kriegsschauplatz zufällig getroffen hatte, »*historisch* besser ausgerüstet« gewesen (Fontane, Theodor: Aus den Tagen der Okkupation. Kleinere autobiographische Texte. Für die Taschen-

buch-Edition (der Hanser-Ausgabe der ›Sämtlichen Werke‹. Hrsg. von Walter Keitel und Helmuth Nürnberger) neu eingerichtet von Andreas Catsch und H. N. Frankfurt/M., Berlin und Wien 1980. Bd. 37 (Ullstein Buch 4544, 21).

127 Fontane weist ausdrücklich darauf hin, daß Hahn sein »Preußenbuch: ›Friedrich Wilhelm III. und Luise‹ an Decker verkauft hat ⟨...⟩; wenn ich nicht sehr irre bekommt er 40 Louisd'or dafür, was dem alten Jungen wohl behagen mag« (Fontane: Briefe, Bd. 1 ⟨s. Anm. 125⟩, 107).

128 Vgl. Fontane, Autobiographische Schriften (s. Anm. 124), Bd. II, 59f.

129 Ebd., 60.

130 Ebd., 65.

131 Vgl. *Jolles, Fontane*, 30.

132 Vgl. Fontane, Autobiographische Schriften (s. Anm. 124), Bd. II, 298.

133 Vgl. Zur Geschichte des Literarischen Sonntags-Vereins (Tunnel über der Spree) in Berlin. 1827 bis 1877. o.O., o.J., 4.

134 Vgl. ebd.

135 Vgl. ebd., 13.

136 Vgl. Fontane: Autobiographische Schriften (s. Anm. 124), Bd. III/2: Anmerkungen ⟨...⟩, Register ⟨...⟩; Zeittafel. Berlin/DDR und Weimar 1982, 286.

137 Vgl. dass., Bd. III/1: Christian Friedrich Scherenberg. Tunnel-Protokolle und Jahresberichte. Autobiographische Aufzeichnungen und Dokumente. Bearbeiter des Bandes: Joachim Krueger. Berlin/DDR und Weimar 1982, 106ff., bes. 108.

138 Vgl. *Wülfing, Revolutionsjahr*, 50ff.

139 Vgl. ebd., 54.

140 Vgl. ebd., 57f.

141 Vgl. ebd., 60.

142 Vgl. ebd., 81.

143 Vgl. *Jolles, Fontane*, 241.

144 Ebd., 77.

145 Vgl. ebd., 168. – Zu Fontanes Stellung zur ›Deutschen Reform‹ vgl. Theodor Fontanes Briefwechsel mit Wilhelm Wolfsohn. Hrsg. von Christa Schultze. Berlin/DDR und Weimar 1988, 100 (Fontane am 19.11.1850 an Wolfsohn).

146 Vgl. ebd., 97 (Fontane am 3.5.1850 an Wolfsohn).

147 Vgl. Fontane, Autobiographische Schriften, Bd. III/1 (s. Anm. 137), 201ff.

148 Vgl. *Wülfing, Revolutionsjahr*, 56f.

149 Zit. nach *Jolles, Fontane*, 77.

150 Ebd., 166.

151 Diese »Korrespondenz« erhielt 1854 von liberaler Seite ein Pendant, und zwar von einem Presseverein, den Herzog Ernst II. von Coburg und Gustav Freytag gründeten (vgl. ebd., 167).

152 Vgl. ebd., 79.

153 Vgl. ebd., 81.

154 Vgl. Die Fontanes und die Merckels. Ein Familienbriefwechsel 1850–1870. Hrsg. von Gotthard Erler, Bd. 1: 30. Juli 1850–15. März 1858. Berlin /DDR und Weimar 1987, 3 (Merckel am 30.7.1850 an Fontane).

155 Zit. nach *Jolles, Fontane*, 168; vgl. Nürnberger, Helmuth: Theodor Fontane.

Märkische Region & Europäische Welt. ⟨...⟩ Ausstellungskatalog. Bonn 1993, 46 f.

156 Vgl. Erler, Gotthard: Anmerkungen. In: Die Fontanes und die Merckels (s. Anm. 154), Bd. 1, 303.

157 »Ich habe mich heut der Reaktion für monatlich 30 Silberlinge verkauft und bin wiederum angestellter Scriblifax (in Versen und Prosa) bei der seligen ›Deutschen Reform‹ auferstandenen ›Adler-Zeitung‹. Man kann nun 'mal als anständiger Mensch nicht durchkommen. Ich debütiere mit Ottaven zu Ehren Manteuffels. Inhalt: der Ministerpräsident zertritt den (unvermeidlichen) Drachen der Revoloution. Sehr nett!« (Theodor Fontane und Bernhard von Lepel. Ein Freundschafts-Briefwechsel, hrsg. von Julius Petersen. Bd. 1. München 1940, 392 ⟨Fontane am 30.10.1851 an Lepel⟩; vgl. *Jolles, Fontane,* 89 ff.).

158 Vgl. *Wülfing, Revolutionsjahr,* 63 ff.

159 Fontane hörte im Januar 1850 davon, Prof. Gustav Friedrich Waagen (1794–1868), der Direktor der Gemäldegalerie, wolle Mitglied des »Tunnels« werden: »Es wäre sehr hübsch; haben wir erst etliche Autoritäten unter uns, so kann ein Wachsen unsrer Kräfte gar nicht ausbleiben. Dünkelhaftes Sich Ausschließen wird dadurch unmöglich« (Fontane: Briefe, Bd. 1 ⟨s. Anm. 125⟩, 108 ⟨Fontane am 15.1.1850 an Lepel⟩).

160 Vgl. *Berbig, Öffentlichkeitsverhalten,* 36 ff.

161 Vgl. *Berbig, Ascania,* 111.

162 Speziell zu den verschiedenen Namen, die diskutiert wurden, vgl. ebd., 121 ff., und zur Zeitschrift generell *Wülfing, Unterhaltungen,* 120 ff.

163 Vgl. *Berbig, Ascania,* 108 f.

164 Vgl. Die Fontanes und die Merckels (s. Anm. 154), Bd. 1, 18 (Fontane am 31.10.1855 an den »Rütli«); Fontane: Briefe, Bd. 1 (s. Anm. 125), 447 f. (Fontane am 24.11.1855 an Eggers).

165 Erler, Gotthard: Anmerkungen. In: Die Fontanes und die Merckels (s. Anm. 154), Bd. 1, 305.

166 Ebd.

167 Statuten des Sonntags-Vereins zu Berlin. Als Manuskript gedruckt. Berlin o.J., 16.

168 In einem Brief Diesterwegs an den Lehrer Wander (der »rote Wander«) vom Februar 1855 heißt es: »Die p.p. Bormann u. Scheibert haben über die Regulative schon die Lobposaune geblasen. Bedientenhaftigkeit« (zit. nach: *Bloth: Adolph Diesterweg,* 325). Diesterweg griff Bormann in seiner zweiten Schrift gegen die Regulative an (vgl. auch: *Diesterweg, Sämtliche Werke,* VI, 593).

169 Vgl. Brümmer, Franz: Art. ›Bormann‹. In: Allgemeine Deutsche Biographie. Bd. 47. 1903, 113–115, hier 114.

170 Bormann, Karl: Schulkunde für evangelische Volksschullehrer auf Grund der Preußischen Regulative vom 1., 2., und 3. Oktober 1854 über Einrichtung des evangelischen Seminar-, Präparanden- und Elementarschul-Unterrichts. Bearb. von K.B., Provinzial-Schulrat in Berlin. 1. Teil: Berlin [16]1870 ([1]1855), hier: 180–218. 2. Teil: Unterrichtskunde für evangelische Volksschullehrer. Berlin 1856. 3. Teil: Vierzig pädagogische Sendschreiben. Berlin 1859. 4. Teil: Aus der Schule. Vierzig pädagogische Sendschreiben. Berlin 1866.

171 Bormann, Karl: Das Mädchen aus der Fremde. Auch eine Enthüllung eines Schillerdenkmals. Berlin 1871. – Weitere Publikationen Bormanns sind: Ders.: Grundzüge der Erdbeschreibung, mit bes. Berücksichtigung auf Natur- und Völkerleben, ein Leitfaden für den geographischen Unterricht in den mittleren Klassen der Bürgerschulen. Berlin 1833 (^{8}1871); ders.: Methodische Anweisung zum Unterricht in den deutschen Stilübungen, mit besonderer Rücksicht auf die Fertigkeit im mündlichen Vortrage entworfen und mit vielen stufenmäßig geordneten Übungsaufgaben ausgestattet. Ein Handbuch für Lehrer in Elementar- und Bürgerschulen. Berlin ^{1}1836 (Leipzig ^{6}1862); ders.: Biblische Geschichten in poetischer Bearbeitung. Leipzig 1837; ders.: 200 Aufgaben zu deutschen Aufsätzen für reifere Schüler in höheren Bürgerschulen, Gymnasien, Seminarien sc. Berlin 1839; ders.: Hülfsbuch für deutsche Stilübungen, insonderheit für Übungen im mündl. Vortrage. Berlin ^{1}1839 (Leipzig ^{8}1862); ders.: Bildertafeln zum Gebrauch beim Unterricht in der bibl. Geschichte u. Altertumskunde. Berlin ^{4}1843, neue Aufl., Berlin 1875; ders.: Das Leben in Stadt und Land, in Feld und Wald. Ein Lese- und Hülfsbuch zu den 16 Bildtafeln für den Anschauungsunterricht von C. Wilke. Berlin ^{1}1843 (Leipzig ^{7}1875); ders.: Über Erziehung und Unterricht. Vorträge. Berlin ^{1}1847 (Leipzig ^{3}1871); ders.: Die Tage des Herrn. Berlin 1852; ders.: Erklärung der biblischen Geschichten. Ein Handbuch für Lehrer. Berlin ^{2}1858 (^{3}1867); ders.: Gebetbüchlein für Mutter und Kind. Berlin 1860; ders.: Die Hohenzollernschen Landesherrn und die Bibel. Eine Jubelschrift zur Feier des 50jährigen Bestehens der preuß. Haupt-Bibel-Gesellschaft. Berlin 1864; ders.: Die Prüfung der Lehrerinnen in Preußen nach ihrer Vorbereitung, Vollziehung und Wirkung. Berlin 1867; ders.: Wand-Fibel für den Schreib-Lese-Unterricht. Berlin 1867; ders.: Pädagogik der Volksschullehrer, auf Grund der Allgemeinen Bestimmungen vom 15. Oktober 1872 ⟨...⟩. Berlin ^{1}1873 (^{3}1879).

172 So z.B. im Winter 1852/53 (vgl. Theodor Fontane und Bernhard von Lepel ⟨s. Anm. 157⟩, Bd. 2. München 1940, 39 ⟨Fontane am 12.1.1853 an Lepel⟩), im April 1854 (vgl. ebd., 83 ⟨Fontane am 22.4.1854 an Lepel⟩), am 10.5.1856 (vgl. ebd., 153 ⟨Lepel am 15.5.1856 an Fontane⟩) und am 21. Dezember 1861 (vgl. Der Briefwechsel zwischen Theodor Fontane und Paul Heyse. Hrsg. von Gotthard Erler. Berlin und Weimar 1972, 106 ⟨Fontane Mitte Februar 1862 an Heyse⟩).

173 Theodor Fontane und Bernhard von Lepel, Bd. 2 (s. Anm. 157), 76 (Fontane am 16.9.1853 an Lepel). – Lepel ist im November 1854 »in verzweifelter Lage«, weil seine Frau es strikt ablehnt, noch einmal bei einem »Rütli-Diner« zu erscheinen: »Am meisten schmerzt es mich, daß selbst Bormann's liebenswürdige Erscheinung, nicht im Stande war, ihren Beifall zu gewinnen (ebd., 98f. ⟨Lepel am 20.11.1854 an Fontane⟩). – Bei Bormann ist es auch, wo »der Rütli als Verbrüderung und Familie« offensichtlich spürbar aufhört: »An jenem Abend, wo wir bei Bormann ein Souper einnahmen mit so furchtbaren Distancen untereinander, als habe sich jeder von seinem Nachbar des Schlimmsten zu versehn, war es mit dem Rütli als Familie ein für allemal vorbei« (Die Fontanes und die Merckels, Bd. 1 ⟨s. Anm. 154⟩, 282 ⟨Fontane am 18.2.1858 an Merckel⟩).

174 Vgl. Theodor Fontane und Bernhard von Lepel, Bd. 2 (s. Anm. 157), 156 (Lepel am 15.5.1856 an Fontane); vgl. Die Fontanes und die Merckels (s. Anm. 154),

Bd. 2: 18. März 1858 – 15. Juli 1870, 61 f. (Fontane am 3.6.1858 an Wilhelm von Merckel).

175 Theodor Fontane und Bernhard von Lepel, Bd. 1 (s. Anm. 157), 393 (Fontane am 3.11.1851 an Lepel). – »Denkst Du noch daran, wie ich ihm ⟨sc. Bormann; W.W.⟩ 1850 auf 51 als ›Rosamunden-Dichter‹ meine Aufwartung machte! Als Dichter ging ich hinein, als verhungerter Seminarlehrer kam ich wieder heraus« (Fontane: Briefe ⟨s. Anm. 125⟩, Bd. 2: 1860–1878. Hrsg. von Otto Drude, Gerhard Krause und Helmuth Nürnberger unter Mitw. von Christian Andree und Manfred Hellge ⟨...⟩. Frankfurt/M., Berlin und Wien 1987. Bd. 52 ⟨Ullstein Buch 4550⟩. 285 ⟨Fontane am 4.12.1869 an Emilie Fontane⟩). – Bormann hilft im übrigen mit seinen ministeriellen Verbindungen u.a. auch Paul Heyse (vgl. Briefwechsel zwischen Theodor Fontane und Paul Heyse ⟨s. Anm. 172⟩, 79 ⟨Fontane am 20.12.1859 an Heyse⟩).

176 Vgl. Theodor Fontane und Bernhard von Lepel, Bd. 2 (s. Anm. 157), 148 ff. ⟨13.4.1856⟩ – Fontanes ›Karriere‹ nach seiner Rückkehr aus England wurde dann vom »Rütli« nachhaltig gefördert, und zwar so, »daß man von Regierungsseite aus die Unternehmungen Fontanes nicht als Einzelaktionen auffaßte, sondern sie als Bemühungen eines respektablen Freundeskreises ansah« (*Berbig, Tunnel,* 46).

177 Vgl. Die Fontanes und die Merckels, Bd. 1 (s. Anm. 154), 39 ⟨11.–14.11.1855⟩, 317. – Von »Rütli«-Mitglied Adolph Menzel (›P.P. Rubens‹) gibt es u.a. zwei »Rütli«-Zeichnungen, auf denen u.a. Bormann zu sehen ist (vgl. Theodor Fontane und Bernhard von Lepel, Bd. 2 ⟨s. Anm. 157⟩, 129; Theodor Fontane 1819. 1969. Stationen seines Werkes. Ausstellung und Katalog von Walther Migge unter Mitarb. von Anneliese Hofmann und Ingrid Bode. Stuttgart 1969 ⟨Sonderausstellungen des Schiller-Nationalmuseums. Katalog Nr. 20⟩, 50 f.). – Noch 1881 berichtet Fontane vom »Rütli« und Treffen mit Bormann (vgl. Fontane: Briefe ⟨s. Anm. 125⟩. Bd. 3: 1879–1889. Hrsg. von Otto Drude, Manfred Hellge und Helmuth Nürnberger unter Mitw. von Christian Andree ⟨...⟩, Frankfurt/M., Berlin und Wien 1987. Bd. 53 ⟨Ullstein Buch 4551⟩, 141 f. ⟨Fontane am 6.6.1881 an Mathilde von Rohr⟩). – 1896 spricht Fontane dann von seinem »verstorbenen Gönner *Bormann*« (Fontane, Theodor: Briefe an Georg Friedlaender. Hrsg. und erl. von Kurt Schreinert. Heidelberg 1954, 304 ⟨Brief vom 2.11.1896⟩).

178 Die Fontanes und die Merckels, Bd. 1 (s. Anm. 154), 281 f. (Fontane am 18.2.1858 an Merckel).

179 Brümmer, Franz: Art. ›Bormann‹ (s. Anm. 169), 114. – Nach Drucklegung der vorliegenden Abhandlung wurde deren Verfassern der Beitrag von Ute Raum (»Die Söhne Pestalozzi's« ⟨1870⟩. Karl Gutzkows Kritik an der Pädagogik des 19. Jahrhunderts. In: Heine-Jb. 34 ⟨1995⟩, 48–76) bekannt, der sich auf S. 57–62 mit Bormann hinsichtlich seiner Darstellung durch Karl Gutzkow in dessen Roman »Die Söhne Pestalozzi's« beschäftigt.

180 Fontane: Briefe, Bd. 1 (s. Anm. 125), 338 (Fontane am 11.4.1853 an Storm).

181 Ebd., 338 f.; vgl. *Wülfing, Unterhaltungen,* 125. – Noch Jahre später ist sich Fontane des Gegensatzes zu Storm durchaus bewußt, als er mitteilt, er sei jetzt Redakteur bei der ›Kreuz-Zeitung‹: »Der Verachtung eines freien Schleswig-Holstei-

ners ist er ⟨sc. Fontane⟩ also unweigerlich verfallen. Muß sich drin finden und trägt es mit Fassung« (ebd., 711 ⟨Fontane Mitte Juli 1860 an Storm⟩).
182 Vgl. *Wruck, Fontane.*
183 Zit. nach *Berbig, Öffentlichkeitsverhalten,* 30.
184 Zit. nach Erler, Gotthard: Anhang. In: Fontane, Theodor: Wanderungen durch die Mark Brandenburg. Erster Teil: Die Grafschaft Ruppin. Hrsg. von G. E. und Rudolf Mingau. Berlin/DDR und Weimar 1976, 612.
185 Vgl. ebd., 611. – Der Kunsthistoriker Wilhelm Lübke – wie u. a. Fontane und Merckel Mitglied (›Irus‹) des ebenfalls von Eggers gegründeten Vereins Berliner Intellektueller namens »Ellora« – »durfte« »im Herbst 1859« seinen »lieben Freund Theodor Fontane auf einer seiner ›Wanderungen durch die Mark‹ begleiten« (Lübke, Wilhelm: Lebenserinnerungen. Mit einem Bildnis. Berlin 1891, 326). »Zum schönsten gehörte ⟨...⟩ ein Ausflug nach dem Spreewalde, den ich mit Fontane, Roquette und einigen andern Freunden unter Führung von Schulrat Bormann machte« (ebd., 327 f.).
186 Vgl. Erler, Gotthard: Anhang (s. Anm. 184), 611.
187 Vgl. Erler, Gotthard: Anmerkungen. In: Die Fontanes und die Merckels, Bd. 2 (s. Anm. 174), 364.
188 Ebd., 207.
189 Ebd.
190 Vgl. Erler, Gotthard: Anmerkungen, ebd., 364; *Fischer, Mit Gott,* 67.
191 Vgl. Fontane, Theodor: Briefe an Wilhelm und Hans Hertz 1859–1898. Hrsg. von Kurt Schreinert. Vollendet und mit einer Einf. vers. von Gerhard Hay. Stuttgart 1972, 376.
192 Vgl. ders.: Gedichte. Hrsg. von Joachim Krueger und Anita Golz. 3 Bde. Berlin/DDR und Weimar 1989. Bd. 1, 422–426.
193 Vgl. Fontane: Briefe an Wilhelm und Hans Hertz (s. Anm. 191), 423.
194 Fast sieht es so aus, als habe Fontane Hertz nur aufgesucht, solange Stiehl im Spiel war. Jedenfalls schrieb Fontane im Jahre 1889 an Hertz: »Ich wäre schon längst 'mal selbst gekommen, wie in alten Zeiten wo der selige Stiehl blühte (eine der merkwürdigsten Figuren die mir vorgekommen sind)« (ebd., 321 ⟨Fontane am 15.11.1889⟩).
195 Fontane: Wanderungen (s. Anm. 184). Vorwort zur ersten Auflage, 3.
196 Vgl. Fontane: Briefe an Wilhelm und Hans Hertz (s. Anm. 191), 423, 103.
197 Ebd., 54 f. (Fontane am 14. und 17.11.1861 an Wilhelm Hertz). – Die ›Wanderungen‹ erschienen just in jenen Tagen, in denen Fontane und seine hochkonservativen Freunde eine vernichtende Wahlniederlage erlitten hatten (vgl. *Fischer, Mit Gott,* 66 ff.; zu Lepels Vorbehalten gegenüber Fontanes »neuen Freunden«, den Hochkonservativen, vgl. ebd., 76).
198 Vgl. Fontane: Briefe an Wilhelm und Hans Hertz (s. Anm. 191), 425.
199 Ebd.; z. B. hatte am 26.10.1853 Merckel an Manteuffel einen Bittbrief zugunsten Fontanes geschrieben (vgl. Die Fontanes und die Merckels, Bd. 2 ⟨s. Anm. 174⟩, 267 ff.) – Im übrigen konnte Fontane mit seinem »Rezeptionszusammenhang« durchaus zufrieden sein: Die ›Wanderungen‹ waren kurz nach ihrem Erscheinen »mit Hülfe der KreuzZtng, bei Adel und Offizierskorps fashionable«, sogar bei Hofe (zit. nach *Fischer, Mit Gott,* 70).

200 Vgl. Fontane: Briefe an Wilhelm und Hans Hertz (s. Anm. 191), 58 (Fontane am 22. und 23.11.1861 an Wilhelm Hertz).
201 Vgl. ebd., 429.
202 Vgl. ebd., 59 (Fontane am 24.11.1861 an Wilhelm Hertz).
203 Ebd., 64 (Fontane am 15.12.1861 an Wilhelm Hertz).
204 Vgl. ebd., 427 ff.
205 Vgl. ebd., 104 (Fontane am 25.11.1863 an Hertz).
206 Ebd., 128 (Fontane am 15.3.1866 an Hertz); Fontane spricht übrigens lediglich von »200 rtl.«. – Über Fontanes Versuch eines Dankesbesuchs vgl. ebd., 129 (Fontane am 19.3.1866 an Hertz).
207 Ebd., 135 (Fontane am 8.8.1868 an Hertz).
208 Vgl. ebd., 462.
209 Ebd., 135 (Fontane am 8.8.1868 an Hertz).
210 Ebd., 135 f.
211 Ebd., 138 (Fontane am 14.12.1869 an Hertz).
212 Ebd., 138 f.
213 Vgl. ebd., 463.
214 Ebd., 139 (Fontane am 24.3.1870 an Hertz).
215 »Wangenheims alle ⟨...⟩ haben den alten Stiehl einfach gräßlich gefunden« (Fontane: Briefe, Bd. 2 ⟨s. Anm. 175⟩, 278 ⟨Fontane am 1.12.1869 an Emilie Fontane⟩).
216 Mit Bezug auf Henrik Hertz aus Kopenhagen schrieb Fontane an seine Schwester: »Der Reichstag bewilligte ihm aus freien Stücken ein Jahrgehalt von 1000 Riksdalern. Ganz wie bei uns! O Mühlerei, o Stiehlerei, o orthodoxe Wühlerei, o gebt mir etwas Spielerei. Und – 1000 Taler« (Fontane, Theodor: Briefe II. Briefe an die Tochter und an die Schwester. Hrsg. von Kurt Schreinert. Zu Ende gef. und mit einem Nachw. vers. von Charlotte Jolles. Erste wort- und buchstabengetreue Edition nach den Hss. Berlin 1969, 306 ⟨Fontane am 26.4.1870 an Elise Weber geb. Fontane⟩). Und deutlicher: »Gegen das ganze Ministerium habe ich einen wohlbegründeten Haß. ⟨...⟩ Bethmann-Hollweg war ein steifbockiger, unliebsamer alter Herr, Mühler ein dünkelhafter, halb-verdreht gewordener Egoist, seine Frau (die man mitrechnen muß, denn *sie* war Minister) ein Gräuel, Stiehl ein wichtigtuerischer Grobian ⟨...⟩. An den perfiden, nichtsnutzigen Reskripten dieses kümmerlichen, schusterhaften Ministeriums würge ich noch.« In diesem Zusammenhang verwies Fontane mit Stolz darauf, daß er »ein halbes Dutzend vaterländ. Gedichte und Balladen geschrieben habe, von denen ich bestimmt glaube, daß sie länger leben werden als Spielhagens Romane« (Fontane: Briefe, Bd. 2 ⟨s. Anm. 175⟩, 402 f. ⟨Fontane am 17.3.1872 an Mathilde von Rohr⟩).
217 Vgl. *Wülfing/Bruns/Parr, Mythologie,* 210–232.
218 Fontane, Autobiographische Schriften, Bd. II (s. Anm. 124), 273.

Wolfgang Rohe: Literatur und Naturwissenschaft

1 Vgl. *Böhme, Deutschlands Weg,* 57–77.
2 *Preisendanz, Voraussetzungen,* 470.
3 Ebd., 469.
4 *Bucher, Voraussetzungen,* 47.
5 *Dampier, Geschichte,* 240.
6 Dieser Bereich bleibt im folgenden unberücksichtigt, weil die gesellschaftliche Präsenz der Institutionen zugunsten ihrer binnenwissenschaftlichen Funktionen fortschreitend abnimmt oder gar (z. B. im Falle der Fachzeitschrift) explizit vermieden wird. Auf eine Ausnahme, die ›Versammlungen Deutsche Naturforscher und Ärzte‹, kann nur hingewiesen werden. Auf eine andere, Alexander von Humboldt, kommen wir zurück.
7 Helmholtz, Hermann von: Über die Entwicklungsgeschichte der neueren Naturwissenschaften. In: Von der Naturforschung zur Naturwissenschaft. Vorträge, gehalten auf Versammlungen der Gesellschaft Deutscher Naturforscher und Ärzte (1822–1958). Hrsg. von Hansjochem Autrum. Berlin, Heidelberg, New York 1987, 32–62, hier 32.
8 Vgl. die Beiträge und Bibliographien in folgenden Sammelwerken: *Segeberg, Technik* und *Schütz, Maschinen.*
9 Ansätze bei *Wetzels, Populärwissenschaftliche Prosa* und *Berentsen, Popularisierung,* 18–45.
10 *Stichweh, Disziplinen,* 394.
11 Vgl. ebd., 394–442.
12 Schon Dampier sah in der Entlassung der Wissenschaft aus der »Plackerei im Dienste der täglichen Bedürfnisse« die zentrale Bedingung ihres Erkenntniszuwachses. *Dampier, Geschichte,* 241.
13 *Stichweh, Disziplinen,* 60.
14 Ebd.
15 Ebd., 58.
16 Näheres bei *Paoloni, Justus von Liebig,* 106–113.
17 Liebig, Justus: Chemische Briefe. Heidelberg ³1851, X.
18 Ebd., XI.
19 Cotta, Bernhard: Geologische Bilder. Leipzig 1852, V.
20 Ebd.
21 Über die Möglichkeit der Integration von Naturwissenschaft durch Salon und Konversation hat es 1851 eine Kontroverse im ›Deutschen Museum‹ gegeben. Vgl.: W. A. Passow: Die Wissenschaft in der Gesellschaft. In: Deutsches Museum Jg. 1 (1851), II, 197–207 und A. Springer: Die Wissenschaft nicht in der Gesellschaft. In: Deutsches Museum Jg. 1 (1851), II, 503–512.
22 Vgl. *Link, Lesbarkeit.*
23 Masius, Hermann: Naturstudien. Skizzen aus der Pflanzen- und Tierwelt. Leipzig ³1857, 4. Während Masius seinen Blick als ›ästhetischen‹ in Opposition zu einem ›naturhistorischen‹ definiert, wäre er genauer gerade in letzterem Sinne in Opposition zu einem ›naturwissenschaftlichen‹ zu bestimmen. Das zeigen z. B. seine

Gewährsleute an, zu denen Heine, Uhland und Chamisso ebenso zählen wie Herodot, Plinius und Vergil oder auch Konrad Gesner und Nees von Esenbeck.
24 Der zweite Band des ›Versuchs, die Lehren der Naturkunde im Gewande der Unterhaltungslektüre zu verbreiten‹ widmet sich u.a. dem Magnetismus und Mesmerismus, der Geisterklopferei und Tischrückerei.
25 Einen Überblick gibt Ule, Otto: Die encyclopädische naturwissenschaftliche Literatur der Gegenwart. In: Naturwissenschaftliches Literaturblatt. Beilage zur *Natur*. Jg. 6 (1857), No. 2, 9–15.
26 Nur zwei Autoren seien noch erwähnt: der Astronom Johann Heinrich Mädler (›Populäre Astronomie‹, [1]1841; [8]1885) und der Botaniker Matthias Jakob Schleiden (›Die Pflanze und ihr Leben‹ [1]1848; [6]1864), der 1858 unter dem Pseudonym ›Ernst‹ auch Gedichte veröffentlichte.
27 Büchner, Louis: Gegen Herrn Otto Ule. In: Anregungen für Kunst, Leben und Wissenschaft. Jg. 3 (1858), 273–292, hier 274.
28 Frauenstädt, Julius: Die Naturwissenschaft in ihrem Einfluß auf Poesie, Religion, Moral und Philosophie. Leipzig 1855, 4. Kursivdruck im Original gesperrt.
29 Ebd., 7.
30 Unter dieser Rubrik wären auch die Popularisationen Darwins etwa bei Ernst Haeckel und bis hin zu Wilhelm Bölsche zu betrachten, die hier nicht miteinbezogen werden können.
31 Vogt, Karl: Physiologische Briefe für Gebildete aller Stände. Gießen [3]1861, 333.
32 Einen guten Überblick bietet *Gregory, Scientific*, 29–48. Bei der 31. Versammlung deutscher Naturforscher und Ärzte trat 1854 der Physiologe Rudolf Wagner gegen die Thesen Karl Vogts auf und provozierte den sog. ›Materialismusstreit‹. Neben seinen Schriften (›Menschenschöpfung und Seelensubstanz‹ und ›Über Wissen und Glauben mit besonderer Beziehung zur Zukunft der Seelen‹; beide 1854 in Göttingen erschienen) sind die von Autoren wie Friedrich Fabri, Karl Fischer, Julius Frauenstädt oder Jakob Frohschammer zu nennen.
33 Seine Rezension von Jakob Moleschotts ›Lehre der Nahrungsmittel‹ von 1850 mit der bekannten ironischen Formel »Der Mensch ist, was er ißt« darf dafür als besonders instruktives Beispiel gelten. Vgl. Feuerbach, Ludwig: Die Naturwissenschaft und die Revolution. In: Ders.: Werke in sechs Bänden, hrsg. von Erich Thies, Bd. 4, 243–265, 480–483.
34 Schopenhauer, Arthur: Gesammelte Briefe. Hrsg. von Arthur Hübscher. Bonn 1978, 399. Vgl. auch das Urteil über Moleschott in einem Brief vom 29. Juni 1855, ebd., 366.
35 Einschlägig ist der anonyme Artikel ›Der Materialismus‹. In: Die Grenzboten Jg. 15 (1856), II, 3, 241–248.
36 Der Artikel von Eduard Zeller zum ›Materialismusstreit‹ erschien in: Deutsches Museum. Jg. 5 (1855), Nr. 11, 385–405.
37 Lange, Friedrich Albert: Geschichte des Materialismus und Kritik seiner Bedeutung in der Gegenwart. Iserlohn 1866, 296.
38 Vgl. *Blumenberg, Buch*, 294.
39 Ebd., 292.
40 Die erste Humboldt-Biographie verfaßte 1851 Hermann Klencke ([7]1882). Ihm

folgten bis 1860 vier weitere Autoren. Unendlich ist die Zahl der Berufungen auf und Widmungen an A. v. Humboldt in den Vorworten der populären Naturwissenschaft. Wie ein Qualitätssiegel tragen etwa ›Die gesamten Naturwissenschaften‹ das Faksimile von Humboldts Dankschreiben auf die an ihn erfolgte Widmung voran. Geradezu als »Gegenstand des Mißbrauchs« empfindet Otto Ule 1857 den greisen Forscher: »Man läßt seine Zuschriften Büchern vordrucken, für die dadurch Käufer gewonnen werden sollen.« (Die Natur. Jg. 6, 1857, No. 23).

41 Vgl. *Lepenies, Naturgeschichte,* 135; *Dusen, Literary Ambitions,* 52; *Berentsen, Popularisierung,* 34.

42 Du Bois-Reymond, Emil: Adelbert von Chamisso als Naturforscher. Leipzig 1889, 56 f.

43 G. P. M.: Zur Würdigung von H. Chr. Oersted's Schrift: »Der Geist in der Natur«. In: Didaskalia 29 (1851), Nr. 147.

44 Schoedler, Friedrich: Das Buch der Natur, die Lehren der Physik, Astronomie, Chemie, Mineralogie, Geologie, Physiologie, Botanik und Zoologie umfassend. Braunschweig ⁵1850, V.

45 Vgl. *Blumenberg, Buch,* 283.

46 Ule, Otto und Karl Müller: An den Leser. Beim Beginn des zehnten Jahrgangs. In: Die Natur Jg. 10 (1861), No. 1, 1.

47 abs.: Populäre Naturwissenschaften. In: Deutsches Museum. Jg. 9 (1859), I, 293 ff., hier 294.

48 Hagen, Karl: Über Moleschott's ›Kreislauf des Lebens‹ nebst einigen Gedanken über die Bedeutung der Naturwissenschaften für die allgemeine Entwicklung. In: Deutsches Museum Jg. 3 (1853), I, 495–504, hier 503.

49 Ebd., 504.

50 Ule, Otto: Preisausschreiben des Österreichischen Lloyd. In: Die Natur Jg. 3 (1854), Nr. 49, 400.

51 Prutz, Robert: Die deutsche Literatur der Gegenwart. 1848–1858. 2. Bde. Leipzig 1859. Bd. 2, 79.

52 Schmidt, Julian: Geschichte der deutschen Nationalliteratur im neunzehnten Jahrhundert. Leipzig 1853. Bd. 2, 556.

53 Unterhaltungen am häuslichen Herd. Jg. 1857, 176.

54 Prutz, Robert: Die Literaturgeschichte in ihrer Entwicklung als Wissenschaft I. In: Deutsches Museum Jg. 6 (1856), II, 422–433. Hier 426. Sehr plastisch ist auch die Schilderung in Schmidt-Weißenfels, Eduard: Charaktere der deutschen Literatur. Bd. 2. Prag 1859, 238 f.

55 Carrière, Moriz: Ästhetik. Die Idee des Schönen und ihre Verwirklichung durch Natur, Geist und Kunst. Leipzig 1859, 227.

56 Ebd., 228.

57 Ebd., 479.

58 Ebd., 225.

59 Vischer, Friedrich Theodor: Ästhetik oder Wissenschaft des Schönen. Zweiter Teil. Das Schöne in einseitiger Existenz. Hrsg. von Robert Vischer. München ²1922, 14. (Zuerst 1847/48).

60 Ebd.

61 Ebd., 15.
62 Ebd., 16.
63 Ebd., 17.
64 Vgl. *Plumpe, Blick,* 186–195.
65 Oersted, Hans Christian: Das Verhältnis der Naturwissenschaft zur Dichtkunst. In: Der Geist in der Natur. Leipzig 1854. Bd. 2, 1–24, hier 15.
66 Ebd., 6.
67 Vgl. etwa: Die Natur. Jg. 1 (1852), No. 6, 48; No. 19, 152.
68 Aus der Heimath. Jg. 1, 1859, Sp. 350.
69 Müller, Karl: Naturwissenschaft und Dichtkunst. In: Die Natur. Jg. 3, 1854, 89–92, hier 90.
70 Aus der Heimath. Jg. 1, 1859, Sp. 607.
71 Müller, Naturwissenschaft (s. Anm. 69), 91. Zu diesen und anderen Verstößen erklärt Müller: »Das ist Unnatur, weil es geradezu eine Lüge ist«.
72 Vgl. Stifter, Adalbert: Der Nachsommer. Frankfurt am Main 1982, 57f.
73 *Gottschall, Poetik,* 123.
74 Frauenstädt, Naturwissenschaft (s. Anm. 28), 46.
75 Der Geist in der Natur. In: Die Grenzboten. Jg. 9, 1850, II, 1, 336–339, hier 339.
76 Vgl. Oersted, Geist in der Natur (s. Anm. 65), Bd. 1, 133f.
77 Schmidt, Julian: Die Stellung der Deutschen Philosophie zur Wissenschaft und zum Leben. In: Die Grenzboten. Jg. 10, 1851, I, 2, 361–371, hier 371.
78 Die Naturwissenschaft und die Gegenwart. In: Die Grenzboten. Jg. 14, 1855, I, 1, 281–287, hier 282.
79 Ebd.
80 Deutsches Museum. Jg. 3, 1853, I, 463–468, hier 464. Zu F. Th. Bratranek vgl. Deutsches Museum. Jg. 3, 1853, I, 696f.
81 Deutsches Museum. Jg. 3, 1853, I, 468.
82 Robert Prutz zitiert nach *Eisele, Realismus,* 67.
83 Die Natur als Dichterschule. In: Deutsches Museum. Jg. 5, 1855, I, 417–433, hier 424.
84 Ebd.
85 Spielhagen, Friedrich: Das Gebiet des Romans. In: Beiträge zur Theorie und Technik des Romans. Göttingen 1967, 35–63, hier 41. (Nachdruck der 1. Aufl. von 1883).
86 Daß sozialgeschichtliche Defizienzvorwürfe an die Adresse des Realismus, er sei seiner technischen oder sozialen Umwelt gegenüber blind gewesen, gerade seinen modernen Status als Teil eines ausdifferenzierten Kunstsystems verkennen, hat G. Plumpe jüngst betont. Vgl. *Plumpe, Technik.*
87 *Eisele, Realismus,* 30.
88 Ebd., 49.
89 Julian Schmidt etwa gesteht 1853: »Die Wissenschaft ⟨...⟩ ist mit Riesenschritten weitergedrungen; die Poesie ist aus einer Krankheit in die andere gefallen.« *Schmidt, Nationalliteratur* (s. Anm. 52), 547. Robert Prutz drückt seinen Respekt vor allem in der Vorrede zu seinen ›Neuen Schriften zur deutschen Literatur- und Kulturgeschichte‹ (Halle 1854. Bd. 1.) aus.
90 *Eisele, Realismus-Problematik,* 157.

91 Zum latenten Ästhetizismus der Realismustheorie vgl. *Eisele, Realismus*, 122 ff.
92 *Preisendanz, Realismus*, 472.
93 Zur Verfasserschaft vgl. *Heckel, Adolf von Harleß*, 120 f. Zum Text vgl. *Gregory, Scientific*, 42 f.
94 *Gottschall, Poetik* (s. Anm. 73), 70.
95 Schloenbach, Arnold: Weltseele. Dichtungen. Leipzig 1855, VII f.
96 Vgl. *Gebhard, Zusammenhang*. Gerade die Begriffe ›Seele‹ bzw. ›Weltseele‹ werden mehrfach von Gebhard als Totalitätsgaranten erwähnt, so daß Schloenbachs Text als eminenter Beleg gelten kann.
97 Eine gewisse populäre Naturbeschreibung. In: Unterhaltungen am häuslichen Herd 1854, Nr. 19, 288.
98 Vgl. *Volrad-Deneke, Phrenologie*.
99 Vgl. *Lachinger, Mesmerismus*. Der Aufsatz widmet sich ›Abdias‹ und ›Brigitta‹.
100 Diese findet sich in der ›Berliner Feuerspritze‹ vom 10.1.1853.
101 Michelis, Friedrich: Das Verhältnis der Naturwissenschaft zu der gegenwärtigen Lage der Gesellschaft. In: Natur und Offenbarung 7. 1861, 1–9, hier 5.
102 Wildermuth, Ottilie: Der Naturforscher. In: Bilder und Geschichten aus Schwaben. Stuttgart ⁵1865. Bd. 2, 316–336, hier 318.
103 Vgl. seinen Brief an Ottilie Wildermuth vom 8.2.1854. In: Sämtliche Werke. Bd. 18. Briefwechsel Bd. 2. Hrsg. von Gustav Wilhelm. Hildesheim 1972. (Nachdruck der Ausgabe von 1941), 206–212.
104 *Sengle, Biedermeierzeit*, Bd. 3, 959.
105 Vgl. *Irmscher, Stifter*, 24–36.
106 Beide Werke finden sich in Risachs Bibliothek, Humboldts ›Reisen‹ nimmt Heinrich zur Hand. Vgl. Stifter, Nachsommer (s. Anm. 72), 54.
107 Vgl. *Selge, Adalbert Stifter*. Die noch immer wichtige Untersuchung leidet darunter, daß sie anstatt auf wissenschaftliche Referenztexte nur z. B. auf Formen »allgemeingeographischer Naturwissenschaftlichkeit« (S. 48) rekurriert.
108 So z. B. das Urteil in *Sengle, Biedermeierzeit*, 984. Ebenfalls *Lachinger, Mesmerismus*. 20.
109 Vgl. *Sengle, Biedermeierzeit*, Bd. 3, 958.
110 Ebd., 967.
111 Zum folgenden vgl. das Kapitel ›Naturwissenschaft‹ in *Rohe, Roman*, 142–173.
112 Keller, Gottfried: Der grüne Heinrich. Erste Fassung. Hrsg. von Thomas Böning und Gerhard Kaiser. (= Sämtliche Werke in sieben Bänden. Bd. 2) Frankfurt am Main 1985, 668. Seitenangaben im folgenden nach dieser Ausgabe.
113 Das Leugnen der Willensfreiheit durch den Lehrer im Roman markiert den Übergang von der Position Henles zu der Moleschotts.
114 Vgl. *Rohe, Roman*, 174–226.
115 Vgl. *Kaiser, Keller*, 503–577.
116 Raabe, Wilhelm: Pfisters Mühle. In: Sämtliche Werke. Braunschweiger Ausgabe. Bd. 16. Göttingen ²1970, 5–178, hier 60. Seitenangaben im folgenden nach dieser Ausgabe.
117 *Denkler, Phantasie*, 95.
118 Zitiert nach *Denkler, Phantasie*, 102.

119 Vgl. *Köhn, Dialektik*. Dagegen setzt Wolfgang Frühwald den Akzent ganz auf die »aufklärend-optimistische Grundhaltung der Novelle«. *Frühwald, Hauke Haien*, 451.
120 Storm, Theodor: Der Herr Etatsrat. In: Sämtliche Werke. Hrsg. von Peter Goldammer. Berlin und Weimar ⁵1982, Bd. 3, 315–363. Hier 317. Seitenangaben im folgenden nach dieser Ausgabe.
121 Prägnant lassen sich die Merkmale des Etatsrats im Anschluß an Michail Bachtin als ›grotesk‹ beschreiben. Vgl. *Bachtin, Groteske*, 15–23.
122 *Frühwald, Hauke Haien*, 452.
123 Vgl. *Kolkenbrock-Netz, Strategien*, 259–266, hier 265.

Gerhard Plumpe: Das Reale und die Kunst. Ästhetische Theorie im 19. Jahrhundert

1 Siehe das Verzeichnis dieser Ästhetiken bei *Plumpe, Blick*, 225 ff.
2 Diesen Zusammenhang hat Ulf Eisele der Forschung erschlossen; vgl. *Eisele, Realismus*.
3 Vgl. *Luhmann, Soziale Systeme*, 35.
4 Hegel, Georg Wilhelm Friedrich: Philosophie der Weltgeschichte. Bd. 1 (Die Vernunft in der Geschichte). Hrsg. v. G. Lasson. Leipzig 1930, 5 u. 8.
5 Vgl. *Fulda, Geist*.
6 Hegel, Georg Wilhelm Friedrich: Vorlesungen über die Ästhetik. Bd. 1 (Theorie-Werkausgabe in 20 Bänden). Frankfurt/M. 1970, 152.
7 Ebd., 151.
8 Ebd., 150.
9 Ebd., 157.
10 *Henrich, Hegel*, 172.
11 Hegel, Ästhetik. Bd. 1, 194.
12 Ebd., 202.
13 Ebd., 207.
14 Ebd., 205 f.
15 Ebd., 206.
16 Ebd., 208.
17 Siehe *Foucault, La pensée du dehors*.
18 Hegel, Ästhetik. Bd. 1, 383.
19 Ebd., 114.
20 Ebd., 335.
21 Ebd., 409.
22 Ebd., 338.
23 Ebd., 242 f.
24 Hegel, Georg Wilhelm Friedrich: Grundlinien der Philosophie des Rechts (Theorie-Werkausgabe. Bd. 7), 219.
25 Hegel, Ästhetik. Bd. 3, 600.
26 Ebd., Bd. 1, 240.
27 Ebd., 241.

28 Ebd., Bd. 2, 188 f.
29 Vgl. vor allem *Henrich, Aktualität.*
30 Hegel, Ästhetik. Bd. 3, 524 ff.
31 Vgl. *Oelmüller, Vischer.*
32 Vischer, Friedrich Theodor: Ästhetik oder Wissenschaft der Kunst. Hrsg. v. R. Vischer. Bd. 3 (Die Kunstlehre). München ²1922, 97.
33 Ebd., Bd. 2 (Das Schöne in einseitiger Existenz), 352.
34 Ebd., 353.
35 Ebd., 354 ff.
36 Ebd., 624 f.
37 Vischer, Friedrich Theodor: Kritik meiner Ästhetik. In: Kritische Gänge. Bd. 4. Hrsg. v. R. Vischer. München ²1922, 224.
38 Ebd., 305 f.
39 Siehe *Schulz, Grundansatz.*
40 Schopenhauer, Arthur: Die Welt als Wille und Vorstellung. Zürcher Ausgabe in 10 Bänden. Bd. 1, 252.
41 Ebd., 253.
42 Ebd., Bd. 4, 446 f.
43 Ebd., Bd. 1, 240.
44 Ebd., 231.
45 Ebd., 249 f.
46 Ebd., 251.
47 Ebd., 271.
48 Ebd., Bd. 10, 466.
49 Ebd., Bd. 1, 335.
50 Ebd., 251.
51 Ebd., 291.
52 Ebd., Bd. 4, 444.
53 Ebd., 480.
54 Ebd., Bd. 10, 465.
55 Ebd., 458.
56 Ebd., Bd. 1, 315.
57 Ebd., 318 f.
58 Ebd., 319.
59 Ebd., 320.
60 Ebd., Bd. 4, 513.
61 Ebd., Bd. 1, 324.
62 Ebd., 329.
63 Ebd., 327.
64 Nietzsche, Friedrich: Werke in drei Bänden. Hrsg. v. K. Schlechta. München 1966. Bd. 3, 1021.
65 Dazu grundlegend *Deleuze, Nietzsche,* 45 ff.
66 *Benn, Nietzsche,* 1046.
67 Siehe z. B. *Rey, Genealogie.*
68 Nietzsche, Werke in drei Bänden. Bd. 1, 24 f.

69 Ebd., 23.
70 Ebd., 114.
71 Ebd.
72 Ebd.
73 Ebd., 120.
74 *Benn, Dorische Welt,* 840.
75 Nietzsche, Werke in drei Bänden. Bd. 1, 125.
76 Nietzsche, Friedrich: Werke in 23 Bänden. Hrsg. v. R. Oehler u.a. München 1920 ff., Musarion-Ausgabe. Bd. 19, 231 f.
77 Nietzsche, Werke in drei Bänden. Bd. 3, 913.
78 Ebd., 917.
79 Ebd., Bd. 2, 1050.
80 Ebd., 995.
81 Nietzsche, Musarion-Ausgabe. Bd. 19, 210.
82 Ebd., 218 u. 220.

Renate Werner: Ästhetische Kunstauffassung am Beispiel des Münchner Dichterkreises

1 Vgl. Maximilian II. an Schelling 25. Jan. 1851, in: *Trost/Leist, Maximilian II.,* 196: »Von den Wissenschaften wären vorzüglich Physik, Chemie, Technik zu unterstützen ⟨...⟩ Von den höheren Wissenschaften verdiente wohl Geschichte besondere Beachtung, sowohl zur Verherrlichung des Vaterlandes als auch zur richtigen Beurteilung und Würdigung der sozialen Verhältnisse.«
2 Das galt etwa für das Verhältnis Spielhagens zu Friedrich Wilhelm IV., Gustav Freytags zu Herzog Ernst von Coburg-Gotha u.a.; vgl. *Simhart, Gesellschaft,* 55.
3 *Brockhoff: Maximilian II.* 216.
4 Hallische Literaturzeitung 1843; *Trippenbach, Geibel,* 72.
5 *Büttner: Herwegh,* sowie *Farese: Herwegh.*
6 An Levin Schücking, Sept. 1841. In: *Buchner: Freiligrath* 1, 411.
7 ›Aus Spanien‹. In: Freiligrath, Sämtliche Werke in sechs Teilen. Hrsg. v. J. Schwering. Berlin u.a. o. J. ⟨1909⟩, 5, 13 ff.; ›Die Partei‹. In: Herwegh, Werke, T. 2 121 f.
8 Das Gedicht, das später den Titel ›An Georg Herwegh‹ erhielt, erschien im Anhang zu einem von Geibels Schwager Michelsen übersetzten Werk des schwedischen Dichter-Theologen F. M. Franzen (Der Rabulist und der Landprediger, Lübeck 1842, 90).
9 Emanuel Geibel: Gesammelte Werke in acht Bänden, Bd. 1, Stuttgart 1883, 218 ff.
10 Freiligrath an K. Buchner (11.2.1844): »Ich will frei und ungehemmt dastehen – die paar hundert Taler sind und bleiben doch ein Maulkorb. Ich kann das nicht mehr ertragen, vollends jetzt nicht, wo fast Alles, was der König tut, einem die Brust beklemmt.« *Buchner, Freiligrath,* 2, 99.
11 ›An den König von Preußen‹. In: Geibel, Gesammelte Werke 1 (s. Anm. 9), 226 f.
12 Victor Aimé Huber, in: Evangelische Kirchen-Zeitung 16.2.1842, 106, und 19.2.1842, 120.

13 Unser Planet. Blätter für Unterhaltung, Literatur, Kunst und Theater, hrsg. von Ernst Keil, Nr. 91, Juni 1843, 364.
14 Georg von Cotta an Otto von Roquette, 16.12.1859; zit. bei: *Berg, Cotta,* 690.
15 Vgl. *Kraus, Geschichte,* 495; *Doeberl, Entwicklungsgeschichte,* 3, 282 f.
16 Deutsches Museum 8 (1858) 1, 955.
17 Geibel/Heyse, Briefwechsel, 5.
18 ›Julian‹. In: Geibel, Gesammelte Werke (s. Anm. 9), 2, 273 f.
19 Geibel hat freilich seine Honorarprofessur kaum wahrgenommen. Er hielt während seines Münchner Aufenthaltes ganze fünf Vorlesungen.
20 *Grosse, Ursachen,* 200 f.
21 *Doeberl, Entwicklungsgeschichte,* 322 f.
22 *Grosse, Ursachen,* 332.
23 *Werner, Ästhetik,* 168.
24 Dazu paßt dann das elitaristische Verdikt einer Kunst gegenüber, die für den literarischen Markt produziert: »›Deutsche Muse, du weinst?‹ – ›Einst war ich die Tochter des Himmels / Eueren Dichtern; ein Fest bracht' ich, sobald ich erschien. / Jetzt im Gewande der Magd, auf der Stirn unwürdige Tropfen, / Muß ich um schnöden Gewinn fröhnen im Qualm der Fabrik.‹« Geibel: Gesammelte Werke (s. Anm. 9), 4, 161.
25 Evangelische Kirchenzeitung 23.2.1842, 123.
26 Vgl. *Hinck, Epigonendichtung,* 276.
27 Geibel, Gesammelte Werke (s. Anm. 9), 2, 93. Vgl. auch ›Am Ostersamstag 1864‹, ebd., 240 f.
28 *Bluntschli, Denkwürdiges,* 2, 233.
29 Dazu: *Simhart, Gesellschaft,* 56 f.
30 Vgl. *Rall, Symposien,* 67 f.
31 Das geht aus einem Tagebucheintrag Paul Heyses hervor, der unter dem Datum vom 26. Oktober 1854 über einen Zusammenstoß mit Geibel berichtet: »Ich überschrie ihn, sagte, daß ich tun wolle, was mir gut und richtig erschiene. Seine aristokratische Gesellschaft mit Carrière, Bodenstedt, Riehl etc. könne ich nicht stiften.« (Staatsbibliothek München; Heyse-Archiv I, 39 ⟨3⟩).
32 Julius Grosse: Plan und Prospekt zu einem Deutschen Athenäum; Cotta-Archiv (Schiller-Nationalmuseum, Marbach).
33 Dazu: *Berg, Cotta,* 676 f. Zu Lingg ferner: *Werner, Lyrik,* 194 f.
34 Dazu: *Schneider, Leuthold.*
35 Die genannten Zahlen sind Schätzwerte und basieren auf den Verlagsverträgen Geibels, die im Cotta-Archiv des Schiller-Nationalmuseums aufbewahrt sind. Danach betrug die Höhe der Auflage bei Cotta zwischen 1000 und 1200 Exemplare; die ›Gesammelten Werke in acht Bänden‹ (1883) erschienen laut Vertrag in 5100 Exemplaren.
36 Siehe *Martin, Heyse-Bibliographie,* 36.
37 Leuthold an Geibel, 19.7.1861; *Schneider, Leuthold,* 76.
38 An Heyse 5.8.1861; Geibel/Heyse, Briefwechsel (s. Anm. 17), 143.
39 An Heyse 14.8.1861; ebd., 147.
40 Robert Prutz: Ein Münchner Dichterbuch, in: Deutsches Museum 21.8.1862,

292. Weitere rühmende Rezensionen im ›Morgenblatt‹ der Bayerischen Zeitung (8.9.1862) und in der ›Augsburger Allgemeinen Zeitung‹ Nr. 202, 1862.
41 Keller an Hettner am 26.6.1854. In: *Keller/Hettner,* 115; *Blätter der Freundschaft,* 208.
42 Heine: Aphorismen und Fragmente. In: Heine: Sämtliche Werke in 14 Bänden. Hrsg. von Hans Kaufmann, München 1964, Bd. 14, 148; *Gutzkow, Helden,* 223 f.
43 *Sengle, Biedermeierzeit* 2, 323.
44 Hieronymus Lorm: Meditationen über Lyrik. In: Deutsche Dichterhalle 6/1877, 285.
45 Das ›Ästhetische Lexikon‹ von Ignaz Jeitteles (Wien 1837) referiert in einem eigenen ›Forschungsbericht‹ allein für den Zeitraum von 1800 bis 1835 19 solcher Populärästhetiken; dabei sind solche Schriften nicht einmal mitgezählt, die noch ins 18. Jahrhundert gehören oder die im weiteren Sinne der ›hohen‹ philosophischen Ästhetik zuzurechnen sind. G. Plumpe weist für die zweite Hälfte des 19. Jahrhunderts weit über 100 Titel nach (*Plumpe, Blick,* 225 ff.).
46 Der Begriff ›Populärästhetik‹ wird hier nicht als Negativbegriff gebraucht; er bezeichnet vielmehr Schriften, die im allgemeinsten Sinne der Wissensvermittlung an Universitäten und höheren Schulen sowie der Unterrichtung der ›Gebildeten‹ dienten. Vgl. *Bürger, Populärästhetik,* 107 f.; *Plumpe, Blick,* 24 f.; *Ruprecht, Lyrikverständnis,* 23.
47 Encyclopädisches Wörterbuch der Wissenschaften, Künste und Gewerbe. Hrsg. von H. A. Pierer, Bd. 1–26, Altenburg 1824–1836; Bd. 12, 1829, 762 f.
48 Herder, Johann Gottfried: Sämtliche Werke. Hrsg. von Bernhard Suphan, Bd. 1–33, Berlin 1877 ff. Reprographischer Nachdruck, Hildesheim, New York ²1978; 27, 163 ff.
49 *Pölitz, Ästhetik* 2, 25 f.
50 Hrsg. von G. Schilling, Bd. 4, Stuttgart 1837, 483.
51 Für den Lyrik-Begriff sorgfältig herausgearbeitet bei *Ruprecht, Lyrikverständnis.*
52 *Pölitz, Ästhetik,* 1, 15 und 1, 112. Übrigens wird auch diese Passage enzyklopädisch tradiert: Vgl. *Jeitteles, Lexikon* 1, 373.
53 Schiller, Sämtliche Werke, 16, 236.
54 *Schulte-Sasse, Kritik,* 81.
55 *Knüttell, Dichtkunst,* 21.
56 *Bürger, Populärästhetik,* 115.
57 *Bratranek, Studien,* 1.
58 *Szondi, Poetik,* 133 f.
59 *Feldt, Erlebnislyrik,* 388–396; *Gnüg, Subjektivität,* 29–50.
60 Hegel, Ästhetik, 2, 480; zum Konzept der Lyrik als ›subjektive Dichtart‹ in der idealistischen Ästhetik vgl. *Plumpe, Ausdifferenzierung.*
61 Ebd., 469 f.
62 *Hillebrand, Lehrbuch,* 1, 118 ff.
63 *Carrière, Poesie,* 190 f.
64 Ebd., 189. Entsprechend u. a. Franz von Kobell: Gedichte, München 1852, 139:

»Was ist dem freien Vogel zu vergleichen, / Der unbewußt dem Liede sich ergeben, / Im Liede wogt und zieht dahin sein Leben / Durch blaue Luft, durch's Blätterhaus der Eichen ⟨...⟩. Der Dichter nur mag wie der Vogel singen⟨...⟩.«

65 Spielmannsweisen, in: *Leuthold, Gedichte,* 22 ff.
66 Geibel, Gesammelte Werke (s. Anm. 9), 5, 36 (Ethisches und Ästhetisches in Distichen).
67 *Carrière, Poesie,* 15.
68 Nicht auszuschließen ist, daß das Kürzel für das »Krokodil«-Mitglied Adolf Zeising (1810–1876) steht. Die Rezension wäre dann weniger ein Rezeptionsdokument, als vielmehr ein Beispiel für die öffentlichkeitswirksame Selbstdarstellung der ›Münchner‹.
69 A. Z.: ›Die Musen an der Isar‹, in: Morgenblatt 1857, Nr. 12, 281 f. (zit. bei: Wolfgang Stammler, Einleitung des Herausgebers ⟨Geibel, Werke, 2, 8⟩).
70 Vgl. dazu noch genauer: *Werner, Ästhetik,* 189 f.
71 *Carrière, Poesie,* 32 f.
72 Geibel, Gesammelte Werke (s. Anm. 9), 3, 95.
73 Geibel, Gesammelte Werke, 2, 118.
74 *George, Werke,* 1, 467; vgl. dazu: *Klussmann, George.*
75 Geibel, Gesammelte Werke 2, 76 (»Der innersten Gedanken Hort / Ich müßt ihn in ein einzig Wort / Als wie in güldnen Kelch beschließen.«).
76 *Carrière, Aesthetik,* 1, 486.
77 *Carrière, Poesie* (^{2}1884), 2 und 4 f.
78 *Carrière, Ästhetik,* 1, 425; vgl. auch 1, 414.
79 Ebd., 146.
80 Vgl. zu dieser Problematik: *Plumpe (Hrsg.), Theorie,* 17 ff. und *Eisele, Realismus.*
81 *Carrière, Weltordnung,* 242 f.
82 *Carrière, Ästhetik* (^{2}1884), 2, 213.
83 *Carrière, Weltordnung,* 352.
84 Ebd., 354.
85 Motto in: *Polko, Dichtergrüße.*
86 *Carrière, Poesie,* 12.
87 Melchior Meyr: Ästhetik, München 1867 (Handschriftliches Manuskript; Staatsbibliothek München, Meyriana IV, 25; unpubliziert).
88 Geibel, Gesammelte Werke (s. Anm. 9), 2, 95 ff.
89 Vgl. dazu: *Werner, Ästhetik* und *Kaiser, Geibel.*
90 Geibel, Gesammelte Werke, 2, 104 f.
91 *Carrière, Ästhetik,* 1, 351; parallel auch 361: »Geschichte als Gedicht des Weltgeistes«.
92 Vgl. *Werner, Lyrik.*
93 Lingg: Völkerfrühling, *Lingg, Ausgewählte Gedichte,* 214–217.
94 *Geibel, Münchner Dichterbuch,* 221–224.
95 Humboldt W. von: Über die Aufgabe des Geschichtsschreibers (1821). In: Humboldt, Werke 1, 588 f.
96 Ranke L. von: Einleitung zu einer Vorlesung über Universalhistorie. In: *Ranke, Werk und Nachlaß,* 4, 72.

97 *Rüsen, Ästhetik*, 89. Vgl. auch: *Hardtwig, Geschichtskultur*, 92–102. Hardtwig zieht die Linie aus bis zu Friedrich Meineckes ›Die Entstehung des Historismus‹ (1936).
98 *Ranke, Epochen*, 59 f.
99 Vgl. ebd., 72.
100 Vgl. dazu: *Schlaffer, Historismus*, 13 f. und 72–111; sowie *Rüsen, Ästhetik*, 90 f.
101 *Bodenstedt, Königsreise*.
102 *Rüsen, Ästhetik*, 91.
103 Geibel: Der Bildhauer des Hadrian, Gesammelte Werke 3, 103.
104 *Kaiser, Geibel*, 255.
105 Geibel: Einleitung zu ›Zeitstimmen‹, Gesammelte Werke 1, 191 f. Zu dieser Tradition im 19. und 20. Jahrhundert vgl. *Vondung, Apokalypse*.
106 Blätter für literarische Unterhaltung, 1871, 771; zit. nach: *Zimmer, Auf dem Altar*, 82.
107 Geibel, Gesammelte Werke (s. Anm. 9), 2, 103.
108 Geibel, Gesammelte Werke, 4, 251.
109 Ebd., 243; 251.
110 Ebd., 258.
111 Ebd., 246.
112 Ebd., 259.
113 *Carrière, Reich*, 667.
114 Ebd., 664. Es handelt sich um ein emphatisch eingesetztes Zitat des italienischen Publizisten Civinini, das Carrière als Leitfaden seines Buches dient.
115 Rudolf Gottschall: Die deutsche Nationalliteratur des 19. Jahrhunderts, Breslau ⁶1891, Bd. 3, 209 (zit. nach *Zimmer, Auf dem Altar*, 162). Ein beträchtlicher Teil der Kriegsgedichte Geibels (in: ›Heroldsrufe‹, 1871) erschien zuerst in der repräsentativsten Anthologie der Kriegslyrik von 1870/71, den ›Liedern zu Schutz und Trutz. Gaben deutscher Dichter aus der Zeit des Krieges im Jahre 1870‹, gesammelt und herausgegeben von Franz Lipperheide. Erste bis vierte Sammlung, Berlin 1870/71, die in einer Sonderausgabe den Soldaten des deutsch-französischen Krieges ins Gepäck gegeben wurde.
116 Geibel, Gesammelte Werke (s. Anm. 9), 4, 243.
117 Vgl. *Hinck, Epigonendichtung*.
118 Vgl. dazu die gründliche Studie von *Zimmer, Altar*, 113 ff.
119 Geibel, Gesammelte Werke, 4, 251.
120 Ebd., 255.
121 Vgl. *Timm, Kyffhäuser* und *Borst, Barbarossa*.
122 *Borst, Barbarossa*, 33.
123 Zu Geibels Reichslyrik vgl. *Zimmer, Altar*, 126–146.
124 Geibel, Gesammelte Werke (s. Anm. 9), 4, 224 f.
125 Ebd., 256 f.
126 Vgl. *Wehler, Kaiserreich*, 63.
127 Geibel, Gesammelte Werke, 4, 244.
128 *Rosenberg, Depression*, 59.
129 Auch andere ›Münchner‹ wie z. B. Bodenstedt, Grosse und Heyse haben 1870/71

vergleichbare Texte produziert. Vgl. beispielsweise Heyses Festspiel ›Der Friede‹ (München 1871); *Sauer/Werth, Festspiele,* 61–65.
130 *Carrière, Schiller,* 57.
131 Vgl. *Noltenius: Dichterfeiern,* ferner *Hohendahl, Kultur,* 198–202.
132 *Heyse, Gedichte,* 121. Vgl. dazu ferner: E. Geibel: Am Schillertage 1859, in: Gesammelte Werke, 8, 11–14; bes. Str. 6; Hermann Lingg: Festgruß zum Schillerfest 11. November 1859, in: *Lingg, Gedichte,* 288 ff.
133 Lingg: Fest-Ode bei Einweihung der Schiller-Statue in München 5. Mai 1863, in: *Lingg, Ausgewählte Gedichte,* 265–268.
134 *Carrière, Ästhetik,* 1, 355 f.
135 Vgl. *Hardtwig, Geschichtskultur,* insbes. Kap. 4.
136 Vgl. dazu: *Realismus und Gründerzeit,* 1, 97–101 und *Hardtwig, Geschichtskultur,* Kap. 7.
137 Geibel, Gesammelte Werke, 4, 215.
138 Zit. bei: *Kornhass, Kurt Riezler,* 103.
139 Grotthuss, J.E. Frhr. v., Schiller und Wir (1912/13); zitiert bei: *Parr, Bismarck,* 68 ff.; siehe auch: *Noltenius: Dichterfeiern,* 123.
140 Zum Vulgäridealismus der Epoche vgl. *Stern, Scheitern,* 41–61.

Edward McInnes: Drama und Theater

1 Alle in den letzten Jahrzehnten erschienenen kritischen Untersuchungen betonen diese grundlegenden Gegensätze und setzen sich auf die eine oder andere Weise mit ihnen auseinander. Siehe z. B.:
Martini, Realismus, 116–236. *Denkler, Restauration.* Schanze, Helmut: Drama im bürgerlichen Realismus 1850–1890. Theorie und Praxis. Stuttgart 1973. Bucher, Max: Drama und Theater. In: *Bucher u. a. (Hrsg.), Realismus.* Bd. 1, 136–151. *Kafitz, Grundzüge. McInnes, Drama. Cowen, Drama.* Lamport, F.J.: German Classical Drama. Cambridge 1990, 214 ff.
2 Vgl. *Martersteig Theater. Knudsen,Theatergeschichte. Kindermann, Theatergeschichte,* Bd. 7. *Osborne, Meiningen.*
3 *Martini, Realismus,* 116 ff. Schanze, Drama im bürgerlichen Realismus. (s. Anm. 1), 3 ff. Schönert, Jörg: Zur Diskussion über das moderne Drama im Nachmärz (1848–1870). DVjs. 53 (1979), 658–694.
4 Blätter für literarische Unterhaltungen 14 (1839), 445.
5 Siehe dazu Kinder, Hermann: Poesie als Synthese. Ausbreitung eines deutschen Realismus-Verständnisses in der Mitte des 19. Jahrhunderts. Frankfurt/M. 1973. *Steinecke, Romantheorie. Cowen, Realismus,* 115 ff.
6 *Hettner Drama,* 110.
7 Ludwig, Otto: Shakespeare-Studien. In: Werke in 6 Bänden, hrsg. von Adolf Bartels. Leipzig o. J., Bd. VI, 95 f., 126, 149 f. Freytag, Gustav: Die Technik des Dramas. In: Gustav Freytags Gesammelte Werke. 22 Bde. Leipzig o. J., Bd. 2, 290 f., 294.
8 Vgl. McInnes, Edward: Lessing's ›Hamburgische Dramaturgie‹ and the Theory of

the Drama in the 19th Century. In: Orbis Litterarum 28 (1973), 293–318. Hier 305f. Alt, Peter-André: Tragödie der Aufklärung. Tübingen 1994, 235f.
9 McInnes: Lessing's ›Hamburgische Dramaturgie‹, 300ff.
10 Ludwig: Shakespeare-Studien (s. Anm. 7), 109ff., 110f., 122ff. *Gottschall, Poetik*, 408ff., 417ff.
11 Freytag: Die Technik des Dramas (s. Anm. 7), 290ff.
12 *Hettner, Drama*, 21.
13 *Gottschall, Poetik*, 405.
14 Vischer, Friedrich Theodor: Ästhetik. Hrsg. von Vischer, Robert. München ²1923. Bd. 6, 268ff. Ders.: Kritische Gänge. Neue Folge 1861. Heft 2, 65.
15 Dazu ausführlich: *Kafitz, Grundzüge*, 235ff.
16 Freytag: Die Technik des Dramas (s. Anm. 7), 353.
17 Siehe dazu: McInnes, Edward: German Social Drama 1840–1900. From Hebbel to Hauptmann. Stuttgart 1976, 55ff.
18 *Hettner, Drama*, 88ff., 110ff.
19 Freytag: Die Technik des Dramas (s. Anm. 7), 307, 365ff.
20 *McInnes, Drama*, 151ff.
21 Osborne, John: The Naturalist Drama in Germany. Manchester 1971, 31ff.
22 Zitiert nach *Steinecke, Romantheorie*, 227.
23 *Arnold, Romantik*, 481.
24 Schanze, Helmut: Hof- und Stadttheater. In: *Glaser, (Hrsg.), Nachmärz*, 295–310. Zitat 295.
25 Bucher: Drama und Theater (s. Anm. 1), 138ff.
26 Ebd., 147.
27 *Martersteig, Theater*, 415.
28 Schanze: Hof- und Stadttheater (s. Anm. 24), 298f.
29 *Kindermann, Theatergeschichte*, 161f.
30 Ebd., 162f.
31 *Laube, Burgtheater*, 192f.
32 Ebd., 159.
33 *Kindermann, Theatergeschichte*, 138f.
34 *Knudsen, Theatergeschichte*, 290ff.
35 *Kindermann, Theatergeschichte*, 135ff.
36 Schanze: Hof- und Stadttheater (s. Anm. 24), 301f.
37 *Knudsen, Theatergeschichte*, 295ff.
38 *Kindermann, Theatergeschichte*, 184ff.
39 Ebd., 183f.
40 Ebd., 184.
41 *Osborne, Meiningen*, 141ff.
42 Schanze: Hof- und Stadttheater (s. Anm. 24), 303f.; *Osborne, Meiningen*, 146ff.
43 *Osborne, Meiningen*, 170ff. und Kafitz, Dieter: Das intime Theater am Ende des 19. Jahrhunderts. In: Holtus, Günter (Hrsg.): Theaterwesen und dramatische Literatur. Bern 1987, 309–327.
44 Westernhagen, Curt von: Richard Wagner, Sein Werk, sein Wesen, seine Welt. 1956, 132ff.

45 Wagner, Richard: Das Kunstwerk der Zukunft. In: R. W., Gesammelte Schriften und Dichtungen. Leipzig 5. Aufl., o. J., Bd. 3, 106 ff. Siehe auch: R. W.: Oper und Drama. In: Bd. 4, 6 ff.
46 Siehe dazu Cowen, Drama, 165 ff.
47 *Knudsen, Theatergeschichte*, 311 ff.
48 *Kindermann, Theatergeschichte*, 227 ff.
49 Vgl. z. B. *Martini, Realismus*, 187 f.
50 Siehe dazu Furness, Raymond: Thomas Mann und Richard Wagner. Publications of the English Goethe Society, 42 (1993), 59–76.
51 Siehe dazu Bucher: Drama und Theater (s. Anm. 1), 136 ff. *Cowen, Drama*, 127 ff.
52 *Sengle, Geschichtsdrama*, 163 ff.
53 McInnes: German Social Drama 1840–1900 (s. Anm. 17), 41 f.
54 Ludwig, Otto: Der Erbförster. In: O. L.: Werke (s. Anm. 7), Bd. 2, 171 f.
55 Ebd., 134.
56 Denkler: Restauration (s. Anm. 1), 330 f. *Kafitz, Grundzüge*, 266 f.
57 Ludwig: Die Makkabäer. In: Ludwig: Werke (s. Anm. 7), Bd. 2, 190 f., 192 f., 200 f.
58 Ebd., 239 f.
59 *Martini, Realismus*, 192 f.
60 *Kafitz, Grundzüge*, 256 ff.
61 Barth, Christa: Gustav Freytags ›Journalisten‹. München 1949, 52.
62 Freytag, Gustav: Die Journalisten. In: G. F.: Gesammelte Werke (s. Anm. 7), Bd. 6, 22 ff.
63 Ebd., 60 ff.
64 Ebd., 74 f.
65 Freytag, Gustav: Die Fabier. In: G. F.: Gesammelte Werke (s. Anm. 7), Bd. 6, 209 ff.
66 Ebd., 365 f.
67 Ebd., 368 f.
68 Hebbel, Friedrich: Agnes Bernauer. In: F. H.: Sämtliche Werke. Historisch-kritische Ausgabe besorgt von Richard Maria Werner. 1. Abteilung, Bd. 3, 228.
69 Kraft, Herbert: Poesie der Idee. Die tragische Dichtung Friedrich Hebbels. Tübingen 1971, 196 ff. Reinhardt, Hartmut: Apologie der Tragödie. Studien zur Dramatik Friedrich Hebbels. Tübingen 1989, 7 ff. Lamport, German Classical Drama (s. Anm. 1), 200 ff.
70 Ausführlich in *McInnes, Drama*, 106 ff.
71 Hebbel, Agnes Bernauer, 196 f.
72 Ebd., 204.
73 Ebd., 233 f.
74 Siehe dazu Denkler: Restauration (s. Anm. 1), 340 ff. und Hein, Jürgen: Wiener Vorstadttheater. In: *Glaser, Nachmärz*, 356–368.
75 Meyer, Curt: Alt-Berliner politisches Volkstheater. In: Die Schaubühne. 1951, 122 ff.
76 Nestroy, Johann: Freiheit in Krähwinkel. In J. N.: Sämtliche Werke in 12 Bänden hrsg. von Fritz Brukner und Otto Rommel. Wien 19. Bd. 5, 129 ff.
77 Ebd., 199 ff., siehe dazu Hein, Jürgen: Johann Nestroy. Stuttgart 1990, 87 f.

78 Nestroy, Johann: Lady und Schneider in: J. N.: Werke (s. Anm. 76), Bd. 5, 225 ff., 256 ff.
79 Ebd., 303 ff.
80 Nestroy, Johann: Der alte Mann mit der jungen Frau in: J. N.: Werke (s. Anm. 76), Bd. 5, 429 ff.
81 Ebd., 480 ff.
82 *Kindermann, Theatergeschichte,* 202 ff.
83 Hein: Wiener Vorstadttheater (s. Anm. 74), 362 f.
84 Ebd., 364 f.
85 Siehe dazu McInnes: German Social Drama (s. Anm. 17), 61 ff.
86 Hein: Wiener Vorstadttheater (s. Anm. 74), 65 f.
87 Anzengruber, Ludwig: Das vierte Gebot. In: A. L.: Sämtliche Werke hrsg. von R. Latzke und A. Rommel. Wien und Leipzig 1920–22. 15 Bände. Bd 5, 204 f.
88 Ebd., 192.
89 *Arnold, Romantik,* 640.
90 Ebd., 642 f.
91 *Martersteig, Theater,* 634 f.
92 *Sengle, Geschichtsdrama,* 176 f.
93 Richter, Renate: Studien über das Drama des Historismus. Diss. Rostock 1935, 24 ff.
94 Heyse, Paul: Die Göttin der Vernunft. In: P. H.: Gesammelte Werke. Berlin 1872 ff. Bd. 9, 417 ff., 432 ff., 488 f.
95 Heyse, Paul: Gesammelte Werke (s. Anm. 94), Bd. 10, 468 ff.
96 Siehe dazu *Kafitz, Grundzüge,* 244 f.
97 Heyse, Paul: Ludwig der Baier. In P. H.: Gesammelte Werke (s. Anm. 92), Bd. 10, 129 ff., 199, 204.
98 Wildenbruch, Ernst von: Die Karolinger. In: E. von W.: Gesammelte Werke in 16 Bänden hrsg. von B. Litzmann. Berlin 1911. Bd. 7, 273, 287 f.
99 Ebd., 300, 333 ff.
100 Ernst von Wildenbruch, Die Mennoniten (s. Anm. 98), Bd. 7, 171, 182 f., 228 f.
101 Heyse, Paul: Colberg. In: Gesammelte Werke (s. Anm. 94), Bd. 10, 477.
102 Greif, Martin: Marino Falieri. In M. G.: Gesammelte Werke in 4 Bänden. Leipzig 1909. Bd. 3, 179, 189, 227 f.
103 Martin Greif: Corfiz Ulfeldt. In M. G.: Werke (s. Anm. 102), Bd. 3, 62 ff., 70 f.
104 Siehe dazu McInnes, Edward: ›Die große Tragödie der Welt‹. The Dramatic Work of Ferdinand von Saar. In: F. v. S.: Ein Wegbereiter der literarischen Moderne. Hrsg. von Karl Konrad Pohlheim. Bonn 1985, 222–231.
105 Vgl. von Saar, Ferdinand: Hildebrand. In: F. v. S.: Sämtliche Werke in 12 Bänden hrsg. von Jakob Minor. Bd. 5, 117 ff. F. v. S.: Thassilo. In: Werke, Bd. 5, 227 f., 292. F. v. S.: Heinrichs Tod. In: Werke. Bd. 5, 185 ff.

Jürgen Fohrmann: Lyrik

1 Keller, Gottfried: Am Mythenstein. In: G.K.: Sämtliche Werke und ausgewählte Briefe in drei Bänden. Hrsg. von Clemens Heselhaus. München ⁴1979, Bd. 3, 989.
2 Ebd., 990.
3 Ebd., 991 f.
4 Ebd., 988.
5 Ebd., 991.
6 Ebd., 992.
7 Geibel, Emanuel: Gesammelte Werke in 8 Bänden. Stuttgart ³1893. Bd. 4, 214 f.
8 Zu Emanuel Geibel vgl. *Winterscheidt, Unterhaltungsliteratur*, bes. 220–227; *Hinck, Epigonendichtung*, 267–284; *Fügen, Geibel und Heyse*, 28–50; *Kaiser, Geibel*, 244–257. 1840 erscheinen Geibels ›Gedichte‹, 1841 die ›Zeitstimmen‹, 1848 die ›Juniuslieder‹, 1856 ›Neue Gedichte‹, 1871 ›Heroldsrufe‹, 1877 die ›Spätherbstblätter‹. Geibel erhält 1842 eine Pension Friedrich Wilhelms IV. (wie übrigens auch Freiligrath; Georg Herwegh hat seinen Spott darüber im ›Duett der Pensionierten‹ ausgegossen), ab 1852 bezieht er sein Einkommen von Maximilian II. in Bayern. Geibels Huldigungsgedicht (1868) auf den preußischen König Wilhelm I. bietet den Anlaß zur Kündigung seiner Bezüge durch Ludwig II. von Bayern und führt zur Vergabe einer neuen Pension durch Wilhelm I.
9 Geibel, Werke (s. Anm. 7), 4, 248.
10 Ebd., 255–258.
11 Vgl. *Hinck, Epigonendichtung*, 279. Siehe auch *Koopmann, Sprachverfall; Link, Reproduktionsmodell*.
12 Alldeutschland. Dichtungen aus den Ruhmestagen des Heldenkrieges 1870–1871. Hrsg. von Müller von der Werra und von Baensch. Leipzig 1871.
13 Kaiserlieder. Hrsg. von P. Wachsmann. Berlin 1871.
14 Lieder zu Schutz und Trutz. Gaben deutscher Dichter aus der Zeit des Krieges im Jahre 1870. Gesammelt und hrsg. von F. Lipperheide. Berlin 1870/71.
15 Die Kriegspoesie der Jahre 1870–1871. Geordnet zu einer poetischen Geschichte in 6 Bänden von E. Hensing, F. Metzger, Dr. Münch und Dr. Schneider. Mannheim 1873/74.
16 Vgl. ebd., pass.
17 Vgl. die aufschlußreiche Arbeit von *Zimmer, Altar*. Daneben *Werner, Geschichte*. Siehe ebenfalls *Petzet, Blütezeit*. Siehe auch *Johnston, Nationalmythos; Voss, Arndt; Weber, Lyrik; Seeba, Einigkeit*.
18 Als Textsammlung, neben der Vielzahl zeitgenössischer Anthologien, illustriert das Einschwören auf den Patriotismus auch die Anthologie von Adolf, Helene (Hrsg.): Dem neuen Reich entgegen 1850–1871. Leipzig 1930 (DLE, Reihe politische Dichtung, 6). Vgl. auch passim Wuthenow, Ralph-Rainer (Hrsg.), Gedichte 1830–1900. Nach dem Erstdruck in zeitlicher Folge, München 1970 (Epochen deutscher Lyrik, 8).
19 Vgl. *Fehrenbach, Wandlungen*; besonders *Timm, Kyffhäuser*.
20 Vgl. z. B. Heinrich Hoffmann von Fallersleben. Siehe dazu auch u.a. *Schlink, Hoffmann von Fallersleben*. Zur wohl immer noch – in bestimmten Kreisen – un-

verminderten Aktualität seines ›Deutschlandliedes‹ vgl. *Hermand, Zersungenes Erbe.* Siehe auch *Gerhard Müller, Lieder.*

21 Zur Kontinuität der Rhetorik vgl. *Jäger, Metaphorik.* Zu Freiligraths Position siehe *Gudde, Freiligrath.* Freiligraths poetische Entwicklung ist in der Abfolge seiner Gedichtpublikationen gut ablesbar: 1836–1838 ›Löwen- und Wüstenpoesie‹ (1838 erschienen), 1846 ›Ça ira‹, 1849–1851 ›Neuere politische und soziale Gedichte‹. Vgl. Freiligraths Werke in sechs Teilen. Hrsg. und mit Anmerkungen versehen von Julius Schwerig, Berlin, Leipzig, Wien, Stuttgart o.J. Als Forschungsbericht siehe *Hartknopf, Freiligrath.* Siehe ebenfalls *Büttner, Freiligrath; Büttner, Zwei Dichter; Freund, Schrei; Grab, Freiligrath; Noltenius, Freiligrath-Dotation; Pape, Wüsten- und Löwenpoesie; Pape, Hurra, Germania; Sareika, Trotz alledem.*

22 Zu Georg Herwegh siehe *Büttner, Herwegh.* Herweghs lyrische Entwicklung kennzeichnen die beiden Gedichtbände ›Gedichte eines Lebendigen‹ (1841, Bd. 2 1843) und die postum erschienenen ›Neuen Gedichte‹. Siehe: Herweghs Werke in drei Teilen. Hrsg. und mit Einleitungen und Anmerkungen versehen von Hermann Tardel. Berlin, Leipzig, Wien, Stuttgart o.J. Die republikanische Lyrik findet sich in folgenden Anthologien gut repräsentiert: Morgenruf, Vormärzlyrik 1840–1850. Hrsg. von Werner Feudel. Leipzig 1974; Rommel, Otto (Hrsg.): Der österreichische Vormärz 1816–1847. Leipzig 1931 (Deutsche Literatur in Entwicklungsreihen. Reihe Politische Dichtung, 4). Siehe auch *Grab/Fries, Deutschland; Deutschland, Deutschland; Politische Lyrik.* Eine knappe Zusammenfassung der Entwicklung der »Institution Kunst« findet sich bei *Reisner, Literatur.*

23 Zit. bei *Farese, Herwegh,* 209 f.

24 Zur politischen Lyrik des Nachmärz und des Kaiserreichs vgl. *Hohendahl, Nachmärz. Bollenbeck/Riha, Kaiserreich.* Siehe auch generell Peter Uwe Hohendahl.

25 Zu Harro Harring vgl. *Grab, Harro Harring.*

26 Freiligrath, Hurra, Germania! (25. Juli 1870). In: Freiligraths Werke (s. Anm. 21), III, 47.

27 Auf Heine kann hier nicht näher eingegangen werden. Zu seiner Wirkungsgeschichte auch in der zweiten Hälfte des 19. Jahrhunderts, siehe: *Mayser, Buch der Lieder; Schweikert, Heines Einflüsse.* Siehe *Bellmann, Botschaften; Mende, Heine und Herwegh.*

28 Besonders bei Georg Weerth, z. B. in Gedichten wie ›Kein schöner Ding ist auf der Welt, als seine Feinde zu beißen‹ oder ›Heute morgen fuhr ich nach Düsseldorf‹. Siehe zu Weerth: *Füllner, Kein schöner Ding; Georg Weerth.*

29 Vgl. *Dingelstedt, Franz.*

30 Herwegh, Auch ein Fortschritt. In: Herweghs Werke (s. Anm. 22), 3 (Neue Gedichte), 44.

31 Herweghs Werke, 49.

32 Ebd., 130 ff. Als Beispiel für die ambivalente Haltung der bürgerlichen Intelligenz gegenüber 1870/71 siehe *Vischer, Uhlands Geist.*

33 Vgl. *Adolf, Helene* (s. Anm. 18), 65.

34 Zu Wilhelm Busch siehe besonders *Ueding, Busch; Heißenbüttel, Frosch; Qualen, Politisches.*

35 Wilhelm Busch. Werke in 2 Bänden. Hrsg. von Rolf Hochhuth. Gütersloh 1981. Bd. 1, 800.
36 Wilhelm Busch, Briefe I, 139 (*Ueding, Busch,* 121).
37 Busch, Werke (s. Anm. 35), 813.
38 Zu Adolf Glaßbrenner siehe *Hohendahl, Nachmärz; Hermand, Glaßbrenner; Bulmahn, Glaßbrenner;* daneben auch die Einleitung von Gysi, Klaus, zu: *Unsterblicher Volkswitz.* Siehe auch *Heinrich-Jost, Publizistik.*
39 Adolf Glaßbrenner, Neue Berliner Hymne (Melodie: God save the king). In: Adolf Glaßbrenner: Unterrichtung der Nation. Ausgewählte Werke und Briefe in drei Bänden. Hrsg. von Horst Denkler, Bernd Baler, Wilhelm Große, Ingrid Heinrich-Jost. Köln 1971. Bd. 2, 222.
40 Glaßbrenner, Neues chinesisches Offizierslied. In: Glaßbrenner, Unterrichtung der Nation, 2, 236.
41 Vgl. Groth, Klaus: Quickbornlieder (1. Band von Groth, Klaus, Sämtliche Werke in 6 Bänden). Hrsg. von Friedrich Pauly. Heide 1981.
42 Herwegh, Bundeslied für den Allgemeinen deutschen Arbeiterverein. In: Herwegh, Werke (s. Anm. 22), 3, 88 f. Es ist schon ein unheimliches Indiz für die Kontinuität des Heroismus, wenn Werner Feudel in den ›Weimarer Beiträgen‹ über das ›Bundeslied‹ schreibt, daß es »in moderner Interpretation durch FDJ-Singeklubs noch heute seine Wirksamkeit« erweist. Siehe *Feudel, Politisches Gedicht,* hier 48.
43 Vgl. *Schieder, Weitling.*
44 Abgedruckt bei *Grab/Fries, Deutschland,* 108 f.
45 Siehe Steinitz, Wolfgang: Deutsche Volkslieder demokratischen Charakters aus sechs Jahrhunderten. Hrsg. von Hermann Strobach, Berlin 1973 (gekürzte Ausgabe), 264 ff. Vgl. auch grundsätzlich *Steinitz, Arbeiterlied.*
46 Als Textsammlungen sozialistischer Lyrik und Liedgutes siehe *Lammel, Arbeiterlied; Witte, Arbeiterliteratur; Rothe, Lyrik aus den Zeitschriften.* Als Gesamtüberblick siehe *Trommler, Sozialistische Literatur.* Daneben Stieg/Witte, *Arbeiterliteratur,* bes. 22 ff. (»*Frühe Arbeiterlyrik*«). Ein frühes Beispiel für eine Bestandsaufnahme der sozialistischen Lyrik, allerdings aus christlicher Perspektive, findet sich bei *Schlecht, Poesie des Sozialismus.*
47 Vgl. *Völkerling, Max Kegel.*
48 Vgl. *Knilli, Bildsprache.*
49 Lavant, R., Vorwärts! Eine Sammlung von Gedichten für das arbeitende Volk, Zürich 1886, III. Siehe auch *Pforte, Anthologie.*
50 Audorf, Jacob, Arbeiter-Marseillaise, zit. nach R. Lavant (s. Anm. 49), 473.
51 Vgl. dazu *Meyer, Arbeiterklasse.*
52 Vgl. zur Lyrik des Naturalismus: *Schutte, Lyrik des Naturalismus; Mahal, Revolution; Riha, Naturalismus.*
53 Die theoretische Reflexion auf die Verfahren des ›Phantasus‹, innerer Rhythmus usw. findet sich dann in Arno Holz, Revolution der Lyrik, 1899.
54 Moderne Dichter-Charaktere. Hrsg. von Wilhelm Arent. Mit Einleitungen versehen von Hermann Conradi und Karl Henckell. Berlin 1885.
55 Vgl. Heinrich und Julius Hart, Graf Schack als Dichter, in: Kritische Waffengesänge 5. Heft, Leipzig 1883, 3–64.

56 Heinrich und Julius Hart, Ein Lyriker à la mode; zit. nach *Meyer, Theorie*, 197.
57 Vgl. besonders *Bogdal, Schaurige Bilder*. Daneben *Kolkenbrock-Netz, Strategien*.
58 Hermann Conradi, Unser Credo. In: Moderne Dichter-Charaktere (s. Anm. 54), I/II.
59 Henckell, Karl, Die neue Lyrik. In: Moderne Dichter-Charaktere, VI/VII.
60 Wilhelm Arent, Fieberglut. In: Moderne Dichter-Charaktere, 24.
61 Oskar Jerschke, An die oberen Zehntausend. In: Moderne Dichter-Charaktere, 169.
62 Julius Hart, Auf der Fahrt nach Berlin. In: Moderne Dichter-Charaktere, 56.
63 Hermann Conradi, Pygmäen. In: Moderne Dichter-Charaktere, 91.
64 Vgl. dazu *Bogdal, Schaurige Bilder*. Siehe auch zur Heroisierung dieser Bereiche *Rademacher, Technik*.
65 Als Literaturüberblick zu Fontane siehe *Jolles, Fontane*. Zum frühen Fontane siehe besonders *Nürnberger, Fontane*. Zur Entwicklung der frühen Lyrik *Fricke, Fontanesche Jugendlyrik*. Fricke bietet den Versuch einer Chronologie der Jugendlyrik. Bezeichnend ist die Mischung aus Naturlyrik, poetischer Lyrik, Hinwendung zur Geschichte. Aufschlußreich ist die Untersuchung von *Bange, Mythos*.
66 Vgl. *Kohler, Balladendichtung; Rhyn, Balladendichtung*. Rhyn teilt in 3 Perioden ein: Die erste Periode setzt mit dem ›Tower-Brand‹ ein, umfaßt die Bearbeitungen altenglischer und altschottischer Balladen und reicht bis zu Texten wie ›Treu-Lischen‹. Die zweite Periode umfaßt die Balladenproduktion ›Schloß Eger‹, über ›Johanna Gray‹, ›Archibald Douglas‹ bis ›Gorm Grymme‹; die dritte Periode – eher Fontanes Spätwerk zuzuordnen – Texte wie ›Die Brück' am Tay‹, ›John Maynard‹, ›Swend Gabelbart‹ oder ›Herr von Ribbeck‹.
67 Vgl. dazu *Wruck, Preußenlieder*, der die ironische Haltung Fontanes zum Heroismus des alten Dessauers in den Vordergrund stellt, gleichzeitig aber sein Bekenntnis zur ›Tat‹ betont.
68 Theodor Fontane: Sämtliche Werke. Bd. 20 (Balladen und Gedichte). Hrsg. von Edgar Groß und Kurt Schreinert. München 1962, 120–123.
69 Moritz Graf von Strachwitz, Das Herz von Douglas; zit. nach *Conrady, Gedichtbuch*, 555. Zu Strachwitz siehe *Tielo, Strachwitz; Gottschall, Strachwitz*. Ungebrochen den heroischen Diskurs setzt fort *Gräfin Strachwitz, Graf Strachwitz*.
70 Fontane, Theodor, ›Der Wunsch‹. In: Werke, Bd. 20 (s. Anm. 68), 382.
71 Theodor Fontane, John Maynard. In: Werke, Bd. 20, 167 ff.
72 Vgl. *Fleischel, John Maynard*. Siehe besonders *Salomon, Steuermann*.
73 Reuter, Hans-Heinrich, Fontane Bd. 2, München o. J., 776.
74 Fontane, Theodor, John Maynard. In: Werke, Bd. 20 (s. Anm. 68), 169.
75 Zur Poetik/Ästhetik des Zeitraums vgl. u. a. *Todorow, Gedankenlyrik; Titzmann, Strukturwandel; Oelmüller, Vischer*. Siehe auch *Hollander, Theorie der Lyrik*.
76 Vgl. Moriz Carrière: Ästhetik. Die Idee des Schönen. Leipzig 1859. Rudolph Gottschall: Poetik. Die Dichtkunst und ihre Technik. Vom Standpunkt der Neuzeit. Breslau 1858. Friedrich Theodor Vischer: Ästhetik oder Wissenschaft des Schönen. Zum Gebrauch für Vorlesungen. Hrsg. von Robert Vischer. 6 Bde. München ²1922/23 (¹1846–1857).

77 Vgl. dazu Todorow, Gedankenlyrik, 32.
78 Carrière (s. Anm. 76), 562.
79 Ebd., 553.
80 Ebd., 554.
81 Ebd., 553 f.
82 Ebd., 559.
83 Ebd., 555 f.
84 Gottschall (s. Anm. 76), 87.
85 *Eisele, Realismus.*
86 Theodor Fontane, Unsere lyrische und epische Poesie seit 1848. In: Fontane, Werke, Bd. 21, 237.
87 Vgl. dazu *Widhammer, Literaturtheorie* und *Widhammer, Realismus.*
88 Siehe *Henel, Epigonenlyrik* und *Henel, Erlebnisdichtung.* Siehe insbesondere *Ruprecht, Lyrikverständnis.*
89 Vgl. *Todorow, Gedankenlyrik,* pass.
90 Vgl. *Rademacher, Technik;* siehe auch *Bullivant/Ridley, Industrie.*
91 Zum Begriff des Kosubjekts vgl. *Mecklenburg/Müller, Erkenntnisinteresse,* 55 ff. Zum Verhältnis von Kosubjekt und Liebe *Luhmann, Liebe.*
92 Paul Heyse, ›Zuflucht‹. In: Paul Heyse: Werke. Hrsg. von Bernhard und Johanna Knick und Hildegard Korth. Bd. 1, Frankfurt/M. 1980, 50. Zu Paul Heyse siehe *Krausnick, Heyse; Ian, Heyse; Petzet, Heyse.* Ein Teil von Heyses ›Jugendliedern‹ wurde 1849 zum erstenmal veröffentlicht. Heyse schreibt dann die Gedichtfolge ›Margarethe‹, die er Margarethe Kugler, seiner ersten Frau, widmet. Die Gedichte ›Neues Leben‹ werden der Münchnerin Anna Schubart, die er als 17jährige heiratet, dediziert. Der größte Teil von Heyses Gedichten ist von ›Italien‹ beeinflußt (Lieder aus Sorrent, Reisebriefe, Frühling am Gardasee). Daneben treten Lyrik ›an Personen‹ und die Lyrik-Übersetzungen (Spanisches Liederbuch, Italienisches Liederbuch).
93 Theodor Storm, ›Trost‹. In: Theodor Storm: Sämtliche Werke in zwei Bänden. Nach dem Text der ersten Gesamtausgabe 1868/89. Mit Anmerkungen und einer Zeittafel von Karl Pörnbacher sowie einem Nachwort von Johannes Klein. Bd. 2. München [7]1982, 913.
94 Vgl. Storm, Werke, 2, 884.
95 *Mecklenburg, Naturlyrik.*
96 Julius Rodenberg: Die reinen Frauen. In: Elise Polko, Dichtergrüße. Neuere deutsche Lyrik, Leipzig [3]1863, 1. Vgl. *Wülfing, Revolutionsjahr.*
97 Vgl. z. B. die Texte in *Mahal, Gründerzeit.* Siehe auch *Rischke, Gartenlaube.*
98 Siehe dazu vor allem *Böckmann, Ausdrucksssprache.*
99 Vgl. *Bormann, Romantik,* 247; *Ahn, Tod.*
100 Vgl. *Luhmann, Liebe.*
101 Vgl. *Frank, Problem ›Zeit‹.*
102 Theodor Storm an Hartmuth Brinkmann (März 1852); zit. nach *Müller, Harro, Storms Lyrik,* 24 f. Zu Storms poetologischer Auffassung siehe auch *Nicolai, Storm und Goethe,* 9. Weiterhin zu Storm siehe *Grimm, Nachwort.* Storm veröffentlicht 1843, zusammen mit Theodor und Thycho Mommsen, das ›Liederbuch

dreier Freunde‹. 1851 folgen die ›Sommergeschichten und Lieder‹, 1852 die ›Gedichte‹. Siehe auch *Bakalow, Stille.*

103 Paul Heyse, Idylle. In: Heyse, Werke (s. Anm. 92), 86 f.
104 Theodor Storm, ›Morgens‹. In: Storm, Werke (s. Anm. 93), 2, 883.
105 Friedrich Hebbel, Schöne Verse (1859). In: Friedrich Hebbel: Sämtliche Werke. Historisch-Kritische Ausgabe. Besorgt von Richard Maria Werner. I. Abt. Bd. 12. Berlin ²1904, 245–250; hier 245.
106 Ebd., 245.
107 Emanuel Geibel, Früh morgens. In: Geibel, Werke (s. Anm. 7), 2, 4.
108 Hameling, Robert, Das fremde Vögelein, zit. nach *Mahal, Gründerzeit,* 144.
109 Vgl. *Lämmert, Eichendorff,* 219.
110 Vgl. u. a. *Bollenbeck, Trivialisierungstendenzen.*
111 Theodor Storm an Hartmuth Brinkmann (30.7.1853); zit. nach *Müller, Storms Lyrik,* 20.
112 Paul Heyse, Mailand. In: Paul Heyse: Gesammelte Werke. Dritte Reihe, Bd. V. Mit einem Lebensbild von E. Petzet. Stuttgart, Berlin o.J., 363.
113 Johann Victor von Scheffel, Sonnenschein. In: J. V. v. Scheffel. Gesammelte Werke in sechs Bänden. Mit einer biographischen Einleitung von Johannes Proelß. Stuttgart o.J. Bd. 5, 246. Siehe auch *Hügel, Scheffel; Selbmann, Dichterberuf.*
114 Bodenstedts ›Lieder des Mirza Schaffy‹ (1851) erleben 1884 ihre 110. Auflage.
115 Geibel, Werke (s. Anm. 7), 5, 36.
116 *Schlaffer, Lyrik im Realismus.*
117 Theodor Storm, ›Wer je gelebt in Liebesarmen‹ (1844). In: Storm, Werke (s. Anm. 93), 892.
118 Theodor Storm, ›Meeresstrand‹. In: Storm, Werke, 944.
119 Paul Heyse, ›Verklärung‹. In: Heyse, Werke (s. Anm. 92), 53.
120 Paul Heyse, ›Über ein Stündlein‹. In: Heyse, Werke, 40.
121 Zur Zahl der Lyrik-Produzenten siehe *Bark, Wuppertaler Dichterkreis,* IX. Vgl. insgesamt den Forschungsbericht *Häntzschel, Lyrik-Markt.* Deutlich wird die lyrische Massenproduktion auch bei der studentischen Lyrik, siehe *Rieger, Poeta Studiosi.*
122 Vgl. zu diesen Prozessen *Wittmann, Literarisches Leben.*
123 Siehe *Martens, Lyrik kommerziell.*
124 Zu den Anthologien siehe *Deutschsprachige Anthologie; Schönert, Lyrik-Anthologien; Wais, Lyrikanthologien.*
125 Siehe auch für die Balladenanthologien *Welzig, Balladenanthologien.*
126 Vgl. z. B. Philipp Wackernagel: Trösteinsamkeit in Liedern, Frankfurt/M. ⁴1867. Siehe dazu auch *Reichel, Anthologien.*
127 Die Gartenlaube, 1853, 1; zit. nach *Radeck, Gartenlaube,* XII.
128 Zu den Familienblättern siehe *Barth, Familienblatt.*
129 Vgl. *Häntzschel, Lyrik-Vermittlung.*
130 Dies gilt auch – und ist gleichzeitig ein Ergebnis – für die im 19. Jahrhundert modernen Poesie-Alben, die wahllos Beschauliches sammeln, zunehmend nur noch für Mädchen. Die Funktion der Stammbücher, Literatur als Moment von Reflexion einzusetzen, geht zugunsten des assoziierten Erinnerungswertes, der nun mit

den Poesiealbensprüchen verbunden ist, verloren. Siehe *Angermann, Stammbücher; Bodensohn, Poesiealbum; Fiehler, Stammbuch; Keil, Stammbücher* (immer noch zentral).

131 Siehe dazu *Drewitz, Berliner Salons.*
132 Zu diesen Dichterkreisen siehe u.a. *Behrend, Tunnel; Bark, Wuppertaler Dichterkreis; Krausnick, Heyse; Giroday, Übersetzertätigkeit.* Siehe auch *Berbig, Heyses Plan; Berbig, Tunnel; Berbig, Ascania oder Argo; Hettche, Von Flußkrokodilen; Werner, Renate, Über Emanuel Geibel; Werner, Ästhetik; Wülfing, Revolutionsjahr.*
133 Vgl. *Giroday, Übersetzertätigkeit.*
134 Vgl. *Nipperdey, Verein.*
135 Vgl. *Schwab, Vereinslied.*
136 Vgl. ebd., 884 ff.
137 Vgl. *Dowe, Arbeitersängerbewegung.*
138 So im Meyerschen Lexikon von 1848; zit. nach *Nipperdey, Verein,* 200.
139 Zit. nach *Schwab, Vereinslied,* 892.
140 Vgl. u. a. *Herrlitz, Lektüre-Kanon.*
141 Siehe *Zinnecker, Mädchenbildung* und *Voss, Mädchenschule.*
142 ›Über die Grenzen der weiblichen Schulbildung‹, zit. nach *Rudolph, Frauenbildung,* Bd. 2, 163.
143 *Erkelenz, Töchter-Schulen,* 6.
144 Ebd., 29.
145 Ebd., 32.
146 Vgl. *Rudolph, Frauenbildung,* Bd. 2, 48 f.
147 *Häntzschel, Frauenhand.* Siehe auch *Häntzschel, Anstandsbücher.*
148 Zit. nach ebd., 207. Häntzschel zitiert aus einem Curriculum von 1884.
149 Emanuel Geibel, Ada-Lieder. In: Werke (s. Anm. 7), 3, 120.
150 Emanuel Geibel, ›Am Meere‹. In: Geibel, Werke, 2, 55.
151 Emanuel Geibel, ›An den Genius‹. In: Geibel, Werke, 2, 40.
152 Vgl. *Krausnick, Heyse,* pass. Siehe auch *Burwick, Münchner Dichterkreis.*
153 Vgl. zur allmählichen Ablehnung eines Außenseiters wie Heinrich Leuthold, der sich im guten Ton vergreift – gegen den Strich gelesen – *Schneider, Begegnung.* Vgl. auch *Krausnick, Heyse.*
154 Zit. nach *Krausnick, Heyse,* 13.
155 Emanuel Geibel, Bildhauer des Hadrian. In: Werke (s. Anm. 7), 3, 103 f.
156 Vgl. *Kaiser, Einheit.*
157 Theodor Storm, Lyrische Form. In: Werke (s. Anm. 92), 2, 877. Storms Anthologien, seine ›Deutsche Liebeslieder seit Johann Christian Günther‹ (1859) und sein ›Hausbuch aus deutschen Dichtern seit Claudius‹ (1870), sind ebenfalls als Versuch zu werten, gegen den leeren Ästhetizismus das Bedeutende zu setzen.
158 *Martini, Storms Lyrik,* 17. Siehe auch *Sengle, Storms Eigenleistung.*
159 Vgl. dazu *Müller, Storms Lyrik,* pass.
160 Vgl. den Brief an Ernst Storm vom 30. 8. 1871. In: Briefe an die Kinder. Hrsg. von G. Storm. Braunschweig 1916, 144.

161 Theodor Storm an Paul Heyse (1884). In: Theodor Storm: Briefe. Hrsg. von Goldammer, Bd. 2, 290.
162 Theodor Storm, ›Im Herbste‹. In: Werke (s. Anm. 92), 2, 912.
163 Theodor Storm, ›Wohl fühl ich, wie das Leben rinnt‹. In: Storm, Werke, 895.
164 Theodor Storm, ›Einer Toten‹. In: Storm, Werke, 924.
165 Theodor Storm, ›Geh nicht hinein‹. In: Storm, Werke, 934.
166 Zur Lyrik Conrad Ferdinand Meyers siehe *Fehr, C. F. Meyer*, bes. 73 ff.; *Henel, Nachwort*; *Henel, Poetry*; *Guthke, Kunstsymbolik*; *Häntzschel, Literarhistorischer Ort*; Hugo von Hofmannsthal: C. F. Meyers Gedichte. In: H. v. Hofmannsthal: Gesammelte Werke, Bd. 10 (Reden und Aufsätze III). Hrsg. von Bernd Schoeller und Ingeborg Beyer-Ahlert. Frankfurt/M. 1980, 58–66. Siehe auch *Kirchgreber, Dichtung*; *Kittler, Traum und Rede*; *Pestalozzi, Tod und Allegorie*; *Kraeger, C. F. Meyer*; *Rosman, Statik und Dynamik*; *Sandberg-Braun, Symbolismus*. Letztgenannte Arbeit nutzt die Ergebnisse der vorbildlichen Zellerschen Edition von Meyers Werken. Auf die Zellersche Historisch-Kritische Ausgabe sei hier besonders hingewiesen. Siehe jetzt auch: *Zeller, Modelle*.
167 Meyer an Louise von François, den 10.5.1882 und 22.5.1882. In: Louise von François und C. F. Meyer. Ein Briefwechsel. Hrsg. von Anton Bettelheim. 2., vermehrte Auflage, Berlin 1920, 118.
168 Brief an Hermann Lingg vom 31.8.1882.
169 Theodor Storm an Gottfried Keller, 22.12.1882, Briefe II, 262.
170 Briefe, II, 227 f.
171 Briefe, II, 340 f.
172 C. F. Meyer, ›Auf Goldgrund‹. In: Conrad Ferdinand Meyer: Sämtliche Werke in zwei Bänden. Vollständige Texte nach den Ausgaben letzter Hand. Mit einem Nachwort von Erwin Laaths sowie einer Zeittafel und Anmerkungen von Karl Pörnbacher. Darmstadt 1982. Bd. 2, 41 f.
173 Siehe dazu *Kraeger, C. F. Meyer*, 191 ff.
174 Vgl. dazu *Guthke, Kunstsymbolik* und *Kirchgreber, Dichtung*; daneben zur Geschichte des Museums *Plagemann, Kunstmuseum*. Zum Panorama *Hess, Panorama*.
175 Zit. nach *Sandberg-Braun, Symbolismus*, 105 f.
176 Brief an L. von François vom 22.5.1882. In: Briefwechsel C.F. Meyer – L. von François (s. Anm. 167), 53.
177 Briefe II, 290.
178 Zit. nach *Kirchgreber, Dichtung*, 38.
179 Meyer, ›Alles war ein Spiel‹. In: Meyer, Werke (s. Anm. 172), 2, 102.
180 C. F. Meyer, ›Michelangelo und seine Statuen‹. In: Meyer, Werke, 184.
181 Brief an L. von François vom Karfreitag 1883. In: Briefwechsel C.F. Meyer – L. von François (s. Anm. 167), 85.
182 Ebd., 12. Vgl. auch ebd., 82.
183 C. F. Meyer, ›Möwenflug‹. In: Meyer, Werke (s. Anm. 172), 2, 101.
184 C. F. Meyer, ›Schwüle‹. In: Meyer, Werke, 37 f.
185 Vgl. C. F. Meyer, ›Im Spätboot‹. In: Meyer, Werke, 40.
186 Vgl. dazu ausführlich *Kittler, Traum und Rede*.

187 Zu Fontanes später Lyrik siehe *Richter, Resignation*, bes. 142–152; *Richter, Fontane;* vgl. weiterhin *Martini, Spätzeitlichkeit*, bes. 452–457. Vgl. ebenfalls *Preisendanz, Realismus*.
188 Theodor Fontane, ›Drehrad‹. In: Werke, Bd. 20 (s. Anm. 68), 411 f.
189 Fontane, Causerien über Theater, 2. Teil. In: Sämtliche Werke, Bd. 22, 696. Zit. nach K. Richter, 134.
190 Theodor Fontane, ›Summa summarum‹. In: Fontane, Werke, Bd. 20 (s. Anm. 68), 412.
191 Theodor Fontane, ›Überlaß es der Zeit‹. In: Fontane, Werke, 20, 28.
192 Theodor Fontane, ›Mein Leben‹. In: Fontane, Werke, 20, 412.
193 Theodor Fontane, ›Ausgang‹. In: Fontane, Werke, 20, 40.
194 Vgl. zu Kellers Lyrik *Boeschenstein, Keller; Gessler, Lebendig begraben; Locher, Keller; Locher, Zwei Fassungen; Cowen, Bildlichkeit*. Besonders *Kaiser,* vgl. auch *Neumann, Keller,* bes. 303 ff. Zum biographischen Zusammenhang siehe auch *Muschg, Keller; Preisendanz, Wege des Realismus,* 104–126; zum politischen und sozialen Hintergrund *Mittenzwei, Äußerungen*. Siehe auch *Anton, Grundtrauer*.
195 Gottfried Keller, Autobiographisches 1876/77, zit. nach *Dichter über ihre Dichtungen,* 216 f.
196 *Locher, Keller,* 138.
197 Brief an Freiligrath vom 22.9.1850. In: Gottfried Keller: Gesammelte Briefe, hrsg. von Carl Helbling, Bd. 1, Bern 1952, 250.
198 *Dichter über ihre Dichtungen,* 235.
199 Ebd., 477.
200 Vgl. *Todorow, Gedankenlyrik*.
201 Gottfried Keller, ›Winternacht‹. In: Gottfried Keller: Sämtliche Werke in drei Bänden. Hrsg. von Clemens Heselhaus. München ⁴1979. Bd. 3, 200 f.
202 Vgl. *Locher, Keller,* 184.
203 Gottfried Keller, ›Melancholie‹. In: Keller, Werke (s. Anm. 201), 3, 236.
204 Gottfried Keller, ›Land im Herbste‹. In: Keller, Werke, 302.
205 Gottfried Keller, ›Poetentod‹. In: Keller, Werke, 177 ff. und 412 f.
206 Gottfried Keller, ›Komet‹. In: Keller, Werke, 439.

Winfried Freund: Novelle

1 Otto Ludwig: Der poetischen Realismus. In: O.L. Werke, 4. Teil. Hrsg. v. A. Eloesser. Berlin u.a.O. 1908, 139 ff.
2 Wolfgang Preisendanz: Voraussetzungen des poetischen Realismus in der deutschen Erzählkunst des 19. Jahrhunderts. In: H. Steffen (Hrsg.): Formkräfte der deutschen Dichtung vom Barock bis zur Gegenwart. Göttingen 1963, 187–210.
3 Theodor Storm: Sämtliche Werke, Bd. 1. Hrsg. v. P. Goldammer. 4. Aufl. Berlin u. Weimar 1978, 586.
4 Vgl.: Winfried Freund: Literarische Phantastik. Die phantastische Novelle von Tieck bis Storm. Stuttgart 1990.
5 Wilhelm Heinrich Riehl: Gesammelte Geschichten und Novellen. 2. Bd. Stuttgart 1879, V–X.

6   Vgl. vor allem: Johannes Klein: Geschichte der deutschen Novelle von Goethe bis zur Gegenwart. 4. Aufl. Wiesbaden 1960.
7   Annette von Droste-Hülshoff: Die Judenbuche. Mit einem Nachwort und Erläuterungen hrsg. v. W. Freund. 3. Aufl. München 1990.
8   Vgl.: Winfried Freund: Theodor Storm. Stuttgart 1987.
9   Theodor Storm: Sämtliche Werke, 4 Bde. Hrsg. v. P. Goldammer. Berlin und Weimar 1978.
10 Storm in seinem Brief vom 18. Januar 1864 an H. Brinkmann. In: Briefe Bd.1. Hrsg. v. P. Goldammer. Berlin und Weimar 1984, 442.
11 Gottfried Keller: Sämtliche Werke, 3 Bde. Hrsg. v. C. Heselhaus. 4. Aufl. München 1978.
12 Keller: Sämtliche Werke, Bd. 2. A.a.O., 60.
13 Vgl. Cervantes: Vorrede an den Leser. In: C: Die Novellen. Frankfurt/M. 1987, 9–12.
14 Vgl. insbesondere Massuccios ›Il Novellino‹ (1476).
15 Vgl. Friedrich Logaus Sämtliche Sinngedichte. Hrsg. v. G. Eitner. Tübingen 1872, 594. Statt »errötend« steht bei Logau »errötet«.
16 Vgl. Johann Wolfgang Goethe: Gedichte und Epen. 1. Bd. Hrsg. v. E. Trunz. 2. Aufl. Hamburg 1956, 26 f. Bei Goethe lautet die Überschrift »Mit einem gemalten Band«.
17 Conrad Ferdinand Meyer: Sämtliche Werke, 4 Bde. Mit einer Einführung von R. Faesi. Berlin 1929.
18 A.a.O., Bd. 3, 120.
19 A.a.O., Bd. 4, 41.
20 A.a.O., Bd. 3, 201.
21 A.a.O., Bd. 3, 294.
22 A.a.O., Bd. 4, 272.
23 Theodor Fontane: Sämtliche Werke. Hrsg. v. W. Keitel. München 1962.
24 A.a.O., Bd. 2, 565.
25 Wilhelm Raabe: Sämtliche Werke, 18 Bde. Hrsg. v. W. Fehse. Berlin 1913–16.
26 A.a.O., 1. Serie Bd. 6, 243.
27 A.a.O., 2. Serie Bd. 4, 379.
28 Ebd., 415.
29 Ferdinand von Saar: Sämtliche Werke, 12 Bde. Hrsg. v. J. Minor. Leipzig 1909.
30 A.a.O., Bd. 7, 192.
31 Zur Kriminalnovelle vgl.: Winfried Freund: Die deutsche Kriminalnovelle von Schiller bis Hauptmann. 2. Aufl. Paderborn 1980.
32 Hermann Kurz: Sämtliche Werke, 12 Tle. Hrsg. v. H. Fischer. Leipzig 1904.
33 Louise von François: Gesammelte Werke, 5 Bde. Leipzig 1918.
34 Ferdinand Kürnberger: Novellen. 3 Bde. München 1861/62.
35 Marie von Ebner-Eschenbach: Sämtliche Werke, 6 Bde. Berlin 1920.
36 Paul Heyse: L'Arrabiata und andere Novellen. Hrsg. v. P. Fechter. Berlin o.J.
37 Leopold von Sacher-Masoch: Don Juan von Kolomea. Galizische Geschichten. Hrsg. v. M. Farin. Bonn 1985.
38 Leopold von Sacher-Masoch: Venus im Pelz. Frankfurt/M. 1980.

39 Ebd., 138.
40 Sacher-Masoch: Don Juan von Kolomea. A.a.O., 28.
41 Karl Emil Franzos: Tragische Novellen. Stuttgart 1986.
42 Franzos: Tragische Novellen. A.a.O., 99.
43 Isolde Kurz: Gesammelte Werke, 6 Bde. München 1925.
44 Kurz: Die Nacht im Teppichsaal. Tübingen 1933.
45 Kurz: Gesammelte Werke, Bd. 2. A.a.O., 246

Gerhard Plumpe: Romanliteratur

1 Vgl. z. B. *Glaser, Einleitung,* 8.
2 Carl Lemcke: Populäre Ästhetik. Leipzig 1865, 560.
3 Gottfried Keller: Briefe. Hrsg. v. Carl Helbling. Zürich 1940, 117.
4 Ebd., 138.
5 Robert Prutz: Das Drama der Gegenwart. In: Deutsches Museum 1 (1851), 2. Hbd., 697 ff. (zit. *Plumpe (Hrsg.), Theorie,* 277).
6 Georg Fischer: Ein Wort über die heutige Lyrik in Deutschland. In: Allg. Zeitung vom 2. 7. 1867 (Beilage), 2985 f. (zit. in *Plumpe (Hrsg.), Theorie,* 314).
7 Vgl. die Dokumente in *Plumpe (Hrsg.), Theorie,* 190 ff.
8 Georg Friedrich Wilhelm Hegel: Vorlesungen über die Ästhetik. (Theorie-Werkausgabe), Bd. 3. Frankfurt/M. 1970, 392 f.
9 Ebd., Bd. 2, 219 f.
10 Friedrich Theodor Vischer: Ästhetik oder Wissenschaft des Schönen. Hrsg. v. R. Vischer. Bd. 6. München 1923, 176.
11 Ebd., 177.
12 Ebd.
13 Ebd.
14 Ebd., 178.
15 Ebd.
16 Ebd., 178, 181, 187 f.
17 Ebd., 183.
18 Julian Schmidt: Der deutsche Roman. In: Die Grenzboten 12 (1853), 1. Semester, 78.
19 Gustav Freytag: Deutsche Romane. (zit. *Plumpe, Theorie,* 213).
20 Theodor Fontane: Gustav Freytag: »Soll und Haben«. In: Literarische Essays und Studien. Teil 1. München 1963.
21 Vgl. *Steinecke, Romanpoetik,* 53 ff.
22 Vgl. *Vierhaus, Bildung.*
23 Vgl. *Plumpe, Kein Mitleid.*
24 Vgl. zur Deutung *Grunert, Lenore; Kaiser, Studien; Steinecke, Soll und Haben; Stockinger, Realpolitik.*
25 Gustav Freytag: Soll und Haben. München 1977, 24.
26 Ebd., 40.
27 Ebd., 32.

28 Ebd., 50.
29 Ebd., 379.
30 Ebd., 813.
31 Ebd., 387.
32 Ebd., 463.
33 Ebd., 791.
34 Ebd., 815.
35 Ebd., 225f.
36 Ebd., 36.
37 Ebd., 539.
38 Julian Schmidt: Französische Romantik: Neuchristliche Poesie. In: Die Grenzboten 9 (1850), 1. Semester, 374, 376.
39 Freytag, Soll und Haben, a.a.O., 304f.
40 Ebd., 542.
41 Ebd., 731.
42 Ebd., 98.
43 Ebd., 830.
44 Ebd., 56.
45 Ebd., 41.
46 Ebd., 330f.
47 Gustav Freytag: Erinnerungen aus meinem Leben. Leipzig 1887, 265.
48 Gustav Freytag: Soll und Haben, a.a.O., 83.
49 Ebd., 85.
50 Ebd., 295.
51 Ebd., 303.
52 Ebd., 350, 359.
53 Ebd., 347.
54 Ebd., 591.
55 Ebd., 375f.
56 Ebd., 496ff.
57 Ebd., 513f.
58 Ebd., 721.
59 Wilhelm Dilthey: Das Erlebnis und die Dichtung. Leipzig ¹¹1939, 393f.
60 Freytag, Soll und Haben, a.a.O., 14.
61 Ebd., 19.
62 Ebd., 23.
63 Ebd., 147.
64 Ebd., 705.
65 Ebd., 752.
66 Ebd., 836.
67 Vgl. zur Deutung *Preisendanz, Keller; Sautermeister, Der grüne Heinrich; Rohe, Roman.*
68 Gottfried Keller: Der grüne Heinrich (1. Fassung). In: Sämtl. Werke. Hrsg. v. C. Heselhaus. Bd. 1. München 1956, 1135.
69 Ebd., 11.

70 Ebd., 63.
71 Ebd., 61.
72 *Haas, Henri vert.*
73 Keller, Der grüne Heinrich, a.a.O., 131.
74 Ebd., 80 f.
75 Keller, Briefe, a.a.O., 28. Januar 1849, 89 f.
76 Keller, Der grüne Heinrich, a.a.O., 105.
77 Friedrich Schiller: Über naive und sentimentalische Dichtung. In: Sämtl. Werke. Hrsg. v. G. Fricke/H. G. Göpfert. Bd. 5. München ⁴1967, 745 f.
78 Ebd., 750.
79 Keller, Der grüne Heinrich, a.a.O., 182 ff.
80 Hegel, Vorlesungen über die Ästhetik, a.a.O., Bd. 1, 250.
81 Keller, Der grüne Heinrich, a.a.O., 357 f.
82 Ebd., 360.
83 Ebd., 363.
84 Ebd., 467.
85 Ebd., 423.
86 Ebd., 429.
87 Ebd., 251 f.
88 Vgl. zu dieser Sicht *Rohe, Roman.*
89 Gottfried Keller: Pankraz der Schmoller. In: Sämtliche Werke, a.a.O., Bd. 2, 40; vgl. *Plumpe, Die Praxis des Erzählens.*
90 Keller, Der grüne Heinrich, a.a.O., 392.
91 Ebd.
92 Ebd., 609.
93 Ebd., 562.
94 Gustave Flaubert: Briefe. Hrsg. v. H. Scheffel. Zürich 1977, 181.
95 Keller, Der grüne Heinrich, a.a.O., 560 f.
96 Ebd., 586, 596.
97 Ebd., 681.
98 Ebd., 683.
99 Ebd., 760.
100 Ebd., 763.
101 Ebd., 365.
102 Ebd., 382 f.
103 Ebd., 445.
104 Ebd., 445 f.
105 Ebd., 457 f.
106 Ebd., 733.
107 Ebd., 605.
108 Ebd., 604.
109 Ebd., 605.
110 Zit. *Steinecke (Hrsg.), Theorie und Technik,* 54.
111 Vgl. Julian Schmidt: Adalbert Stifter. In: Die Grenzboten 17 (1858), 1. Semester, 161 ff.; Rudolf Gottschall: Adalbert Stifters letzter Roman. In: Blätter für literari-

sche Unterhaltung (1868), 401 ff.; siehe auch W. Hemsen: Adalbert Stifter. In: Blätter für literarische Unterhaltung (1851), 205 ff.; Adolf Zeising: Adalbert Stifter. In: Blätter für literarische Unterhaltung (1853), 774 ff.; Julian Schmidt: Adalbert Stifter. In: Die Grenzboten 12 (1853), 1. Semester, 41 ff.

112 *Heidegger, Eisgeschichte.*
113 Adalbert Stifter: Die Kunst und das Göttliche. In: Ges. Werke. Hrsg. v. K. Steffen. Bd. 14. Basel/Stuttgart 1972, 381 f.
114 Zit. *Enzinger, Dichterleben*, 167.
115 Zur Deutung *Glaser, Restauration; Schlaffer, Restauration; Schuller, Gewitter; Ketelsen, Stifter; Piechotta, Ordnung.*
116 Georg Simmel: Die Alpen. In: Philosophische Kultur. Berlin 1983, 116 f.
117 Adalbert Stifter: Der Nachsommer. In: Ges. Werke, a.a.O., Bd. 8, 109 f.
118 Ebd., Bd. 6, 174.
119 Ebd., Bd. 7, 81 f.
120 Ebd., 84.
121 Ebd., 11.
122 *Schlaffer, Restauration*, 119.
123 Stifter, Der Nachsommer, a.a.O., Bd. 8, 190.
124 Ebd., 209.
125 Ebd., 211.
126 Ebd., 220.
127 Ebd., 228.
128 Ebd., 29.
129 Ebd., Bd. 7, 269 f.
130 Ebd., Bd. 8, 240.
131 Ebd., 267.
132 Ebd., Bd. 6, 224.
133 Ebd., Bd. 7, 31.
134 Vgl. *Plumpe, Zyklik.*
135 Stifter, Der Nachsommer, a.a.O., Bd. 7, 32.
136 Friedrich Hebbel: Der Nachsommer. In: Vollständige Ausgabe. Hrsg. v. H. Krumm. Leipzig o.J. Bd. 14, 143.
137 Vgl. Otto Glagau: Die Juden im Roman. In: Der Kulturkämpfer 5 (1882). Zit. *Bucher u. a. (Hrsg.), Realismus*, Bd. 2, 582; vgl. *Pongs, Raabe*, 214 f.
138 Vgl. vor allem *Mayer, Raabe.*
139 Wilhelm Raabe: Der Hungerpastor. In: Sämtl. Werke. Hrsg. v. K. Hoppe. Bd. 6. Braunschweig 1953, 177.
140 Ebd., 5.
141 Ebd., 89.
142 Ebd., 336.
143 Ebd., 95.
144 Ebd., 18.
145 Ebd., 156.
146 Ebd., 439 f.
147 Wilhelm Raabe: Drei Federn. In: Sämtl. Werke, a.a.O., Bd. 9/1, 493.

148 Vgl. vor allem *Bark, Raabe.*
149 Vgl. *Stierle, Geschehen.*
150 Wilhelm Raabe, Drei Federn, a.a.O., 366.
151 Ebd., 364.
152 Ebd., 309f.
153 Ebd., 398.
154 Vgl. zur Deutung *Webster, Idealisierung* und vor allem *Eisele, Detektiv.*
155 Wilhelm Raabe: Stopfkuchen. In: Sämtl. Werke, a.a.O., Bd. 18, 146.
156 Ebd., 52.
157 Ebd., 117.
158 Ebd., 162, 195.
159 Vgl. *Steinecke, Romanpoetik* (mit ausführlicher Bibliographie).
160 Vgl. zur Deutung *Hasubek, Gutzkow; Kaiser, Studien; Worthmann, Probleme; McInnes, W. Meister.*
161 Karl Gutzkow: Die Ritter vom Geiste. In: Werke. Hrsg. v. R. Gensel. Berlin/Leipzig o.J. Bd. 13, 41f.
162 Rudolf Gottschall: Die deutsche Nationalliteratur des 19. Jahrhunderts. Breslau ⁵1881. Bd. 4, 205.
163 Heinrich Heine: Düsseldorfer Ausgabe. Bd. 6, 109f.
164 Gutzkow, Die Ritter vom Geiste. Bd. 14, 268f.
165 Ebd., 464.
166 Ebd., 483f.
167 Ebd., 485.
168 Ebd., Bd. 15, 535.
169 Ebd., Bd. 13, 257.
170 Ebd., Bd. 15, 536.
171 Ebd., Bd. 14, 273.
172 Ebd., 497.
173 Ebd., Bd. 15, 85.
174 Ebd., 499.
175 Ebd., 170f.
176 Ebd., 538f.
177 Ebd., 539f.
177ᵃ *Schmidt, Ritter vom Geist,* 105.
178 Ebd., Bd. 14, 52f.
179 Ebd., 437.
180 Ebd., 88.
181 Ebd., Bd. 15, 51f.
182 Ebd., 399f.
183 Zit. *Steinecke, Romanpoetik,* 115.
184 Gutzkow, Die Ritter vom Geiste. Bd. 14, 472f.
185 Ebd., 476f.
186 Ebd., 463f.
187 Ebd., Bd. 15, 180.
188 Zit. *Steinecke, Romanpoetik,* 115f.

189 Johann Wolfgang v. Goethe: Aus meinem Leben. Dichtung und Wahrheit. Hamburger Ausgabe IX, 433.
190 Ders.: Mailied. Hamburger Ausgabe I, 30.
191 Ebd., 26 f.
192 Theodor Fontane: Frau Jenny Treibel. Sämtliche Werke (Nymphenburger Ausgabe) VII, 43. Vgl. zur Deutung *Aust, Versöhnung; Betz, Herz; Poltermann, Frau Jenny Treibel; Müller-Seidel, Soziale Romankunst.*
193 Ebd., 70.
194 Ebd., 31.
195 Ebd., 10.
196 *Kracauer, Offenbach,* 222.
197 Theodor Fontane: Frau Jenny Treibel, a.a.O., 112.
198 Ebd., 136 f.
199 Ebd., 160 f.
200 Zit. Theodor Fontane: Roman und Erzählungen. Hrsg. v. P. Goldammer. Bd. V, 579.
201 Theodor Fontane: Frau Jenny Treibel, a.a.O., 12.
202 Ebd., 36.
203 Ebd., 11.
204 Ebd., 27.
205 Ebd., 106.
206 Ebd., 36.
207 Ebd., 62.
208 Vgl. ebd., 165 ff.
209 Ebd., 159.
210 Ebd., 67.
211 Theodor Fontane: Von Dreißig bis Achtzig. Hrsg. v. H.-H. Reuter. München o.J., 259 f.
212 Georg Wilhelm Friedrich Hegel: Vorlesungen über die Ästhetik I. Theorie-Werkausgabe XIII, 253.
213 Theodor Fontane: Frau Jenny Treibel, a.a.O., 131.
214 Ebd., 132.
215 Ebd., 16 f.
216 Ebd., 142.
217 Ebd., 64 f.
218 Die Grenzboten 52 (1893), 345.
219 Gustave Flaubert: Briefe. Hrsg. v. H. Scheffel. Zürich 1977, 205.
220 Ebd., 223 f.
221 Theodor Fontane: Frau Jenny Treibel, a.a.O., 102.
222 Theodor Fontane: Briefe an seine Familie. Bd. 2. Berlin 1906, 35.
223 Theodor Fontane: Sämtliche Werke. Hrsg. v. W. Keitel. Aufsätze, Kritiken, Erinnerungen I. München 1969, 568 f.
224 Theodor Fontane: Sämtliche Werke, Nymphenburger Ausgabe XXII, 2, 696.
225 Vgl. die Verbindung von Dekadenzsymptomatik und ästhetisierender Perspektive bei den Figuren Waldemar v. Haldern in ›Stine‹ und Hugo Großmann in ›Mathilde Möhring‹. Siehe auch *Horch, Fontane.*

226 Theodor Fontane: Briefe an Georg Friedlaender. Hrsg. v. K. Schreinert. Heidelberg 1954, 307 f.
227 Zit. *Müller-Seidel, Romankunst,* 425 f.

Harro Müller: Historische Romane

1 Felix Dahn, Gesammelte Werke, Bd. 2, Leipzig o. J., 387 ff.
2 Heinrich v. Kleist, Sämtliche Werke, München 1952, 932.
3 Vgl. Harro Müller, Geschichte zwischen Kairos und Katastrophe. Historische Romane im 20. Jahrhundert, Frankfurt 1988, 9 ff.
4 Vgl. zu dieser Typisierung das massive antihistorische Manifest von Friedrich Nietzsche, Vom Nutzen und Nachteil der Historie für das Leben, in: Werke Bd. 1, hrsg. v. Karl Schlechta, München 1966, 209 ff.
5 Vgl. Harro Müller, Possibilities of the Historical Novel in the Nineteenth and Twentieth Centuries, in: The Modern German Historical Novel. Paradigms, Problems, Perspectives, ed. by David Roberts and Philip Thomson. New York 1991, 79–89.
6 Vgl. *Humphrey, Historical Novel,* 8 ff.
7 Vgl. grundlegend zum gesamten Zusammenhang Hartmut Eggert, Studien zur Wirkungsgeschichte des deutschen Historischen Romans 1850–1875, Frankfurt 1971, 205.
8 Ebd., 213 ff.
9 Ebd., 205.
10 Ebd., 200.
11 Ebd., 195 ff.
12 Joseph Victor von Scheffel, Gesammelte Werke, hrsg. v. Johannes Proelß, Bd. 1, Stuttgart o. J., 97.
13 Ebd., 99.
14 Ebd., 99.
15 Ebd., 207.
16 Ebd., 209.
17 Georg Ebers, Gesammelte Werke, Bd. 1, Leipzig 1893, XVIII.
18 Ebd., 290.
19 Ebd., VIII.
20 Vgl. Hartmut Eggert, Der historische Roman im 19. Jahrhundert, in: Handbuch des deutschen Romans, hrsg. v. Helmut Koopmann, Düsseldorf 1983, 350.
21 Dominick LaCapra, Geschichte und Kritik, Frankfurt 1987, 139.
22 Eggert (s. Anm. 20), 347.
23 Zitiert nach ebd., 195.
24 Ebd., 212.
25 *Humphrey, Historical Novel,* 87, 95.
26 Vgl. Eberhard Scheiffele, Brandenburgisches Welttheater. Zu den ›Vaterländischen Romanen‹ von Willibald Alexis, DVjs 61 (1987), 480 ff.
27 *Humphrey, Historical Novel,* 95.

28 Willibald Alexis, Vaterländische Romane, Bd. 8. Berlin o. J., 609.
29 *Humphrey, Historical Novel*, 123.
30 Vgl. auch zum folgenden Albrecht Koschorke, Der Rabe, das Buch und die Arche der Zeichen. Zu Wilhelm Raabes apokalyptischer Kriegsgeschichte ›Das Odfeld‹, DVjs H. 3 (1990), 529 ff.
31 Man vergleiche nur Raabes ›Odfeld‹ mit Alfred Döblins historischem Roman ›Wallenstein‹, der nicht umsonst Elemente von Flauberts ›Salammbô‹ aufnimmt. Sollte ich zwei und nur zwei historische Romane aus der zweiten Hälfte des 19. Jahrhunderts zur Lektüre empfehlen müssen, würde ich keine deutschsprachigen historischen Romane wählen, sondern einen russischen – Leo Tolstois ›Krieg und Frieden‹ – und einen französischen – eben Gustave Flauberts ›Salammbô‹ – vorschlagen. Der Roman von Flaubert, der die Geschichtsmetaphysik des Historismus dementiert, folgt einer Ästhetik des Schreckens, die in ihrer Radikalität auch die von mir positiv charakterisierten deutschen historischen Romane weit in den Schatten stellt.

Axel Drews/Ute Gerhard: Wissen, Kollektivsymbolik und Literatur am Beispiel von Friedrich Spielhagens ›Sturmflut‹

1 Vgl. *Plumpe, Blick*.
2 Spielhagen, Friedrich: Über Objektivität im Roman. In: Vermischte Schriften. Bd. 1. Berlin 1864, 174–197, hier 186; ders.: Beiträge zur Theorie und Technik des Romans. Faksimiledruck n.d. 1. Aufl. Leipzig 1883, Göttingen 1967, VIII, 297 f.
3 Spielhagen, Beiträge, VIII, 297 f.
4 Spielhagen, Beiträge, II, 41.
5 Spielhagen, Beiträge, V, 201.
6 Spielhagen, Friedrich: Finder und Erfinder. Erinnerungen aus meinem Leben. 2 Bde. Leipzig 1890, Bd. 1, 340; Bd. 2, VIII u. 240.
7 Hart, Heinrich; Hart, Julius: Kritische Waffengänge. 6. Heft. Friedrich Spielhagen und der deutsche Roman der Gegenwart, Leipzig 1884, 16, 35, 57.
8 *Rebing, Theorie*, 1; *Hellmann, Objektivität*, 165; *Löwenthal, Erzählkunst*, 175. Rebing und Hellmann gehen im Gegensatz zu Löwenthal von ›zu Recht nicht mehr gelesen‹ aus.
9 Vgl. etwa *Kafitz, Figurenkonstellation; Neumann, Spielhagen; Neumann, Stadtroman; Böschenstein-Schäfer, Gesellschaftsromane; Lamers, Romanwerk*.
10 Spielhagen, Beiträge (s. Anm. 2), 91.
11 Vgl. *Rebing, Theorie*, 1. Für Rebing ist Spielhagen der »deutsche Romantheoretiker, der zur gleichen Zeit wie Flaubert, Zola und Henry James – aber unabhängig von ihnen – das Verschwinden des Erzählers aus dem Roman gefordert hat«.
12 Vgl. *Link/Link-Heer, Diskurs/Interdiskurs*.
13 Zur genaueren Bestimmung der Kollektivsymbolik vgl. *Drews/Gerhard/Link, Kollektivsymbolik*.
14 Spielhagen, Beiträge (s. Anm. 2), 63.
15 Spielhagen, Beiträge, 159.

16 Gerhard, *Boden*.
17 Während etwa Klemperer von Symbolik im eigentlichen Sinne gar nicht sprechen will, unterstreicht Löwenthal die »ernste Symbolkraft«, die zumindest für die Zeitgenossen bestanden hätte. Vgl. Klemperer, *Zeitromane*, 123; Löwenthal, *Erzählkunst*, 169.
18 Hart, *Waffengänge* (s. Anm. 7), 33.
19 »Hamburg und die Handelskrise«. In: Preußische Jahrbücher, Bd. 1, H. 3, 1858, 275–291, hier 282.
20 Spielhagen, Friedrich: Sturmflut. Roman in sechs Büchern. 3 Bde. Leipzig: L. Staackmann 1877. Die Angaben in Klammern beziehen sich auf Band- und Seitenzahlen dieser Ausgabe.
21 Vgl. Link/Link-Heer, *Vehikelkörper*.
22 Bei Julius Hart heißt es: »Doch wie anders erglühte man, hingerissen von dem Feuer, den Begeisterungen Spielhabens! Wie lebte da, wie bewegte sich alles!« Zit. n. Literatur im Industriezeitalter 1., 110.
23 Vgl. Link/Link-Heer, *Vehikelkörper*.
24 Vgl. Deleuze/Guattari, *Anti-Ödipus*.
25 Spielhagen, Friedrich: Hammer und Amboß. Leipzig: Staackmann 34.–36. Aufl. o.J. Die Angaben in Klammern beziehen sich auf die Seitenzahlen dieser Ausgabe.

Bibliographie

Achten, Udo (Hrsg.): Zum Lichte empor. Mai-Festzeitungen der Sozialdemokratie 1891–1914. Berlin/Bonn 1980

Adolf, Helene (Hrsg.): Dem neuen Reich entgegen 1850–1871. Leipzig 1930

Adorno, Theodor W.: Standort des Erzählers im zeitgenössischen Roman. In: Adorno, Th. W.: Noten zur Literatur, Bd. 1. Frankfurt/M. 1958, 61–72

Adorno, Theodor W.: Erpreßte Versöhnung. In: Adorno, T.W.: Noten zur Literatur, Bd. 2. Frankfurt/M. 1961, 152–187

Adorno, Fortschritt Adorno, Theodor W.: Fortschritt. In: Adorno, Th. W.: Stichworte. Kritische Modelle 2. Frankfurt/M. 1969, 29–50

Ahn, Tod Ahn, Sung Kwon: Tod und lyrisches Ich. Untersuchungen zu spätromantischen Gedichten. Stuttgart 1989

Albert, Gesamtunterricht Albert, Wilhelm: Grundlegung des Gesamtunterrichtes. I. Teil: Vom orbis pictus zur pädagogischen Symphonie. Werden und Wachsen des Konzentrationsgedankens im Wandel dreier Jahrhunderte. Wien 1928

Alberti, Conrad: Herr L'Arronge und das deutsche Theater. Leipzig 1884

Alberti, Conrad: Der moderne Realismus in der deutschen Literatur. Hamburg 1889

Alberty, Max: Schiller. Gedächtnisrede gehalten bei der Schiller-Gedächtnisfeier der Arbeiterschaft Münchens im Münchener Kindl-Keller am 8. Mai 1905. München 1905

Alkemade, Ebner-Eschenbach Alkemade, Mechtildis: Die Lebens- und Weltanschauung der Marie von Ebner-Eschenbach. Graz 1935

Alker, Ernst: Die deutsche Literatur im 19. Jahrhundert (1832–1914), 2., veränderte und verbesserte Aufl. Stuttgart 1962

Alldeutschland. Dichtungen aus den Ruhmestagen des Heldenkrieges 1870–1871. Hrsg. v. Müller von der Werra und von Baensch. Leipzig 1871

Allers, C. W.: Die Meininger. Hamburg 1890

Allgemeine Bestimmungen des Königl. Preuß. Ministers der geistlichen, Unterrichts- und Medicinal-Angelegenheiten vom 15. October 1872, betreffend das Volksschul-Präparanden- und Seminar-Wesen. In: Centralblatt für die gesammte Unterrichts-Verwaltung in Preußen. Hrsg. im Ministerium der geistlichen, Unterrichts- und Medicinal-Angelegenheiten. Berlin. 17. Jg. N°. 10. 31. Oktober 1872, 585–608

Altenhofer, Norbert (Hrsg.): Komödie und Gesellschaft. Komödientheorien des 19. Jahrhunderts. Frankfurt/M. 1973

Amundsen, Gerhard (Hrsg.): Die neue Shakespeare-Bühne des Münchner Hoftheaters. München 1911

Anderle, Deutsche Lyrik Anderle, Martin: Deutsche Lyrik des 19. Jahrhunderts. Ihre Bildlichkeit. Metapher – Symbol – Evokation. Bonn 1979

Angermann, Stammbücher Angermann, Gertrud: Stammbücher und Poesiealben als Spiegel ihrer Zeit nach Quellen des 18.–20. Jahrhunderts aus Minden-Ravensberg. Münster 1971

Anton, Grundtrauer Anton, Herbert: ›Stille Grundtrauer‹. Die Schwerkraft der Dichtungen Kellers. In: H. A. (Hrsg.): Invaliden des Apoll. Motive und Mythen des Dichterleids. München 1982, 113–131

Arbeiterkultur, Forschungs- und Literaturdokumentation 1979–1982. Hrsg. v. Informationszentrum Sozialwissenschaft. Bonn 1984

Arbeiterleben Arbeiterleben um 1900. Autorenkollektiv unter der Leitung von Dietrich Mühlberg. Berlin (DDR) 1983

Arent, Wilhelm (Hrsg.): Moderne Dichter-Charaktere. Mit Einleitungen versehen von Hermann Conradi und Karl Henckell. Berlin 1885

Arnold, Heinz-Ludwig (Hrsg.): Handbuch zur deutschen Arbeiterliteratur. 2 Bde. Darmstadt 1977

Arnold, Romantik Arnold, Robert: Von der Romantik bis zur Moderne. In: R. A. (Hrsg.): Das deutsche Drama. München 1925, 481–650

Artiss, David: Theodor Storm: Studies in ambivalence. Symbol and Myth in his Narrative Fiction. Amsterdam 1978

Aubin/Zorn, Handbuch Aubin, Hermann/Zorn, Wolfgang (Hrsg.): Handbuch der deutschen Wirtschafts- und Sozialgeschichte. Bd. 2. Das 19. und 20. Jahrhundert. Stuttgart 1976

Auerbach, Berthold: Schrift und Volk. Grundzüge der volksthümlichen Literatur, angeschlossen an eine Charakteristik J. P. Hebel's. Leipzig 1846

Auerbach, Erich: Mimesis. Dargestellte Wirklichkeit in der abendländischen Literatur. 4. Aufl. Bern/München 1967

Auerbach, Erich: Epilogomena zu Mimesis. In: Romanische Forschungen 65, 1954, 1–18

Aust, Versöhnung Aust, Hugo: Anstößige Versöhnung? Zum Begriff der Versöhnung in Fontanes ›Frau Jenny Treibel‹. In Zeitschrift für deutsche Philologie 93, 1973, Sonderheft, 101–126

Aust, Hugo: Theodor Fontane: »Verklärung.« Eine Untersuchung zum Ideengehalt seiner Werke. Bonn 1974

Aust, Realismus Aust, Hugo: Literatur des Realismus. Stuttgart 1977, ²1981. (Slg. Metzler 157)

Aust, Hugo: Bürgerlicher Realismus. Forschungsbericht. In: Wirkendes Wort 30, 1980, 427–447

Aust, Hugo: Novelle. Stuttgart ²1995 (Slg. Metzler 256)

Auswahlbibliographie zur Erzählforschung. In: Erzählforschung. Theorien, Modelle und Methoden der Narrativik. Hrsg. von W. Haubrichs. Bd. 1. Göttingen 1976, 257–331

Bab, Julius: Die Frau als Schauspielerin. Berlin 1915

Bab, Julius: Das Wort Friedrich Hebbels. München 1923

Bab, Julius: Die Devrients. Berlin 1932

Bachtin, Groteske Bachtin, Michail: Die groteske Gestalt des Leibes. In: M. B.: Literatur und Karneval. Zur Romantheorie und Lachkultur. München 1969

Baer, H.: Deutsche Lustspieldichter unter dem Einfluß von Eugène Scribe. Leipzig 1923

Bahr, Hermann: Studien zur Kritik der Moderne. Frankfurt/M. 1894

Baier, Frank/Puls, Detlev (Hrsg.): Arbeiterlieder aus dem Ruhrgebiet. Frankfurt/M. 1981

Baier, Geschichte Baier, Wolfgang: Quellendarstellungen zur Geschichte der Fotografie. München 1977

Bakalow, Stille Bakalow, Ralf: ›Stille‹ und ›Lärm‹ in der Lyrik Theodor Storms. In: Schriften der Theodor-Storm-Gesellschaft 36, 1987, 69–82

Bange, Mythos Bange, Pierre: Zwischen Mythos und Kritik. Eine Skizze über Fontanes Entwicklung bis zu den Romanen. In: Aust, Hugo (Hrsg.): Fontane aus heutiger Sicht. Analysen und Interpretationen seines Werks. München 1980, 17–55

Bark, Wuppertaler Dichterkreis Bark, Joachim: Der Wuppertaler Dichterkreis. Untersuchungen zum Poeta Minor im 19. Jahrhundert. Bonn 1969 (Abhandlungen zur Kunst-, Musik- und Literaturwissenschaft 86)

Bark, Berufung Bark, Joachim: Beruf und Berufung. In: Koopmann, Helmut/Schmoll, J.A. gen. Eisenwerth (Hrsg.): Beiträge zur Theorie der Künste im 19. Jahrhundert. Bd. 2. Frankfurt/M. 1972, 149–174

Bark, Raabe Bark, Joachim: Raabes »Drei Federn« (1865). Versuche fiktiver Biographik. Zugleich ein Beitrag zum deutschen Erziehungsroman. In: Raabe-Jahrbuch 1981, 128–148

Barth, Christa: Gustav Freytags ›Journalisten‹. München 1949

Barth, Daheim Barth, Dieter: Das ›Daheim‹ und sein Verleger August Klasing. In: 66. Jahresbericht des Historischen Vereins für die Grafschaft Ravensberg. Jg. 1968/69. Bielefeld 1970, 43–110

Barth, Familienblatt Barth, Dieter: Zeitschrift für alle. Das Familienblatt im 19. Jahrhundert. Ein sozialhistorischer Beitrag zur Massenpresse in Deutschland. Münster 1974; Barth, Dieter: Das Familienblatt. Frankfurt/M. 1975 (Separatdruck aus dem Archiv für Geschichte des Buchwesens)

Barth, Helmut (Hrsg.): Zum Kulturprogramm des deutschen Proletariats im 19. Jahrhundert. Dresden 1978

Barthes, Roland: Probleme des literarischen Realismus. In: Akzente 3, 1956, 303–307

Barthes, Roland: L'Effet du Réel. In: Communications 11, 1968, 84–89

Basil, Otto: Johann Nestroy in Selbstzeugnissen und Bilddokumenten. Reinbek 1967

Bauer, Oswald G.: Festspiele zwischen Muster und Reform: Das Bespiel Bayreuth. In: Maske und Kothurn, 33, 1987, 81–88

Bauernfeld, Edward von: Das Theater, das Publikum und Ich. Wien 1849

Baumeister, Hans-Peter: Künstlerische Berufung und sozialer Status: Otto Ludwig. Göttingen 1981

Baumgart, Wolfgang: Goethes »Wilhelm Meister« und der Roman des 19. Jahrhunderts. In: Zeitschrift für deutsche Philologie 69, 1944/45, 132–148

Baumgarten, Hermann: Der deutsche Liberalismus. Eine Selbstkritik. Hrsg. und eingel. v. Adolf M. Birke. Frankfurt/M./Berlin/Wien 1974

Baur, Uwe: Dorfgeschichte. Zur Entfaltung und gesellschaftlichen Funktion einer literarischen Gattung im Vormärz. München 1978

Bausinger, H.: Verbürgerlichung – Folgen eines Interpretaments. In: Wiegelmann, G. (Hrsg.): Kultureller Wandel im 19. Jahrhundert. Göttingen 1973, 24–49

Bayerdörfer, Hans-Peter/Conradi, Karl-Otto/Schenze, Helmut (Hrsg.): Literatur und Theater im Wilhelminischen Zeitalter. Tübingen 1978

Beaton, K. B.: Der konservative Roman in Deutschland nach der Revolution von 1848. In: Zeitschrift für Religions- und Geistesgeschichte 19, 1967, 215–235

Beaton, K. B.: Gustav Freytag, Julian Schmidt und die Romantheorie nach der Revolution von 1848. In: Jahrbuch der Raabe-Gesellschaft 1976, 7–32

Beaucamp, Eduard: Literatur als Selbstdarstellung. Wilhem Raabe und die Möglichkeiten eines deutschen Realismus. Bonn 1968

Becker, Museum Becker, Eva D.: Das Literaturgespräch zwischen 1848 und 1870 in Robert Prutz' Zeitschrift ›Deutsches Museum‹. In: Publizistik. 12, 1967, 14–36

Becker, Zeitungen Becker, Eva D.: »Zeitungen sind doch das Beste«. Bürgerliche Realisten und der Vorabdruck ihrer Werke in der periodischen Presse. In: Kreuzer, Helmut (Hrsg.): Gestaltungsgeschichte und Gesellschaftsgeschichte. Stuttgart 1969, 382–408

Becker, Klassiker Becker, Eva D.: ›Klassiker‹ in der deutschen Literaturgeschichtsschreibung zwischen 1780 und 1860. In: Windfuhr, Manfred (Hrsg.): Zur Literatur der Restaurationsepoche 1815–1848. Stuttgart 1970, 349–370

Becker, Schiller Becker, Eva D. (Hrsg.): Schiller in Deutschland 1781–1970. Materialien zur Schiller-Rezeption, für die Schule. Hrsg. v. E. D. B. Frankfurt/M. ²1979 (Texte und Materialien zum Literaturunterricht)

Becker, Frauenlektüre Becker, Eva D.: Frauenlektüre oder Erziehung durch Literatur. In: Frauen-Forum. Universität des Saarlandes. Saarbrücken 1983, 57–84

Becker, Eva D./Dehn, Manfred: Literarisches Leben. Eine Bibliographie. Hamburg 1968 (Schriften zur Buchmarktforschung 13)

Becker, George J. (Hrsg.): Documents of modern literary realism. Princeton 1963

Becker, George J.: Realism. An Essay in Definition. In: Modern Language Quaterly 10, 1949, 184–197

Behrend, Tunnel Behrend, Fritz: Geschichte des Tunnels über der Spree. Berlin 1938

Beißwanger, Konrad (Hrsg.): Stimmen zur Freiheit. Blütenlese der hervorragendsten Schöpfungen unserer Arbeiter und Volksdichter. Nürnberg 1900

Beiträge zur Theorie der Künste im 19. Jahrhundert. Hrsg. von H. Koopmann/J. A. Schmoll gen. Eisenwerth. 2 Bde. Frankfurt/M. 1971/72

Bekker, Paul: Jacques Offenbach. Berlin 1909

Bellmann, Botschaften Bellmann, Werner: Chiffrierte Botschaften. Ästhetische Kodierung und Rezeptionsvorgaben in Heines ›Zeitgedichten‹. In: Heine-Jahrbuch 26, 1987, 54–77

Benjamin, Gisèle Freund Benjamin, Walter: Rezension (Gisèle Freund: Photographie und bürgerliche Gesellschaft) In: Gesammelte Schriften. Bd. 3, 542–544

Benn, Nietzsche Benn, Gottfried: Nietzsche nach fünfzig Jahren. Im Anhang zu: Benn, Gottfried: Monologische Kunst. Ein Briefwechsel zwischen Alexander Lernet-Holenia und Gottfried Benn. Wiesbaden 1953

Benn, Dorische Welt Benn, Gottfried: Dorische Welt. Untersuchung über die Beziehung von Kunst und Macht. In: Ges. Werke. Hrsg. v. D. Wellershoff. Bd. 3. Wiesbaden 1968, 824–856

Berbig, Ascania oder Argo Berbig, Roland: Ascania oder Argo? Zur Geschichte des Rütli 1852–1854 und der Zusammenarbeit von Theodor Fontane und Franz Kugler. In: Theodor Fontane im literarischen Leben seiner Zeit. Beiträge zur Fontane-Konferenz vom 17. bis 20. Juni 1986 in Potsdam. Mit einem Vorwort von Otfried Keiler. Berlin 1987, 107–133

Berbig, Heyses Plan Berbig, Roland: Paul Heyses Plan zu einem Studenten-Epos 1848. In: Wissenschaftliche Zeitschrift der Humboldt-Universität zu Berlin 36, 1987, 571–579

Berbig, Öffentlichkeitsverhalten Berbig, Roland: Der »Tunnel über der Spree«. Ein literarischer Verein in seinem Öffentlichkeitsverhalten. In: Fontane-Blätter 50, 1990, 18–46

Berbig, Tunnel Berbig, Roland: »⟨...⟩ Den langentbehrten *Lafontaine* wieder in seiner Mitte«. Fontanes Rückkehr in den »Tunnel über der Spree« 1859/60. In: Fontane-Blätter 58, 1994, 43–61

Berentsen, Popularisierung Berentsen, Antoon: ›Vom Urnebel zum Zukunftsstaat‹. Zum Problem der Popularisierung der Naturwissenschaften in der deutschen Literatur. Berlin 1986

Berg, Okkupation Berg, Christa: Die Okkupation der Schule. Eine Studie zur Aufhellung gegenwärtiger Schulprobleme an der Volksschule Preußens (1872–1900). Heidelberg 1973

Berg, Leo: E. von Wildenbruch und das Preussentum in der modernen Litteratur. Berlin 1895

Berg, Cotta Berg, Wolfgang: Der poetische Verlag der J.G. Cotta'schen Buchhandlung. In: Archiv für Geschichte des Buchwesens 2 (1960), 609–715

Berghahn, Naturnachahmung Berghahn, Klaus: Von der Naturnachahmung zum Realismus. In: Grimm, R./Hermand, J. (Hrsg.): Realismustheorien in Literatur, Malerei, Musik und Politik. Stuttgart u. a. 1975, 16–30

Berkhout, Adrianus Pieter: Biedermeier und Poetischer Realismus. Stilistische Beobachtungen über Werke von Grillparzer, Mörike, Stifter, Hebbel und Ludwig. Purmerend 1942

Bernd, Clifford A.: German Poetic Realism. Boston 1981

Bettelheim, Anton: Ludwig Anzengruber. Dresden 1891

Bettelheim, Anton: Die Zukunft unseres Volkstheaters. Berlin 1892

Betz, Ästhetik Betz, Albrecht: Ästhetik und Politik. Heinrich Heines Prosa. München 1971

Betz, Herz Betz, Frederick: »Wo sich Herz zum Herzen find't«: The Question on Autorship and Source of the Song and Sub-Title in Fontane's ›Frau Jenny Treibel‹. In: German Quarterly 49, 1976, 312–317

Beutin, L.: Das Bürgertum als Gesellschaftsstand im 19. Jahrhundert. In: Kellenbenz, H.(Hrsg.): Gesammelte Schriften zur Wirtschafts- und Sozialgeschichte. Köln/Graz 1963, 284–319

Bibliographie der deutschen Arbeiterliedblätter 1844–1945. Bearb. von einem Kollektiv des Arbeiterliedarchivs unter Leitung von Inge Lammel. Leipzig 1975

Bieber, Hugo: Der Kampf um die Tradition. Die deutsche Literatur im europäischen Geistesleben 1830–1880. Stuttgart 1928

Bien, Horst: Henrik Ibsens Realismus. Zur Genesis und Methode des klassisch kritisch-realistischen Dramas. Berlin 1970

Bierbaum, O. J.: 25 Jahre Münchner Hoftheater-Geschichte. München 1892

Birker, Arbeiterbildungsvereine Birker, Karl (Hrsg.): Die deutschen Arbeiterbildungsvereine 1840–1870. Berlin 1973

Bischoff, Heinrich: Ludwig Tieck als Dramatug. Brüssel 1897

Bisztray, George: Marxist Models of Literary Realism. New York 1977

Blackburn, D./Eley, G.: Mythen deutscher Geschichtsschreibung. Die gescheiterte Revolution von 1848. Frankfurt/M. 1980

Blätter der Freundschaft Blätter der Freundschaft. Aus dem Briefwechsel zwischen Theodor Storm und Ludwig Pietsch. Heide i. Holstein ²1943

Blamberger, Günter (Hrsg.): Studien zur Literatur des Frührealismus. Frankfurt/M./Bern 1991

Blankertz, Pädagogik Blankertz, Herwig: Die Geschichte der Pädagogik. Von der Aufklärung bis zur Gegenwart. Wetzlar 1982

Bleibtreu, Carl: Geschichte der deutschen National-Literatur von Goethes Tod bis zur Gegenwart. Berlin 1912

Bloth, Diesterweg Bloth, Hugo Gotthard: Adolph Diesterweg. Sein Leben und Wirken für Pädagogik und Schule. Heidelberg 1966

Blumenberg, Hans: Vorbemerkungen zum Wirklichkeitsbegriff. In: Blumenberg, H. u. a. (Hrsg.): Zum Wirklichkeitsbegriff. Akademie der Wissenschaften und der Literatur Mainz. Abhandlungen der geistes- und sozialwissenschaftlichen Klasse. Jahrgang 1973, Nr.4, Mainz 1974, 3–10

Blumenberg, Hans: Wirklichkeitsbegriff und Möglichkeit des Romans. In: Jauß, H. J. (Hrsg.): Nachahmung und Illusion. München 1974, 9–27

Blumenberg, Buch Blumenberg, Hans: Ein Buch von der Natur wie ein Buch der Natur. In: Die Lesbarkeit der Welt. Frankfurt/M. 1986, 281–299

Bluntschli, Denkwürdiges Bluntschli, Johann Caspar: Denkwürdiges aus meinem Leben. Hrsg. v. R. Seyerlen, Bd.1–3. Nördlingen 1884

Bock, Jungen Bock, Hans Manfred: Die »Literaten- und Studentenrevolte« der Jungen in der SPD um 1900. In: Das Argument, 13. Jg., H. 63, 1971, 22f

Bodensohn, Poesiealbum Bodensohn, Anneliese: Das Ich in zweiter Person. Die Zwiesprache des Poesiealbums. Mit einem Beitrag: Die Stammbücher im Stadtarchiv Worms von Fritz Reuter. Frankfurt/M. 1968

Bodenstedt, Königsreise Bodenstedt, Friedrich: Eine Königsreise. Leipzig ³1883

Böckmann, Ausdruckssprache Böckmann, Paul: Wandlungen der Ausdruckssprache in der deutschen Lyrik des 19. Jahrhunderts. In: Bibliothèque de la Faculté de Philosophie et Lettres de Université de Liège 161, 1961, 61–82

Böhme, Prolegomena Böhme, Helmut: Prolegomena zu einer Wirtschafts- und Sozialgeschichte Deutschlands im 19. und 20. Jahrhundert. Frankfurt/M. ⁴1972

Böhme, Deutschlands Weg Böhme, Helmut: Deutschlands Weg zur Großmacht. Studien zum Verhältnis von Wirtschaft und Staat während der Reichsgründungszeit 1848–1881. Köln ³1974

Böhnke, Dichtung Böhnke, Frieda: Die deutsche Dichtung in der Schule. Geschichte und Probleme 1750–1860. Phil. Diss. Frankfurt/M. 1967

Bölling, Sozialgeschichte Bölling, Rainer: Sozialgeschichte der deutschen Lehrer. Ein Überblick von 1800 bis zur Gegenwart. Göttingen 1983 (Kleine Vandenhoeck-Reihe 1495)

Boeschenstein, Keller Boeschenstein, Hermann: Gottfried Keller. Stuttgart 1969
Boeschenstein, Hermann: German literature of the nineteenth century. London/New York 1969
Böschenstein-Schäfer, Zeit- und Gesellschaftsroman Böschenstein-Schäfer, Renate: Zeit- und Gesellschaftsroman. In: *Glaser (Hrsg.) Nachmärz*, 101–123
Bogdal, Schaurige Bilder Bogdal, Klaus-Michael: Schaurige Bilder. Der Arbeiter im Blick des Bürgers. Frankfurt/M. 1978
Bogdal, Oh Volk Bogdal, Klaus-Michael: »Oh Volk, Du Blitz der Weltgeschichte!« Pathos in der Arbeiterliteratur des 19. Jahrhunderts. In: kultuRRevolution 8, 1985, 45 ff
Bogdal, Arbeiterliteratur Bogdal, Klaus-Michael: Zwischen Alltag und Utopie. Arbeiterliteratur als Diskurs des 19. Jahrhunderts. Opladen 1991
Bollenbeck, Arbeiterlebenserinnerungen Bollenbeck, Georg: Zur Theorie und Geschichte der frühen Arbeiterlebenserinnerungen. Kronberg/Ts. 1976
Bollenbeck, Trivialisierungstendenzen Bollenbeck, Georg: »Mich lockt der Wald mit grünen Zweigen aus dumpfer Stadt und trüber Luft«. Zu Trivialisierungstendenzen des Wandermotivs in der Lyrik des 19. Jahrhunderts. In: Sprachkunst 9, 1978, 241–271
Bollenbeck, Wanderlyrik Bollenbeck, Georg: Wanderlyrik. In: Sprachkunst 9, 1978, 241–270
Bollenbeck, Georg: Theodor Storm. Eine Biographie. Frankfurt/M. 1988
Bollenbeck/Riha, Kaiserreich Bollenbeck, Georg/Riha, Karl, Im deutschen Kaiserreich. In: Ebd., 232–259
Bontemps, Suzanne: Stilkritische Betrachtungen an Paul Heyses Dramensprache. Diss. Hamburg 1969
Bonwit, Marianne: Der leidende Dritte. Das Problem der Entsagung in bürgerlichen Romanen und Novellen, besonders bei Theodor Storm. Berkeley 1952
Borchmeyer, Dieter: Das Theater Richard Wagners. Idee, Dichtung, Wirkung. Stuttgart 1982
Borgerhoff, Elbert B.O.: Réalisme and Kindred Words. Their use as Terms of Literary Criticism in the First Half of the Nineteenth Century. In: Publications of the Modern Language Association 53, 1938, 837–843
Bormann, Alexander von: Zum Umgang mit dem Epochenbegriff. In: Literatur und Sprache im historischen Prozeß, 178–194
Bormann, Romantik Bormann, Alexander von: Romantik. In: Hinderer, Walter (Hrsg.): Geschichte der deutschen Lyrik vom Mittelalter bis zur Gegenwart. Stuttgart 1983, 245–278
Born, K. E.: Sozialpolitische Probleme und Bestrebungen in Deutschland von 1848 bis zur Bismarckschen Sozialgesetzgebung. In: Vierteljahresschrift für Sozial- und Wirtschaftsgeschichte 46, 1959, 29–44
Borst, Barbarossa Borst, Arno: Barbarossas Erwachen. Zur Geschichte der deutschen Identität. In: Marquard, Odo/Stierle, Karlheinz (Hrsg.): Identität. München 1979 (Poetik und Hermeneutik 8.), 17–60
Bouvier, Märzfeiern Bouvier, Beatrix W.: Die Märzfeiern der sozialdemokratischen Arbeiter: Gedenktage des Proletariats – Gedenktage der Revolution. In: Düding, D.

u. a. (Hrsg.): Öffentliche Festkultur. Politische Feste in Deutschland von der Aufklärung bis zum Ersten Weltkrieg. Reinbek 1988, 334 ff

Brahm, Otto: Kritische Schriften über Drama und Theater, Hrsg. v. Paul Schenther. Berlin 1913

Brahm, Otto: Kritiken und Essays. Ausgew., eingel. und erl. v. Fritz Martini. Zürich 1964

Brand, Jürgen: Strukturelle Symmetrien in Raabes »Die Chronik der Sperlingsgasse«. In: Jahrbuch der Raabe-Gesellschaft 1983, 49–58

Brandt, Magdalene: Realismus und Realität im modernen Roman. Methodologische Untersuchungen zu Virginia Woolfs »The Waves«. Bad Homburg 1968

Bratranek, Studien Bratranek, Franz Thomas: Ästhetische Studien. Wien 1853

Braulich, Volksbühne Braulich, Heinrich: Die Volksbühne. Theater und Politik in der deutschen Volksbühnenbewegung. Berlin (DDR) 1976

Braun, J. B.: Schiller und Goethe im Urteil ihrer Zeitgenossen. Berlin 1883

Braun, M.: Gedanken zum Realismus-Begriff. In: Jahrbuch der Raabe-Gesellschaft 1980, 52–68

Brecht, Walther: Zur deutschen Literaturentwicklung seit 1832. In: Zeitschrift für die österreichischen Gymnasien 67, 1916, 145–156

Brill, Siegfried: Die Komödie der Sprache. Untersuchungen zum Werk Nestroys. Nürnberg 1967

Brinkmann, Richard: Zum Begriff des Realismus für die erzählende Dichtung des neunzehnten Jahrhunderts. Tübingen 1957

Brinkmann, Richard: Theodor Fontane: Über die Verbindlichkeit des Unverbindlichen. München 1967

Brinkmann, Richard (Hrsg.): Begriffsbestimmung des literarischen Realismus. Darmstadt 1969

Brinkmann, Richard: Wirklichkeit und Illusion. Studien über Gehalt und Grenzen des Begriffs Realismus für die erzählende Dichtung des 19. Jahrhunderts. Tübingen 1977

Brinkmann, Richard: Der angehaltene Moment. Requisiten – Genre – Tableau. In: Brinkmann, R.: Wirklichkeiten. Essays zur Literatur. Tübingen 1982, 221–286

Brockhoff, Maximilian II. Brockhoff, Evamaria: »... ob Sie geneigt wären, nach Bayern und zwar nach München umzusiedeln...«. Maximilian II. und die Literatur. In: *König Maximilian II. von Bayern*, 211–223

Brösel, Kurt: Veranschaulichung im Realismus, Impressionismus und Frühexpressionismus. München 1928

Brümmer, Franz: Art. =Bormann. In: Allgemeine Deutsche Biographie. Bd. 47. 1903, 113 ff

Bruhns, Julius: »Es klingt im Sturm ein altes Lied!« Aus der Jugendzeit der Sozialdemokratie. Berlin 1921

Bruns/Parr/Wülfing, Vereine Bruns, Karin/Parr, Rolf/Wülfing, Wulf: Forschungsprojekt »Literarisch-kulturelle Vereine und Gruppen im 19. und frühen 20. Jahrhundert« Entwicklung – Aspekte – Schwerpunkte. In: Zeitschrift für Germanistik. 1994. H. 3, 493–505

Buch, Hans Christoph: ›Ut Pictura Poesis‹: Die Beschreibungsliteratur und ihre Kritiker von Lessing bis Lukács. München 1972

Bucher, Drama Bucher, Max: Drama und Theater. In: *Bucher u. a. (Hrsg.), Realismus,* Bd. 1, 136–150

Bucher, Literaturkritik Bucher, Max: Voraussetzungen der realistischen Literaturkritik. In: *Bucher u. a. (Hrsg.), Realismus.* Bd. 1, 32–47

Bucher u. a. (Hrsg.), Realismus Bucher, Max/Hahl, Werner/Jäger, Georg/Wittmann, Reinhard (Hrsg.): Realismus und Gründerzeit. Manifeste und Dokumente zur deutschen Literatur 1848–1880. 2 Bde. Stuttgart 1975/76

Buchner, Freiligrath Buchner, W. : Ferdinand Freiligrath. Ein Dichterleben in Briefen. Bd. 1.2. Lahr 1882

Büchting, Adolph: Catalog der in den Jahren 1850–1869 in deutscher Sprache erschienenen belletristischen Gesammt- und Sammelwerke, Romane, Novellen, Erzählungen ⟨...⟩ in Original und Übersetzung. 3 Bde. Nordhausen 1860–70

Bünger, Ferdinand: Entwickelungsgeschichte des Volksschullesebuches. Hrsg. unter Benutzung amtlicher Quellen von Schulrat Ferd. Bünger, Seminardirektor zu Lüneburg. Leipzig 1898

Bürgel, Unterhaltungsliteratur Bürgel, Tanja: Das Problem der Unterhaltungsliteratur in der deutschen Arbeiterpresse vor dem Sozialistengesetz. In: Literatur und proletarische Kultur. Beiträge zur Kulturgeschichte der deutschen Arbeiterklasse im 19. Jahrhundert. Berlin 1983, 163 ff

Bürgel, Tanja (Hrsg.): Tendenzkunst-Debatte. 1910–1912. Dokumente zur Literaturtheorie und Literaturkritik der revolutionären deutschen Sozialdemokratie. Berlin (DDR) 1987 (Textausgaben zur frühen sozialistischen Literatur 27)

Bürger, Populärästhetik Bürger, Christa: Philosophische Ästhetik und Populärästhetik. Vorläufige Überlegungen zu den Ungleichzeitigkeiten im Prozeß der Kunstautonomie. In: Bürger, Peter (Hrsg.): Zum Funktionswandel der Literatur. Frankfurt/M. 1983, 107–126

Bürger, Peter: Literarischer Markt und autonomer Kunstbegriff. Zur Dichotomisierung der Literatur im 19. Jahrhundert. In: Zur Dichotomisierung von hoher und niederer Literatur. Hrsg. von C. Bürger/P. Bürger/J. Schulte-Sasse. Frankfurt/M. 1982

Büttner, Herwegh Büttner, Wolfgang: Georg Herwegh – ein Sänger des Proletariats. Der Weg eines bürgerlich-demokratischen Poeten zum Streiter für die Arbeiterbewegung. Berlin 1970, ²1976

Büttner, Freiligrath Büttner, Wolfgang, Wie Freiligrath zum politischen Dichter wurde. In: Grabbe-Jahrbuch 10, 1991, 100–112

Büttner, Zwei Dichter Büttner, Wolfgang: Zwei Dichter erleben eine deutsche Revolution. Ferdinand Freiligrath und Georg Herwegh 1848/49. In: Grabbe-Jahrbuch 11, 1992, 136–148

Bullivant/Ridley, Industrie Bullivant, Keith/Ridley, Hugh (Hrsg.): Industrie und deutsche Literatur 1830–1914. München 1976

Bulmahn, Glaßbrenner Bulmahn, Heinz: Adolf Glaßbrenner. His Development from »Jungdeutscher« to »Vormärzler«. Amsterdam 1978

Burger, Heinz Otto: Der plurale Realismus des 19. Jahrhunderts. In: Burger, H.O. (Hrsg.): Annalen der deutschen Literatur. Stuttgart ²1971, 621–718

Burwick, Münchner Dichterkreis Burwick, Fritz: Die Kunsttheorie des Münchner Dichterkreises. Diss. Greifswald 1932

Bußmann, Walter: Zur Geschichte des deutschen Liberalismus im 19. Jahrhundert. In: Historische Zeitschrift 186, 1959, 527–557

Bußmann, Walter: Gustav Freytag. Maßstäbe einer Zeitkritik. In: Archiv für Kulturgeschichte 34, 1951, 261–287

Carrière, Poesie Carrière, Moriz: Das Wesen und die Formen der Poesie. Ein Beitrag zur Philosophie des Schönen und der Kunst. Mit literarhistorischen Erläuterungen, Leipzig 1854. Zweite Aufl. u. d. Titel: Die Poesie. Ihr Wesen und ihre Gesetze. Leipzig 1884

Carrière, Ästhetik Carrière, Moriz: Aesthetik. Die Idee des Schönen und ihre Verwirklichung durch Natur, Geist und Kunst. T. 1. 2. Leipzig 1859 (²1884)

Carrière, Schiller Carrière, Moriz: Festrede bei der Feier von Schillers hundertstem Geburtstag in München. In: Ders.: Lessing. Schiller. Goethe. Jean Paul. Vier Gedenkreden auf deutsche Dichter, Gießen 1862; zuerst in: Sammlung der vorzüglichsten Dichtungen, Prologe, Vorträge und Sprüche zur Schiller-Feier 1859, Heft III. München 1859

Carrière, Das neue deutsche Reich Carrière, Moriz: Das neue deutsche Reich und die sittliche Weltordnung. In: Ders.: Das Weltalter des Geistes im Aufgange. Literatur und Kunst im achtzehnten und neunzehnten Jahrhundert. Leipzig ²1874

Carrière, Weltordnung Carrière, Moriz: Die sittliche Weltordnung, Leipzig 1877

Chamberlain, Houston Stewart: Richard Wagner. München 1911

Champfleury, Jules: Le Réalisme. Paris 1857

Chiarini, Paolo: L'avanguardia e la poetica del realismo. Bari 1961

Comenius, Johann Amos: Große Didaktik. In neuer Übersetzung hrsg. v. Andreas Flitner. Düsseldorf und München 1959

Conrad, Günter: Johann Nepomuk Nestroy 1801–1862. Bibliographie zur Nestroyforschung und -rezeption. Berlin 1980

Conrad, Michael Georg: Zur Einführung. In: Die Gesellschaft. Realistische Wochenschrift für Litteratur, Kunst und öffentliches Leben. Hrsg. v. Michael Georg Conrad. 1. Jg. München. 1. 1. 1885. Nr. 1, 1ff

Conrady, Karl Otto: Illusionen der Literaturgeschichte. In: Literatur und Sprache im historischen Prozeß, 11–31

Conrady, Gedichtbuch Conrady, Karl Otto (Hrsg.): Das große deutsche Gedichtbuch. Kronberg/Ts. 1977

Coupe, William Arthur: Der Doppelsinn des Lebens: Die Doppeldeutigkeit in der Novellistik Theodor Storms. Schriften der Theodor-Storm-Gesellschaft 26, 1977, 9–21

Cowen, Bildlichkeit Cowen, Roy C.: Die Bildlichkeit in der Lyrik Gottfried Kellers. Diss. Göttingen 1961

Cowen, Roy C.: Neunzehntes Jahrhundert. Handbuch der deutschen Literaturgeschichte. 2. Abt.: Bibliographien Bd. 9. Bern/München 1970

Cowen, Drama Cowen, Roy C.: Das deutsche Drama im 19. Jahrhundert. Stuttgart 1983. (Slg. Metzler 247)

Cowen, Roy C.: Spiegel und Wiederspiegelung: Zu Kellers Märchen »Spiegel, das Kätzchen.« In: Steinecke, H. (Hrsg.): Zu Gottfried Keller. Stuttgart 1984, 68–78

Cowen, Realismus Cowen, Roy C.: Der poetische Realismus. Kommentar zu einer Epoche. München 1985

Cowen, Roy C.: Allgemeine Bibliographie zum Drama im 19. Jahrhundert. In R. C.: Das deutsche Drama im 19. Jahrhundert. Stuttgart 1988. (Slg. Metzler 247), 213–228

Cysarz, Herbert: Von Schiller zu Nietzsche. Hauptfragen der Dichtungs- und Bildungsgeschichte des jüngsten Jahrhunderts. Halle 1928

Dahlhaus, Carl: Richard Wagners Musikdramen. Velber 1971

Dahlhaus, Carl: Musikalischer Realismus. Zur Musikgeschichte des 19. Jahrhunderts. München 1982

Dampier, Geschichte Dampier, William Cecil: Geschichte der Naturwissenschaft in ihrer Beziehung zu Philosophie und Weltanschauung. Wien 1952

Dann, Otto (Hrsg.): Lesegesellschaften und bürgerliche Emanzipation. Ein europäischer Vergleich. München 1981

David, Romantik und Symbolismus David, Claude: Zwischen Romantik und Symbolismus 1820–1885. Gütersloh 1966 (Geschichte der deutschen Literatur, hrsg. v. Horst Rüdiger)

Dedner, Burghard: Wege zum »Realismus« in der aufklärerischen Darstellung des Landlebens. In: Wirkendes Wort 18, 1968, 303–319

Deleuze, Nietzsche Deleuze, Gilles: Nietzsche und die Philosophie. München 1976

Deleuze, Gilles: Sacher-Masoch und der Masochismus. In: Sacher-Masoch: Venus im Pelz. Frankfurt/M. 1980, 165–281

Deleuze, Gilles/Guattari, Félix: Anti-Ödipus. Kapitalismus und Schizophrenie I. Frankfurt/M. 1974

Deleuze/Guattari, Kafka Deleuze, G./Guattari, F.: Kafka. Für eine kleine Literatur. Frankfurt/M. 1976

Delius, Friedrich Christian: Der Held und sein Wetter. Ein Kunstmittel und sein ideologischer Gebrauch im Roman des bürgerlichen Realismus. München 1971

Demetz, Peter: Über Fontanes Realismus. In: Orbis Litterarum 16, 1961, 34–47

Demetz, Peter: Defenses of Dutch Painting and the Theory of Realism. In: Comparative Literature 15, 1963, 97–115

Demetz, Peter: Formen des Realismus. Theodor Fontane. Kritische Untersuchungen. München 1964

Demetz, Peter: Zur Definition des Realismus. In: Literatur und Kritik 1967, 333–345

Demetz, Peter: Über die Fiktionen des Realismus. In: Neue Rundschau 88, 1977, 554–567

Denkler, Restauration Denkler, Horst: Restauration und Revolution. Politische Tendenzen im deutschen Drama zwischen Wiener Kongreß und Märzrevolution. München 1973

Denkler, Horst: Volkstümlichkeit, Popularität und Trivialität in den Revolutionslustspielen der Berliner Achtundvierziger. In: Grimm, Reinhold und Hermann, Jost (Hrsg.): Popularität und Trivialität. Frankfurt/M. 1974, 77–100

Denkler, Phantasie Denkler, Horst: Die Antwort literarischer Phantasie auf eine der ›größten Fragen der Zeit‹. Zu Wilhelm Raabes ›Sommerferienheft‹ ›Pfisters Mühle‹. In: H. D.: Neues über Wilhelm Raabe. Zehn Annäherungsversuche an einen verkannten Schriftsteller. Tübingen 1988

Denkler, Horst (Hrsg.): Romane und Erzählungen des Bürgerlichen Realismus. Stuttgart 1980

Der Deutschunterricht 3, 1951, H. 2; 5, 1953, H. 1: Deutsche Novellen des 19. Jahrhunderts

Deutsch-österreichische Literaturgeschichte. Ein Handbuch zur Geschichte der deutschen Dichtung in Österreich-Ungarn. Hrsg. von J. W. Nagel/ J. Zeidler. Wien 1935

Deutsche Dichter des 19. Jahrhunderts. Ihr Leben und Werk. Hrsg. von B. von Wiese. Berlin 1969

Deutsche Literatur der Jahrhundertwende. Hrsg. von V. Žmegač. Königstein/Ts. 1981

Deutsche Literatur des 19. Jahrhunderts (1830–1895). Erster Bericht: 1960–1975. Von Gotthart Wunberg in Zusammenarbeit mit Rainer Funke. Bern/Frankfurt/M./Las Vegas 1980. (Bes. Kap. »Drama«, 240–254.)

Deutsche Schriftsteller im Porträt. Bd. 4: Das 19. Jahrhundert. Hrsg. von H. Häntzschel. München 1981

Deutsche Sozialgeschichte. Bd.1 (1815–1870). Hrsg. von W. Pöls. München 1979. Bd. 2 (1870–1914). Hrsg. von G. A. Ritter/ J. Kocka. München ²1977

Deutschland, Deutschland Deutschland, Deutschland. Politische Gedichte vom Vormärz bis zur Gegenwart. Hrsg. v. Helmut Lamprecht. Bremen 1969

Deutschsprachige Anthologie Bark, Joachim/Pforte, Dietger (Hrsg.): Die deutschsprachige Anthologie. 2 Bde. Frankfurt/M. 1969. Bd. 1: Ein Beitrag zu ihrer Theorie und eine Auswahlbibliographie des Zeitraums 1800–1950; Bd. 2: Studien zu ihrer Geschichte und Wirkungsform

Devrient, Edward: Geschichte der deutschen Schauspielkunst. Berlin 1905

Dichter über ihre Dichtungen Dichter über ihre Dichtungen. Hrsg. v. Klaus Jeziorski. München 1969

Die Akte Wilhelm Raabe. Hrsg. v. Helmut Richter. Weimar 1963 (Veröffentlichungen aus dem Archiv der Deutschen Schillerstiftung 4)

Die Akten Ferdinand Freiligrath und Georg Herwegh. Hrsg. v. Bruno Kaiser. Weimar 1963 (Veröffentlichungen aus dem Archiv der Deutschen Schillerstiftung 5/6)

Die Gartenlaube. Vollständiges Generalregister der ›Gartenlaube‹ 1853–1902. Von Friedrich Hofmann und J. Schmitt. Hildesheim 1978 (Leipzig 1882 ff.)

Die Kriegspoesie der Jahre 1870–1871. Geordnet zu einer poetischen Geschichte in 6 Bänden von E. Hensing, F. Metzger, Dr. Münch und Dr. Schneider. Mannheim 1873/74

Dieckmann, Wagner Dieckmann, Friedrich: Richard Wagner in Venedig. Darmstadt/Neuwied 1983

Diederich, Franz (Hrsg.): Von unten auf. Ein neues Buch der Freiheit. 2 Bde. Berlin 1911

Diehl, Siegfried: Zauberei und Satire im Frühwerk Nestroys. Bad Homburg 1969

Dierlam, R. J.: The Volksbühne Movement. Diss. Cornell 1948

Diesterweg, Sämtliche Werke Friedrich Adolph Diesterweg. Sämtliche Werke. Hrsg. v. Heinrich Deiters, Hans Ahrbeck, Robert Alt, Gerda Mundorf, Leo Regener u. a. Berlin (DDR) 1956 ff

Dietlein, Rudolf/Dietlein, Woldemar/Gosche, Richard/Polack, Friedrich (Hrsg.): Aus deutschen Lesebüchern. Dichtungen in Poesie und Prosa, erläutert für Schule und Haus. Unter Mitwirkung namhafter Schulmänner hrsg. v. R. D./W. D./R. G. und F. P. Gera/Leipzig ³1891

Dietlein, Woldemar: Die Dichtungen der Deutschen Volks-Schullesebücher. Materialien zur schulgemäßen Behandlung von Lesestücken aus den verbreitetsten Lesebüchern für Volksschulen. Unter Mitwirkung praktischer Schulmänner hrsg. v. W. D., Rektor. Bd. I. Unter- und Mittelstufe. Wittenberg 1886. Bd. II. Oberstufe. Wittenberg 1887

Dietrich, Margret: Europäische Dramaturgie im 19. Jahrhundert. Graz/Köln 1961

Dietrich, Margaret: Jupiter in Wien oder Götter und Helden der Antike im Altwiener Volkstheater. Wien/Köln 1967

Dietze, Walter: Ludwig Anzengruber. In: W. D.: Erbe und Gegenwart. Aufsätze zur vergleichenden Literaturwissenschaft. Berlin/Weimar 1972, 58–134

Dilthey, Wilhelm: Das Erlebnis und die Dichtung. Leipzig ^{11}1939

Dingelstedt, Franz von: Münchener Bilderbogen. Berlin 1879

Dingelstedt, Franz Franz Dingelstedt. Lieder eines kosmopolitischen Nachtwächters. Hrsg. v. Hans-Peter Bayerdörfer. Tübingen 1978 (Deutsche Texte 49)

Dittrich, Arbeiterbildung Dittrich, Eckhard: Arbeiterbewegung und Arbeiterbildung im 19. Jahrhundert. Bensheim 1980

Doeberl, Entwicklungsgeschichte Doeberl, Michael: Entwicklungsgeschichte Bayerns, Bd. 3. München 1931

Dohn, Walter: Das Jahr 1848 im deutschen Drama und Epos. Stuttgart 1912

Dosenheimer, Elise: Das deutsche soziale Drama von Lessing bis Sternheim. Konstanz 1949 (Reprint Darmstadt 1967)

Dowe, Arbeitersängerbewegung Dowe, Dieter: Die Arbeitersängerbewegung in Deutschland vor dem Ersten Weltkrieg – eine Kulturbewegung im Vorfeld der Sozialdemokratie. In: Ritter, Gerhard A. (Hrsg.): Arbeiterkultur. Königstein/Ts. 1979, 122–144 Dowe, D.: Bibliographie zur Geschichte der deutschen Arbeiterbewegung, sozialistischen und kommunistischen Bewegung von den Anfängen bis 1863. Bonn/Bad Godesberg 1976

Dresch, Joseph: La révolution de 1848 et la littérature allemande. In: Revue de Littérature Comparée 22, 1948, 176–199

Drewitz, Berliner Salons Drewitz, Ingeborg. Berliner Salons. Gesellschaft und Literatur zwischen Aufklärung und Industriezeitalter. Berlin 1965

Drews/Gerhard, Boden Drews, Axel/Gerhard, Ute: Der Boden, der nicht zu bewegen war. Ein zentrales Kollektivsymbol der bürgerlichen Revolution in Deutschland. In: Link, J./Wülfing, W. (Hrsg.): Bewegung und Stillstand in Metaphern und Mythen. Stuttgart 1984, 142–148

Drews, Axel/Gerhard, Ute/Link, Jürgen: Moderne Kollektivsymbolik. Eine diskurstheoretische Einführung mit Auswahlbibliographie. In: Internationales Archiv für Sozialgeschichte der deutschen Literatur. 1. Sonderheft Forschungsreferate. Tübingen 1985, 256–375

Drews, Jörg: Wider einen neuen Realismus. In: Merkur 29, 1975, 29–39

Droste-Hülshoff, Annette von: Die Judenbuche. Hrsg. v. Winfried Freund. München ^{4}1992

Drust, H. (Hrsg.): Für unserer Kinder. Texte aus der Kinderbeilage der ›Gleichheit‹ 1905–1917. Berlin (DDR) 1986

Dürr, Volker/Harms, Kathy/Hays, Peter (Hrsg.): Imperial Germany. University of Wisconsin Press, 1985

Dumesnil, René: Le réalisme. Paris 1936
Dumesnil, René: L'époque réaliste et naturaliste. Paris 1945
Durzak, Manfred: Politisches oder politisiertes Drama? Bemerkungen zu Hebbels ›Agnes Bernauer‹. In: Hebbel-Jahrbücher 22, 1973, 9–31
Dusen, Literary Ambitions Dusen, Robert van: The Literary Ambitions and Achievements of Alexander von Humboldt. Bern/Frankfurt/M. 1971
Dymschitz, Alexander: Zur Sickingen-Debatte. In: Weimarer Beiträge 6, 1960, 747–779
Eberhard, Karl: Die Poesie in der Volksschule. Deutsche Dichtungen für den Schulgebrauch erläutert. Langensalza ⁴1890
Eberlein, Alfred: Die Presse der Arbeiterklasse und sozialen Bewegung. 5 Bde. Berlin 1968ff
Ebersold, Günther: Politik und Gesellschaftskritik in den Novellen Theodor Storms. Frankfurt/M./Bern 1981
Edler, Erich: Die Anfänge des sozialen Romans und der sozialen Novelle in Deutschland. Frankfurt/M. 1977
Eggers, Ulf Konrad: Aspekte zeitgenössischer Realismustheorie, besonders des bundesdeutschen »Sprachrealismus.« Bonn 1976
Eggert, Roman Eggert, Hartmut: Studien zur Wirkungsgeschichte des deutschen historischen Romans 1850–1875. Frankfurt/M. 1971
Eggert, Hartmut/Kurz, Hermann: Der Sonnenwirt (1855). Fiktion und Dokument – Formkrise des historischen Romans im 19. Jahrhundert. In: Romane und Erzählungen des Bürgerlichen Realismus, 124–137
Eibl, Karl: ›Realismus‹ als Widerlegung von Literatur. Dargestellt am Beispiel von Lenz' »Hofmeister.« In: Poetica 6, 1974, 457–467
Eisele, Realismus und Ideologie Eisele, Ulf: Realismus und Ideologie. Zur Kritik der literarischen Theorie nach 1848 am Beispiel des ›Deutschen Museums‹. Stuttgart 1976
Eisele, Realismus-Problematik Eisele, Ulf: Realismus-Problematik. Überlegungen zur Forschungssituation. In: Deutsche Vierteljahrsschrift für Literatur und Geistesgeschichte 51, 1977, 148–174
Eisele, Detektiv Eisele, Ulf: Der Dichter und sein Detektiv. Raabes ›Stopfkuchen‹ und die Frage des Realismus. Tübingen 1979
Eisele, Realismus-Theorie Eisele, Ulf: Realismus-Theorie. In: *Glaser (Hrsg.), Nachmärz*, 36–46
Eisenbeiß, Ulrich: Didaktik des novellistischen Erzählens im Bürgerlichen Realismus. Literaturdidaktische Studien zu Keller, Raabe und Storm. Frankfurt/M. 1985
Eisfeld, Gerhard: Die Entstehung der liberalen Parteien in Deutschland 1858–1870. Studie zu den Organisationen und Programmen der Liberalen und Demokraten. Hannover 1969
Eller, W. H.: Ibsen in Germany. Boston 1918
Eloesser, Arthur: Das bürgerliche Drama. Seine Geschichte im 18. und 19. Jahrhundert. Berlin 1898 (Reprint Genf 1970)
Eloesser, Arthur: Die deutsche Literatur vom Barock bis zur Gegenwart. Bd. 2: Von der Romantik bis zur Gegenwart. Berlin 1931

Elsberg, J.: Strittige Fragen bei der Untersuchung des Realismus im Zusammenhang mit dem Problem des klassischen Erbes. In: Probleme des Realismus in der Weltliteratur. Berlin 1962, 27–67

Elster, H.M.: Ernst von Wildenbruch, Leipzig 1934

Emig, Veredelung Emig, Brigitte: Die Veredelung des Arbeiters. Sozialdemokratie als Kulturbewegung. Frankfurt/M./New York 1980

Emmel, Hildegard: Geschichte des deutschen Romans. Bd. 2. Bern/München 1975

Emmerich, Wolfgang (Hrsg.): Proletarische Lebensläufe. Dokumente zur Entstehung der zweiten Kultur in Deutschland. 2 Bde. Reinbek 1974

Enders, Horst: Zur Populär-Ästhetik im 19. Jahrhundert. »Sinnlichkeit« und »Inneres Bild« in der Poetik Rudolph Gottschalls. In: Beiträge zur Theorie der Künste im 19. Jahrhundert. Hg. von H. Koopmann/J.A. Schmoll gen Eisenwerth. Frankfurt/M. 1971, Bd.1, 66–84

Engel, Eduard: Geschichte der deutschen Literatur von den Anfängen bis zur Gegenwart. Bd.2: Das 19. Jahrhundert und die Gegenwart. Wien/Leipzig 1906

Engelmann, Günther: Das historische Drama im ausgehenden 19. Jahrhundert unter dem Zeichen des Renaissancismus und der nationalen Einigung. Diss. München, 1957

Engler, Winfried: Die Vorbereitung der französischen Realismusdiskussion im 19. Jahrhundert. In: Zeitschrift für französische Sprache und Literatur, 81, 1971, 193–207

Enzinger, Dichterleben Enzinger, Moriz (Hrsg.): Ein Dichterleben aus dem alten Österreich Ausgewählte Briefe Adalbert Stifters. Innsbruck 1947

Ermatinger, Emil: Deutsche Dichter 1700–1900. Eine Geistesgeschichte in Lebensbildern. T. 2: Vom Beginn des deutschen Idealismus bis zum Ausgang des Realismus. Bonn 1949

Evans, Catherine: Charlotte Birch-Pfeiffer: Dramatist. Diss. Cornell University, 1982

Evans, Tamara S.: Formen der Ironie in C. F. Meyers Novellen. Bern 1980

Faber, Realpolitik Faber, Karl-Georg: Realpolitik als Ideologie. Die Bedeutung des Jahres 1866 für das politische Denken in Deutschland. In: Historische Zeitschrift 203, 1966, 1–45

Faber, Karl-Georg: Strukturprobleme des deutschen Liberalismus im 19. Jahrhundert. In: Der Staat 14, 1975, 201–227

Fairley, Barker: Wilhelm Raabe. Eine Deutung seiner Romane. München 1961

Farese, Herwegh Farese, Giuseppe: Georg Herwegh und Ferdinand Freiligrath. Zwischen Vormärz und Revolution. In: Mattenklott, Gert/Scherpe, Klaus R.: Demokratisch-revolutionäre Literatur in Deutschland: Vormärz. Kronberg/Ts. 1974, 187–244

Farese, Giuseppe: Poesia e rivoluzione in Germania, 1830–1850. Rom 1974

Faßbender-Ilge, Monika H.: Liberalismus – Wissenschaft – Realpolitik. Frankfurt/M. 1981

Fechner, Heinrich: Geschichte des Volksschul-Lesebuches. In: Pädagogische Blätter für Lehrerbildung und Lehrerbildungsanstalten 14, 1885, 45–74

Fechter, Paul: Das Europäische Drama. 3 Bde. Mannheim 1956–1958

Fehr, Karl: Der Realismus in der schweizerischen Literatur. Bern 1965

Fehr, Karl: Der Realismus (1830–1885). In: Deutsche Literaturgeschichte in Grundzügen. Hrsg. von B. Boesch. 3. Aufl. Bern 1967, 348–406

Fehr, C. F. Meyer Fehr, Karl, Conrad Ferdinand Meyer. Stuttgart ²1980

Fehr, Karl: Conrad Ferdinand Meyer. Auf- und Niedergang seiner dichterischen Produktivität im Spannungsfeld von Erbanlagen und Umwelt. Bern 1983

Fehrenbach, Wandlungen Fehrenbach, Elisabeth: Wandlungen des deutschen Kaisergedankens 1871–1918

Feißkohl, Ernst Keil Feißkohl, Karl: Ernst Keils publizistische Wirksamkeit und Bedeutung. Stuttgart 1914

Feldt, Erlebnislyrik Feldt, Michael: Lyrik als Erlebnislyrik. Zur Geschichte eines Literatur- und Mentalitätstypus zwischen 1600 und 1900. Heidelberg 1990

Fenner, Birgit: Friedrich Hebbel zwischen Hegel und Freud. Stuttgart 1979

Ferrari, Luigi: Paul Heyse und die literarischen Strömungen seiner Zeit. 1939

Fesser, Gerd: Linksliberalismus und Arbeiterbewegung. Die Stellung der deutschen Fortschrittspartei zur Arbeiterbewegung 1861 bis 1866. Berlin 1976

Feudel, Werner (Hrsg.): Morgenruf. Vormärzlyrik 1840–1850. Leipzig 1974

Feudel, Politisches Gedicht Feudel, Werner: Politisches Gedicht und revolutionärer Kampf. Der politische Dichter Georg Herwegh. In: Weimarer Beiträge 21, 1975, 39–52

Fiehler, Stammbuch Fiehler, Alfred: Vom Stammbuch zum Poesiealbum. Eine volkskundliche Studie. Weimar 1960

Fischer, Ernst: Entfremdung, Dekadenz, Realismus. In: Sinn und Form 1962, H. 5–6, 816–854

Fischer, Mit Gott Fischer, Hubertus: »Mit Gott für König und Vaterland!« In: Fontane-Blätter 58, 1994, 62–88

Fischer, Konrad: Geschichte des Deutschen Volksschullehrerstandes von K. F., Seminarlehrer. Bd. 2. Von 1790 bis auf die Gegenwart. Hannover 1892

Flatz, Roswitha: Das Bühnenerfolgsstück des 19. Jahrhunderts. In: Hinck, Walter: Handbuch des deutschen Dramas. Düsseldorf 1980, 301–310

Fleig, Horst: Sich versagendes Erzählen. Göppingen 1974

Fleischel, John Maynard Fleischel, Manfred P.: John Maynard – Dichtung und Wahrheit. In: Zeitschrift für Religions- und Geistesgeschichte 16, 1964, 168–173

Fliedl, Autorinnen Fliedl, Konstanze: Auch ein Beruf. »Realistische« Autorinnen im 19. Jahrhundert. In: Brinker-Gabler, Gisela (Hrsg.): Deutsche Literatur von Frauen. Bd. 2. München 1988, 69–85

Fontane 1819–1969. Stationen seines Werkes. Ausstellung und Katalog von Walther Migge unter Mitarb. von Anneliese Hofmann und Ingrid Bode. Stuttgart 1969 (Sonderausstellungen des Schiller-Nationalmuseums. Katalog Nr. 20)

Fontanes Realismus: Wissenschaftliche Konferenz zum 150. Geburtstag Theodor Fontanes in Potsdam. Vorträge und Berichte. Berlin 1972

Fontane im literarischen Leben seiner Zeit Theodor Fontane im literarischen Leben seiner Zeit. Beiträge zur Fontane-Konferenz vom 17. bis 20. Juni 1986 in Potsdam. Mit einem Vorwort von Otfried Keiler. Berlin (DDR) 1987 (Beiträge aus der Deutschen Staatsbibliothek 6)

Fontius, Denkform Fontius, Martin: Das Ende einer Denkform. Zur Ablösung des Nachahmungsprinzips im 18. Jahrhundert. In: Literarische Widerspiegelung. Berlin/Weimar 1981, 189–238

Forschungsbericht: Bürgerlicher Realismus. Von Bernd und Cordula Kahrmann. In: Wirkendes Wort 23, 1973, 53–68; 24, 1974, 339–356; 26, 1976, 356–381

Foucault, Michel: La pensée du dehors. In: Critique 6/1966 (Deutsche Übersetzung Foucault, Michel: Schriften zur Literatur. München 1974, 130–156)

Foucault, Archäologie Foucault, Michel: Archäologie des Wissens. Frankfurt/M. 1981 (suhrkamp taschenbuch wissenschaft 356)

François, Louise von: Ausgewählte Novellen. 2 Bde. Berlin 1868

Frank, Deutschunterricht Frank, Horst Joachim: Geschichte des Deutschunterrichts. Von den Anfängen bis 1945. München 1973

Frank, Problem ›Zeit‹ Frank, Manfred: Das Problem ›Zeit‹ in der deutschen Romantik. Zeitbewußtsein und Bewußtsein von Zeitlichkeit in der frühromantischen Philosophie und in Tiecks Dichtung. München 1972

Franz, J.: Sozialdemokratische Lieder und Deklamationen. Zürich 1875 (3. bedeut. verm. Aufl.)

Frederiksen, Elisabeth: Deutsche Autorinnen im 19. Jahrhundert. Neue kritische Ansätze. In: Colloquia Germanica 14, 1981, 97–113

Frei, Norbert: Theodor Fontane. Die Frau als Paradigma des Humanen. Königstein i. Ts. 1981

Frenzel, Herbert: Geschichte des Theaters. Daten und Dokumente 1470–1980. München 1979. 2., durchges. und stark erw. Aufl. 1984

Frenzel, Karl: Das »Moderne« in der Kunst. In: K. Frenzel: Neue Studien. Berlin 1868, 1–25

Frenzel, Karl: Berliner Dramaturgie. Hannover 1877

Freund, Winfried: Die deutsche Kriminalnovelle von Schiller bis Hauptmann. Paderborn ²1980

Freund, Schrei Freund, Winfried: »...ein Schrei voll Schmerz«. Ferdinand Freiligraths ›Trompete von Gravelotte‹. In: Grabbe-Jahrbuch 5, 1986, 73–82

Freund, Winfried: Theodor Storm. Stuttgart 1987

Freund, Winfried: Literarische Phantastik. Die phantastische Novelle von Tieck bis Storm. Stuttgart 1990

Freund, Winfried: Demokrat, Richter, Kriminalautor. Eine Wiederbegegnung mit Jodokus Donatus Hubertus Temme. In: Autoren damals und heute. Amsterdamer Beiträge zur neueren Germanistik 31/33 (1991), 257–271

Freund, Winfried (Hrsg.): Deutsche Novellen. Von der Klassik bis zur Gegenwart. München 1993 (UTB 1753)

Freund, Winfried: Theodor Storm. Stuttgart 1994 (Literaturwissen für Schule und Studium)

Fricke, Fontanesche Jugendlyrik Fricke, Hermann: Zur Entwicklung der Fontaneschen Jugendlyrik. In: Jahrbuch für Brandenburgische Landesgeschichte 25, 1975, 125–145

Friedrich, Cäcilia (Hrsg.): Aus dem Schaffen früher sozialistischer Schriftstellerinnen. Berlin (DDR) 1966 (Textausgaben zur frühen sozialistischen Literatur 8)

Friedrich, Cäcilia (Hrsg.): Kalendergeschichten. Berlin (DDR) 1975 (Textausgaben zur frühen sozialistischen Literatur 14)

Friedrich, Wolfgang: Im Klassenkampf. Deutsche revolutionäre Lieder und Gedichte aus der zweiten Hälfte des 19. Jahrhunderts. Halle/Saale 1962

Friedrichs, Elisabeth: Die deutschsprachigen Schriftstellerinnen des 18. und 19. Jahrhunderts. Ein Lexikon. Stuttgart 1981

Friesen, Gerhard: The German panoramic novel of the 19th century. Bern 1972

Frühwald, Hauke Haien Frühwald, Wolfgang: Hauke Haien, der Rechner. Mythos und Technikglaube in Theodor Storms Novelle ›Der Schimmelreiter‹. In: Frühwald, W./Martino, A. (Hrsg.): Literaturwissenschaft und Geistesgeschichte. Festschrift für Richard Brinkmann. Tübingen 1981, 438–457

Fügen, Geibel und Heyse Fügen, Hans Norbert: Geibel und Heyse. In: H. N. F.: Dichtung in der bürgerlichen Gesellschaft. Sechs literaturhistorische Studien. Bonn 1972, 28–50

Fülleborn, Ulrich: Frührealismus und Biedermeierzeit. In: Begriffsbestimmung des literarischen Biedermeier. Hrsg. von E. Neubuhr. Darmstadt 1974, 329–364

Füllner, Kein schöner Ding Füllner, Bernd: »Kein schöner Ding ist auf der Welt, als seine Feinde zu beißen«. Mit einem Abschnitt zur Entstehung und einem ausführlichen Erläuterungsteil. In: Grabbe-Jahrbuch 6, 1987, 105–121

Fuhrmann, Einführung Fuhrmann, Manfred: Einführung in die antike Dichtungstheorie. Darmstadt 1973

Fulda, Friedrich: Der Begriff des Geistes bei Hegel und seine Wirkungsgeschichte. In: Historisches Wörterbuch der Philosophie. Bd. 3. Basel/Stuttgart 1974, Sp. 191–199

Fuller, Gregory: Realismustheorie. Ästhetische Studie zum Realismusbegriff. Bonn 1977

Fullerton, Colporteur Fullerton, Ronald A.: Creating a Mass Book Market in Germany. The Story of the »Colporteur Novel« 1870–1890. In: Journal of Social History 1977, 265–283

Funke, Rainer: Beharrung und Umbruch 1830–1860. Karl Gutzkow auf dem Weg in die literarische Moderne. Frankfurt/M./Bern/New York/Nancy 1984

Furness, Raymond: Thomas Mann und Richard Wagner. Publications of the English Goethe Society, 42, 1993, 59–76

Gaede, Friedrich: Realismus von Brant bis Brecht. München 1972

Gärtner, Karlheinz: Theodor Fontane. Literatur als Alternative. Eine Studie zum »poetischen Realismus« in seinem Werk. Bonn 1978

Gafert, Karin: Die Soziale Frage in der Literatur und Kunst des 19. Jahrhunderts. 2 Bde. Kronberg/Ts. 1973

Gall, Lothar: »Sündenfall« des liberalen Denkens oder Krise der bürgerlichen Bewegung? Zum Verhältnis von Liberalismus und Imperialismus in Deutschland. In: Holl, K./List, G. (Hrsg.): Liberalismus und imperialistischer Staat. Göttingen 1975, 148–158

Gall, Bismarck Gall, Lothar: Bismarck. Der weiße Revolutionär. Berlin/Wien 1980

Gall, Europa Gall, Lothar: Europa auf dem Weg in die Moderne 1850–1890. München/Wien 1984

Gall, Lothar (Hrsg.): Liberalismus. Köln ²1980

Gansberg, Marie Luise: Der Prosa-Wortschatz des deutschen Realismus unter besonderer Berücksichtigung des vorausgehenden Sprachwandels 1835–1855. Bonn ²1966

Garland, Mary: Hebbel's Prose Tragedies. Cambridge 1973

Gebhard, Zusammenhang Gebhard, Walter: ›Der Zusammenhang der Dinge‹. Weltgleichnis und Naturverklärung im Totalitätsbewußtsein des 19. Jahrhunderts. Tübingen 1984

Geelen, Albert von: Martin Greif als Dramatiker in seinen Beziehungen zu Laube und zum Burgtheater unter Wilbrandt und Dingelstedt. Graz 1934

Gehlen, Glück Gehlen, Arnold: Das entflohene Glück. In: Merkur 30, 1976

Geißler, Rolf: Otto Ludwigs ›Erbförster‹. Zum Problem einer geschichtlich-soziologischen Intertretation. In: Diskussion Deutsch 8, 1972, 2–12

Genée, Rudolf: Geschichte der Shakespeare'schen Dramen in Deutschland. Leipzig 1870 (Reprint Hildesheim, 1969)

Georg Weerth Georg Weerth. Neue Studien. Hrsg. v. Bernd Füllner. Bielefeld 1988

George, D. E. R.: Henrik Ibsen in Germany. Göttingen 1968

Geppert, Hans Vilmar: Der »andere« historische Roman. Theorie und Strukturen einer diskontinuierlichen Gattung. Tübingen 1976

Gerhard, Ute: Aus ›luftiger Höhe‹ zum ›Boden der Tatsachen‹ – Bemerkungen zur Kollektivsymbolik in Deutschland Mitte des 19. Jahrhunderts. In: Das Selbstverständnis der Germanistik. Aktuelle Diskussionen. Vorträge des Germanistentages Berlin 1987. Bd. 2. Tübingen, 205–227

Gerhard, Schiller Gerhard, Ute: Schiller als »Religion«. Literarische Signaturen des 19. Jahrhunderts. München 1994

Gerlach, U. Henry: Hebbel-Bibliographie 1910–1970. Heidelberg 1973

Gerlach, U. Henry: Hebbel-Bibliographie 1970–1980. In: Hebbel-Jahrbuch 1983, 157–189

German literature of the nineteenth century, 1830–1880. A current bibliography. 1–4: 1946–1949. In: The Modern Language Forum 32, 1947; 34, 1949; 35, 1950; 37, 1952. 5–13: 1950–1958. Jährlich in: The Germanic Review 28–35, 1953–60

Gervinus, Georg Gottfried: Geschichte der poetischen Nationalliteratur der Deutschen. Leipzig 1835–1842

Geschichte der deutschen Literatur Geschichte der deutschen Literatur. Bd. VIII, 1/2: Von 1830 bis zum Ausgang des 19. Jahrhunderts. Berlin 1975

Gessler, Lebendig begraben Gessler, Lucius: Lebendig begraben. Studien zur Lyrik des jungen Gottfried Keller. Bern 1964

Giroday, Übersetzertätigkeit Giroday, Véronique de: Die Übersetzertätigkeit des Münchner Dichterkreises. Wiesbaden 1978

Glagau, Otto: Der Jude im Roman. In: *Bucher u. a. (Hrsg.): Realismus*. Bd. 2, 582

Glaser, Hermann: Friedrich Hebbel ›Agnes Bernauer‹. Frankfurt/M./Berlin 1964

Glaser, Restauration Glaser, Horst Albert: Die Restauration des Schönen. Stifters »Nachsommer«. Stuttgart 1965

Glaser, Einleitung Glaser, Horst Albert: Einleitung. In: *Glaser (Hrsg.): Nachmärz*, 7–10

Glaser (Hrsg.), Nachmärz Glaser, Horst Albert (Hrsg.): Deutsche Literatur. Eine Sozialgeschichte. Bd. 7: Vom Nachmärz zur Gründerzeit 1848–1880. Reinbek 1982

Glossy, Karl: Schreyvogels Tagebücher. Berlin 1903

Gnüg, Subjektivität Gnüg, Hiltrud: Entstehung und Krise lyrischer Subjektivität. Vom klassischen lyrischen Ich zur modernen Erfahrungswirklichkeit. Stuttgart 1983

Goedekes Grundriß zur Geschichte der deutschen Dichtung. Neue Folge (Fortführung von 1830–1880). Bd. 1. Hrsg. von G. Minde-Pouet/E. Rothe. Berlin 1962
Goehler, Schillerstiftung Goehler, Rudolf: Die deutsche Schillerstiftung 1859–1909. 2 Bde. Berlin 1909
Goethe, Wolfgang v.: Aus meinem Leben. Dichtung und Wahrheit. Hamburger Ausgabe Bd. 9
Goetzinger, Emanzipation Goetzinger, Germaine: Emanzipation und Politik in Publizistik und Roman des Vormärz. In: Brinker-Gabler, Gisela (Hrsg.): Deutsche Literatur von Frauen. München 1988, 86–104
Goff, Penrith: Wilhelminisches Zeitalter. Handbuch der deutschen Literaturgeschichte. 2. Abt.: Bibliographien Bd. 10. Bern/München 1970
Goldfriedrich, Buchhandel Goldfriedrich, Johann: Geschichte des Deutschen Buchhandels 1805–1889. Bd. 4. Leipzig 1913
Goldmann, Bernd: Nachwort zu ›Die Journalisten‹. Stuttgart 1974. (Reclams UB 6003)
Goltzsch, E. T. (Hrsg.): Pommersches Schul- und Hausbuch. Nach den Bestimmungen des Preußischen Schul-Regulativs bearb. v. E. T. Goltzsch, Seminar-Direktor in Stettin. Unter Mitwirkung von Pommerschen Synodal-Pastoral-Conferenzen und einzelner Geistlichen in vielen Teilen völlig umgearbeitet. Stettin ²1856
Gottschalk, Strachwitz Gottschalk, Hanns: Strachwitz und die Entwicklung der heldischen Ballade. Würzburg 1940
Gottschall, Rudolf: Adalbert Stifters letzter Roman. In: Blätter für literarische Unterhaltung 1858, 401 ff
Gottschall, Poetik Gottschall, Rudolf: Poetik. Breslau 1858
Gottschall, Rudolf: Die Classiker als Nationaleigenthum. In: Börsenblatt für den deutschen Buchhandel. 34. Jg. Nr. 261. 1867, 2870 (zit. nach *Bucher u. a. (Hrsg.), Realismus.* Bd. 2, 654 ff.)
Gottschall, Nationalliteratur Gottschall, Rudolf: Die deutsche Nationalliteratur des 19. Jahrhunderts, Bd. 3. Breslau ⁶1891
Gottschall, Rudolf: Zur Kritik des modernen Dramas. Berlin ²1900
Grab, Harro Harring Grab, Walter: Harro Harring. Revolutionsdichter und Odysseus der Freiheit. In: Mattenklott, Gert/Scherpe, Klaus (Hrsg.): Demokratisch-revolutionäre Literatur in Deutschland: Vormärz. Kronberg/Ts. 1973, 9–84
Grab, Freiligrath Grab, Walter: Ferdinand Freiligrath als ›Trompeter der Revolution‹ von 1848. In: Grabbe-Jahrbuch 9, 1990, 114–134
Grab/Fries, Deutschland Grab, Walter/Fries, Uwe: Noch ist Deutschland nicht verloren. Eine historisch-politische Analyse unterdrückter Lyrik von der Französischen Revolution bis zur Reichsgründung. München 1973
Grant, Damian: Realism. London 1970
Grawe, Christian (Hrsg.): Fontanes Novellen und Romane. Interpretationen. Stuttgart 1991
Gregor, Josef: Das Theater in der Wiener Josefstadt. Wien 1924
Gregor, Josef: Geschichte des österreichischen Theaters. Wien 1948
Gregor-Dellin, Martin: Richard Wagner. Sein Leben, sein Werk, sein Jahrhundert. München 1983
Gregory, Scientific Gregory, Frederick: Scientific Materialism in Nineteenth Century Germany. Dordrecht 1977

Greiner, Martin: Zwischen Biedermeier und Bourgeoisie. Ein Kapitel deutscher Literaturgeschichte. Göttingen 1953
Greiner, W. F./Kemmler, F. (Hrsg.): Realismustheorien in England (1692–1912). Texte zur historischen Dimension der englischen Realismusdebatte. Tübingen 1979
Grillparzer, Franz: Entwurf eines Briefes an den Schiller-Verein in Leipzig 1855 (zit. nach *Becker, Schiller,* 50)
Grimm, Nachwort Grimm, Gunter: Nachwort zu: Theodor Storm. Gedichte. Auswahl. Hrsg. v. Gunter Grimm. Stuttgart 1978, 121–161
Grimm, Reinhold (Hrsg.): Deutsche Romantheorien. Beiträge zu einer historischen Poetik des Romans in Deutschland. Frankfurt/M. 1968
Grimm, Reinhold (Hrsg.): Deutsche Dramentheorien. Beiträge zu einer historischen Poetik des Dramas im Deutschland. 2 Bde. Frankfurt/M. 1971, 3., verb. Aufl. 1981
Grimm, Reinhold/Hermand, Jost (Hrsg.): Realismustheorien. Stuttgart/Berlin/Köln/Mainz 1975
Grimm, Reinhold/Berghahn, Klaus L. (Hrsg.): Wesen und Form des Komischen im Drama. Darmstadt 1975 (Wege des Forschung 62)
Gröning, Karl und Kließ, Werner: Friedrichs Theaterlexikon. Velber b. Hannover 1969
Groschopp, Bierabend Groschopp, Horst: Zwischen Bierabend und Bildungsverein. Zur Kulturarbeit in der deutschen Arbeiterbewegung von 1914. Berlin (DDR) 1985
Groß, Heinrich: Deutsche Dichterinnen und Schriftstellerinnen in Wort und Bild. 3 Bde. Berlin 1885
Grosse, Ursachen Grosse, Julius: Ursachen und Wirkungen. Braunschweig 1896
Grosse, Siegfried: Zur Frage des Realismus in den deutschen Dichtungen des Mittelalters. In: Wirkendes Wort 22, 1972, 73–89
Grundmann, Hilmar (Hrsg.): Friedrich Hebbel. Neue Studien zu Werk und Wirkung. Heide 1982
Grunert, Lenore Grunert, Mark: Lenore oder die Versuchung des Bürgers: romantischer »Zauber« und realistische Ideologie in Gustav Freytags »Soll und Haben«. In: Monatshefte 85, 134–152
Gruppe, Volk Gruppe, Heidemarie: »Volk« zwischen Politik und Idylle in der ›Gartenlaube‹ 1853–1914. Bern/Frankfurt/M./München 1976
Gudde, Freiligrath Gudde, Erwin Gustav: Freiligraths Entwicklung als politischer Dichter. Berlin 1922
Günther, Vincent J.: Das Symbol im erzählerischen Werk Fontanes. Bonn 1967
Gugel, Aufstieg Gugel, Michael: Industrieller Aufstieg und bürgerliche Herrschaft. Sozioökonomische Interessen und politische Ziele des liberalen Bürgertums in Preußen zur Zeit des Verfassungskonfliktes 1857–1867. Köln 1975
Guthke, Kunstsymbolik Guthke, Karl S.: Meyers Kunstsymbolik. In: K. S. G.: Wege der Literatur. Studien zur deutschen Dichtungs- und Geistesgeschichte. Bern/München 1967, 187–204
Guthke, Karl S.: Das deutsche bürgerliche Trauerspiel. Stuttgart 1972. 4., überarb. u. erw. Aufl. 1984 (Slg. Metzler 116)
Guthke, Karl S.: Fontanes »Finessen«. »Kunst« oder »Künstelei«? In: Jahrbuch der deutschen Schillergesellschaft 26, 1982, 235–261

Gutzkow, Helden Gutzkow, Karl: Götter, Helden, Don-Quixote. Abstimmungen zur Beurteilung der Literarischen Epoche. Hamburg 1838

Haarmann, Konzentration Haarmann, Dieter: Grundformen didaktischer Konzentration in Herbarts System des erziehenden Unterrichts. In: Zeitschrift für Pädagogik. 16. Jg. 1970. H. 6, 781-799

Haas, Norbert: Henri vert (Exposé zu Lacans Diskursmathemen. Teil 2: Die Terme). In: Der Wunderblock. Zeitschrift f. Psychoanalyse 5/6, 1980, 15-22

Habermas, Erkenntnis Habermas, Jürgen: Erkenntnis und Interesse. Frankfurt/M. 1968

Habermas, Jürgen: Strukturwandel der Öffentlichkeit. 4. Aufl. Neuwied/Berlin 1969

Habermas, Diskurs der Moderne Habermas, Jürgen: Der philosophische Diskurs der Moderne. Frankfurt/M. 1985

Hadamovsky, Franz: Bücherkunde deutschsprachiger Theaterliteratur. 3 Bde. Wien 1982-1988

Hagen, E. A.: Geschichte des Theaters in Preussen. Königsberg 1854

Hahl, Werner: Reflexion und Erzählung. Ein Problem der Erzähltheorie von der Spätaufklärung bis zum programmatischen Realismus. Stuttgart 1971

Hahl, Werner: Realismus und Utopie in den 50er Jahren. Zu Gottfried Kellers »Fähnlein der sieben Aufrechten.« In: Martino, A. (Hrsg.): Literatur in der sozialen Bewegung. Tübingen 1977, 327-355

Hahl, Konservativismus Hahl, Werner: Gesellschaftlicher Konservativismus und literarischer Realismus. Das Modell einer deutschen Sozialverfassung in den Dorfgeschichten. In: *Bucher u. a. (Hrsg.), Realismus.* Bd.1, 48-95

Haltern, Utz: Politische Bildung und bürgerlicher Liberalismus. Zur Rolle des Konversationslexikons in Deutschland. In: Historische Zeitschrift 223, 1976, 61-97

Hamann, Richard/Hermand, Jost: Gründerzeit. Berlin 1965

Hamburger, Michael: »Realism« in German literature. In: Critical Quaterly 6, 1964, 367-372

Hamerow, Moralinfreies Handeln Hamerow, Theodore S.: Moralinfreies Handeln. Zur Entstehung des Begriffs *Realpolitik.* In: Grimm, R./Hermand, J. (Hrsg.): Realismustheorien in Literatur, Malerei, Musik und Politik. Stuttgart u. a. 1975, 31-47

Handschin, Charles H.: Bibliographie zur Technik des neueren deutschen Romans. In: Modern Language Notes 24, 1909, 230-234; 25, 1910, 5-8. Fortgeführt durch: Frey, John R.: Bibliographie zur Theorie und Technik des deutschen Romans. I: 1910-1938. In: Modern Language Notes 54, 1939, 557-567. II: 1939-1953. Ebd. 69, 1954, 77-88

Hannemann, Bruno: Johann Nestroy. Nihilistisches Weltheater und verflixter Kerl. Bonn 1977

Hanstein, Frauen Hanstein, Adalbert von: Die Frauen in der Geschichte des Deutschen Geisteslebens des 18. und 19. Jahrhunderts. Leipzig 1900

Häntzschel, Literarhistorischer Ort Häntzschel, Günter: Bemerkungen zum literarhistorischen Ort von Conrad Ferdinand Meyers Lyrik. In: Literatur in der sozialen Bewegung, Tübingen 1977, 355-369

Häntzschel, Frauenhand Häntzschel, Günter: »In zarte Frauenhand. Aus den Schätzen der Dichtkunst«. Zur Trivialisierung der Lyrik in der zweiten Hälfte des 19. Jahrhunderts. In: Zeitschrift für deutsche Philologie 99, 1980, 199-226

Häntzschel, Anstandsbücher Häntzschel, Günter: Anstandsbücher, Ratgeber, Bildungshilfen für Frauen im 19. Jahrhundert. In: Akten des VI. Internationalen Germanisten-Kongresses. Basel 1980. Teil 3, Reihe A, Bd. 8, 70-75

Häntzschel, Lyrik-Vermittlung Häntzschel, Günter: Lyrik-Vermittlung in Familienblättern. Dargestellt am Beispiel der ›Gartenlaube‹ 1885-1895. In: Literaturwissenschaftliches Jahrbuch der Görres-Gesellschaft 22. 1981, 155-185

Häntzschel, Lyrik-Markt Häntzschel, Günter: Lyrik und Lyrik-Markt in der zweiten Hälfte des 19. Jahrhunderts. Forschungsbericht und Projektskizzierung. In: Internationales Archiv für Sozialgeschichte der Literatur 7, 1982, 199-246

Häntzschel, Interdependenz Häntzschel, Günter: Zur Interdependenz von Lyrik und Gesellschaft in der zweiten Hälfte des 19. Jahrhunderts. In: Textsorten und literarische Gattungen. Dokumentation des Germanistentages in Hamburg vom 1.- 4. April 1979. Berlin 1983, 535-548

Häntzschel, Bildung Häntzschel, Günter (Hrsg.): Bildung und Kultur bürgerlicher Frauen 1850-1918. Tübingen 1986

Harden, Maximilian: Berlin als Theaterhauptstadt. Berlin 1888

Harden, Maximilian: Literatur und Theater. Berlin 1896

Hardtwig, Geschichtskultur Hardtwig, Wolfgang: Geschichtskultur und Wissenschaft. München 1990

Harkort, Bemerkungen Harkort, Friedrich: Bemerkungen über die Hindernisse der Civilisation und Emanzipation der unteren Klassen. Elberfeld 1844

Harkort, Volksschule Harkort, Friedrich: Die preußische Volksschule und ihre Vertretung im Abgeordnetenhause von 1848 bis 1873. Hagen 1875

Harkort, Schriften Friedrich Harkort. Schriften und Reden zu Volksschule und Volksbildung. Besorgt von Karl-Ernst Jeismann. Paderborn 1969

Harms, Kathy: Writer by Imperial Decree; Ernst von Wildenbruch. In: Dürr, Volker/Harms, Kathy/Hays, Peter (Hrsg.): Imperial Germany. University of Wisconsin Press 1985, 134-148

Hart, Heinrich und Julius: Kritische Waffengänge. 6. Heft: Friedrich Spielhagen und der deutsche Roman der Gegenwart. Leipzig 1884

Hartknopf, Freiligrath Hartknopf, Winfried: Freiligrath. In: Literatur in der sozialen Bewegung, 424-487

Hartwig, Helmut/Riha, Karl: Ästhetik und Öffentlichkeit. 1848 im Spaltprozeß des historischen Bewußtseins. Fernwald 1974

Haß, Ulrike: Theodor Fontane. Bürgerlicher Realismus am Beispiel seiner Berliner Gesellschaftsromane. Bonn 1979

Hasubek, Peter: Der Zeitroman. Ein Romantypus des 19. Jahrhunderts. In: Zeitschrift für deutsche Philologie 87, 1968, 218-245

Hasubek, Gutzkow Hasubek, Peter: Karl Gutzkow: ›Die Ritter vom Geiste‹. Gesellschaftsdarstellung im deutschen Roman nach 1848. In: Denkler, Horst (Hrsg.): Romane und Erzählungen des bürgerlichen Realismus. Stuttgart 1980, 26-39

Hatfield, Henry C.: Realism in the German Novel. In: Comparative Literature 3, 1951, 234-252

Haubrichs, Wolfgang (Hrsg.): Erzählforschung. Theorien, Modelle und Methoden der Narrativik. 3 Bde. Göttingen 1976-78

Hauk, Armeekorps Hauk, Gerhard: »Armeekorps auf dem Weg zur Sonne«. Einige Bemerkungen zur kulturellen Selbstdarstellung der Arbeiterbewegung. In: Fahnen, Fäuste, Körper. Symbolik und Kultur der Arbeiterbewegung. Essen 1986, 69 ff

Hauser, Arnold: Sozialgeschichte der Kunst und Literatur. München 1975

Hebbel, Friedrich: Der Nachsommer. In: Vollständige Ausgabe. Hrsg. v. H. Krumm. Leipzig o. J. Bd. 14

Heckel, Adolf von Harleß Heckel, Theodor: Adolf von Harleß. Theologie und Kirchenpolitik eines lutherischen Bischofs in Bayern. München 1933

Hegel, Ästhetik Hegel, Georg Wilhelm Friedrich: Ästhetik, hrsg. v. Friedrich Bassenge, Bd.1.2. Frankfurt/M. 1965

Hegel, Georg Friedrich Wilhelm: Grundlinien der Philosophie des Rechts (Theorie-Werkausgabe Bd. 7). Frankfurt/M. 1970

Hegel, Georg Friedrich Wilhelm: Vorlesungen über die Ästhetik. 3 Bde. (Theorie-Werkausgabe in 20 Bdn.). Frankfurt/M. 1970

Heidegger, Eisgeschichte Heidegger, Martin: Adalbert Stifters »Eisgeschichte«. In: Wirkendes Wort 1964 (Schweizerische Bibliophilen-Gesellschaft), 23-38

Hein, Jürgen: Wiener Vorstadttheater. In: *Glaser (Hrsg.), Nachmärz*, 356-368

Hein, Jürgen: Nestroyforschung (1901 bis 1966). In: Wirkendes Wort 17, 1968, 232-245

Hein, Jürgen: Spiel und Satire in der Komödie Johann Nestroys. Bad Homburg 1970

Hein, Jürgen: Neuere Nestroyforschung (1967 bis 1973). In: Wirkendes Wort 25, 1975, 140-151

Hein, Dorfgeschichte Hein, Jürgen: Dorfgeschichte. Stuttgart 1976

Hein, Jürgen: Das Wiener Volkstheater. Raimund und Nestroy. Darmstadt 1978

Hein, Jürgen (Hrsg.): Parodien des Wiener Volkstheaters. Stuttgart 1986 (Reclam UB 8354)

Hein, Jürgen: Johann Nestroy. Stuttgart 1990

Heinemann, Lehrerverein Heinemann, Manfred: Der Lehrerverein als Sozialisationsagentur. Überlegungen zur beruflichen Sozialisation der Volksschullehrer in Preußen. In: Vierteljahresschrift für Sozial- und Wirtschaftsgeschichte Bd. 60. Wiesbaden 1973, 39-58

Heinrich-Jost, Publizistik Heinrich-Jost, Ingrid: Die politische Publizistik Adolf Glaßbrenners. In: Jahrbuch des Instituts für deutsche Geschichte 12, 1983, 203-227

Heinsohn/Kieper, Familienrecht Heinsohn, Gunnar/Knieper, Rolf: Theorie des Familienrechts. Frankfurt/M. 1974

Heise, Wolfgang: Zur Grundlegung der Realismustheorie durch Marx und Engels. In: Weimarer Beiträge 22, 1976, 99-120, 123-144

Heißenbüttel, Frosch Heißenbüttel, Helmut: Der fliegende Frosch und das unverhoffte Krokodil. Wilhelm Busch als Dichter. Mainz 1976

Heitmann, Klaus: Der französische Realismus. Von Stendhal bis Flaubert. Wiesbaden 1979

Heller, Erich: Die realistische Täuschung. In: Heller, E.: Die Reise der Kunst ins Innere und andere Essays. Frankfurt/M. 1966, 105-121

Heller, Otto: Women Writers of the Nineteenth Century. In: O. Heller: Studies in Modern German Literature. Boston 1905, 231–295

Hellkuhl, Arbeitergesangvereine Hellkuhl, Antoinette: Empor zum Licht. Arbeitergesangvereine im westfälischen Ruhrgebiet 1878–1914. Stuttgart/Witten 1983

Hellmann, Winfried: Objektivität, Subjektivität und Erzählkunst. Zur Romantheorie Friedrich Spielhagens. In: Grimm, Reinhold (Hrsg.): Deutsche Romantheorien. Beiträge zu einer historischen Poetik des Romans in Deutschland. Frankfurt/M./Bonn 1968, 165–217

Hemsen, W.: Adalbert Stifter. In: Blätter für literarische Unterhaltung 1851, 205 ff

Henckell, Karl (Hrsg.): Buch der Freiheit. Berlin 1893

Henel, Poetry Henel, Heinrich: The Poetry of C. F. Meyer. Madison 1954

Henel, Erlebnisdichtung Henel, Heinrich: Erlebnisdichtung und Symbolismus. In: Deutsche Vierteljahrsschrift für Literatur und Geistesgeschichte 32, 1958, 71–98

Henel, Epigonenlyrik Henel, Heinrich: Epigonenlyrik: Rückert und Platen. In: Euphorion 55, 1961, 260–278

Henel, Nachwort Henel, Heinrich: Nachwort. In: H. H. (Hrsg.): Gedichte Conrad Ferdinand Meyers. Wege ihrer Vollendung. Tübingen 1962, 137–161

Henneberger, August: Das deutsche Drama der Gegenwart. Greifswald 1853

Henning, Industrialisierung Henning, Friedrich-Wilhelm: Die Industrialisierung in Deutschland 1800–1914. Paderborn ³1976

Henrich, Hegel Henrich, Dieter: Hegels Theorie über den Zufall. In: D. H.: Hegel im Kontext. Frankfurt/M. 1971, 157–186

Henrich, Aktualität Henrich, Dieter: Zur Aktualität von Hegels Ästhetik. In: Hegel-Studien. Beiheft 11, 1974

Hering, Gerhard F. (Hrsg.): Meister der deutschen Kritik. Bd.2: Von Börne zu Fontane. 1830–1890. München 1963

Hermand, Jost: Gründerzeit und bürgerlicher Realismus. In: Monatshefte 59, 1967, 333–345

Hermand, Glaßbrenner Hermand, Jost: Adolf Glaßbrenner. In: J. H.: Unbequeme Literatur. Heidelberg 1971, 65–86

Hermand, Zersungenes Erbe Hermand, Jost: Zersungenes Erbe. Zur Geschichte des ›Deutschlandliedes‹. In: J. H.: Sieben Arten an Deutschland zu leiden. Königsstein 1979, 62–74; 153 f

Hermann, Hans Peter: Naturnachahmung und Einbildungskraft. Zur Entwicklung der deutschen Poetik 1670–1740. Bad Homburg 1970

Herrlitz, Lektüre-Kanon Herrlitz, Hans-Georg: Der Lektüre-Kanon des Deutschunterrichts im Gymnasium. Ein Beitrag zur Geschichte der muttersprachlichen Schulliteratur. Heidelberg 1964

Herrlitz, Schulgeschichte Herrlitz, Hans-Georg/Hopf, Wulf/Titze, Hartmut: Deutsche Schulgeschichte von 1800 bis zur Gegenwart. Königstein/Ts. 1981

Herterich, Franz: Das Burgtheater und seine Sendung. Wien 1948

Herzig, Lassalle-Feiern Herzig, Arno: Die Lassalle-Feiern in der politischen Festkultur der frühen deutschen Arbeiterbewegung. In: Düding, D. u. a. (Hrsg.): Öffentliche Festkultur. Politische Feste in Deutschland von der Aufklärung bis zum Ersten Weltkrieg. Reinbek 1988, 321 ff

Hess, Panorama Hess, Günter: Panorama und Denkmal. Erinnerung als Denkform zwischen Vormärz und Gründerzeit. In: Literatur in der sozialen Bewegung, 130–206

Hettche, Von Flußkrokodilen Hettche, Walter: Von Flußkrokodilen, Eidechsen und Nashörnern. Anmerkungen zu Fontanes Aufenthalt in München 1859. In: Fontane-Blätter 50, 1990, 85–96

Hettner, Drama Hettner, Hermann: Das moderne Drama. Ästhetische Untersuchungen. Braunschweig 1851

Heuser, Magdalene: Fontanes »Cecile«. Zum Problem des ausgesparten Anfangs. In: Zeitschrift für deutsche Philologie 92, 1973, Sonderheft Theodor Fontane, 36–58

Heyse, Gedichte Heyse, Paul: Gedichte, Berlin 1872

Heyse, Paul: L'Arrabiata und andere Novellen. Hrsg. v. Paul Fechter. Berlin o.J

Hildebrand, Rudolf: Vom deutschen Sprachunterricht in der Schule und von deutscher Erziehung und Bildung überhaupt. Leipzig 1867, ²1879

Hillach, Ansgar: Die Dramatisierung des komischen Dialogs. Figur und Rolle bei Nestroy. München 1967

Hillebrand, Bruno: Mensch und Raum im Roman. Studien zu Keller, Stifter, Fontane. München 1971

Hillebrand, Bruno: Theorie des Romans. Bd. 2: Von Hegel bis Handke. München 1972

Hillebrand, Bruno: Zur Struktur des Romans. Darmstadt 1978

Hillebrand, Lehrbuch Hillebrand, Joseph: Lehrbuch der Literar-Aesthetik; oder Theorie und Geschichte der schönen Literatur, Bd. 1.2. Mainz 1827

Hillebrand, Joseph: Die deutsche Nationalliteratur im XVIII. und XIX. Jahrhundert. 3. Aufl. Bd.3: Die deutsche Nationalliteratur des neunzehnten Jahrhunderts. Gotha 1875

Himmel, Hellmuth: Geschichte der deutschen Novelle. Bern 1963

Hinck, Epigonendichtung Hinck, Walter: Epigonendichtung und Nationalidee. Zur Lyrik Emanuel Geibels. In: Zeitschrift für deutsche Philologie 85, 1966, 267–284

Hinck, Walter: Handbuch des deutschen Dramas. Düsseldorf 1980

Hinck, Walter (Hrsg.): Die deutsche Komödie. Vom Mittelalter bis zur Gegenwart. Düsseldorf 1977

Hinck, Walther (Hrsg.): Geschichte als Schauspiel: Deutsche Geschichtsdramen. Interpretationen. Frankfurt/M. 1981

Hinderer, Walter: (Hrsg.): Die Sickingen-Debatte. Darmstadt/Neuwied 1974

Hirsch, Arnold: Bürgertum und Barock im deutschen Roman. Ein Beitrag zur Entstehungsgeschichte des bürgerlichen Weltbildes. Berlin 1934. 2¹957

Hirsch, Franz: Geschichte der deutschen Litteratur von ihren Anfängen bis zur Gegenwart. Bd.3 : Von Goethe bis zur Gegenwart. Leipzig 1885

Hirschmann, Günther: Kulturkampf im historischen Roman der Gründerzeit 1859–1878. München 1978

Hobsbawm, Eric J.: Die Blütezeit des Kapitals. Eine Kulturgeschichte der Jahre 1848–1875. Frankfurt/M. 1980

Höllerer, Poesie Höllerer, Walter: Die Poesie und das rechte Leben. Zu Anthologien für deutsche Frauen und für den Hausgebrauch. In: *Deutschsprachige Anthologie.* Bd. 2, 168–198

Höllerer, Walter: Nestroy. In: Zwischen Klassik und Moderne. Stuttgart 1958, 171–187

Hoerste, Karin und Schlenker, Ingrid: Verzeichnis der Hochschulschriften, Diplom- und Staatsexamenarbeiten der D.D.R. zum Drama und Theater (1949–1970). Berlin (Ost) 1973

Hoff, Karl: Geschichte des deutschen Lustspiels. Leipzig 1923

Hohendahl, Peter Uwe: Bemerkungen zum Problem des Realismus. In: Orbis Litterarum 23, 1968, 183–191

Hohendahl, Nachmärz Hohendahl, Peter Uwe: Vom Nachmärz bis zur Reichsgründung. In: Hinderer, Walter (Hrsg.): Geschichte der politischen Lyrik in Deutschland. Stuttgart 1978, 210–231

Hohendahl, Kultur Hohendahl, Peter Uwe: Literarische Kultur im Zeitalter des Liberalismus 1830–1870. München 1985

Hollander, Theorie der Lyrik Hollander, Brigitte von: Die Theorie der Lyrik von Hebbel bis Liliencron. Diss. Jena 1943

Hoppe, Karl: Wilhelm Raabe. Beiträge zum Verständnis seiner Person und seines Werkes. Göttingen 1967

Horch, Franz: Das Burgtheater unter Heinrich Laube und Adolf Wilbrandt. Wien 1925

Horch, Fontane Horch, Hans Otto: Fontane und das kranke Jahrhundert. Theodor Fontanes Beziehungen zu den Kulturkritikern Friedrich Nietzsche, Max Nordau und Paolo Montegazza. In: Bayerdörfer, Hans-Peter (Hrsg.): Literatur und Theater im Wilhelminischen Zeitalter. Tübingen 1978, 1–34

Hormann, H. W.: From Weimar to Meiningen. Diss. Cornell 1942

Horovitz, Gartenlaube Horovitz, Ruth: Vom Roman des Jungen Deutschland zum Roman der Gartenlaube. Diss. Basel 1937

Hoverland, Lilian: Gottfried Kellers »Pankraz, der Schmoller«. In: Wirkendes Wort 25, 1975, 27–37

Howe, Patricia: Anzengruber and the Viennese Stage. In: Yates, W. E./McKenzie, R. P. (Hrsg.): Viennese Popular Theatre. A Symposium. Exeter 1985, 139–152

Huber, Romanstoffe Huber, Doris: Romanstoffe in den bürgerlichen Zeitungen des 19. Jahrhunderts. Diss. (masch.) Berlin 1943

Huber, Hans Dieter: Historische Romane in der ersten Hälfte des 19. Jahrhunderts. Studie zu Material und »schöpferischem Akt« ausgewählter Romane von Achim von Arnim bis Adalbert Stifter. München 1978

Huck, Freizeit Huck, Gerhard (Hrsg.): Sozialgeschichte der Freizeit. Wuppertal ²1982

Hügel, Scheffel Hügel, Hans-Otto: Joseph Victor von Scheffel. Geselliger Unterhalter – gefeierter Künstler. In: Zeller, Bernhard/Scheffler, Walter (Hrsg.): Literatur im deutschen Südwesten. Stuttgart 1987, 231–241; 362 ff

Hüppauf, Bernd (Hrsg.): Literaturgeschichte zwischen Revolution und Reaktion. Aus den Anfängen der Germanistik 1830–1870. Frankfurt/M. 1972

Hürlimann, Martin (Hrsg.): Das Atlantisbuch des Theaters. Zürich 1966

Huizinga, Johan: Renaissance und Realismus. In: Huizinga, J.: Wege der Kulturgeschichte. Studien. München 1930, 140–164

Humphrey, Historical Novel Humphrey, Richard: The Historical Novel as Philosophy of History. London 1986

Huyssen, Andreas (Hrsg.): Bürgerlicher Realismus. Die deutsche Literatur. Ein Abriß in Text und Darstellung Hrsg. von Otto F. Best/H. J Schmitt. Bd 11. Stuttgart 1974

Ian, Heyse Ian, Annemarie von: Die zeitgenössische Kritik an Paul Heyse 1850–1914. Diss. München 1965

Imelmann, Johann: Die 70er Jahre in der Geschichte der deutschen Literatur. Berlin 1877

Immermann, Karl Leberecht: Düsseldorfer Anfänge. Berlin 1889

Irmscher, Adalbert Stifter Irmscher, Hans Dietrich: Adalbert Stifter. Wirklichkeitserfahrung und gegenständliche Darstellung. München 1971

Isch, Werner: Die Vorgeschichte der ›Erbförster‹-Tragödie. Diss. Berlin 1903

Jackson, Paul: Bürgerliche Arbeit und Romanwirklichkeit. Studien zur Berufsproblematik in Romanen des deutschen Realismus. Frankfurt/M. 1981

Jacob, Heinrich E.: Johann Strauß. Gütersloh 1962

Jacoby, Leopold: Auswahl aus seinem Werk. Hrsg. v. M. Häckel. Berlin (DDR) 1971 ⟨Textausgaben zur frühen sozialistischen Literatur 10⟩

Jäger, Gründerzeit Jäger, Georg: Die Gründerzeit. In: *Bucher u. a. (Hrsg.), Realismus.* Bd. 1, 96–160

Jäger, Bildung Jäger, Georg: Die höhere Bildung. In: *Bucher u. a. (Hrsg.), Realismus.* Bd. 1, 241–252

Jäger, Jakobinismus Jäger, Hans Wolf: Politische Metaphorik im Jakobinismus und im Vormärz. Stuttgart 1971

Jäger, Deutschunterricht Jäger, Georg: Der Deutschunterricht auf Gymnasien 1780–1850. In: Deutsche Vierteljahrsschrift für Literatur und Geistesgeschichte 47, 1973, 120–147

Jäger, Leihbibliothek Jäger, Georg: Die deutsche Leihbibliothek im 19. Jahrhundert. In: Internationales Archiv für Sozialgeschichte der Literatur 2, 1977, 97–133

Jäger, Schule Jäger, Georg: Schule und literarische Kultur. Stuttgart 1981

Jäger/Schönert, Leihbibliothek Jäger, Georg/Schönert, Jörg: Die Leihbibliothek als literarische Institution im 18. und 19. Jahrhundert. In: Dies. (Hrsg.): Die Leihbibliothek als Institution des literarischen Lebens im 18. und 19. Jahrhundert. Hamburg 1980

Jäger, Hans Wolf: Gesellschaftskritische Aspekte des bürgerlichen Realismus und seiner Theorie. In: Text und Kontext 2, 1974, 3–41

Jaloux, Edmond: Du rêve à la réalité. Paris 1932

Jan, Annemarie von: Die zeitgenössische Kritik an Paul Heyse. 1850–1914. Diss. München 1965

Jarmatz, Klaus (Hrsg.): Forschungsfeld Realismus. Theorie, Geschichte, Gegenwart. Berlin 1975

Jaspert, Werner: Johann Strauß. Sein Leben, sein Werk, seine Zeit. Wien 1948

Jauß, Hans Robert: Nachahmung und Illusion. Kolloquium Gießen, Juni 1963. Vorlagen und Verhandlungen. München 1964

Jeismann, Regulative Jeismann, Karl-Ernst: Die ›Stiehlschen Regulative‹. Ein Beitrag zum Verhältnis von Politik und Pädagogik während der Reaktionszeit in Preußen. In: Vierhaus, Rudolf/Botzenhart, Manfred (Hrsg.): Dauer und Wandel der Geschichte. Aspekte europäischer Vergangenheit. Festgabe für Kurt von Raumer zum 15. Dezember 1965. Münster 1966, 423–447

Jeitteles, Lexikon Jeitteles, Ignaz: Ästhetisches Lexikon. Wien 1837

Jennings, Lee Byron: The Ludicrous Demon. Aspects of the Grotesque in German Post-Romantic Prose. Berkeley/Los Angeles 1963

Jentzsch, Büchermarkt Jentzsch, Rudolf: Der deutsch-lateinische Büchermarkt nach den Leipziger Ostermeßkatalogen von 1740, 1770 und 1800. Leipzig 1912

Jeziorkowski, Klaus: Literarität und Historismus. Beobachtungen zu einer Erscheinungsform im 19. Jahrhundert am Beispiel Gottfried Kellers. Heidelberg 1979

Jezower, Ignaz: Die Befreiung der Menschheit. Freiheitsideen in Vergangenheit und Gegenwart. Berlin 1977 (Reprint)

John, Herausbildung John, Erhard: Die Herausbildung des Realismusbegriffs als ästhetische Kategorie in dem Briefwechsel zwischen Goethe und Schiller. In: Weimarer Beiträge, V, 4, 467–495

Johnston, Nationalmythos Johnston, Otto W.: Der deutsche Nationalmythos. Ursprung eines politischen Programms. Stuttgart 1990

Jolles, Formen Jolles, André: Einfache Formen. Halle/S. 1930; Studienausgabe der unveränd. Aufl. Tübingen ⁶1982

Jolles, Fontane Jolles, Charlotte: Theodor Fontane. 3. durchges. und erg. Aufl. Stuttgart 1983 (Slg. Metzler 114)

Jolles, Fontane Jolles, Charlotte: Fontane und die Politik. Ein Beitrag zur Wesensbestimmung Theodor Fontanes. Textredaktion und Nachw. von Gotthard Erler. Mit 20 Abb. Berlin (DDR) und Weimar 1983 (¹1936/37)

Jonas, Schiller-Debatte Jonas, Giesela (Hrsg.): Schiller-Debatte 1905. Dokumente zur Literaturtheorie und Literaturkritik der revolutionären deutschen Sozialdemokratie. Berlin (DDR) 1988 (Textausgaben zur frühen sozialistischen Literatur 10)

Kämmerer, Sebastian: Illusionismus und Anti-Illusionismus im Musiktheater. Salzburg 1990

Kämpchen, Heinrich: Seid einig, seid einig – dann sind wir auch frei. Hrsg. v. R. P. Carl u. a. Oberhausen 1984

Kafitz, Dieter: Figurenkonstellation als Mittel der Wirklichkeitserfassung. Dargestellt an Romanen der zweiten Hälfte des 19. Jahrhunderts (Freytag – Spielhagen – Fontane – Raabe). Kronberg/Ts. 1978

Kafitz, Grundzüge Kafitz, Dieter: Grundzüge einer Geschichte des deutschen Dramas von Lessing bis zum Naturalismus. 2 Bde. Königsberg/Ts. 1982

Kahl, Kurt: Johann Nestroy oder Der wienerische Shakespeare. Wien/München/Zürich 1970

Kahlert, August: System der Ästhetik. Leipzig 1846

Kahrmann, Cordula: Idyll im Roman. Theodor Fontane. München 1973

Kaiser, Bruno (Hrsg.): Die Pariser Kommune im deutschen Gedicht. Berlin (DDR) 1958

Kaiser, Gerhard: Um eine Neubegründung des Realismusbegriffs. In: Zeitschrift für deutsche Philologie 77, 1958, 161–176

Kaiser, Gerhard: Realismusforschung ohne Realismusbegriff. In: Deutsche Vierteljahrsschrift für Literatur und Geistesgeschichte 43, 1969, 147–160

Kaiser, Gerhard: Sündenfall und himmlisches Paradies in Kellers »Romeo und Julia auf dem Dorfe«. In: Euphorion 65, 1971, 21–48

Kaiser, Geibel Kaiser, Herbert: Die ästhetische Einheit der Lyrik Geibels. In: Wirkendes Wort 27, 1977, 244–257

Kaiser, Studien Kaiser, Herbert: Studien zum deutschen Roman nach 1848. Duisburg 1977

Kaiser, Herbert: Friedrich Hebbel. Geschichtliche Interpretationen des dramatischen Werkes. München 1983

Kaiser, Keller Kaiser, Michael: Literatursoziologische Studien zu Gottfried Kellers Dichtung. Bonn 1965

Kaiser, Nancy A.: Social integration and narrative structure: patterns of realism in Auerbach, Freytag, Fontane and Raabe. Bern/Frankfurt/M. 1986

Kalbeck, Max: Das Bühnenfestspiel zu Bayreuth. Breslau 1877

Kassner, Rudolf: Das neunzehnte Jahrhundert. Ausdruck und Größe. Erlenbach-Zürich 1947

Kastner, Fritz: Martin Greif. Bibliographie zu seinem Leben und Werk. Speyr 1959

Kaufmann, F. W.: German Dramatists of the 19th Century. Los Angeles 1940

Kautsky, Minna: Auswahl aus ihrem Werk. Hrsg. v. C. Friedrich. Berlin (DDR) 1963 (Textausgaben zur frühen sozialistischen Literatur 4)

Kegel, Max: Auswahl aus seinem Werk. Hrsg. v. K. Völkerling. Berlin (DDR) 1974 (Textausgaben zur frühen sozialistischen Literatur 13)

Kehr, Karl/Kriebitsch, Theodor: Lesebuch für deutsche Lehrerbildungsanstalten. Bd. 1–4. Gotha 1875

Keil, Stammbücher Keil, Robert und Richard: Die Stammbücher des sechzehnten bis neunzehnten Jahrhunderts. Berlin 1883

Keller/Hettner, Briefwechsel Keller, Gottfried und Hettner, Hermann: Briefwechsel. Hrsg. v. Jürgen Jahn. Berlin/Weimar 1964

Keller, Mechthild: Nachwort zu »Das vierte Gebot«. Stuttgart 1979, 85–103

Keller, Mechtild: Studien zu Hebbels dramatischer Technik. Diss. Köln 1975

Keller, Werner (Hrsg.): Beiträge zur Poetik des Dramas. Darmstadt 1976

Kemp, Theorie Kemp, Wolfgang (Hrsg.): Theorie der Fotografie. Bd. 1. München 1980

Ketelsen, Stifter Ketelsen, Uwe K.: Adalbert Stifters ›Der Nachsommer‹. Die Vernichtung der historischen Realität in der Ästhetisierung des bürgerlichen Alltags. In: Denkler, Horst (Hrsg.): Romane und Erzählungen des bürgerlichen Realismus. Stuttgart 1980, 188–202

Kiehn, Geheimrat Kiehn, Ludwig: Geheimrat Stiehl und die Regulative. In: Westermanns pädagogische Beiträge. 6. Jg. 1954, 566–581

Kienzle, Erfolgsroman Kienzle, Michael: Der Erfolgsroman. Stuttgart 1976

Killy, Walter: Wirklichkeit und Kunstcharakter. Neun Romane des 19. Jahrhunderts. München 1963

Killy, Walter (Hrsg.): Die deutsche Literatur. Texte und Zeugnisse. Bd. 6: Das 19. Jahrhundert. Hrsg. von Benno von Wiese. München 1965

Kinder, Hermann: Poesie als Synthese. Ausbreitung eines deutschen Realismus-Verständnisses in der Mitte des 19. Jahrhunderts. Frankfurt/M. 1973

Kindermann, Heinz: Romantik und Realismus. In: Deutsche Vierteljahrsschrift für Literatur und Geistesgeschichte 4, 1926, 651–675

Kindermann, Theatergeschichte Kindermann, Heinz: Theatergeschichte Europas. Bd. 7: Realismus. Salzburg, 1965

Kirchgreber, Dichtung Kirchgreber, Jost: Meyer, Rilke, Hofmannsthal. Dichtung und bildende Kunst. Bonn 1971 (Abhandlungen zur Kunst-, Musik- und Literaturwissenschaft 106)

Kirchmann, Julius Hermann v.: Ästhetik auf realistischer Grundlage. Berlin 1868

Kirchner, Zeitschriften Kirchner, Joachim: Das deutsche Zeitschriftenwesen. Bd. 2. Wiesbaden 1962

Kirchner-Klemperer, Hadwig: Der deutsche soziale Roman der vierziger Jahre des neunzehnten Jahrhunderts. In: Wissenschaftliche Zeitschrift der Humboldt-Universität zu Berlin. Gesellschafts- und sprachwiss. Reihe 11, 1962, 241–280

Kirschstein, Familienzeitschrift Kirschstein, Eva-Annemarie: Die Familienzeitschrift. Berlin 1937

Kittler, Traum und Rede Kittler, Friedrich A.: Der Traum und die Rede. Eine Analyse der Kommunikations Conrad Ferdinand Meyers. Bern/München 1977

Klaar, Alfred: Das moderne Drama dargestellt in seinen Richtungen und Hauptvertretern. 3 Bde. Leipzig 1883/84

Klein, Albert: Die Krise des Unterhaltungsromans im 19. Jahrhundert. Bonn 1969

Klein, Geschichte der deutschen Lyrik Klein, Johannes: Geschichte der deutschen Lyrik. Von Luther bis zum Ausgang des Zweiten Weltkriegs. Wiesbaden 1957 (^{2}1960)

Klein, Johannes: Geschichte der deutschen Novelle von Goethe bis zur Gegenwart. Wiesbaden ^{4}1960

Kleinberg, Alfred: Ludwig Anzengruber. Ein Lebensbild. Stuttgart, Berlin 1921

Kleinschmidt, Gert: Die Person im frühen Drama Hebbels. Lahr 1965

Kleinstück, Johannes: Die Erfindung der Realität. Studien zur Geschichte und Kritik des Realismus. Stuttgart 1980

Klemperer, Victor: Adolf Wilbrandt. Eine Studie über seine Werke. Stuttgart/Berlin 1907

Klemperer, Viktor: Paul Heyse. Berlin 1907

Klemperer, Victor: Die Zeitromane Friedrich Spielhagens und ihre Wurzeln. Weimar 1913

Klier, Helmar (Hrsg.): Theaterwissenschaft im deutschsprachigen Raum. Darmstadt 1981 (Wege der Forschung 548)

Klotz, Volker: Die erzählte Stadt. Ein Sujet als Herausforderung des Romans von Lesage bis Döblin. München 1969

Klotz, Volker: Enge und Weite der Lokalposse. In: Sprache im technischen Zeitalter 1979, Heft 69, 78–90

Klussmann, George Klussmann, Paul Gerhard: Stefan George. Zum Selbstverständnis der Kunst und des Dichters in der Moderne. Bonn 1961

Kniffler, Carter: Die sozialen Dramen der achtziger und neunziger Jahre des 19. Jahrhunderts und der Sozialismus. Frankfurt/M. 1929

Knilli, Bildsprache Knilli, Friedrich: Der wahre Jakob. Ein proletarischer Supermann? Über die Bildsprache der revolutionären Sozialdemokratie. In: Akzente 17, 1970, 353–369

Knilli, Friedrich/Münchow, Ursula (Hrsg.): Frühes Deutsches Arbeitertheater. Eine Dokumentation. München 1970

Knudsen, Theatergeschichte Knudsen, Hans: Deutsche Theatergeschichte. Stuttgart 1959

Knüfermann, Volker: Realismus und Sprache. In: Zeitschrift für deutsche Philologie 89, 1970, 235–239

Knüttell, Dichtkunst Knüttell, August: Die Dichtkunst und ihre Gattungen. Ihrem Wesen nach dargestellt und durch eine nach den Dichtungsarten geordnete Mustersammlung erläutert. (Mit Rücksicht auf den Gebrauch in Schulen). Breslau 1840

Kobell, Gedichte Kobell, Franz von: Gedichte. München 1852

Koch, Franz: Idee und Wirklichkeit. Deutsche Dichtung zwischen Romantik und Naturalismus. 2 Bde. Düsseldorf 1956

Koebner, Thomas/Weigel, Sigrid (Hrsg.): Nachmärz. Der Ursprung der ästhetischen Moderne in einer nachrevolutionären Konstellation. Opladen 1996

Koessler, Louis: Louis Anzengruber. Auteur dramatique. Diss. Straßburg 1943

Kohl, Stephan: Realismus. Theorie und Geschichte. München 1977

Kohler, Balladendichtung Kohler, Ernst: Die Balladendichtung im Berliner »Tunnel über der Spree«. Berlin 1940 (Reprint Nendeln/Liechtenstein 1969)

Kohlschmidt, Werner: Geschichte der deutschen Literatur vom Jungen Deutschland bis zum Naturalismus. Stuttgart 1975, ²1982 (Reclam UB 10252)

Kohlschmidt, Werner (Hrsg.): Bürgerlichkeit und Unbürgerlichkeit in der Literatur der Deutschen Schweiz. Bern/München 1978

Köhn, Lothar: Entwicklungs- und Bildungsroman. Ein Forschungsbericht. In: Deutsche Vierteljahrsschrift für Literatur und Geistesgeschichte 42, 1968, 427–473, 590–632

Köllmann, Bevölkerung Köllmann, Wolfgang: Bevölkerung in der industriellen Revolution. Göttingen 1974 (Kritische Studien zur Geschichtswissenschaft 12)

König Maximilian II. von Bayern König Maximilian II. von Bayern 1848–1864. Hrsg. v. Haus der Bayerischen Geschichte. Rosenheim 1988

Kohn-Bramstedt, Aristocracy Kohn-Bramstedt, Ernst: Aristocracy and the Middleclasses in Germany. Social Types in German Literature 1830–1880. London 1937 (auch u. d. Namen: Bramsted, Ernest K., 1964)

Kolkenbrock-Netz, Strategien Kolkenbrock-Netz, Jutta: Fabrikation, Experiment, Schöpfung. Strategien ästhetischer Legitimation im Naturalismus. Heidelberg 1981

Koopmann, Helmut: Das Ende der bürgerlichen Kultur Deutschlands im Spiegel der Literatur. In: Im Gespräch: der Mensch. Ein interdisziplinärer Dialog. Joseph Möller zum 65. Geburtstag. Hrsg. von H. Gauly. Düsseldorf 1981, 91–101

Koopmann, Sprachverfall Koopmann, Helmut: Die Vorteile des Sprachzerfalls. Zur Sprache der Lyrik des 19. Jahrhunderts. In: Wimmer, Rainer (Hrsg.): Das 19. Jahrhundert. Sprachgeschichtliche Wurzeln des heutigen Deutsch. Berlin 1991, 307–324

Koopmann, Helmut (Hrsg.): Mythos und Mythologie in der Literatur des 19. Jahrhunderts. Frankfurt/M. 1979

Korff, Tableaux Korff, Gottfried: Rote Fahnen und Tableaux Vivants. Zum Symbolverständnis der deutschen Arbeiterbewegung im 19. Jahrhundert. In: Lehmann, A. (Hrsg.): Studien zur Arbeiterkultur. Münster 1984, 103 ff

Kornhass, Kurt Riezler Kornhass, Eike-Wolfgang: Zwischen Kulturkritik und Machtverherrlichung: Kurt Riezler. In: Vondung, Klaus (Hrsg.): Das Wilhelminische Bildungsbürgertum. Zur Sozialgeschichte seiner Ideen. Göttingen 1976, 92–105

Korte, Ordnung Korte, Hermann: Ordnung und Tabu. Studien zum poetischen Realismus. Bonn 1989

Kosch, Wilhelm: Das deutsche Theater und Drama im 19. Jahrhundert. Leipzig 1913

Kosch, Wilhelm: Martin Greif in seinen Werken. Würzburg ³1941

Kosch, Wilhelm: Deutsches-Theaterlexikon. Biographisches und bibliographisches Handbuch. Klagenfurt 1951 ff

Kosch, Wilhelm: Deutsches Literaturlexikon. 3., völlig neu bearb. Aufl. Hrsg. v. Bruno Berger und Heinz Rupp (u. a.) Bern/München 1968 ff

Koszyk, Kurt/Eisfeld Gerhard: Die Presse der deutschen Sozialdemokratie. 2., überarb. und erw. Aufl. Bonn 1980

Kracauer, Offenbach Kracauer, Siegfried: Jacques Offenbach und das Paris seiner Zeit. München 1962

Kraeger, C. F. Meyer Kraeger, Heinrich: Conrad Ferdinand Meyer. Quellen und Wandlungen seiner Gedichte. Berlin 1901

Kraft, Herbert: Poesie der Idee. Die tragische Dichtung Friedrich Hebbels. Tübingen 1971

Kraus, Geschichte Bayerns Kraus, Andreas: Geschichte Bayerns. Von den Anfängen bis zur Gegenwart. München 1983

Krausnick, Heyse Krausnick, Michael von: Paul Heyse und der Münchner Dichterkreis. Bonn 1974

Krauß, Ingrid: Studien über Schopenhauer und den Pessimismus in der deutschen Literatur des 19. Jahrhunderts. Bern 1931

Kreißig, Horst: Nachwort zu ›Die Journalisten‹, Göttingen 1966

Kreuzer, Helmut (Hrsg.): Hebbel in neuer Sicht. Stuttgart 1963

Kreuzer, Helmut: Zur Theorie des deutschen Realismus zwischen Märzrevolution und Naturalismus. In: Grimm,R./Hermand, J. (Hrsg.): Realismustheorien. Stuttgart/Berlin/Köln/Mainz 1975, 48–67

Krille, Otto: Unter dem Joch. Die Geschichte einer Jugend. Hrsg. v. Ursula Münchow. Berlin (DDR) 1975 (Textausgaben zur frühen sozialistischen Literatur 15)

Krömer, Wolfgang: Dichtung und Weltsicht des 19. Jahrhunderts. Wiesbaden 1982

Kron, Schriftstellerverbände Kron, Friedhelm: Schriftsteller und Schriftstellerverbände. Stuttgart 1976

Krueger, Stiehl Krueger, Bernhard: Stiehl und seine Regulative. Ein Beitrag zur preußischen Schulgeschichte. Weinheim 1970

Kuczynski, Alltag 3 Kuczynski, Jürgen: Geschichte des Alltags des deutschen Volkes 1810–1870. Studien 3. Köln 1981

Kuczynski, Alltag 4 Kuczynski, Jürgen: Geschichte des Alltags des deutschen Volkes 1871–1918. Studien 4. Köln 1982

Kühn, Dialektik Kühn, Lothar: Dialektik der Aufklärung in der deutschen Novelle. In: Deutsche Vierteljahrsschrift für Literatur und Geistesgeschichte 51, 1977, 436–458

Kürbisch, F. G.: Wir lebten nie wie Kinder. Ein Lesebuch. Berlin/Bonn ²1981

Kürnberger, Ferdinand: Novellen. 3 Bde. München 1861/62

Kunisch, Hermann: Zum Problem des künstlerischen Realismus im 19. Jahrhundert. In: Festschrift Helmut de Boor. Tübingen 1966, 209–240

Kunisch, Hermann: Dichtung und Gesellschaft im 19. Jahrhundert. In: Zeit- und Gesellschaftskritik in der österreichischen Literatur des 19. und 20. Jahrhunderts. Hrsg. vom Institut für Österreichkunde. Wien 1973, 5–55

Kunz, Josef: Die deutsche Novelle im 19. Jahrhundert. Berlin 1970

Kunze, Horst/Wegehaupt, Heinz (Hrsg.): Spiegel proletarischer Kinder- und Jugendliteratur 1870–1936. Berlin (DDR) 1985

Kunze, Stefan (Hrsg.): Richard Wagner. Von der Oper zum Musikdrama. Bern/München 1978

Kurscheidt, Georg: Engagement und Arrangement. Untersuchungen zur Roman- und Wirklichkeitsauffassung in der Literaturtheorie vom Jungen Deutschland bis zum poetischen Realismus Otto Ludwigs. Bonn 1980

Kurz, Heinrich: Geschichte der neuesten deutschen Literatur von 1830 bis auf die Gegenwart. Mit ausgewählten Stücken aus den Werken der vorzüglichsten Schriftsteller. Leipzig 1872

L'Arronge, Adolf: Deutsches Theater und deutsche Schauspielkunst. Berlin 1896

Lachinger, Mesmerismus Lachinger, Johann: Mesmerismus und Magnetismus in Stifters Werk. In: Stifter-Symposium 1978. Vorträge und Lesungen. Linz 1978, 16–23

Lämmert, Eichendorff Lämmert, Eberhard: Eichendorffs Wandel unter den Deutschen. In: Steffen, Hans (Hrsg.): Die deutsche Romantik. Poetik, Formen und Motive. Göttingen 1967, 219–252

Lämmert, Eberhard (Hrsg.): Romantheorie. Dokumentation ihrer Geschichte in Deutschland 1620–1880. Köln 1971

Laemmle, Peter (Hrsg.): Realismus – welcher? Sechzehn Autoren auf der Suche nach einem literarischen Begriff. Stuttgart 1976

Lamers, Henrike: Held oder Welt? Zum Romanwerk Friedrich Spielhagens. Bonn 1991

Lammel, Arbeiterlied Lammel, Inge: Das deutsche Arbeiterlied. Leipzig 1962; Das Arbeiterlied. Leipzig 1970

Lammel, Inge: Bibliographie der deutschen Arbeiterliederbücher 1833–1945. Leipzig 1977

Lammel: siehe Bibliographie der deutschen Arbeiterliedblätter 1844–1945

Lammers, Volksbildung Lammers, A.: Die Gesellschaft für Verbreitung von Volksbildung. In: Deutsche Rundschau. Hrsg. v. Julius Rodenberg. Bd. 8. 1876, 312–322

Landau, Johannes: Botho von Hülsen und Gustav Freytag. In: Die deutsche Bühne 5, 1913, 1–12

Langenbucher, Publikum Langenbucher, Wolfgang: Das Publikum im literarischen Leben des 19. Jahrhunderts. In: Der Leser als Teil des literarischen Lebens. Bonn 1971, 52–84

Langenbucher, Leserevolution Langenbucher, Wolfgang: Die Demokratisierung des Lesens in der zweiten Leserevolution. In: Göpfert, Herbert G. u. a. (Hrsg.): Lesen und Leben. Frankfurt/M. 1975, 12–35

Langewiesche/Schönhoven, Arbeiterlektüre Langewiesche, Dieter/Schönhoven, Klaus: Arbeiterbibliotheken und Arbeiterlektüre im Wilhelminischen Deutschland. In: Archiv für Sozialgeschichte. Bd. 16. Bonn 1976

Larkin, Maurice: Man and Society in Nineteenth Century Realism. London 1977
Laube, Burgtheater Laube, Heinrich: Das Burgtheater. Leipzig 1868
Laube, Heinrich: Das Norddeutsche Theater. Leipzig 1872
Laube, Heinrich: Das Wiener Stadttheater. Wien 1875
Lavant, Rudolf (Hrsg.): Vorwärts! Eine Sammlung von Gedichten für das arbeitende Volk. Zürich 1894
Lavant, Rudolf: Gedichte. Hrsg. v. Hans Uhlig. Berlin (DDR) 1965 (Textausgaben zur frühen sozialistischen Literatur 6)
Lehrer, Mark: Intellektuelle Aporien und literarische Originalität: Wissenschaftsgeschichtliche Studien zum deutschen Realismus; Keller, Raabe und Fontane. New York/Frankfurt/M. 1991
Lemcke, Carl: Populäre Ästhetik. Leipzig 1865
Lempicki, Sigmund von: Wurzeln und Typen des deutschen Realismus im 19. Jahrhundert. In: Internationale Forschungen zur deutschen Literaturgeschichte. Julius Petersen zum 60. Geburtstag. Leipzig 1938, 39–57
Lenk, K.: »Volk und Staat.« Strukturwandel politischer Ideologien im 19. und 20. Jahrhundert. Stuttgart/Berlin/Köln/Mainz 1971
Lepenies, Naturgeschichte Lepenies, Wolf: Das Ende der Naturgeschichte. Wandel kultureller Selbstverständlichkeitein den Wissenschaften des 18. und 19. Jahrhunderts. Frankfurt/M. 1978
Lerch, Maifeiern Lerch, Edith: Die Maifeiern der Arbeiter im Kaiserreich. In: Düding, D. u. a. (Hrsg.): Öffentliche Festkultur. Politische Feste in Deutschland von der Aufklärung bis zum Ersten Weltkrieg. Reinbek 1988, 352 ff
Lesanovsky, Jugendschatz Lesanovsky, Werner: ›Deutscher Jugendschatz‹ – die erste proletarische Jugendzeitschrift. In: Weimarer Beiträge, 30 Jg., 1984, H. 10, 1676 ff
Lessing, Theodor: Einmal und nie wieder. Lebenserinnerungen. Gütersloh 1969
Leuthold, Gedichte Leuthold, Heinrich: Gedichte, 5. verm. Aufl. Frauenfeld 1906
Levenstein, Adolf (Hrsg.): Aus der Tiefe. Arbeiterbriefe. Beiträge zur Seelenanalyse moderner Arbeiter. Berlin 1909
Levin, Harry: What is realism? In: Comparative Literature 3, 1951, 193–199
Lexikon deutschsprachiger Schriftsteller von den Anfängen bis 1945 (Reprint 1973)
Lidtke, Lieder Lidtke, Vernon: Lieder der deutschen Arbeiterbewegung 1864–1914. In: Geschichte und Gesellschaft 5, 54 ff
Liebknecht, Wilhelm: Wissen ist Macht – Macht ist Wissen. Festrede, gehalten zum Stiftungsfest des Dresdener Arbeiterbildungs-Vereins am 5. Febr. 1872 und zum Stiftungsfest des Leipziger Arbeiterbildungs-Vereins am 24. Febr. 1872. Berlin 1872. In: Ders.: Wissen ist Macht – Macht ist Wissen und andere bildungspolitisch-pädagogische Äußerungen. Ausgew., eingel. und erläut. v. Hans Brumme. Berlin (DDR) 1968, 58–94
Lieder zu Schutz und Trutz. Gaben deutscher Dichter aus der Zeit des Krieges im Jahre 1870. Gesammelt und hrsg. v. F. Lipperheide. Berlin 1870/71
Lindau, Paul: Beiträge zur Kenntnis des modernen Theaters in Deutschland und Frankreich. Stuttgart 1874
Lindau, Paul: Gesammelte Aufsätze. Beiträge zur Literaturgeschichte der Gegenwart. Berlin 1875

Linden, Walther: Das Zeitalter des Realismus (1830–1885). In: Aufriß der deutschen Literaturgeschichte nach neueren Gesichtspunkten. Hrsg. von H. A. Korff/W. Linden. Leipzig 1930

Link, Platens Lyrik Link, Jürgen: Artistische Form und ästhetischer Sinn in Platens Lyrik. München 1971

Link, Konvergenz Link, Jürgen: Die mythische Konvergenz Goethe-Schiller als diskurskonstitutives Prinzip deutscher Literaturgeschichtsschreibung im 19. Jahrhundert. In: Cerquiglini, Bernard / Gumbrecht, Hans Ulrich (Hrsg.): Der Diskurs der Literatur- und Sprachhistorie. Wissenschaftsgeschichte als Innovationsvorgabe. Frankfurt/M. 1983, 225–242

Link, Lesbarkeit Link, Jürgen: Chemische Lesbarkeit der Welt und Interdiskurs. Zu Justus Liebigs Symbolgebrauch. In: Lendemains 8, 1983, H. 30, 22–27

Link, Geibel Link, Jürgen: Was heißt: »Es hat sich nichts geändert?« Ein Reproduktionsmodell literarischer Evolution mit Blick auf Geibel. In: Gumbrecht, H. U./Link-Heer, U. (Hrsg.): Epochenschwellen und Epochenstrukturen im Diskurs der Literatur- und Sprachhistorie. Frankfurt/M. 1985, 234 ff

Link/Link-Heer, Interdiskurs Link, Jürgen/Link-Heer, Ursula: Diskurs/Interdiskurs und Literaturanalyse. In: LiLi. Zeitschrift für Literaturwissenschaft und Linguistik. 20. Jg. 1990. H. 77, 88–99

Link, Jürgen; Link-Heer, Ursula: Kollektivsymbolik und Orientierungswissen. Das Beispiel des »Technisch-medizinischen Vehikelkörpers«. In: Der Deutschunterricht 4, 1994, 44–55

Linn, Marie-Luise: Studien zur deutschen Rhetorik und Stilistik im 19. Jahrhundert. Marburg a. d. L. 1963

Literatur im Industriezeitalter. Bd. 1. Marbacher Kataloge 42/1. Hrsg. v. Ulrich Ott. Marbach 1987

Literatur in der sozialen Bewegung. Aufsätze und Forschungsberichte zum 19. Jahrhundert. In Verbindung mit Günter Häntzschel und Georg Jäger hrsg. v. Alberto Martino. Tübingen 1977

Litzmann, Berthold: Ernst von Wildenbruch. Zwei Bände. Berlin 1913–1916

Locher, Zwei Fassungen Locher, Kaspar T.: Über Wahrheit und Wirklichkeit in Kellers Frühlyrik. Zwei Fassungen eines frühen Gedichts. In: Deutsche Vierteljahrsschrift für Literatur und Geistesgeschichte 31, 1957, 506–526

Locher, Keller Locher, Kaspar T.: Gottfried Keller. Der Weg zur Reife. Bern/München 1969

Locher, Kaspar T.: Gottfried Keller. Welterfahrung, Werkstruktur und Stil. Bern 1985

Lockemann, Fritz: Gestalt und Wandlungen der deutschen Novelle. München 1957

Löhneysen, Kunstgeschmack Löhneysen, Wolfgang von: Kunst und Kunstgeschmack von der Reichsgründung bis zur Jahrhundertwende. In: Schoeps, H. J. (Hrsg.): Das Wilhelminische Zeitalter. Stuttgart 1966, 87–120

Löwenthal, Leo: Erzählkunst und Gesellschaft. Die Gesellschaftsproblematik in der detuschen Literatur des 19. Jahrhunderts. Neuwied/Berlin 1971

Löwenthal, Leo: Das bürgerliche Bewußtsein in der Literatur. Frankfurt/M. 1981

Loewy, Siegfried: Deutsche Theaterkunst von Goethe bis Reinhardt. Wien 1923

Lohmeier, Dieter: Erzählprobleme des bürgerlichen Realismus. Am Beispiel von

Storms Novelle »Auf dem Staatshof«. In: Schriften der Theodor-Storm-Gesellschaft 28, 1978, 109-122

Lorinser, C. J.: Zum Schutze der Gesundheit in den Schulen. In: Zeitung des Vereins für Heilkunde in Bremen 5, 1836, 1-4

Lublinski, Samuel: Litteratur und Gesellschaft im neunzehnten Jahrhundert. Bd. 3-4. Berlin 1900

Ludwig Uhland, 1787-1862 Uhland, Ludwig. 1787-1862. Dichter, Germanist, Politiker. Bearb. v. Walter Scheffler und Albrecht Bergold. Mit einer Bibliographie von Monika Waldmüller. (Für die Ausstellung von April bis Juni 1987 im Schiller-Nationalmuseum Marbach und von Juni bis Juli 1987 im Theodor-Häring-Haus in Tübingen) Marbach 1987

Ludwig, Albert: Schiller und die deutsche Nachwelt. Von der Kaiserlichen Akademie der Wissenschaften zu Wien gekrönte Preisschrift. Berlin 1909

Ludwig, Albert: Schiller und die Schule. In: Mitteilungen der Gesellschaft für Deutsche Erziehung und Schulgeschichte 19, 1910, 55-95

Ludwig, Marianne: Stifter als Realist. Untersuchung über die Gegenständlichkeit im »Beschriebenen Tännling.« Basel 1948

Ludwig, Martin H.: Arbeiterliteratur in Deutschland. Stuttgart 1976

Lübke, Wilhelm: Lebenserinnerungen. Mit einem Bildniß. Berlin 1891

Lueschner-Meschke, Waltraut: Das unvollendete Lebenswerk eines Epikers. O. Ludwigs dichterische Gestaltungen und Gestaltungsabsichten des ›Agnes Bernauer‹ Stoffes. Berlin 1958

Lütkehaus, Ludger: Hebbel. Gegenwartsdarstellung – Verdinglichungsproblematik – Gesellschaftskritik. Heidelberg 1976

Luhmann, Kunst Luhmann, Niklas: Ist Kunst codierbar? In: N. L.: Soziologische Aufklärung. Bd. 3. Opladen 1981, 245-266

Luhmann, Liebe Luhmann, Niklas: Liebe als Passion. Zur Codierung von Intimität. Frankfurt/M. 1982

Luhmann, Soziale Systeme Luhmann, Niklas: Soziale Systeme. Grundriß einer allgemeinen Theorie. Frankfurt/M. 1984

Lukács, Georg: Essays über Realismus. Berlin 1948

Lukács, Georg: Deutsche Realisten des 19. Jahrhunderts. Bern 1951

Lukács, Georg: Marx und Engels über dramaturgische Fragen. In: Aufbau 9, 1953, 407-424

Lundgreen, Sozialgeschichte Lundgreen, Peter: Sozialgeschichte der deutschen Schule im Überblick. Teil I: 1770-1918. Göttingen 1980 (Kleine Vandenhoeck-Reihe 1460)

Mähly, Jakob: Der Roman des XIX. Jahrhunderts. Berlin 1872

Magill, Charles P.: The German author and his public in the mid-nineteenth century. In: Modern Language Review 43, 1948, 492-499

Mahal, Gründerzeit Mahal, Günther (Hrsg.): Lyrik der Gründerzeit. Tübingen 1973

Mahal, Revolution Mahal, Günther: Wirklich eine Revolution der Lyrik? Überlegungen zur literaturgeschichtlichen Einordnung der Anthologie ›Moderne Dichter-Charaktere‹. In: Scheuer, Helmut (Hrsg.): Naturalismus. Bürgerliche Dichtung und soziales Engagement. Stuttgart u. a. 1974, 11-47

Mandelkow, Goethe Mandelkow, Karl Robert: Goethe in Deutschland. Rezeptionsgeschichte eines Klassikers. Bd. I. 1773–1918. München 1980

Mann, Otto: Poetik der Tragödie. Bern 1958

Mann, Otto: Geschichte des deutschen Dramas. Stuttgart 1963, ³1969

Mann, Thomas: Theodor Storm. In: Th. M.: Adel des Geistes. 2. Aufl. Berlin 1965, 451–472

Markwardt, Bruno: Geschichte der deutschen Poetik. Bd. 4: Das 19. Jahrhundert. Berlin 1959

Marsch, Edgar (Hrsg.): Über Literaturgeschichtsschreibung. Die historisierende Methode des 19. Jahrhunderts in Programm und Kritik. Darmstadt 1975

Martens, Lyrik kommerziell Martens, Wolfgang: Lyrik kommerziell. Das Kartell lyrischer Autoren 1920–1933. München 1975

Martersteig, Theater Martersteig, Max: Das deutsche Theater im 19. Jahrhundert. Leipzig 1904

Martin, Heyse-Bibliographie Martin, Werner (Hrsg.): Paul Heyse. Eine Bibliographie seiner Werke. Hildesheim/New York 1978. München 1984

Martini, Fritz: Wilhelm Raabe und das 19. Jahrhundert. In: Zeitschrift für deutsche Philologie 58, 1933, 326–343

Martini, Fritz: Das Problem des Realismus im 19. Jahrhundert und die Dichtung Wilhelm Raabes. Dichtung und Volkstum. In: Euphorion 36, 1935, 271–302

Martini, Fritz: Bürgerlicher Realismus und der Roman im 19. Jahrhunderts. In: Wirkendes Wort 1, 1950, 148–159

Martini, Fritz: Geschichte und Poetik des Romans. Ein Literaturbericht. In: Der Deutschunterricht 3, 1951, H. 3, 86–98

Martini, Fritz: Deutsche Prosadichtung im 19. Jahrhundert. Ein kritischer Literaturbericht. In: Der Deutschunterricht, 5, 1953, H. 1, 112–128

Martini, Fritz: Soziale Thematik und Formwandlungen des Dramas. In: Der Deutschunterricht 5, 1953, 73–100

Martini, Fritz: Zur Theorie des deutschen Romans im Realismus. In: Festgabe für E. Berend. Weimar 1959, 272–296

Martini, Fritz: Die deutsche Novelle im bürgerlichen Realismus. In: Wirkendes Wort 10, 1960, 257–278

Martini, Fritz: Der Bildungsroman. In: Deutsche Vierteljahrsschrift für Literatur und Geistesgeschichte 35, 1961, 44–63

Martini, Fritz: Forschungsbericht zur deutschen Literatur in der Zeit des Realismus. Stuttgart 1962

Martini, Spätzeitlichkeit Martini, Fritz: Spätzeitlichkeit in der Literatur des 19. Jahrhunderts. Überlegungen zu einem Problem der Forschungsgeschichte. In: Fuchs, Albert/Motekat, Helmut (Hrsg.): Stoffe, Formen. Studien zur deutschen Literatur. Hans Heinrich Borcherdt zum 75. Geburtstag. München 1962, 440–470

Martini, Fritz: Ironischer Realismus: Keller, Raabe und Fontane. In: Schaefer, A. (Hrsg.): Ironie und Dichtung. München 1970, 113–143

Martini, Realismus Martini, Fritz: Deutsche Literatur im bürgerlichen Realismus 1848–1898. Stuttgart ³1974

Martini, Storms Lyrik Martini, Fritz: Theodor Storms Lyrik. Tradition – Produktion – Rezeption. In: Schriften der Theodor-Storm-Gesellschaft 23, 1974, 9–27

Martini, Fritz: Bürgerlicher Realismus in der deutschsprachigen Literatur. In: Lauer, R. (Hrsg.): Neues Handbuch der Literaturwissenschaft. Realismus. Wiesbaden 1980, 223–275

Martini, Fritz: Neue Realismusforschungen. Eine Übersicht. In: Zeitschrift für Philologie 101, 1982, 262–285

Martino, Leihbibliothek Martino, Alberto: Die deutsche Leihbibliothek und ihr Publikum. In: Literatur in der sozialen Bewegung. Tübingen 1978, 1–26

Martino, Leihbibliotheksfrage Martino, Alberto: Die »Leihbibliotheksfrage«. In: Die Leihbibliothek als Institution des literarischen Lebens im 18. und 19. Jahrhundert. Hamburg 1980, 89–164 (Wolfenbütteler Schriften zur Geschichte des Buchwesens 3)

Marx, Karl: Briefe an Kugelmann, mit einer Einleitung von N. Lenin. Berlin 1924

Mattenklott, Gert/Scherpe, Klaus(Hrsg.): Positionen der literarischen Intelligenz zwischen bürgerlicher Reaktion und Imperialismus. Kronberg i. Ts. 1973

Matthiesen, Hayo: Friedrich Hebbel. Reinbek 1970

Mauthner, Fritz: Von Keller zu Zola. Kritische Aufsätze. Berlin 1887

Mautner, Bruno: Johann Nestroy. Heidelberg 1974

Mayer, Raabe Mayer, Gerhard: Wilhelm Raabe und die Tradition des Bildungsromans. In: Raabe-Jahrbuch 1980. 97–124

Mayer, Hans: Der deutsche Roman im 19. Jahrhundert. In: H. M.: Deutsche Literatur und Weltliteratur. Berlin 1957, 268–284

Mayer, Hans (Hrsg.): Meisterwerke deutscher Literaturkritik. Bd. 2: Von Heine bis Mehring. Berlin 1956

Mayser, Buch der Lieder Mayser, Erich: Heinrich Heines ›Buch der Lieder‹ im 19. Jahrhundert. Stuttgart 1978

McInnes, W. Meister McInnes, Edward: Zwischen ›Wilhelm Meister‹ und ›Die Ritter vom Geiste‹. Zur Auseinandersetzung zwischen Bildungsroman und Sozialroman im 19. Jahrhundert. In: Deutsche Vierteljahrsschrift für Literatur und Geistesgeschichte 43, 1969, 487–514

McInnes, Edward: Lessing's »Hamburgische Dramaturgie« and the Theorie of the Drama in the 19th Century. Orbis Litterarum 28, 1973, 292–318

McInnes, Edward: Ludwig Anzengruber and the Popular Dramatic Tradition. In: Maske und Kothurn 21, 1975, 135–152

McInnes, Edward: Tragedy and the Everyday World. Otto Ludwig's ›Der Erbförster‹. In: Neophilologus 59, 1975, 84–97

McInnes, Edward: German Social Drama 1840–1900. From Hebbel to Hauptmann. Stuttgart 1976

McInnes, Edward: Nachwort zu Otto Ludwig: ›Der Erbförster‹. Stuttgart 1979, 93–95 (Reclam UB 3471)

McInnes, Drama McInnes, Edward: Das deutsche Drama des 19. Jahrhunderts. Berlin 1983

McInnes, Edward: ›Die große Tragödie der Welt‹. Ferdinand von Saar and the Drama. In: Polheim, K. K. (Hrsg.): Ferdinand von Saar. Wegbereiter der literarischen Moderne. Köln/Wien 1984, 222–231

McInnes, Edward: Hebbel und die Bemühungen um das soziale Drama im 19. Jahrhundert. In: Koller-Andorf, Ida (Hrsg.): Hebbel. Mensch und Dichter. Friedrich Hebbel Gesellschaft Wien. Wien 1990, 145–160

McInnes, Edward: »Eine untergeordnete Meisterschaft?« The critical reception of Dickens in Germany 1837–1870. Frankfurt/M. u. a. 1991

Mecklenburg, Naturlyrik Mecklenburg, Norbert: Naturlyrik und Gesellschaft. Stichworte zu Theorie, Geschichte und Kritik eines poetischen Genres. In: N. M. (Hrsg.): Naturlyrik und Gesellschaft. Stuttgart 1977, 7–32

Mecklenburg/Müller, Erkenntnisinteresse Mecklenburg, Norbert/Müller, Harro: Erkenntnisinteresse und Literaturwissenschaft. Stuttgart u. a. 1974

Meetz, Anni: Friedrich Hebbel. Stuttgart ³1973

Mehring, Franz: Zur Literaturgeschichte von Hebbel bis Gorki. Berlin 1929

Meier, Sigisbert: Der Realismus als Prinzip der schönen Künste. Eine ästhetische Studie. München 1900

Meiszies, Winrich: »Volksbildung und Volksunterhaltung«. Theater und Gesellschaft in der Programmatik der Volksbühne um 1890. Diss. Köln 1979

Mende, Heine und Herwegh Mende, Fritz: Heine und Herwegh. In: F. M.: Heinrich Heine – Studien zu seinem Leben und Werk. Berlin 1983, 107–119

Meyer, Albert: Die ästhetischen Anschauungen Otto Ludwigs. Leipzig 1910

Meyer, Arbeiterklasse Meyer, Erika: Die Herausbildung der Arbeiterklasse im Spiegel der zeitgenössischen Lyrik. Vom Vormärz bis zum Anfang der siebziger Jahre. Köln 1979

Meyer, Untertanen Meyer, Folkert: Schule der Untertanen. Lehrer und Politik in Preußen 1848–1900. Hamburg 1976 (Historische Perspektiven 4)

Meyer, Friederike: Gefährliche Psyche: Figurenpsychologie in der Erzählliteratur des Realismus. Frankfurt/M./Bern 1992

Meyer, Herman: Das Zitat in der Erzählkunst. Zur Geschichte und Poetik des europäischen Romans. Stuttgart 1961

Meyer, Herman: Raum und Zeit in Wilhelm Raabes Erzählkunst. In: Raabe in neuer Sicht. Hrsg. von H. Helmers. Stuttgart 1968, 236–267

Meyer, Richard M.: Die deutsche Litteratur des neunzehnten Jahrhunderts. Berlin 1900

Meyer, Theorie Meyer, Theo (Hrsg.): Theorie des Naturalismus. Stuttgart 1973

Meyer-Krentler, Eckhardt: Der Bürger als Freund. Ein sozialethisches Programm und seine Kritik in der neueren deutschen Erzählliteratur. München 1984

Michael/Schepp, Politik und Schule Michael, Berthold/Schepp, Heinz-Hermann (Hrsg.): Politik und Schule von der Französischen Revolution bis zur Gegenwart. Eine Quellensammlung zum Verhältnis von Gesellschaft, Schule und Staat im 19. und 20. Jahrhundert. Bd. 1. Frankfurt/M. 1973

Michael, Friedrich: Geschichte des deutschen Theaters. Stuttgart 1969 (Reclam UB 8344–8347)

Michelsen, Peter: Friedrich Hebbels Tagebücher. Eine Analyse. Göttingen 1966

Mieder, Wolfgang: Das Sprichwort in der deutschen Prosaliteratur des neunzehnten Jahrhunderts. München 1976

Mielke, Hellmuth: Der deutsche Roman des 19. Jahrhunderts. Braunschweig 1890

Mittenzwei, Ingrid: Die Sprache als Thema. Untersuchungen zu Fontanes Gesellschaftsromanen. Berlin/Zürich 1970

Mittenzwei, Äußerungen Mittenzwei, Ingrid: Dichtungstheoretische Äußerungen Gottfried Kellers und Conrad Ferdinand Meyers. In: Koopmann, Helmut/Schmoll, J. Adolf, gen. Eisenwerth (Hrsg.): Beiträge zur Theorie der Künste im 19. Jahrhundert. Bd. 2. Frankfurt/M. 1972, 175–195

Mittner, Ladislao: Precisazioni sul »realismo poetico«. In: Filologia e critica. Studi in onore di Vittorio Santoli. Rom 1976, 415–436

Möbius: Ueber das Studium der deutschen Dichtung als eines der vorzüglichsten nationalen Bildungsmittel. In: Allgemeine Deutsche Lehrerzeitung. Hrsg. v. A. Berthelt. Unter Mitwirkung von Ferd. Schnell. 16. Jg. 1864. N°. 26. Sonntag, 26.6.1864, 205–209

Möller, Werner: Sturmgesang – Krieg und Kampf. Gedichte. Berlin (DDR) 1977 (Textausgaben zur frühen sozialistischen Literatur 17)

Mommsen, W. J.: Der deutsche Liberalismus zwischen »klassenloser Bürgergesellschaft« und »organisiertem Kapitalismus.« Zu einigen neueren Liberalismusinterpretationen. In: Geschichte und Gesellschaft 1, 1978, 77–90

Moormann, Maria: Die Bühnentechnik Heinrich Laubes. Leipzig 1917

Morgenstern, I.: Sozialdemokratische Fest- und Zeitgedichte. Stuttgart 1894

Morgenthaler, W.: Bedrängte Positivität. Zu Romanen von Immermann, Fontane und Keller. Bonn 1979

Moser, H. J.: Carl Maria von Weber. Leipzig 1941

Most, Johannes: Neuestes Proletarier-Liederbuch von verschiedenen Arbeiterdichtern. Chemnitz ²1872

Mottek, H.: Wirtschaftsgeschichte Deutschlands. Ein Grundriß. Bd. 2: Von der Zeit der französischen Revolution bis zur Zeit der Bismarckschen Reichsgründung. 2. Aufl. Berlin 1972

Mühlberg, Anfänge Mühlberg, Anfänge proletarischen Freizeitverhaltens und seiner öffentlichen Einrichtungen. In: Weimarer Beiträge, 27. Jg., H. 12, 118 ff

Müller, Sozialstruktur Müller, Detlev: Sozialstruktur und Schulsystem. In: Neuloh, Otto/Rüegg, Walter (Hrsg.): Zur soziologischen Theorie und Analyse des 19. Jahrhunderts. Göttingen 1971, 213–237

Müller, Gerd: Deutsche Literatur im 19. Jahrhundert. Bern 1990

Müller, Lieder Müller, Gerhard: Lieder der Deutschen. Bemerkungen zum ›Deutschlandlied‹, zur ›Becher-Hymne‹ und zu Bertolt Brechts ›Kinderhymne‹. In: Der Sprachdienst 33, 1989, 137–145

Müller, Storms Lyrik Müller, Harro: Theodor Storms Lyrik. Bonn 1975 (Literatur und Wirklichkeit 13)

Müller, Joachim: Der Dichter und das Wirkliche. Prolegomena zu einer Ästhetik des Realismus. In: Wiss. Zeitschrift der Fr.-Schiller-Univ. Jena, Gesellschafts- und sprachwissenschaftliche Reihe 2, 1952/3, H. 1, 63–72

Müller, Klaus-Detlef (Hrsg.): Bürgerlicher Realismus. Königstein i. Ts. 1981

Müller, Kulturreaktion Müller, Karl: Kulturreaktion in Preußen im 19. Jahrhundert. Mit einem Anhang: Briefe Fröbels und Diesterwegs. Berlin 1929

Müller, Moritz: Göthe als Arbeiter! Rede im Arbeiter-Bildungs-Verein zu Pforzheim am 28.8. von M. M. Pforzheim 1865

Müller, Udo: Realismus. Begriff und Epoche. Freiburg/Basel/Wien 1982
Müller-Guttenbrunn, Adam: Das Wiener Theaterleben. Wien 1890
Müller-Salget, Klaus: Erzählungen für das Volk. Evangelische Pfarrer als Volksschriftsteller im Deutschland des 19. Jahrhunderts. Berlin 1984
Müller-Seidel, Romankunst Müller-Seidel, Walter: Theodor Fontane. Soziale Romankunst in Deutschland. Stuttgart 1975
Münchow, Arbeiterbewegung Münchow, Ursula: Arbeiterbewegung und Literatur 1860–1914. Berlin u. Weimar 1981
Münchow, Nachwort Münchow, Ursula: Nachwort. In: Dies. (Hrsg.): Des Morgens Erste Röte. Leipzig 1982, 405 ff
Münchow, Ursula (Hrsg.): Arbeiter über ihr Leben. Von den Anfängen der Arbeiterbewegung bis zum Ende der Weimarer Republik. Berlin (DDR) 1976
Münchow, Ursula (Hrsg.): Des Morgens Erste Röte. Frühe sozialistische deutsche Literatur 1860–1918. Leipzig 1982
Münchow, Ursula (Hrsg.): Aus den Anfängen der sozialistischen Dramatik. 2. Bde. Berlin (DDR) ³1987 (Textausgaben zur frühen sozialistischen Literatur 3 u. 5)
Münchow, U./Laube, K. (Hrsg.): Ein deutscher Chansonnier. Aus dem Schaffen Adolf Lepps. Berlin (DDR) 1976 (Textausgaben zur frühen sozialistischen Literatur 16)
Muschg, Keller Muschg, Adolf: Gottfried Keller. München ⁴1977
Naumann, Bildung Naumann, Michael: Bildung und Gehorsam. In: Vondung, Klaus (Hrsg.): Das Wilhelminische Bildungsbürgertum. Göttingen 1976, 34–52
Nehring, Wolfgang: Von Saar zu Schnitzler: Die Ankündigung der Moderne im 19. Jahrhundert. In: Zemann, Herbert: Jahrbuch des Wiener Goethe-Vereins 86/87/88 (1982–84). Wien 1984, 351–364
Nestriepke, Siegfried: Geschichte der Volksbühne Berlin. Berlin 1930
Neubuhr, Elfriede (Hrsg.): Geschichtsdrama. Darmstadt 1980 (Wege der Forschung 485)
Neues Handbuch der Literaturwissenschaft. Bd. 17: Europäischer Realismus. Hrsg. von R. Lauer u. a. Wiesbaden 1980
Neuhaus, Volker: Der zeitgeschichtliche Sensationsroman in Deutschland 1855 bis 1878. »Sir John Recliffe« und seine Schule. Berlin 1980
Neumann, Bernd: Auf dem Weg zum Stadtroman. Friedrich Spielhagens »Sturmflut« als Darstellung des Berlin der »Gründerzeit«. In: Siebenhaar, Klaus (Hrsg.): Das poetische Berlin: Metropolenkultur zwischen Gründerzeit und Nationalsozialismus. Wiesbaden 1992, S.17–39
Neumann, Bernd: Friedrich Spielhagen: Sturmflut (1877). Die »Gründerjahre« als die »Signatur des Jahrhunderts«. In: Denkler, Horst (Hrsg.): Romane und Erzählungen des Bürgerlichen Realismus. Neue Interpretationen. Stuttgart 1980
Neumann, Keller Neumann, Bernd: Gottfried Keller. Eine Einführung in sein Werk. Königstein/Ts. 1982
Neuschäfer, Hans-Jörg: Populärromane im 19. Jahrhundert. München 1976
Neuschäfer, Hans-Jörg: Das Autonomiestreben und die Bedingungen des Literaturmarktes. In: Lili 1981, H. 42, 73–92
Newmark, Maxim: Otto Brahm. The Man and the Critic. New York 1938
Nicolai, Storm und Goethe Nicolai, Heinz: Theodor Storms Verhältnis zu Goethe. Zu

Storms Auffassung vom Wesen der Lyrik. In: Schriften der Theodor-Storm-Gesellschaft 19, 1970, 9–25

Niederführ, H.: Alt-Wiener Theater. Wien 1942

Nientimp, Margret: Zur Bedeutung der Erzählerfigur und der Erzählhaltung in Novellen des Realismus. In: Die Pädagogische Provinz 13, 1959, 349–356

Nipperdey, Verein Nipperdey, Thomas: Verein als soziale Struktur in Deutschland im späten 18. und frühen 19. Jahrhundert. In: T. N.: Gesellschaft, Kultur, Theorie. Gesammelte Aufsätze zur neueren Geschichte. Göttingen 1976, 174–205

Nolte, Fred O.: Art and Reality. Lancaster (Pennsylvania) 1942

Noltenius, Freiligrath-Dotation Noltenius, Rainer: Die Freiligrath-Dotation und die ›Gartenlaube‹. Deutschlands größte Geldsammlung für einen lebenden Dichter. In: Grabbe-Jahrbuch 2, 1983, 57–74

Noltenius, Dichterfeiern Noltenius, Rainer: Dichterfeiern in Deutschland. Rezeptionsgeschichte als Sozialgeschichte am Beispiel der Schiller- und Freiligrath-Feiern. München 1984

Northam, John: Ibsen's Search for the Hero. In: Fjelde, Rolf (Hrsg.): Ibsen. New York 1965

Northam, John: Ibsen. Cambridge 1973

Nürnberger, Fontane Nürnberger, Helmuth: Der frühe Fontane. Politik, Poesie, Geschichte. 1840 bis 1860. München o. J

Nürnberger, Helmuth: Theodor Fontane. Märkische Region & Europäische Welt. Hrsg. v. Ministerium f. Wiss., Forschung und Kultur u. v. d. Bevollmächtigten des Landes Brandenburg ⟨...⟩. Ausstellungskatalog. Bonn 1993

Nußberger, Max: Poetischer Realismus. In: Reallexikon der deutschen Literaturgeschichte. Hrsg. von P. Merker/W. Stammler. Bd. 3. 1928/29, 4–12

Nyssen, Sozialisationskonzept Nyssen, Friedhelm: Das Sozialisationskonzept der Stiehlschen Regulative und sein historischer Hintergrund. Zur historisch-materialistischen Analyse der Schulpolitik in den 50er und 60er Jahren des 19. Jahrhunderts. In: Hartmann, Klaus L./Nyssen, Friedhelm/Waldeyer, Hans (Hrsg.): Schule und Staat im 18. und 19. Jahrhundert. Zur Sozialgeschichte der Schule in Deutschland. Frankfurt/M. 1974 (edition suhrkamp 694), 292–322

Obenaus, Zeitschriften Obenaus, Sibylle: Literarische und politische Zeitschriften 1848–1880. Stuttgart 1987

Oehlke, Waldemar: Die deutsche Literatur seit Goethes Tode und ihre Grundlagen. Halle a. d. S. 1921

Oellers, Zeitgenosse Oellers, Norbert (Hrsg.): Schiller – Zeitgenosse aller Epochen. Dokumente zur Wirkungsgeschichte Schillers in Deutschland. Hrsg., eingel. und komm. v. N. O. Teil. I: 1782–1859. Frankfurt/M. 1970 (Wirkung der Literatur. Deutsche Autoren im Urteil ihrer Kritiker, Bd. 2); Teil. II: 1860–1966. München 1976

Oelmüller, Vischer Oelmüller, Willi: Friedrich Theodor Vischer und das Problem der nachhegelschen Ästhetik. Stuttgart 1959

Offermann, Toni: Arbeiterbewegung und liberales Bürgertum in Deutschland 1850–1863. Bonn-Bad Godesberg 1979

Ohl, Hubert: Bild und Wirklichkeit. Studien zur Romankunst Raabes und Fontanes. Heidelberg 1968

Ohl, Hubert: Das zyklische Prinzip von Gottfried Kellers Novellensammlung »Die Leute von Seldwyla«. In: Euphorion 63, 1969, 216–226

Osborne, John: The Naturalist Drama in Germany. Manchester 1971

Osborne, Meiningen Osborne, John: The Meiningen Court Theatre 1866–1890. Cambridge 1988

Osiander, Renate: Der Realismus in den Zeitromanen Fontanes. Eine vergleichende Gegenüberstellung mit dem französischen Zeitroman. Göttingen 1952

Osterkamp, Barbara: Arbeit und Identität. Studien zur Erzählkunst des bürgerlichen Realismus. Würzburg 1983

Osterroth, Franz: Biographisches Lexikon des Sozialismus. Hannover 1960

Ostwald, Paul: Freytag als Politiker. Berlin 1927

Otto: Wie sind die Zöglinge des Seminars in die deutsche Litteratur einzuführen? Von Dr. Otto, Direktor in Homberg. In: Pädagogische Blätter für Lehrerbildung und Lehrerbildungs-Anstalten 19, 1890, 185–207

Otto-Walster, August: Leben und Werk. Hrsg. v. W. Friedrich. Berlin (DDR) 1966 (Textausgaben zur frühen sozialistischen Literatur 7)

Pabst, K. R.: Die Verbindung der Künste auf der dramatischen Bühne. Bern 1870

Pallus, Klaus: Grundzüge der Dramentheorie Otto Ludwigs. Diss. Greifswald 1960

Palmade, Guy (Hrsg.): Das bürgerliche Zeitalter. Frankfurt/M. 1974

Paoloni, Justus von Liebig Paoloni, Carlo: Justus von Liebig. Eine Bibliographie sämtlicher Veröffentlichungen mit biographischen Anmerkungen. Heidelberg 1968

Pape, Wüsten- und Löwenpoesie Pape, Walter: ›Die Wüsten- und Löwenpoesie war im Grunde auch nur revolutionair‹. Ästhetischer Ursprung und ethische Legitimation von politischer Lyrik im 19. Jahrhundert am Beispiel Ferdinand Freiligraths. In: Schöne, Albrecht (Hrsg.): Akten des 7. Internationalen Germanisten-Kongresses Göttingen 1985. Alte und neue Kontroversen. Bd. 8. Tübingen 1986, 66–77

Pape, Hurra Germania Pape, Walter: »Hurra, Germania – mir graut vor dir«: Hoffmann von Fallersleben, Freiligrath, Herwegh and the German unification of 1870/71. In: W. P. (Hrsg.): 1870/71–1989/90. German Unifications and the Change of Literary Discourse. Berlin 1993, 107–134

Papst, Walter: Literatur zur Theorie des Romans. In: Deutsche Vierteljahresschrift für Literatur und Geistesgeschichte 34, 1960, 264–289

Parr, Bismarck Parr, Rolf: »Zwei Seelen wohnen, ach! in meiner Brust«. Strukturen und Funktionen der Mythisierung Bismarcks (1860–1918), München 1992

Pascal, Roy: Fortklang und Nachklang des Realismus im Roman. In: Spätzeiten und Spätzeitlichkeiten. Vorträge, gehalten auf dem II. Internationalen Germanistenkongreß 1960 in Kopenhagen. Hrsg. von W. Kohlschmidt. Bern 1962, 133–146

Pastor Eckart: Die Sprache der Erinnerung. Zu den Novellen von Theodor Storm. Frankfurt/M. 1988

Pataky, Sophie: Lexikon deutscher Frauen der Feder. Eine Zusammenstellung der seit dem Jahre 1840 erschienenen Werke weiblicher Autoren, nebst Biographien der Lebenden und einem Verzeichnis der Pseudonyme. 2 Bde. Berlin 1898

Paulin, Roger: The Brief Compass. The Nineteenth Century German Novelle. Oxford 1985

Paulsen, Unterricht Paulsen, Friedrich: Geschichte des gelehrten Unterrichts auf den deutschen Schulen und Universitäten vom Ausgang des Mittelalters bis zur Gegenwart. Mit besonderer Berücksichtigung des klassischen Unterrichts. 2. Bde. Leipzig 1897

Peckham, Morse: Is the Problem of Literary Realism a Pseudo-Problem? In: Critique 12, 1970, 95–112

Pehlke, Im Kampf Pehlke, Michael: Ein Exempel proletarischer Dramatik. Bemerkungen zu Friedrich Bosses Streikdrama ›Im Kampf‹. In: Literaturwissenschaft und Sozialwissenschaften. Grundlagen und Modellanalysen. Stuttgart 1971, 400 ff

Peschel, Lehren Peschel, Oskar: Die Lehren der jüngsten Kriegsgeschichte. In: Ausland. 29. Jg. 17. Juli 1866, 695

Peschken, Bernd/Krohn, Claus-Dieter (Hrsg.): Der liberale Roman und der preußische Verfassungskonflikt. Stuttgart 1976

Pestalozzi, Tod und Allegorie Pestalozzi, Karl: Tod und Allegorie in C. F. Meyers Gedichten. In: Euphorion 56, 1962, 300–320

Petersen, Julius: Schiller und die Bühne. Berlin 1904

Petersen, Julius: Goethes Faust auf der deutschen Bühne. Leipzig 1929

Petzet, Blütezeit Petzet, Christian: Die Blütezeit der deutschen politischen Lyrik von 1840 bis 1850. Ein Beitrag zur deutschen Literatur- und Nationalgeschichte. München 1903

Petzet, Erich: Paul Heyse als Dramatiker. Stuttgart/Berlin 1904

Petzet, Heyse Petzet, Erich: Paul Heyse, ein deutscher Lyriker. Leipzig 1914

Pforte, Anthologie Pforte, Dietger: Die Anthologie als Kampfbuch. Vier Lyrikanthologien der frühen deutschen Sozialdemokratie. In: *Deutschsprachige Anthologie*, Bd. 2, 199–221

Piechotta, Ordnung Piechotta, Hans Joachim: Ordnung als mythologisches Zitat. Adalbert Stifter und der Mythos. In: Bohrer, Karl Heinz (Hrsg.): Mythos und Moderne. Frankfurt/M. 1983, 83–110

Plagemann, Kunstmuseum Plagemann, Volker: Das deutsche Kunstmuseum 1790–1870. München 1967

Plazek, Heinz Walter: Das historische Drama zur Zeit Hebbels. Berlin 1928

Plessner, Verspätete Nation Plessner, Helmuth: Die verspätete Nation. Stuttgart 1959

Ploetz-Wirtschaftsgeschichte Schäfer, Hermann (Hrsg.): Ploetz-Wirtschaftsgeschichte der deutschsprachigen Länder vom frühen Mittelalter bis zur Gegenwart. Freiburg/Würzburg 1989

Plumpe, Zyklik Plumpe, Gerhard: Zyklik als Anschauungsform historischer Zeit. Im Hinblick auf Adalbert Stifter. In: Link, Jürgen/Wülfing, Wulf (Hrsg.): Bewegung und Stillstand in Metaphern und Mythen. Stuttgart 1984, 201–225

Plumpe, Die Praxis des Erzählens Plumpe, Gerhard: Die Praxis des Erzählens als Realität des Imaginären. Gottfried Kellers Novelle »Pankraz der Schmoller«. In: Kolkenbrock-Netz, Jutta/Plumpe, Gerhard/Schrimpf, Hans Joachim (Hrsg.): Wege der Literaturwissenschaft. Bonn 1985, 163–173

Plumpe, Systemtheorie Plumpe, Gerhard: Systemtheorie und Literaturgeschichte. Mit Anmerkungen zum deutschen Realismus im 19. Jahrhundert. In: Gumbrecht, H.-U./Link-Heer, U. (Hrsg.): Epochenschwellen und Epochenstrukturen im Diskurs der Literatur- und Sprachhistorie. Frankfurt/M. 1985, 251–264

Plumpe, Der tote Blick Plumpe, Gerhard: Der tote Blick. Zum Diskurs der Photographie in der Zeit des Realismus. München 1990

Plumpe, Ausdifferenzierung Plumpe, Gerhard: Ausdifferenzierung der Lyrik – Ästhetische Reflexion. In: Walter Baumgartner (Hrsg.): Wahre lyrische Mitte – »Zentrallyrik«. Ein Symposion zum Diskurs über Lyrik in Deutschland und Skandinavien. Frankfurt/M. u. a. 1993, 87–106

Plumpe, Gerhard: An der Grenze des Realismus. Eine Anmerkung zu Adalbert Stifters »Nachkommenschaften« und Wilhelm Raabes »Der Dräumling«. In: Jahrbuch der Raabe-Gesellschaft 1994, 70–84

Plumpe, Technik Plumpe, Gerhard: Technik als Problem des Literarischen Realismus. In: Moderne Zeiten. Technik und Zeitgeist im 19. und 20. Jahrhundert. Stuttgart 1994, 43–59

Plumpe, Gerhard: Realismus. In: Plumpe, G.: Epochen moderner Literatur. Opladen 1995, 105–137

Plumpe, Kein Mitleid Plumpe, Gerhard: Kein Mitleid mit Werther. In: De Berg, H./ Prangel, M. (Hrsg.): Systemtheorie und Hermeneutik. Tübingen 1997

Plumpe (Hrsg.), Theorie Plumpe, Gerhard (Hrsg.): Theorie des bürgerlichen Realismus. Stuttgart 1985

Pölitz, Ästhetik Pölitz, Karl Heinrich Ludwig: Aesthetik für gebildete Leser, T. 1. 2. Leipzig 1807

Pöls, Sozialgeschichte Pöls, Werner (Hrsg.): Deutsche Sozialgeschichte 1815–1870. München ³1979

Polheim, Karl Konrad (Hrsg.): Ferdinand von Saar. Ein Wegbereiter der literarischen Moderne. Bonn 1985

Polheim, Karl Konrad (Hrsg.): Theorie und Kritik der deutschen Novelle von Wieland bis Musil. Tübingen 1970

Polheim, Karl Konrad: Novellentheorie und Novelleforschung. Ein Forschungsbericht. Stuttgart 1965

Politische Lyrik Gast, Wolfgang (Hrsg.): Politische Lyrik. Deutsche Zeitgedichte des 19. und 20. Jahrhunderts. Stuttgart 1974

Polko, Dichtergrüße Polko, Elise (Hrsg.): Dichtergrüße. Leipzig ¹³1886

Poltermann, Jenny Treibel Poltermann, Andreas: ›Frau Jenny Treibel‹ oder die Profanierung der hohen Poesie. In: Text und Kritik. Sonderbd. Theodor Fontane (1989), 131–147

Pongs, Raabe Pongs, Hermann: Wilhelm Raabe. Leben und Werk. Heidelberg 1958

Poore, Carol (Hrsg.): Deutsch-amerikanische sozialistische Literatur 1865–1900. Anthologie. Berlin (DDR) 1987 (Textausgaben zur frühen sozialistischen Literatur 24)

Pracht, Erwin: Probleme der Entstehung und der Wesensbestimmung des Realismus. In: Deutsche Zeitschrift für Philosophie 9, 1961, 1079–1101

Preczang, Ernst: Auswahl aus seinem Werk. Hrsg. v. H. Herting. Berlin (DDR) 1969 (Textausgaben zur frühen sozialistischen Literatur 9)

Preisendanz, Keller Preisendanz, Wolfgang: Gottfried Keller »Der grüne Heinrich«. In: Wiese, Benno v.: Der deutsche Roman. Bd. 2: Vom Barock bis zur Gegenwart. Düsseldorf 1963, 76–127

Preisendanz, Realismus Preisendanz, Wolfgang: Wege des Realismus. München 1977

Preisendanz, Heine Preisendanz, Wolfgang: Heinrich Heine. Werkstrukturen und Epochenbezüge. München 1983

Preisendanz, Humor Preisendanz, Wolfgang: Humor als dichterische Einbildungskraft. Studien zur Erzählkunst des poetischen Realismus. München ³1985

Preisendanz, Voraussetzungen Preisendanz, Wolfgang: Voraussetzungen des poetischen Realismus in der deutschen Erzählkunst des 19. Jahrhunderts. In: Begriffsbestimmung des literarischen Realismus. Hrsg. Richard Brinkmann. Darmstadt ³1987, 453–479

Preisner, Rio: Johann Nepomuk Nestroy. Der Schöpfer der tragischen Posse. München 1968

Prem, Simon: Martin Greif. Versuch zu einer Geschichte seines Lebens und Dichtens. Leipzig 1895, ³1911

Privat, Stifter Privat, Karl: Adalbert Stifter. Sein Leben in Selbstzeugnissen, Briefen und Berichten. Berlin 1946

Probleme des Realismus in der Weltliteratur. Berlin 1962

Prölß, R.: Geschichte des Hoftheaters zu Dresden. Dresden 1878

Prutz, Robert: Zehn Jahre. Leipzig 1850

Prutz, Robert: Literatur und Kunst. In: Deutsches Museum. 1. Jg. 1851. Bd. I, 549–553

Prutz, Robert: Epos und Drama in der deutschen Literatur der Gegenwart. 2 Bde. Leipzig 1854

Prutz, Robert: Die deutsche Literatur der Gegenwart 1848–1858. 2 Bde. Leipzig 1859

Prutz, Politische Poesie Prutz, Robert Eduard: Die politische Poesie der Deutschen. In: R. E. Prutz: Zu Theorie und Geschichte der Literatur. Berarb. und eingel. von Ingrid Pepperle. Berlin 1981, 60–76

Puchta, H.: Die Entstehung politischer Ideologien im 19. Jahrhundert. Dargestellt am Beispiel des Staatslexikons von Rotteck-Welcker und des Staats-Gesellschaftslexikons von H. Wagner. Erlangen/Nürnberg 1972

Purdie, Edna: Friedrich Hebbel. London 1932

Putlitz, G. von: Karl Immermann, sein Leben und seine Werke. Berlin 1870

Qualen, Politisches Qualen, Hans Hellmuth: Politisches bei Wilhelm Busch. In: Busch-Jahrbuch 50, 1984, 49–66

Quellenbibliographie. In: Realismus und Gründerzeit. Hrsg. von M. Bucher u. a. Bd. 2: Manifeste und Dokumente. Stuttgart 1975

Quietmeyer, E.: Schul- und Hausfreund. Deutsches Lesebuch für Oberklassen der Volksschulen und Mittelklassen höherer Schulen. Bd. II. Hannover 1853

Radeck, Gartenlaube Radeck, Heide: Zur Geschichte von Roman und Erzählung in der ›Gartenlaube‹ (1853 bis 1914). Heroismus und Idylle als Instrument nationaler Ideologie. Diss. Erlangen-Nürnberg 1967

Rademacher, Technik Rademacher, Gerhard: Technik und industrielle Arbeitswelt in der deutschen Lyrik des 19. und 20. Jahrhunderts. Bern/Frankfurt/M. 1976

Raeck, Karl: Das deutsche Theater zu Berlin unter der Direktion von Adolphe L'Arronge. Berlin 1928

Rall, Symposien Rall, Hans: Die Symposien Maximilians II. In: *König Maximilian II. von Bayern* , 63–70

Ranke, Epochen Ranke, Leopold von: Über die Epochen der Neueren Geschichte. Hi-

storisch-kritische Ausgabe. Hrsg. v. Theodor Schieder und Helmut Berding. München und Wien 1971
Ranke, Werk und Nachlaß Ranke, Leopold von: Aus Werk und Nachlaß, Bd. 4. Hrsg. v. V. Dotterweich und W. Fuchs. München und Wien 1975
Raphael, Gaston: Otto Ludwig. Ses Theories et ses Oeuvres romanesques. Paris 1919
Rathenau, Walter: Zur Kritik der Zeit. Berlin 1912
Raumer, Rudolf von: Der Unterricht im Deutschen. 3., verm. und verb. Aufl. Stuttgart 1857 ⟨¹1851⟩
Realism: A Symposium. In: Monatshefte für deutschen Unterricht 59, 1967, 97–130
Realismus und Gründerzeit 1 Realismus und Gründerzeit. Manifeste und Dokumente zur deutschen Literatur 1848–1880. Mit einer Einführung in den Problemkreis und einer Quellenbibliographie hrsg. v. Max Bucher, Werner Hahl, Georg Jäger und Reinhard Wittmann. Bd. 1. Einführung in den Problemkreis, Abbildungen, Kurzbiographien, annotierte Quellenbibliographie und Register. Stuttgart 1981
Realismus und Gründerzeit 2 Realismus und Gründerzeit. Manifeste und Dokumente zur deutschen Literatur 1848–1880. Mit einer Einführung in den Problemkreis und einer Quellenbibliographie hrsg. v. Max Bucher, Werner Hahl, Georg Jäger und Reinhard Wittmann. Bd. 2. Manifeste und Dokumente. Stuttgart 1975
Rebing, Günter: Der Halbbruder des Dichters. Friedrich Spielhagens Theorie des Romans. Frankfurt/M. 1972
Redeker, Horst: »Abbildung und Aktion«. Versuch über die Dialektik des Realismus. Halle a. d. S. 1966
Rehm, Walther: Geschichte des deutschen Romans. Auf Grund der Mielkeschen Darstellung neubearbeitet. 2 Tle. Berlin 1927
Reich, Emil: Die bürgerliche Kunst und die besitzlosen Volksklassen. Leipzig 1892
Reichel, Anthologien Reichel, Jörn: Die Poesie im Festtagskleide. Zum Problem des Trivialen in religiösen Anthologien. In: Wiora, Walter (Hrsg.): Triviale Zonen in der religiösen Kunst des 19. Jahrhunderts. Frankfurt/M. 1971
Reifenberg, Bernd: Vom Apparate der Geniesucht: Überlegungen zur Ästhetik des Subjekts im Roman des deutschsprachigen literarischen Realismus. In: Keller übersetzen – Traduire Keller: Actes du colloque 1990 à Lausanne. Hrsg. von W. Lenschen. Lausanne 1991
Rein, W./Pickler, A./Scheller, E.: Das siebente Schuljahr. Ein theoretisch-praktischer Lehrgang für Lehrer und Lehrerinnen sowie zum Gebrauch in Seminaren. Dresden ²1888
Reinhardt, Heinrich: Die Dichtungstheorie der sogenannten Poetischen Realisten. Diss. Tübingen 1937
Reisner, Literatur Reisner, Hanns-Peter: Literatur unter der Zensur. Die politische Lyrik des Vormärz. Stuttgart 1975
Remak, Henry H.: The German Reception of French Realism. In: Publications of the Modern Language Association of America 69, 1954, 410–431
Reulicke, Deutsche Stadt Reulicke, Jürgen (Hrsg.): Die deutsche Stadt im Industriezeitalter. Wuppertal 1978
Reuter, Hans-Heinrich: Fontane. 2 Bände. Berlin 1968
Reuter, Hans-Heinrich: Umrisse eines »mittleren« Erzählers. Anmerkungen zu Werk

und Wirkung Otto Ludwigs. In: Jahrbuch der deutschen Schiller-Gesellschaft 12, 1968, 318–258

Rey, Genealogie Rey, Jean-Michel: Die Genealogie Nietzsches. In: Châtelet, François (Hrsg.): Geschichte der Philosophie. Bd. 6. Frankfurt/M./Berlin/Wien 1975, 139–175

Rhöse, Franz : Konflikt und Versöhnung. Untersuchungen zur Theorie des Romans von Hegel bis zum Naturalismus. Stuttgart 1978

Rhyn, Balladendichtung Rhyn, Hans: Die Balladendichtung Theodor Fontanes (mit besonderer Berücksichtigung seiner Bearbeitungen altenglischer und altschottischer Balladen aus den Sammlungen von Percy und Scott). Bern 1914 (Reprint Nendeln/Liechtenstein 1970)

Richter, Albert: Der Unterricht in der Muttersprache und seine nationale Bedeutung. (Gekrönte Preisschrift). Leipzig 1872

Richter, Claus: Leiden an der Gesellschaft. Vom literarischen Liberalismus zum poetischen Realismus. Königstein i. Ts. 1978

Richter, Resignation Richter, Karl: Resignation. Eine Studie zum Werk Theodor Fontanes. Stuttgart u. a. 1966 (Studien zur Poetik und Literatur 1)

Richter, Fontane Richter, Karl: Späte Lyrik Theodor Fontanes. In: Aust, Hugo (Hrsg.): Fontane aus heutiger Sicht. Analysen und Interpretationen seines Werkes. München 1980

Richter, Renate: Studien über das Drama des Historismus 1850–1890. Diss. Rostock 1935

Ricklefs, Ulfert: Otto Ludwigs Dramentheorie. Zum Problem des Kontinuität zwischen Frührealismus und poetischen Realismus. In: Studien zur Literatur des Frührealismus hrsg. v. Blamberger, Günter, Engel, Manfred und Ritze, Monika. Frankfurt/M./Bern 1991, 45–76

Rieder, Heinz: Liberalismus als Lebensform in der deutschen Prosaepik des 19. Jahrhunderts. Berlin 1939

Rieder, Heinz: Marie von Ebner-Eschenbach. Leben – Werk – Persönlichkeit. Wien 1947

Rieder, Heinz: Ideal und Verhängnis. Die österreichische realistische Dichtung des neunzehnten Jahrhunderts. In: Österreich in Geschichte und Gegenwart 8, 1964, 30–38

Rieger, Poeta Studiosi Rieger, Burghard: Poeta Studiosi. Analysen studentischer Lyrik des 19. Jahrhunderts – ein Beitrag zur exakt-wissenschaftlichen Erforschung literarischer Massenphänomene. Frankfurt/M. 1970

Rieger, Erwin: Offenbach und seine Wiener Schule. Wien 1920

Riehl, Wilhelm Heinrich: Gesammelte Geschichten und Novellen. 2 Bde. Stuttgart 1879

Riemann, Robert: Das 19. Jahrhundert der deutschen Literatur. Leipzig 1907

Riha, Naturalismus Riha, Karl: Naturalismus. In: Hinderer, Walter (Hrsg.): Geschichte der deutschen Lyrik vom Mittelalter bis zur Gegenwart. Stuttgart 1983, 371–386

Rischke, Gartenlaube Rischke, Anne-Susanne: Die Lyrik in der ›Gartenlaube‹, 1853–1903. Untersuchungen zu Thematik, Form und Funktion. Frankfurt/M. 1982

Ritchie, James M.: Realism. In: Periods in German literature. Hrsg. von J. M. Ritchie. London 1966, 171–195

Ritter/Kocka, Sozialgeschichte Ritter, Gerhard A./Kocka, Jürgen (Hrsg.): Deutsche Sozialgeschichte. Dokumente und Skizzen. Bd. 2. München 1974

Ritter/Kocka, Sozialgeschichte Ritter, Gerhard/Kocka, Jürgen (Hrsg.): Deutsche Sozialgeschichte 1870–1914. München ²1977

Ritter, Wolfgang: Hebbels Psychologie und dramatische Gestaltung. Marburg 1973

Roeder, Arbo von: Dialektik von Fabel und Charakter. Formale Aspekte des Entwicklungsromans im 19. Jahrhundert. Tübingen 1969

Roehr, J.: Wildenbruch als Dramatiker. Kritische Untersuchungen. Berlin 1908

Rötscher, H. T.: Dramaturgische Skizzen und Kritiken. Leipzig 1847–1867

Rötscher, H. T.: Dramaturgische und ästhetische Abhandlungen. Leipzig 1867

Rohe, Roman Rohe, Wolfgang: Roman aus Diskursen. G. Keller: Der grüne Heinrich. München 1993

Rojek, Hans Jürgen: Bibliographie der deutschsprachiger Hochschulschriften zur Theaterwissenschaft von 1953–1960. Gesellschaft für Theatergeschichte. Berlin (West) 1962

Rollka, Belletristik Rollka, Bodo: Die Belletristik in der Berliner Presse des 19. Jahrhunderts. Berlin 1985

Rommel, Otto (Hrsg.): Der österreichische Vormärz 1816–1847. Leipzig 1931 (Deutsche Literatur in Entwicklungsreihen. Reihe Politische Dichtung 4)

Rommel, Otto: Die Alt-Wiener Volkskomödie. Ihre Geschichte vom barocken Welt-Theater bis zum Tode Nestroys. Wien 1952

Rommel, Otto: Johann Nestroy. Ein Beitrag zur Geschichte der Wiener Volkskomik. In: Nestroy, Johann: Sämtliche Werke. Historisch-kritische Gesamtausgabe in 15 Bänden, Hrsg. v. Fritz Bruckner und Otto Rommel. Bd. 15

Rosenberg, Große Depression Rosenberg, Hans: große Depression und Bismarckzeit. Wirtschaftsablauf, Gesellschaft und Politik in Mitteleuropa. Frankfurt/M./Berlin/Wien 1976

Rosenberg, Rainer: Zum Menschenbild der realistischen bürgerlichen Literatur des 19. Jahrhunderts. In: Weimarer Beiträge 15, 1969, 1125–1150

Rosenberg, Rainer: Deutsche Literatur zwischen 1830 und 1871. In: Weimarer Beiträge 18, 1972, 121–145

Rosenberg, Literatur Rosenberg, Rainer: Die Literatur der deutschen Arbeiterbewegung als Forschungsgegenstand der Literaturwissenschaft. In: Literatur und proletarische Kultur. Beiträge zur Kulturgeschichte der deutschen Arbeiterklasse im 19. Jahrhundert. Berlin 1983, 45ff

Rosman, Statik und Dynamik Rosman, Corrie: Statik und Dynamik in Conrad Ferdinand Meyers Gedichten. Den Haag 1949

Rossi, Mario: Realismus in Hegelscher Problematik. In: Hegel-Jahrbuch 1964, 72–81

Roth, Sozialdemokratie Roth, Günther: Die kulturellen Bestrebungen der Sozialdemokratie im kaiserlichen Deutschland. In: Wehler, Hans-Ulrich (Hrsg.): Moderne deutsche Sozialgeschichte. Köln/Berlin 1966, 342–368

Rothe, Lyrik aus Zeitschriften Rothe, Norbert (Hrsg.): Frühe sozialistische satirische Lyrik aus den Zeitschriften ›Der wahre Jacob‹ und ›Süddeutscher Postillon‹. Berlin 1977

Rothe, Naturalismus-Debatte Rothe, Norbert (Hrsg.): Naturalismus-Debatte 1891– 1896. Dokumente zur Literaturtheorie und Literaturkritik der revolutionären deutschen Sozialdemokratie. Berlin (DDR) 1986 (Textausgaben zur frühen sozialistischen Literatur)

Rothenberg, Jürgen: Gottfried Keller, Symbolgehalt und Realitätserfassung seines Erzählens. Heidelberg 1976

Ruckhäberle/Widhammer, Roman Ruckhäberle, Hans-Joachim/Widhammer, Helmuth: Roman und Romantheorie des deutschen Realismus. Kronberg/Ts. 1977

Rudolph, Frauenbildung Rudolph, Maria: Die Frauenbildung in Frankfurt am Main. Geschichte der priveten, der kirchlich-konfessionellen, der jüdischen und der städtischen Mädchenschulen. Frankfurt/M. u. a. 1979

Rüden, Arbeitertheater Rüden, Peter von: Sozialdemokratisches Arbeitertheater (1848–1914). Frankfurt/M. 1974

Rüden, Peter von (Hrsg.): Beiträge zur Kulturgeschichte der deutschen Arbeiterbewegung 1848–1918. Frankfurt/M./Wien/Zürich 1979

Rüden, Peter von/Koszyk, Kurt (Hrsg.): Dokumente und Materialien zur Kulturgeschichte der deutschen Arbeiterbewegung 1848–1918. Frankfurt/M. u. a. 1979

Rühle, Otto: Illustrierte Kultur- und Sittengeschichte des Proletariats. Bd. 1. Berlin 1930

Rüsen, Ästhetik Rüsen, Jörn: Ästhetik und Geschichte. Geschichtstheoretische Untersuchungen zum Begründungszusammenhang von Kunst, Gesellschaft und Wissenschaft. Stuttgart 1976

Ruppert, Arbeiter Ruppert, Wolfgang (Hrsg.): Die Arbeiter. Lebensformen, Alltag und Kultur. München 1986

Ruprecht, Lyrikverständnis Ruprecht, Dorothea: Untersuchungen zum Lyrikverständnis in Kunsttheorie, Literarhistorie und Literaturkritik zwischen 1830 und 1860. Göttingen 1987 (Palaestra. 281)

Ruprecht, Erich (Hrsg.): Literarische Manifeste des Naturalismus, 1880–1892. Stuttgart 1962

Ruprecht, H.-G.: Eugène Scribes Theaterstücke auf den Bühnen in Wien, Leipzig, Weimar und Berlin. Eine geschmackssoziologische Studie über den Erfolg der Scribeschen Theaterstücke in den deutschsprachigen Bearbeitungen des 19. Jahrhunderts. Diss. Saarbrücken 1965

Saalfeld, Buchpreise Saalfeld, Diedrich: Materialien zur Beurteilung der Buchpreise und Leihgebühren. In: Die Leihbibliothek als Institution des literarischen Lebens im 18. und 19. Jahrhundert. Hamburg 1980), 63–88 (Wolfenbütteler Schriften zur Geschichte des Buchwesens 3)

Sagarra, E.: Tradition und Revolution. Deutsche Literatur und Gesellschaft 1830– 1890. München 1972

Salomon, Steuermann Salomon, George: »Wer ist John Maynard?« Fontanes tapferer Steuermann und das amerikanische Vorbild. In: Fontane-Blätter 1, 1965, 2, 25–60

Sandberg-Braun, Symbolismus Sandberg-Braun, Beatrice: Wege zum Symbolismus. Zur Entstehungsgeschichte dreier Gedichte Conrad Ferdinand Meyers. Zürich/Freiburg i. Br. 1969

Sareika, Trotz alledem Sareika, Rüdiger: »Trotz alledem!« Ferdinand Freiligrath.

Dichtung zwischen Innerlichkeit und Engagement. Tagung der Ev. Akademie Iserlohn. In: Grabbe-Jahrbuch 5, 1986, 165–168

Sarkowski, Buchvertrieb Sarkowski, Heinz: Der Buchvertrieb von Tür zu Tür im 19. Jahrhundert. In: Wittmann, Reinhard/Hack, Berthold (Hrsg.): Buchhandel und Literatur. Wiesbaden 1982, 221–246

Sauer/Werth, Festspiele Sauer, Klaus und Werth, German (Hrsg.): Lorbeer und Palme. Patriotismus in deutschen Festspielen. München 1971

Sautermeister, Der grüne Heinrich Sautermeister, Gert: Der grüne Heinrich. Gesellschaftsroman, Seelendrama, Romankunst. In: Denkler, Horst (Hrsg.): Romane und Erzählungen des bürgerlichen Realismus. Stuttgart 1980, 80–123

Saxer, Johann U.: Gottfried Kellers Bemühungen um das Theater. Ein Beitrag zur Problematik des deutschen Theaters im späteren 19. Jahrhundert. Winterthur 1957

Scaevola, G. M.: Gedichte und Stücke. Hrsg. v. G. u. H. H. Klatt. Berlin (DDR) 1972 (Textausgaben zur frühen sozialistischen Literatur 20)

Schäfers, Arbeiterbildung Schäfers, Hans-Joachim: Zur sozialistischen Arbeiterbildung in Deutschland in den Jahren vor dem 1. Weltkrieg. Phil. Diss. 2 Bde. Leipzig 1965

Schaller, Kommunikation Schaller, Klaus: Pädagogik der Kommunikation. Annäherungen. Erprobungen. Sankt Augustin 1987

Schanze, Helmut: Die Anschauung von hohem Rang des Dramas in der zweiten Hälfte des 19. Jahrhunderts und seine tatsächliche »Schwäche«. In: Koopmann, Helmut u. a. (Hrsg.): Beiträge zur Theorie der Künste im 19. Jahrhundert, Frankfurt/M. 1971, 85–96

Schanze, Helmut: Probleme der »Trivialisierung« der dramatischen Produktion in der zweiten Hälfte des 19. Jahrhunderts. In: Das Triviale in Literatur, Musik und bildender Kunst. Frankfurt/M. 1972, 78–88

Schanze, Helmut: Drama im bürgerlichen Realismus (1850–1890). Theorie und Praxis. Frankfurt/M. 1973

Scharrer-Santen E.: Adolf Wilbrandt als Dramatiker. Diss. München 1912

Schatzky, Brigitte: Otto Ludwigs ›Der Erbförster‹ as a bürgerliches Trauerspiel. In: German Life and Letters 6, 1952, 267–274

Schatzky, Brigitte: Otto Ludwigs Conception of Environment in Drama. In: Modern Language Review 50, 1955

Schaubach, Friedrich: Zur Charakteristik der heutigen Volksliteratur. Hamburg 1863

Scheichl, Marlitt Scheichl, Sigurd Paul: E. Marlitt. In: Skreb, Sdenko (Hrsg.): Erzählgattungen der Trivialliteratur. Innsbruck 1984, 67–111

Scheidemann, Uta: Louise von Francois. Leben und Werk einer deutschen Erzählerin des 19. Jahrhunderts. Bern 1987

Schenda, Volk Schenda, Rudolf: Volk ohne Buch. Frankfurt/M. 1970

Schenda, Lesestoffe Schenda, Rudolf: Die Konsumenten populärer Lesestoffe im 19. Jahrhundert. In: Motte-Haber, Helga de la (Hrsg.): Das Triviale in Literatur, Musik und Bildender Kunst. Frankfurt/M. 1972, 63–77

Scherer, Wilhelm: Bürgerthum und Realismus. In: W. Scherer: Kleine Schriften. Bd. 2. Berlin 1893, 183–197

Schieder, Th.: Die Krise des bürgerlichen Liberalismus. Ein Beitrag zum Verhältnis von politischer und gesellschaftlicher Verfassung. In: Gall, L.(Hrsg.): Liberalismus. 2. Aufl. Köln 1980, 187–207

Schieder, Weitling Schieder, Wolfgang: Wilhelm Weitling un die deutsche politische Handwerkerlyrik im Vormärz. Vergessene politische Lieder aus der Frühzeit der deutschen Frühsozialisten. In: International Review of Social History 5, 1960, 265–290

Schiller und die Schule Schiller und die Schule. In: Unterhaltungen am häuslichen Herd. Hrsg. v. Karl Gutzkow. NF 4, 1859, 94 f

Schiller, Schulhygiene Schiller, Hermann: Die schulhygienischen Bestrebungen der Neuzeit. Vortrag, geh. am 14. und 21. Okt. 1893 in der Frankfurter allgemeinen Lehrerversammlung. Frankfurt/M. 1894

Schindler, Otto Gerhard: Theaterliteratur. Ein bibliographischer Behelf für das Studium der Theaterwissenschaft. Wien 1971

Schirmeyer-Klein, U.: Realismus-Literaturprogramm für einen bürgerlichen Staat. Der programmatische Realismus in den ›Grenzboten‹ 1848–1860. Diss. München 1974

Schivelbusch, Eisenbahnreise Schivelbusch, Wolfgang: Geschichte der Eisenbahnreise. Zur Industrialisierung von Raum und Zeit im 19. Jahrhundert. München 1977

Schlaffer, Historismus Schlaffer, Hannelore/Schlaffer, Heinz: Studien zum ästhetischen Historismus. Frankfurt/M. 1975

Schlaffer, Lyrik im Realismus Schlaffer, Heinz: Lyrik im Realismus: Studien über Raum und Zeit in den Gedichten Mörikes, der Droste und Liliencrons. 2., um ein Nachwort erw. Aufl. Bonn 1973

Schlaffer, Restauration Schlaffer, Heinz: Die Restauration der Kunst in Stifters ›Nachsommer‹. In: H. S.: Studien zum ästhetischen Historismus. Frankfurt/M. 1975, 112–120

Schlawe, Fritz: Briefsammlungen des 19. Jahrhunderts. Bibliographie der Briefausgaben und Gesamtregister der Briefschreiber und Briefempfänger 1815–1915. 2 Bde. Stuttgart 1969

Schlecht, Poesie des Sozialismus Schlecht, J. Ch.: Die Poesie des Sozialismus. Ein Beitrag zur deutschen Literaturgeschichte im letzten Jahrhundert. Würzburg/Wien 1883

Schlenther, Paul: Wozu der Lärm? Genesis der Freien Bühne. Berlin 1889

Schlenther, Paul: Das Theater. Berlin 1906

Schlenther, Paul: Theater im 19. Jahrhundert. In: Knudsen, Hans (Hrsg.): Ausgewählte theatergeschichtliche Aufsätze. Berlin 1930

Schlink, Hoffmann von Fallersleben Schlink, Roland: Hoffmann von Fallerslebens vaterländische und gesellschaftskritische Lyrik. Stuttgart 1981

Schlosser, S. F.: Ernst von Wildenbruch als Kinderpsychologe. Bonn 1919

Schmidt, Adalbert: »Das vierte Gebot«. In: Das österreichische Volksstück. Hrsg. v. Institut für Osterreichkunde. Wien 1971, 59–75

Schmidt, Ritter vom Geist Schmidt, Arno: Der Ritter vom Geist (Karl Gutzkow). In: A. S.: Nachrichten von Büchern und Menschen. Bd. 2: Zur Literatur des 19. Jahrhunderts. Frankfurt/M. 1971, 84–113

Schmidt, Julian: Französische Romantik: Neuchristliche Poesie. In: Die Grenzboten 9, 1850

Schmidt, Julian: Adalbert Stifter. In: Die Grenzboten 12, 1853, 41 ff

Schmidt, Julian: Der deutsche Roman. In: Die Grenzboten 12, 1853
Schmidt, Julian: Geschichte der deutschen National-Literatur im 19. Jahrhundert. 2 Bde. Leipzig 1853
Schmidt, Julian: Adalbert Stifter. In: Die Grenzboten 17, 1858, 161 ff
Schmidt, Julian: Bilder aus dem geistigen Leben unserer Zeit. Leipzig 1872
Schmidt, Selbstorganisation Schmidt, Siegfried J.: Die Selbstorganisation der Literatur im 18. Jahrhundert. Frankfurt/M. 1989
Schmidt-Dengler, Wendelin: Die Unbedeutenden werden bedeutend. Anmerkungen zum Volksstück nach Nestroys Tod. In: Die andere Welt. Aspekte der österreichischen Literatur des 19. und 20. Jahrhunderts. Festschrift für Helmuth Himmel. Bern 1979, 133–146
Schmidt-Weißenfels, Eduard: Das neunzehnte Jahrhundert. Geschichte seiner ideellen, nationalen und Kulturentwicklung. Berlin 1890
Schmierer, Arbeiterbildung Schmierer, Wolfgang: Von der Arbeiterbildung zur Arbeiterpolitik. Hannover 1970
Schneider, Friedrich: Die Bedeutung des Realismus in der Erkenntnislehre des 19. Jahrhunderts. In: Lebendiger Realismus. Festschrift für J. Thyssen. Hrsg. von K. Hartmann. Bonn 1962, 47–87
Schneider, Begegnung Schneider, Heinrich: Die freundschaftliche Begegnung Heinrich Leutholds und Emanuel Geibels im Münchner Dichterkreis. Ein literaturgeschichtlicher und psychologischer Bericht mit bisher ungedruckten Briefen und Dokumenten. Lübeck o. J
Schneider, Leuthold Schneider, Heinrich: Die freundschaftliche Begegnung Heinrich Leutholds und Emanuel Geibels im Münchner Dichterkreis. Lübeck 1961
Schnell, Centralisation Schnell, Ferdinand: Die Centralisation des allgemeinen Schulunterrichts. Berlin 1850
Schnell, Unterricht Schnell, Ferdinand: Der organische Unterricht. 1. Bändchen. Berlin 1856
Schnell, Grundriß Schnell, Ferdinand: Grundriß der Concentration und Centralisation des Unterrichts. Langensalza 1860
Schöll, Norbert: Vom Bürger zum Untertan. Zum Gesellschaftsbild im bürgerlichen Roman. Düsseldorf 1973
Schöndienst, Eugen: Geschichte des deutschen Bühnenvereins. Ein Beitrag zur Geschichte des Theaters 1846–1935. Frankfurt/M. 1979
Schönert, Lyrik-Anthologien Schönert, Jörg: Die populären Lyrik-Anthologien im 19. Jahrhundert. In: Sprachkunst 9, 1978, 272–299
Schönert, Jörg: Zur Diskussion über das »moderne« Drama im Nachmärz (1848–1870). Realismus-Klassizität – epigonale Praxis. In: Deutsche Vierteljahrsschrift für Literatur und Geistesgeschichte 53, 1979, 658–694
Schönert, Modernisierung Schönert, Jörg: Gesellschaftliche Modernisierung und Literatur der Moderne. In: Wagenknecht, Christian (Hrsg.): Zur Terminologie der Literaturwissenschaft. Stuttgart 1989
Schöneweg, Harald: Otto Ludwigs Kunstschaffen und Kunstdenken. Jena 1941
Schönhaar, Rainer: Schriften zur Theorie der Novelle seit 1915 in chronologischer Folge. In: Novelle. Hrsg. von J. Kunz. Darmstadt 1968

Schoeps, Julius Hermann (Hrsg.): Das Wilhelminische Zeitalter. Stuttgart 1967

Schopenhauer, Arthur: Die Welt als Wille und Vorstellung. Zürcher Ausgabe in 10 Bdn. Bd. 1–4. Zürich 1977

Schramm, Neun Generationen Schramm, Pery Ernst: Neun Generationen. Dreihundert Jahre deutscher »Kulturgeschichte« im Lichte der Schicksale einer Hamburger Bürgerfamilie (1648–1948). 2 Bde. Göttingen 1963

Schrickel, L.: Geschichte des Weimarer Theaters. Weimar 1928

Schriewer, Franz: Realismus und Heimatdichtung. Flensburg 1953

Schrimpf, Hans Joachim: Das Poetische sucht das Reale. Probleme des literarischen Realismus im 19. Jahrhundert: Zum Beispiel G. Keller. In: Kolkenbrock-Netz, Jutta/Plumpe, Gerhard/ Schrimpf, Hans Joachim (Hrsg.): Wege der Literaturwissenschaft. Bonn 1985, 145–162

Schröder, G. (Hrsg.): Frühes Leipziger Arbeitertheater. Friedrich Bosse. Berlin (DDR) 1972 (Textausgaben zur frühen sozialistischen Literatur 12)

Schuller, Gewitter Schuller, Marianne: Das Gewitter findet nicht statt oder die Abdankung der Kunst. Zu Adalbert Stifters Roman ›Der Nachsommer‹. In: Poetica 10, 1978, 25–52

Schulte-Sasse, Kritik Schulte-Sasse, Jochen: Die Kritik an der Trivialliteratur seit der Aufklärung. München 1971

Schulz, Grundansatz Schulz, Walter: Der Grundansatz von Schopenhauers Philosophie. In: Kaiser, F. B./Stasiewski, B. (Hrsg.): Der Beitrag ostdeutscher Philosophen zum abendländischen Geistesleben. Köln/Wien 1983, 55 ff

Schurig, Rector in Wernigerode a. H.: Der deutsche Unterricht und die Lehrerbildung. In: Pädagogische Blätter für Lehrerbildung und Lehrerbildungs-Anstalten 2, 1873, 559–586

Schuster, Ingrid: Theodor Storm. Die zeitkritische Dimension seiner Novellen. Bonn 1971

Schutte, Lyrik des Naturalismus Schutte, Jürgen: Lyrik des deutschen Naturalismus (1885–1893). Stuttgart 1976

Schütz, Maschinen Schütz, Erhard (Hrsg.): Willkommen und Abschied der Maschinen. Literatur und Technik – Bestandsaufnahme eines Themas. Essen 1988

Schütz, H. J. (Hrsg.): Der Wahre Jacob. Ein halbes Jahrhundert in Faksimiles. Berlin/Bonn 1977

Schwab/Klüpfel, Wegweiser Schwab, Gustav/Klüpfel, Karl: Wegweiser durch die Literatur der Deutschen. Leipzig 1853–1867. 1.–7. Nachtrag

Schwab, Vereinslied Schwab, Heinrich: Das Vereinslied des 19. Jahrhundert. In: Brednich, Rolf Wilhelm/Röhrich, Lutz/Suppan, Wolfgang (Hrsg.): Handbuch des Volksliedes. Bd. 1: Die Gattungen des Volksliedes. München 1973, 863–898

Schwan, Werner: Die Zwiesprache mit Bildern und Denkmalen bei Theodor Fontane. In: Literaturwissenschaftliches Jahrbuch, Neue Folge 1985, 151–184

Schwarz, Egon: Grundsätzliches zum literarischen Realismus. In: Monatshefte für deutschen Unterricht 59, 1967, 100–106

Schweichel, Robert: Erzählungen. Auswahl aus seinem Werk. Hrsg. v. Erika Pick. Berlin (DDR) 1964 (Textausgaben zur frühen sozialistischen Literatur 2)

Schweikert, Heines Einflüsse Schweikert, Alexander: Heinrich Heines Einflüsse auf die deutsche Lyrik 1830–1900. Bonn 1969

Schwenk, Unterricht Schwenk, Bernhard: Unterricht zwischen Aufklärung und Indoktrination. Studien zum Begriff der Didaktik. Frankfurt/M. 1974 (Fischer Athenäum Taschenbücher, 3012)

Schwerte: Deutsche Literatur im Wilhelminischen Zeitalter. In: Wirkendes Wort 14, 1964, 254–270

Seeba, Einigkeit Seeba, Hinrich C.: ›Einigkeit und Recht und Freiheit‹: The German Quest of National Identity in the Nineteenth Century. In: Boerner, Peter (Hrsg.): Concepts of National Identity. An Interdisciplinary Dialogue. Interdisziplinäre Betrachtungen zur Frage der nationalen Identität. Baden-Baden 1986, 153–166

Segeberg, Technik Segeberg, Harro (Hrsg.): Technik in der Literatur. Frankfurt/M. 1987

Seibert: »Schiller in der Schule«. In: Der praktische Schulmann. 10. Jg. Leipzig 1861, 193–207 und 256–267

Seiberth, Philipp: Romantik und Realismus. Lebensphilosophische Betrachtungen. In: The Germanic Review 4, 1929, 33–49

Seidler, Herbert: Wandlungen des deutschen Bildungsromans im 19. Jahrhundert. In: Wirkendes Wort 11, 1961, 148–162

Seidlin, Oskar: Otto Brahm. In: German Quarterly 36, 1963, 131–140

Seiler, Friedrich: Gustav Freytag. Leipzig 1898

Selbmann, Dichterberuf Selbmann, Rolf: Dichterberuf im bürgerlichen Zeitalter. Joseph Viktor von Scheffel und seine Literatur. Heidelberg 1982 (Beiträge zur neueren Literaturgeschichte, F. 3, Bd. 58)

Selge, Adalbert Stifter Selge, Martin: Adalbert Stifter. Poesie aus dem Geist der Naturwissenschaft. Stuttgart u. a. 1976

Sell, Fr. C.: Die Tragödie des deutschen Liberalismus. Stuttgart 1953

Sengle, Friedrich: Der Romanbegriff in der ersten Hälfte des 19. Jahrhunderts. In: Festschrift für F. R. Schröder. Hrsg. von W. Rasch. Heidelberg 1959

Sengle, Friedrich: Die deutsche Literatur des 19. Jahrhunderts, gesellschaftsgeschichtlich gesehen. In: Literatur – Sprache – Gesellschaft. Hrsg. von K. Rüdinger. München 1970, 73–101

Sengle, Biedermeierzeit Sengle, Friedrich: Biedermeierzeit. Deutsche Literatur im Spannungsfeld zwischen Restauration und Revolution. 1815–1848. Bd. 1–3. Stuttgart 1971–1980

Sengle, Geschichtsdrama Sengle, Friedrich: Das deutsche Geschichtsdrama. Stuttgart 1952. 3., unveränd. Aufl. u. d. Titel: Das historische Drama in Deutschland. Geschichte eines literarischen Mythos. Stuttgart 1974

Sengle, Storms Eigenleistung Sengle, Friedrich: Storms lyrische Eigenleistung. Abgrenzung von anderen großen Lyrikern des 19. Jahrhunderts. In: Schriften der Theodor-Storm-Gesellschaft 28, 1979, 9–33

Sennett, Richard: Verfall und Ende des öffentlichen Lebens. Die Tyrannei der Intimität. Frankfurt/M. 1986

Shaw, Leroy: Witness of Deceit. Berkley 1958

Sheehan, Liberalismus Sheehan, James J.: Der deutsche Liberalismus. Von den Anfängen im 18. Jahrhundert bis zum ersten Weltkrieg. München 1983

Silz, Walter: Realism and Reality. Studies in the German Novelle of Poetic Realism. Chapel Hill 1954

Simhart, Gesellschaft Simhart, Florian: Bürgerliche Gesellschaft und Revolution. Eine ideologiekritische Untersuchung des politischen und sozialen Bewußtseins in der Mitte des 19. Jahrhunderts. München 1978 (Studien zur Bayerischen Verfassungs- und Sozialgeschichte 9)

Simmel, Georg: Die Alpen. In: Philosophische Kultur. Berlin 1983

Skreb, Ždenko.: Das Selbstverständliche im Realismus. In: Lenau-Forum 5, 1973, 1–13

Soergel, Albert: Dichtung und Dichter der Zeit. Bd. 1. Leipzig 1911

Sollmann, Literarische Intelligenz Sollmann, Kurt: Literarische Intelligenz vor 1900. Studien zu ihrer Ideologie und Geschichte. Köln 1982

Sowinski, Bernhard: Der Sinn des ›Realismus‹ in Heinrich Wittenwilers ›Ring‹. Köln 1960

Specht, R.: Das Wiener Operntheater von Dingelstedt bis Schalk und Strauß. Wien 1919

Spielhagen, Friedrich: Über Objektivität im Roman. In: F. S.: Vermischte Schriften. Bd. 1, Berlin 1864, 174–197

Spielhagen, Friedrich: Beiträge zur Theorie und Technik des Romans. Faksimiledruck n. d. 1. Aufl. Leipzig 1883. Göttingen 1967

Spranger, Volksschule Spranger, Eduard: Zur Geschichte der deutschen Volksschule. Heidelberg 1949

Staedler, G. L./Rudolph, Ludwig: Zur Erinnerung an Schiller's hundertjährigen Geburtstag. Zwei Vorträge, gehalten in der Festversammlung des jüngeren Berlinischen Lehrervereins am 9. November 1859. Berlin 1859

Stahl, E. L.: Shakespeare und das deutsche Theater. Stuttgart 1947

Stahl, E. L.: »Bürgerlicher Realismus.« In: Modern Language Review 59, 1964, 245–249

Stedman Jones, Kultur Stedman Jones, Gareth: Kultur und Politik der Arbeiterklasse in London 1870 bis 1900. In: Puls, D. u. a. (Hrsg.): Wahrnehmungsformen und Protestverhalten. Frankfurt/M. 1979, 317 ff

Steiger, Edgar: Das Werden des neuen Dramas. 2 Bde. Berlin 1898

Stein, P.: Henrik Ibsen. Zur Bühnengeschichte seiner Dichtungen. Berlin 1901

Stein, Peter: Epochenproblem »Vormärz«. Stuttgart 1974

Steinberg, Hans Josef (Hrsg.): Mahnruf einer deutschen Mutter an die gemißhandelten deutschen Soldaten sowie andere Gedichte, die Arbeiterinnen und Arbeiter unter dem Sozialistengesetz an die Redaktion des illegal vertriebenen ›Sozialdemokrat‹ geschickt haben und die nicht abgedruckt wurden. Bremen 1983

Steinecke (Hrsg.), Theorie und Technik Steinecke, Hartmut (Hrsg.): Theorie und Technik des Romans im 19. Jahrhundert. Tübingen 1970

Steinecke, Romantheorie Steinecke, Hartmut: Romantheorie und Romankritik in Deutschland. Bd. 1. Stuttgart 1975

Steinecke, Soll und Haben Steinecke, Hartmut: Soll und Haben. Weltbild und Wirkung eines deutschen Bestsellers. In: Denkler, Horst (Hrsg.): Romane und Erzählungen des bürgerlichen Realismus. Stuttgart 1980, 138–152

Steinecke, Hartmut (Hrsg.): Zu Gottfried Keller. Stuttgart 1984

Steinecke, Romanpoetik Steinecke, Hartmut: Romanpoetik von Goethe bis Thomas Mann. München 1987

Steiner, Hans: Der Begriff der Idee im Schaffen Otto Ludwigs. o. O. 1942
Steinitz, Wolfgang (Hrsg.): Deutsche Volkslieder demokratischen Charakters aus sechs Jahrhunderten. Bd. 2. Berlin (DDR) 1962
Steinitz, Arbeiterlied Steinitz, Wolfgang: Arbeiterlied und Volkslied. In: Deutsches Jahrbuch für Volkskunde 12, 1966, 1–14
Steinitz, Wolfgang: Deutsche Volkslieder demokratischen Charakters aus sechs Jahrhunderten. Hrsg. v. Hermann Strobach. Berlin 1973
Steinmetz, Horst: Eduard Mörikes Erzählungen. Stuttgart 1969
Steinmetz, Horst: Der vergessene Leser. Provokatorische Bemerkungen zum Realismusproblem. In: van Ingen, F. (Hrsg.): Dichter und Leser. Groningen 1972, 113–133
Steinmetz, Horst: Die Rolle des Lesers in Otto Ludwigs Konzeption des »Poetischen Realismus«. In: Literatur und Leser. Theorien und Modelle zur Rezeption literarischer Werke. Hrsg. von G. Grimm. Stuttgart 1975, 223–239
Stellmacher, Wolfgang: Lessing-Rezeption im deutschen Nachmärz. Zum Traditionsbezug der realistischen Ästhetik. In: Erbepflege in Kamenz 12/13, 1992/1993, 99–111
Stern, Adolf: Realismus und Idealismus. Eine Streitfrage der Gegenwart. In: Anregungen für Kunst, Leben und Wissenschaft 3, 1858, 313–322, 353–361
Stern, Adolf: Geschichte der neuern Literatur. Bd. 7: Realismus und Pessimismus. Leipzig 1885
Stern, Adolf: Die deutsche Nationalliteratur vom Tode Goethes bis zur Gegenwart. Marburg a. d. L. 1886
Stern, Adolf: Otto Ludwig. Leipzig 1906
Stern, Scheitern Stern, Fritz: Das Scheitern illiberaler Politik. Studien zur politischen Kultur Deutschlands im 19. und 20. Jahrhundert, Berlin 1974
Stern, Joseph P.: Re-Interpretations. Seven Studies in 19th century German Literature. London 1964
Stern Joseph P.: Idylls and Realities. Studies in Nineteenth Century Literature. London/New York 1971
Stern Joseph P.: Über literarischen Realismus. München 1983
Sternberger, Dolf: Panorama oder Ansichten vom 19. Jahrhundert. Frankfurt/M. 1974
Stichweh, Disziplinen Stichweh, Rudolf: Zur Entstehung des modernen Systems wissenschaftlicher Disziplinen. Physik in Deutschland 1740–1890. Frankfurt/M. 1984
Stieg/Witte, Arbeiterliteratur Stieg, Gerald/Witte, Bernd: Abriß einer Geschichte der deutschen Arbeiterliteratur. Stuttgart 1973
Stiehl, Ferdinand: Die drei Preußischen Regulative vom 1., 2. und 3. October 1854 über Einrichtung des Evangelischen Seminar-, Präparanden- und Elementarschul-Unterrichts. Im amtlichen Auftrage zusammengestellt und zum Drucke befördert von F. Stiehl. Berlin 1854
Stiehl, Ferdinand (Hrsg.): Aktenstücke zur Geschichte und zum Verständnis der drei Preußischen Regulative vom 1., 2. und 3. October 1854. Mit erläuternden Bemerkungen hrsg. v. F. Stiehl. Berlin 1855
Stiehl, Ferdinand: Die Weiterentwicklung der drei Preußischen Regulative vom 1., 2.

und 3. October 1854. Abdruck der betreffenden Ministerial-Erlasse aus dem Centralblatt für die gesammte Unterrichts-Verwaltung in Preußen. Mit einem Vorwort von F. Stiehl. Berlin 1861

Stiehl, Ferdinand: Meine Stellung zu den drei Preußischen Regulativen vom 1., 2. und 3. October 1854. Eine Flugschrift von F. Stiehl. Berlin 1872

Stierle, Baudelaire Stierle, Karlheinz: Baudelaires »Tableaux parisiens« und die Tradition des »tableau de Paris«. In: Poetica 6 (1974), 285–322

Stierle, Geschehen Stierle, Karlheinz: Geschehen – Geschichte – Text der Geschichte. In: K. S.: Text als Handlung. München 1975, 49–55

Stockinger, Realpolitik Stockinger, Ludwig: Realpolitik, Realismus und das Ende des bürgerlichen Wahrheitsanspruchs. Überlegungen zur Funktion des programmatischen Realismus am Beispiel von G. Freytags ›Soll und Haben‹. In: Müller, Klaus-Detlef (Hrsg.): Bürgerlicher Realismus. Grundlagen und Interpretationen. Königstein 1981, 174–202

Stolte, Heinz: Friedrich Hebbel. Welt und Werk. Hamburg 1965

Strachwitz, Graf Strachwitz Strachwitz, Maja Maria: Moritz Graf Strachwitz. Dichter zwischen Tradition und Revolution. Studie zu einem Abschnitt europäischer Geistesgeschichte. Bd. 1. St. Michael 1982

Ströhle, Emma: Die Psychologie der Bauern bei Anzengruber. Diss. Tübingen 1930

Stromberg, Roland N.: Realism, naturalism, and symbolism. Modes of thought and expression in Europe, 1848–1914. London/New York 1968

Strothmann, Adolf: Dichterprofile. Literaturbilder aus dem neunzehnten Jahrhundert. Stuttgart 1879

Stuckert, Franz: Die Entfaltung der deutschen Dichtung im 19. Jahrhundert. Ein Versuch. In: Deutsche Vierteljahrsschrift für Literatur und Geistesgeschichte 16, 1938, 376–400

Stuckert, Franz: Zur Dichtung des Realismus und des Jahrhundertendes. Ein Literaturbericht. In: Deutsche Vierteljahrsschrift für Literatur und Geistesgeschichte 19, 1941, Referatenheft, 79–136

Stuckert, Franz: Theodor Storm. Der Dichter in seinem Werk. 3. Aufl. Tübingen 1966

Supprian, Karl: Die Stellung der Seminarien und der Elementarlehrer zur deutschen Literatur. In: Centralblatt für die gesammte Unterrichts-Verwaltung in Preußen. Hrsg. in dem Ministerium der geistlichen, Unterrichts- und Medicinal-Angelegenheiten. 12. Jg. Berlin. 1870, 591–608

Swales, Martin: The German Novelle. Princeton 1977

Szondi, Peter: Theorie des modernen Dramas. Frankfurt/M. 1963

Szondi, Poetik Szondi, Peter: Poetik und Geschichtsphilosophie II. Studienausgabe der Vorlesungen. Bd. 3. Frankfurt/M. 1974

Talgeri, Pramod: Otto Ludwig und Hegels Philosophie. Die Widerspiegelung der »Ästhetik« Hegels im »poetischen Realismus« Otto Ludwigs. Tübingen 1972

Tappert, Wilhelm: Richard Wagner in Spiegel der Kritik. Leipzig 1915

Tarot, Rolf: Probleme des literarischen Realismus. In: Akten des V. Internationalen Germanisten Kongresses, Cambridge 1975. Hrsg. von L. Forster/H.-G. Roloff. H. 4. Bern 1976, 150–159

Tebbe, Angelika: Literarische Verhältnisse zur Zeit Fontanes. In: Theodor Fontane.

Dichtung und Wirklichkeit. Ausstellung vom 5. September bis 8. November 1981. Katalog. Berlin 1981, 175–187

Temme, Jodokus Donatur Hubertus: Criminal-Novellen. 3 Bde. Berlin 1873

Tenfelde K./Ritter, G. A.: Bibliographie zur Geschichte der Arbeiterschaft und Arbeiterbewegung 1863–1914. Bonn 1981

Tenfelde, Adventus Tenfelde, Klaus: Adventus. Zur historischen Ikonologie des Festzugs. In: Historische Zeitschrift 235, 45ff

Thalmann, Marianne: Die Anarchie im Bürgertum. Ein Beitrag zur Entwicklungsgeschichte des liberalen Dramas. München 1932

Thanner, Josef: Die Stilistik Theodor Fontanes. Untersuchungen zur Erhellung des Begriffes »Realismus« in der Literatur. Den Haag 1967

Theiss, Victor: Deutsche Literatur zwischen 1848 und dem Naturalismus. Bucuresti 1971

Theissing, Heinrich: Otto Ludwigs dramaturgische Anschauungen unter besonderer Berücksichtigung der Schauspielkunst. Diss. Köln 1967

Thormann, Michael: Der programmatische Realismus der Grenzboten im Kontext von liberaler Politik, Philosophie und Geschichtsschreibung. In: Internationales Archiv für Sozialgeschichte der Literatur 18, 1993, 37–68

Thunecke, J.: Formen realistischer Erzählkunst. Festschrift für Charlotte Jolles. Nottingham 1979

Tielo, Strachwitz Tielo, A. K. T.: Die Dichtung des Grafen Moritz von Strachwitz. Ein Beitrag zur deutschen Literaturgeschichte. Berlin 1902 (Forschungen zur neueren Literaturgeschichte XX) (Reprint Hildesheim 1977)

Tilo, Arthur: Flucht und Verwandlung: Storms Verhältnis zur Wirklichkeit. In: Schriften der Theodor-Storm-Gesellschaft 24, 1975, 9–24

Timm, Kyffhäuser Timm, Albrecht: Der Kyffhäuser im deutschen Geschichtsbild. Göttingen 1961 (Historisch-politische Hefte der Ranke-Gesellschaft 3)

Titze, Politisierung Titze, Hartmut: Die Politisierung der Erziehung. Frankfurt/M. 1973

Titzmann, Strukturwandel Titzmann, Michael: Strukturwandel der philosophischen Ästhetik 1800–1880. Der Symbolbegriff als Paradigma. München 1978

Todorov, Almut: Lyrik und Realismus in der Mitte des 19. Jahrhunderts. In: Müller, K.-D. (Hrsg.): Bürgerlicher Realismus. Königstein i. Ts., 1981, 238–254

Todorow, Gedankenlyrik Todorow, Almut: Gedankenlyrik. Die Entstehung eines Gattungsbegriffs im 19. Jahrhundert. Stuttgart 1980

Träger, Klaus: Zur Stellung des Realismusgedankens bei Marx und Engels. In: Weimarer Beiträge 14, 1968, 229–276

Trautmann, René: Die Stadt in der deutschen Erzählkunst des 19. Jahrhunderts, 1830–1880. Winterthur 1957

Trippenbach, Geibel Trippenbach, Max: Emanuel Geibels Leben, Werke und Bedeutung für das deutsche Volk. Wolfenbüttel 1894

Troizkij, S.: Eikhof, Schröder, Iffland, Fleck, Devrient, Seydelmann. Berlin 1949

Trommler, Sozialistische Literatur Trommler, Frank: Sozialistische Literatur in Deutschland. Ein historischer Überblick. Stuttgart 1976

Trost/Leist, Maximilian II. und Schelling Trost, Ludwig/Leist, Friedrich (Hrsg.): König Maximilian von Bayern und Schelling. Briefwechsel. Stuttgart 1890

Tschorn, Wolfgang: Idylle und Verfall. Die Realität der Familie im Werk Theodor Storms. Bonn 1978

Turk, Horst: Realismus in Fontanes Gesellschaftsromanen. Zur Romantheorie und zur epischen Integration. In: Jahrbuch der Wittheit zu Bremen 9, 1965, 407–456

Ueding, Busch Ueding, Gert: Wilhelm Busch. Das 19. Jahrhundert en miniature. Frankfurt/M. 1977

Ufer, Christian: Vorschule der Pädagogik Herbarts. Dresden 1886

Ulrich, Paul S.: Bibliograhpy of German-Language Theatre Almanacs of the 18th and 19th Centuries. In: Maske und Kothurn 35, 1989, 5–132

Unsterblicher Volkswitz Gysi, Klaus/Böttcher, Kurt (Hrsg.): Unsterblicher Volkswitz. Adolf Glaßbrenners Werk in Auswahl. 2 Bde. Berlin 1954

Verdenal, Philosophie Verdenal, René: Die positive Philosophie Auguste Comtes. In: Châtelet, François (Hrsg.): Geschichte der Philosophie. Bd. 5. Frankfurt/M./Berlin/Wien 1974, 192–224

Vierhaus, Bildung Vierhaus, Rudolf: Bildung. In: Geschichtliche Grundbegriffe. Bd. 1. Stuttgart 1972, 508–551

Vinçon, Hartmut: Theodor Storm in Selbstzeugnissen und Bilddokumenten. Reinbek bei Hamburg 1972

Vinçon, Hartmut: Theodor Storm. Stuttgart 1973

Vischer, Friedrich Theodor: Ästhetik oder Wissenschaft der Kunst. Hrsg. v. R. Vischer. 3 Bde. München 1922

Vischer, Friedrich Theodor: Kritik meiner Ästhetik. In: Kritische Gänge. Bd. 4. Hrsg. v. R. Vischer. München ²1922

Vischer, Uhlands Geist Vischer, F. Th.: An Uhlands Geist. In: Lamprecht, Helmut (Hrsg.): Deutschland, Deutschland. Politische Gedichte vom Vormärz bis zur Gegenwart. Bremen 1969, 208 ff

Vodosek, Öfftl. Bibliotheken Vodosek, Peter: Öffentliche Bibliotheken und kommerzielle Leihbibliotheken. In: *Jäger/Schönert, Leihbibliothek*, 327–348

Völker, Bürgerlicher Realismus Völker, Ludwig: Bürgerlicher Realismus. In: Hinderer, Walter (Hrsg.): Geschichte der deutschen Lyrik vom Mittelalter bis zur Gegenwart. Stuttgart 1983, 340–370

Völkerling, Max Kegel Völkerling, Klaus: Max Kegel (1850–1902): »Auf, Sozialisten, schließt die Reihen!« Bedeutung und Grenzen eines Vertreters der frühen sozialistischen Literatur in Deutschland. In: Weimarer Beiträge 20, 1974,1, 161–170

Völkerling, Klaus (Hrsg.): Aus dem Klassenkampf. Berlin (DDR) 1978 (Textausgaben zur frühen sozialistischen Literatur 18)

Volrad-Deneke, Phrenologie Volrad-Deneke, J. F.: Die Phrenologie als publizistisches Ereignis. Galls Schädellehre in der Tagespublizistik des 19. Jahrhunderts. In: Medizinhistorisches Journal 20, 1985, 83–108

Vondung, Bildungsbürgertum Vondung, Klaus (Hrsg.): Das wilhelminische Bildungsbürgertum. Zur Sozialgeschichte seiner Ideen. Göttingen 1976

Vondung, Apokalypse Vondung, Klaus: Die Apokalypse in Deutschland. München 1988

Vorwärts! Eine Sammlung von Gedichten für das arbeitende Volk. Zürich 1894

Voss, Arndt Voss, Jürgen: Ernst Moritz Arndt und die Französische Revolution. In: Les Romantiques allemands et la Révolution française. Die deutsche Romantik und die

Französische Revolution. Colloque international organisé par le Centre de Recherches ›Images de l'Étranger‹. Actes du colloque éd. par Gonthier-Luis Fink. Strasbourg 1989, 227–238

Voss, Liselotte: Literarische Präfiguration dargestellter Wirklichkeit bei Fontane. Zur Zitatstruktur seines Romanwerks. München 1985

Voss, Mädchenschule Voss, Ludwig: Geschichte der höheren Mädchenschule. Opladen 1952

Vossler, Revolution Vossler, Otto: Die Revolution von 1848 in Deutschland. Frankfurt/M. 1980

Wackernagel, Philipp: Trösteinsamkeit in Liedern. Frankfurt/M. ⁴1867

Wagner, Reinhard: Die theoretische Vorarbeit für den Aufstieg des deutschen Romans im 19. Jahrhundert. In: Zeitschrift für deutsche Philologie 74, 1955, 353–363

Wahl, Margareta: Das deutsche Bauerndrama seit Anzengruber. Diss. Heidelberg 1934

Wais, Lyrikanthologien Wais, Rodrich: Soziale Rollenbilder in populären deutschen Lyrikanthologien des 19. und frühen 20. Jahrhunderts. Diss. Berlin 1973

Walzel, Oskar: Die deutsche Dichtung von Goethes Tod bis zur Gegenwart. Berlin 1918

Walzel, Oskar: Vom Geistesleben alter und neuer Zeit. Leipzig 1922

Wandrey, Conrad: Theodor Fontane. München 1919

Weber, Albrecht: Deutsche Novellen des Realismus. München 1975

Weber, Lyrik Weber, Ernst: Lyrik der Befreiungskriege (1812–1815). Gesellschaftspolitische Meinungs- und Willensbildung durch Literatur. Stuttgart 1991

Weber, Fritz: Anzengrubers Naturalismus. Diss. Tübingen 1928

Weber, Hugo: Die Pflege nationaler Bildung durch den Unterricht in der Muttersprache. Zugleich eine Darstellung der Grundsätze dieses Unterrichts. Leipzig 1872

Webster, Idealisierung Webster, William T.: Idealisierung oder Ironie. Verstehen und Mißverstehen in W. Raabes »Stopfkuchen«. In: Jahrbuch der Raabe-Gesellschaft 1978, 146–170

Wehler, Sozialgeschichte Wehler, Hans-Ulrich (Hrsg.): Moderne deutsche Sozialgeschichte. Köln/Berlin 1966

Wehler, Kaiserreich Wehler, Hans-Ulrich: Das Deutsche Kaiserreich 1871–1918. Göttingen 1973; 6., bibliogr. erw. Aufl. Göttingen 1988 (Kleine Vandenhoeck-Reihe 1380)

Wehler, Modernisierungstheorie Wehler, Hans-Ulrich: Modernisierungstheorie und Geschichte. Göttingen 1975

Wehrli, Beatrice: Imitatio und Mimesis in der Geschichte der deutschen Erzähltheorie unter besonderer Berücksichtigung des 19. Jahrhunderts. Göppingen 1974

Weigel, Hans: Johann Nestroy. Velber bei Hannover ²1972

Weigl, E.: Die Münchner Volkstheater im 19. Jahrhundert. München 1961

Weilen, Alexander von: Hamlet auf der deutschen Bühne. Berlin 1908

Weimann, Robert: Realismus als Kategorie der Literaturgeschichte. In: Hohendahl, P. U. ⟨u. a.⟩ (Hrsg.): Literatur und Literaturtheorie in der DDR. Frankfurt/M. 1976, 163–188

Weisbach, Reinhard (Hrsg.): Das lyrische Feuilleton des ›Volksstaat‹. Gedichte der Eisenacher Partei. Berlin (DDR) 1979 (Textausgaben zur frühen sozialistischen Literatur 21)

Weitbrecht, Carl: Das deutsche Drama. Berlin 1900

Weitbrecht, Carl: Deutsche Literaturgeschichte des 19. Jahrhunderts. 2 Tle. Leipzig 1901
Wellek, Realismusbegriff Wellek, René: Der Realismusbegriff in der Literaturwissenschaft. In: Brinkmann, R. (Hrsg.): Begriffsbestimmung des literarischen Realismus. Damstadt 1969, 400–433
Welzig, Balladenanthologien Welzig, Werner: Heine in deutschen Balladenanthologien. In: Germanisch-Romanische Monatsschrift 58, 1977, 315–328
Werner, Geschichte Werner, Hans-Georg: Geschichte des politischen Gedichts in Deutschland von 1815 bis 1840. Berlin ²1972
Werner, Lyrik Werner, Renate: Geschichte als ›Gedicht‹: Historische Lyrik im 19. Jahrhundert. Zum Beispiel Hermann Linggs »Völkerfrühling«. In: Kolkenbrock-Netz, Jutta/Plumpe, Gerhard/Schrimpf, Hans Joachim (Hrsg.): Festgabe für Paul Gerhard Klussmann zum 25. Februar 1983. Rotaprint-Druck Ruhr-Universität Bochum 1983, 193–211
Werner, Wilhelminisches Zeitalter Werner, Renate: Das Wilhelminische Zeitalter als literaturhistorische Epoche. Ein Forschungsbericht. In: Kolkenbrock-Netz, Jutta/Plumpe, Gerhard/Schrimpf, Hans Joachim (Hrsg.): Wege der Literaturwissenschaft. Bonn 1985, 211–231
Werner, Ästhetik Werner, Renate: »Wir von Gottes Gnaden, gegen die durch Pöbels Gunst.« Ästhetik und Literaturpolitik im ›Münchner Dichterkreis‹. In: Jürgen Link und Wulf Wülfing (Hrsg.): Nationale Mythen und Symbole in der zweiten Hälfte des 19. Jahrhunderts. Strukturen und Funktionen von Konzepten nationaler Identität. Stuttgart 1991, 172–198
Werner, Über Emanuel Geibel Werner, Renate: »Und was er singt, ist wie die Weltgeschichte«. Über Emanuel Geibel und den Münchner Dichterkreis. In: Scheuer, Helmut (Hrsg.): Dichter und ihre Nation. Frankfurt/M. 1993, 273–289
Weste, L.: Martin Greifs Jugenddramen. o. O. 1916
Westernhagen, Curt von: Richard Wagner. Sein Werk, sein Wesen, seine Welt. Zürich 1956
Wetzels, Populärwissenschaftliche Prosa Wetzels, Walter D.: Versuch einer Beschreibung populärwissenschaftlicher Prosa in den Naturwissenschaften. In: Jahrbuch für Internationale Germanistik 3, 1971, 76–95
Widhammer, Realismus Widhammer, Helmuth: Realismus und klassizistische Tradition. Zur Theorie der Literatur in Deutschland 1848–1860. Tübingen 1972
Widhammer, Literaturtheorie Widhammer, Helmuth: Die Literaturtheorie des deutschen Realismus (1848–1860). Stuttgart 1977 (Slg. Metzler 152)
Wiegand, Frühzeit Wiegand, Wolfgang (Hrsg.): Frühzeit der Photographie 1826–1890. Frankfurt/M. 1980
Wiegelmann, Günter (Hrsg.): Kultureller Wandel im 19. Jahrhundert. Verhandlungen des 18. Deutschen Volkskunde-Kongresses 1971. Göttingen 1973
Wiese, Benno von: Die deutsche Tragödie von Lessing bis Hebbel. Hamburg 1948, ⁸1973
Wiese, Benno von: Novelle. Stuttgart ⁸1982 (Slg. Metzler 27)
Wilhelmy, Petra: Der Berliner Salon im 19. Jahrhundert (1780–1914). Berlin 1989
Williams, David A. (Hrsg.): The Monster in the Mirror. Studies in 19th Century Realism. Oxford 1980
Wilpert, Gero von: Schiller-Chronik. Stuttgart 1958

Winkler, H. A.: Liberalismus und Antiliberalismus. Studien zur politischen Sozialgeschichte des 19. und 20. Jahrhunderts. Göttingen 1979

Winkler, Markus: Mythisches Denken im poetischen Realismus: Dämonische Frauenfiguren bei Keller, Fontane und Storm. In: Begegnung mit dem »Fremden«: Grenzen – Traditionen – Vergleiche. Hrsg. von Eijiro Iwasaki. München 1990

Winter, Carl: Gottfried Keller. Zeit – Geschichte – Dichtung. Bonn 1971

Winterscheidt, Unterhaltungsliteratur Winterscheidt, Friedrich: Deutsche Unterhaltungsliteratur der Jahre 1850–1860. Die geistesgeschichtlichen Grundlagen der unterhaltsamen Literatur an der Schwelle des Industriezeitalters. Bonn 1970

Winterstein, W.: Fest-Rede bei der von der Realschule zu Burg veranstalteten Gedächtnißfeier Schiller's am 10ten November 1859 gehalten. Burg 1859

Winzer, H.: Einige Ergebnisse aus der Behandlung von Gedichten in der Oberklasse einer gegliederten Volksschule. In: Deutsche Blätter für erziehenden Unterricht 16, 1889, 5 ff., 17 f., 24 ff

Wiora, Walter: Der Trend zum Trivialen im 19. Jahrhundert. Ein kulturgeschichtliches Nachwort. In: Das Triviale in Literatur, Musik und bildender Kunst. Hrsg. von H. de la Motte-Haber. Frankfurt/M. 1972, 261–295

Witkowski, Georg: Die Entwicklung der deutschen Literatur seit 1830. Leipzig 1912

Witte, Arbeiterliteratur Witte, Bernd (Hrsg.): Deutsche Arbeiterliteratur von den Anfängen bis 1914. Stuttgart 1977

Witte, Bernd (Hrsg.): Deutsche Literatur. Eine Sozialgeschichte Bd. 6. Reinbek 1980

Wittkowski, Wolfgang: Der junge Hebbel. Zur Entsehung und zum Wesen der Tragödie Hebbels. Berlin 1969

Wittmann, Reinhard: Die bibliographische Situation für die Erforschung des literarischen Lebens im 19. Jahrhundert (1830–1880). In: Krummacher, H. H. (Hrsg.): Beiträge zur bibliographischen Lage in der germanistischen Literaturwissenschaft. Boppard 1981, 171–198

Wittmann, Literarisches Leben Wittmann, Reinhard: Das literarische Leben 1848 bis 1880. In: *Bucher u. a. (Hrsg.), Realismus*. Bd. 1, 163–257. Auch in: R. W.: Buchmarkt und Lektüre im 18. und 19. Jahrhundert. Tübingen 1982

Wohlrabe: Stoffplan der sechsstufigen Volksschule zu Halle a. S. für den Unterricht in Deutsch. Aufgestellt von Rektor Dr. Wohlrabe. In: Deutsche Blätter für erziehenden Unterricht 19, 1892, 372 ff

Wolff, Eugen: Geschichte der deutschen Literatur in der Gegenwart. Leipzig 1896

Wolter, Generalanzeiger Wolter, Hans-Wolfgang: Generalanzeiger – das pragmatische Prinzip. Bochum 1981

Worthmann, Probleme Worthmann, J.: Probleme des Zeitromans. Studien zur Geschichte des deutschen Romans im 19. Jahrhundert. Heidelberg 1974

Wruck, Fontane Wruck, Peter: Theodor Fontane in der Rolle des vaterländischen Schriftstellers. Bemerkungen zum schriftstellerischen Sozialverhalten. In: *Fontane im literarischen Leben seiner Zeit*, 1–39

Wruck, Preußenlieder Wruck, Peter: Der Zopf des alten Dessauer. Bemerkungen zum Fontane der Preußenlieder. In: Fontane-Blätter 5, 1983,3, 347–360

Wülfing/Bruns/Parr, Mythologie Wülfing, Wulf, Bruns, Karin/Parr, Rolf: Historische Mythologie der Deutschen 1798–1918. München 1991

Wülfing, Revolutionsjahr Wülfing, Wulf: Der »Tunnel über der Spree« im Revolutionsjahr 1848. Auf der Grundlage von »Tunnel«-Protokollen und unter besonderer Berücksichtigung Theodor Fontanes. In: Fontane-Blätter. 50, 1990, 46–84

Wülfing, »Tendenzbilder« Wülfing, Wulf: Wider die »Tendenzbilder«, hin zur ›ruhigen‹ Mitte. Zu Theodor Fontanes ästhetischer Erziehung durch den »Tunnel über der Spree« und den Folgen. In: Baumgartner, Walter (Hrsg.): Wahre lyrische Mitte – »Zentrallyrik«. Ein Symposion zum Diskurs über Lyrik in Deutschland und Skandinavien. Frankfurt/M. u. a. 1993, 107–122

Wülfing, Unterhaltungen Wülfing, Wulf: »Dilettantismus fürs Haus«: Zur Kritik von Gutzkows ›Unterhaltungen am häuslichen Herd‹ an Fontanes und Kuglers ›Argo‹. In: Lauster, Martina (Hrsg.): Deutschland und der europäische Zeitgeist. Kosmopolitische Dimensionen in der Literatur des Vormärz. Bielefeld 1994, 115–149

Wünsch, Marianne: Vom späten »Realismus« zur »Frühen Moderne«. Versuch eines Modells des literarischen Strukturwandels. In: Titzmann, M. (Hrsg.): Modelle des literarischen Strukturwandels. München 1991, 187–203

Wütschke, Heinrich: Hebbel-Bibliographie. Berlin 1910

Wunberg, Gotthart/Funke, Rainer: Deutsche Literatur des 19. Jahrhunderts (1835–1895). In: Jahrbuch für Internationale Germanistik. Reihe C Forschungsberichte. Bd. 1. Bern 1980

Wuthenow, Ralph-Rainer (Hrsg.): Gedichte 1830–1900. Nach dem Erstdruck in zeitlicher Folge. München 1970 (Epochen deutscher Lyrik 8)

Yates, W. E.: Nestroy. Satire and Parody in Viennese Popular Comedy. Cambridge 1972

Yates, W. E.: The Idea of the »Volksstück« in Nestroy's Vienna. In: German Life and Letters 38, 1985, 462–475

Yates, W. E. and McKenzie, R. P. (Hrsg.): Viennese Popular Theatre. A Symposium. Exeter 1985

Zäch, Alfred: Der Realismus (1830–1885). In: Deutsche Literaturgeschichte in Grundzügen. Die Epochen deutscher Dichtung. Hrsg. von B. Boesch. Bern 1946, 189–316

Zagari, Lyrik und Ballade Zagari, Luciano: Lyrik und Ballade. In: *Glaser (Hrsg.), Nachmärz*, 270–281

Zapf, Wolfgang (Hrsg.): Die Modernisierung moderner Gesellschaften. Verhandlungen des 25. Deutschen Soziologentages in Frankfurt/M. 1990. Modernisierung, Wohlfahrtsentwicklung und Transformation: soziologische Aufsätze 1987 bis 1994. Berlin 1994.

Zeising, Adolf: Adalbert Stifter. In: Blätter für literarische Unterhaltung 1853, 774 ff

Zeller, Modelle Zeller, Hans: Modelle des Strukturwandels in C. F. Meyers Lyrik. In: Titzmann, Michael (Hrsg.): Modelle des literarischen Strukturwandels. Tübingen 1991, 129–147

Zeller, R.: Realismusprobleme in semiotischer Sicht. In: Jahrbuch für Internationale Germanistik 12, 1980, 84–101

Zerges, Sozialdemokratische Presse Zerges, Kristina. Sozialdemokratische Presse und Literatur. Empirische Untersuchungen zur Literaturvermittlung in der Sozialdemokratischen Presse 1876–1933. Stuttgart 1982

Ziegler, Klaus: Das deutsche Drama der Neuzeit. In: Stammler, Wolfgang (Hrsg.): Deutsche Philologie im Aufriß. Berlin 1954, ²1960, Sp. 1997–2350

Zimmer, Altar Zimmer, Hasko: Auf dem Altar des Vaterlandes. Religion und Patriotismus in der deutschen Kriegslyrik des 19. Jahrhunderts. Frankfurt/M. 1971

Zimmer, Entwicklung Zimmer, Hasko: Bedingungen und Tendenzen der Entwicklung des Deutschunterrichts im 19. und 20. Jahrhundert. In: Mannzmann, Anneliese (Hrsg.): Geschichte der Unterrichtsfächer I. München 1983, 35–64

Zimmerli, W. C.: Das vergessene Problem der Neuzeit. Realismus als nicht nur ästhetisches Konzept. In: Jahrbuch für Internationale Germanistik 16, 1984, 18–79

Zimmermann, Friedrich: Vortrag über Schiller am 10. November 1859 in der Aula des Darmstädter Gymnasiums gehalten von Professor Dr. Friedrich Zimmermann. In: Allgemeine Schul-Zeitung, vornehmlich für das Volksschulwesen. N°. 47. Samstag. 19. November 1859. Sp. 737–750

Zinnecker, Mädchenbildung Zinnecker, Jürgen: Sozialgeschichte der Mädchenbildung. Zur Kritik der Schulerziehung von Mädchen im bürgerlichen Patriarchalismus. Weinheim/Basel 1973

Zur Literatur der Restaurationsepoche 1815–1848. Forschungsreferate und Aufsätze. Hrsg. von Jost Hermand/Manfred Windfuhr. Stuttgart 1970

Žmegač, Viktor (Hrsg.): Geschichte der deutschen Literatur vom 18. Jahrhundert bis zur Gegenwart. Bd. 2/1: 1848–1919. Königstein i. Ts. 1980

Register

Personen und ihre Werke

Aarau, Friedrich 694
  Ermersburg 694
Adorno, Theodor W. 80
  Fortschritt 80
Ahlfeld, Johann Friedrich 182, 189
Aischylos 296
Alberty, Max 194 f
Alexis, Willibald 701 f, 705 f
  Isegrimm 705
  Ruhe ist die erste Bürgerpflicht 705
Althusser, Louis 315
Andersen, Hans Christian 58
Anderson, Maria 405
Anzengruber, Ludwig 377–380
  Alte Wiener 379
  Elfriede 379
  Der G'wissenswurm 378
  Die Kreuzelschreiber 378
  Der Meineidbauer 378
  Die Tochter des Wucherers 379
  Das Vierte Gebot 379 f
Arent, Wilhelm 410 ff
  (Hrsg.) Moderne Dichter-Charaktere 410 f
Ariosto, Ludovico 617 f
  Orlando furioso 617 f
Aristoteles 44 ff, 54, 277, 279, 345 f
  Poetik 45, 345 f
Arnim, Achim von 465
Arndt, Ernst Moritz 398, 400, 433
Audorf, Jakob 168, 170 f, 408 f
Auerbach, Berthold 72 ff, 76, 118, 173, 231
  Schwarzwälder Dorfgeschichten 73 f, 76
Augier, Emile 381

Bab, Julius 380
Baensch 397

Bakunin, Michail 27
Balzac, Honoré de 229, 642
Bark, Joachim 437
Barth, Christian Gottlob 182
Baudelaire, Charles 25, 302 f
Bauernfeld, Eduard von 407
Baumbach, Rudolf 134, 425
Baumgarten, Hermann 30, 35 f, 38, 98, 104 f, 418
  Der deutsche Liberalismus. Eine Selbstkritik 31, 35 f, 38, 104 f
Baumgartner, Wilhelm 582 f
Bebel, August 145 f
  Die Frau und der Sozialismus 145
Beck, Karl 407
Becker, Johann Philipp 159, 167
  Neue Stunden der Andacht 167
Becker, Nikolaus 398
Beethoven, Ludwig van 659, 669
Bellini, Vincenzo 283
  Norma 283
Benedix, Julius Roderich 233, 381
  Die Phrenologen 233
Benjamin, Walter 59, 175
  Gisèle Freund 59
Benn, Gottfried 291, 298
  Dorische Welt 298
  Nietzsche 291
Bérangers, Pierre Jean de 168
Bertram, Ernst 703
Beta, Heinrich 119
Bethmann-Holweg, Moritz August von 186 ff, 207 f, 342, 767
Biedermann, Flodoard 129
Birch-Pfeiffer, Charlotte 381
Bismarck, Otto Fürst von 30, 33–36, 38, 40, 63, 89 ff, 103 f, 107, 112, 119, 142, 196, 336, 338, 705, 720, 738 f, 743, 746

Bleibtreu, Karl 351
Blum, Robert 401
Blumenberg, Hans 220
Bluntschli, Johann Kaspar 308, 316, 438
Bock, Karl Ernst 119
Bodenstedt, Friedrich 123, 134, 313–316, 330 f, 333, 428, 435, 439, 776, 779
   Gedichte 333
   Die Lieder des Mirza Schaffy 134, 317, 428
Bodmer, Johann Jacob 46
   Kritische Betrachtung über die Poetischen Gemälde der Dichter 46
Böhme, Jakob 631
Bölsche, Wilhelm 769
Bolander, Konrad 697
Bormann, Karl 111, 176, 200, 204 ff, 208, 763 ff
Borstell, Fritz 132
Bosse, Friedrich 160, 165 f
   Die Alten und die Neuen 165
   Der erste Mai 165
   Im Kampf 165
Brachvogel, Albert Emil 126, 363, 366, 373, 697
   Friedemann Bach 697
   Der Ursurpator 363, 366
Brahm, Otto 351
Bratranek, Franz Thomas 227, 322, 771
Brecht, Bertolt 261
Brehm, Alfred Erdmut 130, 132
   Illustriertes Tierleben 130, 132
Brentano, Clemens 433, 465
   Geschichte vom braven Kasperl und dem schönen Annerl 465
Brinkmann, Hartmuth 427, 473
Brion, Friederike 666 ff, 671, 679
Broch, Hermann 644
Brockes, Barthold Heinrich 232
Brockhaus, Friedrich Arnold 130
Bromme, Moritz William Theodor 173
   Lebensgeschichte eines modernen Fabrikanten 173
Bube, Adolf 233
Bucher, Max 229

Buchner, K. 775
Büchner, Georg 67, 70, 76, 391
   Lenz 70
Büchner, Ludwig 119, 215, 217 f
   Kraft und Stoff 218
Bünger, Ferdinand 182 ff, 186, 753 ff
   Geschichte des Volksschullesebuchs 182 ff
Bürger, Gottfried August 320 f, 587
   Gedichte 587
Bürger, Hugo (d. i. Hugo Lubliner) 381
Buff, Charlotte 667
Buffon, George Louis 220
Burckhardt, Jacob 692 f
   Kulturgeschichte der Renaissance 693
Busch, Wilhelm 404 f
   Kritik des Herzens 404 f
Byron, George Gordon Lord 553

Calvin, Jean 485
Carolath, Heinrich Fürst von 309
Carrière, Moriz 50, 61, 71, 77, 223, 226, 229, 313–316, 318, 325, 327–331, 336, 341, 418 f, 430, 439, 776
   Ästhetik. Die Idee des Schönen und ihre Verwirklichung 223, 328 f, 331, 341 f, 418 f
   Die Kunst im Zusammenhang der Kulturentwicklung und die Ideale der Menschheit 61, 71
   Weltordnung 329 f
   Das Wesen und die Formen der Poesie 325, 327–330
Carus, Carl Gustav 227
Cervantes Saavedra, Miguel de 477, 519, 630
   Novellen:
      Die betrügliche Heirat 477
      Gespräch zwischen Cipion und Berganza 477
   Der scharfsinnige Edle Herr Don Quijote de la Mancha 630
Chamisso, Adelbert von 199, 207, 213, 233, 321, 769
   Gedichte 321

Schloß Boncourt 199
Die Wunderkur 233
Chateaubriand, François René, Vicomte de 552 f
Atala 552 f
Civinini 779
Claudius, Matthias 182
Cohnfeld, Adalbert Dorotheaus Salomo 373
Colet, Louise 598
Comenius, Johannes Amos 177
Große Didaktik 177
Comte, Auguste 31 f, 85, 93 f, 95, 96, 740, 745
Cours de philosophie positive 93 f, 96
Système de politique 32
Conrad, Michael Georg 195
Conradi, Hermann 410 f, 413
Cooper, James Fenimore 553, 565
Cotta, Bernhart von 216, 232
Geologische Bilder 216
Cotta, Georg Baron von 312, 316
Cramer, Richard s. Lavant, Rudolf
Curtius, Ernst 311
(Hrsg. zusammen mit Emanuel Geibel) Klassische Studien 311
Curtmann, Wilhelm 182

Daguerre, Louis Jacques Mandé 57 f
Dahn, Felix 132, 136 f, 400, 435, 439, 690, 697 f, 700
Ein Kampf um Rom 132, 136 f, 690, 700
Dante 492 f, 529
Die göttliche Komödie 492 f, 529
Darwin, Charles Robert 723
Decker, Rudolf von 762
Deibel, Ludwig 119
Devrient, Eduard 354, 358
Dickens, Charles 71 f, 76, 642
Diderot, Denis 177
Diesterweg, Friedrich Adolph 184 ff, 188 f, 196, 204, 754–757, 763
Dietlein, Woldemar 197 f
(Hrsg.) Die Dichtungen der Deutschen Volks-Schullesebücher 197

Dilthey, Wilhelm 565
Das Erlebnis und die Dichtung 565
Dingelstedt, Franz Freiherr von 354 f, 357 f, 403 f, 438
Gedichte 403
Döblin, Alfred 644
Dos Passos, John 644
Dr. Mantis s. Harleß, Adolf von
Drobisch, Theodor 233
Die neue Schädellehre 233
Droste-Hülshoff, Annette von 428, 467 f
Die Judenbuche 467 f
Droysen, Johann Christoph 692
Du Bois-Reymond, Emil 220
Dumas, Alexandre 381
Duncker, Max 97, 99
Dworschak-Popp, Adelheid s. Popp, Adelheid

Eberhard, Karl 760
Ebers, Georg 136 f, 697–701
Eine ägyptische Königstochter 137, 699 f
Homo sum 137
Uarda 137
Ebner-Eschenbach, Marie von 139, 518–522
Er laßt die Hand küssen 521
Die Freiherrn von Gemperlein 520
Krambambuli 520 f
Mašlans Frau 521 f
Echtermeyer, Theodor 433
(Hrsg.) Auswahl deutscher Gedichte für gelehrte Schulen 433
Eckermann, Johann Peter 47, 194
Eggers, Friedrich 204, 436, 763, 766
Eichendorff, Joseph Freiherr von 199, 427, 433, 465
Gedichte 199
Das Marmorbild 465
Engels, Friedrich 150, 167, 172, 750
Erkelenz, H. 442
Über weibliche Erziehung und die Organisation der höheren Töchterschule 442

Ernst s. Schleiden, Matthias Jakob
Ernst II., Herzog von Coburg-Gotha 762, 775
Euler, Leonhard 216
Euripides 298

Fechner, Heinrich 197
Feuerbach, Ludwig 86, 219, 237, 570, 582 ff, 595, 598, 604, 630, 769
 Die Naturwissenschaft und die Revolution 769
 Vorlesungen über das Wesen der Religion 582
 Das Wesen des Christentums 582
Fielding, Henry 706
 Die Geschichte des Tom Jones, eines Findlings 706
Fischer, Carl 173
 Denkwürdigkeiten und Erinnerungen eines Arbeiters 173
Fischer, Johann Georg 531
 Ein Wort über die heutige Lyrik in Deutschland 531
Fischer, Konrad 180, 187 f, 753
 Geschichte des deutschen Volksschullehrerstandes 180, 187 f
Flaubert, Gustave 61, 70 f, 76, 303, 598, 641, 665, 672, 675, 679, 684 f, 801
 Dictionnaire des idées reçues 672, 685
 Madame Bovary 70 f, 665, 675
 Salammbô 801
Förster-Nietzsche, Elisabeth 286
Follen, August Adolf Ludwig 400
Fontane, Emilie 127, 138, 686 f, 765, 767
Fontane, Martha 679
Fontane, Theodor 7, 11, 13, 17, 29, 42, 49, 53, 60 f, 64, 71, 77, 83, 117, 121, 126 ff, 136, 138 ff, 142, 176, 200–210, 231, 329, 414–418, 420, 436 f, 444, 453–456, 462 f, 496–503, 517, 538 f, 606, 641, 666–689, 701 f, 706, 762–767, 787
 L'Adultera 499 f
 Aus den Tagen der Okkupation 761 f
 Balladen 207, 414–418
 Causerien über Theater 454
 Cécile 500 f
 Der Deutsche Krieg von 1866 209 f
 Effi Briest 497 ff
 Ellernklipp 499
 Frau Jenny Treibel 668–688
 Gedichte 207, 414 f, 453–456
 Die gesellschaftliche Stellung der Schriftsteller 142
 Grete Minde 498 f
 Irrungen, Wirrungen 497
 Männer und Helden 414
 Mathilde Möhring 687
 Die Poggenpuhls 688
 Preußenlieder 414, 416
 Reisebriefe vom Kriegsschauplatz 209
 Schach von Wuthenow 501 f, 761
 Der Schleswig-Holsteinsche Krieg im Jahre 1864 209
 Der Stechlin 17, 463
 Stine 497 f, 687
 Unsere lyrische und epische Poesie seit 1848 49, 53, 71, 77, 83, 420, 679, 686
 Unterm Birnbaum 502 f, 517
 Von der schönen Rosamunde 414
 Vor dem Sturm 121, 416, 706
 Wanderungen durch die Mark Brandenburg 206–209, 766
Fontenelle, Bernard le Bovyer de 216
Foucault, Michel 253
Fourier, Charles 685
François, Louise von 448, 450 ff, 518 f, 521
 Judith die Kluswirtin 519
 Der Katzenjunker 519
 Phosphorus Holunder 518
 Der Posten der Frau 518 f
Frantz, Constantin 88
 Unsere Politik 88
Franzen, F. M. 775
Franzos, Karl Emil 525 f
 Tragische Novellen 525 f
  Melpomene 525
  Der Stumme 525 f
Frauenstädt, Julius 218 f, 225

Die Naturwissenschaft in ihrem Einfluß auf Poesie, Religion, Moral und Philosophie 218, 225
Freiligrath, Ferdinand 124, 161, 170, 199, 310, 312, 401 f, 409, 457, 784 f
  Ça ira! 401
Freytag, Gustav 21 f, 42, 62 ff, 77, 82, 84, 109, 132, 135 ff, 140, 162, 229, 231, 345 f, 348, 350, 363 f, 366–369, 372, 392 f, 529, 536–539, 542–569, 570, 606, 622, 626 f, 637, 698, 701, 762, 775
  Die Ahnen 136, 701
  Deutsche Romane 538
  Erinnerungen aus meinem Leben 558
  Die Fabier 363, 366, 368, 369
  Isegrimm, Roman von W. Alexis 82
  Die Journalisten 363, 366 ff
  Der Preuße aus dem Jahre 1813 vor der Siegessäule 21, 22
  Soll und Haben 77, 84, 109, 132, 135 ff, 536, 538 f, 543–569, 606, 622, 626 f
  Die Technik des Dramas 345 f, 348, 350
Friedlaender, Georg 688, 765
Friedrich I., König von Preußen 201
Friedrich II. (der Große), König von Preußen 114, 181, 399, 706
Friedrich Barbarossa 337 f, 399, 400
Friedrich Wilhelm III., König von Preußen 181
Friedrich Wilhelm IV. König von Preußen 118, 180 f, 196, 309, 311 f, 645, 753, 775, 784
Fritzsche, Wilhelm 159
Fröbel, Julius 89, 755
Frohme, Karl Franz Eugen 167, 170 f
Fuchs, Eduard 171

Gehlen, Arnold 18 f
Geib, Wilhelm Leopold August 159, 167, 408 f
Geibel, Emanuel 124, 138, 309–317, 327 f, 330–342, 396 f, 400, 420, 422, 425–428, 432 f, 435 f, 438 f, 443 ff, 776, 779, 784 f
  Deutschlands Beruf 396
  Gedichte 310–313, 326, 328, 330 f, 334–342, 427 f, 443–446, 448, 784
  Heroldsrufe 397, 784
  Juniuslieder 397, 784
  Klassische Studien 311
  Neue Gedichte 397, 784
  Sophonisbe 138
  Spätherbstblätter 784
  Zeitstimmen 311, 784
  (Hrsg. zusammen mit Paul Heyse) Münchner Dichterbuch 332
  (Übers. zusammen mit Heinrich Leuthold) Fünf Bücher französischer Lyrik 317
Georg II., Herzog von Sachsen-Meiningen 354, 358 ff
George, Stefan 328, 689
  Algabal 689
  Gedichte 328
  (Hrsg.) Blätter für die Kunst 689
Gerlach, Gebrüder 87
Gerok, Karl 121
Gerstäcker, Friedrich 119, 121, 565
Gervinus, Georg Gottfried 114, 189, 222
Gesner, Conrad 769
Gessner, Salomon 585, 597
Glagau, Otto 626
  Die Juden im Roman 626
Glaßbrenner, Adolf 373, 405 f, 409, 786
  Unterrichtung der Nation 405 f
Goedsche, Hermann Ottomar Friedrich 129
Goethe, Johann Wolfgang 42 f, 47, 65 f, 71, 77, 84, 114 f, 118, 176, 182, 186–190, 192 ff, 196–199, 268, 319, 325, 348, 404, 433, 439, 444 f, 464, 483, 529, 535, 537, 541 f, 571, 584, 595 f, 630, 666 ff, 671, 679, 689, 706, 754 f,
  Balladen 325
  Dichtung und Wahrheit 192, 194, 596, 666

Egmont 192, 194
Faust 66, 115, 190, 572
Gedichte 198, 483
Götz von Berlichingen 192, 194
Hermann und Dorothea 66, 186 f,
192, 194, 197 ff
Iphigenie auf Tauris 187, 192, 199
Italienische Reise 596
Die Legende vom Hufeisen 197
Die Leiden des jungen Werther 66,
192 f, 541 f, 667
Mailied 199, 667, 689
Reineke Fuchs 199
Torquato Tasso 187, 192, 199
Die Wahlverwandtschaften 192 f
Wilhelm Meisters Lehrjahre 42 f, 66,
84, 535, 537, 541, 571, 706
Wilhelm Meisters Wanderjahre 541
Goltzsch, E.Th. 182, 754
Goncourt, Edmond de 303
Goncourt, Jules Huot de 303
Gotthelf, Jeremias 72, 182, 464
Die schwarze Spinne 464
Gottschall, Rudolf 63, 68, 74, 78, 190,
225, 232, 335 f, 345–348, 353, 418,
420, 433, 465, 606, 644 f
Die deutsche Nationalliteratur des
19. Jahrhunderts 68, 74, 644 f
Die Klassiker als Nationaleigentum
190
Lieder der Gegenwart 433
Novellenliteratur 78
Poetik. Die Dichtkunst und ihre Technik 225, 232, 346 f, 418, 420
Gottsched, Johann Christoph 46
Versuch einer kritischen Dichtkunst 46
Greif, Martin 382, 387–393
Corfiz Ulfeldt 388 f
Heinrich der Löwe 387
Marino Falieri 388 ff
Pfalz am Rhein 387
Prinz Eugen 387
Greulich, Hermann 171, 408
Griepenkerl, Wolfgang Robert 363, 366,
373

Die Girondisten 363
Maximilian Robespierre 363, 366
Grillparzer, Franz 190, 355
Grimm, Jacob 182, 758
Grimm, Wilhelm 182, 758
Groß, Heinrich 142
Grosse, Julius Waldemar 314 ff, 779
Plan und Prospekt zu einem deutschen
Athenäum 316
Groth, Klaus 406
Quickborn 406
Grube, August Wilhelm, 182, 216 f
Biographien aus der Naturkunde 216
Gutzkow, Karl 20 f, 24, 26, 40, 60, 64,
69, 116 ff, 140 f, 185, 211, 318, 642–
666
Die Ritter vom Geiste 642–666
Der Roman und die Arbeit 26, 40, 60
Rückblicke auf mein Leben 21 f, 24
Wally die Zweiflerin 69, 643

Habermas, Jürgen 84
Hackländer, Friedrich Wilhelm 126, 233
Magnetische Kuren 233
Haeckel, Ernst 769
Hagen, Karl 221
Hahn, Werner 176, 182, 200–203, 205,
762
Vom lieben Gott. Erzählungen für
Kinder 201
Haller, Albrecht von 232
Halm, Friedrich 517
Die Marzipanliese 517
Hamerling, Robert 427
Hammer, Julius 433
(Hrsg.) Leben und Heimat in Gott 433
Handke, Peter 607
Hanstein, Adalbert von 142
Harkort, Friedrich 185 f
Harleß, Adolf von 231 f
Göthe im Fegefeuer. Eine materialistisch-poetische Gehirnsekretion 231
Harleß, Emil 236
Populäre Vorlesungen aus dem Gebiet
der Physiologie und Psychologie 236

Harring, Harro 400, 402
Hart, Heinrich 142, 351, 410, 709 f, 713
    Friedrich Spielhagen und der deutsche Roman der Gegenwart 709 f, 713
    Graf Schack als Dichter 410
Hart, Julius 142, 351, 410, 412, 709 f, 713, 726, 802
    Friedrich Spielhagen und der deutsche Roman der Gegenwart 709 f, 713
    Graf Schack als Dichter 410
Hartleben, Otto Erich 410
Hartmann, Moritz 123
Hasenclever, Wilhelm 159, 408
Hauer, Karl Ritter von 215 f
    Neue Chemische Briefe für Freunde und Freundinnen der Naturwissenschaften 215 f
Hauptmann, Gerhart 688
    Die Weber 688
Hebbel, Friedrich 7, 76, 357, 363, 369–372, 625
    Agnes Bernauer 363, 369–372, 426, 462
    Herodes und Mariamne 370
    Der Nachsommer 625
    Die Nibelungen 357
Hebel, Johann Peter 72, 182
Heckenast, Gustav 28, 608
Hegel, Georg Wilhelm Friedrich 10, 50, 52, 56, 78, 86, 103, 228, 242–267, 269 f, 272, 275, 278, 281 ff, 304, 318, 320, 322 ff, 333, 418, 529–539, 587, 639, 680 f
    Grundlinien der Philosophie des Rechts 257
    Philosophie der Weltgeschichte 246 ff
    Vorlesungen über die Ästhetik 249 f, 252–266, 323, 532 f, 587, 681
Heidegger, Martin 272, 607, 623
    Adalbert Stifters »Eisgeschichte« 607
Heigel, Karl 439
Heine, Heinrich 58, 68 f, 118, 125, 161, 310, 318, 403 ff, 424, 433, 458, 461, 509, 648 f, 769, 785
    Aphorismen und Fragmente 318
    Buch der Lieder 424
    Gedichte 403
    Die Harzreise 648 f
    Lutetia 58
    Neue Gedichte 424
    Die romantische Schule 68
    Romanzero 404, 461
Helmholtz, Hermann von 213
Henckell, Karl 165, 408, 410 f
    Buch der Freiheit 165, 408
Hengstenberg, Ernst Wilhelm 183
Henle, Jakob 236, 772
Hensing, E. 397, 434
    (Hrsg. u. a.) Kriegspoesie der Jahre 1870–1871, geordnet zu einer poetischen Geschichte 397, 434
Herder, Johann Gottfried 190, 319
Herodot 769
Hertz, Henrik 767
Hertz, Wilhelm 207–210, 316 f, 438 f, 457, 766 f
Herwegh, Georg 124, 153, 161, 167, 170, 309 f, 313, 401–404, 406 f, 409, 456, 784 f
    Gedichte eines Lebendigen 309 f, 401, 785
    Der letzte Krieg 401
    Morgenruf 401
    Neue Gedichte 167, 785
    Volksklänge. Eine Sammlung patriotischer Lieder 406
Hesekiel, George 121
Hettner, Hermann 317, 345–350, 530, 569
    Das moderne Drama 345 ff, 349 f
Heym, Rudolf 63
Heyse, Paul 126 f, 135, 138 f, 141 f, 207, 313, 315 ff, 332, 341, 382–385, 387, 404, 420 ff, 425–430, 436 ff, 443–446, 448, 457, 467, 504, 522 f, 749, 764 f, 776, 779 f, 788
    Andrea Delfin 523
    L'Arrabiata 523
    Colberg 382–385, 387
    Der Friede 779

Gedichte 341 f, 422, 426–431
Göttin der Vernunft 382–385
Hans Lange 382
Im Paradiese 139
Italienisches Liederbuch 788
Jugendlieder 788
Kinder der Welt 749
Ludwig der Baier 383 ff
Spanisches Liederbuch 788
(Hrsg. mit Emanuel Geibel) Münchner Dichterbuch 332
(Hrsg. zusammen mit Hermann Kurz) Deutscher Novellenschatz 467, 504, 522 f
Hildebrandt, Rudolf 190, 758
Vom deutschen Sprachunterricht in der Schule und von deutscher Erziehung und Bildung überhaupt 190
Hillebrand, Joseph 318, 324
Lehrbuch der Literar-Ästhetik, oder Theorie und Geschichte der schönen Literatur 324
Hitzig, Eduard 310
Berliner Gesellschafter 310
Hoffman, Ernst Theodor Amadeus 67 f, 464
Hoffmann, Heinrich 233
Lustige Geschichten und drollige Bilder (Der Struwwelpeter) 233
(Hrsg.) Liederbuch für Naturforscher 233
Hoffmann von Fallersleben, August Heinrich 199, 339 f, 403, 409, 784 f
Gedichte 199, 339
Hofmannsthal, Hugo von 688 f
Der Tod des Tizian 688 f
Holek, Wenzel 173
Lebensgang eines deutsch-tschechischen Handarbeiters 173
Holz, Arno 410, 786
Phantasus 410
Revolution der Lyrik 786
Homberger, Emil 70 f
Der realistische Roman 71
Hopf, Albert 373

Hopfen, Hans 316
Homer 69, 78, 296, 529, 684,
Horaz 508
Horn, Uffo 182
Horwicz, Adolf 50 f
Grundlinien eines Systems der Ästhetik 50 f
Hoverbeck, 746
Huber, Victor Aimé 312, 315
(Hrsg.) Janus. Jahrbücher deutscher Gesinnung, Bildung und Tat 312
Die Konservative Partei 312
Humboldt, Alexander von 215, 217, 220 ff, 228, 232, 235, 321, 768, 769 f, 772
Kosmos. Entwurf einer physischen Weltbeschreibung 215, 217, 220 f
Reisen in die Aequinoctialgegenden 235
Humboldt, Wilhelm von 48, 332, 542, 623
Theorie der Bildung des Menschen 48
Über die Aufgabe des Geschichtsschreibers 332

Ibsen, Henrik 351 f, 359, 381, 392 f, 687
Gespenster 351, 359, 392
Nora 351
Die Stützen der Gesellschaft 351
Ein Volksfeind 351
Die Wildente 687
Iffland, August Wilhelm 377
Immermann, Karl Leberecht 72

Jacoby, Johann 744 f
Jacoby, Leopold 168, 408
Jahn, Gustav 182
James, Henry 801
Janke, Otto 126, 135
Jeitteles, Ignaz 318
Jerschke, Oskar 410, 412 f
John, Eugenie s. Marlitt, Eugenie
Joyce, James 644

Kämpchen, Heinrich 168 ff

Kahlert, August 59 f
　System der Ästhetik 59 f
Kaiser, Friedrich 377 f
Kalisch, David 373
Kant, Immanuel 34 f 91, 189, 242, 244, 249 ff, 261 f, 268, 288, 299, 739, 755
　Schriften zur Geschichtsphilosophie 739
　Zum ewigen Frieden 34 f, 739
Kapp, Friedrich 112, 130
Karl der Große 399
Kautsky, Karl 162
Kautsky, Minna 121, 172 f
　Die Alten und die Neuen 172
　Herrschen oder dienen? 173
　Stefan vom Grillenhof 173
　Viktoria 173
Kegel, Max 160, 165 f, 168, 170, 408 f
　Demos und Liberitas oder Der entlarvte Bürger 166
　Lichtstrahlen der Poesie 165
　Sozialdemokratisches Liederbuch 408
Kehr, Karl 199
Keil, Ernst 109, 116–120, 123, 127, 312
Keller, Gottfried 7, 42, 53 f, 127 f, 136, 140, 207, 231, 236 ff, 240, 317, 394 f, 404, 430, 436, 448 f, 456–463, 465, 474–484, 503, 529 f, 569–606, 622, 626, 630 f, 637
　Am Mythenstein 394 f, 588
　Autobiographisches 456
　Gedichte 456–461
　Gesammelte Gedichte 457–461
　Der grüne Heinrich 236 ff, 240, 456, 463, 530, 569–605, 622, 626, 630 f
　Die Leute von Seldwyla, Band 1 474–479, 595
　　Die drei gerechten Kammacher 476
　　Frau Regel Amrain und ihr Jüngster 475 f
　　Pankraz der Schmoller 595, 475, 478 f, 483
　　Romeo und Julia auf dem Dorfe 474
　　Spiegel das Kätzchen 476 f
　Die Leute von Seldwyla, Band 2 477 ff

　　Dietegen 479
　　Kleider machen Leute 478 f
　　Der Schmied seines Glückes 477 f
　Neuere Gedichte 456–461
　Sieben Legenden 480 f
　　Dorotheas Blumenkörbchen 481
　　Eugenia 480
　　Die Jungfrau und die Nonne 481
　　Die Jungfrau und der Ritter 480
　　Die Jungfrau und der Teufel 480
　　Der schlimm-heilige Vitalis 480
　　Das Tanzlegendchen 481
　Das Sinngedicht 238, 483
　　Die Berlocken 483
　　Don Correa 483
　　Regine 483
　Züricher Novellen 481 f
　　Das Fähnlein der sieben Aufrechten 482 f
　　Hadlaub 481
　　Der Landvogt von Greifensee 481 f
Kinkel, Gottfried 119, 134
　Otto der Schütz 134
Kirchmann, Julius Hermann von 50, 52 f, 60, 98
　Ästhetik auf realistischer Grundlage 52 f, 60
Klages, Ludwig 24
Kleist, Heinrich von 465, 691
Klencke, Hermann 216, 769 f
　Naturbilder aus dem Leben der Menschheit. In Briefen an Alexander von Humboldt 216
Kletke, Hermann 126, 434
　(Hrsg.) Album deutscher Dichter 434
Klopstock, Friedrich Gottlieb 190, 529
　Der Messias 190, 529
Knüttell, August 318, 321 f
　Die Dichtkunst und ihre Gattungen 318, 321 f
Kobell, Franz von 777 f
　Gedichte 777 f
Kochhann, Heinrich Eduard 25
　Tagebücher 25
Kocka, Jürgen 29

König, Robert 121, 125
Köpke, Rudolf 138
Körner, Theodor 188 f, 398, 400
Kohl, Johann Georg 182
Kotzebue, August von 400
Kriebitsch, Theodor 199
Krilles, Otto 173
    Unterm Joch. Die Geschichte einer Jugend 173
Krug, Wilhelm Traugott 43
    Allgemeines Handwörterbuch der philosophischen Wissenschaften 43
Krummacher, Friedrich Adolf 182
Kühnemann 351
Kürnberger, Ferdinand 520
    Der Drache 520
    Flucht und Fund 520
    Die Opfer der Börse 520
Kürschner, Joseph 120
Kugler, Franz 204 ff, 436 f
Kugler, Margarethe 788
Kuhn, Thomas S. 740
Kurz, Hermann 467, 517, 526, 701 ff
    Die beiden Tubus 517 f
    Schillers Heimatjahre 702
    Der Sonnenwirt 517, 702 f
    Der Weihnachtsfund 518
    (Hrsg. zusammen mit Paul Heyse) Deutscher Novellenschatz 467, 517
Kurz, Isolde 526 ff
    Florentiner Novellen 526
    Der heilige Sebastian 526 ff
    Italienische Erzählungen 526
    Die Nacht im Teppichsaal 526 ff
    Die Verdammten 527 f

Labiche, Eugène 356
Lampert, Ignaz 216 f
    Charakterbilder aus dem Gesamtgebiete der Natur für Schule und Haus gesammelt 216 f
Lange, Friedrich Albert 219 f, 288, 318
    Geschichte des Materialismus 219
L'Arronge, Adolf 381
Lasker, Eduard 104

Lassalle, Ferdinand 104, 363, 366, 373, 743, 745 f, 751
    Franz von Sickingen 363, 366
Last, Albert 132
Laube, Heinrich 354–358
    Das Burgtheater 355 f
Lavant, Rudolf 154, 165, 167, 171, 408 f
    (Hrsg.) Vorwärts! Eine Sammlung von Gedichten für das arbeitende Volk 165, 408
Leibniz, Gottfried Wilhelm 336
Lemcke, Carl 31, 529
    Populäre Ästhetik 31, 529
Lenau, Nikolaus 433
Lenz, Jakob Michael Reinhold 391
Lepel, Bernhard von 201–204, 436, 763–765
Lepp, Adolf 168, 408
Lessing, Gotthold Ephraim 71, 161, 188 ff, 196 ff, 345 f, 355, 755
    Hamburgische Dramaturgie 346
    Minna von Barnhelm 197 f
    Nathan der Weise 190
Lessing, Theodor 23 f
    Einmal und nie wieder 23 f
Leuthold, Heinrich 316 f, 325 f, 439, 790
    Gedichte 325 f
    (Übers. zusammen mit Emanuel Geibel) Fünf Bücher französischer Lyrik 317
Liebig, Justus von 215, 218, 232, 236, 308, 316, 438, 678
    Chemische Briefe 215, 218
Liebknecht, Wilhelm 120, 150, 155, 173, 195
Liliencron, Detlev von 132
Lindau, Paul 120, 381, 687
    Maria und Magdalena 381
    Marion 381
    Der Zug nach dem Westen 687
Lingg, Hermann 316 f, 331, 341, 439, 448, 529
    Gedichte 316 f, 331
    Die Völkerwanderung 529
Linke, Oskar 410

Lipperheide, Franz 397, 434, 779
  (Hrsg.) Lieder zu Schutz und Trutz. Gaben deutscher Dichter aus der Zeit des Krieges im Jahre 1879 397, 434, 779
Löschke, Karl J. 433
  (Hrsg.) Zu Herzensfreude und Seelenfrieden 433
Logau, Friedrich 483
  Sinngedichte 483
Lorm, Hieronymus 318
Louis Philippe, König der Franzosen 27
Louise, Königin von Preußen 181, 189, 201, 422, 761 f
Lubliner, Hugo s. Bürger, Hugo
Lucae, Richard 436
Ludwig II., König von Bayern 361, 784
Ludwig, Albert 195
Ludwig, Otto 42, 64, 81 ff, 231, 345 f, 348 f, 363–366, 372, 392 f, 463, 530
  Der Erbförster 363 ff
  Die Makkabäer 363, 365 f
  Shakespeare-Studien 81 f, 345 f, 364
Lübke, Wilhelm 766
  Lebenserinnerungen 766
Luhmann, Niklas 49, 245
Luther, Martin 181
Lyon, Otto 434
  (Hrsg.) Auswahl deutscher Gedichte 434

Macchiavelli, Niccolò 85, 90, 450, 737
  Der Fürst 85
Mädler, Johann Heinrich 769
Malsburg, Karl Freiherr von 309
Manteuffel, Otto von 203, 208, 653, 763, 766
Marggraff, Hermann 28, 63, 434
  Eine Weissagung Niebuhrs 28
  (Hrsg.) Politische Gedichte aus Deutschlands Neuzeit 434
Marlitt, Eugenie 109, 119, 121, 126 f, 132, 142
  Goldelse 126, 132, 142
Marx, Karl 145, 150, 155, 159, 162, 167, 751
  Der achtzehnte Brumaire des Louis Bonaparte 155
  Die deutsche Ideologie 150
Masius, Hermann 216 f, 768
  Naturstudien. Skizzen aus der Pflanzen- und Tierwelt 216, 768
Masuccio, Salernitano 481
  Il Novellino 481
Maupassant, Guy de 303
Maximilian II., König von Bayern 138, 308 f, 312–316, 333, 438, 775, 784
May, Karl 129, 132, 137
Mehring, Franz 162 f, 167, 173
  Geschichte der deutschen Sozialdemokratie 162
  Der heutige Naturalismus 163
Menzel, Adolf 436, 765
Merckel, Henriette von 207
Merckel, Wilhelm von 203 f, 206 f, 764 ff
Meyer, Betsy 448 f
Meyer, Carl J. 115
Meyer, Conrad Ferdinand 7, 42, 128, 136, 448–453, 456, 462, 484–496, 517 f, 522, 526, 701 f, 704, 705
  Das Amulett 485 f
  Angela Borgia 496
  Balladen 448
  Gedichte 448–453
  Gustav Adolfs Page (Page Leubelfing) 491 f
  Der Heilige 487 ff, 492
  Die Hochzeit des Mönchs 492 f
  Jürg Jenatsch 136, 704, 705
  Das Leiden eines Knaben 493 f
  Plautus im Nonnenkloster (Das Brigittchen von Trogen) 489 ff
  Die Richterin 494, 517
  Romanzen und Bilder 448
  Der Schuß von der Kanzel 486 f
  Die Versuchung des Pescara 495 f
  Zwanzig Balladen von einem Schweitzer 448
Meyer, Joseph 130
Meyerbeer, Giacomo 674
Meyr, Melchior 328, 330

Michelangelo 449
Michelis, Friedrich 234
  Das Verhältnis der Naturwissenschaft zu der gegenwärtigen Lage der Gesellschaft 234
Michelsen 775
Milton, John 529
  Das verlorene Paradies 529
Möbius, Paul Heinrich August 190
Mörike, Eduard 428
Moleschott, Jakob 215, 218, 232, 236 f, 769, 772
  Kreislauf des Lebens 218, 232
  Lehre der Nahrungsmittel. Für das Volk 237
Mommsen, Theodor 40, 692, 788 f
  (Zusammen mit Tycho Mommsen und Theodor Storm) Liederbuch dreier Freunde 788 f
Mommsen, Tycho 788 f
  (Zusammen mit Theodor Mommsen und Theodor Storm) Liederbuch dreier Freunde 788 f
Moritz, Karl Philipp 23
  Anton Reiser 23
Most, Johann 159, 167
Mühlbach, Louise 694, 697, 701
  Friedrich der Große und sein Hof 701
  Mohammed Ali und sein Haus 694
Mühler, Heinrich von 207, 767
Müller, Adolf 182
Müller, Karl 217, 225, 232
  Gedichte 232
Müller, Moritz 194
Müller von Königswinter, Wolfgang 233
Müller von der Werra, Friedrich Conrad 397
  (Hrsg. zusammen mit Baensch) Alldeutschland. Dichtungen aus den Ruhmestagen des Heldenkrieges 1870–1871 397
Münchmeyer, H.G. 129
Mundt, Theodor 345 f, 348
Mynster, Jakob Peter 224

Napoleon Bonaparte 108, 513, 706, 758
Napoleon III. 336 f
Nees von Esenbeck, Christian Gottfried 769
Nestroy, Johann 374–377
  Der alte Mann mit der jungen Frau 375 f
  Freiheit in Krähwinkel 375
  Lady und Schneider 375 f
Newton, Isaac 94
Nietzsche, Friedrich 10 f, 82, 195, 243, 285–307, 362, 540, 693
  Also sprach Zarathustra 286
  Die Geburt der Tragödie aus dem Geiste der Musik 287, 291–300
  Physiologie der Kunst 300–307
  Vom Nutzen und Nachteil der Historie für das Leben 693
Novalis 48, 67 f, 433

Oersted, Hans Christian 221, 224 ff, 228, 232
  Der Geist in der Natur 221, 224 ff, 228
Oeser, Christian (d. i. Tobias Schroer) 442
  Briefe an eine Jungfrau über die Hauptgegenstände der Ästhetik 442
Offenbach, Jacques 377
Oppenheim, Heinrich Bernhard 98, 104, 743, 746
Otto 198
Otto der Große 399
Otto-Walster, August 164, 173
  Am Webstuhl der Zeit 164, 173

Pataky, Sophie 142
Pestalozzi, Johann Heinrich 755
Pfau, Karl Ludwig 407, 409
Pierer, H. A. 318 f
Pindar 678
Platen, August von 420, 433
Platon 44, 46 f, 249, 277,
  Politeia 44
Plautus 489
Plinius 769

Pölitz, Karl Heinrich Ludwig 318 ff
　Ästhetik für gebildete Leser 319 f
Polkow, Elise 123, 125, 330, 422 f, 434
　(Hrsg.) Dichtergrüße 123, 125, 330, 434
Popp, Adelheid 130, 173
　Jugendgeschichte einer Arbeiterin 130, 173
Prutz, Robert Eduard 63 f, 75 ff, 121, 190, 219, 222, 227, 229, 317, 345, 348, 530 f, 771
　Das Drama der Gegenwart 530 f
　Ein Münchner Dichterbuch 317
　Neue Schriften zur deutschen Literatur- und Kulturgeschichte 771
　Zur Geschichte der politischen Parteien in Deutschland 76
Pückler-Muskau, Hermann Ludwig Heinrich 58
Putlitz, Gustav Heinrich Gans Edler Herr von und zu 233 f
　Was sich der Wald erzählt 134

Raabe, Wilhelm 7, 11, 17, 42, 112, 126 ff, 136, 141, 231, 238 ff, 462 f, 466, 503–511, 529, 536, 626–642, 701 f, 706 f, 801
　Die Chronik der Sperlingsgasse 136, 141
　Drei Federn 634–637, 640
　Else von der Tanne 505 ff
　Die Gänse von Bützow 505
　Gedelöcke 505
　Die Hämelschen Kinder 505 f
　Horacker 112
　Der Hungerpastor 536, 626–634, 637
　Der Junker von Denow 504
　Krähenfelder Geschichten 507
　　Frau Salome 509 f
　　Höxter und Corvey 508
　　Die Innerste 510 f
　　Zum wilden Mann 507
　Das letzte Recht 504
　Das Odfeld 466, 510, 706 f, 801
　Pfisters Mühle 238 f
　Die schwarze Galeere 505
　Stopfkuchen 463, 510, 637–642
Radowitz, Joseph Maria von 311
Ranke, Leopold von 308, 332 f, 438, 692 f
Rathenau, Walther 17 f
Rau, Heribert 234
Raumer, Karl Otto von 111, 183, 308
Reclam, Anton Philipp 115
Redenbacher 182, 189
Redwitz, Oskar Freiherr von 134, 232, 428
　Amaranth 134, 428
Reichenbach, Karl von 215 f
　Odisch-magnetische Briefe 215
Reventlow, Theodor von 446
Rhode, Erwin 287
Richter, Albert 196
　Der Unterricht in der Muttersprache und seine nationale Bedeutung 196
Riehl, Wilhelm Heinrich von 88, 93, 121 f, 313 f, 438, 465, 692, 738, 776
　Die bürgerliche Gesellschaft 121
　Kulturgeschichtliche Novellen 465
　　Die Lehrjahre eines Humanisten 465
　　Ovid bei Hofe 465
　　Der Stadtpfeifer 465
Riezler, Kurt 342
Ring, Max 116, 119
　Erinnerungen 119
Ritter, Carl 235
　Allgemeine vergleichende Geographie 235
Ritter, Gerhard A. 29
Rittershaus, Emil 123 f, 435, 437
Rochau, Ludwig August von 36–39, 85–95, 100, 103 f, 733, 736
　Grundsätze der Realpolitik 36–39, 85–90, 95
Rodenberg, Julius 128, 136, 422 f, 425
　Gedichte 422 f, 425
Rohr, Mathilde von 765, 767
Roquette, Otto 134, 232, 312, 436, 465, 529

Novellen 465
Welt und Haus 465
Waldmeisters Brautfahrt 134, 529
Rosegger, Peter 137
Die Schriften des Waldschulmeisters 137
Roßmäler, Emil Adolph 119, 217
Rotteck, Carl von 103, 741
Rousseau, Jean-Jacques 605, 755
Rückert, Friedrich 338, 433
Ruge, Arnold 119
Rumohr, Carl Friedrich von 311

Saar, Ferdinand von 382, 390–393, 511–516, 521
Die beiden de Witt 390
Camera obscura 516
Drei neue Novellen 513 ff
Vae victis! 513 ff
Herbstreigen 516
Hildebrand 390 f
Kaiser Heinrich IV. 390 f
Ludwig der sechzehnte 390
Nachklänge 516
Novellen aus Österreich 512 f, 515
Die Geigerin 512 f
Die Steinklopfer 515
Die Pfründer 516
Requiem der Liebe 516
Schloß Kostenitz 514 f
Thassilo 391
Tragik des Lebens 516
Die Troglodytin 515 f, 521
Sacher-Masoch, Leopold Ritter von 523 ff
Don Juan von Kolomea 523 f
Venus im Pelz 524 f
Das Vermächtnis Kains 523
Sachs, Hans 631
Sand, Karl Ludwig 400
Saphir, Moritz Gottlieb 436
Sardou, Victoiren 356
Scaevola 166
Zwölf Jahre Verbannung oder Der Ausgewiesenen Heimkehr 166

Schack, Adolf Friedrich Graf von 313, 331, 418, 438 f
Scheffel, Joseph Victor von 132, 134 f, 233, 428, 439, 697–700
Ekkehard 135, 697–700
Der Trompeter von Säckingen 134 f, 428
Waldeinsamkeit 428
Scheffler, Karl 22
Der junge Tobias 22
Schelling, Friedrich Wilhelm Joseph von 46 f, 250, 262 f, 320, 333, 775
Vorlesungen über die Methode des akademischen Studiums 46 f
Schenkendorf, Max von 398, 400, 433
Scherenberg, Christian Friedrich 436
Scherer, Georg 434
(Hrsg.) Deutsche Kriegs- und Vaterlandslieder 434
Scherr, Johannes 119
Schiller, Friedrich 30, 42 f, 47, 65 f, 71, 77, 114, 116, 118, 140 ff, 156, 161, 168, 170, 176, 182–199, 205, 250, 315, 317, 319–322, 341 f, 346, 352 f, 355, 385, 394, 398, 433, 531, 535, 542, 578, 585, 587 ff, 600, 604, 623, 630, 668, 702, 724, 754 f, 757 f, 776
Balladen 192, 198 f, 668
Die Braut von Messina 184, 192
Don Karlos, Infant von Spanien 199
Gedichte 192, 198 f, 205
Der Graf von Habsburg 197
Die Jungfrau von Orléans 192, 315
Kabale und Liebe 193
Maria Stuart 192
Die Räuber 71, 193, 199
Über den Gebrauch des Chors in der Tragödie 184
Über naive und sentimentalische Dichtung 30, 66, 585
Die Verschwörung des Fiesco zu Genua 199
Wallenstein 192, 197, 199, 758
Wilhelm Tell 187, 190, 192, 197 ff 588 f, 600, 724, 758

Schiller, Joseph 174
  Selbstbefreiung 174
Schilling, G. 319
Schlegel, Friedrich 67 ff, 253, 320
  Gedichte zur Zeit 253
  Lucinde 69
Schleiden, Matthias Jakob 769
Schlenther, Paul 672
Schliemann, Heinrich 669
Schlönbach, Arnold 232 f
  Weltseele 232 f
Schmidt, Arno 656–660
Schmidt, Julian 33 f, 62–72, 74–81, 207, 222, 226, 229, 239, 329, 346, 537, 552 f, 606, 608, 771
  Adalbert Stifter 606, 608
  Der deutsche Roman 537
  Einige Übelstände in unserem Theaterwesen 76
  Englische Novellisten 72
  Französische Romantik: Neuchristliche Poesie 552 f
  Geschichte der deutschen Nationalliteratur im neunzehnten Jahrhundert 222
  Georg Büchner 70
  Graf Bismarck 33
  Neue Romane 65, 67–70, 75, 77
  Der neueste englische Roman und das Prinzip des Realismus 72, 76
  Die Reaktion in der deutschen Poesie 66 f, 69 f
  Die Stellung der Deutschen Philosophie zur Wissenschaft und zum Leben 226
  Wilhelm Meister im Verhältnis zu unserer Zeit 66
Schmidt, Karl 215
  Anthropologische Briefe 215
Schmidt von Werneuchen, Friedrich Wilhelm August 233
Schmidt-Weißenfels, Eduard 78 f, 770
Schneckenburger, Max 398
Schoedler, Friedrich 221
  Buch der Natur 221

Schopenhauer, Arthur, 219, 243, 269–286, 292, 640
  Die Welt als Wille und Vorstellung 269–286, 292, 640
Schott, Siegmund 688
Schubart, Anna 788
Schubert, Gotthilf Heinrich 182
Schücking, Levin 119, 126, 310
Schults, Adolf 124
Schultz, Heinrich 167
Schulze-Delitzsch 745 f
Schurig, Rektor in Wernigerode a. H. 181, 756 f
Schwab, Heinrich W. 440, 441
Schweichel, Georg Julius Robert 157 f, 173
  Um die Freiheit 173
Schweitzer, Jean Baptist 159
  Eine Gans 159
  Ein Schlingel 159
Scott, Sir Walter 71 f, 76, 553, 691, 703, 705
Scribe, Eugène 356
Seeger, Ludwig 407
Semper, Gottfried 27
Sengle, Friedrich 61 f, 235
  Biedermeierzeit 61 f
Shakespeare, William 195, 346, 349, 354–358, 474, 595,
  Königsdramen 354–358
Simmel, Georg 613
  Die Alpen 613
Sklarek, Wilhelm 218
Sokrates 298
Sophokles 296
Spielhagen, Friedrich 126 f, 140, 228, 345, 708–728, 775
  Beiträge zur Theorie und Technik des Romans 228, 708–712
  Finder und Erfinder. Erinnerungen aus meinem Leben 709
  Hammer und Amboß 727
  Sturmflut 708, 712–728
  Über Objektivität im Roman 708
Spiess, Gustav Adolf 218

Über die Bedeutung der Naturwissenschaften für unsere Zeit 218
Spinoza, Benedictus de 605
Springer, Anton 86
Stahl, Friedrich Julius 87, 183, 189
Stein, Charlotte von 444
Stein, Wilhelm 218
   Die Naturwissenschaften in ihren Beziehungen zu den materiellen und geistigen Interessen der Menschheit 218
Stelter, Karl 123 f
Stephany, Friedrich 139 f
Stiehl, Ferdinand 111, 176 f, 179–193, 197, 200 f, 205–210, 753 ff, 767
Stifter, Adalbert 7–10, 12, 21, 28, 83, 211, 225, 231, 234 f, 464, 512, 529, 536, 606–626, 637, 701–704, 772
   Abdias 772
   Brigitta 772
   Der Condor 235, 606
   Feldblumen 606
   Der Hochwald 235, 606
   Die Kunst und das Göttliche 607
   Der Nachsommer 8, 225, 235 f, 606–625, 772
   Vom Sankt Stephansturme 21
   Witiko 606, 703
Stinde, Julius 137
   Familie Buchholz 137
Stöber, Karl 182, 189
Stolle, Ferdinand 119
Storm, Ernst 446
Storm, Helene 446
Storm, Theodor 7, 36, 42, 126 ff, 136, 139, 205, 231, 239 f, 317, 422, 425 ff, 429, 436 f, 445–448, 457 f, 462, 464, 467–474, 512, 606, 765 f, 788 f, 790
   Am Kamin 469
   Aquis submersus 472
   Auf dem Staatshof 464, 469 f
   Auf der Universität 470
   Beim Vetter Christian 474
   Bulemanns Haus 468, 470
   Carsten Curator 472
   Draußen im Heidedorf 471
   Ein Doppelgänger 472
   Ein Fest auf Hadersleyhuus 473
   Gedichte 422, 426, 428, 446 f, 789
   Ein grünes Blatt 205
   Hans und Heinz Kirch 472
   Der Herr Etatsrat 240
   Im Saal 468
   Immensee 469
   Der kleine Häwelmann 468
   (Zusammen mit Theodor und Tycho Mommsen) Liederbuch dreier Freunde 788 f
   Marthe und ihre Uhr 468
   Pole Poppenspäler 471 f
   Renate 473
   Die Regentrude 468, 470, 474
   Der Schimmelreiter 239 f, 473 f
   Die Söhne des Senators 471, 474
   Sommergeschichten und Lieder 789
   Der Spiegel des Cyprianus 468, 470, 474
   Zerstreute Kapitel 468
   Zur Chronik von Grieshuus 472 f
   (Hrsg.) Deutsche Liebeslieder seit Johann Christian Günther 790
   (Hrsg.) Hausbuch aus deutschen Dichtern seit Claudius 790
Strachwitz, Moritz Karl Wilhelm Anton Graf von 309, 414 f, 436 f
   Gedichte 414 f
Strauß, Johann 377
Strindberg, August 392, 525
   Fräulein Julie 392
Strodtmann, Adolf 409
Sturm, Julius 121, 435
Suppé, Franz von 377
Supprian, Karl 191 ff
Sybel, Heinrich von 98, 308, 316, 438, 692

Temme, Jodokus D.H. 119, 141, 517
   Kriminalnovellen 517
Thackeray, William Makepeace 72, 229, 642
Thieme, August 233

Tieck, Ludwig 67, 225, 424, 464
Tolstoi, Leo N. 158, 392, 801
    Krieg und Frieden 801
    Die Macht der Finsternis 392
Träger, Albert 123, 410, 418, 435
Treitschke, Heinrich von 63, 85 ff, 90 f, 692
Turgenjew, Iwan S. 60 f
Twesten, Karl 31, 85, 95 f, 99–104, 106 f, 736 f, 745 ff
    Lehre und Schriften August Comte's 102 f, 106 f, 736
    Was uns noch retten kann 100, 107, 736, 746
    Woran uns gelegen ist 31, 96, 100–103, 736

Uechtritz, Friedrich von 749
Ufer, Christian 198
    Vorschule der Pädagogik Herbarts 198
Uhland, Ludwig 189, 400, 441, 769
Ule, Otto 216 f, 221, 232, 769
    Physikalische Bilder 216

Velázquez 679
Verdenal, René 32
Vergil 529, 769
Virchow, Rudolf Ludwig Karl 744, 746
Vischer, Friedrich Theodor 50, 112 f, 223 f, 243, 266–269, 345, 347, 351 f, 418, 533–537, 626, 761
    Ästhetik oder Wissenschaft des Schönen 223 f, 266 ff, 347, 418, 534 ff
    Kritik meiner Ästhetik 268 f
    Kritische Gänge 112, 347
Vogel 182
Vogt, Karl 119, 215 f, 218 f, 769
    Bilder aus dem Tierleben 216
    Physiologische Briefe 218
    Zoologische Briefe 215
Voltaire 509
Voß, Richard 381
Vossler, Otto 27 f

Waagen, Gustav Friedrich 763
Wachenhusen, Hans 141, 234
    Chemische Briefe oder Schwabe contra Müller 234
Wachsmann, P. 397
    (Hrsg.) Kaiserlieder 397
Wackernagel, Philipp 188, 433, 757, 789
    (Hrsg.) Auswahl deutscher Gedichte 433
    (Hrsg.) Trösteinsamkeit in Liedern 789
Wagner, Richard 7, 27, 139, 295, 299 f, 302, 307, 354, 360–363, 588
    Das Kunstwerk der Zukunft 360 f
    Oper und Drama 361
    Parsifal 363
    Der Ring des Nibelungen 363
Wagner, Rudolf 219, 769
Waldeck, Benedikt Franz Leo 746
Wander, Karl Friedrich Wilhelm 763
Weber, Elise 767
Weber, Friedrich Wilhelm 134 f
    Dreizehnlinden 134 f
Weber, Hugo 196
    Die Pflege nationaler Bildung durch den Unterricht in der Muttersprache 196
Weber, Max 40
Weerth, Georg 406, 785
    Gedichte 785
Wehl, Feodor 234
    Der Kosmos des Herrn von Humboldt 234
Weitling, Wilhelm 407
Westermann, Georg 141
Wilbrandt, Adolf von 382
Wildenbruch, Ernst von 382, 385 ff
    Die Karolinger 385 f
    Der Mennonit 386 f
Wildermuth, Ottilie 121, 234
    Der Naturforscher 234
Wilhelm I., Deutscher Kaiser 209, 400, 784
Wilhelm II., Deutscher Kaiser 669
Willkomm, Ernst 694
    Peter Pommevering 694

Wilmsen, Friedrich Philipp 208 f
　(Hrsg.) Der Brandenburgische
　Kinderfreund 208 f
Winterstein, W. 758
Winzer, Hermann 197 ff
Wlassak 358
Wohlrabe, Wilhelm 199
Wolff, Julius 134 f, 351
　Der Rattenfänger von Hameln
　134
　Der wilde Jäger 134 f
Wolff, Oskar Ludwig Bernhard 433
　(Hrsg.) Poetischer Hausschatz des
　deutschen Volkes 433
Wolfram von Eschenbach 190
　Parzival 190
Wolfsohn, Wilhelm 203, 672

Zeising, Adolf 328, 778
Zettel, Karl 434
　(Hrsg.) Edelweiß 434
Ziethen, Hans Joachim von 201

Zimmermann, Friedrich 757
Zimmermann, W. F. A. 182, 216 f, 233
　Naturwissenschaftliche Romane 216,
　233
Zola, Emile 71, 76, 686 f

Anonyma

Edda 69
Fidelibus! Lieder für die Naturforscher
　und Ärzte auf der 44ten Versammlung
　in Rostock. Als Festgabe 439 f
Kommers-Liederbuch deutscher Gast-
　wirts-Gehilfen 440
Nibelungenlied 190, 399, 529
Singet dem Herrn! Bundesharfe für
　evangelische Jünglings- und Männer-
　gesangsvereine 440
Taschen-Liederbuch für Stolze'sche
　Stenographen 440
Veda 69

Zeitschriften und Zeitungen

Alphorn 435
Alte und neue Welt 435
Argo 204 f, 437
Augsburger Allgemeine Zeitung 215
Aus der Heimat 217 f

Beim Lampenschimmer 435
Berliner Zeitungshalle 202
Blätter für literarische Unterhaltung 63,
　65, 68, 344

Chemnitzer Nußknacker 408

Daheim 117, 120 f, 125, 435
Deutsche Jahrbücher 98
Deutsche Reform 203
Deutsche Rundschau 128, 136
Deutscher Jugendschatz 164

Deutsches Museum 63, 65, 75, 190, 219,
　226

Evangelische Kirchenzeitung 183

Für Palast und Hütte 435

Die Gartenlaube 63, 65, 109, 116–121,
　123–127, 129, 164, 190, 410, 418,
　435, 437
Die Gesellschaft 195
Die Grenzboten 62–65, 189, 219, 226,
　239, 346, 537, 552, 606, 684

Haude-und-Spenersche Zeitung 139, 749
Heim und Welt 435
Hiddigeigei 408
Historische Zeitschrift 308

Zeitschriften und Zeitungen

Der illustrierte Dorfbarbier 117
Illustrierte Welt 435

Kladderadatsch 119
Kölnische Zeitung 139
Kunstblatt 57

Leipziger Illustrierte 117
Der letzte Postillion 123
Der Leuchtturm 117

Morgenblatt 327

Nationalzeitung 188
Die Natur 217 f, 232 f
Der Naturforscher 217 f
Natur und Offenbarung 219
Neue Preußische (Kreuz-) Zeitung 208
Die Neue Welt 117, 120, 151, 154, 164, 172, 408
Nord und Süd 120

Ost und West 435

Pädagogisches Jahrbuch 185

Pfennigmagazin 117
Preußische (Adler) Zeitung 203, 206, 763
Preußische Jahrbücher 63, 65, 97 f, 713

Romanzeitung 126

Der Scharfrichter von Berlin 129
Der Süd-Deutsche Postillion 151 f, 159, 164, 408

Über Land und Meer 120, 435
Unser Planet 312
Unterhaltungen am häuslichen Herd 64 f, 116 ff, 185, 222, 435

Volksstaat 164
Vom Fels zum Meer 120
Vossische Zeitung 139

Der Wahre Jacob 151, 159, 164, 408
Westermanns Monatshefte 120, 126, 139, 141, 479

Zu Hause 435

Inhaltsverzeichnis

Vorbemerkung 7

Gerhard Plumpe

Einleitung 17

I. Aspekte der Epoche 17
   1. Modernisierung und Modernität 17
   2. Erfahrung der Revolution 26
   3. Der Diskurs der »Realpolitik« 30
II. Aspekte literarischer Kommunikation 42
   1. Ästhetik des Realismus 42
   2. Natur, Kunst und die Funktion der »Verklärung« . 50
   3. Die Herausforderung der Photographie 57
   4. »Realismus« als Programm: Gegner und Vorbilder 61
   5. Real-Idealismus als Kompensation:
      Die antimoderne Moderne 79

Peter Stemmler

»Realismus« im politischen Diskurs nach 1848.
Zur politischen Semantik des nachrevolutionären
Liberalismus 84

I. »Realpolitik« als Wissenschaft der Gesellschaft . . . 85
II. Das semantische Feld: »Realismus« und »Idealismus« 95
III. Politik und pragmatische Vernunft 100

Eva D. Becker

Literaturverbreitung 108

I. Bücherproduktion 108
   1. Lesefähigkeit und Schulbildung 110
   2. Literaturunterricht und »Klassiker« 114
II. Literaturverbreitung durch populäre Medien 116
   1. Familienzeitschriften 116
   2. Kolportage 129
   3. Leihbibliotheken 131
   4. Buchhandel. Bestseller 133
III. Schriftstellerberuf 138

Klaus-Michael Bogdal

Arbeiterbewegung und Literatur 144

I. Von der Proletarischen Öffentlichkeit zur
   Arbeiterkultur 144
   1. Literatur und Organisation 144
   2. Arbeiteridentität 145
   3. Widersprüche der Arbeiterliteratur 146
   4. Ein Leben nach der Uhr 148
   5. Organisationskultur 149
   6. Institutionalisierungen 151
II. Funktionen der Arbeiterliteratur 152
   1. Kollektives Gedächtnis 152
   2. Selbstverständnis 153
   3. Aufklärung und Agitation 158
III. Arbeiterliteratur im Kontext der Literatur des
    19. Jahrhunderts 160
IV. Gattungssystem der Arbeiterliteratur 164
    1. Übersicht 164
    2. Das Arbeiterdrama zwischen Tribüne
       und Bühne 165

3. Politische Lyrik 167
4. Prosaformen 172
5. Allegorien 174

Rolf Parr / Wulf Wülfing

Literarische und schulische Praxis (1854-1890) 176

I. Schulische Praxis und Literatur 177
   1. Das Konzentrationsprinzip in Medizin und
      Pädagogik 177
   2. Politische Anwendung des Konzentrationsprinzips
      durch die »Stiehlschen Regulative« 179
   3. Das »Klassikerverbot« der Regulative 182
   4. Kompensatorische Klassikerlektüre in den
      Bildungsvereinen 194
   5. Die »Allgemeinen Bestimmungen« und die
      Entwicklung bis 1890 196
II. Literarische Praxis und Schule in Preußen:
    Kulturpolitische Aktivitäten im Umkreis des
    »Tunnels über der Spree« 200
   1. Werner Hahn 201
   2. Karl Bormann 204
   3. Theodor Fontane und Ferdinand Stiehl 205

Wolfgang Rohe

Literatur und Naturwissenschaft 211

I. Naturwissenschaft und Öffentlichkeit:
    Typen populärer Naturwissenschaft 213
II. Naturwissenschaft und Literatur (1):
    Vermittlungen und Schweigen in der Theorie 223
III. Naturwissenschaft und Literatur (2): Dichtung . . . 230

Gerhard Plumpe

Das Reale und die Kunst.
Ästhetische Theorie im 19. Jahrhundert 242

I.	Übersicht	242
II.	Hegel: Die Kunst in der modernen Welt	244
	1. Der systematische Ort des Schönen und der Kunst	244
	2. Realismusprobleme: Das Schöne in Natur und Kunst	249
	3. Kunst – Geschichte: Das »Ende der Kunst«	254
	4. Die Gattungen der Literatur und ihre Funktionen	262
III.	Friedrich Theodor Vischer: Der zurückgenommene Realismus	266
IV.	Schopenhauer: Kunst als Therapeutikum	269
	1. Voraussetzungen	269
	2. Die Funktion der Kunst	273
	3. Literatur und Musik	280
V.	Nietzsche: »Lebenskunst« im Ständestaat	286
	1. Voraussetzungen	286
	2. ›Die Geburt der Tragödie aus dem Geiste der Musik‹	291
	3. Nach der Ästhetik: ›Physiologie der Kunst‹	300

Renate Werner

Ästhetische Kunstauffassung am Beispiel des
»Münchner Dichterkreises« 308

I.	Geschichte des »Münchner Dichterkreises«	308
II.	Der Lyrik-Begriff des »Münchner Dichterkreises« . .	318
	1. Vorgeschichte: Die Popularpoetiken	318
	2. Lyrik als Kernzone des ›Poetischen‹	324
III.	Ästhetik und Geschichte	328

Edward McInnes

Drama und Theater 343

I. Die Theorie des Dramas und die dramaturgische
   Tradition 344
II. Theaterwirklichkeit und Theatererneuerung 352
III. Reformansätze im Drama des Nachmärz 363
IV. Entwicklungen des populären Dramas 373
V. Das klassizistische Epigonendrama der siebziger
   und achtziger Jahre 382
VI. Schlußbetrachtung 392

Jürgen Fohrmann

Lyrik 394

I. Nationale Katharsis 394
II. Lyrik als Form heroischen Redens 396
   1. Patriotische Lyrik 396
   2. Republikanische Lyrik 400
   3. Sozialistische Lyrik 406
   4. Naturalistische Lyrik 410
   5. Psychologie des Helden – Fontanes
      Anthropologie des Heroischen 414
III. Lyrik als Form des empfindsamen Redens 418
   1. Lyrik in der ästhetischen Diskussion 418
   2. Empfindsame Lyrik und die Ausweitung
      ihres Geltungsbereiches 421
   3. Empfindsame Lyrik und Romantik 423
   4. Die Tilgung von Reflexion und ihre Folgen . . . 425
IV. Rahmenbedingungen des lyrischen Sprechens . . . 431
   1. Teilnehmer, Markt und Publikum 431
   2. Anthologien und Familienblätter 432
   3. Produktionsorganisation von Lyrik 436
   4. Rezeptionsorganisation von Lyrik 439

V.	Lyrik und Ästhetizismus (Heyse und Geibel)	443
VI.	Rekurs auf das Natursubjekt (Storm)	445
VII.	Selbstrettung durch Kunst (Conrad Ferdinand Meyer)	448
VIII.	Homogene Zeit und Alltagswelt (Theodor Fontanes späte Lyrik)	453
IX.	Selbsteleminierung im Angesicht der Geschichte (Keller)	456

Winfried Freund

Novelle 462

I.	Das Novellenkonzept des poetischen Realismus	462
II.	Theodor Storm	468
III.	Gottfried Keller	474
IV.	Conrad Ferdinand Meyer	484
V.	Theodor Fontane	496
VI.	Wilhelm Raabe	503
VII.	Ferdinand von Saar	511
VIII.	Die Novellisten im Umkreis	516

Gerhard Plumpe

Roman 529

I.	Romantheorie nach Hegel	529
II.	Der Vorrang des Bildungsromans	539
III.	Paradigmen des Bildungsromans	542
	1. Gustav Freytag: Das Begehren der Normalität	543
	2. Gottfried Keller: Das Reale und die Bilder	569
	3. Adalbert Stifter: Ordnungsrufe des Seins	606
	4. Wilhelm Raabe: Das Zerschreiben der Bildung	626

| IV. | Karl Gutzkow: Gesellschaftsroman als Familiengeschichte | 642 |
| V. | Theodor Fontane: Das Ende des Realismus und der Beginn moderner Literatur | 666 |

Harro Müller

Historische Romane 690

I.	Das Interesse an »Geschichte«. Zum historischen Ort des »Historischen Romans«	690
II.	Überblick	694
III.	Erfolgsbedingungen	696
IV.	Exemplarische Analysen: Scheffel, Ebers, Dahn, Freytag	697
V.	Der andere historische Roman: Kurz, Stifter, Meyer, Alexis, Fontane, Raabe	701

Axel Drews / Ute Gerhard . . . .

Wissen, Kollektivsymbolik und Literatur
am Beispiel von Friedrich Spielhagens ›Sturmflut‹ 708

I.	»Mikroskopischer« Realismus vs. »makroskopischer« Idealismus	708
II.	Literatur und Kollektivsymbolik	710
III.	Kollektivsymbolische Struktur der ›Sturmflut‹	713
	1. Flut als übergreifendes Symbol	713
	2. Die Figur des Kapitäns und moderne Aspekte der Steuerung	720
	3. Empirische Beobachtung und Realismus	722
	4. Faszination der Dynamik vs. familiales Pathos	725

Anhang

Anmerkungen 731

Bibliographie 803

Register
  Personen und ihre Werke 869
  Zeitschriften und Zeitungen 887